年

中国
社会治安综合治理
年鉴
2008

鉴

中国长安出版社

图书在版编目(CIP)数据

中国社会治安综合治理年鉴. 2008 / 中央社会治安综合治理委员会办公室编. —北京:中国长安出版社,2009. 7
ISBN 978 - 7 - 5107 - 0000 - 2

Ⅰ. 中… Ⅱ. 中… Ⅲ. 治安管理 - 中国 - 2008 - 年鉴
Ⅳ. D631. 4 - 54

中国版本图书馆 CIP 数据核字(2009)第 116955 号

责任编辑:叶晓蕾

中国社会治安综合治理年鉴(2008)
中央社会治安综合治理委员会办公室 编

出版:中国长安出版社
社址:北京市东城区北池子大街 14 号(100006)
网址:http://www. ccapress. com
邮箱: ccapress@ yahoo. com. cn
发行: 中国长安出版社
电话: (010) 65281919 65271309
印刷: 三河市紫恒印装有限公司
开本: 787mm × 1092mm 16 开
印张: 46. 5 插页: 70 页
字数: 1300 千字
版本: 2009 年 8 月第 1 版 2009 年 8 月第 1 次印刷
印数: 1 - 33500 册
广告经营许可证号: 京东工商广字第 0366 号

书号: ISBN 978 - 7 - 5107 - 0000 - 2
定价: 120. 00 元

2008年4月7日至9日，全国社会治安综合治理工作会议在广东省广州市召开。中共中央政治局常委、中央综治委主任周永康出席会议并作重要讲话。中共中央政治局委员、广东省委书记汪洋，中央综治委副主任李建国、孟建柱、王胜俊、曹建明、陈冀平等出席会议

2008年11月20日，中央综治委召开2008年全体会议，审议中央综治委《关于进一步加强社会治安综合治理基层基础工作的若干意见》。中共中央政治局常委、中央综治委主任周永康主持会议并作重要讲话。中央综治委副主任李建国、孟建柱、王胜俊、曹建明、周本顺、陈冀平等出席会议并讲话

2008年11月24日，中央综治委与浙江省委联合召开纪念毛泽东同志批示"枫桥经验"45周年大会，中共中央政治局常委、中央综治委主任周永康出席会议并作重要讲话。国务委员、中央政法委副书记、中央综治委副主任孟建柱主持会议

2008年11月17日至26日，全国地方新任综治办主任培训班在江苏省常州市举办。国务委员、中央政法委副书记、中央综治委副主任孟建柱作重要讲话，中央政法委副秘书长王其江为培训班作开班动员报告，中央综治委副主任、中央政法委副秘书长、中央综治办主任陈冀平出席结业式并作总结讲话

2008年12月18日，中央综治办在北京召开全国省级综治办主任会议，中央综治委副主任、中央政法委副秘书长、中央综治办主任陈冀平出席会议并讲话，中央综治委5个专门工作领导小组办公室主要负责同志、各省（区、市）及新疆生产建设兵团综治办主任参加会议

摄影：刘军纳 万 云

前　言

2008年，在党中央、国务院的坚强领导下，社会治安综合治理工作以邓小平理论和“三个代表”重要思想为指导，按照党的十七大和十七届三中全会精神要求，全面贯彻落实科学发展观，紧紧围绕党和国家工作大局，充分发挥体制机制优势，深入推进平安建设，着力化解影响社会治安和社会稳定的各种因素，为妥善应对重大突发事件，夺取抗震救灾重大胜利和成功举办北京奥运会、残奥会，促进经济平稳发展，维护社会和谐稳定做出了重要贡献。

适应新任务、新要求，中央综治委发挥职能优势，精心谋划部署，及时召开全国社会治安综合治理工作会议（广州会议），对全面加强社会管理，全力实现2008年社会大局稳定进行研究部署。召开纪念毛泽东同志批示“枫桥经验”45周年大会，对在新形势下坚持并发展“枫桥经验”、及时有效化解矛盾纠纷提出明确要求。部署开展“两个排查”（排查调处矛盾纠纷、排查整治治安混乱地区和突出治安问题）和“平安奥运”创建活动，为北京奥运会、残奥会安全顺利举办创造良好社会环境。加强督导检查，加大考核评比和奖惩力度，促进平安建设和社会治安综合治理各项措施落实。指导地震灾区在特殊形势下加强社会治安综合治理，维护灾区社会稳定。广泛开展调查研究，制定下发工作意见，积极应对国际金融危机对社会治安和社会稳定造成的影响。

各地、各部门认真落实中央关于维护社会治安和社会稳定的指示精神，按照中央综治委部署要求，高度重视，加强组织领导，动员全社会力量深入开展排查化解和整治工作，推动“两个排查”经常化、制度化、规范化，有效转变了干部工作作风，切实做到了对各种影响社会和谐稳定的社会矛盾、民间纠纷和突出治安问题早发现、早解决。紧紧把握奥运机遇，进一步整合发展群防群治力量，组织平安建设志愿者投身平安奥运创建活动，在社会面控制、重点场所安全保卫、信息收集等方面做了大量工作，形成了全民参与、群防群治、共保平安奥运的态势。地震受灾地区充分发挥综治工作网络健全和组织协调能力强的优势，落实社会服务管理措施，促进了社会秩序的迅速恢复。

各地、各部门认真贯彻广州会议提出的健全基层社会管理体制的要求，加快推进乡镇（街道）综治工作中心等平台建设，整合基层政法综治和维稳工作力量，切实加强以综治专项工作为重点的社会服务管理。不断创新流动人口服务管理工作模式，推广建立流动人口服务管理所（站），形成了比较健全的工作网络。大力实施“为了明天工程”、“青少年阳光工程”，加大了对流浪儿童、农村留守儿童等的救助保护力度。开辟刑释解教人员就业安置绿色通道，认真开展社区矫正试点工作，巩固了核查纠正监外执行罪犯脱管漏管专项行动成果。大力推动“平安校园”创建活动，加强平安铁路示范路段创建活动，推动铁路沿线治安整治、奥运平安铁路通道建设，确保了学校稳定和铁路大动脉的安全畅通。

本卷《中国社会治安综合治理年鉴》突出年度特点和工作重点，收载了2008年全国社会治安综合治理工作的主要内容，比较全面地反映了从中央到地方、各地各部门开展社会治安综合治理工作的情况。在编写过程中，得到了中央社会治安综合治理委员会成员单位和各地党委政法委、综治委（办）的大力支持，在此，谨表诚挚谢意。

2008年6月

《中国社会治安综合治理年鉴》
编辑委员会

《中国社会治安综合治理年鉴》
编辑部编辑人员

《中国社会治安综合治理年鉴》编辑部特约编辑

目　录

七、社会治安综合治理宣传工作

八、预防青少年违法犯罪工作

九、铁路护路联防工作

十、刑释解教人员安置帮教工作

十一、学校及周边治安综合治理工作

十二、流动人口治安管理工作

十三、中央社会治安综合治理委员会成员单位参与社会治安综合治理工作情况

十四、2008 年社会治安综合治理工作大事记

十五、地方篇

北京市

天津市

河北省

山西省

内蒙古自治区

辽宁省

吉林省

黑龙江省

上海市

江苏省

浙江省

安徽省

福建省

江西省

山东省

河南省

湖北省

湖南省

广东省

贵州省

云南省

西藏自治区

陕西省

一、2008 年全国社会治安综合治理工作概况

2008 年全国社会治安综合治理工作概况

2008 年，是社会治安综合治理体制机制优势较好发挥，综治工作和平安建设整体水平进一步提高、成效显著的一年。一年来，在党中央、国务院和中央综治委的领导下，各级党委政府和各有关部门紧紧围绕贯彻落实党的十七大和十七届三中全会精神，紧紧围绕服务党的中心工作、服务广大人民群众，统筹国际、国内两个大局，切实加强对社会治安综合治理工作和平安建设的组织领导，认真协调组织严打专项斗争，加强社会治安防控体系和基层基础建设，深入开展排查化解矛盾纠纷，排查整治治安混乱地区和突出治安问题，确保了北京奥运会、残奥会的成功举办，有力地维护了社会治安大局稳定，人民群众安全感有所增强。

一、各级党委政府切实加强对综治工作和平安建设的组织领导，加大保障力度

各级党委政府牢固树立“发展是硬道理，是第一要务；稳定是硬任务，是第一责任”的理念，把加强综治工作和平安建设作为推动经济社会平稳较快发展的重要保证，作为执政为民的重要体现，作为促进社会和谐的重要举措，切实摆上重要位置，认识水平不断提高，工作积极性、主动性大为增强。各级党政主要领导经常深入基层检查指导工作，有力地保证了综治工作各项措施在基层的落实。一些地方党委政府把平安建设列入党政领导干部落实科学发展观考评体系，主要领导层层签订责任书；严格实行平安建设“一把手”工程，层层分解落实工作责任，形成了一级抓一级、一级对一级负责的工作格局。为进一步调动全社会参与综治工作和平安建设的积极性，各地加大了检查考核及奖惩工作力度，对开展平安建设工作成绩优异的地方和部门进行了命名表彰，全国有一大批基层单位、部门和个人受到了市、县（市、区）的表彰奖励。同时，认真总结近年来检查考评工作经验，进一步完善考评内容、考评标准和考评方法，加强专项督查和动态管理，加大明查暗访力度，对检查中发现的问题视情采取限期整改、警示、一票否决和责任查究等措施。

各地各有关部门切实加大综治工作和平安建设工作保障力度，普遍把综治工作和平安建设工作经费纳入财政预算，明确市、县、乡三级综治工作和平安建设工作经费人均最低标准，并随着经济的发展和财力的增长逐年增加。吉林省等地还出台或修订了《社会治安综合治理条例》等规范性文件，明确规定通过财政经费解决专职保安和流动人口协管员的工资、保险和奖金，为推动治安防范措施在基层的落实提供了有力的保障。

二、深入开展“两个排查”活动，全力维护社会大局稳定

为确保北京奥运会、残奥会和改革开放三十周年纪念活动安全顺利举行，中央综治委专门下发通知，部署 3 月至 9 月在全国范围内集中组织开展排查调处矛盾纠纷、排查整治治安混乱地区和突出治安问题活动（以下简称“两个排查”活动），集中解决影响社会和谐稳定的突出问题。各级党委政府高度重视，周密部署，突出重点，狠抓落实。

一是加强组织领导，动员全社会力量开展排查化解工作。许多地方党委政府主要领导专门就

此作出批示。各级综治委、办和相关单位、行业、系统均成立了"两个排查"活动领导小组,认真制定工作方案,定期召开信访联席会议、治安稳定形势分析会议和领导小组会议,层层部署推动,层层滚动摸排,层层督促检查。工作中,各级综治组织和有关部门组成督导组,深入治安重点地区与当地党政主要领导面对面交换意见,共同分析问题,研究解决措施,推动了治安混乱地区和突出治安问题的解决;各地广泛组织动员全社会力量开展排查化解工作,有针对性地组织区域性会战,注重运用调解手段,综合施策化解矛盾,强化各项工作措施的落实。北京市对每个街道(社区、村)开展了深入细致的排查,并对全市40个奥运场馆周边进行了重点督查;青海、宁夏等地在全省(区)集中开展了"百日矛盾纠纷大排查大调处活动";山西省组织开展了"百县千乡双排查"活动;四川省深化"两个排查"举措,与藏区开展的"藏区群众与社会主义同向,与共产党同心"活动紧密结合,确保藏区和灾区社会治安稳定;河南、广西等省(区)采取领导包案、派驻工作组等措施,对涉及13个省直部门、18个省辖市的47项重大问题和隐患进行挂牌督办。

二是建立长效工作机制,推动"两个排查"工作常态化。各地各有关部门坚持突出重点,抓苗头隐患,重点排查重信重访问题、历史遗留问题、冲突性强的矛盾问题和可能产生"个人极端行为"的个人访。注重健全完善源头预防、排查、调处、整治和考核奖惩等方面的工作制度,建立健全了乡(镇)、村、村(居)民小组三级调解组织和矛盾纠纷排查调处信息网络,坚持定期排查(即日常排查与集中排查相结合、一般排查与重点排查相结合、条条排查与块块排查相结合)、分级负责、"两所两办"(派出所、司法所、综治办、信访办)联调联处、领导接访日制度和领导包案、督办督查等制度,推动"两个排查"工作常态化。江西省从上到下建立矛盾纠纷排查工作机构,做到矛盾纠纷排查工作制度化、规范化。湖南等地坚持按照构建和谐社会的要求化解社会矛盾,不断完善人民调解、司法调解、行政调解对接联动的工作机制。

三是通过开展"两个排查",切实转变干部工作作风。各地党政主要领导亲自动员部署,深入一线督导,认真开展"大接访"活动,变群众上访为干部下访,解决群众关心的热点难点问题,及时帮助基层解决工作中的困难和问题,不断改进工作作风,提高了党组织和党员领导干部在广大群众中的影响力、凝聚力。广西等地组织万名新农村建设指导员进驻农村化解矛盾纠纷。福建省许多地方还选派优秀干部到信访问题和矛盾纠纷较多的部门挂职锻炼,担任"信访官员",在乡镇组建"百姓问题排解团",充分发挥党的政治优势,就地解决矛盾纠纷。天津、黑龙江、江苏、江西、安徽等地专门成立医患纠纷调解中心,将医患纠纷从医疗机构内部转向外部有序处理,建立了处理医患纠纷的长效工作机制。上海等地积极探索在个体工商业者协会、私营企业协会、大型集贸市场、商务楼宇、来沪建设者以及"两新组织"聚集区建立行业性、区域性的调委会,并以政府购买服务的形式,在社区里弄开展调解工作。

排查活动中,各地排查出矛盾纠纷156.8187万件,成功化解150.9774件;排查治安混乱地区23429个,扭转治安面貌21763个,排查治安突出问题44556个,解决42031个。

三、全面贯彻"广州会议"部署,狠抓各项工作措施的落实

2008年上半年,中央综治委在广州市召开全国社会治安综合治理工作会议(以下简称"广州会议"),认真总结党的十六大以来社会治安综合治理工作,研究部署加强以流动人口服务管理为重点的社会管理,深入推进平安建设,落实社会治安综合治理各项措施,并对西藏及其他藏区稳定和奥运安保工作以及今后的综治工作进行了全面部署。"广州会议"结束后,各地各有关部门结合实际,迅速贯彻落实。

一是积极探索建立和完善综治工作长效机制建设。浙江省制定了关于进一步规范乡镇(街道)综治工作中心建设的意见。青海省将寺院纳入当地党委政府的日常管理,深入开展"平安寺院"创建活动。四川省制定出台了《建立矛盾纠纷化解机制的试行办法》。贵州省出台了《全省平安建设评比标准及办法》和《关于建立乡镇(街道)综治(维稳)工作中心的意见》,进一步细化有关职能部门的职责任务。云南省下发了《关于进一步加强社会治安综合治理和维护社会稳定工作的意见》,立足于解决长期制约云南省综治和维稳工作的体制性、机制性、保障性等五个方面问题,并提出了明确要求。广东省委常委会议专题研究综治工作需要解决的力量和保障等实际问题。湖北省采取以人均管理200—300套(间)出租房屋的标准在城市街道选聘专门人员管房管人,解决在流动人口服务和管理中遇到的具体问题。内蒙古自治区提出政法综治部门的机构设置、人员配备、物资装备和业务经费应随着自治区经济的快速发展和财力增长予以保障到位。海南省完善省综治办内设机构,配齐配强各级综治办主任和综治专职干部。湖南省同意省综治办增设综治办处室机构以及解决矛盾纠纷"三调联动"工作所需经费问题。河南省委办公厅、省政府办公厅下发了《关于建立乡镇(街道)社会治安综合治理工作中心的通知》,要求11月底在全省全面落实到位。

二是继续扎实推进平安建设,不断扩大平安建设的覆盖面。各地各有关部门把深化基层平安创建活动列入党委政府为民办实事项目,把平安建设作为服务和促进经济社会建设的基础性保障工程来抓。加大人财物保障力度,宣传发动群众,巩固平安创建成果,形成了"平安建设人人有责、平安成果人人共享"的生动局面。江苏、福建、广西等地坚持"抓系统带单位",全面推进家庭、校园、企业、医院、单位、金融、交通、林区、库区、景区、边界、文化市场等系列平安创建活动,行业系统创建覆盖面达到了80%以上。河北、辽宁、吉林、黑龙江、福建、山东、重庆等地综治组织会同省双拥办、省军区深入开展军地平安共建活动,广泛开展平安海域、平安驻地、平安辖区等系列创建活动,组织民兵参与矛盾纠纷排查化解和平安建设,建立涉军维权工作机制,打造平安建设新品牌。新疆生产建设兵团各级政法机关和相关责任单位深入推进创建平安兵团活动,使职工群众的安全感明显增强。

三是继续加强以综治专项工作为重点的社会服务管理。各地各有关部门认真贯彻"广州会议"提出的健全基层社会管理体制的要求,充分发挥综治大平台作用,切实加强以综治专项工作为重点的社会服务管理。福建等地不断创新流动人口服务管理工作模式,推行"一证式、一站式"服务管理。许多基层单位设立流动人口服务管理所,在流动人口密集的社区和较大规模企业设立服务管理站,形成了较为健全的服务管理工作网络。广州市开辟刑释解教人员就业安置绿色通道,实施就业技能培训"阳光工程",许多地方落实了低保待遇。同时,各地认真开展社区矫正试点工作,巩固核查纠正监外执行罪犯脱管漏管专项行动成果。实施"为了明天工程"、"青少年阳光工程",依托救助管理站挂牌成立"流浪儿童救助保护中心",对流浪儿童实施分类救助保护,在农村中小学校成立留守人员"代管中心",组织政法综治干部、农村基层干部、学校教师与留守儿童结对帮扶。不断完善"平安校园"创建滚动管理考评机制,深入开展"平安奥运"主题教育活动,组织开展为期两个月的学校及周边治安秩序专项整治工作,充分发挥法制副校长和法制辅导员的作用,健全安全管理责任制,落实治安防范措施,进一步改善了学校及周边治安面貌。以创建"平安铁路示范路段"为重点,组织开展火车站地区及周边治安重点整治等专项行动,有效遏制了拦车断道、冲击铁路等群体性事件和因治安问题引发的行车重特大安全事故。同时,各地准确把握工作中的新情况新问题,积极探索管用有效的服务管理措施,一些地方将物业管理公司履行治安管理责任与企业资质审核挂钩,强化小区物业公司的综治责任。建立网络安全组织和网络信息员队伍,积极构建网上治安防控体系,加强对"虚拟社会"的管理。

四、充分发挥综治工作体制机制优势,全力加强藏区、地震灾区维稳工作和北京奥运会、残奥会安保工作

一是全力维护西藏及其他藏区社会稳定。拉萨"3·14"打砸抢烧严重暴力犯罪事件发生后,中央综治办及有关省(区、市)综治办就如何落实中央领导同志有关指示,加强西藏及其他藏区的社会治安综合治理工作开展了调查研究,并下发《关于进一步加强西藏及其他藏区社会治安综合治理工作的意见》。西藏及其他藏区各级党委政府和综治部门及时总结经验教训,认真查找工作中的薄弱环节,切实改进工作,狠抓各项措施的落实。

二是全力做好地震灾区的维护稳定工作。四

川等地发生地震灾害后，中央综治办下发了《关于充分发挥社会治安综合治理作用，全力做好抗震救灾和恢复重建工作的通知》。涉灾省各级综治组织积极行动起来，恢复和重建基层综治工作网络和群防群治力量，全力做好灾区群众安置、恢复生产、灾后重建工作，排查化解灾区各种矛盾纠纷，整治突出治安问题，增强灾区社会面治安防控能力，确保灾区社会治安秩序稳定。

三是全力做好北京奥运会、残奥会安保工作。各地综治组织和各有关部门充分发挥自身优势，深入开展平安奥运创建活动，各系统、各单位全员动员，形成了全民参与、群防群治，共保平安奥运的人民战争态势。7月初，在迎奥运关键时期，中央综治办在京召开平安奥运创建工作座谈会，就进一步发挥综治工作优势，全力做好奥运会安全保卫工作提出要求。北京等地在社会面控制、重点场所安全保卫、维护稳定信息收集、平安奥运宣传等方面，做了大量卓有成效的工作，形成了全时空、全方位覆盖的综治工作网络。天津、河北、山西、内蒙古、山东等地充分发挥"护城河"作用，各种群防群治力量得到进一步有效整合。同时，各级党政机关选派数十万名干部进驻所有村（社区），重点帮助指导基层开展"两个排查"，加大"护城河"治安防范力度，把各种不稳定苗头和事故隐患解决在萌芽状态。在北京奥运会、残奥会期间，全国各地组织数百万平安志愿者在社会治安一线开展治安管理和服务工作，不仅有效防止了暴力恐怖事件、危害国家安全和社会稳定的重大政治事件、大规模群体性事件的发生，而且赛区城市和重点地区刑事案件、治安案件、群体性事件大幅度下降。

五、各有关部门充分发挥职能作用，深入推进部门联动、齐抓共管措施的落实

公安机关深入开展"打黑除恶"、打击严重暴力犯罪和"两抢一盗"等专项斗争，依法打击经济领域的违法犯罪活动。以进一步强化基层基础工作为重点，继续抓好"三基"工程建设，深化城乡社区警务工作，加快建立流动人口综合信息平台，不断提高流动人口服务管理的综合效能。以城乡结合部、城中村等区域和出租房屋、中小旅馆、废品收购站点、劳务市场、歌舞娱乐、洗浴休闲、建筑工地等流动人口聚集场所、部位为重点，集中开展排查清理，坚决打击流动人口中涉嫌制假贩假、窝赃销赃、卖淫嫖娼以及流窜作案等违法犯罪人员，最大限度地减少治安隐患。国家安全机关充分发挥职能作用，坚决防范和打击境内外各种敌对势力的渗透破坏活动，及时发现、破获了一批危害国家安全的违法犯罪案件，有力地维护了国家安全和社会政治稳定。司法行政部门以化解矛盾纠纷为主线，充分发挥人民调解组织预防和化解矛盾纠纷及法制宣传教育功能，健全矛盾纠纷情报信息收集、报送、分析和排查调处以及信息反馈机制，最大限度地减少不稳定因素。开展了"奥运法制宣传万里行"和法律进乡村等活动，促进广大群众学法、守法、用法，依法办事。民政部门以健全社会救助体系，编织社会保障"安全网"为重点，进一步完善了各项社会救助制度，从源头上避免和减少贫困群众外流。针对灾区实际情况，完善自然灾害应急体系和机制，提高防灾减灾和救灾能力。大力发展社区志愿服务队伍，规范农村基层民主选举和民主管理，引导志愿者和社会工作者等社会力量参与街头流浪乞讨人员的救助。文化部门以加强网吧管理、保护知识产权、加强农村市场监管、防范重大安全事故等工作为重点，深化文化市场综合治理，加大了网吧、音像、娱乐、演出、网络文化等市场监管力度，组织实施了文化市场"平安奥运行动"，加大执法检查力度，提高了执法工作的效率和水平。人口计生部门全面推进依法行政，从源头上预防和减少违法行政行为，加大矛盾排查和纠纷处理力度，建立流动人口计划生育服务管理（信息）工作平台，组织开展了提前返乡流动人口摸底调查和抽样调查。人力资源和社会保障部门以全面推进就业再就业工作为重点，全力做好社会治安综合治理和维护社会稳定工作，广泛开展对零就业家庭和就业困难人员的就业援助。针对农民工流动就业的新特点，推行了"培训＋就业＋维权"三位一体的工作模式，为农村劳动者进城就业和有序流动提供服务和保障。工业和信息化部门以夯实互联网管理为重点，进一步完善互联网站的许可备案基础管理，进一步清理整顿互联网接入服务市场，深入开展了"阳光绿色网络"工程，会同有关部门集中开展了打击淫秽色情网站，整治违法违规网吧，治理违法和不良短信息，配合有关部门组织开展打击网络赌博、诈骗、非法出版物等违法犯罪活动。教育部门不断深化学校安全稳定工作，突出抓好影响学校安全稳定的矛盾和问题的排查化解工作，认真落实自身在学校及周边治安秩序专项整治工作中的任务，深化安全文明校园建设，不断加强基层基础工作，努力创造良好的、师生满意的学校及周边治安环境。住房和城乡建设部门以强化房屋租赁服务和管理为重点，规范和强化房屋租赁登记备案制度，在部分城市建立房屋租赁市场指导租金制度和城市出租房屋信息网络，积极总结和推广部分城市在改善农民工居住条件方面的经验和做法，广泛开展城市综合整治，着力解决好人民群众反映的城市建设和管理中存在的问题。安全监管监察部门以安全生产隐患排查治理工作为重点，全面开展"百日安全督查"专项行动，继续深化煤矿两个攻坚战，开展打击安全生产非法违法行动专项行动，加大安全生产行政责任追究力度，确保全国安全生产形势总体稳定。铁路部门以开展创建平安铁路示范路段活动为重点，进一步落实铁路护路联防工作措施，研究解决了青藏铁路护路联防经费保障等相关问题，确保了青藏铁路及铁路全线安全畅通。工商行政管理部门不断加大对传销的打击力度，严厉打击生产、销售不良玩具违法行为，积极开展净化荧屏广告活动，为未成年人健康成长创造良好社会环境。新闻出版部门加强对出版物市场的日常监管，有效遏制了政治性非法出版物、淫秽色情出版物及网上违法有害信息的传播。质检部门大力加强食品安全和特种设备安全监管工作，加大对重点产品、重点区域、重点行业的执法打假治劣力度，排除特种设备安全隐患。人民银行面对国内外经济和金融形势的急剧变化，适时调整货币政策的方向、重点和力度，全力应对国际金融危机，切实维护金融稳定与安全。党委组织部门以落实各级领导班子和领导干部抓平安建设责任制为重点，积极支持和配合有关省（区、市）出台规范性文件，把各级领导班子和领导干部抓平安建设、维护社会稳定的能力和实绩，纳入领导干部考核的重要内容，并把考核结果作为向党委提出干部任免奖惩建议的重要依据。各地坚持不懈地抓好软弱涣散基层党组织的摸排整顿工作，大力加强新经济组织和新社会组织党建工作，加强新的经济形势下流动党员管理服务工作，充分发挥流动党员在积极应对金融危机，维护社会和谐稳定中的先锋模范作用。党委宣传部门紧紧围绕深化平安建设和加强社会管理加大宣传力度，通过开辟专栏专题、组织新闻报道、刊播公益广告等方式，大力宣传各地各部门开展平安建设的政策措施和经验做法，全面提升广大人民群众对平安建设的知晓率、参与率和满意率。工会组织以扩大工会组织覆盖面为重点，认真贯彻落实全国总工会下发的《关于推进维护农民工合法权益十项工作机制建设的意见》，深入开展培训活动，多形式组织农民工学习操作技能、安全知识、法律常识，加大维权、劳动争议调解处理和困难帮扶力度，积极开展了农民工"平安返乡行动"等活动。妇联组织在深化"平安家庭"创建活动中，突出重点人群，以做好城市流动和农村留守家庭的平安创建工作为重点，在流动妇女集中的城市社区和企业，大力推进"流动妇女平安之家"的创建工作，面向流动妇女深入开展法制宣传和维权服务，不断发展壮大"平安家庭"创建工作志愿者队伍。人民法院、人民检察院进一步加大了解决执行难的工作力度，进一步深化核查纠正监外执行罪犯脱管漏管工作，严厉打击各类严重刑事犯罪，维护国家安全和社会稳定，全面贯彻落实宽严相济刑事政策，对轻微犯罪依法贯彻从宽政策，对失足未成年人立足于教育、感化和挽救，在减少社会对抗、化解社会矛盾、促进社会和谐上发挥了积极作用。军队动员部门组织广大民兵预备役人员积极参加平安建设活动，广泛开展护村、护厂、护路、护矿、护电等活动；在藏区维稳、灾区治安、奥运安保等行动中，积极参与搜集情报信息，在开展巡逻执勤、抓获不法分子、守护重要目标工作中发挥了重要作用。

2008年11月，中央综治委组织13个综治工作检查督导组，分赴全国各省（区、市）及新疆生产建设兵团进行督导检查。中央和国家机关19个部门派出干部参与检查督导。同时，为做好2005至2008年度全国社会治安综合治理评先表彰工作，中央综治办与人力资源和社会保障部联合下发了有关评选文件，并会同中央有关部门对各地申报表彰的全国社会治安综合治理先进集体、先进工作者、优秀地市和平安建设先进县（市、区）进行了检查验收。通过部门联合督导检查，有力地推动和促进了各地综治和平安建设工作向纵深发展。

六、进一步加强社会治安综合治理基层基础建设，夯实综治工作和平安建设的根基

一是加强基层综治组织规范化建设。在最近一轮的基层党委换届和乡镇机构改革中，多数地方都在乡镇（街道）建立了综治委、办，配备了乡镇（街道）行政编制专职综治工作人员和地方事业编制综治专干。许多地方的乡镇（街道）综治办配有专门的办公用房和必备的办公设备，建立健全了工作例会、情况报告、检查考核等各项工作机制和制度。通过增加警力编制和精简机关等，充实基层派出所警力，进一步提高了基层一线和实战单位警力比例。

二是加快推进乡镇（街道）综治工作中心建设。在不改变部门现行体制、不减少规定人员配备、不降低正常经费保障的前提下，整合基层政法综治和维稳工作力量，形成维护基层社会稳定的“大稳定”工作格局，有效增强了基层维护社会稳定和驾驭社会治安局势的合力。

三是进一步加强村级综治办建设。一些地方还在农村推广建立集治保、调解、社区警务、区域联防、重点人群教育管理等多项职能于一体的实战型村级综治办。江苏省21752个村（社区）全部建立了综治办，每个村配备1名驻村民警和4名以上专职保安，有条件的地方还配备1名负责调解和重点人群教育管理的综治社工。村（社区）综治办的建立，确保了综治各项基础工作有人抓有人管，筑牢了维护社会稳定的第一道防线。

四是不断壮大群防群治力量。各地根据经济社会发展的实际，或按照城市和农村人口比例，组建了用于社会面巡逻防范的专职保安队伍，通过预约巡逻、联户联防、治安志愿者协会等载体和形式，形成了众志成城保平安的工作格局，实现了对专职保安队伍规范管理和基层综治力量的有效整合。天津市在不同所有制经济组织推行法定代表人治安责任制，组建“平安天津志愿者”队伍，摸索新形势下做好群众工作的有效途径和办法。

为加强综治干部培训教育工作，中央综治办在江苏省常州市举办了全国市（地）新任综治办主任培训班，着力提高综治工作能力和水平。为进一步加强综治基层基础建设，中央综治办起草了《中央社会治安综合治理委员会关于进一步加强基层基础工作的若干意见》，即将由中办、国办转发各地执行。

七、大力推进社会治安综合治理领导责任制的落实

许多省（区、市）的党委政府主要负责人与各市（地）“一把手”签订落实综治领导责任书。福建省委书记、省长连续11年与设区市市委书记、市长签订综治责任书，建立设区市党委书记、市长、分管副书记、政法委书记、分管副市长五大综治责任人实绩档案。江西省从省委、省政府领导带头做起，全省各级党政领导班子所有成员实行“一岗双责”，一手抓分管工作，一手抓分管范围内的综治、维稳工作。各地进一步加强了五部委联席会议制度，适时听取综治领导责任制、一票否决权制及领导责任查究制执行情况汇报，加大实施综治领导责任制奖惩力度，研究解决工作中存在的问题，形成了抓领导责任制落实的工作合力。为进一步强化省综治委各成员部门参与综治工作的责任感，山东省综治委制定下发了《山东省社会治安综合治理委员会成员部门述职制度》和《省五部门联席会议制度》，推动齐抓共管机制和“谁主管、谁负责”原则的落实。天津市综治委制定了《关于实行决策目标、执行责任和考核指标体系的实施细则》，内蒙古自治区制定了《自治区社会治安综合治理委员会各成员单位职责任务》，云南省出台了《关于实行综治维稳委领导及成员单位挂钩联系基层综治维稳工作制度》，明确了综治委成员的共同责任和专项责任，对综治委各成员单位履责情况定期进行考察，加大力度推动齐抓共管局面的形成。福建省明确界定实施一票否决的十种情形、黄牌警告的六种情形，进一步规范综治工作一票否决的行使程序。河南省共对65个单位实施一票否决，对278个单位予以通报查究，责任追究51人，对3个县（市、区）予以黄牌警告，对43个单位实行了重点管理。许多省（区、市）每年或每季度组织一次公众安全感与社会治安状况测评，根据“党委政府重视率、平安建设知晓率、社会治安满意率”测评结果和人民群众反映意见，要求测评名列末位的县（市、区）或治安问题比较突出的乡镇（街道）限期整改；连续两次或两次以上排名末位的，予以黄牌警告直至一票否决。

天津、河北、江苏、山东、湖北、湖南、重庆、四川、甘肃等地综治委会同党委组织部门建立党政领导干部履行综治和维护社会稳定职责工作实绩档案制度，要求省、市、县各级层层建立领导干部综治工作实绩档案。一些地方党委政府在对各市（地、州）的年度工作综合考核中，坚持把综治工作作为一项重要内容纳入考评体系。湖北、甘肃等地还建立了各地分管综治工作领导和省综治委成员单位领导述职制度，进一步推动领导责任制的落实。

2008 年社会治安综合治理工作和平安建设取得了显著成效，但也存在一些问题和不足：一是在经济社会转型的特殊时期，因民生问题、利益纠纷、企业改制、涉法涉诉、环境保护等引发的矛盾纠纷易发多发，有的地方集体越级上访、进京非正常上访现象还比较突出。二是刑事犯罪仍在高位运行，一些地方八类严重刑事犯罪高发，区域性治安与稳定问题时有反复。国际金融危机对社会治安和社会稳定的冲击和影响逐步显现，维护社会治安和社会稳定的压力增大。三是平安建设条块发展不平衡，有的行业系统主管部门参与创建的主动性不强，成效不够明显。四是基层社会管理体制还不够健全，有的地方基层基础建设有待加强，特别是基层综治办机构设置不统一、人员编制少、经费不足，综治组织的优势难以充分发挥。五是有的地方面对社会治安与社会稳定的新情况和新问题，创新意识不强，解决办法不多。

二、2008年全国社会治安综合治理工作要点

2008年全国社会治安综合治理工作要点

2008年全国社会治安综合治理工作的主要任务是，认真贯彻党的十七大精神，按照发展中国特色社会主义事业、实现全面建设小康社会奋斗目标的新要求，以确保北京奥运会成功举办为重点，深入推进平安建设，加强和完善社会管理，全面落实社会治安综合治理各项措施，保持社会大局持续稳定，促进社会主义和谐社会建设。

一、以流动人口服务管理为重点，着力加强和完善社会管理

坚持以人为本的理念，着眼保障民生、改善民生问题，着力加强和完善社会管理，维护社会和谐稳定。针对社会治安管理的重点人员、特殊行业、社会组织和互联网等，整合力量、整合资源，创新管理体制机制，完善基层服务和管理网络。

认真贯彻落实中共中央办公厅、国务院办公厅转发的《中央社会治安综合治理委员会关于进一步加强流动人口服务和管理工作的意见》（以下简称《意见》），创新流动人口服务管理机制，不断提高服务和管理水平。按照《意见》要求，积极调整充实流动人口服务管理工作机构和力量，明确分工，落实责任，细化工作措施，完善各部门齐抓共管的工作机制。充实和整合基层服务管理力量，加强协管员队伍建设。加快流动人口服务管理工作规范化、制度化和信息化建设，做好人口流出地与流入地的衔接配合工作，强化以出租房屋为重点的流动人口落脚点的管理。完善政策法规，依法严格管理，落实服务措施，严格职责到位，维护流动人口合法权益，预防和打击流动人口中的违法犯罪活动。

深入推进"为了明天工程"，重点做好闲散青少年、流浪未成年人、农村留守儿童、服刑在教人员的未成年子女等的教育、管理和服务、救助工作，开展集中摸排，掌握底数，落实措施。加大对《未成年人保护法》和《预防未成年人犯罪法》的宣传贯彻力度，深入开展"未成年人保护行动"，继续推进流浪未成年人救助保护中心和青少年管理信息网络平台的建设，严厉打击幕后控制、组织操纵流浪未成年人乞讨和教唆流浪未成年人犯罪的行为。加强专门（工读）学校建设和管理，推进青少年事务社会工作者和社区志愿者等专兼职队伍建设。切实推进平安文化市场建设，加大网吧和音像市场整治力度，依法打击、查处"黑网吧"等违法违规的互联网站和经营场所，净化青少年成长环境，预防和减少青少年违法犯罪。

充分调动社会各方面力量做好刑释解教人员帮教安置工作。巩固摸排成果，加强衔接等基础工作，做到底数清、情况明、帮教工作到位。搞好示范，加大投入，推进过渡性安置企业和基地建设。做好刑释解教人员的就业指导、职业培训、社会保障和生活困难人员的救助工作。加强对监外执行罪犯的管理，防止脱管漏管，积极推进社区矫正工作，加强对吸毒人员的戒毒、帮教，最大限度地预防和减少重新违法犯罪。

加强和改进涉及公共安全的交通运输、消防安全管理和产品质量、食品、药品、特种设备安全及安全生产综合监管，加大对违法违规行为的查处力度，预防和减少重特大事故特别是群死群伤事故的发生；切实加强对枪支弹药及易燃易爆、剧

毒和放射性等危险物品的管理,消除安全隐患。

进一步完善社会管理组织网络,加强对国内民间组织、新兴社会组织和经济组织以及在华境外非政府组织等各种社会组织的有序管理。加强对互联网“虚拟社会”的监管,净化网络环境。

上半年召开全国社会治安综合治理工作会议,总结推广各地各部门加强以流动人口服务管理为重点的社会管理工作的经验,研究部署进一步加强工作的意见和措施。

二、完善和规范矛盾纠纷排查调处机制,在预防和化解上下功夫

进一步健全党委和政府主导的维护群众权益机制,加大行政调解力度,健全人民调解、行政调解和司法调解三种调解手段相互衔接配合的大调解工作体系,完善和规范矛盾纠纷排查调处工作机制、工作制度和工作网络。建立健全县级以上各级综治委矛盾纠纷排查调处工作领导机构及办事机构,进一步明确有关部门的职责任务,整合力量、整合资源,狠抓基层矛盾纠纷排查调处工作体系建设。认真开展排查工作,拓宽基层社情民意诉求表达和收集反馈渠道。健全社会舆情汇集、分析机制和排查调处工作责任制,把组织协调各有关部门做好矛盾纠纷排查调处作为乡镇(街道)综治委、办的一项重点基础性工作,严格落实矛盾纠纷排查调处工作例会、情况报告、归口调处、责任查究等制度,查明情况,明确责任,加强督促检查,提高调处的效率和效果,使大量矛盾纠纷在乡镇(街道)得到化解,预防和减少“民转刑”案件和群体性事件的发生。坚持以人为本,树立群众观念,解决民生问题,加强前端管理和源头预防,突出排查调处工作重点,着力解决土地征收征用、城市建设拆迁、环境保护、企业重组改制和破产中群众反映强烈、可能引发群体性事件的突出问题,认真解决涉法涉诉上访问题,坚决防止和纠正损害群众利益的行为,切实维护群众合法权益和社会稳定。3至9月集中开展为期半年的矛盾纠纷排查调处活动,为北京奥运会顺利举办创造安全稳定的社会环境。

三、深入开展严打整治斗争,大力推进社会治安防控体系建设

以确保北京奥运会成功举办为重点,加大严打整治力度,全面加强社会治安管理和防范控制工作,最大限度地压减刑事发案和治安、安全事故。

毫不动摇地坚持开展“打黑除恶”专项斗争,建立健全长效工作机制,严打深挖黑社会性质组织犯罪及其保护伞,加大对恶势力犯罪打击力度,确保打击实效。突出打击重点,始终保持对严重危害人民群众生命财产安全的杀人、爆炸等严重暴力犯罪和“两抢一盗”等多发性侵财犯罪的严打高压态势,坚决遏制一些地方发案上升的势头,增强群众安全感。继续开展“扫黄打非”和禁毒、禁赌、禁娼等斗争,坚决打击、查禁毒品犯罪、拐卖人口犯罪和六合彩赌博、网络赌博、出境赌博等违法犯罪活动,扫除社会丑恶现象。依法严厉打击经济领域和制假售假、侵犯知识产权等违法犯罪活动,深入开展反走私综合治理,大力整顿和规范市场经济秩序。加强国家安全人民防线建设,不断提高干部群众的国家安全意识,严密防范和严厉打击境外间谍情报机关、境内外敌对势力、民族分裂势力、暴力恐怖势力、宗教极端势力和“法轮功”等邪教组织的分裂、渗透、颠覆破坏活动,维护国家安全和社会政治稳定。贯彻实施宽严相济的刑事司法政策,最大限度地预防、遏制和减少犯罪。

继续深入排查治安混乱地区和突出治安问题,及时开展治理整顿,限期解决问题、改变面貌。深入推进农村治安综合整治工作,加大对自行车被盗,盗窃破坏电力、电信、广播电视设施和油气田及输油气管道,非法安装使用卫星电视接收设施和传销、偷渡等突出问题的重点整治。大力整顿铁路重点路段治安秩序,进一步加强青藏铁路和大秦铁路护路联防工作,确保经济大动脉的安全畅通。深入开展学校及周边治安问题的集中排查整治,维护学校及周边治安秩序和高校稳定。

进一步完善社会治安防控体系,大力推进科技防范工作,落实人防、物防和技防措施。继续在大中城市、县城和有条件的乡镇(街道)、村(社区)推广以电子视频监控、防盗报警为主的技术防范,在农村逐步推广使用经济适用、防范效果好的物防和技防设施。改革和加强城乡社区警务工作,加强治安防范组织网络建设,推进治安防范社会化、职业化,加强保安服务,加强军地协作,推进军警民联防联治,严密城乡结合部、公共复杂场所、重点要害部位的治安防范网络,强化社会面、乡镇(街道)和村(社区)的治安防控体系建设,落实机关和学校、医院等企事业单位的内部治安、安全防范措施,加强协作配合、严密边界地区治安联防网络。

四、强化基层基础建设,广泛深入开展基层平安创建活动

深入贯彻落实中央综治委和中央编办《关于加强乡镇、街道社会治安综合治理基层组织建设的若干意见》,按照属地管理原则,调整充实县(市、区)、乡镇(街道)社会治安综合治理委员会,充分发挥其组织协调的作用,做好维护稳定、维护治安的工作。抓住乡镇机构改革、职能调整契机,大力加强乡镇(街道)综治办建设,整合基层维护稳定力量和资源,全面推进乡镇(街道)综治工作中心建设。大力推进村(社区)和民营企业等基层综治工作的开展,加强社区建设,强化社区职能,建立健全村(社区)和民营企业综治组织,确保基层综合治理、维护稳定工作有人抓、能落实。大力推进基层综治工作规范化、制度化建设,落实保障措施。

按照责权利相统一的原则,坚持社会化、职业化相结合,进一步规范和加强各种形式的群防群治队伍建设,充分发挥其维护社会治安和社会稳定的积极作用。加强基层党组织和村(居)委会、治保会、调委会建设,推广综治协会和综治协管员、治安中心户长、十户联防等做法,广泛动员党员、团员、民兵、青年志愿者、离退休人员参与社会治安综合治理工作,进一步发展壮大群防群治力量。适应社会主义市场经济要求,积极探索建立治安与保险互动、治安防范承包责任制和企业法人治安责任制等工作机制,进一步健全完善群防群治经费保障机制。

继续以做好县(市、区)平安建设工作为重点,深化农村平安建设,在广大乡镇(街道)、村(社区)和学校、医院等企事业单位及家庭、工地、集贸市场、景区景点等,广泛深入地开展各种形式的基层平安创建活动,进一步强化社会治安综合治理基层组织,做实各项基础工作,维护基层平安和谐稳定。

五、做好2005—2008年度社会治安综合治理评先工作,认真总结经验,大力推广典型

认真做好2005—2008年度全国社会治安综合治理工作先进集体、先进工作者和平安建设先进县(市、区)评选工作。通过严格检查考核,推选综治工作先进集体、先进工作者和平安县(市、区)、综治工作优秀地(市)、单位,并组织验收。要把评先活动作为总结经验、推广典型,改进工作、提高水平的过程,认真总结推广社会治安综合治理和平安建设工作的成功经验,广泛宣传先进事迹,树立先进典型,鼓励先进,推动后进。要通过社会公示等形式征求各方面的意见,充分听取群众意见,查找工作中的薄弱环节,有针对性地采取措施。通过评先表彰掀起比学赶帮的热潮,推动社会治安综合治理工作深入开展。

六、完善责任制,健全各负其责、齐抓共管工作机制

进一步明确各级党委、政府和各有关部门在社会治安综合治理和平安建设工作中的职责任务,加强组织领导和协作配合,健全社会治安综合治理领导责任制、目标管理责任制和综治委例会、五部委联席会议、综治委成员单位联系点、联络员制度以及述职、工作情况通报等制度,着力解决齐抓共管中出现的矛盾和问题,形成工作合力。切实加强各级社会治安综合治理委员会及其办公室的自身建设,充分发挥组织协调的职能作用,提高工作水平。充分发挥综治委专门工作小组及其办公室的作用,加强领导,充实力量,组织协调有关部门开展经常性的工作,围绕影响社会治安和社会稳定的重点、难点问题,落实各项重点整治和治安防控措施。充分发挥综治、纪检、组织、人事、监察等五部门的作用,加大对发生严重危害社会稳定重大问题的地方,实施领导责任查究和"一票否决"的力度。建立社会治安综合治理巡视制度,通过明察暗访、问卷调查、重点督察、联合检查等方式,找问题、查薄弱环节,加强督导整改,兑现奖惩。

改进和完善社会治安综合治理考评体系,增强考核标准和考核办法的科学性、操作性,充分发挥考评的推动作用。认真研究制订和落实有关工作程序和操作办法,切实把党政领导干部抓社会治安综合治理工作的能力和实绩与晋职晋级和奖惩直接挂钩,完善党政领导干部"一岗双责"责任制。

七、加强法制宣传教育，深入推进社会治安综合治理法制化建设

坚持不懈地开展法制宣传教育，推进"五五"普法规划的实施，加强宪法宣传和公民意识教育，大力宣传社会主义法治理念，增强全社会的法律意识和法制观念，弘扬法治精神，形成自觉学法用法守法的社会氛围，为落实依法治国基本方略创造良好的社会环境。重点加强领导干部、公务员、青少年、企业经营管理人员和农民的法制宣传教育，丰富内容和形式，增强针对性和实效性。深入开展"法律六进"（法律进机关、进乡村、进社区、进学校、进企业、进单位）活动和科教、文体、法律、卫生"四进社区"活动，加强基层民主法制宣传教育和基层民主法治建设，提高全社会法治化管理水平。

加强社会治安综合治理工作规范化、法制化建设，制定、完善社会治安综合治理条例，进一步完善促进社会治安综合治理的法律、法规，加大执法检查力度，推进多层次、多领域、多形式的依法治理活动，落实社会治安依法治理工作各项措施。

八、加强综治宣传和理论研究工作，努力营造良好的舆论氛围

加强和改进综治宣传工作的组织协调，强化宣传机构与宣传队伍建设，建立健全宣传工作制度，密切与综治委各成员单位宣传部门的联系沟通及与各大新闻媒体的合作，创新宣传形式，提高宣传质量，营造良好的政法综治舆论氛围。进一步健全集中宣传与经常性宣传相结合的宣传工作机制，大力开展平安建设宣传，组织指导各地结合重大活动和重大部署等开展有针对性的集中宣传活动，开展各种丰富多彩、群众喜闻乐见的宣传活动，提高平安建设的知晓率。大力宣传见义勇为先进典型，弘扬社会正气。办好"中国平安网"，做好网上舆情分析，积极推动和指导各地开办政法综治网。加强对长安杂志、法制日报、中国长安出版社和长安法制电视制作中心的指导，充分发挥其政法综治宣传主阵地作用。配合中央电视台办好"社会与法"频道，共同开展"平安中国"集中宣传报道。编好、用好《中国社会治安综合治理年鉴》。认真组织参评中国新闻奖的社会治安综合治理优秀新闻作品评选活动。

加强综治干部教育培训工作，编好、用好综治工作培训教材。根据换届后综治干部变动情况，加大省、市、县各级综治干部的教育培训力度，各省（区、市）对县一级综治办主任、各地（市）对乡一级综治办主任要普遍培训一遍，努力提高综治干部政治、业务素质，牢固树立并自觉实践社会主义法治理念，提升工作能力和水平。

加强社会治安综合治理理论研究，积极研究解决新形势下社会治安综合治理工作的新情况、新问题。充分发挥有关教学科研机构和专家学者的作用，重点研究加强社会管理、化解社会矛盾、健全社会治安综合治理工作机制等课题。坚持国内研究和国外考察相结合，学习借鉴国外加强社会治安管理的做法和经验。

三、中央社会治安综合治理委员会文件

中央社会治安综合治理委员会
关于中央社会治安综合治理委员会
组成人员任职的通知

（2008 年 4 月 2 日）

各省、自治区、直辖市社会治安综合治理委员会，新疆生产建设兵团社会治安综合治理委员会，中央社会治安综合治理委员会各成员单位，中央和中央国家机关有关部门：

2008 年 3 月 28 日，中国共产党中央委员会发出《关于中央社会治安综合治理委员会组成人员任职的通知》（中委［2008］118 号），中央决定中央社会治安综合治理委员会由以下人员组成：

主　任：周永康

副主任：李建国　孟建柱　王胜俊　曹建明　周本顺　陈冀平

委　员：马　馼（女）　欧阳淞　翟卫华　徐海斌　蒋作君　张　耕　汪永清　李卫红（女）　李毅中　刘金国　耿惠昌　李学举　吴爱英（女）　谢旭人　尹蔚民　陈大卫　李盛霖　刘志军　蔡　武　陈啸宏　李　斌（女）　苏　宁　盛光祖　周伯华　李长江　张海涛　柳斌杰　王德学　邵琪伟　吴定富　张鸣起　胡春华　莫文秀（女）　孙忠同　吴双战　张　辉　白自兴

中央社会治安综合治理委员会原组成人员的职务自然免除。

特此通知。

中央社会治安综合治理委员会
关于中央综治委部分专门工作
领导小组组长、副组长任职的通知

（2008 年 5 月 29 日）

各省、自治区、直辖市社会治安综合治理委员会，新疆生产建设兵团社会治安综合治理委员会，中

央社会治安综合治理委员会各成员单位：

经中央领导同志批准，由全国人大常委会副委员长、中央综治委副主任李建国担任中央综治委预防青少年违法犯罪工作领导小组组长，共青团中央书记处第一书记陆昊担任副组长。

由国务委员、中央政法委副书记、中央综治委副主任孟建柱担任中央综治委流动人口治安管理工作领导小组组长，中央综治委副主任、中央政法委副秘书长、中央综治办主任陈冀平担任副组长。

上述专门工作领导小组其他原任副组长不变。

特此通知。

中央社会治安综合治理委员会关于集中开展排查调处矛盾纠纷、排查整治治安混乱地区和突出治安问题活动的通知

（2008年2月26日）

各省、自治区、直辖市社会治安综合治理委员会，新疆生产建设兵团社会治安综合治理委员会，中央社会治安综合治理委员会各成员单位：

为深入贯彻落实党的十七大精神，为北京奥运会和改革开放三十周年纪念活动安全顺利举办营造良好的社会环境，中央社会治安综合治理委员会决定，今年3至9月，在全国范围内集中组织开展排查调处矛盾纠纷、排查整治治安混乱地区和突出治安问题活动（以下简称“两个排查”活动），集中力量解决好影响社会和谐稳定的突出问题。现将有关事项通知如下：

一、统一思想，提高认识，充分认识开展“两个排查”活动的重要性和紧迫性

维护社会稳定是社会治安综合治理工作的基本任务。开展“两个排查”活动，是在各级党委和政府统一领导下，充分发挥党的政治优势，坚持社会治安综合治理方针，积极整合各方面力量，集中解决影响社会和谐稳定的突出矛盾和治安问题。这是贯彻落实党的十七大精神的客观要求，是正确处理人民内部矛盾、预防和减少犯罪的重要环节，是维护社会稳定、促进社会和谐的现实需要，是维护广大群众根本利益、密切党群干群关系的具体行动，也是做好当前各项工作、实现经济社会又好又快发展的重要保证。今年，是全面贯彻落实党的十七大作出的战略部署的第一年，是实施“十一五”规划承上启下的关键一年，也是立足新起点、顺应新期待、按照新要求继续全面建设小康社会的重要一年，举国期盼、举世瞩目的第29届奥运会将于8月在我国举办，改革开放三十周年纪念活动也将隆重举行。因此，在全国范围内集中组织开展“两个排查”活动，具有特殊重要的意义。要通过开展“两个排查”活动，做到对各种影响社会和谐稳定的社会矛盾、民间纠纷、信访问题和突出治安问题早发现、早控制、早解决，进一步夯实各项基础工作，进一步完善长效工作机制，努力实现群体性事件下降、信访总量及进京上访案件下降、“民转刑”案件下降、刑事和治安案件得到有效控制的目标。各级党委、政府和有关部门要充分认识开展这项活动的重要性和紧迫性，切实增强政治意识、大局意识、责任意识和协作意识，把这项工作摆上重要议事日程，摆上更加突出的位置，采取切实可行的措施，抓紧抓好，抓出成效。

二、集中排查化解矛盾纠纷，解决关系群众切身利益的突出问题，维护社会和谐稳定

（一）深入扎实地做好矛盾纠纷排查工作。

及时准确排查出影响社会和谐稳定的各种矛盾纠纷,是化解矛盾、维护稳定的前提和基础。要深入基层、深入实际、深入群众,全面掌握本地区、本行业、本单位矛盾纠纷的总体情况,完善预警预测分析机制,及时发现矛盾纠纷的苗头和隐患,尤其对可能引发重大治安问题和群体性事件的苗头要高度警惕,及时列入排查调处工作日程,深入开展调查研究,摸清情况,制定出切实可行的工作措施,坚决防止形成现实危害。要坚持条块结合、以块为主的原则,把地区排查、系统排查和单位内部排查有机结合起来,全方位、多层面地深入开展调查摸排,切实把各种不安全、不稳定的矛盾和问题排查彻底,为解决矛盾和问题打下坚实的基础。要认真抓好重点区域、重点群体和重点单位的矛盾纠纷排查工作,组织工作组深入基层,通过走访群众、接待群众来访、召开群众代表会议和基层组织负责人会议等办法,逐村组、逐社区、逐单位进行摸排梳理,扩大排查的覆盖面,确保把已经发生和正在酝酿的矛盾纠纷一件一件搞清楚,不留盲点和死角。对于排查出的矛盾纠纷和问题隐患,要逐一进行登记建档,归类梳理,逐件落实责任单位和责任人。

(二)切实解决关系群众切身利益的突出问题。要高度重视民生,千方百计保障民生,切实解决一批人民群众最关心、最直接、最现实的利益问题。加快健全由党和政府主导的维护群众权益机制,健全社会稳定风险评估机制、重大决策风险评估机制,坚持科学决策、民主决策、依法决策,提高依法办事、依法行政的能力,从源头上预防和化解矛盾纠纷。对于排查出来的重大、复杂、疑难矛盾纠纷,要实行领导包案、挂账督办,协调有关部门密切配合,集中力量调处解决,切实把问题解决在基层、解决在当地、解决在萌芽状态。对于短期内难以彻底化解的矛盾纠纷,要积极主动地做好群众思想工作,帮助群众解疑释惑、理顺情绪、排忧解难,同时要逐一落实措施,防止矛盾积累,防止矛盾激化,防止矛盾汇集到北京。

(三)充分利用调解手段化解矛盾纠纷。要增强调解意识,坚持把调解作为化解矛盾纠纷的主要手段,在集中排查调处矛盾纠纷活动中进一步完善大调解工作格局,健全多元化纠纷解决机制。要增强工作主动性、积极性,引导群众互谅互让、平等协商,心平气和地解决问题,消除分歧和隔阂,真正达到定分止争、息事宁人的目的。要坚持依法、及时、就地解决问题和疏导教育相结合的原则,充分发挥党的思想政治工作优势,教育引导群众通过理性、合法的方式表达自己的利益诉求,从实际出发考虑问题,妥善解决矛盾纠纷。同时,要坚持依法按政策办事,防止为求得一时一事的解决而引起攀比和引发新的矛盾。

(四)建立健全矛盾纠纷排查调处工作机制。各地各部门要以这次集中活动为契机,及时总结基层典型经验做法,固化有效工作模式,进一步整合基层综治、维稳、调解、信访等方面的工作力量和社会资源,健全完善相应的工作制度和工作程序,着力构建人民调解、司法调解、行政调解紧密协调配合、联调联动的大调解工作格局,切实形成及时、就地解决矛盾纠纷的长效工作机制。要充分发挥社会治安综合治理这个平台的作用,综合运用法律、政策、经济、行政等手段和教育、协商、疏导等办法化解社会矛盾纠纷。要努力推动矛盾纠纷排查调处工作的经常化、制度化、规范化,为实现全面、动态、可持续的和谐稳定打牢基础。

三、集中排查整治治安混乱地区和突出治安问题,维护良好的社会治安秩序,增强人民群众安全感

(一)深入分析本地社会治安形势,认真排查治安混乱地区和突出治安问题。各地、各有关部门要深入分析本地社会治安形势,以乡镇、街道为单位,组织辖区内的机关、团体、企事业单位、厂矿、学校和群众自治组织,认真排查治安乱点、突出治安问题和安全隐患,真正把治安混乱的区域、部位、场所搞清楚,把影响群众安全感的突出治安问题搞清楚,把导致治安状况混乱的原因搞清楚。各地包村(片)干部、社区民警、基层综治办工作人员,要走村入户,逐村(居)、逐户地摸排调查,一片一片检查督导,一个单位一个单位地督促落实,切实把影响社会治安的突出问题和隐患漏洞摸准查清。要加强对重点人群的排查,逐一落实教育和防范措施,最大限度地预防和减少违法犯罪。要加强对领导机关、涉奥场所、金融单位等重要敏感部位的排查,及时发现并消除治安和安全隐患,弥补防范漏洞;认真开展出租房屋大普查行动,及时发现和排除出租房屋中存在的治安和安全隐患。要加强对交通运输、消防和卫生、食品药品等重点行业和领域的排查,及时发现并消除公共安全隐患,提高保障公共安全的能力。

(二)切实整治治安混乱地区和突出治安问题,限期改变面貌。对于排查出的治安混乱地区和突出治安问题,要全部登记造册,按照问题的性质和管辖权限,逐一分析研究,逐一制定整治方案,逐一落实牵头部门、责任单位和责任人,逐一明确整治目标、措施和期限。要坚持边排查边治理和滚动排查、滚动治理,切实做到哪里治安混乱就重点整治哪里,哪些治安问题突出就重点整治哪些治安问题。要坚持多管齐下、标本兼治,限期改变面貌、堵塞漏洞、消除隐患。对情况复杂,经反复整治,问题仍得不到解决、效果仍不明显的,要查明原因,分清责任,必要时要层层挂牌督办,并组织强有力的工作组,进驻乱点,蹲点整治。特别是对治安混乱的重点地区和长期没有解决的突出治安问题,各地党委、政府主要负责同志和有关部门主要负责同志要亲自动手,包点督办,做到局面不改、人员不撤、工作不停,确保实现"由乱到治"。

(三)加强社会治安防控体系建设,有效预防、控制和打击犯罪。要毫不动摇地坚持"严打"方针,依法严厉打击和严密防范黑恶势力违法犯罪,严肃查处其背后的"保护伞",摧毁其经济基础,决不任其发展蔓延、坐大成势;依法严厉打击和严密防范杀人、绑架、爆炸等严重暴力犯罪和盗窃、抢夺、抢劫等侵财性违法犯罪,切实维护广大群众生命财产安全和生产生活秩序;依法严厉打击和严密防范制贩毒品、"六合彩"赌博、卖淫嫖娼、非法传销等违法犯罪,进一步净化社会环境;依法严厉打击和严密防范敌对势力、暴力恐怖势力、邪教组织的渗透破坏活动,坚决维护国家安全和社会政治稳定。落实警力下沉措施,加大社会面警力投入比例,加强社会面的管控。认真组织开展打击流窜犯罪、追捕逃犯等专项行动。在去年开展的刑释解教人员调查摸底和监外执行罪犯脱管漏管核查纠正专项活动基础上,对调查摸底中发现的问题及时整改,确保对重点人员的管控措施落实到位。进一步加强对集贸市场、中小学校及其周边地区、铁路和公路沿线、矿山、企业周边地区的管理控制,加强对旅店、出租房屋、发廊、歌舞厅、网吧、游戏厅等重点场所的管理控制,在案件多发地区、农村集镇、水陆通道、乡镇结合部等设立治安室、治安岗亭、治安卡口和报警点,落实党政领导机关、新闻宣传机构和金融单位等重点要害部位的安全保卫措施,加强对互联网、手机短信等信息安全监管和舆论引导,提高社会治安动态控制能力,确保对违法犯罪活动和影响社会稳定的事件发现得了、控制得住、查处得及时。大力加强社会治安防范工作,加大专兼职巡防力量建设力度,规范和发展群防群治队伍,推进基层社会治安防范社会化、网络化、科技化,建立健全点线面相结合的多方位、全覆盖、大防控的治安防范网络。

四、加强领导,强化责任,确保"两个排查"活动取得实效

(一)尽快动员部署,迅速展开工作。各级党委和政府要高度重视,尽快对"两个排查"活动作出具体部署,并抓紧组织实施。各级党政主要领导要亲自动员部署,深入一线督导,靠前指挥,亲力亲为,帮助解决工作中的困难和问题,带着对人民群众的深厚感情认真解决群众关心的热点难点问题。各级社会治安综合治理委员会要结合实际,抓紧制定工作方案,明确指导思想和目标任务,落实工作措施、责任部门和责任人,搞好宣传发动,加强组织协调和督导检查。要把工作重点放在县以下基层单位,乡镇、街道社会治安综合治理委员会及其办公室要把开展好"两个排查"活动作为当前首要政治任务,全力落实各项工作措施。各地各部门要转变作风、真抓实干,切实把"两个排查"活动动员好、部署好、组织好、落实好,确保"两个排查"活动取得实效。

(二)充分发挥职能部门的作用。各级政法部门要密切配合,认真排查整治治安混乱地区和突出治安问题;进一步高度重视并下大力气解决好涉法涉诉信访问题,加大重点案件督办力度,加大责任追究力度,努力做到案结事了、息诉罢访。国有资产管理、交通、建设、劳动保障、民政、农业、水利、环保、国土资源管理、安全生产监管等涉及矛盾纠纷相对集中的部门,要高度重视,精心组织,充分发挥各自职能作用,做好涉及本部门本系统的矛盾纠纷和行政争议调解工作,集中解决一批突出矛盾和问题,并积极配合相关部门做好工作，指导下级部门按照职责范围积极开展排查调处矛盾纠纷活动。各部门要协作配合、齐抓共管，努力形成工作合力，共同解决突出问题。

（三）广泛发动群众。各地各部门要把宣传发动群众作为组织开展“两个排查”活动的重要环节，贯穿活动的始终。要把宣传发动工作的重点放在基层，以基层党组织为依托，组织各单位、各村镇、各社区的党员干部，深入基层、深入群众，面对面地进行宣传发动，向群众宣传开展“两个排查”活动的重要意义、主要目标、工作重点等，真正使“两个排查”活动有关要求家喻户晓、深入人心。要动员广大群众积极参与，配合有关部门化解矛盾纠纷、摸排黑恶线索、检举犯罪人员、揭发违法行为，消除治安隐患，堵塞防范漏洞。

（四）加强督导检查。中央社会治安综合治理委员会将适时组织督导组，对各地开展“两个排查”活动进行督导，活动结束后将结合年度工作考核进行总结表彰。省、市两级社会治安综合治理委员会要组织督查组，分别派驻各市（地）和县（市、区），包片指导，跟踪督查，定期进行调度，及时掌握工作进度，协调解决影响社会和谐稳定的重大矛盾纠纷和突出治安问题。地方各级社会治安综合治理委员会办公室要建立健全台账，及时分流处理有关排查信息，督促有关地方和单位及时解决突出问题。这次“两个排查”活动结束后，各地要逐级上报工作情况，逐级进行严格的检查验收和总结奖惩，并将其作为2008年各级社会治安综合治理考核的重要内容。

（五）严格落实责任。要按照“属地管理”、“分级负责”和“谁主管、谁负责”的原则，层层分解任务，层层落实责任，一级抓一级，切实把抓好“两个排查”活动的责任落到实处。要实行“零报告”制度。对于该排查出的问题没有发现，或者发现了没有及时解决而酿成重大群体性事件、重大刑事案件或重大治安灾害性事故的，要严格实行责任倒查，对责任人实行责任追究，对责任单位实行一票否决。

中央社会治安综合治理委员会
关于充分发挥社会治安综合治理作用
全力做好抗震救灾和恢复重建工作的通知

（2008年6月6日）

各省、自治区、直辖市社会治安综合治理委员会，新疆生产建设兵团社会治安综合治理委员会，中央社会治安综合治理委员会各成员单位：

四川省汶川等地发生特大地震灾难后，在党中央、国务院的坚强领导下，全国军民齐心协力，团结奋战，全力投入抗震救灾。中央和国家机关、全国各地和社会各界，发扬“一方有难，八方支援”的精神，大力支援灾区抗震救灾，向灾区人民送温暖、献爱心，展示了万众一心、同舟共济的伟大民族精神，充分体现了社会主义制度战胜一切艰难险阻的政治优势。当前，抗震救灾面临的形势依然严峻，恢复重建任务相当艰巨。为全面贯彻党中央、国务院的一系列部署，落实胡锦涛总书记、温家宝总理关于抗震救灾和恢复重建工作的一系列重要讲话精神，充分发挥社会治安综合治理的优势和作用，全力做好灾区群众安置、恢复生产、灾后重建工作，进一步维护社会治安和社会稳定，现就有关事项通知如下：

一、充分认识做好抗震救灾、恢复重建工作对维护社会稳定的重要性和紧迫性

抗震救灾、恢复重建工作是当前的重要政治任务，各级综治部门要在党委政府的统一领导下，充分发挥自身的职能作用,坚决贯彻落实中央和地方各级党委政府的一系列决策和工作部署,全力打好这场人民群众最关注、最迫切的抗灾硬仗。要充分发挥综治组织工作面广、协调能力强、基层网络健全的优势,切实把抗震救灾、恢复重建工作抓紧抓好。特别是灾区的各级综治组织,在加强自身建设的同时,要继续发扬不怕疲劳,连续作战的优良传统,以身作则,真正做到想群众之所想、急群众之所急、解群众之所难,维护好灾区的社会政治稳定、治安稳定,为抗震救灾、灾后重建做出新的贡献。

二、尽快恢复和重建基层综治工作网络和群防群治力量

基层综治工作网络和群防群治队伍在抗震救灾和恢复重建工作中可以发挥其独特的作用,必须及时做好调整和巩固工作。要进一步建立健全乡镇(街道)综治委、办及综治工作中心,在灾民安置点及时建立临时综治工作站(点),在受灾群众中建立临时治保、调解组织,使基层治保会、调委会、专职治安巡逻队、治安信息员等工作队伍坚定信心、明确任务,在党政统一领导下尽快发挥重要作用。要进一步动员社会力量,加大对灾区综治组织工作条件支持力度,特别在临时办公用房、车辆、办公用品等方面给予大力支持、帮助,对家庭受损、陷入困境的政法综治干警要及时做好慰问工作,并适当给予抚恤和补助,使干部队伍尽快形成战斗力,投入恢复生产、灾后重建工作。

三、要把排查化解各种矛盾纠纷和突出问题作为工作的首要任务

在灾民安置、恢复生产和灾后重建工作中,各种矛盾纠纷可能会增多。各级综治部门特别是灾区的综治部门要组织有关单位和力量,把为群众排忧解难、化解矛盾纠纷、维护治安稳定作为工作的重中之重。时刻关注群众所关心的、所急需解决的问题。密切注意和广泛了解社会各界和群众的思想情绪,对一些苗头性的不稳定因素或问题,要及时分析研判,做好协调关系、理顺情绪、化解矛盾的工作,对已出现的问题迅速妥善处置。要进一步建立健全信息员报告制度,解决信息不灵,情况不清等问题,使民意表达、群众诉求有更畅通、便利的渠道,严防少数别有用心的人借机扰乱破坏社会治安秩序,全力维护好社会稳定。

四、迅速开展各种专项整治活动

要组织协调有关部门,集中排查治理影响抗震救灾、恢复重建工作顺利进行的突出治安问题,及时消除隐患。要组织协调公安机关等部门,进一步防范和打击趁乱打劫、盗窃、哄抢救灾物资等违法犯罪行为,确保各种应急物资的安全;督促、协助公安机关、通信部门等加强对互联网和手机短信的管理,及时封堵、删除各种有害信息,对恶意制造传播谣言、企图扰乱人心、煽动滋事的别有用心的人,要坚决依法严肃查处;要加强安全检查,严防发生重特大火灾和交通事故;督促、协调工商行政管理部门采取有效措施加强市场管理,严厉打击干扰破坏市场管理秩序的违法行为,保障群众生活必需品的供应,防止囤积居奇、哄抬物价、欺行霸市;要协助卫生部门发动群众,搞好灾区卫生防疫工作,防止灾区疫病流行;协助工业和建设部门加强对重点工程、重点建设项目的监督和管理,严格落实各项安全责任,防止发生安全生产事故。要严防境内外敌对势力的渗透破坏活动,严防“藏独”分子趁机扰乱人心、制造事端。

五、进一步开展各种形式的基层平安创建活动

从实际出发,制定灾区基层单位、生活小区平安创建措施。在党政机关和重要敏感的企事业单位,以及涉及水、电、气、油等重点部位,要督促协调单位内保组织和所在区域群防群治力量紧密协作,特别是对铁路、重要交通地段、油库(罐)输油输气管路和易燃易爆、有毒有害物品等危险源地要加强巡护,开展联防联治,坚决消除各种事故隐患。要充分发动群防群治力量开展各种形式巡逻防范,特别是加强对灾民安置点、居民小区等案件高发区域、时段的巡逻防范,提高灾区社会面治安防控能力。注意总结和推广恢复重建过程中涌现出来的平安建设先进典型和好做法,深入开展各种形式的基层平安创建活动。

六、努力推动各项以灾民为重点的社会服务管理措施的落实

要积极整合各种社会资源,发挥综治工作中心和站(点)“一站式服务”的“窗口”作用,积极主动地推出便民利民措施,通过组织协调、沟通各有关部门,尽快形成良好的工作机制,把各地调运的帐篷、衣物、食品、药品等物资及时送到受灾群众手中，帮助群众解决衣食住行等实际困难。协助有关部门管好、用好赈灾物资，确保物资节俭分发、有效使用，对那些贪污浪费、挪用截留赈灾物资的，要严肃查处，确保赈灾物资发放到最需要的地区和群众手中。要把群防群治力量最大限度地组织起来，发挥其主力军和突击队作用，组织群众自立互助、不等不靠，就地挖掘潜力，抢收抢种，抢修工程，尽快恢复生产，有序开展自建家园活动。综治委各专门工作领导小组要紧急行动起来，尽快出台有针对性的工作建议。要及时组织专门力量，通过开展“灾区未成年人、孤残老人关爱工程”等系列活动，对未成年人、致孤致残老人给予特别的关注和帮扶。要关注对受灾群众中失去家园而外出务工人员的帮助和服务管理，及时提供就业信息，搞好培训工作，在挖掘本地重建就业市场潜力的同时，积极引导有序流动等。

七、进一步做好宣传教育工作

一方面要深入宣传抗震、防震、自救等知识，引导群众正确认识自然灾害，不听信、散布谣言，消除群众的恐慌心理，落实各项防范措施。另一方面，要广泛宣传党和政府全力以赴、抗震救灾的坚定决心和全国人民万众一心、众志成城、共克时艰的团结协作精神。要进一步增强宣传报道的针对性、实效性和说服力、感染力，引导广大干部群众把思想和行动统一到中央部署和要求上来。要及时发现抗震救灾中涌现出来的先进典型，广泛宣传他们的先进事迹和崇高精神，弘扬自强互助精神，激励广大干部带领群众振奋精神，顽强拼搏，艰苦奋斗，为抗震救灾、恢复重建做出更大贡献。

八、非受灾地区的各级综治组织要以实际行动做好各项支援帮扶工作

要及时传达党中央、国务院的重要指示精神，按照中央的统一部署，统一思想认识，组织和动员本地区各有关部门的力量，全力以赴，协助灾区完成好恢复生产、灾后重建的重大任务。要继续发扬“一方有难，八方支援”的精神，积极发动社会各界开展帮扶活动，从长远出发，献计献策，集思广益，全力支持帮助灾区渡过难关。当地综治部门对转移到非灾区的困难群众，要协助有关单位解决好他们的生产、生活问题；对于转移到非灾区的灾区未成年人，要组织协调有关部门创造条件帮助他们搞好学习生活；特别对从灾区来的流动人口要搞好服务管理；对从灾区过来的流浪未成年人，要切实做好安置和救助工作。综治战线广大干部群众要坚守岗位，在大力支援抗灾工作的同时，扎实做好本职工作，以实际行动维护社会治安和社会稳定。

各级综治委、办要密切掌握、及时报送涉及社会治安和社会稳定的情况信息，进一步加强值班和工作报告制度，确保信息畅通有效，工作协调到位。要通过这次抗震救灾、恢复重建工作，积极探索、总结特殊时期发挥综治作用的特点规律，使社会治安综合治理在维护社会稳定中更好地发挥基础保障作用。各地各部门综治组织积极参加抗震救灾的有关情况，请及时报告中央综治办。

中央社会治安综合治理委员会关于印发《关于进一步加强西藏及其他藏区社会治安综合治理工作的意见》的通知

（2008 年 7 月 15 日）

各省、自治区、直辖市社会治安综合治理委员会，新疆生产建设兵团社会治安综合治理委员会，中央社会治安综合治理委员会各成员单位：

为了贯彻中央有关维护西藏及其他藏区稳定

的一系列工作部署，进一步维护社会治安和社会稳定，中央综治委制定了《关于进一步加强西藏及其他藏区社会治安综合治理工作的意见》，现印发给你们，请结合实际贯彻落实。

关于进一步加强西藏及其他藏区社会治安综合治理工作的意见(摘要)

拉萨"3·14"打砸抢烧严重暴力犯罪事件发生后，西藏及其他藏区各级党委政府和综治部门及时总结经验教训，认真查找工作中的薄弱环节，切实改进工作，狠抓各项措施的落实，维护了社会大局稳定。但是，必须清醒地看到，当前我国面临的国内外环境更加错综复杂，达赖集团的分裂破坏活动已成为影响西藏及其他藏区社会稳定的首要因素，西藏及其他藏区的社会治安和社会稳定形势依然严峻；一些地方社会治安综合治理基层基础工作还很薄弱，影响了工作措施的落实。针对当前西藏及其他藏区社会治安和社会稳定出现的新情况、新特点，现就进一步加强西藏及其他藏区社会治安综合治理工作提出以下意见。

一、充分认识开展反分裂斗争、维护西藏及其他藏区社会政治稳定的极端重要性

各级党委政府和综治部门要充分认识西藏及其他藏区反分裂斗争的长期性、尖锐性和复杂性，切实提高广大党员干部的思想认识，深刻认识西方敌对势力、境内外民族分裂势力、宗教极端势力和暴力恐怖势力相互勾结、进行渗透破坏的现实危害性，立场坚定、旗帜鲜明地同一切分裂活动作斗争。西藏及其他藏区社会治安综合治理工作要以反对分裂、维护祖国统一为重点，按照中央的统一部署和要求，认真分析当前反分裂斗争面临的复杂形势，积极探索加强社会治安综合治理的新方法、新举措，充分发挥社会治安综合治理的优势，进一步落实"打防结合、预防为主，专群结合、依靠群众"的工作方针，紧紧围绕影响社会治安和社会稳定的突出问题，坚决有力地依法打击和有效防范各种分裂破坏活动，切实维护祖国统一和民族团结，切实维护西藏及其他藏区社会政治稳定。

二、大力开展平安寺庙创建活动

要在党委和政府领导下，组织协调统战、公安、民族、宗教等部门，指导寺庙民管会大力开展平安寺庙创建活动，按照"分级负责，属地管理"原则，推动社会治安综合治理进寺庙，依法加强对宗教事务和宗教场所的社会管理。要在寺庙等场所广泛开展爱国主义教育和法制宣传活动，坚决消除政教合一落后残余思想意识的消极影响，有计划、有步骤地在僧尼和广大信教群众中开展反分裂斗争教育，坚决抵制达赖集团分裂思想的侵蚀和渗透，确保"爱国爱教、团结进步"的思想始终占据寺庙的主导地位。要加强寺庙民管会班子建设，选配好民管会班子成员，把寺庙中政治立场坚定、宗教造诣深、群众威望高的人士调入民管会班子中，保证寺庙领导权牢牢掌握在爱国爱教的僧人手中。要建立健全寺庙治安、消防、文物保护和财务监管等工作制度，解决寺庙安全和管理中财权、物权等失控的问题。通过综合治理进寺庙和建立健全寺庙管理机制，保证各项工作措施的落实，有效抵制达赖集团分裂主义势力对寺庙的渗透、控制和破坏。

三、大力加强基层组织和基层政权建设

西藏及其他藏区各级党委和政府要着眼于基层基础工作薄弱的地方和单位，切实加强以党的基层组织为核心的基层政权建设、基层群众自治组织及群防群治组织建设。要认真贯彻落实中共中央、国务院《关于进一步加强社会治安综合治理的意见》精神，在加强基层党政组织建设的基础上，大力加强社会治安综合治理基层组织建设，充分发挥社会治安综合治理的体制机制优势，整合基层维护社会稳定的力量，形成维护稳定工作的合力。要进一步加强乡镇(街道)综治委、办建设，配齐配强专职干部，确保基层综治工作有人抓、有人管。要切实加强村（社区）“两委”班子和综治组织建设，不断壮大群防群治队伍。要通过加强社会治安综合治理基层组织建设，在社会治安综合治理这个平台上，整合政法、统战、民族、宗教、群防群治等各种力量和资源，形成齐抓共管的工作机制。要大力加强教育和培训，提高社会治安综合治理基层组织执行党和国家各项政策、法律法规的能力和水平，提高做好民族、宗教工作的能力和水平，提高做群众工作的能力和水平，有效解决部分基层组织对宗教事务不愿管、不敢管、不会管的问题。要主动做好群众的教育引导工作，使广大群众认清达赖集团分裂祖国的反动本质，增强对达赖集团利用藏传佛教进行政治和思想渗透识别和抵制的能力。

四、有效预防、排查调处各类矛盾纠纷，加强维护稳定情报信息工作

要认真开展矛盾纠纷排查调处工作，通过排查调处矛盾纠纷，倾听群众呼声，了解群众疾苦，解决涉及群众切身利益的困难和问题，真正为群众办实事、办好事，为维护社会稳定打下坚实基础。要进一步健全工作网络，完善信息反馈和预警机制，对各类矛盾纠纷做到早发现、早报告、早处置，避免事态扩大。从实际出发确定工作的方向和重点，对各类纠纷特别是涉及民族宗教事务的矛盾纠纷要进行深入细致地摸排，认真负责地解决。对排查发现的可能影响社会稳定的苗头性问题，要及时向党委和政府报告，并在党委和政府领导下，发挥各有关职能部门的作用，快速反应，妥善处置，彻底解决问题。

五、认真做好特殊群体的帮扶管理工作

要切实解决帮教对象的实际困难和问题，严厉打击恐吓和伤害举报人及基层干部的不法行为，最大限度地教育、挽救、争取大多数，最大限度地孤立、打击、分化极少数。对于刑释解教人员，要坚持教育、服务、管理相结合，切实抓好衔接管理和帮扶教育工作，重点解决漏管失控问题，推动建立解决管控“三无”人员和没有改造好的重点人员的培训基地，强化教育工作，进一步做好刑释解教人员就业和社会保障工作。

六、积极做好社会管理各项工作

要认真贯彻落实中办、国办转发《中央社会治安综合治理委员会关于进一步加强流动人口服务和管理工作的意见》精神，切实做好流动人口服务和管理工作。要规范房屋出租行为、强化流动人口登记管理，落实服务措施，维护流动人口合法权益。要加强城镇与农牧区劳务协作配合，提高劳务流动的组织化、有序化程度。创造条件加强对进城务工人员的职业培训，加强就业指导。要重点做好对无业流动人口的建档管理工作，跟踪服务，特别要把城镇周边聚居的农牧民群众和社会闲散人员纳入依法有序管理之中。要积极构建以社区为依托的流动人口服务和管理平台，充分整合社会资源，逐步建立流动人口服务和管理网络，加强协管员队伍建设。进一步建立和完善社会治安防控体系，扎扎实实推动基层各种形式的平安创建活动。组织协调职能部门基层工作力量，依法严格社会治安管理特别是特种行业管理，强化对重点区域、要害部门及枪支弹药、爆炸物品、剧毒危险物品的管理，对重点问题，挂牌督办，减少或消除被分裂势力、恐怖势力利用的隐患。督促协调有关部门加强医疗卫生工作，进一步扩大农牧区医疗保障覆盖面。

西藏和其他藏区各地要在深化平安边界创建工作、有效遏制和打击非法出入境活动等领域形成工作合力，切实在思想认识上统一明确，行动措施上规范一致，共建反分裂斗争协同工作机制。要把治理非法出入境工作纳入综治目标管理范畴，将禁止非法出入境行为列为乡规民约和寺庙管理规章制度中；有关职能部门要做好非法出入境查堵、审查、打击、遣送工作，重点打击组织偷渡的“蛇头”、境外达赖集团派遣人员及多次非法出入境人员，要加强立法工作，研究制定惩治非法宗教活动、非法出入境行为及遏止民族分裂势力、宗教极端势力渗透发展的地方性法规。

七、切实加大宣传教育工作力度

要督促协调各有关部门重点加强针对农牧区及广大青少年的爱国主义、民主法制和民族团结进步等方面宣传教育。在学校教育中增加西藏是祖国不可分割的一部分等历史常识和改革开放以来所取得的巨大成果的教学内容，在各级各类学校广泛深入开展爱国主义、遵纪守法教育，引导学生树立马克思主义祖国观、民族观、宗教观和文化观，减少宗教对青少年的负面影响。坚决推行九年制义务教育，努力制止未成年人入寺当僧尼的行为。加强对闲散青少年的教育管理，进一步完善政府和社会资助家庭经济困难学生的制度。努力引导群众破除封建迷信，正确对待人生，科学认识宗教信仰与日常生产生活的关系。进一步加大农牧区广播电视村村通工程建设力度，扩大广播电视进村入户覆盖面，牢牢占领和巩固农牧区思想文化阵地。有针对性地加大法制宣传工作力度，努力营造学法、知法、守法的良好社会舆论环境。

八、加强组织领导，层层落实责任

西藏及其他藏区各级党委政府要高度重视社会治安综合治理工作，加强组织领导，狠抓社会治安综合治理领导责任和目标任务的落实，加大人力、物力、财力保障力度，切实解决工作中存在的困难和问题。各级党委政法委和综治办要加强组织协调和督促检查，推动社会治安综合治理各项工作措施落实。要按照属地管理和"谁主管、谁负责"的原则，层层签定目标管理责任书，一项一项地明确责任，一项一项地研究措施，一项一项地落实到责任单位和责任人。要强化责任倒查和责任追究，对于领导不力或工作失职、渎职而酿成影响社会治安和社会稳定重大事件，造成重大损失和恶劣影响的，要严肃追究有关领导责任，对相关地区和单位坚决实施社会治安综合治理"一票否决"。

中央社会治安综合治理委员会关于印发《各部门在流动人口服务和管理工作中的主要职责》的通知

（2008 年 7 月 15 日）

各省、自治区、直辖市社会治安综合治理委员会，新疆生产建设兵团社会治安综合治理委员会，中央社会治安综合治理委员会各成员单位：

中央综治委流动人口治安管理工作领导小组2008 年第一次全体会议审议通过了《各部门在流动人口服务和管理工作中的主要职责》，现印发给你们，请结合实际情况，认真贯彻落实。

各部门在流动人口服务和管理工作中的主要职责

党委组织部门、共青团组织：分别负责对流动党员、流动团员的教育、管理和相关服务。(1)原所在党、团组织负责掌握外出党员、外出团员的去向、从业、外出时间等情况，确定联系方式；在集体外出、暂住地点相对集中的党、团员中，按规定建立党、团组织。(2)暂住所在地党、团组织负责把外来党员、外来团员编入相应的组织，安排参加组织生活，分配做适当工作。(3)原所在党、团组织和暂住所在地党、团组织要加强联系，形成以暂住所在地党、团组织为主，原所在地和暂住地党、团组织密切配合、有机衔接的流动党员、流动团员管理机制，共同做好教育、管理和相关服务工作。(4)各级共青团组织要协助有关部门着重在技能培训、维护权益、文化建设等方面加强对进城务工青年等群体的教育、服务和引导。

发展改革部门：参与流动人口服务和管理有关政策的研究制定工作，配合教育、卫生等部门研究编制包括为流动人口服务的相关设施在内的建设规划，安排中央或地方事权范围内的建设投资。

教育部门：负责流动人口子女教育管理工作。(1)指导和督促中小学校做好接收流动人口子女就学和教育教学工作。(2)配合有关部门做好接收流动人口子女公办学校的建设规划、经费投入计划和教师编制计划。(3)对义务教育阶段农民工子女就学情况进行统计。

公安部门：负责对流动人口的户籍管理和治安管理。(1)办理暂住户口登记，发放和查验暂住证。(2)(略)。(3)依法严厉打击流动人口违法犯罪活动。(4)会同有关部门对出租房屋、中小旅馆、建筑工地、废品收购站点、劳务市场、公共娱乐场所及城乡结合部等流动人口容易聚集的场所、部位进行治安管理和清理整治。(5)(略)。(6)配合民政部门开展城市生活无着的流浪乞讨人员的救助管理工作。(7)配合有关部门做好重点时期、重点区域集中外出务工群体的疏导工作。

国家安全部门：负责在管辖范围内发现、打击和防范流动人口中危害国家安全的行为。(略)

民政部门：负责向遭遇临时生活困难的城市流浪、乞讨人员提供临时性救助，完善社区在流动人口服务和管理工作中的重要作用。(1)负责城市生活无着的流浪乞讨人员的救助管理工作和流浪未成年人的救助保护工作。(2)负责救助管理站和流浪未成年人救助保护中心的管理工作。(3)加强社区组织和队伍建设，加大社区组织工作用房和居民公益性服务设施建设投入力度，健全社区公共服务体系，积极开展社区志愿服务，切实做好社区流动人口服务和管理工作。

司法行政部门：负责对流动人口的法制宣传教育、法律服务、法律援助和纠纷调解工作，会同有关部门共同做好对流动人口中刑释解教人员的安置帮教工作，负责社区矫正工作。

财政部门：负责对流动人口服务和管理经费保障的相关工作。(1)负责研究流动人口服务和管理工作中涉及财政的有关问题，按照国家有关规定保障政府开展流动人口服务和管理工作经费。(2)负责对流动人口服务和管理工作中有关财政政策执行和经费使用进行管理和监督。

人力资源社会保障部门：负责规范人力资源市场秩序和对流动就业人员的职业培训、劳动就业、社会保险管理服务工作。(1)为流动就业人员提供职业培训、就业信息、职业介绍、社会保险接续等公共服务。(2)依法处理用人单位与流动就业人员之间的劳动争议。(3)依法开展劳动保障行政监察，查处侵害流动就业人员劳动保障权益的违法行为。(4)推进和指导农村劳动力转移就业服务体系建设，培育和管理劳务品牌，组织劳务输出输入对接。(5)负责流动人才的相关管理和服务工作。(6)会同有关部门依法加强对职业中介服务活动的管理，规范人力资源市场秩序，打击针对流动就业人员的职业中介欺诈。

住房城乡建设部门：负责成建制建筑施工企业市场管理和工地管理，监管房屋租赁行为，强化市容环境卫生监察，加强流动人口聚集地规划管理和小城镇建设管理，促进农村富余劳动力就地就近转移。(1)负责对成建制建筑施工企业市场管理、工地的管理以及流动人口聚集地的规划管理。协助有关部门落实流动人口管理的各项措施。(2)负责小城镇的规划、建设和管理，对拟进入建设行业的农村富余劳动力开展培训，促进农村富余劳动力的就近转移。(3)负责房屋租赁的指导监督和登记备案、市容环境卫生监察。

铁道部门：负责铁路运输流动人口的相关工作。(1)配合有关部门做好重点时期、重点区域集中外出务工群体的疏导工作。(2)配合有关部门清理进入铁路沿线安全保护区和站场内的外流闲杂人员。(3)打击火车站及列车上的违法犯罪活动。(4)配合民政等部门做好铁路站车上流浪乞讨人员的救助管理工作。

交通部门：落实流动人口服务和管理工作部署，努力维护交通运输安全。(1)配合有关部门做好重点时期、重点区域集中外出务工群体的疏导工作。(2)依法打击码头、相关水域和轮船上的违法犯罪活动。

农业部门：促进农民多渠道转移就业。(1)

加强劳务输出基地建设，构建农村劳务开发体系，发展农村劳务经济。(2)组织实施农村劳动力转移培训。(3)维护农村外出劳动力的土地承包经营权益。(4)开展农村外出劳动力转移就业监测。(5)组织、指导农村劳动力向乡镇企业和农村二、三产业转移。

卫生部门：负责对流动人口的公共卫生服务和管理。(1)负责对流动人口的健康检查、卫生防疫工作。(2)为流动人口提供妇幼保健、生殖健康服务和管理。

人口计生部门：负责对流动人口的计划生育服务和管理。(1)开展流动人口计划生育宣传教育。(2)为流动育龄人口免费办理和查验流动人口婚育证明以及相关信息登记工作。(3)为流动育龄人口提供国家规定项目的免费避孕药具和计划生育技术服务。(4)依法为流动育龄人口提供生殖健康的宣传、教育、咨询等服务。

工商行政管理部门：负责对外来人员从事个体经营活动的管理。(1)严把市场准入关，督促外来经商人员依法办理营业执照，并对其经营行为进行监督管理。(2)对外来经商的个体工商户和私营企业主进行职业道德和遵纪守法等教育。(3)协助公安机关加强对出租房屋中流动人口的管理，对利用出租房屋从事违法经营活动的行为进行查处。

军事机关：负责流动人口的兵役工作。(1)负责流动人口中民兵、预备役人员的管理工作。(2)受理流动人口中应征公民的兵役登记和预征对象的选定、征集工作。

工会组织：维护流动就业人员的合法权益，促进劳动关系稳定和谐。(1)最大限度将流动就业人员组织到工会中来。(2)帮助指导流动就业人员签订劳动合同，将流动就业人员的劳动权益纳入集体合同中。(3)主持流动就业人员劳动争议案件的调解，参加仲裁，对提起诉讼的人员提供法律援助，化解矛盾。(4)强化对流动就业人员的法制宣传教育，提供职业技术技能培训服务。(5)配合有关部门做好重点时期、重点区域集中外出务工群体的疏导工作。

妇联组织：维护流动妇女儿童合法权益。(1)协助有关部门开展对流动妇女的培训教育。(2)联合有关部门开展流动儿童平安、关爱活动。(3)建立完善"流动妇女平安之家"，面向流动妇女开展法制宣传教育和维权服务。(4)配合有关部门查处侵害流动妇女儿童权益的典型案件。

保险监管部门：会同有关部门做好流动人口的社会保障工作。(1)大力发展保费低廉、保障适度、符合流动人口保障需求的保险产品，为流动人口提供补充养老、补充医疗、意外伤害等保险产品，提高流动人口的社会保障水平。(2)发挥保险机构网络优势、信息系统优势，配合有关部门做好流动人口服务和管理工作。

四、中央社会治安综合治理委员会的重要会议

（一）全国社会治安综合治理工作会议

中央社会治安综合治理委员会关于印发周永康、孟建柱同志在全国社会治安综合治理工作会议上的讲话的通知

（2008年4月23日）

各省、自治区、直辖市社会治安综合治理委员会，新疆生产建设兵团社会治安综合治理委员会，中央社会治安综合治理委员会各成员单位：

经党中央批准，2008年4月7日至9日，全国社会治安综合治理工作会议在广东省广州市召开。现将周永康、孟建柱同志在会议上的讲话印发给你们，请结合实际情况，认真贯彻落实。

周永康同志的讲话

（2008年4月7日）

这次会议的主要任务是，深入学习贯彻党的十七大精神，深入学习贯彻全国政法工作会议精神特别是胡锦涛总书记在全国政法工作会议代表和全国大法官、大检察官座谈会上的重要讲话，以维护社会稳定、确保北京奥运会安全顺利举办为目标，研究部署做好当前和今后一个时期的社会治安综合治理工作。

长期以来，特别是党的十六大以来，在以胡锦涛同志为总书记的党中央的坚强领导下，社会治安综合治理伴随着我国改革开放的发展进程，走

出了一条具有中国特色的维护社会治安、保持社会稳定的成功道路，取得了新成绩。各级党委、政府高度重视，切实加强组织领导，社会治安综合治理的体制机制不断完善，工作成效进一步凸显；平安建设活动广泛开展，落实社会治安综合治理各项措施有了更好的载体，维护社会稳定和谐的平台初步建立；预防、发现、调处和化解矛盾纠纷工作得到加强，矛盾纠纷的大排查、大调解格局基本形成；社会治安防控体系不断完善，治安防控网络进一步健全，社会治安防控能力得到提升；"打黑除恶"、打击"两抢一盗"、治理自行车被盗等专项行动深入开展，人民群众对社会治安的满意度不断提高；基层基础工作受到重视，基层维护稳定力量有效整合，基层维护社会治安的实力不断增强。这些都为做好今后一个时期的综治工作积累了宝贵经验，奠定了良好基础。

党的十七大是在我国改革发展关键阶段召开的一次十分重要的会议，对健全社会治安防控体系，加强社会治安综合治理，深入开展平安创建活动提出了明确的要求。去年召开的全国政法工作会议贯彻落实党的十七大精神，对当前和今后一个时期的政法工作作出了全面的部署，特别是胡锦涛总书记在全国政法工作会议代表和全国大法官、大检察官座谈会上的重要讲话，对做好政法工作、加强法治建设、维护社会稳定提出了一系列重大理论观点、重大战略思想和重大政治原则，是指导社会治安综合治理工作的政治纲领和行动指南。各级党委、政府和综治部门要认真学习，深刻领会，坚决贯彻落实。要充分认识社会治安综合治理工作在中国特色社会主义事业全局中的地位和作用，更加自觉地把社会治安综合治理工作放到发展中国特色社会主义的大格局中去谋划，放到全面建设小康社会和构建社会主义和谐社会的大目标中去推进，放到依法治国、建设社会主义法治国家的大背景中去开拓，努力推动新时期社会治安综合治理工作取得新发展，为维护社会稳定、推动科学发展、促进社会和谐做出应有的贡献。

当前，我国经济持续快速发展，各项社会事业不断进步，人民生活水平显著提高，综合国力日益增强，总的形势是好的。这为我们做好社会稳定、社会治安工作创造了良好条件。但是，我们要清醒地看到，今年是极为重要、极为特殊的一年。我们要举办世人瞩目的北京奥运会，并将迎来改革开放30周年，大事多、喜事多、要事多。举办北京奥运会既是一次难得的机遇，也是一次严峻的挑战。我国成功申办奥运会以来，境内外敌对势力一直积极策划，企图借我国举办奥运会之机，破坏我国家统一和社会稳定，抹黑我国家形象，迫使我国改变社会主义制度，颠覆我国人民民主专政的政权。随着北京奥运会的日益临近，境内外敌对势力捣乱破坏的步伐明显加快，国内各种不稳定、不安定因素大量存在，各种可以预见和难以预见的风险日益增多，社会稳定和社会治安面临着前所未有的严峻挑战。今年我们面临的各种矛盾异常复杂，对敌斗争十分尖锐，维护社会稳定工作所承受的内外压力非比寻常，是对我们的一次特殊严峻的考验。

面对当前严峻复杂的形势，我们一些同志包括一些领导干部缺乏应有的政治意识、忧患意识和责任意识，看不到今年维护稳定工作的复杂性和艰巨性，对已经发生的一些不稳定事件和潜在的不稳定因素认识不足，对本地区、本部门、本单位的稳定形势盲目乐观，不了解新情况，不研究新问题，不知道如何防范和应对；一些地方基层政权组织软弱无力，缺乏凝聚力和号召力，难以发挥保一方稳定的作用。面对这样严峻复杂的形势，今年的综治工作不能平铺直叙，不能按部就班，要紧紧围绕确保北京奥运会安全顺利举办这一目标，深入贯彻打防结合、预防为主、专群结合、依靠群众的方针，突出工作重点，着眼主动防范，发挥职能优势，组织动员社会各方面的力量，打一场保卫奥运会安全的人民战争，坚决防止发生影响国家安全和社会稳定的重大政治事件，坚决防止发生大规模群体性事件，坚决防止发生暴力恐怖事件，为举办一届高水平、有特色的奥运会创造和谐稳定的社会环境。

下面，我就做好当前和今后一个时期的社会治安综合治理工作讲几点意见。

一、要大力加强矛盾纠纷排查化解工作

当前，我国正处于人民内部矛盾凸显期，各种社会矛盾较多，化解难度较大，影响社会稳定。面对这种形势，我们必须把排查化解矛盾纠纷作为综合治理工作第一位的任务，作为综合治理的"龙头"紧紧抓住不放。各地区、各部门、各单位都要把存在的矛盾纠纷排查清楚,彻底解决积累的历史问题,努力防止产生新的矛盾纠纷。要充分组织动员社会各方面的力量,充分运用人民调解、行政调解、司法调解手段,把矛盾纠纷消除在萌芽状态、解决在基层单位,坚决防止矛盾上交、矛盾激化。要大力加强信访工作,认真解决重信重访问题,防止矛盾纠纷累积叠加,防止上访人员进京滋事、制造极端事件。

这些年正反两方面的经验教训充分说明,尽管矛盾纠纷大量存在,只要我们高度重视,在党和政府领导下主动工作、努力化解,就没有什么解决不了的矛盾,没有什么平息不了的纠纷。相反,如果我们不重视矛盾纠纷的排查化解,就可能把小事拖大,甚至酿成极端恶性事件。比如,山东和江苏的微山湖边界纠纷持续多年,两地群众频繁械斗、死伤多人,是严重影响两省社会稳定的老大难问题。前几年,由于两地党委、政府高度重视,互谅互让,主动开展工作,有效化解了历史积怨,建立了和谐的边界关系,实现了社会稳定,促进了经济发展。相反,有些地方、有些单位不仅不去主动化解矛盾,反而导致矛盾激化,以致造成重大恶性刑事案件,在社会上产生了恶劣影响,教训十分深刻。

因此,对于矛盾纠纷我们一定要经常排查、反复排查、动态解决,决不能等到酿成严重刑事案件、形成大规模群体性事件再来解决。对于已经排查出来的矛盾纠纷特别是重信重访问题,要逐一登记造册,逐一落实责任,逐一跟踪督办,切实有效解决。今后,凡是因为矛盾纠纷积累激化造成重大恶性案件、事件的,要坚决追究有关地方党政领导和部门、单位责任人员的责任。

二、要大力加强基层基础工作

基层基础工作薄弱,是我们当前面临的严重问题,也是对社会稳定最大的隐患。现在,随着大量农民进城务工,一些农村只剩下老弱病残妇幼,农村基层组织软弱涣散;随着城市建设的快速发展和人口的急剧增多,城市的基层基础工作相对滞后,形成不少管理真空。因此,在一些地方对影响社会稳定的苗头和问题一无所知,甚至出了事情连个报信的人都没有,更别说去解决问题了。因此,各级党委、政府,各部门、各单位都要把工作的着力点放在加强基层基础建设上,真正重视基层基础,大力强化基层基础,切实把人力、物力、财力、注意力向基层基础建设倾斜,打牢维护国家安全、维护社会稳定、促进社会和谐的根基。

要大力加强市县、街道、城乡社区和农村的政权建设,使基层政权组织切实承担起维护一方稳定、确保一方平安的政治责任。要大力加强政法基层单位建设,把公安派出所、人民法庭、司法所建设成为维护稳定的第一道防线。要大力加强基层综治机构建设,切实解决人财物面临的困难,充分发挥综治机构在维护稳定、维护治安中的组织协调作用。要本着整合资源、精干高效的原则,大力加强乡镇综治工作中心建设。要继续推动基层平安创建活动,不断丰富内容,创新形式,扩大平安建设的覆盖面,维护基层的平安稳定。各地区、各部门、各单位的领导同志都要在一线了解掌握情况,在一线发现解决问题,在一线督促检查工作落实。要把基层基础工作的好坏作为衡量领导政绩的重要依据,纳入工作考核内容,凡是基层组织软弱涣散、问题频发的地方,主要负责人不能提拔重用。

三、要大力加强流动人口服务和管理工作

改革开放以来,我国城乡之间、地区之间出现了大规模、长时间的人口流动,与此同时,境外来华人员也逐年增多。这一方面促进了经济社会发展,另一方面也加大了社会服务和管理的难度。流动人口服务和管理已经成为社会建设、社会管理的重点、难点问题,也是社会治安综合治理工作迫切需要解决的重要问题。随着改革开放和市场经济的深入发展,流动人口的结构、就业、居住、素质、观念等都发生了深刻变化,管理工作遇到了许多新情况、新问题,而我们在思想观念、工作思路、工作措施等方面与此还不相适应。在拉萨发生的打砸抢烧暴力犯罪事件和聚众闹事事件,相当一部分不法分子是一些在社会上闲散流动人员,暴露出我们的流动人口管理工作相对滞后。如何把流动人口服务好、管理好、保护好,是我们当前和今后一个时期社会管理中必须始终面对的突出问题。把这个问题解决好了,就能够激发社会发展活力,增强社会发展动力,加快经济社会发展,促进社会和谐稳定;如果解决不好,就可能引发社会矛盾、造成社会对立、影响社会和谐稳定。

党中央、国务院始终高度重视流动人口服务

和管理工作,研究提出了解决流动人口问题的一系列方针政策,党的十七大就加强流动人口服务和管理工作提出了明确具体的要求。去年12月中办、国办还转发了《中央社会治安综合治理委员会关于进一步加强流动人口服务和管理工作的意见》。这个《意见》明确了新时期流动人口服务和管理工作的指导思想、主要目标、政策措施和基本要求。我们要按照《意见》要求,坚持公平对待、搞好服务、合理引导、完善管理的方针,深化流动人口服务和管理工作,促进流动人口与当地居民和睦相处,服务和推进社会主义和谐社会建设。

一要更新思想观念,实现对流动人口由控制管理型向服务管理型的转变。要坚持以人为本,牢固树立公平对待的理念,坚决纠正一切有损流动人口人格尊严和公民权利的歧视性做法;要牢固树立依法保护的理念,坚决惩处侵犯流动人口合法权益的各种违法犯罪行为;要牢固树立服务至上的理念,优化流动人口就业、就医、子女就学、社会保障等公共服务。公安、人力资源和社会保障、教育、计生、工商行政管理等部门都要从各自职能定位出发,积极主动、满腔热情地为流动人口提供服务,帮助他们解决实际困难和问题,树立服务型政府的良好形象。

二要改革管理办法,实现由单纯的"以证管人"向"以房管人"和运用信息化手段管理的转变。靠登记发证进行管理是我国社会管理的传统办法,这一办法在计划经济和封闭的社会条件下是管用的。但是,随着社会的日益开放和人口的大规模流动,仅仅依靠发证来管理显然已经不适应形势的发展变化。因此,必须改革管理办法,在重视证件管理的同时,积极探索"以房管人"和运用信息化手段进行管理。要加强对流动人口落脚点特别是出租房屋的管理工作,落实出租人治安、安全责任制,落实相关部门监督检查责任制。及时掌握流动人口的居住、就业、变动情况,及时发现查处违法犯罪活动。要加快建立包括流动人口数据库、出租房屋数据库、用工单位数据库在内的流动人口综合管理信息系统,不断提高管理效能和服务水平。

三要调整工作思路,实现由政府部门管理服务向社会化服务管理的转变。流动人口服务和管理工作内容丰富、涉及面广,需要投入大量的行政资源和社会资源。搞好流动人口的服务和管理工作是各级政府义不容辞的责任,特别是在创造平等保护的法制环境、提供政府公共服务、使流动人口共享改革发展成果方面,各级政府必须承担起相应的责任。同时,要充分运用市场机制、动员社会力量、利用社会资源为流动人口提供服务,使流动人口能够更好地安居乐业。例如,在改善流动人口的居住条件方面,可以发挥政府和市场两个积极性,使流动人口能够有房住、住得起房,有必要的生活和卫生条件。在这方面,一些地方已经进行了有益的探索,要抓紧总结推广。

四要改进治安管理,实现由突击性的清理整治向日常化有序管理的转变。对于在城市社区居住和工作的流动人口,要采取市民化管理方式,纳入社区实有人口管理的范畴,落实民警日常管理责任。在全面掌握情况的同时,重点加强对流动人口中高危人群的管理控制,依法打击流动人口中的违法犯罪分子,切实提高治安管理的针对性和有效性。要避免针对流动人口群体的治安大清查行动,把功夫下在平时,把基础工作做实,建立长效管理机制。

五要改革管理制度,实现人口流动由不稳定到相对稳定的转变。一方面,我们要看到人口流动是社会开放和市场经济的必然要求,没有人口流动就没有经济的发展和社会的进步。另一方面,我们要看到,我国目前的大规模人口流动是在社会转型、体制转轨的特定历史条件下出现的特殊社会问题,具有过渡性和阶段性特征。这就要求我们必须积极主动地解决人口流动中存在的突出问题,不能让大规模、不稳定、盲目性的人口流动长期持续下去,要让更多的流动人口能够安居乐业,这也是经济发展和社会稳定的必然要求。特别是在我们这样一个拥有8亿农民的发展中国家,要实现工业化、城市化、现代化,必须解决部分农村剩余劳动力进城的问题。为此,一方面我们要逐步深化户籍管理制度改革,以具有合法固定住所为基本落户条件,调整户口迁移政策,允许符合条件的流动人口在经常居住地落户,引导流动人口融入当地社会。另一方面,要按照党的十七大的要求,以全体人民共享改革发展成果和实现社会公平正义为目标,在收入分配、社会保障、医疗卫生、国民教育等方面实现社会平等,从根本上解决流动人口问题。

四、要着力为北京奥运会创造良好的治安环境

现在距北京奥运会开幕还有一百多天。通过举办北京奥运会,我们将向全世界人民集中展示中华民族的悠久历史和灿烂文明,集中展示我国改革开放30年的辉煌成就,集中展示中国人民奋发向上的精神面貌。为此,我们必须加强对社会治安秩序的严格管理,为奥运会创造良好的治安环境,让世界看到一个讲法制、讲文明、有秩序的社会,看到一个安全、文明、祥和的国家。

第一,要严格管理危险物品。各地要牢固树立"危险物品无小事"的思想,坚持严防、严查、严管、严打、严治的原则,决不允许一枪一弹、一管炸药、一枚雷管和剧毒化学品等危险物品非法流入社会,落入恐怖分子手中,严防发生爆炸、枪击、投毒事件。

第二,要严密守卫重点部位。各地要加强对重点单位、要害部位、敏感区域的安全保卫工作,落实单位内部安全保卫责任制,反复进行安全检查,切实增强守卫力量,确保供水、供电、供气、供热、邮电、通信、广播、电视、食品供应等重点要害部位、设施的安全,严防发生破坏活动。要加强对火车站、地铁、机场、大型商场等人员密集场所的安全保卫工作,加强对铁路、桥梁、隧道的守卫工作,防止发生恐怖袭击和捣乱破坏活动,确保安全。

第三,要严密开展巡逻防控。要健全治安防控网络,科学划分巡防区域,有效整合巡防力量,落实农村村庄巡控、城镇社会管控、机关单位守控、边际部位联控等措施,大力推动军警民联防联治。要有针对性地加强对重点单位、要害部位、重点路段、重要目标和公共复杂场所的巡逻,加强对可疑人员和可疑物品的盘查检查力度,及时发现打击违法犯罪活动。

第四,要大力整顿治安乱点。各地要列出一批治安秩序混乱、群众反映强烈的地区、部位、路段,落实责任、落实人员、落实措施,集中进行治理,限期改变面貌。特别是对于城郊结合部、集贸市场、火车站、汽车站、码头、旅游景点等人员密集、治安复杂地区,要增加巡逻力量,加大整治力度,维护良好的治安秩序。

第五,要严厉打击犯罪活动。各地要坚持严打方针不动摇,始终对严重刑事犯罪保持严打高压态势。严厉打击黑恶势力犯罪,严厉打击放火、爆炸、投毒、非法制贩爆炸物品、破坏交通通信电力设施等严重危害公共安全的犯罪,严厉打击故意杀人、故意伤害、绑架勒索等严重侵犯公民人身权利的犯罪,严厉打击抢劫、抢夺、盗窃、诈骗等多发性侵财犯罪,严厉打击生产销售伪劣商品、非法传销、非法集资等严重经济犯罪。对于各类严重刑事犯罪案件,要加大破案力度,加快批捕起诉,依法从重处理,以震慑犯罪,维护治安。

第六,要大力整顿交通秩序。要坚持"严"字当头,对城市道路、高速公路、国道省道、旅游线路的交通秩序进行严格管理,对载客车辆、危险化学品运输车辆等进行严格检查,对交通违法行为严肃处理。对军用、警用车辆及驾驶人员要严格管理,树立军警和执法机关的良好形象。要维持良好的交通秩序,防止发生重特大交通事故。

五、切实加强对综合治理工作的组织领导

确保北京奥运会安全顺利举办是今年维护稳定工作的硬任务,是各级党委、政府重大的政治责任。各地区、各部门、各单位的领导同志要深刻领会胡锦涛总书记关于"发展是硬道理,是第一要务;稳定是硬任务,是第一责任"的重要指示精神,深刻认识当前维护社会稳定工作面临的严峻形势,切实履行好维护社会稳定这个第一责任,坚决完成好维护社会稳定这一过硬任务。各地综治部门要紧紧围绕落实领导责任这个核心,充分运用责任倒查追究这个手段,督促指导各部门各单位抓好各项工作措施的落实。

第一,领导责任要落实。对于维护稳定工作特别是奥运会安全保卫工作,各地区、各部门、各单位的一把手是第一责任人,必须亲自主持研究、亲自动员部署、亲自督促检查。要从本地区、本部门、本单位实际出发,明确工作目标,细化工作措施,量化考核指标,确保各项工作要求不折不扣地落到实处。特别是要加强对稳定形势的分析研究,加强工作预案的制定完善,加强应急处置力量建设,加大人财物投入,确保信息灵通、指挥顺畅、工作高效、保障有力。

第二,组织协调要加强。各级综治部门要充分发挥组织协调作用,把各单位、各部门的治安保卫力量组织起来，把城乡群众性治安防范力量组织起来，及时了解掌握社会治安情况，及时了解掌握各部门各单位工作进展情况，及时帮助协调解决遇到的困难和问题，发挥好综合治理工作大平台的优势。要进一步完善部门之间协调配合工作机制，切实形成齐抓共管的合力。

第三，督查指导要到位。对于这次会议做出的工作部署，中央综治委要适时组织督导检查组，到重点地区、重点单位进行督导检查，结合2008年社会治安综合治理考核，认真进行总结表彰。省、市两级综治委要组织督查组，包片指导，跟踪督查，要及时掌握工作进度，协调解决重大问题。

第四，责任追究要兑现。要按照属地管理和“谁主管、谁负责”的原则，层层分解责任，严格兑现奖惩。对工作不落实的，要严格追究直接责任人和有关领导的责任；对于领导不力、工作失职渎职、造成重大损失或恶劣影响的，要给予党纪政纪处分，直至依法追究法律责任。在这一点上，要敢于较真，不能姑息迁就，不能心慈手软。

我们这次会议在广东召开，既是一次动员部署会，也是一次经验交流现场会。刚才，黄华华同志介绍了广东省经济社会发展和维护社会稳定情况，各地交流了工作经验，讲得都很好。会议期间，大家还要到广州、深圳进行实地考察，相信一定会很有收获。广东作为我国改革开放的前沿和流动人口大省，社会稳定和社会治安情况十分复杂，维护稳定的任务十分繁重。改革开放以来，广东省委、省政府认真贯彻落实中央关于加强社会治安综合治理、深入开展平安建设的一系列部署，组织带领全省广大干部群众，解放思想，开拓创新，在改革开放中实现社会稳定，在社会稳定中推进改革开放，保持了经济快速健康发展、社会大局持续稳定的良好局面，创造和积累了许多宝贵经验，希望大家认真学习借鉴。

同志们，党的十七大为我们党和国家的发展描绘了壮丽画卷，也为当前和今后一个时期的社会治安综合治理工作指明了方向。我们要在以胡锦涛同志为总书记的党中央领导下，不断深化平安建设，落实社会治安综合治理各项措施，全力维护社会稳定，为确保北京奥运会安全顺利举办，为构建社会主义和谐社会、夺取全面建设小康社会新胜利做出新的更大的贡献！

孟建柱同志的讲话

（2008年4月9日）

这次全国社会治安综合治理工作会议，经过与会同志的共同努力，开得非常成功。会议期间，中央政治局常委、中央综治委主任周永康同志作了重要讲话。这段时间，永康同志工作非常繁忙，但他认为这次会议十分重要，所以向胡锦涛总书记作了汇报，专门抽出时间来参加这个会议。胡锦涛总书记和永康同志对这次会议的关心，充分表明了党中央对社会治安综合治理工作的高度重视。永康同志在认真总结党的十六大以来社会治安综合治理工作取得的成绩、分析当前工作面临的形势和任务基础上，紧紧围绕如何贯彻落实党的十七大精神，如何贯彻落实全国政法工作会议精神特别是胡锦涛总书记在全国政法工作会议上的重要讲话精神，就加强和改进流动人口服务和管理、加强和完善社会管理、深化平安建设，进一步抓好社会治安综合治理各项工作措施的落实，提出了明确要求，作出了周密部署。大家普遍认为，永康同志的讲话高屋建瓴，总揽全局，重点突出，对做好当前和今后一个时期的社会治安综合治理工作具有重要的指导意义。希望与会同志认真学习永康同志讲话，回去之后向各省、自治区、直辖市党委和政府作汇报，并结合各地实际提出贯彻落实的具体意见。同时，希望各级社会治安综合治理委员会和成员单位认真学习领会永康同志讲话精神，结合各自工作实际，抓好贯彻落实。

我们这次会议在广东召开，广东等21个地方作了大会发言,介绍了他们的工作经验。其它地方的经验也很好,由于时间关系,没有作大会发言,他们的经验材料已经印发给大家,供大家学习借鉴。今天上午,司法部、民政部等12个中央有关部门负责同志的发言,针对性强,对下一步的工作安排措施有力,抓住了工作重点和关键环节。根据会议安排,与会同志还实地考察了广州市、深圳市流动人口和出租房屋管理、“城中村”改造等情况。作为我国改革开放的前沿,广东省认真研究新情况、积极解决新问题,特别是在流动人口服务和管理工作中,及时总结经验,大力推动从部门管理向综合管理转变,从管理型向服务管理型转变,这些做法适合当前实际,值得各地学习和借鉴。与会同志一致认为,两天来的大会发言、书面交流和实地考察,充分展示了全国广泛、深入开展平安建设取得的丰硕成果,集中体现了社会治安综合治理在完善社会管理、维护社会稳定、促进社会和谐、推动科学发展方面的独特优势和重要作用,各地、各部门创造的鲜活经验对于进一步深化平安建设、推动社会治安综合治理各项措施落实,很有借鉴意义。与会同志一致认为,这些成绩的取得,是党中央、国务院和各级党委、政府高度重视、加强领导的结果,是中央和地方各部门积极参与、大力推动的结果,也是广大综治干部团结奋斗、共同努力的结果。大家普遍反映,这次会议主题鲜明,内容丰富,进一步明确了任务、坚定了信心、鼓舞了士气,达到了预期目的。大家表示,回去后一定要全力抓好会议精神的贯彻落实。

为了把这次会议和永康同志重要讲话精神贯彻好、落实好,下面,我讲几点意见,供大家参考。

一、认真学习贯彻党的十七大精神,进一步推动社会治安综合治理工作不断深化和发展

永康同志的重要讲话,始终贯穿了一条主线,这就是要认真学习贯彻好党的十七大和胡锦涛总书记在全国政法工作会议上的重要讲话精神,要把它作为当前政法综治工作首要的政治任务。我们一定要紧密结合工作实际,把党的十七大和胡锦涛总书记重要讲话精神贯彻落实好。

社会治安综合治理是中国特色社会主义事业的重要组成部分。党的十七大把经济建设、政治建设、文化建设、社会建设作为中国特色社会主义“四位一体”建设的总体布局,而社会治安综合治理工作是加强社会建设的重要内容。多年来的实践表明,社会治安问题是各种社会消极因素的综合反映。刑事犯罪的增长,社会治安的好坏,归根结底,取决于整个社会诱发、滋生犯罪的各种社会消极因素同抑制、减少犯罪的各种社会积极因素两方面力量的进退消长。同时,多年来的实践也告诉我们,只有有效整合各种社会资源,从源头上逐步铲除诱发、滋生犯罪的各种社会消极因素,对社会治安实行综合治理,才能真正实现社会治安的良性循环。社会治安综合治理最鲜明的特点就是能够充分发挥我们党总揽全局、协调各方的领导核心作用,充分发挥社会主义制度的政治优势,整合各种资源,综合运用政治、经济、行政、法律、文化、教育等多种手段,凝聚社会各方面力量,从源头上预防和解决影响社会治安和社会稳定的突出问题。它适合中国的国情,适应改革开放的需要,是建立和保持良好的社会秩序、维护社会稳定的基本方针,是解决我国社会治安问题的根本途径。坚持高举中国特色社会主义伟大旗帜,坚定不移地走中国特色社会主义道路,坚定不移地以邓小平理论和“三个代表”重要思想为指导,深入贯彻落实科学发展观,是我们做好社会治安综合治理工作必须始终坚持的正确的政治方向。深刻理解社会主义初级阶段基本国情和我国发展的阶段性特征,坚持从实际出发,注重实效,始终把人民群众是否满意作为衡量社会治安综合治理工作的根本标准,这是社会治安综合治理工作的灵魂和生命力所在。

当前,随着我国改革开放的深入和市场经济的发展,特别是随着工业化、城镇化的进一步加快,我国的经济结构、产业结构、城乡结构、阶层结构发生了深刻的变化,大量“单位人”变成“社会人”,新经济组织、新社会组织雨后春笋般增多;利益格局的调整明显加快,统筹协调各方面利益关系的难度增大;社会的动态性明显增强,人流、物流、资金流、信息流加快,经济社会活动更加纷繁复杂;各种思想文化相互激荡,社会意识日趋多样化,人们思想活动的独立性、选择性、多变性、差异性明显增强。这种空前的社会变化,使传统的管理模式受到了前所未有的挑战。在这种情况下,单纯用一种办法,仅仅依靠政法机关,已经难以解决新形势下的社会治安问题,必须坚持打防结合、预防为主、专群结合、依靠群众的方针，推动社会治安综合治理工作更加广泛、更加深入地向前发展。可以说，在党的所有工作中，稳定工作是一项十分重要的工作，怎么加强都不过分；在当前的形势下，政法综治战线是一条十分重要的战线，怎么强调都不为过。

各级党委、政府特别是各级社会治安综合治理委员会和成员单位一定要按照永康同志的要求，紧密联系各地区、各部门的工作实际，认真学习贯彻党的十七大和胡锦涛总书记在全国政法工作会议上的重要讲话精神，进一步加深发展是硬道理、是第一要务，稳定是硬任务、是第一责任的认识，进一步加深社会治安综合治理事业是中国特色社会主义事业的重要组成部分，是解决我国社会治安问题的根本途径的认识，准确把握我国发展的阶段性特征，始终把群众满意不满意作为检验社会治安综合治理工作的根本标准，更加自觉地把社会治安综合治理置于党和国家工作的全局中来研究、来思考、来谋划，在新的历史起点上，进一步开创社会治安综合治理工作的新局面。

二、认真总结经验、推广典型，进一步形成比、学、赶、超的良好氛围

今年是我国改革开放30周年。认真回顾、系统总结改革开放30年来各条战线取得的经验，对于推动党和国家事业的发展，具有十分重要意义。这次会议，对近年来各地探索积累的宝贵经验进行了认真梳理、总结和交流。其中，广东省、江苏省、浙江省加强流动人口服务和管理的经验，北京市创新流动人口管理体制的经验，深圳市“以房管人”的经验，广州市加强城市管理、解决突出治安问题的经验，天津市、重庆市加强基层基础建设的经验，河北省完善一票否决警示制度的经验，山东省、江西省加强重点和特殊群体管理的经验，安徽省、四川省加强外出务工人员服务和管理的经验，等等，都很有借鉴和推广价值。今年下半年到明年初，四年一度的全国社会治安综合治理评先表彰工作将要进行，各地还将总结推广一大批先进经验和先进典型，这是一笔非常宝贵的财富。希望大家能够重视利用好这笔宝贵的财富，认真学习和充分借鉴这些好做法、好经验。要坚持解放思想、开拓创新，互相学习、取长补短，因地制宜、推陈出新，不断探索和总结更多更好的经验。各级宣传部门、各主流新闻媒体要充分发挥主渠道、主阵地的作用，加大宣传力度，加强舆论引导，及时宣传推广平安建设中的成功经验和先进典型，进一步在全国营造一个比、学、赶、超的良好氛围。

三、认真查找薄弱环节，进一步推动社会治安综合治理各项措施真正落实到基层

永康同志强调，不认真解决我们工作中的薄弱环节，社会治安综合治理的各项措施很难落到实处。我们常讲总结经验重要，但很多时候汲取教训比总结经验更重要，我们的各项事业都是在不断解决问题中前进的。应该看到，这些年来社会治安综合治理工作总的发展势头很好，成效也明显，但与形势发展的客观要求相比，我们工作中还存在不少问题和薄弱环节，还存在许多“不适应”、“不符合”的问题。比如，不少地方齐抓共管的局面尚未形成，基层基础工作薄弱的状况还没有得到根本改变，社会管理工作缺位、越位、不到位的问题比较突出。我在地方工作时有这样的体会，凡是发生重大刑事案件、重大群体性事件的地方，只要进行责任倒查，总是能发现不少问题。最近，受中央委派，我到藏区慰问广大干部群众、公安民警和解放军指战员，进行了一些调查研究，发现打砸抢烧严重的地方，大都集中在党的基层组织、基层政权建设薄弱的地方，有的基层组织软弱涣散、不起作用，有的名存实亡，流动人口特别是重点人口管理各项工作措施没有得到很好的落实。各级综治委今年要集中一段时间，认真分析工作中存在的突出问题，深入查找工作中的薄弱环节，进一步加强和改进各项工作。

首先，要对照先进典型查找问题、改进工作。这次会议推广了一批好经验、好典型，各地都要对照典型找差距，看一看他们先进在什么地方，经验来自哪里，结合实际充分学习借鉴，使这些好做法、好经验在更大范围内取得更明显的成效。其次，要通过正在全国开展的“大排查”活动来查找问题、改进工作。在全国部署开展“大排查”活动，是我们做好社会综合治理各项工作的基础。必须按照永康同志的要求，把这项工作做得扎扎实实，真正做到底数清，情况明。通过大排查活动，不仅要了解群众最关注、最关心的问题，把存在的各种矛盾、各种隐患排查清楚，把产生矛盾和问题的原因核查清楚，并且要了解我们的工作措施为什么在基层没有得到落实，我们的基层基础工作还存在哪些问题，尤其要了解我们制定的政策是否完善，这些政策是否存在偏差，管理上是否存在缺位和漏洞，有针对性地改进工作，提高维护社会稳定的能力和水平。第三，要通过深入群众、倾听群众的意见和呼声来查找问题、改进工作。人民群众的积极参与和大力支持，是我们做好社会治安综合治理工作的活力源泉。要做好社会治安综合治理工作就必须通过调查研究，倾听群众呼声，了解群众最关心、最直接、最现实的利益问题是什么，人民群众最深恶痛绝的黑恶势力是否得到查处打击，人民群众反映强烈的社会治安问题是否得到有效整治，根据群众的期待和要求，有针对性改进工作，强化工作措施。第四，要通过督导检查来查找问题、改进工作。为了把各项工作做实做好，维护好今年的社会稳定，必须加大督导检查的力度，通过督导检查及时发现问题，加大解决问题的力度。第五，要通过评先表彰来查找问题、改进工作。今年下半年到明年初，中央综治委将会同中央组织部、人力资源和社会保障部表彰一批全国社会治安综合治理先进集体和先进个人，表彰一批全国平安建设优秀市（地）和优秀县（市、区），同时对作出重要贡献的有关党政主要领导、分管领导予以嘉奖。要通过评先表彰，推动重点难点问题的解决。要把一些带有共性的、影响社会治安综合治理工作深入开展的问题，作为评先表彰的“高压线”、“硬杠杠”。比如，基层综治组织不健全、工作力量薄弱的，不能评为全国先进；发生了在本省、自治区、直辖市有重大影响的恶性案件的，本地存在严重黑恶势力犯罪没有发现，或者发现了不主动打击，而由上级部门来打掉的，不能评为全国先进；存在突出治安问题，人民群众安全感在全省、自治区、直辖市排名比较低的，不能评为全国先进；矛盾纠纷排查调处不到位，发生在本省、自治区、直辖市有重大影响的群体性事件的，不能评为全国先进。这些条件必须从严掌握。在评选过程中，要本着公开、公正、透明的原则，注意倾听基层和群众的意见，设立投诉举报信箱，严格实行公示制度。同时，要加强督查，对各地上报的先进集体、优秀市（地）和优秀县（市、区），中央综治委要会同有关部门组织督导检查组，实地验收。要把评先表彰活动作为总结经验、推广典型，改进工作、提高水平的过程，切实在查找问题上狠下功夫，在弥补漏洞上狠下功夫，在完善工作机制上狠下功夫，通过评先表彰达到推动工作的目的。

四、认真完善协作配合机制，进一步形成齐抓共管的工作局面

社会治安综合治理涉及面广、参与的部门多，是一项综合性、全局性的工作，只有各部门的作用都发挥好了，真正形成工作合力，各项工作才会取得成效。各级综治委要在党委、政府的领导下，充分发挥好组织协调作用。在当前形势下，各级综治委的建设只能加强，不能削弱，特别是县以下综治组织要按照中央综治委和中央编办的要求，进一步充实力量，健全机制，使其真正承担起应负的职责和任务。乡镇党委、政府和街道工作委员会要坚持属地管理的原则，把辖区内的重要部门、重点单位都吸纳到综治委中来，充分发挥辖区内各部门、各单位的作用，在基层真正形成综合治理、齐抓共管的局面。近年来，一些地方在平安建设中，本着整合力量、整合资源、精干高效、方便群众的原则，在乡镇、街道积极推广建立综治工作中心，搭建起综合治理工作的大平台，各部门协作配合，实行矛盾纠纷“联调”、治安“联防”、警务“联勤”、突出问题“联治”、基层平安“联创”，取得了明显成效。去年，我去河北霸州调研时发现，霸州市的一些乡镇、街道综治工作中心把人民调解、司法调解和行政调解有机结合起来，建立了“三位一体”的调解中心，积极化解各种社会矛盾，效果很好。实践证明，这个平台既成为基层党委、政府抓稳定、抓治安的重要抓手，又使有关基层单位能够充分利用这个平台，在党委、政府的统一领导和有关部门的配合下开展工作，既解决了各部门在基层力量薄弱、工作难以有效开展的困难，又方便了群众，提高了工作效率。这是基层综合治理、齐抓共管一种非常有效的形式。希望各地、各部门结合实际，大力推动乡镇、街道综治工作中心建设，真正把综合治理的各项措施落实到基层。需要强调的是，通过综治工作中心整合各部门、各单位的力量，并不是简单地集中办公，关键是真正创新工作理念，整合社会资源，建立工作机制，形成工作合力。

近两年，各部门认真贯彻落实中办、国办转发中央政法委、中央综治委《关于深入开展平安建设的意见》，广泛开展了平安校园、平安医院、平安企业、平安车站（机场、码头）、平安大道、平安市场、平安景区、平安边界等各种形式的基层平安创建活动，有效维护了基层平安和稳定，促进了平安建设的深化和发展。希望有关部门进一步细化工作方案，出台更具体的措施，落实工作责任，抓好督促检查，推动各地区各部门的平安建设取得更大的成效。

为进一步发挥各部门的作用，要加强各级综治委专门工作领导小组及其办公室建设，健全完善协作配合机制，共同解决影响社会治安、社会稳定的重点难点问题。要进一步完善社会治安综合治理考评体系，逐步把各部门的工作纳入考评范围。同时，要进一步发挥综治、组织、纪检、人事、监察五部门的作用，研究建立成员单位参与综治工作的奖惩激励机制，制定各成员单位、各有关部门在搞好社会治安综合治理、维护社会稳定工作中，应负什么责任、怎么负责、不负责怎么办的具体措施，切实形成齐抓共管的合力。

最后，我再强调一下奥运会的安全保卫工作。即将举办的北京奥运会，是迄今为止规模最大、参赛人数最多的体育盛会，安全保卫工作涉及面之广、情况之复杂、任务之艰巨是前所未有的。奥运安保工作是一项庞大的系统工程，需要举全国之力协同作战。从安全稳定的大局来看，没有全国的安全稳定，就没有北京的安全稳定。因此，确保奥运安全既是北京和其他奥运赛事举办城市的责任，也是全国各地的共同责任。各级党委、政府特别是各级政法综治部门要深刻认识当前形势的严峻性和复杂性，充分看到影响奥运安全的各种因素正在上升，牢固树立安全第一的理念，牢固树立全国一盘棋的思想，坚持适度从严从紧的方针，切实做好维护社会稳定的各项工作。要深入开展矛盾纠纷大排查、大化解工作，高度关注重点地区、重点行业、重点群体的动向，及时发现可能影响社会和谐稳定的苗头性、倾向性问题，千方百计地缓解、化解矛盾纠纷，严防在北京奥运会期间发生重大群体性事件。要因地制宜地组织开展短时间、小区域的打击、整治行动，始终保持对严重刑事犯罪活动的高压态势，着力解决本地区社会治安的热点难点问题，切实扭转一些地区、场所、部位治安混乱的面貌。要切实加强对高危人群的管理控制，切实加强对枪支、弹药、爆炸、剧毒、放射等危险物品的安全管理，切实加强对党政首脑要害机关和关系国计民生的水、电、气、热等重点单位、要害部位的安全保卫，切实加强社会面治安巡逻控制工作，最大限度地减少防范管理盲区，最大限度地挤压违法犯罪空间。要按照属地管理和“谁主管、谁负责”的原则，狠抓综合治理各项工作措施的落实，把工作措施真正落实到领导、落实到基层、落实到一线、落实到岗位、落实到人员。总之，要通过各地卓有成效的工作，坚决防止发生暴力恐怖袭击事件，坚决防止发生危害国家安全和社会稳定的重大政治事件，坚决防止发生大规模群体性事件，坚决打好奥运安保这场硬仗，确保北京奥运会顺利进行。

同志们，加强社会治安综合治理，促进社会和谐稳定，党和人民对我们寄予厚望。让我们在以胡锦涛同志为总书记的党中央坚强领导下，解放思想，开拓创新，求真务实，扎实工作，在新的历史起点上努力开创社会治安综合治理工作的新局面，为全面建设小康社会作出新的更大的贡献！

中央社会治安综合治理委员会关于印发吴爱英等同志在全国社会治安综合治理工作会议上的发言摘要的通知

（2008年4月17日）

各省、自治区、直辖市社会治安综合治理委员会，新疆生产建设兵团社会治安综合治理委员会，中央社会治安综合治理委员会各成员单位：

现将中央综治委委员、司法部部长吴爱英，中央综治委委员、民政部部长李学举，中央综治委委员、文化部部长蔡武，人力资源和社会保障部副部长张小建，工业和信息化部副部长奚国华，中央综治委委员、中组部副部长欧阳淞，中央综治委委员、中宣部副部长翟卫华，中央综治委委员、全国总工会副主席、书记处书记张鸣起，中央综治委委员、全国妇联副主席莫文秀，中央综治委委员、教育部副部长李卫红，中央综治委委员、公安部副部长刘金国，中央综治委委员、住房和城乡建设部副部长陈大卫等同志在2008年全国社会治安综合治理工作会议上的发言摘要印发给你们，请结合实际，认真学习贯彻。

吴爱英同志的发言（摘要）

一、大力加强人民调解工作

要充分发挥人民调解预防矛盾纠纷、化解矛盾纠纷和法制宣传教育三项功能，最大限度地减少不稳定因素。要把预防工作摆到更加突出的位置，健全矛盾纠纷情报信息收集、报送、分析机制、排查调处机制和信息反馈机制，做好经常性矛盾纠纷排查调处工作，使矛盾纠纷早发现、早化解、早处置。要在继续做好婚姻、家庭、邻里、房屋宅基地、生产经营、损害赔偿等常见性、多发性纠纷调解的同时，积极参与土地承包、环境保护、劳动争议、医患纠纷、物业管理等涉及民生问题纠纷的调解。进一步提高人民调解的社会公信力，加强法制化规范化建设，加强与诉讼的衔接，不断提高调解率、调解成功率和调解协议履行率，积极探索人民调解与行政调解、司法调解衔接配合的工作机制。

二、深入开展法制宣传教育

组织好“五五”普法中期督查，认真总结经验，发现解决问题，推动“五五”普法规划全面落实。继续突出学习宣传宪法，突出学习宣传与社会稳定、社会治安综合治理、群众生产生活等密切相关的法律法规，引导群众增强宪法和法律意识，依法表达利益诉求。围绕社会治安综合治理和平安建设，加大与打击严重刑事犯罪、严重破坏社会主义市场经济秩序犯罪、恐怖活动和邪教组织捣乱破坏活动等严重违法犯罪活动和“黄赌毒”等社会丑恶现象有关的法律法规的宣传，增强群众的法制观念。组织好以“人文奥运·法治同行”为主题的“奥运法制宣传万里行”活动。广泛深入开展法律进乡村、进农牧区、进社区、进寺庙、进家庭的"法律五进"活动，重点宣传宪法，宣传与维护祖国统一和社会稳定、与群众生产生活密切相关的法律法规，促进广大群众学法、守法、用法，依法办事。结合平安建设，扎实开展"法治城市"、"法治县(市、区)"创建活动，努力提高全社会法治化管理水平。

三、加大法律服务和法律援助工作力度

紧紧围绕人民群众对法律服务的新要求、新期待，进一步研究制定便民利民惠民的具体措施，通过组织法律服务志愿团、律师事务所与乡村结对子等活动，为基层经济社会发展服务，为群众解决就业、就学、就医、社会保障等民生问题服务。加强对律师参与处理涉法涉诉信访案件和群体性事件、敏感案件的指导，引导群众按正常的法律程序维护自身权益。进一步加大法律援助工作力度，抓好办案补贴标准、经济困难标准和援助事项补充范围三项标准落实，逐步扩大法律援助覆盖面。依托司法所等设立法律援助工作站，简化法律援助申请、受理和审批程序，方便困难群众及时获得法律援助。特别要做好为流动人口提供法律服务和法律援助工作。

四、切实加强刑释解教人员帮教安置工作

要组织全国监狱、劳教所、司法所统一使用帮教安置工作管理软件，切实解决"三假"人员和衔接率低的问题。进一步加强流动人口中刑释解教人员的衔接管控措施，防止脱管漏管。要加强服刑在教人员和刑释解教人员技能培训，落实对从事个体经营的刑释解教人员的优惠政策，帮助他们解决实际困难，鼓励和支持刑释解教人员依法从业、创业，努力解决他们就业难问题。要加强安置实体和基地建设，落实国家对接收刑释解教人员企业的优惠政策，吸引更多社会企业作为安置基地，努力提高安置能力。要采取多种形式，动员社会力量，共同做好帮教安置工作。

李学举同志的发言(摘要)

一、健全社会救助体系，编织社会保障"安全网"

着力加强各项制度配套衔接，不断完善各项社会救助制度，从源头上避免和减少贫困群众外流。一是进一步完善城乡低保制度。建立与经济增长和物价水平相适应的救助标准调整机制，推行"分类施保"，对低保对象中的残疾人、重病人、老年人、未成年人给予重点帮扶，适当提高他们的补助标准，确保困难群众基本生活水平不因物价上涨而下降。二是完善自然灾害应急体系和机制。落实国家自然灾害救助应急预案，加快国家四级灾害应急救助指挥系统建设，完善灾情报告、统计、会商等制度，严格救灾款物管理，提高防灾减灾和救灾能力。三是建立健全临时救济制度。重视解决低收入家庭的特殊困难，帮助群众解决突发性、暂时性困难，探索帮助流动人口解决突发困难的办法。

二、推进城乡社区建设，构筑基层平安建设的平台

继续把城乡社区建设引向深入，努力实现政府行政管理与基层群众自治有效衔接和良性互动，促进流动人口与当地常住人口和睦相处。一是大力发展社区公共服务。深入落实国务院关于加强和改进社区服务工作的意见，加快示范性、综合性社区服务设施建设，逐步建立与社会主义市场经济体制相适应，覆盖社区全体成员、服务主体多元、服务功能完善、服务质量和管理水平较高的社区服务体系。对流动人口，实行与户籍人口同宣传、同服务、同管理，为其生活和就业创造良好环境和条件。二是发展社区志愿服务。充分发挥行政机制、互助机制、志愿机制、市场机制在社区服务中的联动作用，推行志愿者注册制度，建立志愿服务激励机制。三是培育社区生活服务类民间组织。支持和引导社区居民成立形式多样的慈善组织、群众性文体组织、科普组织和为老年人、残疾人、困难群众提供生活服务的组织，使社区居民在参与各种活动中，实现自我服务、自我完善和自我提高。四是引入专业社会工作。逐步将社会工作方法和人才引入社区服务和管理，发挥专业社会工作在制定社区发展规划、疏导居民心理、化解矛盾纠纷等方面的优势，提升社区建设的科学化水平。

三、消除社会治安隐患，健全矛盾纠纷排查调处机制

一是进一步规范农村基层民主选举和民主管理。健全村党组织领导的充满活力的村民自治机制，落实和完善村民委员会选举法规，依法规范选举行为，加强对“重点村”、“难点村”选举工作的指导和监督，及时查处、纠正选举中的违规、违纪问题，严防宗族势力、黑恶势力干扰选举和个别人不正当竞选。探索农村流动人口参与基层公共事务和公益事业管理的新途径新办法。落实和健全村务公开、民主管理制度。积极稳妥地推进“村改居”工作。二是预防和化解边界纠纷。深入落实行政区域界线管理的各项法规制度，健全界线管理的长效工作机制和纠纷应急处理机制，制定重点地段矛盾纠纷应急预案，巩固界线联检成果，推进界线管理信息化，深入开展平安边界创建活动，消除界线纠纷争议的隐患，实现边界地区长期和谐稳定。三是加强和改进流浪乞讨人员救助管理。探索对城市生活无着流浪乞讨人员主动救助、分类救助等新方式，推行流出地预防干预和社会扶助措施，从源头上减少流浪乞讨现象。加快流浪未成年人救助保护中心建设，做好流浪未成年人教育矫治工作。加强救助管理站的内部管理，解决流浪精神病人、智障人员、危重病人的救助、返乡和安置难问题。引导志愿者和社会工作者等社会力量参与街头流浪乞讨人员的救助和干预，努力为北京奥运会和残奥会的成功举办创造良好社会环境。

蔡武同志的发言（摘要）

按照文化部、中央综治办、公安部等七部门联合下发《关于深化文化市场综合治理，开展文化市场平安建设的意见》要求，以加强网吧管理、保护知识产权、加强农村市场监管、防范重大安全事故四项工作为重点，加强对文化市场管理工作的领导，将其与社会治安综合治理工作、平安建设及精神文明创建活动同部署、同检查、同考核，逐层逐级加强监督检查，落实监管责任。在以下几方面做好工作：

一、继续加大网吧、音像、娱乐、演出、网络文化等市场监管力度

以“构建和谐文化市场”为目标，定期部署开展文化市场集中检查行动，建立完善执法检查与长效机制协调配合的监管体系，有效化解文化市场中存在的社会矛盾，平衡各方利益，形成良好工作局面。

二、组织实施文化市场“平安奥运行动”

指导2008年奥运会举办城市和西安、南京、武汉、广州等重点旅游城市，进一步加大执法检查力度，严厉打击侵权盗版行为，加强演出剧节目和艺术品经营活动管理，切实保护知识产权，为奥运会的成功举办创造文明、和谐、平安的社会文化环境。

三、完善执法考评制度

以文化市场平安建设为重点，发布《文化市场行政执法考评办法》，制定考评细则，将文化市场平安建设纳入社会治安综合治理考核体系，组织开展考核评比工作。通过建立完善执法考评、奖惩机制，切实加大对地方执法工作的督查指导力度。根据中央综治委的统一安排，结合年度工作要点，调整考评重点，细化考评标准，完善考评程序，建立电子档案，切实加强考核评议工作，同时按照“表彰先进、激励一般”的原则，组织好执法先进单位和优秀个人评选表彰工作。

四、加强技术监管

初步建成网络文化市场计算机监管平台，充分利用信息技术手段，提高执法工作的效率和水平，拓展文化市场监管的时间和空间范围。

张小建同志的发言（摘要）

一、全面推进就业再就业工作，维护社会稳定

要认真贯彻实施《就业促进法》和积极的就业政策，全面推进就业再就业工作。进一步完善劳动者创业的相关政策体系和服务体系，全面推进创业促进就业。努力健全面向城乡全体劳动者的职业培训制度，继续组织实施各类职业培训计划，提高城镇青年、企业员工和农民工的就业能力和水平。着力加强城乡一体化人力资源市场的培育和管理，进一步推进公共就业服务体系建设，为实现城乡劳动者自主择业和平等就业创造条件。采取积极有效措施，切实搞好高校毕业生的就业指导和服务，并更加深入地开展对零就业家庭和就业困难人员的就业援助。

二、大力加强农民工服务管理，促进社会和谐

按照部门职责，针对农民工流动就业的新特点，从以下五个方面做好服务与管理工作：一是继续推进统筹城乡就业试点工作，努力从政策和制度层面解决好农民工实现平等就业和培训的问题。二是继续组织好春风行动，切实落实公共职业介绍机构免费为农民工提供政策咨询、就业指导和职业介绍的政策，加强农民工就业服务，推行“培训＋就业＋维权”三位一体的工作模式，加强劳动力输出地、输入地的互相配合，为农村劳动者进城就业和有序流动提供服务和保障。三是认真实施农村劳动力技能就业计划，落实技能培训和鉴定补贴的政策，鼓励各类培训机构为进城就业的农村劳动者提供技能培训，增强其就业能力和创业能力。四是继续加强监察执法，依法查处拖欠克扣农民工工资的行为，建立健全防止和治理拖欠工资的长效机制。同时，落实《劳动合同法》，推动用人单位与农民工订立并履行劳动合同，切实维护农民工劳动保障权益。五是继续推进农民工工伤保险和医疗保险，抓紧制定农民工养老保险办法，积极探索跨省流动就业人员社会保险接续的政策和措施。

奚国华同志的发言（摘要）

一、进一步夯实互联网管理基础

加强相关政策法规的研究制订，积极推进“通信短信息服务管理规定”出台，提高管理工作法制化、规范化水平。特别要围绕中央关于社会治安综合治理的总体要求，加强协调配合，做好网络与信息安全管理工作。会同相关部门继续开展互联网站集中备案工作，并实现与相关部门的资源共享，逐步完善对互联网网站的实名管理。按照“谁主管谁负责、谁经营谁负责、谁接入谁负责”的原则，进一步健全和落实企业网络信息安全责任制。加强应急通信保障能力建设，健全和完善各类应急预案。

二、继续深入开展“阳光绿色网络”工程

坚持把互联网行业管理与网络文化建设统一起来，着力营造良好的网络环境。要针对当前比较突出的网上犯罪问题，加大管理工作力度。重点是要加强对有害不良信息、恶意软件等的整治。积极推进文明办网、文明上网，加强绿色上网软件的推广应用，引导、推动红色健康短信息推广等活动。会同有关部门继续开展打击盗窃破坏电信设施、治理网络淫秽色情等专项行动，集中清理整治淫秽色情网站和声讯台、违规违法网吧、违法和不良短信息、利用网络视频聊天等从事淫秽色情活动、网络赌博和诈骗等。

三、完善网络与信息安全管理工作体系

要加强与相关部门的协作配合，健全和完善互联网协调管理工作机制和流程，形成工作合力，提升整体工作效能。健全和落实网络信息安全责任制，督促、指导企业切实负起责任，完善管理制度和技术手段。充分发挥互联网协会等中介组织的作用，推进行业自律。

四、提升网络安全保障能力

全面开展网络安全防护体系建设，统筹部署等级保护、风险评估和灾难备份工作，继续完善网络安全技术平台，有效遏制网上蓄意炒作和不良信息泛滥等，着力提升网络安全保障水平和应对突发事件的能力。大力推进技术设施建设，加强信息安全技术攻关，推动出台信息安全产品发展的扶持政策，加快发展自主可控的信息安全产业。要通过网络与信息安全管理能力的增强，更好地为社会治安综合治理工作提供有力的技术支撑，为促进社会和谐与稳定做出积极的贡献。

欧阳淞同志的发言（摘要）

一、进一步明确职责任务，充分发挥党委组织部门在社会治安综合治理和平安建设中的职能作用

认真落实中央组织部与中央综治委联合下发的《关于党委组织部门在参与社会治安综合治理工作中进一步发挥好职能作用的意见》和中央组织部下发的《关于充分发挥党委组织部门职能作用大力促进平安建设的通知》。继续积极配合有关部门，以落实各级领导班子和领导干部抓平安建设的责任制为重点，不断强化领导干部为政一方、平安一方的责任意识。要把各级领导班子和领导干部抓平安建设、维护社会稳定的能力和实绩，纳入领导干部考核的重要内容，并把考核结果作为向党委提出干部任免奖惩建议的重要依据。要进一步完善和落实责任追究制，对那些开展平安建设工作不到位，治安秩序混乱，社会稳定存在严重问题的地方、单位及部门，上级党委组织部门要通过谈话、诫勉等方式，及时对有关领导干部进行批评教育；对确属思想不重视、工作不得力的，要及时向党委提出调整、充实领导力量的建议。对抓社会治安综合治理和平安建设不力的领导干部，在本地本单位面貌未改善前，取消干部本人评先受奖的资格。要通过强化责任考核机制，真正把社会治安综合治理和平安建设各项措施落到实处。

二、切实加强党的基层组织建设，充分发挥基层党组织在社会治安综合治理和平安建设中的重要作用

要着眼于健全基层社会管理体制，引导基层党组织更好地确立工作目标、工作内容、工作方式和工作机制，扎实推进社会治安综合治理和平安建设。一是把深化平安建设的有关要求，作为加强和改进基层党建工作的重要目标，纳入农村党的建设“三级联创”、创建城市党建工作示范社区以及加强企业、新社会组织和学校党建工作的重要内容，落实创建措施，全面提升基层平安建设水平。二是结合开展“两个排查”活动，把能不能随时掌握社情民意、积极主动化解矛盾纠纷，作为衡量基层组织是否坚强有力的重要标准，坚持不懈地抓好软弱涣散基层党组织的摸排整顿工作。三是着眼于早发现、早控制、早解决，健全完善农村、城市社区基层组织准确掌握辖区居民家庭、流动人口、出租房屋、社情动态等情况的工作机制，筑牢维护稳定的第一防线。四是积极探索更加务实管用的基层党组织设置形式，大力加强新经济组织和新社会组织党建工作，努力把党的组织和党的工作覆盖到社会基层各个方面。通过加强基层党组织建设，带动基层政权组织建设以及治保会、调委会等群众自治组织和群防群治组织建设，形成推动平安建设的整体合力。

三、大力抓好流动党员教育管理工作，充分发挥流动党员在加强社会管理工作中的积极作用

一是在健全机制上下功夫。围绕形成城乡经济社会发展一体化新格局的实践，把流动党员流入地和流出地党的工作紧密结合起来，建立健全以流入地为主、流出地和流入地密切配合、有机衔接的城乡一体党员动态管理工作机制，使党员无论流动到哪里都能够与党组织取得联系，融入党的组织。二是在落实责任上下功夫。积极探索流入地与流出地齐抓共管的协作机制，在流动人口比较多的省市，推行流出地与流入地党组织签订流动党员双向管理协议的做法，建立“资源共享、组织共建、活动共抓、作用共促”的流动党员管理制度。三是在强化管理上下功夫。依托公安机关流动人口信息资源系统，通过暂住户口登记及时采集流动党员信息，抓紧建立统一的流动党员信息管理系统。继续指导基层党组织做好流动党员组织关系接收工作，确保每名流动党员都持《流动党员活动证》流动，参加党的活动，得到组织关怀，纳入党组织的有效管理。四是在搞好服务上下功夫。继续抓好流动党员咨询服务电话受理工作，畅通流动党员表达意愿的渠道。进一步加强城市社区和农村党员服务中心（站、点）建设，在有条件的流动党员中开展承诺制、设岗定责、与流动人口结对帮扶等活动，搭建流动党员在平安建设和流动人口服务管理工作中发挥先锋模范作用的平台。

翟卫华同志的发言（摘要）

一、要大力宣传加强社会治安综合治理和平安建设的重要意义

社会治安综合治理是建设中国特色社会主义事业的一项重要工作，事关社会稳定的大局，事关人民群众的切身利益。深入开展平安建设，是中央落实科学发展观的一项重大决策，是全面建设小康社会的保障工程、民心工程和基础工程，是社会治安综合治理工作的深化和发展。各级宣传部门要从学习贯彻党的十七大精神、深入贯彻落实科学发展观的高度，充分认识做好社会治安综合治理和平安建设宣传教育的重要意义。要深入宣传党中央、国务院有关重要指示精神，深入宣传党的十七大和全国政法工作会议的有关重要精神，深入宣传新形势下做好综治工作和开展平安建设的重要意义。通过广泛深入的宣传教育，使广大干部群众进一步认清综治工作和开展平安建设面临的形势和任务，增强责任感和紧迫感。

二、要围绕深化平安建设和加强社会管理加大宣传力度

各级宣传部门要按照会议精神，把有关宣传任务纳入宣传工作总体规划，周密部署，精心组织，确保落实，最大限度地激发社会各有关方面和各界群众的支持和参与热情。要大力宣传开展平安建设的政策措施和经验做法，全面提升广大人民群众对平安建设的知晓率、参与率和满意率，努力形成创建平安人人有责、平安成果人人共享的生动局面。要把握新形势下加强社会管理的规律特点，加大政策解读力度，把开展平安建设、加强社会管理的目标任务、具体办法向群众讲清讲透。要注意着眼于关心流动人口的工作生活，大力宣传有关政策措施，宣传与流动人口切身利益密切相关的法律法规，不断提高他们依法维护自身权益的意识，增强法制观念。

三、要形成深化平安建设、加强社会管理宣传教育工作的合力

社会治安综合治理和平安建设是一项综合性很强的工作，涉及的内容多、领域宽、范围广。各级宣传部门要与有关方面加强协调，进一步整合资源，改进方法，确保宣传教育工作的实效性。各类新闻媒体要把宣传社会治安综合治理和平安建设作为自己义不容辞的责任，通过开辟专栏专题、组织新闻报道、刊播公益广告等方式，形成应有的舆论声势。都市类媒体、行业媒体和网络媒体要发挥各自特色，开展生动活泼、形式多样的宣传。宣传过程中要注意牢牢把握正确舆论导向，以正面宣传为主，防止个案炒作，确保宣传工作有利于促进综治工作，有利于维护社会稳定，有利于增强群众信心。要针对不同群体的特点，将综治工作和平安建设的宣传教育与“五五”普法宣传结合起来，与加强青少年思想道德建设和开展预防青少年违法犯罪工作结合起来。要将宣传教育与文明城市、文明村镇、文明行业创建和文化科技卫生“三下乡”、科教文体法律卫生“四进社区”等群众性活动结合起来，推动综治工作和平安建设宣传教育进乡村、进社区、进学校、进企业、进单位，不断扩大宣传教育的覆盖面。

张鸣起同志的发言（摘要）

一、继续扩大工会组织覆盖面

不断提高农民工入会率，将源源不断的新生农民工吸纳进工会组织，做到农民工“流动不流失、离乡不离会”，为切实维权、促进平安建设提供组织基础。

二、继续深入开展培训活动

利用工会成教资源，多形式组织农民工学习操作技能、安全知识、法律常识，增强遵纪守法意识，提高农民工自身素质，使他们尽快适应新环境、融入新环境。

三、继续贯彻落实全总下发的《关于推进维护农民工合法权益十项工作机制建设的意见》

以推动解决农民工的“三最”问题为着力点，推动建立源头入会机制、双向维权机制、就业指导培训机制、工资支付保障机制、社会保障促进机制、劳动安全卫生监督机制、帮扶关爱机制、民主权利保障机制、用工诚信评价机制、法律援助机制等十项机制，实现由具体办实事与建立长效机制相结合，推动农民工维权工作不断取得新进展。通过权益维护，引导教育农民工找工会维权，采取合法正当渠道反映诉求，维护权益。

四、继续加大困难帮扶力度

为农民工办实事、做好事、解难事。协助组织好农民工劳务输出，引导农民工平稳、有序转移，开展农民工“平安返乡行动”等活动。

五、继续拓宽、深化劳动争议调解工作

以实施《劳动争议调解仲裁法》为契机，进一步健全国有企业调解组织，大力推动在各类非公企业中建立调解组织，发挥第一道防线作用，继续推动建立企业劳动争议调解委员会，将劳动争议纠纷解决在基层，化解在萌芽状态。

六、继续推进和谐企业、和谐工业园区建设活动

加大创建工作的力度，扩大影响，拓展覆盖面，发展和谐稳定的劳动关系，促进一方平安。使创建活动已成为工会组织促进劳动关系和谐发展，推动社会和谐稳定平安的有力抓手和品牌。

莫文秀同志的发言（摘要）

一、深入调查研究，进一步增强“平安家庭”创建活动的针对性

一是从广大群众最关心、最直接、最现实的利益问题入手，通过网络、社会学抽样、实地调查等多种形式，针对不同地域、不同家庭类型，在基层广泛开展群众对家庭平安需求的调查研究。二是针对当前一些侵害妇女儿童权益、危及家庭平安和社会稳定的重点问题，如婚姻家庭道德失范、离婚妇女权益受损、女性就业再就业受歧视、农村妇女土地及相关权益受侵犯、女性农民工权益保障不到位等，开展专题调研，探索建立干预和解决问题的模式。

二、突出重点人群，进一步做好城市流动和农村留守家庭的平安创建工作

在城市，进一步总结推广北京、福建等地“流动妇女平安之家”的成功经验，并在流动妇女比较集中的城乡结合部社区和企业中积极推进。面向流动妇女开展“四防”“四无”知识宣传，提供维权服务，救助困境中的流动妇女，提升她们的综合素质，丰富她们的业余文化生活。突出重点地区，切实做好北京、河北等地奥运相关城市的“平安家庭”创建工作，以创建活动的成效服务于平安奥运。在农村，针对留守儿童特殊的家庭状况和平安需求，深入开展以“四无”“五有”为目标的“留守儿童维权平安行动”。树立一批先进典型，推动形成全社会关爱留守儿童的良好氛围。在留守儿童中深入开展“春蕾计划”、“安康计划”。面向西部贫困地区继续开展“母亲水窖”、“母亲健康快车”等公益项目使“平安家庭”创建活动真正落到实处。

三、坚持示范带动，进一步打造“平安家庭”创建活动品牌

首先，指导各地深入开展“百千万”创建工程，逐级建立创建活动的示范区和示范点，结合影响当地家庭平安的主要因素，建立符合地方特色的“平安家庭”评选标准和创建模式，表彰各种类型的先进典型。其次，在总结各地经验的基础上，启动第一批20个国家级“平安家庭”创建活动示范县(市、区)的试点，制定创建办法，明确达标条件、管理细则和考评标准，及时召开试点工作经验交流会，总结成功模式，以点带面，推动创建活动再上新台阶，进一步增强“平安家庭”创建活动的示范效应。

四、注重平安家庭文化建设，提高家庭成员法律素质和平安意识，自觉维护家庭平安、社会稳定

一是深入开展妇女法制宣传教育，大力宣传妇女权益保障法、未成年人保护法、劳动合同法、就业促进法等与群众利益密切相关的法律法规，推动法律进家庭、进社区。二是针对重点人群，深入开展特色主题宣传教育。继续推动各省区市编发“平安家庭”地方手册，使平安的知识和理念进街道、进社区。三是充分利用现代传播媒介，强化对创建活动的宣传，不断扩大创建活动的社会影响力。

五、加强机制建设，进一步强化“平安家庭”创建工作组织保障

争取各级党委政府进一步加强对创建活动的组织领导，充分发挥各成员单位在“平安家庭”创建活动中的骨干作用，进一步发挥各成员单位在创建工作中的职能优势，形成“平安家庭”创建工作的整体合力。不断加强各级“平安家庭”创建活动领导小组办公室的建设，推动“平安家庭”创建活动健康持续发展。努力加强“平安家庭”创建工作队伍建设，不断发展壮大“平安家庭”创建工作志愿者队伍，更好地发挥志愿者在创建活动中的作用。

李卫红同志的发言(摘要)

一、深化矛盾纠纷排查化解工作

加强全局工作统筹，把排查化解的阶段性目标和长期目标结合起来，整合各方面工作。解决师生实际问题，加强思想教育，做好源头预防和疏导工作。坚持治本和政策维稳，健全运用政策手段化解矛盾的机制。结合综合防控体系建设，健全排查网络，落实防控措施。当前，要围绕举办北京奥运会，进一步部署各地学校扩大排查覆盖面，开展“法轮功”等邪教问题、涉及稳定问题、安全隐患问题、矛盾纠纷问题等四项排查工程。重点解决食堂后勤、学籍学历、毕业生就业等可能引发群体性事端的突出问题。

二、切实加强学生政治思想教育

按照党的十七大对加强思想政治教育提出的新要求，紧密结合安全文明校园建设，巩固教育成果。进一步发挥课堂教学的主渠道作用，培育健康向上的校园文化，广泛开展社会实践活动。深入推进法制教育、安全教育，坚持教育与管理、自律与他律、激励与约束相结合，有效引导学生的思想和行为。加强师德建设，坚持学术研究无禁区，课堂讲授有纪律，强化专业课教学的育人功能和教师的育人职责。当前，要进一步加强流动人口子女的思想和法制教育，努力解决他们在学业、心理和生活上的问题。要在民族地区学校深入开展民族团结和反分裂教育。

三、深入推进学校综合防控体系建设

制订高校校园技防系统建设标准，到2010年，使校园视频监控面积达80%以上。进一步加强中小学校园报警点建设，推动农村中小学警校共建工作。制订加强学校保卫工作队伍建设的意见，推动专门队伍和各种形式群防群治队伍建设。充实学校综合防控内容，严密防范境外敌对势力和敌对分子利用宗教和非政府组织进行渗透活动，加强思想文化阵地管理。当前，要充分发挥综合防控体系作用，进一步妥善处理“拉萨打砸抢烧事件”对学校稳定造成的影响。

四、持续开展学校及周边治安整治

充分发挥各级学校及周边治安综合治理工作机构设在教育部门的优势，根据学校的要求确定整治重点，把师生的满意度作为验收指标。要完善巩固整治成效责任制，解决整治后的反复问题。要把整治工作与教育活动、日常整治和集中整治结合起来，及时解决学校及周边影响安全稳定的问题隐患。当前，要集中整治各地各校反映的突出问题，并将存放易燃易爆品场所、非法传销和传教点、黄赌毒窝点、学校建筑工程纠纷等列入整治工作重点。在北京奥运会前，开展为期两个月的学校及周边治安秩序专项整治行动。

五、着力形成齐抓共管的工作合力

在综治部门的组织协调下，研究制定加强齐抓共管工作方案，进一步明确各有关部门在学校及周边治安综合治理和安全文明校园建设中的职责任务，完善协调配合和督导考核等工作制度，及时解决齐抓共管中出现的问题。各级教育部门要进一步加强学校及周边治安综合治理工作机构建设，认真履行综治工作专门办公室的职责任务。要发挥学校的优势，加强学校及周边治安综合治理工作研究，组建专家咨询队伍，提供理论支持和决策服务。

刘金国同志的发言（摘要）

一、进一步强化基础工作

底数清是流动人口服务和管理的基础。继续抓好“三基”工程建设，进一步深化城乡社区警务工作。组织民警逐村逐户、逐企逐院开展走访调查，全面掌握流动人口的基本情况。积极依托村居委会、社区组织和用工单位，全面采集流动人口基本信息，切实做到信息登记准确、上报及时。大力推进暂住人口管理等信息系统建设，今年年底前基本完成城市旅馆业治安信息系统建设，明年年底前基本完成暂住人口、出租房屋治安信息系统建设。加快建立流动人口综合信息平台，实现各部门、各地区信息资源共享，不断提高流动人口管理的综合效能。

二、进一步加强重点管控

情况明是流动人口服务和管理的核心。以城乡结合部、城中村等区域和出租房屋、中小旅馆、废品收购站点、劳务市场、歌舞娱乐、洗浴休闲、建筑工地等流动人口聚集场所、部位为重点，集中开展排查清理，将各类可能违法犯罪的高危人员纳入视线，逐一查清其真实身份和活动情况，落实管控措施。对藏污纳垢和存在安全隐患的场所坚决清理，督促整改；对流动人口中涉嫌制假贩假、窝赃销赃、卖淫嫖娼以及流窜作案等违法犯罪人员坚决打击，最大限度地减少治安隐患。

三、进一步深化维权服务

维权服务是流动人口管理的根本目的。依法严厉打击强迫农民工劳动以及侮辱、体罚、非法搜查、拘禁农民工等违法犯罪活动，加强对农村留守儿童的安全保护。继续开展清理整顿人力资源市场秩序和解决拖欠农民工工资专项行动，切实维护流动人口的合法权益。引导各地从实际出发，进一步调整户口迁移政策，促进人才交流和人口有序流动。继续推出新的便民利民措施，解决流动人口办理居民身份证等方面存在的实际困难。

总结推广暂住证、婚育证、就业证“三证合一”的管理模式,实现“一站式”服务。

四、进一步形成工作合力

协作配合是搞好流动人口服务和管理的关键。紧紧依靠党委、政府,有效整合各种社会资源,着力构建以社区为依托的流动人口服务和管理平台。主动加强与有关部门的协调配合,进一步完善信息通报、联合检查等制度。发挥企业和社区的作用,组织流动人口开展法制宣传、纠纷调解、治安巡逻等工作,促进其自我服务、自我管理。属于公安机关职责内的事项,不推诿,认真办好;需要公安机关协助的工作,积极参与,全力支持。通过共同努力,真正使流动人口感到党和政府的关怀与温暖,享受到社会发展进步带来的平等与实惠。

陈大卫同志的发言(摘要)

一、加强协作配合,强化房屋租赁服务和管理

配合有关部门,组织开展流动人口和出租房屋登记摸底工作,加快建立流动人口相关信息管理系统,健全“以房管人”的工作机制。完善流动人口服务和管理,会同有关部门加快出台《房屋租赁管理办法》,规范和强化房屋租赁登记备案制度,积极落实出租房屋管理措施。指导部分城市建立房屋租赁市场指导租金制度,建立城市出租房屋信息网络,及时发布租赁房屋信息和指导租金价格信息,为流动人口租房提供便利服务。

二、强化服务意识,继续做好农民工的维权工作

配合劳动部门健全维护农民工合法权益的长效机制,督促用工企业严格做好农民工工资支付工作,工作重心由清理旧欠向预防新欠转变。积极总结和推广部分城市在改善农民工居住条件方面的经验和做法。多渠道改善农民工居住条件和作业环境,推进农民工参加工伤保险和建筑意外伤害保险,加强对建筑业农民工专业技能和安全防护知识培训,形成关心农民工的良好氛围。

三、加强物业管理,构建和谐稳定的社区环境

加强物业管理企业资质动态管理,加大执法检查力度,严肃查处物业管理活动中的违法违规行为。落实物业师职业资格制度,提高从业人员素质。加强物业管理诚信体系建设和行业自律,建立健全企业及执业人员的信用档案系统。要求物业企业配合有关部门做好维护住宅小区治安秩序工作,加强住宅小区的管理和治安防范,努力为群众营造安全、舒适的居住环境。

四、加大住房保障,让更多的人民群众安居乐业

总结各地经验,研究建立多渠道融资机制,积极改善流动人口住房条件。贯彻落实《城乡规划法》,加强农村住房建设规划和管理,积极稳妥推进村庄整治,帮助和引导农民建设和改造适居宜居住房,解决农村困难群众住房安全问题。加强房地产市场专项整治,规范房屋拆迁行为,保护居民合法财产权益。

五、注重质量安全,提高城市建设综合防灾能力

进一步加强住宅工程和市政桥梁工程的质量监管力度,完善工程质量监督管理制度,强化建筑安全生产工作,促进全国建筑安全生产形势继续稳定好转。提高城市建设综合防灾能力与应急能力,完善城镇供排水、燃气、供热等市政公用设施的安全运行监管、防灾减灾和应急管理制度。

六、开展基层创建,营造全员参与平安建设氛围

深入开展城市综合整治,继续推动12319建设事业服务热线建设,推广数字化城市管理新模式,着力解决好人民群众反映的城市建设和管理中存在的问题。积极配合有关部门,大力开展科技防范,将科技防范设施列入新建小区、公共建筑等新建项目。继续大力推动无障碍城市、文明行业、工地质量安全标准化和平安住宅小区、优秀“青少年维权岗”等创建活动,努力营造人人参与安全文明创建、人人共享安全文明成果的良好氛围。

(二)中央社会治安综合治理委员会全体会议

中央社会治安综合治理委员会关于印发周永康同志在2008年中央社会治安综合治理委员会全体会议上的讲话的通知

(2008年11月28日)

各省、自治区、直辖市社会治安综合治理委员会,新疆生产建设兵团社会治安综合治理委员会,中央社会治安综合治理委员会各成员单位:

现将中共中央政治局常委、中央综治委主任周永康在2008年中央社会治安综合治理委员会全体会议上的讲话印发给你们,请结合实际情况,认真贯彻落实。

周永康同志的讲话

(2008年11月20日)

这次会议的主要任务是,认真贯彻落实党的十七大和十七届三中全会精神,深入学习实践科学发展观,回顾总结今年以来的社会治安综合治理工作,分析当前形势,对全面推进社会治安综合治理工作进行部署。

刚才,王安顺、李新民、舒晓琴同志分别介绍了北京市、河南省、江西省的综治工作情况,讲得都很好,希望各地结合实际认真学习借鉴。各位委员对《关于进一步加强社会治安综合治理基层基础工作的若干意见》进行了审议,请中央综治办根据大家提出的意见抓紧修改完善。

今年是非同寻常、极不平凡的一年,大事难事多,不确定不稳定因素多。在党中央、国务院的坚强领导下,在党的十七大精神指引下,经过全党全军全国各族人民的共同努力,我们夺取了抗击南方部分地区严重低温雨雪冰冻灾害和四川汶川特大地震灾害斗争的重大胜利,成功举办了北京奥运会、残奥会,妥善处置了拉萨“3·14”打砸抢烧严重暴力犯罪事件和分裂势力制造的极端事件,圆满完成了神舟七号载人航天飞行任务,保持了经济平稳较快发展的基本态势,保持了社会大局和谐稳定。

在完成重大任务、应对重大事件的斗争中,各级党委政府坚决贯彻落实党中央、国务院的决策部署,高度重视社会治安综合治理工作,着力落实社会治安综合治理各项措施。综治部门充分发挥协调各方的作用,认真排查化解矛盾纠纷,深入推进基层平安创建活动,大力组织社会面防范控制,积极支持司法机关依法打击各种违法犯罪活动，为夺取抗震救灾斗争的重大胜利和成功举办北京奥运会、残奥会，为维护社会大局稳定，做出了重大贡献。在此，我代表党中央、国务院和中央综治委，向同志们表示衷心的感谢和亲切的慰问。下面，我讲几点意见。

一、正确认识社会稳定和社会治安面临的形势，认真谋划明年的社会治安综合治理工作

当前，我国形势总的是好的，社会大局继续保持稳定，治安状况总体良好。今年1至9月份，刑事案件走势基本平稳，立案数同比略有上升（增加了0.3个百分点）；全国信访总量同比有所下降，集体访、非正常上访、群体性事件分别有较大幅度下降；各类伤亡事故起数、死亡人数同比均有一定幅度下降。但是，由于不稳定不确定因素增多，社会稳定和社会治安形势仍然比较严峻。我们主要面临四个方面的压力。

一是经济增速明显放缓的压力。今年以来，受国际金融危机和世界经济衰退的影响，我国经济发展遇到了近几年来最为严峻的挑战。一些行业生产经营困难，一批中小企业破产倒闭，不少职工特别是农民工下岗失业，因劳资纠纷、债务纠纷、生活保障等引发的群体性矛盾和治安问题将会增多；股市、房市大幅波动、持续低迷，给大量投资者的利益带来损失，不满情绪以及由此造成的极端事件有所抬头。

二是人民内部矛盾多样多发的压力。目前，涉及土地征用、房屋拆迁、企业改制、涉法涉诉等方面的信访问题仍然比较突出。非法集资、劳动就业、工资待遇、医疗养老、环境污染、民办高校教育管理等问题，成为引发群体性事件的重要原因。一些偶发事件引起非直接利益冲突，形成社会热点问题，破坏正常社会秩序。

三是刑事犯罪居高不下的压力。我国刑事发案虽然保持平稳态势，但案件总量仍在高位运行。特别是黑恶势力犯罪、暴力犯罪、多发性侵财犯罪、涉众型经济犯罪，严重危害公共安全，严重破坏经济社会秩序，严重影响群众安全感，仍然是影响我国治安稳定的突出问题。

四是各种突发灾害和公共事件的压力。今年以来，一些地方、一些领域接连发生重大自然灾害和安全事件，导致了一些不稳定因素，对社会稳定造成了严重冲击。在信息公开透明、迅速传播的情况下，如果应对不力、处置不当，就会产生新的社会矛盾和新的影响社会稳定的问题。

在看到形势复杂严峻的同时，我们更要看到有利的环境和条件。经过30年的改革开放，我国的经济实力、综合国力显著增强，应对困难、抗御风险的能力显著提高，国际环境、周边环境显著改善。今年以来我们战胜特大自然灾害、成功举办北京奥运会和残奥会的事实再次证明，有中国共产党的坚强领导，有社会主义制度的巨大优势，有改革发展的强大动力，有人民群众的拥护支持，我们就没有克服不了的困难，就没有战胜不了的挑战。

面对新的形势，明年社会治安综合治理工作总的考虑是：认真贯彻落实党的十七大和十七届三中全会精神，深入学习实践科学发展观，着力加强社会治安综合治理基层基础工作，着力加强农村社会治安综合治理，着力推进平安建设。要把可能影响社会稳定的风险和困难估计得更充分，把应对的方案和措施准备得更周密，把各项工作做得更扎实，把社会和谐稳定的根基打得更牢固，为经济社会发展创造和谐稳定的环境，以优异成绩迎接新中国成立60周年。

二、深入学习实践科学发展观，积极推动综治工作科学发展

当前，全党正在开展深入学习实践科学发展观活动。各级党委、政府和各部门各单位要以此为契机，站在全局和战略的高度，深刻领会科学发展观的科学内涵和精神实质，准确把握人民群众对社会治安的新期待新要求，以改革创新精神积极推动社会治安综合治理工作科学发展。

第一，推动社会治安综合治理工作科学发展，必须牢固树立为经济社会发展服务的思想。发展是解决中国一切问题的关键。我们之所以能够经得起各种考验，最根本的就是因为我们的国家发展了，经济实力和综合国力增强了，群众生活富裕了，人民真心拥护我们。反之，我们最经不起的是发展停滞、经济下滑。在我们这样一个发展中大国，在目前所处的发展阶段，不发展不行，发展慢了也不行，发展不好更不行。贯彻落实科学发展观，实现经济社会科学发展，是党和政府的工作全局，也是促进社会和谐稳定的基础。要坚持把综治工作放到经济社会发展全局中去谋划、去推进，着力解决社会治安领域影响和制约科学发展的突出问题，着力营造有利于科学发展的法治环境和市场经济环境，在全力推动经济社会发展中不断加强和改进综治工作。

第二，推动社会治安综合治理工作科学发展，必须努力满足人民群众日益增长的安全需求。不断改善治安环境，增强人民群众的安全感，是衡量综治工作成效的根本标准。要坚持把以人为本的理念贯彻落实到综治工作的各个环节，紧紧围绕人民群众最关心、最直接、最现实的安全问题，综合运用一切行之有效的手段加强社会治安管理，最大限度地减少不安全、不稳定、不和谐因素，最大限度地协调和平衡利益关系，最大限度地增强人民群众的安全感。

第三，推动社会治安综合治理工作科学发展，必须坚持全面协调可持续的基本要求。要统筹兼顾，把打击与预防、惩治与教育、管理与服务、当前与长远、局部与全局、治标与治本更好地结合起来。要准确把握、正确运用宽严相济的刑事政策，区别对待各类违法犯罪行为，突出打击重点，最大限度减少社会对立面。要加强基层基础工作，整合资源和力量，筑牢维护稳定的第一道防线，实现基层稳、全局安的目标。

第四，推动社会治安综合治理工作科学发展，必须落实维稳责任、完善体制机制。胡锦涛总书记多次强调指出，发展是硬道理，是第一要务；稳定是硬任务，是第一责任。确保社会长治久安是各级党委、政府和各部门各单位的重大政治责任。要进一步健全以领导责任制、部门责任制、责任追究制为基本框架的社会治安综合治理责任体系，完善工作运行机制、奖惩激励机制和保障机制，建立科学合理、简便易行的考核评价体系，不断增强齐抓共管的工作合力，不断提高综治工作制度化、规范化、法制化水平。

三、认真贯彻落实党的十七届三中全会精神，全力维护农村社会稳定

党的十七届三中全会适应农村改革发展的新形势，顺应亿万农民过上美好生活的新期待，对进一步推进农村改革发展做出了全面部署。认真贯彻落实党的十七届三中全会和胡锦涛总书记重要讲话精神，在新的历史起点上谋划和推进农村社会治安综合治理，全力维护农村社会稳定、保障农民安居乐业，对促进和保障农业发展、农民增收、农村繁荣具有十分重要的意义。

第一，要更加重视改善农村民生，从源头上减少农村不稳定因素。各级党委政府要认真贯彻落实党的十七届三中全会精神，统筹城乡发展，统筹经济社会发展，大力推进城乡基本公共服务均等化，缩小城乡差距，让亿万农民共享改革发展成果，使广大农民学有所教、劳有所得、病有所医、老有所养、住有所居。近期，中央出台了扩大内需、促进增长的十项措施，对“三农”的支持力度之大前所未有，各地一定要结合实际抓好落实，切实推动解决农村民生问题。各级综治部门要把维护农村稳定与改善农村民生有机结合起来，充分发挥协调各方的优势，努力做好排农忧、解农难、得农心、促农稳的工作，从源头上减少社会不稳定因素，为农村的长治久安奠定坚实基础。

第二，要更加重视维护农村政治稳定，夯实党在农村的执政基础。维护农村政治稳定，关键是要增强党和政府对广大农民群众的凝聚力和向心力，增强党的路线、方针、政策对广大农民群众的感召力和吸引力，增强基层组织和党员干部在农民群众中的公信力。必须进一步巩固和落实党的各项支农、惠农、强农政策，增加农民收入，减轻农民负担，改善农民生活，稳定农村人心。必须加强农村政权组织和农村基层组织建设，使之成为推动科学发展、带领农民致富、密切联系群众、维护农村稳定的坚强领导核心。必须健全党和政府主导的维护农民权益机制，拓宽农村社情民意表达渠道，做好农村信访工作，加强人民调解，及时解决农民群众的利益诉求。要开展经常性的矛盾纠纷排查工作，及时发现苗头性问题，千方百计把矛盾和问题化解在基层、解决在萌芽状态，确保问题不积累、矛盾不激化。要把县委书记大接访的经验固定下来，形成制度，建立机制，持之以恒，坚持下去，切实提高基层化解矛盾纠纷的能力和水平。要坚决防止境内外敌对势力、非法宗教势力、宗族势力把持农村基层组织、干预农村公共事务、插手农村维权活动，与我争夺群众、争夺人心。要依法妥善处置各类涉农群体性事件，坚决防止矛盾激化、事态扩大，坚决避免因处置不当造成人员伤亡。

第三，要更加重视维护农村治安秩序，为农村改革发展创造良好的治安环境。要针对当前城乡治安问题相互影响、城市治安问题向农村发展的新特点，积极探索维护农村治安的新办法。明年要以开展创建安全村组活动为载体，深入推进农村平安建设，将农村社会治安综合治理的各项要求落到实处。要深入排查和整治农村治安混乱地区和突出治安问题，依法严厉打击各种危害农村稳定、侵害农民权益、危害农业生产的违法犯罪活动，特别是盗窃、抢劫、抢夺等多发性侵财犯罪，制售假农药、假化肥、假种子等坑农害农的犯罪，以及破坏电力、通讯、水利设施等危害公共安全和农业生产安全的犯罪。深入开展禁毒、禁赌、禁娼斗争，净化农村社会环境。要加强农村法制宣传教育，搞好农村法律服务，提高农民法律意识，推进农村依法治理。

四、大力加强基层基础建设，进一步提高社会治安综合治理工作水平

社会治安综合治理工作的难点在基层，重心在基层，关键在基层。基层基础薄弱仍然是制约社会治安综合治理工作发展进步的突出问题，抓基层、打基础仍然是一项根本性、战略性任务。

第一，要以发展群众性治安信息员队伍为抓手，切实加强预知预防工作。预知才能预防，预防才能主动。搞好社会治安工作，必须掌握社情民意，做到耳聪目明。人民群众是最好的情报员、信息员，对于哪些地方违法犯罪和治安问题突出，哪些时段刑事治安案件多发易发，哪些部位经常有可疑人员聚集出入，哪里有矛盾纠纷，哪里有治安隐患，群众最清楚。因此，我们在加强专业治安力量建设的同时，要大力加强群众性治安信息员队伍建设，广辟信息来源渠道，及时掌握社情民意，及时掌握治安动态，有针对性地做好防范控制工作。

第二，要以县区治安防控体系建设为载体，切实提高控制和驾驭社会治安的能力。治安防控体系建设是一项打基础、管长远的工作，各地综治部门要牵头组织、强力推动。要认真总结近年来治安防控体系建设的经验，以县区为单位，在党委政府统一领导下，把治安防控体系建设纳入县区经济社会发展规划，下大力气解决好防控布点、防控力量、防控措施、经费投入等问题，着力构建点线面结合、人防物防技防措施完善的治安防控网络，有效预防和打击各类违法犯罪活动，牢牢掌握城乡治安工作的主动权。

第三，要以做好人口服务与管理工作为重点，切实打牢社会治安工作的基础。人口服务和管理工作是最重要的基础工作。在动态开放的社会环境下，人口服务与管理工作要突出重点，更新理念，转变方式，创新手段，实现信息化、动态化、有效化管理。对常住人口，要掌握基本信息特别是人户变动信息；对农村留守儿童、妇女、老人，要做好服务、关爱和救助工作；对流动人口，在做好服务工作的同时，要注意发现、掌控高危人员；对刑释解教人员、社区服刑人员、吸毒人员等，一方面要加强管控，防止漏管失控、危害治安，另一方面更要做好教育感化工作，帮助解决实际困难。要进一步完善全国人口信息管理系统和违法犯罪人员信息系统，充分发挥现代信息技术在人口管理工作中的作用，为现实斗争提供强有力的信息支撑。

第四，要以提高维护稳定和维护治安水平为目标，切实加强基层政法综治队伍和基层组织建设。县、市、区和街道、乡镇党政主要负责人要切实担负起抓好本地区社会治安综合治理、维护社会稳定第一责任人的政治责任。要加强乡镇（街道）综治委（办）建设，确保综治工作在基层有人抓、有人管。要进一步加强公安派出所、人民法庭、司法所等基层政法单位建设，充分发挥主力军作用。要十分重视治保会、调委会和单位内部治安保卫组织建设，着力提高乡村、社区、单位维护社会稳定的能力。要按照社会化、市场化、职业化、规范化的总体思路，积极探索社会主义市场经济条件下加强社会治安群防群治工作的新途径，发展壮大队伍，加强教育管理，提高工作水平。要整合资源、整合力量，搭建综合治理工作大平台，形成党政领导、条块结合、上下联动的基层维护社会治安和社会稳定工作体系，推动各部门协作配合，实行矛盾纠纷“联调”、治安“联防”、警务“联勤”、突出问题“联治”、基层平安“联创”，真正形成维护基层稳定的整体合力。

目前，中央综治委正在联合有关部门开展四年一度的全国社会治安综合治理评先表彰工作。在评先表彰过程中，要更加重视基层、关注基层，坚持公开公正，从严掌握标准，切实把评先表彰活动作为总结经验、推广典型、改进工作、提高水平的过程，通过评先表彰达到进一步推动基层基础工作的目的。同志们，让我们紧密团结在以胡锦涛同志为总书记的党中央周围，高举中国特色社会主义伟大旗帜，以邓小平理论和“三个代表”重要思想为指导，深入贯彻落实科学发展观，锐意进取，扎实工作，不断深化平安建设，落实社会治安综合治理各项措施，为推动改革发展、促进和谐稳定做出新的更大贡献！

中央社会治安综合治理委员会关于印发王安顺、李新民、舒晓琴同志在2008年中央社会治安综合治理委员会全体会议上的发言的通知

（2008年11月28日）

各省、自治区、直辖市社会治安综合治理委员会，新疆生产建设兵团社会治安综合治理委员会，中央社会治安综合治理委员会各成员单位：

2008年11月20日，中央社会治安综合治理委员会举行全体会议，北京市委副书记、首都综治委主任王安顺，河南省委常委、政法委书记、省综治委主任李新民和江西省委常委、政法委书记、省综治委主任舒晓琴等同志分别在会上作了发言。现将发言内容摘要印发，供各地各部门结合实际情况学习借鉴。

王安顺同志的发言（摘要）

在奥运安保工作中，首都综治系统充分发挥党委政府统一领导、综治机关统筹协调、职能部门广泛参与、政治经济行政等多种手段综合运用的综治体制机制优势，组织协调全市各部门、各区县圆满完成了全开放、全透明条件下时间最长、规模最大、参与人员最多、国际关注度最高、防控形势最复杂的奥运安保任务。

一、用综治体制统筹平安奥运工作

发挥综治体制优势，不断加强组织领导，统筹推进了平安奥运工作。一是统筹组织指挥。以各级综治委、办为主体，建立了覆盖全市96个局级党政部门和18个区县以及各街道乡镇的社会面控制工作组织指挥体系，实现了对全市各级党政组织和社会各界力量的统筹指挥。二是统筹部署推进。组织全市各级各部门层层制定工作方案，层层开展运行演练。针对不同时期的安保形势和任务特点，全市先后召开六次“平安奥运”工作会议，对奥运安保工作进行动员部署、指挥协调和分析研究，实现了统筹推进。三是统筹研判应对。加强对形势的研判和预测，穷尽奥运期间可能发生的各种情况和问题，并逐一设定工作场景、逐一制定应对策略、逐一落实防控措施。有针对性地开展各类专题培训，有效提高了各类安保力量的现场处置能力。

二、用综治体制开展奥运安保人民战争

充分发挥综治体制优势和首都群防群治队伍

传统优势，动员一切可以动员的力量广泛参与奥运安保工作。将宣传发动深入到每一个社区村、每一个社会单位。组建了由专职治安巡防队伍、流动人口管理员、各社会单位专职保安员、民兵预备役人员、社区治安志愿者和党员、公务员等组成的总计达110万人的奥运安保群防群治队伍。“百万安保大军”全部实行了实名制管理，使所有防控力量的任务细化到奥运期间的每一天，所有防控部位和对象的防控责任都明确到人，形成了一张覆盖各个区域、横到边、纵到底的防控网络。

三、用综治体制推进平安奥运行动

在奥运前夕，首都综治办统筹组织协调全市各区县和部门，开展了为期六个月的平安奥运行动，紧紧围绕影响首都安全稳定、城市管理和社会秩序等十大突出问题开展清理整治，进行综合治理，形成了社会面严管、严控的强大态势。特别是流动人口基础调查工作取得突破性进展，摸清了底数、排查了重点、消除了隐患、规范了管理，实现了对流动人口“底数清、情况明，来有登记、走有注销”的目标。通过“平安奥运行动”，全面掌握了社会面防控工作的基本底数，消除了一大批可能影响奥运安全的隐患，治理了一大批影响城市形象和秩序的突出问题，确保了整个奥运期间刑事发案和治安警情的低位运行和社会稳定。

四、用综治体制构建新型防控体系

奥运期间，首都综治系统启动了多年建设形成的全方位、全覆盖、全时空的新型防控体系。一是布局上实行区域防控。将全市划分为外围控制区、基础保障区、核心安全区、重点管制区四大防区，形成由外至内层层收紧收窄的防控态势。二是在力量投放上实行等级布控。将全市社会面防控分为三级常规防控、二级加强防控和一级超常防控三个等级。奥运期间全市全面启动二级以上防控等级；两个开闭幕式期间，全市先后发布4次启动一级超常防控命令，社会面巡逻警力投入峰值达2万人，专职巡防队上勤峰值达4万多人，治安志愿者上勤峰值达80多万人，其他各类防控力量上勤峰值达20万人。三是在城市社区实行网格防控。将全市2430个社区细分为若干网格巡区，有针对性地配置防控力量，实行动态巡防和定点监控相结合。四是全市3954个村全部实行了封闭式管理模式，在所有出入口全部落实人员车辆凭证出入及登记检查措施。五是在环京地区实施“护城河工程”。与周边省市有效实现了市、县、乡、村四级工作对接，环京70条主要道路全部设立治安检查站，对进出京车辆人员实行全天候查控。同时，奥运期间，环京各省市全面加强本省市的安全稳定工作，为确保首都稳定和奥运安全发挥了极为关键的作用。六是在重点地区和部位严格落实安检措施。七是对重点对象实施“台账式”管理。针对各类重点防控对象，建立了一整套传统式和现代电子式的工作台账，实名配置防控人员，逐项确定防控标准、全面规范防控措施。

五、用综治体制推进责任制落实

依托综治领导责任制体系和目标管理考核体系，在奥运安保社会面控制工作中建立了严格的责任机制。一是组织各级各部门层层签订了平安奥运责任书。组织全市96个局级党政部门和18个区县与市委、市政府签订平安奥运责任书。全市各级党政组织和社会单位，也层层分解工作责任、层层细化安保任务。二是建立了领导干部分片包干的工作机制。各区县、街道、乡镇领导干部全面实行“分片包干”，实行一岗双责、靠前决策、一线指挥。三是建立了专抓副职的工作制度。各职能部门逐一明确了“平安奥运”工作专抓副职，专职负责本单位、本系统的平安奥运工作。四是建立了安全稳定特派员制度。从全市检、法、司和人大、政协等部门抽调7962名干部作为安全稳定特派员，派驻基层街乡镇和社区村组，发挥安保工作的指挥员、战斗员、督查员作用。五是建立了严格的督查机制。首都综治办牵头协调组织数十个部门的现职局、处级领导干部，组建市委督查组，开展“一对一”的实地督查；通过层层开展督导检查，发现并解决了大量问题隐患，帮助基层解决了一批实际问题，促进了各项安保工作的落实。

六、用综治体制深化基层平安建设

紧紧抓住举办奥运会这一难得的发展机遇，不断强化基层、夯实基础，扎实推进基层平安建设。一是健全了综治组织体系。健全了市、区县和街乡镇三级综治组织，并且将综治组织延伸到社区、村和社会单位，形成了横向到边、纵向到底、全面覆盖的综治组织体系，成为奥运安保社会面防控各项措施得以有效落实的组织保证。二是全面加强了综治队伍建设。实施了综治干部教育培训三年规划，实现了全市所有基层综治干部普遍轮训一遍，队伍素质明显提高。三是全面实施科技创安工程。筹办奥运七年来，全市主要大街、重点地区、重点部位、繁华场所技防覆盖率达到100%；居民小区技防普及率达到80%以上；各类技防设施节约了人力投入，提高了防控效能，对于提高社会面综合掌控能力发挥了重要作用。四是全面加强奥运安保工作财政保障。全市街道乡镇综治经费全部列入同级政府财政预算专款专用，形成了综治经费长效稳定的保障机制。奥运安保工作期间，财政投入力度前所未有，有力的财政支持确保了奥运安保各项工作的顺利开展。

李新民同志的发言（摘要）

近年来，河南省把农村平安建设作为事关全局的大事来抓，认真贯彻中央综治委的决策部署，以平安农村创建为载体，扎实推进农村社会治安综合治理工作，取得了较好成效。

一、党委、政府高度重视，切实加强组织领导

河南省委、省政府认真贯彻落实科学发展观，坚持统筹城乡社会经济协调发展，把农村平安建设作为构建社会主义和谐社会的基础工程、推进新农村建设的保障工程、各级党委政府的一把手工程，切实摆上重要位置，加强组织领导，加大保障力度。省财政每年拿出1000万元奖励资金，以奖代补，重点用于农村综治基础设施和技防建设。强化农村综治机构建设，在乡镇机构改革中，明确要求综治办只能加强不能削弱。省委、省政府"两办"专门下发文件，要求乡镇、街道办事处全部建立规范的综治工作中心，配齐配强专职工作人员，确保基层工作有人抓、事有人办。加强工作机制和领导体制建设，出台了《关于强化平安建设工作责任制的意见》，把农村综治工作纳入党政领导任期责任目标和综合考评体系，实行"一岗双责"、一票否决，加大责任追究和奖惩力度。省综治委以加强督促检查、严格责任制和责任追究制为抓手，以暗访为主要方法，开展全面检查和专项督查，推动工作落实在基层、落实在平常。改进考核办法，注重群众意见和实际工作效果，每半年组织一次全省公众安全感和群众满意度调查。对公众安全感低于90%的市、县取消年度评先资格，对发生重大不稳定问题的实行重点管理，重点管理期间党政主要领导不得提拔。同时，对连续三年"全省平安建设先进县（市、区）"的党政主要领导给予记功奖励，连续五年的授予荣誉称号，并按照干部管理权限向党委和组织部门书面推荐，作为晋职晋级的主要依据。

二、认真解决农村治安突出问题，增强农民群众安全感

完善农村社会治安动态分析研判机制，针对治安混乱地区，督促指导有关地方开展集中治理，限期扭转面貌；针对社会治安突出问题，集中时间、集中力量开展严打整治。省委把打击"两抢一盗"犯罪纳入今年常委会工作要点，要求严厉打击农村盗窃牲畜、农机具、电力通讯和水利设施等违法犯罪活动。省委政法委、省综治委制定了具体实施方案，成立了省直政法部门联席会议，明确市县党委政法委书记和各级公检法司一把手是第一责任人，建立了挂牌督破督捕、领导包案等工作制度。省综治办每10天通报一次情况，对打击处理排后3位的省辖市和后10位的县（市、区）点名批评。省公检法机关联合下发了有关文件，完善了相互协作配合的工作机制，明确了对"两抢一盗"案件提前介入、严格程序、提高时效的具体要求。省公安厅先后挂牌督破重大盗抢案件3300起、督捕逃犯3200人，检察机关实行领导包片包案制度，法院系统建立了专门合议庭，司法行政机关开展在押人员"交揭查"活动。各部门联合作战，增强了打击实效，形成了强大的声威。

继续把"打黑除恶"专项斗争作为农村社会治安综合治理的重点，严厉打击乡霸、村霸、路霸等黑恶势力犯罪。坚持黑恶线索摸排查证责任制，实行有奖举报、领导包案、挂牌督办等制度。省综治委每月听取汇报，通报进度，对工作落后的地方和部门下发督办通知书，限期整改。下大力气深挖幕后“保护伞”，铲除黑恶势力的组织体系和经济基础。

三、加强人防技防建设，提高农村治安防范能力

全面实施农村警务战略，推进警力下沉、警务前移。全省每个农村派出所民警都达到了5人以上，派出所警力占县（市）总警力的50%以上。建成了9155个规范的警务室，配备驻村民警14677人，实现了一村一警或一村多警。最近，省委政法委又下发通知，要求省市两级政法部门每年抽调10—20%的机关干警到基层帮助工作，进一步解决基层警力不足的问题。坚持专群结合、群防群治，开展“万警进农村、警民一家亲”和“零发案村”竞赛活动，组织群众开展治安防范。各地乡镇（街道）都建立了10－20人的专职治安巡防队，由县乡财政出资保障，全省共有专职巡防队员3万余人。村组群众因地制宜开展多种形式的巡逻防范，一些经济条件好的农村也建立了专职巡防队，有的还实行“保安进村”巡逻。

针对近年来农村青壮年劳力外出务工增多、留守人员难以长期承担治安防范任务的状况，积极探索加强农村治安防范的新路子，大力开展技防建设，主要推广了五种类型的技防设施：一是视频监控型。在经济条件较好的村和城郊村主要路口安装摄像头，村委会设立监控室，对入村人员24小时监控。二是自动报警型。在乡镇政府所在地的农户和商业门店，安装红外线自动报警装置，与派出所联网，一旦发生警情，能够迅速出警。三是十户联防型。在距离派出所较远、交通不便的村庄，每十户编成一个技防小组，安装相互联网的通话报警装置，一旦发生警情，能够相互救助。四是全村联防型。在村委会值班室设监控主机，与每家农户的终端报警器联网，一旦发生警情，村委会值班人员能够迅速赶到现场。五是平安互助网。在家庭电话安装率较高的村，以村级电话虚拟网和广播系统为基础，组建村级报警台，农户不用花一分钱，遇到险情就能用自家的电话通过村里的广播喇叭向全村示警求助。各地采取财政补贴、社会捐助、农户自愿出资等办法解决费用问题，并逐村逐户现场演示，使农户自觉加入技防网络。

四、加强综治中心建设，提高基层维护稳定工作能力

今年，省委、省政府“两办”和省综治委分别下发了《关于建立乡镇（街道）综治工作中心的通知》和《关于加强乡镇（街道）综治工作中心建设的通知》，要求各地党委、政府在人员调配、办公条件、经费保障方面制定具体措施，量化标准，9月底前建成70%以上，11月底前全部建成，人员、设施和工作经费全部到位。将综治工作中心建设列入平安建设目标考核，没有完成建设任务的，不得评为平安建设先进省辖市和先进县（市、区）。

在各级党委、政府的大力推进下，全省所有乡镇都建立了规范的综治工作中心。主任由党委副书记兼任，设一名副乡级专职副主任，并配备2至3名专职工作人员。整合综治办、信访办、司法所、派出所、法庭等部门力量，统一设立综合服务大厅和接访室、调处室，明确了各部门的责任分工，建立了情报信息会商、矛盾纠纷联调联处等六项工作制度，形成了维护稳定的合力。严格绩效考核和奖惩制度，对达到省级平安乡镇标准的，年终奖励中心主任、副主任一个月的工资；对发生重大问题的，严肃追究责任。建立综治中心主任、副主任政绩档案，将年度考核结果书面通报其上级主管部门和组织、人事部门，作为表彰奖励、晋级晋职的主要依据。有的省辖市还规定，工作连续两年排名末位的，乡镇（街道）主要领导和综治中心负责人不得提拔。

乡镇综治中心在党委、政府的统一领导下，不仅承担着排查整治治安混乱地区和突出治安问题、落实治安防控措施、加强流动人口服务管理、预防青少年违法犯罪、刑释解教人员安置帮教等职责，同时承担着基层矛盾纠纷排查调处、解决群众信访问题等工作任务，充分发挥了“治安联防、矛盾联调、工作联动”的优势。健全矛盾纠纷和重大不稳定问题排查制度，完善定期排查、限时报告、错报漏报责任追究等措施，组织村组每周集中排查一次，综治中心每半个月召开例会进行集中梳理和分析研判。建立群众信息员队伍，对村组排查不彻底或弄虚作假而由信息员反映或群众举报的，追究排查不力的责任。建立群众信访问题统一受理制度，实行“首问负责制”，由接访人员负责将问题分解到有关部门，并督促解决、答复群众,避免问题相互推诿。对报结信访案件组织逐案回访,督促检查调解协议的执行,防止出现反复。对因工作不力造成重复上访、越级上访的,追究有关责任人的责任。一些地方还建立了“三级例会”、“乡村夜话”、村情民意恳谈会等制度,畅通社情民意渠道,把大量的矛盾纠纷化解在基层,消除在萌芽状态,努力做到“小事不出村、大事不出乡、问题不上交、矛盾不激化”。

舒晓琴同志的发言(摘要)

按照中央综治委的部署,江西省从3月至10月在全省范围内开展的“两个排查”集中行动,取得了明显成效,全省城乡呈现出发案少、秩序好、社会持续稳定、公众安全感指数上升的好势头。

一、强力推进“两个排查”集中行动

(一)高位决策部署。中央综治委部署开展“两个排查”集中行动后,省委常委会议很快听取有关精神和我省实施意见的汇报,要求各地、各部门从维护社会稳定、促进社会和谐、实现平安奥运的政治高度,坚决贯彻中央部署。根据省委研究的意见和省委书记、省长批示要求,省综治委立即进行了专题研究,细化方案,分解任务,明确责任,并作出全面部署。全省上下呈现出主要领导亲自抓、分管领导精心抓、党政领导班子成员共同抓的工作格局。全省11个设区市和99个县(市、区)召开“两个排查”集中行动动员部署会,党政一把手亲自作部署,亲自提要求,为集中行动顺利开展创造了良好条件。

(二)定期交账讲评。省里要求逐级填报“三表一报告”,即《矛盾纠纷分级排查调处情况表》、《治安乱点和突出治安问题跟踪治理一览表》、《急、大、难矛盾纠纷跟踪督办一览表》和《矛盾纠纷排查调处情况分析报告》。对迟报、漏报、瞒报引发重大问题的,实行责任倒查。各地层层建立工作台账,对矛盾纠纷、治安乱点和突出治安问题,做到情况明、底数清,较好把握了工作主动权。每月10日,省综治办召开“两个排查”工作交账会,由各市综治办主任携带“三表一报告”到省里交账。同时,对疑难矛盾纠纷和跨市的矛盾纠纷进行集中“会诊”,化解一个,销号一个。

(三)强化检查督办。一是省综治委成员单位分别挂点帮扶一个县(市、区)的平安创建工作,重点对“两个排查”集中行动进行督导,履责情况在省综治委全体会议述职。二是从政法部门抽调厅级干部带队组成11个督导组,深入全省各地、各有关部门督导,并及时进行调度。三是各级纪检、组织、人事、监察和综治委派出得力干部对“两个排查”集中行动进行专项考核,跟踪查效。四是各级综治办对突出矛盾纠纷、治安乱点和重大治安问题,按照管辖权限,向事发地区、部门下发抄告单,明确解决时限,对到时问题没有解决的,下发督办单,经督办仍未解决的,实行限期整改、黄牌警告,直至一票否决。

二、集中排查调处矛盾纠纷

(一)排调网络纵到底横到边。省、市、县三级综治委成立了矛盾纠纷排查调处领导小组,并明确了成员单位的职责任务。继省综治办增设矛盾纠纷排查调处室后,在市、县两级综治办增设了排调室。市级综治办排调室落实编制5人,增配1名综治办副主任兼任排调室主任。县级综治办排调室落实编制3人,增配1名综治办副主任兼任排调室主任。乡镇(街道)矛盾纠纷排查调处中心和村级矛盾纠纷排查调处室在2005年已全部组建,今年重点抓规范化建设。村民小组配备了调解员。机关、团体和企事业单位也建立了矛盾纠纷排查调处组织。

(二)排调力量多元化大整合。以县委书记大接访为契机,从省委、省政府领导带头做起,各级领导干部接访、包案,带案下访。苏荣同志一再强调,省委常委包案解决不了的问题由他出面解决,副省长包案解决不了的问题由省长出面解决。在省领导的重视和带动下,全省上下形成了化解矛盾纠纷的强大合力。省里对16类重大矛盾纠纷的排查化解,逐一明确了责任单位和牵头单位。

开展“两个排查”集中行动以来，仅省直有关部门就化解了5260多件矛盾纠纷，其中半数以上属“急、大、难”矛盾纠纷。省建设厅领导亲自动手解决城镇房屋拆迁引发的上访问题，中央、省里交办的640余件上访案件，全部息诉罢访。省林业厅成功调处了420多件长期悬而未决的山林权属纠纷。省政法各部门着力化解涉法涉诉信访案件，1至10月涉法涉诉信访案件仅占全省信访案件5.4%，77起进京非正常访案件在7月底全部办结，息诉罢访率为100%。

（三）排调举措求创新重实效。一是派驻综治特派员就地调处矛盾纠纷。萍乡市在全市开展“万名干部下农村，争做群众贴心人”活动，从县区、乡镇选拔了万名干部担任综治特派员，下乡进村化解矛盾纠纷，多数村做到了矛盾纠纷不出村、零上交。二是领导包案调处重大矛盾纠纷。各级领导干部对“急、大、难”纠纷实行“三定三包”，即定人、定责、定时，包排查、包调处、包稳定。三是联谊联调化解边界纠纷。在边界地区普遍建立了联谊、联防、联调、联治、联创“五联”工作机制，化解近万起矛盾纠纷，维护了边界地区的稳定。四是通过“民情恳谈”渠道调处矛盾纠纷。推广玉山县仙岩镇设立为民服务中心，畅通社情民意反映渠道做法，让人民群众“话有处说，理有处讲，矛盾有人解”，有效防范民转刑案件、群体性事件和非正常上访事件发生。

三、重点排查整治治安乱点和突出治安问题

（一）因地制宜开展严打整治行动。由省公安厅统一部署，在全省开展声势浩大的“赣安一号”行动、道路交通安全保卫、消防安全保卫“三大攻坚战”，最大限度地挤压违法犯罪空间，有效遏制了刑事案件上升的势头。同时，结合奥运安保，先后开展了不稳定因素排查化解、治爆缉枪、重点单位要害部位安全保卫、出租房屋治安整治、公共场所治安管理以及废旧金属收购站点整治等专项行动，都取得明显成效。

（二）自下而上排查整治治安乱点。全省共排查治安乱点1742处。对治安问题突出的乱点，由各级党政领导挂帅，抽调得力干部组成强有力的督导组驻点坐镇督导，不解决问题不撒手。宜春市整合多方力量，集中整治122个治安混乱乡（镇）、村，治安面貌明显改变。各地排查出来的治安乱点经过整治，基本实现了由乱到治，由治到安。

（三）集中力量解决突出治安问题。针对医患纠纷日益增多、“医闹”事件突出的问题，组织开展了为期两个月的集中治理医患纠纷专项行动，排查出各类医患纠纷1287件，已成功调处1153件，依法处理了112名“医闹”人员，有效减少了“医闹”事件的发生，维护了正常的医疗秩序。此外，针对娱乐休闲场所、校园周边、铁路沿线等处存在的突出治安问题，以及艾滋病人、外省籍在赣人员违法犯罪等问题，采用综合治理的手段，多管齐下，实行标本兼治，也取得了明显成效。“两个排查”期间，各地排查出来的3014个突出治安问题基本得到解决。

四、建立“两个排查”长效工作机制

（一）纠纷排调机制。在排查时间上，设区市每个月、县（市区）每半个月、乡镇（街道）每周，定期排查一次矛盾纠纷；在工作运行上，逐级实行月报、要情报告、“零报告”、抄告、督办、定期协调等制度；在排查主体上，全省形成了综治、维稳、信访、人民调解、内部单位五条排查主渠道；在力量整合上，实行人民调解、司法调解、行政调解衔接联动。对排查出来的矛盾纠纷，由各级综治委牵头召开协调会，分流到相关部门，并抄告分管领导，逐一落实化解责任，限期化解，跟踪督查。

（二）治安防控机制。在完善城市科技防控体系的同时，推进科技防控向农村乡镇、内部单位、城镇居民住宅小区、城乡居民家庭延伸。至10月底，全省60%的乡镇建立了视频监控体系。对新建的住宅小区实行安全防范准入制，凡是安全防范设施不达标的不准上市销售。在城市居民家庭推广经济实用的技防设施，在农村村民家庭推广防盗警铃等简易技防设施。进一步推广综治工作站、综治协会和综治协管员、治安中心户长、十户联防等做法，创新社区警务工作，加强和改进保安服务，完善基层治安防控网络，预防和减少了重大治安问题发生。

（三）社会管理机制。一是加强流动人口服务与管理。由省综治办牵头，会同有关部门，就流动人口管理体制、管理机构、管理队伍、管理经费问题提出了具体实施意见，报省政府批准实施。基本形成了以公安派出所为主体、以乡镇（街道)、村(居)委会为依托,以社区民警为骨干,以协管员队伍为辅助力量的流动人口服务与管理网络。二是落实对肇事肇祸精神病人的收治管控。全省共集中收治肇事肇祸精神病人1966名,其中流落社会、无家可归的精神病人301名,有效防止了肇事肇祸精神病人危害社会。三是加强了对艾滋病人违法犯罪的打击处理。省里明确对艾滋病犯罪嫌疑人定点收治关押,定点收监改造,较好解决了以往艾滋病人犯罪,公安不敢抓,抓了无处关,法院判了无处送的问题。四是强化对"两新"组织的管理。把新型经济组织、新型社会组织治安综合治理工作纳入当地综治目标管理,落实"谁经营谁负责"的原则,拓展了综治工作的覆盖面。

(三)纪念毛泽东同志批示"枫桥经验"45周年大会

中央社会治安综合治理委员会关于印发周永康同志在纪念毛泽东同志批示"枫桥经验"45周年大会上的讲话的通知

(2008年12月12日)

各省、自治区、直辖市社会治安综合治理委员会,新疆生产建设兵团社会治安综合治理委员会,中央社会治安综合治理委员会各成员单位:

今年是毛泽东同志批示"枫桥经验"45周年。为了贯彻落实科学发展观,进一步创新发展"枫桥经验",深化社会治安综合治理,推进平安创建活动,完善社会建设和管理,促进社会主义和谐社会建设,2008年11月24日,中央社会治安综合治理委员会和浙江省委在浙江省绍兴市联合召开纪念毛泽东同志批示"枫桥经验"45周年大会。现将中共中央政治局常委、中央政法委员会书记、中央社会治安综合治理委员会主任周永康在纪念大会上的讲话印发给你们,请结合实际,认真贯彻落实。

附件:浙江省委书记、省人大常委会主任赵洪祝在纪念毛泽东同志批示"枫桥经验"45周年大会上的讲话摘要

周永康同志的讲话

(2008年11月24日)

今天,中央综治委和浙江省委在这里召开大会,隆重纪念毛泽东同志批示"枫桥经验"45周年。在此,我代表党中央、国务院和中央综治委,向不断推进"枫桥经验"创新发展的浙江省广大

干部群众致以亲切的问候，向获得“枫桥经验”创新成果奖的单位和个人表示热烈的祝贺！

45年前，浙江枫桥创造了“发动和依靠群众，坚持矛盾不上交，就地解决，实现捕人少，治安好”的经验，毛泽东同志非常重视，批示“要各地仿效，经过试点，推广去做”。几十年来，“枫桥经验”在推广应用中不断丰富发展，焕发出蓬勃生机和旺盛活力，成为全国政法综治战线的一面旗帜。刚才，浙江省委书记赵洪祝同志、绍兴市委书记张金如同志全面介绍了“枫桥经验”的基本精神、创新发展和平安浙江建设的情况，对我们坚持并发展“枫桥经验”、构建社会主义和谐社会很有启发，值得认真学习借鉴。

改革开放以来，浙江省、绍兴市、诸暨市及枫桥镇始终把发展作为第一要务，把以人为本作为核心内容，把化解矛盾作为主要任务，把强化基层作为关键环节，把专群结合作为最大优势，致力于关注民情、改善民生、发展民主、维护民安、促进民和，创造了“立足基层组织，整合力量资源，就地化解矛盾，保障民生民安”的新经验，建立了“治安联防、矛盾联调、问题联治、事件联处、平安联创”的新机制，形成了“党政动手、依靠群众，源头预防、依法治理，减少矛盾、促进和谐”的新格局，体现了“枫桥经验”的地方特色和时代特点。回顾总结“枫桥经验”产生发展的历程，尽管不同时期有不同的特点，但其基本内涵和精神实质始终没有改变。这就是发挥政治优势，相信依靠群众，加强基层基础，就地解决问题，减少消极因素，实现和谐平安。这是我们的宝贵财富，要一以贯之坚持，不断丰富发展，与时俱进创新。

今年，是我们党和国家历史上非同寻常、极不平凡的一年。在党中央、国务院坚强领导下，在党的十七大精神指引下，经过全党全军全国各族人民共同努力，我们夺取了抗击南方部分地区严重低温雨雪冰冻灾害和四川汶川特大地震灾害斗争的重大胜利，成功举办了北京奥运会、残奥会，妥善处置了拉萨“3·14”打砸抢烧严重暴力犯罪事件和分裂势力制造的极端事件，圆满完成了神舟七号载人航天飞行任务，保持了经济平稳较快发展，保持了社会大局和谐稳定。当前，我国形势总的是好的，但必须看到，随着国际国内环境继续发生深刻变化，我国经济社会发展面临的矛盾问题增多，不稳定不确定因素增多。受国际金融危机和世界经济衰退的冲击，我国经济发展遇到了近几年来最为严峻的挑战，经济增长速度明显放缓，一些企业特别是一些出口企业经营困难，部分职工下岗失业，部分群众生活受到影响。同时，人民内部矛盾多样多发，刑事犯罪居高不下，各种灾害事故和公共安全事件时有发生，敌对势力渗透破坏活动加剧，社会稳定、社会治安面临的形势仍然严峻，维护社会稳定工作面临巨大挑战。

针对经济发展中出现的新情况，中央审时度势、果断决策，及时出台了一系列扩大内需、促进增长的重大举措，积极参与国际社会应对金融危机的共同行动。中央各有关部门和各省区市迅速采取有力措施，认真贯彻落实中央的决策部署，一心一意保增长，千方百计保民生，积极主动保稳定。目前，我国经济社会发展的基本态势没有改变。有30年改革开放打下的坚实基础，有中国共产党的坚强有力领导，有社会主义制度的巨大优势，有中国特色社会主义理论的强大思想武器，有中华民族不畏艰难、百折不挠的伟大民族精神，我们完全有信心、有能力战胜眼前的困难，化挑战为机遇，实现我国经济社会又好又快发展。

保持经济社会又好又快发展离不开和谐稳定的社会环境。胡锦涛总书记多次强调指出：“发展是硬道理，是第一要务；稳定是硬任务，是第一责任。没有稳定这个前提条件，什么事情也干不成，已经取得的成果也会失去，更不能实现又好又快发展”。各级党委、政府要深入学习实践科学发展观，深刻领会、坚决落实胡锦涛总书记的重要指示精神，牢固树立正确的政绩观，在全力推动经济发展的同时，切实增强忧患意识、大局意识、责任意识，高度重视维护社会稳定工作，充分发挥“枫桥经验”的典型示范作用，坚持抓源头、抓苗头、抓基层、抓基础，把矛盾化解在基层、把问题解决在当地、把隐患消除在萌芽状态，确保一方平安，确保大局稳定，在社会和谐稳定中实现科学发展。

坚持并发展“枫桥经验”，要更加重视保障和改善民生，努力从源头上预防和减少社会不稳定因素。民生连着民心。我国目前的许多社会矛盾都是由民生问题引发的。民生问题解决了，群众满意了，稳定就有了坚实的基础，发展就有了强大的动力。各级党委政府要始终坚持以人为本，把保障和改善民生作为工作的出发点和落脚点，着力解决人民群众最关心、最直接、最现实的利益问题，全力维护人民群众合法权益，全力保障人民群众安居乐业，让广大人民群众共享改革发展的成果。要坚持科学决策、民主决策、依法决策，统筹兼顾各方利益，对群众反映强烈的土地征用、房屋拆迁、企业重组改制、环境保护、社会保障等问题，一定要充分听取群众意见，设身处地为群众着想，坚决避免因决策失误损害群众利益、引起群众不满、引发群体性事件。在当前经济增速放缓、下岗失业人员增多、困难群体生活受到影响的特殊时期，要更加重视保障和改善民生，更加重视关心群众疾苦，更加重视做好理顺情绪、安定人心的工作，把扩大内需的投资项目主要用于保障和改善民生、加强社会建设上，千方百计为群众排忧解难，增强党和政府的凝聚力。

坚持并发展"枫桥经验"，要毫不动摇地走群众路线，充分发挥人民群众在平安建设中的主体作用。群众路线是我们党和国家一切工作的生命线，专群结合是我们做好维护稳定工作的基本方法。"枫桥经验"来自人民，服务人民，是人民群众的生动实践。在平安建设中，既要充分发挥政法综治队伍的职能作用，更要充分发挥人民群众的主体作用。坚持群众路线，就要真正把群众当主人、当亲人、当老师，带着对人民群众的深厚感情去工作，学会与群众打交道、交朋友的真本事，做人民群众的贴心人；坚持群众路线，就要真正了解群众的所想所盼，下大力气解决人民群众反映强烈的突出问题，使我们的工作切实体现民意、符合民情、满足民愿；坚持群众路线，就要真正相信人民群众的智慧和力量，把广大群众动员起来、组织起来参与平安建设，形成人人参与、人人建设、人人共享的平安建设新格局；坚持群众路线，就要真正依靠人民群众，充分发挥群众的首创精神和主体作用，使平安建设成为人民群众自己的事业和广大群众的自觉行动。

坚持并发展"枫桥经验"，要最大限度地化消极因素为积极因素，努力创造团结和谐的社会环境。少抓人、少捕人，化消极因素为积极因素，减少社会对抗，促进社会和谐，是"枫桥经验"的重要内容。在当前人民内部矛盾多发、刑事犯罪高发的形势下，要把学习"枫桥经验"与贯彻落实宽严相济的刑事政策有机结合起来，坚持"可捕可不捕的不捕，可判可不判的不判，可杀可不杀的不杀"的原则，最大限度地增加社会和谐安定因素，最大限度地减少不和谐不稳定因素；要把学习"枫桥经验"与充分发挥我国调解制度的独特优势结合起来，着力构建人民调解、行政调解、司法调解相结合的大调解工作体系，充分运用调解手段调节经济社会关系，减少诉讼对抗，节约司法资源，促进社会和谐；要把学习"枫桥经验"与依法妥善处置群体性事件有机结合起来，坚持慎用警力、慎用武器警械、慎用强制措施，坚持解决实际问题与加强思想教育并重，坚决避免因为处置不当导致矛盾激化、事态扩大，减少社会对抗，维护社会稳定；要把学习"枫桥经验"与建立完善党和政府主导的维护群众权益机制有机结合起来，进一步拓宽社情民意表达渠道，加强舆论引导工作，形成人民群众合法理性地表达诉求、党委政府和相关部门及时有效地解决问题的工作机制，防止矛盾问题聚集激化，防止敌对势力插手利用。

坚持并发展"枫桥经验"，要不断适应新形势新任务的要求，切实加强社会服务与管理工作。在改革开放和建立社会主义市场经济体制的新形势下，社会管理的任务日益繁重，难度日益增大。面对新形势新任务，要加快建立完善党委领导、政府负责、社会协同、公众参与的社会管理新体制，重点推进流动人口、"两新"组织、非政府组织、虚拟社会等领域的管理体制创新，努力实现依法管理、科学管理、高效管理，在管理中体现服务，在服务中强化管理。当前，一些企业因生产经营困难造成部分农民工下岗失业，一些企业员工因拿不到工资而与资方发生冲突。对此，各地要从维护社会稳定的大局出发，切实关心他们的生活，及时协调解决他们的实际困难，及时提供就业培训指导，认真搞好服务与管理，帮助他们渡过难关。要大力推进以县区为单位的社会治安防控体系建设，形成科学严密的治安防控网络，发展壮大专群结合的治安防控队伍，完善落实以人防物防技防为主要手段的防控措施，最大限度地挤压违法犯罪空间，最大限度地提高预防和打击违法犯罪活动的能力。要进一步加强打击犯罪工作，依法严惩黑恶势力犯罪、严重暴力犯罪、严重经济犯罪、多发性侵财犯罪，维护正常的社会经济秩序，增强群众安全感。要认真贯彻落实党的十七届三中全会精神，全面加强农村治安防范工作，依法严厉打击各种危害农村社会稳定、侵害农民合法权益、破坏农业生产经营的违法犯罪活动，为深入推进农村改革发展提供有力的法治保障，创造稳定的社会环境。

坚持并发展“枫桥经验”，要切实履行维护稳定的第一责任，努力把矛盾纠纷解决在基层和萌芽状态。要履行好维护稳定的第一责任，完成好确保社会稳定的过硬任务，就必须把稳定工作摆上更加重要的位置，把维护稳定的各项工作做得更扎实更有效。“小事不出村，大事不出镇，矛盾不上交”，是“枫桥经验”最突出的特点。各级党委政府和各部门各单位的主要领导要敢于面对矛盾，深入基层一线特别是困难多、问题多、矛盾多的地方，面对面地听取群众的利益诉求，面对面地做群众工作；要勇于承担责任，对矛盾问题不推诿、不扯皮、不上交，千方百计把问题解决在基层、解决在当地；要随时掌握社情民意，做好预测防范，努力把工作做在前头，把功夫用在平时，牢牢把握工作主动权。对可能影响社会稳定的热点、敏感问题，要提前预警，积极疏导，有效处置，坚决防止因思想不重视、工作不主动、措施不到位，使个体矛盾演变成群体矛盾，让小事情发展成大事件；要严格执行责任追究制度，对因决策不当、工作不力、玩忽职守而造成影响社会稳定严重后果的，要坚决追究党纪政纪和法律责任。当前，各地党委政府尤其要关注关心困难企业职工群体、股市楼市投资受损群体、非法集资受害群体、低收入生活困难群体及受灾害事故影响的群体，在深入排查的基础上，落实领导责任、部门责任，及时掌握其主要诉求和思想动态，加强思想工作，千方百计、竭尽所能解决问题，把党和政府的温暖送到他们身上。

坚持并发展“枫桥经验”，要进一步加强基层夯实基础，筑牢维护社会和谐稳定的第一道防线。充分发挥党的政治优势，把党的领导与群众路线紧密结合起来，把各有关部门的职能作用充分发挥出来，把基层的力量资源有效整合起来，使基层组织成为维护稳定的坚强战斗堡垒，这是“枫桥经验”发挥制度优势给我们的重要启示。要大力加强党的基层组织建设，充分发挥党的基层组织的领导核心作用，有效协调利益关系、化解矛盾纠纷、维护社会和谐稳定。要始终把加强基层基础建设作为战略性、根本性任务来抓，通过坚持不懈的努力，增强基层实力，激发基层活力，提高基层效率，筑牢维护社会和谐稳定的第一道防线。要引导各级干部把精力和注意力放在基层，促进人、财、物真正向基层和一线倾斜，努力形成心往基层想、人往基层走、事为基层办、钱为基层花的导向。要帮助指导基层切实加强基础业务建设，健全完善内部管理制度，提高基层干部做好特殊状态下群众工作的本领，减少基层负担，激发和调动基层自觉做好保一方平安的主动性和积极性。要按照整合资源、整合力量、精干高效、便民利民的原则，充分发挥好基层各综治成员单位的作用，在党委、政府领导下，构建维护稳定、维护治安的工作平台，形成各部门密切配合、快捷高效的维稳工作机制。要进一步深化城乡社区警务建设，切实做到警力下沉、警务前移，预防为主、服务群众，努力实现“发案少，秩序好，社会稳定，群众满意”的工作目标。

同志们，让我们更加紧密地团结在以胡锦涛同志为总书记的党中央周围，高举中国特色社会主义伟大旗帜，以邓小平理论和“三个代表”重要思想为指导，深入学习实践科学发展观，认真贯彻落实党的十七大和十七届三中全会精神，坚持和发展“枫桥经验”，扎实做好社会治安综合治理工作，努力创造和谐稳定的社会环境，为全面建设小康社会、构建社会主义和谐社会做出更大贡献！

附件：

赵洪祝同志的讲话（摘要）

（2008 年 11 月 24 日）

长期以来，中央领导同志、中央有关部门对坚持和发展“枫桥经验”非常重视，给予了有力指导和大力支持。这次中共中央政治局常委、中央政法委书记、中央综治委主任周永康同志前来浙江考察指导，出席今天会议并将作重要讲话，这是对浙江工作的亲切关怀和有力指导，也是对浙江广大干部群众的极大鼓舞和鞭策。

45 年来，特别是近年来，在深入贯彻落实科学发展观、学习推广和发展“枫桥经验”的实践中，我们进行了深入的探索，积累了有益的经验，取得了明显的成效。同时，我们也深感在新的形势下，进一步坚持和发展“枫桥经验”使命光荣、责任重大。

一、“枫桥经验”是我省维护社会和谐稳定的宝贵财富

20 世纪 60 年代初，我省诸暨市枫桥镇的干部群众在社会主义教育运动中创造了“发动和依靠群众，坚持矛盾不上交，就地解决，实现捕人少，治安好”的“枫桥经验”。1963 年 11 月，毛泽东同志亲笔批示“要各地仿效，经过试点，推广去做”。此后，中央又两次对“枫桥经验”作了批转。“枫桥经验”成为全国政法战线的一面旗帜。45 年来，浙江历届省委、省政府十分珍惜“枫桥经验”，高度重视学习推广工作，根据不同时期的形势任务，提出具体明确的要求，不断赋予新的时代内涵，使之与时俱进，显示出持久的生命力。45 年来的实践充分表明，无论在哪个历史时期，“枫桥经验”都在维护社会稳定、促进经济社会协调发展中彰显了独特优势，发挥了积极作用，是我省维护社会和谐稳定的宝贵财富。

当前，全省上下正在认真贯彻党的十七大和十七届三中全会精神，开展深入学习实践科学发展观活动，围绕省委“创业富民、创新强省”总战略，加快转变经济发展方式，推进经济转型升级，这给坚持和发展“枫桥经验”、维护社会和谐稳定拓展了新的视野、赋予了新的任务；国际国内环境深刻变化，特别是国际金融危机还在继续发展，对世界经济的冲击日益明显，我国经济社会发展面临的矛盾问题和不稳定不确定因素明显增多，这给坚持和发展“枫桥经验”、维护社会和谐稳定增加了新的压力、提出了新的课题；我省正处于人均生产总值由 5000 美元向 8000 美元到 1 万美元发展的重要时期，处于全面提升工业化、信息化、城市化、市场化、国际化水平的重要时期，同时也是各种社会矛盾和问题的凸显期，这给坚持和发展“枫桥经验”、维护社会和谐稳定带来了新的挑战、提出了新的要求。我们必须切实增强坚持和发展“枫桥经验”的紧迫感和责任感，充分运用“枫桥经验”的基本精神，进一步提高科学判断形势、服务经济发展、化解社会矛盾、应对风险挑战的能力，统筹解决发展过程中的各种矛盾和问题，更加自觉地深化“平安浙江”建设，更加主动地做好维护和谐稳定工作，更加有效地服务保障经济转型升级，不断探索维护和谐稳定、促进科学发展的新思路、新途径。

二、坚持和发展“枫桥经验”是深化“平安浙江”建设的有效载体

近五年来，特别是 2004 年省委作出建设“平安浙江”、促进社会和谐稳定的决策部署以来，全省各地坚持以邓小平理论和“三个代表”重要思想为指导，深入贯彻落实科学发展观，按照构建社会主义和谐社会的要求，紧紧围绕“八八战略”和“创业富民、创新强省”总战略，把坚持和发展“枫桥经验”贯穿于建设“平安浙江”的全过程，全力维护社会和谐稳定，取得了明显成效。据国家统计局测评，我省群众安全感满意率连续 4 年高于全国平均水平。

这五年，是牢牢把握中央领导同志的重要指示精神，不断强化“发展是第一要务、稳定是第一责任”理念的五年。2003年11月，胡锦涛总书记在与第二十次全国公安会议部分代表座谈时，听取了枫桥派出所的汇报，对“枫桥经验”给予了充分肯定。2004年5月，胡锦涛总书记对“平安浙江”建设作出了“贵在落实、贵在坚持”的重要批示，温家宝、曾庆红、罗干、周永康等中央领导同志分别提出明确要求。2005年初和2006年初，胡锦涛总书记在听取浙江工作汇报时都要求推进建设“平安浙江”，强调浙江的财力比较充裕，在化解不和谐因素和社会矛盾方面，更有条件营造安宁和谐的环境。2007年7月，胡锦涛总书记在浙江考察工作时又对维护社会和谐稳定作了重要指示。2003年11月，罗干同志在诸暨召开的纪念毛泽东同志批示“枫桥经验”40周年大会上，对坚持和发展“枫桥经验”作了重要讲话。2004年6月，罗干同志和周永康同志在杭州召开的全国社会治安综合治理会议上作了重要讲话，并在浙江考察调研时作出重要指示，强调浙江是“枫桥经验”的发源地，勉励我们不断总结经验，坚持和发展“枫桥经验”。五年来，我们认真学习，深刻领会中央领导同志的重要指示精神，牢固确立“发展是第一要务、稳定是第一责任”的理念，运用“枫桥经验”的基本精神，扎实推进“平安浙江”建设，制定了上下衔接、全面配套的平安建设考核体系，建立完善党委定期分析社会稳定形势制度，形成了各方面工作统筹考虑和谐稳定、和谐稳定促进各方面工作的喜人局面。

这五年，是牢牢把握调解优先原则，着力构建多元化矛盾纠纷解决机制，不断提升预防化解社会矛盾能力的五年。针对社会矛盾进入易发、多发期的实际，全省各地始终把化解矛盾作为坚持和发展“枫桥经验”的主线，大力推广“四前”工作法和“四先四早”工作机制，着力构建多元化矛盾纠纷解决机制。深入推进领导干部下访、约访、巡访、联合接访等方面工作，重大决策（项目）社会稳定风险评估，司法救助基金，群体性事件预防处置，维稳工作责任追究等机制，建立健全矛盾纠纷排查调处定期通报、归口办理、领导包案和挂牌督办等制度，总结“基层维稳工作十法”、人民调解“以奖代补”等做法，基本形成了人民调解、行政调解、司法调解相互衔接配合的“大调解”体系。针对一个时期突出的社会矛盾，整合各种资源，动员各方力量，运用多种手段，及时组织集中排查调处，先后组织开展“走进矛盾、破解难题”专项行动、“涉奥信访和维稳百日行动”、县委书记大接访和“两个排查”等活动，使一大批矛盾纠纷在基层得到了及时化解，绝大多数群体性事件得到了有效预防和成功处置。

这五年，是牢牢把握固本强基的战略性任务，整合各种力量资源，不断推进基层基础建设上新台阶的五年。省委、省政府先后就加强基层综治办和“两所一庭”等建设、推广综治工作中心和“综治进民企”等制度、加强流动人口服务管理和人民调解等工作召开会议、出台文件。全面加强基层综治组织，法院、检察院系统基础建设，公安“三基”工程，司法所和国家安全人民防线建设，基层政法综治单位的实力、活力和战斗力不断增强。全面推进乡镇（街道）综治工作中心建设，有效整合基层维护稳定的力量和资源，建立健全“联调、联防、联勤、联治、联创”工作机制，形成维护社会和谐稳定的整体合力。积极推进“综治进民企”，推广建立村居、社区、规模企业综治工作室，实施基层“和谐促进工程”，将工作网络和机制逐步向基层末端延伸。扎实开展基层平安创建活动，整合群防群治力量，推进社会治安动态视频监控系统建设，提高了社会治安整体防控水平。

这五年，是牢牢把握管理就是服务的观念，着力创新体制机制，不断推进社会建设和管理的五年。省委召开全会就改善民生、促进社会和谐作出决定，把解决人民群众最关心、最直接、最现实的利益问题作为坚持和发展“枫桥经验”的着力点，切实转变社会管理理念，推进管理体制机制创新。加强对“社会人”特别是流动人口服务管理，通过试点在一些地方建立了新居民事务管理局，实行了居住证制度，从体制、机制层面为加强对流动人口的服务、维权、保障工作创造了条件。建立健全预防青少年违法犯罪工作的组织体系和协调联动制度，大力实施归正青少年“导航工程”，加强刑释解教人员安置帮教，积极开展社区矫正试点，有效预防和减少了违法犯罪活动。积极培育发展社会团体、基金会和中介组织等各类社会组织，加强规范引导和监督管理，增强了基层社会管理和服务的合力。认真落实安全生产责任制，完善安全生产监管体系，深入开展道路交通、消防、中小企业等重大安全隐患的整治，强化对企业的安全监管和行政执法，千方百计压事故、减伤亡。完善公共安全应急管理体制机制，有力推进了台风、山洪、地震、疫情等灾害事件的预警和防范工作。积极推进食品药品放心工程建设，加强了对食品、药品、餐饮卫生的监管。

这五年，是牢牢把握依法治国基本方略，坚持依法治理、民主管理，不断让人民群众切身感受到社会公平正义的五年。把坚持和发展“枫桥经验”与贯彻依法治国基本方略、推进“法治浙江”建设有机结合起来，努力把各项工作纳入民主化、法治化轨道，切实保障群众的合法权益。扎实开展社会主义法治理念教育，坚持依法行政、依法管理，大力推进执法规范化建设，把每一起案件的办理、每一件事情的处理都当作维护社会公平正义的具体实践，真正做到严格执法、公正司法。扎实开展法治市、县（市、区）创建活动，深入推进普法依法治理活动，努力营造公平、公正的法治环境和学法、懂法、守法、用法的浓厚风气。全面实行村务、政务、厂务公开，总结推广“民主恳谈”、“民情沟通日”等做法，推进了基层民主的制度化、规范化、程序化。把民主法治建设与思想道德建设结合起来，大力开展以“八荣八耻”为主要内容的社会主义荣辱观教育，深入推进形式多样的群众性精神文明创建活动，在全社会树立正确的价值观念，培育文明和谐的社会风尚。

三、进一步坚持和发展“枫桥经验”是全省干部群众的历史责任

党的十七大强调，社会稳定是人民群众的共同心愿，是改革发展的重要前提。我们要深入学习实践科学发展观，全面贯彻落实中央领导同志的重要指示精神，扎实推进“创业富民、创新强省”总战略，以维护人民利益为根本，以化解社会矛盾为主线，以夯实基层基础为重点，最大限度激发社会创造活力，最大限度增加和谐因素，最大限度减少不和谐因素，切实承担起历史赋予的责任。

一要在应对国际金融危机带来的影响中坚持和发展“枫桥经验”。我们要认真贯彻中央一系列应对国际金融危机的方针政策，充分发挥“枫桥经验”的独特优势，把“枫桥经验”延伸到经济领域，让“枫桥经验”在促进经济持续发展中充分发挥作用。要把“枫桥经验”落实到帮助企业解决困难之中，以“综治进民企”为抓手，建立和完善企业生产经营风险预警机制，通过多种渠道切实帮助企业特别是民营企业解决困难，千方百计减少企业停产、关闭和破产，并引导企业提高自身素质，维护职工合法权益，积极履行社会责任。要把“枫桥经验”落实到打击经济犯罪活动之中，强化基层群防群治工作，加大对涉众型经济犯罪案件的打击力度，切实维护企业的合法权益和正常生产经营活动。要把“枫桥经验”落实到广大群众的经济生活之中，引导广大群众以合法途径和理性方式从事经济活动，杜绝民间存在的非法集资等行为；同时加大民间资金纠纷的化解力度，切实保障群众的切身利益。

二要在服务经济转型升级、推动科学发展中坚持和发展“枫桥经验”。我们要在新的历史起点上去思考、去实践、去发展“枫桥经验”，切实为加快转变经济发展方式、推进经济转型升级提供有力保障。要最大限度地发挥“枫桥经验”在协调经济社会关系、预防化解社会矛盾方面的积极作用，着力转变不适应、不符合科学发展观要求的思想观念和体制机制，着力解决影响和制约经济转型升级的突出问题；最大限度地发挥“枫桥经验”在育人治本方面的积极作用，大力弘扬以爱国主义为核心的民族精神和以改革创新为核心的时代精神，弘扬以创业创新为核心的浙江精神，不断强化人民群众团结奋斗的思想基础和精神动力；最大限度地发挥“枫桥经验”在推动农村新一轮改革发展方面的积极作用，紧紧抓住农村稳定这个大局，不断完善农村社会管理，保障农民权益，促进农村和谐。

三要在深入推进“平安浙江”建设、促进社会和谐稳定中坚持和发展“枫桥经验”。坚持和发展“枫桥经验”，必须紧紧围绕“平安浙江”建设总体目标，切实做好维护社会和谐稳定工作。要更加注重改善民生，认真解决群众最关心、最直接、最现实的利益问题，及时回应人民群众的民生需求；更加注重预防化解社会矛盾，全面落实重大决策、重大项目社会稳定风险评估制度，健全完善领导干部下访、约访和包案处理信访问题等制度，不断完善“大调解”工作体系，增强预防化解社会矛盾的实效；更加注重基层基础规范化建设，以深化乡镇（街道）综治工作中心建设为平台，以“综治进民企”为突破口，以推广“和谐促进工程”为重点，广泛深入地开展基层平安系列创建活动，进一步完善社会治安防控体系，推进社会治安动态视频监控系统建设，夯实基层平安和谐的基础；更加注重探索社会主义市场经济条件下社会管理的新路子，加强对“社会人”特别是流动人口的服务管理，加强对新经济组织、新社会组织的管理，加强安全生产和食品药品监督管理，进一步提高社会管理的能力和水平。

四要在扎实推进“法治浙江”建设、提高社会法治化水平中坚持和发展“枫桥经验”。建设“法治浙江”是发展社会主义民主政治、建设社会主义法治国家在浙江的具体实践。“枫桥经验”和法治建设具有密切的内在联系。我们要深刻把握坚持党的领导、人民当家作主和依法治国有机统一的根本原则，最广泛地动员和组织人民群众依法管理国家和社会事务，管理经济和文化事业，维护和实现人民群众的根本利益；深刻把握新形势下人民群众对发展民主法治的新期待，深化社会主义法治理念教育，大力加强基层民主政治建设，切实保障人民群众的知情权、参与权、决策权和监督权；深刻把握新形势下经济社会发展的新要求，善于运用法治的手段，调节社会关系、规范社会活动、化解社会矛盾、维护社会秩序，努力为经济社会发展创造良好的法律制度平台、公正的执法司法环境。

五要在密切党群关系、巩固基层政权中坚持和发展“枫桥经验”。“枫桥经验”来自基层，坚持和发展的关键也在基层。要切实加强基层政权组织建设，以领导班子建设为重点、以开展三级联创活动为载体，努力把党组织建设成为推动科学发展、密切联系群众、维护和谐稳定的坚强领导核心；要切实提高广大党员干部的群众工作本领，认真研究和把握新时期群众工作的特点和规律，不断创新联系和服务群众的工作机制，尊重群众首创精神和主体地位，畅通社情民意表达渠道，深入细致地做好思想政治工作，充分调动广大群众参与社会管理的积极性和创造性；要切实改进工作作风，坚持全心全意为人民服务，坚持群众路线，按照权为民所用、情为民所系、利为民所谋的要求，真诚倾听群众呼声，真实反映群众愿望，真情关心群众疾苦，多为群众办好事、办实事，进一步密切党群、干群关系，切实巩固党的执政基础。

（四）平安奥运创建工作座谈会

中央社会治安综合治理委员会办公室关于印发《平安奥运创建工作座谈会纪要》的通知

（2008年7月8日）

各省、自治区、直辖市社会治安综合治理委员会办公室，新疆生产建设兵团社会治安综合治理委员会办公室，中央社会治安综合治理委员会各成员单位：

为充分发挥社会治安综合治理的优势和作用，深入开展平安奥运创建活动，确保北京奥运会安全顺利举办，2008 年 7 月 4 日，中央综治办在京召开平安奥运创建工作座谈会。现将《平安奥运创建工作座谈会纪要》印发你们，请结合本地区、本部门实际，抓好会议精神的贯彻落实。

平安奥运创建工作座谈会纪要

2008 年 7 月 4 日，中央综治办在京召开平安奥运创建工作座谈会，学习传达中央领导同志有关讲话和批示精神，总结交流各地平安奥运创建工作经验，分析查找工作中的薄弱环节，研究部署进一步发挥社会治安综合治理的优势和作用、深入开展平安奥运创建工作。中央综治委副主任、中央综治办主任陈冀平出席会议并讲话。北京市、天津市、河北省、辽宁省、上海市、山东省和沈阳市、秦皇岛市、青岛市综治办主任在会上交流了工作情况。

会议认为，胡锦涛总书记在省区市和中央部门主要负责同志会议上的讲话，明确要求紧紧围绕北京奥运会筹办工作，加强社会治安综合治理，坚持打防结合、预防为主、专群结合、依靠群众的方针，完善社会治安防控体系，深入开展平安创建活动，把社会治安综合治理措施落实到基层。这是在奥运会安全保卫工作进入极其关键的时期，党中央和国务院对社会治安综合治理工作提出的新要求，为社会治安综合治理工作如何充分发挥自身优势和作用、确保奥运会安全顺利举办指明了方向，为进一步深化社会治安综合治理工作提供了发展契机，增添了前进动力。近日，胡锦涛总书记和周永康、孟建柱同志关于基层基础工作的批示，要求认真查找基层基础工作中的薄弱环节，在社会治安综合治理中采取切实可行的工作措施，有针对性地解决存在的问题。各级综治部门必须按照中央领导同志批示精神，在平安奥运创建活动中更加重视基层基础建设，把各项工作责任落实到单位、落实到人头，把各项基础工作做细致、做扎实，切实消除隐患和漏洞。

会议认为，随着奥运会临近，奥运安保工作面临的形势日益严峻，境内外敌对势力渗透、煽动、破坏活动加剧，暴力恐怖活动仍然是最大威胁；社会矛盾高发，处置难度加大，突出社会矛盾对社会稳定构成潜在威胁；一些地方和单位还存在工作不落实的问题，各种公共安全隐患较多，公共安全管理任务艰巨。前一时期，各级综治部门适应形势和任务要求，广泛深入开展平安奥运创建活动，充分发动和依靠群众，狠抓“两个排查”活动，加强社会面的巡防控制，强化基层基础工作，充分利用综治机制推动奥运安保各项措施落实，在平安奥运创建工作中发挥了不可替代的作用。实践证明，综治体制在现代社会城市管理、维护社会稳定和重大安全保卫任务中有着发动和依靠群众、调动一切积极因素、利用一切有利资源、集中力量办大事的巨大优势。

会议强调，要抓住机遇，迎接挑战，切实解决综治工作中的薄弱环节，扎实推进平安奥运创建工作。各级综治部门要充分认识当前社会稳定形势的严峻性和复杂性，充分认识敌对势力干扰破坏活动可能造成的现实风险，充分认识各种不稳定因素可能产生的严重后果，切实做好应对更加严峻、更加复杂、更加难以预期的社会稳定形势的思想准备，要有举全部之力切实解决社会治安和社会稳定问题的政治意识，牢牢抓住当前综治工作面临的重大机遇，把思想认识和具体行动统一到中央要求上来，继续下大力气抓好平安奥运创建工作，充分展示综治工作优势和近年来平安建设成果，认真查找存在的薄弱环节和突出问题，依靠党委和政府的坚强领导，切实解决影响综治工作发展的深层次问题和主要困难，为综治工作发展奠定更为坚实的基础。

会议强调，要以科学发展观为指导，牢固树立和全面体现以人为本理念，深入推进平安奥运创建工作。要把解决人民群众最直接、最关心的突出问题作为工作的着力点，切实满足群众需求，真正让群众满意，努力为平安奥运奠定最坚实的民意基础。要充分发挥综治工作的机制优势，形成各部门、社会团体、企事业单位、人民群众等广泛参与、齐抓共管、共同解决社会治安和社会稳定问题的合力，紧密结合平安县（市、区）、平安乡镇（街道）、平安社区（村）等基层平安创建活动，按照“整合力量、整合资源、精干高效、方便群众”的原则，推进综治工作中心建设，逐步健全完善基层协作配合、齐抓共管的工作机制，切实把各种不稳定因素控制在基层、消化在基层。必须充分发挥综治工作责任制的优势，建立任务明确、责任明确的责任制度，把任务和责任细化、分解和落实到每一个层面、每一个环节、每一个岗位、每一个人，切实把工作抓细抓实。要强化责任追究和责任倒查，通过与社会治安综合治理考核的衔接，严格兑现奖惩，确保综治工作各项措施得到有效落实、平安奥运目标得到最终实现。要进一步加强基层综治工作网络建设，逐步完善市、县、乡、村、组、户六级责任明确的工作网络，全面提升综治工作网络的效能。要充分发动和依靠群众，组织动员保安人员、治保干部、治安志愿者、治安积极分子和其他群众全面参与治安巡逻防范、矛盾纠纷排查调处、治安混乱地区和突出治安问题排查整治等项工作，形成确保奥运安全的铜墙铁壁。

会议要求，涉奥省市各级综治部门要把“两个排查”活动作为社会治安综合治理最重要的基础工作，放在更加重要的位置抓紧抓好，突出“排摸梳理、强化责任、集中整治”三个重点环节，对潜在性的矛盾问题及时发现和掌握，对可能影响稳定的重大矛盾问题实行领导包案、逐件落实责任人调处和化解，对重信重访矛盾问题开展集中治理。要继续抓好以流动人口为重点的社会管理，继续加大排查力度，抓好流动人口落脚点特别是出租屋的排查和管理，最大限度地减少不安全因素。要继续抓好对各种违法犯罪活动的打击整治，对涉及人民群众生命财产安全的严重刑事犯罪活动，要坚持“主动出击、露头就打、先发制人”的方针，始终保持对严重刑事犯罪的高压态势，对“两抢一盗”等严重影响公众安全感的侵财性刑事犯罪活动，要进一步加大打击力度，切实增强打击实效，继续加强奥运会场馆及周边地区治安专项整治行动，确保奥运场馆及周边治安秩序良好。要继续抓好治安防范工作，充分发挥专群结合、点线面结合、人防物防技防结合、街面社区单位结合的治安防控体系的重要作用，提高动态环境下的整体治安防控能力，实现对各种不安全不稳定因素的有效控制。要继续抓好应对突发事件和群体性事件工作，完善安保政策和应急预案，细化和落实各项安保措施，坚决防止发生暴力恐怖事件、危害国家安全和社会稳定的重大政治事件、大规模群体性事件。涉奥省市各级综治部门要结合当地实际，不断提高处置水平，为奥运会营造安全祥和的社会环境。

五、全国地方新任综治办主任培训班

中央社会治安综合治理委员会办公室关于印发全国地方新任综治办主任培训班工作总结和领导讲话的通知

（2008年12月30日）

各省、自治区、直辖市社会治安综合治理委员会，新疆生产建设兵团社会治安综合治理委员会，中央社会治安综合治理委员会各成员单位：

全国地方新任综治办主任培训班于2008年11月17日至26日，在江苏省常州市全国政法综治干部培训中心举办。全国各省（区、市）和新疆生产建设兵团地市级以上新任综治办主任203人参加了培训。现将培训班工作总结和陈冀平、王其江同志在培训班上的讲话印发你们，请结合实际，认真贯彻落实。

全国地方新任综治办主任培训班工作总结

一、基本情况

这次培训学习，是落实党中央关于学习实践科学发展观要求的重要举措，是今年机关工作的一项重要内容。培训班安排学习了中央政治局常委、中央政法委书记、中央综治委主任周永康在“贯彻党的十七大精神和胡锦涛总书记重要讲话专题研讨班”上的重要讲话，组织学员进行了深入讨论。大家一致认为，永康同志的重要讲话，从坚定不移地做中国特色社会主义事业建设者、捍卫者的高度，深刻阐述了新时期政法综治工作的一系列重大理论和实践问题，明确回答了事关政法事业发展进步的方向性、根本性、全局性、战略性的大是大非问题，立意高远，内涵丰富、论述精辟，视野开阔，旗帜鲜明，具有很强的思想性、理论性和针对性、指导性，是指导今后一个时期政法综治工作的纲领性文件。11月22日，国务委员、中央政法委副书记、中央综治委副主任孟建柱专程到培训班看望全体学员并与大家座谈，使全体学员深受鼓舞。建柱同志在座谈会上深刻阐述了社会治安综合治理工作是中国特色社会主义事业的重要组成部分，体现了科学发展观的本质要求，强调综治工作要继续贯彻“打防结合、预防为主，专群结合、依靠群众”的方针，要进一步加强基层基础工作，面对新形势、新任务，切实肩负起党和人民赋予的光荣使命。中央综治委副主任、中央政法委副秘书长、中央综治办主任陈冀平参加结业式并作《社会治安综合治理是建设和发展中国特色社会主义事业的一项重要工作》的总结讲话。中央政法委副秘书长王其江在开班式上进行了动员部署，以《坚持以科学发展观指导政法综治工作，坚定不移地做中国特色社会主义建设者和捍卫者》为题，为学员同志们做了辅导报告。

培训班组织学员观看了"颜色革命"录像片，请有关专家做关于科学发展观、国际秩序演变和中国对外战略两场理论辅导和形势政策报告。中央有关部门负责同志、部分省（市）委政法委、综治办负责同志围绕"当前我国刑事犯罪状况和打击犯罪工作"、"当前预防青少年违法犯罪现状与对策"、"创新工作机制，强化齐抓共管"、"整合资源，充分发挥综治工作中心职能作用"、"大力加强农村社会治安综合治理，深入推进农村平安建设"、"平安奥运目标的实现给予我们的启发与思考"作了六场专题讲座。培训班要求学员自备学习实践科学发展观的书籍资料，中央综治办还编印了社会治安综合治理工作文件汇编和《社会治安综合治理工作读本》，供学员们学习研讨。

二、主要收获

本次培训班的时间虽短，但学员们普遍感到收获很大，同时，也为今后政法综治培训工作积累了经验。

（一）认清了综治工作面临的形势和任务。通过学习永康、建柱同志的讲话和冀平、其江同志的报告，学员进一步认识到，随着改革开放的不断深入，我国取得了举世瞩目的发展成就，综合国力不断增强，国际威望不断提升。同时，国内广大人民群众对社会治安稳定的要求也越来越高，越来越具体，越来越现实。就目前而言，我们仍面临着"人民内部矛盾凸显、刑事犯罪高发、对敌斗争复杂"的严峻形势，而整个社会管理的体制机制和方式方法还不能适应形势的要求，管理缺位、不到位的问题还比较突出。面对这样的形势和工作中存在的问题，必须高举中国特色社会主义伟大旗帜，自觉全面地贯彻落实科学发展观，勇敢地担负起做中国特色社会主义建设者和捍卫者的神圣使命，认真做好社会治安综合治理的每一项工作，为改革发展创造和谐稳定的社会环境。

（二）培养了世界眼光和战略思维。中国社会科学院亚太所张宇燕所长和中国科学院牛文元研究员的报告，引导学员以世界眼光来看中国的发展变化；将学员的知识拓展到政治、经济、文化各个领域，紧密联系当前世界经济形势，分析预测对我国社会治安稳定可能产生的影响。学员透过世界政治经济发展格局的变化，加深了对科学发展观的领悟和认知，进一步增强了学习实践科学发展观的自觉性和紧迫性。同时，也进一步提高了从国际国内两个大局的高度来分析认识维护社会治安和社会稳定的能力。

（三）传授了实用的工作方法。湖北、浙江、河南省委政法委、综治办的负责同志分别从不同的角度和侧面介绍了在开展综治工作和平安建设工作中的好经验、好做法。这些经验和做法，既有理论深度，又有很强的针对性和操作性，使学员同志们深受启发，对指导各地做好实际工作具有十分重要的示范作用。

（四）引发了对做好综治工作的思考。公安部、团中央和北京市的有关负责同志所做的报告，引发了广大学员对新形势下继续贯彻严打方针，坚持依法从重从快惩处严重刑事犯罪分子；探索青少年违法犯罪的预防工作；加强综治组织和队伍建设，发挥综治基层基础在重大活动安全保卫工作中的作用等问题的理性思考。这些思考对学员结合各自地区的不同特点做好相应的工作起到十分积极的作用。

（五）增强了做好工作的信心和决心。通过听课、交流，许多同志感到自己在形势把握、理论知识、工作水平上存在一定的差距和不足，进而增强了不断提高自身素质的紧迫感和自觉性。大家通过参加培训班的全程学习，真切感受到了中央领导对综治工作的高度重视，特别是聆听了建柱同志的讲话，全体学员深受鼓舞，极大地增强了做好综治工作的信心和决心。

三、学员建议

培训班采取学习、交流、研讨相结合的方式，根据当前社会治安综合治理工作中存在的突出问题，围绕如何加强乡镇（街道）综治委、办建设，进一步加强基层基础工作；如何加强治安防控体系建设；如何发挥综治委成员单位作用；如何加强预防青少年违法犯罪工作及综治委专项工作；如何进一步落实社会治安综合治理领导责任制等专题进行了深入研讨和交流。学员们准备比较充分，研讨中结合自己的工作体会及工作经验，提问题，谈见解，出主意，形成了一些共识和工作建议。

（一）采取有效措施，增强各级党政领导抓综治工作的责任。认真落实中央五部委《关于实行社会治安综合治理领导责任制的若干规定》的要求，将各级党政主要领导抓综治工作的实绩和能力纳入考核指标体系，建立实绩档案，作为领导干部晋级晋职的一个重要条件。

（二）以科学发展观为指导，切实推动综治工作科学发展。社会治安综合治理在服务地方经济社会发展的同时，综治工作自身也面临可持续发展的问题。建议加强综治立法，在组织领导、机构人员、职能任务等方面进一步规范化，从根本上解决由于综治办机构设置不统一、人员编制少，制约各级综治办工作开展和职能发挥的问题。

（三）健全完善考评机制，推动综治工作措施的落实。科学设定考核指标，坚持考评工作过程与考评工作效果相统一。在考核结果运用上，要坚持激励与问责相结合，把考评作为检查推动社会治安综合治理各项措施落实的有效手段。

（四）着力加强社会治安综合治理基层基础工作。目前，社会治安综合治理工作的重点在基层，薄弱环节也在基层。建议中央积极协调有关部委按照"两所一庭"建设标准，将乡镇（街道）综治办基础设施建设纳入国债建设项目，加大乡镇（街道）综治办建设投资力度，改善基础设施。按实际工作需要解决乡镇、街道综治工作人员、编制、津贴等问题。

（五）根据经济发展的状况，逐步加大中央财政对综治工作的保障力度。建议建立类似于"610办"专项工作经费和中央政法专项工作经费的综治经费保障体系，按照工作需要，向地方转移支付。

孟建柱同志在全国地方新任综治办主任培训班座谈会上的讲话

这次"全国地方新任综治办主任培训班"是经永康同志批准举办的，是全国政法综治战线深入学习实践科学发展观、开展"大学习、大讨论"的一项重要举措，也是对政法综治工作进行调研的有效形式。来自全国各地的综治办负责同志可以就当前社会治安和社会稳定问题进行深入的讨论和交流，提出今后工作思路，为政法综治战线更好地贯彻落实科学发展观提出建议。

当前，维护社会治安和社会稳定的任务非常繁重艰巨，集中一段时间进行深入的学习和思考，很不容易。希望同志们珍惜这次难得的学习机会，圆满顺利完成学习任务。刚才，听了四位同志的发言，他们讲的都很好，听了深受启发。下面，我讲几点意见，供大家参考。

一、社会治安综合治理工作是中国特色社会主义事业的重要组成部分

近三十年来，中国发生了翻天覆地的巨大变化，取得了举世瞩目的伟大成就，这是在中国特色社会主义理论体系指导下坚持走中国特色社会主义道路的结果。但是，必须看到，当前我国正处于社会转型、经济转轨的历史时期。随着我国社会转型，由农业为主逐步进入工业化、城镇化加快发展的时期；随着我国体制转轨，由高度集中的计划经济体制向社会主义市场经济体制逐步过渡。我国要用几十年时间的发展走完西方国家几百年走过的历程，这就决定了西方发达国家在不同的发展阶段渐次遇到的矛盾和问题，在我国这一发展阶段可能要相对集中地集聚起来，概括起来就是经济发展快、社会矛盾多。在国内快速发展和国际急剧变化的背景下，我国保持了社会治安大局的持续稳定，成绩来之不易。总结起来有很多方面的原因和经验，其中很重要的一条，就是我国改革开放以来一直坚持社会治安综合治理方针。实践证明，社会治安综合治理在服务党和国家工作大局，推动经济发展、促进社会和谐等方面，发挥了重要的作用。

社会治安综合治理是通过维护社会治安和社会稳定来保障改革、促进发展的。我们坚持正确处理改革、发展、稳定三者的关系，发展是硬道理，这是执政兴国的第一要务；改革是决定中国命运的关键选择，是推动中国发展进步的重要动力；稳定是基础，没有稳定的社会环境什么事也做不成，已经取得的成果也会失去。小平同志讲，稳定是压倒一切的。在操作层面上稳定是首要的，要在稳定的基础上抓改革、促发展。社会不稳定，政局动荡，经济社会马上就停滞不前了。只有大力加强社会治安综合治理工作，严厉打击严重危害社会治安的刑事犯罪，整治治安乱点和突出治安问题，排查化解矛盾纠纷，加强治安防控体系建设，加强对重点群体的教育、管理和服务，才能有力地维护良好的社会秩序，提高人民群众的安全感，从而为实现国家的发展和长治久安创造了条件。

二十世纪八十年代以后，我国提出以经济建设为中心，坚持改革开放，坚持四项基本原则，后来提出物质文明、精神文明一起抓，注重文化建设、民主法治建设、党的建设，现在又加上一个社会建设，越来越看到在社会快速发展过程中社会建设的重要，社会治安综合治理就是加强社会建设的重要力量。在党的十七大报告中，社会治安综合治理工作是以解决民生问题为重点的社会建设的重要内容，社会治安是极重要的民生问题，安全是人们最基本的需求之一。由此可见，社会治安综合治理工作在发展中国特色社会主义事业中的地位。

社会治安综合治理工作坚持以中国特色社会主义理论为指导，符合我国社会主义初级阶段社会治安状况的实际，具有几个明显的优势。一是发挥了我们国家的政治优势。社会治安综合治理部门是党委、政府领导社会治安综合治理工作的参谋和助手，紧紧依靠党委、政府的领导，发挥党委总揽全局、协调各方的领导核心作用，发挥政府主导社会治安的职能作用。二是发挥社会主义制度的优越性，集中力量办大事。这次我国成功主办奥运会，实现了平安奥运的目标，就是在社会主义制度下，充分调动各方面的力量、有效整合社会各方面的资源来攻坚克难。社会治安综合治理建立起来的工作机制和工作网络，在平安奥运中得到了集中检验，各个相关部门相互配合、相互协作，形成整体工作合力，基层群防群治队伍构筑起一道维护社会安定、确保奥运平安的铜墙铁壁。三是坚持群众路线。走群众路线，是党的优良传统，当年中国共产党为什么能够领导人民推翻三座大山，建立新中国，靠的就是人民群众的大力支持。毛主席1934年撰写的《关心群众生活，注意工作方法》告诉我们，一切为了人民群众，依靠人民群众，依靠千百万真心实意的拥护革命的群众，是取得一切胜利的根本保证。社会治安综合治理就是新形势下的一项十分重要的群众工作。为了群众的安宁，得到群众的拥护，社会治安综合治理才具有旺盛的生命力和源源不断的动力。

社会治安综合治理工作坚持为建设和发展中国特色社会主义事业服务，坚持中国特色社会主义道路和方向，坚持以中国特色社会主义理论为指导，是中国特色社会主义事业的重要组成部分。

二、社会治安综合治理工作体现了科学发展观的本质要求

科学发展观是中国特色社会主义理论体系的重要组成部分，坚持以人为本，为了人民，依靠人民，这是科学发展观的核心。社会治安综合治理始终贯彻了以人为本的思想，综合治理的方针突出预防，立足于最大限度的减少犯罪，这就是以人为本的具体体现。社会治安综合治理注重从源头上预防和化解人民内部矛盾，最大限度地增加社会和谐因素，最大限度地减少社会不和谐因素，最大限度地激发社会创造活力，这些都是坚持了以人为本的理念。社会治安综合治理从人民群众最关注的生命财产安全等切身利益出发，开展各种形式的专项整治，关注闲散青少年群体，狠抓预防青少年违法犯罪工作，强调通过优化服务来加强流动人口管理等各项治安管理措施，无一不显示以人为本的理念。推进社会治安防控体系的建设，深化平安建设等等也是为了增强人民群众的安全感，把保障社会安定有序与促进人的全面发展结合起来，体现了改善民生、保障民生的本质要求。

社会治安综合治理始终坚持统筹兼顾的方法，实现社会治安大局的持续稳定。社会治安综合治理部门作为党委、政府的参谋助手，一方面要充分依靠党委、政府，把需要解决的问题及时向党政主要领导汇报，把问题放到社会大局中考量，取得领导的支持；另一方面要更好地组织协调有关部门解决问题，因为很多事不仅靠我们自己做，而且要依靠各部门、各单位，要善于协调沟通，使大家凝成一股绳，劲往一处使。综治部门是锻炼干部的好地方，怎么调动“块”的积极性，怎么调动“条”的积极性，怎么调动其他部门的积极性，怎么依靠群众，这套工作全懂了，考虑问题也就全面了，办事也可以统筹兼顾了，社会治安综合治理要始终坚持并运用这个方法。

做好社会治安综合治理工作，要紧紧围绕党和国家工作的大局，统筹兼顾各个方面的因素。社会治安综合治理工作是党和国家工作全局中的一个组成部分，我们工作的立足点、出发点都要从这个大局出发。目前我们处在一个发展快、矛盾多的历史阶段，刑事犯罪高发，社会矛盾凸显，对敌斗争复杂。今年以来这三个问题的关联度更高了，境内与境外、网上与网下、传统与非传统安全、人民内部矛盾与敌我矛盾相互交织、相互影响，维护社会稳定的任务十分繁重。既要考虑传统安全，也要考虑非传统安全等等；既要考虑对现实社会的管理，又要考虑对互联网“虚拟社会”的管理，网上与网下相结合。

做好社会治安综合治理工作，要综合考虑经济、社会、文化等各个方面的变化，超前谋划，积极应对。当前的经济形势对我们做好维护社会稳定工作提出了新挑战。2008 年下半年以来，全世界的经济增长放缓，特别是 9 月份以后国际金融形势急剧恶化，不仅美国的经济受到影响，欧洲受到影响，亚洲受到影响，全世界都受影响，且逐步从发达国家向发展中国家蔓延，从虚拟经济向实体经济蔓延，对我国的经济发展和社会稳定的影响逐步加深。从现在的情况看，中小企业，特别是东南沿海的一部分中小企业陷入困境，关停倒闭，下岗、劳资纠纷引发的群体性事件呈上升势头。东部沿海地区的民工主要是中西部地区去的，现在民工返乡潮提前到来，一些社会弱势群体生活困难，大量失业人员流向社会，其中一些人可能铤而走险，实施盗窃、抢劫、绑架等违法犯罪活动，社会治安综合治理工作面临巨大的压力。面对金融危机的冲击，一些经济领域的纠纷、诈骗案件也增多，涉众性案件持续攀升，存在大量不稳定的因素。股市持续低迷，一些股民心态浮躁，对社会的不满情绪也在滋长。从事社会治安综合治理工作的同志一定要充分认识当前严峻的经济形势对我们提出的新挑战，切实增强大局意识、政治意识、忧患意识和责任意识，密切关注当前经济形势的发展变化，紧紧围绕本地社会稳定出现的新情况、新问题，开展深入细致的调查研究，进一步调整工作的着力点，进一步增强工作的预见性、前瞻性，牢牢把握工作的主动权。

三、坚持打防结合、预防为主，专群结合、依靠群众的方针

党的十六届四中全会提出了“打防结合、预防为主，专群结合、依靠群众”的方针，这是认真总结改革开放以来社会治安综合治理工作的经验，从发展中国特色社会主义的要求出发而提出的。这个方针把综合治理的工作重点、工作方法都概括得非常精辟，必须始终不渝地坚持。我们在工作实践中，要善于从源头入手，及早发现问题，采取有力的“预防”措施，在“预防为主”上下功夫，在发挥专门机关职能作用的同时，要在发动群众上下功夫。

坚持查找问题和薄弱环节，努力在源头预防上取得新的提高。胡锦涛总书记指出，牢固树立、全面落实科学发展观和正确政绩观，要注重从源头上解决关系社会治安综合治理的各类问题。我们只有通过深入广泛的排查摸底，掌握影响社会治安因素的真实情况，才能找出问题症结，有针对性地采取对策措施。特别是对重点地区、要害部位和特种行业存在的问题、对农村治安问题，要坚持抓早、抓小、抓苗头，努力消除不安定因素和不安全隐患，牢牢把握工作的主动权。要重视管理、教育、改造等环节的工作，真正把思想观念、工作重点、力量配置、经费投入、考核奖惩机制等落到“预防为主”上来，把加强治安防范工作提高到一个新水平。要逐步建立和完善预防、发现和化解矛盾纠纷的长效机制，着眼于强化决策预防和风险评估，着眼于预防和减少“民转刑”案件和群体性事件，始终把排查调处矛盾纠纷作为一项主要工作进行重点部署。工作中，要坚持预防为主、调解为先、民生为重、整合力量、方便群众的理念，重点抓县级以下基层工作体系建设，逐步形成人民调解、行政调解、司法调解密切配合的有效工作平台。通过排查化解工作,统筹协调各种利害关系,着力解决民生问题,解决人民群众最关心、最直接、最现实的利益问题。

坚持群策群力,充分发挥各专门机关的职能作用,努力在构建更加有效的齐抓共管机制上取得新突破。多年来,中央和地方各部门坚持"谁主管,谁负责"的原则,主动参与社会治安综合治理,尤其是对一些热点、难点问题,各有关部门密切配合,大力协作,共同组织力量加以解决,效果很好。实践告诉我们,如何发挥各专门机关的职能作用,直接关系到综合治理各项措施的落实,我们必须进一步完善齐抓共管、协作配合的长效工作机制。要重点健全目标管理责任制和综治委例会、五部委联席会议、综治委成员单位联系点以及述职、情况通报等制度。要从健全履职尽责的工作机制出发,强化平安建设责任主体和行政主管部门的职能作用,以便更好地统筹兼顾,整合各方面的力量。

坚持以群众满意为标准,以群众参与为动力,以群众受益为目标,努力在发动群众方面有新举措。衡量社会治安综合治理工作做得好坏的标准是什么?是老百姓的安全感和满意度,老百姓的安全感和满意度是衡量我们政法工作好坏的根本标准,而不是政法机关内部制定的许多考核标准。中央综治办专门请国家统计局抽样调查群众安全感,广泛听取民意,这种标准就比较科学合理。社会治安综合治理工作一定要把群众动员起来,这次奥运安保工作就是打了一场人民战争,取得了史无前例的胜利。抓社会治安,既要预防和侦破大要案,也要关注百姓身边的普通刑事案件和治安案件,这些案件直接影响群众的安全感。在当前警力总体不足的情况下,就要靠群众参与,靠群防群治。只有真正依靠群众,广泛发动群众,社会治安状况才能保持持续良好的态势。

四、进一步加强综治委、办组织建设

做好社会治安综合治理工作,更好地肩负起党和人民的重托,需要进一步加强综治委、办组织建设。大家学习讨论后普遍认为,各级综治办都存在着人员少、任务重的问题,也就是大家所说的小马拉大车。在目前维护稳定、维护治安任务十分繁重的情况下,各级综治委、办的组织建设亟需加强。中央对此十分重视,在党中央的《决定》和《意见》中都提出了明确要求。中央综治委也多次发文提出具体要求,并且与中央编办专门就乡镇(街道)综治组织建设下发过文件,把它列入每年综治考核的重要内容。应该说,这些年基层综治组织建设有了很大的改进和提高,但与我们承担的任务比还存在一定差距。所以,我们一直强调各地要按照中央的要求,切实加强各级综治委、办特别是乡镇(街道)综治委、办组织建设。这次中央综治委全会审议并原则通过的《关于进一步加强社会治安综合治理基层基础工作的若干意见》,对县以下的基层综治组织建设提出了一些具体要求,并结合各地经验,提出了一些新举措。比如:大力推广在乡镇(街道)设立综治工作中心,在党委政府领导下,在综治办组织协调下,整合力量、整合资源,搭建一个综治工作的平台,这样更有利于综治工作在基层的深入开展。我们要把维护社会治安和社会稳定的任务落实到村居和社区,城市就是社区居委会,农村就是村委会,我讲的村不仅是行政村,而且还有自然村,一个行政村有十几个自然村,自然村也很重要,我们很多文件只写到行政村,实际上应该有自然村。有的地方在自然村推行"治安中心户长",在城市社区设立"楼栋长",实行邻里守望,这些也是行之有效的群防群治方式。

当前,社会治安综合治理工作面临着许多新情况、新问题,必须努力提高综治干部的理论素养,加强对中国特色社会主义理论体系的学习,坚持以科学发展观来指导我们的工作。各级都要搞好综治干部的培训,让综治干部树立正确的理念,提高业务水平和工作能力。这次培训就很及时,很有效。特别要加强基层综治干部的业务培训,要教给他们从事工作的具体方法,要加强综治工作制度化建设,用制度规范事和人。要及时发现和总结基层综治工作的新鲜经验,逐步推广运用到各地,为全面推动综治工作提供新的动力。

在座的都是新任综治办主任,肩上的担子不轻,肩负的责任重大。要利用学习、研讨的契机,按照科学发展观的要求,使我们的所学、所获真正进入思想、进入决策、进入工作,真正转化为思维方法、领导理念和发展思路。注重提高组织协调能力,提高调查研究能力,提高做群众工作的能力，提高应对突发事件和驾驭复杂局势的能力，不断开创工作新局面。

同志们，学习实践科学发展观活动已经在各地全面展开，中央的要求十分明确，全国政法综治战线学习热潮方兴未艾。希望大家把开展学习实践活动同推动当前工作紧密结合起来，切实做到两不误、两促进。让我们更加紧密地团结在以胡锦涛同志为总书记的党中央周围，锐意进取，开拓创新，扎实工作，推动中国特色社会治安综合治理工作不断前进。

陈冀平同志在全国地方新任综治办主任培训班上的讲话

刚才培训班的班长代表培训班做了全面总结，我听了以后觉得大家很有收获。中央综治委的领导非常重视这次培训，授课老师也很敬业，江苏省及常州市的同志做了大量的工作，培训班的全体学员共同努力，使得培训班顺利成功举办。考虑到同志们绝大多数都是地方新任综治办主任，借这个机会，我就社会治安综合治理从产生发展到改革创新，以“社会治安综合治理是建设和发展中国特色社会主义事业的一项重要工作”为题，与同志们做一些交流，谈一些认识，提几点要求。

一、综合治理是解决我国现阶段社会治安问题的根本出路

二十世纪八十年代初期，我国社会治安形势相当严峻，特别是“十年内乱”给社会留下的伤痕还没有彻底愈合，社会治安成为人民群众反映强烈的突出问题。当时国内的、国外的各种思潮纷至沓来，历史的、现实的各种因素相互激荡，旧的体制需要改革，新的体制尚未建立，人们的思想不稳定，心态容易失衡，行为容易失范，社会容易失序，在青少年身上表现得尤为明显，青少年群体的犯罪问题十分突出，严重影响人民群众安全感，影响整个社会的稳定。针对当时的社会治安和青少年犯罪突出的状况，中央召开了“五大城市治安座谈会”研究这个问题，提出了全党动员、全面实行“综合治理”的方法，此后，在中央的一系列会议和文件中得以重申和完善，综合治理的思想就是适应我国当时社会治安形势需要而提出来的。

1983年根据刑事案件高发的态势，中央做出了三年“严打”的决定，打掉了大量浮在社会面上的刑事犯罪。可是三年“严打”不久，社会治安强烈反弹，一直到1991年期间，我国的刑事案件数量仍逐年攀升，增长幅度很大，说明“严打”虽然打击了严重的刑事犯罪，但刑事案件高发的势头并没有控制住，打击并没有从根本上解决治安问题。在这样一个背景下，中央高度重视解决这个问题，提出了要大力加强社会治安综合治理，从重在治本来发动社会的方方面面解决社会治安问题。综合治理从解决青少年犯罪突出的问题开始向解决突出社会治安问题延伸，成为具有全面意义的社会治安综合治理工作。

正是在中央的正确领导和决策下，各地对社会治安综合治理工作进行了积极的探索和大胆的实践。1979年至1990年这一阶段，全国各地在贯彻社会治安综合治理方针的过程中，针对本地区突出治安问题进行整治，做了大量基础性工作，创造了不同类型、不同层次、各具特色的地方经验，然而这些只是局部的、个别的经验。由于这项工作毕竟处于起步阶段，在社会变革过程中教育、管理、打击、防范以及改革配套措施跟不上，诱发犯罪因素增多，新情况、新问题纷繁复杂，人们的思想观念、工作方法与形势和任务还不相适应，加之社会治安综合治理是一项庞大的系统工程，需要有一个实践、总结、提高、发展的过程。但是，社会治安综合治理作为一项具有鲜明中国特色的工作，在国家经济和社会发展中所具有的重要地位和作用，已逐渐被各级党政领导和广大人民群众所认识。

党中央、国务院高度重视社会治安综合治理工作。1991年1月15日至21日,全国社会治安综合治理工作会议在山东省烟台市召开。会后不久,党中央、国务院做出了《关于加强社会治安综合治理的决定》(以下简称《决定》)。同年3月2日,全国人大常委会也作出了《关于加强社会治安综合治理的决定》。这两个《决定》,是我们党和国家搞好社会治安、维护社会稳定,确保长治久安的纲领性文件。在这之前一些地方成立了综治办,也有一些地方配备了抓综治工作的人员,但是还不规范。两个《决定》下发后要求各级党委设立社会治安综合治理委员会及其办公室,并且和政法委员会合署办公。2001年,在党中央、国务院和全国人大作出关于加强社会治安综合治理的决定10周年的基础上,针对社会治安出现的许多新情况、新问题,党中央、国务院又下发了《关于进一步加强社会治安综合治理的意见》,对抓好新形势下的社会治安综合治理作了进一步的强调和部署。

为进一步增强各级党政主要领导抓综治工作的责任,中央综治委在1991年制定"一票否决权"制度的基础上,1993年又与中纪委、中组部、人事部、监察部五部委联合下发了《关于实行社会治安综合治理领导责任制的若干规定》,使领导责任制真正成为社会治安综合治理工作责任制的龙头。

我国改革首先是从农村开始,农业、农村、农民问题在我国社会生活中占有很大的比重,社会治安问题也不例外,农村社会治安好坏直接影响全局,农村安则社会安,农村稳则全局稳。1994年6月8日至11日,中央综治委会同中组部、公安部、司法部、民政部在江苏省苏州市吴江召开了综治工作会议,部署全国集中整治农村治安行动,着重解决影响农村治安的突出问题。选择在江苏吴江开会,就是要用事实回答一个问题,即在经济快速发展的情况下,如果我们工作到位、措施得力,社会是可以保持稳定,治安也是可以很好地控制住,苏南经验就证明了这一点。此后,中央综治委根据农村治安状况,多次部署在全国农村地区进行各种行之有效的专项整治行动。

随着改革重点从农村转向城市,从农业转向企业,以及工业化、城镇化速度加快,城市的治安问题也逐渐凸现,主要问题集中在流动人口治安管理,企业改制、征地拆迁等引发的社会矛盾,企业周边治安管理等方面,中央综治办在广东省深圳市和上海市进行了调研座谈,研究提出工作建议。1995年7月,中央综治委会同公安部,劳动部在福建省厦门市召开"全国流动人口管理工作会议",形成了关于加强流动人口管理的意见,9月,中办、国办转发了《中央综治委关于加强流动人口管理工作的意见》,要求流动人口较多的地方综治委成立流动人口管理工作协调小组,中央综治委也成立了流动人口治安管理工作领导小组及办公室,随后,在大连、深圳、北京等地多次召开会议,研究解决突出问题,2007年中办、国办再次转发了《中央综治委关于进一步加强流动人口服务和管理工作的意见》。1998年2月,京、津、沪三市综治办主任座谈会在上海召开,就城市社会治安综合治理工作存在的问题进行了专题研究。1999年,在山东省东营市召开"全国企地共建安全社区工作现场会",部署集中整治国有大中型企业及周边治安秩序的工作。2007年,在福建省泉州市召开全国非公有制企业综治工作经验交流会,等等,各级综治部门采取多种措施,解决各个时期城市治安突出问题,为促进城市发展创造了条件。

中央综治委从成立之日起始终注重加强社会治安综合治理基层基础工作,抓基层,打基础。1996年9月,中央综治委下发了《关于加强社会治安综合治理基层基础工作的意见》,组织、民政部门发挥职能作用积极贯彻落实,整顿了一大批软弱涣散的基层党政组织,加强以党支部为核心的基层党政组织建设。10月,在江西省南昌市召开部分省、市社会治安综合治理基层基础工作座谈会,研究了具体工作措施。1996年6月,在河北省承德市召开"全国深入持久开展'严打'暨加强社会治安综合治理基层基础工作会议"。1997年在山东省威海市召开"全国基层安全创建活动经验交流会",要求各地广泛开展各种形式的基层安全创建活动。2003年中央综治委和中央编办联合下发了《关于加强乡镇、街道社会治安综合治理基层组织建设的若干意见》,一系列文件的出台和工作措施的提出,为综治各项工作的发展提供了有力的保障。

打击和整治是社会治安综合治理的两种重要手段，要配合运用才能取得良好的效果。1991年以后，中央综治委根据不同时期的社会治安状况，狠抓专项打击整治行动。1993年针对当时盗窃犯罪、拐卖妇女儿童、车匪路霸问题突出的状况，部署了"反盗窃"、"打拐禁娼"、"围歼车匪路霸"等专项行动，收到良好的成效。1996年部署开展了全国第二次严打行动。2001年全国"严打"整治斗争中，部署了"打黑除恶"等专项斗争，一直坚持到现在，逐步建立了长效机制，遏制了黑恶势力在一些地方猖獗的势头。中央综治委各成员单位，如公安、法院、检察、铁道、交通、建设、工商等部门也组织了多种形式的专项行动，有力维护了社会治安秩序。

专项工作是社会治安综合治理工作的重要组成部分。为了适应解决一些社会治安顽症的需要，更好地发挥成员单位的作用，中央综治委相继成立了刑释解教人员安置帮教工作、流动人口治安管理工作、铁路护路联防工作、预防青少年违法犯罪工作、校园及周边治安综合治理工作领导小组及办公室，有的地方综治委还增设了企业周边治安综合治理工作、矛盾纠纷排查调处工作领导小组及办公室，实践中这些专门工作领导小组及办公室发挥了积极的作用，这也是综治工作的有力抓手。

排查化解矛盾纠纷是社会治安综合治理一项重要基础性工作。随着改革开放和社会主义市场经济的深入发展，社会矛盾纠纷日益突出，越来越成为影响社会治安的突出问题，2000年8月，中央综治委召开了加强矛盾纠纷排查调处工作电视电话会议。会后中办、国办转发了中央综治委《关于进一步加强矛盾纠纷排查调处工作的意见》，各级综治组织按照文件的要求，加大了矛盾纠纷排查调处力度，努力把各种矛盾纠纷解决在基层，解决在内部，解决在萌芽状态，这项工作一直坚持并得到发展完善。2003年12月，在纪念"枫桥经验"40周年之际，中央综治委重点部署了全国排查化解人民内部矛盾工作。2004年，中央综治委在浙江省杭州市召开全国综治工作会议，重点交流了开展矛盾纠纷排查调处的经验。

"打防结合、预防为主"是社会治安综合治理的应有之义。2002年，中央综治委在上海召开会议，交流工作经验，专题研究部署加强社会治安防范工作。会后不久，中办、国办转发了《中央综治委关于加强社会治安防范工作的意见》。2003年9月，中央综治委在江西南昌召开会议，总结"上海会议"以来加强治安防范工作的经验，对构建社会治安防控体系作出部署，社会治安综合治理方针中"打防结合、预防为主"的内容得到进一步贯彻落实。

针对新形势下社会治安出现的一系列新情况新问题，诸如非传统公共安全、交通安全、生产安全乃至食品、药品安全等一系列问题，中央综治委提出，社会治安综合治理要紧跟形势，调整工作思路和工作方法。尤其是改革开放进入新阶段，中央作出了构建社会主义和谐社会的战略决策，综治工作也要与时俱进，创新发展，由过去的基层安全创建向更高层次、更大范围拓展，要有一个新的载体。中央综治委在总结江苏、山东、浙江等地经验的基础上，提出了在全国深入开展平安建设的意见，受到广大人民群众的拥护，中央领导同志也给予充分的肯定，中办、国办转发了这个文件。中央综治委于2006年、2007年、2008年分别在江苏省苏州市、陕西省西安市、广东省广州市召开推进平安建设工作经验交流大会，还召开了若干调研座谈会，大力推进平安建设在全国蓬勃开展，取得了很好的社会效果。目前，各种形式的平安创建活动正在全国各地广泛深入地开展。

社会治安综合治理工作的发展历程表明，这项工作是伴随着我国改革开放和现代化建设的实践不断发展完善起来的，是伴随着中国特色社会主义道路发展前进的。社会治安综合治理工作始终在中国特色社会主义理论的指导下，服从服务于党和国家工作大局，围绕各个时期影响社会治安和社会稳定的突出问题，有针对性采取措施，不断增强人民群众的安全感，是以改善民生为重点的社会建设的重要内容，是发展中国特色社会主义事业的重要组成部分。

二、社会治安综合治理工作制度、机制与优势

社会治安综合治理工作面临着很好的机遇。这项工作越来越引起各级党委政府的高度重视，得到综治委各成员单位和相关部门的支持，广大人民群众参与的积极性空前提高。现在，党中央国务院的重要会议、重要文件都有关于社会治安综合治理的内容，党的十四大把“加强社会治安综合治理，保持社会稳定”等写进了党章。党的十六大以后，中央提出构建社会主义和谐社会战略构想，和谐社会的六大目标，无一不与社会治安综合治理有密切联系。社会治安综合治理工作自觉符合实践科学发展观的要求，在服务党和国家经济社会科学发展的同时，也注重自身的科学发展，坚持以广大人民群众的需求为立足点和归宿，不断满足人民群众对社会治安的新要求、新期待，综合运用多种方法，为社会主义现代化建设创造良好的社会治安环境。

社会治安综合治理工作经过多年的积累，有了一定的基础，建立健全了一系列工作制度和机制，这些制度和机制优势在实际工作中得以充分体现。

一是社会治安综合治理责任制。既有对抓社会治安综合治理的党政领导责任制，也有各地各部门综治工作的目标责任制。现在的党政领导，为官一任，既要发展一方经济，又要保一方平安，这才符合科学发展观全面协调可持续发展的要求。社会治安综合治理“一票否决权制”和领导责任制正是促进党政领导既抓经济又抓社会治安综合治理的有力武器。

中央关于加强社会治安综合治理的决定要求层层建立社会治安综合治理目标管理责任制。地方各级党政领导之间，党政领导和各部门、各单位之间，都要层层签订责任书。要把社会治安综合治理的任务、要求分解为若干具体目标，制定出易于执行检查的措施，建立严格的检查监督制度、定量考核制度和评比奖惩制度。现在大部分省（区、市）都同地市级党政领导每年签订社会治安综合治理责任书，每年有全面的综治工作检查考核，适时开展综治先进评比表彰，充分调动了基层干部群众参与综合治理的积极性。1997 年、2001 年、2005 年中央综治委会同中组部、人事部表彰了全国社会治安综合治理先进集体、先进工作者、社会治安综合治理优秀地（市）。

二是各部门齐抓共管的机制。中央社会治安综合治理委员会有 39 个成员单位，还有若干非成员单位参与工作，有 5 个专门工作领导小组，一些地方的成员单位和专门工作领导小组更多些。社会治安综合治理工作在发挥部门作用方面还有很大的拓展空间，现在很多部门希望本部门涉及社会治安的问题纳入综合治理，这是好的现象。《关于深入开展平安建设的意见》下发后，中央综治委近 30 个成员单位或单独、或联合下发了贯彻实施文件，而且还有很多非成员单位也下发了贯彻文件，说明这些单位参与社会治安综合治理、参与平安建设的积极性主动性大大提高，这不是行政命令，而是综治委出台的政策符合成员单位的需要，综治办的服务得到成员单位的认可。因此，从事综治工作要善于发挥综合协调优势，善于调动部门的积极性，善于协调各部门的政策利益，善于整合各部门的力量。这完全符合科学发展观统筹兼顾的方法要求，我们过去坚持并完善了齐抓共管的机制，今后还要发展创新这个机制。

现在有一些非成员单位积极争取成为社会治安综合治理委员会成员单位，希望将一些专项工作纳入社会治安综合治理，原因主要有两条，一是综合治理在基层有人抓、有人干；二是有领导责任制、一票否决权制、目标管理责任制等制度约束。中央综治委从 2004 年对全国各省（区、市）社会治安综合治理工作进行考评，考评细则已有三十大项七十多小项内容，中央综治委近二十个成员单位参与对各地的考评，既保证考评结果的全面与公正。又赋予成员单位的考评检查权。总的一条原则，只要有利于工作配合，有利于维护社会治安，经过研究该纳入的工作还是得纳入。

三是纵向到底、横向到边的综治网络优势。社会治安综合治理工作经过几十年的发展，现在基层综治组织逐步健全，乡镇（街道）综治办成为协助党委、政府维护社会治安和社会稳定的参谋助手。有的地方的村居、社区也建立相应的综治组织，综治组织还逐步向企业、事业单位延伸。各种形式的群防群治队伍，如治安志愿者、治安中心户长、家庭治安代表人等，在抗击非典、奥运安保等重大事件（活动）中发挥了积极有效的作用，许多地方的群防群治队伍是二十四小时运转，全天候发挥作用。

这些说明综治工作有制度优势，有职能优势，我们可以行使党委政府赋予的抓社会治安工作的组织协调职能，把各部门齐抓共管作用发挥出来；有群防群治队伍和工作网络的优势，这些优势都是成立社会治安综合治理组织机构以来逐渐形成的，要珍惜优势，不断巩固和扩大优势。

三、社会治安综合治理工作任重道远

党的十七大报告指出，当今世界正在发生广泛而深刻的变化，当代中国正在发生广泛而深刻的变革。我国仍处于并将长期处于社会主义初级阶段，社会主要矛盾仍然是人民日益增长的物质文化需要同落后的社会生产之间的矛盾。中央对形势和国情的判断是我们认识当前社会治安面临的形势和任务的基本依据。

当前，我国经济社会快速平稳发展，民主法制建设不断推进，社会主义核心价值观念得到不断增强，为做好社会治安综合治理工作提供了强大的物质基础、政治基础、文化基础和社会基础。社会治安综合治理工作必须从社会主义初级阶段基本国情出发，坚持创造良好的社会治安环境来保障改革、促进发展。因此，我们必须始终保持清醒头脑，科学分析我国全面参与经济全球化对社会治安工作带来的新机遇、新挑战，全面认识工业化、信息化、城镇化、市场化、国际化对社会治安综合治理工作提出的新要求、新任务，深刻把握我国社会治安工作的规律性，更加自觉地推动综合治理工作走科学发展道路，开创中国特色社会治安综合治理工作的新局面。

虽然我国保持社会大局持续稳定，治安状况总体良好。但是，也要看到这种稳定是在持续“严打”整治下的稳定，不可盲目乐观，要始终警钟长鸣，居安思危。要充分考虑到国际政治、经济对国内社会治安的影响，考虑互联网时代境内外各种消极因素的相互影响，考虑到各种新型犯罪对传统安全的冲击，考虑到生活水平提高后人民群众的新需求，考虑到改革开放进入关键时期社会管理存在的薄弱环节和盲区，考虑到国内外的敌对势力亡我之心不死，等等。现阶段社会治安仍然面临刑事犯罪高发、人民内部矛盾凸显、对敌斗争复杂三方面突出问题，而且这三个方面的问题关联程度进一步提高，加大了维护社会治安和社会稳定的难度。

社会治安综合治理工作面对新形势，有很多不适应的问题，还存在一些不足；部分党政领导同志还没有真正把综合治理工作摆上位置，往往是说起来重要，抓起来次要，治安问题突出时重视一些，治安问题不太突出时就有所放松。同时，对综合治理的认识不够，重打轻防，没有树立起预防为主的思想，抓综合治理各项措施全面落实的力度不够。二是不少地方基层基础工作仍然十分薄弱，综合治理工作无人抓或不会抓，各项工作措施难以落实。三是有的地方综治委发挥各部门的职能作用、调动他们参与综合治理的积极性不够，仍是公安政法部门唱“独角戏”，齐抓共管的局面尚未形成。四是对近年来各地创造的各种典型经验宣传、推广的力度不够，使这些经验的示范作用还没有充分发挥出来。五是社会治安综合治理工作和组织机构没有规范化，尚缺乏制度和法律的保障。因此，社会治安综合治理一方面面临紧跟治安形势不断发展创新的问题，也面临紧跟综治工作发展自身发展的问题，任务十分繁重，当前和今后应进一步加强以下几方面的工作。

一是正确认识改革发展稳定的关系，在强化落实措施方面下功夫。各级综治干部要正确认识改革发展稳定的关系，改革是动力，发展是目标，稳定是基础。社会治安综合治理工作的许多问题要靠发展来解决，东部地区的一些省份经济发展起来了，对综治工作的投入加大了，硬件软件建设提高了，工作也就上了台阶。综治部门和综治干部要进一步转变理念，自觉以科学发展观为指导，始终把服务发展作为工作的首要任务，坚持以人为本，强化服务意识，把服务大局、服务部门、服务群众的意识落实到社会治安综合治理工作的各项措施中。要继续落实好已有的文件政策，不能对已出台的政策没有消化理解、没有贯彻落实，又希望出台新政策，要全面学习和领会已出台的关于社会治安综合治理方面的文件，在落实已有政策上下功夫。综治工作方法也要常抓常新，用改革的办法解决前进中的问题。

二是立足预防，在齐抓共管方面下功夫。从社会治安综合治理工作的发展历程可以清楚地看到，解决社会治安问题起始是重视打击的，而且力度很大，然而成果难以巩固，这才逐渐重视预防工作的。社会治安综合治理的工作主要是做好预防工作，让社会少出治安问题。现在科技发展了，科技防范的作用越来越凸显，各地既要加强群防群治队伍建设，也要在城市、农村加大技防投入，可以收到事半功倍的效果。

党的十六大报告中提到，加强社会治安综合

治理，加强教育和管理，落实责任制。教育和管理是我们诸多环节里非常重要的两个环节，现在社会管理已经是社会建设的重要形式，社会治安综合治理又是其重要内容。既然是社会管理，就要动用社会方方面面的力量来参加管理，对综治办来讲如何调动各部门的积极性，这是个非常重要的工作。目前在发挥各成员单位的积极性，形成齐抓共管的局面上还有一定的差距。一方面，把社会治安综合治理委员会的作用发挥好，这个委员会本身就是讨论综治工作大事的一个议事机构，作为综治办来讲就要把情况摸清楚、问题找清楚，提出可行的措施提交到委员会来讨论。另一方面，要把社会治安综合治理委员会讨论决定的事项贯彻落实好，也需要我们做好各个部门的工作。

三是继续加强基层基础工作，在依靠和发动群众方面下功夫。针对基层基础工作，中央综治委多次召开会议，并且与中央编办就乡镇、街道综治组织建设出台文件，中央综治委准备再发一个文件，进一步强调加强基层基础工作。基层就是县以下各级组织，在当前乡镇机构改革中，综治组织只能加强，不能削弱。在乡镇、街道推广综治工作中心，这个综治工作中心是针对新时期社会管理、治安管理、社会稳定工作在基层如何形成合力而提出来的，客观上各个部门在基层的力量都比较薄弱，把涉及维护稳定的各个部门整合起来，整合资源，精干高效，服务群众，实现治安联防、矛盾联调、问题联治、工作联动、平安联创，这是一个方向，社会管理的发展方向就是政府和社会的力量要联动起来。基础工作要扎实，各类台账、基础性信息资料要建立起来，如本地区本部门的治安突出问题，治安混乱地区和部位，突出的社会矛盾，高发的刑事犯罪，辖区内闲散青少年、刑释解教人员、流动人口、重点人员的底数及情况要及时掌握，要为党政领导在解决这些问题方面当参谋，出主意，这样你的工作才有作为。基层综治组织联系着千家万户，关系到每一个群众的安宁，与群众的切身利益息息相关，要在依靠和发动群众上想办法，出新招，见成效。目前，在全国范围内大力开展的平安创建活动，不仅是推动综合治理各项措施在基层进一步落实的良好载体，也是解决人民群众关注的热点问题，调动群众参与社会治安综合治理积极性的有效方式。事实证明，凡是扎扎实实开展这项活动的地方，人民群众参与综合治理的积极性普遍提高，综合治理的各项措施进一步落实，刑事案件和治安案件逐渐下降，不安定因素大为减少，人民群众的安全感明显增强。

经过近三十年的实践，社会治安综合治理的思路越来越明确。坚持“打防结合、预防为主，专群结合、依靠群众”的方针，以落实社会治安综合治理领导责任制为龙头，以打击犯罪为首要环节，以排查化解矛盾纠纷和治安混乱地区、突出问题为重要内容，以加强基层基础建设为重点，以平安创建活动为载体，依靠有关部门齐抓共管，人民群众积极参与，把社会治安综合治理的各项措施落实到城乡基层单位。总之，社会治安综合治理面临着难得的发展机遇，也面临着巨大的挑战，任重而道远，只有以求真务实和改革创新的精神，脚踏实地，不断进取，社会治安综合治理工作才能在已有的基础上稳步推进。

王其江同志在全国地方新任综治办主任培训班上的讲话

这次“全国地方新任综治办主任培训班”是经永康、建柱同志批准举办的，是全国政法综治战线深入学习实践科学发展观、开展“大学习、大讨论”的一项重要举措。国务委员、中央政法委副书记、中央综治委副主任孟建柱同志将亲临培训班，与全体学员同志座谈，并作重要讲话，希望同志们要学习好、领会好、贯彻落实好。

当前，维护社会治安和社会稳定的任务非常

繁重，让大家暂时离开工作岗位，集中一段时间学习和思考，很不容易。希望同志们珍惜这次学习机会，圆满顺利完成学习任务，取得扎扎实实的成效。一要以高度的政治责任感投入学习培训之中。二要坚持理论联系实际，学以致用。三要集中精力，潜心钻研。下面我以“坚持以科学发展观为指导，坚定不移地做中国特色社会主义的建设者和捍卫者”为题，与同志们谈谈认识和体会。

一、中国特色社会主义建设者和捍卫者的职责定位，对政法综治工作科学发展提出了新要求

胡锦涛同志指出，在全党开展深入学习实践科学发展观活动，归结为一句话，就是更好地实现党的十七大提出的宏伟蓝图和行动纲领的需要。对政法综治部门而言，归结为一句话，就是更好地担当起中国特色社会主义事业建设者捍卫者重任的需要。我国经济社会发展到一个新的阶段，需要科学发展。我们政法综治工作也发展到一个新的阶段，也需要科学发展。

当前，我国政法综治工作处于历史上最好的时期。我们的执法理念有了重大转变，人权保障意识有了明显增强，执法行为得到进一步规范，服务水平有了显著提高。在思想观念、实际行动、工作作风等方面发生了可喜的重大变化：从就案办案到注意法律效果、社会效果的统一，着力服务科学发展、和谐发展、和平发展的大局；从以管人者自居到注意树立执法为民的理念，着力寓管理于服务之中；从习惯于运用专政职能到注意尊重和保障人权，着力维护人民权益；从重打击、重裁判到注意排查化解社会矛盾，着力促进社会和谐；从强调实体公正到注意以程序公正保障实体公正，着力提高执法公信力；从重眼前、重业务到注意抓好带有长远性、根本性的工作，着力加强基层基础建设和政法综治队伍建设，等等。

但是，还必须清醒地认识到，政法综治部门贯彻落实科学发展观还是初步的，对科学发展观的领会还不够深刻、落实还不够有力，政法综治工作中还存在不少不适应不符合的问题。特别是当前政法综治工作正处在一个新的时期、新的阶段，面临新的形势、新的任务，深入学习实践科学发展观显得格外重要、格外紧迫。我们需要认真研究经济社会新阶段给政法综治工作带来哪些机遇和挑战，从而认识政法综治工作面临的阶段性特征，按照科学发展观要求寻求新的跨越。

一是经济建设的新阶段对政法综治工作科学发展提出了更高的要求。经济建设的新阶段，主要表现为由追求又快又好转变为追求又好又快，对增长质量、结构、效益提出了更高的要求。由效率优先，强调一部分人先富起来、一部分地区先发展起来转变为强调统筹发展、共享改革发展成果。人民生活由解决温饱转向全面实现小康，人民的物质利益已由“有”和“无”的矛盾转化为“多”与“少”的矛盾，盼望分配公平已成为经济领域的热点问题。利益主体多元化，利益冲突愈来愈多。现在，不少同志对偶发的民事、治安、刑事案件频繁引发大规模“非直接利益冲突”困惑不解。大量的公共事件就是群众要求公平的愿望和期待未能得到及时满足而积聚起来的不满情绪，一触即发的结果。面对这种情况，要求政法综治部门能够准确把握事态发展趋势，对这些不满情绪的实质有深刻认识，对这一潜藏的社会危机有深刻认识，准确把握事态发展，准确把握时机、方式、方法。否则，不仅不能处理好矛盾事件，而且会使自己成为矛盾的一方，或者导致事件越闹越大，矛盾激化。

二是政治建设的新阶段对政法综治工作科学发展提出了更高的要求。随着民主法治建设的推进，人民当家作主的愿望日益强烈，要求享有对社会政治生活、国家事务的知情权、参与权、表达权、监督权，要求落实民主选举、民主决策、民主管理、民主监督的法定权利。可以说民主已经深入百姓生活之中，文明、民主、进步、开放已成为人们追求的目标。遇事“找法律”已经成为一种比较时尚的社会现象，特别是公平已成了人们普遍的一种追求和观念。过去群众对于粗暴执法、滥用强制措施，不敢吭气，自认倒霉，现在执法者、行政者违法违规，就会成为被告。过去领导靠级别、权力说话，现在不行了，群众要用法律维权。过去一讲这是上面政策规定的，群众有意见也不说了，现在哪里定的政策就告哪里，从乡政府到中央部委都敢告。过去找党委政府、政法机关表达诉求，现在找媒体表达诉求，甚至告洋状；并且希望党委政府、政法机关回应，如果反应不当，就会引发媒体炒作。群众的政治需求受到不同因素的影响，各类群体性事件情况错综复杂，经济与政治、国内与国外、合法因素与非法因素、人民内部矛盾与敌我矛盾相互交织，处置难度加大，维护社会政治稳定任务前所未有的繁重。这种新特点，对政法综治部门执法理念、执法水平、执法作风都提出了很高要求。

三是文化建设的新阶段对政法综治工作科学发展提出了更高的要求。文化建设的新阶段，主要表现为要用社会主义核心的价值观统一全国人民的思想。但在全球化形势下，人们不仅需要民族文化，也需要外来文化：不仅需要高雅文化，还需要娱乐文化；不仅需要传统文化，还需要现代网络文化，社会文化日趋多元。不仅有传统的主流的价值观，而且有外来的多元的价值观。这种新形势，使政法综治部门面临三个方面的严峻挑战：一个方面是应对意识形态领域的斗争，对人权、民主、法治等有清醒认识，对西方的渗透有正确有效的应对。另一方面是平衡不同价值理念对执法办案的认识。从物权法、劳动保障法的争论可以看出这种趋势，满足人们的多层次、多方面、多样性文化需求的矛盾更加突出。第三个方面是保持政法综治队伍执法为民的宗旨。在市场经济条件下，部分政法干警的价值观扭曲，容易把权力与自身利益结合，而且为人民服务的思想淡化了，导致党群关系、干群关系、警民关系的变化，导致党和政府公信力的下降，导致执法权威的下降。面对这种形势，要求我们有坚定正确的政治方向，有清醒的政治头脑，有深厚的群众感情。

四是社会建设的新阶段对政法综治工作科学发展提出了更高的要求。社会建设的新阶段，集中表现为更加关注和改善民生，构建社会主义和谐社会。在温饱没有解决的时候，人们的注意力主要集中在吃饱穿暖等基本的物质生存条件上。在基本实现小康之后，人们对学有所教、劳有所得、病有所医、老有所养、住有所居等提出了新要求。人们有了自己的财产，对社会平安提出了新要求，希望政府提供“方便、快捷、优质、高效的公共服务”，这些新的要求难以满足时，也会引发种种社会冲突，社会保障领域成了社会不稳定因素的多发领域，医疗、就业、房价、学校收费等引发的不满和纠纷越来越多。近年来，交通执法、消防执法、治安执法、流动人口管理、法律援助、司法服务的个案等也都成了社会关注的热点。面对这种形势，要求我们政法综治部门必须用和谐的理念处理社会矛盾纠纷，把依靠政治优势和调解手段化解矛盾放在更加突出的位置，把满足群众对司法服务的需求置于更加突出的位置。

二、以科学发展观为指导，切实履行好中国特色社会主义建设者和捍卫者的首要政治任务

政法综治工作是不是科学发展，主要是看是不是充分发挥了社会主义司法制度的优越性。社会主义司法制度好，就要比资本主义法治更加以人为本。我们要建设的法治国家，是比资本主义更高级的法治国家。作为中国特色社会主义事业建设者和捍卫者，必须进一步解放思想，更新观念，创新体制，完善机制，为中国特色社会主义提供坚强的法治保障和和谐稳定的社会环境。

一要让人民群众享受更加安宁的社会秩序。确保国家安全、社会安定、人民安宁是政法综治部门最主要的任务。法治的功能，首先是为了维护社会的正常秩序。秩序又集中表现为安全。没有安全，就无所谓秩序；没有秩序，就没有法治。保社会平安，一要增强控制社会治安的能力。事实证明，没有对各种严重刑事犯罪活动持续不断地严厉打击，就没有今天治安大局稳定的局面。现在，群众希望严打严重暴力犯罪、黑恶势力犯罪、“两抢”犯罪、网络犯罪，希望严惩食品、药品、环保方面的违法犯罪行为，都要适时采取打击整治行动。二要尽最大努力减少社会对抗。我国一直推行宽严相济的刑事政策，目的是为了预防和减少犯罪。对初犯、偶犯、未成年犯和罪行轻微的犯罪人，要依法从宽处理，立足于教育转化；对社区矫正对象都要注重思想转变和行为矫正；对刑释解教人员不能歧视，要千方百计给予出路；对犯罪嫌疑人采取强制措施，对被告人定罪量刑都要十分慎重。我们必须在最大限度缩小打击面、最大限度转化消极面上找出路。三要提高治安防范水平。北京实现平安奥运的目标，没有群防群治，是不行的。奥运期间，人自为战、村自为战，真正是人民战争的汪洋大海，真正是铜墙铁壁。从上到下把矛盾纠纷排查抓实，把重点人口排查和教育转化抓实，把科技防范抓实。

二要让人民群众享受更加真实的社会公平。为弱势群体主持公道是政法综治部门维护公平正义的重要任务。只有加强对弱势群体的保护，才能最大限度地理顺社会的不满情绪，才能最大限度地履行首要政治任务的职能。现在涉法涉诉信访问题突出。中央从2004年起就下决心进行集中治理，因为这是保证公平正义的重要补救措施。涉法涉诉信访群众，绝大多数曾遭受过常人难以体会的伤害和不幸，是需要格外理解、特殊帮助的群体。在执法中坚持严格公正执法，当出现差错时积极纠正。政法综治部门不能在管理和办案中与民争利，更不能损害弱势群体的利益。

执法公开化、管理规范化是政法综治部门维护公平正义的根本途径。执法公开化，本质上就是把执法办案置于当事人和广大群众的监督之下，充分发挥权利制约权力的作用。当事人监督是最直接的监督。监督是保证公平正义的法宝。现在一些司法机关反映监督多了，可到老百姓、当事人那里听到的全是监督不力的反映。因此，要不折不扣地落实执法公开的措施，各个环节都要真正公开。抓队伍，最有效的办法就是抓公开。不仅办得公平，还要让群众看得见你是公平的，处理结果、审判结果要上网，重信重访要公开听证。

三要让人民群众享受更加真实的人权保障。政法综治部门在社会管理中要尊重人权，在执法办案中也要保障人权。一要主动维权，不能被动维权。现在境内外敌对势力打着“维权”的旗号同我较量，与我争夺群众。我们应该主动维权，把维权的旗帜紧紧抓在我们自己手中，使敌对势力没有机会，没有市场。二要保护人权，不要侵犯人权。公民的合法权益不容侵犯，侵犯人权必须付出代价。政法干警滥用强制措施、刑讯逼供、错捕错判等侵犯人权的行为，不仅伤害当事人，损害政法机关的威信，而且影响党和政府的形象，使人们对社会主义法治失去信心。强化责任追究，建立有利于内部纠错和外部监督的机制。三要尊重人权，不要耍特权。厉行法治，体现在政法综治工作中，不但要尊重和保护广大人民群众的普遍权利，而且要尊重和保护当事人的合法权利。

四要让人民群众享受更加完善的公共服务。没有社会管理，全体人民的权益就难以得到保障。可是管理常常引起不满、引起对抗，原因在于我们的管理理念不适应、方法不对头，服务不到位。消除管理的对立情绪的根本办法，就是真正把管理变成一种服务性管理、平等式管理。改变过去那些防范性的管理、居高临下的管理、争利性管理和应付式管理。一些政法干警不是把群众作为依靠对象，而是作为防范对象。不断拓宽公共管理服务的内容和渠道，提高效率，改善作风。在执法办案、社会管理、法律服务方面更加尊重群众的意愿，积极推出一些公平高效的便民、利民、惠民措施，让广大人民群众实实在在享受政法综治部门执法为民带来的实惠。

三、努力提高政法综治队伍的整体素质，为履行中国特色社会主义建设者和捍卫者提供根本保证

要履行好中国特色社会主义建设者和捍卫者的职责，政法综治队伍的整体和个体素质都要提高，要靠教育，靠实践，靠培训。主要有以下四种素质。

一是正确把握政治方向。胡锦涛总书记提出党的事业至上、人民利益至上、宪法法律至上，这三个至上是统一的，统一在人民利益至上。党的全部事业是为人民谋幸福，宪法法律是人民意志的集中体现。“三个至上”，科学地阐述了政法综治工作党性、人民性、法律性的关系，是个重大的理论创新，把多年争论的问题讲清楚了。一定要不断加强思想政治建设，使社会主义法治理念教育长效化，使每个政法综治干部真正理解“三个至上”、“三个统一，始终保持坚定正确的政治方向。

二是自觉遵守职业道德。发生在基层的很多矛盾纠纷，其实并不涉及高深复杂的法律问题，双方当事人一摆事实，就知道谁是谁非。公正、效率都源自于公平正义的道德。纵观诸多的信访错案，因为我们“不会干”而引发的很少，而因为办案人员作风不正甚至心术不正而引起的占有一定数量。政法综治干部要始终做到党在心中、人民在心中、法在心中，必须永远牢记，身体力行。

三是正确把握法律精神。社会上的利益冲突往往体现在私权与私权的冲突、公权与公权的冲突、公权与私权的冲突。社会主义法律是保障人民利益的，要准确理解。比如在处理刑事和治安案件时，要对法律规定、社会心态、群众情绪、社会效果有一个准确把握，才能作出恰当的裁判。在化解矛盾纠纷时，需要依法在不同诉求、不同利益之间取得平衡。处理每一起案件，化解每一个纠纷都要力求法律效果和社会效果的统一。

四是会做群众工作。过去，人们把政法综治工作仅仅与对敌专政、打击犯罪联系在一起。其实，现在的政法综治工作，更多的是做群众工作。现在政法干警、综治干部做群众工作能力总体弱化。有的干警天天跟群众打交道，却不会做群众工作；天天见群众，却不会说群众话。要带着对人民群众的深厚感情，在基层政法综治工作实践中，不断总结群众工作特点规律，提高做群众工作的本领。

六、中央社会治安综合治理委员会办公室文件

中央社会治安综合治理委员会办公室关于印发《陈冀平同志在河北省与部分县(市)委书记和基层政法综治干部座谈时的讲话》的通知

(2008年6月11日)

各省、自治区、直辖市社会治安综合治理委员会及办公室,新疆生产建设兵团社会治安综合治理委员会及办公室,中央社会治安综合治理委员会各成员单位:

2008年2月26日,中央社会治安综合治理委员会下发《关于集中开展排查调处矛盾纠纷、排查整治治安混乱地区和突出治安问题活动的通知》(综治委[2008]4号)。5月29日,为推动这项活动深入开展,中央综治委副主任、中央综治办主任陈冀平在河北省迁安市组织召开部分县(市)委书记和基层政法综治干部参加的座谈会,了解工作进展情况,听取大家的意见和建议并讲话。现将《陈冀平同志在河北省与部分县(市)委书记和基层政法综治干部座谈时的讲话》印发给你们,请结合实际情况,认真贯彻落实。

陈冀平同志在河北省与部分县(市)委书记和基层政法综治干部座谈时的讲话

(根据录音整理)

今年2月,中央综治委下发通知,要求3月至9月在全国范围内集中开展排查调处矛盾纠纷、排查整治治安混乱地区和突出治安问题活动。河北省"两个排查"工作抓得很扎实,特别是构建"三位一体"调解工作体系抓得早,很有成效。这次到河北来主要就"两个排查"工作做些调研,同时学习河北省的好做法、好经验。刚才,河北省委常委、唐山市委书记赵勇同志介绍了唐山市狠抓科学发展示范区、统筹协调各方面利益关系、正确处理各种矛盾纠纷、确保全面协调可持续发展的

有关做法和经验体会，听后很受启发。河北省综治办和唐山市、秦皇岛市、廊坊市以及迁安市、涿州市、正定县介绍了“两个排查”工作情况，讲得都很好。下面，我就各级综治部门如何进一步深化“两个排查”工作，讲几点意见。

一、认真抓好“两个排查”，是社会治安综合治理最重要的基础工作

首先，抓好“两个排查”工作，是党中央、国务院赋予综治部门不可推卸的政治任务，广大综治干部对此负有不可推卸的政治责任。早在1991年2月，党中央、国务院《关于加强社会治安综合治理的决定》中就明确提出：“要大力疏导调解各种社会矛盾和民间纠纷，正确处理人民内部矛盾，避免矛盾激化”，“各地都要在调查研究的基础上，排查出治安问题多的地区和单位，集中力量进行重点治理整顿，务使这些地方尽快改变面貌”。可见，社会治安综合治理委员会一成立，党中央、国务院就把排查调处矛盾纠纷、排查整治治安混乱地区和突出治安问题，作为一项重要任务交给了综治部门。2001年9月，党中央、国务院下发《关于进一步加强社会治安综合治理的意见》，把深入开展矛盾纠纷排查调处列为综治工作突出要抓好的几项工作的第一项工作，明确提出“建立健全矛盾纠纷排查调处工作机制和制度，把这项工作纳入经常化、规范化的轨道”。这个《意见》还明确要求，“各级社会治安综合治理委员会要定期分析研究社会治安形势，针对本地区一个时期的突出治安问题作出部署”。2002年11月，党的十六大报告提出，“正确运用经济、行政和法律等手段，妥善处理人民内部矛盾特别是涉及群众切身利益的矛盾，保持安定团结的局面”。2004年9月，党的十六届四中全会通过《中共中央关于加强党的执政能力建设的决定》，要求“妥善协调各方面的利益关系，正确处理人民内部矛盾。坚持把最广大人民群众的根本利益作为制定政策、开展工作的出发点和落脚点，正确反映和兼顾不同方面群众的利益。高度重视和维护人民群众最现实、最关心、最直接的利益，坚决纠正各种损害群众利益的行为。——健全正确处理人民内部矛盾的工作机制，完善信访工作责任制，综合运用政策、法律、经济、行政等手段和教育、协商、调解等方法，依法及时合理地处理群众反映的问题。建立健全社会利益协调机制，引导群众以理性合法的形式表达利益要求、解决利益矛盾，自觉维护安定团结”。2005年10月，中办、国办转发中央政法委、中央综治委《关于深入开展平安建设的意见》，把开展矛盾纠纷排查调处工作列为平安建设首要任务，要求各级党委和政府着力解决关系群众切身利益的问题，坚决防止和纠正各种损害人民群众利益的行为，注重从源头上预防和减少矛盾纠纷的发生。进一步健全矛盾纠纷排查调处工作机制、工作制度和工作网络，提高发现和解决矛盾纠纷的能力。强化社会联动调处，将人民调解、行政调解、司法调解有机结合起来，把各类矛盾纠纷解决在当地、解决在基层、解决在萌芽状态。《意见》还要求建立健全对治安混乱地区和突出治安问题定期排查制度，找出问题症结，组织有关部门共同进行整治，限期改变面貌。2007年10月，党的十七大强调加快推进以改善民生为重点的社会建设，要求“最大限度地激发社会创造活力，最大限度地增加和谐因素，最大限度地减少不和谐因素。妥善处理人民内部矛盾，完善信访制度，健全党和政府主导的维护群众权益机制”。按照党中央、国务院有关精神，最近三年的全国综治工作会议，都把“两个排查”作为重要任务，重点进行了部署。可见，抓好“两个排查”工作是党中央、国务院赋予综治部门不可推卸的政治任务，广大综治干部对此负有不可推卸的政治责任，必须抓紧抓好，抓出成效。

其次，抓好“两个排查”工作，是适应当前形势和任务要求、确保改革发展稳定大局的客观要求。最近几年，各级政法综治部门在党委和政府的领导下，通过开展平安建设，大力推动社会治安综合治理各项措施的落实，连续几年刑事发案平稳，八类严重刑事犯罪案件呈现下降的趋势，人民群众安全感逐年提高。全国“两会”期间，人大代表和政协委员针对治安工作提出的意见和建议越来越少了。但是，我们也要清醒地看到，我国仍处于人民内部矛盾凸显、刑事案件高发和对敌斗争复杂的时期。改革开放就是一个利益调整的过程，矛盾纠纷是伴随着利益调整而产生的。我国改革攻坚将进一步触及深层次矛盾，因此人民内部矛盾将持续处于凸显状态，矛盾纠纷数量还会在高位徘徊。去年，全国各级综治部门排查出来的矛盾纠纷有800多万起，数量大，涉及范围广，利益性、群体性、对抗性特点日益突出，解决的难度也进一步加大。特别要注意的是，随着奥运会的临近，国内外各种敌对势力的破坏、捣乱活动加剧，插手我人民内部矛盾的情况明显增多，许多群体性事件也都有西方敌对势力直接插手。党的十六大和十七大都向全党提出，要居安思危。从事政法综治工作的同志，特别要对形势认识得更深刻一些，对面临的困难和问题估计得更充分一些。社会治安综合治理方针是伴随着改革开放提出的，也是伴随着改革开放不断丰富和发展的，其最大优势就是预防，抓住源头，综合治理。要狠抓综合治理，有效预防犯罪，必须把情况和问题搞清楚。因此，在当前形势下，发挥综治部门的优势，集中组织开展"两个排查"活动，具有特殊重要的意义。

再次，抓好"两个排查"工作，是排查发现漏洞和问题、查找隐患和薄弱环节从而提高工作成效的重要手段。党的十七大强调加强以改善民生为重点的社会建设。社会治安综合治理是社会建设和社会管理的重要内容。目前许多地方基础工作薄弱，管理工作缺位、不到位，许多工作底数不清，情况不明，这是我们当前工作中存在的最突出的问题。所以我经常讲，千万不要对我们的基层基础估计过高，千万不要对我们齐抓共管的局面估计过高。今天来参加座谈会的不少是县（市）党委主要负责同志，其他同志大多也在基层工作过，乡镇、村屯情况到底怎么样，村党支部和村委会状况如何，能不能发挥作用，能发挥多大作用，我们的许多工作措施能不能贯彻落实到基层，想必大家心里最清楚。正因为许多基层组织难以真正发挥作用，正因为许多工作是在底数不清的情况下开展的，我们的许多工作措施就很难贯彻落实，很难见到实实在在的成果。所以，只有下功夫抓好"两个排查"，我们提出的工作措施才能符合实际、更具针对性。抓好"两个排查"是社会治安综合治理最重要的基础工作，各级综治委、办必须把这项工作紧紧抓在手上，抓实抓好，抓出成效。

二、突出重点，狠抓落实，扎实开展"两个排查"工作

第一，要完善工作机制。要从健全完善工作机制入手，整合资源，整合力量，努力形成党委政府统一领导、综治部门牵头协调、职能部门共同参与、社会各方整体联动的大调解的工作格局。实践证明，社会治安综合治理创建的这套工作机制是行之有效的。各地乡镇（街道）的派出所、司法所、人民法庭和工商所等大多数是派出机构，实行垂直管理，这些派出机构自身力量有限，单靠自身力量很难完成繁重的职能任务。如何在乡镇（街道）党委和政府的领导下，坚持"属地管理"的原则，充分发挥社会治安综合治理这个平台的作用，有效整合各部门在基层的工作力量，形成维护社会稳定的合力，在这方面各地都进行了有益的探索。近几年，中央综治委大力推广浙江省在乡镇（街道）成立综治工作中心的做法，本着整合力量、整合资源、精干高效、方便群众的原则，通过综治工作中心这个平台，协调有关部门，综合运用法律、政策、经济、行政等手段和教育、协商、疏导等办法化解社会矛盾纠纷，实行矛盾纠纷"联调"、治安"联防"、警务"联勤"、突出问题"联治"、基层平安"联创"，使综治工作中心成为乡镇（街道）党委和政府维护稳定的有力抓手。建立综治工作中心最关键就是整合力量、建立健全齐抓共管的工作机制，把民政、信访、土地、工商、城管等有关部门和学校、医院、厂矿等企事业单位的力量充分调动起来，共同参与综合治理。协作配合、齐抓共管的机制健全了，各项管理工作的力度也就上去了。排查整治治安混乱地区和突出治安问题、流动人口服务管理、刑释解教人员安置帮教、预防青少年违法犯罪以及群防群治、法制宣传教育等工作内容，都可以放到综治工作中心，各项工作措施都要通过综治工作中心这个平台贯彻落实到基层。

第二，要完善工作网络。要充分利用综治工作网络深入开展"两个排查"工作。这个网络是个大概念，既包括各级党委、政府和政法综治部门，也包括基层各级党政组织和群防群治组织，这个网络必须从上到下、纵向到底、横向到边、进村入户，真正发挥作用。综治工作网络有个特点，一年365天天天都要运转，每天24小时不能停止。在2003年抗击"非典"、今年年初我国南方抗击雨雪冰冻灾害和抗击四川汶川大地震中，基层综治工作网络都发挥了很好的作用。做好"两个排查"工作必须重视基层综治工作网络建设，市、县、乡、村、组、户六级都要明确责任。甘肃省、青海省组织了“万名干部下基层”活动,河北省这次也组织了近10万名干部到基层指导工作,这都是重视基层、建设基层、完善基层工作网络很重要的举措。只有基层工作网络健全了,才能全面掌握本地区、本行业、本单位矛盾纠纷的总体情况,认真抓好重点区域、重点群体和重点单位的矛盾纠纷排查工作,确保把已经发生和正在酝酿的矛盾纠纷一件一件搞清楚,不留盲点和死角;才能摸排出治安乱点、突出治安问题和安全隐患,真正把治安混乱的区域、部位、场所搞清楚,把影响群众安全感的突出治安问题搞清楚,把导致治安状况混乱的原因搞清楚;才能集中时间,集中力量,从根本上解决问题。

第三,要完善工作制度。做好“两个排查”工作,必须重视制度建设,在源头预防方面、排查方面、调处方面、整治方面、考核奖惩方面都要有健全完善的工作制度。建立“零报告”制度很重要,要把排查作为日常性工作,半个月、一个月或一个季度排查完了,要写个报告,有事报情况,无事报平安。各级综治办要定期向党政主要领导报送排查信息,使党政主要领导及时了解群众对哪些工作有意见,哪些地方、哪些方面可能要出问题,及时采取预防措施。在维护社会稳定方面,各级综治办一定要为党委、政府和党政主要领导当好参谋、助手,真正发挥应有的作用。不能及时掌握重大矛盾纠纷和突出治安问题,耳不聪、目不明,综治办的工作就没有做好。要把健全完善责任追究制度、责任倒查制度作为制度建设的重点,在落实责任上狠下功夫。对于存在的问题没有发现,或者发现了没有及时解决而酿成重大群体性事件、重大刑事案件或重大治安灾害事故的,要严格实行责任倒查和责任追究,这方面要有一些硬性规定。中央综治办将及时了解各地“两个排查”工作进展情况,并把这项工作作为2008年综治考核的重要内容,适时进行督导检查。

三、提高认识,改进作风,确保“两个排查”工作取得实效

第一,要提高认识。思想认识到位,是抓好两个排查工作的前提。当前一些领导干部特别是少数基层领导干部,对形势任务缺乏正确认识,缺乏政治敏感性,在维护社会稳定方面缺乏危机感、紧迫感和责任感。一些同志没有深刻理解科学发展观的精神实质和基本要求,在实际工作中片面追求经济增长,而忽视经济与社会协调发展,忽视及时解决发展过程中积累的各种矛盾和问题,没有把解决矛盾纠纷和突出治安问题摆上重要位置;一些同志没有认识到抓好“两个排查”工作就是抓早抓主动,能够达到事半功倍的效果,存在重事后轻事前、重打击轻防范的思想,致使一些突出问题事后解决付出了高昂的成本和代价;一些同志认识不到位,责任心不强,对存在的不稳定因素视而不见,放任自流,不主动排查解决突出问题,造成问题积压,矛盾激化;近年来部署矛盾纠纷排查调处工作的部门增加了,这是一件好事,抓的部门多了,工作力度也应加大,少数综治办负责同志便认为这是别人的工作,没有看到大量的矛盾纠纷并未得到有关部门的重视,大量的苗头性问题没有被及时发现,没有及早得到解决,致使工作处于被动局面。我们必须克服以上错误认识,充分认识搞好“两个排查”工作的重要意义,真正加强领导、落实责任,把“两个排查”工作紧紧抓在手上,真正抓出成效。

第二,要转变观念。一要坚持预防为主,从源头上解决问题。要坚定不移地用科学发展观作指导,加强以改善民生为重点的社会建设,更加关注社会弱势群体,坚持依法行政、科学决策,从源头上预防和减少矛盾纠纷发生。二要坚持抓好排查,做到底数清、情况明。要加强对“法轮功”邪教人员、社区矫正人员、吸毒人员、刑释解教人员和社区闲散青少年等重点人群的排查摸底,逐一落实教育和防范措施。要加强对党政机关、涉奥场所、金融单位等重要敏感部位的排查,及时发现并消除治安和安全隐患,弥补防范漏洞。要认真开展出租房屋大普查行动,及时发现和排除出租房屋中存在的治安和安全隐患。要加强对交通运输、消防和卫生、食品药品等重点行业和领域的排查,及时发现并消除公共安全隐患,提高保障公共安全的能力。三要坚持调解为先,综合运用多种手段化解矛盾。要增强调解意识,坚持把调解作为化解矛盾纠纷的主要手段,健全多元化纠纷解决机制,立足抓小、抓早,防患于未然,防止矛盾激化。四要坚持以人为本,切实为群众解决困难和问题。要带着对人民群众的深厚感情做工作,把排查调处矛盾纠纷的过程作为理顺群众情绪、为群众排忧解难的过程，把解决民生问题、统筹协调利益关系作为化解矛盾纠纷的重点，着力解决人民群众最关心、最直接、最现实的利益问题。五要坚持整合力量，便民利民。整合基层工作力量，积极利用社会资源，简化管理环节，做到既便民利民，又提高工作效率。六要坚持重心下移，建设基层。要把基层组织建设好，确保基层党支部领导核心作用的发挥。加强乡镇（街道）综治委、办建设，配齐配强领导干部。同时要帮助基层干部排忧解难，充分调动他们工作的积极性。

第三，要改进作风。对于“两个排查”工作，各级党政主要领导要亲自动员部署，深入一线督导，靠前指挥，及时解决工作中的困难和问题，认真解决群众关心的热点难点问题。各级综治委、办要结合实际，抓紧制定工作方案，明确指导思想和目标任务，落实工作措施、责任部门和责任人，搞好宣传发动，加强组织协调和督导检查。要深入基层，深入群众，了解群众疾苦，倾听群众呼声，真正为群众解决困难。要重视基层、注重实效，通过督导检查帮助基层查找和解决问题。要不断改进工作作风、真抓实干，坚决克服官僚主义、主观主义、形式主义。要学会做新形势下的群众工作，密切与群众的联系，增进与群众的感情，提高党组织和党员领导干部在广大群众中的影响力、凝聚力和感召力，切实把“两个排查”活动动员好、部署好、组织好、落实好，确保“两个排查”工作取得实效。

同志们，当前抗震救灾、灾区重建工作进入关键时期，北京奥运会即将举办，紧接着是残奥会，改革开放三十周年纪念活动也将隆重举行，我们维护社会稳定的任务十分艰巨繁重，各方面工作都不能有丝毫放松。希望各级综治部门抓住机遇，迎难而上，深入扎实地抓好“两个排查”工作，努力维护社会稳定和谐，促进经济社会协调发展。

中央社会治安综合治理委员会办公室关于印发《2008年省、自治区、直辖市社会治安综合治理工作考核评比实施细则》的通知

（2008年10月14日）

各省、自治区、直辖市社会治安综合治理委员会，新疆生产建设兵团社会治安综合治理委员会，中央社会治安综合治理委员会各成员单位：

在广泛征求各地和相关部门意见的基础上，我们对《2008年省、自治区、直辖市社会治安综合治理工作考核评比实施细则》进行了修改，现印发给你们，请认真贯彻落实。

附件：关于各省、自治区、直辖市报送2008年社会治安综合治理工作考核自评报告需要附送有关材料的说明

2008年省、自治区、直辖市社会治安综合治理工作考核评比实施细则

一、群众安全感调查(15分)

根据国家统计局年度抽样调查结果打分,满分15分。

二、严打整治和专项斗争(10分)

1."打黑除恶"专项斗争,2分;打击"两抢一盗"专项斗争,2分,治理自行车被盗专项斗争,1分;侦破杀人、爆炸等重大恶性案件,1分;打击毒品违法犯罪专项斗争,1分。

打击赌博违法犯罪、反偷渡、公共消防安全、打击盗窃破坏"三电"、油气田及输油气管道安全保护工作不力,每项最高减1分(以上均由公安部打分)。

2.反邪教工作,1分(由中央610办打分);安全生产工作,1分(由国家安全生产监督管理总局打分);食品生产安全工作,1分(由国家质量监督检验检疫总局打分)。

3.以下工作出现重大问题的,酌情减分。打击拐卖妇女儿童犯罪专项行动(由国务院反拐联席会议办公室打分)、打击传销活动专项行动(由国家工商行政管理总局打分)、打击走私犯罪专项行动(由海关总署专项办打分)、"扫黄打非"工作(由新闻出版总署打分)、非法卫星电视接收设施整治(由广电总局打分)、国家安全人民防线工作(由国家安全部打分)、核查纠正监外执行罪犯脱管、漏管工作(由中央综治办和最高人民检察院共同打分),每项最高减1分。

解决人民法院执行难(由中央综治办和最高人民法院共同打分,最高减2分)。

三、集中开展排查调处矛盾纠纷、排查整治治安混乱地区和突出治安问题(简称"两个排查")(18分)

(一)扎实做好矛盾纠纷排查调处工作(9分)

1.各级党委政府高度重视,建立健全工作机制和各项制度,0.5分;省(市、区)、地(市)、县(市、区)综治办加强对矛盾纠纷排查调处工作的组织指导,组织实施力度大,1分;乡镇(街道)设立综治工作中心(矛盾纠纷排查调处工作中心),有效开展矛盾纠纷排查调处工作,1分。

2.机关、团体、企事业单位建立矛盾纠纷排查调处组织,做好本部门本系统矛盾纠纷排查工作,积极配合相关部门做好工作,1分。

3.建立滚动排查、"零报告"等制度并得到有效落实,1分;针对不同矛盾纠纷,综合运用法律、政策、行政等手段和教育、协商、听证、调解、仲裁等方法,及时妥善解决矛盾纠纷,1分。

4.建立矛盾纠纷排查调处情况报送制度,逐月统计报送排查调处情况,及时向党委、政府报告并提出工作建议,1分;每半年向中央综治办上报工作情况,0.5分。

5.集中排查化解涉法涉诉进京非正常访案件工作成效显著,2分(由涉法涉诉办打分)。

(二)集中排查整治治安混乱地区和突出治安问题(7分)

1.每半年开展社会治安形势分析,0.5分;年中和年终分别报送省(区、市)综治工作总结,0.5分;建立健全工作机制和各项制度,定期报送排查整治工作情况,每半年向中央综治办上报排查整治工作情况,1分。

2.以乡镇、街道为单位,定期组织辖区内的机关、团体、企事业单位、厂矿、学校和群众自治组织,认真排查治安乱点、突出治安问题,整治工作力度大、效果好,2分。

3.对于排查出的治安混乱地区和突出治安问题,全部登记造册,0.5分;对重点人群底数清、情况明,1分;逐一制定整治方案,逐一落实牵头部门、责任单位和责任人,逐一明确整治目标、措施和期限,限期改变面貌,堵塞漏洞、消除隐患,确

保实现“由乱到治”,1.5 分。

(三)“两个排查”督导检查(2 分)

1. 省、市(地)两级社会治安综合治理委员会组织督查组,分别派驻各市(地)和县(市、区),包片指导,协调解决影响社会和谐稳定的重大矛盾纠纷和突出治安问题,1 分。

2. 省(区、市)社会治安综合治理委员会办公室,督促有关地方和单位及时解决突出问题,0.5 分;逐级进行严格的检查验收和总结奖惩,0.5 分。

3. 因排查和处置工作不力而发生影响重大的群体性事件,酌情减分,最高减 2 分。

四、社会治安防控体系建设(8 分)

1. 将社会治安防控体系建设纳入经济社会发展总体规划,社会治安防控体系建设保障有力,1 分;加强科技防范投入,效果明显,1 分。

2. 群防群治队伍健全规范,开展工作有力,1.5 分。

3. 充分发挥综治工作优势,开展“平安奥运”活动,确保奥运火炬安全传递和北京奥运会成功举办,2 分。

4. 各种形式的基层平安创建活动开展活跃,成效明显,1.5 分。

5. 积极开展“平安家庭”创建活动,1 分(由全国妇联打分)。

6.“平安医院”创建活动工作不力,酌情减分,最高减 1 分(由卫生部打分)。

7.“平安文化市场”创建活动工作不力的,酌情减分,最高减 1 分(由文化部打分)。

五、综治委五项专门工作(16 分)

1. 流动人口治安管理工作,4 分(由中央综治委流动人口治安管理工作领导小组办公室打分)。

2. 刑释解教人员安置帮教工作,4 分(由中央综治委刑释解教人员安置帮教工作领导小组办公室打分)。

3. 预防青少年违法犯罪工作,4 分(由中央综治委预防青少年违法犯罪工作领导小组办公室打分)。

4. 铁路护路联防工作,2 分(由中央综治委铁路护路联防工作领导小组办公室打分)。

5. 学校及周边治安综合治理工作,2 分(由中央综治委学校及周边治安综合治理工作领导小组办公室打分)。

六、综治委、办建设(10 分)

1. 综治工作经费列入财政预算并得到较好落实,1 分。

2. 按中办〔1995〕28 号文件要求,配齐配强省(区、市)、地(市)、县(市、区)三级综治办主任、副主任,2 分;省级综治办机构健全,1 分。

3. 省(区、市)综治委与省(区、市)编办落实中央综治委与中编办文件要求,乡镇(街道)综治组织健全、领导班子坚强有力,3 分;按照要求配齐配强乡镇(街道)综治专职干部,1 分。

4. 省、市(地)两级综治部门定期组织开展综治干部培训,2 分。

七、领导责任制落实(13 分)

1. 省(区、市)党委、政府开展社会治安综合治理工作、深化平安建设有方案、有措施,并纳入当年全局工作的总体规划并有具体部署,1 分;纳入党委、政府和领导干部的任期目标,1 分。

2. 省(区、市)党委、政府主要领导与各地(市)党委、政府签订责任书或综治工作目标,1 分。

3. 按照中央五部委文件及中央综治委与中组部下发的意见,各级党委、政府将社会治安综合治理工作纳入党政领导干部的政绩考核内容,1.5 分;建立实绩档案,1 分;各级组织部门在提拔考核干部时,将党政主要领导抓社会治安综合治理工作的政绩纳入考核内容,1 分;按五部委领导责任制要求,任用干部书面征求综治部门的意见,0.5 分;各级人事部门在办理干部评先、受奖、晋级时书面征求综治部门意见,0.5 分;五部委联席会议制度得到有效落实,在落实领导责任制上形成工作合力,0.5 分,(以上由中央五部委共同评议打分)。

4. 成员单位建立述职制度、联系点制度、联席会议制度等并签订责任书,1 分;成员单位参与力度大,齐抓共管的工作机制进一步完善,社会治安综合治理工作中的难点热点问题得到有效解决,1 分。

5. 省(区、市)召开会议,对综治工作成绩突出的地方、单位和个人予以表彰奖励,1 分。

6. 建立并落实综治检查督导制度,通过督导检查及时纠正问题并限期进行整改,1 分;针对发生重大社会影响的案(事)件进行责任查究,一票否决权制度得到有效落实,1 分;发生了社会影响严重的重大案(事)件被国务院有关部门或中央综治委查究,酌情减分,最高减 2 分。

八、综治宣传工作(5 分)

1. 政法综治宣传工作的机构、人员、经费落实,1 分。

2. 围绕综治工作重点,利用主流媒体宣传效果好,1 分。

3. 与宣传部门协调建立健全综治宣传工作长效机制,1 分。

4. 积极开展综治工作宣传月和平安建设宣传活动,及时总结报送宣传工作信息,1 分。

5. 协调宣传、记协等部门,积极组织开展综治优秀新闻作品评选工作效果好,1 分。

九、综治工作创新(5 分)

结合本地实际,积极探索,开拓创新,形成经验,取得实效,促进综治工作深入发展[此项工作各地自行总结上报后,由中央综治办与各省(区、市)综治办共同打分]。

注:以上由各专门工作小组或综治委成员单位打分的项目,都要分别制定出具体的考核细则,以正式文件形式印发。

附件:

关于各省、自治区、直辖市报送 2008 年社会治安综合治理工作考核自评报告需要附送有关材料的说明

为进一步增强考核评比工作的科学性、准确性和针对性,各地在报送 2008 年社会治安综合治理自评报告时,应对以下几项工作提供相关的情况说明或文件附件,供考核评比工作参考。

一、关于群众安全感调查

国家统计局当年开展的群众安全感抽样调查的基本数据占 10 分;抽样调查的其它内容综合评估占 5 分(此项不需要提供相关材料,根据国家统计局群众安全感抽样调查情况确定)。

二、关于集中开展排查调处矛盾纠纷、排查整治治安混乱地区和突出治安问题

1. 建立健全"两个排查"工作机制和各项制度、出台意见等相关文件复印件;年中和年度工作总结;按照分类将排查出影响社会和谐稳定的各种矛盾纠纷、不安全、不稳定问题(其中包括排查数,解决数)制作表格等,作为附件一。

2. 将半年和全年社会治安形势分析报告及全年综治工作总结的原件或复印件,作为附件二。

3. 省、市(地)两级社会治安综合治理委员会组织督查组,分别派驻各市(地)和县(市、区),包片指导,协调解决影响社会和谐稳定的重大矛盾纠纷和突出治安问题,逐级进行的检查验收和总结奖惩的综合情况,作为附件三。

4. 将全省(区、市)乡镇(街道)设立综治工作中心或矛盾纠纷排查调处中心的总体情况,所占比率数情况等,作为附件四。

5. 将排查出治安乱点、突出治安问题和安全隐患按照分类排查数、解决数等制成表格,作为附件五。

6. 排查出的矛盾纠纷和问题隐患落实责任单位和责任人的情况,以及对于该排查出的问题没有发现,或者发现了没有及时解决而酿成重大群体性事件、重大刑事案件或重大治安灾害性事故,进行责任倒查、责任追究、一票否决等情况,作为附件六(在考核时将依据公安部、中央维稳办、国家信访局等部门提供的有关情况作为参考依

据)。

三、关于社会治安防控体系建设

1. 将省(区、市)党委、政府深化平安建设的方案或具体部署的有关文件或复印件,以及是否把平安建设纳入党委政府和领导干部的任期目标等情况,作为附件七。

2. 将省一级平安建设领导机制、人员落实、经费保障情况(特别是有相关文件的要提供复印件);社会治安防控体系建设纳入经济社会发展总体规划的文件或复印件,以及能够说明社会治安防控体系建设保障有力的情况等,作为附件八;

3. 将在乡镇(街道)、社区及企事业单位层层建立群防群治队伍的情况,以及社区、单位可防性案件发案比率数等情况,作为附件九。

4. 将充分发挥综治工作优势,组织动员基层组织和群防群治力量,落实“平安奥运”措施有力,确保奥运火炬安全传递和北京奥运会成功举办的总体工作情况,以及在此期间是否发生了影响社会稳定的重大案(事)件等情况,作为附件十。

5. 将开展平安社区、平安村(居)、平安单位等基层平安创建活动情况,命名表彰平安村(居)比率数等情况,作为附件十一。

四、关于综治委、办建设

1. 将省级综治工作经费列入财政预算的复印件;省一级综治办主任、副主任名单及级别,省级综治办的内设机构、人员编制情况,正式人员名单、职务、电话号码等制表;地(市)、县级综治办机构和主任配备情况及乡镇(街道)综治机构建设[包括全省乡镇(街道)情况,所占比率数;专职干部总数、平均数]等情况,作为附件十二。

2. 将省级当年开展的综治干部培训情况(包括培训的时间、地点、培训人数、参加培训的领导、培训的内容)等,作为附件十三。

3. 将制定的综治委会议制度的有关文件,成员单位参与综合治理的述职制度、联系点制度、联席会议制度的相关文件以及签订责任书的复印件;一年来省级综治委各专门工作领导小组及办公室开展的各种活动、参与的各专项整治行动等情况,作为附件十四。

4. 将省级召开的有关综治工作会议或综治表彰奖励会议的时间、地点、参加会议的领导及会议相关材料、表彰奖励措施等情况,作为附件十五。

五、关于领导责任制落实

1. 将省级党委、政府主要领导以党委政府的名义与各地市签订的责任书复印件;建立实绩档案的有关正式文件以及省级综治部门建立的实绩档案复印件;省级组织部门在提拔考核干部时书面征求综治部门意见的文件或复印件;各级人事部门在办理干部评先、受奖、晋级时书面征求综治部门意见的文件或复印件等,作为附件十六。

2. 将一年来全省(区、市)发生的有重大影响的案(事)件数、查究数、一票否决数,以及实施查究和一票否决的正式文件或复印件;省级建立的检查督导制度的文件或复印件等,作为附件十七。

六、关于综治工作创新

1. 将一年来积极探索、不断创新综治工作,推动综治工作长足发展的典型经验,以及省(区、市)召开推广这些经验的会议时间、地点、规模,会议典型经验材料等,作为附件十八。

2. 将中央领导肯定的有关综治工作或作出重要批示的相关文件、材料的复印件,作为附件十九。

[注:关于综治工作创新考核项目由中央综治办和各省(区、市)综治办共同考评后确定结果。]

中央社会治安综合治理委员会办公室关于印发《全国省(区、市)综治办主任座谈会会议纪要》的通知

(2008年10月8日)

各省、自治区、直辖市社会治安综合治理委员会办公室,新疆生产建设兵团社会治安综合治理委员会办公室,中央社会治安综合治理委员会各成员单位:

现将《全国省(区、市)综治办主任座谈会会议纪要》印发给你们,请结合实际情况,认真贯彻落实。

全国省(区、市)综治办主任座谈会会议纪要

2008年9月23至24日,中央综治办在河南省郑州市召开全国省(区、市)综治办主任座谈会。会议总结了今年以来各级综治组织在抗击冰雪灾害、抗震救灾、维护西藏及其他藏区稳定、落实平安奥运目标任务等各项工作中,充分发挥综治工作优势,认真开展排查化解矛盾纠纷和排查整治治安混乱地区及突出治安问题(以下简称"两个排查"),预防、发现和化解矛盾纠纷,整治治安混乱地区和突出治安问题;加强社会治安防控体系建设,全面提升社会治安防控能力等方面的工作经验。研究讨论了《关于进一步加强社会治安综合治理基层基础工作的若干意见(讨论稿)》,并就如何进一步完善社会治安综合治理的体制机制,强化综治基层基础工作,完善综治工作考核评比机制,推动社会治安综合治理工作深入开展提出了要求。陈冀平同志出席会议并讲话。纪要如下:

一、认真总结在落实"平安奥运"等项工作中创造出的典型经验,巩固和深化已取得的成果

一是进一步完善社会治安综合治理的体制机制,广泛推进平安建设志愿者等群防群治队伍建设,进一步夯实社会治安综合治理基层基础。会议认为,在推进平安奥运工作中,各级综治组织充分发挥社会治安综合治理的优势,针对动态、开放的社会条件,抓住新时期群众工作的特点,有效引导、发挥群众参与国家大事、投身奥运安保的热情,最大限度地团结、动员、组织群众,组建了平安奥运志愿者队伍。这支队伍在城市社区和农村,开展全天候奥运安保工作,对重点区域、重点部位、重点单位加强治安防控,对各类重点人员实行台账式管理,基本做到了底数清、情况明、信息准,形成了一张覆盖奥运火炬传递区域、奥运场馆周边的安保网络,打赢了这场新形势下规模空前的奥运安保人民战争。

会议强调,要积极借鉴奥运安保工作的成功经验,继续推进群防群治队伍社会化建设,巩固和壮大平安建设志愿者队伍。要理顺平安建设志愿者队伍的组织管理体系,完善宣传发动、组织管理、教育培训、表彰奖励等方面的工作制度;拓宽经费筹集渠道,形成政府投入与市场化支持相结合的激励保障机制;不断探索新形势下平安建设志愿者的工作内容和形式,使之成为日常维护社

会治安和社会稳定的重要力量，进一步提升群防群治力量参与社会治安综合治理和平安建设工作的能力和水平。

二是继续强化领导责任制，进一步完善齐抓共管的工作格局。会议认为，在抗击冰雪灾害、抗震救灾、落实平安奥运等各项工作中，各地推行了对所属部门和单位实行安全稳定工作领导责任制，在重点和敏感时期选派党员公务员作为综治工作特派员，负责在基层社区（村）、单位指导和督促维护稳定工作；把做好维护稳定和社会治安综合治理工作作为党政领导干部的任期目标之一，建立综治工作实绩与领导干部政绩考核挂钩制度，认真考察领导干部抓社会稳定和治安工作的能力和实绩。会议要求，要进一步加大领导责任制的落实力度，进一步强化社会管理、社会建设和维护社会稳定工作的领导责任，更加有效地组织动员全社会力量真正形成齐抓共管的工作格局。

三是继续推进全方位、全时空、全覆盖的新型防控体系建设。会议指出，在实施平安奥运工作中，各地依靠区域防控和等级布控等一系列防控模式和工作机制，投入了大量的警力和民兵、巡防队员、治安志愿者等安保力量，形成全覆盖、高密度防控的工作局面，确保在任何时间、任何地点都有足够的力量对社会面进行巡逻防控，最大限度地发挥了治安防控的整体效能，实现了奥运安保社会面控制的现代化、科学化。这些成功的经验和做法要通过规范化、制度化和法制化等方式，不断坚持、巩固和发展。

二、继续深入开展“两个排查”工作，切实提高发现和处理问题的能力

会议认为，今年以来，各地各部门按照中央综治委部署，在全国范围内开展“两个排查”活动取得明显成效。要认真总结工作经验，继续深入开展“两个排查”。一是着眼于建立长效工作机制，推动“两个排查”工作常态化。各地要继续坚持定期排查（即日常排查与集中排查相结合、一般排查与重点排查相结合、条条排查与块块排查相结合制度）、分级负责、联调联处、领导接访日和领导包案、督办督查等项制度；广泛建立乡镇、村、村（居）民小组三级调解组织，完善矛盾纠纷排查调处信息网络，在源头预防、排查、调处、整治和考核奖惩等方面健全完善各项工作制度，推动“两个排查”长效工作机制建设。二是通过开展“两个排查”，认真改进干部的工作作风。在“两个排查”工作中，各地党政主要领导要亲自动员部署，深入一线督导，了解群众疾苦、倾听群众呼声，认真解决群众关心的热点难点问题，以及工作中存在的困难和问题，不断改进工作作风，提高党组织和党员领导干部在广大群众中的影响力、凝聚力和感召力。三是通过“两个排查”切实提高发现和解决问题的能力。各地要采取有效措施，通过开展“两个排查”，及时发现隐患和薄弱环节，着力加大整治工作力度，努力消除影响社会治安和公共安全的隐患，改进工作中存在的突出问题，提高工作效能。

三、进一步加强基层基础建设，夯实社会治安综合治理和平安建设的根基

会议认为，近年来，各地认真贯彻落实中央综治委、中央编办《关于加强乡镇、街道社会治安综合治理基层组织建设的若干意见》，在加强基层组织建设工作中取得了长足的进步。但是，基层基础薄弱的局面还没有根本改变，基层基础工作还不能完全适应新形势和新任务要求，机构编制、力量配备、条件保障等关键环节还有待进一步加强，社会治安综合治理基层组织和群防群治队伍规范化建设还有待进一步改进，基层维护社会稳定的资源和力量还有待进一步整合。

会议强调，要适应新形势下党对加强社会治安综合治理和平安建设的总体要求，满足人民群众对维护社会治安和社会稳定的新期待，必须加强社会治安综合治理基层基础工作。日前，中共中央、国务院下发的《关于地方政府机构改革的意见》，把更加注重社会管理和公共服务，着力解决民生问题，强化执行和执法监管职责，增强处置突发公共事件和社会治安综合治理的能力，作为地方政府重点履行的基本职能。会议强调，要按照党中央、国务院关于地方政府机构改革的要求，尽快修改好《关于进一步加强社会治安综合治理基层基础工作的若干意见》，下发指导各地。在全国乡镇机构改革中，乡镇综治委、办力量切实得到加强，社会治安综合治理的优势得到充分发挥，社会治安综合治理的各项措施在城乡基层单位得到落实。

四、认真做好综治评选表彰和综治考核评比工作

会议要求，要认真做好2005—2008年度全国社会治安综合治理先进集体、先进工作者评比表彰工作，突出强调工作创新性和群众安全感。各地、各部门要加强对评选表彰工作的领导，严格按照评选条件，认真选拔、严格把关，确保评选表彰工作的质量和效果。中央综治办要加强与有关部门协商，抓好审核、验收工作。通过评先活动，推广典型经验，查找工作中的薄弱环节，有针对性解决工作存在的问题，推动社会治安综合治理和平安建设工作再上新台阶。

会议认为，通过近几年加强对各地综治工作考核评比，有力促进了各级党委政府更加重视维护社会治安和社会稳定工作，进一步调动了全社会参与社会治安综合治理工作的积极性和主动性。各地、各部门通过考核评比工作，认真查找问题和薄弱环节，不断堵塞漏洞，改进工作，推动了社会治安综合治理工作的深入开展。会议指出，中央综治办将2007年综治考核评比结果以正式文件报告中央，印发各省（区、市）党委政府和政法委、综治委，并将考核评比打分扣分具体项目、扣分原因及工作建议等，以正式文件的形式向各地进行了通报和反馈，促进了各级党委、政府领导更加重视综治工作，更加重视解决工作中的困难和问题。会议强调，要继续坚持这种做法，修改完善《2008年省（区、市）社会治安综合治理考核评比实施细则》，进一步做好2008年综治考核评比工作，使考核工作更具针对性和操作性，通过考核评比进一步促进社会治安综合治理各项工作措施的落实。

中央社会治安综合治理委员会办公室关于印发《全国综治办主任会议纪要》的通知

（2008年12月30日）

各省、自治区、直辖市社会治安综合治理委员会办公室，新疆生产建设兵团社会治安综合治理委员会办公室，中央社会治安综合治理委员会各成员单位：

2008年12月18日，中央综治办在京召开全国综治办主任会议。现将《全国综治办主任会议纪要》印发你们，请结合本地区、本部门实际，抓好会议精神的贯彻落实。

全国综治办主任会议纪要

12月18日，中央综治办在北京召开全国综治办主任会议，主要任务是深入学习实践科学发展观，认真学习贯彻中央经济工作会议、全国政法工作会议和周永康同志在全国政法工作会议上的重要讲话精神，总结2008年工作，分析面临的形势，部署2009年重点工作。中央综治委副主任、中央综治办主任陈冀平主持会议并讲话，全国各省（区、市）及新疆生产建设兵团综治办主任、中央综治委各专门工作领导小组办公室主要负责同志参加会议。

会议认为，周永康同志在全国政法工作会议上的讲话，高屋建瓴，立意深远，工作总结概括精炼，形势分析深刻透彻，安排部署切中实际，对于做好当前和今后一个时期的政法综治工作具有重要的指导意义。各级综治部门要把学习贯彻全国政法工作会议和周永康同志重要讲话精神，作为当前的一项重要任务，认真学习，深刻领会，坚决贯彻；要把全国政法工作会议和周永康同志提出的各项要求，贯穿工作始终，为实现经济社会发展总体目标、维护社会和谐稳定作出新的更大的贡献。

会议认为，2008年是我国非比寻常、极不平凡的一年。面对接踵而至的严峻挑战，综治工作坚决贯彻党中央的决策部署，发挥社会主义制度和党的领导的巨大政治优势，组织、协调有关部门、社会各界和人民群众的积极参与，勇于迎接和应对挑战，善于发现和把握机遇，精心谋划实施，积极服务大局，经受住了重大自然灾害、重大突发事件和重大政治任务的重重考验，进一步锻炼了工作队伍，夯实了工作基础，拓展了工作的广度和深度，为实现治安秩序和社会大局的持续平稳，做出了重要贡献。

会议认为，2008年综治工作重点突出，狠抓推动和落实，取得了明显成效。一是全力投入抗击南方部分地区突发严重低温雨雪冰冻灾害和抗震救灾及灾后重建工作，充分发挥基层综治力量和网络作用，为各项工作顺利推进营造了良好的环境。二是积极参与西藏及其他藏区维护社会稳定工作，下发了专门意见，组织了对各类矛盾纠纷特别是涉及民族宗教事务矛盾纠纷的摸排化解，加大了对特殊群体的帮教扶助和管理力度，促进了藏区社会秩序的迅速恢复。三是深入开展平安奥运创建活动，充分发动群众、组织群众，建立了大规模的平安奥运志愿者队伍，在社会面控制、重点场所安全保卫等方面做了大量工作。四是狠抓流动人口服务管理工作，全面推动了《关于进一步加强流动人口服务和管理工作的意见》的落实，提高了社会建设和社会管理的水平。五是大力开展"两个排查"活动，强化了矛盾纠纷、治安混乱地区和突出治安问题的集中摸排，及时发现问题并切实加以解决；开展了针对监外执行罪犯等重点群体的调查摸底活动，进一步摸清了底数。六是全面推进综治各项基础工作，先后召开了全国学校及周边治安综合治理工作现场会、刑释解教人员帮教管控工作座谈会等会议；召开了纪念毛泽东同志批示"枫桥经验"45周年大会，周永康同志出席大会，对在新形势下坚持并发展"枫桥经验"，进一步关注民生、化解矛盾、构建和谐提出了明确要求。七是经过广泛调研，在总结各地平安奥运创建工作经验基础上，起草了《关于进一步加强社会治安综合治理基层基础工作的若干意见》，并提交中央综治委全体会议审议通过。八是举办了全国地方新任综治办主任培训班，孟建柱同志接见全体学员并进行了座谈，进一步提高了地方综治干部的理论素养和工作能力。九是有计划、有重点、有目标地推进了基层平安创建工作，各地深化平安乡村、平安社区、平安寺庙、平安医院、平安校园、平安营院、平安家庭等创建活动，人人共创平安、人人共享平安的工作局面得到巩固和深化。十是认真组织了综治先进评选工作，各地把评选工作作为查找薄弱环节，改进工作，总结推广经验的重要契机，进一步夯实了工作基础，提高了工作水平。

会议指出，2009年，社会大局持续稳定的总趋势不会改变，但是，各种不稳定不确定不安定因素大量存在，相互交织，对社会治安和社会稳定产生的危害不容忽视。特别是金融危机导致经济增速明显放缓，关系到广大人民群众的切身利益，人民内部矛盾和群体性事件可能增多，加上明年敏感期多，容易被敌对势力所插手利用，借以动摇党的执政地位和执政基础，这是当前影响社会治安和社会稳定的最重要因素。综治工作形势仍然非常严峻，工作任务仍然非常繁重。

会议强调，2009年，各级综治部门要认真贯彻落实中央经济工作会议、全国政法工作会议和周永康同志重要讲话精神，深入学习实践科学发展观，准确把握大局，进一步增强服务大局、服务发展的主动性，积极应对金融危机、经济放缓对社会治安和社会稳定造成的压力和影响，继续深入推进平安建设，着力排查各类矛盾纠纷，着力加强农村社会治安综合治理，着力加强社会治安综合治理基层基础工作，着力加强社会治安防控体系建设，切实维护人民群众合法权益，切实维护经济社会发展秩序，切实维护党和政府的公信力，为迎接建国60周年营造和谐稳定的外部环境。

会议强调，2009年，各级综治部门要增强忧患意识、大局意识，进一步统一思想，理清思路，突出重点，继续推动工作措施落实。

一是要抓住重点，解决突出问题。要进一步强化矛盾纠纷、治安混乱地区和突出治安问题、违法犯罪高危人群的排查工作，把安全隐患纳入排查整治范畴，摸清底数，掌握情况，不断推进排查工作的信息化、制度化、规范化建设，着力实现早发现、早控制、早解决。在排查重点上，要及时排查梳理涉及房市、股市、企业停工破产、农民工返乡等引发的各种不稳定因素和问题，建立完善信息反馈和预警机制，积极应对因金融危机、经济放缓产生的影响社会治安和社会稳定问题。要加强对违法犯罪高危人群的排查控制，特别要强化对流动高危人群、社区矫正人员、“法轮功”分子、吸毒人员等重点群体的管控措施，密切关注艾滋病患者、肇事肇祸精神病人等特殊群体。

二是要狠抓落实，夯实基层基础。要抓住《关于进一步加强社会治安综合治理基层基础工作的若干意见》下发的契机，切实解决一些长期影响和制约综治工作科学发展的突出问题，推动综治基层基础工作上水平上台阶。继续抓好乡镇、街道综治委、办的建设，在配齐配强综治办专职副主任和专职干部上取得新进展。大力推广乡镇、街道综治工作中心，把重点放在完善工作机制、加强协作联动、发挥职能作用上。大力发展群众性治安信息员等群防群治力量，在城镇推广楼栋长，在农村推广中心户长的做法，进一步巩固平安建设志愿者队伍。要有重点分步骤地推进农村社会治安综合治理工作，深入推进农村平安建设，加强农村矛盾纠纷排查调处，确保问题不积累、矛盾不激化；更加关注和解决民生，从源头减少社会不稳定因素；依法妥善处置各类涉农群体性事件，坚决防止因处置不当造成矛盾激化、事态扩大。

三是要创新完善工作机制，充分发挥职能作用。要健全完善综治领导责任制，抓好中央组织部《关于充分发挥党委组织部门职能作用，大力促进平安建设的通知》的落实，进一步完善实施程序，逐步探索实绩档案等党委组织部门和综治委密切配合的新模式，实现对党政领导干部维护稳定工作实绩的科学考核。要健全目标管理责任制，强化考核检查，严格考评奖惩，加强对成员单位参与综治工作的目标管理，通过建立完善相应制度，推动成员单位更好地履行综治工作职责，进一步形成齐抓共管的工作机制。要完善综治考评体系，兼顾过程考核与结果考核，加大对工作创新和工作成效的考核力度，改进群众安全感测评方式，进一步突出群众安全感在综治考评中的分量，充分发挥综治考评的推动作用。

四是要采取多种形式，强化综治宣传。要抓住岁末年初的喜庆氛围，通过组织文艺演出，制作公益广告，张贴宣传画，赠送年画、对联等方式，不断提高综治工作和平安建设在广大人民群众中的知晓率。要在评先表彰工作前后，加强对先进典型的学习宣传活动，利用报刊、电视、网络等多种媒体，广泛宣传综治先进的感人事迹和经验做法，在综治战线掀起比学赶超的工作热潮，在全社会营造人人参与共建平安的良好氛围。

七、社会治安综合治理宣传工作

2008年综治宣教工作概况

平安中国宣传:2008年,按照周永康同志"希望能把'平安中国'做成中国百姓喜闻乐见的精品,为构建和谐社会作出贡献"的批示精神,联合中央电视台社会与法频道致力于将"平安中国"打造成品牌栏目,使之成为各地政法综治典型经验的交流平台,用品牌栏目的聚合效应和带动效应,不断扩大政法综治宣传的影响力,推动平安建设在全国的深入开展。

为了有力地配合每四年一度的全国社会治安综合治理先进评选表彰,连续第四年与中央电视台携手,以"同一个心愿,共有的家园"为主题,以"加强社会管理,推动社会建设的全面展开"为内容,采取日播专题节目和演播室访谈节目相结合的方式,开展"平安中国"集中宣传活动,选择了每个省、自治区、直辖市拟报评全国先进的首选城市,共计32个城市,分别制作了平安建设的专题报道;同时对青海省委书记强卫、山东省省长姜大明、云南省省长秦光荣、黑龙江省省长栗战书、内蒙古自治区主席巴特尔进行了专题采访,通过主持人与省委书记(省长)的访谈,以社会和家庭为载体,从民生话题入手,激发高端领导与普通群众间的平等对话。节目播出后,在广大群众中引起了强烈反响,引发了社会各界对平安建设的共鸣。

综治宣传月:在一年一度的综治宣传月活动中,及时印发《关于近期集中开展平安建设宣传工作的通知》,各地紧密结合实际,制定宣传月活动工作方案,明确工作重点和要求,采取群众喜闻乐见的形式,把宣传月活动做活做实,扩大社会各界和人民群众对综治工作、平安建设的知晓率。各地周密部署、精心组织,在宣传形式上求创新,在整合力量上求突破,在宣传效果上下功夫。针对群众关心、关注的问题,采取摆放宣传展板、悬挂标语、实物演示、发放宣传资料、开展文艺演出、法律咨询、知识竞赛等多种宣传形式,开展丰富多彩的集中宣传活动;与媒体联动,在报刊上增设专版,在广播电视中开辟专栏,在网上与群众互动,做到集中时间、集中版面、集中报道,在全国迅速掀起平安建设宣传高潮。同时,及时编发宣传动态,反映基层政法宣传工作动态,交流基层宣传工作经验,推动基层宣传工作持续发展,全年共编发宣传动态9期。

中国平安网宣传:充分发挥《中国平安网》快捷、高效、信息量大、覆盖面广的优势,搭建全国政法综治工作互动交流的平台,强化指导性,服从服务于平安建设工作的需要。一年来,编发各地报送的信息900余条。同时,加强对各地政法综治网站建设的指导,推动各地政法综治网站的建设工作,并将各地政法综治网站建设和利用《中国平安网》开展宣传情况纳入社会治安综合治理工作年度考核,进一步促进了网络宣传。2008年,海南省开通了《平安海南网》,现在各省、市、自治区开通的政法综治网站达到了17个。

中共中央政法委员会办公室
关于印发《2008 年政法综治宣传工作要点》的通知

（2008 年 3 月 6 日）

各省、自治区、直辖市党委政法委、社会治安综合治理委员会，新疆生产建设兵团党委政法委、社会治安综合治理委员会，中央政法各部门党组（党委），中央社会治安综合治理委员会各成员单位：

现将《2008 年政法综治宣传工作要点》印发给你们，请结合实际，认真贯彻落实。

2008 年政法综治宣传工作要点

2008 年是深入贯彻党的十七大作出战略部署的第一年，是实施“十一五”规划承上启下的一年，按照中央宣传思想工作的总体部署和全国政法工作会议精神，全国政法综治宣传工作的指导思想是：高举中国特色社会主义伟大旗帜，以邓小平理论和“三个代表”重要思想为指导，深入贯彻落实科学发展观，紧紧围绕政法综治部门在构建社会主义和谐社会中所承担的目标任务，深入学习宣传贯彻党的十七大和全国政法工作会议精神，着力建设社会主义核心价值体系，着力巩固壮大主流思想舆论，着力树立社会主义法治理念，着力维护社会和谐稳定大局，确保奥运会成功举办；突出抓好政法综治工作典型经验的总结推广，不断增强宣传工作的主动性和实效性，为夺取全面建设小康社会新胜利、开创中国特色社会主义事业新局面营造稳定、和谐的社会氛围。

一、深入宣传十七大、全国政法工作会议关于加强和改进政法工作战略部署，为努力开创政法工作新局面提供强大的舆论支持

宣传各地、各级政法部门高举中国特色社会主义伟大旗帜，认真学习贯彻落实党的十七大关于加强和改进政法工作的战略部署，全面推进中国特色社会主义政法事业，努力为全面建设小康社会、加快推进社会主义现代化作出新的更大贡献的情况；宣传各地、各级政法部门认真学习，深刻领会胡锦涛总书记在与全国政法工作会议代表、大法官、大检察官座谈时关于全面加强和改进政法工作的重要讲话精神；宣传各地、各级政法部门认真学习贯彻周永康同志在全国政法工作会议上关于八个牢牢把握的重要论述，求真务实，努力开创政法工作新局面的情况。

二、广泛开展党的十七大精神和胡锦涛总书记在全国政法工作会议代表和全国大法官、大检察官座谈会上的重要讲话大学习、大讨论活动的宣传，努力营造良好的舆论氛围

宣传报道各地各部门从全局的、战略的高度来认识大学习、大讨论活动的重要意义，紧密联系实际，认真组织落实的情况；宣传各级政法机关和广大干警领会党的十七大主题，坚定不移地高举中国特色社会主义伟大旗帜，努力在执法思想、执法实践、执法作风等各方面真正体现中国特色社会主义的正确方向，确保党的路线方针政策和决策部署在政法工作中得到不折不扣的贯彻执行；宣传各级政法机关和广大干警领会新世纪新阶段政法工作的性质和职责，切实维护党的执政地位，切实维护国家安全，切实维护人民权益，确保社会大局稳定的各项工作；宣传各地各部门落实党的十七大提出的严格公正文明执法的基本要求和胡锦涛总书记关于推进政法队伍建设的重要讲话精神，不断提高政法队伍思想政治素质和业务工作能力的情况；宣传各级政法机关和广大干警深刻领会维护社会公平正义、推进社会主义民主法治建设的重大任务，以满足人民的司法需求为根本出发点，从人民不满意的问题入手，以加强权力制约和监督为重点，优化司法职权配置，规范司法行为，努力建设公正高效权威的社会主义司法制度；宣传各地各部门深刻认识维护社会稳定是党委第一责任的重要论述，从指导思想、工作部署、物质投入、工作机制等各个方面落实改革发展稳定协调推进的要求，落实维护稳定的各项措施；宣传通过深化社会主义法治理念教育和整改措施的落实，依法治国，执法为民的理念得到进一步增强，公平正义，服务大局的任务得到进一步实现，党对政法工作的领导得到进一步加强，人民群众的满意程度进一步提高的情况。适时在《人民日报》、《光明日报》、《求是》杂志、新华社《瞭望》周刊等重点报刊推出一批深度报道文章；在《法制日报》、《人民法院报》、《检察日报》、《人民公安报》、《长安》杂志等政法报刊上开辟专栏，大力宣传各级政法部门开展大学习、大讨论的情况，推出一批典型经验；在《中国平安网》开设“大学习大讨论”专栏，进一步密切与《新华网》、《人民网》等网络媒体的联系，扩大网络宣传阵地，形成强大的舆论声势。

三、通过深化执法规范化建设宣传，进一步推进执法工作规范化，树立政法队伍良好形象

宣传各级政法机关着力解决人民群众反映强烈的问题，着力维护人民群众的合法权益，着力维护社会公平正义的典型经验；宣传政法部门紧密联系实际，深化社会主义法治理念教育，开展“以案析理”活动，在端正执法理念、推进执法规范化、提高执法质量和效率的好做法；宣传执法重点岗位和环节全面实施侦查讯问全程录音录像，从根本上解决刑讯逼供问题，大力推行网上办案，有效解决办案不规范、执法随意性问题的情况；宣传政法机关完善法律统一适用制度，规范政法干警执法自由裁量权，切实加大人民群众对执法权监督的情况；宣传政法机关建立执法档案，促进执法公正高效、文明办案，切实增强干警严格公正文明执法责任感的情况；宣传政法机关完善内部纠错机制，严格责任查究，探索建立警务、检务、审判、狱(所)务督察工作机制，对违法违纪违规行为及时进行查究，维护政法队伍良好形象的情况；宣传各级政法机关加大教育培训力度，大力开展专业培训、集中培训，建立经常性教育培训机制，不断提高广大政法干警执法能力建设的情况；大力宣传政法部门在执法规范化建设中涌现出来的先进人物和先进事迹。在《法制日报》、《长安》杂志、《中国平安网》开办“公正执法”专栏，协调中央人民广播电台《法治中国》栏目，中央电视台《新闻频道》、《社会与法频道》对执法规范化建设进行深入报道，通过宣传树立一批公正执法的典型，增强政法工作和政法队伍的公信力。

四、深入开展社会治安综合治理和平安建设宣传，推动社会治安综合治理和平安建设各项工作措施的落实

深入宣传中办、国办转发的《中央政法委员会、中央社会治安综合治理委员会关于深入开展平安建设的意见》、中办、国办转发的《中央社会治安综合治理委员会关于进一步加强流动人口服务管理工作的意见》和《中央社会治安综合治理委员会关于深入开展农村平安建设的若干意见》精神；宣传各级党委自觉承担维护社会稳定和各级党政主要领导认真履行“保一方平安”的政治责任，不断提高驾驭社会治安大局能力的情况；大力宣传各地加强领导，周密部署，按照属地管理和“谁主管、谁负责”的原则，加强治安防范，开展群防群治，切实维护社会稳定，确保北京奥运会安全的情况；宣传政法机关、综治部门充分发挥在构建社会主义和谐社会中的职能作用，着力解决社会治安中的热点难点问题，不断增强人民群众安全感的工作；宣传各级政法机关、综治部门深刻领会以改善民生为重点的社会建设的基本要求，切实维护好人民群众的权益，切实解决好人民群众最关心最直接的利益问题，着力化解各类社会矛盾，最大限度地增加和谐因素，最大限度地减少不和谐因素，切实承担起维护社会和谐稳定的各项工作；宣传社会各界和各部门广泛参与社会治安综合治理和平安建设工作，进行齐抓共管的情况；宣传基层在开展平安建设工作中创造出来的好经验、好做法和广大人民群众积极参与维护社会治安，勇于同各种违法犯罪活动作斗争的先进事迹。《法制日报》、《长安》杂志继续办好“综治先锋”专栏，报道综治战线的典型人物；《法制日报》继续办好“平安周刊”，通过集中宣传，推出一批典型经验；指导《今日信息报》办好《平安周刊》，重点对经济领域和非公有制经济组织参与平安建设的情况进行宣传，进一步拓宽平安建设宣传的覆盖面。与中央电视台《新闻频道》合作继续就平安建设话题对部分省、区、市委书记、以及政法委书记进行访谈；与中央电视台《社会与法频道》合作，结合四年一度的评先表彰，策划好2008年度平安建设集中宣传活动；结合贯彻《中央社会治安综合治理委员会关于进一步加强流动人口服务管理工作的意见》精神，重点做好流动人口服务管理工作的宣传；充分发挥《中国平安网》快捷、高效、信息量大、覆盖面广的优势，强化指导性，服从服务于平安建设工作的需要。

五、积极开展对严厉打击各种违法犯罪活动的宣传，震慑犯罪，全力维护社会治安秩序

宣传中央关于严厉打击各种违法犯罪活动的重要部署；宣传各级政法机关和有关部门在中央和各级党委、政府坚强领导下，严厉打击各种违法犯罪活动所取得的阶段性战果；加强对打击危害国家安全犯罪、黑社会性质组织犯罪、严重暴力犯罪以及严重影响人民群众安全感的多发性犯罪活动的宣传，切实维护社会治安大局稳定，确保奥运会安全；做好依法打击危害国家经济安全、破坏市场经济秩序、危害人民群众生产生活等经济犯罪活动的宣传，有力维护良好的经济秩序；大力宣传防范和打击利用互联网从事危害社会稳定的犯罪活动情况。重点宣传对严厉打击利用互联网进行诈骗、淫秽色情等违法犯罪活动的工作成效，对典型案例进行曝光，净化网络和上网环境；宣传政法机关充分运用宽严相济的刑事司法政策，最大限度地遏制、预防和减少犯罪，促进社会和谐的情况；宣传通过“严打”整治行动各种违法犯罪活动得到有效遏制，人民群众安全感普遍增强的情况；宣传广大人民群众勇于与违法犯罪活动作斗争，积极检举揭发犯罪线索，同各种犯罪行为作斗争的先进事迹。采取日常宣传与集中宣传相结合，调动报纸、广播、电视及网络媒体等进行广泛的宣传，切实增强宣传的针对性和实效性。

六、加强和改进对政法综治宣传工作的领导，坚持正面宣传，积极引导舆论

各级党委政法委、综治委和政法各部门，要高度重视宣传工作，切实加强对宣传工作的领导。要主动争取上级部门的支持，协调机构编制部门，尽快成立专门机构，确保人员到位，经费落实。要主动争取党委宣传部门的支持，建立良好的协作配合机制，切实做到宣传活动站位高、针对性强、宣传面广、效果明显。要认真贯彻落实《中央宣传部、中央政法委关于加强和改进案件报道工作的通知》和《中央政法委关于正确引导司法案件和群体性事件报道工作的通知》、《中央政法委员会关于积极预防和妥善处置极端涉法事件的工作意见》等一系列文件精神，切实加强和规范对重大案件和群体性事件的新闻报道。要充分发挥新闻发布会、新闻通气会等制度的作用，畅通与社会公众沟通渠道，坚持用正面声音引导舆论，防止一般涉法案件转化为极端涉法事件，防止极端涉法事件被炒作放大。要健全和规范接受媒体采访报道工作机制，加强请示报告，严格工作程序，坚持内外有别。坚持正面宣传为主的方针，确保宣传报道工作有利于促进政法工作，有利于维护社会稳定，有利于改善政法队伍形象，有利于增强群众信心。

七、加大对司法体制改革工作的宣传，增强社会各界和人民群众对司法体制改革工作知晓度

按照中央司法体制改革领导小组的统一安排，适时宣传报道司法体制改革工作与时俱进推出的改革阶段性成果，进一步增强司法体制改革工作的透明度，特别是对直接关系人民群众切身利益的改革事项，及时掌握舆情动态，组织舆论引导，为确保司法体制改革工作的顺利进行营造良好的舆论环境。

八、举办全国政法综治宣传干部研讨培训班，进一步提高政法综治宣传干部政治理论素养和宣传业务水平

根据各地普遍成立宣传机构较晚，人员成分较新的情况，拟于今年10月—11月份之间举办全国政法综治宣传干部研讨培训班，请有关宣传部门的领导、新闻单位的专家授课，分专题对政法综治宣传干部进行培训，研讨培训班结束时请机关主要领导同志作总结讲话，提出工作要求。

九、切实发挥好政法综治宣传主渠道的作用，进一步增强服务性和指导性

加强对《法制日报》、《长安》杂志、《中国长安出版社》的指导，充分发挥其政法综治宣传主渠道的作用，进一步壮大通讯员队伍，扩大宣传覆盖面。协助中央电视台办好《社会与法频道》，进一步扩大《平安中国》的品牌效应。指导今日信息报办好《平安周刊》，推动经济领域平安建设工作。编好、用好《中国社会治安综合治理年鉴》，确保导向正确，进一步增强服务性、指导性。

十、努力办好《中国平安网》，充分发挥其在服务指导政法综治工作的作用

加强与新华网的联系沟通，共同办好《中国平安网》。加快《中国平安网》的队伍建设，进一步充实网络编辑部的工作人员，整合各种资源，形成强大的网络信息源。根据工作需要，不断完善栏目配置，切实体现《中国平安网》的政策性、指导性、服务性。加强对各地政法综治网站建设的指导，推动各地政法综治网站的建设工作。将各地政法综治网站建设和利用《中国平安网》开展宣传情况纳入社会治安综合治理工作年度考核，进一步促进网络宣传。

十一、开展好2007年度全国社会治安综合治理优秀新闻作品评选活动和参评中国新闻奖优秀稿件的推荐工作

全国社会治安综合治理优秀新闻作品评选活动和参评中国新闻奖优秀稿件的推荐工作是年度政法综治宣传工作的重要组成部分。要通过自下而上评选活动，推动政法综治宣传工作的开展，调动广大新闻工作者参与政法综治宣传工作的主动性和积极性；组织好参评中国新闻奖的工作，推荐出一批优秀作品，力争获得好的名次。

十二、以平安建设为主题，指导各地开展社会治安综合治理宣传月活动

按照中央综治办的部署要求，指导各地紧密结合实际，制定宣传月活动工作方案，明确工作重点和要求，采取群众喜闻乐见的形式，把宣传月活动做活做实，扩大社会各界和人民群众对综治工作、平安建设的知晓率。

十三、切实做好中央政法委、中央综治委重大活动、重要会议的宣传报道工作

认真落实中央办公厅下发的《关于进一步改进会议和领导同志新闻报道的意见》和中宣部下发的《关于进一步改进会议和领导同志活动新闻报道的实施办法的补充规定的通知》精神，结合政法综治工作实际，严格按有关规定执行。努力做好全国政法工作会议、全国社会治安综合治理工作会议及大学习大讨论、社会主义法治理念、司法体制改革、执法规范化、平安建设等重要会议的宣传报道工作，制定宣传工作方案，组织新闻媒体围绕政法综治工作的重要部署进行充分宣传报道，扩大影响面，为贯彻落实政法综治各项工作的部署营造浓厚的舆论氛围。

中共中央政法委员会办公室
关于印发开展政法工作
集中宣传活动方案的通知

（2008年1月16日）

各省、自治区、直辖市党委政法委，新疆生产建设兵团党委政法委，中央政法各部门、中国法学会：

为贯彻落实全国政法工作会议精神，推动各地和各级政法部门认真学习、深刻领会胡锦涛总书记在与全国政法工作会议代表、大法官、大检察官座谈时的重要讲话精神，学习贯彻周永康同志在全国政法工作会议上的重要讲话精神，为努力开创政法工作新局面创造良好的舆论氛围。近期，中央政法委、中央宣传部就贯彻落实全国政法工作会议精神，进一步加大政法工作宣传力度进行了研究，并制定了《关于开展政法工作集中宣传活动方案》。现印发你们，请结合实际参照执行，并将宣传工作情况及时反馈中央政法委宣传教育指导室。

关于开展政法工作集中宣传活动方案

为推动全国政法工作会议精神的贯彻落实，为开创新时期政法工作新局面营造浓厚的舆论氛围，特制定最近一个时期的集中宣传活动工作方案如下：

一、宣传重点

（一）宣传各地、各级政法部门高举中国特色社会主义伟大旗帜，认真学习贯彻落实党的十七大关于加强和改进政法工作的战略部署，全面推进中国特色社会主义政法事业，努力为全面建设小康社会、加快推进社会主义现代化作出新的更大的贡献的情况。

（二）宣传各地、各级政法部门认真学习，深刻领会胡锦涛总书记在与全国政法工作会议代表、大法官、大检察官座谈时的重要讲话精神，学习贯彻周永康同志在全国政法工作会议上的重要讲话精神，求真务实，努力开创政法工作新局面的情况。

（三）宣传各级政法机关深刻领会以改善民生为重点的社会建设的基本要求，切实维护好人民群众的权益，切实解决好人民群众最关心最直接的利益问题，大力化解各类社会矛盾，最大限度地增加和谐因素，最大限度地减少不和谐因素，切实承担起维护社会和谐稳定重任的情况。

（四）宣传各级政法机关围绕维护社会公平正义的重大任务，从解决人民群众不满意的问题入手，以不断满足人民群众的司法需求为根本出发点，以人民群众是否满意为标准，推进司法民主和司法公开，切实解决执法不严、司法不公的情况。

（五）宣传各级政法机关开展社会主义法治理念教育，牢牢把握严格公正文明执法的基本要求，推进执法规范化建设和执法能力建设，执法公信力显著增强，政法队伍形象不断提升，整体素质不断提高的情况。

（六）宣传各级党委自觉承担维护社会稳定第一责任和各级党政主要领导认真履行“保一方平安”的政治责任，深入开展平安建设，狠抓综合治理各项措施的落实，依法打击侵犯人民权益的违法犯罪行为，着力解决社会治安中的热点难点问题，不断提高驾驭社会治安大局能力，不断增强人民群众安全感的情况。

（七）宣传各级党组织带头维护宪法和法律权威，各级党组织和各级领导干部带头依法办事，带头依法行政，有效推动执行难、申诉难等问题的解决，为司法机关依法履行职责创造良好执法环境的情况。大力开展法制宣传教育，弘扬法治精神，不断增强人民群众法制意识、法制观念，努力形成自觉学法守法用法的社会氛围的情况。

二、实施步骤

宣传工作大致分三个阶段：

（一）春节前，重点宣传各级党委、政府和各级政法部门认真学习贯彻党的十七大关于加强和改进政法工作的战略部署；宣传各地认真学习、深刻领会胡锦涛总书记在与全国政法工作会议代表、大法官、大检察官座谈时的重要讲话精神，学习贯彻周永康同志在全国政法工作会议上的重要讲话精神的情况；宣传各级政法机关从人民群众最关心的治安热点和问题入手，积极开展治安防范，严厉打击各种刑事犯罪活动，确保人民群众度过一个新春佳节的情况。

（二）2月份，宣传各级政法机关、综治战线以改善民生为重点，切实维护好人民群众的权益，最大限度地增加和谐因素，最大限度地减少不和谐因素的情况；宣传各级政法机关从解决人民群众不满意的问题入手，规范司法行为，切实维护社会公平正义的各项工作；宣传各级政法机关加强社会主义法治理念教育，推进执法规范化建设和执法能力建设，政法队伍整体素质不断提高的情况；宣传各级党委自觉承担维护社会稳定第一责任和各级党政主要领导认真履行“保一方平安”的政治责任，大力开展平安建设，狠抓综合治理各项措施的落实，依法打击侵犯人民权益的违法犯罪行为，着力解决社会治安中的热点难点问题，不断提高驾驭社会治安大局能力，不断增强人民群众安全感的情况

（三）3月份，宣传各地认真贯彻全国政法工作会议精神，求真务实，努力开创政法工作新局面的情况；宣传各级党组织带头维护宪法和法律权威，各级党组织和各级领导干部带头依法办事，带头依法行政的情况。大力开展法制宣传教育，不断增强人民群众法制意识、法制观念，努力形成自觉学法守法用法的社会氛围的情况。

三、实施方法

（一）协调新华社撰写各地、政法各部门学习贯彻全国政法工作会议精神综合消息。由新华社发通稿，在中央媒体和各地媒体头版显著位置刊发，中央电视台配相关画面播发。（由中宣部新闻局和中政委宣教室共同组织实施）

（二）协调《人民日报》围绕高举旗帜、保护民生、公平正义、依法行政、队伍建设等主题撰写评论员文章，协调中央媒体和各地媒体转发。（由中宣部新闻局和中政委宣教室共同组织实施）

（三）协调中央政法各部门和各地政法委结合各自实际，提供基层鲜活的宣传素材。（由中政委宣教室组织实施）

（四）召开新闻通气会，通报宣传重点，提出工作要求。

（由中宣部新闻局和中政委宣教室共同组织实施）

（五）组织中央各大新闻媒体的记者深入基层采访报道。（由中宣部新闻局和中政委宣教室共同组织实施，各地政法委和政法各部门配合）

（六）协调中央各大新闻媒体、地方媒体和网络媒体，以及在社会上有影响的都市类报刊，刊发、转发相关报道，努力扩大宣传面。（由中宣部新闻局实施）

中央社会治安综合治理委员会办公室
关于近期集中开展平安建设宣传工作的通知

（2008年1月4日）

各省、自治区、直辖市社会治安综合治理委员会办公室，新疆生产建设兵团社会治安综合治理委员会办公室：

为贯彻落实党的十七大、全国政法工作会议关于加强社会治安综合治理，深入开展平安建设的重要部署，进一步推动平安建设的深入开展，增强平安建设的知晓率，调动社会各界和广大人民群众积极参与维护社会治安和平安建设工作，现就做好春节、“两会”期间宣传工作和开展综合治理宣传月活动通知如下：

一、宣传重点

（一）广泛宣传党的十七大、全国政法工作会议关于加强社会治安综合治理，深入开展平安建设的重要部署；宣传中办、国办转发的《中央政法委员会、中央社会治安综合治理委员会关于深入开展平安建设的意见》和中央社会治安综合治理委员会《关于深入开展农村平安建设的若干意见》的精神；宣传中央关于维护社会稳定和加强社会治安工作的重要部署。

（二）广泛宣传中央办公厅、国务院办公厅转发的《中央社会治安综合治理委员会关于进一步

加强流动人口服务管理工作的意见》;宣传各地积极探索从防范控制型管理向服务型管理转变的好经验,积极营造有利于流动人口就业、就医、子女就学、社会保障等公共服务,保护流动人口合法权益的舆论氛围。

(三)宣传各级党委自觉承担维护社会稳定和各级党政主要领导认真履行“保一方平安”的政治责任,不断提高驾驭社会治安大局能力的情况;宣传政法机关、综治部门充分发挥在构建社会主义和谐社会中的职能作用,全力促进社会和谐稳定的重要工作,着力解决社会治安中的热点难点问题,不断增强人民群众安全感的情况。

(四)宣传各级政法机关、综治部门深刻领会以改善民生为重点的社会建设的基本要求,切实维护好人民群众的权益,切实解决好人民群众最关心最直接的利益问题,着力化解各类社会矛盾,最大限度地增加和谐因素,最大限度地减少不和谐因素,切实承担起维护社会和谐稳定的各项工作。

(五)宣传社会各界和各部门广泛参与社会治安综合治理和平安建设工作,进行齐抓共管的情况;宣传基层在开展平安建设工作中创造出来的好经验、好做法和广大人民群众积极参与维护社会治安,勇于同各种违法犯罪活动作斗争的先进事迹。

(六)宣传对打击黑社会性质组织犯罪、严重暴力犯罪以及严重影响人民群众安全感的多发性犯罪活动所取得的阶段性成果;宣传对打击危害国家经济安全、破坏市场经济秩序、危害人民群众生产生活的犯罪情况;宣传通过“严打”整治行动各种违法犯罪活动得到有效遏制,人民群众安全感普遍增强的情况。

(七)加大对严厉打击利用互联网进行诈骗、色情活动等违法犯罪活动的宣传,震慑犯罪。对黑网吧和违法、违规上网经营场所予以取缔的典型案例进行曝光,净化网络和上网环境。

(八)大力开展法制宣传教育,弘扬法治精神,不断增强人民群众法制意识、法制观念,努力形成自觉学法守法用法的社会氛围;利用多种宣传途径揭露犯罪手段和骗术,教育群众增强自我保护意识。

二、宣传形式

(一)采取日常宣传和集中宣传相结合的方式,广泛利用报纸、广播、电视和网络等媒体进行宣传,切实做到报纸有字、广播有声、电视有影,努力营造浓厚的平安建设舆论氛围。

(二)利用标语、板报、挂图、宣传画、公益广告以及文艺演出等群众喜闻乐见的形式进行宣传。近期,中央综治办将印制一批年画和宣传画下发到各地,希望各地也要积极出主意、想办法,切实做到乡村、街道有宣传栏、标语、板报、挂图等,并广泛组织群众积极参与宣传活动,提高群众的知晓率。

(三)深入开展社会治安综合治理宣传月活动。要紧密结合当地实际,制定切实可行的活动工作方案,明确工作重点和要求,将宣传活动向基层延伸,努力把宣传月活动做活做扎实。

三、工作要求

(一)宣传工作是政法、综治工作的重要组成部分,各级政法、综治部门要高度重视,切实提高认识,加强领导。特别是春节前后是人财物流动的频繁期,也是侵财案件的高发期,要通过宣传,广泛动员群众参与群防群治,增强防范意识,有效防范和震慑各种违法犯罪活动。

(二)各级政法、综治宣传部门要发挥主观能动性,采取走出去、请进来的方式,主动争取党委宣传部门和新闻单位的支持,在宣传形式上求创新,在整合力量上求突破,在宣传效果上下功夫,确保宣传活动取得实效。

(三)请各地于 2008 年 4 月底前将宣传工作情况报中央政法委宣传教育指导室,阶段性和专项宣传工作情况可随时报送(此项工作将严格纳入综治年度考核,请各地予以高度重视)。

中央社会治安综合治理委员会办公室关于开展2007年度全国社会治安综合治理优秀新闻作品评选活动和报送中国新闻奖优秀新闻作品的通知

（2008年1月28日）

各省、自治区、直辖市社会治安综合治理委员会办公室、新疆生产建设兵团社会治安综合治理委员会办公室，中央社会治安综合治理委员会各成员单位，中央有关新闻单位：

按照《全国社会治安综合治理工作要点》的要求，中央社会治安综合治理委员会将继续开展社会治安综合治理优秀新闻作品评选活动。2007年度全国社会治安综合治理优秀新闻作品征集工作即将开始，请各地综治委、办会同新闻工作者协会和有关单位，严格按照“2007年度全国社会治安综合治理优秀新闻作品评选办法”和中国新闻奖评选有关规定的要求，认真组织好初评工作。请各中央综治委成员单位和中央新闻单位积极组织开展本单位、本系统的社会治安综合治理优秀新闻作品评选活动的初评、选送工作。

附件：1. 2007年度全国社会治安综合治理优秀新闻作品评选办法

2. 2007年度全国社会治安综合治理优秀新闻作品评选参评作品数额分配方案

3. 2007年度全国社会治安综合治理优秀新闻作品评选参评作品选送要求

4. 全国社会治安综合治理优秀新闻作品推荐目录

5. 全国社会治安综合治理优秀新闻作品参评推荐表

6. 摄影作品推荐表

附件1：

2007年度全国社会治安综合治理优秀新闻作品评选办法

一、评奖宗旨

全国社会治安综合治理优秀新闻作品评选活动由中央社会治安综合治理委员会主办，每年评选一次，旨在推动社会治安综合治理和平安建设的深入开展，为中国新闻奖推荐优秀新闻作品。同时，引导媒体和新闻宣传工作者弘扬主旋律，为促进社会和谐稳定营造良好的舆论氛围。

二、参评资格

下列新闻单位2007年刊播的有关社会治安综合治理的新闻作品均可参评：

1. 有全国统一刊号、公开发行的报刊；

2. 通讯社；

3. 经正式批准的广播电台、电视台、有线电视台；

4. 经国务院新闻办批准的由新闻宣传主管部

门和新闻单位设立的具有登载新闻业务资质的新闻网站(不含网络版、电子版)2007年度首次刊播登载的新闻作品。

三、评选项目

全国社会治安综合治理优秀新闻作品评选活动设15个评选项目。

(一)报纸、期刊、通讯社作品参评项目:

1. 消息(字数限制在1000字以内)。

2. 评论(包括社论、评论员文章、署名时评、述评、短评等,字数限制在2000字以内)。

3. 通讯(包括新闻特写、新闻综述、新闻调查等,字数限制在3000字以内)。

4. 系列报道和连续报道(系列报道是指围绕某一主题或已经发生的某一新闻所做的多角度、多侧面、多层次、多方式报道;连续报道是指围绕正在发生的重大新闻进行的"追踪式"报道。不包括系列评论、专栏)。

5. 新闻摄影。

(二)广播电台、电视台作品参评项目:

1. 消息(时间限制在4分钟以内)。

2. 评论(包括以评论为主的述评性节目,时间限制在15分钟以内)。

3. 新闻专题节目(时间限制在30分钟以内)。

4. 系列报道、连续报道(定义同报纸、通讯社作品)。

5. 新闻访谈节目:主持人与嘉宾就公众关注的新闻事件和热点话题进行讨论的谈话节目和新闻人物访谈节目,要求插播资料不超过整个节目时长的1/2,节目时长不超过1小时。

6. 新闻现场直播:指与新闻事件的发生和发展同步播出,集现场报道、背景介绍与事态分析等于一体的新闻节目。要求必须以自采新闻现场声像为直播主体,采用音像资料不得超过节目时长1/3。不包括纪念会、报告会、文艺演出、工程庆典、剪彩仪式、活动开幕式和以演播室直播谈话等为主体的节目。

(三)网络新闻作品参评项目:

1. 新闻评论:要求是新闻网站首发的原创评论,字数限制在2000字以内。

2. 新闻专题:用图片、文字、音视频、Flash等多媒体手段和多种新闻体裁从不同角度全面报道同一新闻事件或同一新闻主题的作品,页面层次结构不少于两层。

3. 新闻访谈:主持人与嘉宾就公众关注的新闻事件或热点话题进行讨论的在线访谈作品(含在线人物访谈),形式不限。

4、新闻摄影:新闻网站首发的新闻摄影作品,要求同报纸通讯社评选项目,与报纸通讯社作品一同评选。

四、评奖标准

1. 作品应紧紧围绕2007年社会治安综合治理和平安建设的各项工作,着重反映各地、各有关部门坚持"打防结合、预防为主,专群结合、依靠群众"的方针,贯彻落实中央办公厅、国务院办公厅关于转发《中央政法委员会、中央社会治安综合治理委员会关于深入开展平安建设的意见》和中央社会治安综合治理委员会《关于深入开展农村平安建设的若干意见》精神的工作情况及其成效,反映各地及基层单位社会治安综合治理和平安建设的典型经验。

2. 内容真实,新闻性强,时效性强,主题鲜明,富于创新,语言生动,制作精良,感染力强,为人民群众所喜闻乐见。

3. 重视现场采制的短新闻。

4. 系列报道和连续报道要求题材恰当,新闻性强,有深度,反响大,导向正确。

5. 新闻摄影作品内容真实,新闻价值高,现场抓拍,表现力强,图像清晰,说明简洁,制作精良。

6. 广播、电视新闻现场直播要求选题重要,策划周密,迅速准确地采集与传播新闻现场信息,导播调度合理,主持应变机敏,音质画面清晰。鼓励自采现场信号。

7. 广播、电视、网络新闻访谈要求主题恰当,时效性强;嘉宾选择有代表性、权威性;谈话主题集中,脉络清晰,结构完整;语言简洁生动流畅准确;主持人引导得当,对现场节奏把握适度;背景资料运用得当。

8. 在全部报送作品中,至少报送一篇短消息,鼓励多报短消息作品。

9. 在全部报送作品中,超长作品不得超过2个。请各推荐单位从严掌握,按规定字数、时长报送作品。

五、设奖数额

2007年度将评出180个优秀新闻作品,其中，报刊80个（一等奖10个，二等奖20个，三等奖50个），电视46个（一等奖8个，二等奖12个，三等奖26个），广播32个（一等奖6个，二等奖10个，三等奖16个），摄影10个，网络媒体（含文字、摄影、访谈）12个，从中向中国新闻奖评选办公室推荐12个优秀作品。

六、参评程序和分工

1. 各省（区、市）综治委、新闻工作者协会和中央综治委各成员单位，中央有关新闻单位负责进行社会治安综合治理优秀新闻作品的初评，并按“附件2”规定的分配数额，将入选作品报送全国社会治安综合治理优秀新闻作品评选办公室。2. 2007年度全国社会治安综合治理优秀新闻作品评选办公室聘请有关专家组成复评专家组，进行复评，并将候选篇目交定评委员会。3. 2007年度全国社会治安综合治理优秀新闻作品定评委员会负责进行本年度优秀新闻作品的定评工作，并向中国新闻奖评选办公室推荐作品。

4. 2007年度全国社会治安综合治理优秀新闻作品评委由中央社会治安综合治理委员会办公室聘请有关专家担任。

5. 中央社会治安综合治理委员会享有获奖作品的使用权，评选办法解释权归中央社会治安综合治理委员会办公室。

附件2：

2007年度全国社会治安综合治理优秀新闻作品评选参评作品数额分配方案

一、全国31个省、自治区、直辖市及新疆生产建设兵团综治办各推荐作品篇（件）：

报刊5　　摄影2　　电视2　　广播2

二、各推荐作品4篇（件）、摄影4幅（组）的单位：

人民日报、新华社、中央电视台、中央人民广播电台、法制日报、长安杂志

三、各推荐作品3篇（件）、摄影3幅（组）的单位：

光明日报、经济日报、人民法院报、检察日报、人民公安报

四、各推荐作品2篇（件）、摄影2幅（组）的单位：

解放军报、中国国际广播电台、科技日报、中国日报、工人日报、农民日报、中国青年报、中国妇女报、中国新闻社

五、中央综治委各成员单位各推荐作品篇（件）：

报刊3　　摄影2　　电视2　　广播2

附件3：

2007年度全国社会治安综合治理优秀新闻作品评选参评作品选送要求

一、各推荐单位报送参评作品时，须填写1份《全国社会治安综合治理优秀新闻作品推荐目录》（表样见附件4）。推荐参评作品数额不得超过“附件2”规定的分配数额，如有违反，评选办公

室将按《推荐作品目录》的顺序撤下排在后面的超额作品。

二、要认真填写推荐表(表样见附件5),所有参评作品推荐表均须加盖推荐单位公章,详细填写联系人,作者联系电话、通讯地址等。作者姓名一栏均须按原刊播作者署名顺序填写完全、准确。

三、外文和少数民族文字作品以作品原文字数和内容为准,除送原报样和电子文本外,须译成完整准确的汉文稿并按上述要求送评。

四、所有作品文字稿须报送一份电子版,以光盘的形式报送。

五、各省、自治区、直辖市综治办将组织评选工作的情况写成文字材料(一式二份)与参评作品一同报送。

六、参评作品署名

1. 作者人数:报纸、通讯社、广播、电视作品均以刊播时的姓名、人数、排序为准,送评时不得随意变更。

2. 责编人数:一般不超过2人。

3. 广播电视新闻现场直播、新闻节目访谈的主创人员(含记者、编辑、导播、撰稿等)超过6人的署名集体创作。

七、参评作品文字、广播、电视格式要求

1. 每件参评作品须报送20套文字材料,装订顺序为1份推荐表(附件5)和1份作品文字稿,参评作品须有一套是原件剪报,其它19份为清晰的A4复印件。

2. 系列报道和连续报道须在开始、中间、结尾三部分中各选1篇代表作,并附1000字以内报道内容简介,完整的作品目录和刊期。

3. 广播作品:要求刻录在CD盘上,每个CD盘只刻录一个节目,附作品文字稿、推荐表一式20套。每套由一份作品和一份推荐表组成,并装订在一起。

4. 电视作品:请把完整节目复制成DVD光盘(要求能在DVD机上播放),建议刻录在DVD-R盘上,刻录时要求采用MPEG2的视频编码格式,并取消防盗版保护,能在六区(中国区)播放,每张盘只录1件参评作品。同时,须附作品文字稿、推荐表一式20套,每套由一份作品文字稿和一份推荐表组成,并装订在一起。

5. 广播、电视参评作品必须是原播出版,不得为参加评选重新修改、编排、制作,评选中一经发现,即取消参评资格,并予以通报批评。

6. 摄影作品:单幅或组照均要发表原件1份,原底片洗印件1份(一律为8英寸,用硬卡纸装裱,规格见摄影作品推荐表)。每套由一份作品和一份推荐表组成。

八、寄送要求

1. 所有参评作品材料请用特快专递邮寄,以免延误或丢失。

2. 报送时间:2008年4月5日至4月20日。以邮戳为准,逾期视为自动弃权。

附件4:全国社会治安综合治理优秀新闻作品推荐目录(略)

附件5:全国社会治安综合治理优秀新闻作品参评推荐表(略)

附件6:摄影作品推荐表(略)

中央社会治安综合治理委员会办公室关于通报全国社会治安综合治理优秀新闻作品评选暨综治系统获中国新闻奖情况的通知

（2008 年 9 月 22 日）

各省、自治区、直辖市社会治安综合治理委员会办公室，新疆生产建设兵团社会治安综合治理委员会办公室，中央综治委各成员单位，中央新闻单位：

2007 年度全国社会治安综合治理优秀新闻作品评选工作顺利完成，由中央综治委推荐的部分作品参加并在第十八届中国新闻奖评选活动中获得奖项。现将有关情况通报你们，请结合实际总结经验，进一步做好社会治安综合治理宣传工作。

2007 年度全国社会治安综合治理优秀新闻作品评选暨综治系统获中国新闻奖情况

一、评选工作的基本情况

全国社会治安综合治理优秀新闻作品评选活动是政法综治宣传工作的一项重要内容，是反映各地政法综治战线取得新成绩、展现新面貌的重要平台，此项工作历来受到中央综治委的高度重视和肯定，并作为一项工作制度长期坚持下来。2008 年 1 月，中央社会治安综合治理委员会办公室下发《关于开展 2007 年度全国社会治安综合治理优秀新闻作品评选活动和报送中国新闻奖优秀新闻作品的通知》后，各地各部门和中央综治委成员单位及中央新闻单位按照《通知》要求，精心组织评选工作，推荐了一大批参评作品。据统计，此次评选活动共收到全国 31 个省、自治区、直辖市和新疆生产建设兵团，25 家中央综治委成员单位和有关部门及中央新闻单位报送的参评作品 440 件，其中，报刊作品 219 件，电视作品 84 件，广播作品 65 件，摄影作品 58 件，网络作品 14 件。

为确保评选活动的高质量、高标准，切实做到严格公平公正，评选办公室邀请了长期从事政法综治宣传和新闻传播工作、具有较高职务和资历的 23 名领导和专家，组成复评专家组，对参选作品进行认真评定。经复评专家组充分讨论和投票决定，共评出优秀新闻作品 189 件，其中，报刊 91 件，电视作品 46 件，广播作品 34 件，摄影作品 12 件，网络作品 6 件；同时，向中国新闻奖评选办公室推荐新闻作品 12 件，其中，报刊作品 6 件，电视作品 3 件，广播作品 3 件。

2008 年 9 月 3 日，第十八届（2007 年度）中国新闻奖评选揭晓，由中央综治办推荐、中央电视台选送、中央电视台播发的电视专题片《5100 万银行金库被盗案庭审直击》、由中央综治办推荐、首都综治办选送、密云人民广播电台播发的广播消息《数字法庭进农家》、由中央综治办推荐、江苏省综治办选送、张家港人民广播电台播发的广播专题《警察和逃犯的网上对话》分获三等奖。

据统计，本届评选活动中，辽宁省综治办报送作品获奖最多，有8件；中央电视台报送作品有7件获奖；北京、上海、江苏、浙江、安徽、河南、广东省综治办报送作品各有6件获奖；黑龙江、江西、山东、湖北、四川、云南、新疆维吾尔自治区综治办、人民日报社和法制日报社报送作品各有5件获奖。根据各地各部门和新闻单位组织评选工作和参评作品获奖情况，评委会提出，对辽宁、北京、上海、江苏、浙江、安徽、河南、广东、黑龙江和湖北等10个省(市、区)综治办予以表扬。

二、评选工作和参评作品特点

(一)从评选组织工作看，各地、各有关部门将综治优秀新闻作品评选活动作为推动政法综治工作的有效载体和抓手，进一步加强领导，周密组织，初评工作认真负责，确保了作品质量。

各地、各有关部门对评选工作高度重视，普遍成立了评选工作领导小组和办公室，及时下发了通知，对评选工作提出了明确要求。很多地方把评选活动作为深化平安建设宣传、推动平安建设工作的一项重要内容，将评选活动纳入社会治安综合治理工作年度考核范畴，有力促进了评选工作的有序开展。同时，中央综治委各成员单位和有关部门及中央新闻单位亦高度重视评选工作，将初评工作纳入重要工作日程，成立专门的工作班子，认真筛选，填报推荐意见，积极选送作品。

(二)从参评及获奖作品看，此次综治优秀新闻作品忠实记录了政法综治工作的历程和瞬间，反映了政法综治工作和平安建设取得的新成果，凝聚了人民群众对平安建设的热切期盼，全方位展现了政法综治战线扎实工作、一心为民的良好精神风貌。

一是体裁立意高，主题鲜明内容丰富。参评和获奖作品立足构建和谐社会的大背景，唱响政法综治工作主旋律，关注以改善民生为重点的社会建设，挖掘深化平安建设的内容，及时反映基层综治工作、平安建设的新举措、新进展、新经验、新成效。报刊作品《中国流动人口调查》在党的十七大提出“加快推进以改善民生为重点的社会建设，扩大公共服务，完善社会管理”的大背景下，通过流动人口的生存状况、管理中存在的问题及对策分析，反映中国流动人口的主流农民工生存和发展的趋势；《让迷途的人找到来时的路》完美地融合了司法文明、宽严相济和和谐社会等法治时代的元素，诠释了“平和司法”给民众带来的福祉；《沉默的大多数带来什么》从不报案带来的危害进行分析，以讲述故事的方式让群众从中认识到，一个公民的举止事关法律的严肃性，反映出公民的法治观念该怎样建立。《对话综治办主任陈冀平》、《农村信访量下降51%的背后》等电视作品，深入探索社会治安综合治理的深层次问题，具有问题抓得准、结论现实意义强等特点。摄影作品《僧尼消防队重现九华山》体现了平安寺庙建设新举措；《女子监狱涌动母爱潮》是监狱帮教工作以人为本的实例。网络作品《在线访谈：首都政法综治倾力打造“平安奥运”》在距奥运会开幕一周年之际，邀请首都综治办主任李万钧做客中国平安网和新华网，就首都政法系统如何打造“平安奥运”与网民进行在线交流，使“平安奥运”的理念和内涵深入人心，广泛宣传了政法综治系统为保障奥运会安全顺利举行所做的工作。

二是宣传亮点多，视角始终投向基层。许多作品注重挖掘身边人、身边事，以小见大，突出以人为本，执法为民。全国各地选送的65件广播作品中，典型人物报道有17篇，见义勇为的事迹报道也占有一定比例，反映公安工作和公安英模的有20件之多。新闻专题节目《帕米尔不会忘记》通过对2007年1月5日新疆反恐战斗中牺牲的战士黄强事迹的报道，讴歌了战斗在反恐一线的英雄群体；《布达拉宫守护神》反映的是消防战士为维护布达拉宫安全23年没有发生火灾所付出的努力。中央综治委与中央电视台联合推出的“平安中国”系列宣传片《省道背后的故事》、《治安片长赵大姐》、《民警夫妻岗》，节目生动感人，更加贴近生活。新疆维吾尔自治区综治办提供的《高原守边人》，讲述了一位柯尔克孜母亲连续四十年坚持在边防线巡逻，捍卫边境线的一山一石、一草一木。这位名叫布茹玛汗毛勒朵的柯尔克孜母亲，被全国妇联和中央电视台评为2007年度中国十大母亲之一。

三是报道形式新,可读性可看性增强。许多作品创新报道形式,注重现场报道,编排新颖,制作精良,力求达到新闻与艺术的统一。广播新闻现场直播《走进戒毒所》节目中,演播间设在戒毒所,将吸毒女的忏悔与禁毒知识抢答以及管教干部的事迹介绍有机的穿插在一起,现场气氛时而沉重,时而热烈,既有吸毒学员与父亲在现场相见,也有女管教干部与老父亲电话问候等催人泪下的场景,没有呆板沉重的说教,体现了对吸毒人员的人文关怀。摄影作品《跨省大营救》讲述了警方打掉一拐、卖、运、销一条龙的特大拐卖儿童团伙的全过程,记者跟随办案民警追踪采访,从抓捕人贩子到成功解救婴儿,节奏紧张抓人,张张都是精彩的现场照片;《悔恨的心》抓拍了在“不要让爱你的人失望”主题演讲中犯人们深受感动流下悔恨泪水的画面,挖掘了人物的内心世界,具有很强的感染力和震撼力。

三、存在的主要问题及改进措施

此次评选活动虽然取得了良好效果,但也存在一些不容忽视的问题:

一是个别地方和单位评选组织工作不力。个别地区和单位对评选工作不够重视,没有成立专门的工作班子,没有专人负责,初评工作流于形式,甚至没有进行初评就将各市材料直接报送,个别地区到报送截止日期仍没有报送。

二是在体裁上不够平衡。纵观作品体裁,219件报刊参评作品中,消息只有48件,84件电视作品中消息所占比例不到10%,广播消息也占广播参评作品的五分之一,而在所有报送的消息中,鲜活、时效性强、新闻信息丰富的作品可谓少之又少。摄影作品则凸显组照较多,单幅作品不足。同时,今年中央综治委首次将网络作品纳入评比范畴,但报送的作品却很少,且多半不符合评选条件。

三是部分作品在内容上流于工作性报道,缺少深入生活、深入基层、直面热点、内涵深刻的精品。相当一部分作品切入的角度过于传统,还停留在就事说事,就工作说工作,满足于工作层面的部署上,深入挖掘不够;有的作品缺乏新闻性,信息量不够,反映出作者对事实提炼得不够,驾驭能力差;部分图片在画面表现上存在一定程度的摆拍痕迹,甚至还有个别作品有造假痕迹,值得引起重视。

上述问题和现象的出现,在一定程度上反映出一些地方和单位对政法综治宣传工作重视不够。下一步,各地各有关部门要进一步提高认识,将综治优秀新闻作品评选活动作为深化政法综治宣传、推动平安建设工作的一项重要措施,纳入社会治安综合治理工作年度考核范畴,推动评选工作健康有序开展;要广泛宣传综治优秀新闻作品评选工作,增强评选工作的广泛性和知名度,隆重表彰奖励参评成绩突出的单位和个人,调动参评单位和广大新闻工作者的积极性;要进一步规范评选工作,对评选组织、标准,以及参评程序等作出严格规定,对所有参评作品进行公示,增强评选工作的透明度。

附件:1. 第十八届(2007年度)中国新闻奖综治系统获奖作品(略)

2. 2007年度全国社会治安综合治理优秀新闻作品(略)

八、预防青少年违法犯罪工作

2008年预防青少年违法犯罪工作概况

2008年，预防青少年违法犯罪工作以邓小平理论和“三个代表”重要思想为指导，深入贯彻落实科学发展观，以“为了明天——预防青少年违法犯罪工程”为统揽，立足实际，齐抓共管，突出重点，狠抓落实，各项工作取得了良好成效。

一、深化未成年人思想道德建设和法制宣传工作，构筑预防青少年违法犯罪的思想道德防线

（一）建立并实施了未成年人思想道德建设科学考评制度。2008年9月，中央文明办下发了《未成年人思想道德建设工作测评体系》，从领导体制和工作机制、“学校、家庭、社会”三结合教育体系、文化产品和文化服务、净化社会文化环境、未成年人特殊群体的教育管理、工作成效评价等6个方面，将未成年人思想道德建设工作进行量化测评，形成了未成年人思想道德建设工作有目标要求、有量化指标、有考核评比的良好局面。

（二）未成年人思想道德教育的实效性增强。为充分发挥先进典型对广大青少年的教育引导作用，中央文明办、团中央、教育部、全国妇联等部门联合开展了“抗震救灾英雄少年”和“抗震救灾优秀少年”评选表彰活动，激励广大未成年人奋发向上、健康成长。财政部加大了对青少年宫、青少年活动中心、妇女儿童中心、大学生活动中心等基础设施建设的资金支持力度。关工委、妇联等开展“争做合格小公民”活动，建立了“两代人活动站”、校外辅导站，为开展青少年思想道德教育提供了良好平台。各地各部门道德实践活动亮点纷呈，辽宁开展了“三有三为”、“小雷锋”行动等道德实践活动，广东开展了“知荣明耻我们在行动”主题教育活动，新疆建设兵团开展了“走访身边的老军垦”、“与屯垦戍边事业共奋进”等教育活动，有效提升了青少年的思想道德素质。

（三）青少年法制宣传重点突出。以《预防未成年人犯罪法》和《未成年人保护法》宣传为重点，召开了“纪念《未成年人保护法》颁布施行一周年暨地震灾区未成年人保护工作座谈会”，组织专家学者深入研讨灾后未成年人保护和犯罪预防等问题。在《未成年人保护法》颁布施行一周年之际，各地积极开展执法检查、法制宣传教育、“以案说法”等活动，推动“两法”的贯彻落实。同时运用“法制副校长”等形之有效的宣传队伍和手段，选拔一大批政法干警、“五老”人员等到中小学校兼任“法制副校长”和校外辅导员，发挥他们在法制宣传方面的优势和作用。

（四）体现部门特色的法制宣传生动有效。12月，团中央与司法部等部门开展了“保护未成年人在行动——2008年青少年法制教育宣传周”活动，在青少年中开展了网上普法大赛、普法志愿者进社区等16项活动。司法部联合中宣部、教育部等部门编写了《中小学法制教育读本》。全国妇联将未成年人保护法纳入“亿万妇女学法律、家庭平安促和谐”普法读书和知识竞赛活动，进一步加大了宣传教育力度。人民法院少年法庭法官深入学校、社区开展法制宣传和预防犯罪教育，采取开设法制课堂、发放教育资料、开通未成年人预防犯罪热线、建立专门网页、开办模拟法庭等多种方式预防未成年人犯罪。福建、内蒙古等地公安机关和共青团组织利用“6·26国际禁毒日”等纪念日，开展了禁毒宣传“一堂课”、“社区青少年远离毒品行动”、“不让毒品进我家”等活动，广泛宣传《禁毒法》，深入推进毒品预防专题教育，增强了青少年法制宣传教育的互动性，提高了青少年知法守法的意识。

二、突出青少年权益保障，实现了犯罪预防与权益保护的紧密结合

（一）探索建立共青团与各级人大代表、政协委员的沟通协调制度，引导青年的有序政治参与。共青团组织以“人大代表、政协委员与青少年面对面”活动为载体，积极探索建立协助调研、信息专报等与人大代表、政协委员的沟通协调机制，并推动各地团组织协助人大代表、政协委员深入了解青少年的利益诉求和预防青少年违法犯罪的突出问题，提出应对措施及建议。2008 年底，全国共有 120 多个地市举办了形式多样的“人大代表、政协委员与青少年面对面”活动，及时反映了青少年的要求和呼声。

（二）自护教育扎实有力，有效提高青少年的自护意识和能力。为提高青少年的安全防范意识，增强自我保护能力，教育部、团中央深入贯彻落实《中小学公共安全教育指导纲要》，通过学科渗透、综合实践课程、地方课程和班团队会等多种途径，在广大中小学生中深入开展学生心理健康教育。教育部制作了预防中小学生违法犯罪等专题节目，通过中国教育电视台和中国教育卫星宽带持续开展宣传教育。教育部、中央电视台联合录制了“知识守护生命大型公益片”《开学第一课》，在中央电视台播出后取得了良好的反响。2008 年寒假期间，中央综治办、团中央、公安部面向社会发布“青少年自我保护提示”，通过青少年喜闻乐见的形式，把自我保护教育的内容有效渗透传递给广大青少年，取得了积极的社会效应。

（三）12355 青少年服务平台和优秀“青少年维权岗”在维护青少年权益、预防青少年违法犯罪方面继续发挥重要作用。为加强对 12355 青少年服务台的管理、培训和指导，团中央编印了《12355 青少年服务台工作手册》，并举办全团培训班，收集整理各地 12355 青少年服务台办理的典型案例；宁夏、安徽、山东等地还聘请了 12355 服务台形象大使，进一步提高各地 12355 青少年服务台的影响力和服务能力，使其日益成为反映、解决青年权益及违法犯罪问题的触角和重要平台。为进一步严格规范创建管理，团中央联合相关部门制订下发《全国创建优秀“青少年维权岗”活动管理办法》，规范了申报、评选、考核等各个流程。重庆、浙江等各地各级优秀“青少年维权岗”及创建单位针对预防青少年违法犯罪的重点群体和突出问题，积极开展了“维权岗行动月”、“维权岗行动日”和专项整治行动等活动，加大了预防青少年违法犯罪的工作力度。

三、优化教育、管理和服务，巩固了重点青少年群体的犯罪预防工作成果

（一）积极做好地震灾区青少年心理疏导和犯罪预防工作。汶川大地震发生后，各成员单位积极行动，对灾区开展了多种帮扶工作。民政部、人力资源和社会保障部、住房和城乡建设部、教育部、全国妇联、关工委等设置“社会工作站”，开展“技工培训援助行动”、巾帼志愿者招募、“爱心家庭牵手受灾儿童”等工作，在灾区青少年社会工作服务、生活救助、学习场所建设、就业培训等方面发挥了重要作用。中国保险集团开通了快速理赔绿色通道，积极开展查勘理赔等工作，并向灾区捐款逾 600 万元。团中央动员各地团组织组建“12355 青少年心理康复援助专家志愿团”，赴绵阳、绵竹、都江堰等重灾区开展青少年心理康复援助工作，灾后两个月内进行心理个案干预 3520 个，培训当地志愿者、教师及青少年工作者 8000 多人，面向 17000 多名灾区青少年学生和群众开展了心理学知识宣讲，为保障灾区青少年心理健康作出了积极贡献。灾区及其他各地预防青少年犯罪工作机构充分发挥优势，竭诚服务受灾青少年，以组织义演、夏令营及直接进行人力支持等方式，开展了赈灾捐款、心理援助等工作，及时有效地帮助灾区青少年渡过难关。

（二）做好流浪未成年人救助保护工作。民政部继续贯彻落实“十一五”流浪未成年人救助保护体系规划，安排 2008 年国债资金和福彩公益金 1.9 亿元，重点建设流浪未成年人救助保护中心 96 个。在奥运期间加大了流浪未成年人的救助保护工作力度，通过部门联动、集中救助、街头救助等方式，救助保护流浪未成年人 10362 人次。2008 年 3 月、9 月和 10 月，民政部分别在河北、河南等地开展了音乐疗法、非正规教育、困境儿童预防和保护等多种形式的培训，有效提高了救助保护人员的专业水平和工作技能。

（三）做好失足未成年人教育和留守未成年人帮扶工作。中央综治办、预防办、最高人民法院、教育部、司法部、团中央组织力量对失足青少年复学问题进行专门调研，提出了对策和建议。全国妇联结合“平安家庭”创建工作，继续推进“共享蓝天——全国关爱农村留守流动儿童大行动”和“留守儿童维权平安行动”。关工委组建了14.5万多个关爱工作团和100多万名“五老”人员对失足青少年进行帮教，转化率达到70－80%。保监会大力推广留守儿童平安保险，积极推广“合家欢”、“幸福家庭”等家庭组合型产品，在校留守学生平安保险投保率达到20%。各级公、检、法机关坚持“教育、感化、挽救”的方针，对未成年人犯罪案件做到了慎捕、慎诉、慎判，积极探索办理未成年人案件的新路子，有效减少失足青少年重新犯罪。最高人民法院在全国17个中级人民法院开展设立独立建制的少年审判庭试点工作，审理了大量涉及未成年人权益的民事案件，初步探索积累了有利于最大限度保护涉案未成年人民事权益的审判工作经验。司法行政机关加强对未成年罪犯和劳动教养人员的教育矫治工作，教育矫治质量有了新的提高。吉林省持续推进“未成年服刑人员志愿帮扶行动”，在押未成年服刑人员违纪率比去年同期降低了20%。广东、天津、山东等地继续深化“手拉手关爱留守少年儿童”活动，不断健全帮扶留守少年儿童的长效机制。湖南就留守儿童问题出台了《关爱农村留守儿童工作条例》和《关爱农村留守儿童工作规划》，将农村留守儿童权益保护的内容纳入其中，强化了父母作为法定监护人的责任，完善委托监护制度，为农村留守儿童平等发展提供有力的政策支持和保障。

（四）启动青少年事务社会工作者试点，积极做好严重不良行为未成年人、社区闲散青少年的社区教育和管理工作。团中央、中央综治办、民政部、原人事部启动了青少年事务社会工作者试点工作，首批13个城市（城区）试点工作有序开展，积累了专业化预防青少年违法犯罪的经验。各级妇联组织在巩固发展中小学、幼儿园家长学校的基础上，注重农村、城市社区家长学校的建设与发展，充分发挥家庭在预防青少年违法犯罪中的重要作用。全国社区青少年信息管理系统进一步普及，对社区闲散青少年全面普查、建立管理档案的工作力度加大，有效加强了对社区闲散青少年的管理，全面掌握了闲散青少年的基本情况。山东临沂积极探索闲散青少年管理服务新模式，在普通技校中开办“希望技工班”，采取“零学费入学＋技能培训＋助学金＋生活费补贴＋法律、心理辅导＋就业安排”的措施，安定了入学闲散青少年思想，提升了职业技能。

四、整合各方资源，较好解决了青少年违法犯罪的突出问题

（一）积极为青少年提供良好的文化产品和氛围。新闻出版总署、文化部、广电总局等深入实施了少儿文化建设工程，为青少年提供健康的网络信息、报刊、图书、音像制品和影视节目。其中，新闻出版总署开展了向青少年推荐优秀读物、报刊活动，邀请专家遴选、推荐了100种优秀图书、74种期刊、27种报纸。银监会积极配合有关部门依法治理利用网络等进行赌博违法活动，有效预防了赌博不良现象对青少年产生的负面影响。云南、新疆等省、市、自治区深入推进“中国未成年人网脉工程”、大力建设青少年网络教育平台，促进了青少年群体“文明上网、健康上网”。

（二）学校及周边环境不断优化。教育部进一步加强校园文化建设，深入开展和谐校园创建活动，对全国部分和谐校园创建先进单位和典型经验进行推广表彰。教育部与公安部联合开展了校园管制刀具集中收缴专项行动，加强了校园治安管理，保障了学生人身安全。教育、公安、建设、文化、新闻出版、工商等部门切实加强了联合执法力度和频度，对学生学习环境、食品质量安全等方面的突出问题进行了联合治理。贵州等省出台并贯彻落实《关于进一步加强高校安全稳定工作的意见》、《关于进一步加强中小学（幼儿园）安全保卫工作的意见》，有力优化了校园周边环境。

（三）加大执法及监督力度，净化了未成年人成长环境。集中力量打击各种淫秽色情文化垃圾，1至10月全国共查缴各类非法出版物7026.6万件，其中淫秽色情出版物201.1万件；大力推进网上“扫黄打非”；集中对“低俗类”、“恐怖灵异类”音像制品进行了专项治理；保持严厉打击盗版教材教辅的态势。文化部4至9月扎实开展文化市场“奥运保障行动”，坚决查缴非法音像制品、电子出版物、游戏软件及以未成年人为主要销售对象的“口袋本”图书、卡通画册等有害文化产品。广电总局通过在中央电视台发布公益广告、在《共同关注》等栏目推出系列节目《迷途少年》等，有效引导了青少年自觉遵纪守法。

（四）严厉打击各类涉及青少年的违法犯罪活动。公安机关打击拐卖妇女儿童犯罪成效显著，共破获拐卖妇女儿童案件1990起；全年共破获侵害师生人身财产权利的刑事案件1.2万起，查处治安案件近1.7万起，在校园周边增设治安岗亭1428个，维护了校园及周边稳定。公安部、中宣部、教育部及工业信息化部等共同组织开展了全国依法打击整治淫秽色情等有害信息专项行动，清理境内网上淫秽色情、赌博、诈骗等有害信息365万条，关闭违法网站和栏目2万余个，依法注销淫秽色情网站域名436个，检查互联网服务单位13.5万余家，依法处理违法违规经营单位2万余家，封堵境外淫秽色情、赌博、诈骗等有害网站2.6万个，减少了青少年可能受到的网络伤害。

五、扩大工作覆盖，强化预防青少年违法犯罪工作基础

（一）深入开展“未成年人零犯罪社区”和“为了明天工程示范县市”创建工作。各地以“为了明天——预防青少年违法犯罪工程”为抓手，坚持将各项创建工作深入落实到基层。上海市积极探索预防青少年违法犯罪新途径，通过开展“历奇辅导”、“中途宿舍”、考察教育等社工工作项目，有效预防了社区青少年违法犯罪。北京市在“未成年人零犯罪社区”创建的带动下，形成了由街道青年工作者和社区居委会负责人、团组织负责人、社区民警等为成员的社区预防队伍，通过面向青少年开展法制宣传、帮教助困、心理辅导等活动，收到了良好的效果；广西确定15个自治区级“为了明天工程”示范城市、县（区）创建单位，保障创建活动有声势、有影响；甘肃在社区建立《社区青少年花名册》、《特殊青少年群体花名册》、《一助一结对帮教档案》、“社区青少年综合表现联系卡”等，促进了学校、家庭、社区三位一体防护体系的形成；江西省综治委预防领导小组重点联系了30个青少年违法犯罪社区预防计划试点社区，并积极在全省11个设区市推进试点工作，各设区市综治委预防领导小组重点联系了126个社区，各试点社区相继成立领导小组，各有关部门分工负责，广泛动员社会力量，整合社区资源，动员各方面力量预防青少年违法犯罪。

（二）立法与司法保障得到加强。2008年，《预防未成年人犯罪法》和《未成年人保护法》地方性配套法规进一步完善，其中天津、湖南两地已修订了新的未保条例，江苏、山西、辽宁、海南、浙江等省区也在积极推动未保配套法规的修订工作，云南等省启动或制定了省级预防青少年违法犯罪条例等地方性法规。中央综治委预防青少年违法犯罪工作领导小组、最高人民法院、最高人民检察院、公安部、司法部、团中央在深入调研的基础上，起草了《关于进一步建立和完善办理未成年人刑事案件配套工作体系的若干意见》，下发后将为推动宽严相济的青少年刑事司法制度的落实发挥积极作用。

（三）坚持用考核考评推动工作。对2008年考核办法内容进行了调整充实，年底据此对各省、自治区、直辖市进行了考核。各地将预防青少年违法犯罪工作列为社会治安综合治理考核的重要内容，以年底召集下级预防办主任集中述职并开展互评等形式，进一步强化预防青少年违法犯罪工作检查考核、评价激励机制，推动预防青少年违法犯罪工作在抓源头治理、抓过程控制、抓基层基础上下功夫，切实发挥了工作考评的杠杆作用。

（四）加大用理论指导工作实践力度。针对当前青少年网络伤害和网络犯罪的情况，联合中国青少年研究中心组成“青少年网络伤害问题研究”课题组在湖南等地城市及周边乡镇就当前青少年网络使用和网络伤害的状况进行调研。为了解青少年事务社会工作者试点工作推进情况，组织专门力量赴江苏省无锡市、上海市浦东新区作专题调研，加深了对青少年事务社会工作者试点状况的了解。甘肃、江西、河北等地也就提升预防青少年违法犯罪工作实效、青少年违法犯罪重点群体防治等问题专题开展调查研究并形成调研成果，增强了工作的前瞻性、科学性和实效性。

九、铁路护路联防工作

2008年铁路护路联防工作概况

2008年在我国历史上是极其重要的一年。年内,面对冰雪灾害、汶川地震、达赖集团分裂破坏、奥运保卫等重大事项,全国各铁路护路联防组织认真贯彻落实科学发展观,自觉服从、服务于国家工作大局,不断加强铁路沿线的治安管理,为确保铁路运输安全畅通做了大量工作,迎来了大灾、大难形势下铁路治安最好的一年。年内,全国铁路护路区段刑事案件、治安案(事)件比上年减少1047起,下降84.9%。铁路交通事故在连年大幅度下降的基础上,发生起数再次减少2071起,死亡人数减少956人,分别下降41.1%和30.4%。

经过三年平安铁路示范路段的创建工作,中央护路办共命名"全国平安铁路示范路段"176段,25033.5公里,占全国干线以上铁路总长的60.6%。其中连续三年获得此称号的路段共27段,4082.6公里,占全国干线以上铁路总长的9.9%。

中央护路办命名了山东、湖北、山西、广西、河南、北京、宁夏、大秦等8个省级护路机构为2007年度全国优秀护路办,命名辽宁、云南、天津、河北、内蒙古、黑龙江、江西、湖南、广东、福建和四川等11个省(区、市)为全国优良护路办,并予以表彰奖励。

3月14日,拉萨发生打砸抢烧事件后,为确保青藏铁路的安全畅通,青海省、西藏自治区党委、政府组织近万人巡逻护线,武警部队进一步加大了对无人区的巡逻检查密度,铁道部公安局迅速增派了警力和装备,青藏铁路公司迅速抽调机关干部,进一步加强了重点部位、重点目标的守护。一批暴徒和反动宣传品被劫获,一批可疑人员、车辆被及时清理出铁路安全保护区,青藏铁路始终安全畅通。

"5.12"四川汶川特大地震发生后,四川、陕西、甘肃等地的护路联防组织一边开展抗灾自救,一边组织力量巡逻护线,及时发现和排除危及铁路运输安全的各种隐患。其他省区的护路联防组织,全员上线,日夜巡逻,保证抗震救灾人员和物资运输的绝对安全,为夺取抗震救灾的全面胜利做出了贡献。

各地把平安奥运作为头等大事来抓。各主办、协办省市,提前进行了铁路沿线治安大整治。进入奥运安全保卫期间,临时增聘专职铁路巡护员1650余名,安排奥运志愿者17000余名,铁路重点部位、重点道口全部上人看护。全国其他省(区、市)也对铁路沿线治安和涉路矛盾纠纷开展了排查调处工作,确保了全国铁路的安全稳定。年内,各地排查化解涉路矛盾纠纷3985件,为稳定铁路、为国家的经济发展做出了重要贡献。

工作创新亮点多是2008年铁路护路联防工作的一大特点。山西省组织大学生和新闻记者,深入护路一线采风,感受护路队员无私奉献的新时代精神;宁夏自治区把宗教场所辟为爱路护路宣传教育阵地,聘用神职人员做兼职宣传员,为爱路护路宣传教育工作在少数民族地区的开展开辟了新路;天津、山西、黑龙江、广西等省区,利用网络对铁路护路联防工作进行宣传,大大增强了对网上一族的宣传教育效果;河南把爱路护路宣传教育纳入全省青少年宣传教育基地的教育内容之中，实现了宣传教育的经常化、规范化；山东把爱路护路内容编排成群众喜闻乐见的文艺形式，通过文艺汇演和在省电视台滚动播出的形式，为爱路护路宣传工作开辟了新的途径；天津市护路办领导到电视台参与护路宣传互动直播，进一步加大了护路宣传的互动性和有效性等等，在爱路护路宣传教育方面进一步挖掘了深度、开拓了广度。

截至年末，全国共有专职护路工作人员33585人。其中：铁路干部189人、地方干部2115人、专职护路队员24117人、专职护路民兵7116人。年内，全国各级护路办可支配护路联防经费57216.87万元。

十、刑释解教人员安置帮教工作

2008年刑释解教人员安置帮教工作概况

2008年,对刑满释放、解除劳教人员的帮教安置工作,按照党的十七大提出的着力改善民生,推进社会体制改革,扩大公共服务,完善社会管理,健全社会治安防控体系的要求,以奥运安保为目标,以加强和改进衔接工作为重点,以完善帮教安置措施为抓手,在建立监所教育改造、社会帮教安置一体化工作新机制,实现"放出来有人接,接回去有人管,无业有人帮,创业有人扶"的目标,最大限度地减少重新违法犯罪等方面,取得新成效。

一、加强刑释解教重点人员管控措施,确保北京奥运会安全顺利举行

为配合有关部门共同做好奥运会的安全保卫工作,印发《关于做好刑释解教人员帮教安置工作确保奥运会安全稳定的通知》,采取四项措施,加强对刑释解教人员的社会管理,防止他们借奥运之机寻衅滋事制造影响报复社会。

中央综治委刑释解教人员安置帮教工作领导小组办公室组织各地下大力气查找下落不明刑解教人员。专门在杭州召开会议,请有关省市介绍查找的经验作法,分析研究存在的问题,制定对策与措施,下发《贯彻落实中央领导同志批示,做好下落不明刑释解教人员查找登记帮教工作的通知》。公安部结合全国流动人口治安管理专项行动,要求社区和驻村民警重点加强对刑释解教人员的调查核实,凡户籍在本辖区的要专人上门逐人核对,不留死角。各地按照工作部署扎实细致地开展了一系列查找工作:如江西省安帮办、综治办、公安厅、司法厅联合召开全省调查摸底后续工作电视电话会议,要求各级安帮办利用节假日,人们返乡团聚时机积极配合公安机关对下落不明人员和"三假"人员入户查找登记甄别;重庆市安帮办要求各成员单位积极配合乡镇综治办、司法所、派出所与各村居委干部一起摸排,并及时补充完善了个人信息、落实了帮教措施。

二、利用信息手段改进和加强衔接工作,推进监所教育改造与社会帮教安置工作一体化

计划经济时代刑满释放、解除劳教人员,凭释放证明、解除教养证明到户籍所在地的公安机关报到落户,大部分由原单位安排工作,户籍管理、生存需要迫使刑释解教人员返回原籍、原单位,对他们的管控容易到位。市场经济条件下,原单位安置改为市场安置、自主择业,犯人获刑也不再取消户口,政府对他们没有制约的管理措施,因此相当一部分刑释解教人员刑满释放、解除劳教后,流入社会自谋出路。市场经济条件下,改进和加强社会管理的基础在于实现信息化。2008年,下大力气、改善基层帮教组织办公装备,一是商财政部加大对基层司法行政机关财政支持力度,去年财政部给基层司法行政机关的装备经费比上年增长38.25%,为基层帮教工作开展创造有利条件。二是为全国所有监狱、看守所、劳教所,各级司法行政机关安置帮教工作办公室、司法所配置了刑释解教人员帮教安置工作管理软件,为实现刑释解教人员信息网络传递创造必备条件。三是举办了第二次全国各级司法行政机关安置帮教办公室软件使用培训班,并针对软件使用中的问题,组织技术力量改进软件设计。目前,各地按照《关于启用刑满释放、解除劳教人员帮教安置工作管理软件的通知》和《关于刑满释放、解除劳教人员帮教安置工作管理软件使用范围和数据传输有关问题的补充通知》要求，抓紧软件运行工作，北京、天津、河北、山西、辽宁、吉林、上海、江苏、浙江、安徽、福建、江西、山东、河南、湖南、广东、广西、重庆、四川、贵州、云南、陕西、甘肃、青海、宁夏等25个省(区、市)推广使用软件，其中北京、天津、吉林、上海、江苏、安徽、福建、河南等8省市刑释解教人员信息已在全国范围内传递、交换。他们从监狱、看守所、劳教所源头录入服刑在教人员信息，在其刑释解教的前一个月将其基本情况、服刑在教期间表现、掌握的劳动技能、就业意向连同管教干警对他们回归社会的危险性评估，通过该软件直接通报给户籍所在地或者居住地的司法所、公安派出所。基层司法行政机关、司法所、派出所及基层帮教组织根据各自职能做好帮教安置准备工作。

为了实现教育改造帮教安置一体化，司法部按照关于“把刑释解教人员重新违法犯罪率作为衡量监管工作首要标准”的要求，专门召开监狱教育改造工作会议，提出“五加强、三规定、两要求”的硬性指标。即加强对罪犯进行法律常识和认罪悔罪教育，罪犯刑满释放时法律常识教育合格率达到95%以上，符合守法守规条件的达到90%以上；加强对罪犯进行公民道德和时事政治教育，罪犯刑满释放时，道德常识教育合格率达到95%以上；加强对罪犯进行文化教育，文盲罪犯在其入监两年内完成扫盲工作，脱盲比例要达到应脱盲人数的90%以上；加强对罪犯职业教育和技能培训，罪犯刑满释被前，取得职业技能证书的要达到应参加培训人数的90%以上；加强对罪犯进行心理矫治工作，心理矫治的普及率要达到应参加人数的100%。规定从2009年起，凡申报部级文明监狱的，个别矫治的罪犯要达到全体罪犯的90%以上；顽固犯转化率达到50%以上；罪犯出监所前重新犯罪可能性评估率达到100%。要求在罪犯出监所前一个月，监狱要将服刑人员情况和评估意见寄送罪犯原户籍所在地的县级公安机关和司法行政机关。司法部监狱工作管理局已经制定《教育改造罪犯工作目标考评办法》和《考评细则》，把教育改造质量作为考核监狱、监狱领导班子和主要负责人的硬指标；把工作实绩、教育改造成效与干警晋级、奖励结合，增强各级领导干部和广大干警做好教育改造工作的责任感和自觉性。劳教工作管理局加强指导，在全国劳教场所全部建立心理咨询中心，配备专职心理咨询工作干警。公安部以部令形式制定下发《看守所留所执行刑罚罪犯管理办法》，规范了看守所对罪犯的教育工作，并对罪犯刑满释放与安置帮教部门的衔接作出具体规定。

人力资源和社会保障部把刑释解教人员就业纳入国家整体就业工程，积极推动各地加强对监狱、劳教所职业培训工作指导，鼓励有条件的地区与监狱、劳教所合作，组织服刑在教人员参加职业技能培训和职业技能鉴定；深入开展“再就业援助月活动”，落实职业技能培训补贴和职业技能鉴定补贴政策，指导各级公共就业服务机构为刑释解教人员提供免费政策咨询、岗位信息、职业指导和职业介绍；落实优惠政策，鼓励用人单位吸纳刑释解教人员就业。国家工商行政管理总局专门召开全国会议落实广州社会治安综合治理会议精神，要求各地各级工商行政管理部门发挥职能优势，为有意从事个体经营的刑释解教人员送法上门，宣传讲解工商登记、消费维权法律法规、市场信息、经营管理知识及国家对刑释解教人员政策，为申办个体工商户或私营企业的刑释解教人员开辟绿色通道。民政部从福利彩票公积金中拿出2000万元用于发展社区服务基础设施示范性建设，下发《全国和谐社区建设示范单位指导标准》，把安置刑释解教人员就业作为和谐社区重要评价指标，为刑释解教人员就业开发岗位；发动志愿者参与社区帮教安置工作，开展城市社区志愿者注册登记，注册人数达到600多万。共青团中央以“手拉手关爱留守儿童”活动为载体，号召广大团员做好对刑释解教人员子女的帮扶工作。全国妇联把帮教安置工作作为“平安家庭”创建活动重要内容，各级妇联组织抓住“三八”妇女维权周、国际禁毒日、普法日等契机，送法进高墙、送法进社区，对服刑在教和刑释解教人员进行普法教育、心理治疗、技能培训。监所的教育改造工作与社会的帮教安置工作相衔接、一体化迈出重要一步，也初显功效。

三、深入调查研究，及时总结推广工作经验，推动帮教安置工作深入发展

2008年，与中国监狱学会回归社会学专业委员会共同开展了《刑释解教人员再犯罪可能性预测》和《特困刑释人员过渡性救助研究》。选择上海、浙江、广东、广西、湖北、山西、黑龙江等7省(区、市),对2002年度释放后重新犯罪和没有重新犯罪的各100名人员进行了抽样调查,并在山西太原召开了《刑释人员再犯罪可能性预测》理论研讨会,16个省(区、市)的监狱学会、安帮办、大专院校和45篇论文作者参加会议,会议评选出27篇优秀论文。研讨的主要成果一是基本明确了刑释人员再犯罪可能性预测的内涵,二是初步论证了刑释人员再犯罪可能性预测量表制作要件和因素,为全国监狱实施对服刑人员回归社会危险性评估奠定基础。

中国监狱学会回归社会学专业委员会专门组织两个调研组,深入到浙江十里丰等6所监狱和嘉兴等4个司法局及所属的街道司法所,对监狱服刑人员劳动报酬制度、救助特困刑释人员的途径、方法、经费渠道等进行调研,先后召开了5次干警座谈会和4次服刑人员座谈会,调查了63名即将刑释的特困人员。其中,希望政府帮助找一份稳定工作的40人,要求安排修缮住房的3人,解决就业启动资金的2人,解决过渡性生活补贴的9人,落实责任田的4人,仅有5人表示自己能克服困难。调查显示,绝大多数刑释人员回归社会后需要政府各方面的帮助,这为今后进一步研究解决特困刑释人员过渡性救助制度打下基础。

依托中国监狱学会回归社会学专业委员会对浙江省11个地市的18个县(市、区)3521名2002年度刑满释放人员回归社会五年来的户籍申报、社会家庭接纳、安置就业、社会帮教、婚姻状况等5方面情况进行检测调查分析研究。结果表明,刑释解教人员回归社会后的情况总体较好,社会组织和家庭顺利接纳的达到96%、返回原籍落户的达到99%、安置就业的达到835%(私营企业安置为55%)、落实帮教措施达到99%,但已婚的仅为57.4%。

按照中央综治办《关于做好全国社会治安综合治理先进集体和先进工作者评选表彰工作的通知》要求,在广泛征求各地意见的基础上,推荐青岛市司法局、南京市安帮办、安徽省祁门县司法局为先进集体候选单位。完成了2008年度对各省、自治区、直辖市刑释解教人员帮教安置工作考核。

虽然2008年的帮教安置工作取得了一定成绩,各项工作有一定新的进展,但仍然存在问题,主要表现在两个方面:一是各地帮教安置工作开展不平衡,主要原因是部分地区领导重视不够、各相关部门配合不够,不能形成齐抓共管工作机制,基层帮教组织有名无实,帮教工作难以落实。二是各级安置帮教办公室力量不足,经费不足,难以全方位组织开展工作。

十一、学校及周边治安综合治理工作

2008年学校及周边治安综合治理工作概况

2008年学校及周边治安综治工作在党中央、国务院的正确领导下，按照中央综治委的工作部署，紧紧围绕落实党的十七大、十七届三中全会和中央经济工作会议精神，坚持以科学发展观指导工作，积极投入抗击重大自然灾害，大力支持灾区学校重建复课；妥善应对拉萨等地打砸抢烧严重暴力犯罪事件；全力做好北京奥运会、残奥会的安保工作，为实现“平安奥运”目标创造良好的校园和周边环境。学校及周边治安综治工作经受了非同寻常的考验和压力，为各级各类学校改革发展作出了非同寻常的贡献。主要体现在六个方面：

一、各部门分工负责、密切配合，工作合力不断加强

2008年，领导小组各部门做了大量卓有成效的工作。中央综治办把学校及周边治安综合治理工作纳入全局工作统筹安排，指导筹备召开了维护教育系统稳定工作电视电话会议、全国学校及周边治安综合治理工作现场会议，组织协调各地综治机构及时解决影响学校安全稳定的突出问题。教育部发挥领导小组办公室的协调作用，会同各成员部门开展专项整治，通过综合治理大平台加强学校安全稳定工作。发挥思想政治工作的作用，依靠学校各级党团组织做好学校基层综治维稳工作。推进安全文明校园建设，坚持学校安全稳定形势研判和矛盾纠纷排查，认真解决影响稳定的突出问题。组织开展学生安全教育，实施农村寄宿制学校校长安全专题培训，扎实推进学校安全稳定工作。公安部以深入贯彻落实“八条措施”为载体推进工作，打击各类涉校违法犯罪活动，整治互联网上影响青少年学生健康成长的各类有害信息，强化校车管理和学校周边交通安全工作。全国公安机关共破获侵害师生人身财产刑事案件1.2万起，查处治安案件近1.7万起。2008年涉及中小学的刑事案件比2007年减少4235起，同比下降13.8%；交通事故减少3867起，死亡人数减少529人，受伤人数减少3890人，同比分别下降23.9%、19.2%和25.1%。文化部认真履行网吧监管职责，严格审批管理，加强执法力度，引导行业规范发展。据《2008年全国网吧行业调查报告》中有关抽样调查显示，2008年进入网吧的未成年人从2007年的7%下降到4%。国家工商总局开展查处取缔“黑网吧”专项行动，全国工商行政机关共出动执法人员47.4万人次，检查已登记的网吧12.2万户次，查处违法经营5526户，查处取缔“黑网吧”1.3万户，向司法机关移交案件123件。开展防止传销进校园工作，联合教育部向高校赠送《打击传销规范直销知识问答》图书2万余册。住房和城乡建设部科学制定和实施城乡规划，在城市建设改造中尽可能保障中小学校建设用地。加强农村普通中小学校的科学化、规范化建设，颁布了《农村普通中小学校建设标准》，加大对中小学校工程建设和工程质量监督检查力度。在汶川地震灾后过度安置房中优先建设了一批学校用房，做好灾区青少年教育活动场所的使用和安全工作。司法部结合“五五”普法中期检查年工作，加大青少年法制宣传教育工作检查力度，推动法律“进学校”。开展“第五届全国青少年网上普法知识大赛”等多种形式的青少年法制宣传教育活动。加强青少年法律援助工作和未成年服刑、劳教人员等教育矫正工作。新闻出版总署加强学校及周边出版物市场环境治理，严厉打击淫秽色情出版物，大力开展治理盗版教材教辅读物、低俗类和恐怖灵异类音像制品的工作，2008 年共收缴各类非法出版物 8883.7 万件，其中淫秽色情出版物 230.2 万件，盗版教材教辅读物 335.1 万件。共青团中央以“未成年人保护行动”和“为了明天—预防青少年违法犯罪工程”为载体，推进青少年思想道德和法制教育，加强青少年维权和服务，组织动员学生积极参与维护学校安全稳定和学校及周边环境监督整治活动。

二、围绕“平安奥运”目标整体作战，以综合治理推动学校安全稳定工作不断深化

4 月 27 日，中央综治办、中央维稳办、教育部党组、北京奥组委联合召开维护教育系统安全稳定工作电视电话会议，刘延东出席会议并作重要讲话，部署加强学校及周边治安综合治理、深化学校安全稳定工作。6 月 12 日，在武汉召开全国学校及周边治安综合治理工作现场会，对奥运会前开展集中整治行动做出安排。各地党委、政府及时落实工作安排，明确各部门在维护学校安全稳定工作中的任务，督促各部门结合职责开展工作。在地方综治部门的综合协调下，各地综治成员单位认真落实平安奥运的工作部署，协同作战，行动快、落实快，对影响学校安全稳定的问题进行综合治理，组织社会面防范控制，有力地支持和推动了学校安全稳定工作。各地学校及周边综治领导小组及办公室加强了对成员单位的检查、协调和考核，推动成员单位认真履行综合治理的职责。综治平台在维护学校安全稳定中的优势作用得到进一步发挥。

三、突出抓好影响高校稳定矛盾问题的排查化解工作，大量不稳定因素被及时化解在基层和萌芽状态

落实中央综治委关于开展“两个排查”的通知精神，把综治机构统一排查和成员部门分领域排查，学校内部排查和校园周边排查结合起来，持续推动各地和学校开展矛盾纠纷排查化解工作。教育部坚持定期召开形势研判会，掌握各种不安全不稳定动态，及时做出应对拉萨等地打砸抢烧严重暴力犯罪事件影响、抵制“家乐福”活动、地震灾区学校安全问题等工作安排。公安部坚持每周排查影响高校的问题，每月两次向教育部通报排查情况，共同采取措施加强处置工作。据各地上报情况统计，各地学校及周边治安综合治理工作机构开展集中排查行动 147 次，其中北京、天津、上海、辽宁、吉林、黑龙江、江苏、福建、江西、山东、湖南、云南、陕西、青海等 14 个省（市）排查出各类问题和隐患 49642 起（个），93.5% 以上的问题和隐患得到解决，不稳定因素及时化解在基层和萌芽状态，为各级各类学校安全稳定打下坚实的基础。

四、集中开展专项整治行动，影响学校及周边治安环境的一大批隐患得到及时有效整治

通过奥运会前统一的集中整治和各部门的专项整治，各地结合实际，确定打击各类违法犯罪活动的着力点，强化涉校奥运场馆安全保卫，加强地震灾区学校周边治安秩序的管理。学校及周边治安环境持续改善。据各地上报情况统计，奥运会前集中整治行动中，全国共查处涉校治安案件 14658 件、刑事案件 2709 件，查处违法违规经营网吧、游戏厅、录像厅等 8617 家，查处非法盗版、淫秽光盘 9424405 张、非法盗版图书 1093700 册，取缔流动商贩摊点 140858 个，清理钟点房、出租屋 7571 家，影响学校及周边治安环境的一大批隐患得到及时整治。各地持续巩固专项整治和打击犯罪活动成果，坚持边整治边巩固，确保不反弹不蔓延。从上海、山东、江西、湖北等地在政务公开民意调查中显示，群众对学校及周边治安满意率达到 96.5% 以上。

五、深化安全文明校园建设，学校及周边治安综合治理的基层基础不断加强

多种形式交流工作，推动各地学校深化平安建设。北京市在全市高校开展了“平安奥运行动”。江西省建立省、市、县三级安全文明校园创建评估体系，全省高校全部通过平安校园达标。各地学校在平安创建工作中，投入校园及周边治安防控设施建设经费 2.83 亿元，在校园周边增设治安岗亭 1428 个，增设交通标志和交通安全设施等 1.2 万处，进一步加大科技创安力度。深化警校共建、警校共育，各地公安机关向中小学校选派法制副校长或法制辅导员近 1.1 万名。北京、上海、辽宁等地警校共建覆盖面达100%。安全文明校园建设的不断深化,提升了师生文明素养,优化了校园环境,打牢了学校安全稳定的基层基础。

六、加强督导检查,确保各项工作责任和措施进一步落在实处

领导小组办公室推动落实校园周边治安突出问题的整治责任,分别向四川、陕西、宁夏等省发文,协调解决了北京大学、复旦大学、华中科技大学等校的缠访、闹访问题。各地学校及周边治安治理工作部门进一步加大督查工作力度,坚持不懈地推动和改进工作。各地公安机关深入学校进行消防检查52万余次,向学校派驻保安员9862名。据各地报送情况统计,各地学校及周边治安综合治理工作机构成立专项督察组69个,开展学校及周边综合治理的督导检查128次,下发整改通知书1523份,使一些影响社会治安和社会稳定的突出问题得到了有效解决,工作责任制进一步落实。

教育部副部长李卫红在全国学校及周边治安综合治理工作现场会上的讲话

(2008年6月13日)

这次会议,年初就已经列入《2008年全国学校及周边治安综合治理工作要点》。当前,抗震救灾进入新的重要阶段,各级学校及周边综合治理工作部门一手抓抗震救灾、一手抓综合治理工作,各项任务十分艰巨。现在离北京奥运会召开只剩下56天,各项筹办工作已经到了最后关键阶段。这次会议交流工作经验、部署开展专项整治行动,以良好的学校及周边环境为抗震救灾、成功举办北京奥运会做贡献,显得尤为重要、特殊和及时。为开好这次会议,冀平同志专门做出指示并亲自出席会议,待会儿还要作重要讲话。金国同志因有其他公务不能出席会议作讲话,会上将印发他的讲话稿,以通报近期学校及周边治安工作情况,就进一步维护学校及周边治安秩序提出要求。这些都充分体现了对这项工作的高度重视,对各级各类学校广大师生的亲切关怀,我们要认真贯彻落实冀平同志和金国同志的重要讲话精神。

今年以来,各级学校及周边综合治理工作部门集中排查化解影响学校安全稳定的矛盾纠纷,积极推进安全文明校园建设,大力加强基层基础工作,深入落实学校及周边治安综合治理的各项措施。各地在工作实践中创造了很多好做法、好经验,反映了这些年来工作取得的成果,值得学习、借鉴和推广。当前,学校及周边治安的总体形势是好的。但是也应看到,随着北京奥运会的日益临近,境内外敌对势力捣乱破坏的步伐明显加快,国内各种不稳定、不安定因素大量存在,各种可以预见和难以预见的风险日益增多,社会稳定和社会治安面临着前所未有的严峻挑战。目前,境内外各种敌对势力勾连聚合,加紧对我教育系统进行渗透破坏;教育事业改革发展进程中存在一些问题,容易发生不稳定事端;学校及周边治安综合治理工作还存在不少隐患和薄弱环节,侵害师生生命财产安全的违法犯罪活动时有发生。今年在党和国家事业发展进程中是很不寻常的一年,确保北京奥运会和改革开放30周年纪念活动安全顺利举办的各项任务十分繁重艰巨。面对这样严峻复杂的形势,要求学校及周边治安综合治理和维护教育系统稳定工作,不能平铺直叙,不能按部就班。

4月27日,中央综治办、教育部等四部门联合召开维护教育系统稳定工作电视电话会议,中央政治局委员、国务委员刘延东同志出席会议并讲话,强调"目前,周边环境已经成为影响学校稳定的一个重要因素,要集中开展学校及周边治安秩序专项整治行动，共同打造良好的治安环境”。中央综治委学校及周边治安综合治理工作领导小组决定，从现在到奥运会开幕前，集中开展学校及周边治安秩序专项整治行动。各级学校及周边治安综合治理工作部门和学校要从维护稳定的角度出发，把开展专项整治行动作为一项重要的政治任务，坚持突出重点、标本兼治，坚持依法打击、积极预防，坚持齐抓共管、专群结合，进一步强化措施、严格责任、狠抓落实，紧急动员起来、立即行动起来，确保专项整治行动取得实效，为北京奥运会安全顺利成功举办营造良好的校园及周边环境。要通过开展专项整治行动，努力减少各类矛盾纠纷，有效控制刑事治安案件，坚决防止发生重大政治事件和群体性事件。

下面，我就集中开展专项整治行动、切实维护学校安全稳定，谈几点意见。

一、突出重点，明确专项整治行动的主要内容

当前，学校及周边存在的治安隐患和不稳定因素比较复杂。其中，有些问题是一直存在的，要抓持久、务求实效；有些问题是反复出现的，要抓反复、扭转局面；有些问题是今年面临的特殊情况，要出硬招，做细做实。要本着“什么问题突出就整治什么问题，哪里问题突出就整治哪里，什么问题反复就整治什么问题”的原则，确立本地本校专项整治行动的工作重点。

一是严厉打击侵害师生生命财产安全的严重犯罪行为。包括暴力伤害、绑架勒索等严重侵犯师生人身安全的犯罪；抢劫、抢夺、盗窃、诈骗等多发性侵财犯罪；学校周边存在的流氓团伙、黑恶势力；利诱欺骗学生的传销组织等。

二是坚决取缔和清理整顿学校及周边的治安乱点。包括非法经营的网吧、电子游戏室、录像厅、歌舞厅等文化娱乐场所；违规经营的音像书刊点、饮食点等摊点以及出租房屋、违章建筑等；校园内及周边的交通秩序混乱问题，特别是影响师生出行安全的“黑出租”、“黑校车”等。

三是严厉查处社会上损害师生利益的问题。包括非法办学机构和非法招生中介机构、利用介绍勤工俭学、提供实习机会的名义诈骗学生钱财，社会人员因征地拆迁、拖欠工程款等原因到学校聚众闹事、影响学校正常教育教学秩序的问题等。

四是严密防范境内外敌对势力的渗透破坏。包括“藏独”分裂势力、“东突”恐怖势力、“法轮功”和其他邪教、有害气功组织、宗教势力、非政府组织和“民运”组织的渗透破坏活动，特别是要防范恐怖势力和极端分子制造投毒、爆炸等恐怖袭击。

五是全面开展学校及周边安全大检查。重点检查学校及周边安全保卫工作制度和责任是否落实、措施是否到位、应急预案是否建立。要通过检查，及时整改不安全隐患，严格落实各项工作措施，坚决防止发生火灾、建筑物倒塌、拥挤踩踏、食物中毒等安全事故，切实防范暴雨、洪水、雷击、泥石流、山体滑坡等自然灾害。

六是切实加强高校奥运场馆安全保卫工作。有关地方部门和高校要按照奥运安保工作的总体要求和统一部署，加强高校奥运场馆和校园的安全保卫，做好场馆内外突发事件的处置衔接工作，做好场馆周边的交通治理、市容整顿等运行和保障工作，确保实现平安奥运的目标。

此外，还需加强对灾区学校周边治安秩序的管理。有关地方部门和学校要抓紧恢复设立保卫力量，加大对通过搭建帐篷或活动板房、转移安置等方式恢复上课学校的周边治安秩序管理力度，加强对灾区学校食品、饮用水、环境等方面的卫生工作。

二、迅速行动，落实专项整治行动的各项要求

开展专项整治行动，是学校及周边治安综合治理的有力抓手，也是每年的重点工作。在当前的特殊形势下，各地学校及周边治安综合治理工作部门要把这次专项整治行动作为特殊重要的任务，充分借鉴以往的好经验、好做法，全面清查与重点整治、统一行动与分片整治相结合，把这次专项整治行动的各项要求落到实处。

一要深入做好排查工作。各地各有关部门和学校要认真落实中央综治委印发的“两个排查”通知精神，把排查工作放到突出的位置来抓，组织专门工作力量，全方位、多层次、逐地逐校地对学校及周边治安情况进行一次拉网式的调查摸排，切实把各种不安全、不稳定的隐患和问题排查清楚。要认真抓好重点区域、重点群体和重点单位的排查工作，通过走访师生、召开师生代表会议和基层组织负责人会议等办法，扩大排查的覆盖面，不留盲点和死角，为集中整治打下坚实的基础。

对发现的问题，要逐一登记建档、逐一跟踪督办，按照“定部门、定学校、定任务、定人员、定时间、定效果”的要求，逐件分解落实到学校及周边综合治理领导小组的各成员单位、有关学校和责任人。

二要切实加大整治力度。要坚持边排查、边整治和滚动排查、滚动整治的原则，动真格、敢碰硬、攻难关，限期改变一些学校周边的治安混乱面貌、堵塞漏洞、消除隐患。对侵害师生权益的各类违法犯罪行为，要加大破案力度，依法从重处理。对师生反映的实际困难和问题，要坚持尽力而为、量力而行，能够解决的要雷厉风行地去做，一时解决不了的也要把实际情况向师生讲清楚，同时积极创造条件逐步加以解决。对情况复杂、长期没有解决的老大难问题，要积极争取地方党委政府及有关部门的支持，查明原因，分清责任，加大联合执法力度，层层挂牌督办，并组织强有力的工作组，进驻乱点，蹲点整治，做到局面不改、人员不撤、工作不停。部分学校及周边的治安问题虽经整治但仍然存在，要抓住不放、一抓到底，做到不落到实处不松劲、不见到成效不放手，防止推诿扯皮、敷衍了事。

三要严密落实综合防控。要以反恐怖防范工作为重点，落实安全防范、内部治安措施，加大学校及周边的巡逻防控力度，加强对学生宿舍、学生食堂、教学楼、图书馆、实验室等重点部位的防控，加强对水、电、油、气、热、通信等基础设施的防控，确保实时防控、全面覆盖、不留死角。要加强对学校及周边重点人员的管理控制，防止漏管失控，造成危害。要加强校园网、社会网的管理和引导，跟踪分析网上舆情，及时封堵有害信息。要制定和完善奥运会期间各类工作应急预案，在北京奥运会前组织预案演练，特别是开展防火灾、防爆炸、防食物中毒、防疫病爆发、防群体性事件的专门演练，以实战状态审视面临的各种问题。要抓紧完善治安防控体系，大力推进科技防范工作；有效整合巡防力量，注重警校联合、警民联合，组织广大师生有序参与。要明确一线工作人员的岗位职责要求，确保各项工作措施能够通过具体人员的经常性工作，落到实处。

一旦发生突发群体性事件，各地教育部门和高校要在地方党委、政府的统一领导下，依法果断、妥善处置，全力把事态控制在校内。有关部门要加强学校及周边地区的外围控制，加强对新闻媒体、互联网、手机短信的监督管理，为尽快控制和平息事态提供保障。

四要积极加强教育引导。学校不同于社会，学校及周边治安秩序专项整治行动有其特殊性。有关部门要讲究策略、注重效果，在服务学校、关心师生过程中，创造良好的学校及周边治安环境。要完善并落实定期联系学校、联系师生的工作制度，搭建多种形式的沟通平台，使师生提出的诉求能够通畅表达，师生反映的问题能够及时解决。要坚持依法、及时、就地解决问题和疏导教育相结合的原则，充分发挥党的思想政治工作优势，解疑释惑，理顺情绪，从实际出发，妥善解决问题。要强化师生法制宣传教育，提高师生的守法自律意识，有效预防违法违纪行为。要针对青年学生在国家利益、民族尊严等问题上表现出来的爱国热情，加强和改进思想政治教育，正确把握教育引导的分寸和方式，既要切实保护好、培养好，也要给予正确引导，防止误入片面偏激。

五要适时组织督导检查。中央综治委学校及周边综合治理工作领导小组将组织督导组，到重点地区、重点单位进行督查，并将把这次专项整治行动的工作情况和实际成效，作为今年学校及周边治安综合治理工作考核的重要依据。各省级领导小组要组织督查组，包片指导，跟踪督查，及时掌握工作进度，协调解决重大问题。要对照问题台账，采取全面督导、随时抽查、明查暗访和重点检查等多种形式，检查措施是否落实，整治是否取得实效。专项整治行动结束后，各地要逐级上报工作情况，逐级进行检查验收和总结奖惩。

三、狠抓落实，确保专项整治行动取得实效

集中开展专项整治行动、全力维护当前和北京奥运会期间的学校及周边治安秩序，是对各级学校及周边治安综合治理工作部门的一次重大考验。面对艰巨、繁重的工作任务，我们只有脚踏实地、埋头苦干，在抓好落实上狠下功夫，才能向党和人民交上一份满意的答卷。

第一，加强组织领导。参加会议的各位同志，既是这次专项整治行动的领导者，又是组织者、落实者。会后，各地领导小组要抓紧向当地党委、政府汇报本次会议精神，结合实际，制定专门的工作方案,组织专门的工作力量,尽快对专项整治行动做出具体部署,并抓紧组织实施。各有关部门负责同志要亲自主持研究、亲自动员部署、亲自督促检查,及时帮助解决工作中的困难和问题。要完善党政领导干部“一岗双责”责任制,确保领导责任到位、组织措施到位、协调指导到位,做到不消除隐患决不放过,不解决问题决不放过。

第二,落实工作责任。要按照中央综治委印发的《各有关部门在学校及周边治安综合治理工作的职责任务》(综治委[2002]17 号)精神,把专项整治行动的各项任务,落实到部门(单位)、落实到责任人。各地综治办、公安、教育、司法、文化、信息产业、建设、新闻出版、工商行政管理和共青团等部门要充分发挥各自的职能作用,把专项整治行动纳入本系统、本单位的工作中,做到齐抓共管、步调一致、行动迅速、效果明显。各地领导小组办公室要充分发挥综合协调作用,密切与各成员单位的沟通与协调,加强督促检查,及时推广好经验、好做法,推动工作措施的落实。各级各类学校要坚持守土有责,做好校园内部治安环境整治工作,确保校园安全稳定。

落实工作责任,必须把严格实施责任追究作为关键环节和保障手段。要按照属地管理和“谁主管、谁负责”的原则,把专项整治行动的开展情况和实际效果与责任人的政绩、晋职晋级、奖惩等挂钩,层层分解责任,严格兑现奖惩。对工作不落实的,要严格追究直接责任人和有关领导的责任;对整治行动开展不力、整治成效不明显、出现重大或恶性事件的,坚决落实考核“一票否决”。

第三,巩固整治成果。学校及周边治安综合治理是一项长期任务,要把开展专项整治行动与抓好经常性工作结合起来,持之以恒、坚持不懈,通过健全机制、完善制度来巩固整治成果。要坚持集中整治与巩固提高并举,强化日常管理,深化安全文明校园建设,加强学校及周边安全保卫队伍和安全设施建设,完善学校安全工作制度,充分发挥基层党组和党员在这项工作中的战斗堡垒作用和先锋模范作用,建立健全维护校园及周边治安秩序的长效管理机制。要加强预测、预警分析,拓展信息来源,畅通信息渠道,严格信息报送的时限要求。要细化目标管理责任制度,完善会议制度、情况通报制度、定期考评制度等,逐步形成持续稳定的工作机制。要加大专项整治行动的宣传力度,形成全社会共同关心维护学校及周边治安的浓厚氛围。

同志们,集中开展学校及周边治安秩序专项整治行动,维护学校安全稳定,任务艰巨,责任重大。各地各有关部门和学校要认真贯彻落实本次会议精神,以更加务实的精神,更加昂扬的斗志、更加得力的措施,精心组织,扎实工作,切实开展好这次专项整治行动,为北京奥运会的安全顺利举办贡献力量。

十二、流动人口治安管理工作

2008 年流动人口服务和管理工作概况

2008 年,各地各有关部门要深入贯彻党的十七大精神,以科学发展观为统领,紧紧围绕全面建设小康社会的新要求,认真落实《中共中央办公厅、国务院办公厅关于转发 < 中央社会治安综合治理委员会关于进一步加强流动人口服务和管理工作的意见 > 的通知》(厅字[2007]11 号)要求,坚持“公平对待、搞好服务、合理引导、完善管理”的方针,深化流动人口服务和管理措施,推动建立和完善工作长效机制,促进流动人口同当地居民和睦相处,服务和推进社会主义和谐社会建设。

一、完善流动人口服务措施

加强流动人口子女义务教育工作,流入地要将流动人口子女义务教育纳入当地公共教育体系和教育事业发展规划,合理规划学校布局,充分挖掘现有公办学校潜力,依法保障流动人口子女平等接受义务教育。要将流动人口子女义务教育经费列入财政预算,按照学校实际在校人数拨付各项经费,支持接收流动人口子女较多地区的学校改善办学条件。加强农村寄宿制学校建设,组织开展中西部农村初中校舍改造工程,进一步解决农村留守儿童寄宿问题。坚决纠正学校违反国家规定向农民工子女加收借读费和其他任何费用的做法。逐步为流动人口提供与当地居民同等的公共卫生和基本医疗服务,加强流动人口集中居住地的食品卫生安全监督和疾病预防控制工作,落实流动人口子女计划免疫和重大传染病控制措施。完善流动人口计划生育以流入地为主、流出地和流入地协调配合的服务和管理体制,按照“属地化管理,市民化服务”的原则,落实流动人口、农民工计划生育便民维权十项措施,继续开展流动人口计划生育“关怀关爱”专项活动,保障流动人口计划生育奖励优惠政策落实率达到 98% 以上,免费技术服务措施落实率达到 60% 以上。多渠道改善流动人口居住条件,在流动人口相对集中、条件允许的地方,推广集中住宿、集中管理的模式,采取政府扶持、市场运作的办法,兴建流动人口公寓。推动各类文化活动场所向流动人口开放,开展“送文体进工地、进宿舍、进社区”活动,丰富流动人口业余文化生活。进一步做好流动人口集中外出、返乡期间的运输工作,加强安全管理,提高服务质量。深化户籍管理制度改革,以具有合法固定住所为基本落户条件,调整户口迁移政策,允许符合条件的流动人口在经常居住地落户,引导流动人口融入当地社会。对于农民工中的优秀共产党员、劳动模范、先进工作者和高级技工、技师以及其他有突出贡献者,优先准予落户。改革现行暂住证、流动人口婚育证明等管理制度,逐步建立统一的流动人口居住证制度。

二、推进维护流动人口权益工作

流入地、流出地要定期、有针对性地对流动人口开展法制宣传,引导他们依法表达利益诉求。加强人民调解、行政调解、司法调解,完善矛盾纠纷调处机制。贯彻《劳动争议调解仲裁法》,及时处理涉及农民工的劳动争议。加大非公有制企业工会建设力度,最大限度地组织农民工加入工会。充分发挥工会的作用,建立健全工会组织领导下的维权机制。加强法律援助工作站建设,方便流动人口就近申请法律援助。组织引导法律服务机构和人员开展流动人口义务法律咨询活动，鼓励有条件的法律服务机构开通流动人口法律咨询热线，积极做好涉及农民工劳动争议的调解、仲裁和诉讼案件的代理及法律援助。引导农民工按照依法自愿有偿原则流转土地承包经营权，加强农村劳动力输出地的土地流转规范管理，完善土地承包纠纷调处机制，妥善解决侵害农民工土地承包权益等突出问题。完善流入地与流出地法律援助机构之间在申请移送、案件调查取证、送达法律文书等方面的协作机制，保障流动人口获得及时高效的法律服务。积极探索引入强制执行公证，发挥公证在促进解决农民工工资、劳动报酬、还款协议、给付事故赔偿（补偿）等方面的作用。推进“千校百万”进城务工青年培训基地建设，发挥12355青少年服务台作用。组织“青少年维权岗”和青年志愿者开展维权服务。以留守人员和农民工家庭为重点，加快建设妇女法律帮助机构、“流动妇女平安之家”等基层工作阵地，不断深化“平安家庭”创建活动。继续推进农民工参加工伤保险和基本医疗保险，完善农民工工伤预防、工伤认定、劳动能力鉴定、工伤待遇补偿、医疗保险等政策，抓紧研究农民工养老保险办法，努力解决好农民工的社会保障问题。充分发挥商业保险在社会保障体制中的补充作用，为农民工提供多层次的保险服务，积极发展保费低廉、保障适度、交费灵活的意外伤害保险以及医疗保险和养老保险，更好地满足农民工的保险保障需求。进一步改进和创新城市生活无着的流浪乞讨人员救助管理工作模式，落实和完善对流浪儿童、智障人员和精神病人的保护性救助。实施流浪未成年人救助保护机构建设项目，制定和完善流浪未成年人救助保护法规和流浪乞讨人员救助管理办法。坚决依法严厉打击组织、教唆、强迫流浪未成年人乞讨的操纵者、组织者。

三、优化流动人口就业环境

贯彻《就业促进法》，继续清理和取消针对流动人口就业的歧视性政策、不合理限制和收费项目。继续推进统筹城乡就业试点，探索建立城乡劳动者平等就业制度。加强公共就业服务网络体系建设，完善公共就业服务制度，为农民工免费提供求职登记、就业信息、政策咨询、职业介绍服务。继续加强劳务输出地和输入地的协作配合，提高劳务输出的组织化、有序化程度。进一步完善并落实农民工培训和技能鉴定补贴政策，组织农村劳动者参加多层次、多形式的职业培训，鼓励农民工参加职业技能鉴定，提高就业能力和技能水平。继续组织开展“春风行动”和人力资源市场秩序清理整顿，加强对职业中介机构的管理，坚决取缔非法职业中介组织，加大对诚信、优质职业中介机构的推介力度。对于以农民工为主的建筑企业，要加快成建制劳务队伍建设，杜绝使用“包工头”。以农民工集中的行业为重点，继续抓好“全面推进劳动合同制度实施三年行动计划”的贯彻落实，指导并督促用人单位与农民工签订劳动合同，规范用工管理。组织开展《劳动合同法》执法检查，重点监督检查用人单位与农民工签订劳动合同和支付农民工工资情况，完善工资支付监控和工资保证金制度，防止农民工工资拖欠。加强劳动保障监察机构队伍建设，提高劳动保障监察执法能力，加强日常巡视检查，及时处理农民工的举报、投诉，严肃查处使用童工、拖欠农民工工资、强迫农民工超时劳动、违反女职工和未成年工特殊劳动保护规定等违法行为。加大对用人单位特别是高危行业职业安全卫生监督检查力度，严肃查处侵害农民工安全卫生合法权益行为。积极发展高危行业安全生产责任保险，充分发挥保险费率杠杆的激励约束作用，强化事前风险防范，减少灾害事故发生，提高安全生产水平。

四、提高流动人口服务和管理工作社会化水平

积极构建以社区为依托的流动人口服务和管理平台，充分整合社会资源，完善流动人口服务和管理网络。加强协管员队伍建设，逐步将其纳入政府公益性岗位。结合平安创建活动，积极发挥基层组织和城乡治保会、单位保卫组织、调委会、治安联防队等群防群治队伍的作用，协助做好流动人口服务和管理工作。加强对流动党员、团员的管理，有关部门在办理流动人口暂住登记、暂住证、人才（用工）招聘和计划生育登记中，都要增加“政治面貌”内容，以发挥共产党员和共青团员在流动人口服务和管理中的模范带头作用。对有关登记工作中，尚未登记政治面貌内容的，要抓紧进行补充登记，力争于6月底前完成。坚持“谁用工、谁负责”的原则，指导、督促企事业单位落实对本单位外地员工管理的主体责任，建立完善管理制度。指导、督促雇用外地员工较多的企事业单位配备一定数量的协管员，做好外地员工信息采集、登记发证及法制宣传教育等日常管理和服务工作。深入开展流动人口“维护社会治安志愿者筑城行动”，支持和鼓励流动人口与社区原有居民成立形式多样的慈善组织、群众性文体组织、科普组织、计划生育协会组织和为老年人、残疾人、困难群众提供生活服务的组织，引导流动人口在参与各种活动中实现自我服务、自我管理和自我提高。推进农村留守儿童之家、留守和流动妇女儿童家长学校等阵地建设，探索建立推动农村留守儿童和城市流动儿童工作的长效机制。

五、促进流动人口服务和管理信息化建设和应用

大力推进暂住人口、出租房屋、旅馆业、人力资源市场、计划生育、流浪乞讨人员等流动人口相关信息管理系统建设。借鉴并推广河南等地的经验，推动在东部地区和有条件的中西部地区，按照“统一规划，统一标准，联合共建，数据共享”的原则，在省、市两级构建包括信息采集、整理传递、分析预测、定期发布在内的流动人口综合动态信息管理平台，促进暂住登记、计划生育、劳动就业、房屋租赁登记备案、税收征管等信息资源跨部门、跨系统共享，提高综合管理效能。按照“完整、准确、鲜活”的要求，扩大流动人口各类信息的采集渠道，将采集点延伸至企业、村(居)委会、社区，努力实现信息的实时采集、及时更新。建立健全信息采集、录入、变更、传输等工作规范和信息考核办法，落实相关人员的信息工作责任。加强对基层流动人口服务和管理工作人员的业务培训，使其熟练掌握信息系统操作技能，不断提高信息应用水平。

六、强化流动人口治安管理

结合北京奥运会安全保卫工作，组织开展流动人口和出租房屋登记摸底行动，以底数清、情况明为目标，对流动人口和出租房屋全面摸底排查，强化对流动人口中可能危害社会治安的高危人员的管理控制，完善管理长效机制。加强对经批准外出的社区服刑人员的监督管理，防止他们重新违法犯罪。制定《房屋租赁管理办法》，规范和强化房屋租赁登记备案制度，健全“以房管人”的工作机制，落实出租房屋管理措施。加大对中小旅馆、废品收购站点、劳务市场、公共娱乐场所等流动人口容易聚集的场所、部位的日常检查力度，坚决取缔非法经营场所，严肃查处违法经营行为，切实规范经营活动。结合“打黑除恶”、打击“两抢一盗”专项行动和开展禁毒人民战争，严厉打击流动人口中涉黑涉恶犯罪以及带有明显区域特点和职业特点的团伙犯罪。及时发现和掌握流动人口中危害国家安全和社会政治稳定的活动和线索，密切关注流动人口中维权组织的有关情况，积极防范、严厉打击境内外敌对势力和少数别有用心人员利用流动人口或流动人口维权组织对我进行渗透破坏活动。严密人口流动高峰时期的巡逻防控，及时消除安全隐患，确保道路交通安全畅通，严厉打击混迹于流动人口中的违法犯罪分子。

十三、中央社会治安综合治理委员会成员单位参与社会治安综合治理工作情况

中纪委　监察部

2008年全国纪检监察机关参与社会治安综合治理工作情况

2008年，各级纪检监察机关认真贯彻落实全国社会治安综合治理工作会议精神，继续把深入开展党风廉政建设和反腐败斗争与开展社会治安综合治理工作紧密结合起来，进一步形成反腐倡廉与社会治安综合治理良性互动的局面。定期参加综治委的联席会议和有关工作会议，积极参加党委、政府和综治委组织的社会治安综合治理专项检查，对各地各部门在深化平安建设中有令不行、有禁不止的行为及时予以纠正，促进社会治安综合治理工作措施的落实。同时，结合履行纪检监察工作职责，在社会治安综合治理工作中积极发挥作用，主要做好以下几方面工作：加强信访举报工作，化解社会矛盾和纠纷；深入开展纠风专项治理，认真解决损害群众利益的突出问题；保持查办案件强劲势头，努力消除党员干部违纪违法行为带来的社会不稳定因素；强化监督检查，严格责任追究，促进社会治安综合治理各项措施的落实。

一、加强专项治理，着力解决损害群众利益的突出问题

2008年，各级纪检监察机关积极会同有关部门把涉及民生的突出问题纳入专项治理范围，深入开展治理教育乱收费、纠正医药购销和医疗服务中的不正之风以及治理涉农负担等专项治理工作，坚决维护群众的切身利益，促进社会和谐。

中央纪委监察部会同教育部继续推进义务教育阶段改制学校清理规范工作。深入实施“阳光招生工程”，高校招生收费行为进一步规范。各地清理和废止违规收费项目2405个，查处各种乱收费问题涉及金额4亿多元，对3067人给予党纪政纪处分或其他处理。进一步加强对医疗机构和医务人员的监管，规范医疗服务和收费行为。协调有关部门制定《关于进一步规范医疗机构药品集中采购工作的意见》。全国21个省（区、市）约1.4万家医疗机构实行了网上药品集中采购，总金额达1091.4亿元。会同农业部等部门开展农民负担检查，各地取消、降低一批涉农收费项目和标准，清理涉农收费文件2477个、项目5038个。纠正涉农乱收费、乱罚款和各种集资摊派问题，减轻农民负担15.07亿元。查处公路“三乱”问题1687件，给予党纪政纪处分或其他处理2176人。对电信、供电、供水、供暖、供气和金融等公共服务领域存在的行风问题进行治理，重点解决利用不平等条款强制服务、指定服务和乱收费等问题。清理行业协会和市场中介组织违规收费项目1755个，查处违规问题1543件、涉及金额1.2亿元。通过这一系列专项治理工作，减少了社会矛盾的发生，一定程度上降低了发生社会治安问题的风险。

二、严肃查处违纪违法案件及重特大事故案件，努力消除社会不稳定因素

2008年，全国各级纪检监察机关以查办发生在领导机关和领导干部中的案件为重点，严厉查办官商勾结、权钱交易和严重侵害群众利益的案件。2008年，各级纪检监察机关共立案128516件，共给予党纪政纪处分133951人，涉嫌犯罪被移送司法机关处理4518人。各级监察机关还积极配合司法机关和行政执法部门，严肃查办工程建设、土地出让、政府采购、产权交易等重点领域的商业贿赂案件。全国共查办商业贿赂案件17506件、涉案金额39亿元。

2008年，全国安全生产形势继续保持总体稳定的发展态势，但重特大事故发生数量和死亡人数同比出现了反弹，给人民群众生命财产安全造成了重大损害，也给社会治安带来了不稳定因素。各级监察机关进一步加大事故责任调查处理力度，强化行政问责，努力实现责任追究政治效果、社会效果和法纪效果的统一。监察部直接参加了16起(含2007年度发生但未办结的6起)特别重大事故的调查处理工作，已办结4起，共移送司法机关处理34人，给予党政纪处分88人，其中厅(局)级干部1人、县(处)级干部17人(不含企业人员)。对山西省临汾市洪洞县瑞之源煤业有限公司“12·5”特别重大瓦斯爆炸事故、山西省襄汾县新塔矿业公司尾矿库“9·8”特别重大溃坝事故、广东深圳“9·20”特别重大火灾事故、河北省蔚县李家洼煤矿新井“7·14”特别重大炸药燃烧瞒报事故以及三鹿奶粉重大食品安全事件背后存在的失职渎职行为和腐败问题，进行了认真核查处理。通过认真查处重特大事故事件背后的违纪违法问题，严肃追究相关人员责任，降低了重特大事故事件带来的社会危害，减少了因事故事件引起社会治安问题的隐患。

三、做好信访举报工作，维护社会和谐稳定

2008年，中央纪委监察部共收到信访举报42万余件次，其中接待来访2.8万余批(次)，通过不断加大交办力度、全面加强督办工作、认真开展直查快办等形式，督促有关地方和部门认真解决群众反映的突出问题，着重办理领导干部违法违纪以及损害群众利益的突出问题。各级纪检监察机关加大工作力度，一些典型信访案件的查处产生了良好的社会效果。

2008年6月26日，全国纪检监察机关正式开通统一举报电话12388。这是继2005年7月中央纪委、监察部开通网上举报以来拓宽信访举报渠道、充分发挥群众监督作用的又一重要举措。12388举报电话开通之初，来电数量激增，目前举报电话数量已经趋于稳定，各地方举报电话运行顺利，举报电话方便快捷的优势得到了较好的发挥。通过12388举报电话这个平台，各级纪检监察机关有效解决了大量信访问题，及时妥善地处理了一些紧急情况，为维护社会稳定发挥了积极作用。

2009年，中央纪委监察部和地方各级纪检监察机关要在党中央、国务院的领导下，深入贯彻落实党的十七大和十七届三中全会精神，按照第十七届中央纪委第三次全会和国务院第三次廉政工作会议的部署和要求，把开展党风廉政建设和反腐败斗争与开展社会治安综合治理工作紧密结合起来，全面履行纪检监察工作职责，积极参与综治工作，为全面落实科学发展观，构建社会主义和谐社会，维护社会长治久安做出新的贡献。

最高人民法院

2008年最高人民法院和地方各级人民法院参与社会治安综合治理工作情况

2008年，在以胡锦涛同志为总书记的党中央坚强领导下，在全国人大和地方各级人大及其常委会的有力监督下，最高人民法院和地方各级人民法院深入贯彻落实科学发展观，坚持“党的事业至上、人民利益至上、宪法法律至上”的工作指导思想，坚持为大局服务、为人民司法，忠实履行宪法和法律赋予的各项职责，以审判、执行职能的全面发挥为立足点，将人民法院工作放在保证国家稳定、社会和谐的大局中去思考谋划，积极参与、推动社会治安综合治理工作，主动深入开展平安创建活动，为构建和谐社会，维护国家和社会稳定，有效应对金融危机的不利影响提供了有力司法保障。2008年，最高人民法院受理案件10553件，审结7725件，同比分别上升29.53%和24.20%；全国法院受理各类案件10711275件，比2007年上升10.91%。其中，当年新收各类案件和执行案件9904588件，审结9839358件，分别比2007年上升11.90%和11.17%。

一、正确适用法律和宽严相济刑事政策，努力做好各类刑事案件审判工作，维护社会稳定

2008年，最高人民法院和地方各级人民法院正确适用法律和宽严相济刑事政策，以认真做好刑事案件的审判工作作为维护国家安全和社会稳定的着力点和重点，有力促进了社会治安综合治理工作的开展。依法严惩了危害国家安全犯罪、严重危害公共安全犯罪、严重暴力犯罪、黑恶势力犯罪、毒品犯罪、多发性侵财犯罪、危害食品、药品安全犯罪、涉众型经济犯罪、职务犯罪等。依法审结拉萨“3·14”打砸抢烧严重暴力犯罪案件，有力打击了分裂势力和暴力犯罪分子，保持了对境内外敌对势力、民族分裂势力、暴力恐怖势力、宗教极端势力的高压态势。全国各级法院共审结一审、二审、再审刑事案件866819件，同比上升6.24%。其中，故意杀人案件12683件，故意伤害案件122238件，抢劫案件71512件，绑架案件2454件，盗窃案件202475件，走私、贩卖、运输、制造毒品案件38953件，强奸案件20733件，寻衅滋事案件19555件，贪污案件8251件，受贿案件8650件，生产、销售伪劣商品案件1529件等。判处罪犯1007304人，其中，判处五年以上有期徒刑至死刑的罪犯159020人，占生效人数的15.77%。在从严打击特定犯罪的同时，对于具有法定从轻、减轻处罚情节的，依法从宽处理；对于具有酌定从宽处罚情节的，依法予以裁量，最大限度地减少社会对立面。坚持惩罚犯罪和保障人权并重，确保无罪的人不受刑事追究。2008年，全国各级人民法院依法判处五年以下有期徒刑463166人，占生效人数的45.92%；拘役73183人，有期徒刑、拘役缓刑249111人，管制18065人，单处附加刑27447人，缓刑、拘役管制及单处附加刑367806人，占生效人数的36.46%；免予刑事处罚17312人，宣告无罪1373人。

二、积极参与多项综合治理专项斗争，净化社会环境

作为中央社会治安综合治理委员会成员单位，最高人民法院积极参与并及时指导地方各级人民法院参与打黑除恶、禁赌禁毒等专项斗争。认真贯彻落实全国继续深化打黑除恶专项斗争电视电话会议及中央有关领导、王胜俊院长重要批示精神，及时研究部署专项斗争的各项具体工作。先后召开了最高法院打黑除恶专项斗争工作领导小组会议、最高法院各刑事审判庭“打黑除恶”工作联络员会议。有关领导先后多次到广东、湖北、江苏、黑龙江等地进行调研,召开打黑除恶工作会议,听取各有关部门的意见和建议。两次组织对法院系统打黑除恶工作成绩和重大典型案件进行集中宣传报道,参与拍摄了打黑除恶内参片,编写了《黑社会性质组织犯罪案件办案手册》,起草、修改、完善了《全国法院审理黑社会性质组织犯罪案件座谈会纪要》,听取了全国人大法工委等有关部门的意见和建议,有效配合和推动了全国社会治安综合治理工作的开展。

为保护人民群众的身体健康和生命安全,积极配合有关部门开展整顿治理医疗管理秩序和采输血液、防治艾滋病传播等专项斗争和工作,及时制定司法解释,发布了《关于审理非法行医刑事案件具体应用法律若干问题的解释》、《关于办理非法采供血液等刑事案件具体应用法律若干问题的解释》,有效维护了医疗秩序,加大了对非法行医和非法采供血液刑事犯罪的惩处力度。

三、加强司法指导,努力应对突发公共事件

2008年,最高人民法院针对"5·12"四川汶川特大地震灾害、"三鹿牌婴幼儿奶粉"事件等突发公共事件,及时制定司法应对措施,向有关部门提出司法建议,主动配合做好救灾、灾后恢复重建和事件处理工作。"5·12"汶川地震发生后,最高法院多次派出调研组深入四川灾区,针对抗震救灾和灾后重建中出现的法律问题提出法律应对意见,发布了《最高人民法院关于依法做好抗震救灾期间审判工作切实维护灾区社会稳定的通知》、《最高人民法院关于依法做好抗震救灾恢复重建期间民事审判和执行工作的通知》、《最高人民法院研究室关于四川汶川特大地震发生后人民法院受理宣告失踪、死亡案件应如何适用法律问题的答复》、《最高人民法院关于处理涉及汶川地震相关案件适用法律问题的意见(一)》以及《最高人民法院关于处理涉及汶川地震相关案件适用法律问题的意见(二)》五个指导性文件,解决灾区出现的法律问题。这些指导性文件为灾区社会稳定、灾区人民群众的合法权益提供了有力的司法保障。全国各级法院齐心协力,支援抗震救灾。地震灾区法院克服困难,一手抓抢险救灾,保护群众生命财产安全,一手抓审判工作,及时惩罚犯罪、调处纠纷,为灾区恢复重建、保持社会稳定发挥了积极作用。

"三鹿牌婴幼儿奶粉"事件发生后,最高法院及时研究司法对策,提出了《最高人民法院关于对婴幼儿奶粉事件相关法律问题初步研究意见的报告》。全程参与了奶粉事件处置法律应对的主要工作,为圆满解决患儿赔偿问题作出了应有的贡献。最高法院提出的许多意见和建议在国务院的处置方案中得到体现和落实,如关于在国家处理婴幼儿奶粉事件领导小组下成立民事赔偿小组的建议,关于赔偿范围和赔偿标准的建议,关于赔偿资金筹集渠道的建议,关于建立后续医疗保障基金的建议,等等。

积极为北京奥运提供司法保障。应北京奥组委的要求,最高法院认真研究国际奥委会体育仲裁庭在北京设立仲裁庭事宜,经与有关部门协调同意,最高法院向奥组委发出了允许体育仲裁庭在北京设立仲裁庭对奥运比赛事项进行仲裁的函,并以最高法院名义下发通知,要求五个奥运项目比赛地的人民法院不对奥运仲裁案件进行审查和执行,确保了奥运会的顺利进行。各级法院积极参与"平安奥运行动",依法审理涉及奥运会的各类案件,配合有关部门加强矛盾纠纷排查化解工作,为北京奥运会、残奥会的成功举办营造良好社会环境。

四、继续改革和完善死刑核准制度,确保死刑案件质量

2008年是最高人民法院统一行使死刑案件核准权的第二年,也是巩固死刑案件核准权改革成果、从平稳过渡到持续稳定发展的关键一年。为确保死刑案件质量,始终坚持公正审判的原则,更加强化了各个环节的工作责任制,开展案件质量评查和绩效考核活动,坚持和改进交叉阅卷和提讯被告人制度,严格把好事实关、证据关、程序关和法律适用关,保证了万无一失。发布了《最高人民法院关于适用停止执行死刑程序有关问题的规定》、《关于充分保障律师依法履行辩护职责确保死刑案件办理质量的若干规定》(与司法部联合签发)。根据各地区的不同特点,进一步统一了各地法院对死刑政策和宽严相济刑事政策的认识、明确了死刑适用的法律、政策标准、证据证明标准以及裁判标准,加强了分类指导,对复核死刑案件的裁判方式做了进一步改革,完善死刑核准程序,做到了依法严格、慎重、公正地复核死刑案件,确保了死刑案件的审判质量。

五、重视民生案件审理,完善便民利民措施,促进社会稳定和谐

全国法院高度重视涉及民生案件的审理,不断满足人民群众对司法工作的新要求新期待。2008年,审结民商事案件5934762件,比2007年上升15.38%;行政案件141972件,比2007年上升7.00%。依法保护公民人身财产权益,审结人身损害、宅基地纠纷、相邻关系、财产权属确认等案件1154946件,标的额2181.86亿元。认真执行劳动合同法,审结劳动争议案件286221件,同比上升93.93%。着力化解涉及群众切身利益的重点难点问题,审结涉及医疗、住房、消费者权益保护等案件576013件,同比上升45.08%。依法保护妇女、儿童、老人的合法权益,促进家庭和睦,审结婚姻、赡养、抚养、继承等案件1320636件。

强化司法保障,健全和完善了多项司法便民措施,先后发布了《最高人民法院关于发挥行政审判职能作用为保障和改善民生提供有力司法保障的通知》、《关于为推进农村改革发展提供司法保障和法律服务的若干意见》等多个司法指导性文件。继承和发扬"马锡五审判方式",深入基层,巡回审判,就地办案,方便群众诉讼,减轻群众负担。推出17条新的便民措施,不断完善司法为民工作机制。地方各级法院改进案件受理工作,建立诉讼服务中心,为群众提供导诉、答疑、调解等"一站式"服务。采取上门立案、预约开庭、减免诉讼费等措施,为老年人、残疾人提供方便。设立案件查询系统,为当事人提供便捷服务。调整由基层法院集中立案的规定,推行人民法庭直接受理案件,有条件的实现了网上预约立案、电子签章。2008年,全国人民法庭共审结各类案件2183722件,标的额779.51亿元,同比分别上升13.23%和31.47%。

六、高度重视调解,化解各种矛盾纠纷

全国法院注重转变审判观念,善于运用调解手段化解矛盾纠纷,寻求社会效果和法律效果的高度统一,促进社会和谐。坚持"调解优先、调判结合"原则,把调解贯穿于立案、审判、执行的全过程。全面推进民商事案件调解工作,探索建立轻微刑事案件调解制度,加大刑事附带民事案件调解力度,充分发挥行政案件协调机制的作用。创新调解方式,加强审判工作与人民调解、行政调解、仲裁等方式的衔接,合力化解矛盾纠纷。发挥行业协会、专业部门、社团组织等社会力量化解矛盾纠纷的作用,完善多元纠纷解决机制。加强对人民调解组织的工作指导,依法确认人民调解协议的效力。2008年,各级法院经调解结案的民事案件3167107件,占全部民事案件的58.86%。

七、全力破解执行难,维护司法权威,减少不安定因素

最高人民法院积极构建执行工作长效机制,将执行工作纳入社会治安综合治理工作之中,建立通过公安机关查找被执行人的工作机制推进国家联动威慑机制建设。在新民事诉讼法颁布后,最高法院制定出台了《最高人民法院关于适用〈中华人民共和国民事诉讼法〉执行程序若干问题的解释》,与中央政法委组织召开了全国集中清理执行积案电视电话会议,在最高人民法院成立了全国清积活动领导小组办公室,开展了为期11个月的集中清理执行积案专项活动。全面排查执行积案,针对执行难的诸多原因,进一步加大执行力度,完善提级执行、委托执行、异地执行等措施,会同公安、工商等部门,实行部门联动和地区联动,依法查处拒不执行、暴力抗拒执行等行为。完善信息管理系统,采取公开被执行人失信记录、强制申报财产、限制被执行人出境等措施,敦促被执行人履行义务。进一步规范执行秩序,对执行管辖、强制措施等予以规范。健全高级人民法院统一管理、统一协调的执行工作管理体制,强化执行环节之间的监督制约,确保执行公正。2008年,全国各级法院执结案件2225419件,执行标的额同比上升33.31%。

八、认真做好涉诉信访工作,最大限度减少社会矛盾

2008年,全国法院从国家和社会长治久安的大局出发,采取多种有力措施,着力化解涉诉信访压力。与往年相比,2008年是全国法院抓信访工作力度最大的一年,王胜俊院长亲自写信给各高级法院院长,要求重视立案信访工作,最高法院调入了法官和人员增强处理涉诉信访力量。全国法院继续全面实行"定领导"、"定承办法官"、"定时间"、"定措施"、"包息诉"的"四定一包"工作模式，采取“与卷见面”、“与原审法院见面”、“与当事人见面”的“三见面”案件甄别方式，严格落实工作责任制。各级法院逐步形成了“上下左右联动”的工作格局，逐步清理上访老户，使法院信访工作以接待重复上访为主逐步转变为以接待新访为主的良性循环。坚持质量与效率并重的原则，突出重点，科学配置审判资源，探索建立长效工作机制。最高人民法院成立14个督导组，分赴各地督促指导，实行领导包案、带案下访、督促考核等制度，共排查处理重点信访案件36727件。建立信访案件监督协调机制，完善判后答疑制度，推行申诉听证制度，有效疏通申诉上访渠道，引导群众理性表达诉求。进一步落实信访工作责任制，坚持一手抓办案质量，从源头上预防涉诉信访的发生；一手抓涉诉信访的处理，在“事要解决、息诉罢访”上下功夫。经过各级法院的共同努力和全社会的广泛支持，涉诉信访同比下降49.74%，处理来信357018件，接待来访1163928人，信访总量达到1520946件(人)。

九、完善申诉、再审工作机制，畅通司法救济渠道

全国法院认真研究申诉处理、案件再审工作规律，不断创新办法、完善工作机制。在民事审判监督工作中，继续探索建立发挥合议庭整体作用的运行机制，统一民事申请再审案件审查工作的程序和标准，提高该类案件的审理效率。在刑事审判监督工作中，继续完善承办人、合议庭成员的协调配合监督机制，建立与检察院、监狱局等有关机关的协调联系机制。在审判工作中，注意了解社情民意，力求法律效果和社会效果的有机统一；确定重点，将积压时间较长案件、国家赔偿确认案件、人大代表过问的案件等进行列表、督办。完善了审批程序的衔接，避免审批环节的脱节。注重加强调解工作，做到“案结事了”。最高法院发布了《关于适用〈中华人民共和国民事诉讼法〉审判监督程序若干问题的解释》、《关于原审人民法院在民事诉讼法修改决定施行前已经受理施行后尚未办结的申请再审案件应如何处理的通知》，推行了民事再审裁判文书试行样式，有效指导和推动了申诉处理、再审工作的开展。经各级法院共同努力，2008年受理申诉、申请再审案件(包括审查行政非诉案件)146458件，审结136286件，分别下降23.52%和28.81%。其中，刑事再审案件收案2930件，结案2858件，民事再审案件收案35246件，结案35704件，同比均有下降。

十、积极推动刑事被害人救助制度建设，加大司法救助力度，维护社会公平正义

建立刑事被害人救助制度是维护社会公平正义，减少不稳定因素的一项重要举措。最高人民法院作为该项制度建设的牵头单位，积极会同相关部门研究制定指导全国开展刑事被害人救助工作的政策性意见。指派专人负责日常联络和文件起草工作，先后赴山东、福建等地实地调研，筹备在京召开征求意见会，广泛征集了法院系统、学界专家和成员单位对文件稿的意见和建议，现《关于开展刑事被害人救助工作的若干意见》已于3月9日由中政委、最高法院、最高检察院、公安部、司法部、民政部、人力资源和社会保障部联合签发。加大司法救助力度，依法为贫困群体减、缓、免各种诉讼费用。2008年全国法院共减缴、免缴、缓缴诉讼费案件227046件；减缓免缴诉讼费共计9.7亿元。其中，减缴案件12589件，诉讼费2415万元；免缴案件35054件，诉讼费5073万元；缓缴179403件，诉讼费89977万元。

十一、深入推进未成年人审判制度改革，全方位保护未成年人合法权益

全国法院认真贯彻落实《未成年人保护法》，以审判职能的全面发挥为立足点，积极推进未成年人审判制度改革，采取多种措施，注重对涉案未成年人合法权益的全方位保护。一是努力推进全国法院少年法庭工作及未成年人司法制度改革深入发展，2008年7月初，在福建惠安召开“全国法院少年法庭工作座谈会”，这次会议对迅速、有力地推进全国少年法庭审判和改革各项工作，起到了重要作用；二是积极配合全国人大常委会开展《未成年人保护法》执法检查，督促全国少年法庭进一步贯彻执行《未成年人保护法》；三是研究、修改《未成年人司法制度改革方案》，进一步就该方案的有关问题提出补充意见，促进改革方案尽快出台；四是积极推动公安、检察、法院及司法行政机关建立完善办理未成年人刑事案件的配套工作制度；五是不断完善未成年人权益保护民事案件特色审判制度，召开了全国部分法院研讨会，就此问题进行了研讨、总结，对17个试点中院的工作情况进行了总结；六是不断强化指导，推动少年法庭司法行为规范化建设，多次召开座谈会，对未成年人刑事案件裁判文书样式进行修改，最高法院少年法庭指导小组围绕少年法庭贯彻执行最高人民法院两个司法解释的情况展开了大规模的检查调研工作，有力地推动了少年法庭工作的开展；七是参与中央综治办就未成年犯复学问题开展的调研；八是积极开展少年司法制度领域的对外交流活动，围绕未成年人案件审判机构设置问题，开展中美双方少年司法制度交流，最高法院组团于2008年10月赴美国考察了美国的少年司法制度。赴加拿大参加中加最高法院大法官第二次圆桌研讨会，就少年司法制度建设开展交流。与全国人大法工委共同与德国开展合作，举办中德未成年人刑事案件模拟法庭交流活动。

最高人民检察院

2008年全国检察机关参与社会治安综合治理工作情况

2008年,全国各级检察机关结合检察职能,认真贯彻落实党的十七大、十七届三中全会和十一届全国人大一次会议、全国政法工作会议精神以及中共中央、国务院《关于进一步加强社会治安综合治理的意见》,在党中央和各级党委的领导下,深入贯彻落实科学发展观,坚持"强化法律监督,维护公平正义"的工作主题,积极参与社会治安综合治理,深入开展平安建设工作,有效的预防和打击各类刑事犯罪活动,为维护良好的社会治安秩序和市场经济秩序,确保社会和谐稳定作出了积极贡献。

一、充分发挥打击刑事犯罪等职能作用,维护国家安全与社会和谐稳定

2008年,针对国家安全面临的新形势、刑事犯罪的新情况和社会矛盾的新特点,全国检察机关认真贯彻宽严相济的刑事政策,依法履行批准逮捕、提起公诉等职责,妥善化解矛盾纠纷,有力地维护了国家安全,维护了社会稳定,促进了社会和谐。

(一)坚持依法打击刑事犯罪。把确保北京奥运会、残奥会安全顺利举办作为重中之重的任务,积极参与平安奥运行动,依法打击各类刑事犯罪,认真落实社会治安综合治理措施,全力维护北京奥运会、残奥会期间社会治安大局稳定。积极参加反分裂、反恐怖斗争,坚决打击危害国家安全犯罪。依法妥善处理发生在拉萨等地的打砸抢烧严重暴力犯罪案件。与有关部门密切配合,深化打黑除恶等专项斗争,突出打击黑恶势力犯罪、严重暴力犯罪、多发性侵财犯罪和毒品犯罪,依法严惩走私、集资诈骗、非法吸收公众存款等严重经济犯罪。2008年,共批准逮捕各类刑事犯罪嫌疑人952583人,提起公诉1143897人,分别比上年增加3.5%和5.7%。

(二)坚持对轻微犯罪落实依法从宽政策。着眼于加强教育转化、促进社会和谐,对涉嫌犯罪但无逮捕必要的,依法决定不批准逮捕;对犯罪情节轻微,依照刑法规定不需要判处刑罚或者免除刑罚的,依法决定不起诉。对轻微刑事案件快速办理,并建议人民法院适用简易程序或简化审理程序。对因家庭或邻里纠纷引发、当事人达成和解的轻微刑事案件,依法予以从宽处理。对未成年人犯罪案件,贯彻"教育、感化、挽救"的方针,采取适合未成年人身心特点的办案方式,依法保障未成年人权益。

(三)坚持把妥善化解矛盾贯穿于执法办案的始终。进一步畅通控告申诉渠道,完善信访工作机制,办理群众信访418633件次。深入开展排查化解涉检重信重访工作,加大督查力度,通过依法处理、教育疏导、救助救济,千方百计解决群众的合法合理诉求,努力实现案结事了、息诉罢访。共排查重点案件2013件,已办结息诉1832件。最高人民检察院派出工作组对214件重大疑难信访案件进行督办,就地联合接访、组织复查,已办结息诉208件;对60件反映司法不公的重点信访案件进行责任倒查,分别对有关责任人员依法追究刑事责任或建议有关部门依法作出处理。加强涉检信访分析、研判和排查,努力从源头上减少信访问题的发生,最大限度促进社会和谐稳定。

二、强化对诉讼活动的法律监督,维护司法公正和法制统一

坚持检察机关的宪法定位,认真履行对诉讼活动的法律监督职责,抓住群众反映强烈的执法不严、司法不公问题,加大监督力度,增强监督实效。

(一)加强刑事诉讼法律监督,重点解决有罪不究、违法办案、侵犯人权的问题。推动完善和落实行政执法与刑事司法相衔接的机制,督促行政执法机关向司法机关移送涉嫌犯罪案件3864件,比上年增加4%。对侦查机关应当立案而不立案的刑事案件,督促立案20198件;对侦查机关不应当立案而立案的,督促撤案6774件,分别增加15.9%和42.2%。对应当逮捕而未提请逮捕、应当起诉而未移送起诉的,决定追加逮捕20703人、追加起诉16679人,分别增加28.5%和28.8%。对不符合法定逮捕、起诉条件的,决定不批准逮捕107815人、不起诉29871人,分别增加7.1%和6.7%。对侦查活动中滥用强制措施等违法情况提出纠正意见22050件次,增加43.8%。把有罪判无罪、量刑畸轻畸重,以及因徇私枉法和严重违反法定程序影响公正审判的案件作为刑事审判法律监督的重点,对认为确有错误的刑事判决、裁定提出抗诉3248件,对刑事审判活动中的程序违法情况提出纠正意见2995件次,分别增加6.4%和14.5%。加强死刑第二审案件审查和出庭工作,探索开展死刑复核法律监督。

(二)积极开展民事审判和行政诉讼法律监督,重点解决裁判不公的问题。适应民事诉讼法的修改,探索上下级检察院协调办案等机制,强化抗诉书说理,提高办案效率和质量。对认为确有错误的民事、行政判决和裁定提出抗诉11459件,比上年减少3%;提出再审检察建议5222件,比上年减少12.9%。对裁判正确的,重视做好申诉人的服判息诉工作。依法加强对损害国家利益、公共利益、案外人利益的虚假诉讼的法律监督。对造成国有资产严重流失等涉及公共利益的民事案件,通过检察建议督促有关单位及时提起诉讼。

(三)强化刑罚执行和监管活动法律监督,重点解决超期羁押和减刑、假释不当等问题。为切实防止罪犯逃避刑罚执行,维护被监管人合法权益,最高人民检察院制定关于监狱检察、看守所检察等四个规范性文件,加强和改进相关法律监督工作。着力纠正和防止超期羁押,落实羁押期限届满提示、超期羁押责任追究等制度,对超期羁押提出纠正意见181人次,比上年增加112.9%。探索刑罚变更执行同步监督,依法监督纠正减刑、假释、暂予监外执行不当4990人,增加34.6%;对侵犯被监管人合法权益等问题提出纠正意见11660件次,增加85.6%。

(四)巩固扩大核查纠正监外执行罪犯脱管漏管工作成果。一是2008年7月会同中央综治办、最高法院、公安部、司法部联合召开了全国核查纠正监外执行罪犯脱管漏管专项行动总结表彰电视电话会议,对专项行动工作情况进行总结通报,对全国综治、法院、检察、公安、司法行政系统173个先进集体和组织奖单位进行表彰。二是推动监外执行工作机制建设。目前全国已有上海、山西、重庆、湖北等10多个省市区检察院单独或联合法院、公安、司法行政机关制发有关加强监外执行工作的规范性文件。同时,与中央综治办共同做好对2008年核查纠正监外执行罪犯脱管漏管工作的综治考评打分工作,认真审查分析了各省、自治区、直辖市2009年监外执行工作监外执行的有关数据,提出了考评打分意见。三是认真贯彻落实《人民检察院监外执行检察办法》,开展监外执行定期检察活动,加强和完善执法监督,继续督促有关部门纠正在交付执行和监督管理中存在的脱管漏管问题。2008年,全国检察机关在监外执行检察活动中,发现有关机关违法情况7365件,提出纠正意见7224件,已纠正6575件。通过巩固扩大专项行动成果的工作,使监外执行脱管漏管率明显下降,据不完全统计,目前已有上海市15个区县、天津12个区县、重庆市24个县区、江苏省4个市、辽宁本溪市等一些地区首次实现了监外执行罪犯零脱管漏管。四是贯彻周永康同志在核查纠正脱管漏管专项行动报告上作出的要从制度和工作层面解决好监外执行罪犯脱管漏管问题的批示精神,起草中央综治办、最高法院、最高检察院、公安部、司法部《关于加强和规范监外执行工作的意见稿》,积极与有关部门进行沟通、研究、修改,争取该文件尽快会签下发。

(五)严肃查处司法工作人员职务犯罪,重点解决司法领域中的腐败问题。把监督纠正违法与查办职务犯罪结合起来,注意在诉讼监督中发现执法不严、司法不公背后的职务犯罪线索,依法查处涉嫌贪赃枉法、徇私舞弊等犯罪的司法工作人员2620人。

三、坚持执法为民,切实维护人民群众合法权益

(一)加强保障抗震救灾和灾后恢复重建工作,确保灾区社会治安稳定。四川汶川特大地震发生后，最高人民检察院坚决落实中央部署，组织全国检察机关全力投入抗震救灾。灾区检察机关和广大检察人员在自身受灾十分严重的情况下，千方百计救助受灾群众，克服困难尽快恢复正常工作秩序，依法打击抢劫、盗窃和故意编造、散布谣言等危害抗震救灾及受灾群众利益的刑事犯罪，严肃查处和积极预防救灾款物管理、恢复重建工程建设中的职务犯罪，保障抗震救灾和灾后恢复重建顺利进行。

（二）积极参加以改善民生为重点的社会建设，抓住关系民生的突出问题加大法律监督力度。依法严厉打击危害人民群众生命财产安全的制假售假犯罪，起诉制售伪劣食品、药品等犯罪嫌疑人3320人，比上年增加21.4%。依法介入重大安全生产事故、重大食品安全事件调查，立案侦查严重失职渎职造成国家和人民利益重大损失的国家机关工作人员918人。最高人民检察院直接介入14起重特大事故调查，已立案侦查123人。加强对人权的司法保障，立案侦查涉嫌利用职权实施非法拘禁、报复陷害、破坏选举等犯罪的国家机关工作人员555人。

（三）坚持执法为民，完善和落实便民利民措施。开设网上举报、申诉和信息查询系统，在一些重点乡镇设置联系点，推行下访巡访、预约接待，方便群众举报、控告和申诉。一些地方检察院设立民生服务热线，听取群众意见，提供法律咨询。扩大司法救助范围，对被害人因无法获得犯罪人经济赔偿造成生活困难的，积极协调有关方面给予救助，体现司法人文关怀。

四、立足检察职能，预防和减少青少年违法犯罪

（一）坚持教育、感化、挽救，对未成年人刑事案件慎捕慎诉。一是切实贯彻落实宽严相济的刑事司法政策，坚持慎捕慎诉。各级检察机关对未成年人犯罪案件严格掌握批捕、起诉条件，根据未成年人的犯罪事实、主观恶性、一贯表现、帮教条件等因素，综合考虑逮捕、起诉的必要性，可捕可不捕的不捕，可诉可不诉的不诉，为未成年犯罪嫌疑人回归社会预留通道。二是寓教于审，实施针对性教育。在讯问、出庭支持公诉时，坚持向未成年犯罪嫌疑人、被告人讲解相关法律知识，剖析其走上犯罪的原因和心理，帮助其反省对社会和家庭造成的伤害，鼓励其悔过自新。三是向后延伸，坚持跟踪帮教。对于不捕、不诉的未成年人，不是一放了之，而是及时与未成年人的家庭、学校以及居住地派出所、居委会联系，共同做好跟踪帮教。有的检察院还利用社会力量，形成多元化的帮教队伍，创建综合教育基地，开展多样化帮教活动，提高涉案未成年人的文化水平，培养他们的技术技能，为其顺利回归社会创造条件。

（二）不断完善适合未成年人特点的办案制度。一是完善讯问未成年犯罪嫌疑人制度。检察机关在讯问未成年犯罪嫌疑人时，根据未成年人的特点和案件情况，制定详细的讯问提纲。讯问尽量使用圆桌讯问方式，使用温和的语言，一般不使用械具，营造相对宽松的环境。二是坚持社会调查制度。检察机关在办理未成年人犯罪案件时，不仅对犯罪事实进行审查，还注意听取未成年犯罪嫌疑人的家庭、学校、居住地派出所、社区或居民委员会、村民委员会的意见，对未成年犯罪嫌疑人的成长经历、一贯表现、家庭或者学校有无取保和帮教条件等情况进行调查，结合犯罪事实对未成年犯罪嫌疑人逮捕必要性、起诉必要性进行评估，如果是没有逮捕必要或符合不起诉条件的，依法不捕、不诉。对于确实必须起诉的，也结合社会调查的情况，向人民法院提出从轻、减轻处罚的量刑建议。三是建立未成年犯罪嫌疑人不捕风险评估制度。上海市闵行区检察院、厦门市思明区检察院等单位在工作中建立了非羁押措施风险评估制度，制定《非羁押措施风险评估表》对未成年人非羁押措施风险进行综合评估。对于低风险度的未成年犯罪嫌疑人一般不予逮捕，对中风险的慎重适用无逮捕必要，对于高风险的则一般逮捕。该制度的实施，规范了未成年犯罪嫌疑人无逮捕必要的审查运用。四是认真落实分案起诉制度。对于未成年人与成年人共同犯罪的案件，坚持将未成年人与成年人分案起诉。这样能够使未成年人案件尽快结案，同时防止在庭审过程中，未成年被告人面对成年被告人心有余悸，不敢如实陈述案情。还有利于在庭审中对未成年被告人进行法制教育。五是对未成年人轻微刑事案件实行快速办理制度。对于罪行较轻、事实清楚、证据确实充分，未成年犯罪嫌疑人真诚悔罪的案件坚持依法快速办理，做到受理快、阅卷快、审结快，把审查批捕时间控制在3日以内,审查起诉时间控制在10日以内,尽量缩短对未成年犯罪嫌疑人的羁押时间。

(三)切实维护涉案未成年人的诉讼权利和名誉隐私。一是认真落实涉案未成年人在检察环节各项诉讼权利。受理案件后,及时告知未成年犯罪嫌疑人依法享有的诉讼权利,告知其如实供述案件事实的法律规定和意义。讯问未成年犯罪嫌疑人时,依法通知法定代理人到场。涉案未成年人及其法定代理人因经济困难等原因没有聘请律师的,积极帮助其申请法律援助。二是强化对未成年人刑事案件的诉讼监督。对于发现侦查机关、审判机关等在办理案件中出现的侵犯未成年犯罪嫌疑人、被告人诉讼权利的行为,依法予以纠正。三是注重保护涉案未成年人的名誉,尊重其人格尊严。禁止公开或者传播涉案未成年人的姓名、住所、照片、图像及可能推断出该未成年人的其他资料。尽量不着制服、不开警车到涉案未成年人的学校、住处,以减少对其负面影响。

(四)努力为未成年人健康成长创造良好环境。一是依法严厉打击侵害未成年人身心健康与合法权益的各种刑事犯罪活动。对组织、胁迫、引诱、教唆未成年人犯罪、向未成年人传授犯罪方法、传播淫秽物品等犯罪,坚持依法从重从快批捕、起诉。二是坚持对未成年人犯罪形势进行定期分析。根据在办案中发现的学校、社区等在对未成年人管理和教育方面存在的问题,及时提出改进完善的建议。三是积极开展对未成年人的法制宣传教育。主动走入学校、社区、农村和家庭,采取担任法制副校长、举办法制讲座、以案释法等形式加强对未成年人的法制宣传教育,增强未成年人遵纪守法意识,倡导良好生活习惯,使未成年人远离犯罪。

公　安　部

2008 年全国公安机关参与社会治安综合治理工作情况

2008 年，全国公安机关在党中央、国务院和各级党委、政府的领导下，认真学习贯彻党的十七大、十七届三中全会和全国政法工作会议精神，深入学习实践科学发展观，紧紧围绕"平安奥运"的总目标，按照"最大限度地激发社会创造力、最大限度地增加和谐因素、最大限度地减少不和谐因素"的总要求，充分发挥职能作用，狠抓社会治安综合治理各项措施的落实，积极推进平安建设，为维护社会和谐稳定、确保北京奥运会成功举办、促进经济社会发展、服务人民群众做出了积极贡献。

一、深入开展严打整治斗争，有力维护了社会治安大局稳定

（一）持续开展了一系列严打专项斗争。全国公安机关继续坚持严打方针不动摇，深入开展了"打黑除恶"、侦破命案、"打盗抢追逃犯"、治爆缉枪等专项斗争，始终保持对刑事犯罪活动的高压态势，有力地打击了犯罪分子的嚣张气焰，维护了社会治安大局稳定。2008 年，全国公安机关共破获刑事案件 337.7 万起，比 2007 年上升 3.9%。从 2006 年全国打黑除恶专项斗争开始至今，全国公安机关共侦办涉黑案件 899 起，打掉为非作歹祸害一方的恶势力团伙上万个。2008 年全国命案发案数比 2007 年下降 7.6%，现行命案破案率达 93.1%，2194 个县、市、区级立案单位实现了命案全破，占全部立案单位的 63.4%。全国共破获街头两抢、入室盗窃、盗抢机动车、涉枪、利用投毒和爆炸等方式敲诈勒索、拐卖妇女儿童等 6 类犯罪案件 58.4 万起，同比上升 4.7%。全国公安机关共收缴炸药 3677 吨、雷管 1897 万枚、枪支 11 万支（其中，军用枪 1.1 万支），全国发生的爆炸案件、事故同比分别下降 16.4% 和 49%。7 月至 9 月，全国公安机关开展了"保奥运抓逃犯"专项行动，抓获网上在逃人员 16 万余名。

（二）严厉打击经济犯罪，积极参与整顿和规范市场经济秩序。全国公安机关狠抓经济犯罪大要案件侦办工作，严密防范、依法打击各类经济犯罪活动，会同有关部门，组织开展了打击网络传销、整治银行卡犯罪、打击制售假发票和非法代开发票、打击跨境资金违规流动、打击非法经营证券投资咨询业务等专项整治行动，继续深入开展了保护知识产权和食品药品、农资、烟草等领域的打假工作，先后查处了"三鹿"牌婴幼儿奶粉案、蚁力神案、马氏特大地下钱庄案、湘西特大非法集资案、汪建中操纵证券市场案等一批大要案件，有力维护了国家经济安全和社会主义市场经济秩序，保障了广大群众的切身利益。2008 年，全国公安机关共破获经济犯罪案件 6.5 万起，挽回经济损失 241 亿元。

（三）深入开展禁毒斗争。全国公安机关以贯彻实施《禁毒法》为主线，以巩固和扩大海洛因治理成果、遏制新型毒品蔓延为重点，精心组织开展新一轮禁毒人民战争，深入开展禁毒宣传教育，积极推进禁吸戒毒工作，大力强化缉毒执法工作，全面加强禁毒管理工作，有效遏制了毒品来源、毒品危害和新吸毒人员的滋生，进一步巩固和发展了三年禁毒人民战争成果，实现了禁毒斗争形势的持续好转。2008 年，全国共破获毒品犯罪案件 6.2 万多起，起诉犯罪嫌疑人 6.1 万名，同比分别上升 9.4%、12.9%；缴获海洛因 4.4 吨、冰毒及片剂 6.2 吨、摇头丸 107.8 万粒、氯胺酮 5.3 吨、大麻 2.2 吨，同比下降 5%、7.2%、51.4%、13.5% 和 56.9%；缴获鸦片 1.4 吨、可卡因 0.8 吨，同比上升 16.1% 和 16.5 倍。各地继续加大对吸毒成瘾人员的收戒治疗力度，全年共强制戒毒 26.4 万人。积极探索开展以乡镇街道为主体的社区戒毒和社区康复试点工作，落实人性化帮教措施，2008

年下半年共责令社区戒毒1.6万人,23.8万人接受了戒毒帮教。结合奥运安保工作,认真实施娱乐场所“阳光工程”,集中整治娱乐场所涉毒问题,查处涉毒娱乐场所895家。

(四)坚决整治各类突出社会治安问题。全国公安机关紧紧抓住党委政府关心、社会舆论关注、群众反映强烈的突出治安问题,会同有关部门,集中组织开展打击整治行动,取得明显成效。一是进一步建立健全禁赌工作长效机制,积极开展国际执法合作,严厉打击境外赌场招揽我公民出境参赌、网络赌博、六合彩赌博、聚众赌博以及党员干部参赌涉赌等违法犯罪活动,查破赌博案件35.6万起,抓获涉赌人员109.7万人,打掉赌博团伙3.7万个,收缴罚没赌资30.2亿余元。二是深入开展“扫黄打非”专项工作,强化案件侦办,深挖犯罪团伙,堵住生产源头,切断运输渠道,共破获侵权盗版、制贩非法出版物案件5119起,查处涉案人员8771人,收缴非法出版物1391.7万余件,查获非法光盘生产线7条。自1996年以来,累计已达238条。三是切实强化公共娱乐场所治安管理,查处卖淫嫖娼案件7.9万起、15.4万人。四是继续深入推进整治油气田生产治安秩序整治工作,中石油、中石化所属油田和输油气管道被开井盗油、打孔盗油次数连续第7年保持大幅度下降,降幅分别为39.1%、32%。五是大力开展打击盗窃破坏电力电信广播电视(简称“三电”)设施违法犯罪专项斗争,各地共破获盗窃破坏“三电”设施案件4.9万起,打掉犯罪团伙3141个,缴获财物价值6.3亿元,打击处理违法犯罪嫌疑人员3.6万余名,有力震慑了盗窃破坏“三电”设施违法犯罪活动。专项斗争期间,全国电力、电信和广电行业发案与上年同比分别下降22%、35.2%和16.3%。

二、切实加强社会治安管理和防范控制,为北京奥运会、残奥会成功举办创造了良好的治安环境

(一)组织开展奥运治安保卫攻坚战。2008年4月至9月,全国公安机关全力以赴组织开展了奥运治安保卫攻坚战。一是强化危险物品监管。全面开展涉枪涉爆单位安全大检查,加强枪支弹药、爆炸物品、易制爆化学品、剧毒化学品和管制刀具管理。自7月9日至9月20日,实施了严格限制向奥运赛区城市或途经奥运赛区城市运输危险物品的管制措施。二是加强社会面巡逻防控。各地公安机关最大限度地把警力摆上街面,奥运会期间会同武警部队开展联勤武装巡逻,共投入巡逻警力和群防群治力量2135万人次,抓获违法犯罪嫌疑人员9.4万名,有力地打击和震慑了街头“两抢”等现行违法犯罪活动。三是加强重点单位、要害部位安全防范。公安部协调成立奥运会重要基础设施安保联勤协调小组,会同有关部门开展全国银行金融、证券期货系统安全大检查,落实重点单位、要害部位守卫看护力量44.4万人。组织开展反恐专项督导检查,及时发现整改了一大批防范漏洞和安全隐患。四是认真落实奥运食品安保措施。各地公安机关共向528家奥运食品定点基地和企业派驻2000名警力,开展安全大检查8245次,执行奥运食品运输安保任务1.4万余次,签封2.1万辆次,保障了奥运食品生产供应安全。五是周密做好奥运火炬传递安保工作。5月4日至9月6日,北京奥运会、残奥会火炬接力境内传递在全国31个省、自治区、直辖市的117个城市举行,历时107天,行程9.7万公里,2万余名火炬手参加,6000余万名群众到现场观看。为做好安保工作,公安部专门成立火炬接力安保工作指挥部,各地公安机关高度重视、密切协作,狠抓安保措施落实,确保了火炬传递安全顺利进行。六是扎实开展护城河行动。河北、天津、北京三地公安机关进一步加强环京公安检查站建设,及时启动护城河行动,查获违法犯罪嫌疑人695名,查扣被盗机动车7台、炸药61公斤、管制刀具1024把。

(二)组织开展奥运道路交通安全攻坚战。全国公安机关按照公安部的统一部署,深入组织开展了奥运交通安全集中宣传及高速公路交通秩序、农村道路交通安全、危险化学品运输、中小学和幼儿园校车交通安全集中整治,排查各类交通安全隐患1.7万处,督促整改1.2万处,有效遏制了特大道路交通事故发生。公安部制定了《奥运专用车和奥运注册人员发生道路交通事故应急预案》和《奥运期间发生剧毒化学品运输车道路交通事故应急预案》,并组织开展了实战演练。为缓解奥运会期间北京地区的交通压力,公安部还专门制定了进京外地货车绕行指挥疏导方案。

(三)组织开展奥运消防安全保卫攻坚战。全国公安机关认真贯彻国务院安委会"隐患治理年"要求,把火灾隐患排查整治作为落实预防为主方针、坚决遏制重特大火灾事故尤其是群死群伤火灾事故的着力点,结合本地实际,深入开展了火灾隐患排查治理和人员密集场所、易燃易爆单位、高层建筑、文物建筑、"三合一"等重点场所消防安全专项整治。各地共组织检查组35万多个,检查单位280余万家,督促整改火灾隐患290万余处;各级政府分三批挂牌督办的2563处重大火灾隐患,年内整改2376处,整改率达92.7%,有效遏制了重特大火灾的发生。

三、深入推进社会治安防控体系建设,治安管理与防范工作水平进一步提高

(一)纵深推进治安防控网络建设。全国公安机关牢牢把握有利时机,以决战决胜的姿态强力推进"三基"(抓基层、打基础、苦练基本功)工程建设,综合运用人防、物防、技防"三种手段",严密街面防控、社区防控、单位内部防控"三张网络",不断推进社会治安防控体系建设向纵深发展。各地因地制宜地推广实行网格化布警、动态化巡控,派出所、巡警队等基层所队积极采取弹性工作制、措施工作制等勤务制度,合理安排警力,最大限度地把精力部署在案件高发、防范薄弱、群众需要的重点时段和部位上,坚持严密防范、快速出击,严厉打击、有力震慑了各类现行违法犯罪活动,切实增强了广大人民群众安全感。大力实施社区和农村警务战略,全国已建成警务室16.8万多个,配备社区和驻村民警21.3万名,有力地强化了公安基础工作,提高了社区、农村治安管理和防范水平,进一步密切了警民关系。2008年,全国发生在居民区内的入室抢劫案件同比下降13.6%。深入贯彻《企事业单位内部治安保卫条例》,积极推动开展平安创建活动,进一步建立完善了内保工作"单位负责、政府监管"的新机制和"突出重点、保障安全"的新格局。

(二)大力开展各项治安保卫工作。2008年,各级公安机关认真贯彻《大型群众性活动安全管理条例》,根据各级党委、政府的统一部署,采取有力措施,认真做好元旦、春节和"十・一"黄金周等重要节假日,全国"两会",南水北调,西气东输,宁夏、广西自治区成立50周年等重大活动、重大任务,以及2008东方马拉松越野赛、中超、中甲足球联赛、第六届全国农民运动会等一系列大型体育比赛的安全保卫工作,配合部队和军工单位圆满完成了"神七"发射等10余项国防科研大型试验安全保卫任务,确保了各项活动的安全。会同有关部门部署开展了元旦春节期间金融安全检查、部分地区银行业金融机构安全评估工作,2008年,盗窃、抢劫银行案件发案数创历史新低,分别比2007年下降14%、36%。

(三)不断加强学校安全工作。全国公安机关切实加强与教育行政部门的配合,继续深入贯彻落实公安机关维护校园及周边治安秩序"八条措施",联合开展了校园管制刀具收缴专项行动,共破获侵害师生人身财产权利的刑事案件1.21万起,查处治安案件1.67万起;在校园周边增设治安岗亭1428个,增设交通标志和交通安全设施等1.21万处;向校园派驻保安员9862余名,选派法制副校长或法制辅导员1.09万名;深入校园进行消防检查52万余次,2008年全国中小学发生的侵犯人身财产权利案件同比下降13.8%。师生、家长和社会各界对校园治安状况的满意率进一步提高。

四、加强和改进公安行政管理工作,为经济社会发展提供了良好服务

(一)加强消防工作。全国公安消防部队深入贯彻落实《消防法》和《国务院关于进一步加强消防工作的意见》(国发[2006]15号),积极推动政府消防工作责任制进一步落实,全国省、市、县三级政府普遍建立了消防工作联席会议,各有关部门协调配合,建立信息沟通和联合执法机制;积极推进城乡消防规划和公共消防设施、消防装备和多种形式消防队伍建设,进一步提高消防工作社会化水平和消防队伍正规化建设。农村和社区消防工作稳步推进。各地普遍将农村和社区消防工作纳入社会治安综合治理防控体系建设,乡镇政府、街道办事处组织基层综治和安全监管力量排查火灾隐患、开展消防宣传教育,指导村(居)民委员会建立多户联防等消防安全自我管理机制,开展防火巡查等群众性消防工作,大力实行群防群治。2008年,全国火灾起数、亡人和伤人分别下降16.2%、2.9%和21.6%。消防宣传卓有成效。各地把消防宣传"进社区、进学校、进企业、进农村、进家庭"作为防控火灾的重要基础工作,举办消防宣传活动5.6万次,开放消防站22万次,组织社会消防培训4万余期,公众消防安全意识和消防自救能力进一步提高。

(二)加强道路交通管理。全国公安机关以预防特大道路交通事故和推进规范执法为重点,进一步深化和拓展"五整顿""三加强"工作措施,交通管理工作取得新进步。进一步加强和改进机动车和驾驶人管理工作,研究改进机动车驾驶证、行驶证和号牌防伪技术,进一步加强机动车牌证管理工作。5月至7月,在全国范围内开展了机动车涉牌涉证交通违法行为专项整治,共查处涉牌涉证违法行为632万起,查处无证驾驶人员44.9万人。同时,部署开展了驾驶人培训质量专项清查,清理不符合规定的驾校107家、教练员752人、教练车317辆。大力加强交通安全宣传,组织开展"迎奥运,文明出行"全国道路交通安全知识竞赛活动,6.6万个运输企业、15.2万所中小学校、17.8万个社区和村屯6800万人参加,各地区举行各种形式的交通安全知识讲座和辅导课5万余场次,受教育群众达1.16亿人次。同时,积极推出服务群众新举措,10月1日正式实施《机动车登记规定》,推出简化办事流程、取消部分审批程序、延伸服务窗口、改进车辆号牌选取方式等22项服务群众措施。

(三)加强边防和出入境管理工作。全国公安机关持续严厉打击出入境违法犯罪活动,福建、上海、江苏、吉林等地公安机关破获多起妨害国(边)境管理犯罪大要案件,部分地方公安机关之间建立了办案协作机制,在遣返人员审查交接、犯罪嫌疑人抓捕、案件线索移交及联合办案等方面务实合作。2008年,全国公安机关共查获偷渡人员4783人次,同比增长6.5%,非法出入境活动进一步得到遏制。全国公安边防部队以创建爱民固边模范村和实施关爱无助儿童工程为抓手,深入推进爱民固边战略,创建"无重大群体性事件、无长期上访问题、无恶性案件、无失学儿童"的爱民固边模范村1311个,其中山东滨州市沙头村等5个模范村被司法部、民政部联合授予"全国民主法治示范村"称号。公安边防海警部队深入贯彻《公安机关海上执法工作规定》,共查破海上刑事案件60起,抓获犯罪嫌疑人260名。

(四)加强流动人口服务与管理工作。会同有关部门组织开展清理整顿人力资源市场秩序专项行动,立案查处职业介绍违法案件1万起,取缔非法中介4900家,责令退赔求职费用400万元;认真做好进城务工农民权益及农村留守流动儿童保护工作,开展农民工工资支付情况专项检查,为农民工追回被拖欠工资逾10亿元。切实加强对拐卖拐骗未成年人违法犯罪活动、强迫诱骗未成年人流浪乞讨和强迫拐骗聋哑青少年违法犯罪的打击力度,形成了各地协同作战的良好局面。同时,进一步加强暂住户口登记、暂住证管理和查验等基础工作,认真落实流动人口治安管理的各项措施,积极预防流动人口犯罪,有力地维护了社会治安秩序。

公安部关于切实加强管制刀具管理工作的通知

(2008年4月29日)

各省、自治区、直辖市公安厅、局,新疆生产建设兵团公安局:

近年来,随着取消对管制刀具的行政审批,一些地方对管制刀具的管理有所放松,持刀斗殴、抢劫、杀人等暴力性案件不断发生,严重扰乱社会治安秩序,影响人民群众的安全感。为切实加强对管制刀具的治安管理,维护良好的社会治安秩序,现就有关要求通知如下:

一、充分发挥职能作用,切实履行管制刀具管理职责

依法管理管制刀具,是法律赋予公安机关的一项重要职责,是公安机关维护社会治安秩序的有效手段。2002年国务院取消了公安机关对管制刀具的行政审批项目,但是公安机关依法管理管制刀具的职责并没有改变,经国务院批准发布实施的《公安部对部分刀具实行管制的暂行规定》([83]公发(治)31号,以下简称《暂行规定》)仍然是公安机关管理管制刀具的有效法律依据。各级公安机关要充分认识做好管理管制刀具工作的重要性,主动适应社会治安面临的新形势,本着严管、严控、严治的原则,依法加强管制刀具管理工作。要会同有关部门加强对学校周边、外来人员聚居区、小商品批发市场、商场、夜市、娱乐场所、风景旅游区等重点治安复杂场所的检查整治和巡逻执法,强化对车站、机场、码头等人员密集场所、部位的查控措施,及时发现和依法收缴非法携带的管制刀具。要把收缴管制刀具和对重点人员的管控结合起来,对曾因持管制刀具打架斗殴、伤害他人等违法犯罪人员和刑释解教人员作为工作重点,明确专人,落实责任,严格管控,彻底收缴。要充分利用各种新闻媒体,广泛宣传管制刀具的危害性,做到家喻户晓,人人皆知,切实增强公民遵守相关法律法规规定的自觉性。要与教育部门密切配合,充分发挥法制副校长和法制辅导员的作用,教育广大在校学生自觉抵制非法持有、携带管制刀具的行为。要将管制刀具管理工作,纳入公安机关目标管理,建立有效监督机制,确保工作落到实处。要建立严格的责任倒查追究制度,对因不作为、失职渎职造成严重恶性涉刀案件的,要严肃追究有关责任人员的责任。

二、严格执行管制刀具认定标准,准确把握区分管制刀具的范围

各级公安机关要认真学习贯彻《管制刀具认定标准》(公通字[2007]2号),准确把握、严格执行认定标准,正确区分管制刀具与群众日常生活所用刀具的界限,既要防止漏管失控,又要防止随意扩大查禁范围,侵犯当事人的合法权益。对当事人提出异议,需要对管制刀具进行认定的,由县级以上公安机关治安管理部门负责。各级公安机关治安管理部门要确定熟悉相关法律、法规及有关规定,具有良好的政治、业务素质,责任心强,有一定工作经验的民警负责认定工作,并对认定人员进行专门培训。各省级人民政府公安机关要根据《行政处罚法》等法律规定,结合本地实际,制定管制刀具认定工作规范,进一步明确对管制刀具认定程序和相关法律手续。

三、建立健全管理制度,依法加强对管制刀具生产、经销环节的管理

各级公安机关要对辖区内生产、经销刀具的企业进行一次全面调查摸底,逐一登记造册。对生产、销售管制刀具的企业要建立完善生产环节备案、经销环节登记等各项管理制度。要督促制造管制刀具企业规范生产行为,不得制造非生产、工作需要的管制刀具,按规定填报《管制刀具制造企业备案登记表》(附件1),连同管制刀具样品送所在地县级公安机关治安管理部门备案。要督促经销管制刀具企业规范经营行为,不得购销非生产、工作需要的管制刀具,建立管制刀具购销登记制度,填写《管制刀具购销情况登记表》(附件2),备所在地公安机关查验。购销登记时,对专业狩猎人员和地质、勘探等野外作业人员需要购买匕首的或从事机械制造加工单位需要购买三棱刮刀的,要查验并如实登记县级以上主管单位出具证明和所在地县级以上公安机关审核意见;对无上级主管单位的,要出具所在地县级公安机关审核意见。其他人员一律不得购买匕首和三棱刮刀。凡购买管制刀具的,一律如实登记购买人的身份证明。少数民族地区购买、持有管制刀具的具体办法,由少数民族自治区人民政府公安机关制定。

四、加强日常监督检查,依法查处非法制造、销售、携带管制刀具违法活动

各级公安机关要积极会同工商、经贸等部门,全面加强对生产、经销管制刀具企业的日常监督检查,及时发现并消除管理漏洞。对刀具样品及其说明未按规定向公安机关登记备案,所制造的管制刀具没有铸刻商标或号码的;对未按规定建立购销登记制度,向不符合配带使用条件的单位或个人销售匕首、三棱刮刀的,要依法责令其整改,并没收制造、经销的管制刀具,情节严重的可商请工商管理部门吊销其营业执照。对非法生产、经销管制刀具的窝点,要坚决予以取缔。对制造、销售非生产、工作需要管制刀具的企业,要加强宣传教育,责令停止制造、销售行为。对生产、工作需要持有和使用管制刀具的单位,要敦促其建立健全安全管理制度,加强检查,确保安全。对生产、工作需要持有、使用管制刀具的个人,要提醒其妥善保管刀具,不得随意转借、赠送他人。对非因生产、工作需要持有管制刀具的,要动员其主动上缴公安机关,拒不交出的,要依法予以没收。对将三棱刮刀携带出工作场所或者将少数民族使用的管制刀具携带出民族自治区域以及其他非法携带管制刀具行为的;对将少数民族使用的管制刀具携带出民族自治区域进行销售的,要依照《治安管理处罚法》有关非法携带管制刀具的规定,依法从严查处。对携带管制刀具进入公共场所或者公共交通工具的,要依法从重处罚。

各地工作情况和遇到的问题,请及时报部。

附件:1. 管制刀具制造企业备案登记表(略)

2. 管制刀具购销情况登记表(略)

公安部关于贯彻执行《娱乐场所治安管理办法》有关问题的通知

(2008年7月2日)

各省、自治区、直辖市公安厅、局,新疆生产建设兵团公安局:

《娱乐场所治安管理办法》(公安部令第103号,以下简称《办法》)已于2008年6月3日正式发布,自2008年10月1日起施行。《办法》是在总结各地贯彻执行《娱乐场所管理条例》(国务院令第458号)情况的基础上,针对当前娱乐场所基本状况和治安管理中遇到的主要问题制定的。《办法》增加了娱乐场所向公安机关备案的程序规定,增加了娱乐场所硬件设施、技防设施、安防设施和保安员配备、自身安全规范等方面的具体规定,吸收了地方公安机关对娱乐场所实行等级评定、动态管理以及建立治安管理信息系统等经验做法,有着较强的针对性和可操作性。《办法》的出台,将有力推进公安机关娱乐场所治安管理工作,提升公安机关发现、打击违法犯罪活动的能力,更加有效地维护娱乐场所经营者、消费者和从业人员的合法权益。为切实做好《办法》的贯彻执行工作,现就有关问题通知如下:

一、深入学习宣传,营造良好氛围

组织开展好《办法》的学习、宣传活动,是确保《办法》得以顺利贯彻实施的首要环节。各地公安机关特别是领导同志要高度重视《办法》的学习、宣传工作,切实加强领导,精心组织安排。要紧密结合本地区实际情况,采取举办专题讲座、开办培训班等形式,组织公安机关基层单位和民警认真学习、正确理解《办法》的精神实质,熟练掌握《办法》的各项规定。要采取形式多样、丰富多彩的宣传方式,向社会各界和广大人民群众,特别是娱乐场所经营者、从业人员大力宣传《办法》的基本内容,营造贯彻执行《办法》的良好舆论氛围,督促、引导娱乐场所经营者、从业人员不断提高守法经营和配合公安机关工作的自觉性。

二、强化娱乐场所备案,推进信息系统建设

《办法》明确规定了娱乐场所向公安机关备案的时限、内容、程序等要求以及配合公安机关建立娱乐场所治安管理信息系统的义务。各地公安机关要迅速组织开展一次娱乐场所集中备案工作,尽快掌握本辖区娱乐场所的底数以及名称、地址、经营证照有效期限、经营范围、经营者和从业人员等情况,并逐一登记造册,建立档案。对未在规定时间内备案或备案事项发生变更后不及时办理变更手续的,要按照《办法》的规定予以处理。要大力推进娱乐场所治安管理信息系统建设,将娱乐场所有关信息纳入计算机管理,并指导、督促娱乐场所做好更新、维护工作,充分运用信息化手段加强对娱乐场所的动态管理,全面提升娱乐场所治安管理水平。

三、整改娱乐场所安全设施，规范娱乐场所经营行为

《办法》对娱乐场所安全设施和有关经营行为作了明确规定。各地公安机关要按照《办法》规定的标准和要求，迅速组织开展娱乐场所安全设施集中整改工作，督促娱乐场所悬挂禁毒、禁赌、禁娼等警示标志，拆除歌舞娱乐场所包厢、包间内设置的各种隔断、房中房，整改歌舞娱乐场所包厢、包间不安装透明门窗、设置门锁以及可调灯光等问题，大力推进闭路电视监控设备和安全检查设备安装工作。对2008年10月1日后安全设施仍未整改到位的娱乐场所，要按照《娱乐场所管理条例》和《办法》的规定从严处罚。要督促娱乐场所认真履行维护场所内治安秩序的义务，并指导娱乐场所按照《办法》要求，建立从业人员名簿和营业日志，落实保安员配备，落实场所内安全巡查制度和发现违法犯罪活动及时向公安机关报告制度，并通过娱乐场所治安管理信息系统实时、实情传报公安机关。

四、坚持文明持法，创新管理手段

各地公安机关要切实加强和规范对娱乐场所的治安检查工作，充分运用临时抽查、暗访检查等方式及时掌握娱乐场所治安状况，迅速发现和查处娱乐场所内发生的违法犯罪活动。治安检查要严格组织纪律，坚持公正透明、文明执法。除暗访检查外，民警进行治安检查时必须出示人民警察证件，表明执法身份，并不得从事与职务无关的活动。对娱乐场所的治安检查必须记录在案，归档管理。对公众提出查阅娱乐场所监督检查记录的，要及时提供便利条件，方便查阅。同时，要不断创新管理模式，尽快建立娱乐场所违法行为警示记录系统，制定出适合本地区实际的娱乐场所分级管理标准，依据娱乐场所治安秩序状况进行动态考核、分级管理。

五、加大执法力度，严查违法犯罪行为

各地公安机关要充分发挥职能作用，态度坚决、旗帜鲜明地打击娱乐场所违法犯罪活动。要进一步加强与文化、工商行政管理等部门的协调配合，积极开展联合执法，形成维护娱乐场所治安秩序的工作合力。治安、禁毒等部门要密切配合，积极拓展案件线索，切实改进办案工作，不断提高发现和打击娱乐场所内的卖淫嫖娼、赌博、吸毒贩毒等违法犯罪活动的能力，依法查处涉案人员。要充分运用《娱乐场所管理条例》和《办法》规定的取缔和责令停业整顿等措施，坚决查处违法违规经营的娱乐场所。

工作中，各地公安机关要严明工作纪律，对公安民警违反《办法》规定，从事与职务无关活动的，要依照有关规定严肃查处；对不认真履行职责，致使辖区内娱乐场所治安秩序混乱、娼赌毒等违法犯罪活动猖獗的，要依照有关规定，严肃追究有关领导和责任民警的失察失职责任；对利用职务之便，包庇、纵容娱乐场所违法犯罪活动的，要依法依纪严肃处理，直至追究刑事责任。

各地接此通知后，请迅速传达至各基层单位。各地贯彻执行情况及遇到的问题，请及时报部。

司　法　部

2008年司法部参与社会治安综合治理工作情况

2008年,司法部全面贯彻党的十七大精神和中央经济工作会议、全国政法工作会议精神,高举中国特色社会主义伟大旗帜,以邓小平理论和"三个代表"重要思想为指导,深入贯彻落实科学发展观,立足司法行政职能,发挥自身优势,积极参与社会治安综合治理各项工作,为维护社会和谐稳定、维护人民利益、推进民主法治建设作出了积极贡献。

一、大力开展法制宣传教育

紧紧围绕党和国家工作大局,大力开展法制宣传教育,为维护社会治安稳定创造了良好法治氛围。

(一)在"法律六进"活动中,大力开展维护社会稳定法制宣传教育。各地结合"法律六进"活动,大力开展维护社会稳定相关法律法规的宣传,围绕农村土地承包、土地征用、水库移民、资源纠纷、环境污染等热点难点问题,重点宣传相关法律法规,引导群众依法表达利益诉求,依法解决各种矛盾纠纷。

(二)大力开展维护西藏及其他藏区社会稳定法制宣传教育。"3·14"事件发生后,及时下发了《司法部、全国普法办关于在西藏及其他藏区开展法制宣传教育维护社会稳定的意见》,在藏区组织开展"学法律、反分裂、促稳定"主题宣传活动,深入开展法律进藏区、进农牧区、进社区、进寺庙、进家庭"法律五进"活动;组织编写《维护社会稳定法律知识读本》(藏文版),免费发放到藏区农牧民手中。

(三)认真开展抗震救灾及灾后恢复重建法制宣传教育。及时下发了《司法部、全国普法办关于加强抗震救灾和灾后恢复重建法制宣传教育工作的意见》;组织开展了以"加强法制宣传,共建美好家园"为主题的法律进灾区、法律进安置点、法律进帐篷、法律进活动板房、法律进工地法制宣传活动,大力宣传与抗震救灾、灾后恢复重建及与生产生活相关的法律法规,及时宣传维护社会稳定法律法规。

(四)广泛开展奥运法制宣传教育。举办了奥运法制宣传万里行活动,下发了《关于进一步加强"人文奥运·法治同行"主题宣传工作的通知》,采取多种形式,积极组织面向社会的奥运法制宣传活动。

二、深入开展人民调解工作

以化解社会矛盾为主线,以维护社会和谐稳定为目标,认真贯彻"调解优先"原则,大力加强人民调解工作。

(一)进一步加强人民调解建设工作。健全发展人民调解组织,不断扩大人民调解组织的覆盖面。加大教育培训工作力度,人民调解员素质得到进一步提高。积极拓宽人民调解工作领域,在做好传统多发性民间纠纷调解的同时,积极调解因经济形势变化引发的劳动关系、劳动报酬等劳动争议纠纷,广泛参与医患医疗、物业管理、交通事故损害赔偿、消费者权益、土地承包、土地流转等涉及民生问题纠纷的调解。不断创新人民调解工作方法,进一步推进了人民调解与行政调解、司法调解、行政仲裁的衔接配合。

(二)大力化解矛盾纠纷。2008年全国共有人民调解组织827412个,有调解人员479万人,共调解各类矛盾纠纷4981370件,同比增加181132件。调解成功4828716件,成功率为96.9%。共防止因民间纠纷激化引起的自杀13221件,涉及18440人,防止因民间纠纷转化为刑事案件40216件,涉及130466人。当事人达成书面协议后反悔起诉至法院并为法院受理的纠纷共48481件,约占调解总数的1%,其中被法院依法维持的43945件，维持率达90.6%。在全国范围内组织开展"我为和谐做贡献"人民调解主题实践活动，取得了显著成效，期间共摸排各类矛盾纠纷160多万件，并对摸排的矛盾纠纷进行了及时调处，调解成功率达95%。

（三）积极为抗震救灾创造和谐稳定社会环境。及时下发《关于做好人民调解工作为抗震救灾和灾后恢复重建创造和谐稳定社会环境的通知》，大力加强灾区人民调解组织建设、队伍建设，充分发挥灾区人民调解工作预防功能、调解功能和法制宣传教育功能，及时有效地预防和化解了一大批因地震灾害造成人员伤亡引发的损害赔偿纠纷、保险赔付纠纷、遗产分割和继承纠纷、财产归属纠纷、婚姻家庭邻里纠纷、赡（抚、扶）养纠纷、经济合同纠纷、劳动用工纠纷，为维护灾区社会稳定作出了应有贡献。

（四）进一步加强人民调解工作经费保障。认真贯彻财政部和司法部联合下发的《关于进一步加强人民调解工作经费保障的意见》，积极争取党委政府和相关部门的重视支持，强化人民调解工作经费保障。重庆市在全国率先实现了由省级财政统一解决人民调解员补贴经费。陕西省财政厅和司法厅联合发文，就落实人民调解经费保障提出明确要求。河南省郑州市政府下发《关于进一步加强我市人民调解工作的意见》，对人民调解经费保障提出明确要求。

三、切实做好刑释解教人员帮教安置工作

以奥运安保为目标，以加强和改进衔接工作为重点，以完善帮教安置措施为抓手，建立监所教育改造、社会安置帮教一体化工作新机制，最大限度地减少重新违法犯罪。

（一）加强刑释解教重点人员管理，确保北京奥运会安全顺利举行。下发了《关于做好刑释解教人员帮教安置工作确保奥运会安全稳定的通知》，加强对刑释解教人员的社会管理；下发《贯彻落实中央领导批示，做好下落不明刑释解教人员查找登记帮教工作的通知》，下大力气查找下落不明刑释解教人员。加强大墙内外的合作，加强对重点人员的衔接管控，实现无缝对接。开展对有关刑释解教"法轮功"人员回访帮教工作，落实帮教措施，巩固转化成果。

（二）利用信息手段改进和加强衔接工作，推进监所教育改造与社会安置帮教工作一体化。积极采取措施，改善基层帮教组织办公装备。商财政部加大对基层司法行政机关财政支持力度；为全国所有监狱、劳教所，各级司法行政机关安置帮教工作办公室、司法所配置了刑释解教人员安置帮教工作管理软件。

（三）及时总结推广工作经验，推动安置帮教工作深入发展。开展了刑释解教人员再犯罪可能性预测和特困刑释人员过渡性救助研究。选择上海等7省（区、市），对2002年度释放后重新犯罪和没有重新犯罪的各100名人员进行了抽样调查，并召开了刑释人员再犯罪可能性预测理论研讨会，基本明确了刑释人员再犯罪可能性预测的内涵，初步论证了刑释人员再犯罪可能性预测量表制作要件和因素，为全国监狱实施对服刑人员回归社会危险性评估奠定了基础。

四、积极开展法律援助工作

以关注民生、构建和谐社会为重点，积极开展法律援助工作，取得了显著成效。截止2008年底，各地法律援助机构共办理各类法律援助案件546859件，受援人总数达670821人。

（一）开展法律援助进基层、进乡村活动，及时化解矛盾纠纷。按照科学高效、快捷便民的原则，推进基层法律援助工作站建设。截止2008年底，各地设立法律援助工作站55708个，极大地方便了贫弱群众就近申请获得法律援助；推进法律援助进乡村活动，健全法律援助网络；整合农村法律援助资源，认真开展农村法律援助工作，把矛盾化解在基层和萌芽阶段。

（二）以化解矛盾纠纷为主线，做好特殊群体法律援助工作。下发了《司法部2008年农民工工作要点》和《司法部关于做好2008年农民工工作的通知》，认真开展农民工工作联络协调和农民工法律援助工作；积极开展妇女、留守少年儿童法律援助工作；深入贯彻党中央国务院《关于进一步做好残疾人工作的意见》，切实做好残疾人法律援助工作；积极参与涉法涉诉信访和群体性案件的排查、疏导工作，引导困难群体依法合理解决诉求。

（三）积极做好突发性事件的法律援助工作。通过简化案件申请受理、审查批准程序，为雨雪冰冻灾害引起的各种民事纠纷案件受援人提供紧急法律援助；通过开辟抗震救灾法律援助绿色通道等方式，对地震灾区和来自地震灾区的农民工提供法律援助；通过制定奥运期间法律援助应急预案，规范 148 专线服务用语，切实做好奥运期间的法律援助工作；积极做好“3. 14”打砸抢烧严重暴力事件犯罪嫌疑人法律援助工作，为确保案件的公正审理和保障被告人合法权益起到了积极作用。

（四）积极开展法律援助宣传工作，提高困难群体对法律援助的知晓率。举办《法律援助条例》颁布实施五周年纪念宣传活动，开展“迎奥运促和谐法律援助在行动”等宣传活动。

五、努力做好法律服务工作

组织引导广大法律服务工作者充分发挥自身优势，切实履行职责，扎实开展各项工作，努力维护社会稳定，促进社会和谐。

（一）围绕党和国家工作大局，维护社会和谐稳定。组织律师、公证员、司法鉴定人员积极参与抗震救灾和灾后恢复重建法律服务工作；加强奥运法律服务工作，组织律师、公证员为奥运会成功举办提供了全方位的法律服务；组织律师协助政府做好“三鹿奶粉”事件平稳处置工作；做好律师代理敏感案件和群体性事件的指导协调工作，做好西藏及其他藏区严重暴力犯罪案件律师辩护代理指导协调工作，使有关案件审理顺利进行，维护了国家安全和社会稳定。

（二）积极参与预防和化解社会矛盾纠纷。组织引导广大律师、公证员、基层法律服务人员做好企业法律服务工作，促进企业依法经营管理，保护企业职工的合法权益，积极参与职工和企业之间纠纷的调解工作，促进矛盾纠纷得到妥善解决。

（三）积极开展法律服务进社区、进乡村活动。深入开展“法律服务和法律援助工作为构建社会主义和谐社会服务”主题实践活动，组织法律服务志愿团，律师事务所与乡村结对子，大力推进法律服务进社区、进乡村，为基层经济社会发展服务，为解决民生问题服务。

（四）推动律师参与涉法涉诉信访工作。认真贯彻中央领导同志重要指示精神，会同国家信访局等部门研究制定《律师参与信访工作试行办法》，着手修订《司法部关于律师担任政府法律顾问的若干规定》；加强与相关部门的沟通协调，建立完善律师参与信访工作机制；组织引导律师积极参与信访部门重大信访案件法律论证，为信访群众解答法律问题，帮助和引导群众依照法定程序表达诉求。

（五）坚持调解优先原则，积极推广运用调解方式解决矛盾纠纷。鼓励和倡导法律服务人员在代理案件、提供法律服务过程中，运用调解方式解决当事人的矛盾纠纷；组织引导法律服务人员充分发挥自身优势，积极参与人民调解、司法调解和行政调解工作，降低解决纠纷的经济、社会成本，促进社会和谐稳定。

（六）做好打黑除恶专项斗争中律师辩护代理工作。教育引导律师从维护国家安全和社会稳定的大局出发，正确处理打击黑恶势力犯罪案件和保护人民的关系，努力做到辩护代理工作法律效果、社会效果和政治效果的统一。指导律师正确领会和贯彻执行打黑除恶专项斗争有关政策，坚持以事实为依据、以法律为准绳，认真履行职责，努力提高办案的质量和效率，确保案件审理顺利进行。

民　政　部

2008年民政部参与社会治安综合治理工作情况

一、参与预防青少年违法犯罪工作情况

2008年，民政部以社区为平台，紧密结合流浪未成年人救助，大力发挥专业社会工作者作用，认真开展预防青少年违法犯罪工作。

（一）以社区为平台，加强青少年教育管理工作

一是积极开展“和谐社区建设示范单位”创建活动。2008年以来，积极指导各地开展和谐社区示范单位创建活动，推动地方建立健全社区矛盾纠纷调处机制、民情民意反映机制等。同时，下发《全国和谐社区建设示范单位指导标准》，把预防青少年违法犯罪工作作为和谐社区的重要评价指标。

二是指导各地建立健全社区教育阵地。依托社区和社区组织，建立社区青少年法律学校、社区家庭学校、社区青少年服务中心、青少年法制教育基地等法制教育阵地，负责分类建档立卡，有针对性地采取措施，减少社区青少年易感群体的违法犯罪，在预防青少年违法犯罪工作中发挥了积极作用。

三是充分发挥社区居委会组织引导、协助作用，加强社区青少年教育和管理。居委会基本掌握本社区无业在家的闲散青少年的具体情况，并把他们纳入社区日常管理、教育和服务范围，认真细致地做好流动人口中青少年的管理和治安防范工作。

四是大力开展社区教育，建立健全学校、家庭、社区相结合的中小学生教育体系和综合评价体系。社区与驻区学校经常开展共驻共建活动，资源共享，共同探索学生参加社区志愿服务的有效机制，积极开展各种形式的社区公益活动，丰富课外生活。

（二）切实做好流浪未成年人救助保护工作，维护其合法权益

一是做好奥运会期间流浪未成年人救助保护工作。民政部召开了部分省市救助管理工作座谈会，先后多次下发通知，对奥运会、残奥会举办期间的流浪未成年人救助保护工作作出具体部署，提出了明确的要求。各地民政部门和救助管理机构精心组织，周密安排，通过部门联动、集中救助、街头救助等多种方式，积极救助保护流浪未成年人共10362人次，及时有效地保障了其合法权益。

二是做好突发事件中流浪未成年人救助保护和孤儿安置工作。2008年南方低温雨雪冰冻灾害、拉萨“3·14”事件、四川“5·12”地震期间，各地民政部门和救助管理机构依托现有机构和工作机制，采取多种富有成效的救助措施，积极救助受灾、受困人员，特别是流浪未成年人，有效保障了其基本生活。同时，全力做好汶川地震孤儿安置工作，采取亲属监护、家庭收养、家庭寄养、类家庭养育、集中供养等方式，根据灾后孤儿的身心特点，精心照料，使孤儿在亲情化的环境中生活，促进其身心健康发展。

三是探索建立艾滋病致孤儿童救助安置长效机制。通过政策引导、资金支持、项目合作等方式，指导艾滋病预防重点省区探索建立了艾滋病致孤儿童救助的长效机制。2008年，民政部投入部本级福利彩票公益金1000万元，帮助艾滋病致孤儿童改善生活、教育条件，还重点资助艾滋病预防重点省建立各级救助安置指导中心。在部分省初步建立了由省、市、县分级负担、有稳定资金渠道的分类救助制度，形成了涵盖省、市、县、乡、村五级的纵向工作体系，较好地保障了艾滋病致孤儿童的各项权益。

四是认真贯彻落实“十一五”流浪未成年人救助保护体系建设规划。2008年是“十一五”规

划实施的重点年，民政部继续贯彻落实好“十一五”流浪未成人救助保护体系建设规划，安排2008年国债资金和部本级福彩公益金1.9亿元，重点建设96个流浪未成年人救助保护中心。

五是提升流浪未成年人救助保护专业化水平。2008年3月、9月和10月，民政部分别在河北省石家庄市、河北省秦皇岛市和河南省郑州市开展了音乐疗法、非正规教育、困境儿童预防和保护等多种形式的培训，提高救助保护工作的效能，进一步加强对流浪未成年人的教育和行为矫治，提升流浪未成年人救助保护专业化水平，提升救助保护工作人员的理论认识和工作技能。

六是积极推进流浪未成年人救助保护机构标准化建设、规范化管理。《流浪未成年人救助保护中心建设标准》已经住房城乡建设部和国家发展改革委批准发布，2008年12月1日施行，支持配合了国家“十一五”流浪未成年人救助保护体系建设规划的实施，对规范和加强救助保护中心建设具有重要意义。《流浪乞讨人员社会救助基本术语》国家标准于2008年10月完成编制工作，已进入国家标准委审批阶段。

（三）扩大专业化社会工作服务作用，有针对性地开展工作

一是继续推进社会工作岗位开发，不断提高有关单位为青少年服务的专业化水平。进一步加强社会工作试点，在儿童福利院、救助管理机构等与青少年关系紧密的单位以及广大青少年生活于其中的城乡社区设置专职社会工作岗位，配备专业社会工作人才，提高相关单位为青少年服务的专业化水平。特别是在流浪未成年人救助保护机构引入社会工作专业人才，进一步优化工作队伍，强化流浪未成年人救助保护机构工作人员专业能力，提高流浪未成年人救助保护的专业水平。

二是做好社会工作者登记管理，引导青少年领域社会工作人才队伍的发展。2008年经过首次全国社会工作者职业水平考试，产生首批拥有职业水平证书的社会工作者，通过登记管理，分类服务的方式鼓励和支持青少年领域社会工作人才队伍的发展，及时了解工作动态，加强专业培训，为预防青少年违法犯罪提供强有力的人才支撑。

三是组织赴四川地震灾区社会工作服务队，满足灾区青少年的心理和社会需求。针对灾区学校和广大青少年的需求，组织社会工作服务队赴灾区开展学校社会工作、青少年社会工作，整合资源，为广大青少年提供心理调适、情绪抚慰、社会关系重建等服务，帮助青少年重新适应生活和学习环境，有效预防青少年违法犯罪。

二、参与刑释解教人员安置帮教工作情况

2008年，民政部在中央综治委刑释解教人员安置帮教工作领导小组的指导下，充分发挥本职工作，认真做好安置帮教有关工作。

（一）积极开展社区帮教工作

一是健全社区组织，强化社区职能，为社区安置帮教工作搭建平台。建立健全社区党组织、社区居委会以及人民调解、治安保卫等下属委员会，为社区安置帮教工作提供组织保障，一批政治素质高、工作能力强、群众信得过、热心社区工作的人承担起了社区安置帮教工作。积极培育和发展社区民间组织，聘用社区专职工作者开展社区管理和社区服务工作，鼓励在社区内建立警务室，并要求一个社区至少配备一名警察，组织、动员他们积极参与社区安置帮教工作，从而为社区安置帮教工作打下了坚实的组织基础。联合发改委制定了《“十一五”社区服务体系发展规划》和《“十一五”社区服务设施建设规划》，“十一五”期间国家投资6个亿，民政部从本级福利彩票公益金中拿出1.3个亿，用于发展社区服务设施，从而为推进社区安置帮教工作提供一定的物质保障；推进《居委会组织法》和《村委会组织法》修订工作进程，在调查研究和广泛征求意见的基础上，对有关法律条文做了进一步的论证修改，明确规定村（居）民自治组织参与做好与社区安置帮教等方面负有重要职责。

二是积极推进城乡和谐社区建设，把社区帮教工作作为和谐社区建设的重要内容。积极开展“和谐社区建设示范单位”创建活动，下发《全国和谐社区建设示范单位指导标准》，把安置帮教工作作为和谐社区的重要评价指标。要求各地结合自身实际，完善考核评估体系，切实做好社区帮教工作。

三是推动城乡社区志愿服务活动，组织发动志愿人员参与社区安置帮教等工作。开展了城市社区志愿者注册登记工作。截至目前，注册志愿者人数已达到600多万人。

（二）推进符合条件的刑释解教人员救助工作

一是将符合条件的刑释解教人员纳入城乡低保救助范围。各地民政部门及时将符合条件的刑释解教人员按家庭纳入低保范围，并按照其家庭的困难程度发放低保金，使他们的生活得到基本保障。在此基础上，配合劳动等部门，积极开展就业引导和指导，努力稳定他们的生活来源。

二是将符合农村五保供养条件的纳入五保供养范围。及时将农村中无生活来源，无劳动能力，无法定抚养、赡养、扶养义务人（或法定抚养、赡养、扶养义务人无抚养、赡养、扶养能力）的刑释解教人员纳入五保供养范围，在吃、穿、住、医、教、葬方面给予他们生活照顾和物质帮助。同时，继续推进五保供养服务机构设施建设，提高了农村五保供养对象的集中供养水平。

三是着力提高救助水平。针对2008年物价上涨较快的特殊情况，1月和7月，会同财政部出台了分别提高城市低保救助水平15元、农村低保水平10元的政策，并由中央财政全额补助老工业基地和中西部财政困难地区，取得了较好的效果。截至2008年10月，全国城市平均低保标准每月每人208元，比去年底增加26元；低保对象人均月补助133元，比去年底增加30元。全国农村低保平均保障标准每人每年978元，比去年底增加138元；月人均补助44元，比去年底增加14元。同时，各地五保供养水平也有所提高。截止10月底，全国五保对象集中供养水平达到1968元/人年，分散供养水平达到1518元/人年，比去年底分别提高15元、86元。

三、参与流动人口管理服务工作情况

2008年，民政部根据对流动人口管理服务工作的总体部署，认真贯彻落实中办、国办转发的《中央社会治安综合治理委员会关于进一步加强流动人口服务和管理工作的意见》和4月份在广州市召开的全国社会治安综合治理工作会议的精神，重点开展了以下几项工作：

（一）认真部署奥运会期间全国救助管理工作

确保北京奥运会成功举办是今年社会治安综合治理工作的重点。为保证奥运会期间救助管理工作的有序开展，为奥运会创造良好的社会环境，民政部今年4月份召开了部分省市救助管理工作座谈会，对奥运会期间救助管理工作面临的形势和存在的问题进行了深入研讨，并对奥运期间全国救助管理工作进行统一部署。会议要求各地高度重视、周密部署，认真贯彻落实中央的各项工作部署，切实履行民政部门的工作职能，将流浪乞讨人员的救助和管理纳入各级政府奥运安保工作，全力配合好北京和奥运协办城市的救助工作。会后，各地民政部门认真学习，积极协调相关部门开展联合行动，迅速出台地方文件予以落实，形成了上下联动、齐抓共管的良好局面，为保证奥运会期间救助管理工作的有序开展，确保奥运会期间良好社会秩序奠定了基础。

（二）加强和改进流浪乞讨人员救助管理

民政部指导各地推广城市生活无着流浪乞讨人员救助工作先进模式，推行流出地预防干预和社会扶助措施，从源头上减少流浪乞讨现象。指导各地民政部门加强救助管理站的内部管理，解决流浪精神病人、智障人员、危重病人的救助、返乡和安置难问题，推动引导志愿者和社会工作者等社会力量参与街头流浪乞讨人员的救助和干预，有效促进了救助管理工作的良性发展，努力为北京奥运会和残奥会的成功举办创造良好社会环境。2008年第一季度，全国共救助流浪人员14万人次，其中流浪未成年人1.14万人次，解决了一大批遭遇临时生活困难群众的燃眉之急，有效保障了他们的基本生存权益。

（三）完善救助管理信息系统建设

为加强对受助人员身份的甄别能力，民政部在救助管理信息系统（二期）建设过程中引进指纹识别系统，为受助人员建立跟踪档案，全面记载受助人员的过往救助情况和有关身份信息。同时，通过提高系统的稳定性、加强信息数据管理，强化了部级对省级、省级对地市、地市对救助管理站的实施监督能力。

（四）做好流浪未成年人救助保护工作

一是认真贯彻落实《未成年人保护法》。民政部以《未成年人保护法》出台为契机，结合流浪未成年人救助保护具体工作，采取有力措施贯彻落实，鼓励各地结合工作实际创新工作方式，加强和改进流浪未成年人的教育保护工作，取得良好成效，初步形成了政府负责、民政主管、部门协同、社会参与，共同做好流浪未成年人救助保护工作的有利格局。二是完善流浪未成年人救助保护配套法规。民政部抓紧制定《流浪未成年人救助保护条例》。三是推动"十一五"流浪未成年人救助保护体系建设规划。2008 年是"十一五"规划实施的重点年，共投入资金 1.9 亿元，重点建设 96 个流浪未成年人救助保护中心。为推动"十一五"规划的迅速实施，民政部已联合国家发改委完成了对 2008 年规划项目的审批工作。

文 化 部

2008年文化部参与社会治安综合治理工作情况

2008年,文化部按照中央社会治安综合治理委员会的统一部署,以迎接北京奥运会和纪念改革开放30周年为主线,组织开展文化市场“奥运保障行动”,积极推进文化市场平安建设,全面整顿和规范文化市场秩序,加强文化市场监管,切实维护国家文化安全,取得积极成效。

一、部署开展文化市场“奥运保障行动”,为奥运会的成功举办创造了和谐社会文化环境

2008年4月下旬,针对奥运会前夕文化市场面临的复杂形势,文化部下发《关于开展文化市场奥运保障行动的通知》,部署开展了以“创建平安文化市场”为主题的“奥运保障行动”,确立了“确保文化市场不发生重大事故,不形成社会热点,秩序良好,管理规范”的总体目标,提出了行动的具体目标、工作重点、工作任务和工作要求。4月26日,文化部在北京举行了“奥运保障行动”启动仪式,与北京、上海、天津、青岛、沈阳、秦皇岛6个奥运会举办城市分别签订了责任状。期间,文化部组织12个督查组对部分重点地区开展行动的情况进行了督导检查,不断推动行动向纵深发展。

在为期5个月的时间里,各地尤其是北京、上海、天津、青岛、沈阳、秦皇岛等奥运会举办城市文化市场管理执法人员以高度的政治责任感和饱满的工作热情,坚守岗位,恪尽职守,积极工作,出色地、圆满地完成了各项目标任务,实现了文化市场零事故,为奥运会的成功举办创造了和谐文化环境。

一是领导重视,认识到位,准备充分。各地党委、政府及文化部门、执法机构把文化市场“奥运保障行动”作为奥运安保工作的一项重要内容,主要负责人亲自督促检查;各级执法人员认识保持高度一致,严防死守,防漏补缺,作了充分准备。全国人大常委会副委员长蒋树声率执法检查组到江苏南通检查工作,亲自视察网吧。上海市委常委、宣传部长、市文管领导小组组长王仲伟同志多次就执法工作作出批示。河北省副省长孙士彬带领省级文化、公安、消防等部门检查公共娱乐场所安全生产工作。此外,江西李玉英、浙江田宇原、湖南雷鸣强、山东谢治秀、安徽李修松、河北李建华等厅局级领导也亲临一线,检查指导工作。领导同志亲自抓落实、抓检查、抓督导,为行动的顺利开展提供了坚强的保障和后盾。

二是目标明确,重点突出,责任清晰。从中央到地方,从管理到执法,各个地区、各个部门都确定了行动的具体目标和重点环节,并且层层签订责任状,落实监管责任,建立了责任清晰、防控严密的监管网络。北京市将外国人出入频繁地区、奥运比赛场馆周边地区以及奥运村、使馆区、798、宋庄、环铁等艺术区和三里屯酒吧街、什刹海酒吧街等场所列为文化市场整治工作的重点地区,实施全方位、全天候、全覆盖监管;将文化娱乐服务场所专项清理整治纳入全市“平安奥运行动”之中,市委宣传部、执法总队及相关部门联合组成领导小组,协调指挥整治行动。山东省、市、区三级分别与下级管理执法部门及所辖经营单位签订责任书,将监管的责任划分到岗、划分到人,各司其职,各负其责,环环相扣,确保万无一失。

三是点面结合,统筹兼顾,形成合力。在行动当中,各地既将各项执法任务统一部署,整体推进,又充分考虑到各个地区、各个门类的实际情况,有针对性地作出具体安排,点面结合,统筹兼顾。北京市西城区除落实中央和市里的统一安排外,还专门结合辖区内训练场馆、比赛线路较多的特点,专门汇编收录9家宾馆饭店、3处训练场馆等涉奥场所及7条马拉松比赛沿线周边200米范围的127家文化经营单位的基本情况,确定监管工作的重点。在工作方式上,各地还注意充分调动各个方面的积极性，加强横向联系与纵向督导，发挥义务监督员作用，充实和加强“奥运保障行动”开展的广度和深度，形成工作合力。如浙江省杭州、湖州、嘉兴、绍兴四城市专门建立“杭州都市经济圈”跨区域协调、培训、交流机制，搭建执法合作平台。

四是行动迅速，执行有力，成效显著。“奥运保障行动”启动后，各地迅速将行动的目标、重点、任务和要求部署到各自辖区，并采取督促检查、案件督办、明查暗访、交叉执法等形式，落实各项工作任务，执法力度显著加大，举报投诉大幅减少，奥运会主办、协办城市所在省市尤其明显。据统计，2008 年第 2 季度，全国检查经营单位 124.6 万家次，较去年同期增加 13.4%；而受理举报数量则较去年同期减少 5.7%；其中，在检查人次上，较去年同期北京增加 155.7%、天津增加 63.6%、山东增加 38.4%。行动期间，各地集中查处了一批大案要案，将一些突发事件、敏感问题的危害降到最低、影响降到最小，确保了文化市场未发生重大事故，未形成社会热点。5 月 29 日，上海执法总队联合普陀区文化、公安部门查获 33.9 万多张盗版光盘批销窝点；6 月 4 日，河北省、石家庄市文化部门联合查处 8 个盗版窝点，查缴盗版光盘 13.8 万余张；7 月中上旬，深圳执法总队与公安部门密切配合，连续破获了 5 个盗版窝点，收缴盗版光盘 23 万余张，抓获犯罪嫌疑人 15 名；7 月 9 日，江苏盐城查缴 10 万余张盗版光盘；7 月 19 日，重庆执法总队会同公安部门缴获盗版光盘 7.7 万余张；7 月初，北京执法总队、海淀区文委执法队成功制止一起企图利用北京奥运会举办之机，组织国内外 6 支朋克乐队参加的“2008 朋克集结号”非法演出活动。系列案件的破获，有力维护了文化市场秩序，真正达到了惩处违法、震慑非法、警示民众的社会效果。

在“奥运保障行动”当中，各地文化部门和执法机构顾大局、识大体、动手早、准备足、行动快、监管严，各地执法人员不辞辛苦，连续作战，尽忠职守，全国上下齐心协力，圆满实现既定目标。

二、深入总结交流“队伍建设年”经验，继续加强执法队伍建设

2007 年，文化部部署开展的文化市场行政执法“队伍建设年”活动取得明显成效。为交流各地队伍建设经验，表彰奖励先进，2008 年 4 月 10－12 日，文化部在上海召开全国文化市场行政执法工作会议，系统总结交流“队伍建设年”经验，研究探讨加强文化市场行政执法队伍建设的思路和途径，并与国家广电总局联合对 2007 年全国文化市场行政执法先进单位和优秀个人进行了表彰、奖励。

2008 年，文化部继续改革创新文化市场行政执法考评形式。6 月 24 日，根据 2008 年文化市场工作的总体部署和市场监管重点，按照《文化市场行政执法考评办法》和文化部、中央综治办等 7 部门《关于深化文化市场综合治理，开展文化市场平安建设的意见》的有关规定，文化部办公厅重新修订印发了《2008 年文化市场行政执法考评细则》，要求地方文化市场行政执法机构按照《考评细则》规定的测评项目、内容及指标，以文化市场“奥运保障行动”和执法队伍建设为重点，将考评工作贯穿于全年执法工作，切实加强对基层执法工作的监督指导，解决主要矛盾和突出问题，规范市场秩序，为社会主义文化大发展大繁荣创造和谐文化环境。

此外，为了加强文化市场重大案件的查处，落实行政执法责任制，强化执法监督，2008 年 8 月 22 日，文化部制定印发《文化市场重大案件管理办法》，明确规定了文化市场重大案件的范围及报告、督办等制度，对文化部重点督办的重大案件将适当补助办理经费，对办理或者指导、协调、监督重大案件成绩突出的集体或者个人给予表彰奖励。

三、以内容监管为重点，大力规范文化市场经营秩序

为了进一步加大打击侵权盗版力度，树立中国政府保护知识产权的良好形象，迎接北京奥运会到来。2007 年年底，以文化部办公厅名义下发《关于近期音像市场执法工作重点的通知》，要求各地在 2007 年 12 月至 2008 年 3 月期间，将 50% 以上的执法力量用于音像市场执法，以打源头、破网络、抓大案为主要抓手，充分发动音像业界和社会群众提供线索，集中破获一批违法音像制品生产线、包装厂、加工点、货运站和地下仓库，坚决打掉生产制作、仓储销售盗版的源头和团伙，彻底摧毁侵权盗版网络。

奥运前夕，根据反馈信息和群众举报，文化部针对当时市场上含有色情、政治、民族、宗教等违法内容的音像制品有所增多的苗头，部署紧急收缴含有色情、淫秽、“藏独”、“疆独”等禁止内容的违法音像制品。

奥运会结束后，为巩固文化市场“奥运保障行动”成果，文化部办公厅下发《关于近期文化市场行政执法工作重点的通知》，对艺术品、网吧、娱乐、音像、电影等市场执法工作作出重点部署，要求各地坚决查处含有国家法律法规禁止内容的文化产品，监督指导互联网文化单位对其所传播的网络文化作品，歌舞娱乐场所对所播放的曲目、屏幕画面、所使用的歌曲点播系统以及游艺娱乐场所对电子游戏机内的游戏项目的内容进行自查自纠，迅速删除动漫作品《炸学校》、苏芮《牵手》现代版MTV、粗口歌等作品，依法查处由所谓的“西藏流亡政府新闻与国际关系部”发行的讲述有关拉萨“3·14事件真实情况”的DVD光盘及其网络文件，打击地下复制、发行窝点，严禁在境内非法出版、复制、发行、播放该节目内容，违者依法从严查处。同时，要求各地进一步加强打击侵权盗版、保护知识产权工作，确保国庆、元旦、春节期间《画皮》、《超级台风》、《梅兰芳》、《赤壁》(下)、《非诚勿扰》重点国产影片的发行放映，加强对市场传播、流通渠道的监管，严格控制各类违法文化产品通过地下发行网络或者互联网传播，形成网上网下两手抓的工作局面，以实际行动支持和鼓励民族原创文化作品。

据统计，2008年，全国各级文化行政部门和文化市场综合执法机构共出动执法人员526万余人次，检查各类文化经营场所513.9万余，收缴非法音像制品6243万余张(盘)、非法书报刊1436万余件、非法电子游戏机76423台，受理举报66096件，立案查处案件89621件，办结案件71694件，停业整顿各类文化经营场所14638家，取消经营场所资格2297家。执法力度的显著加强，有效打击了侵权盗版文化产品、违法接纳未成年人等违法经营活动，展示了文化执法的良好形象，有力保障了国家文化安全，为维护国家稳定繁荣发展做出了重要贡献。

四、查处一批大案要案，切实加强对文化市场重大案件的督查督办工作

2008年，文化部进一步加大对大案要案的督查督办力度。1月13日，根据群众举报，文化部、全国扫黄办与海南省文化市场稽查总队、省扫黄办联合出击，一举破获海南文广天发电子光碟有限公司生产加工非法光盘案件，当场查获两条生产加工盗版光盘的生产线，收缴3367张母盘、5360张无码碟、12500张有SID码的涉嫌盗版光盘，涉案主要嫌疑人移送公安机关立案侦查。

2月底，文化部根据武汉市文化文物稽查支队报告的线索，立即派员督办“手指指”电子游戏机涉嫌含有政治内容案件，在初步查明存在问题的前提下，迅速下发了《关于立即组织查处含有“百万大问答”内容的“手指指”电子游戏的紧急通知》，部署开展查处工作。各地文化部门和执法机构立即查缴、封存、回收该款机型、电路板7000多套，基本上收回了所有销售的问题电路板，将事态和影响控制到了最低程度。

3月2日晚，冰岛演员比·约克在上海演唱会上，返场时在演唱未经文化部审核批准的歌曲“Declare Independence”(宣布独立)中，突然高喊“Tibet、Tibet”(西藏、西藏)。此事经国内外媒体广泛报道，引起中央领导及各方广泛关注。案发后，文化市场司与上海市文化市场行政执法总队迅速联合成立比·约克案专案组，进行了长达三个月的调查论证工作，并对演出举办方作出相应行政处罚。

4月12日，江苏泰州未经批准，擅自举办“歌舞青春，助威奥运”大型涉外组台营业性演出活动，并伪造江苏省文化厅、北京奥组委公文印章，对外宣称由泰州市人民政府、北京奥组委文化活动部主办。文化部获悉情况后，立即责成江苏省文化厅迅速成立调查组调查处理该案，经过长达五个多月的调查取证，分别给予相关当事人没收违法所得、罚款、吊销许可证等行政处罚，并提请公安机关立案调查伪造公文印章行为。

6月4日，在文化部的直接指导下，河北省文化厅联合石家庄市文化局、新华区文体局组织30余名文化市场稽查人员，一举捣毁位于新华商业广场及河北音像人批销中心内共8个储藏非法音像制品的窝点，查缴涉嫌盗版音像制品约13.8万余张，涉及品种4000多个，种类大都为D-9压缩盘，内容分为国产、日韩、欧美的电影和电视剧。

2008年9月，根据文化部提供的线索，天津市“扫黄办”协调天津市文化市场稽查队、天津市公安局治安大队经过长达三个多月的跟踪调查，一举破获一个涉及天津、河北、北京、广东等20多个省、市的特大盗版批销团伙。

2008年底，经地方提名、组织审核、网络公示等程序，文化部从各地报送的近百起重大案件中，首次评选出了全国文化市场十大案件：江苏泰州4·12非法演出案、上海比·约克违法演出案、北京网上拍卖违禁油画案、天津6·03盗版音像制品网络团伙案、上海维莱公司擅自从事网络游戏案、海南1·13非法光盘复制案、武汉2·22“手指指”违法电子游戏案、贵州伪造公章并擅自组织文化艺术活动及评奖案、广州5·20盗版光盘案、重庆11·19淫秽图书销售窝点案。

此次评选出的全国文化市场十大案件，内容不仅涵盖营业性演出、艺术品、音像、互联网文化经营、电子游戏、艺术培训、图书七大市场门类，而且充分显示出当前文化市场监管工作的重点及未来执法工作的形势与任务，均具有很强的代表性，对各地文化市场执法工作具有普遍的指导意义。尤其值得关注的是，此次评选出的十大案件中，出现了艺术品、网络文化、电子游戏、艺术培训等方面的案件，显示出各地文化执法机构已经开始重视新兴市场或以前相对忽视的一些市场门类的执法工作。

五、组织开展第五批违法游戏查处工作，积极探索网络文化市场行政执法的经验与模式

2008年4月22日，文化部下发了《关于查处第五批违法游戏经营活动的通知》，部署对北京东方海科数码科技发展有限责任公司等10家未经批准、擅自从事经营性互联网文化活动的单位进行查处。按照文化部的统一要求，北京、上海、陕西、安徽、四川、广东等地迅速组织调查取证，依法作出处理。其中，1家单位自行停业，9家单位分别受到警告、没收违法所得及罚款的处罚。其中，上海、四川、北京等地在调查取证、部门协作、案件处理等方面基本形成了一套行之有效的思路、流程及技巧，在处罚上也很有力度。

六、举办执法案例研讨会，总结交流执法经验

2008年7月26日至30日，针对艺术品市场赝品泛滥、政治波普类作品问题日益突出的情况，文化部在浙江杭州市专门举办艺术品市场行政执法案例研讨会暨艺术区建设与管理座谈会，邀请北京、昆明的一线执法人员讲解艺术品市场执法案例并特邀法律专家点评，专题研究艺术品市场监管问题及执法工作重点，征求《艺术品管理条例》意见，共同交流探讨艺术品市场执法经验。

9月24至25日，为总结交流第五批违法游戏执法的经验，研究探讨行之有效的网络文化市场监管模式，进一步提高网络文化市场执法水平，文化部在北京专门举办全国文化市场行政执法案例（网络游戏）专题研讨会，邀请北京、上海、四川、重庆等地参与案件调查处理的执法机构的具体办案人员专门授课，与大家一起就案件调查处理中遇到的各类问题进行研讨，并特邀知名律师对案例进行点评，取得较好的培训效果。

文化部关于进一步对文化场所和文化活动开展安全生产隐患排查治理工作的通知

（2008年4月21日）

各省、自治区、直辖市文化厅（局），新疆生产建设兵团文化局，北京、上海、重庆、宁夏文化市场行政执法总队：

近年来，在党中央、国务院和各级地方党委、人民政府的正确领导下，通过各地文化行政部门的努力，文化领域安全生产工作总体稳定，但是安全生产事故还时有发生，安全生产形势依然严峻。为贯彻《国务院办公厅关于进一步开展安全生产隐患排查治理工作的通知》(国办发明电[2008]15号)精神,深入落实2008年安全生产"隐患治理年"的各项工作,现就有关事项通知如下:

一、工作目标

全面排查各类文化场所和文化活动的安全事故隐患,完善并落实安全生产责任制和责任追究制,建立健全长效机制,强化安全生产基础,提高安全生产意识,提升安全管理水平,为实现到2010年安全生产状况明显好转的目标奠定坚实基础。

二、范围、内容和方式

(一)排查治理范围:各类文化场所、文化活动等。主要包括:

1. 图书馆、博物馆、美术(艺术)馆、文化馆(站)等公共文化服务场所;

2. 公共文化娱乐场所,包括演出场所、歌舞娱乐场所、电影院、电子游戏经营场所、网吧等;

3. 音像制品批发市场、音像批发、零售、出租和放映单位、画廊画店;

4. 文艺表演等各类文化活动;

5. 近年来发生较大以上事故的单位。

(二)排查治理内容:全面排查治理各文化场所和文化活动在安全生产方面存在的隐患,以及安全生产体制机制、制度建设、安全管理组织体系、责任落实、劳动纪律、现场管理、事故查处等方面存在的薄弱环节。具体包括:

1. 安全生产法律法规、规章制度、规程标准的贯彻执行情况;

2. 安全生产责任制建立健全及落实情况;

3. 安全生产重要设施、装备和关键设备、装置的完好状况及日常管理维护、保养情况,劳动防护用品的配备和使用情况;

4. 对存在较大危险因素的大型公共文化场所、大型文化活动以及文化场所重点环节、部位、重大危险源普查建档、风险辨识、监控预警制度的建设及措施落实情况;

5. 事故报告、处理及对有关责任人的责任追究情况;

6. 安全基础工作及教育培训情况,特别是企业主要负责人、安全管理人员和特种作业人员的持证上岗情况和一线职工(包括农民工)的教育培训情况;

7. 应急预案制定、演练和应急救援物资、设备配备及维护情况。

(三)排查治理方式:安全生产隐患排查治理工作要做到"五个结合":

1. 坚持把隐患排查治理工作与严格实施行政许可相结合。严格按照《娱乐场所管理条例》等的有关规定,严格禁止在居民楼、博物馆、图书馆、文物保护单位的建筑物内、居民住宅区和学校、医院、机关周围、车站、机场等人群密集的场所、建筑物地下一层以下及与危险化学品仓库毗连的区域设立娱乐场所。严格娱乐场所审批程序,对消防安全条件未获得公安消防部门审查通过的场所,不得颁发《娱乐经营许可证》,对国发[2006]15号文件印发之前已经颁发娱乐经营许可证的场所,应当要求其提供消防安全合格文件,没有消防安全合格文件的,应当撤销原颁发的《娱乐经营许可证》。网吧变更营业场所地址或对营业场所改建、扩建时,应当到公安机关重新办理消防安全审核,文化行政部门要在认真核验公安机关出具的批准文件后方予办理变更《网络文化经营许可证》手续。对违反规定办理行政许可的,要依法追究责任。

2. 坚持与打击各类无证经营、违法违规经营活动相结合。各类无证经营、违法违规经营场所和活动往往存在大量安全隐患,也是文化领域安全生产的薄弱环节。在隐患排查治理工作中,要坚决依法打击各类无证和违法违规经营单位及活动。对在日常检查中发现的存在安全隐患的无照经营的网吧,要及时书面提请工商、公安部门处理。

3. 坚持与日常巡查和专项治理相结合,加大执法检查力度。在文化行政执法的日常检查和专项治理中,把安全生产隐患排查作为重要检查内容,一并部署,一并落实。

4. 坚持与安全生产教育和培训相结合。加强对文化场所和文化活动的法定代表人、主要负责人和从业人员的安全教育和培训,大力宣传《安全生产法》、《消防法》等安全生产法律法规,提高安全责任意识,熟练掌握安全生产和消防的基本技能。

5. 坚持与加强应急管理相结合。建立健全应急管理制度,完善事故应急救援预案体系,落实隐患治理责任与监控措施，严防发生安全事故。

三、重点时段

第一时段(4月至9月)：围绕北京“奥运会”安全做好隐患排查治理工作。

这一阶段要重点做好大型文艺表演活动的现场监管、网吧的场内巡查和安全隐患排查工作。加强部门协作，进一步完善演出活动安全工作机制，积极配合公安消防部门做好演出活动，特别是大型演出的应急预案和现场监管，确保措施到位，责任到人；积极会同有关部门建立健全演出现场突发事件应急制度，努力把可能出现的安全事故损失降低到最小程度。

农村庙会、物资交流会、集市贸易中的演出活动往往是文化市场安全监管的薄弱环节。各级文化行政部门特别是县级文化行政部门要改进工作方式，建立和完善与公安、工商等部门的分工协作机制，努力消除安全隐患。

第二时段(10月至12月)：重点加强节庆期间文化市场安全检查工作。

冬季既是文化娱乐场所的消费旺季，又是火灾等安全事故的高发期，每年年底往往在文化娱乐场所发生安全事故。这一阶段要认真配合公安消防等部门加强歌舞娱乐场所、电影院、网吧等公共文化娱乐场所的消防等安全生产执法检查，不留死角、消除隐患，切实保护人民群众的生命财产安全。

四、工作要求

(一)加强领导，精心组织。文化行政部门要在当地政府的统一领导下，密切配合有关安全监管部门，建立和落实隐患排查治理责任制，精心组织，责任到人，全力抓好安全生产工作。根据《安全生产法》的规定，生产经营单位的主要负责人对本单位的安全生产工作全面负责，要督促落实各类文化场所和文化活动的主办单位的主体责任，落实法定代表人和主要负责人的安全生产责任，督促其认真组织开展本单位隐患排查治理工作，落实整改措施、整改资金和责任，制定隐患监控措施，限期整改到位并及时报告。

(二)突出重点，切实预防重特大安全事故。要提前部署重点时段的重点排查工作，坚决遏制重特大安全事故发生。务必做好大型文化活动、公共文化娱乐场所和服务场所等人员密集区的重点监管工作。

(三)强化监督检查，整治安全隐患。要主动协调、积极配合安全监管部门，组织联合督查行动，规范监督检查的方法和程序，采取巡检、抽检、互检等方式，深入基层和生产一线加强督促指导，对发现的安全隐患要督促指导、跟踪治理和逐项整改。要在今年内对责任范围的文化场所进行2次以上的安全生产检查，并制作现场检查记录；对大中型文化活动要有现场监管，并制作现场监管记录。

(四)标本兼治，着力构建安全生产长效机制。要以隐患治理为契机，不断加强和规范安全管理与监督。要建立健全安全隐患排查治理分级管理和重大危险源分级监控制度，实现隐患巡查、登记、整改、销号的档案式全过程管理。要全面落实各项安全生产治本之策，解决影响安全生产的深层次矛盾和问题，逐步建立健全安全生产的长效机制。

特此通知。

卫 生 部

全国创建“平安医院”活动扎实推进

为进一步加强医疗机构治安综合治理工作，优化医疗执业环境，构建和谐医患关系，在2007年中央综治办、卫生部等7部门联合出台《关于开展创建“平安医院”活动的意见》（卫办发[2007]118号），搭建全国创建“平安医院”活动平台的基础上，2008年，全国创建“平安医院”活动协调小组（以下简称协调小组）通过建立考评机制、加强协调指导，组织全国卫生系统和相关部门扎实推进创建“平安医院”活动，取得了明显成效。

一、建立全国创建“平安医院”活动考评机制

为建立考评机制，协调小组成员单位中央综治办、公安部、卫生部组成调研组，赴江苏、浙江、福建进行专题调研，深入听取了3省6市1县卫生厅局和8家医院创建工作的报告，实地考察了医院警务室、医患沟通中心及人民调解机构。在此基础上，2008年3月，协调小组研究制订了《全国“平安医院”创建工作考评办法及考核标准（试行）》（卫办发[2008]20号），明确了上级考核下级、逐级考核的方式和考核的具体标准。考核内容分为创建工作组织领导、部门分工协作机制、医院安全管理、医疗服务质量、医患关系与医疗纠纷处理、加分项目、减分项目和一票否决项目共8个部分。全国创建“平安医院”活动协调小组每年负责考核各省（区、市）“平安医院”创建工作机构，并抽查、暗访省、市（地）、县级医院各1－2家，进行综合评分。

二、扎实推进全国创建“平安医院”活动

在协调小组办公室的协调、指导、推动下，以加强医疗机构内部安全管理、改善医疗执业环境、为人民群众创造和谐放心的看病就医环境为出发点，全国绝大多数省（区、市）成立了创建“平安医院”工作领导小组，由当地卫生部门或综治部门牵头，创建工作相关部门参与，并纳入当地社会治安综合治理工作考核目标。大多数省（区、市）出台了创建工作考核评分标准，对医疗机构和创建工作各相关部门进行考核。各地借助创建“平安医院”活动平台，在改善医疗执业环境、构建和谐医患关系方面做了大量工作，进行了有益探索。协调小组办公室密切关注和准确掌握各地开展创建活动的动态，切实加强协调指导和宣传交流，为全国创建“平安医院”活动的深入开展创造了条件。2008年，协调小组办公室共编发《全国创建“平安医院”活动简报》14期。

三、各地积极探索建立医患纠纷第三方调解机制

江西省建立专业调解队伍排查化解医患纠纷。省综治办、卫生厅、司法厅、公安厅共同制定了《江西省预防和处置医患纠纷实施意见》，引入医患纠纷第三方调解机制，组建省、市、县三级医患纠纷专业调解委员会80个，设立近千人的医（法）学专家库；建立了由各级综治委领导牵头，综治、卫生、司法、公安等部门负责同志为成员的预防和处理医患纠纷联席会议制度；在全省二级以上医院成立了预防和处理医患纠纷办公室，指定专人负责医患纠纷预防和处理工作；在全省三级医院设立警务室，协助化解医患纠纷；开发了医患纠纷专业调解工作管理信息系统，实行信息动态管理。江西省充分发挥人民调解组织网络健全、点多面广的特点，在全省范围内排查医患纠纷，开展集中治理医患纠纷专项行动，使大量久拖未决的医患纠纷得到了妥善解决。

福建省探索建立医患纠纷两级人民调解机制。漳州市率先试点建立医患纠纷“人民调解委员会”和医院“人民调解工作室”两级调解工作机制，成立了11个人民调解委员会，在各地医疗机构设置了43个人民调解工作室，确保及时发现、报告、处理医患矛盾纠纷。人民调解工作室负责医患矛盾纠纷常规排查工作，一旦发生重大矛盾纠纷，人民调解委员会将在第一时间组织人员主动介入调处。各级医院还专门成立医疗质量控制科，定期组织医疗质量监控，公布质控结果，做到预防在早，处置在小，掌握主动，在最佳时机介入调处。

江苏省引入医患纠纷第三方调解。在司法行政部门下设的人民调解组织中增设医患纠纷人民调解委员会，或在人民调解委员会中设立医患纠纷调解组。建立医患纠纷调解专业人才库，吸收医疗卫生和法律方面专业人士担任调解员。充分发挥职能优势，切实加强医患双方的法制宣传教育，提高医患双方的法律意识和依法办事、依法维权的能力。医患纠纷人民调解组织以独立第三方身份出现，为医患双方搭建平等对话的沟通平台，把医患纠纷纳入理性解决渠道。将医患纠纷人民调解机制与医疗责任保险有机结合起来，保调结合，相互促进，相互提高，有力地推动了医患纠纷的及时、有效解决。

卫生部　中央综治办　中宣部　公安部　民政部　国家工商总局　国家中医药局　关于印发《全国“平安医院”创建工作考核办法及考核标准(试行)》的通知

(2008年3月25日)

各省、自治区、直辖市卫生厅局、综治办、党委宣传部、公安厅局、民政厅局、工商局、中医药局，新疆生产建设兵团卫生局、综治办、公安局、民政局、工商局，卫生部直属各单位、部属(管)医院：

为指导推动全国“平安医院”创建工作，根据中央综治办关于社会治安综合治理工作考核评比实施细则要求，全国创建“平安医院”活动协调小组在深入调研并征求有关地区和部门意见的基础上，制订了《全国“平安医院”创建工作考核办法及考核标准(试行)》。现印发给你们，望结合实际认真贯彻落实。

全国“平安医院”创建工作考核办法及考核标准(试行)

为贯彻落实中共中央办公厅、国务院办公厅转发的《中央政法委员会、中央社会治安综合治理委员会关于深入开展平安建设的意见》精神，客观评价创建“平安医院”活动取得的成效，总结“平安医院”创建工作经验，继续深入推进平安医院创建工作，探索建立创建“平安医院”长效机制，全国创建“平安医院”活动协调小组研究制订《全国“平安医院”创建工作考核办法及考核标准（试行）》。

一、考核办法

（一）考核内容

考核主要内容包括：创建工作组织领导、部门分工协作机制、医院安全管理、医疗服务质量、医患关系与医疗纠纷处理、加分项目、减分项目和一票否决项目等八个部分（见《考核标准》）。

（二）考核对象

省级和省级以下平安医院创建工作机构。

（三）考核方法

采用上级创建工作机构考核下级创建工作机构，逐级考核的方式。

全国创建“平安医院”活动协调小组考核各省、自治区、直辖市平安医院创建工作机构，并抽查、暗访省、市（地）、县级医院各1—2家，综合评分。

各省、自治区、直辖市平安医院创建工作机构依据该考核办法以及考核标准，结合地方实际，拟定考核细则与考核方案，以正式文件下发，并报全国创建“平安医院”活动协调小组备案。

（四）考核结果应用

1. 为中央综治办印发的《省、自治区、直辖市社会治安综合治理工作考核评比实施细则》中关于平安建设创建活动的考核评价提供依据；

2. 评价各地平安医院创建工作成效。

（五）解释

本考核办法和考核标准由全国创建“平安医院”活动协调小组办公室负责解释。

二、考核标准

（一）创建工作组织领导（20分）

1. 地方党委、政府把创建活动纳入地方整体工作目标、平安建设的总体规划；（5分）

2. 地方党政主管领导担任创建活动领导小组组长，参加领导小组会议，部署创建工作，深入医疗机构调查研究，总结经验，分类指导，帮助解决创建活动中遇到的困难和问题；（5分）

3. 建立健全由综治部门牵头，卫生部门为主，公安、民政、工商、宣传等部门和单位参与的创建工作机构，并对辖区内创建工作开展专项检查和定期考核；（5分）

4. 创建工作机构加强组织协调和督促检查，研究制订开展创建活动检查考核和表彰奖励办法。（5分）

（二）部门分工协作机制（30分）

1. 有创建工作方案，有协调工作机制，各部门职能明确，责任落实，定期召开工作联席会议，印发工作简报；（5分）

2. 领导小组成员对创建工作熟悉，工作有部署、有措施、有落实；创建办工作人员目标、任务明确，具体内容熟悉；（3分）

3. 公安机关依照《企业事业单位内部治安保卫条例》规定，指导、监督医疗机构加强内部治安保卫工作，依法打击侵害医护人员、患者人身财产安全和扰乱医疗机构秩序的各类违法犯罪活动，开展医院及周边地区治安秩序整治专项行动，加强医院公共场所的治安管理，强化对医院周边流动人口、暂住人口和出租房、旅馆、招待所的管理，各种治安隐患得到及时排查、消除；协助医院建立医警协作机制；（5分）

4. 民政部门按有关规定建立对弃婴、流浪乞讨人员中的危重病人、精神病人的救助制度；对弃婴、流浪乞讨人员中的危重病人和精神病人有效开展医疗救助工作；落实优抚对象和困难群体的医疗救助政策；协助联系被遗弃患者家属的工作；（4分）

5. 工商部门依法清理和查处违法医疗广告；（4分）

6. 城管部门对“号贩子”、“医托”、在医院内散发小广告以及医院周边市容环境开展监督管理工作；（4分）

7. 宣传部门和新闻单位积极宣传创建活动，制订以创建工作为主题的宣传计划和方案，对医疗纠纷的报道客观、真实，舆论导向正确；建立创建“平安医院”宣传工作的长效机制（如：利用新闻媒体开辟“平安医院”建设专栏等）。（5分）

（三）医院安全管理（20分）

1. 卫生部门将创建工作列为加强医院管理的重要内容，定期检查指导创建工作，医疗事故鉴定和医疗事故处理程序完善，信访问题处理妥当；打击非法行医，依法履行医疗服务活动监管职责；（4分）

2. 辖区各级医院将创建工作列入整体工作目

标，成立创建活动领导小组和工作机构，主要领导亲自抓，有创建工作方案，人员落实，分工明确，定期召开工作会议，开展多种形式的宣传活动；(2分)

3. 辖区各级医院内部治安保卫保障机制和工作机制完善，内部治安保卫机构和保安队伍健全，防盗窃、防扒窃、防诈骗、防火灾、防破坏等各种安全防范设施完善，各种不安定因素和安全隐患得到及时排查和消除；(3分)

4. 辖区各级医院安全生产责任落实，岗位职责和技术操作规程完善；消防疏散出口、通道畅通，消防设施、灭火器材、报警系统、安全标志和应急照明齐全、灵敏有效，符合规范要求，无火灾隐患；(3分)

5. 辖区各级医院制订防恐怖、防破坏、防灾害事故的应急处置预案并组织演练，对重点安全岗位工作人员定期培训；(2分)

6. 辖区各级医院对患者在院期间的安全管理有措施、有落实，防止意外事故和突发事件对患者造成伤害，保护患者在就诊期间的财产安全和生命安全；(2分)

7. 辖区各级医院有突发群体性事件应急处置指挥系统，应急处置工作预案完善，信息报告与反馈程序执行严格；(1分)

8. 辖区各级医院对医疗废弃物的安全管理有措施、有落实；(1分)

9. 辖区各级医院医疗急救车通道畅通，医院内人车分流，主出、入口无堵塞现象；(1分)

10. 辖区各级医院有防范邪教组织和非法组织活动的措施并加以落实。(1分)

(四)医疗服务质量(20分)

1. 辖区医疗机构遵守医疗服务管理法律法规，定期开展医德医风教育和法律法规培训；(2分)

2. 辖区医疗机构医疗安全措施完善，执行严格，安全用药有措施、有落实；(5分)

3. 辖区医疗机构医疗技术人员执业资格管理严格，诊疗、护理技术规范和常规执行严格，医院感染控制和血液管理严格；(5分)

4. 辖区医疗机构有医疗质量管理机构和考核机制；(4分)

5. 医疗事故处理工作的质量高，程序规范。(4分)

(五)医患关系与医疗纠纷处理(10分)

1. 辖区医疗机构建立健全党政领导齐抓共管的院务公开工作机制，积极推行院务公开，采取多种形式及时公开医疗服务、收费信息，加强医疗价格管理，杜绝不合理收费现象；(2分)

2. 辖区医疗机构建立健全医患沟通制度，建立健全化解医患矛盾和预防、排查、调解医疗纠纷的工作机制，医患纠纷解决及时；(3分)

3. 卫生部门和辖区医疗机构建立健全医疗服务社会监督评价机制，定期征求患者对医疗服务和医院管理的意见，患者的综合满意度提高；(3分)

4. 卫生部门和辖区医疗机构设立医疗事故争议处置工作机构和工作机制，患者投诉举报渠道畅通，投诉处理程序完善、规范，投诉处理妥善、及时；(2分)

(六)加分项目

1. 创建工作被全国创建“平安医院”活动协调小组作为典型在全国推广其经验的，最高加5分；

2. “平安医院”创建工作典型经验被中央主流媒体专题报道的，最高加5分；

3. “平安医院”创建工作作为典型被中央部门表彰的，最高加10分；

4. 积极推行医疗责任保险，最高加10分；

5. 探索建立医患纠纷仲裁调解等第三方参与的调解机制，人员、经费、工作条件有保障，最高加10分。

(七)减分项目

1. 对“医闹”、“医托”等严重扰乱医疗秩序的违法行为打击不力，酌情减分，最高减10分；

2. 辖区医疗机构住院患者年度内发生食物中毒事件，酌情减分，最高减10分；

3. 辖区医疗机构因管理不善发生毒麻药品和精神用药被盗、非法转让事件的，酌情减分，最高减10分；

4. 辖区医疗机构发生放射源污染事件，酌情减分，最高减5分；

5. 辖区医疗机构年度内发生违法自采自供血液事件，酌情减分，最高减5分。

(八)一票否决项目

1. 辖区医疗机构年度内发生负完全责任或主要责任的一级医疗事故,或因医疗纠纷引发群体性事件,造成恶劣社会影响的;

2. 辖区医疗机构发布虚假违法医疗广告,误导患者,造成恶劣社会影响的;

3. 辖区医疗机构年度内发生擅自采集血液,发生临床用血传播疾病的重大事故,造成恶劣社会影响的;

4. 辖区医疗机构年度内发生重大安全事故或社会影响恶劣的案(事)件的。

住房和城乡建设部

2008年住房和城乡建设系统参与社会治安综合治理工作情况

一、大力加强农民工教育培训

在建筑业实施农民工技能培训示范工程。在江苏、安徽等23个省完成64万人的培训目标，组织培训人员参加职业技能鉴定，对合格者颁发职业资格证书，并由国家财政一次性给予人均约400元的培训补贴，这是首次大规模运用财政专项资金，对建筑业农民工技能培训和鉴定进行补贴。开展在岗农民工技能培训和鉴定工作。将建筑工地农民工业余学校创建工作和职业技能培训鉴定工作紧密结合起来，全年培训164万人。推动建筑工地农民工业余学校创建工作。大力开展农民工业余学校创建活动，全国已有29个省(区、市)开展了农民工业余学校创建工作，共设立农民工业余学校10657所，管理和服务农民工总数达到304万人。切实提高建筑业农民工的安全生产、自我防护意识和能力，11月份，在全国集中开展建筑业“千万农民工同上一堂课”安全培训活动。

二、认真加强流动人口服务管理工作

积极与公安部沟通，加快推进《房屋租赁管理办法》立法进程。以建立出租房屋数据库为重点，加快推进流动人口综合管理信息系统建设，努力探索运用信息化手段实现“以房管人”，积极推广各地先进经验和做法，鼓励各地探索建立流动人口居住信息的管理机制。改善农民工工作生活条件，维护合法权益。认真研究改善农民工居住条件的政策措施，开展了“农民工纳入城镇住房保障体系”的课题研究，为相关政策完善提供参考。会同发展改革委、财政部、劳动保障部、国土资源部制定下发了《关于改善农民工居住条件的指导意见》，对各地改善农民工居住条件提出了具体要求。组织开展了《建设工程劳动定额》修编工作，对建筑，装饰、安装、市政、园林绿化工程5个专业30个分册的劳动定额进行了调整。5·12汶川大地震发生后，立即向29个地区建设主管部门发出通知，要求各地紧急行动，做好四川籍农民工安抚疏导，引导农民工安心工作。此外，还向国艾办申请了防艾工作专项资金150万元，继续开展农民工艾滋病防治宣传教育工作。

三、注重维护建设系统农民工合法权益

巩固近年来清欠工作成果，着力解决建设领域拖欠工程款和引发的拖欠农民工工资问题，开展清欠“回头看”工作，组成10个督查组，对全国25省(自治区、直辖市)的清欠“回头看”工作进行了实地督查。继续试点推行农民工工资信息卡管理;建立农民工工资支付诚信档案，对拖欠农民工工资的企业计入不良信用纪录，向社会公布，进一步完善欠薪举报投诉制度，做到“发现一起，解决一起，投诉一起，查处一起”;贯彻落实《房屋建筑和市政工程施工分包管理办法》和，《关于建立和完善劳务分包制度发展建筑劳务企业的意见》，完善建筑劳务分包制度，发展建筑劳务企业，提高农民工的组织化程度;依法规范劳务分包的监督管理，打击挂靠和违法分包行为。截至目前，工程款历史旧欠解决比例达到99.5%，农民工工资历史陈欠问题基本得到解决。

四、认真开展预防青少年违法犯罪工作

优化青少年成长环境，推进未成年人活动场所建设和管理。在今年部分地区规划修编中，把包括未成年人活动场所在内的文化、教育、科技、体育等公共设施的规划内容，作为城市总体规划和详细规划的强制性内容。科学合理配置城市公共服务设施，发布了《城市公共设施规划规范》，确定了城市区级以上布局比较集中的行政办公、商业、金融、文化娱乐、体育、医疗卫生、大专院校、社会福利等公共设施规划技术标准。为加强我国农村普通中小学校的建设，加快编制《农村普通中小学校建设标准》，并于2008年9月批准发布。编制并发布了《流浪未成年人救助保护中心建设标准》。

五、扎实搞好中小学校及周边治安综合治理

加强了对规划拟建的中小学用地使用性质的规划控制，加大对中小学及社区青少年活动场所周边用地使用情况和建设工程的监督检查力度。配合公安、工商等部门，开展中小学校及周边治安综合治理活动，依法拆除违章建筑、取缔无照商贩、清理整顿环境卫生；配合公安部门整顿学校周边交通秩序，整顿查处违章占道行为；联合公安、工商、文化等部门对群众反映强烈的娱乐场所、音像摊点、饮食摊点以及无照流动商贩进行依法查处，使学校及周边环境和秩序有了明显改善。

六、努力确保市政设施安全运行

为落实中央领导在全国社会治安综合治理工作会议上提出的要求，着力为北京奥运会创造良好的社会治安环境，加强了对供水、供气、供热等重点设施和公园景区等重点部位的安全管理。对北京市供水排水防范和应对奥运期间突发性事件准备工作进行了调研。向所有奥运赛事承办城市下发通知，要求各地加强自查，保证奥运会期间供水安全。开展了住房城乡建设系统严密防范恐怖袭击工作，对供气、供热等重点行业防范恐怖袭击工作做出了具体部署。开展市政公用设施安全隐患排查治理工作，督促各地加强供气、供热、城市桥梁、隧道等重点要害部位的安全隐患排查工作。加大了公园景区等人群密集场所的安全防范工作，部分奥运主办，协办城市的公园实施了安检，确保了万无一失。同时，还严格执行安全生产制度，强化用工单位责任，加强施工现场管理，严防备类事故发生。

国家新闻出版总署

2008年“扫黄打非”工作情况

2008年，全国“扫黄打非”工作高举保护知识产权旗帜，在强化日常监管的同时，始终保持对各类非法出版活动的高压态势，不间断地组织开展了一系列专项行动，为抗震救灾、北京奥运会的成功举办和纪念改革开放30周年营造了良好的舆论文化环境，为维护文化安全、市场秩序、社会稳定作出了重要贡献。

2008年全国共收缴各类非法出版物8383.7万件，取缔关闭店档摊点4.6万个，关停印刷复制企业1420家、非法网站1.4万余个，查获非法光盘生产线8条，查办行政处罚案件25056起、刑事案件328起。

一、2008年“扫黄打非”工作的新突破

(一)查缴非法出版物工作有两个突破。一是重视强化日常监管机制建设。二是从查缴非法出版物向追查幕后主犯、向打团伙破网络延伸。

(二)打击侵权盗版保护知识产权有三大亮点。2008年全国共收缴盗版出版物7605.5万件，查办侵权盗版出版物案件12490起。在收缴的盗版出版物中，盗版音像制品5679.5万件，盗版图书1309.4万件，盗版教材教辅读物335.1万件，盗版软件及电子出版物281.5万件。“4.26”世界知识产权日前后，全国“扫黄打非”办组织各地查办、审结、曝光了一批侵权盗版重点案件，集中开展了保护知识产权、打击侵权盗版宣传活动，部署31个省区市同时举行2008年全国侵权盗版及非法出版物集中销毁活动，组织销毁侵权盗版及非法出版物4718万件，是历年一次性集中销毁数量最多的。一是严厉打击盗版盗印党和国家领导人经典著作以及党和国家公开发行的文件汇编。二是紧紧抓住与国际组织合作打盗版的机遇不放，发挥我方优势，为国争光。新闻出版总署、国家版权局和全国“扫黄打非”办对防止和打击侵权盗版北京2008奥运会开闭幕式和奥运会相关题材音像制品的工作，奥运会前就做到了早谋划、早安排、早组织、大力度。北京奥运期间，国家版权局会同奥组委、全国“扫黄打非”办等部门组成的奥运反盗版工作组，24小时值班，加大网络转播盗版活动监管力度，处理侵权网站117个，得到了国际奥委会的高度评价。三是连续不断查处侵权盗版大案，震慑犯罪分子。

(三)网上“扫黄打非”采取综合治理措施。一是持续开展多部门参加的联合打击行动。由公安部牵头，由全国“扫黄打非”办等中央多部门参加的依法打击网络淫秽色情等有害信息专项行动进入第二个年头，时间跨度长，部门合力强，社会影响广，屏蔽删除大量有害信息，关闭一批非法网站。二是注重发挥网上监管机构的日常监管作用。除中央的三大监管部门发挥主力作用外，全国已有17个省区市“扫黄打非”办公室指定专门机构或专人监管网上有害信息。全国“扫黄打非”办24小时值班接收举报，每天平均接到反映淫秽色情网站等举报4至5件，都按规定程序转有关部门及时查处。三是遏制网络色情小说传播。制定下发专门通知，查处各类违法违规网络出版小说案件16起，其中7起属于利用互联网登载、传播淫秽色情出版物案件，涉及各类淫秽色情网络小说392部(种、款)，关闭网站23家，给予263家网站行政警告处分，删除相关链接6774个。

(四)整治“四假”态度坚决，查处非法报刊取得重要进展。2008年全国共收缴非法报刊390.4万份。2008年10月集中一个月的时间开展了严厉打击非法报刊专项行动。在全面清查报刊市场、严厉打击非法报刊的同时，会同新闻出版执法部门，严肃查处参与违规违法活动的报刊出版单位，坚决纠正处理买卖刊号、一号多刊等违法违规行为，并加强对发行渠道的监管，防范非法报刊流入邮政等正规批发征订渠道。督办了重庆、江苏、辽宁、北京、广东、山西、河北、云南、海南等地查处非法报刊及“四假”重点案件。

二、2008 年“扫黄打非”工作的新经验

（一）在重大事件的实战中提高执法能力。平安奥运是 2008 年“扫黄打非”工作主线，全国“扫黄打非”战线的同志们从年初到年底，马不停蹄地奋战在市场监管第一线、打击犯罪第一线。各地普遍采取错时执法、夜间执法和节假日执法的做法对出版物市场进行高密度的反复清查，清查范围由中心城区向城郊、乡镇延伸，最大限度地挤压游商、地摊、无证照经营者的活动时间和空间；普遍组织经营单位开展了“我为奥运做贡献、文明经营我争先”活动，教育引导经营业者守法文明经营。北京定人定责定岗，实行全天候、全覆盖监控，组建起 1800 人的信息监督员队伍，分散在全市主要街道，能在第一时间应对紧急情况。奥运协办城市青岛实行“四级”网络监管机制，将监管工作拓展到农村乡镇和街道居委会。奥运协办城市秦皇岛实施分片包店责任制。奥运协办城市天津实行各级党政领导管线、“扫黄打非”部门管片的网格化管理模式。奥运协办城市上海从市级到村级层层签订领导责任状，实行问责制，确保市场万无一失。通过上下各方面的共同努力，奥运期间出版物市场面貌成为近年来最好的时期。奥运会后，全国“扫黄打非”办及时将工作重心由连续专项行动转移到强化日常监管上来，要求各地各部门继续保持对非法出版活动的高压态势，继续保持出版物市场的良好态势。

（二）注重策略和战术的调整。从策略上讲，就是把打击非法出版物的工作重点放到海关、边防堵截和防止内地印发扩散上，在战术上立足于打团伙、破网络，注重从环节上发现重要线索，深挖彻究。全国“扫黄打非”办提醒各地各职能部门把非法出版物的印制、运输、销售、传播、入境等各个环节作为监管的重点，始终抓住不放，按照属地管理和谁主管谁负责的原则，分头把关负责，不管哪个环节出现问题，都果断采取措施加以应对。针对非法出版物向网上转移的趋势，与公安、工信、外宣、新闻出版等部门共同探索查堵网上有害信息和非法出版物的常态化措施，力求通过技术措施、行政管理、依法打击等多种手段，对网上书店、交易平台、搜索引擎、信息传输工具等网上传播非法出版物及有害信息实施全面监控。

（三）努力切断非法出版物流通渠道。2008 年 5 月针对利用运输环节贩运非法出版物比较猖狂的问题，全国“扫黄打非”办会同交通运输部、铁道部、公安部、海关总署、新闻出版总署、中国民用航空局、国家邮政局等部门，联合下发了坚决打击利用交通运输渠道贩运非法出版物活动的通知，在交通运输环节建立了部门职责明确的联合封堵查缴工作机制，进一步加大对铁路、公路、水路、航空、邮政等运输环节的检查力度，有效切断非法出版物的流通渠道。9 月又会同交通运输部、公安部、新闻出版总署、国家工商总局，联合下发了严格规范高速公路服务区出版物经营秩序的通知，以往高速公路服务区作为出版物市场监管“盲区”的状况正在改变。上海、广东、湖北、北京、江苏、浙江、广西等地先后破获了一批利用交通运输渠道贩运非法出版物的案件。

（四）运用行政执法与刑事司法两种手段。一是涉及跨区域的大案要案和难以推进的典型案件，都由全国“扫黄打非”办和公安部联合召开协调会督办。先后在北京、天津、河南、广东等地召开 10 余个案件协调会，作出部署，提出要求。二是过去不想办大案、把大案办成小案，以行政处罚代替刑事打击的地方，思想认识有很大转变，把办案作为“扫黄打非”一项重要工作切实抓了起来。三是按照属地管理原则，协调公检法机关，充分运用现有法律和司法解释，加大对违法犯罪分子的刑事打击力度，依法高限量刑。2008 年全国共刑事审结“扫黄打非”案件 128 起，大大震慑违法犯罪分子。

（五）明确职责和督导检查是提高执行力的手段。为了确保“扫黄打非”各项任务落到实处，全国“扫黄打非”办一方面将 2008 年“扫黄打非”行动方案规定的各项任务进行分解，以文件形式明确各成员单位所承担的工作任务和职责；另一方面根据每个阶段的工作重点，适时组织有关成员单位对各地落实阶段性任务情况及出版物市场状况进行检查督导，掌握真实情况，有的放矢地部署安排各项工作，而且对每个阶段工作有部署、有检查、有总结、有报告。奥运会前，先后三次派出检查组，对北京及五个奥运协办城市出版物市场进行检查督导，并在全国重点地区推出了24小时值班和零报告制度。6月，会同有关分三组赴各地检查印刷复制业专项治理情况。10月，会同中央十部门组成9个调研组，对18个省区市33个重点城市开展打击非法报刊专项行动情况进行专项检查。

（六）一手抓监管一手促繁荣。2008年9月全国“扫黄打非”办组织开展了严厉打击盗版电影光盘《画皮》的行动，有效地维护了影片投资方和广大消费者的合法权益，产生了良好的经济效益和社会效益，这部投资1.2亿拍摄的电影上映一个月票房收入就达2亿。安徽省“扫黄打非”部门将保护知识产权、打击侵权盗版与繁荣文化产业融为一体，推动合肥市创建了“安徽地方戏曲正版音像一条街”，对抢救小戏种、繁荣文化市场起到了积极作用。全国“扫黄打非”办与新闻出版总署印刷司开展的为期三个月的全国印刷复制企业联合大检查，与总署报刊司联手整治“四假”问题，都较好保护了报刊、印刷复制部门的合法权益和人民群众的文化权益，调动了人民群众的积极性，促进了产业发展。

（七）强大的社会舆论是无形的力量。加强舆论宣传，拓宽社会监督渠道，不断提高公众保护知识产权意识和“扫黄打非”工作的认知度、参与度，是“扫黄打非”的成功做法。全国“扫黄打非”办围绕重点工作分别制定了各个阶段宣传报道方案，组织报刊、广播、电视、互联网等多种媒体，采用新闻、评论、访谈、综述、专栏、公益广告、手机短信等多种形式，全方位、多角度地宣传“扫黄打非”和保护知识产权的政策法规和重大意义，反映各地开展专项行动、加强日常监管等工作进展情况和工作成效，集中曝光非法出版典型案例，使我国保护知识产权的良好形象进一步树立，公众自觉抵制非法及盗版产品的良好意识进一步增强。

刘云山同志在第二十一次全国“扫黄打非”工作电视电话会议上的讲话摘要

2008年1月17日，第二十一次全国“扫黄打非”工作电视电话会议在京召开，部署2008年“扫黄打非”工作。中共中央政治局委员、书记处书记、中宣部部长、全国“扫黄打非”工作小组组长刘云山出席会议并讲话。他强调，“扫黄打非”工作要认真贯彻党的十七大精神，高举中国特色社会主义伟大旗帜，以邓小平理论和“三个代表”重要思想为指导，深入贯彻落实科学发展观，坚定不移地保护知识产权，坚决打击各种非法出版活动，积极营造良好文化环境和社会风尚，为推动文化大发展大繁荣、促进全面建设小康社会提供有力保障。

党的十六大以来，各地各部门按照中央的统一部署和要求，坚持不懈开展“扫黄打非”，工作有声势、有力度、有创新，有效打击和遏制了各类非法出版活动，始终保持文化市场繁荣健康有序的发展态势，为党和国家工作大局做出积极贡献。2007年，共收缴各类非法出版物1.49亿件，取缔关闭违法店档4.4万个、印刷复制企业933家，关闭清理非法网站6.26万家，查办案件3.1万余宗，在为十七大营造良好舆论氛围和文化环境方面发挥了重要作用。

刘云山指出，坚持不懈地开展“扫黄打非”，营造良好的社会环境、文化环境和社会风气，是建设社会主义先进文化、巩固马克思主义在意识形态领域指导地位的迫切需要，是加强社会主义法制建设、维护社会主义市场经济秩序的迫切需要，是顺应人民群众强烈愿望、保护青少年身心健康、保护知识产权的迫切需要。要深刻认识新形势下“扫黄打非”工作的极端重要性和现实紧迫性，进一步增强责任感使命感，把“扫黄打非”工作深入持久开展下去。

刘云山强调，当前“扫黄打非”工作要把打击非法出版、侵权盗版、网络淫秽色情活动和查处各类非法报刊作为重点。各地各部门要按照属地管理和谁主管谁负责的原则，进一步完善上下一体、区域联动、部门互动的工作机制，确保各项任务落到实处。要加快推进文化市场综合执法改革步伐，进一步整合执法资源，加强日常监管。要坚持改革创新，把“扫黄打非”工作与群众性精神文明创建活动、城市社区和新农村建设、社会治安综合治理结合起来，不断完善工作机制，拓展工作领域，丰富工作手段，提高工作水平。

柳斌杰同志在第二十一次全国“扫黄打非”工作电视电话会议上的讲话摘要

2008年1月17日，新闻出版总署署长、国家版权局局长、全国“扫黄打非”工作小组副组长兼办公室主任柳斌杰，在第二十一次全国“扫黄打非”工作电视电话会议上发表讲话时分析说，2008年是全面贯彻落实党的十七大精神的第一年，是改革开放30周年，也是北京奥运会举办之年，大事越多敏感问题也越多，“扫黄打非”斗争面临的形势依然严峻。他特别指出，各级新闻出版、版权行政部门要以落实党的十七大精神为工作主线，以保护知识产权为旗帜，将查堵各类非法出版物、依法打击各种侵权盗版活动、全面开展网上“扫黄打非”和严肃查处非法报刊制售活动四项任务作为今年“扫黄打非”工作重点。

2007年全国“扫黄打非”工作动手早、行动快，重点突出，措施得力，一直处于主动地位。特别是在打击非法出版、清除淫秽色情文化、保护知识产权、开展网上“扫黄打非”、查办大案要案等方面，取得了新进展，人民群众拍手称快，为党的十七大召开营造了良好的舆论文化环境。但是，各类非法出版物依然不断出现，淫秽色情出版物仍在地下传播，非法报刊和违规出版报刊不断改换形式，利用网络传播有害信息屡禁不止，非法制售、传播活动呈现跨地区、跨行业、团伙化、网络化趋势，非法印刷窝点问题突出，一些合法出版、印刷、光盘复制企业参与盗版，犯罪分子内外勾结、行为隐蔽、手段更加多变，这给今年的“扫黄打非”斗争提出了挑战。柳斌杰就此指出，各级新闻出版、版权行政部门要增强参加“扫黄打非”工作的责任感和使命感。一是要从维护国家文化安全、社会稳定的高度，进一步提高对“扫黄打非”斗争重要性、长期性、艰巨性和紧迫性的认识。二是要落实“属地管理”、“谁主管、谁负责”的原则，在当地党委和政府的领导下，把“扫黄打非”摆到新闻出版和版权管理的重要位置，做到任务、人员、措施、工作四到位，尽力提供经费、装备等保障条件。三是要切实履行“扫黄打非”职责，完成好分工负责的任务，进一步加大对出版活动和出版物市场的监管力度，建立健全长效监管机制，从源头上防范非法出版和“制黄贩黄”问题。

在谈到明确目标、突出重点、切实履行“扫黄打非”分工职责问题时，柳斌杰强调，各级新闻出版、版权行政部门要将四项任务作为工作重点：一是要严密查堵各类非法出版物。始终保持高压态势，加强对出版物进出口公司的监管和对进口出版物的内容审查，同时加强对出版单位、印刷复制企业的执法检查，尤其是加强对“三来一补”企业的监管。二是依法打击各种侵权盗版活动。坚持常抓不懈，做到反盗版天天有行动，天天见成效。及时对出版物市场进行全面检查，深挖非法印刷窝点和非法光盘生产线，严厉查处参与盗版盗印、非法刻录活动的企业，情节严重的坚决吊销其经营许可证。大力打击非法预装、销售计算机软件行为，继续在机关、学校、企事业单位中推行计算机软件正版化工作。加强对大中型企业、机关、学校图书馆采购馆藏图书监管,防止盗版及非法出版物以批量采购方式进入企事业单位图书馆。积极配合有关部门,查处取缔销售盗版及非法出版物的游商地摊和无证照经营者。三是全面开展网上"扫黄打非"。规范网络出版行为,坚决清除网络盗版产品和有害信息。四是严肃查处非法报刊制售活动,继续深入整治新闻"四假"。各级新闻出版和版权行政部门,要在今年三个阶段相继开展的"扫黄打非"专项行动中,担当主力,努力解决多年存在的正规企业出版生产复制销售非法出版物和盗版出版物问题,进一步规范市场秩序,实实在在地为文化执法起到表率作用。此外,各级新闻出版、版权行政部门还应积极探索与相关部门密切协作、协同配合的新机制,不断提高"扫黄打非"工作水平。

陈冀平同志在第二十一次全国"扫黄打非"工作电视电话会议上的讲话摘要

2008年1月17日中央综治委副主任、中央综治办主任、中央政法委副秘书长、全国"扫黄打非"工作小组副组长陈冀平在第二十一次全国"扫黄打非"工作电视电话会议上指出,各级政法委、综治委和各级政法机关要将"扫黄打非"工作纳入综合治理年度考核范围,并作为评先表彰的重要依据。要严格按照社会治安综合治理领导责任制和责任追究制度,对在"扫黄打非"工作中不力的地区和单位,及时下达警示通知书或黄牌警告,对在工作中失职、渎职,导致非法出版物泛滥、影响恶劣的地区和单位及其责任人,要严肃追究其领导责任,该"一票否决"的,坚持实行"一票否决"。

在谈到进一步增强"扫黄打非"工作责任感问题时,陈冀平要求,各级政法委、综治委和各级政法机关要充分认清当前的形势,要从捍卫中国特色社会主义旗帜、捍卫中国特色社会主义理论、捍卫中国特色社会主义道路的政治高度,从全面建设小康社会、构建社会主义和谐社会的全局高度,从维护党和国家长治久安的战略高度,充分认识"扫黄打非"工作的重要性。要把"扫黄打非"工作作为维护社会稳定和社会治安的一项重要任务,进一步加大执法力度,确保"扫黄打非"工作的各项措施落到实处。

陈冀平指出,要加强情报信息工作,建立情报信息网络,做到早发现,早控制。要深挖犯罪线索,查找犯罪活动源头,坚决打掉从事走私、制作、印刷、复制、销售非法出版物活动的犯罪团伙,端掉其制作储藏窝点,摧毁其地下发行网络。各级党委政法委要切实加大对案件的协调力度,特别是对大案要案和跨地区的案件,要落实责任,加强督查,确保立案、侦破、审理等环节的办案质量。

各级公安机关要发挥"扫黄打非"主力军作用。公安边防部门要依法严厉打击走私、贩运非法出版物活动,切断犯罪活动的秘密通道;公安、法院、检察院要密切配合,做好行政执法与刑事司法的衔接,充分运用刑事打击手段,严惩犯罪,形成强大的法律威慑力。要进一步规范执法行为,对有法不依、执法不严、以罚代刑,办人情案,充当保护伞,甚至与不法分子相互勾结,进行权钱交易的执法人员,要依法严厉查处,并追究有关领导的责任。

陈冀平强调,宣传、文化、工商、新闻出版等综治委成员单位在落实综治责任的同时,要加强协调配合,形成齐抓共管的工作格局。要把"扫黄打非"工作与排查整治治安混乱地区和突出治安问题等专项行动结合起来,对出版、贩卖非法出版物和兜售淫秽色情书刊、光盘等不法活动进行坚决清理,对问题严重的地方,要协调有关部门切实采取有效措施,实施综合整治。要充分发挥综治群防群治网络和治安信息员的作用,将"扫黄打非"工作的触角延伸到街道社区、乡镇村庄,延伸到社会每个角落，形成严密的防范网络。要坚决扫除危害青少年身心健康的有害信息和出版物，加大宣传教育力度，增强广大青少年自觉抵制有害信息的能力。要通过加强治安管理，深挖非法出版活动制作、储运场所。要强化对出租房屋的管理，通过以房管人，及时发现违法犯罪活动和违法犯罪人员。同时，加大宣传力度，鼓励群众举报违法犯罪线索，调动群众参与"扫黄打非"工作的积极性，努力形成人人参与、全社会支持"扫黄打非"工作的良好局面。要坚持"属地管理"和"谁主管、谁负责"的原则，努力在齐抓共管上下功夫，在落实责任上下功夫，在健全制度上下功夫，在构建长效工作机制上下功夫。

海关总署

2008年海关机构参与社会治安综合治理工作典型经验

——黄埔海关缉私局努力开创反走私综合治理工作新局面

反走私综合治理作为海关缉私新体制的重要内容，是除刑事执法、行政执法手段以外的第三种执法手段，其地位和作用在海关反走私工作中日益凸显。黄埔海关在开展反走私综合治理工作中，更新观念，突出重点，大胆实践，积极探索将其纳入到社会治安综合治理的范畴中同步推进，使关区的走私活动得到有效遏制，执法环境明显改善，开拓了良好的工作局面。主要做法如下：

一、更新工作观念，找准职能定位

（一）反走私综合治理应当纳入社会治安综合治理，共同推进。

综合治理与刑事执法、行政执法两种手段并列，是反走私工作的三种手段之一。与刑事执法、行政执法手段相比，综合治理工作更强调促进地方经济社会的和谐稳定发展，更需要各方面力量的协调配合，更突出“把关”与“服务”的平衡，其目标追求、工作手段都与社会治安综合治理不谋而合，应当纳入社会治安综合治理工作共同推进。

据此，通过几年的不断探索，黄埔海关逐步确定了关区开展反走私综合治理的工作思路：反走私工作是一项系统工程，从整个社会来说，打击走私不是海关一家的事，必须依靠和动员社会各方面的力量，齐抓共管；从海关内部来说，打击走私不是缉私部门一家的事，必须发挥海关内部各部门反走私的整体效能。这两个层面合起来，就是反走私综合治理。

（二）反走私综合治理应当成为反走私工作的强大组织推动力量，化虚为实。

面对日趋严峻复杂的反走私斗争形势，反走私工作不能仅仅强调加大打击力度，不能单纯依靠海关单打独斗，推进反走私综合治理，是打私工作从打击为主向打防结合、促进发展转变的必然选择，因此，反走私综合治理工作不应局限于务虚的协调，止步于为打私工作“敲边鼓”。在打击走私的三种手段中，反走私综合治理具有明显的基础性、广泛性和预防性，应当充分发挥其基础性作用，成为统筹组织、协调推进反走私工作的强大推动力，切实提升反走私工作的整体效能。

在实践中，黄埔海关积极探索将反走私综合治理工作由虚转实的方式和途径，将反走私综合治理工作的职能定位为“组织、协调、服务、推进”8个字，通过制定下发全关的打私工作任务指标，牵头、组织和推动海关内部的反走私工作；通过理顺关系，协调关地、关内、缉私工作内部3个层面的配合，提升打私合力；通过优化工作机制，服务反走私工作大局；通过参与地方政府的反走私综合治理年度考评，推进反走私责任制的落实。

二、完善制度规范，夯实工作基础

（一）完善与地方政府的协调配合制度框架，规范外部联系。

根据《关于进一步加强反走私工作的通知》（国发[2007]3号）和海关总署《海关反走私工作长效机制建设指导方案》的精神和要求，黄埔海关积极与辖区地方政府协调沟通，促成了一系列加强配合、密切协作的综治工作制度的制定，使社会反走私综合治理走上不以时易、不以人替的机制化、制度化轨道。如积极参与了由广州市打私办牵头的《广州市反走私综合治理工作规定》以及由东莞市打私办牵头的《东莞市反走私综合治理联席会议制度》、《东莞市反走私信息通报制度》、《东莞市反走私快速联动预案》等规章制度的制定，实现了综合治理的“统一指挥、反应迅速、运转高效”，既有利于推动地方经济和社会稳定发展，又在很大程度上改进了海关外部执法环境。与东莞市政府的联系配合制度制定后发生的几起暴力抗法等突发事件，正是通过其中的快速联动机制，及时圆满地得到了解决。

（二）优化海关内部工作机制，理顺内部关系。

一是明确内部反走私工作责任。为有效规范黄埔海关反走私综合治理工作，建立起反走私综合治理长效机制，黄埔海关制定下发了《黄埔海关反走私综合治理工作规定（试行）》，明确了海关内部各有关部门在反走私综合治理工作中的职权、责任和协作关系，为落实关区内部反走私工作责任制奠定了基础；二是完善关内联系配合。打击走私作为海关四大职能之一，贯穿于海关一线监管、后续管理等各个环节，为加强与海关业务的深度融合，黄埔海关与本关的关税、加贸、风险、稽查、企管、监管通关等业务部门均制定了联系配合办法，这些联系配合办法构成了关区内部反走私工作的联系配合工作体系，有力保障了黄埔海关能够充分依托海关业务开展缉私工作；三是归口对外联系渠道。针对黄埔海关在东莞地区设有5个缉私分局，并有2个职能处外设查私科的特殊情况，黄埔海关于2007年制定了《黄埔海关缉私局关于东莞地区反走私综合治理工作对外联系配合办法（试行）》，对联系报备、联系方式等做了明确规定，进一步理顺了与东莞市打私部门在协调沟通、信息交流以及联合行动方面的关系。

三、拓宽工作思路，创新综治实践

（一）深化理论研讨和成果转化，大胆开展综治工作试点。

反走私综合治理工作在黄埔海关起步时间短，可借鉴的经验少，因此，黄埔海关在实践中积极总结提炼工作经验，推动深化理论研讨。通过开展综合治理专项摸底调研和反走私综合治理理论研究征文等活动，黄埔海关共收集整理问题和建议125条、理论研究文章80余篇，通过这种百家争鸣的方式，提取理论精华，拓宽工作思路。在理论研讨的基础上，2006年4月，黄埔海关锐意创新，在新塘海关开展将反走私综合治理纳入社会治安综合治理考核的大胆尝试。试点的主要做法可以归纳为“一二三四五”，即“一个平台（《增城市人民政府反走私综合治理》网页）”、“两项制度（联络员、联席会议）”、“三套机制（长效联系配合机制、快速反应机制、突发事件应急处理机制）”、“四种互动（走访、信息、联谊、网络）”和“五个着眼点（强化建章立制、落实责任制、关地联合行动、规范进出口行为、强化反走私宣传）”。试点工作以来，新塘海关与驻地的增城市打私办密切配合，有效遏制了当地的走私活动，彻底摘掉了全国闻名的“走私重点地区”的帽子。

（二）紧密依靠地方政府，强化齐抓共管。

紧密依靠地方党政是开展反走私综合治理的前提和基础。实践中，黄埔海关主要依托联席会议、参与例会、联合行动（调研）3个渠道密切与地方政府的协作。一是定期召开地方政府、海关、相关行政管理部门等单位参加的联席会议，交流各自开展反走私工作的情况，研讨工作中遇到的困难和问题；二是参加地方政府的反走私工作例会，通报反走私工作形势，剖析阶段性的重点敏感商品走私违规案例，对地方政府基层打私工作人员和企业代表开展反走私政策宣讲和培训，收集对反走私工作的意见和建议；三是紧密结合宏观政策调整和反走私形势变化，与地方政府开展联合行动和调研，针对阶段性走私热点组织专项斗争，严防走私回潮，并及时把握新形势，分析新问题，研究新对策。

（三）搭建专门信息交流平台，提高信息共享水平。

为整合综合治理信息通报渠道，黄埔海关从2008年7月起，创编《黄埔海关反走私综合治理工作简报》，摘编关区内部和地方政府的反走私综合治理工作动态，分析查获走私案件特点，发布典型案例，交流反走私工作中的问题和建议，分别送阅给总署、分署、全关各单位和地方打私办，有效加强了关区内部和地方政府的反走私信息互通，有利于形成打私合力。

在综治简报的栏目设计上，黄埔海关充分考虑了地方政府实施反走私综合治理综合考评的需要，对查获案件按发案地区、案件性质、走私渠道、走私方式等做了详细的分类统计，为地方政府实施科学的反走私综合治理绩效考评，落实反走私工作责任制提供了可靠依据。

（四）推动社会守法诚信体系建设，规范企业行为。一是加强与企业管理部门的配合，共同做好企业等级评定。2008年，根据新的《中华人民共和国海关企业分类管理办法》和《中华人民共和国海关企业分类管理操作规程（试行）》，黄埔海关配合企管部门完善了其企业分类管理操作细则，同时做好对企业的走私违法情况的通报和企业分类管理资格审核，推进信用管理建设；二是加强MOU管理，充分发挥其预防效能。MOU是海关与外部联系的桥梁和纽带，为充分发挥其作用，黄埔海关于2005年制定了《黄埔海关关于签署和实施〈合作谅解备忘录〉的暂行规定》，并结合实践于2008年进行了修订完善，对MOU签署对象的资质审核、优惠措施、信息报送、后续管理等方面都进行了规范，并明确全关各单位签署的MOU，除个别专业性强的外，都必须包含反走私领域合作的内容，且必须设立一名缉私部门人员作为MOU联络员。目前，黄埔海关有效执行的合作备忘录共160余份，全部实行档案式管理，在网上备案公布，其对象涵盖了政府部门、行业协会、企业等各个行业，对海关加强监管起到了积极的补充和促进作用；三是开展守法诚信体系建设的理论研究。由于黄埔海关的企业诚信体系建设在全国海关系统中，一直处于领先地位，为此，2008年3月，全国打击走私综合治理办公室委托黄埔海关代为起草《关于进一步完善反走私领域社会守法诚信体系建设指导意见》。为做好此项工作，黄埔海关深入调研，拓宽思路，在广泛征求相关部门、行业协会和部分守法企业意见的基础上，积极探索建设守法诚信体系的实现方式，形成了理论雏形，在出色完成工作任务的同时，也极大地促进了黄埔海关的企业诚信体系建设。

（五）建设“两个网络”，推动综治工作信息化。

一是建设海关内部的“反走私业务协调网”。为方便反走私综合治理工作的信息交流和反馈，黄埔海关在全国率先开办了“反走私业务协调网”，不但加强了反走私综合治理的信息通报，而且创新了与企管部门和缉私内部的案件处理反馈模式，将原来的纸质反馈全部转为网上反馈。该网站开通以来，共通报刑事、行政案件以及贸易管制事项报备等其他各类事项18000余起，使得全关区原需数十人做的工作，现仅1人就能完成，工作效率得到极大提升；二是建设“黄埔海关缉私局门户网站”，加大反走私宣传力度。2008年，黄埔海关开通了“黄埔海关缉私局门户网站”，主要实现政务公开、反走私综合治理、业务咨询、社会监督、反走私举报等功能，对于及时向社会各界宣传反走私工作成果、吸纳反走私工作建议、接收反走私举报发挥了积极作用。

国家人口和计划生育委员会

2008 年全国人口计生委参与社会治安综合治理工作情况

2008 年,全国人口和计划生育系统认真贯彻落实中共中央办公厅、国务院办公厅《转发〈中央社会治安综合治理委员会关于进一步加强流动人口服务和管理工作的意见〉的通知》(厅字[2007]11 号)和全国社会治安综合治理工作会议精神,积极参与社会治安综合治理,切实加强人口和计划生育依法行政,做好流动人口计划生育服务和管理工作。

一、坚持依法行政,促进社会和谐稳定,确保奥运会顺利举办

(一)召开全国人口和计划生育系统依法行政工作座谈会,统一思想,提高认识。为贯彻落实全国社会治安综合治理工作会议精神,促进人口和计划生育工作持续稳定健康发展,促进社会和谐稳定,国家人口计生委于 4 月在沈阳召开了全国人口和计划生育依法行政座谈会,会议认真总结近年来人口和计划生育依法行政工作情况,全面部署新形势下人口和计划生育依法行政主要任务,并要求各地重视做好奥运期间社会稳定工作。会后,各地积极行动起来,认真开展执法检查,深入群众征求意见,排查问题,调处矛盾,解决纠纷,收到良好效果。

(二)制定下发《人口与计划生育重大案件预防与责任追究规定》,加大责任追究力度。为努力减少和避免违法行政案件的发生,国家人口计生委进一步加大了违法行政责任追究力度,制发了《人口与计划生育重大案件预防与责任追究规定》,对于重大案件的预防、报告、调查、处理、责任追究等作出明确规定,要求各省认真落实该规定要求,从工作的各个环节予以规范,部分省还制定了实施细则下发基层,严格遵照执行。

(三)加强行政执法监督,及时排查处理问题,化解矛盾。为确保奥运会的顺利举办,国家人口计生委加大行政执法监督检查力度,加强信访和行政复议工作,认真核查并妥善处理群众反映的问题,及时化解矛盾,维护社会稳定。

二、围绕大局,及时协调出台地震灾区有关政策

四川汶川发生 8 级地震后,国家人口计生委紧急下发《关于开展"关怀关爱——共渡难关"活动的通知》,要求全国人口计生系统积极响应党中央、国务院的号召,在各级党委和政府的统一领导下,以救助帮扶为主题,围绕受地震灾害影响的流动育龄群众及其家庭开展流动人口计划生育"关怀关爱——共渡难关"抗震救助活动,使流动人口计划生育家庭及时感受到党和政府的关怀,感受到来自人口计生系统的关爱,保证社会的和谐稳定,促进灾后重建工作,尽快恢复受灾流动人口的正常生活秩序。国家人口计生委在北京市六建集团大兴亦庄建筑工地举办"关怀关爱,共渡难关,慰问地震受灾地区农民工"现场活动。同时制定下发了《关于做好地震灾区子女伤亡家庭有关扶助工作的通知》,指导地方帮助计划生育家庭解决实际困难和问题,并为地方解决震灾中子女伤残家庭再生育问题提供了政策依据。

三、推进全国"一盘棋",切实抓好流动人口计划生育服务和管理

(一)修订法规,制定工作规范,推进流动人口计划生育服务管理制度化、规范化建设。一是抓紧修订《流动人口计划生育工作管理办法》。按照"开拓进取,服务改革发展大局;兼顾地区差异,适度推进创新;有所侧重,分步解决"的原则,以维权服务为主线，以落实部门职责、推进综合管理为重点，明确户籍地和现居住地职责、规范服务管理工作为核心，起草了《办法》修订草案并上报国务院。二是研究制定全国流动人口计划生育服务管理工作规范，以解决因人口计生政策服务管理制度地区差异带来的两地互相推诿、协作困难、各自为政等问题，不断规范基层流动人口计划生育管理和服务工作，提升流动人口计划生育管理和服务水平。三是加强流动人口计划生育领导小组工作制度化、规范化。制定并印发了《人口计生委流动人口计划生育工作领导小组2008年工作要点》，将2008年工作按成员单位进行了职责分工。

（二）加大调查研究和督促检查力度，积极推进流动人口计划生育服务管理体制机制创新。一是加强调研分析，研究提出工作措施。组织人员力量对流动人口及其计划生育服务管理的现状、问题和发展趋势，以及工作中的重点、难点问题进行深入调研。起草了《流动人口现状、问题与趋势分析》、《流动人口服务管理现状、问题与对策建议》、《当前推进全国流动人口计划生育工作“一盘棋”格局面临的形势及下一步工作措施》等调研报告。二是落实《流动人口计划生育管理和服务工作检查评估指标》（试行）的要求，指导各省开展流动人口计划生育管理和服务工作自查和相关调查工作，督促基层落实流动人口计划生育服务和管理责任。并以流动人口计划生育服务管理为重点，赴广东、湖南、湖北三省开展“十一五”中期评估督查暨科学发展观调研。三是加强流动人口计划生育信息化建设和统计分析。与有关研究单位和专家一起研究制定重点地区流动人口服务管理监测试点方案，启动相关工作。四是开展相关课题研究，突破难点问题。启动开展了流动人口服务管理体制研究、流动人口计划生育目标责任考核制度研究、流动人口计划生育区域协作研究、流动人口计划生育信息化建设现状研究、流动人口计划生育经费投入体制等项目研究。

（三）广泛开展流动人口计划生育“关怀关爱”专项行动，切实维护流动人口合法权益。在全国范围广泛开展了流动人口计划生育“关怀关爱”专项行动，促进流动人口与当地居民和睦相处，融入当地社会，构建和谐有序的社会局面。各地在火车站、汽车站、人民广场等流动人口容易集聚的公共场所，为流动人口、农民工提供政策咨询和生殖健康服务，现场受理流动人口、农民工投诉，免费提供避孕药具、计划生育法律法规宣传手册和年历、春联等；组织人口计生干部、有关专家和演艺人员，深入城市建筑工地、工厂、工棚进行慰问演出，开展流动人口计划生育、生殖健康的宣传、咨询、服务活动；对流动人口及其家庭状况进行调查摸底，掌握流动人口底数，及时了解返乡流动育龄群众的生殖健康需求，开展以“三查一治”为主要内容的送政策、送宣传、送服务活动；关爱农村流动人口留守家庭及子女，上门开展访贫、慰问、扶助活动，帮助农民工家庭排忧解难；一些地方还安排政府及人口计生部门领导走访慰问流动人口及其家庭，为流动人口、农民工送温暖、办实事。

中国保险监督管理委员会

2008 年全国保险业参与社会治安综合治理工作情况

2008 年，在党中央、国务院和中央综治委的领导下，中国保监会深入学习实践科学发展观，准确把握当前社会治安综合治理工作重点，加强保险监管，引领保险业发挥经济补偿和社会管理功能，为重大自然灾害提供保险补偿，协助解决社会治安领域的突出问题，妥善做好行业内矛盾纠纷排查化解，为维护社会和谐稳定做出了积极贡献。

一、充分发挥商业保险的功能作用，全方位推动保险业参与平安建设

2008 年，保险业进一步贯彻落实中央综治委、保监会《关于保险业参与平安建设的意见》，加强与综治部门协调配合，充分发挥互动机制和合作平台作用，因地制宜，创新方式方法，全面推进保险业参与平安建设各项工作，较好地实现了保险业创新发展与平安建设双赢的目标。

一是积极探索创新治安保险发展模式，协助解决社会治安管理问题。宁夏保险业在中卫市开展“治安双保”模式试点，按照“打防结合、预防为主”方针，群众以家庭财产等易侵害物为标的进行投保，依托公安机关招聘保安，对参保辖区实行昼夜巡逻，建立起“百姓花钱买保单，保险公司雇保安，保安队员保平安”的新型社会治安防控模式。青岛市保险业坚持分类实施，创新跟进，推出多种模式治安保险：市南区推出“社区联保限额保险”，综治办从每户治安联防费中提取部分费用作为保费，为无物业管理小区住户投保盗抢险。城阳区结合实际，推出“农村社区平安家财保险”，根据缴纳保费不同设计出多个承保方案，险种涵盖房屋及附属设施、室内财产、首饰盗抢险等项目；平度市针对农村变压器多且易失窃的特点，推出“农灌变压器双保险”，为所有农灌变压器安装与 110 联网防盗报警系统并投保财产盗抢险，在全国电力设施保护会议上被当作典型推广；胶南市根据各街道办事处经济情况的不同，推出“平安家庭保险”，设计了 9 套平安家庭保险承保方案，政府根据经济条件不同给予相应的补贴；奶牛养殖重点区莱西市推出“大牲畜捆绑式财产保险”，对投保家庭财产险的群众，在购买大牲畜防盗报警器时给予优惠，同时享受家庭财产保险最低价格优惠。各地通过发展治安保险，提高了治安防控水平，对平安建设的影响日益凸显。此外，吉林市保险业与监狱管理部门合作，为监狱服刑人员办理刑释人员生活保障保险，对解决刑释人员出狱后生活保障问题，减少二次犯罪，从源头上解决社会治安问题进行了有益探索，充分体现了保险关爱社会、服务社会的责任感和使命感。

二是依托“三农”保险全方位参与农村平安建设。农业保险发展取得新突破。2008 年，中央财政支持的政策性农业保险试点由 6 省区扩展到 16 省区和新疆生产建设兵团。截至 12 月底，全国共有 31 个省（自治区、直辖市）开办农业保险，险种达 11 大类 50 多个。参保农户共计 9015.9 万户次，共承保农作物及林木 5.3 亿亩，大小牲畜 8385.9 万头（只）。农业保险赔款 69.2 亿元，比 2007 年增长 1.1 倍，受益农户 1098.7 万户次。积极开展农村小额人身保险试点。截至 12 月末，9 个试点省市农村小额人身保险共为 217.28 万农民提供了总额为 260.07 亿元的保险保障。同时，保险业继续做好农房险、家财险、农机具保险等工作，保障农民财产安全；开办低保费、广覆盖的意外险、健康险服务，缓解农民在遭受意外事故或突患大病后的生活保障问题；参与被征地农民养老保险和新型农村合作医疗保险试点，协助政府健全农民的社会保障体系。通过努力拓展“三农”业务，保险业广泛参与农村平安建设工作，稳定农业生产，帮助农民解决在遭受灾害事故或疾病年老后面临的生活困难，减少农村矛盾纠纷，为农村社会的安定和谐做出了积极贡献。

三是大力开展责任保险，促进社会和谐稳定。保监会与有关部门加强协调沟通，一些重点领域责任保险进一步发展。江苏保险业创新推出校园餐饮责任保险，为南京市江宁区、苏州吴江市200多所中小学及幼儿园、20多万名学生提供餐饮安全责任保险保障，维护了学校正常的教学秩序，推进了“平安校园”建设。上海、甘肃落实公安部和保监会联合发文精神，在地方政府支持下，正式启动火灾公众责任保险试点工作。宁波市通过地方规章实施医疗责任保险新模式，解决了医疗责任保险覆盖面的问题，使医患纠纷得以有效化解。同时，保险业在全国推行交强险“互碰自赔”处理机制，简化了车险理赔流程，提高了理赔效率，对化解交通事故纠纷，保障道路安全畅通发挥了积极作用。

四是切实保护被保险人利益，做好矛盾纠纷排查化解工作。通过强化市场行为监管和加强诚信建设，从社会反映最集中的销售误导和理赔难等问题入手，依法严肃查处损害被保险人利益的违法违规行为。出台保险理赔（给付）服务公开制度，切实解决理赔难问题。河北、浙江等保监局制定了产品宣传、销售理赔、客户回访等方面的指导意见。全年保监会系统共处理消费者信访投诉案件13787件，理赔难、销售误导等侵害被保险人利益的违法违规行为受到了严厉查处，被保险人的合法权益得到了有效维护。高度重视矛盾纠纷排查化解工作，不断建立健全当事人双方协商、行业协会调处、行政监管介入、中介组织仲裁、人民法院诉讼等解决机制。

二、以做好农民工保险服务为重点，建立完善流动人口保险保障体系

2007年12月，保监会成为中央综治委流动人口治安管理工作领导小组成员。会党委高度重视此项工作，紧密结合保险业实际，将服务流动人口保险保障体系建设作为保险业进一步发挥社会管理功能的一项重要任务，积极部署落实，加强组织引导；各保监局和保险公司多方参与，全力推动。深圳保险业通过政府引导下的市场化运作，从意外伤害、补充医疗、养老转移支付等方面，全面推动农民工保险发展，取得良好社会效益。武汉市2007年由政府出资，为全市38.04万外出务工人员办理了一年期的意外伤害保险，2008年继续扩大试点范围至41.16万人，涵盖全市男性16－60周岁、女性16－55周岁的农业户籍外出务工人员。广东东莞9家保险公司共同推出了出租屋及租住人员保险，由政府给以不同程度政策支持，年底受保人数达到100万人。大连保险业结合本市建筑企业和外资企业雇佣农民工数量较大的实际情况，先后推出了新型外来务工人员综合保险、补充工伤保险、建工意外保险、渔工雇主责任险等险种十余个，惠及农民工约103万人次，提供了数百亿元的风险保障。其中，全市建工意外险承保覆盖率达60%以上，保税区企业外来务工人员综合保险投保率达70%以上。

三、积极参与抗灾救灾，保障灾区生产生活秩序稳定

年初南方低温雨雪冰冻灾害和“5·12”汶川地震两场重大自然灾害发生后，保险业全力投入抗灾救灾和灾后重建。各保险机构坚持特事特办，快速查勘，及时理赔，提供了高质量的保险服务。保险业分别为南方低温雨雪冰冻灾害和汶川地震灾害支付赔款89亿元和14.2亿元，在稳定灾区群众生产生活和支持灾后重建方面发挥了积极作用。广大保险干部职工奋战在抗灾救灾一线，以坚韧不拔的斗志和无私奉献的行动，展现了保险业良好的精神风貌。中国人保在都江堰重灾区有3万多名受灾群众的安置点上，设立“帐篷学校”和“中国人保村”，帮助解决灾区学生无学可上、无书可读的问题，协助对受灾群众进行集中安置、疾病防控、救援物品发放和心理救助等各项工作。面对地震中失去父母的孩子，中国人寿通过“国寿慈善基金会”，全面承担这些孤儿成长至18周岁的基本生活保障，每人每月发放助养金600元，并提供心理咨询、教育和就业支持，近日已与民政部签署正式协议，拨付了首期486.72万元助养金。太平人寿在震后专门研究开发了守望教育年金保险产品，以便为地震孤儿提供长效的教育保障机制，确保其获得长期资助。全行业共向灾区捐款超过5亿元，援助灾区人民恢复生产、重建家园。

四、全力做好奥运保险保障工作，建设平安奥运、和谐奥运

在北京奥组委的领导下，保监会指导包括奥

运保险合作伙伴公司在内的各家保险机构经过精心筹备，为北京奥运会和残奥会大约15万相关人员(4万多名奥运大家庭成员和11万名注册志愿者)，近8000辆机动车及北京和京外的所有奥运场馆搭建了全面的保险保障体系，为北京奥运会、残奥会的成功举办撑起了一张完善而坚实的保险保障网，总保障金额超过70亿元。凭借出色的组织服务工作，使得赛时保险服务工作井井有条，有力地保障了各项赛事的顺利进行，为北京奥运会创造了一个和谐的竞赛环境，得到了北京奥组委的充分肯定和好评。为做好奥运期间社会企事业单位和人员的各类保险服务工作，保障赛事的顺利进行，保监会指导北京保险行业出台了奥运期间北京市保险服务方案，包括减免交通限行期间机动车辆交强险保费、车险5000元以下小额简单赔案实行"赔款立等可取"、每天延长保险机构理赔服务时间至11.5个小时、建立保险咨询投诉处理绿色通道、成立奥运服务专家工作组提供技术和法律援助、印制发放理赔服务地图等九项措施。为赛场外的公众聚集场所提供专门的责任保险保障。针对奥运举办城市赛事期间赛场外公众聚集场所人员高度密集、公众事故风险加大的特点，保监会专门发出通知，要求有关保险公司开发制定公众场所责任保险专用产品，并做到保障全面、投保简便、价格合理，满足赛场外公众场所特别是赛区城市旅游景点、餐饮场所、娱乐场所、集贸市场、交通场站、商场、酒店等各类场所的保障需求；同时，配套建立高标准、高水平的服务安排，提供统一、简便、高效、快捷的理赔服务，对奥运赛区城市公众场所的风险隐患和投保情况进行普查，健全保险保障机制，为奥运比赛的顺利进行营造了良好环境。同时，保险业奥运前后深入开展矛盾纠纷排查调研，全行业未发生影响社会稳定的群访事件，为奥运成功举办创造了良好环境。

教育部　财政部　中国保险监督管理委员会
关于推行校方责任保险
完善校园伤害事故风险管理机制的通知

(2008年4月3日)

各省、自治区、直辖市教育厅(教委)、财政厅(局)，新疆生产建设兵团教育局、财务局，各保监局：

为贯彻落实《中共中央国务院关于加强青少年体育增强青少年体质的意见》(中发〔2007〕7号)和《国务院关于保险业改革发展的若干意见》(国发〔2006〕23号)精神，建立和完善校园意外伤害事故风险管理机制，决定在全国各中小学校中推行意外伤害校方责任保险制度。现就有关事宜通知如下：

一、充分认识建立意外伤害校方责任保险制度的意义

当前，校园伤害事故呈现出多样性、复杂性，学校教育中面临的学生意外伤害风险对学校教育教学的影响日趋严重，学校安全管理工作的任务十分艰巨。保险是市场经济条件下进行风险管理和控制的基本手段，充分利用保险工具处理学校发生的安全责任事故，有利于防范和妥善化解各类校园安全事故责任风险，解除学校、家长的后顾之忧，有利于推动学校实施素质教育，有利于维护学校正常教育教学秩序，有利于保障广大在校学生的权益，避免或减少经济纠纷，减轻学校办学负担，维护校园和谐稳定，促进青少年健康成长。

二、推行校方责任保险制度的基本原则

(一)投保范围。由国家或社会力量举办的全日制普通中小学校(含特殊教育学校)、中等职业学校，原则上都应投保校方责任保险。

(二)责任范围。校方责任保险基本范围包

括因校方责任导致学生的人身伤害,依法应由校方承担的经济赔偿责任。具体可参照《学生意外伤害事故处理办法》规定的事故责任类型,由各省、自治区、直辖市结合当地实际情况确定。

(三)赔偿范围。各省、自治区、直辖市应参照《最高人民法院关于审理人身损害赔偿案件适用法律若干问题的解释》规定的项目,结合当地实际情况确定校方责任保险赔偿范围。

(四)经费保障。九年义务教育阶段学校投保校方责任保险所需费用,由学校公用经费中支出,每年每生不超过5元。其他学校投保校方责任保险的费用,由省、自治区、直辖市教育行政、财政部门和保险监管机构,按照《中共中央国务院关于加强青少年体育增强青少年体质的意见》(中发〔2007〕7号)的精神,制定相关办法。

(五)责任限额。各地要统筹考虑学校经济负担能力、责任范围、赔偿范围、保费水平等因素,结合当地经济、社会发展实际情况科学合理制定责任限额。

三、共同推进校方责任保险制度建设的基本要求

各省级教育行政、财政部门和保险监管机构负责本行政区域内校方责任保险投保工作,依据本通知提出的推行校方责任保险制度的基本原则,制订本行政区域实施校方责任保险制度的政策和办法。可根据保险公司提供的保险产品特点、本行政区域的网点覆盖情况、服务能力、保障条件和本地区的财政能力,经济发展状况,通过招标等形式合理选择承保机构实施统一投保。经营校方责任保险的保险机构,应具有经保险监管部门备案的校方责任保险条款,具有完备的分支机构或网点,具备完善的服务水平、雄厚的技术实力、良好的风险管理能力和充足的偿付能力。

各省级教育行政、财政部门和保险监管机构要加强协调与合作,建立数据共享、信息互报和定期沟通的制度,合力推进校方责任保险工作,尽快促使全国全日制普通中小学(含特殊教育学校)和中等职业学校全面实现应保尽保。

保险监管部门要鼓励和引导保险公司科学评估风险,不断完善校园伤害事故保险产品体系,根据校方的需求提供更加丰富和差异化的产品。要加强对经营校方责任保险业务的保险机构市场行为监管力度,依法严厉查处不依法及时理赔的保险公司。充分利用保险的经济杠杆作用奖优罚劣,利用保险公司和中介服务公司提供专业服务,督促学校科学评估校园运动安全风险、完善安全管理制度、配齐安全设施、开展学生安全教育和宣传工作,最大程度促进和保障校园运动安全体系的建设。

保险公司应根据校方责任保险的保障及赔偿要求、当地学校风险状况,设计差异化费率体系和责任范围,为学校提供合理的保险产品;要加强风险管理和控制,提供针对校方风险的事前、事中、事后的全过程跟踪管理;要提高服务水平,本着"公平、公正、高效"的原则,探索建立学生医疗救治绿色通道、校方责任保险纠纷的协调解决等机制,及时迅速处理校方责任险理赔工作,为学校提供优质的理赔服务。

学校要积极开展安全教育,完善校园安全管理制度,保险公司要在学校配合下做好风险评估工作。

各有关部门要充分利用各种公众媒体,采取多种形式,主动宣传开展校方责任保险的重大意义,提升学校对责任保险的认知度,增强其责任意识、风险意识和保险意识,努力营造安全教育与责任保险相结合的良好氛围,促进学校建立与健全风险管理服务体系。

广东省云浮市农房统保取得明显成效

一、云浮市开办农房统保的基本情况和做法

云浮市位于广东省中西部,属于自然灾害多发地区。全市现有农村居民588624户,由于经常受台风、强热带风暴、暴雨、洪涝及山体滑坡等自然灾害影响,部分农房损毁严重,农民因灾返贫问题非常突出。据统计,2003至2007年,全市平均每年倒损房屋1532户，各级政府每年投入救灾款项430多万元。云浮市委、市政府调研论证，并与广东保监局、部分保险公司座谈后决定，2007年3月开始，由市、县两级财政出资统一为全市所有农村居民住房购买保险。2007年7月6日，云浮市民政局代表市政府与人保财险云浮市分公司正式签订协议，在全市推广农村居民住房保险统保工作。主要做法如下：

（一）立足实际，合理确定保险费率和责任。云浮市通过公开招投标方式确定承保公司和保险金额后规定，市、县财政每年投入的保险统保经费为176.6万元，其中市级财政负担1/6，县级财政负担5/6，按每户每年3元的标准，连续3年为全市农村居民统一购买住房保险。农房因火灾、爆炸、雷击、台风、暴雨、雪灾、山体滑坡、地面突然下陷等自然灾害或飞行物体及其他空中运行物体坠落等意外事故造成倒塌或损毁的，保险公司视情况给予赔偿，每户每年最高赔偿3600元。

（二）政府主导协调，各方共同推进。为保证统保工作各项措施落到实处，云浮市政府下发通知明确了相关部门职责。民政局负责对农村房屋登记造册，做好台账，并把统保工作纳入救灾应急预案，落实责任人，保证灾后第一时间启动索赔程序；财政局及时划拨保险金，保证农房统保工作顺利实施；三防、公安、气象、消防等部门出具相关证明，为灾后迅速理赔创造条件；媒体广泛宣传农房统保工作的意义及理赔程序，使之家喻户晓；保险公司专门成立农房统保理赔服务指挥部，做好农房建档工作，确保对受损房屋的查勘定损、赔付及时到位。

（三）快处快赔，完善救灾工作机制。事故发生后，农户、镇（街）要逐级向保险公司和县（市、区）民政局报案。保险公司要及时派员与民政局及镇、村干部到现场查勘核实，根据农房实际损失或恢复原状所需的修复费用，计算赔偿金额。经市民政局确认后，保险公司将所赔款项直接划拨到市民政局指定账户，及时拨付给受损农户。协议规定，赔款金额低于3万元的，2个工作日内结案赔付；3万至20万元的，3个工作日内结案赔付；20万元以上的，5个工作日内结案赔付。据初步统计，截至2008年5月底，云浮市共有104户房屋受损农户得到赔付，赔付金额20.37万元，另有65户正在办理理赔手续。

二、云浮市农房统保试点的几点启示

（一）有利于更好地建立服务型政府。云浮市通过开展农房统保工作，转变了救灾救济方式，从制度上解决了广大农民房屋的财产保障问题，是当地政府以人为本、执政为民的具体体现。农房统保有助于政府集中财力解决群众迫切需要的医疗救助、义务教育、救灾等问题。民政、公安、消防等多个部门在工作开展过程中密切配合，使政府的公共服务延伸到村和农户，树立了服务型政府的良好形象，密切了党群干群关系。

（二）有利于健全农村社会保障制度。农房统保是探索建立农村经济运行"稳定器"的有益实践。灾害发生后，受损群众可以获得数倍于财政补贴的保险赔偿，有利于开展灾后生产自救；政府利用农房统保的杠杆作用，可以达到少投入救灾救济资金又提高救灾救济效果的目的。此外，引入市场机制管理一部分救灾资金，也有利于预防腐败，提高资金利用效率。政府承担农房统保的推动工作，还解决了大灾发生后的部门协调问题，使相关部门能在最短的时间内各司其责，有利于灾后救灾救济工作的开展；农房一次性投保，有利于保险公司利用大数法则分散风险。政府承担全额保费，降低了保险公司的经营管理成本，可以给投保人提供更优惠的费率和更高的保障。

（三）有利于完善农村农业保险体系。广东省是台风、洪涝、干旱等自然灾害频发地区。尽管广大农民对转移风险有巨大的潜在需求，但长期以来，保险意识相对薄弱，不习惯运用保险的方式转移风险，致使潜在的防灾需求难以转化为现实的保险需求。云浮市农房保险统保工作的成功，增强了农民群众的保险意识，有助于促进农村保险市场的开发，带动其他农业保险的发展，为建立和完善农村农业保险体系积累了经验。广东省委省政府有关部门在此基础上，正加紧研究制定全省农房保险统保工作方案，以进一步推广云浮经验。

浙江省宁波市推进政府主导的医疗责任保险新模式　有效化解医患矛盾

宁波市医患纠纷数量逐年增多,医患双方矛盾日趋激化。2006年开始,重大医患纠纷平均每天发生1-2起,而且出现"暴力化、群体化"倾向,严重影响了医院的正常工作秩序。为依法公正处理医患纠纷事件,维护双方合法权益,促进社会稳定,在宁波市政府主导下,宁波保监局和宁波市卫生局密切合作,市财政给予资金支持,推动建立以人民调解委员会和医患纠纷理赔中心相结合的医疗责任保险新模式。自2008年3月实施以来,已有24家医疗机构投保,共实现保费收入844.3万元,处理重大医疗纠纷8起,已赔付20万元。该制度在处理医疗纠纷过程中,未发生以往常见的医疗机构被砸,医疗人员被打事件,得到了宁波市委、市政府以及市人大和政协的认可。近日,国家卫生部专程到宁波进行调研,充分肯定了宁波模式。

一、宁波医疗责任保险新模式的主要特点

(一)政府主导,部门联合,多方齐抓共管。按照宁波市政府的部署,成立了由市政府办公厅牵头,宁波保监局、卫生局、公安局、司法局、财政局和市委宣传部等6个部门组成的联席会议制度,并明确了各部门的职责分工:市政府办公厅负责总体协调,宁波保监局负责医疗责任保险制度的建立和监管,市卫生局负责保险覆盖面及纠纷事件的综合协调,市司法局负责人民调解委员会的建立,市公安局负责维护医疗纠纷处理和协调过程的安全,财政局负责资金支持。宁波保监局和市卫生局、公安局通过对国内外医疗责任险理论和实践经验的反复研究,结合宁波实际情况,共同起草了医疗责任保险实施方案,2007年以市政府令的形式出台了《宁波市医疗纠纷预防与处置暂行办法》(以下简称《暂行办法》)。

(二)人民调解委员会和医患纠纷理赔处理中心联合并行。全市建立起"人民调解委员会+医患纠纷理赔中心"的医疗责任保险制度,并鼓励开展医疗意外保险。主要做法是设立市、县(市、区)两级医患纠纷人民调解委员会,专门负责医患纠纷调解工作,市财政给予经费保障;建立由市医疗纠纷保险共保体(人保、太保、大地、中华组成、人保为首席承保人)成员组成的医患纠纷理赔中心,负责医疗责任保险的理赔服务,同时适当参与人民调解工作,并以调解结果为主要依据落实理赔责任。

二、实施效果

宁波市通过地方规章实施的医疗责任保险新模式,破解了该险种实施通常面临的关键性难题,使医患纠纷得以有效化解。

(一)解决了医疗责任保险覆盖面的问题。《暂行办法》属于地方规章,具有一定强制性。该办法要求全市医疗机构应逐步参加医疗责任保险,委托保险机构处理纠纷理赔事宜,并详细规定了保险模式、调解委员会的职权和处理流程、理赔中心的设立和责任等。由卫生局督促医疗机构参加保险,由宁波保监局、卫生局和司法局共同监管制度的实施,从根本上解决了医疗责任保险覆盖面的问题。目前,各级公立医疗机构正陆续与共保体签订保险协议。

(二)解决了公正性问题。传统的医疗保险制度一般由保险机构建立医患纠纷处理中心,这样保险机构既担当调解人又担当医疗机构的受托人,其公正性一定程度上受到社会的质疑,也不利于吸引医患双方选择调解。"人民调解委员会+医患纠纷理赔中心模式"解决了这个问题,人民调解委员会是民主自主组织,坚持自愿平等原则,而医患纠纷人民调解委员会是专业的人民调解机构,保证了医患纠纷处理的公正性。

(三)解决了纠纷协商结果的效力问题。一般的调解书,调解双方可以随意反悔,浪费医院、患方大量精力，给医疗责任保险的理赔带来很大难度。而根据《关于审理涉及人民调解协议的民事案件的若干规定》，只要当事人“具有完全民事行为能力、意思表示真实、不违反法律、行政法规的强制性规定或者社会公共利益”，人民调解委员会制定的调解书就有效，调解双方不得反悔，从而大大提高了法律效力，解决了行政调解难以介入的非医疗事故医患纠纷。

(四)解决了医疗秩序稳定问题。一直以来，医院最困惑的问题是，责任险虽解决了赔偿资金问题，但解决不了维护医疗秩序的问题，有的患方依然到医院来打砸。《暂行办法》规定，协商金额一万元以上的纠纷，医疗机构无权处理，必须委托理赔中心申请调解，患者不再直接同医院或医生进行协商，从而将医患纠纷从医院引出来，避免了打砸事件的产生，真正维护了医疗机构的正常秩序，深受医疗机构欢迎。

(五)解决了责任保险难以真正融入社会事件应急体系的问题。《暂行办法》规定医患纠纷必须委托理赔中心申请调解，密切了保险机构与医疗卫生行业的关系，使保险成为医患纠纷处理的主要手段，从而真正融入到社会突发事件管理中。

中国人寿吉林市分公司
为服刑人员办理刑释生活保障保险

服刑人员是一个特殊群体，刑满释放走向社会后，部分人员因无经济来源，生活压力较大，重新犯罪的情况时有发生，给社会治安带来不稳定因素。吉林省吉林市监狱对近几年刑满释放人员跟踪调查发现，刑释人员重新犯罪的比例约为2% -3%。为解决刑释人员出狱后到找到工作期间的生活保障问题，减少二次犯罪，中国人寿吉林市分公司与吉林市监狱反复磋商，于2008年3月为该监狱的1166名服刑人员办理了刑释人员生活保障保险，有效发挥了保险业参与社会管理的功能，充分体现了保险关爱社会、服务社会的责任感和使命感。

一、刑释人员生活保障保险的开办情况

由于没有专门针对服刑人员的保险产品，中国人寿吉林市分公司结合监狱方面提出的保险需求，精心为服刑人员选择了“国寿永泰团体年金(A款)(分红型)2007版”保险，投保人为吉林市监狱，被保险人为符合参保条件的服刑人员，保费缴纳期间为至被保险人刑满释放。目前，吉林市监狱已经两次向保险公司交纳保险费146190.55元，其中监狱配套资金一万多元。

(一)被保险人确定。监狱方面谨慎选择适合的参保人员，制定了严格的参保条件，凡剩余服刑时间在3年以上、劳动改造表现好、劳动收入可以承担保费、有参保意愿的服刑人员，经过监狱方面筛选，可以确定为参保对象。

(二)保费来源。一部分是服刑人员的劳动报酬，另一部分是监狱根据服刑人员表现配套发放的奖励资金，这部分资金的配套对象和比例完全由监狱方面根据其内部管理规定确定，最高配套比例为保费的20%。

(三)保费交纳。投保人可以定期或不定期，定额或不定额向保险公司交纳续期保费，保险公司为每个被保险人设立个人账户。由于不同劳动岗位的服刑人员所获得的劳动报酬有所差异。因此，保费也是按照岗位类别收取，即一类岗位一个保费标准。

(四)保险金领取。被保险人刑满释放后，可凭借刑释证明和保险凭证一次或分期领取保险金。为了能让每个人的保险金在一个阶段持续发挥作用，中国人寿吉林市分公司无偿提供分期领取服务。

二、刑释人员生活保障保险的开办原则

办理保险过程中，中国人寿吉林市分公司和

吉林监狱严格依照以下几点原则运作：

一是参保自愿原则。投保前，吉林监狱向符合参保条件的服刑人员下发了调查问卷，实际投保时只为愿意参加保险的服刑人员办理该保险，不同意的可以不保。2007 年的签约仪式上意向投保 1500 人，但实际签单时只投保了 1166 人，存在部分人员不同意参保的因素。

二是专项缴纳原则。保费来源仅限于参保人员的劳动所得和监狱的配套资金，不允许服刑人员用其他资金交纳保险费。

三是收益归己原则。即所交保费取得的保证收益、红利收益等全部归服刑人员自己所有。

四是配套资金合理原则。为调动参保人员劳动改造的积极性，吉林监狱制定了不同的资金配套标准，改造表现好的多得，一般的少得，差的不得。

五是领取自愿原则。即刑释人员出狱后，一次性还是分期领取保险金完全由自己决定，保险公司和监狱方面均不干涉。

三、开办刑释人员生活保障保险的积极作用

（一）节省了开支，实现了劳动收入的保值增值。开办刑释人员生活保障保险前，服刑人员的劳动所得全部划入其在监狱使用的消费卡内，这些钱基本被花在了吃喝上，很难有节余。开办保险后，一方面服刑人员不得不节省开支，以支付个人承担的保险费，另一方面也为其提供了理财渠道，有效实现了劳动所得的保值增值。“国寿永泰团体年金（A 款）（分红型）2007 版”保险不但可以确保被保险人刑满释放时取回所交保费，同时还可以享受 2.5% 的保证收益和红利分配。

（二）鼓励了改造，调动了服刑人员的改造积极性。由于吉林监狱只为劳动改造表现好的服刑人员投保该保险，而且根据参保人员改造表现，设定了不同比例的配套奖励资金，因此，该保险的开办，大大提高了服刑人员的改造积极性，未参保人员积极争取早日加入，已参保的努力争取得到更高比例的配套资金。

（三）减少了犯罪，符合构建和谐社会的新要求。保险金的领取缓解了刑释人员出狱到找到工作期间的生活和生存压力，使其能够以一种平稳和积极的心态去面对生活，面对社会，一定程度上遏制了犯罪思想，有助于减少因经济拮据重新走上犯罪道路情形的发生。刑释人员生活保障保险充分体现了保险机构和监狱管理部门对服刑人员的人文关怀，有利于促进社会和谐与稳定，符合全民参与构建和谐社会的新要求。

（四）进行了探索，为在更大范围参与社会管理提供借鉴。中国人寿吉林市分公司开办的刑释人员生活保障保险的意义，远不止在于保险公司收取的保费，以及 1166 名受益的参保人员，更重要的是，它探索了一条保险公司为服刑人员这一特殊群体提供保险服务的新思路，为在更大范围开办保险业务、发挥社会管理功能进行了大胆探索，提供了有益借鉴。

国家质量监督检验检疫总局

2008年国家质检总局参与社会治安综合治理工作情况

2008年是很不寻常、很不平凡的一年。一年来,我国接连经历了一些难以预料、历史罕见的重大挑战和考验。全国质检系统也经历了异乎寻常的考验。面对严峻形势,质检部门认真贯彻落实中央的各项工作部署,充分发挥职能作用,切实加强质量监管和服务工作,为保民生保平安作出了积极工作。

一、全力以赴地做好婴幼儿奶粉事件应急处置工作

三鹿牌婴幼儿奶粉事件发生后,按照党中央、国务院的决策部署,在国务院应急处置工作领导小组的领导下,全国质检系统立即进入应急状态,全力以赴地做好应急处置工作。质检总局迅速派出22个工作组,奔赴各地督查指导,迅速组织开展乳制品专项检查,及时公布检测结果。按照国务院的要求,全国质检系统抽调5000多名干部,紧急对1644家乳制品生产企业实施了驻厂监管,严格监督企业对原料奶进厂和产品实行批批检验,切实加强对生产过程的质量控制。紧急组织三聚氰胺快速检测技术研究攻关,制定了相关国家标准,及时公布检测三聚氰胺的检测机构。配合有关部门监督企业对9月14日以前生产的乳制品开展了全面清查,并封存、召回和销毁了不合格乳制品。加强出入境检验把关,对进出口乳制品及相关产品批批严格检测三聚氰胺等有毒有害物质,督促企业妥善处理问题产品。及时开通食品安全服务热线电话,接听和答复广大消费者的咨询、投诉和建议。加强与有关国家和地区的沟通和磋商,妥善处置国际贸易纠纷。截至2008年12月31日,对9月14日以后生产的乳制品跟踪检测了29020批次,先后对乳制品发布了55次抽检信息,对恢复市场信心起到了积极作用。各级质检部门在抓好应急处置工作的同时,认真贯彻落实《乳制品质量安全监督管理条例》和《奶业整顿和振兴规划纲要》,积极主动地开展乳制品整治工作,切实加强了质量安全监管。在婴幼儿奶粉应急处置工作中,质检部门全力以赴,积极作为,打了一场特殊战役,经受住了严峻考验。

二、积极主动地做好奥运保障和抗震救灾工作

各级质检部门把服务奥运作为一项重大政治任务,积极做好维护食品安全、国门安全和特种设备安全等工作。对148家供奥食品生产企业实施了驻厂监管,监督企业单独生产、封闭管理,实施批批检验、批批留样、点对点供应,对进口供奥食品采取了指定口岸进口、企业提前备案、严格批批检验等措施,保障了供奥食品安全。全面加强奥运卫生检疫。各检验检疫机构对北京等6个赛事承办城市、17个主备降机场,在确保严密监管、防止疫情疫病传入的同时,简化通关手续,加快通关速度,保障了涉奥人员、货物、运动器械的快速通关。加强对1.6万台涉奥特种设备的检验检测、试验验证、隐患排查和应急值守,确保了涉奥特种设备安全。发布了《体育场馆公共安全》等一批重要标准,建立了比赛场馆测量系统,研发了检测兴奋剂用标准物质。圆满完成了奥运会火炬及焰火产品的检验和监造任务。全国质检系统共有19个单位和53位个人分别被中共中央、国务院,北京市政府、奥组委、国家反恐工作协调小组、科技部等授予先进集体和先进个人荣誉称号。

面对南方低温雨雪冰冻灾害和汶川特大地震等自然灾害,灾区的质检干部临危不惧,全力抢险,奋力自救。为了支援抗震救灾,质检部门迅速组织1万多人,组成卫生防疫、特种设备和检验检测技术服务队,星夜兼程赶赴灾区,冒着余震、滑坡、泥石流等危险,大力开展抢险救援。卫生防疫服务队连续奋战45天,完成了3400多万平方米的防疫消毒、杀虫工作,为保证大灾过后无大疫作出了积极贡献。特种设备服务队仅用一周时间，就完成了2万多台特种设备的检验和抢修任务。检验检测服务队加强了对灾区食品、饮用水、饮用水源的监测。各检验检疫机构对国际援赠物资和救援人员，实行随到随检，快验快放，为救援工作提供了有效保障。各级质量技术监督部门加强了对抗震救灾和灾后重建相关产品质量的专项监督和执法打假。全国质检系统发扬“一方有难、八方支援”的精神，积极主动地开展捐款捐物，全国质检系统共筹措资金1亿多元，支援灾区质检部门灾后重建。在伟大的抗震救灾斗争中，质检人挺身而出，勇往直前，表现了强烈的大局意识、责任意识和奉献精神，谱写了一曲可歌可泣的壮丽凯歌。质检总局特种设备安全监察局和黑龙江省质量技术监督局韩岩同志分别被中共中央、国务院、中央军委授予“全国抗震救灾英雄集体”和“全国抗震救灾模范”荣誉称号。

三、认真负责地开展执法打假和日常监管

加强对食品、日用消费品、建材、农资、棉花和絮用纤维等重点产品的质量监管，对20699家企业生产的237类、23286种产品实施了国家产品质量监督抽查；对63类工业产品发放了13310张生产许可证书。对家具、玩具、汽车配件、人造板等10类产品进行了集中整治，组织查处了无证生产行为。全国质检系统共出动执法人员223万人次，立案查处各类案件18万起，货值达30亿元。继续推进质量振兴，全国已有1615个县（市、区）开展了质量兴市活动，占县级行政区域的56%；9个省开展了质量兴省活动。发布了全国制造业质量竞争力测评指数公报，887个产品获得地理标志保护。开展特种设备隐患治理，共排查治理20多万个隐患，查处违法行为6万多起，特种设备事故死亡人数同比下降3.1%。

加强进出口检验检疫，严格产地检验和口岸查验，共检出不合格商品10.8万批次，货值586.2亿美元。对家具、服装等5类重点进出口产品开展了专项整治。对进出口企业探索建立诚信管理制度，实施关检通关单联网核查，探索推行检验检疫直通放行制度，1040家企业获准实施直通放行，新增1030家出口企业享受“绿色通道”待遇。积极利用分类管理、普惠制及区域性优惠原产地证书等措施，大力扶优扶强。进一步完善进出口食品监管体系，积极推荐对外注册，实施进出口食品企业“黑名单”制度，实施减免检验检疫收费，全力促进食品、农产品出口。加强口岸能力建设，创建了4个国际卫生港口、机场。加强口岸疫病疫情防控，共截获有害生物2554种18.2万次，有毒有害物质18种545次，发现各类病例38万例，其中传染病病例7800例。及时处置了美联航飞机活鼠、钻石公主号邮轮群体感染事件、外籍货轮疑似鼠疫以及首例基孔肯雅病例输入等突发公共卫生事件，有效防范了云南边境登革热等传染病疫情。妥善处置了输美肝素钠、供港动物二恶英污染以及玩具、婴儿床等多起我出口产品被国外大规模召回或通报的事件。

四、坚持不懈地抓好质检基础工作

一是标准制修订步伐加快，如期完成政府工作报告提出的4000余项食品和消费品国家标准制修订任务。农业标准化示范区、循环经济标准化试点等工作稳步推进。配合实施节能法，制订了22项能耗限额标准。加强了装备制造业等重点领域标准研制，我国自主研发的工业无线、电热装置、家庭网络等技术标准成为国际标准。我国成为国际标准化组织常任理事国，国际标准化地位得到提升。二是全面加强能源计量工作，促进重点企业节能降耗增效取得明显成果。开展了“关注民生、计量惠民”专项行动，推动了商业、服务业诚信计量体系建设，加强计量基、标准等基础性研究，重点计量科技项目稳步推进。三是进一步规范认证市场秩序，大力开展强制性产品和国家信息安全产品认证，加强了节能、节水、可再生能源产品认证工作。四是大力加强“科技兴检”，组织落实21.5亿元中央财政追加专项，积极争取中央财政对三聚氰胺检测、生物反恐等专项经费支持，有效提升了技术装备水平。加强了质检科研工作，两项科研成果获得国家科技进步奖，庞国芳同志成为我国首位食品安全检测领域的工程院院士。五是质检信息化建设全面推进，金质工程和检验检疫大通关工程步伐加快，建立了检验检疫重要信息灾备中心，检验检疫电子监管系统在35个直属局应用。组织机构代码数据库和物品编码应用范围进一步扩大。六是积极参与《乳品质量安全监督管理条例》等法律法规制修订工作，制定发布了一批部门规章，法制监督工作得到加强，全国质检系统依法行政意识进一步增强。

共青团中央

2008年共青团中央参与社会治安综合治理工作情况

2008年共青团中央以邓小平理论和“三个代表”重要思想为指导，深入贯彻落实科学发展观，结合自身工作实际和青少年的特点，认真履行职责，积极参与全国社会治安综合治理工作，取得了明显成效。

一、切实加强青少年思想教育工作

（一）深入开展青少年学生思想道德教育，增强实效性。共青团中央与中央文明办、教育部、全国妇联等部门联合开展了“抗震救灾英雄少年”和“抗震救灾优秀少年”评选表彰活动，引导广大未成年人进一步增强爱党、爱国、爱社会主义的情感，增强公民意识和社会责任感。针对大中专学生，实施“青年马克思主义者培养工程”，开展“强国之路，青春使命”主题教育活动和暑期“三下乡”社会实践，引导和帮助广大学生深入学习贯彻党的十七大精神。2008年5月4日，胡锦涛总书记在北京大学师生代表座谈会上发表重要讲话，以此为契机，团中央在全国高校系统召开座谈会，学习贯彻胡锦涛总书记的讲话精神，进一步加强对学生的理想信念教育。

（二）加强青少年法制教育。共青团中央与司法部等部门开展了“保护未成年人在行动—2008年青少年法制教育宣传周”活动，在青少年中开展了网上普法大赛、普法志愿者进社区等16项活动。团中央与中央综治办、教育部等部门联合启动了预防青少年违法犯罪法制教育电影《金色记忆》的摄制工作，探索通过引导青少年心理健康来预防青少年违法犯罪的途径。在《未成年人保护法》颁布施行一周年之际，召开了“纪念《未成年人保护法》颁布施行一周年暨地震灾区未成年人保护工作座谈会”，组织专家学者深入研讨灾后未成年人保护和犯罪预防等问题。福建、内蒙古等地共青团组织和公安机关利用“6·26国际禁毒日”等纪念日，开展了禁毒宣传“一堂课”、“社区青少年远离毒品行动”、“不让毒品进我家”等活动，广泛宣传《禁毒法》，深入推进毒品预防专题教育，积极利用社会资源开展禁毒社会实践活动，提高青少年知法守法的意识。

（三）广泛开展青少年自我保护教育。各级团组织围绕防灾避险、治安防范、远离网瘾、心理健康等内容，以在校学生为重点，通过中国少年儿童平安行动、青春自护远离网瘾行动、心理阳光工程等活动，扎实深入地开展青少年学生的自我保护教育。深入贯彻落实《中小学公共安全教育指导纲要》，通过班团队会等途径，深入开展地震、消防等安全知识教育，加强学生心理健康教育，积极预防因学生心理问题而引发的各类不安全事故。

二、扎实推进青少年维权服务工作

（一）积极做好地震灾区学生的服务工作。汶川地震发生后，团中央迅速组建“12355青少年心理康复援助专家志愿团”，赴绵阳、绵竹、都江堰等重灾区开展青少年心理康复援助工作，灾后两个月内进行心理个案干预3520个，培训当地志愿者、教师及青少年工作者8000多人，面向17000多名灾区青少年学生和群众开展了心理学知识宣讲，为保障灾区青少年学生心理健康作出了积极贡献。

（二）加强对学生的教育引导，积极维护学校及周边的稳定。一是召开了高校共青团稳定工作会议，下发《关于做好当前学生稳定工作的紧急通知》等文件，要求各级团组织进一步增强维护稳定的责任感，加强对学生的正面引导工作，切实维护高校稳定。二是召开了首都高校青年学生“理性爱国，发愤成才”座谈会，号召全国高校学生在反对“藏独”、支持奥运、回击西方反华势力诋毁中国形象的过程中，合法理性地表达爱国情感。三是探索建立共青团与各级人大代表、政协委员的沟通协调机制，引导青年的有序政治参与，推动各地团组织协助人大代表、政协委员深入了解青少年的利益诉求和预防青少年违法犯罪的突出问题，提出应对措施及建议。2008 年底，全国共有 120 多个地市举办了形式多样的“人大代表、政协委员与青少年面对面”活动，及时反映了青少年的要求和呼声。四是引导学生积极参与学校及周边治安防范和环境整治。开展“维护社会治安青年志愿者筑城行动”，动员组织青年志愿者开展治安巡逻和担任义务监督员，指导青年学生成立了“自律委员会”、“护校队”，义务开展学生行为、校园环境的监督整治活动，维护学校安定的教学秩序，形成健康向上的校园风气。

（三）加强对“12355”青少年服务平台的管理、培训和指导，完善青少年维权网络。团中央编印了《12355 青少年服务台工作手册》，并举办全团“12355”青少年服务台工作培训班，收集整理各地“12355”青少年服务台办理的典型案例；宁夏、安徽、山东等地还聘请了“12355”服务台形象大使，进一步提高各地“12355”青少年服务台的影响力和服务能力，使其成为反映、解决青少年权益及违法犯罪问题的触角和重要平台。初步形成了由“12355”青少年服务台接受青少年学生的咨询求助，由社工和志愿者开展个案服务，由各级优秀“青少年维权岗”处理维权案件的工作模式。截至 2008 年底，全国已有 231 个城市开通了“12355”热线，109 个城市建成呼叫中心，服务台和社工机构累计接受各类咨询超过 700 万人次，受理个案 3.56 万件，招募律师、心理咨询师等专业志愿者 1.1 万人。

（四）加强优秀“青少年维权岗”的规范建设。为进一步规范创建管理，团中央联合相关部门制定《全国创建优秀“青少年维权岗”活动管理办法》，规范了申报、评选、考核等流程。各级优秀“青少年维权岗”广泛开展“青少年维权岗在行动”活动，针对非法网吧、网络不良信息、不良“口袋本”图书等危害青少年身心健康的突出问题，开展集中整治打击，优化了青少年的成长环境。

三、深入开展青少年违法犯罪预防工作

（一）推动预防青少年违法犯罪政策规定的制定和完善。一是推动制定预防青少年违法犯罪的政策。预防办协调最高人民法院、最高人民检察院、公安部和司法部的相关司、局、室，在调研和征求意见的基础上，起草制定了《关于进一步建立和完善办理未成年人刑事案件配套工作体系的若干意见》，积极推动了宽严相济的青少年刑事司法制度的落实。二是调整充实了预防青少年违法犯罪的考核内容。按照中央综治委的统一部署，预防办在 2007 年《预防青少年违法犯罪工作考核办法》的基础上，对 2008 年考核办法内容进行了调整充实，各地将预防青少年违法犯罪工作列为社会治安综合治理考核的重要内容，突出对各地开展青少年诉求表达、政治参与等重点工作进行考核，进一步强化预防青少年违法犯罪工作检查考核、评价激励机制。

（二）深入实施“未成年人保护行动”和“为了明天——预防青少年违法犯罪工程”。一是启动青少年事务社会工作者试点，探索专业化预防青少年违法犯罪工作。团中央与中央综治办、民政部、原人事部启动了青少年事务社会工作者试点工作，首批 13 个城市（城区）试点工作有序开展，积累了专业化预防青少年违法犯罪的经验。二是推进“未成年人零犯罪社区”和“为了明天工程示范县、市”创建工作，坚持将各项创建工作深入落实到基层，推动基层达标争先、区域联动，形成群防群治的工作格局，推动预防未成年人违法犯罪工作各项任务、措施和责任落实到城市、城区（县）、街道（乡镇）和社区。三是深入实施“未成年人保护行动”，做好流浪青少年、留守未成年人、服刑人员未成年子女等特殊青少年群体的教育和管理工作，组织基层社会力量及时干预青少年的违法犯罪行为。四是进一步普及全国社区青少年信息管理系统，加大对社区闲散青少年全面普查、建立管理档案的工作力度，加强对社区闲散青少年的管理，全面掌握了闲散青少年的基本情况。五是加强调查研究，针对青少年网络伤害、青少年事务社会工作者试点工作进行了专题调研并形成报告。

共青团中央
中央社会治安综合治理委员会办公室
最高人民法院　最高人民检察院
教育部　公安部　民政部　司法部
人力资源和社会保障部
国家工商行政管理总局
国家质量监督检验检疫总局
国家广播电影电视总局　新闻出版总署
关于印发《全国创建优秀“青少年维权岗”活动管理办法》的通知

（2008 年 7 月 10 日）

各省、自治区、直辖市团委，综治办，高级人民法院，人民检察院，教育厅（教委），公安厅（局），民政厅（局），司法厅（局），人事厅（局），劳动和社会保障厅（局），工商行政管理局，质量技术监督局，广播电影电视局，新闻出版局：

创建优秀“青少年维权岗”活动自 1998 年开展以来，各地各部门积极支持并广泛参与，各级优秀“青少年维权岗”认真履行职责，扎实开展服务，对于促进青少年健康成长发挥了积极作用。为了进一步适应形势，完善机制，推动创建活动健康持续发展，共青团中央、中央综治办、最高人民法院、最高人民检察院、教育部、公安部、民政部、司法部、人力资源和社会保障部、国家工商行政管理总局、国家质量监督检验检疫总局、国家广播电影电视总局、新闻出版总署联合修订了《全国创建优秀“青少年维权岗”活动管理办法》。现将该办法印发给你们，请结合实际认真贯彻落实。

全国创建优秀“青少年维权岗”活动管理办法

第一章　总　　则

第一条　为推进社会主义和谐社会建设，动员社会力量共同维护青少年合法权益，着力优化青少年成长环境，进一步加强对创建优秀“青少年维权岗”活动的指导、规范和管理，特制定本办法。

第二条　优秀“青少年维权岗”是指在维护

青少年合法权益（学习教育、就业创业、恋爱婚姻、身心健康、困难救助、犯罪预防等）方面发挥了突出作用的党委政府、人大政协和司法机关的具体业务部门、社会和经济组织、企事业单位、城乡基层群众自治组织以及相关行业的基层单位。

第三条　共青团中央、各有关行业（系统）主管部门共同组成全国创建优秀“青少年维权岗”活动领导小组，负责全国创建活动的总体规划和组织管理。领导小组办公室设在共青团中央维护青少年权益部。各地应参照成立相应机构。

第二章　创建标准

第四条　各级优秀“青少年维权岗”创建单位应具备和达到以下基本条件和标准：

1. 创建单位高度重视创建工作，成立本单位创建优秀“青少年维权岗”活动领导小组和工作机构。

2. 创建单位及其成员严格执行党和国家的方针政策，自觉遵纪守法，认真贯彻执行《未成年人保护法》和《预防未成年人犯罪法》的有关规定。

3. 创建单位把创建活动纳入本单位工作计划，分工明确，责任到位，有明确的创建目标、具体的工作措施、规范的运行管理机制和完整的创建档案。

4. 创建单位在做好本职工作的同时，积极开展“青少年维权岗在行动”活动，针对侵害青少年权益的突出问题或社会热点问题，开展专项整治行动或专题维权行动，为青少年提供切实有效的维权服务。

5. 创建单位及其成员注重加强对《未成年人保护法》、《预防未成年人犯罪法》和创建优秀“青少年维权岗”活动的宣传，努力营造有利于青少年健康成长的社会氛围。

6. 创建单位有行政级别的（或有参照行政级别的），原则上应为处级以下单位（含处级）。

第五条　除基本条件和标准外，各级创建优秀“青少年维权岗”活动领导小组应根据不同行业（系统）的工作性质、业务职能和特点，制定有针对性的创建标准细则和具体实施办法。

第三章　评选与表彰

第六条　优秀“青少年维权岗”分全国、省（自治区、直辖市）、市（地、州）、县（区）四个层级，行业（系统）、企业可参照设立相应层级。各级优秀“青少年维权岗”原则上每两年评选一次。

第七条　对由共青团组织与行业（系统）主管部门联合开展优秀“青少年维权岗”创建活动的行业（系统），由共青团组织与该行业（系统）主管部门联合进行评选考核；对尚未联合开展的，由共青团组织单独组织评选考核，待时机成熟，再进行联合创建和评选。

第八条　优秀“青少年维权岗”的评选严格按照以下程序进行：

1. 申报。优秀“青少年维权岗”采用逐级申报的形式，申报全国级优秀“青少年维权岗”的单位必须是省级优秀“青少年维权岗”；各级创建优秀“青少年维权岗”活动领导小组要确保申报单位具有先进性和代表性。

2. 公示。优秀“青少年维权岗”的评选实行公示，公示采用申报单位自行公示和创建活动领导小组集中公示相结合的方式，自行公示和集中公示一般都不少于一周，如发现不符合评选规定的，一经核实即取消该单位优秀“青少年维权岗”的评选资格。

3. 评选。创建优秀“青少年维权岗”活动领导小组成员组成优秀“青少年维权岗”评选组委会，对申报单位进行评选。

4. 命名。各级创建优秀“青少年维权岗”活动领导小组对通过评选获得本级优秀“青少年维权岗”称号的单位，要下发文件予以表彰命名，并授予优秀“青少年维权岗”牌匾。

5. 注销。优秀“青少年维权岗”因工作性质或工作内容变更，不再从事涉及青少年权益相关工作，其优秀“青少年维权岗”称号自动取消，允许其将优秀“青少年维权岗”牌匾留作纪念，但不得在公共场所悬挂。

第九条　各有关行业（系统）要将优秀“青少年维权岗”纳入本行业（系统）的奖励体系。各级创建优秀“青少年维权岗”活动领导小组应对在创建活动中涌现出的先进个人进行表彰奖励。

第十条　各级创建优秀“青少年维权岗”活动领导小组要大力宣传优秀“青少年维权岗”的先进事迹，扩大优秀“青少年维权岗”的社会影响，营造维护青少年合法权益的良好氛围。

第四章　工作制度

第十一条　承诺制度。由优秀“青少年维权岗”创建单位根据自身工作特点，就本职工作中如何维护青少年权益做出具体承诺并在本单位显著位置公布，以便青少年知晓并监督落实。

第十二条　与12355青少年服务台对接制度。在条件成熟的地区，发放区域范围的12355优秀“青少年维权岗”联系卡，推动各级优秀“青少年维权岗”依法解决12355青少年服务台等转送的青少年维权案件，做好经常性的维权工作，并将其纳入考核内容。

第十三条　“青少年维权岗联系点”制度。优秀“青少年维权岗”单位在基层广泛设立联系点，使工作向农村、社区、企业、学校、家庭拓展，深入基层开展青少年维权工作。

第十四条　考核制度。优秀“青少年维权岗”命名授牌后，即进入两年的考核期，两年期满后按照创建标准进行考核。考核合格的，继续保留相应的称号；考核不合格的，实行为期一年的整改，整改期满再次考核仍不合格的，取消称号并摘牌。

第十五条　晋级制度。创建单位被评为优秀“青少年维权岗”并通过考核后，方有资格参加上一等级优秀“青少年维权岗”评选。

第十六条　单位负责人培训制度。实行创建优秀“青少年维权岗”创建单位负责人培训制度，各级优秀“青少年维权岗”创建单位的基层部门负责人需经过培训并取得结业证书后，方可参与评选。创建活动领导小组可委托地方团组织或相关行业系统进行培训。

第十七条　监督制度。由各级创建优秀“青少年维权岗”活动领导小组办公室聘请人大代表、政协委员、相关部门负责同志、新闻记者、青少年工作者、社会知名人士等担任青少年维权岗监督员，强化对创建单位的监督。

第五章　日常管理

第十八条　各级创建优秀“青少年维权岗”活动领导小组办公室要建立和完善档案管理机制，妥善保存和整理优秀“青少年维权岗”申报、评选、命名、奖励的台账资料，每年向上一级创建活动领导小组办公室报备本级优秀“青少年维权岗”的名单。

第十九条　各级创建优秀“青少年维权岗”活动领导小组经常开展对本级和下级优秀“青少年维权岗”的督导检查。对督导检查或监督员监督过程中发现的问题，各级创建优秀“青少年维权岗”活动领导小组要监督优秀“青少年维权岗”及时整改。

第二十条　获得各级优秀“青少年维权岗”称号的单位，要在本单位醒目位置悬挂该级优秀“青少年维权岗”牌匾，自觉接受社会监督。

第二十一条　各级优秀“青少年维权岗”牌匾的制作规定：

1. 材料：铜板底，字为腐蚀凹体充色。

2. 字样、字体和颜色：优秀“青少年维权岗”（黑体、大红色），命名单位和颁授日期（仿宋体、黑色）。

3. 位置：优秀“青少年维权岗”字样居中，命名单位和颁授日期位于右下角。

4. 尺寸：全国级为650mm×400mm，省级为560mm×350mm，市、县级为480mm×300mm。

第二十二条　凡优秀“青少年维权岗”或其成员发生以下任一情况者，经检查核实，情节严重的由原命名单位直接撤销其优秀“青少年维权岗”称号，摘除其优秀“青少年维权岗”牌匾，并将牌匾收归命名单位。

1. 创建单位集体有违反国家法律法规现象或主要负责人受刑事处罚。

2. 发生严重影响系统（行业）形象的重大工作失误。

3. 在创建和评选过程中弄虚作假，有欺报、瞒报、贿评等情况，经查属实。

第六章　附　则

第二十三条　本办法适用于各级优秀“青少年维权岗”及正在创建优秀“青少年维权岗”的单位。

第二十四条　各地可根据实际，参照本办法制定本地的创建优秀“青少年维权岗”活动管理办法。

第二十五条　本办法的修改、变更、解释权归全国创建优秀“青少年维权岗”活动领导小组办公室。

第二十六条　本办法自发布之日起生效。

中华全国妇女联合会

2008年全国妇联参与社会治安综合治理工作情况

2008年,在中央综治委的高度重视和有力指导下,全国妇联紧紧围绕改革发展稳定大局,深入学习实践科学发展观,积极参与社会治安综合治理工作,通过深入开展"平安家庭"创建工作,努力推动解决妇女儿童最关心、最直接、最现实的利益问题,为促进社会公平正义、维护社会和谐稳定做出了积极的贡献。

一、加强组织领导,建立健全"平安家庭"创建长效工作机制

一是加大领导力度。中央综治办以"5+1"工作模式,将"平安家庭"创建活动纳入平安建设大局一并进行部署和考核,有力指导和推进了"平安家庭"创建工作。各地将"平安家庭"创建活动纳入各级"平安建设"总体规划,同研究、同部署、同考核,创建活动做到有方案、有措施、有成效。

二是进一步完善工作机制。全国妇联不断加强全国"平安家庭"创建活动及领导小组的制度建设,指导绝大多数省份制定了相关工作制度,成员单位参与力度加大,齐抓共管的工作机制进一步完善。目前,全国已有24个省份建立了经费保障机制。

三是建立考核督导制度。全国妇联细化"平安家庭"考核标准,加大规范管理和考评力度。绝大多数省份对"平安家庭"创建活动进行随机抽查、督导,促进了基层的创建工作。

二、整合资源,推动"平安家庭"创建活动社会化

一是推动出台法律政策,从源头上解决妇女儿童权益保障的重点问题。全国妇联协调中宣部、最高人民检察院、公安部、民政部、司法部、卫生部联合下发《关于预防和制止家庭暴力的若干意见》,推动25个省区市出台预防和制止家庭暴力的专门法规政策,建议将反家暴立法纳入国家立法规划并初步形成立法框架建议稿提交两会,还推动27个省区市修改完成妇女权益保障法实施办法。

二是发挥基层维权阵地作用,加强矛盾纠纷排查化解工作。妇联组织发挥五级信访维权网和妇女法律援助工作站、妇女儿童维权合议庭等作用,为妇女群众提供法律咨询和心理疏导服务,对侵害妇女儿童权益的突发事件建立紧急干预和转介制度;司法部门发挥司法所、法律服务所的作用,把婚姻家庭类纠纷调处作为工作重点,努力化解家庭矛盾纠纷;公安部门发挥社区警务室、家庭暴力投诉站(点)作用,及时调解家庭纠纷,预防和制止家庭暴力发生。

三是关爱弱势群体,救助帮扶处于困境中的妇女儿童。

(一)及时救助灾区妇女儿童。汶川地震发生后,协调组各成员单位积极开展抗震救灾工作。全国妇联迅速行动,面向灾区开展家庭志愿者"同心牵手"情感关爱行动和"促进和谐·关爱家庭行动",募集价值4亿多元的款物帮助灾区妇女儿童重建家园。

(二)救助帮扶处于困境的妇女儿童。全国妇联深化"春蕾计划"、"安康计划"、"母亲水窖"和"母亲健康快车"等公益项目,其中,"春蕾计划"资助女童180万人次;"母亲水窖"投放资金累计达3.7亿元,修建集雨水窖11.5万眼,小型集中供水工程1300多处,受益人口150万人;为西部贫困县配备563辆母亲健康快车,受益妇女1600多万人次。

(三)关爱受艾滋病影响的妇女儿童。全国妇联在中国移动捐资5000万元的基础上设立"中国温暖'12·1'爱心基金",截至目前已资助艾滋病致孤儿童6000余名。

三、立足基层,"平安家庭"创建活动不断创新发展

一是健全网络。全国妇联以农村和农民工家庭作为"平安家庭"创建重点,创建了一批流动妇女平安之家;与国家禁毒办联合在8省区22个重点县创建"无毒家庭"示范点。司法部健全妇女儿童法律援助工作网络,建立省市县三级政府法律援助机构3268个,与妇联、共青团等组织共同设立法律援助工作站55708个。

二是加强服务。全国妇联通过全国统一号码、统一服务的12338妇女维权公益服务热线,为广大妇女儿童提供迅速有效的维权服务;大力推进"共享蓝天"全国关爱留守流动儿童行动。共青团中央在231个城市开通12355青少年服务热线,为困难家庭和青少年发展提供社会帮扶。

三是创新举措。在各级党委政府的重视支持下,各地创造出很多鲜活经验和有效模式。广东省政府提供财政资金1000万元,支持妇联在基层社区建立维权信息服务站。吉林省突出家庭特色,从"四进家庭"(法律进家庭、科技进家庭、文明新风进家庭、家教知识进家庭)到创建"三无"社区、村屯(无家庭暴力、无未成年人犯罪、无黄赌毒邪教),活动内容不断充实。天津市"半边天家园"成为妇联承接政府社会管理和公共服务的工作品牌。

四、务求实效,推动解决影响家庭平安的妇女儿童民生问题

一是强化妇女劳动权益保障。全国妇联与人力资源和社会保障部等有关部门联合开展"春风送岗位"活动,向进城务工妇女免费提供职业介绍服务近670万人次,成功就业270多万人次,协调劳动保障部门,聘请工会、妇联干部担任劳动保障法律监督员,开展巡视监察和专项检查,依法查处侵害女职工和儿童合法权益的行为。推动生育保险的社会覆盖,目前,已有119万妇女享受生育保险。

二是加大维护农村妇女土地权益力度。全国妇联认真落实胡锦涛总书记重要指示,在五省组织开展农村失地妇女权益抽样调查,深入分析农村失地妇女权益受损问题并提出对策建议。

三是切实保障妇女儿童生命健康权。全国妇联联合卫生部深入开展"降低孕产妇死亡率、消除新生儿破伤风"项目。财政部安排专项补助资金19亿元支持中西部地区农村孕产妇住院分娩补助政策。国家质检总局加大对妇女用品、婴幼儿用品、食品等国家监督抽查的力度。

四是加强对妇女儿童人身权利的保护。公安部牵头落实《中国反对拐卖妇女儿童行动计划》,加强对拐卖犯罪的打击力度,督导各地公安机关破获一批重特大拐卖案件。中央综治办会同公安部将反拐工作纳入社会治安综合治理考评体系,制定了检查考核标准。

五、加大宣传,为"平安家庭"创建营造良好的社会环境

一是举办"三八"妇女维权周活动。全国妇联联合中央综治办、司法部开展了"三八"妇女维权周活动,大力推进"亿万妇女学法律、家庭平安促和谐"普法读书活动。各地在维权周期间认真组织开展群众喜闻乐见、丰富多彩的学法用法活动,在亿万妇女中进一步掀起妇女法制宣传教育新高潮。

二是举办"创平安家庭、护奥运平安"联合行动。全国妇联联合中央综治办在北京及周边七省市开展了"创平安家庭、护奥运平安"联合行动,以维护社会稳定为着力点,向广大家庭普及法律知识、宣传奥运精神、灌输平安理念,以家庭平安促奥运平安,有力维护了社会和谐稳定。

三是开展"平安·健康家庭大行动"。为深化"平安家庭"创建活动,全国妇联联合中国儿童少年基金会、健康863网开展了"平安·健康家庭大行动",通过网络播放宣传平安健康理念的科普影片、开展征文征图比赛等形式,向参与家庭宣传平安、健康知识,提高广大妇女和家庭成员的平安健康意识。

四是指导各地认真开展"12·4"法制宣传日妇女法制宣传活动。全国妇联专门下发通知,指导各地结合贯彻落实妇联系统"五五"普法规划,将妇女权益保障法及其实施办法、未成年人保护法、婚姻法、物权法、就业促进法、劳动合同法、各地预防和制止家庭暴力法规及《关于预防和制止家庭暴力的若干意见》纳入"12·4"法制宣传重点,大力开展妇女法制宣传活动,服务科学发展,促进社会和谐。

全国妇联　中央综治办　司法部 关于联合开展“三八”妇女维权周活动的通知

（2008 年 2 月 20 日）

各省、自治区、直辖市妇联、综治办、司法厅（局），新疆生产建设兵团妇联、综治办、司法局：

2008 年是全面贯彻落实党的十七大精神的重要一年，是改革开放 30 周年，也是大力落实“五五”普法规划的关键之年。为深入贯彻党的十七大精神，服务“平安建设”大局，进一步落实国家“五五”普法规划，深化妇女法制宣传教育，强化维权服务，全国妇联、中央综治办、司法部决定，在“三八”国际劳动妇女节期间联合开展“三八”妇女维权周活动。现将具体事项通知如下。

一、以“三八”妇女维权周为契机，进一步营造全社会尊重和保障妇女权益的良好社会氛围

党中央、国务院一贯高度重视妇女权益保障工作。党的十七大报告指出，要支持妇联等群众组织“参与社会管理和公共服务，维护群众合法权益”，“发挥社会组织在扩大群众参与、反映群众诉求、维护群众利益方面的积极作用”，为妇联组织在更广阔的领域做好妇女维权工作提出了新要求。各地要从全面落实科学发展观、构建社会主义和谐社会的高度充分认识做好妇女维权工作的重要意义，进一步优化妇女维权工作的社会环境。要以“三八”妇女维权周为契机，发挥媒体社会教育、文化传播、舆论导向的作用，大力宣传男女平等基本国策、保障妇女权益法律法规和政策的实施，加强公民意识教育和道德教育。引导广大妇女自觉履行法定义务、社会责任和家庭责任，主动预防和减少侵害妇女儿童权益的行为。要积极宣传妇女维权战线的先进典型，教育引导全社会形成尊重和保护妇女的良好风尚。

二、以“亿万妇女学法律、家庭平安促和谐”为主题，深入开展妇女法制宣传教育

“三八”妇女维权周期间，各地要按照“五五”普法规划的要求，推进以“亿万妇女学法律、家庭平安促和谐”为主题的妇女法制宣传行动，在总结经验的基础上，充分尊重和发挥妇女群众的首创精神，进一步丰富妇女法制宣传教育形式，开办妇女普法讲堂，组织普法读书、竞赛、研讨、征文等活动。通过多层次、多领域、多形式的法制宣传教育活动，积极引领妇女群众参与社会主义法治文化建设。要围绕宣传宪法、促进经济又好又快发展、促进改善民生、保障妇女权利、促进家庭平安、社会和谐，重点宣传妇女权益保障法及劳动、就业、社会保障、反家庭暴力等方面的法律法规。要加强妇女群众的公民意识教育，培养她们依法行使权利、履行义务和承担责任的法治理念，引导她们理性地对待民主法治、自由平等、公平正义的诉求，倡导学法辨是非、知法明荣辱、用法止纷争的社会氛围。各地要进一步推进“全国妇女法制宣传教育示范点”工作，结合当地实际开展对示范点工作的指导和检查，总结好经验好做法，树立先进典型，以点带面，推动全局，为深化妇女法制宣传教育工作夯实基础。

三、以关注流动妇女权益为重点，进一步强化维权服务

随着我国工业化、城镇化、市场化的深入发展，流动人口逐年增多，他们在为城市发展作出巨大贡献的同时，自身也面临着诸多权益受到侵害的问题。“三八”妇女维权周期间，各地要以流动妇女为重点，深入了解她们的需求和困难，切实采取有力措施，加强维权服务，发动社会力量为她们办实事、做好事、解难事。在建立全国“平安家庭”创建活动示范市（区、县）的基础上，积极推进“流动妇女平安之家”创建工作，努力探索建立有效的服务和管理模式，不断强化流动妇女维权服务。各地要重点关注妇女儿童弱势群体，发挥优势，整合资源，推动、配合有关部门开展专项维权服务和行动，解决妇女群众最关心、最直接、最现实的利益问题，特别是侵害流动妇女劳动、健康、社会保障、人身等权益的典型案件和重点难点问题。

今年初，我国部分省区市遭受历史罕见的低温、雨雪和冰冻灾害，给人民群众的生产生活带来了很大困难。受灾地区要深入了解和掌握受灾妇女儿童的实际情况，充分利用妇联的各种帮扶救助平台，发挥各类巾帼志愿者、社区家庭志愿者等的作用，积极呼吁、广泛发动社会力量，及时组织开展各种形式的救灾济困和灾后重建工作，协助党委政府切实保障受灾人民群众尤其是妇女、老人和儿童的正常生活和生命财产安全，努力为受灾的困难妇女儿童排忧解难。

四、加强领导，认真组织，切实保障"三八"妇女维权周活动取得实效

举办大规模的"三八"妇女维权周活动，已经成为在全社会广泛开展妇女法制宣传教育和维权服务的品牌。各地要充分认识新形势下开展"三八"妇女维权周活动的重要意义，加强领导，精心部署，认真组织，确保活动扎实有效。妇联、综治部门、司法行政机关要密切合作，广泛动员社会力量，发动广大妇女群众积极参与，形成推进"三八"妇女维权周活动的强大合力。要结合实际，从妇女群众的需求和困难入手，确定重点对象，细化具体措施，因地制宜地为妇女群众提供维权服务，解决实际困难。要注重创新，积极探索群众喜闻乐见的普法和维权工作的新途径、新形式、新方法，将法制宣传教育与维权服务有机结合，为妇女群众提供更为便利、及时的维权服务。要注重宣传，综合运用传统媒体和现代化传媒手段，发挥大众传媒和自有媒体作用，宣传法律常识，宣传维权先进典型，宣传活动成果，推动妇女权益法律法规宣传进社区、村镇和千家万户，努力营造尊重和保障妇女权益的社会氛围。各地要认真总结"三八"妇女维权周活动经验、模式和做法，进行深层次的品牌挖掘和研究，为进一步优化和推进"三八"妇女维权周活动打下坚实的基础。

全国妇联、中央综治办、司法部将于2008年3月1日在北京召开"流动妇女平安之家"建设暨"亿万妇女学法律"读书活动推进会，举行《全国妇联系统"五五"普法知识读本》首发和赠书仪式，在亿万妇女中进一步掀起学法用法新高潮。各地要认真组织开展多种形式的学法用法读书活动。2008年下半年，我们将适时举办全国性的法律知识竞赛，并举行总结颁奖活动。

各地开展"三八"妇女维权周活动原则上安排在"三八"国际劳动妇女节前后，具体时间不做统一规定。我们将通过资料汇编、简报、网络等多种方式加强宣传，扩大影响，做好信息交流工作。各地要及时报送活动情况（电子版）和图片音像资料（光盘和照片），报送截止时间为2008年3月20日。

全国"平安家庭"创建活动领导小组关于印发顾秀莲等领导在全国"平安家庭"创建活动领导小组第二次全体会议上讲话的通知

（2008年1月24日）

全国"平安家庭"创建活动领导小组各成员单位，各省、自治区、直辖市"平安家庭"创建活动领导小组办公室，新疆生产建设兵团"平安家庭"创建活动领导小组办公室：

2008年1月8日，全国"平安家庭"创建活动领导小组第二次全体会议在京召开。会上，全国人大常委会副委员长、中央综治委副主任、全国妇联主席顾秀莲作了重要讲话，创建活动领导小组成员单位公安部、司法部、国家质检总局共青团中央的领导作了重点发言。现将顾秀莲同志的讲话及成员单位领导的发言印发给你们，请结合工作实际认真学习贯彻，进一步推进“平安家庭”创建活动向纵深发展。

顾秀莲同志在全国“平安家庭”创建活动领导小组第二次全体会议上的讲话

（2008年1月8日）

今天，我们在这里召开全国“平安家庭”创建活动第二次领导小组会议。刚才，莫文秀同志代表全国“平安家庭”创建活动领导小组总结了2007年工作，对2008年工作部署，司法部、公安部、国家质检总局、团中央做了重点发言，其他成员单位也做了发言，大家交流了开展创建活动的做法与经验，对于今后如何深入推进“平安家庭”创建工作提出了很好的建议，我认为很好。

过去的一年，在党中央的坚强领导下，各成员单位坚持以邓小平理论和“三个代表”重要思想为指导，认真贯彻落实党的十七大精神，坚持科学发展，顺应社会发展的需要，把“平安家庭”创建活动纳入本部门工作大局，极大地调动了群众参与的积极性、创造性，推动了基层自治组织建设，促进了社会主义核心价值观的形成，倡扬了社会主义文明道德风尚，在平安建设大局中发挥了重要作用，为构建社会主义和谐社会做出了应有贡献。各成员单位在“平安家庭”创建活动中，做了大量工作：

一是在理论创新上力求突破。全国妇联、中央综治办牵头，举办了首届“创建平安家庭，构建和谐社会”论坛，搭建理论研讨、学习交流的平台，探讨运用理论指导平安家庭创建活动，有力地推动了创建活动的创新与发展。

二是在整合资源上加大力度。积极探索市场经济条件下实现资源有效整合运作的模式，推动形成党委、政府高度重视，综治委直接领导，妇联主动协调，各成员单位共同推进，社会各界大力支持，广大群众积极参与的工作格局，构建自上而下、层层落实、协调一致的组织工作网络，有力地促进了创建活动的顺利开展。

三是在宣传倡导上下功夫。全国妇联、司法部在全国开展“亿万妇女学法律、家庭平安促和谐”普法宣传活动。国家广电总局、全国妇联、中央综治办等部门创新载体，充分发挥中央电视台、中央人民广播电台、中国平安网等媒体的作用，加强对广大群众的教育引导，广泛传播“平安家庭”理念，提高群众的法律素质，使群众参与和谐社会建设的理想信念和思想共识更加稳固。

四是在发挥优势上突出重点。各成员单位坚持把工作重心下移，以人民群众最关心、最现实、最根本的利益问题为着力点，切实强化职能作用，指导系统开展工作。司法部加强基层人民调解组织和队伍建设，全国80多万个调解组织和近500万人民调解员调解婚姻家庭类纠纷180余万件，占调解纠纷总数的近40%，调解成功率达96%，有力地促进了家庭平安。公安部严密防范、严厉打击各类严重刑事犯罪活动，推动出台《中国反对拐卖妇女儿童行动计划(2008—2012年)》。共青团以开展“社区志愿服务和谐行动”、“中国少年儿童平安行动”等活动为依托，服务青少年健康成长，促进了家庭平安。国家质检总局重视产品质量监督工作的宣传及产品安全知识的普及工作，加大对食品、日用消费品、妇女儿童用品等产品的质量监管、严厉打击制售假冒伪劣产品的行为，以实际行动服务于家庭平安。全国妇联积极推动出台9部委《关于预防和制止家庭暴力的若干意见》，指导基层建立27000多个基层妇女法律帮助机构和维权站，400多个庇护所和救助站，12000多个反家庭暴力报警点，与卫生系统建立家庭暴力伤情鉴定中心350多个，使影响家庭平安的矛盾纠纷在基层得到及时有效化解。

目前，“平安家庭”创建活动内容更加丰富，形式更加多样，家庭参与面更加广泛，家庭平安促进社会和谐的良好局面正在形成。这些成绩的取得是各成员单位共同努力的结果。在此，我代表全国“平安家庭”创建活动领导小组，向大家表示衷心的感谢！

2008年是深入贯彻落实党的十七大精神、全面落实科学发展观、加快构建社会主义和谐社会的一年，各成员单位要在中国特色社会主义总体布局中充分认识开展平安建设的重要意义，要着眼于服务维护社会安定团结的大局，服务社会治安综合治理和平安建设的大局，立足群众根本利益需求扎实开展全国“平安家庭”创建工作。为此，我提两点要求：

第一，各成员单位要充分发挥在“平安家庭”创建活动中的指导、骨干作用。要以学习贯彻党的十七大精神为契机，加强调查研究，深入了解群众的平安需求。加强制度建设，不断完善工作机制。要进一步创新本部门参与“平安家庭”创建活动的切入点，在总结工作经验的基础上，不断查找薄弱环节，进一步完善和细化工作措施，指导系统共同参与“平安家庭”创建，在社会管理工作中发挥积极的作用。中央综治办要充分发挥组织协调作用，针对影响社会稳定的重点难点问题，进一步完善社会治安综合治理考评体系，搞好分类指导，加强督查检查，推动各项部署在基层的落实。国家广电总局要进一步加大对“平安家庭”创建活动的宣传力度，发挥电视、广播等现代传媒手段的作用，及时反映家庭领域出现的新情况新问题，大力宣传平安家庭创建工作的成果，引导群众积极参与平安家庭创建。公安部要不断加大对威胁家庭安全的违法犯罪和严重侵害妇女儿童权益的恶性案件的打击力度。司法部要深入开展法制宣传教育活动，加大人民调解、法律援助和安置帮教的工作力度。共青团中央要充分发挥党委政府与青年的桥梁纽带作用，组织动员广大青年参与群防群治，采取有效措施加强未成年人的思想道德建设，预防未成年人违法犯罪。财政部要及时出台政策，加大投入，切实为开展平安建设提供必要的经费保障。国家质检总局要加大对食品、日用品、建材等产品的监管力度，从源头上严把质量关，采取有效措施维护消费者的合法权益，创造平安的生活环境和消费环境。全国妇联作为创建活动的牵头单位，要认真履行“代表和维护妇女权益”的基本职能，面向广大家庭和妇女开展法制宣传和法律帮助，引导妇女积极参与社会治安综合治理，实现维权与维稳有机结合。

第二，全国“平安家庭”创建活动领导小组办公室要不断加强自身建设。全国妇联要在中央综治委的领导下，切实履行好办公室的职责，加强重点问题调研，不断完善信息交流、舆论宣传、评比考核、表彰激励等各项工作制度。要进一步畅通信息渠道，及时总结推广地方的好经验、好模式，发挥典型的示范带动作用。要建立相应的舆论宣传机制，加大宣传力度，为创建活动的开展营造良好的社会舆论氛围。要不断完善考核标准和社会化的评价体系，加强对各项工作落实情况的督促检查，对工作扎实、成效显著的地方和单位及时予以表彰激励，推动“平安家庭”创建活动健康持续发展。要主动加强与各成员单位的协调沟通，明确分工，落实责任，各成员单位也要对办公室的工作给予有力支持。大家齐心协力，共同做好“平安家庭”创建活动，努力在平安建设中发挥更大作用。

同志们，做好“平安家庭”创建工作，任重而道远。让我们紧密团结在以胡锦涛同志为总书记的党中央周围，深入贯彻党的十七大精神，开拓创新，求真务实，不断将“平安家庭”创建活动引向深入，为加强平安建设，维护社会稳定，为全面建设小康社会、构建社会主义和谐社会做出新的更大的贡献！

张新枫同志在全国“平安家庭”创建活动领导小组第二次全体会议上的发言摘要

（2008年1月8日）

2007年，全国公安机关在党中央、国务院和地方各级党委、政府的领导下，在有关部门的密切配合下，按照全国“平安家庭”创建活动领导小组的总体部署，充分发挥职能作用，严厉打击各类侵害妇女儿童合法权益的违法犯罪活动，严密防范交通、火灾等安全隐患，积极强化毒品预防宣传教育和管控工作，着力解决各类影响家庭安全稳定的突出问题，最大限度地增加和谐因素、最大限度地减少不和谐因素，为构建社会主义和谐社会、保障人民群众安居乐业做出了积极贡献。

一、高度重视，严厉打击各类侵害妇女儿童权益违法犯罪行为，促进家庭的和谐稳定

2007年，公安部在刑事侦查局成立了“打击拐卖妇女儿童犯罪办公室”，积极推动《中国反对拐卖妇女儿童行动计划（2008—2012年）》的顺利出台。为预防、制止家庭暴力，去年，公安部积极参与全国妇联牵头的《关于预防和制止家庭暴力的若干意见》起草制定工作。各地公安机关与当地人大、政协、妇联等部门合作，依照《婚姻法》、《治安管理处罚法》等法律法规，出台了一系列关于反对家庭暴力的规范性文件。辽宁、浙江、陕西等省公安机关在“110”报警网络中增加了家庭暴力投诉的内容，建立了覆盖全省的家庭暴力报警服务点。目前，越来越多的公安基层派出所挂上了“家庭暴力接报警点”的牌子。

二、深入推进“八条措施”的贯彻落实，确保学生在校人身财产安全

2007年，按照公安部的统一部署，各地公安机关采取有力措施，深入贯彻落实维护校园及周边治安秩序“八条措施”，派出32个工作组对各地贯彻落实“八条措施”工作情况进行了交叉检查，在全国范围内集中开展了“禁止管制刀具进校园”活动，最大限度地消除了校园涉刀案件隐患，切实加强了维护学校及周边治安稳定工作。2007年1至11月，全国公安机关在校园周边增设治安岗亭8813个，增设交通标志和交通安全设施3.3万处；向校园派驻保安员3.2万名，选派法制副校长或法制辅导员3.7万名；深入校园进行消防检查55.7万次。校园及周边治安秩序明显好转，师生和家长的安全感明显增强。

三、关爱流浪未成年人及聋哑青少年，认真做好帮扶救助工作，使其尽早返回家园

根据中央综治委、公安部等6部门的联合通知精神，2006年12月下旬至2007年8月，全国公安机关开展了打击强迫诱骗未成年人流浪乞讨和强迫拐骗聋哑青少年违法犯罪专项整治工作。其间，共查处各类案件3600余起，抓获违法犯罪人员5000余名，铲除犯罪团伙320余个，解救未成年人8000余名。与此同时，各地公安机关大力加强与民政、共青团、妇联、残联等相关部门的协作配合，积极建立联席会议、信息通报、联合整治等长效工作机制，强化综合治理。针对有不良行为的流浪未成年人和聋哑青少年，部分地区公安机关成立了由社区民警、社区居委会等相关人员组成的未成年人帮教小组，及时开展教育、感化、挽救工作，防止他们走上违法犯罪的道路。据统计，江苏省公安机关6.2万名具备帮教帮扶条件的民警与8.6万名需要帮助的对象建立了帮教帮扶关系，已向帮教帮扶对象提供资助1456万余元。

四、加强消防安全意识教育，强化校车安全管理，努力预防和减少火灾、交通等安全隐患对家庭造成的损失

2007年，公安消防部门与教育、共青团以及新闻媒体等单位合作，创新消防安全宣传模式，组织大型消防童话剧巡演，推出大型消防卡通片，将消防安全知识与动画、歌舞表演等很好地结合起来，寓教于乐，使广大少年儿童在欣赏童话艺术的同时接受到消防安全知识的教育。公安交管部门在联合教育部门加强校车运行安全技术规定、规范校车管理的基础上，进一步加大了对农村等重点地区“黑校车”的查处和打击力度，正确引导中小学生和家长抵制乘坐“黑校车”。在中小学校开展了以“做文明人、行文明路”为主题的宣传教育活动，使中小学生做到“三会”，即“会安全走路”、“会安全骑车”、“会安全乘车”。组织中国道路交通安全协会开展以“保护生命、平安出行”为主题的向中西部少年儿童送安全公益活动，向中西部10个省区市少年儿童赠送小黄帽100万顶，以及印有交通安全提示语的学习用品，以预防和减少学生道路交通事故的发生。

五、以深入开展吸毒人员动态管控机制建设为契机，以深化“无毒社区”、“无毒家庭”创建活动为载体，全面推进对吸毒人员的“大帮教”活动，努力巩固戒毒效果

2007年，全国公安机关按照公安部大力推进吸毒人员动态管控机制建设的总体部署，以巩固戒毒效果、降低复吸率为目标，以深化“无毒家庭”活动为载体，深入推进创建“无毒社区”活动，全面开展毒品预防宣传教育工作，切实落实社会面戒毒出所人员的管控帮教措施，取得了积极成效。目前，创建“无毒社区”工作在一些地方已取得了显著成效，全国新滋生吸毒人员的增长幅度开始减缓，一些地方滥用海洛因问题蔓延的势头已得到初步遏制。2007年6月20日，国家禁毒委办公室、全国妇联在新疆乌鲁木齐联合举行了“禁毒面对面宣传行动暨无毒家庭创建示范点”启动仪式。陕西省禁毒委员会和省妇联共同组建了“陕西省妇女禁毒志愿者总队”，近5000名妇女参加了成立仪式。

公安机关作为维护社会和谐稳定的重要职能部门，将以党的十七大精神为指引，全面贯彻落实科学发展观，努力打牢以人为本、执法为民理念，进一步加强和改进公安队伍建设，改善公安机关的执法活动，提高执法质量和执法水平，为积极推进全国“平安家庭”创建活动、维护和促进社会和谐稳定做出新贡献。

张苏军同志在全国“平安家庭”创建活动领导小组第二次全体会议上的发言摘要

（2008年1月8日）

2005年“平安家庭”创建活动开展以来，各级司法行政机关高度重视“平安家庭”创建活动，认真落实全国妇联等六部门《关于开展“平安家庭”创建活动的意见》，充分履行法定职能，积极参与“平安家庭”创建活动，组织发动全国84万个人民调解组织和498万名人民调解员，发挥人民调解贴近基层、贴近群众的优势，强化人民调解预防、化解矛盾纠纷功能和法制宣传教育功能，在预防和化解家事纠纷、促进家庭和谐稳定上做出新的贡献。

一是进一步完善人民调解组织网络，便于婚姻家庭纠纷化解。各级司法行政机关针对家庭矛盾纠纷的特点，大力加强人民调解组织建设，在巩固村（居）调委会的基础上，把调解组织网络向两头延伸，向上建立健全乡镇（街道）人民调解委员会，重点调解村（居）调解组织难以解决的疑难复杂纠纷，向下大力发展楼院调解小组和调解信息员，一些地区还尝试建立调解中心户和“十户”调解员制度，即在一定数量的村（居）民当中选出一名热心调解工作、公道正派的人担任调解员，及时发现和掌握家庭不和谐因素，形成了镇（街）调委会、村（居）调委会、调解小组、调解信息员的多级调解网络,为有效化解家庭矛盾纠纷奠定了坚实的组织基础。

二是进一步强化人民调解工作功能,最大限度化解婚姻家庭纠纷。各地建立健全矛盾纠纷情报信息网络,完善信息收集、报送、分析制度,准确了解掌握家庭矛盾纠纷信息,及时发现可能导致矛盾纠纷的潜在因素,对各类矛盾纠纷信息作出迅速反应、及时处置。按照“调防结合,以防为主”的方针,积极开展家庭纠纷排查活动,对家庭纠纷坚持“抓早、抓小、抓苗头”,早发现、早调处、早解决,努力将纠纷消除在萌芽状态,强化了人民调解的预防功能。许多地方的人民调解组织建立了纵横双向联动的调解协作机制,村(居)调委会解决不了的家庭纠纷,乡镇(街道)调委会调解;单个调委会调解不了的,联合调解组织调解;需要有关部门共同参与调解的,邀请有关部门参加调解,有效地增强了人民调解化解家庭矛盾纠纷的能力。广大人民调解组织和调解员在调解家庭纠纷过程中,结合个案有针对性地宣传法律法规,宣传社会公德和家庭美德,引导广大群众遵纪守法,通过合理、合法的渠道反映诉求,解决纷争,强化了人民调解的宣传教育功能。

三是进一步创新人民调解工作机制,促进婚姻家庭纠纷化解。各级司法行政机关积极探索人民调解与司法调解、行政调解相互衔接配合的大调解工作机制,加强与人民法院和公安、信访等部门的配合,将法院、公安、信访等部门受理的适合人民调解委员会调解的家庭纠纷案件委托人民调解委员会调解。各地认真贯彻落实最高人民法院、司法部《关于进一步加强新形势下人民调解工作的意见》,加强人民调解与诉讼程序的衔接配合。对于常见性、多发性的家庭纠纷,在当事人起诉时或立案前,由人民法院引导当事人通过人民调解解决。对于进入诉讼程序的家事案件,在征得当事人的同意后,由人民法院委托人民调解组织进行调解。一些地区对因家庭纠纷引发的刑事自诉案件和轻微刑事案件,参照民事调解的原则和程序,尝试委托人民调解组织调解。通过创新工作机制,人民调解职能作用得到更加充分的发挥,真正做到了小纠纷不出组,大纠纷不出村,重大纠纷不出乡镇。

2005 年以来,全国广大人民调解组织和人民调解员,在“平安家庭”创建活动中共调解矛盾纠纷 1200 余万件,其中婚姻、继承、赡养、抚养、扶养、邻里等家庭类纠纷 530 余万件。仅 2007 年一年,全国广大人民调解组织和人民调解员调解婚姻家庭类纠纷 180 余万件,其中婚姻纠纷 70 余万件,继承纠纷 20 余万件,赡养、扶养、抚养纠纷 30 余万件,邻里纠纷 60 余万件,调解成功率达 97%。

各级司法行政机关一定要按照这次会议的要求,进一步认识开展“平安家庭”创建活动的重要意义,认真履行好职责,充分发挥职能作用。要继续巩固健全调解组织网络,提高调解员队伍素质,充分调动广大人民调解员参与“平安家庭”建设的主动性和积极性,结合“我为和谐作贡献”的人民调解主题实践活动,进一步发挥调解工作预防、化解矛盾纠纷和宣传教育功能,最大限度地增加家庭和谐因素,最大限度地减少家庭不和谐因素,为实现家庭平安、维护社会和谐稳定作出新的更大的贡献。

蒲长城同志在全国“平安家庭”创建活动领导小组第二次全体会议上的发言摘要

(2008 年 1 月 8 日)

一年来,按照党中央国务院的总体部署和要求,质检总局紧紧围绕全国“平安家庭”创建活动,加强与质量平安建设密切相关的食品、消费品、妇女儿童用品等产品的质量监管,推进市场准入制度和名牌战略，加大产品质量国家监督抽查、检验检疫和执法打假力度，加强游乐设施的安全整治，加快标准制修订工作和强制性认证认可工作，为保障产品质量安全，提高产品质量水平，维护广大消费者的合法权益，做出了积极的贡献。

一、大力推进食品市场准入工作和妇女儿童用品的名牌战略

2007年，质检总局加快了食品质量安全市场准入步伐，顺利实现包括婴幼儿配方乳粉在内的28大类食品全面纳入市场准入制度管理的既定目标，进一步加大了实施妇女儿童用品中国名牌战略的工作力度，2007年共培育确认了14类91个妇女儿童用品的中国名牌产品。

二、切实从源头确保产品质量安全

2007年以来，国家质检总局继续加大了与质量平安建设密切相关的食品、消费品、妇女儿童用品等产品的监督抽查力度，加强了进口产品的检验检疫，从源头上严把产品质量关。一是对食品、家电、家化、服装、建材等重点产品进行国家监督抽查，着重突出产品质量监督抽查服务民生、保障安全、促进和谐的主旋律，分别开展了“夏令产品”、“节日用品”、“食品安全”、“提升生活质量”等专项抽查。截至目前，2007年已经抽查了13000多家企业生产的16000多种产品，扩大了抽查覆盖面，加大了抽查频次，对提高产品的总体质量水平，推进形成有利于家庭健康发展的良好社会环境都起到了积极的作用。

二是对重点地区进行专项整治。今年国家质检总局对小家电、玩具、建材、家用燃气灶、汽车零配件等10类产品质量抽查合格率较低、存在区域性质量问题的重点地区进行了专项整治，重点跟踪抽查了以往产品质量抽查中不合格、产品质量不稳定的企业，有效地提高了当地的整体产品质量水平。

三是本着“维护消费权益、保障民生安全”的指导思想，及时认真处理产品质量申诉。2007年上半年各地方质量技术监督部门已处理产品质量申诉24547件，共为企业、用户和消费者挽回经济损失4229万元。

四是加大了进口产品的检验检疫力度。2007年，国家质检总局要求各地检验检疫局认真执行《商检法》和2005年第177号联合公告，加强对进口一次使用性卫生用品等产品的法定检验，督促各地检验检疫局落实检验工作，随时解决检验工作中遇到的问题，对检验不合格的产品根据《商检法》做出退运或销毁处理，确保进口产品的质量安全。

三、严厉打击制售假冒伪劣行为

2007年，质检部门切实履行执法打假工作职责，以产品质量和食品安全为主线，严厉打击制售假冒伪劣产品危害消费者身体健康安全的违法行为。

在全国范围内集中开展了严厉打击非法生产加工食品黑窝点和使用非食品原料生产加工食品违法行为的专项行动。全国质监系统共出动执法人员44万余人次，立案查处食品违法案件3.4万起，查获假冒伪劣食品货值金额3亿余元，取缔食品制假黑窝点223个，建议工商部门吊销营业执照41个，移送司法机关处理20起。

2007年7月，国务院召开了第三次全国质量工作会议，随后组织开展了产品质量和食品安全专项整治行动。组织开展了为期4个月的全国质检系统产品质量和食品安全专项整治行动。截止到10月20日，各地质监部门出动执法人员50.4万人次，检查生产企业20.9万家，查获案件1.8万起，其中立案13082起，查处各种案件517起；查获违法货值1.3亿元，查处无生产许可证企业9257家，关闭无证企业3217家，建议吊销营业执照、卫生许可证1241个，查处生产窝点1676个，移送公安机关处理案件21起，专项整治工作取得了良好成效。

四、加强游乐设施的安全整治

2007年，国家质检总局重新划定游乐设施分级参数，使检验力量配置更合理，努力实现在用设备定期检验率100%。同时加强游乐设施管理和操作人员培训考核，进一步提高作业人员的安全意识和技术水平，保障游乐设施安全使用。此外，为保障少年儿童节日游乐安全，各地质监部门在“六一”儿童节和“黄金周”之前，集中力量对游客集中、社会影响大的游乐场所以及“嘉年华”活动的大型游乐设施进行重点检查，检查设备的安全状况、使用单位管理制度执行情况、应急救援预案落实情况以及检验监察工作情况等。

五、加强产品标准制修订和强制认证工作

2007年，国家质检总局加强了产品标准的制修订工作，逐步建立健全婴幼儿食品、婴幼儿服装、玩具、学生用品、化妆品等消费品安全标准体系，启动了13项游乐设施标准修订工作。同时，质检总局还发布了6类玩具产品认证目录及实施规则，目前列入玩具CCC认证目录的6种玩具产品已颁发认证证书3523张，获证生产厂1263家。

六、重视产品质量监督工作的宣传及产品安全知识的普及工作

一是通过政府网站和有关新闻媒体及时发布产品的抽查质量公告，重点表扬“优质产品、优良品牌、优秀企业”，重点曝光产品质量存在严重问题的企业及其产品，登载产品选购、鉴别、使用常识，引导消费者选用产品质量好的产品，扶优治劣，引导消费；二是国家质检总局今年“六一”继续组织开展了以少年儿童安全使用特种设备为主题的安全宣传活动，向广大消费者宣传电梯、客运索道、游乐设施等特种设备在使用环节中的注意事项及基本常识。

2008年为贯彻落实十七大精神，全面推进“平安家庭”创建活动深入开展，质检总局将认真做好以下工作：

一是针对百姓关注的玩具、家具、建筑装饰装修材料等3类产品，大力开展专项治理整顿。全面普查3类产品生产企业情况，建立质量档案；集中整治产品质量问题比较突出的集中产地、监督抽查合格率低的地区；加大产品质量监督抽查力度，扩大覆盖面，增加抽查频次，突击检查玩具的安全性能和阻燃性能、木家具的甲醛释放量、涂料中的有害物质限量等涉及人体健康和人身安全的重点项目。为确保产品质量安全，稳定民心、净化市场、引导消费发挥重要作用。

二是要通过整治，建立两个链条、一个体系和一个网络，即：建立从产品设计、原料进厂、生产加工、出厂销售到售后服务的工业品全过程监管链条，建立从种植养殖、生产加工、流通销售到餐饮消费的食品全过程监管链条，建立产品质量和食品安全的质量追溯和责任追究体系，建立覆盖全社会的产品质量监管网络。要在开展专项整治、解决突出问题的同时，全面加强基层基础工作，全面加强涉及人身健康安全产品的全过程监管，全面强化生产者的质量责任，全面增强全社会的质量意识，把我国的产品质量和食品安全提高到一个新的水平。

三是要继续加大宣传力度，为“平安家庭”创建活动营造良好的社会氛围。国家质检总局将在政府网站及有关媒体上继续加大宣传力度，加强产品质量国家监督抽查结果的宣传，并做好食品、消费品、妇女儿童用品的安全消费知识普及工作。

卢雍政同志在全国“平安家庭”创建活动领导小组第二次全体会议上的发言摘要

（2008年1月8日）

一、2007年共青团组织参与全国“平安家庭”创建活动情况

（一）立足宣传，动员团员青年在创建活动中发挥积极作用。一是注重提高青少年参与创建活动的积极性。各级团组织以“平安家庭”创建宣传为主题，以社区和家庭为重点，以团属报刊、网站、宣传栏等为载体，以组织知识竞赛、摄影展、论文评选和治家格言征集等活动为手段，宣传创建活动的政策法规和主要内容，扩大创建活动的社会影响，增强家庭成员特别是青少年参与的自觉性和积极性。二是注重发挥团员青年在参与家庭纠纷的排查调处中的重要作用。各级团组织依托“人大代表、政协委员与青少年面对面”、“青少年戒除网瘾行动”等主题活动，充分发挥共青团密切联系团员青年的优势，充分发挥青少年在预防和调解矛盾纠纷特别是经常性家庭纠纷中的重要作用，把矛盾纠纷化解在萌芽状态。三是注重青少年的思想道德教育和法制教育工作。各地以社区为重点，通过面对面宣讲、入户调研等形式，增强了家庭成员，特别是青少年的守法懂法意识、安全防范意识、健康文明意识、和睦相处意识和男女平等意识，引导青少年学会辨是非、明荣辱、分善恶。

（二）立足服务，帮助困难家庭和青少年群体解决实际困难。一是加强了青少年维权工作体系的建设。各级团组织坚持把创建活动与共青团工作实际进行有机整合，通过创建活动，探索建立协调联动的工作机制，争取党政支持，整合社会资源，努力构建社会化的青少年维权工作体系。二是突出了服务工作的实效。各级团组织进一步加强了12355青少年服务台建设，并以此为平台，广泛服务困难家庭和青少年群体，帮助他们解决在学习教育、就业创业、恋爱婚姻、身心健康、困难救助、犯罪预防等多方面的现实问题。截至2007年底，全国共有227个城市开通了12355青少年服务热线，其中101个城市按照团中央相关要求建成呼叫中心，累计接受各类咨询6579744人次，受理个案35571起。三是深化了服务青少年的品牌。各级团组织以创建活动为契机，针对大学毕业生、下岗青年、贫困学生、流浪未成年人、留守儿童和服刑人员未成年子女等弱势群体，继续深化和拓展大学生就业见习行动、青年创业行动、“希望工程”助学行动、“真情助困进万家”活动和“手拉手”活动等一系列共青团组织长期开展的活动，帮助他们解决实际困难，为促进家庭平安，维护社会稳定做出了贡献。

（三）立足维权，推进“未成年人保护行动”的各项措施落到实处。一是深化了优秀“青少年维权岗”创建活动，拓展了创建范围，细化了创建标准；指导各省区市制定本地创建优秀“青少年维权岗”的活动方案。修改和完善了《全国优秀“青少年维权岗”创建及管理办法（试行）》，进一步规范了优秀“青少年维权岗”的监督、管理、复核和考评工作。动员各级优秀“青少年维权岗”开展集中专项整治。通过开展“维权岗在身边行动”、发布“2007年暑期青少年自我保护提示”、“进校园（社区、农村）行动”、“帮困助学行动”等系列延伸维权活动，加大了各有关部门共同做好青少年权益工作的力度。二是推动开展了青少年事务社工试点工作。与中央综治委预防青少年违法犯罪工作领导小组、中央综治办、民政部、人事部等部委联合出台了《关于开展青少年事务社会工作者试点工作的意见》，指导各省区市团组织按照实际情况，积极开展试点工作，促进社会工作人才队伍建设，服务青少年健康成长。三是加大了预防青少年违法犯罪工作宣传力度。联合最高人民法院、中央综治办、教育部等单位联合摄制了未成年人保护和预防青少年违法犯罪法制教育电影《青涩记忆》。与全国少工委联合摄制了《中华人民共和国未成年人保护法》大型普法教育电视片，并编辑了图文并茂的配套读本。四是积极推动完善少年司法制度和工读学校有关政策。联合有关部门制定了《关于进一步加强公、检、法、司办理未成年人刑事案件和矫正未成年罪犯的配套工作的意见（征求意见稿）》。推动有关部门共同制定出台《关于进一步加强专门学校工作的若干规定》，加强和改进工读教育的有关政策，有效推进大中城市工读学校建设工程，切实把工读学校办成教育、矫治、挽救有不良行为的未成年人和预防青少年违法犯罪的工作阵地。

二、2008年共青团组织参与全国“平安家庭”创建活动的工作安排

（一）围绕提高青少年法制意识和自护能力，深入开展创建活动。一是将“平安家庭”创建活动与青少年普法工作相结合。共青团组织将结合法制宣传日、法制宣传周等纪念日和“未成年人保护行动”等工作项目，面向家庭广泛深入地开展法制宣传教育，重点宣传未成年人保护法等法律法规，鼓励引导广大青少年学法、守法、用法，不断提高广大家庭成员特别是青少年的法律素质，引导他们合理有序地表达利益诉求，运用法律武器和正当渠道维护自身合法权益。二是做好预防犯罪重点群体的宣传工作。针对影响青少年健康成长的突出问题，重点面向流浪儿童、留守未成年人、吸毒和服刑人员未成年子女、有不良行为的闲散青少年等群体，加强思想道德教育和普法宣传，帮助他们树立遵纪守法的观念，努力预防青少年违法犯罪。三是将“平安家庭”创建活动与青少年自我保护教育工作相结合。以家庭、社区为主阵地，积极开展帮助未成年人戒除网瘾、青春红丝带等品牌活动，在适当时机开展全国青少年自护知识和技能大赛，制定下发《关于进一步加强青少年自我保护教育的意见》，进一步提高青少年的自我保护能力。

（二）围绕代表和维护青少年的合法权益，深入开展创建活动。一是抓好12355青少年服务台建设。以12355青少年服务台试点工作为抓手，努力构建以12355青少年服务台为龙头，以各类“青少年维权岗”为基础，以政府青少年事务协调机构为重要工作渠道，以服务青少年的公益性社团为外围的社会化的青少年维权服务体系，帮助青少年切实解决心理、维权等多方面的现实问题，摆脱社会竞争中的弱势地位。二是推动构建青少年法律体系。建立共青团和人大、政府有关部门间经常性沟通机制，推动涉及青少年利益的法律法规纳入立法规划，在制定和修订涉及青少年利益的法律过程中，广泛收集青年的意见建议，主动有效地反映青少年诉求，积极推动有关青少年专项法律法规和公共政策的出台。三是深入实施“未成年人保护行动”和“为了明天——预防青少年违法犯罪工程”。以未成年人保护法为抓手，以“青少年维权岗”创建、工读教育、少年司法、禁毒、防艾等专项工作为载体，有针对性地加强对青少年的服务和管理工作，大力优化青少年成长环境，有效预防青少年违法犯罪。

（三）围绕社会治安防范和矛盾纠纷排查调处，深入开展创建活动。一是动员青少年积极参与治安防范和打击犯罪。各级团组织将从家庭和社区入手，不断提高青少年群体对重大事故和违法犯罪行为的安全防范意识，动员组织团员青年与各类犯罪活动、敌对势力和“法轮功”等邪教组织的渗透破坏活动作坚决斗争，积极维护国家安全和社会政治稳定。二是积极关注青少年动态，参与化解矛盾工作。发挥共青团密切联系青年的优势，以12355青少年服务台为平台，动员组织社区团干、青少年志愿者和青少年事务社工当好信息采集员，掌握社会敏感问题的舆情动态，广泛收集网络信息，对苗头性问题、大规模群体事件和突发事件及时报告并协助有关部门处理，把矛盾纠纷化解在萌芽状态。三是加强对社区闲散未成年人的教育和管理。深入实施青少年违法犯罪社区预防计划，继续在重点城市推进“为了明天——全国大中城市预防青少年违法犯罪项目”，加强对闲散未成年人的信息统计和管理，广泛建立社区预防未成年人违法犯罪工作站点。

全国“平安家庭”创建活动领导小组关于印发顾秀莲、陈冀平、莫文秀同志在全国“平安家庭”创建活动表彰电视电话会议上讲话的通知

（2008年1月24日）

全国“平安家庭”创建活动领导小组各成员单位，各省、自治区、直辖市“平安家庭”创建活动领导小组办公室，新疆生产建设兵团“平安家庭”创建活动领导小组办公室：

2008年1月8日，全国“平安家庭”创建活动表彰电视电话会在京召开。在会上，全国人大常委会副委员长、中央综治委副主任、全国妇联主席顾秀莲，中央综治委副主任、中央政法委副秘书长、中央综治办主任陈冀平分别作了重要讲话。全国妇联副主席、书记处书记莫文秀作了工作报告。现将顾秀莲、陈冀平、莫文秀同志的讲话印发给你们，请结合工作实际认真学习贯彻，并将各地各单位贯彻落实会议精神的情况及时上报我办。

顾秀莲同志在全国“平安家庭”创建活动表彰电视电话会议上的讲话

（2008年1月8日）

今天，我们在这里召开全国“平安家庭”创建活动表彰电视电话会，认真贯彻党的十七大精神，总结经验，表彰先进，部署任务，对于新形势下深入推进“平安家庭”创建工作，具有十分重要的意义。刚才，文秀同志代表全国“平安家庭”创建活动领导小组做了工作报告，表彰了一批“平安家庭”创建活动先进集体、先进示范社区（村）、“平安家庭”示范户，受表彰的先进集体、示范社区（村）和示范户代表做了发言，集中展示了“平安家庭”创建活动的成果和经验，讲得都很好。

党中央高度重视社会治安综合治理工作，把平安建设作为加强社会治安综合治理工作的重要举措来抓。2005年7月，全国妇联会同中央综治办、公安部、司法部、财政部、共青团中央、国家质检总局、国家广电总局，在总结多年来参与社会治安综合治理工作经验的基础上，联合推出了“平安家庭”创建活动这一新的工作载体，旨在通过传播平安理念，增强家庭安全防范、懂法守法等意识，使家庭更加安全健康、和睦美满，形成家庭与社会的良性互动。两年多来，在各级党委政府的重视领导下，在各有关部门的共同协作下，“平安家庭”创建工作坚持以邓小平理论和“三个代表”重要思想为指导，深入贯彻落实科学发展观，认真学习贯彻党的十七大精神，工作理念不断创新，工作思路更加清晰，工作重点非常明确，工作态度特别务实，工作成效十分显著。一是坚持科学发展，创建活动在维护社会稳定大局中定位准、目标明，在经济社会协调发展大局中统筹谋划、一并推进，得到各级党委政府的高度重视，将其纳入平安建设的总体规划，大大促进了社会风气好转，改善了投资环境，推进了经济社会协调发展。二是坚持理论创新，加强理性思考和实证研究，准确把握“平安家庭”创建规律，把握不同群体的平安需求和心愿，不断解决影响家庭平安和社会稳定和谐的新问题，服务家庭平安的举措越来越实，有力地推动了创建活动的创新发展。三是坚持资源整合，积极探索市场经济条件下实现资源有效运作的模式，争取党委政府重视支持的意识越来越强，整合社会资源的能力越来越强，齐抓共管、多方参与的良好局面初步形成。四是坚持宣传倡导，运用现代化的传播手段，加强对广大群众的教育引导，家庭平安理念广为传播，群众的法律素质和身心健康程度不断提高，参与和谐社会建设的理想信念和思想共识更加稳固。五是坚持夯实基础，以社区、农村为重点，加强基层工作阵地和网络建设，探索实施示范带动的创建模式，最大限度激发群众的创造活力，促进人人参与、共创平安、共享成果。实践证明，“平安家庭”创建活动充分体现了和谐社会建设的本质要求，反映了亿万家庭共创平安的美好心愿，呈现出很强的现实生命力，具有了一定的社会认可度和社会影响力，已成为平安建设的基础工程，成为维护社会稳定与维护妇女儿童合法权益的品牌工作。

在此，我代表全国“平安家庭”创建活动领导小组，向各成员单位、各级党委政府以及各地“平安家庭”创建活动领导小组的努力工作，表示衷心的感谢和亲切的慰问！

下面，我谈几点意见。

一、认真学习贯彻十七大精神，进一步增强做好“平安家庭”创建工作的责任感和使命感

社会建设与人民幸福安康息息相关。党的十七大提出，要按照中国特色社会主义总体布局，全面推进经济建设、政治建设、文化建设、社会建设，并强调以改善民生为重点加快推进社会建设，把完善社会管理、维护社会安定团结作为改善民生和促进社会和谐的重要任务，将加强社会治安综合治理、深入推进平安创建活动作为确保社会稳定大局的重要举措。认真学习贯彻十七大精神，就要在中国特色社会主义总体布局中认识开展平安建设的重要意义，充分认识到平安建设是党中央落实科学发展观的一项重大决策，是构建社会主义和谐社会的保障工程、民心工程和基础工程。社会平安是人民群众的基本需求，社会稳定是人民群众的共同心愿，也是最基本的发展环境。把平安建设搞好了，既能满足人民群众的平安需求，也是为实现全面建设小康社会宏伟目标创造和谐稳定的良好社会环境。

作为社会最基本和最可延续的单位，家庭对于社会稳定发挥着不可忽视、不可替代的特殊作用，家庭平安是社会稳定的基础，要建设稳定和谐的社会，就必须建设平安的家庭。当前，随着改革开放不断深入和社会主义市场经济不断发展，我国的经济体制、社会结构、利益格局和人们的思想观念发生深刻变化，各种社会矛盾和问题凸显，折射到家庭领域，成为直接影响家庭平安和谐的不安定因素，也增加了社会管理的难度和复杂性。通过开展“平安家庭”创建活动，从源头上解决社会治安的突出问题，及时了解、发现和调处社会矛盾纠纷，为广大人民群众提供有效的维权服务，就可以“平安家庭”创建的成效切实服务于平安建设与和谐社会构建，为平安建设与和谐社会构建夯实基层基础。

作为深入开展平安创建活动的基础工程、细胞工程，“平安家庭”创建活动采取了社会化、开放性的运作模式，充分尊重了群众的主体地位，发挥了群众的首创精神，着眼于从更深的层次改进社会管理和治安防范，从更广的范围维护妇女儿童权益、促进家庭社会的平安稳定，一经提出便在全国广泛而深入的开展起来，呈现出良好的发展势头。但我们也要看到，虽然“平安家庭”创建工作积累了一些经验，取得了一定成绩，但是基层基础工作仍然相对薄弱，齐抓共管的合力需要进一步形成，工作机制和制度需要进一步完善，各项工作措施需要进一步落实。

各地各部门要切实增强做好“平安家庭”创建工作的责任感和使命感，在平安建设与和谐社会构建的大局中来定位和推进创建工作，不断加强“平安家庭”创建活动服务大局的自觉意识。要坚持科学发展观，坚持以人为本，坚持共建共享和谐社会的原则，始终把实现好、维护好、发展好最广大人民的根本利益作为“平安家庭”创建工作的出发点和落脚点，把群众满不满意作为根本的检验标准。要深入研究社会生活的新变化，及时关注广大群众和家庭的平安需求，探索和把握“平安家庭”创建活动的规律性，以妇女为主体，以家庭、社区为单位，广泛传播平安理念，最大限度地激发广大家庭成员的创造活力，调动他们参与“平安家庭”创建活动的积极性、主动性和创造性，努力形成平安创建人人有责，平安家庭、和谐社会人人共享的良好局面。

二、服务大局，服务群众，全面推动“平安家庭”创建工作的深化和发展

2008 年是深入贯彻落实党的十七大精神、全面落实科学发展观，加快构建社会主义和谐社会的一年，全国“平安家庭”创建工作要着眼于服务维护社会安定团结的大局，服务社会治安综合治理和平安建设的大局，立足群众根本利益需求，把改善民生、解决民生问题作为“平安家庭”创建工作的重中之重。围绕 2008 年全国社会治安综合治理工作重点，着力开展以下四个方面的工作。

一要在加强和完善以流动人口为重点的社会管理中发挥作用。加强和完善社会管理，重点是加强人口管理工作，而流动人口是人口管理的重点。目前，我国流动人口总量过亿，正以每年600—800 万的速度增长。他们是城市建设的重要力量，在推动经济社会发展、创造大量财富的同时，也加剧了社会管理和服务的压力和难度。党的十七大报告强调，要加强流动人口的服务管理，中央综治委下发《关于进一步加强流动人口服务和管理工作的意见》，指导流动人口服务管理工作。各地各部门要坚持“公平对待、搞好服务、合理引导、完善管理”的方针，深化流动人口服务和管理措施，推动建立和完善长效工作机制，促进流动人口和当地居民和睦相处。要在“平安家庭”创建过程中，逐步完善和进一步推广“流动妇女平安之家”等经验做法，大力开展“留守儿童维权平安”行动，深入了解流动人口的平安需求，针对他们在就业、教育、医疗、子女就学和居住等方面的突出问题，探索预防和解决问题的对策，建立有效的服务和管理模式，切实体现创建活动的实效。

在加强流动人口服务和管理工作的同时，要查找城乡治安防范的薄弱环节，构建预防和减少犯罪体系，重点关注流动留守儿童、受艾滋病和毒品影响的儿童、社区闲散或矫正青少年、服刑在教人员未成年子女的教育、管理和服务，逐步完善有关政策，加大政府投入，强化救助措施，吸引公益力量，集聚社会合力，落实他们的各项权益。还要继续开展对城乡刑释解教、吸毒等重点人群的帮教安置服务，完善就业培训、社会保障和救助体系，调动社会各方面的力量，最大限度的预防和减少重新违法犯罪。

二要在完善和规范矛盾纠纷排查调处机制中发挥作用。积极预防和有效化解各种社会矛盾是平安建设的首要任务。我国正处于“黄金发展期”和“矛盾凸显期”相交织的阶段，各地各部门要从实际出发，探索建立多元化的矛盾纠纷排查调处机制，综合运用法律、政策、经济、行政等手段和教育、协商、疏导等方法，把小矛盾解决在基层，消除大矛盾的隐患。要不断健全人民调解、行政调解和司法调解相互衔接配合的非诉讼的大调解工作体系，整合综治、公安力量，改革和加强社区警务工作，不断健全基层矛盾纠纷排查调处工作协调网络，研究推广社区信访预警机制，引入心理疏导工作手段，快速有效地解决家庭、邻里等社会矛盾纠纷，抑制群体性事件发生。进一步推广妇联干部担任劳动保障法律监督员、劳动和土地仲裁员、人民调解员，“维权合议庭”、“反家暴合议庭”、“少年法庭”、家庭纠纷调解站、巾帼调解队等有益经验，逐步建立和完善开放式的基层矛盾纠纷排查调处机制。要在“平安家庭”创建过程中，通过宣传教育、评比考核、示范表彰、结对帮扶等方式，广泛发动群众和家庭有效参与，增强公民意识，提高法律素质，把理顺情绪、化解矛盾、解疑释惑的工作落到实处，有效降低家庭、邻里矛盾纠纷发生率。

三要在维护妇女儿童合法权益中发挥作用。妇女儿童权益问题是关乎家庭平安、社会和谐的重要问题。当前，我国机遇和矛盾并存的阶段性社会特征，决定了妇女儿童必然要面临着这样那样的权益问题，这些问题间接或直接危及家庭平安、影响社会稳定。这就要求我们在“平安家庭”创建过程中，在推进平安建设的大局中，统筹考虑保障妇女儿童合法权益、促进男女两性协调发展的问题。各地各部门要把推动解决妇女儿童切身利益问题作为“平安家庭”创建工作的出发点和落脚点，积极探索新空间、新途径和新机制，促进保障妇女儿童学有所教、劳有所得、病有所医、老有所养、住有所居的基本权益。要重点关注农村贫困妇女、失地妇女、留守流动儿童和下岗失业妇女、进城务工妇女、零就业家庭妇女、老龄妇女等弱势妇女儿童群体的民生问题，充分运用一切行之有效的方法，切实推动解决她们的劳动保障、教育保障、生活保障等实际问题。要切实做好未成年人家庭教育、预防未成年人违法犯罪、留守流动儿童工作，完善家庭教育服务体系，办好各类家长学校，推广留守流动儿童社会关爱成功模式，开展各项公益关怀活动，千方百计促进未成年人健康成长。要广泛开展社会倡导，呼唤社会责任，树立公益意识，集聚社会资源，为妇女儿童中的特殊群体提供服务，解决实际困难。

四要在强化基层基础建设、筑牢社会治安的群众防线中发挥作用。平安建设关键在基层，基层平安稳定也是社会治安综合治理的基础工程。我国有3.6亿个家庭，这是妇联组织的传统工作领域，也是优势工作领域。“平安家庭”创建活动是各级妇联在总结既往家庭领域工作经验的基础上，进行的发展创新，把家庭建设放在平安建设大局中重新定义和规划，赋予了新的意义和内涵。深入推进平安建设，落实平安家庭创建的各项任务和措施，就要注重整合文明家庭、学习型家庭、绿色家庭、廉洁家庭、和谐家庭等各类家庭创建工作，内容上相互渗透，效果上相互促进，充分利用一切积极因素，探索借鉴用社会工作的方法和思路来开展创建活动，通过开展公益活动、志愿活动和宣传文化活动，不断增强家庭成员的平安意识，引导他们自觉履行法定义务、社会责任和家庭责任，弘扬男女平等、尊老爱幼、互爱互助、见义勇为的社会风尚，进一步提升家庭建设成果。要将“平安家庭”创建与在广大乡镇(街道)、村(社区)和学校、医院等企事业单位及工地、集贸市场等广泛开展的其他形式的基层平安创建活动相衔接，逐步推进"百千万"创建工程，积极发展活动阵地和队伍，丰富活动内容和载体，使社区、农村成为平安家庭创建的重要依托。要进一步引导、调动、发挥广大家庭的积极性、主动性和创造性，积极参与预防违法犯罪、主动化解矛盾纠纷、有效维护合法权益，让平安理念更广泛的渗透到群众生产生活的各个角落，形成群众自我教育、自我管理、自主防范、自觉参与的社会氛围，进一步夯实平安县（市、区）的群众基础。

三、不断完善机制，加强联创共建，有效发挥"平安家庭"创建工作的平台作用

"平安家庭"创建活动是一项复杂的社会系统工程，涉及面广，责任重大，意义深远。贯彻落实党的十七大精神，深入推进"平安家庭"创建工作，必须进一步完善工作机制、健全工作制度，抓好资源整合、联创共建，加强调查研究、搞好督促落实，有效利用"平安家庭"创建活动这个大平台，在社会管理工作中发挥独特的作用。

要进一步加强对创建活动的组织领导。各级党委政府要切实把"平安家庭"创建活动纳入本地平安建设的总体规划，纳入社会治安综合治理考评体系，思想上高度重视，资源上有效整合，工作上大力支持，为"平安家庭"创建工作营造有利的大环境，使创建活动真正进大局、入主流。各级党政领导要定期听取"平安家庭"创建活动的工作汇报，及时研究解决创建工作中的重大问题，在人、财、物等方面提供必要的支持，积极为"平安家庭"创建工作创造条件、提供资源、搭建平台，确保"平安家庭"创建活动扎实有效开展。

要充分发挥各成员单位在"平安家庭"创建活动中的指导、骨干作用。要以学习贯彻党的十七大精神为契机，深入了解群众的平安需求，正确把握影响家庭社会平安的不安定因素，认真思考本部门参与"平安家庭"创建活动的切入点，不断查找薄弱环节，在总结过去两年工作经验的基础上，进一步完善和细化具体工作措施。综治部门要充分发挥组织协调作用，针对影响社会稳定的重点难点问题，加强调查研究，搞好分类指导，进一步完善社会治安综合治理考评体系，加强督查检查，推动各项部署在基层的落实。广电部门要进一步加大对"平安家庭"创建活动的宣传力度，发挥电视、广播等现代传播手段的作用，及时反映家庭领域出现的新情况新问题，及时反映平安家庭创建工作的成果，引导动员全社会积极参与平安家庭创建。公安部门要不断加大对威胁家庭安全的违法犯罪和严重侵害妇女儿童权益的恶性案件的打击力度。司法行政部门要深入开展法制宣传教育活动，加大人民调解、法律援助和安置帮教的工作力度。共青团组织要充分发挥党委政府与青年的桥梁纽带作用，组织动员广大青年参与群防群治，采取有效措施加强未成年人的思想道德建设，预防未成年人违法犯罪。财政部门要及时出台政策，加大投入，切实为开展平安建设提供必要的经费保障。质检部门要加大对食品、日用品、建材等产品的监管力度，从源头上严把质量关，采取有效措施维护消费者的合法权益，创造平安的生活环境和消费环境。妇联组织作为创建活动的牵头单位，要认真履行"代表和维护妇女权益"的基本职能，进一步加强各类家庭建设资源整合力度，面向广大家庭和妇女开展法制宣传和法律帮助，带领妇女积极参与社会治安综合治理，实现维权与维稳有机结合。

要不断加强各级"平安家庭"创建活动领导小组办公室的建设。各级妇联要在同级综治委的领导下，进一步加强机构、制度建设，不断完善信息交流、重点问题调研、舆论宣传、评比考核、表彰激励等各项工作制度。要进一步畅通信息渠道，及时总结推广地方的好经验、好模式，发挥典型的示范带动作用。要建立相应的舆论宣传机制，加大宣传力度，为创建活动开展营造良好的社会舆论氛围，形成广泛的思想共识。要不断完善考核标准和社会化的评价体系，加强对各项工作落实情况的督促检查，对工作扎实、成效显著的地方和单位及时予以表彰激励，推动"平安家庭"创建活动健康持续发展。妇联要切实履行好办公室的职责，主动加强与各成员单位的协调沟通，明确分工，落实责任，各成员单位也要对办公室的工作给予有力支持。大家齐心协力，共同做好"平安家庭"创建活动，努力在平安建设中发挥更大作用。

同志们，古人云，身修则家齐，家齐则国治，国治则天下平。做好"平安家庭"创建工作，我们任重而道远。让我们紧密团结在以胡锦涛同志为总书记的党中央周围，深入贯彻党的十七大精神，开拓创新，求真务实，不断将"平安家庭"创建活动引向深入，为加强平安建设，维护社会稳定，为全面建设小康社会、构建社会主义和谐社会做出新的更大的贡献！

陈冀平同志在全国“平安家庭”创建活动表彰电视电话会议上的讲话

（2008年1月8日）

首先，我代表中央综治办，对今天受到表彰的先进个人和先进集体表示热烈的祝贺！关于下一步如何推进“平安家庭”创建活动，秀莲同志要做全面的部署，我谈几点想法：

第一，提高认识的问题。家庭是社会的细胞，“平安家庭”创建活动是平安建设的基础性工程和细胞工程，也是我们社会治安综合治理各项措施在基层得到落实的一个重要抓手和渠道。全国妇联开展的一系列的活动，比如“流动妇女平安之家”、“平安家庭留守、流动儿童维权平安行动”等，这些活动都为我们化解矛盾、维护社会稳定、促进社会和谐发挥了很大的作用，为平安建设在基层的落实起到了重要的作用。作为综治部门要把这个创建活动纳入到平安建设总体规划中，纳入社会治安综合治理的考评工作中。现在考评工作正在各地进行，希望各地要认认真真地搞好“平安家庭”的考评，做到和平安建设同部署、同落实、同检查、同考核、同表彰，推动平安家庭建设深入开展。

第二，加强领导的问题。“平安家庭”创建活动不仅是妇联组织的工作，也不仅仅是我们在座各个部门的事情，它是涉及到许多部门，涉及到社会的方方面面，所以综治组织一定要发挥好组织协调的优势。中央综治委有五个专门工作领导小组。“平安家庭”创建领导小组是我们5+1的工作模式，我们各级综治委（办）一定要给“平安家庭”创建办公室更多的指导和全方位的支持，也就是说要多支持、多协调、多指导、多督查。要帮助解决在“平安家庭”创建工作中存在的一些问题和困难，使得这项工作能够扎实有效地开展下去。

第三，突出重点的问题。我认为首先是突出内容的重点，从综治委这个角度讲，重点围绕“四防”、“四无”来开展我们一系列的工作。另外突出工作对象这个重点，要把留守、流浪儿童、服刑人员未成年人子女这样一些特殊人群家庭的教育、管理、服务、救助工作抓好。对刑释解教人员和吸毒人员家庭、问题家庭、单亲的危困家庭，要把工作的重点放在这些方面，预防违法犯罪，减少群体性事件的发生。要在服务、管理、教育、救助、扶困、调解各个工作手段上抓好基层组织建设。“平安家庭”的创建主要靠乡镇以下，靠社区、村居来具体组织实施。乡镇以下的综治组织，要将这个工作作为具体的实际工作来做，要配合妇联组织、配合有关部门，把工作网络和工作机制建立起来。要调动社会方方面面的积极因素，特别是社区的老同志、老党员、老干部，我们的治保人员、民警、调解员、律师等等，把这些资源充分的运用起来，发动大家都来关心，都来做好这项工作。我想经过在党委政府的高度重视下，在我们各个部门的有力配合下，狠抓基层平安创建工作，夯实基层基础建设，我们的平安建设一定会取得更多更好的成效。

莫文秀同志在全国“平安家庭”创建活动表彰电视电话会议上的工作报告

（2008年1月8日）

我受全国“平安家庭”创建活动领导小组组长、全国人大常委会副委员长顾秀莲大姐的委托，代表“平安家庭”创建活动领导小组做工作报告。

一、2007年工作情况

一年来，全国“平安家庭”创建活动得到了中央综治委的高度重视和有力领导，得到了领导小组各成员单位的大力支持，形成了党政重视、妇联协调、综治协调、各成员单位共同推进的工作格局，“平安家庭”创建活动进入了全面推进和深入发展的新阶段。

（一）加强组织领导，“平安家庭”创建活动扎实推进

各成员单位从落实科学发展观、促进社会协调发展，从维护群众利益、构建和谐社会的高度，把“平安家庭”创建活动作为平安建设的基础工作和细胞工程，高度重视，落实责任，在理论研究和实践探索等方面加大力度，推进了创建活动的深入开展。

一是加大领导力度。“平安家庭”创建活动进一步纳入党政工作大局。全国县以上普遍成立了“平安家庭”创建活动领导小组或协调机构，有的省市还建到了乡镇一级，基层党政领导担任创建活动领导小组组长；绝大多数地方为创建活动划拨了专项经费，加大了投入；有的地方创建活动领导机构得到充实，增加了农办、卫生、计生委等作为成员单位；大部分省、地市下发了工作意见，召开了“平安家庭”创建活动推进会，层层制定活动方案，分解细化目标任务，逐级落实创建责任，形成了纵向到底、横向到边的工作责任体系。

二是严格考核督导。中央综治委将“平安家庭”创建活动列为全国“平安建设”督查的重要内容，由各成员单位的相关负责人带队，赴部分省区市进行了抽查。全国“平安家庭”创建活动领导小组下发了《关于开展“平安家庭”创建活动督导工作的通知》，对督导检查的内容、方式提出了具体要求，明确了考评标准。各地组织督导队伍，走村入户摸情况、查资料、听汇报，进行认真自查。辽宁等省制定了考核管理办法，细化考评规则，有的地方综治部门对“平安家庭”活动成效不明显、因家庭纠纷导致民事转刑事案件的，还予以综治一票否决。经过自查、督查，各地创建活动的发展更加规范、有序。

三是加强理论研究和实践探索。一些省开展了妇女权益保障状况与维权需求、特困单亲母亲、留守儿童生活状况、家庭暴力受虐妇女的社会支持网络等专题调研，了解不同家庭的平安需求，为决策提供参考。全国“平安家庭”创建活动领导小组举办了首届“创建平安家庭，构建和谐社会”高峰论坛，全国妇联与全国政协社法委联合举办了“平安家庭与和谐社会”论坛，顾秀莲副委员长都亲自到会并做重要讲话。论坛征集大专院校、科研机构专家和来自全国各省区市、不同行业实践工作者论文几百篇，汇编了《中国“平安家庭”建设理论与实践》一书，内容涉及政治、经济、法律、社会、心理等多个学科领域，为创建活动提供了有力的指导。

（二）加强协调联动，“平安家庭”创建活动社会化工作网络逐步形成

各成员单位充分发挥自身优势，不断完善工作协调机制，从最大限度地减少家庭不平安因素、促进家庭和谐的高度，努力构建矛盾纠纷排查调处网络、维权服务网络、宣传教育网络、安全防范网络、社会救助网络和安置帮教网络等“平安家庭”的六大网络，逐步形成多部门联动创建的社

会化网络体系。

一是推动出台法律政策,从源头上解决妇女儿童权益保障的重点问题。中央综治委、全国妇联、公安部等部委联合会签《关于预防和制止家庭暴力的若干意见》,进一步明确各部门在反对家庭暴力工作中的职责,引起社会的广泛关注。各地加强了对妇女儿童权益问题的研究,出台了一批地方法规和政策,15个省区市修订出台了妇女权益保障法的实施办法,一些地方还联合发文、联合执法,在防止家庭暴力、性骚扰、就业歧视、加强女职工劳动保护、保障农村妇女土地权益等重点问题上,有所突破。广东省妇联积极推进省委、省政府召开专题会议,省委副书记专门批示由省农委牵头组成督导组,进行农村出嫁女土地权益专项检查,目前,珠江三角洲等4个重点地市90%以上农村出嫁女合法权益得到保障。

二是发挥基层阵地作用,排查、化解涉及家庭的矛盾纠纷。司法部门充分发挥司法所、法律服务所的作用,不断加强人民调解工作,2007年共调解了婚姻家庭类纠纷180余万件,占调解纠纷总数的近40%,调解成功率达到96%。妇联组织开展了妇女儿童权益信访重点问题排查治理工作,充分发挥五级维权网和妇女法律援助工作站、妇女儿童维权合议庭、社区维权投诉点、公益热线的优势作用,为妇女群众提供便捷的法律咨询和心理疏导服务,对于突发事件,建立紧急干预和转介制度。公安部门充分发挥社区警务室、家庭暴力投诉站点作用,及时调解家庭纠纷,进行婚姻家庭法制教育,预防和制止了许多家庭暴力事件。

三是发挥职能优势,加大对家庭中存在的不安全因素的防范力度。公安部设立了"打击拐卖妇女儿童犯罪办公室",牵头起草了《中国反对拐卖妇女儿童行动计划(2008—2012年)》,各地公安机关打击"两抢一盗"犯罪专项斗争、禁毒人民战争等取得显著成效,严厉打击强迫、诱骗未成年人流浪乞讨和强迫、拐骗聋哑青少年违法犯罪行为,在校园周边增设治安岗亭4.9万个,维护校园及周边治安秩序;质检总局加强对食品、消费品、妇女儿童用品等的质量监管和执法打假,加强了游乐设施的安全整治,培育确认了14类91个妇女儿童用品的中国名牌产品,努力消除社会安全隐患,维护了广大群众的合法权益,营造了创建"平安家庭"的良好社会环境。

四是联合开展对弱势群体的关怀,帮助困难家庭改善生存状况。全国妇联、卫生部、国艾办开展了"12·1关注孤儿万户爱心家庭公益行动",发动社会各界为艾滋病致孤儿童健康成长奉献爱心。各地妇联、共青团、劳动、教育等单位也联合启动了面向留守儿童的关爱活动和"平安行动",为留守儿童提供生活、思想、学习的各类服务,使他们感受到社会的温暖。江苏省开展了"真情唤回归,关爱建和谐"帮教活动,帮助刑释解教妇女解决工作、住房、婚姻等实际困难,使她们更好地回归家庭、回归社会。云南省妇联、云南儿基会与武警总队共同对100名吸毒贩毒受法律制裁人员的子女进行帮助,扶持她们完成学业。

(三)加强社区创建,"平安家庭"创建活动基层基础工作更加牢固

各地、各单位立足家庭,扎根社区、乡村,大力发展志愿者队伍,创新工作模式,推广示范试点经验,从促进每个家庭的平安入手,积"小安"为"大安",在当地创建平安社区、平安县(市、区)工作中发挥了积极作用。

一是壮大社区专干和志愿者队伍。各级妇联配合组织、民政部门,抓住社区(村)换届的契机,及时选拔社区(村)妇联主席、招聘妇女专干,建立了一支综合素质高的基层妇联干部队伍。各地还充分动员社会力量,围绕"四防"、"四无"重点内容,培训和发展巾帼志愿者服务团和法律服务、矛盾调解、刑解帮教等志愿者队伍,在基层成立了上万个"妇女禁毒协会"、"母亲劝戒队"、"妈妈帮扶队"、"妇女禁毒联防队"、"中小学生义务宣传队"等群众自治组织,更好地发挥了凝聚群众、发动群众、宣传群众的作用。

二是建立完善基层工作模式。各地在实践中积极探索,建立和巩固了一批服务于"平安家庭"创建的工作模式,如北京市的"流动妇女平安之家"、天津市的"半边天家园"、四川省的"留守儿童之家"以及湖南省的"星级平安家庭"、"零家庭暴力社区"和流动人口平安家庭等,这些融宣传教育、信访维权、社工服务、心理辅导为一体的家庭问题社区干预模式,使得"平安家庭"创建活动更加紧密地依托社区乡村,深入到千家万户。

三是培育一批示范点。许多省区市采取试点

先行、示范带动的工作方式,开展了“平安家庭”创建活动示范点建设,表彰了一批示范区、示范户、“十佳平安家庭”、“无毒家庭示范点”等。许多地方还给“平安家庭”示范户挂星、挂牌,实行滚动评优管理,调动了家庭成员的参与积极性,形成了“家家学先进、户户创平安”的浓厚氛围。福建省顺昌县通过家庭申报、互相评议、“两委”审核、张榜公示、授匾挂牌等程序,将评选过程变成了群众自我教育、自我管理的过程,有力地提高了基层群众自治的能力。

(四)加强宣传倡导,“平安家庭”创建活动的影响力不断扩大

在创建活动中,各成员单位以“四防”、“四无”为重点,指导各系统从提高家庭成员法律素质和平安意识入手,向群众宣传“家庭平安促和谐”的理念,宣传创建活动的意义,引导广大家庭成员自觉维护家庭平安、社会稳定,营造了创平安、谋发展的良好舆论氛围。

一是开展普法宣传教育,提高家庭成员法律素质。全国妇联、司法部门在“三八维权周”开设普法大讲堂,秀莲副委员长讲授第一课,以“12·4”全国法制宣传日为契机,开展“亿万妇女学法律,家庭平安促和谐”活动,大力宣传未成年人保护法、妇女权益保障法、物权法、劳动合同法、就业促进法等一批与群众利益密切相关的法律法规,通过举行大型广场活动、面对面咨询、法律知识竞赛、群众文艺等宣传形式,推动法律进家庭、进社区,提高家庭成员特别是妇女的法律素质。公安部门以“6·26”国际禁毒日为契机,开展禁种、禁制、禁贩、禁吸的“四禁”毒品法制宣传活动。共青团通过“青少年维权岗”、“12355 青少年服务台”、青少年关爱屋等阵地,对广大青少年开展安全自护教育、预防违法犯罪教育,加强青少年思想道德建设。

二是针对重点人群,深入宣传。各地针对流动妇女儿童、女性农民工、留守儿童、在校青少年等重点人群,因地制宜地开展了“人人关心治安、家家争创平安”、“预防拐卖,安全流动”、“建无毒家庭,创平安家园”、“反对家庭暴力、共享和谐社区”、“不让毒品进我家”、“未成年人零犯罪社区”等有特色的主题活动,在社区、乡村中宣传“四防”、“四无”的创建目标,开展禁毒防艾、预防拐卖、制止家庭暴力的骨干培训。各地还紧密结合社会主义核心价值体系宣传教育,通过“和谐家庭大讲堂”、“家和万事兴”大型家庭演唱会等,加强妇女群众的道德素质教育,引导广大家庭成员积极参与创建活动,主动传播家庭平安、社会和谐的知识和理念。

三是丰富宣传手段,提高平安知识的知晓率。全国“平安家庭”创建活动领导小组编印了《平安家庭手册》湖南、天津分册,开展“百万市民读书行、户户家庭创平安”读书活动,在街道、社区赠书56万多册,使平安理念、平安知识进家入户。全国妇联将“反家暴热线”拓展为“‘平安家庭’公益服务热线 4006012338”,直接为广大家庭成员提供方便、快捷的公益咨询服务,开通了中国平安家庭网,与中央综治委主办的中国平安网链接,为各地交流创建活动经验提供网络平台。广电部门充分发挥主流媒体优势,在中央电视台《中国法治报道》、《法律讲堂》、《家庭》等栏目中大力宣传保护妇女儿童权益、促进家庭平安的内容,社会与法制频道还策划由全国妇联领导与福建、山东妇女群众现场连线,制作了“平安家庭”专访节目,收到了很好的宣传效果。

一年来,“平安家庭”创建活动取得了突出的成绩。但是,与新形势下广大人民群众对平安的需求还有一定差距,各地活动进展还不平衡,对创建活动的认识还需提高,长效机制还有待完善,创建活动的针对性和实效性还需要进一步增强等,需要我们在今后工作中进一步研究并加以解决,保证创建活动的可持续发展。

二、2008 年工作建议

2008 年全国“平安家庭”创建活动的指导思想是:以党的十七大精神为指导,全面落实科学发展观,围绕平安建设大局,从影响家庭平安的主要问题入手,坚持以农村和社区创建为重点,以平安家庭的社会化工作网络为依托,以解决群众最关心的民生问题为立足点,夯实平安家庭创建的基层基础,进一步推进平安建设,为促进社会和谐做出贡献。重点抓好五方面的工作:

(一)抓示范区建设,进一步打造“平安家庭”创建活动品牌

要继续坚持典型引路、示范带动的工作方法,发挥家庭在社区、乡村创建中的特殊作用,夯实平

安建设的基层基础。各地要继续开展“百千万”创建工程，逐级建立创建活动的示范区和示范点；要结合影响当地家庭平安的主要因素，建立符合地方特色的“平安家庭”评选标准和创建模式，表彰各种类型的先进典型，在当地平安建设中发挥带动作用，为全国创建活动积累经验。全国“平安家庭”创建活动领导小组要在总结各地经验的基础上，启动第一批30个国家级“平安家庭”创建活动示范县（市、区）的试点，加大对试点工作的指导和支持力度；要制定出台“平安家庭”示范县（市、区）的创建办法，明确达标条件、管理细则和考评标准；要及时召开试点工作经验交流会，总结成功模式，以点带面，推动创建活动再上新台阶，进一步提升“平安家庭”创建活动的品牌形象。

（二）抓重点人群，进一步做好“平安家庭”创建工作分类指导

要坚持重心下移，服务基层。把流动人口、服刑人员子女、留守儿童、城乡特困户（特别是单亲特困家庭）、吸毒和艾滋病人员等家庭作为创建工作的重点，及时掌握她们的生活情况和迫切需求，解决家庭矛盾的苗头性问题，把创建“平安家庭”与扶贫济困工作结合起来，从生活、工作、精神等各方面进行关怀和帮助，努力防控和杜绝不安全、不稳定、不和谐的各种隐患。要把城市社区、农村作为创建活动的重点区域，在城市加大对流动妇女儿童的服务，进一步推广“流动妇女平安之家”，在农村面向妇女开展“平安流动·平安就业行动”，面向留守儿童开展“平安家庭·留守儿童维权平安行动”。要以自愿参与、自我服务、自我教育、自我管理为原则，针对重点家庭，进一步发挥志愿者队伍深入社区、深入千家万户的优势，激发群众想平安、创平安的自觉性和主动性。

（三）抓调查研究，进一步增强“平安家庭”创建活动的针对性

要把调查研究作为提高创建活动针对性和实效性的重点工作，常抓不懈。要加强部门间的协调联动，从广大群众最关心、最直接、最现实的利益问题入手，在基层开展群众对家庭平安需求的调查研究，针对不同地域、不同家庭类型，进行社会调查和理论研究，特别对当前一些侵害妇女儿童权益、危及家庭平安和社会稳定的重点问题，如婚姻家庭道德失范、家庭暴力干预不力、离婚妇女儿童权益受损、女性就业再就业受歧视、农村妇女土地及相关财产权益受侵犯、女性农民工权益保障不到位等，开展专题调研，探索建立干预和解决问题的模式。要了解各地开展“平安家庭”创建活动的新情况、新问题，探讨深化创建的新方法、新途径，增强创建活动的前瞻性，加强对创建工作的研究和指导。

（四）抓平安文化建设，进一步扩大“平安家庭”创建活动覆盖面

要普及平安家庭文化，让每个家庭都了解平安的知识，养成良好的平安习惯，提高安全隐患防范意识，做到防患于未然。要把重点放在强化家庭平安理念、树立家庭平安意识上，努力培育平安家庭文化。要继续推动各省区市编印下发“平安家庭”地方手册，组织读书活动，进街道、进社区、进家庭。要牢固树立广大家庭成员在创建活动中的主体地位，强化他们的主体意识，组织广大家庭开展多种形式的文化活动，通过群众的自我宣传、自我教育，形成“我要平安”的主动意识，有效激发家庭成员参与“平安家庭”创建的积极性、创造性。要加大宣传力度，宣传创建活动的目标任务和重要意义，在群众中努力开展安全防范意识和自救、自护能力的培训教育，做好刑释解教、吸毒等重点人群的结对帮教和安置服务，大力发展公益慈善事业，通过全方位、有声势、见实效的宣传、培训和教育，扩大创建活动的认知度、认同感和受益面。

（五）抓机制建设，进一步强化“平安家庭”创建工作组织保障

要进一步加大党委、政府对创建活动的组织领导力度，健全目标责任考核机制、经费保障机制、协调议事机制和项目化管理机制，不断拓宽“平安家庭”创建范围，充实创建内容。要进一步发挥各成员单位的职能优势，整合工作资源，推进矛盾纠纷排查调处网络等六个工作网络的建设，逐步完善督导评估机制，建立科学动态的考评体系，对重点工作对象和重点推进项目进行重点扶持，使创建活动进大局、入主流。要健全志愿者队伍的公开招聘制度、培训上岗制度和专家顾问制度，更好地发挥志愿者在创建活动中的作用。

中华全国总工会

2008年全国工会组织参与社会治安综合治理工作情况

2008年，全国各级工会组织坚持正确的理论指导，深入贯彻落实科学发展观，按照《2008年全国社会治安综合治理工作要点》要求，在中央综治委统一部署和全总书记处的领导下，以维护广大职工合法权益、促进和谐劳动关系建设为工作重点，以推动落实保障和改善民生政策、维护职工队伍和社会稳定为着力点，组织开展了一系列与社会治安综合治理工作相关的维稳工作和活动，取得了显著成效。

一、配合全国人大常委会开展《劳动合同法》执法检查

2008年1月1日，《劳动合同法》这部关系广大职工切身利益的法律开始实施，为推动该法的贯彻实施，全总积极参与全国人大开展的《劳动合同法》执法检查活动。与人大财经委联合开展了辽宁、上海、江苏、江西、陕西、深圳等6省市《劳动合同法》实施情况问卷调查活动；参加全国人大组织的三个执法检查组，对6省市进行执法检查。全总对9个参与地方人大执法检查工作的省市工会提出明确要求。执法检查结束后，参与汇总调查问卷结果，分析调查情况，起草调查报告，讨论修改全国人大起草的执法检查报告，提出了完善报告的意见建议。

二、扎实开展普法宣传工作

2008年是落实全国“五五”普法规划第三年，也是极为关键的一年。全总普法办以《劳动合同法》、《就业促进法》、《劳动争议调解仲裁法》为重点普法内容，通过报纸、电视、网络的专栏、专版、专访和编写《〈中华人民共和国劳动争议调解仲裁法〉讲话》、《工会法律援助手册》等书籍，广泛宣传法律条文和立法精神，帮助和带动广大职工学法、知法、懂法、用法。为提高工会法律工作者的维权能力，全总举办了全国工会劳动争议调解仲裁法师资培训班、《劳动合同法》师资培训班、工会劳动保障法律监督员培训班、公职律师和工会法律工作者培训班等，培养各类工会法律专门人才500多人。2008年5月，全总普法办根据中宣部、司法部、全国普法办下发的《关于组织开展“五五”普法中期督导检查的通知》要求，下发了《关于组织开展全国工会“五五”普法中期督导检查的通知》，对“五五”普法中期检查工作提出要求，并对安徽、浙江、山西、西藏等省（区）工会普法宣传工作进行检查。2008年12月3日，全总普法办联合北京市总工会开展了“送法进企业、到职工”赠书活动。全总副主席、书记处书记张鸣起参加了赠书活动并讲话。这次活动共向北京市地铁运营总公司和北京市公交总公司职工赠送《劳动合同法讲话》、《劳动争议调解仲裁法讲话》和《工会法律法规政策选编》等劳动法律书籍1600册，受到企业、工会和职工的欢迎。河北、河南等省总工会也开展了一系列的普法宣传活动。

三、加强劳动争议处理制度建设，建立健全快速反应和矛盾调处机制

随着劳动者法治意识的增强和受当前金融危机的影响，劳动争议案件大幅上升，极易引发群体性事件，对职工队伍和社会稳定带来隐患。为维护职工合法权益，稳定劳动关系，全总进一步加强了劳动争议处理制度的建设，专门发文要求各级工会组织建立劳动争议信息快速报告制度，及时了解掌握本地区劳动关系和谐稳定的不利因素和矛盾隐患，收集、整理、分析和上报劳动争议信息。对有可能引发重大劳动争议的问题，及时与有关各方会商，快速研究，采取有效措施，妥善协调处理，防止矛盾激化和蔓延。

参与劳动争议调解是工会的法定职责。2008年，各级工会组织继续推进建立企业劳动争议调解组织，不断扩大劳动争议调解工作覆盖面；在小型非公有制企业和外商投资企业比较集中地乡镇、街道、社区，建立区域性（行业性）劳动争议调解组织；积极完善劳动争议调处机制建设，配备了一批业务精湛、工作热情的调解人员，落实专项调解经费；加强与人民法院、劳动保障部门、司法行政部门的协调配合，建立基层调解、仲裁调解、诉讼调解和人民调解相衔接制度，形成了全方位、多层次、广覆盖的劳动争议调解网络；创新劳动争议调解工作模式，青岛市总工会与法院开展的“委托工会组织调解”模式、湖北省总工会与有关部门协作开展的“诉调衔接”模式，为快速、顺利解决劳动争议发挥了积极作用。截止2008年底，全国各类劳动争议调解组织共受理劳动争议446291件，比2007年同期增长10%。其中：企业劳动争议调解委员会受理322955件，增长1.6%；调解成功66563件，有效预防76040件，调解预防成功率达44.1%，同比提高11.7%。区域性、行业性劳动争议调解组织受理123369件，增长43%，调解成功103873件，调解成功率84.2%，增长1.4%。

四、开展第二届“维护职工权益杰出律师”评选表彰活动

为充分发挥律师在协调劳动关系、维护职工合法权益、促进社会公平、构建和谐社会中的作用。2008年8月，中华全国总工会、司法部、全国律师协会共同开展第二届“全国维护职工权益杰出律师”评选表彰活动。全国28个省、自治区、直辖市共推荐候选人50名，经过组织推选、确定候选人、公示和公众投票、评议审定等四个阶段，评选出汪芳泉等10名“全国维护职工权益杰出律师”。《工人日报》、人民网、中工网等媒体对获选律师的杰出事迹进行了报道，各省总工会对获奖律师进行了表彰，并采取多种形式宣传杰出事迹，评选活动反响强烈，效果显著。

五、深入开展创建劳动关系和谐企业活动

开展创建劳动关系和谐企业活动，是工会组织在新的历史时期，以科学发展观为统领，构建和谐社会，发展和谐劳动关系，建设全面小康社会的一项重要任务。活动开展两年多以来，成效显著。山东省威海市以创建活动为载体，积极依托三方协调机制，加强诉求表达机制、预防调处机制和社会救助机制建设，在全市企业中出现了经营者主动维护职工权益，职工与企业荣辱与共的双赢局面。浙江慈溪市坚持把企业与环境的和谐，企业与社会的和谐纳入创建活动的总体框架，努力构建“三位一体”的目标体系。全市企业职工养老、工伤、医疗保险参保人数大幅上升，安全事故明显下降，企业竞争力不断增强，职工积极性日益高涨。

中华全国总工会2008年维护农民工合法权益工作要点

（2008年3月4日）

根据党的十七大精神和国务院农民工工作联席会议的工作部署，2008年工会维护农民工合法权益工作的总体要求是：以邓小平理论和“三个代表”重要思想为指导，深入贯彻落实科学发展观，认真落实胡锦涛总书记关于工会要做好农民工维权工作的重要指示精神，认真贯彻“组织起来、切实维权”的工会工作方针，以实施《劳动合同法》、《就业促进法》、《劳动争议调解仲裁法》为契机，以发展和谐劳动关系为主线，以加强工会组织建设为基础，以推动解决农民工最关心、最直接、最现实的利益问题为着力点，继续大力为农民工办好事、做实事、解难事，深入推进农民工维权十项工作机制建设，努力推动维护农民工合法权益工作取得新进展。

一、建会入会要有新进展

（一）把依法组织农民工加入工会作为工会组建工作的重点。加强源头入会机制建设，积极推进村级工会建设，加强乡镇（街道）工会工作，以餐饮服务、建筑矿山、加工制造、纺织服装等农民工集中行业和企业为重点，强化用工单位发展农民工会员的责任，出台劳务派遣工加入工会的规定，确保2008年全国新增农民工会员1000万人以上、农民工会员总数达到7000万人以上目标的实现。（基层组织建设部负责）

（二）创新农民工入会机制和工会组织形式。各地工会要在劳务市场开设农民工入会窗口，简化农民工入会手续，方便农民工加入工会。积极推行工程项目工会、社区工会、区域性行业性基层工会联合会等组织形式，扩大工会对农民工的覆盖。（基层组织建设部负责）

（三）加强农民工会员会籍管理。健全完善农民工"一次入会，持证接转，全国通用，进出登记"制度，方便农民工入会和会员组织关系接转，保证农民工会员"流动不流失，离乡不离会"。（基层组织建设部负责）

二、宣传培训要有新成效

（四）深入宣传党的十七大精神和有关法律法规及政策。要针对农民工的特点，深入宣传党的十七大精神，大力开展"迎奥运、讲文明、树新风"群众性精神文明创建活动。积极开展《劳动合同法》、《劳动争议调解仲裁法》等法律法规的宣传，普及法律知识，提高农民工的阶级觉悟和维权意识，进一步叫响"农民工有困难找工会"的口号，增强工会组织的吸引力、凝聚力和影响力。（宣传教育部、法律工作部分别负责）

（五）努力形成关心和尊重农民工的社会氛围。注重对农民工的人文关怀，用先进文化凝聚人心、鼓舞斗志、激发创造。在奥运会、"五一"劳动节、工会十五大等重大活动期间，组织工会和社会新闻媒体，加大对全国劳模、"五一"劳动奖章获得者中农民工的表彰力度，重点宣传一批农民工先进人物和典型事迹，宣传农民工对经济社会发展所做的贡献，加大对农民工劳模的宣传力度，提高农民工的社会地位。加强涉及农民工权益的舆论监督，促进用人单位善待农民工，在全社会大力营造尊重关爱农民工的良好氛围。（宣传教育部、经济技术部分别负责）

（六）深化农民工培训工作。以市场需求为导向，以煤矿、非煤矿山、危化品、烟花爆竹、建筑施工等高危行业为重点，搞好农民工就业技能、文化素质、安全卫生等培训。继续办好31所农民工业余学校。与建设部、中央文明办等部委共同推进建筑工地创建农民工业余学校，全年培训400万农民工，并联合召开"全国建筑工地创建农民工业余学校经验交流会"。（宣传教育部、经济技术部、劳动保护部、海员建设工会、能源化学工会、机冶建材工会分别负责）

（七）积极推动政府和企业建立包括广大农民工在内的普惠制教育培训制度。监督企业按照有关规定提取包括农民工在内的职工教育经费，推动企业建立全员培训制度。协助和监督用人单位，依法对农民工特别是从事高危作业和特种作业的农民工进行安全生产教育和培训。通过举办技术练兵、技能比武等活动，促进农民工职业技术技能的提高。（宣传教育部、经济技术部、各全国产业工会分别负责）

（八）积极参与农民工公共培训网络平台建设。主动为网络平台提供农民工培训资料，普及工会知识，宣传工会为维护农民工合法权益所开展的工作和取得的成效，提高农民工对工会的认知度，扩大工会在社会上的影响力。（农民工维权工作办公室牵头，各有关部门、产业工会参加）

三、服务职工要有新载体

（九）积极开展农民工就业服务。以实施《就业促进法》为契机，推动落实和完善农民工就业政策，改善农民工就业环境，建立健全城乡一体的就业体制和统一的劳动力市场，逐步形成城乡劳动者平等就业的格局。为农民工开展政策咨询、就业信息、就业指导和职业介绍服务，帮助农民工拓宽就业渠道。继续会同劳动和社会保障部、全国工商联举办第四届民营企业劳动用工招聘会。（保障工作部负责）

（十）协助组织好农民工劳务输出。加强农民工输出地与输入地工会间的协调配合，积极协助政府有关部门加强劳务基地管理，丰富劳务品牌，组织开展劳务协作和劳务输出，引导农民工平稳、有序转移。（保障工作部负责）

（十一）推进"职工书屋"建设。要以一线职工特别是以农民工工作和居住相对集中的基层企事业单位、城市社区、工业园区、乡(镇)、村和重点建设项目工地为重点,加强“职工书屋”建设。按照用5年时间建设5万个“职工书屋”的计划,全总在本年度投入2000万元,建设1000个“职工书屋”示范点,活跃基层文化生活。(宣传教育部、财务部分别负责)

(十二)继续开展农民工“平安返乡行动”。要与铁路、公路和民航部门加强协调,充分利用工会健全的组织网络,帮助农民工解决春运期间回乡、返城难的问题。组织农民工集中的企业通过团体购票、组织专列、专车、专机等方式为农民工集体返乡提供便利,帮助农民工平安、顺利回乡、返城。(保障工作部牵头,铁路总工会、海员建设工会、民航工会参加)

四、“两个合同”要有新覆盖

(十三)推动劳动合同制度全面实施。帮助和指导农民工与用人单位依法签订劳动合同,推动劳动合同三年行动计划目标任务的完成。与有关方面加强协调,推动开展《劳动合同法》执法检查,对侵害农民工合法权益的典型案件进行调查处理。协助用人单位建立劳动用工信息数据库,实现对劳动合同签订、履行等情况的动态监管。(集体合同部牵头,法律工作部、保障工作部、各全国产业工会参加)

(十四)扩大平等协商集体合同对农民工的覆盖面。以创建劳动关系和谐企业为载体,将农民工纳入集体合同覆盖范围,细化量化合同条款,推动农民工与其他职工同工同酬,增强针对性和实效性。在中小企业集中的行业和区域大力推行区域性、行业性平等协商集体合同制度,提高集体合同覆盖率。(集体合同部牵头,各全国产业工会参加)

五、工资清欠要有新力度

(十五)推动建立健全农民工工资支付保障制度。积极参与《工资条例》、《关于建立健全工资保证金制度的意见》、《关于建立企业工资支付监控制度的意见》、《关于规范建设领域工程款和农民工工资支付的若干意见》等法律法规政策的制定。扩大工资支付监控保证金实施范围,强化工资支付监控力度,推动落实建筑施工企业农民工工资“月结月清”。协助有关部门建立解决拖欠农民工工资的“快速通道”和处理机制。坚持清理旧欠和预防新欠并重,继续推进预防和解决拖欠农民工工资长效机制建设。(法律工作部、保障工作部、各全国产业工会分别负责)

(十六)推动农民工工资水平合理增长。大力实施工资集体协商要约行动,建立企业工资集体协商机制和工资正常增长机制,监督企业兑现农民工加班工资,促进企业合理提高农民工工资水平。参与行业协会和企业制定合理的劳动定额标准,配合有关部门严厉查处企业利用提高劳动定额、延长劳动时间、克扣加班工资等方式变相降低农民工工资水平的行为。(集体合同部、保障工作部、法律工作部、各全国产业工会分别负责)

六、民主权益要有新实现

(十七)加大源头参与力度。积极参与各级人大、政府的立法和政策制定,推动健全和完善有关农民工权益的各项法律法规及政策。在参与《社会保险法》、《工资条例》、《农民工养老保险办法》、《企业民主管理条例》等法律法规的制定中,积极反映农民工的利益诉求。(民主管理部、法律工作部分别负责)

(十八)落实农民工的选举权、参与权、知情权和监督权。召开职工代表大会时,要合理确定农民工代表比例,保障农民工代表能够平等参加职工代表大会。会员代表中,农民工会员要占一定比例。中国工会十五大要适当增加农民工会员代表名额。要组织农民工通过厂务公开等多种形式,参与企事业单位民主管理和民主监督。(民主管理部、组织部、各全国产业工会分别负责)

(十九)组织有荣誉称号的优秀农民工疗休养。落实农民工的各项政治权利,在评选各级劳动模范、“五一”劳动奖章和各类先进时,农民工要与其他职工一视同仁。今年全总组织100名获得全国及省部级劳模、全国“五一”劳动奖章荣誉称号的农民工进行疗休养,大力弘扬劳模精神。(经济技术部、各全国产业工会分别负责)

七、监督检查要有新举措

(二十)积极协助有关部门加大执法力度。积极配合各级人大、政府、政协有关部门开展劳动法律法规执法检查、监察和视察,积极参加国务院和地方农民工工作联席会议组织的农民工工作督察,严厉查处企业侵犯农民工合法权益违法行为,

推动各地切实落实有关维护农民工合法权益的各项法律法规和政策。(法律工作部、保障工作部、基层组织建设部分别负责)

(二十一)对重点领域和企业开展专项检查。继续以加工制造、建筑施工、餐饮服务业及其他中小型劳动密集型企业为重点,积极配合有关部门开展农民工工资支付情况,特别是落实最低工资标准的专项检查,推动规模以下非公有制企业规范工资管理,切实解决企业不执行最低工资标准或以执行最低工资为由压低农民工薪酬等问题。(法律工作部、集体合同部、保障工作部、各全国产业工会分别负责)

(二十二)开展多种形式的群众性劳动安全卫生监督活动。在煤矿、矿山、化工、建筑等高危行业继续推进农民工群众安全生产监督检查员队伍建设,开展经常性的群众劳动安全卫生监督检查,减少和消除职业危害和事故隐患。深入开展"安康杯"竞赛活动,推广"劳动安全卫生单项集体合同"、"一法三卡"制度。与国家安全生产监督管理总局联合召开推进中小型非公有制企业工会劳动安全卫生工作现场会议,探索建立适合中小型非公有制企业职工劳动保护工作机制。(劳动保护部牵头,各全国产业工会参加)

(二十三)改善农民工生产生活条件。协同劳动安全监管部门加强对农民工集中的煤炭、建筑和职业病多发、有毒有害工作环境企业的监督检查,督促企业改善农民工居住生活条件。加强农民工尘肺等职业病的防治,开展结核病、艾滋病防治宣传教育,维护农民工的生命健康权益。(劳动保护部牵头,各全国产业工会参加)

八、帮扶救助要有新举措

(二十四)加强工会帮扶中心和会员优惠基地建设。继续将困难农民工纳入工会帮扶范围,各级工会困难职工帮扶中心,要积极为困难农民工排忧解难。要结合发展农民工会员,加快扶贫超市和会员优惠基地建设,为农民工会员提供更多的优惠服务,增强工会组织的吸引力和凝聚力。(保障工作部牵头、基层组织建设部参加)

(二十五)继续开展送温暖活动。要深入厂矿、工地、农民工宿舍,为农民工送文化、送法律、送健康、送电影、送电视、送图书、送报刊、送文艺,活跃农民工的业余文化生活。继续开展金秋助学活动,帮助困难农民工子女上学。在深入调研的基础上,建议国家制定优惠政策,加大对困难农民工子女的帮扶力度。(保障工作部牵头,宣传教育部、女职工部、各全国产业工会参加)

九、权益维护要有新作为

(二十六)大力推进农民工参加社会保险。继续推动解决农民工较为集中、工伤和职业病风险程度较高的建筑、矿山、餐饮、易燃易爆危险化学品等行业企业工伤保险参保问题,农民工参保人数要达到4600万人,确保平安计划各项任务的完成。协助政府开展农民工参加大病医疗保障专项扩面行动,农民工参保人数要达到4000万人。研究探索餐饮服务业农民工参加城镇职工基本医疗保险政策问题。按照低费率、广覆盖、可转移、能与现行养老保险制度相衔接的原则,积极参与农民工养老保险办法和实施方案的制定。(保障工作部牵头,各全国产业工会参加)

(二十七)加强劳动争议处理工作。以贯彻实施《劳动争议调解仲裁法》为契机,加强各级劳动争议调解组织建设,充分发挥工会在劳动争议处理中的作用。积极与劳动行政部门、企业代表组织协调配合,加强劳动仲裁机构建设,在农民工集中、具备条件的地区设立劳动争议仲裁庭,及时解决农民工权益受侵害问题。(法律工作部负责)

(二十八)大力开展法律援助工作。加强与司法行政部门协调配合,制定出台《工会法律援助办法》,建立健全农民工法律援助、法律服务长效机制。加大资金投入力度,加强工会法律援助机构和队伍建设,推广基层工会法律顾问、快速处理农民工劳动争议案件的"绿色通道"等制度和做法,推动工会法律援助关口前移。抓住典型案件,充分发挥工会法律援助律师团和律师志愿者在维护农民工合法权益中的作用。与司法部和全国律师协会联合表彰工会法律援助先进集体和先进个人。(法律工作部负责)

(二十九)切实保护女性农民工和未成年工权益。大力宣传《女职工劳动保护条例》、《未成年人保护法》等相关法律法规,加强监督检查,继续推进签订女职工权益保护专项集体合同工作,依法保护女性农民工和未成年工的特殊权益。对介绍、拐骗和使用童工、安排女性农民工从事矿山井下等禁忌劳动范围工作、违反未成年工特殊劳

动保护制度等违法犯罪行为,要协助有关部门坚决予以打击。(女职工部牵头,法律工作部、保障工作部、各全国产业工会参加)

十、双向维权要有新发展

(三十)要坚持把维护农民工合法权益作为工会工作的重中之重。深化认识,加强领导,建立健全专门机构,深入搞好调查研究,继续总结推广双向维权、双向服务的工作经验,着力推动农民工最关心、最直接、最现实利益问题的解决。

(三十一)强化工作职责。输出地工会要组织好农民工源头入会,协助他们转移就业、接转会籍关系,配合输入地工会做好维权工作。输入地工会要强化属地管理意识,主动负责做好农民工维权工作。加强省际间、城际间工会组织的协调配合,努力实现农民工一地诉求,两地联动,双向维权。(农民工维权工作办公室负责)

(三十二)建立工会维护农民工合法权益的激励约束机制。将农民工维权工作作为创建劳动关系和谐企业、模范职工之家、双爱双评、民主管理、基层工会组织建设工作的重点检查考评内容和评选先进的重要条件,对严重侵害农民工合法权益的企业实行一票否决。今年,国务院农民工工作联席会议将组织开展全国优秀农民工和农民工工作先进集体评选表彰,全总将召开全国工会维护农民工合法权益工作经验交流暨表彰会议,发扬成绩,查找差距,进一步推进农民工工作的深入开展。(基层组织建设部、集体合同部、民主管理部、经济技术部、各全国产业工会参加)

2008 年,是贯彻落实党的十七大精神的第一年,也是改革开放 30 周年。各级工会要进一步增强做好农民工维权工作的责任感和使命感,牢固树立农民工工作是长期战略任务的思想,着力提升农民工维权工作水平,开创农民工维权工作新局面,为推动科学发展、实现社会和谐作出积极贡献。

中华全国总工会　司法部
关于开展第二届“全国维护职工权益杰出律师”评选表彰活动的通知

(2008 年 7 月 22 日)

各省、自治区、直辖市总工会,司法厅(局):

为深入贯彻党的十七大精神,推动科学发展、促进社会和谐,充分发挥律师在协调劳动关系、维护职工合法权益、促进社会公平正义、构建和谐社会中的作用,贯彻落实中国特色社会主义工会维权观,努力发展和谐劳动关系,中华全国总工会、司法部决定开展第二届“全国维护职工权益杰出律师”评选表彰活动。现将有关事项通知如下:

一、指导思想

高举中国特色社会主义伟大旗帜,坚持以邓小平理论和“三个代表”重要思想为指导,深入贯彻落实科学发展观,坚持“组织起来、切实维权”工会工作方针,切实维护职工的合法权益,努力发展和谐劳动关系。通过“全国维护职工权益杰出律师”评选表彰活动,进一步展示我国律师心系职工、服务职工、奉献职工的时代风貌,弘扬他们扶弱助困、匡扶正义、忠于法律的职业道德风尚,激励更多的律师和工会法律工作者及社会有识之士参与维护职工合法权益工作,促进劳动关系和谐稳定,为构建社会主义和谐社会,夺取全面建设小康社会新胜利作出贡献。

二、工作原则

“全国维护职工权益杰出律师”评选表彰工作坚持公开、公平、公正、公认的原则,坚持评选条件,严格评选程序,接受社会监督。

三、组织领导

由全国总工会、司法部、全国律师协会领导组成“全国维护职工权益杰出律师”评选表彰活动领导小组,领导小组决定评选表彰活动中的重大事项。领导小组下设组织委员会和评审委员会。建立由组织委员会成员以及专家、学者组成的评委库。

组织委员会负责评选表彰活动的组织和宣传工作,协调办理评选表彰活动中的具体事项。全国总工会、司法部和全国律师协会为组织委员会成员单位。组织委员会下设办公室和宣传组。办公室设在全总法律工作部,具体负责评选表彰方案的组织实施;宣传组设在全总宣传教育部,具体负责评选表彰活动的宣传工作。

评审委员会负责候选人的审议和评选工作。评审委员会成员由评选表彰活动领导小组指定的评审委员会主任、副主任和从评委库中随机抽取的20名评委组成。

四、评选表彰的范围

(一)工会公职律师;

(二)承办维护职工、工会合法权益案件的社会律师;

(三)承办维护职工、工会合法权益案件的公司律师。

五、评选表彰的条件

(一)忠于宪法和法律,拥护党的路线方针政策,自觉维护社会稳定;

(二)模范遵守律师执业行为规范,坚持以事实为依据,以法律为准绳,认真履行法律工作者的责任;

(三)敢于坚持原则,维护公平正义,扶弱助困,奉献社会,心系职工,积极主动维护职工的合法权益,在职工和工会组织中的认可度较高;

(四)从事职工维权工作3年以上(含3年),每年办理诉讼或非诉维护职工权益案件达到一定数量且质量较高;或承办的维护职工、工会权益案件具有较大社会影响。

六、评选表彰的步骤

(一)组织推选

候选人由各省级总工会、司法行政部门和律师协会推荐。各省级总工会要会同省级司法行政部门和律师协会,加强领导,密切配合,按照评选要求,推荐1—2名候选人,于2008年8月31日前,将《候选人推荐审批表》(附件2)报送组织委员会办公室,并同时报送候选人3000字左右的详细事迹材料和300字左右的主要事迹简介;候选人现场工作图片1—2张及文字说明;反映候选人工作情况的影视资料。已获得"全国维护职工权益杰出律师"称号者不再被推荐。

报送材料时间以寄出日期为准,逾期者视为放弃。请将图片、影视资料和文字材料的电子版同时发送到组委会办公室,电子邮箱:gxk@acftu.org 或 lyn@acftu.org。联系人:李亦农(010-68591663),关祥坤(010-68591660)。

(二)确定候选人

组织委员会办公室负责对候选人的材料进行审核,并于9月将符合报送要求的人选提交组织委员会。对报送材料不齐全或不符合推荐要求的候选人,视为不具备参选资格。组织委员会根据报送人选的事迹提出30名候选人,上报领导小组审定。

(三)候选人公示

组织委员会办公室要通过工人日报、法制日报,人民网、全国总工会和司法部、全国律协等网站,于9—10月(具体时间见报纸和网站预告)将领导小组审定的候选人的主要事迹进行公示,接受社会监督和公众投票。组委会办公室负责举报核实工作。

(四)公众投票

9—10月公众根据工人日报、法制日报刊登的投票须知和两报登载的选票进行投票(选票复印无效);网民根据人民网、全国总工会和司法部、全国律协等网站的投票要求进行投票。各省级总工会、司法行政部门和律师协会要组织好公众投票工作。

(五)评议审定

11月确定评审委员会,进行评议审定。评委在听取组织委员会办公室对候选人情况的说明和审阅候选人事迹材料的基础上,进行无记名投票。组委会根据工人日报和法制日报的投票(权重30%)、网络投票(权重10%)、评委会投票(权重60%),按权重计算出每位候选人的综合得分。组委会根据候选人的综合得分、举报核实情况,提出当选第二届"全国维护职工权益杰出律师"的建议名单,报领导小组审定。

(六)表彰宣传

全国总工会和司法部适时联合召开表彰大

会，对当选者授予"全国维护职工权益杰出律师"称号，颁发荣誉证书。

通过各中央和首都新闻媒体对获得第二届"全国维护职工权益杰出律师"称号的律师展开各种形式的宣传报道。组织其中2—3名律师通过互联网与广大职工交流，进行劳动法律咨询，扩大社会影响。

对当选"全国维护职工权益杰出律师"的律师，将按程序申报全国五一劳动奖章。

附件："全国维护职工权益杰出律师"候选人推荐审批表（略）

中国人民银行

2008年中国人民银行参与社会治安综合治理工作情况

2008年，中国人民银行社会治安综合治理工作认真贯彻党的十七大和十七届三中全会精神，全面落实科学发展观，围绕构建社会主义和谐社会的目标任务，落实社会治安综合治理责任制，深入开展平安建设，重点做好奥运会举办前和举办期间的安全工作，健全安全防控体系，加强社会治安综合治理各项措施，为促进和谐央行建设和国家经济金融健康发展创造了良好环境。

一、认真落实社会治安综合治理领导责任制，切实加强组织领导

2008年，人民银行党委和分支机构党委始终把社会治安综合治理作为一项全局性工作摆在重要位置，在开展平安建设、落实目标管理责任制和奖惩激励机制、加大安全防范设施建设、加强综治宣传教育等方面做了大量工作，促进了社会治安综合治理工作的持续深入发展。各分支机构按照“谁主管、谁负责”的原则，明确分支机构主要领导作为第一责任人，对本单位综治工作全面负责；分管领导作为第二责任人，对综治工作负组织领导责任；其他领导对分管部门的安全工作负督促责任。人民银行各分支机构领导与辖内各单位、各部门负责人签定年度综治目标管理责任书，明确各单位、各部门综治工作职责和任务，并将目标管理责任书的工作作为全年业绩考核的重要指标，与其他业务工作一并进行检查考核，强化了综治工作目标管理。

二、切实加强金融宏观调控和金融稳定工作，积极防范和化解金融风险

2008年以来，国际金融危机不断加剧和国内经济运行中突出矛盾相互交织，我国宏观调控面临巨大挑战。人民银行面对国内外经济金融形势的急剧变化，适时调整货币政策的方向、重点和力度，增强调控的预见性、针对性和实效性，维护人民币币值基本稳定，促进了国民经济平稳较快发展。年初，人民银行按照防止经济增长由偏快转为过热、防止价格由结构性上涨演变为明显通货膨胀的要求，执行从紧的货币政策，综合运用多种货币政策工具，指导金融机构合理安排全年信贷投放，分季度均匀摆布信贷资金，遏制物价过快上涨势头。同时，对资产规模小、支农贷款比例高的农村信用社实行特别优惠的存款准备金政策。面对历史罕见的自然灾害，紧急安排增加受灾地区再贷款95亿元，暂缓提高地震灾区法人金融机构存款准备金率，引导灾区金融机构加大抗灾救灾信贷支持力度。随着美国次贷危机的蔓延和加深，沿海地区受到的不利影响逐渐显现，国家宏观调控政策进行了重大调整，人民银行按照既要保持经济平稳较快发展，防止经济大起大落，又要控制物价上涨，抑制通货膨胀的要求，及时引导金融机构扩大信贷总量，优化信贷结构，适时下调商业银行存贷款利率和存款准备金率，增加对地震灾区、“三农”和中小企业的信贷支持，积极促进经济增长，同时注意抑制通货膨胀。9月份以来，国际金融危机急剧恶化，对我国经济影响明显加大，国内通货膨胀压力明显缓解，中央、国务院果断调整宏观调控政策，人民银行落实把从紧的货币政策调整为适度宽松的货币政策的重大决策，认真执行国务院制定的金融促进经济发展的九项政策措施共30条意见，采取了一系列灵活、有力的措施，及时释放确保经济增长和稳定市场信心的信号，对促进经济平稳较快发展发挥了重要作用。

三、以奥运会举办前和举办期间的安全工作为重点，健全安全防控体系，切实加强人民银行安全工作

人民银行党委和各分支机构党委充分认识成功举办奥运会的重大意义，认真分析社会治安和安全工作形势，严密部署奥运会举办前和举办期间的人民银行安全工作。人民银行各分支机构积极与地方党委和政府做好沟通衔接工作，建立良好的工作机制，根据地方党委和政府的统一部署，做好奥运会安全保卫工作。北京、上海、天津、沈阳、青岛、秦皇岛等奥运会比赛举办城市的分支机构，积极配合当地公安机关做好奥运会举办期间人民银行的安全工作，对发行库、办公楼、宿舍区、货币押运、枪支弹药等重点场所和环节加强安全工作力度，保证不出问题。各分支机构要全面落实各项规章制度，采取切实有效措施，加强监督检查，完善技术防范设施建设，健全安全防控体系，及时发现和解决各类风险隐患，堵塞安全工作漏洞，防止发生盗窃、抢劫、涉枪、交通、火灾等案件事故，防范恐怖暴力破坏活动。

四、建立健全矛盾纠纷排查调处工作机制，有效预防和化解矛盾纠纷

人民银行各分支机构认真总结开展矛盾纠纷排查调处工作的成功经验，着眼于从苗头上发现问题，从源头上解决问题，进一步健全完善和规范矛盾纠纷排查调处工作机制、工作制度和工作网络。认真落实分级管理、归口调处、责任追究等矛盾纠纷排查调处工作制度，充分发挥各级党组织和各业务部门在矛盾纠纷排查调处工作中的作用。着重抓好基层的矛盾纠纷排查调处工作，预防和妥善处置由人民内部矛盾引发的群体性事件，坚决防止和纠正损害群众利益的行为，切实维护群众合法权益和社会稳定。在实际工作中，各级信访部门对于排查出的信访案件，凡按照法律和政策能够解决的，尽快予以解决。暂不具备解决条件但可以变通逐步解决的，积极与信访人沟通，取得信访人的理解和信任。按照政策一时无法解决的，对信访人耐心解释有关政策，引导信访人正确看待当前形势，自觉维护稳定大局。

五、以创建平安单位为重点，广泛深入地开展平安建设工作

人民银行平安建设工作在总行党委和各分支机构党委的统一领导下，由各单位综治领导小组具体负责实施。同时充分调动各部门和广大干部职工参与平安建设的积极性，通过开展平安单位、平安部门、平安家庭等活动，扎实推进平安建设。按照“谁主管、谁负责”的原则，对矛盾纠纷排查调处工作实行分级管理，归口调处。充分发挥各级党组织和各业务部门在矛盾纠纷排查调处工作中的作用，对矛盾纠纷和群体性事件苗头做到早发现、早化解、早控制、早处置。利用网络、板报、讲座、竞赛、培训等多种形式，加强干部职工法制教育和安全教育工作，教育干部职工自觉抵制不良风气的侵蚀，不参与各类违法犯罪活动，提高全员安全意识、安全素质和安全防范水平。为了在人民银行系统深入开展平安建设工作，人民银行总行在充分征求各分支机构意见的基础上，与中央社会治安综合治理委员会办公室联合制定下发了《关于在人民银行系统深入开展平安建设的意见》，进一步推动了人民银行平安建设工作。

十四、2008年社会治安综合治理工作大事记

2008年社会治安综合治理工作大事记

▲1月8日，全国“平安家庭”创建活动表彰电视电话会在京召开，中央综治委副主任、中央政法委副秘书长、中央综治办主任陈冀平出席会议并讲话。

▲1月8日，中央综治委铁路护路联防工作领导小组召开2008年第一次全体会议，陈冀平同志出席会议并讲话。

▲1月8日，全国“扫黄打非”工作领导小组召开2008年第一次全体会议，陈冀平同志出席会议。

▲1月21日，中央综治委刑释解教人员安置帮教工作领导小组召开领导小组暨调查摸底工作电视电话会议，陈冀平同志出席会议并讲话。

▲1月23日，全国打黑除恶专项斗争协调小组办公室召开主任会议，总结2007年打黑除恶工作，研究部署2008年工作，陈冀平同志出席会议并讲话。

▲1月24日，中央综治办召开2007年全国社会治安综合治理专项考评工作联席会议，研究部署2007年度专项考评有关工作，公安部、最高人民法院、最高人民检察院等参与考评工作的部门有关负责同志参加会议，陈冀平同志出席会议并讲话。

▲1月24日，中央综治办、公安部、建设部等六部委联合召开全国治理自行车被盗问题专项行动总结表彰电视电话会议，国务委员、中央政法委副书记、中央综治委副主任、公安部部长孟建柱出席会议并讲话，陈冀平同志宣读表彰决定。

▲1月25日，中央综治委预防青少年违法犯罪工作领导小组召开2008年第一次全体会议，总结2007年预防青少年违法犯罪工作，部署2008年工作，全国人大常委会副委员长、中央综治委副主任、中央综治委预防青少年违法犯罪工作领导小组组长顾秀莲出席会议并讲话，陈冀平同志出席会议并讲话。

▲1月30日—31日，中央综治办在海南省海口市召开全国部分省级综治办主任座谈会，学习贯彻胡锦涛总书记、周永康同志在全国政法工作会议上的重要讲话精神，座谈讨论如何进一步深化平安建设、落实社会治安综合治理各项工作措施，为筹备2008年全国社会治安综合治理工作会议做准备。内蒙古、吉林、江西、海南、云南、西藏、甘肃、青海、新疆等省、自治区及新疆生产建设兵团综治办主任参加了会议，陈冀平同志出席会议并讲话。

▲2月19日—20日，中央综治办在北京召开全国部分省级综治办主任座谈会，研究讨论周永康同志在全国社会治安综合治理工作会议上的讲话稿，北京、黑龙江、江苏、山东、广东等省（区、市）综治办主任参加，陈冀平同志主持座谈会。

▲3月14日，全国打黑除恶专项斗争协调小组召开第四次小组会议，听取全国“打黑办”关于打黑除恶专项斗争进展情况的工作汇报，审议《中央政法委关于认真做好2008年全国打黑除恶专项斗争的工作意见》和《中央政法委员会关于建立黑社会性质组织案件通报制度的工作意见》，中央综治委副主任、中央政法委副秘书长、全国打黑除恶专项斗争协调小组组长陈冀平主持

会议，协调小组成员、全国“打黑办”副主任及各单位联络员参加会议。

▲3 月 24 日和 31 日，中央综治办先后两次召开青藏铁路护路联防工作部际协调会议，研究落实周永康同志关于青藏铁路护路联防工作的重要批示精神，提出进一步加强青藏铁路护路联防工作的具体意见，陈冀平同志主持会议，铁道部、公安部、武警总部、中央编办、国家发改委、财政部及中央综治委铁路护路办有关负责同志参加会议。

▲4 月 7 日—9 日，全国社会治安综合治理工作会议在广东省广州市召开。会议认真总结了党的十六大以来社会治安综合治理工作，深刻分析了维护社会治安和社会稳定工作面临的形势和任务，紧紧围绕维护社会稳定、确保北京奥运会安全顺利举办总体目标，从加强矛盾纠纷排查化解工作，加强基层基础工作，加强流动人口服务和管理工作，着力为北京奥运会创造良好的治安环境和切实加强对社会治安综合治理工作的组织领导等方面，对当前和今后一个时期的社会治安综合治理工作进行了全面部署，提出了明确要求。中共中央政治局常委、中央政法委书记、中央综治委主任周永康出席会议并作重要讲话，中央政治局委员、广东省委书记汪洋，全国人大常委会副委员长、中央综治委副主任李建国，国务委员、中央政法委副书记、中央综治委副主任孟建柱，中央综治委副主任、最高人民法院院长王胜俊，中央综治委副主任、最高人民检察院检察长曹建明，中央综治委副主任、中央政法委副秘书长、中央综治办主任陈冀平等出席会议。中央综治委委员、联络员，中央和中央国家机关有关部委负责同志，各省、自治区、直辖市及新疆生产建设兵团综治委主任、政法委书记、综治办主任、公安厅(局)分管治安的负责同志等参加会议。

▲4 月 16 日，全国油气田及输油气管道安全保护工作部际联席会议召开电视电话会议，表彰 2007 年整治油气田及输油气管道生产治安秩序专项行动先进集体和先进个人，对 2008 年整治行动进行动员部署，陈冀平同志出席会议并宣读表彰决定，公安部、质检总局、安监总局等部际联席会议成员单位领导出席会议。

▲5 月 5 日，中央政法委召开电视电话会议，对深入开展打黑除恶专项斗争进行再动员、再部署，国务委员、中央政法委副书记孟建柱作重要讲话，中央综治委副主任、中央政法委秘书长周本顺出席会议，中央综治委副主任、中央政法委副秘书长、全国打黑除恶专项斗争协调小组组长陈冀平主持会议，中央纪委、最高人民法院、最高人民检察院、公安部、司法部有关负责同志发言，全国打黑除恶专项斗争协调小组成员及办公室成员、中央综治委有关成员单位负责同志等在主会场参加会议。

▲5 月 28 日，中央综治办在河北省唐山市召开深入推进“两个排查”活动座谈会，陈冀平同志及河北省委常委、唐山市委书记赵勇出席会议，河北省部分市、县有关负责同志参加会议。

▲6 月 11 日—12 日，中央综治委学校及周边治安综合治理工作领导小组在湖北省武汉市召开全国学校及周边治安综合治理工作现场会，陈冀平同志出席会议并讲话，湖北省委副书记杨松，省委常委、政法委书记吴永文出席会议。

▲7 月 4 日，中央综治办召开平安奥运创建工作座谈会，陈冀平同志出席会议并讲话，北京市、天津市、河北省、黑龙江省、上海市、山东省，以及沈阳市、秦皇岛市、青岛市等涉奥地区综治办负责同志参加座谈。

▲7 月 16 日，全国核查纠正监外执行罪犯脱管漏管专项行动领导小组召开专项行动总结表彰电视电话会议，陈冀平同志出席会议并讲话，最高人民法院副院长江必新宣读表彰决定，中央综治委、最高人民法院、最高人民检察院、公安部、司法部有关负责同志出席会议。

▲8 月 6 日，中央综治委预防青少年违法犯罪工作领导小组召开 2008 年第二次全体会议，听取领导小组办公室前一阶段工作情况汇报，研究部署下一阶段重点工作，全国人大常委会副委员长、中央综治委副主任、中央综治委预防青少年违法犯罪工作领导小组组长李建国，中央综治委副主任、中央综治委预防青少年违法犯罪工作领导小组副组长陈冀平等出席会议并讲话，共青团中央书记处第一书记、中央综治委预防青少年违法犯罪工作领导小组副组长陆昊主持会议。

▲9 月 23—24 日，中央综治办在河南省郑州市召开全国省(区、市)综治办主任座谈会，交流

各地加强社会治安综合治理基层基础工作的经验，讨论《关于进一步加强社会治安综合治理基层基础工作的若干意见(稿)》；研究社会治安综合治理考评工作；部署评先表彰有关工作；研究2009年重点工作。陈冀平同志出席会议并讲话，全国各省(区、市)及新疆生产建设兵团综治办负责同志参加会议。

▲10月27日，中央综治办召开全国综治工作暨综治先进检查验收工作动员会，对检查验收工作进行动员部署，陈冀平同志出席会议并讲话，中央综治委各成员单位及有关部门参与检查验收的同志、中央综治委特邀巡视员等参加会议。

▲11月20日，中央综治委召开2008年全体会议，认真贯彻落实党的十七大和十七届三中全会精神，深入学习实践科学发展观，回顾总结2008年以来的社会治安综合治理工作，分析当前形势，对全面推进社会治安综合治理工作进行部署，审议中央综治委《关于进一步加强社会治安综合治理基层基础工作的若干意见》。北京市、江西省、河南省综治委主要负责同志分别介绍了当地综治工作情况，陈冀平同志对《关于进一步加强社会治安综合治理基层基础工作的若干意见》起草和修改情况进行了说明。中共中央政治局常委、中央综治委主任周永康主持会议并作重要讲话。李建国、孟建柱、王胜俊、曹建明、周本顺等同志出席会议并讲话。

▲11月17日—26日，全国地方新任综治办主任培训班在江苏省常州市举办，全国新任省、市(地)级综治办主任二百余人参加培训。孟建柱同志接见了全体学员并与大家座谈，作了重要讲话，陈冀平同志、江苏省委常委、政法委书记林祥国等出席座谈会。中央政法委副秘书长王其江为培训班作开班动员报告，陈冀平同志出席结业式并作总结讲话。

▲11月24日，中央综治委与浙江省委联合召开纪念毛泽东同志批示“枫桥经验”45周年大会，周永康同志出席会议并作重要讲话，孟建柱同志主持会议，陈冀平、王其江同志，浙江省委书记赵洪祝、省长吕祖善等出席会议。

▲12月6日，北京市召开中央综治委检查北京市综治工作意见反馈座谈会，中共中央政治局委员、北京市委书记刘淇，陈冀平同志出席反馈座谈会并分别讲话，北京市委副书记、市长郭金龙主持会议，北京市委副书记、市综治委主任王安顺参加会议。

▲12月18日，中央综治办在北京召开全国省级综治办主任会议，回顾和总结2008年主要工作，就深入实践科学发展观，认真贯彻落实中央经济工作会议和全国政法工作会议精神，进一步做好2009年社会治安综合治理工作提出要求，陈冀平同志出席会议并讲话，中央综治委5个专门工作领导小组办公室主要负责同志，各省(区、市)及新疆生产建设兵团综治办主任参加会议。

北京市

2008年1月12日，北京市政法工作会议暨平安奥运行动动员部署会议召开

2008年7月，中央综治委副主任、中央综治办主任陈冀平，市委副书记、政法委书记、首都综治委主任王安顺，市委常委、市公安局局长、首都综治委副主任马振川，市委常委梁伟参加首都群防群治队伍奥运安保誓师大会

北京奥运会期间，全民动员参加社区巡逻防控工作

中央政治局委员、市委书记刘淇向各区县下达“维护首都安全稳定，实现平安奥运目标”责任书

市委政法委常务副书记刘伟，市委政法委副书记、首都综治办主任、市流管办主任李万钧，市流管办常务副主任苗林为优秀来京务工人员颁奖

首都治安志愿者形象大使佟铁鑫与治安志愿者同唱《首都治安志愿者之歌》

天津市

国务委员、中央政法委副书记、中央综治委副主任孟建柱与中央政治局委员、市委书记张高丽等领导视察奥运赛场安保工作

中央综治委副主任、中央综治办主任陈冀平出席天津市平安社区动员大会，为志愿者支队授旗

市委常委、政法委书记、市综治委主任散襄军参加平安天津志愿者启动仪式

天津市召开综治工作会议

天津市召开平安社区行动动员大会

平安天津志愿者参加奥运火炬传递安保工作

外籍在津留学生参加综治宣传活动

天津市河西区

天津市河西区在开展社会治安综合治理、深化平安建设工作中，不断强化领导责任制，大力加强综治基层基础建设，充分发动广大平安天津志愿者参与奥运安保和平安社区行动，保持了社会治安秩序整体稳定，为全区经济社会又好又快发展创造了良好环境。被中央综治委评为2005—2008年度全国平安建设先进区。

区委书记沈家聪，区委副书记、区长彭三，区委常委、政法委书记、常务副区长杨书奎坚持每周召开一次维稳工作例会，对全区发生的不稳定情况进行分析处理

奥运期间，区委常委、政法委书记、常务副区长杨书奎同志带队视察奥运安保工作

开展社会治安综合治理宣传活动

区平安志愿者开展义务活动

志愿者参与治安防范活动

为做好奥运安保工作，公安干警苦练本领

区内中小学生开展各种法制宣传活动

山西省

2008年8月3日，山西省召开全省奥运安保临战誓师动员电视电话会议，对全省奥运安保工作进行再动员再部署

2008年11月4－5日，山西省综治委在朔州市召开全省“抓基层、打基础、推进平安建设”现场会，部署进一步强化全省社会治安综合治理基层基础、推进“平安三晋”建设工作

省委副书记、省政协主席、省综治委主任薛延忠同志检查指导基层奥运安保工作

省委常委、政法委书记、省综治委副主任、公安厅长杜玉林同志在省公安厅信访接待室接待来访群众

省委政法委常务副书记、省综治办主任高彦斌同志检查指导基层政法综治工作

2008年3-4月，山西省综治委社会治安综合治理目标管理责任制考核组对各市2007年度社会治安综合治理工作进行考核验收

内蒙古自治区

2008年8月30日，自治区党委副书记、代主席、综治委主任巴特尔接受中央电视台《平安中国》节目采访

2008年7月奥运前夕，自治区主席助理、公安厅厅长赵黎平在乌兰察布市兴和县治安检查站指导工作

2008年6月，乌海市举行奥运安保消防演练

2008年4月，内蒙古公安边防官兵向边境牧民宣传边境安全管理知识

赤峰市宁城县公安民警走进田间地头调查访问

辽宁省

省委常委、政法委书记李峰陪同中央综治委副主任、中央政法委副秘书长、中央综治办主任陈冀平视察辽宁综治工作

省委常委、省纪委书记、省综治委主任王唯众与各市领导签订综治责任状

省委常委、省纪委书记、省综治委主任王唯众在全省综治工作会议上讲话

省委常委、政法委书记李峰到基层视察流动人口管理工作

省委常委、政法委书记李峰在“喜迎奥运会，平安在沈阳”大型综治宣传月活动启动仪式上讲话

省委政法委副书记、省综治办主任赵建伟为综治工作先进人物颁奖

辽宁省营口市

市委书记赵化明，市委副书记、市长高军，市委常委、政法委书记刘文举出席全市社会治安综合治理表彰暨新一轮“争创”、维稳工作会议

市委书记赵化明到基层调研

市委副书记、市长高军与市（区）主要领导签订责任状

营口市综治委始终把“农村平安建设”作为一项重要工作来抓，使农村治安状况明显好转。图为原市委副书记、综治委主任王恩来，市委常委、政法委书记刘文举等领导出席全市“农村平安建设电视电话”会议

营口市综治宣传月启动仪式后，市委常委、政法委书记刘文举，副市长、公安局长郝宏军和市委政法委副书记、综治办主任庄桂兰等综治委领导参加综治集中宣传日活动

抚顺矿业集团有限责任公司东露天矿

东露天矿隶属抚顺矿业集团有限责任公司，主要从事煤炭和油母页岩的开采、销售。共占地9.2平方公里，全矿现有员工2135人，年生产煤炭80万吨、油母页岩600万吨，矿下设采剥、机务、工务、洗煤、汽运、内燃、质监、销售8个车间，主要设备、设施有WK-4、WK-10、FWK-4A、C3-3Y、WD-4F、WD-4F、WK—4F、3KT-4 、WD—4JN 电铲，YQ-150A、SWDD-165钻机，准轨电气化铁路子136公里，主要接触网139公里。

近年来，在集团公司的正确领导下，在全体干部员工的积极努力下，全矿深化改革，强化管理，以安全生产为重点，以科技创新为手段，全面出色的完成了开发建设的任务，从1999年筹建到2006年达产，十年间，完成了矿坑改造、生产布局、土地征收、环保绿化、基础建设等一系列工作，如今企业固定资产达到1.2亿元，年销售收入3.5亿元，利税1.8亿元。企业先后获得全国“双十佳煤矿”、“辽宁省思想政治工作先进单位”、“辽宁省模范职工之家”和“辽宁省平安示范单位”等荣誉称号。

省煤管局领导在视察平安企业创建工作

矿领导与集团公司领导共商企业发展大计

矿长李兵军向视察工作的有关领导介绍情况

在春、秋两季防火重点时期，强化护林防火安全，杜绝各种火灾事故的发生。图为在春季护林防火工作中，上级领导来矿视察工作

矿领导班子成员齐心协力，昂首扩步，走向未来

在企业内部治安防范工作中，该矿以技防为主线，投入资金100余万元安装电视监控设备，全面提高了企业内部治安防布控能力

保安人员在巡逻检查企业内部治安防范工作

在奥运安保工作中，矿保卫处为提高保卫人员的安全保卫工作意识，切实做好奥运安保工作，认真贯彻落实上级奥运安保、稳定工作精神，对全体保卫人员进行了安保业务知识培训

东露天矿在“创安”活动中，深入学习实践科学发展观，于矿区公安分局召开 “警企联动，共创平安”座谈会

吉林省

2008年12月23日，省委书记王珉，省长韩长赋，省委副书记王儒林，省委常委、政法委书记李申学等在吉林省博物馆参观《吉林省平安建设成果展览》

省委书记王珉，省长韩长赋，省委副书记王儒林，省委常委、政法委书记李申学等在公安厅指挥中心观看反恐怖保平安实战演练

2008年7月14日，省委书记王珉将第一棒奥运火炬交给中科院院士王家琦，开始了奥运圣火在吉林省的平安传递

2008年5月14日，在通化市召开全省预防化解矛盾纠纷推进社会治安综合治理工作会议

全省学习推广通化市二道江区创新建立完善乡镇（街道）综治工作中心“N+1”模式化解矛盾纠纷工作经验

2008年7月11日，省委、省政府召开全省建设平安吉林活动总结表彰电视电话会议

前郭尔罗斯蒙古族自治县2008把马头琴高奏平安乐章，将奥运圣火在吉林省松原市传递活动推向高潮

黑龙江省

2008年5月12日，省委、省政府召开全省社会治安综合治理暨稳定工作会议，省委书记吉炳轩讲话，对奥运安保工作提出明确要求

2008年6月22日，省委常委、政法委书记、省综治委主任黄建盛，哈尔滨市长张效廉踏查火炬传递路线

省委常委、政法委书记、省综治委主任黄建盛在基层调研平安建设工作

2008年12月25日，省综治委召开第27次全体会议，省委常委、政法委书记、省综治委主任黄建盛对大冬会安全保卫工作进一步明确任务，提出要求

为了保障奥运期间的社会稳定，哈尔滨市启动军警民大巡防

哈尔滨市开展集中整治交通秩序综合会战

黑龙江省哈尔滨市

2008年，哈尔滨市综治工作围绕建设适宜创业、适宜人居、适宜人的全面发展的现代文明城市总目标，贯彻落实《关于今后五年深化“平安哈尔滨”建设的若干意见》，从维护社会稳定、完善打防体系、改进社会管理、强化基层基础、拓宽创安领域等方面入手，着力在规范化、精细化、长效化上下功夫，全面深化综治创安工作。去年，全市刑事综合发案下降3.8%，刑事案件万人发案率连续三年在15个副省级城市中排位最低。全市95.1%的街乡（镇）、83%的社区（村）和88%的单位被市和区县（市）党委政府命名为平安（示范）单位。据国家统计局调查，全市公众安全感、群众创安满意率分别达91.9%、96.8%，被中央综治委评为2005—2008年度全国社会治安综合治理优秀地市。

市委、市政府召开全市大会总结奥运安保、信访维稳工作，动员部署大冬会安保工作

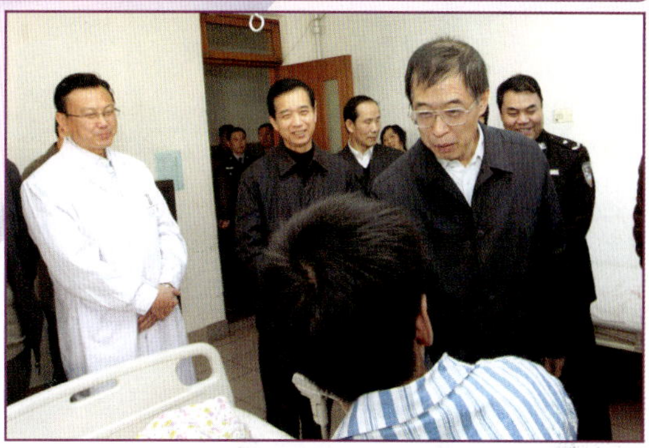

通过不断地宣传动员，哈尔滨市广大居民群众与违法犯罪行为作斗争的意识不断增强。图为市委书记杜宇新到医院慰问见义勇为市民

哈尔滨市不断深化平安创建工作，定期组织集中宣传，提高群众参与创安的意识。图为市政府副市长、市公安局局长王维绪陪同省委政法委副书记马明武视察平安创建宣传现场

市委、市政府不断加强技防建设，去年市和区、县（市）两级财政共投入技防建设资金4000余万元，全市居民小区监控器安装率达64%，重点单位、要害部位监控器安装率达100%。目前，正在开展的“天眼工程”，计划三年内达到技防点位的应安尽安。图为市委副书记、市长张孝廉检查居民小区技防点位安装情况

哈尔滨市街、乡（镇）、社区（村）两级全部建立健全综治组织机构，配齐配强相关人员，图为市委常委、政法委书记王大伟深入道外区大兴街道检查指导工作

哈尔滨市治安志愿者队伍不断壮大，目前已达4万余人，图为治安志愿者克服天气寒冷坚持在街巷巡逻

为提高基层综治工作者的业务能力，哈尔滨市定期组织开展形式多样的岗位培训活动。图为由街、乡（镇）综治干部组成的区、县（市）代表队正在参加哈尔滨市社会治安综合治理暨平安建设“平安杯”知识竞赛

江苏省

国务委员、中央政法委副书记、中央综治委副主任孟建柱在常州市视察平安企业创建工作

2008年7月30日，省委、省政府召开全省社会治安综合治理工作电视电话会议

2008年10月9日，省委常委、政法委书记林祥国考察基层流动人口服务管理工作

省委政法委副书记、省综治办主任张新民在盐城市亭湖区调研“公调对接”工作和基层人民调解委员会建设情况

2008年8月1日，南京市开展“迎奥运、保平安”反恐演练

全省综治干部培训班学员在太仓市学习考察

浙江省

2008年11月24日，中央政治局常委、中央政法委书记、中央综治委主任周永康，国务委员、中央政法委副书记、中央综治委副主任孟建柱在省委书记赵洪祝、省长吕祖善、省委副书记夏宝龙等陪同下参观《枫桥经验在浙江》图片展

2008年11月24日，中央综治委与浙江省委在绍兴市联合召开纪念毛泽东同志批示“枫桥经验”45周年大会

2008年5月6日，召开全省综治工作会议，部署以奥运安保为重点的综治工作任务

缙云县社区综治工作室人员向群众传授治安防范知识

宁波市发挥志愿者队伍作用强化社会治安防范。图为反扒志愿者擒获两名扒手

在“6·26”禁毒宣传活动期间，杭州市等地对收缴的毒品进行集中销毁

浙江省嘉兴市

嘉兴市素有鱼米之乡、丝绸之府之称。近年来，嘉兴市委、市政府牢固树立“发展是第一要务，稳定是第一责任”的理念，严格落实社会治安综合治理责任制，紧紧围绕建设“平安嘉兴”、构建和谐社会，坚持发展“枫桥经验”，积极预防和妥善化解社会矛盾，扎实推进综治基层基础建设，广泛开展平安系列创建，深入推进打击整治行动，健全完善治安防控体系，加强和改进社会管理，全面落实各项措施，社会治安综合治理工作取得了可喜的成效。2006年以来连续三次被浙江省委、省政府命名为社会治安综合治理优秀市，市及所属七个县（市、区）连续四年被浙江省委、省政府命名为平安市和平安县（市、区），实现了平安建设的“满堂红”，并获得2005-2008年度“全国社会治安综合治理优秀地市”称号。

市委书记陈德荣现场督查奥运安保工作

在全市教育、卫生、交通、建设、旅游等多行业多领域深入开展系列平安创建活动

桐乡市开展综治进物业工作，将小区平安创建纳入基层综治工作范畴

桐乡市大力开展镇街道综治工作中心标准化、规范化、制度化建设。图为该市面积最大、具有独立办公条件的濮院镇综治工作中心

平湖市举行新居民迎国庆联欢会

平湖市首个镇、街道消防队建立

秀洲区举行奥运安保应急演练，提高快速反应和应急处置能力

秀洲区开展多种形式宣传，营造平安建设氛围

秀洲区组建专业巡逻队，维护社会治安秩序

浙江省舟山市

舟山市以创建“平安舟山”为载体，扎实推进社会治安综合治理工作，取得了明显成效。连续4年被省委、省政府命名为“平安市”、全省社会治安综合治理优秀市。

召开建设“平安舟山”工作会议，市委书记梁黎明作工作部署，市四套班子领导参加会议

普陀山风景区管委会结合“平安景区”创建，在节假日、旅游旺季期间，组织相关单位上街面、进景点，对游客开展法律法规、安全知识、旅游小常识等宣传教育活动

定海区公安分局专门购置一批电动巡逻警车，用于城区内繁华商业街面、公共复杂场所的动态治安巡逻，履行面上巡控、辅助处警、求助服务、纠纷调处、防范宣传、监督检查等职责

嵊泗县与临海市开展了共建“平安渔场”联谊活动，形成“天下渔民是一家，遇到纠纷好商量”的良好风尚

边防官兵海上救人、上船检查

嵊泗县工商人员在海上船头进行执法维权活动

江西省

省委书记苏荣慰问公安消防官兵

省委副书记、省长吴新雄慰问公安干警

省委副书记王宪魁在基层政法单位调研

副省长史文清看望普法宣传工作人员

省委常委、政法委书记舒晓琴在基层政法单位调研

省委常委、政法委书记舒晓琴与网民在线交流

江西省林业厅

近年来，江西省林业厅始终坚持以科学发展观为指导，将社会治安综合治理工作纳入工作目标管理，切实加强领导，精心组织安排，全力维护林区和谐稳定，积极推进和谐平安江西建设，取得了可喜成绩。2005年至2008年，连续四年获得江西省“社会治安综合治理先进单位”，2006年至2008年，连续三年被江西省综治委授予“平安单位”，获得2005—2008年度“全国社会治安综合治理先进集体”称号。

每年召开综治大会，厅党组书记、厅长、厅综治领导小组组长刘礼祖作重要讲话，并与厅属单位签订社会治安综合治理目标管理责任书

厅党组书记、厅长、厅综治领导小组组长刘礼祖在基层抓林改信访工作

通过林改，做到彻底还权还利于民，林农收入大幅度增加，图为林农领取林权证后的喜悦表情

林改以来调处了6.21万起山林纠纷，涉及面积582.4万亩，纠纷调处率达97.2%，化解了山区林区不稳定因素

林改提高了林农爱林护林的积极性

组建专业和半专业森林消防队，全力预防森林火灾，保护群众生命财产安全

江西省开展航空护林，组织飞机灭火和人工增雨作业，森林火灾发生的次数和面积明显下降

森林公安干警在林区巡逻，严厉打击违法犯罪分子，确保林区安全

厅综治办领导在基层进行综治督察，确保和谐稳定

江西省赣州市

赣州市位于江西省南部，现辖1区2市15个县和1个开发区，人口877万，面积3．94万平方公里，人口和面积分别占全省的1／5和1／4，是江西省最大的行政区。市委、市政府始终把社会治安综合治理作为全市工作的重中之重，纳入经济社会发展总体规划，摆到突出位置来抓。2008年，赣州市社会治安综合治理工作成效明显，连续四届被评为全国社会治安综合治理优秀市，连续两次荣获全国综治“长安杯”，连续12年评为全省社会治安综合治理目标管理先进市。

国土资源部部长徐绍史视察赣南地调大队和谐平安建设

省委常委、政法委书记、省公安厅厅长舒晓琴在赣县视察工作时与“留守孩”在一起

省、市领导在崇义县指导视察“平安企业”建设工作

上犹县开展“十好家庭”评选活动

安远县大力开展“综治工作进果园”活动

定南县开展万人签名创平安活动

寻乌县党政领导向责任单位下发综治责任书

赣州市烟草专卖局（公司）部署综治安全工作

山东省

2008年1月，省委、省政府召开平安山东建设大会，表彰全省平安建设先进单位和个人，研究部署新年度工作任务

时任省委书记李建国、省长姜大明为在平安山东建设大会上受到表彰的先进市、区颁奖

省委副书记刘伟慰问节日期间值勤的政法干警和武警官兵

2008年5月，省委、省政府召开全省社会治安综合治理工作会议，传达贯彻全国综治工作会议精神，研究部署全省社会治安综合治理工作任务

省委常委、政法委书记、省综治委主任柏继民在全省综治工作会议上讲话

省委常委、政法委书记、省综治委主任柏继民慰问节日值勤政法干警和武警官兵

省委常委、政法委书记、省综治委主任柏继民亲切接见山东省参加“全国见义勇为好司机表彰大会”代表

山东省铁路护路联防办公室

2008年，是我国历史上极不平凡的一年，也是山东省铁路护路联防工作应对各种严峻考验、沿线治安成效最好的一年。全省各级党政和护路联防组织，以实施“双基双保”（保奥运成功举办、保创建目标实现，抓基层、强基础）工程为主线，真抓实干，锐意创新，全面加强和落实护路联防各项工作措施，铁路沿线治安形势明显好转，奥运安保实现“四个坚决防止发生”目标，护路联防基础建设得到全面加强，铁路沿线治安和压减路外伤亡事故取得显著成效，爱路护路舆论氛围日益浓厚，确保了铁路大动脉的安全畅通。省护路办被评为“全国优秀护路办”。

省护路办主任孙伟在新年茶话会上讲话

山东省铁路护路协会成立

沿线基础设施建设进一步加强

护路联防志愿者认真履行职责

列车平安驶过沿线护路房

省护路办培训中心旧貌换新颜

山东省荣成市

荣成市以扎实深入开展“平安荣成”、“矛盾纠纷集中化解年”、“基层基础工作上档升级年”等活动为载体，实现了社会矛盾化解、维稳基层基础、严打整治成效、防范网络建设、重点领域管控、创建方法手段的“六大突破”，先后荣获平安山东建设先进市、模范市等荣誉称号，被中央综治委评为全国社会治安综合治理先进市。

市委书记王学文在平安建设大会上对全市政法综治工作进行总体部署

市委副书记、市长王强动员全市上下深入开展“矛盾纠纷集中化解年”活动

在市级领导班子中全面推行轮流公开接待群众来访制度。图为市委副书记侯世超正在接待上访群众

在全市大力实施平安建设“双基”工程。图为市委常委、政法委书记王焕孟在指导基层人民调解工作

采取市政出资、公开招考、集中培训、统一管理方式，在全市成立1000多人的市镇两级专职治安巡逻队伍

深入扎实开展以赶百场市集、登千艘渔船、进万户农家为主要内容的“百千万普法”活动

河南省沁阳市

沁阳市位于河南省西北部，为河南省县域经济十强县市。近年来，沁阳市委、市政府高度重视综治创安工作，紧紧围绕社会主义和谐社会总目标，以科学发展观统领全局，全面落实社会治安综合治理各项措施，加大对综治工作的投入力度，为经济社会发展创造了和谐稳定的社会环境，人民群众对社会治安满意率位于全省先进位次。2006－2008年连续三年荣获全省平安建设先进县市，荣获了全省处理“法轮功”问题先进县市、全省信访工作先进县市、全省法制宣传教育和依法治理先进县市、全省铁路护路联防先进县市、全省清理执行积案工作先进县市等荣誉称号。该市探索创新的解决疑难信访问题“三步走”工作机制、农村化解矛盾纠纷“三道防线”工作机制、干警联村“民安工程”等经验做法受到了中央综治委和省市领导的充分肯定，中央电视台、法制日报、中国平安网等新闻媒体多次进行了专题报道。

市委书记陈敬如陪同中央综治委平安建设考核组检查指导工作

召开平安建设暨政法工作会议

市综治办与市妇联联合举办“法律进家庭”法律知识竞赛宣传活动

开展“法律进学校”集中宣传活动

干警深入农户排查化解矛盾纠纷

强化对社会面的巡逻防控

河南省鄢陵县

鄢陵县位于许昌市东部，被誉为“中国花木第一县”，被确定为国家级生态示范区。近年来，鄢陵县委、县政府坚持以科学发展观为指导，以打造大平安、构建大和谐、促进大发展为载体，以“一高两低”（公众安全感高、信访量和刑事治安案件发案率低）和群众满意为总体目标，以强化领导责任制入手，量化目标考核体系，建立长效机制为抓手，大力加强县、乡、村、组四级治安防控体系建设，着力化解各类矛盾纠纷，不断强化基层基础工作，全面深化平安建设，全力打造平安鄢陵。近年来，县财政投入860万元建起了视频监控系统，建立视频监控室70个，安装探头350个、断线报警器、红外线报警器7.5万套，技防村覆盖率达100%，入户率达78%。2007年、2008年连续两年被评为“河南省平安建设先进县”，荣获2005—2008年度“全国平安建设先进县”称号。

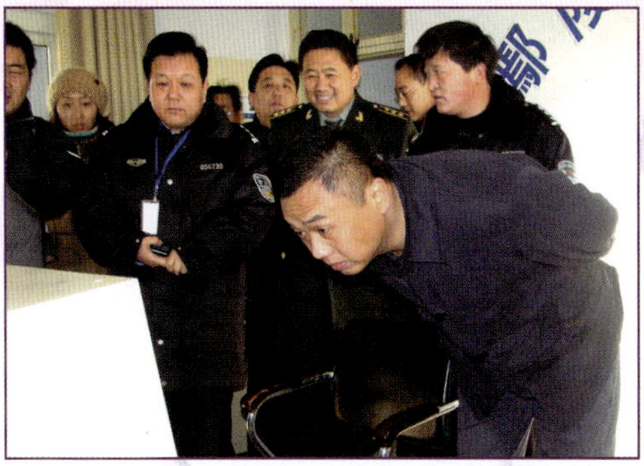

县委书记张海涛深入基层调研技防工作

许昌市科技防范工作现场会在鄢陵县召开

召开平安建设新闻发布会

充分发挥乡镇综治工作中心在化解矛盾纠纷的作用

包村干警深入群众了解社会治安状况，宣传治安防范知识

政法干警向青少年发放普法宣传资料

中共湖北省委　湖北省人民政府
2008年度社会治安综合治理目标管理责任书
签字仪式

湖北省

省委书记罗清泉和省长李鸿忠同武汉市市长阮成发签订综合治理目标责任书

省委副书记、省综治委主任杨松会见中央综治委调研组一行。图为杨松与中央综治办巡视员季勤，省综治委副主任、省委政法委副书记、省综治办主任鲁志宏在一起

副省长、省综治委副主任赵斌，省综治委副主任、省委政法委副书记、省综治办主任鲁志宏同志在汇报会上

调研组在基层社区了解综治工作落实情况

调研组一行在襄樊市召开座谈会，听取了襄樊、十堰、荆州、荆门等地有关部门汇报

湖北省体育局

省委书记罗清泉、省长李鸿忠将奥运火炬第一棒交给火炬手杨威

省体育局党组书记、局长李建明在武汉传递北京奥运火炬

省体育局组织应急管理培训暨消防实战演练，局党组书记、局长李建明，局党组成员、纪检组长崔益同在培训班上

参赛队员进行消防实战演练救生项目的比赛

参赛队员进行消防实战演灭火项目的比赛

发挥职能作用　确保奥运平安

湖北省教育厅

省委书记罗清泉在武汉理工大学视察周边环境整治工作

省委副书记杨松在中国地质大学视察校园周边环境整治工作

省委常委、常务副省长李宪生视察武汉理工大学广场建设

省委常委、政法委书记吴永文给平安校园授牌

省安全文明校园检查考核小组在湖北大学考评安全文明校园创建工作

全国学校及周边治安综合治理工作现场会议在武汉召开

省委省政府高度重视平安校园创建工作

省综治委主任杨松陪同中央综治委副主任、中央政法委副秘书长、中央综治办主任陈冀平视察平安校园

省委常委、政法委书记吴永文视察学校平安创建工作

全国学校及周边治安综合治理现场会

华中农业大学技术防范监控

全国学校及周边治安综合治理现场会经验展示

武汉大学在整治过程中

华中科技大学校园110在巡逻

湖南省

省委书记张春贤勉励矛盾纠纷“三调联动”工作人员深入基层努力工作

司法部领导检查指导湖南省矛盾纠纷“三调联动”工作

省委常委、政法委书记李江，省委政法委副书记、省综治办主任林勇视察基层社区的矛盾纠纷“三调联动”工作

湖南省普遍在基层派出所设立了司法调解室或中心

益阳市召开矛盾纠纷“三调联动”工作现场会

广东省

中央政治局委员、省委书记汪洋，省长黄华华接见政法系统先进个人

2008年4月8日，在全国综治会议期间，中央综治委副主任、最高人民法院院长王胜俊，中央综治委副主任、最高人民检察院检察长曹建明及其他代表参观广州市越秀区矿泉街道

广东省大力开展领导接访日活动，图为公安局长在接待来访群众

加强学校周边整治，图为警察在带领小学生们过马路

喜庆祥和的广州市花市

开展严打整治

深圳市群众感谢人民调解员

春运期间，人民警察在广州火车站维持秩序

广东省珠海市香洲区

香洲区作为改革开放的前沿和“一国两制”的交接点，区委、区政府高度重视平安建设工作，始终坚持以科学发展观统领全局，把平安建设作为事关改革发展稳定大局的“一把手”工程来抓，纳入经济社会发展规划，确保组织、经费、责任、制度到位。在推进平安建设过程中，紧紧围绕“保增长、保民生、保稳定”的目标，以“大平安”为理念，以基层基础为抓手，以百姓安居乐业为核心，充分发挥社会治安综合治理的优势，构筑人民调解、司法调解、行政调解相结合的“大调解”格局，形成全方位的治安防控体系，建立均衡发展的社会管理机制，连续三年刑事发案和不稳定事件呈下降态势，没有发生重特大案件、大规模群体性事件、越级到省进京非正常上访事件，人民群众安全感居全省前列，走出了一条平安、和谐共创，稳定、发展双赢的新路子。被中央综治委评为2005-2008年度全国平安建设先进县。

在广东省人民调解工作现场会举办期间，中央综治委副主任、最高法院院长王胜俊及各省市领导到香洲区基层南湾法庭调解室参观

市委常委、市政法委书记、市公安局局长杨金华参加香洲区拱北街道办挂牌仪式

香洲区委副书记、区长张宜生同志接访

切实加强领导，强力推进平安建设全局,香洲区委副书记、政法委书记胡群胜带队下基层检查综治工作

综合治理被列为区委常委扩大会议内容之一

扎实开展综治工作中心建设

着力改善民生，从源头减少不稳定因素，2800多户低保户和重度残疾人全部纳入医保体系

着力改善民生，从源头减少不稳定因素，228户低保户全部解决了住房，率先实行12年免费教育

香洲区大力开展创建平安社区活动，图为警民携手共创平安社区现场会

广西壮族自治区

自治区党委常委、政法委书记彭祖意与群众亲切交谈，了解当地治安状况

自治区各地的专群巡防队在平安建设中发挥了重要作用。图为钦州市钦北区新棠镇屯王村的群众巡防队在巡逻

南宁市青秀公安分局建立“三防”网络，各路段始终保持“警力常在，警灯常亮，警车常巡”，社区 “门洞有人看，小区有人转，进口有人守”。图为社区民警带领巡防队员走访社区群众

河池市在政法综治宣传月活动中，采用山歌比赛的形式宣传平安建设，盲人老者情不自禁地对上一首

各地利用圩日积极开展法律咨询活动

广西铁路护路联防办公室

2008年，广西铁路护路联防工作按照平安广西建设的要求，以科学发展观为统领，以落实铁路护路联防责任制为龙头，以创建“平安铁路示范路段”和“护路安全村”活动为载体，以塑造广西特色护路文化为导向，始终坚持对铁路沿线治安实施综合治理，大力整治铁路治安突出问题，深入开展涉铁矛盾纠纷排查化解工作，狠抓基层基础工作建设，深化爱路护路宣传教育，加大工作力量和工作资源整合力度，在确保全区铁路治安持续稳定和运输安全畅通方面取得了明显成效，实现了“保安全、保稳定、保畅通”的工作目标。全年无群死群伤事故、无因治安问题引发的中断行车案（事）件和重大行车事故，全区铁路交通事故和涉铁刑事、治安案件大幅下降；创建自治区级以上平安铁路示范路段1398.2公里，占全区铁路总里程的52%，提前一年完成创建目标；在全国铁路护路联防工作年度考核中被评定为优秀等级并名列前茅，自治区护路办被中央护路办授予“全国优秀护路办”称号，并作为全国护路系统三个集体之一，被评为2005－2008年度全国社会治安综合治理先进集体。

自治区党委常委、政法委书记彭祖意，自治区副主席、公安厅厅长梁胜利，南宁铁路局党委副书记张柳胜到南宁火车站检查奥运安全保卫工作

中央护路办主任徐伟华在凭祥市检查铁路护路工作

自治区党委政法委副书记、综治办主任刘耀龙，自治区综治办副主任刘发敏到柳州火车站检查工作

自治区护路办主任龙因组织开展基层基础工作经验交流活动

自治区综治委召开“迎奥运、保畅通、创建平安铁路通道”会议

南宁铁路民警深入学校开展“爱铁路、迎奥运、保平安、促和谐”宣传教育活动

在铁路沿线开展护路安全村创建活动

护路队员积极参与抗击冰雪灾害工作

对新建铁路沿线群众进行爱路护路宣传

广西壮族自治区凭祥市

凭祥市把平安建设作为确保边境稳定，维护国家安全、树立国门形象的重大政治任务摆上党委、政府的重要议事日程来抓，大胆创新，全面推进，平安建设取得了显著成效。2008年，凭祥这座治安形势极其复杂的边境城市实现了“十个无”，即：无敌对势力分裂破坏活动和暴力恐怖事件；无危害国家安全和社会稳定事件；无“法轮功”练习者；无黑恶势力犯罪和造成重大影响的重特大刑事案件；无群体性事件和严重影响社会治安的案件及问题；无重大治安灾害和造成群死群伤的重特大交通事故、火灾事故、生产安全事故；无产品质量和食品安全事故；政法部门无违法办案和错案；政法综治队伍无违法违纪；重要国事与外事活动安全保卫无事故。2008年2月，凭祥市被广西壮族自治区党委、政府评为2005-2007年全区平安建设先进市，被崇左市评为2005-2007年平安建设先进市，被中央综治委评为全国平安建设先进市。

市委、市政府高度重视综治及平安建设工作，市委书记谭丕创到市强制戒毒所调研，解决配套设施规划建设问题

表彰平安建设先进集体和先进个人

2008年3月30日，凭祥市在休闲广场举行中越青年禁毒防艾平安志愿行动启动仪式

实施军警民大联防是建设平安边关一大特色。图为军警民在友谊关巡逻

法制教育进校园，图为法制副校长给广大师生讲课

凭祥女子帮教队由社区妇女自发组成，长年帮教吸毒人员、刑释解教人员。图为女子帮教队成立仪式

上石镇留守儿童活动中心挂牌成立，留守儿童有了另一个温暖的家

中越双方就开展铁路护路跨国联防举行会晤

2008年2月，省委书记卫留成，省长罗保铭，省委常委、政法委书记肖若海与全省各市县、省直成员单位签订责任书

海南省

省委常委、政法委书记、省综治委主任肖若海代表省综治委向中央综治委检查验收组汇报工作

2008年1月，全国奥运火炬接力安保培训班在三亚市举行

2008年2月，全省政法综治工作会议召开

省综治委2008年第一次全体会议现场

2008年7月14日，屯昌县举办县委书记大接访活动

重庆市

中央政治局委员、市委书记薄熙来出席2008年全市政法工作会议并讲话

副市长周慕冰与市综治委各成员单位、各区县（自治县）党政主要领导签订社会治安综合治理暨“保平安、保稳定”责任书

2008年全市社会治安综合治理工作会议召开，副市长、市综治委副主任刘学普讲话

市委常委、政法委书记、市综治委主任刘光磊赴基层街道综治办，视察综治工作

2008年9月，市综治办组织全市40个区县（自治县）综治办主任赴安徽省池州市调研学习

2008年全市政法工作会议召开，市委、市人大、市政府、市政协领导在主席台就坐

2008年全市社会治安综合治理工作会议召开，市委、市人大、市政府、市政协领导在主席台就坐

2008年12月，市综治委全体会议召开，市委常委、政法委书记、市综治委主任刘光磊讲话

市委政法委副书记、市综治办主任张晓涛主持召开综治工作协作联系片区会议

四川省

2008年2月3日，省委书记、省人大常委会主任刘奇葆到成都市视察平安建设工作

2008年6月20日，省委副书记、省长蒋巨峰在旺苍县慰问参与抗震救灾的群防群治队伍

2008年10月15日，省委常委、政法委书记、省综治委主任王怀臣深入基层指导平安建设工作

省综治委部署“平安奥运”创建活动

全省各地加强应急演练，图为泸州平安奥运反恐处突演练

面对汶川大地震后大量矛盾纠纷，各地开展流动调解活动

全省深入开展丰富多彩的平安建设宣传活动，营造良好舆论氛围

四川省成都市双流县

双流县地处成都平原腹地，幅员面积1067平方公里，经济综合实力连续12年位居四川省“十强县”榜首，连续8年跻身全国“百强县”行列，县域经济基本竞争力排名全国35位（2007年），位居中西部第一；名列“最具投资潜力百强中小城市”第8位，是四川省唯一入选城市。县委、县政府高度重视综治工作，加强领导、明确责任、齐抓共管、狠抓基础、强化保障，切实维护了全县社会政治稳定，有效推进平安创建工作。2007年被省委、省政府命名为首批省级平安县，2008年公众安全感达94%，被中央综治委评为全国平安建设先进县。

省委常委、政法委书记、省综治委主任王怀臣，副省长、省综治委副主任张作哈检查双流县农村治安整治工作

时任双流县委书记（成都市副市长）谢瑞武，县委副书记、县长森林，在县委常委、政法书记李本文陪同下检查“5·12”地震后全县综治稳定、平安建设工作

县委书记高志坚陪同中央检查组领导检查双流县全国平安建设先进县争创工作

县委书记高志坚在县委常委、政法委书记李本文的陪同下调研基层平安建设工作

双流县召开周边区（市）县治安边际协作联席会

双流县加大平安建设的资金投入，建立了治安应急指挥平台

加大投入，全部社区设立警务室

基层平安宣传深入人心

甘肃省

2008年1月16日，省委书记、省人大常委会主任陆浩，省委副书记、省长徐守盛出席全省政法工作会议并讲话

2008年1月31日，省委常委、政法委书记罗笑虎亲切慰问基层政法干警、武警官兵和见义勇为人员

2008年10月20日，副省长张晓兰深入基层调研人民调解工作

2008年11月，中央综治委综治检查组在甘肃省检查指导综治和平安建设工作

2008年12月29日，省委、省政府表彰2008年度“全省社会治安综合治理良好地区”和先进单位

2008年8月22日，省综治委预防青少年违法犯罪工作领导小组召开专题工作会议，研究部署加强预防青少年违法犯罪工作

2008年6月26日，省见义勇为基金会在陇南地震灾区恢复重建现场，隆重表彰了一批抗震救灾见义勇为英雄

全省组织公安干警、武警官兵加强奥运会火炬在甘肃省传递期间对社会面的安全保卫工作

青海省

省委书记强卫接受中央电视台《平安中国·青海篇》的采访

省长、省综治委主任宋秀岩与州（市、地）签订2008年责任书

省长、省综治委主任宋秀岩，省委常委、政法委书记、省综治委常务副主任李鹏新点击启动“青海平安网”

省委常委、政法委书记、省综治委常务副主任李鹏新在基层调研

中央综治委检查组在青海省检查指导工作

海西州德令哈郭勒木得乡的草原巡逻队在巡逻执勤

新疆
生产建设兵团

2008年6月，兵团副政委王继亮、公安局局长杨司到十四师调研

2008年6月19日，兵团党委政法委秘书长、兵团综治办主任李进广在一师检查指导技防建设工作

2008年6月19日，北京奥运火炬传递在新疆石河子市进行，图为八师宋志国书记在做奥运安保工作安排

北京奥运会期间，农五师阿拉山口护路分队的民兵坚守岗位

2008年7月，农十师187团对平安连队进行挂牌

2008年8月，农二师米兰派出所干警带领团场治安员对进入人员进行清查登记

2008年8月，农六师公安机关、公路运输管理部门联合对过往车辆进行检查

建工师在建筑工地对农民工开展法制宣传活动

农六师一中的学生们在校园观看预防青少年违法犯罪板报

十五、地　方　篇

北　京　市

2008年社会治安综合治理工作概况

2008年的首都综治工作，特别是以“平安奥运”理念和目标为核心的奥运安保工作是北京历史上历时最长、规模最大、参与人员最多、国家关注度最高、工作过程最透明和防控任务最复杂的一项政治和社会工程。在党中央和市委、市政府的正确领导下，在全市各级党政组织和社会各界的共同努力下，首都北京成功实现了平安奥运“大事不出、小事减少、管理严格、秩序良好”的目标，坚决防止了奥运期间全市发生暴力恐怖袭击事件、危害国家安全和社会稳定的重大政治事件、大规模群体性事件，实现了国际社会满意、各国运动员满意和人民群众满意的目标。首都北京的社会治安、安全稳定、城市管理和社会建设工作得到全面发展和提升；首都社会治安综合治理基层基础建设工作得到全面改进和加强；首都政法、综治系统保障城市公共安全、维护首都稳定和社会动员组织的能力得到全面锻炼和提高。

一、首都综治系统开展“平安奥运”工作的基本情况

（一）坚持用综治体制统筹平安奥运工作。以综治体制为基础统筹建立了全市奥运安保组织指挥体系，形成了坚强有力的奥运安保工作体制，实现了对全市各级党政组织和社会各界力量的集中整合；统筹确定了工作方案，科学研究并实事求是地提出了平安奥运“大事不出、小事减少、管理严格、秩序良好”的工作目标，先后召开六次全市性的“平安奥运”工作会议，实现了对奥运安保工作的统筹指挥、协调推进；加强对形势的研判和预测，加强培训和演练，确保奥运安保工作做到了事事未雨绸缪、处处准备在先、件件统筹应对。

（二）坚持用综治体制开展奥运安保人民战争。充分发挥综治体制优势和首都群防群治传统优势，动员一切可以动员的力量参与奥运安保工作，推行了岗位实名制、党员公务员带头、举报奖励制度、组建奥运安保信息员队伍等一系列措施，组建了奥运安保群防群治110万大军，24小时全天候在全市各社区村、街巷胡同和楼门院落开展奥运安保工作，形成了全市上下同心、共保奥运安全的强大氛围，打赢了这场奥运安保的人民战争。

（三）坚持用综治体制推进平安奥运行动。为有效净化社会治安环境，消除可能影响奥运安全的各种隐患，首都综治办统筹组织协调全市各区县和部门在奥运前夕开展了为期六个月的十大专项清理整治行动，对影响治安环境、影响首都稳定和奥运会安全的各类社会治安和城市秩序问题进行综合治理，形成了社会面严整、严管、严控的强大态势，为奥运期间的安保工作扫清了外围、奠定了基础。

（四）坚持用综治体制构建新型防控体系。奥运期间，首都综治系统启动了多年建设形成的全方位、全覆盖、全时空的新型防控体系，在防控布局上实行区域防控，在力量投放上实行等级布控，在城市社区实行网格防控，在农村地区实行封闭式管理，在环京地区实施“护城河工程”，形成了覆盖京城每一角落的严密的防控网络,对不法分子和破坏捣乱人员形成了强大的震慑,有效确保了奥运会的绝对安全。

(五)坚持用综治体制推进责任制落实。依托综治领导责任制体系和目标管理考核体系,组织全市层层签订安保责任书累计高达数百万份,推行地区领导干部分片包干、职能部门确定专抓副职、派驻基层安全稳定特派员等一系列工作制度,形成了有史以来最广泛的责任制。组建23个市委督查组常驻基层开展"一对一"督查,全市各级也层层组建督查组,层层加大督查力度,有力地保障了奥运安保各项措施的落实。

(六)坚持用综治体制深化基层平安建设。紧紧抓住举办奥运的历史机遇,从组织机构、人员队伍、经费保障、治安防控基础设施建设等方面入手强化基层基础建设,开展了大范围的基层平安创建,健全了综治组织和综治队伍,全面实施了科技创安工程,不断强化了基层综治工作经费和物质保障,以前所未有的力度累计落实经费数十亿元投入奥运安保工作,有力确保了奥运安保各项工作的顺利开展。

二、2008 年首都社会治安环境全面优化

(一)2008 年首都刑事发案下降幅度居全国第二

2008 年刑事立案在 2005、2006、2007 连续三年发案增幅回落之后,刑事案件总量出现明显下降。据公安部通报,2008 年北京市刑事发案下降幅度仅次于情况相对特殊的西藏,在全国31个省市中居第二位。

(二)奥运赛时期间刑事发案水平跌至2000年以来的新低。

据统计,奥运会期间日均接报够立案标准刑事警情同比分别减少72.2%和76%,两项主要指标同时创造了2000年以来的历史新低。重点敏感地区、奥运场馆及周边200米实现了无接警、零发案。2008 年,全市共接报够立案标准的刑事类警情同比下降32.9%。其中,城八区仅1天为警示等级,良好、平稳等级天数比例达到99.7%,比2007年提高5.7个百分点。

(三)刑事犯罪延续低发高破局面

在刑事犯罪低位运行的情况下,实现了较好的打击破案成效,刑事案件破案率达到46.9%,同比提高4.8个百分点。其中,八类危害严重案件破案率为63.8%,增加6.9个百分点;命案破案率攀升至92.6%,上升0.8个百分点,再创历史新高;多发性侵财案件破案率达到33.5%,增加4个百分点。

据国家统计局北京调查总队发布数据,2008年全市群众安全感指数达到93.5%,同比提高1.9个百分点,创造了2003年以来年度最好水平。

三、各项专门工作进一步深化

(一)流动人口服务管理工作

1. 大力开展流动人口和出租房屋基础调查,实现流动人口底数和情况历史性突破。在各级党委政府统一领导下,经过各区县、各部门的共同努力,实现了历史上掌握流动人口和出租房屋底数和情况的新突破,基本实现了流动人口的"来有登记,走有注销"和出租房屋的"租有登记、停有核销"。长期困扰流管工作的底数不清问题得到有效解决。

2. 规范流动人口信息采集,实现流动人口动态服务管理。自2007年初开始,市财政投资1200万元,由市流管办承办建设流动人口和出租房屋综合管理信息平台(以下简称"信息平台")。2008年年初,系统平台一期正式建成并开通运行。全市18区县流管办、324个街乡流管办和专属开发区管委会全部联入全市流管信息网络,为实现流动人口信息动态管理提供了技术保障。结合流动人口和出租房屋基础调查工作,下大力气规范了流动人口和出租房屋的信息采集内容,并依托信息平台实现了采集信息的数字化,北京市流动人口信息采集动态管理机制初步建立。一是规范信息采集内容,满足政府管理需要。二是规范信息采集方式,实现数据准确鲜活。三是建立核查比对机制,整合全市信息资源。四是采集信息全部入库,实现信息电子化管理。

3. 加强流动人口服务管理体系建设,继续完善流管工作新格局。经过两年的努力,形成了党委政府统一领导,专门机构统筹协调,各部门分工负责,条块结合、以块为主的市、区(县)、街(乡)、社区(村)四级流动人口服务管理工作新的体系格局。

4. 围绕流动人口最关心、最直接、最现实的利益问题，不断深化服务保护各项措施。流动人口服务措施进一步落实。向流动人口提供基本信息服务，流动人口子女义务教育稳步推进，流动人口卫生医疗状况得到较大改善，流动人口生育关怀活动稳步推进。

5. 加强流动人口治安管理，为实现“平安北京”创造良好社会环境。开展清理管控专项工作。通过开展发现流动人口中重点人员为重点的大核查、发现排除出租房屋安全隐患为重点的大清查和可能引发流动人口群体性事件矛盾纠纷的大排查。

（二）刑释解教人员安置帮教工作

1. 基础工作进一步规范，帮教工作质量和水平明显提升。通过动态排查，全面掌握刑释解教人员基本情况。开展了一次普遍拉网式排查和两次重点人员及重点地区的专项排查工作和不间断的日常排查，最大限度掌握了人员基本情况，切实做到了“底数清晰、责任明确，防控有效”。

2. 突出重点，分级管理，强化教育帮扶，创新方法。在确定重点司法所和锁定重点人的前提下，突出对重点司法所和重点人的管控。制发了《关于进一步做好刑释解教人员衔接管理工作的规定（试行）》，进一步明确刑释解教人员信息接收、核查与反馈；人员接收与管理具体衔接环节的程序和措施，使工作的衔接环节更加紧密与完善，最大限度减少脱漏管现象。

（三）预防青少年违法犯罪工作

1. 加强对重点群体的教育、管理和服务工作。加大对服刑人员子女的帮扶力度。积极协调各地区、各部门采取有效措施，广泛开展保护流浪未成年人、关爱服刑人员未成年子女等活动，推动建立和完善对其养育、教育、监护、管理的工作体系，促进其健康成长。重点做好社区闲散青少年帮扶工作，开展社区闲散青少年创业培训。建立失足未成年人复学工作的机制，不断加强和改进工读学校建设。

2. 青少年思想道德、法制教育常抓不懈。加强青少年思想道德教育，引导青少年发奋学习、勇于实践。建成小学示范性心理咨询室80个；1100多所中小学建立了德育网站、网页。中小学数字德育有了新发展。深入开展青少年法制教育。按照“五五”普法要求，制定实施青少年法制宣传教育工作规划，目前，全市中小学、中等职业学校全部配备了法制校长，配备率达到100%。

3. 推进不良社会环境专项整治工作，努力为青少年健康成长营造良好的文化环境。首都综治委预防办各成员单位认真履行职责，维护青少年权益。各职能部门立足各自职责，积极开展各种优化青少年成长环境工作。加强未成年人禁毒宣传教育工作。共青团北京市委以禁毒基地、强制戒毒所为依托，举办两期“为了明天”——北京市青少年禁毒教育夏令营，进一步完善参与式培训的教育内容、体系。大力实施北京市青少年网络依赖戒除“虹”计划项目，探索解决青少年网络依赖问题。

（四）铁路护路联防工作

1. 加强了铁路护路宣传工作。2008年北京市各级护路组织共投入百万余元，制作悬挂宣传横幅1951幅、张贴宣传标语8739条，组织电视宣传141次、广播宣传934次，编发各类报刊166期，制作板报1966块、光盘114张，发放宣传单459227张、公开信40万份、宣传手册36947册。强有力的广泛宣传，为实现辖内铁路治安秩序的持续稳定发挥了重要的作用。

2. 加强了铁路护路队伍建设。目前各区县共组建护路联防队126支、专兼职护路联防人员6819人。同时组织了5169名巡防队员、7965名护路志愿者配合公安部门，对全市辖区的560座铁路桥梁、634个涵洞、127个无人看守路口和1635个铁路设施，实施24小时严防死守。

3. 加大了专项整治工作力度。各区县护路组织认真落实护路责任，通过开展集中整治，重点解决处理了一批突出治安问题和难点问题，进一步净化了铁路沿线治安秩序。

（五）学校及周边治安综合治理工作

1. 党委政府高度重视，不断完善体制机制。北京市委市政府高度重视学校及周边治安综合治理工作，针对2008年的形势和任务，将相关工作全面纳入“平安奥运行动”并作为重要内容来组织实施。进一步充实、完善了由首都综治委副主任、副市长赵凤桐任组长，首都综治办、市委教育工委、市教委主要负责同志任副组长，综治、教育、公安、工商、城管、卫生、文化等部门全面参与的“首都综治委学校及周边治安综合治理领导小组”。

2. 全面深入开展排查,建立完备的工作问题台账。年初结合全市“平安奥运行动”的总体要求,将高校校园及周边治安综合秩序类问题单列,形成专门台账,切实做到了上账管理、挂牌督办。

3. 以“平安奥运”为重点,大力开展学校及周边治安综合治理百日专项行动。在奥运筹办和举办的最关键时期,专门组织开展了“迎奥运、促和谐,2008北京市学校及周边治安综合治理百日专项行动”。通过开展集中整治工作,奥运期间我市学校及周边治安综合秩序全面好转,学校及周边治安综合治理长效机制不断巩固。

4. 以“多维综合防控”为抓手,大力加强平安校园建设。在加强学校周边治安综合治理的同时,北京市突出奥运特色,把高校作为主战场,全面加强了学校内部的治安管理工作。特别是针对奥运期间校园安全保障的形势与任务,提出在教育系统实施“多维综合防控”的理念并形成方案。“多维综合防控”,就是把专职安保力量、专业技术力量和“平安奥运”师生志愿者队伍整合起来,共同投入奥运期间保障奥运安全的工作中去,有效净化了校园环境,全面保障了奥运会和残奥会期间的校园安全,极大促进了学校平安建设的基础工作。

5. 针对突出情况和突出问题,有针对性地开展校园及周边专项行动。落实公安部、教育部有关文件精神,自11月1日起,北京市教育、公安部门联合开展了为期两个月的专项行动。按照工作部署,各级教育、公安部门和各级各类学校联合行动,全力开展校园管制刀具收缴工作,进一步加大校园及周边突出刑事、治安问题打击整治力度,全面加强校园内外安全检查与隐患排查整改力度,进一步加大对师生的法制和安全宣传教育,相互配合开展了大量工作。

中共北京市委办公厅　北京市人民政府办公厅
印发《关于深入开展“平安奥运行动”的意见》的通知

（2008年2月4日）

各区、县委,各区、县政府,市委、市政府各部委办局,各总公司,各人民团体,各高等院校:

经市委、市政府领导同志同意,现将《关于深入开展“平安奥运行动”的意见》印发给你们,请结合实际认真贯彻执行。

维护首都社会稳定,保持和谐有序的城市秩序是成功举办2008年北京奥运会、实现“新北京、新奥运”战略构想的前提和基础。当前,首都经济社会快速发展、城市化进程不断加快,社会秩序总体上呈现出平稳、和谐、有序的良好局面,但同时也呈现出一些影响首都民生环境和安全稳定的消极因素,并集中反映为社会治安和城市秩序问题。认真解决这些突出问题。为奥运会创造良好的社会环境,是贯彻落实党的十七大精神、推进和谐社会首善之区建设的基本要求,是奥运安保工作的重要组成部分。为确保实现“平安奥运”目标,市委、市政府决定在全市深入开展“平安奥运行动”。各地区、各部门要在市委、市政府统一领导下,各负其责、齐抓共管,广泛动员社会各方面力量积极参与,集中对影响民生环境、首都稳定和奥运会安全的社会治安和城市秩序问题进行综合治理,为奥运会安全保卫工作切实打好基础。

关于深入开展“平安奥运行动”的意见

“平安奥运”是举办一届有特色、高水平奥运会的重要组成部分,“平安奥运行动”是实现“平安奥运”目标的一项重要措施。为推动“平安奥运行动”在全市深入开展,现结合首都实际提出以下工作意见。

一、“平安奥运行动”的指导思想和工作目标

(一)指导思想

全面贯彻落实党的十七大精神,以邓小平理论和“三个代表”重要思想为指导,深入贯彻落实科学发展观,落实胡锦涛总书记对奥运安保工作的重要指示精神,充分发挥党组织统一领导、政府部门分工负责、社会力量相互协同、人民群众广泛参与的政治优势和体制优势,按照“社会稳定、赛场安全、形象文明”的要求,点面结合、以面保点,专群结合、群防群治,深入推进社会面安全保卫工作,最大限度消除社会不和谐、不稳定因素,为奥运会营造和谐稳定的社会环境和靓丽温馨的城市环境,全面实现“平安奥运”。

(二)工作目标

1.“大事”不出。要确保不发生危及社会安全的暴力恐怖事件、敌对势力和法轮功等邪教组织的捣乱破坏事件、大规模的群体性事件、针对涉奥人员及外籍人员的伤亡案件和群死群伤重大安全事故。

2.“小事”减少。要减少各类街头案件、侵财案件和由治安问题引发的刑事案件,减少各类矛盾纠纷和上访滋事事件,减少各类一般安全事故和事件。

3. 管理严格。要针对社会面安全和城市社会秩序问题,落实严格的打击整治和管理防范措施,进一步明确各部门、各单位的职责任务,形成齐抓共管的工作格局。

4. 秩序良好。要有效控制影响社会秩序的各类突出问题,消除各类安全隐患,化解各种不稳定因素,确保奥运会各项赛事和活动在安全、有序、文明、和谐的环境中进行。

二、有计划、分步骤实施“平安奥运行动”全市“平安奥运行动”按以下三个阶段进行

(一)严格整治阶段(2008 年 1 月至 5 月)

主要任务是集中整治影响安全稳定、涉及社会治安和城市秩序的突出问题。重点组织开展 10 项专项行动。

1. 严厉打击刑事犯罪专项行动。由市公安局主责,各区县综治办协调,各公安分局具体负责,其他有关部门参与配合。重点打击涉黑涉恶、街头“两抢”、人室盗窃等各类刑事犯罪活动,降低发案率,改善治安秩序,提高群众安全感。

2. 文化娱乐服务场所专项清理整治行动。由市文化市场行政执法总队、市文化局、市工商局、市公安局主责,各区县综治办协调,各区县文委具体负责,城管、卫生、商务等职能部门参与。重点清理各类无照经营、超范围经营等非法经营活动,打击涉黄、涉赌、涉毒等违法犯罪问题,规范经营秩序、净化治安环境、消除安全隐患。

3. 城市秩序治理整顿行动。由市及区县的 2008 环境建设指挥部主责,各区县综治办协调,治安、市容、交通、市场经营、旅游等五大秩序协调小组具体负责,其他相关职能部门参与。重点整治治安混乱地区和各类突出城市管理秩序问题,改善城市秩序和市容环境,提高群众满意度。

4. 流浪乞讨人员集中救助行动。由市民政局主责,各区县综治办协调,各区县民政局具体负责,公安、城管、卫生等职能部门参与。重点打击治理各类强乞恶要、胁迫诱骗未成年人乞讨等违法犯罪现象,对流浪未成年人开展保护性救助,对长期滞留重要公共场所的流浪乞讨人员开展集中救助和劝返工作,减少各类重点区域的流浪乞讨现象,杜绝公共场所未成年人流浪乞讨现象。

5. 来京非正常访滞留人员集中劝返行动。由市维稳办、市公安局、市信访办主责,各区县综治办协调,其他有关职能部门参与。重点对长期

滞留在京的外省市上访人员进行集中排查、登记和劝返,减少各类来京非正常访人员无序滞留现象。

6. 风险评估与控制和安全隐患排查整治行动。风险评估与控制由市生产安全事故应急指挥部办公室等13个专项应急指挥部办公室、18区县应急办、各重点地区管委会以及相关部委办局主责,在奥运风险评估工作的基础上,落实风险控制与治理措施,加强综合应急演练。由市安全生产监督局、市公安局、市卫生局、市消防局、市交管局、市食品安全办主责,各区县综治办协调,有关部门按行业管辖职能具体分工负责,涉及水、电、气、热等的各类企事业单位参与。重点对生产安全、公共安全、公共卫生安全、食品安全等领域的安全隐患和消防、交通等方面存在的各类安全问题进行全面排查整改,加强行业管理、行业监管和综合监管,减少安全隐患因素。

7. 矛盾纠纷排查化解行动。由市处理信访突出问题及群体性事件联席会议办公室主责,司法、公安等部门参与。重点对影响基层社会稳定的突出矛盾纠纷和信访问题进行集中排查化解,对短期内难以完全化解的矛盾纠纷逐一落实严格控制措施,减少各类矛盾纠纷隐患因素,妥善处置和化解控制已发现的矛盾纠纷问题。

8. 流动人口和出租房基础信息调查行动。由市流管办、市公安局、市建委主责,各区县流管办、公安分局、建委具体分工负责。重点开展以摸清底数为重点的流动人口、出租房屋大普查,以发现流动人口中重点人员为重点的大核查,以发现和排除出租房屋安全隐患为重点的大清查,以消除可能引发流动人口群体性事件的矛盾纠纷为重点的大排查。要将非法入境、非法居留、非法就业的外籍人员纳入清查范围;摸清流动人口和出租房屋底数和基本情况,减少相关各类违法犯罪现象、安全隐患和矛盾纠纷。

9. 重点人群排查防控行动。由各公安分局、市委610办公室、市司法局、团市委和市教委主责,各区县综治办具体负责协调组织。对全市"法轮功"等邪教组织人员、刑释解教人员、社区闲散青少年、流动人口高危人员等重点人员集中开展排查摸底和信息更新工作,统一落实教育防范措施,有效减少各类重点人员的违法犯罪隐患。

10. 涉奥场所及周边风险控制与专项清理整治行动。由市公安局、市城管执法局、市工商局、市民政局、市文化局、市交通委、市交管局、市安全生产监督局、市建委、市商务局、市旅游局、市体育局、市"2008"环境建设指挥部办公室主责,有关区县综治办具体负责协调组织。重点整治各类涉奥场所周边200米范围内的治安、安全和城市管理问题,消除涉奥场所、设施的治安和安全隐患,维护周边秩序。

(二)严格防范阶段(2008年6月至7月)

主要任务是落实防范管理措施,保持整治声势和力度,防止各类社会治安和城市秩序问题出现反弹。重点开展以下5项工作。

1. 启动环京"护城河工程"。各区县、各有关部门要主动联系和协调周边省市有关地区和部门,开展联合整治行动,强化治安检查站网络,加大对流窜作案和跨区域犯罪问题的打击力度;加强对来京非正常访问题和失控重点人员的协同防范;加强对进京车辆、人员的盘查及对各类危险品的防控;加强同周边省市的公共安全协作,落实协作处置预案,做好各项应急准备。

2. 加强日常管理防范。各级公安部门要加大社会面警力投入,保持对各类违法犯罪活动的打击力度;各级综治部门要组织治安巡防队伍和群防群治队伍,辅助加强社会面巡逻防范。各有关职能部门要采取联合巡查、设置社会观察员等措施,加强对城市秩序的日常检查监管工作,落实严格管理控制措施。对前期排查出来的各类重点矛盾纠纷、重点安全隐患要落实限期化解或整改措施,对重点人员依法落实专人监管,严防漏管失控现象。

3. 建立长效工作机制。针对各类社会治安、城市秩序问题和矛盾纠纷、安全隐患等方面,认真总结基层经验,固化有效工作模式,建立健全长效工作制度机制,实现经常化、规范化、长效化的监管、治理和防控。

4. 组织联合测试演练。结合春节、全国"两会"和奥运会综合测试赛安保工作,动员组织各类专业执法力量、职业巡防力量、群防群治力量,比照奥运会安保工作规格,开展等级布防和网格巡控,在全市、区县、涉奥地区分层次组织联合测试演练,及时发现隐患和问题,磨合监管、治理和防控工作机制，提升社会面防控整体效能和工作水平。

5. 组织专项检查验收。各级综治办负责协调组织有关部门，采取联合抽查、明查暗访、派出工作组等形式，对各项行动的效果进行检查验收。重点检查各区县、各部门开展“平安奥运行动”领导指挥体系运行情况、重点人员和重点部位监控防范情况、安全隐患整改落实情况、流动人口管理服务措施落实情况、突出矛盾纠纷和问题处置情况、社会面控制综合演练情况等。

（三）严格控制阶段（2008 年 8 月至 9 月）

主要任务是启动《奥运安保社会面控制工作运行房方案》规范实施社会面等防控计划，对社会面特别是涉澳场所、设施、路线及其周边区域实施严密控制。重点开展以下 4 项工作。

1. 实施社会面全天候立体防控。各区县要科学配置辖区专业警力，组织各类辅助防控力量，本着点面结合、动静结合、专群结合的原则，开展全天候、全方位巡逻防控工作，逐一落实对各类社会面控制工作对象进行防控的责任人员和措施。

2. 加强应急准备和应急处置工作。各区县、各部门要认真落实各项应急预案，做好涉及奥运安全的风险预警、指挥协调、应急处置、恢复重建等准备工作落实人力、物资、通讯、运输、医疗和治安维护等方面的应急保障措施。对奥运会期间的突发事件，由市应急办统一协调有关区县和部门，按规范流程启动应急处置预案，开展应急处置工作，并协调维护现场治安秩序和社会稳定工作。

3. 实施重点防控工作。对各类可能影响社会稳定和奥运会安全的重点人员，逐一落实专项监控防范计划，落实帮教、监护责任人。对各类重点区域，以警力为主、社会单位保安和治安志愿者力量为辅，实行分组巡控。对重点社会单位，落实巡防值守措施，加强内部安全管理。对各类重点部位，实行治安志愿者定点监控、社区巡防队伍周边定线巡防，加强看护。对各类一时难以彻底整改的安全隐患，逐一落实力量进行监控防范。

4. 创新和完善具有首都特色的社会治安综合治理体系。抓住奥运安保工作契机，加强社会面安全保卫工作创新，建立完善具有首都特色的社会治安防控体系、流动人口服务管理体系、城市环境秩序治理体系、刑事犯罪综合预防体系、社会力量动员体系和综治领导责任体系，推动首都社会治安综合治理、维护稳定和社会建设管理工作全面发展。

三、以领导责任制为龙头，层层落实奥运安保工作责任

（一）形成完善的领导责任体系

各区县、各部门要明确自身在组织开展“平安奥运行动”中的主要职责和任务；要实行“分片包干”制，即部门领导包系统、区县领导包街乡、街乡领导干部包社区村、机关干部包片区和楼门院，层层负责，具体指导基层社会面防控工作。

（二）实行奥运安保目标管理责任制

各级党政主要领导要切实把开展“平安奥运行动”放在突出位置来抓。要针对各个时间周期内对重点人员、重点部位、重点区域的具体防控任务，逐一明确防控岗位、防控事项和防控责任，层层分解任务、细化措施、明确目标。各区县、各部门要层层签订社会治安综合治理责任书，切实把安保任务、措施分解到部门、岗位、班组及个人。

（三）实行属地管理责任制

各区县、各部门要把奥运安保和社会面控制工作纳入重点工作并做出全面部署。各部门要在加强督查考核的基础上把基层党政领导开展社会面控制工作的实效作为其任职考核的主要内容；要按照有关督查考评办法，逐月对各街乡镇组织开展“平安奥运行动”和社会面控制运行的情况进行专项督查和定期通报，对被通报批评的街乡镇党政“一把手”实行警示，对连续两次被通报批评的实行社会治安综合治理一票否决。

（四）实行责任追究和倒查制

市纪委、市委组织部、市监察局、市人事局和首都综治办要对各区县、各部门领导干部在奥运安保工作中履行职责的情况加强考核。对组织开展“平安奥运行动”不力、造成严重后果的，各级综治委要启动责任追究和倒查工作程序，对责任人进行责任追究，对责任单位实行社会治安综合治理一票否决。

四、加强对开展“平安奥运行动”的组织领导

（一）切实加强组织领导

成立全市“平安奥运行动”指挥协调领导小组，统筹负责有关工作。“平安奥运行动”日常协调和组织工作由首都综治办、奥运社会面安全保卫指挥部具体承担。各区县、各系统要对应组建专门机构开展工作。全市各级党政领导要切实把维护稳定、确保奥运会安全作为第一位的政治责任和任务,牢固树立首都意识、政治意识、大局意识、忧患意识和责任意识。要结合实际制订开展“平安奥运行动”的具体实施方案。要以最强的组织领导、最高的工作标准、最严密的工作措施,深入推进“平安奥运行动”,确保奥运会绝对安全。

(二)广泛发动群众参与“平安奥运行动”

各区县、各部门要把“平安奥运行动”同基层平安建设工作有机结合开展,以平安社区、平安街道(乡镇)、平安区县以及平安单位、平安校园、平安医院、平安商(市)场、平安旅游景区、平安家庭等系列基层平安创建活动为载体,广泛动员和组织社会各界群众,“参与平安奥运行动”和奥运安保工作,参与维护身边的社会治安秩序和基层社会稳定。

各级宣传部门要充分发挥首都新闻媒体优势,以“人人东道主,携手保平安”为主题,共同开展以维护民族利益、爱国守法为主要内容的“平安奥运”系列专题宣传活动,教育引导群众自觉抵制违法活动和不良行为,为“平安奥运行动”营造良好社会氛围。

(三)大力开展联合执法行动

在奥运会举办前和举办期间,由各区县协调有关职能部门,在涉奥场所及周边开展联合执法行动。重点对涉奥场所、设施及其周边地区实行全天候、全覆盖、不间断联合执法,确保此类场所及其周边地区管理规范、秩序稳定。

(四)切实加强奥运安保队伍建设

要把执法水平和执法形象问题作为奥运会软环境建设的重要内容抓紧抓好,切实加强各类专业执法队伍、治安志愿者群众性自治组织和巡防队建设及安保人员选拔培训,严格队伍管理,确保做到严格执法、文明执法。各职能部门要主动协调,围绕当前工作中的重点、难点问题,制定出台有针对性的政策性措施,明确执法依据,强化奥运政策和法律保障,帮助基层解决执法工作中的实际问题和困难。

(五)加大投入,做好保障

各级党委政府应按照现行财政体制和经费渠道,加大“平安奥运行动”实施过程中人财物等方面的投入。市和区县应将其经费纳入财政预算和政府固定资产投资计划予以保障;要重点保障各类专业执法队伍经费、基层执法队伍经费、基层专职巡防队、流动人口管理员和群防群治队伍经费,以及各类重点部位、重点区域的物(技)防基础设施建设、基本装备费用。

对群防群治队伍实行实名制管理

实名制,是基层群防群治队伍组建和使用中,按照真实姓名逐人登记造册,逐人分配任务、逐人明确职责、逐人兑现奖惩的队伍管理办法,是首都基层群防群治队伍建设在奥运安保社会面防控工作中的首创。

一、基本做法

(一)组建队伍。奥运安保社会面控制工作中群防群治队伍的主要职责是“看住人、管好地、守住物、防住事”,确保社会面安全稳定。各区县、各部门按照“设多少岗位—需要多少防控力量—辖区实有多少力量—是否满足岗位需要—力量补充和加强”的工作流程,测算出辖区社会面控制力量总体需求,在此基础上配齐配强群防群治队伍。

(二)登记造册。为便于管理和使用,各区县、各部门分别以社区(村)和基层单位为作战单元,按照姓名、性别、年龄、联系方式以及身体条件、岗位需求和具体任务等内容,对群防群治力量进行逐人登记。在此基础上逐级上报汇总,制作区县和系统群防群治队伍名册台账,确保群防群治队伍人数、来源等情况底数清、情况明。

(三)布控力量。区县和部门对应责任区、责任单位的防控点位、防控线路、防控部位、防控时段和防控重点人等防控对象,按照“力量服从需求”的原则配置岗位力量，明确每一个防控人员的职责、任务、标准和要求，确保社会面控制工作实现定人、定岗、定责，科学布防，高效工作。

（四）督导检查。社会面防控现场组织过程中可以对照力量布控方案和名册台账部署防控人员，并检查防控人员是否到位，保障最大限度落实防控措施。发生防控责任不落实、防控工作不达标等问题，可以对照名册台账进行责任倒查，确保整改工作及时到位。

二、工作成效

（一）确保防控人员、措施落到实处。实行群防群治队伍实名制，最大限度地将岗位、职责和人员紧密联系在一起，充分调动每一名安保人员的责任心和主动性，使各类社会面防控重点对象的盯防守护工作落到实处、落到人头，是奥运安保社会面控制工作的有力措施。

（二）实现群防群治队伍精细管理和科学使用。实行实名登记和实名布控，使基层能够根据岗位需要招募人员、根据防控登记投放力量，最大限度发挥群防群治队伍的重要作用，节约了人力、物力、财力，降低了行政成本。

（三）提高社会面防控工作效能。实名布控基层群防群治力量，保证工作分工具体、责任明确、标准一致，一改过去群防群治队伍参与安保工作“大拨哄”现象，极大地激发了群防群治群控力量的工作积极性、主动性和创造性，提高了基层防控工作的整体效能。

三、工作启示

（一）成为社会治安综合治理责任制的一种延伸和具体体现。群防群治队伍实名制做法，实际上是责任制在群防群治工作中的有效运用和充分发挥作用的有力例证。这个来自奥运安保社会面控制工作的成功实践再次说明，社会治安综合治理实名责任制的方法和精神，在领导包片、平安建设、流动人口服务管理等综治工作中必将发挥更大的作用。

（二）成为继续探索群防群治队伍规范化管理的有利契机。群防群治队伍实名登记、实名布控的做法，指明了群防群治队伍建设的发展方向，代表了队伍管理和使用规范化的发展水平，是今后提高群防群治工作效能的出发点和着力点。

（三）成为应对艰巨复杂安全保卫任务的“利器”。群防群治队伍在历次重大安全保卫工作中经受住了严峻的考验，史无前例的奥运安保社会面防控工作为群防群治队伍充分发挥基础保障作用搭建了舞台。奥运会、残奥会的成功举办有力证明了实名布控方法是群防群治工作的重要经验和成果，是今后重大安保工作可供借鉴的重要遗产。

（四）成为动员组织广大市民群众参与安全保卫和维护稳定工作的“法宝”。责任到岗、责任到人，使市民群众参与社会面防控有了明确的标准和具体的目标，能够充分体现自身价值和作用，使群众参与安保、维稳工作充满责任感和自豪感，对于焕发群众的积极性、主动性具有不可替代的重要作用。

对社会面控制工作实行台账式管理

为确保各类工作对象底数清、情况明，切实做到社会面控制工作严之又严、细之又细、实之又实，全市各区县、各部门在前期摸排的基础上，分门别类地把全部工作对象建立了档案，实行台账式管理。

一、基本内容

所谓台账，就是各区县、各部门在对重点工作对象进行拉网式调查摸底的基础上，根据管辖范围或权限，分门别类地建立的底数完备、条目清楚、事项明确、管理规范、动态更新的传统纸质档案和现代电子档案。台账式管理通过对工作对象建立档案，逐一落实防控责任、防控力量和防控措施，实行及时有效的监控，强化社会面控制实效。主要的台账有以下几种：一是重点人员防控工作台账。此类重点台账分别由其对应的职能部门负责建立。二是重点区域防控工作台账。主要包括辖区人员密集的繁华街区或大型公共场所、涉奥行车路线站点及重点交通干要道，以及奥运场馆、驻地、定点医院和相关设施周边区域。此类防控工作台账先由各区县确定重点区域，再组织有关地区或部门共同建立维护。三是重点单位防控工作台账。主要包括各类涉及水、电、气、热等重点要害部门，重点物资的仓储或流通单位、各类党政军机关、电台电视等新闻媒体单位等各类重点防控单位。此类工作台账由区县负责组织有关地区或部门建立维护。四是重点部位防控工作台账。主要包括地（城）铁出入口或铁路站点、道口、桥梁、涵洞，公共交通站点、线路，有线电视光接点、无线通讯基站，涉奥场所周边区域、重点地下空间场所，进出京市界等重点防控部位。此类工作台账由区县确定重点部位并负责组织有关地区或部门建立维护。五是辖区综合防控工作台账。主要明确辖区基本情况、物技防设施分布情况，各类治安、安全隐患情况，各类矛盾纠纷情况和重点信访问题，巡防网格划分情况、辖区防控力量部署情况等各类重点防控事项。此类台账由区县负责组织各地区建立维护。六是“护城河工程”重点事项防控台账。全市同天津、河北接壤各区县会同津、冀两地有关地市（县）、乡镇，对可能影响首都安全稳定的刑事犯罪专案协查事务、重点人员及重点矛盾纠纷协作处置事务、出入京交通路站防控协作事务、治安检查站及其相关防控事务开展排查摸底，并由有关责任部门建立专项工作台账。

二、工作成效

（一）实现了对防控对象的全覆盖。全市、各区县、街乡镇、社区村在反复排查的基础上，针对涉及社会面安全的人、地、物、事、组织，逐级建立完善了一整套传统式和现代电子式的社会面防控工作重点台账，确保防控对象全部纳入视线。

（二）是实现了基础工作的底数清、情况明。依托工作台账，各区县、各部门对重点防控对象，逐人逐事评估风险等级，配置防控人员，确定防控标准，规范防控措施，基本做到底数清、情况明、数据全、信息灵、反应快。

（三）实现了动态环境下的科学管控。通过随时更新的台账信息和实名配置防控人员，我们做到了防控对象在动态变化过程中的全程监控，实现了管控方式的科学规范，保证了常态下能够落实点对点防控，紧急情况下可以实现扁平化指挥。

三、工作启示

（一）对重点工作对象的台账式管理体现了城市管理精细化的理念。台账式管理改变了以往一次活动一排查、排查结果不固定的情况，减少了大量的人财物的重复投入和无效消耗，实现了对重点工作对象的实时监控和防控力量的精确投放，对于提升工作水平、提高工作效率起到了积极的作用。这种工作方法是现代管理理论在治安防控工作中的具体实践，体现了城市管理精细化的理念，也要求我们在今后的各项工作中，要按照精细化管理的要求，充分考虑各种可能出现的情况，严谨细致地制定各项工作方案预案，切实做到组织到位、力量到位、措施到位。

（二）新时期基层基础工作的方法手段必须与时俱进。台账式管理的成功经验为加强新时期基层基础工作提供了借鉴。新时期的基层基础工作不仅是人财物等硬件的建设，更主要的是工作方式方法、体制机制等软件的建设，要求我们要进一步解放思想，创新思路，运用各种可能可行的方法手段，实现基层基础工作的与时俱进。

（三）必须建立围绕人地物事组织等重点工作对象的摸排新机制。各区县、各部门通过深入细致的摸排，根据工作对象的动态特征、风险等级、布控力量、责任主体、防控状态等变化情况，及时更新工作台账，对重点对象底数情况的掌握细化到了每一天的具体数量变化，为及时发布防控提示、指导力量配置、实现动态环境下的科学管控奠定了基础。这种管理模式建立在前期对工作对象进行深入摸排的基础之上。没有大量细致的摸排，不掌握基本情况，工作台账就无法建立；不掌握变化情况，工作台账就是一本死账，就无法发挥其应有的“指向标”作用。这就要求我们要积极探索工作对象摸排的有效途径，建立健全工作对象摸排的新机制，确保对全部工作对象底数清、情况明，全部落实管控措施。

首都综治委、办组成人员情况

主　任　王安顺　市委副书记、政法委书记

副主任　马振川　市委常委、市公安局长

赵凤桐　副市长

委　员　杨金永　中央直属机关工委副书记

邵旭军　中央国家机关工委副书记

高　翔　国务院机关事务管理局副局长

胡增印　中央综治办督导室主任

黄双全　公安部治安管理局副局长

张朝生　中央宣传部办公厅副主任

陆春耕　解放军总政保卫部保卫和警卫局副局长

李　伟　市委副秘书长、市委政法委常务副书记

段桂青　市委政法委副书记

刘大为　市委政法委副书记

李万钧　市委政法委副书记、首都综治办主任、市流管办主任

史绍洁　市委组织部副部长

杨小兵　市监察局副局长

程　静　市人事局副局长

游广斌　市委办公厅副主任

李　珍　市政府办公厅副巡视员

潘爱兵　市人大内务司法办副主任

刘汉湘　市政协社法委副主任

肖　培　市委宣传部副部长

高祥阳　市委教育工委常务副书记

张　新　市委农工委委员

郭积勇　市委卫生局副局长

萧有茂　市委610办公室副主任

刘树年　市委市政府信访办副主任

李灵雁　市政府法制办副主任

张俊明　市国资委副主任、纪委书记

孙　卫　市规划委委员

张农科　市建委委员

车克欣　市城管执法局局长

刘　缙　市交通委委员

宗绪盛　市民防局副局长

王文杰　市财政局副局长

时纯利　市总工会副主席

王　粤　团市委副书记

杨秀珍　市妇联副主席

刘海双　北京卫戍区副政委

刘巨田　武警北京总队副总队长

朱　江　市高级人民法院副院长

方　工　市人民检察院副检察长

于泓源　市公安局副局长

李建良　市国家安全局副局长

王友江　市司法局副局长

聂志达　市民政局副局长

郑振远　市监狱管理局局长

肖士明　市劳教局局长

宋建国　市公安交通管理局局长

赵子新　市消防局局长

崔建立　市工商行政管理局副局长

任建新　市劳动和社会保障局副巡视员

王　珠　市文化局副局长

冯俊科　市新闻出版局局长

刘　辉　市国土资源局党组副书记、副局长

刁满庆　国家统计局北京调查总队党组副书记

苏文权　市地税局党组副书记、副局长

宋春华　市广播电视局副巡视员

安金明　市旅游局副局长

刘宝军　市园林绿化局党组副书记

刘　辉　市国土资源局党组副书记、副局长

陈江河　北京铁路局副局长

刘跃林　北京保监局局长助理

刘春锋　市安全生产监督管理局副局长

首都综治办(市流管办)内设机构

首都综治办(市流管办)主任:李万钧

市流管办常务副主任：苗　林
市流管办副主任：于泓源（兼）　苗乐如（兼）

首都综治办（市流管办）下设五个处：联络处、区县指导处、秘书处、指导协调处、调研处。

北京市各区、县综治委、办主任名单

地　区	综治委主任	综治办主任	地　区	综治委主任	综治办主任
东城区	冯　熙	杨五一	房山区	苗立峰	游来清
西城区	刘跃平	王　静	通州区	李玉君	王金成
崇文区	滕盛萍	李　丽	顺义区	周颖博	王金广
宣武区	周开让	赵友新	昌平区	潘建新	贺德纯
朝阳区	佟克克	战玉贵	大兴区	孟令华	董　涛
丰台区	阎满成	姚建国	怀柔区	李树江	宋长华
石景山区	王春杰	刘道东	平谷区	刘　军	李泉江
海淀区	贾沫微	刘志平	密云县	王玉江	田立文
门头沟区	韩生辉	陈　波	延庆县	陈合安	袁和忠

（撰稿人：卜志勇
审稿人：李万钧　胡增印）

天　津　市

2008 年社会治安综合治理工作概况

2008 年，在中央综治委和市委的领导下，天津市社会治安综合治理工作深入贯彻落实科学发展观，认真落实胡锦涛总书记提出的“两个走在全国前列”、“一个排头兵”的重要要求，紧紧围绕市委“一二三四五六”的奋斗目标、工作思路，牢固树立发展是第一要务，稳定是第一责任的理念，以平安天津建设为主线，以确保奥运会和夏季达沃斯论坛成功举办为重点，充分发挥社会治安综合治理组织体系和责任体系的优势，充分发挥各级综治委成员单位的职能，充分发挥广大人民群众建设平安天津的主体作用，在加大解决人民群众关注的治安热点问题力度、加大为经济社会发展提供良好服务保障力度等方面取得了新突破，出色完成了协办奥运会和举办夏季达沃斯论坛的安保任务，全市治安良好、社会稳定，为实现天津科学发展和谐发展率先发展创造了和谐稳定的社会环境。

市委书记张高丽多次主持召开市委常委会听取工作汇报、作出工作部署，全年对综治工作先后专题作出 8 次重要批示。市委副书记、市长黄兴国，市委副书记、市政协主席邢元敏等领导同志多次召开会议对深化平安天津建设提出要求，深入基层推动各项综治维稳措施落实。市委常委、市委政法委书记散襄军同志直接谋划全市平安建设、综合治理的整体思路和工作创新，深入调查研究，强化组织推动，有力促进工作的深入开展。全市先后召开了协办奥运安保动员大会、社会治安综合治理工作会议、反恐工作会议、信访工作会议和“平安社区行动”动员大会，对不同阶段的综治维稳工作作出安排。

一、严格落实各项安保措施，确保奥运会和夏季达沃斯论坛圆满成功

全市政法各部门和武警、驻津部队协同作战，做到无缝衔接、全域覆盖。制定反恐总体预案 3 项，分预案 152 项，建立了 16 支反恐专业队伍。全市组建了 190 个督导检查组，先后对 1 万余个重点部位进行严格检查。组建了 21 万人的“平安天津志愿者”队伍，服务奥运安保和社会面控制。投入大量人力、物力，严格落实安保措施，确保了天津市协办奥运会和举办夏季达沃斯论坛的圆满成功。奥运火炬在津传递期间，全市共调动公安民警、驻津部队、武警官兵和“平安天津志愿者”20 万人次维护传递沿线和社会面安全。奥运会和夏季达沃斯论坛举办期间，全市每天投入专业治安力量 8000 余人次，辅警和志愿者 2 万余人次加强社会面巡控，社会治安平稳有序，做到了大事不出、小事也未出，实现了“平安奥运”和“平安达沃斯”的目标。

围绕“平安奥运”要求，深入实施“护城河工程”。奥运会期间，对 11 条进京通道实行严格管控，确保无一危险分子、无一危险物品进入北京。各区县和有关部门对北京地区电网输电线路、通信和广播电视设施以及进京油、气管线严防死守，充分发挥了首都安全屏障作用。

二、严密防范敌对势力的破坏活动，全力维护国家政权稳定

各级政法机关会同相关方面严密防范、严厉打击境内外敌对势力的破坏活动，切实维护了国家安全。加强了情报信息的搜集研判，落实了情报会商制度，形成了公安机关、国家安全机关、武警、军队等专业情报部门协作配合的情报信息网络，不断拓展情报信息的深度和广度，努力提高情报质量，加强对情报的分析研判，始终把握了工作的主动权，有效提高了防范能力和准确打击能力。创建了联勤联动机制，密切了公安、军队、武警等方面的配合，加强了单位之间、部门之间、军地之间的联系沟通，形成了统一指挥、整体联动、运转高效的陆、海、空立体防范格局，做到了无缝衔接、高度戒备、严密防范、快速反应、高效处置。依法打击敌对势力和“法轮功”邪教组织的破坏活动，破获涉恐涉奥案件3起，抓获恐怖分子10名，实现了无“法轮功”人员进京滋事、无人员聚集、无广播电视插播、无大幅反动条幅和重大恶性事件的目标。

三、深入排查化解矛盾纠纷，有效维护社会和谐稳定

全市集中开展4次拉网式集中排查突出矛盾纠纷活动，共排查出各类矛盾纠纷23677件，其中22659件得到及时化解。排查出88件突出不稳定问题和103件涉奥不稳定问题，确定了2.7万名重点人，全部做到了有专门工作小组、有调处工作方案、有领导包案、有稳控措施。围绕排查出的涉及土地征用、房屋拆迁、企业改制、食品药品安全等方面的重点问题，各区县和市综治委各成员单位明确了责任、加强了协作配合，95.7%的矛盾纠纷得到及时化解，解决了一批影响奥运会、夏季达沃斯论坛安全和制约经济发展的突出问题。全市深入开展大接访活动，采取开门接访、联合接访、网络接访、干部下访等措施，促进了群众合理诉求的解决机制不断健全。各级领导班子成员亲自包案、亲自接待、亲自疏导、亲自协调，把为群众办实事、解难题作为学习实践科学发展观的具体内容，集中解决群众反映强烈的热点难点问题，消除影响稳定隐患。进京访、涉法涉诉信访和群体性事件明显下降，为实现全市又好又快发展提供了坚强保障。

四、组建“平安天津志愿者”队伍，形成群防群治工作新格局

围绕平安奥运的目标，全市招募了21万名“平安天津志愿者”，直接服务奥运安保和社会治安防控工作。广大志愿者在维护火炬传递沿线秩序、落实奥运赛场周边安全保卫、做好社会面控制以及城乡社区、企事业单位安全防范工作等方面发挥了重要作用。奥运会后，市委、市政府决定整建制保留“平安天津志愿者”队伍，建立长效工作机制，为深入推进平安天津建设做出新贡献。市综治委积极探索建立了“平安天津志愿者”社会化、网络化、信息化的长效工作机制，完善了组织管理体系和工作激励机制，根据志愿者的职业、年龄、自身条件等特点，组织志愿者参加基层治安巡逻、收集情报信息、开展治安防范，实现了“平安天津志愿者”由阶段性工作向经常性工作的转变，形成了专门机关与群众工作相结合、专职队伍与志愿者参与相结合、企事业单位与街道社区相结合的群防群治工作新格局。

以解决入室盗窃和盗窃机动车、自行车等群众关心的突出治安问题为重点，充分发挥“平安天津志愿者”队伍的优势，以居委会辖区和行政村为单位，全面开展了“平安社区行动”。按照市综治委统一组织、主管单位牵头、综治委成员单位共同参与的模式，组织各方面力量，开展了“平安校园行动”、“平安网吧行动”、“平安文化市场行动”、“平安边界行动”、“平安交通行动”等系列平安行动。

五、深入开展严打整治，群众安全感和治安满意度明显提高

全市深入开展了“打黑除恶”、打击“两抢一盗”、“打盗抢抓逃犯”等专项斗争。坚持“打早打小、除恶务尽”的原则，摧毁黑社会性质组织、黑恶势力团伙77个，侦破“两抢一盗”案件（抢劫、抢夺、盗窃案件）17030起。针对案件多发时段和地区，多警种联动出击，加大防控和打击力度，最大限度压缩犯罪空间，对社会治安局势的掌控能力有效增强。综治、公安、工商、广电等部门协同作战，联合打击盗窃破坏“三电”设施犯罪，开展为期8个月的整治废旧金属收购行业专项行动，破获各类盗窃破坏“三电”设施案件395起，摧毁犯罪团伙11个，缴获财物总价值134万元。综治、公安、安监等部门联合开展油气田及输油管线专项整治行动，有效预防和打击打孔盗油违法犯罪。中石油、中石化、中航油所属输油气管道实现了“低发案”或“零发案”；大港油田地区及输油气管道生产治安秩序良好，维护了企业正常生产经营秩序。以压发案、防事故、保畅通保安全为目标，深入开展了铁路护路联防工作，盗窃破坏铁路设施和铁路运输物资案件得到有效遏制，路外伤亡事故和死亡人数分别下降了26.7%和14%。围绕奥运安保工作，对461个地区、单位进行了重点整治；结合“平安社区行动”，对500个入户盗窃和盗窃机动车、自行车问题相对集中的社区、村进行滚动整治。重点整治中，共破获各类刑事案件13102起，其中破获“八类”案件1217起，破案率87.4%，打掉恶势力团伙62个，收缴枪支1156支，子弹16000发，查处“黄赌毒”案件1534起，查处违法人员22503人。对赌博违法犯罪活动开展了持续不断的打击整治，2008年全市共查获赌博案件712起，赌博窝点21个；查处赌博人员4367人，其中逮捕53人、劳动教养8人、行政拘留3114人、罚款859人，其他处理1253人；收缴赌资760万元，赌博机612台。

市统计局问卷调查显示，2008年认为居住地区安全和基本安全的群众占94.64%，比2007年上升3.39个百分点；94.95%的群众对社会治安状况表示满意。2008年12月25日，新华社《瞭望东方周刊》主办的中国最具幸福感城市调查中，天津市入选中国十大最具幸福感城市，其中群众安全感名列第一。

六、市综治委各成员单位、专门工作领导小组充分发挥职能作用，扎实推进平安天津建设

市综治委各成员单位以平安天津建设为载体，充分发挥职能作用，坚决维护国家安全、社会安全、公共安全和治安安全，努力营造安定、和谐、有序的社会环境。市人大常委会通过了《天津市法制宣传教育条例》，把法制宣传教育上升到法制层面规范运行。在市综治委统一组织下，公安、司法、宣传、教育卫生、规划建设、交通、工商、文化等部门和共青团、妇联组织，深入开展“平安校园”、“平安网吧”、“平安文化市场”、“平安医院”、“平安工地”、“平安边界”、“平安交通”、“平安家庭”等多种形式的平安创建活动，深入开展“扫黄打非”、打击传销，交通秩序整治等专项治理行动。连续查办了重庆“8·29”非法制售报刊案天津专案、“1·08”非法经营光盘案、“6·03”批销盗版音像制品团伙网络案，有力震慑了违法犯罪分子，促进了文化市场的全面净化。查处传销案件9件，遣返驱散参与传销人员4000余人，端掉传销窝点200余个，抓获传销犯罪嫌疑人68人，打击处理53人。狠抓安全生产和食品安全监管，加大监督检查力度，开展大规模安全隐患排查治理，保证生产安全和食品卫生安全。

根据市委办公厅下发的《关于进一步加强流动人口服务管理工作的意见》要求，不断创新完善流动人口服务管理工作机制。劳动和社会保障、工商、教育、卫生、司法行政等部门从技能培训、就业指导、劳动保障、子女就学、依法维权、帮扶救助、法制教育等多方面提高流动人口服务管理水平，维护和保障流动人口合法权益。全市建立“千校百万”培训工作站200余个，100余万务工青年接受了不同形式的技能、法制等相关知识的培训。办理涉及农民工维权纠纷案件4020件，结案3060件，结案率76.2%，追讨拖欠农民工工资8076万元。以出租房屋和用工单位为重点，做好流动人口建档管理和清理清查，全市登记流动人口224万，发放《暂住证》188万，加大了预防和打击流窜犯罪的力度。全面加强了预防青少年违法犯罪工作，狠抓各类学校法制教育规范化。以社会闲散青少年、贫困家庭青少年、服刑人员未成年子女、流浪未成年人等特殊群体为重点，落实了帮扶救助措施。各区县通过选派政法部门干警、优秀教师、法律工作者、老党员、老干部进社区的形式，进一步整合了预防青少年违法犯罪的专兼职力量。狠抓了市人大常委会重新修订的《天津市未成年人保护条例》的实施，加快了未成年人保护工作法制化进程。深入实施了“挽救工程”，各级政法部门对有轻微违法犯罪行为的未成年人积极进行挽救帮教，形成了办理未成年人刑事案件相互配套的工作机制。加强了对社区服刑、监外执行人员的衔接管理，有效防止了脱管漏管。通过实施社区矫治和刑释解教人员安置帮教工作，有效预防减少了重新违法犯罪。

七、强化领导责任制，健全完善综治目标管理责任制

市委、市政府与各区县、各系统签订《社会治安综合治理目标责任书》，市综治委主任、副主任和委员组成18个检查组，对各区县落实综治目标责任书情况进行了考核验收。2008年5月28日，市委召开全市社会治安综合治理工作会议，认真贯彻全国社会治安综合治理工作会议精神，对当前和今后一个时期社会治安综合治理工作进行部署。市委常委、市委政法委书记散襄军同志出席会议并讲话。会上，市委、市政府对《2007年度天津市社会治安综合治理目标责任书》优秀达标地区进行表彰，并向1—3名的区县各颁发奖金40000元，对4—6名的区县各颁发奖金30000元。

市综治、纪检、组织、人事、监察五部门定期召开联席会议，研究解决工作中的重点、难点问题，对各区县、各系统、各部门落实平安建设工作情况，党政领导班子和领导干部履行综治职责情况进行督促检查。市委组织部将综治责任书考核结果作为党政领导班子和领导干部年度考核、届中届末考察的重要依据。市综治委与市委组织部联合下发了《关于加强区县领导干部履行社会治安综合治理和维护社会稳定职责情况考察的通知》（津党组通[2008]47号），市综治委与市人事局联合下发了《关于加强对党政领导干部履行社会治安综合治理和维护稳定职责考察工作的通知》，进一步健全了党政领导干部综治政绩档案，规范了在领导干部提拔任用、晋职晋级时书面征求综治部门意见的操作程序。进一步加大了实行综治责任查究和行使一票否决的力度，年内对37个发生影响稳定问题的地区和部门行使了社会治安综合治理一票否决权。

天津市委组织部
天津市社会治安综合治理委员会
关于加强区县领导干部履行社会治安
综合治理和维护社会稳定职责情况考察的通知

（2008年8月7日）

各区委县委，市社会治安综合治理委员会各成员单位（党组）党委：

根据中央社会治安综合治理委员会、中共中央组织部《关于党委组织部门在参与社会治安综合治理工作中进一步发挥好职能作用的意见》，为进一步落实市委、市政府关于建立健全“决策目标、执行责任、考核监督”三个体系的要求，加强对区县领导干部履行社会治安综合治理和维护社会稳定领导职责情况的考察，提出如下意见：

一、实行社会治安综合治理和维护社会稳定领导责任的考察对象是：区县党政主要领导干部和分管社会治安综合治理、维护社会稳定工作的领导干部。

二、考察领导干部履行社会治安综合治理和维护社会稳定职责情况的主要内容是：市委、市政府与各区县签定的《社会治安综合治理目标责任书》任务完成情况，区县党政主要领导干部和分管领导干部抓社会治安综合治理和维护社会稳定工作的情况。

三、对区县党政主要领导干部和分管领导干部履行社会治安综合治理和维护社会稳定领导职责情况的考察与对区县领导班子、领导干部年度考察一并进行。

四、在考察工作实施前，市委组织部以书面的形式征求市社会治安综合治理委员会对各区县党政主要领导干部和分管领导干部履行社会治安综合治理和维护社会稳定职责情况的意见。征求意见情况作为党政主要领导干部和分管领导干部年度考察评价重要依据。

五、在涉及分管社会治安综合治理、维护社会稳定工作领导干部提拔时，市委组织部在提交市委常委会讨论之前，以书面形式听取市社会治安综合治理委员会的意见。由市社会治安综合治理委员会办公室在两个工作日之内将意见函复给市委组织部。

六、对乡镇、街道党政领导干部社会治安综合治理和维护社会稳定考察工作，请各区县委结合实际参照此意见执行。

附件：1. 区县党政领导干部履行社会治安综合治理和维护社会稳定职责情况表（略）

2. 对拟提拔干部听取社会治安综合治理委员会意见的函(略)

3. 关于×××同志在社会治安综合治理和维护社会稳定工作表现情况的函复(略)

天津市人事局
天津市社会治安综合治理委员会
关于加强对党政领导干部履行社会治安综合治理和维护稳定职责考察工作的通知

(2008年8月29日)

各区县人事局、社会治安综合治理委员会,市社会治安综合治理委员会各成员单位:

根据中央社会治安综合治理委员会、中共中央纪律检查委员会、中共中央组织部、国家人事部、国家监察部《关于实行社会治安综合治理领导责任制的若干规定》,为进一步落实市委、市政府关于建立健全决策目标、执行责任、考核指标体系的工作要求,现就加强对各地区、各单位党政领导干部履行社会治安综合治理和维护稳定职责的考察工作提出以下意见:

一、实行社会治安综合治理和维护稳定领导责任考察的对象是:各区县党政主要领导和分管社会治安综合治理、维护稳定工作的领导干部;市社会治安综合治理委员会各成员单位党政主要领导和分管社会治安综合治理、维护稳定工作的领导干部。

按照中央和我市综治、组织、人事、纪检、监察五部门有关规定,上述人员为本地区、本单位综治、维稳责任人。

二、对党政领导干部履行社会治安综合治理和维护稳定职责情况考察的主要内容是:组织本地区、本单位开展社会治安综合治理和维护稳定工作的实际情况和效果;组织本地区、本单位完成中央社会治安综合治理委员会对我市社会治安综合治理工作考核任务情况。

三、对党政领导干部履行社会治安综合治理和维护稳定职责情况进行考察的程序是:

1. 人事部门在办理各区县、市综治委各成员单位党政领导干部晋级时须书面征求同级社会治安综合治理委员会(社会治安综合治理领导小组)的意见。同级社会治安综合治理委员会办公室(社会治安综合治理领导小组办公室)根据拟晋级人员履行社会治安综合治理、维护社会稳定工作实绩,出具书面意见材料,在两个工作日之内向人事部门作出回复,回复意见随同晋级材料纳入党政领导干部档案。

2. 人事部门拟对党政领导干部办理综合性荣誉称号、嘉奖之前,应把党政领导干部开展社会治安综合治理和维护稳定工作情况作为重要内容,并书面征求同级社会治安综合治理委员会(社会治安综合治理领导小组)意见。同级社会治安综合治理委员会办公室(社会治安综合治理领导小组办公室)在接到人事部门征求意见函后,在两个工作日之内作出回复,回复意见纳入拟表彰对象档案。

3. 对发生影响社会稳定的重大问题,被实行社会治安综合治理责任查究、一票否决的地区和单位,取消被否决地区、单位责任人当年度评先受奖和晋级资格。

4. 各街道、乡镇和区县综治委成员单位党政领导干部履行社会治安综合治理和维护稳定职责的考察工作,由各区县参照此通知执行。

附件:1. 综治、维稳责任人晋级征求意见函(略)

2. 综治、维稳责任人评先、受奖征求意见函（略）

3. 综治维稳责任人晋级、评先、受奖征求意见情况函复（略）

天津市社会治安综合治理委员会关于加强全市街乡镇社会治安综合治理工作中心建设的实施意见

（2008 年 11 月 12 日）

为了整合资源、方便群众，提高基层维护社会稳定、社会治安和社会管理工作的整体效能，根据中央社会治安综合治理委员会《关于进一步加强社会治安综合治理基层基础工作的若干意见》的有关要求，决定在全市各街乡镇成立社会治安综合治理工作中心（以下简称综治工作中心）。现就加强全市各街乡镇综治工作中心建设提出如下意见：

一、指导思想

以邓小平理论、“三个代表”重要思想和科学发展观为指导，以服务天津新发展，满足人民新期待为根本出发点和落脚点，认真贯彻落实中央综治委关于加强基层平安建设和综治组织建设的要求，着力解决当前基层维护稳定、社会治安和社会管理工作力量分散、难以形成合力的突出问题，通过组建街乡镇综治工作中心，形成基层“矛盾联调、治安联防、工作联动、问题联治、平安联创”的工作机制，推进基层平安建设的深入开展，促进全市社会和谐稳定。

二、组建原则

街乡镇综治工作中心是在街乡镇党（工）委、政府（办事处）领导下，以综治办、司法所、信访办为主体，党群、行政、公安、民政、反邪教、人武、工商、城管、土地、安监、劳动、计生、工会、共青团、妇联等部门参加或派员参加，集维护稳定、社会治安、社会管理于一体，协调联动、优势互补、服务大局、方便群众的工作平台。

综治工作中心不列入街乡镇党政机关和事业单位序列，各相关部门人员编制、隶属关系、工作职能不变，但应坚持集中办公或办公场所相对集中。各街乡镇党（工）委书记为中心主任，分管综治工作的党委副书记或政府（办事处）副职担任常务副主任，主持日常工作。

三、主要职能

（一）贯彻执行上级有关社会治安综合治理、维护社会稳定和平安建设工作的部署要求，全面掌握辖区社会治安和社会稳定形势，紧密结合实际，对维护辖区和谐稳定各项工作，向党（工）委、政府（办事处）提出建议，并认真组织实施。

（二）组织开展社会不安定因素和矛盾纠纷排查调处工作。分级分类指导和督促有关部门及时解决群众来信来访反映的问题。对重大不安定因素和矛盾纠纷，统一组织相关部门发挥人民调解、行政调解、司法调解作用，认真做好调处化解工作。协调处置各类突发性和群体性事件。

（三）认真听取居民群众对辖区治安情况和工作情况意见建议。发动辖区内的社区（村）、学校、企事业单位的职工群众，排查治安混乱地区和突出治安问题。组织协调有关部门通过专项斗争、专项治理、重点整治等多种形式进行集中整治。

（四）指导、督促本辖区社会治安防控措施的落实，组织开展平安系列行动。组织协调有关部门和单位做好流动人口服务管理、预防青少年违法犯罪、刑释解教人员帮教安置、社区矫正、禁毒、铁路护路联防、国家安全人民防线和防范处理邪教等专项工作。

（五）组织指导辖区内的社区（村）、学校、企事业单位积极开展各项综治和平安建设工作。督促落实社会治安综合治理目标管理责任制，定期组织检查、指导和考核，落实奖惩措施。

（六）组织开展法制宣传和综治、维稳及平安建设等宣传活动，做好基层政法综治干部和群防群治队伍的教育、培训和管理工作。组织辖区群众参与社会治安综合治理和平安建设工作，积极维护本地区的和谐稳定。

四、运行机制

（一）联调机制。组织集中排查矛盾纠纷，按照分级负责、归口调处原则，落实责任单位、责任人，限期解决。对直接到街乡镇要求调处或其他部门转入的矛盾纠纷和群众来信来访，实行统一受理、统一分流、统一协调、统一督办、统一归档，综合运用人民调解、司法调解、行政调解等方式进行疏导化解。重大疑难或涉及两个以上部门、单位的纠纷案件，由工作中心直接调处或组织有关部门、单位共同解决。

（二）联防机制。定期进行治安形势分析，提出针对性工作意见，及时发布治安预警预报及防范措施建议。狠抓街乡镇社会治安防控体系建设，组织社区、村制订并落实社区治安防控计划，推进社区警务战略深入实施，建立以群众性专职巡控队伍为骨干、“平安天津志愿者”为基础的群防群治网络，组织开展多种形式的治安联防活动，大力推进科技防范，落实治安防控措施，提升治安防范水平。指导督促企事业单位建立健全治安防范队伍，落实内部安全保卫制度，参与区域联防、协防工作。

（三）联动机制。按照综治工作中心职能，统一组织安排开展各项工作。对涉及街乡镇全局的阶段性重点工作，统一调配使用工作中心力量。对发生的群体性事件或苗头，在党（工）委、政府（办事处）统一领导下，组织协调有关部门依法妥善予以处置。

（四）联治机制。定期组织摸排、梳理辖区治安重点地区和突出治安问题，确定重点整治地区、行业、部位，统一组织整治活动。按照上级部署，动员和组织各部门和各单位及广大人民群众积极参与“严打”斗争和各项集中整治、专项整治行动。

（五）联创机制。整合各方面力量，组织开展平安街乡镇、平安社区、平安村、平安单位、平安学校、平安市场、平安医院、平安楼栋院、平安家庭等基层系列平安创建活动。加强外来人口服务管理、预防青少年违法犯罪、学校及周边治安综合治理、刑释解教人员安置帮教、社区矫正、禁毒、铁路护路联防、国家安全人民防线、防范处理邪教、法律服务和法律宣传等工作，丰富创建内涵，提高创建实效。

五、工作制度

（一）议事例会制度。每月召开一次中心工作人员会议，汇报工作情况，分析形势，研究部署工作，制定相应工作对策，总结经验，为领导决策提供依据。

（二）集中会办制度。将街乡镇综治、司法、信访稳定、反邪教及流动人口服务管理等职能科室或分管人员相对集中办公，进一步整合资源，提高工作效率。

（三）协调会办制度。根据各阶段工作重点，集中力量，统筹安排，不定期召开工作协调会，解决工作中的重点、难点问题。

（四）情况通报制度。每月通报一次工作开展情况，表扬好的做法，对工作不落实的单位和个人进行督促，并限期整改。

（五）督查督办制度。对阶段性重点工作、重大事件处置、重大矛盾纠纷的调处等进行专项督查督办。

（六）应急处置制度。制订处置突发性事件和群体性事件预案，遇有突发事件，工作中心相关人员及时到场，开展现场警戒、疏散群众、救护、抢险等处置工作，并及时上报有关情况。

（七）检查考核制度。根据平安社区、平安村、平安单位标准，每季度进行一次明查暗访，半年组织一次考核，年终进行全面检查考核。

（八）台账资料制度。及时搜集整理相关台账资料，分类保存，方便查阅。

六、有关要求

（一）加强组织保障。各区县、街乡镇党委、政府要高度重视，抓紧研究建立组织机构，下发有关文件，制定工作制度，形成工作机制。有条件的街乡镇尽快实行集中办公，尚不完全具备条件的街乡镇也要借助现有条件积极争取。有关部门和专门工作办公室要给予组织上的支持和工作上的指导。建立综治工作中心重在机制建设、工作有序运行和取得实际效果，避免形式主义。要从实际出发、通过典型引路、循序渐进的方式，不断加大保障力度,确保综治工作中心人员、经费、办公场所、办公设施逐步到位,标识、职责、制度、程序、台账规范统一。

(二)加强考核奖惩。各级党委、政府和有关部门要把建设街乡镇综治工作中心作为推进基层平安建设的重要举措,列入《社会治安综合治理目标责任书》考核的重要内容,对街乡镇综治工作中心建设速度快、运行良好、成效明显的,要及时进行表彰推广;对于中心建设不力,没有正常开展工作的要通报批评,并计入年终考核成绩。

(三)加强业务建设。加强街乡镇综治工作中心工作人员政治业务的学习培训,使其掌握有关法律法规和政策规定,提高自身的政治业务素质和组织开展工作的能力。综治工作中心部门之间既要明确分工,又要紧密配合,努力提高工作成效,确保各项工作措施在基层单位得到有效落实。

天津市社会治安综合治理委员会关于在全市开展平安系列行动的意见

(2008 年 11 月 15 日)

当前,各区县和有关部门正在贯彻落实市综治委《关于在全市开展“平安社区行动”的意见》,并取得了初步成效。为了进一步发挥综治委成员单位的职能作用,组织发动“平安天津志愿者”更加广泛深入地参与平安天津建设,在学习实践科学发展观活动中,进一步为人民群众办实事、解难题,市综治委决定,在开展“平安社区行动”的基础上,围绕涉及千家万户、当前群众最关心也最乐于参与解决的突出治安问题,广泛深入开展“平安校园行动”、“平安网吧行动”、“平安文化市场行动”、“平安边界行动”、“平安交通行动”等平安系列行动,并形成长效工作机制,推动全市综治工作再上新水平。

一、指导思想

开展平安系列行动的指导思想和总的要求是,高举中国特色社会主义伟大旗帜,坚持以邓小平理论和“三个代表”重要思想为指导,深入贯彻落实科学发展观,以维护人民群众根本利益、提高人民群众安全感和满意度为目标,以解决人民群众反映强烈的突出治安问题为着力点,充分发挥各级综治委成员单位的职能作用,充分发挥“平安天津志愿者”在内的广大群众参与平安天津建设的主体作用,大力整合社会资源,形成齐抓共管工作格局,不断强化法制宣传教育和社会管理,因地制宜落实安全防范措施,有效提升预防、发现、控制违法犯罪的能力,积极营造青少年健康成长的社会环境,切实保障人民群众安居乐业,为落实胡锦涛总书记“两个走在全国前列”、“一个排头兵”的重要要求和对天津工作的重要批示,实现我市科学发展和谐发展率先发展做出新贡献。

二、工作重点

(一)开展“平安校园行动”的工作重点

开展“平安校园活动”,进一步加强各类学校在校生的教育管理,加强学校周边治安综合治理工作,健全学校、社区、家庭“三位一体”的工作体系,为青少年健康成长创造良好环境,有效预防和减少青少年犯罪。组织有关部门、学校、社区和“平安天津志愿者”重点做好以下工作:

1. 深化学生法制教育。大专院校做到“教学大纲、教材、师资、课时、考核”五到位,其他各类学校做到“教学大纲、教材、师资、课时、考核、兼职法制副校长”六到位。

2. 开展“爱祖国、学法律、创和谐”青少年大型普法系列活动。组织普法宣讲团成员、兼职法制副校长和大学生、律师志愿者在各级各类学校开展法制教育活动。举办以《中华人民共和国未成年人保护法》、《中华人民共和国预防未成年人犯罪法》和《天津市未成年人保护条例》为主要内容的知识竞赛活动。

3. 强化校园内综治工作。组织各类学校中“平安天津志愿者”，通过各种方式参与校园综合治理，采取有力措施维护校园秩序和师生权益，预防和减少各类案件发生，解决师生关注的治安热点问题，提高“平安学校”覆盖率。学校与区县、街乡镇密切配合，解决高校内社区管理中存在的问题。

4. 有效维护校园周边秩序。密切学校与所在地区的联系沟通，开展校园周边地区治安整治活动。在此基础上，以每个中小学校、职专、职校、中专、技校为单位，健全兼职法制副校长为牵头人、有关部门基层单位共同参与的维护校园周边治安长效机制。

5. 加强学校、社区、家庭间的协作配合。落实“青少年违法犯罪社区预防计划”，继续推广选派优秀教师下社区专抓青少年工作的经验，摸索招聘“社工”从事青少年事务管理的途径办法，发动“平安天津志愿者”通过参与家长学校活动、建立青少年问题社区咨询站、实施“挽救工程”、开展平安家庭创建工作等方式，进一步完善学校、社区、家庭“三结合”预防青少年违法犯罪工作机制，使未成年人零犯罪社区覆盖率达到95%以上。

（二）开展“平安网吧行动”的工作重点

开展“平安网吧行动”，以校园周边、居民社区和城乡结合部位为重点区域，以查处接纳未成年人上网、超时经营和取缔黑网吧为重点内容，集中解决群众反映强烈的问题，逐步健全网络管理有效机制。组织各专业部门和“平安天津志愿者”重点开展以下工作：

1. 规范网吧经营行为。推进网吧存量市场结构调整，合理控制网吧总量。对已批准经营的网吧进行全面复核，对擅自变更营业场所、地址或者对营业场所进行改建、扩建等其他重大事项、消防安全不过关、擅自停止技术监管措施、卸载监控软件的，责令停业整改，并切断网络信号接入服务，待整改合格后方准予恢复营业。

2. 严厉查处网吧违法经营行为。坚持专业部门巡查和群众有奖举报相结合的制度，通过明查暗访等方式及时发现网吧经营中的违法行为，坚决查处取缔黑网吧。强化对互联网接入服务企业和出租屋管理，铲除黑网吧生存条件和环境。严格执行网吧处罚量化标准，对接纳未成年人、超时经营、网上传播有害文化信息的网吧，依据法律和相关政策严管重罚。健全违法网吧黑名单制度，强化市场退出机制。

3. 加强对青少年上网行为的引导。通过各种方式加强对青少年的教育，使其了解网络对身心健康的影响，引导青少年自觉文明上网。通过建立校园网络阅览室、社区网络阅览室，开展“文明网吧”创建活动，对依法经营的网吧给予政策支持与奖励等措施，为青少年提供安全文明的上网场所。

4. 健全网络管理措施。加强对网吧的信息安全、消防安全的监管，强化网吧经营管理，维护治安秩序。落实上网人员实名制登记和系统日志留存制度，以及互联网安全保护技术措施。适应网络技术新变化，不断摸索完善网络管理的有效措施和机制，运用科学有效的手段管理计算机网络。

（三）开展“平安文化市场行动”的工作重点

开展“平安文化市场行动”，以解决影响青少年身心健康的突出问题为重点，进一步加大“扫黄打非”、整顿文化市场等工作力度，为青少年健康成长提供优质的社会文化环境。组织各专业部门和“平安天津志愿者”重点开展以下工作：

1. 深入开展“扫黄打非”集中治理，整治出版物市场，取缔非法店档摊点，收缴非法出版物，封堵进境入市渠道，有效打击非法出版活动。加强网络“扫黄打非”工作，删除淫秽色情作品及各类有害信息，关闭违规网站和违规栏目。严厉打击制作、批发、贩卖淫秽光盘团伙和利用航空、铁路、公路等货运渠道运输违法音像制品的行为，坚决查处制作、销售、包装和分发盗版音像制品的地下仓库和批销窝点。

2. 全面加强文化市场知识产权保护，促进文化产业健康繁荣发展。重点保护国产影视作品的发行放映，促进民族影视音像产业健康发展。开展出版物市场法制宣传，组织出版单位公开承诺不出版、不发行非法出版物活动。加强对合法门店的监督检查力度，力争逐步实现“合法门店无盗版”目标。积极培育农村文化市场经营主体，发展积极向上的产品和服务，努力提高农民科技文化素质；加强对农村庙会、物资交流会及其他集市和节庆期间文化活动的监管，防止腐朽落后文化和城市文化垃圾向农村地区转移;坚持开展文化下乡活动,充分利用乡镇文化馆、宣传文化服务中心等公益性文化场所,丰富农村留守儿童、妇女和老人的精神文化生活。

3. 围绕"守法经营、依法管理、健康娱乐"目标,实施歌舞娱乐场所"阳光工程"。根据形势要求,调整方法举措,加强对歌舞娱乐场所的监管,整顿歌舞娱乐场所经营秩序,加强对歌舞娱乐场所禁娼、禁毒、禁赌等方面的法制宣传教育,提高从业人员安全防范意识和守法经营意识,提升歌舞娱乐活动格调,预防和减少违法犯罪活动发生。加大依法查处卖淫嫖娼、赌博、吸毒贩毒等违法犯罪行为的力度,严厉打击从事色情淫秽表演等违规违法演出活动,净化歌舞娱乐场所经营环境。

4. 加强对文艺演出、歌舞娱乐、电子游戏及互联网上网服务等场所及临时搭建舞台、看台的营业性演出活动的安全检查及其从业人员的安全知识培训,保障公众聚集的文化经营场所的消防通道畅通,消防设施有效,减少和防范重大安全责任事故发生。建立完善文化市场突发性事件应急工作预案,妥善处理各类突发事件。

(四)开展"平安边界行动"的工作重点

通过开展"平安边界行动",发展实施"护城河工程"的成功经验,在我市与外省市接界地段、各区县结合部地区落实联防、联治、联控、联管、联调、联打的协作工作措施,摸索建立长效工作机制。各接界地段、结合部地区,组织有关部门和"平安天津志愿者"重点做好以下工作:

1. 在前一时期围绕平安奥运实施"护城河工程"的基础上,根据重大节日、会议、活动等安保任务的需要,继续狠抓市综治委《落实〈京津冀深化"护城河工程"协作协议〉任务分解》各项要求的落实,确保我市社会稳定,为首都北京的重大活动提供可靠的安全保障。

2. 搞好治安和侦防警务协作,开展案件通报协查、联合治安整治行动,打击流窜作案和跨区域犯罪;以治安检查站为依托,加大对可疑车辆和人员的盘查密度和力度,及时发现和控制各类重点人员,查堵各类危险物品;针对自然灾害、环境污染、公共卫生事件和治安灾害事故等公共安全事务,制定协作处置预案并做好人、财、物等各项应急准备。

3. 共同制定社会治安防控体系建设规划,按照"统一筹划、分头实施、整合资源、优势互补"的基本思路,合理安排巡控警力及路线、点位,共保一方平安。定期排摸跨界活动的重点人,及时通报相关情况,共同制定并落实管控措施。

4. 对涉及两地的矛盾纠纷和群体性事件苗头,立足大局、共同协商,形成协调一致的处理意见,明确各有关方面的职责任务,分头开展工作,积极疏导化解。共同制定协同处置预案,及时通报相关情报信息,并加强警力劝阻、设卡拦截和现场处置等措施、预案的演练。

(五)开展"平安交通行动"的工作重点

开展"平安交通行动",以巩固奥运会期间交通秩序整治成果,解决人民群众当前反映强烈的交通安全问题为重点,坚持专门机关与群众工作相结合的方针,充分发挥"平安天津志愿者"作用,发动全社会共同维护交通秩序与交通安全。重点开展以下工作:

1. 公安交管部门与城建、公交、教育等部门密切协作,加强对新开工项目的宏观调控、内部管理和周边整治,减少因工程施工对群众正常出行造成的影响;发展公共交通,合理调整公交线网布局,减少交通压力,减少因公交车辆密集造成的道路交通拥阻;开展以中小学和幼儿园学生及家长为受众的交通安全教育和校园周边地区交通疏导,缓解上学、放学两个高峰时段的交通压力。

2. 按照"勤务跟着流量走,岗位随着问题设"的原则,充分挖掘警力资源,采取有针对性的措施,提高交通管理水平。对排查出的易堵点位,强化日常疏导管控,提高道路通行能力。针对全市性的问题,进行集中整治,集中解决影响交通安全畅通的突出问题。

3. 充分发挥现有阵地作用,根据形势要求创立新的宣传栏目,通过市及区县各类新闻媒体集中开展遵守交通秩序宣传活动,解决交通参与者交通安全法制意识淡薄的突出问题。制作倡导文明交通的视频和音频宣传节目,在道路上所有大型电子显示屏,商场、广场等地点的大屏幕滚动播出交通安全宣传内容。在各长途客运站点、货运物流中心,设立交通安全宣传栏、电视播放设备和交通安全宣传橱窗,悬挂交通安全宣传挂图和标语,播放宣传光盘,发放宣传材料。

4. 在出租车行业开展争当文明使者，争做星级的士活动，规范驾驶行为，杜绝野蛮行驶。组织执法人员对公交、出租车驾驶员吸烟、打手机、不按规定停车、争道抢行等违规行为进行重点治理，除进行教育外，必要时对严重违规人员给予停运等严厉处罚。组织“平安天津志愿者”在社区、村镇和机关、学校以及企事业单位和军营，以对非机动车交通安全教育为重点，开展为广大群众喜闻乐见、通俗易懂、生动活泼的交通安全宣传活动。推广河西区“交警进社区”的做法，摸索建立“交通安全进社区”的长效机制。通过声、屏、报等媒体加大对工程施工需采取临时限制通行、禁止通行的路段和分流路口的告知宣传频率和力度，为群众出行提供方便。

三、责任分工

市综治委成立平安系列行动领导小组，组长由市委常委、市委政法委书记、市综治委主任散襄军同志担任，副组长由市委宣传部、市委教卫工委、市公安局、市综治办主要领导或分管领导担任。领导小组办公室设在市综治办，主任由市委政法委副书记、市综治办主任马广智同志兼任。各单项行动成立由牵头单位担任组长、有关部门共同组成的领导小组和办公室，按照以下分工组织、落实工作要求。

(一)全市“平安校园行动”，由市委教卫工委牵头，市司法局、市民政局、市公安局、市综合执法局、市法学会、市预防青少年违法犯罪工作领导小组办公室参与共同实施。各区县“平安校园行动”，由区县教育局牵头组织有关部门具体实施。

(二)全市“平安网吧行动”、“平安文化市场行动”，由市委宣传部牵头，市委教卫工委、市委规划建设工委、市文化局、市工商局、市公安局、市综合执法局、市通信管理局、市司法局、市预防青少年违法犯罪工作领导小组办公室参与共同实施。各区县“平安网吧行动”、“平安文化市场行动”，由区县委宣传部牵头组织有关部门具体实施。

(三)全市“平安边界行动”，由市公安局牵头，市司法局、市民政局参与共同实施。区县的“平安边界行动”，由各公安分局牵头组织有关部门具体实施。

(四)全市“平安交通行动”，由市公安局牵头，市委宣传部、市委教卫工委、市委规划建设工委、市委交通工委、市司法局、市综合执法局参与共同实施。区县的“平安边界行动”，由各区县交警支队牵头组织有关部门具体实施。

四、工作要求

(一)切实加强领导。各级党委、政府和有关部门要把开展平安系列行动，作为学习实践科学发展观，坚持以人为本，为群众办实事、解难题，满足群众安全需求，深化基层平安建设，维护社会和谐稳定的重要举措，切实纳入重要议事日程，加强组织领导。要结合城市建设、社区建设，加大投入，统筹解决开展平安系列行动所面临的实际问题。要把开展平安系列行动的情况，作为对各部门、各地区落实《社会治安综合治理目标责任书》考评的重要内容，严格考核、严肃奖惩。

(二)密切协作配合。各牵头单位要切实担负起组织协调的责任，与有关部门密切协作，制定具体的单项行动实施意见，成立相应领导小组及办公室，加强推动指导。各有关部门要认真履行好自己的责任，高质量完成好所承担的任务，并与相关方面协调配合，共同解决工作中的难点问题，形成整体合力。区县综治委是整体组织本地区开展平安系列行动的领导机构，要成立有关方面参加的平安系列行动领导小组及办公室，全面掌握各单项行动的工作进程，协调好各单项行动之间的关系，督促各牵头单位组织有关方面完成任务。

(三)充分发动群众。人民群众是开展平安系列行动的主体。要把宣传群众、发动群众、组织群众贯穿始终。要结合各单项行动的特点，通过各种形式了解群众的意见、要求和工作建议，调动广大群众广泛参与的积极性。要把解决群众关注的治安热点问题作为开展平安系列行动的工作主线，通过扎实有效的措施，满足广大群众对综治工作的新期待。要进一步巩固和壮大“平安天津志愿者”队伍，充分发挥“平安天津志愿者”在平安系列行动中的作用，为落实各项工作奠定坚实群众基础。

(四)强化过程管理。区县综治委及各单项行动领导小组要建立工作台账，全面掌握开展平安系列行动的工作进程，定期分析工作形势，及时调整工作措施，推动工作不断深入。有关情况及时报送市综治委。市、区县综治委及各单项行动领导小组要组织督查组，采取明查暗访等方式进行检查指导，协调解决问题。要建立督查情况定期通报制度，对工作成效明显的及时进行表扬，对工作措施不到位的严肃批评，督促整改。

（五）搞好舆论宣传。要根据开展平安系列行动的具体安排和单项行动特点，制定宣传计划，并狠抓落实。根据工作进程，确定不同阶段的宣传重点，贴近实际、贴近群众，大力宣传各地区、各部门开展平安系列行动取得的显著成效，宣传开展平安系列行动的典型经验及做法，宣传广大人民群众积极参与平安系列行动的感人事迹，为工作不断深入发展创造良好的舆论氛围。适时召开大会，推广典型，对平安系列活动中涌现出来的先进单位、先进个人进行隆重表彰。

（六）建立长效机制。通过开展平安系列活动，认真研究新形势下面临的新情况、新问题，积极探索深化社会治安综合治理的新途径、新办法，立足现实、着眼长远，充分发挥综合治理平台作用，组织协调各有关方面齐抓共管，运用综合的手段解决关系群众切身利益的治安问题的长效工作机制，创新综治工作，不断提升平安天津建设的新水平。

强化街乡镇综治办正规化建设
用过硬的专职队伍创过硬的基层工作

一、党委政府重视，狠抓文件落实，确保机构、编制、人员、经费四到位

天津市委、市政府高度重视基层综治组织建设。市委书记张高丽不仅在市委常委会和全市社会治安综合治理工作会议上提出明确要求，还多次深入街乡镇实地考察综治组织建设，与基层综治办干部共同研究深化平安建设的具体措施。市综治委、市委组织部、市人事局、市编委坚决落实市委、市政府要求，在机构改革的关键时刻两次联合下发文件，对街乡镇综治办机构设置作出明确具体的规定，使街乡镇综治办在区街机构改革中不仅未被削弱，反而加强。目前我市街乡镇综治办做到了“四到位”。一是机构到位。全市240个街乡镇综治办，全部是经过市委、市政府批准的区县“三定方案”确认的正式机构，其规格各区为正科级，各县为县局属科级。二是编制到位。街乡镇综治办人员编制为市编办核准的正式行政编制，其中每个街道综治办人员编制不少于4人，每个乡镇综治办人员编制不少于3人（均不含街乡镇专抓综治工作的党委副书记）。三是人员到位。各街乡镇按照核定编制落实专职工作人员。市、区县建立街乡镇综治办干部电子档案，专职干部人事变动情况15日内报市综治办备案。每年市委、市政府与区县签定综治目标责任书，都把街乡镇综治干部到位情况作为重要内容严格考核，辖区内街乡镇综治干部全部到位，才认定该区县此项工作达标。目前全市街乡镇综治办共有专职干部1239人，平均每个街乡镇5.16人。四是经费到位。街乡镇综治办所需经费纳入财政预算，按辖区人口计算，人均不少于1元。去年全市街乡镇综治办除日常行政办公经费外，专门工作经费到位超过1700万元，平均每个街乡镇7.1万元，硬件建设至少达到“五个一”，即一部车、一台能够进行网络连接的电脑、一台兼具电话、传真、打印、扫描功能的一体机、一部数码照相机、一部DVD数码摄像机。

二、围绕平安建设，拓展工作平台，做到有责任、有压力、有抓手、有创新、有权威

在平安天津建设中，本着固本强基、积“小安”为“大安”的工作思路，明确不同阶段工作目标，与时俱进地细化对街乡镇综治办的工作要求，充分发挥基层综治平台作用，不断更新观念，拓宽工作范围、充实工作内容、提升工作水平。为此狠抓以下措施：一是职责法定。《天津市社会治安综合治理条例》和综治、组织、人事、编制部门联合下发的规范性文件，对街乡镇综治办的主要职责作出权威性的明确具体的规定。街乡镇综治办的主要职责是，掌握、分析辖区内治安形势和工作动态，结合上级综治工作部署，拟定工作计划、方案，经党委政府决策后，组织、指导居、村和企事业单位落实，并协调有关部门共同解决辖区稳定和突出治安问题。二是充分授权。严格实行属地管理，街乡镇综治办的管辖范围不仅包括社区、村，而且包括坐落在辖区内的中央和市、区县所属的企事业单位及各种所有制经济组织，对其综治工作不仅有知情权、指导权、协调权，而且有监督检查权、表彰批评权、平安荣誉称号审核权和对单位主要领导、分管领导的党纪、政纪处分建议权。在实施综治一票否决权过程中，既有否决建议权，又有对上一级部门隶属单位的否决决定权。三是机制保障。市综治委紧紧围绕街乡镇排查调处矛盾纠纷、排查整治混乱地区突出问题、治安防控、社会管理和重点群体帮助教育等项工作任务，提出明确的工作目标，从形势分析、组织协调、资源整合、考核奖惩等方面建立各项制度，形成工作机制，以保障街乡镇综治办工作正常运行和目标任务措施的落实。四是激励创新。市综治委每年组织街乡镇综治办开展创新争优活动，对基层创造的新鲜经验和特色工作，采取大会展示、相互点评、交叉打分的方式，逐一进行民主评议，并作为重要内容纳入责任书考核。在落实胡锦涛总书记“两个走在前列、一个排头兵”要求的过程中，市综治委又提出基层综治工作首先要走在前列，并广泛开展“解放思想，干事创业，科学发展”大学习、大讨论活动，促进街乡镇综治办进一步转变观念、调整举措，不断加大创新力度。五是加强督导。市和区县综治办对街乡镇综治办开展工作情况实行即时监督。街乡镇综治办在所辖社区、村、企事业单位建立工作台账的基础上，每季度将辖区治安、稳定状况和平安建设工作进程、群众问卷结果，上报区县及市综治办。市综治办采取整体推动与个别指导相结合、定期检测与日常抽查相结合、自查与互查相结合、明查与暗访相结合，并组织和根据市有关部门开展的公众问卷调查和对新收罪犯全员问卷调查的结果，实施即时检测，及时发现问题，有针对性指导基层开展工作。通过以上措施，使街乡镇综治办做到有责任、有压力、有抓手、有创新、有权威，成为街乡镇党委政府在维护稳定和治安方面不可或缺的得力参谋助手，成为基层维护稳定、矛盾纠纷排查调处、治安防范控制和社会管理的指挥、协调中心。

三、狠抓“三个统一”，强化队伍建设，做到素质高、业务精、作风硬

一是按照配齐配强原则，统一任职要求。街乡镇综治办专职干部除具备国家公务员条件外，还必须具有大专以上学历、两年以上社会工作经历和处理解决实际问题的能力。全市1239名街乡镇综治办专职干部均已达到上述标准。按照综治、组织、人事、编制部门联合下发的文件要求，许多区县将街乡镇综治办作为培养选拔后备干部的重要基地，将89名综合素质高、有发展前途、需要实际锻炼的年轻后备干部，安排到街乡镇综治办锻炼考察。二是按照形势任务要求，统一培训上岗。市综治办根据稳定和治安形势以及综治工作进程，每年组织对全市街乡镇综治办专职干部进行形势、任务、方法、技能的全面培训。培训后统一考试，考试合格者颁发全市统一制作的上岗证，不合格者下岗学习，再考试不合格者调离综治工作岗位。通过培训教育，使街乡镇综治办专职干部达到“三高三善于”要求，即：现场处理问题能力高，善于做群众工作；解决难点问题能力高，善于协调工作；业务水平高，善于指导工作，为顺利完成基层各项综治任务，做好知识更新和能力储备。三是按照奖优罚劣制度，严格管理队伍。全市规定了街乡镇综治专职干部的八项工作纪律和各项工作制度，每年结合责任书考核对综治专职干部违法违纪情况进行专项检查。队伍出问题的，扣区县党政主要领导的分；人员出问题的从严处理，直至调离、开除。与此同时，加大激励先进的力度。市委、市政府表彰综治先进坚持向基层倾斜，并开展创建“街乡镇优秀综治办”和“十查十比”活动，即查领导真抓实干，比解决实际问题；查年度工作计划，比目标任务完成；查治安形势分析，比底数情况清晰；查防范措施落实，比降低实际发案；查重点人员管理，比预防减少犯罪；查预防矛盾纠纷，比息诉罢访效果；查平安创建规划，比平安创建数量；查部门履行职责，比齐抓共管力度；查驾驭治安能力，比群众满意程度；查工作过程记载，比档案规范管理。通过以上活动，有效调动了街乡镇综治办争先创优的积极性。近年来，全市先后有50%以上的街乡镇综治办被中央和我市评为先进集体、优秀综治办等称号，165名街乡镇综治专职干部受到全国和天津市的表彰，132名综治办专职干部被提拔使用。

组建“平安天津志愿者”队伍 开创群防群治工作新局面

在奥运安保工作中，天津市通过组建“平安天津志愿者”队伍，把广大人民群众支持和参与奥运会的巨大热情，转化为服务奥运安保、维护社会和谐稳定的实际行动，为圆满完成协办北京奥运会各项任务奠定了坚实的群众基础。奥运会闭幕后，按照市委关于整建制保留“平安天津志愿者”队伍的要求，市综治委总结志愿者参与平安奥运行动的成功经验，建立长效机制，使这支队伍在平安天津建设中长期发挥作用。

一、领导重视，总体思路明确

市委、市政府对组织“平安天津志愿者”做好奥运安保工作高度重视，将其作为发动群众参与平安奥运和平安天津建设的重要举措，纳入协办奥运会的整体工作安排。市委书记张高丽同志多次召开市委常委会听取汇报并提出明确要求。市委常委、市委政法委书记、市综治委主任散襄军同志就“平安天津志愿者”队伍的组建、管理和使用提出明确的指导意见。市综治办认真研究整体方案和工作部署，并会同公安等有关部门，在各个阶段细化工作措施和要求。各区县、各系统和有关部门，本着“任务分解到位、时段细化到点、责任落实到人”的原则，狠抓工作落实。国家奥组委对“平安天津志愿者”工作给予高度评价。市委书记张高丽批示：感谢大家的辛勤工作，向同志们表示问候和敬意。并要求奥运会结束后，整建制保留志愿者队伍，建立长效工作机制，为深入推进平安天津建设做出新的贡献。

二、发动充分，群众热情高涨

市及区县、街乡镇层层召开动员大会，组织平安奥运大型宣讲活动和“平安天津志愿者”集中宣传日活动。天津人民广播电台开设了“平安天津志愿者”专题节目，并开通了报名热线。天津市主要报刊和天津政法综治网设立专栏、刊登报名表，接受群众报名。城乡社区、单位设立了报名点，通过橱窗、板报、入户等形式进行深入宣传发动。短短的一个月时间，30余万名群众通过各种方式报名参加，经过筛选共招募了“平安天津志愿者”218819人。其中，街道社区群众占53%，党政机关、企事业单位干部职工占33%，各类院校师生占14%，内有外地来津务工经商人员12000余人。

三、运行规范，职责任务落实

全市建立志愿者队伍四级指挥体系，市成立了“平安天津志愿者”总队，区县、街乡镇、社区分别成立了20个支队，412个大队，5300个中队，实现了3小时之内全市志愿者能够集结到位、展开行动的目标。市综治委为所有志愿者配发统一服装、工作证件和培训手册。明确了“平安天津志愿者”担负开展平安奥运宣传、收集治安维稳信息、维护火炬传递沿线秩序、落实奥运赛场周边安全保卫措施、做好社会面控制以及城乡社区、企事业单位安全防范工作等六项职能，形成了“平安天津志愿者”队伍与专门工作力量相结合，社会面整体防范与重点要害部位控制相结合，经常性工作与集中行动相结合的工作格局。奥运期间，全市“平安天津志愿者”共提供各类情况信息28000余条，调解民间矛盾纠纷3400余起，协助公安机关抓获一批违法犯罪嫌疑人。15万名志愿者直接参与了奥运火炬在津传递和协办12场奥足赛事现场的安保工作。

四、管理严格，组织缜密有序

按照“边招募、边审查、边注册”的方式，各级公安机关通过网上比对、走访了解等形式，对报名参加“平安天津志愿者”的人员进行了严格的资格审查,确保每名志愿者政治上绝对可靠。全市“平安天津志愿者”全部实行实名制登记,建立包括志愿者编号、照片、姓名、性别、年龄、所属区县等基本信息的微机数据库,实施动态管理。组织了市、区县、街乡镇志愿者三级培训,向所有志愿者发放了培训教材和《平安天津志愿者手册》,围绕公共礼仪、安全防范、反恐防暴、突发事件处置等重点内容,采取集中授课、印发教材、实战演练等方式,对21万余名志愿者进行了全员培训。建立志愿者工作督导检查和情况通报制度,采取日常检查和不定期抽查等方式,层层检查督导。对组织工作严密、志愿者认真履行职责的及时给予表扬,对组织工作不得力、任务措施不落实的给予通报批评。对个别不能履行志愿者职责、连续三次不参加活动的取消其资格。

五、保障有力,激励作用明显

为了保证“平安天津志愿者”工作顺利开展,全市各级财政划拨了1000余万元专项资金。市综治委制定了对优秀“平安天津志愿者”予以表彰奖励的具体意见,适时组织开展评选活动。“平安天津志愿者”在奥运安保工作中提供有价值治安信息或做出其他突出贡献的,由所在地区见义勇为协会按照公共安全信息员的奖励标准及时予以奖励。构成见义勇为行为的,按照《天津市见义勇为人员奖励和保护条例》予以确认和奖励,做出重大贡献的,授予荣誉称号;负伤、致残或牺牲的,予以保护和抚恤;符合革命烈士条件的,报请市人民政府追认革命烈士称号。一些区县为“平安天津志愿者”购买了人身意外伤害保险。各级党委、政府和有关部门,根据志愿者参与奥运安保工作的强度和环境,注重解决好就餐、饮水、交通、健康、安全等实际问题,保护志愿者的工作热情,体现党和政府的关心爱护。

奥运会闭幕后,根据市委、市政府“整建制保留‘平安天津志愿者’队伍,建立长效工作机制,为深入推进平安天津建设做出新贡献”的决定,市综治委积极探索建立“平安天津志愿者”社会化、网络化、信息化的长效工作机制,采取了以下措施:

一是组织“平安天津志愿者”开展系列平安行动。围绕当前涉及千家万户、群众最关心也最乐于参与解决的突出治安问题,广泛深入开展“平安社区行动”、“平安校园行动”、“平安网吧行动”、“平安市场行动”、“平安边界行动”、“平安交通行动”等系列平安行动,让志愿者有长期发挥作用的阵地和工作内容形式,实现“平安天津志愿者”由“战时”工作向“平时”工作转变。

二是进一步完善各级“平安天津志愿者”组织管理体系。在巩固市、区县、街乡镇、城乡社区总队、支队、大队、中队建制的基础上,在市、区县、街乡镇综治办设立专门机构或人员负责日常管理工作。建立与在企事业单位工作的志愿者所在单位双向沟通、双重管理制度,由各级综治办将志愿者工作情况定期向其所在单位反馈,由所在单位把志愿者工作情况作为评先评模和民主评议党员的重要依据。根据平安天津建设的整体要求,进一步明确“平安天津志愿者”平安建设宣传、反映治安信息,查堵治安隐患、化解矛盾纠纷、治安巡逻守望、提供安全防范建议等职责任务,使其与专门工作队伍紧密结合,实现优势互补。

三是建立健全对“平安天津志愿者”工作激励机制。在继续坚持“平安天津志愿者”在平安奥运行动中享有的各项激励政策措施的基础上,按照五个星级细化工作绩效评定标准,健全“平安天津志愿者”工作台账,发放“平安天津志愿者”工作手册,详细记载志愿者日常参与平安建设情况,根据工作绩效由各级综治委适时给予表彰奖励,并通报其所在单位;通过新闻媒体弘扬“平安天津志愿者”奉献精神和先进事迹,进一步激发和保护“平安天津志愿者”的工作热情。

四是建立“平安天津志愿者”日常工作经费保障制度。坚持政府主导、市场运行的思路,由各级政府负责“平安天津志愿者”日常工作机构运转、治安防控必要装备及表彰奖励经费的投入。在此基础上,探索市场经济条件下加强群众工作经费保障的新途径、新办法,鼓励社会捐助,实现由群众单一的人力参与向人力、财力、物力、智力全方位参与转变,按照新时期、新阶段的要求,逐步实现“平安天津志愿者”社会化、网络化、信息化的目标。

天津市综治委、办机构情况和人员名单

市综治委主任：

散襄军　市委常委、市委政法委书记、市综治委主任

市综治委副主任：

左　明　市人大常委会副主任、市综治委副主任

只升华　副市长、市综治委副主任

俞海潮　市政协副主席、市综治委副主任

李少平　市高级人民法院院长、市综治委副主任

于世平　市人民检察院检察长、市综治委副主任

市综治办主任：

马广智　市委政法委副书记、市综治办主任。（正局级）

市综治办专职副主任：

廉　伫　市综治办副主任。（正处级）

市综治办内设两个处：

综合协调处，基层指导处

市综治办行政编制数12人（含综治办主任），实有人员12人。

天津市各区、县综治委、办主任名单

单　位	综治委主任	综治办主任
和平区	李金亮	吴田娃
河东区	吕德林	赵洪岭
河西区	彭　三	苏天辰
南开区	许景胜	卢东泉
河北区	邢　伟	石晨亮
红桥区	张泉芬	李卫东
塘沽区	冯宗英	安湛华
汉沽区	刘子立	邸国荣
大港区	张志方	孙建华

地　区	综治委主任	综治办主任
东丽区	刘金钟	王　义
西青区	董景川	辛培起
津南区	杨国法	袁新立
北辰区	郭连生	郭海洪
武清区	袁桐利	刘善国
宝坻区	孙宝华	王立新
蓟　县	张　杰	王术华
宁河县	刘宝迎	田维明
静海县	倪福江	朱均和

（撰稿人：吴金星　李长凯

审稿人：马广智　陈显辉）

河 北 省

2008年社会治安综合治理工作概况

2008年在中央和省委、省政府的正确领导下，各地各部门坚持以邓小平理论和“三个代表”重要思想为指导，深入贯彻落实科学发展观，紧紧围绕确保奥运会安全和全省经济社会又好又快发展两大任务，充分发挥社会治安综合治理工作优势，扎实开展“保稳定、促发展、迎奥运”活动，积极推进“三位一体”社会矛盾纠纷调解体系建设，不断完善社会治安防控体系，深入推进社会治安综合治理各项措施落实，扎实推进平安河北建设，有力维护了全省治安和社会稳定，为实现平安奥运做出了突出贡献。全省社会治安形势继续保持平稳态势，人民群众安全感明显增强。2008年全省群众安全感为93.51%，比上年提高0.5个百分点。其中，选择“很安全”、“安全”（高安全感度）的比重增长幅度较大，达到24.15%，比上年提高2.1个百分点。

一、省委、省政府高度重视综合治理工作，切实加强组织领导

2008年，省委常委会6次召开专题会议，强调要充分发挥综合治理优势，通过加强综合治理基层基础工作，筑牢环京“护城河”工程，维护全省治安大局稳定，确保奥运圣火接力传递、秦皇岛赛区、北京奥运会、残奥会和北戴河暑期的安全。省委、省政府先后3次召开全省领导干部会议，部署加强社会治安综合治理和维护社会稳定工作，6-9月份，又在全省组织开展了以“两个排查”和解决信访突出问题为主要内容的“保稳定、促发展、迎奥运”活动，在全省组织了10万名党政军群团机关干部下基层保稳定。

省委书记张云川、代省长胡春华同志多次作出批示并听取汇报。云川书记特别指出，对发生影响稳定重大问题的地方的主要领导，要先免职、后调查。并反复强调，要把抓综治、保稳定、迎奥运、促发展作为今年全省各项工作的重中之重，全党动员、全民参与、全力以赴，举全省之力打一场奥运安保人民战争。省委副书记、省综治委主任车俊同志多次主持召开专门会议，与省综治委成员单位和重点单位的领导签定安全保卫责任书，经常深入一线，对重大事项和重要问题亲自调度，面对面指导解决问题。省委常委、政法委书记、省综治委副主任、省公安厅长张越同志经常深入基层调查研究，对各地综治工作进行具体指导，扭住综治工作中的困难和问题下气力解决，奥运安保期间坐镇秦皇岛市和环京“护城河”指挥部，靠前指挥、全程督导，强力推动各项措施落实。省政府副省长、省综治委副主任宋恩华等领导同志亲自协调调度保障工作，解决了人、财、物等许多实际问题。北京奥运会前后三个多月时间，各级党委、政府切实加大组织领导和经费保障，省级财政投入安保专项经费3亿多元、省本级综治经费500万元；省委增加了5000名公安编制，全部放到最基层；环京4市累计投入奥运安保资金3.7亿元，秦皇岛市投入奥运安保资金近亿元。省、市两级还增加了“护城河工程”经费和科技强警经费，其中省级财政增加经费1.5亿元，有力保障了各项工作顺利开展。

二、突出重点，周密部署、强力推动“两个排查”工作开展

按照中央《关于集中开展排查调处矛盾纠纷、排查整治治安混乱地区和突出治安问题的通知》精神，各级各部门集中优势兵力，深入开展排查、化解和整治工作，取得明显效果。一是周密部署。从2月1日开始，省综治委就在全省组织开展了矛盾纠纷排查调处“百日活动”。中央综治委两个排查《通知》下发后，省综治委就进一步加强矛盾纠纷排查调处工作和突出治安问题排查整治进行了再部署,将“两个排查”活动延长至9月底。为搞好“两个排查”活动,4月份,省委政法委、省综治委决定从全省抽调万名政法干部下基层,重点排查化解社会矛盾和解决突出治安问题。5月份,省综治委组织举办了专题培训班,对各市、县(市、区)综治办主任和省综治委成员单位负责同志200余人进行了培训。时任省委常委、政法委书记、省综治委主任王其江同志作了动员讲话,要求各级各有关部门从确保奥运会安全顺利举办的高度,对“两个排查”和解决信访突出问题提出具体要求。二是坚持普遍排查与重点排查相结合,明确工作责任。各地按照中央和省综治委的要求,在年初全省开展两次大规模拉网式摸排的基础上,不断组织开展“回头看、查盲区、找漏洞”活动。对企业改制、征地拆迁、环境污染、水库移民安置、金融系统“协解”人员待遇、退役军人待遇等容易引发群体性事件的矛盾纠纷和影响群众安全感的突出治安问题进行重点排查,对排查出来的矛盾纠纷和突出治安问题,按照“分级负责、归口管理、衔接配合”的原则,由各级综治办牵头,组织协调有关部门统一登记造册,建立工作台账和专门档案,按照“一人、一事、一案、一策”的要求,明确了化解、整治、管控的责任单位、责任领导、责任人和完成时限。三是用重视和改善民生的办法,积极化解社会矛盾纠纷、整治突出治安问题。在矛盾纠纷排查活动中,各级党委政府坚持从解决群众最关心、最直接、最现实的利益问题入手,组织各级有关部门按照职责进行重点化解。各级党委、政府及有关部门还采取有力措施,进一步加大了就业、就学、就医等社会保障力度,从源头上促进了社会公平与和谐。今年以来,全省建立县乡两级“三位一体”调解中心2382个,排查出各类矛盾纠纷165918起,成功调处155834起,调解成功率达到94%,其中80%以上的矛盾纠纷化解在了本系统、本部门、本单位和乡村、社区等基层单位。重大群体性事件下降45.5%,参加人数10388人,下降了37%。在开展治安混乱地区和突出治安问题整治中,坚持以排查引导严打,以严打促进整治,及时组织开展区域性严打整治行动,对性质恶劣、影响较大,群众反映强烈的重点案件,充分运用各种侦查措施和手段,快速破案,重拳打击。对突出治安问题和治安混乱地区,实行由党政领导负责,综治部门牵头,组织公安等部门组成整治工作组,进驻有问题的地方开展集中整治,并由综治办挂牌督办,限期改变治安落后局面。2008年省综治办对43个治安混乱地区和突出治安问题实行了挂账督办,均在限期内改变了面貌。全省共排查出治安混乱地区2614个、迅速扭转治安面貌2509个,排查出突出治安问题13727件、解决13452件,治安混乱地区和突出治安问题整好率为97.7%。

三、充分发挥综治优势,积极参与奥运安保工作

2008年,各级各部门紧紧抓住奥运安保有利时机,充分利用综合治理在奥运安保工作的基础地位,通过把综治工作的具体措施放大来做,夯实奥运安保工作基础,圆满完成了奥运安保工作任务,受到中央领导同志的充分肯定。习近平同志在秦皇岛视察期间,对河北省奥运安保工作给予高度评价,并作出重要批示:“河北省广大干部群众在省委、省政府的领导下,出色圆满地完成了环京‘护城河’和秦皇岛赛区等各项涉奥工作任务,为奥运会的成功举办作出了重要贡献。”周永康同志批示:“感谢河北省委、省政府及北京周边各市(县、区)为平安奥运所作出的艰巨、卓越的贡献”。一是认真组织发动。省综治办制定下发了《关于充分发挥综合治理优势,积极参与奥运安全保卫的工作方案》、《关于在全省组建奥运安保志愿者队伍的实施方案》,就发挥综治优势,广泛发动群众,强化群防群治网络,明确了目标、责任和具体要求,全省组织起110多万奥运安保志愿者。省综治办制定专门方案,组织各级综治办对志愿者进行了专题培训,这些志愿者在广大乡村、社区、街道、厂院、车站、码头重要目标和区域日夜开展治安巡逻防范,发挥了重要作用。二是深入组织开展“保稳定、促发展、迎奥运”活动。6-9月,省委、省政府在全省组织开展了以“两个排查”和解决信访突出问题为主要内容的“保稳定、促发展、迎奥运”活动,全省共选调99666名机关干部,分别深入36030个村庄(社区),在当地党委、政府领导下,配合乡镇(街道)综治办,住村入户了解社情民意和治安信息,开展信访问题代理,摸排矛盾纠纷,组织发动广大群众开展排查化解各种不稳定因素、加强社会面治安防控、解决群众实际问题、推进社会主义新农村建设等工作。十万包村干部累计走访群众485.9万人次;化解矛盾纠纷7.3万件,化解率98.2%;代理信访案件5443件,化解信访案件4797件,化解率88.1%;整治治安混乱地区2614处,整治率96.4%;整治治安隐患13727个,整治率98.1%;管控重点人员72564人,管控率98.3%。解决新农村建设中的具体问题2838件,引进项目130个,争取资金3120多万元。三是广泛组织发动奥运安保志愿者,加强和壮大群防群治队伍力量。年初,省综治委制定下发了《关于组建奥运安保志愿者的意见》,召开全省综治办主任会议进行部署。全省共招募112.3万人,派驻商场、超市、街道、社区等人员密集场所和重点部位,开展治安巡防。全省特别是环京四市抽调20多万志愿者,对2727.7公里重点输电线路、796公里天然气管道、550公里输油管道、227公里南水北调中线,日夜死看死守。对直通北京的10条2300公里铁路,组织8万多名奥运安保志愿者开展铁路护路工作。普遍建立了群众举报奖励制度,并通过广播、电视、报纸、网络等媒介,广泛宣传和发动,形成了奥运安保人民战争的生动局面。据不完全统计,全省奥运安保志愿者提供破案线索2736条,协助公安机关成功抓获网上逃犯140名,参与调解各类纠纷50310起,发现整改安全隐患73420处。新华社《国内动态清样》总结刊载了我省组织奥运安保志愿者的做法。四是进一步强化社会治安防范。全面加强治安防控网络建设,积极构建社会面、居民区、公共复杂场所、重点要害部位、农村等治安防控网络,落实人防、物防、技防措施。全省建立社区警务室(站)2286个,占城市警务区总数的82.8%;建立农村警务室(站)3678个,占农村警务区总数的49.86%。在城市和县城基本实现了以公安机关为主,治安巡逻队、巡防队、保安队为基本力量,基层治保会、群众义务巡逻队为补充的全时空控制的巡防机制。大力推进科技防范,全省继续大力推进《河北省社会治安科技防范五年(2006-2010)规划》的实施,全省金融系统、民爆物品仓库、剧毒化学物品仓库以及城市、城镇主要街道、繁华地段、出入市口、易发案部位全面安装了视频监控系统,关系国计民生的重点单位和要害部位技防设施普及率达到90%。以创建平安县(市、区)为重点,组织推动各地各部门开展各种形式的基层平安创建活动,基层平安创建覆盖面达到90%以上。全省共评选省级平安建设县(市、区)82个、基层平安建设示范单位488个。五是创新社会管理和服务。认真做好流动人口管理服务工作,努力实现对流动人口的动态管理。目前,全省共登记暂住人口135万多人,登记备案出租房屋34万多户。进一步健全刑释解教人员安置帮教工作网络,共建立帮教机构和组织51072个,过渡性安置基地48个,工作人员和志愿者14万多人,刑释解教人员衔接率为83%,帮教率达到97.3%,安置率达到87%。全省35个社区矫正工作试点县(区)工作进展顺利。积极推动未成年人救助保护中心建设,11个市均已建立或已经立项筹建流浪儿童保护中心。切实做好学校及周边治安综合治理工作,全省在中小学和幼儿园派驻保安员5212名,选派民警担任法制副校长4124人,学校周边设立治安岗亭2879个,设置交通标志和安全设施6375处。深入开展创建"平安铁路示范路段"活动,全省平安铁路示范路段总里程达3067公里,占境内铁路总里程的82.5%。

四、进一步完善综治工作责任制,推动综治各项措施落实

一是签定责任状。2008年初省综治委与各设区市和省综治委成员单位签定了年度社会治安综合治理责任状。6月,为落实奥运安保责任,省综治办、省反恐办与省交通厅、省广电局等26家关系国计民生的重点单位"一把手"签订了危险物品安全监督管理和重点部位防控责任状。对易遭受恐怖袭击的676处要害目标和向首都供电、供气、供油、供水的线路和管道,逐个落实了人防、物防、技防措施。省综治委专门下发通知,对省综治委成员单位联系点进行调整,每个省综治委委员分包一个县的综治工作,实行半年和年度述职报告制度,强化了成员单位抓综治工作的责任。省市两级共建立综治委成员单位平安建设联系点421个。各级综治委成员单位的主要领导纷纷在落实责任中出招、出力,显现了齐抓共管的突出效果。二是充分发挥五部门作用,加大责任落实力度。认真贯彻落实省综治委、省纪委、省委组织部、省监察厅、省人事厅制定的《河北省社会治安综合治理一票否决警示制度实施办法(试行)补充规定》,充分发挥“过程管理”的合力作用,不断增强各部门抓综治工作的全局意识和责任意识。省综治委先后3次召开五部门联席会议,共同研究解决社会治安重大问题。加大责任追究力度,全省对50个地方和单位实行了“一票否决”警示,对发生影响社会稳定重大问题的15个地方和单位实行了“一票否决”,对有严重失职、渎职行为的16名责任领导和责任人依法依纪作出处理,对65个地方和单位,126名个人进行了通报处理。各级各部门认真贯彻省委、省政府批转的省五部门《关于进一步落实社会治安综合治理及维护社会稳定领导责任制的意见》,探索了各级党委、政府和综治委各成员单位落实抓稳定综治的具体责任及考核办法,通过建立党政领导干部政绩档案,促进了领导责任制的进一步落实。三是加大督导检查力度。从4月份开始到9月底,省委政法委、省综治委组织11个督导组,对各市综治和维稳工作落实情况进行不间断的督促检查。奥运期间,又先后派出9个暗访组,对各地社会治安防范工作进行专项督查,随机暗访近千个基层单位和重点部位,对发现的漏洞和不落实的问题,及时发出通报,督促有关部门和地方及时进行整改。省综治办、省纪委、省委组织部、省监察厅、省人事厅两次组织联合工作组,对综治工作进行督导检查,听取有关地方党政主要领导同志关于整改情况的汇报,督促被警示的地方迅速改变治安落后局面。为推动防范措施落实,省综治办多次组织有关部门加强了对车站、大型商场等人员聚集场所和炸药库、变电站及输油管线等重点要害部位的督导检查。在一些专项行动中,还积极配合工商、公安、广电等有关部门,深入到市、县(市、区),对打击非法传销、打击盗窃破坏油气田及输油气管道,盗窃破坏电力电信广播电视设施等工作进行了督导检查。各级综治办会同纪检、组织、人事、监察和党委、政府督查部门,加大对重点工作特别是群众反映的突出问题的督导力度,推动了各项工作落实。

河北省社会治安综合治理委员会
中共河北省纪律检查委员会
中共河北省委组织部
河北省监察厅　河北省人事厅
关于印发《〈河北省社会治安综合治理一票否决警示制度实施办法(试行)〉补充规定》的通知

(2008年3月19日)

各市综治委、纪委、组织部、监察局、人事局,华北石油管理局综治委,省综治委各成员单位:

为促进社会治安综合治理领导责任制的落实,进一步完善我省社会治安综合治理一票否决警示制度,经省综治委、省纪委、省委组织部、省监察厅、省人事厅研究,对《河北省社会治安综合治理一票否决警示制度实施办法(试行)》作出补充规定。现印发你们,请认真贯彻执行。

《河北省社会治安综合治理一票否决警示制度实施办法(试行)》补充规定

为充分发挥综治、纪检、组织、监察、人事部门(以下简称“五部门”)在实施一票否决警示制度中的合力作用,推动社会治安综合治理领导责任制落实,有效预防和减少影响稳定重大案(事)件发生,依据省委、省政府《批转省综治委、省纪委、省委组织部、省监察厅、省人事厅〈关于进一步落实社会治安综合治理及维护社会稳定领导责任制的意见〉的通知》(冀字[2007]8号),在《河北省社会治安综合治理一票否决警示制度实施办法(试行)》基础上,作出以下补充规定:

一、一票否决警示的决定、跟踪督导、解除和追究,由县级以上综治办会同同级纪检、组织、监察、人事部门共同研究,联合实施。

二、对发生影响稳定问题的村(居)、乡镇(街道)和县(市、区)直部门、单位的一票否决警示,由县(市、区)综治办会同同级纪检、组织、监察、人事部门研究,提出一票否决警示意见,报县(市、区)综治委批准,县(市、区)五部门作出一票否决警示决定;对县(市、区)和设区市直部门、单位的一票否决警示,由设区市综治办会同同级纪检、组织、监察、人事部门研究,提出一票否决警示意见,报设区市综治委批准,设区市五部门作出一票否决警示决定;对设区市和省直部门、单位的一票否决警示,由省综治办会同省纪检、组织、监察、人事部门研究,提出一票否决警示意见,报省综治委批准,省五部门作出一票否决警示决定。

必要时,对应由下级五部门实施一票否决警示的地方、部门和单位,上级五部门可直接实施一票否决警示。

对被一票否决警示的地方、部门、单位,需要同时追究相关领导责任的,按规定程序提出建议,共同研究,作出决定。

三、对一票否决警示的解除(含提前解除),由作出一票否决警示决定的同级综治办提出建议,会同同级纪检、组织、监察、人事部门研究,提出解除意见,报综治委批准,五部门作出解除一票否决警示决定。

四、对被一票否决警示的地方,上级五部门要对整改情况及时跟踪督导;对被一票否决警示的部门和单位,同级五部门和上级五部门要及时跟踪督导。整改进展情况及时分报作出一票否决警示决定的五部门。

五、一票否决警示决定,以五部门《一票否决警示通知书》的形式,发被一票否决警示地方、部门和单位,并抄报(送、发)有关机构。对地方作出的《一票否决警示的通知书》,发被警示地方的党委、政府和五部门,同时抄报被警示地方的上级党委、政府。对部门、单位作出的《一票否决警示通知书》,分别抄送该部门、单位的上级主管部门和同级纪检、组织、监察、人事部门,并报上级五部门备案。上级五部门直接对应由下级五部门一票否决警示的地方作出的《一票否决警示通知书》,发作出决定机构的下一级五部门,抄送被一票否决警示地方的上级党委、政府;对部门作出的《一票否决警示通知书》,抄发该部门的同级党委、政府和上级主管部门。

六、解除一票否决警示的决定,以作出警示决定的五部门名义制作《解除一票否决警示通知书》,发文范围与《一票否决警示通知书》的范围相同。

七、对被一票否决警示的地方、部门和单位,在同一年度内又因同一类问题需要被一票否决警示的,或在限期内没有改变落后局面的,应直接予以一票否决。由作出警示决定的同级综治办会同纪检、组织、监察、人事部门研究,提出一票否决意见,报同级综治委批准,五部门作出一票否决决定。

八、该补充规定自发布之日起试行。

河北省社会治安综合治理一票否决警示通知书(式样)

冀综治警示字[　　　]　　号

市委、市人民政府,市社会治安综合治理委员会(部门、单位):

你市(部门、单位)发生的　　　案(事)件(严重问题),已造成较为恶劣的社会影响,根据河北省社会治安综合治理委员会《河北省社会治安综合治理一票否决警示制度实施办法(试行)》和河北省社会治安综合治理委员会、河北省纪律检查委员会、中共河北省委组织部、河北省监察厅、河北省人事厅《河北省社会治安综合治理一票否决警示制度实施办法(试行)补充规定》,经研究决定,对你市(部门、单位)提出一票否决警示。请你们针对存在的严重问题,立即采取有效措施,限日改变落后局面。并将整改措施自收到本通知之日起十日内报省社会治安综合治理委员会办公室,将整改结果在限期内报省社会治安综合治理委员会办公室。同时将整改结果和整改措施分别抄报省纪律检查委员会、省委组织部、省监察厅、省人事厅。

省综治委　省纪委　省委组织部

省监察厅　省人事厅

年　月　日

河北省社会治安综合治理一票否决警示解除通知书(式样)

冀综治警示解字[　　　]　　号

市委、市人民政府,市社会治安综合治理委员会(部门、单位):

你市(部门、单位)发生的　案(事)件(严重问题),已整改并通过验收。根据河北省社会治安综合治理委员会《河北省社会治安综合治理一票否决警示制度实施办法(试行)》、河北省社会治安综合治理委员会《河北省社会治安综合治理一票否决警示制度实施办法(试行)补充规定》和河北省社会治安综合治理委员会、河北省纪律检查委员会、中共河北省委组织部、河北省监察厅、河北省人事厅《河北省社会治安综合治理一票否决警示制度实施办法(试行)补充规定》,经研究决定,对你市(部门、单位)解除一票否决警示。

省综治委　省纪委　省委组织部

省监察厅　省人事厅

年　月　日

河北省社会治安综合治理委员会关于印发《关于组建“奥运安保志愿者”队伍的实施方案》的通知

（2008年6月16日）

各市综治委，省综治委成员单位：

现将《关于组建“奥运安保志愿者”队伍的实施方案》印发你们，请结合本地本部门实际，认真组织实施。

各地各部门要提高认识，高度重视，切实把这项工作作为强化基层基础工作、提升综合治理水平、扩大群众参与平安建设的重要措施，作为打赢奥运安保这场硬仗的具体要求，围绕目标任务采取得力措施，狠抓工作落实。各级党政主要领导和分管领导要把这项活动紧紧抓在手上，研究解决经费投入等重要保障措施。各有关部门要积极配合，发挥职能，齐抓共管。各级综治委、办要加强督导，积极组织推动，确保工作不断取得新进展。6月底前，各地要全部将奥运安保志愿者队伍组建起来，并及时总结报告工作进展情况。省综治委将把这项工作开展情况作为2008年度综治工作考核和四年一度综治先进评比的重要内容，并于近期组织力量，通过明查暗访，对各地落实情况进行检查和通报，督促指导各地迅速开展工作，切实抓出成效。

关于组建“奥运安保志愿者”队伍的实施方案

为进一步提升社会治安群防群治水平，深入推进平安河北建设，全面加强社会治安综合治理工作，确保奥运会绝对安全，实现“平安奥运”的总体目标，根据省委、省政府关于奥运安保工作的总体部署，省综治委决定，在全省组建“奥运安保志愿者”队伍，制定如下方案：

一、招募数量、对象和条件

（一）招募数量：根据奥运安保工作的实际需要和全省综治办主任会议提出的数量要求，承德、张家口、廊坊、保定环京四市和秦皇岛、唐山、石家庄市，按照辖区常住人口的2%，沧州、衡水、邢台、邯郸市按照1%招募。全省共招募112.3万人。其中，石家庄19.4万人，承德6.7万人，张家口8.4万人，秦皇岛6万人，唐山15.7万人，廊坊8万人，保定21.5万人，沧州6.9万人，衡水4.2万人，邢台6.8万人，邯郸8.7万人。

（二）招募对象：志愿者应从党政机关工作人员、企事业单位在岗和退休职工，社区居民（村民），在校大中专学生，私营个体从业人员，退伍军人，享受最低生活保障人员，以及外来务工人员等热心社会公益事业的社会各界人士中招募。

（三）基本条件：政治思想过硬，责任心强，身体健康，具有一定的组织协调能力，热心并自愿参加奥运安保活动，敢于同各种违法犯罪行为作斗争，年龄18至55周岁。

二、职责和待遇

1. 职责任务。志愿者在基层综治组织和辖区派出所民警指导下，主要担负以下职责任务。

一是治安巡逻。在指定区域内开展治安巡逻防范工作,依法采取有效措施,及时依法制止正在发生的违法犯罪行为。二是治安守护。以涉奥场所、要害部位及其他重要敏感部位为重点,开展外部定点监控工作,并协助公安机关做好治安及刑事案件、治安灾害事故和群体性事件的现场秩序维护工作。三是重点人员监控。以法轮功人员、刑释解教人员、对社会严重不满人员、吸毒人员及不良行为的青少年等重点人员为对象,开展监视和控制工作。四是搜集上报情报。收集上报敌情社情信息,排查调处矛盾纠纷、治安隐患。五是法制宣传。向广大群众宣传法律常识、治安防范知识,增强他们守法用法和治安防范意识。

2. 工作待遇。统一佩戴由省综治办设计,市综治办制作发放的帽子和臂章。有条件的地方和单位向志愿者发放适当的补贴和防暑用品,或者统一购买无记名人身意外伤害保险。根据志愿者的贡献,以市为单位,制定奖励政策。在制止重大刑事犯罪活动中,事迹突出,符合《河北省奖励和保护见义勇为人员条例》条件的,依法进行表彰奖励。奥运安保工作结束后,省综治委评选表彰50个奥运安保志愿者先进单位、300名奥运安保志愿者。

三、招募方法

坚持自愿参与、公开招募的原则,以县(市、区)为单位,综治办协调,公安局具体组织,面向社会公开招聘,7月上旬全部上岗开展工作。

(一)广泛发动。通过广播、电视、报刊,利用社区(村)宣传橱窗、板报,采取散发宣传资料等多种形式,广泛宣传举办奥运会对政治经济社会发展的积极影响,宣传维护奥运安全是每个公民应尽的责任和义务,动员和发动广大群众、党员干部、治保积极分子和热心公益事业的社会各界人士提高认识,参与到奥运志愿者队伍中来。

(二)登记、审核。由辖区公安派出所负责,会同有关地方和部门的基层党组织,按照招募条件,对申报人员进行严格审核,并与入选志愿者签订《奥运安保志愿者协议书》。以乡镇(街道)和机关、团体、企业事业单位、院校为单位,对入选志愿者的基本情况登记造册。

(三)培训上岗。由乡镇(街道)和机关、团体、企业事业单位、院校综治办(内保单位)、辖区公安派出所负责,结合"保稳定、促发展、迎奥运"活动培训工作,对志愿者进行职责任务、法律政策、业务技能和自我防范等知识的培训,提高志愿者的政治、业务素质。经过培训,在基层综治组织和辖区派出所、社区民警的指导下,上岗执勤。

四、加强组织领导

(一)高度重视,精心组织。组建奥运安保志愿者队伍是奥运安保工作贯彻专门机关工作与群众路线相结合的体现,奥运安保志愿者队伍是奥运安保工作的重要力量,是确保奥运会成功举办的重要保证。各级综治委和各机关、团体、企业事业单位、院校要充分认识志愿者队伍建设的重要性和必要性,高度重视,严密部署,精心组织,加大经费投入,组建好、使用好志愿者队伍,使这支队伍在奥运安保工作中充分发挥应有的作用。县级公安机关治安管理部门要确定一名负责同志具体负责这项活动。

(二)建立组织体系,实行统一指挥。以县级行政区划为单位,建立奥运安保志愿者大队,公安机关主管治安工作的副局长任大队长,综治办主任任政委,以乡镇(街道)为单位,建立若干个中队,辖区公安派出所所长任中队长,综治办主任任指导员,在城市社区、街区、校区、厂区、库区,在农村矿区、养殖场、大棚区,在铁路、公路和南水北调沿线以及向北京供油、供气、供电的管线沿线村镇建立志愿者小组,统一由县级公安机关指挥调度,组织开展活动。

(三)突出工作重点,合理分配任务。在空间上,把奥运比赛场馆、奥运官员(运动员)驻地、奥运火炬传递沿线周边社区,主城区繁华地段、车站、商场以及水、电、油、气等场所(部位)作为治安防范的重点;在人员上,把法轮功人员、刑释解教人员、对社会严重不满人员、吸毒人员及有不良行为的青少年作为治安防范的重点;在时间上,把午休、午夜和凌晨作为治安防范的重点,实现全时空的防范。

(四)完善制度,规范管理。各级各部门要制定和完善各种规章制度,明确志愿者的责、权、利,用制度管理好队伍。各级综治委要加强工作指导和检查监督,认真及时解决工作中出现的矛盾和问题。各级公安机关要加强对志愿者队伍的管理,确保志愿者依法履行职责。各社区(村)党组织和机关、团体、企业事业单位、院校，要积极配合公安机关加强对本地本单位志愿者的管理，为他们提供工作和生活便利条件。各市、县（市、区）要注意总结经验，查找问题，并制定各项规章制度，逐步使管理工作走上规范化、制度化轨道。

附件：志愿者帽子和臂章标识样式及要求

附件：

志愿者帽子和臂章标识样式及要求

一、臂章

1. 臂章规格：上宽 9 厘米，中高 10 厘米。面料为红色小帆布，边缘黄色线绣宽 0.4 厘米。

2. 文字：字体均为黑体字，黄色线绣。“治安志愿者”字高 1.2 厘米，宽 1 厘米；“河北”字高 1 厘米，宽 0.8 厘米。

3. 图案：均按臂章样式图所示，底部麦穗为黄色线绣；综治徽章为胶印，直径 3.7 厘米，外圈为黄色，国徽为黄色，长城为白色，麦穗为绿色。

4. 反面：衬布防水，带扣针。（如下图）

志愿者臂章彩色图片电子版可通过电子邮箱下载。电子邮箱地址：aoyunzyzbz@126.com　密码：ay123456

二、帽子

帽子款式为棒球帽，红色。前脸分两行，上边一行印“奥运安保志愿者”字样，呈半弧状排列，黄色黑体字；下边一行印“河北 · ××”，××为设区市名称，如承德市印“承德”。具体样式可参照臂章图案。

开展“保促迎”活动　实现“以面保点”战略目标

2008年6月至9月，全省开展了“保稳定、促发展、迎奥运”活动，各级各部门选派近十万名下基层干部，深入到全省乡村社区，组织发动广大群众开展排查化解各种不稳定因素、加强社会面治安防控、解决群众实际问题、推进社会主义新农村建设等工作，取得了显著成效，有力地维护了全省社会稳定，确保了北京奥运会和北京残奥会的成功举办，实现了省委“以面保点”的战略目标。2008年1至9月份，全省刑事发案同比下降3.7%，治安案件同比下降4%，群体性事件同比下降17.6%，重大群体性事件下降64.4%。

一、认真部署，强化组织领导

河北省地处首都周围，秦皇岛又是北京奥运会的分赛区。特殊的地理位置和严峻复杂的稳定形势，决定了河北省奥运安保工作任务重、责任大。河北省委、省政府审时度势，决定在全省范围开展“保稳定、促发展、迎奥运”活动，明确了以全省社会稳定，确保北京奥运会、残奥会和秦皇岛赛区安全以及北戴河暑期稳定的任务目标。省委书记张云川、省长胡春华同志对这项活动十分重视，多次作出重要指示，提出明确要求。省委、省政府成立了由省委办公厅、省政府办公厅、省委组织部、省委政法委和省农办有关负责同志参加的省“保稳定、促发展、迎奥运”活动协调小组，办公室设在省委政法委。省“保促迎”活动协调小组从省直及各市、县（市、区）选派的99666名下基层干部，派驻36030个村庄（社区）。其中，从90个省直单位选派的600名干部，分配至环京四市和秦皇岛、唐山市，重点是环京15县（市、区）与首都毗邻的52个乡镇（街道）246个村。为确保活动各项措施的落实，省委、省政府督查室，省委政法委、省综治办等部门成立多个督导组、暗访组，紧紧围绕维护农村社会稳定、排查化解矛盾纠纷、强化基层基础工作进行督促检查、明查暗访，有力促进了活动的深入开展。省委副书记、省综治委主任车俊同志实地调研，检查指导工作，及时提出了“深入、深化、拓展”的工作思路，指导“保促迎”活动向纵深发展。省委常委、政法委书记、公安厅厅长张越经常调度“保促迎”活动，进行具体部署，提出具体要求。党政领导的重视，有力地推动了“保促迎”工作制度和措施的落实。

二、各级各部门齐抓共管，狠抓落实

河北省各级党委、政府和省军区系统对“保促迎”活动高度重视，普遍成立了领导和工作机构，对“保促迎”活动的各项职责进行了分工，制定完善了工作方案，将工作任务细化分解，确保落实到单位、落实到具体人，形成环环相扣的责任体系。建立健全了下基层干部例会、报告、考勤等制度，加强下基层工作的组织管理，建立了各设区市党委统筹安排，县（市、区）为单位统一协调，派驻地乡（镇、街道）党委、政府统一领导，属地管理、分级负责的下基层干部管理体制。多数市、县拨付专项资金，为下基层干部办理了不记名人身意外伤害保险，提供了强有力的资金保障。各级各部门坚持“把最放心的人，放到最不放心的地方”，选派了政治坚定、作风过硬、熟悉基层工作、具有一定水平和组织协调能力、年富力强的干部，驻重点村（社区）开展工作。省直有关部门和各市党政主要领导同志赶赴各派驻点看望、慰问下基层干部，宣传部门组织新闻单位宣传报道下基层干部的先进事迹。据统计，市以上新闻媒体编发“保促迎”活动报道3049篇，其中，中央媒体编发104篇，人民日报、新华社分别编发了内参。

三、广大下基层干部履行职责，圆满完成工作任务

广大下基层干部在派驻地党委、政府的具体领导下，充分发挥社情民意信息员、矛盾纠纷调解员、信访问题代理员、维护稳定治安员、法制教育宣传员、富民政策指导员作用，从调查研究入手，与基层干部群众一道，全面落实“保促迎”工作措施。一是积极帮助派驻地加强基层党组织和村（居）组织建设，帮助基层健全调委会、治保会、民兵组织、团组织和群防群治组织，提高基层组织发展经济、化解矛盾、维护稳定的能力，为维护农村社会稳定构筑坚强的组织保证。二是全面了解所包村(居)人员构成和重点人员情况，深入了解群众最关心的热点、难点问题和最迫切、最现实的要求，有针对性地开展工作。三是带着感情做群众工作，帮助群众消除矛盾和隔阂，把影响社会稳定的苗头和隐患化解在基层。四是依据法律、政策积极协调有关部门帮助解决群众的合理诉求，维护群众合法权益。五是配合公安机关严防死守重点人员、重点部位，开展巡防巡查。“保促迎”活动开展以来，10万名下基层干部累计走访群众485.9万人次；化解矛盾纠纷隐患7.3万件，化解率98.2%；代理信访案件5443件，化解信访案件4797件，化解率88.1%；整治治安混乱地区2614处，整治率96.4%；整治治安隐患13727个，整治率98.1%；管控重点人员72564人，管控率98.3%；解决新农村建设中的具体问题2838件，引进项目130个，争取资金3120多万元。

四、各级“保促迎”活动协调小组及其办公室积极协调，强力推动

按照省委、省政府确定的目标、任务和要求，省“保促迎”协调小组办公室研究细化各部门的职责分工和具体工作任务，先后召开5次工作调度会，重点对环京四市，唐山、秦皇岛市进行督导、暗访、调度，总结工作成效，分析查找工作中的薄弱环节和漏洞，研究部署下一步改进措施。建立了“保促迎”活动协调小组成员单位工作联系点制度、信息反馈制度，实行了工作周报告和奥运会期间情况日报制度。研究制定了《河北省党政干部下基层开展“保稳定、促发展、迎奥运”活动考核办法》，规范、指导和推动“保促迎”活动有序开展。不断加强督导、暗访工作，组成11个督导组和3个暗访组，不间断地对各地各部门开展工作情况进行督导暗访，深入全省各地的重点地区、重点部位和场所，采取不听汇报，不打招呼的方法，实地检查下基层干部在岗在位情况、执行工作纪律情况和工作成效。针对各地存在的问题，适时下发督查暗访通报，对发现的问题不落实整改方案不放过、不落实整改组织不放过、不落实整改措施不放过、不落实整改效果不放过、不查究责任人员不放过。据统计，“保促迎”活动开展以来，全省严肃处理了不负责任、工作不力的单位和下基层干部，先后对65个地方和单位，126名个人进行了通报处理，确保了各项工作措施落到实处。

全力推进“两个排查”工作　有效维护社会稳定

2008年，在中央和省委、省政府的正确领导下，河北省各级党委、政府高度重视“两个排查”工作，紧紧围绕北京奥运会安全保卫工作，把“两个排查”工作作为各级“保稳定、促发展、迎奥运”活动的重要内容，加强组织领导，及时安排部署，强化工作措施，加大督导检查力度，认真协调解决重大矛盾纠纷和突出治安问题，确保“两个排查”工作取得实效，有效维护了全省社会稳定和政治安定，为北京奥运会、残奥会成功举办营造了良好社会环境。

一、省委、省政府高度重视，加强组织领导，对“两个排查”活动及时作出部署

省委、省政府和各级党委、政府高度重视“两个排查”工作。省委书记张云川、省长胡春华同志多次对做好“两个排查”工作提出明确要求。省委政法委、省综治委针对我省实际，结合奥运安保工作需要，及时在全省全面部署了开展“两个排查”活动。为切实做好奥运安保工作，省委决定从省、市、县、乡四级抽调大批党政干部、政法干警和人武干部下基层，集中开展以化解社会矛盾和解决突出治安问题为主要内容的“保稳定、促发展、迎奥运”活动。省委政法委、省综治委举办专题培训班，就开展“两个排查”的内容、方法和有关要求等进行了学习培训。5月份，省委召开各设区市和省直有关部门负责同志参加的动员大会，时任省委常委、政法委书记、省综治委主任王其江同志对开展"两个排查"活动进行了再动员再部署，要求各级各部门要以"平安奥运"为目标，将"两个排查"活动作为全省奥运安保工作的重要基础性工作，确保实现坚决防止发生暴力恐怖袭击事件、坚决防止发生危害国家安全和社会稳定的重大政治事件、坚决防止发生大规模群体性事件、坚决防止发生严重刑事案件和重大治安灾害事故的目标。省综治委组织全省近十万名党政干部、政法干警和人武干部深入到23275个农村、社区、企事业单位、学校等基层单位，排查化解各类矛盾纠纷，彻底整治突出治安问题，全力维护社会稳定。按照省委、省政府和省委政法委、省综治委的有关要求，各市、县(市、区)把"两个排查"活动作为维护社会稳定的基础性工作，纳入奥运安全保卫工作大局，明确党政主要领导是第一责任人，分管领导是直接责任人，其他领导实行"一岗双责"。

二、采取有效措施，强力推进"两个排查"工作深入开展

全省各级各部门按照全面彻底排查、注重解决问题、确保取得实效的总体要求，采取积极有效措施，深入开展排查、化解和整治工作。一是坚持普遍排查与重点排查相结合，明确工作责任。各地按照中央和省综治委的要求，在2008年初全省开展两次大规模拉网式摸排的基础上，不断组织开展"回头看、查盲区、找漏洞"活动。对企业改制、征地拆迁、环境污染、水库移民安置、金融系统"协解"人员待遇、退役军人待遇等容易引发群体性事件的矛盾纠纷和影响群众安全感的突出治安问题进行重点排查，对排查出来的矛盾纠纷和突出治安问题，按照"分级负责、归口管理、衔接配合"的原则，由各级综治办牵头，组织协调有关部门统一登记造册，建立工作台账和专门档案，按照"一人、一事、一案、一策"的要求，明确了化解、整治、管控的责任单位、责任领导、责任人和完成时限。二是用重视和改善民生的办法，积极化解社会矛盾纠纷、整治突出治安问题。在矛盾纠纷排查活动中，各级党委政府坚持从解决群众最关心、最直接、最现实的利益问题入手，组织各级有关部门按照职责进行重点化解。各级党委、政府及有关部门采取有力措施，进一步加大了就业、就学、就医等社会保障力度，促进社会公平与和谐，从源头上预防社会矛盾发生。进一步加强矛盾纠纷排查调处体系建设。2008年，全省建立县乡两级"三位一体"调解中心2382个，排查出各类矛盾纠纷165918起，成功调处163263起，调解成功率达到98.4%，其中80%以上的矛盾纠纷化解在了本系统、本部门、本单位和乡村、社区等基层单位。重大群体性事件下降45.5%，参与人数下降了37%。在开展治安混乱地区和突出治安问题整治中，坚持以排查引导严打，以严打促进整治，及时组织开展区域性严打整治行动，对性质恶劣、影响较大，群众反映强烈的重点案件，充分运用各种侦查措施和手段，快速破案，重拳打击。对突出治安问题和治安混乱地区，实行由党政领导负责，综治部门牵头，组织公安等部门组成整治工作组，进驻有问题的地方开展集中整治，并由综治办挂牌督办，限期改变治安落后局面。省综治办对43个治安混乱地区和突出治安问题实行了挂账督办，均在限期内改变了面貌。全省共排查出治安混乱地区2614个、迅速扭转治安面貌2509个，排查出突出治安问题13727件、解决13452件，治安混乱地区和突出治安问题整好率为97.7%。

三、加强检查督导，推动工作落实

为确保"两个排查"取得突出成效，全省各级综治委适时组织督导组、暗访组，分片进行督导检查和暗访。省委政法委、省综治委多次组织由省直政法部门厅级干部带队的督导组、暗访组，对"两个排查"工作和各项维稳、综治工作进行经常性督导检查和暗访。各市共组成176个督导组，驻各县(市、区)进行明查暗访。省、市将督导组工作责任实行捆绑，规定对发生问题的地方，在追究党委、政府和有关部门责任的同时，追究督导组的责任。对督导和暗访发现的突出问题，省委政法委、省综治委及时向各市委、市政府和省直部门进行通报。在开展"两个排查"活动中，省委政法委书记、公安厅长张越同志多次组织召开调度会、汇报会，听取各地各部门开展"两个排查"工作情况汇报，进一步加大督办力度。省、市督导组积极协调解决重大矛盾纠纷、突出治安问题和涉法涉诉信访问题，共协调解决了17起重大矛盾纠纷、整治治安混乱地区和突出治安问题28个，解决突出信访问题221个。各级积极运用社会治安综合治理一票否决警示、一票否决和责任查究手段，不断加大问责力度。全省各级综治、纪检、组织、人事、监察部门共对排查化解矛盾纠纷不力和存在严重治安隐患的50个地方和单位进行了一票否决警示，对发生影响社会稳定问题的15个地方和单位实行了一票否决，对有严重失职、渎职行为的16名责任领导和责任人给予了党纪政纪处分，问责处理责任人115人，有效增强了各级各部门做好"两个排查"工作的责任意识。

河北省综治委、办机构情况和负责人名单

综治委主任

车　俊　省委副书记、石家庄市委书记

综治委副主任

张　越　省委常委、政法委书记、省公安厅厅长

侯志奎　省人大常委会副主任

宋恩华　省政府副省长

田向利　省政协副主席

高　勇　省法院院长

张德利　省检察院检察长

省综治办

王会平　省委政法委副书记、省综治办主任

王奎连　省综治办常务副主任

卢玉中　省综治办副主任（正处）

毛力偶　省排调办副主任（正处）

史进军　省护路办常务副主任（正处）

省综治办配备主任1名（正厅）、常务副主任1名（副厅），内设综治办、排调办、护路办、见义勇为基金会秘书处4个处室。

省排调办配1名办公室主任（正厅）、1名副主任（正处）、3名工作人员，具体负责组织指导协调各地各部门开展矛盾纠纷排查调处工作。

河北省各市、县（市、区）综治委、办主任名单

地　区	综治委主任	综治办主任
石家庄市	张铁力	刘国梁
长安区	闫国文	赖永福
桥东区	金先录	王立珍
桥西区	张聚华	聂希文
新华区	王瑞征	季　伟
裕华区	陈新位	张利刚
矿　区	王金柱	李锁云
辛集市	刘志魁	傅胜连
藁城市	崔大平	曹建立
晋州市	陈联记	高自朝
新乐市	丁山林	李　捷
鹿泉市	王顺才	田良生
井陉县	张永振	刘春林
正定县	宋同原	吴恒振
栾城县	李雪辉	胡振玉
行唐县	李法仓	王建军
灵寿县	马国云	张宏海
高邑县	张彦法	张荣献
深泽县	孟建中	李志英
赞皇县	陈印增	常文生
无极县	刘金文	刘拴明
平山县	张进良	朱伟社
元氏县	吴晓云	周彦辉
赵　县	马立宁	赵　蒙
高新区	郄英林	刘根柱
张家口市	李建举	李　密

地　区	综治委主任	综治办主任	地　区	综治委主任	综治办主任
桥西区	安振兴	王占明	**唐山市**	许德茂	陈鸿国
桥东区	张怀宏	胡　杰	路北区	刘殿勋	黄远才
宣化区	薛宝林	王轶杰	路南区	房　香	韩学花
下花园区	黄海明	张　胜	古冶区	谭俊民	张志刚
宣化县	孙国民	赵丙忠	开平区	郑汉军	龚树礼
张北县	张启宝	陈宝林	丰润区	杨爱民	王国平
康保县	陈　录	张　文	丰南区	高树春	孙继兴
沽源县	张志清	孙海林	遵化市	张　国	张德全
尚义县	史如江	刘世全	迁安市	杨春景	邹凌庭
蔚　县	曹瑰宝	王　瑞	滦　县	于光辉	张耀敏
阳原县	陈茂禾	李志斌	滦南县	韦远东	张荣江
怀安县	王海滨	岳　虎	乐亭县	刘彩恩	任万安
万全县	李奉楼	刘胜利	迁西县	白兴源	郭武芝
怀来县	李玉清	郭　斌	玉田县	徐瑞勇	王玉平
涿鹿县	任　元	王化力	唐海县	李可春	李全勃
赤城县	郭献林	武志明	芦台开发区	李世庄	张林发
崇礼县	孟庆荣	杨　成	汉沽管理区	唐铁中	曹会武
塞北管理区	乔亚平	王晓雨	曹妃甸工业区	韩建民	韩立山
察北管理区	张富春	王　艾	海港开发区	周安海	薛洪涛
高新区	张　彪	周海东	南堡开发区	王俊凯	王俊志
承德市	张春明	季　刚	高新区	朱彦明	袁跃进
双桥区	李锦泉	劳晓东	**廊坊市**	郑广富	段上禾
双滦区	刘海峰	张之东	广阳区	徐济山	冯国林
鹰手营子矿区	刘科军	李晓静	安次区	张海川	陶连海
承德县	姜玉堂	姜春虹	霸州市	牛岳峰	刘国正
兴隆县	马建权	张德儒	三河市	周文臻	白瑞东
平泉县	贺长青	刘亚辉	固安县	刘　波	邸宜鸥
隆化县	何庆奎	丁万成	永清县	陈玉亮	李书润
丰宁县	赵　林	张俊峰	香河县	张显强	艾金生
宽城满族自治县	张品川	宁玉杰	大城县	马俊朝	梁树旗
围场满族自治县	齐建文	高秀明	文安县	吕三元	刘国勇
滦平县	杨宪军	张　荣	大厂县	杨庆华	陈　亮
秦皇岛市	杨泰安	王秀成	**保定市**	李剑方	时　群
海港区	张经华	蔺学光	新市区	李　勇	赵爱民
山海关区	郭爱民	刘丽红	北市区	王　勇	崔建国
北戴河区	曹子玉	刘益深	南市区	韩桂林	李会忠
昌黎县	刘建军	倪向前	定州市	锁宝贵	梁亚辉
抚宁县	柴志国	陈志仕	涿州市	李义海	詹雪骞
卢龙县	冯志勇	韩学成	安国市	史凤岐	平二更
青龙满族自治县	李学民	杨占国	高碑店市	杨建军	李　海
开发区	郑宝亮	何靖东	满城县	康　社	王卫东

地　区	综治委主任	综治办主任	地　区	综治委主任	综治办主任
清苑县	朱树根	王长福	枣强县	牛泽彬	马兰玲
易　县	傅　勤	宋桂荣	武邑县	丁振勇	姜　辉
徐水县	尤志敬	叶克安	武强县	刘丙申	窦月峰
涞源县	石志新	龙学军	饶阳县	程雄宽	刘占江
定兴县	王崇泽	王茂林	安平县	崔跃东	孙岩恒
顺平县	郑福群	苑江涛	故城县	李增军	孙洪才
唐　县	刘俊禹	门金国	景　县	刘相廷	葛忠才
望都县	董爱民	闫国杰	阜城县	杜世起	李国宾
涞水县	杨宝昌	王　满	**邢台市**	戴占银	苗庭宽
高阳县	贾红雨	王洪涛	桥东区	景卫平	孙国辉
安新县	张虎林	周施南	桥西区	陈铭皋	汪国权
雄　县	姚晓兵	周　贺	南宫市	李文和	王金耀
容城县	马春英	李　成	沙河市	邢群英	高晓刚
曲阳县	刘同孝	齐成好	邢台县	张红泽	赫　平
阜平县	王益民	陈宝霞	临城县	刘　炳	冯爱国
博野县	郭小六	张继波	内邱县	张　彪	刘清双
蠡　县	刘建立	刘建朴	柏乡县	杨栓军	吕胜波
白洋淀温泉城	李洪强	张玉明	隆尧县	邢占军	陈群周
沧州市	周爱民	李文平	任　县	耿　昉	孔宪岭
运河区	彭李军	李爱华	南和县	李现民	赵喜英
新华区	王振岳	高凤田	宁晋县	孟胜君	赵月芳
泊头市	王玉印	许桂智	巨鹿县	孙保祥	张建峰
任丘市	檀润城	李景瑜	新河县	解恭朝	郑卫才
黄骅市	王元波	孔令杰	广宗县	史志扬	段洪臣
河间市	王爱军	马国富	平乡县	王明亮	黄存华
沧　县	张立堂	曹庆山	威　县	曹明印	刘根彪
青　县	王培政	王国胜	清河县	冯明跃	李智珍
东光县	郭志良	王树华	临西县	张树旗	张振峰
海兴县	李玉增	贾立华	开发区	樊英俊	郭军魁
盐山县	王俊峰	高俊红	大曹庄管理区	赵庆洪	张文杰
肃宁县	季　伟	张俊卿	**邯郸市**	周国江	张绍辉
南皮县	常国发	王希云	丛台区	张世强	李利军
吴桥县	刘献文	张万里	邯山区	李书平	赵玉社
献　县	郭建华	高永臣	复兴区	韩银成	仇　杰
孟村县	高　鑫	阚万峰	峰峰矿区	张瑞生	王彦枢
渤海新区	崔治福	司金华	武安市	崔治江	王丑年
开发区	杨耀峰	许英杰	邯郸县	牛颖建	庞运良
衡水市	杨胜忠	贾同淮	临漳县	李永贵	贺文武
桃城区	董双仁	韩　强	成安县	张金桥	李振强
冀州市	刘振月	刘新亮	大名县	陈向阳	武文亮
深州市	李广信	刘殿奎	涉　县	马明亭	张献国

地　区	综治委主任	综治办主任	地　区	综治委主任	综治办主任
磁　县	孔令兵	郭书明	魏　县	齐景海	王海涛
肥乡县	梁趁军	张日升	曲周县	申玉娥	武兆丰
永年县	曹玉学	李山林	马头工业城	刘志明	监志斌
邱　县	刘玉江	杨丽英	高开区	孙志刚(综治委副主任兼综治办主任)	
鸡泽县	李亚伟	何彦修			
广平县	冯文书	班瑞锋	华北石油管理局	王立民	赵立达
馆陶县	赵瑞海	张河江			

（撰稿人:袁荣彪
审稿人:王会平　崔红星）

山　西　省

2008年社会治安综合治理工作概况

一、奥运安保工作

2008年，山西省紧紧围绕“平安奥运”目标，坚决贯彻省委提出的“四个确保”要求，举全省之力，以非比寻常的决心干劲、非比寻常的过硬措施、非比寻常的工作成效，深入开展“十大攻坚战”（整合力量，灵通信息，打好打胜情报信息攻坚战；完善预案，周密运行，打好打胜火炬接力传递安保攻坚战；严收严治，重奖重处，打好打胜民爆物品整治攻坚战；死看硬守，严防严控，打好打胜重点管控攻坚战；严查细检，严格把关，打好打胜进京人员、车辆、物品安全检查和奥运背景审查攻坚战；深化接访，化解稳控，打好打胜矛盾纠纷排查调处攻坚战；加强巡逻，清查整治，打好打胜强化社会面控制攻坚战；重拳出击，严打严惩，打好打胜严打整治攻坚战；抵御渗透，有效遏制，打好打胜民族宗教领域维稳攻坚战；加强宣传，主导舆论，打好打胜新闻宣传攻坚战），取得全面胜利。坚持“八个到位”（思想认识深化到位，组织指挥部署到位，各项投入支持到位，业务技能培训到位，部门联动协作到位，发动群众参与到位，督导检查推动到位，责任追究落实到位），提供坚强保障。山西省还充分发挥综治优势，专门印发《关于在奥运会期间发挥综治优势加强社会治安综合治理工作的意见》，要求各级综治部门要以“平安奥运”为契机，增强大局意识，推动综治工作新发展。全省按照“五个不发生”为总要求，以“两个排查”活动、打击各类违法犯罪活动、社会面治安防控、重点目标和危险物品管理、流动人口管理为重点，充分发挥综合治理齐抓共管网络健全、群防群治的优势，大打奥运安保人民战争，形成了奥运安保合力。这些措施有力地维护了全省社会政治稳定和治安安定，确保了在奥运会和残奥会期间，全省没有发生严重暴力恐怖事件，没有发生危害国家安全和社会稳定的政治事件，没有发生大规模群体性事件，没有发生重特大恶性刑事案件，有力地发挥了“护城河”的作用，为实现两个奥运“同样平安、同样精彩”作出了贡献。

二、严打整治斗争和专项治安整治行动

2008年，山西省继续深入开展打黑除恶专项斗争。全年先后三次召开会议，并印发《关于进一步深化打黑除恶斗争的工作意见》，以“四打四整治”活动为载体，以奥运安保为重点，以乡镇（街道）为单位开展线索摸排，以县为单位进行核查，没有排查出线索的县由县委政法委书记和县公安局长签字确认，报省委政法委备案。山西省还进一步加强了考核督导工作力度，并着眼于长效工作机制的建立，出台了《关于黑社会性质组织犯罪适用法律若干问题的意见》，明确了涉黑案件定性条件，统一了执法思想，对形成打黑除恶合力奠定了制度基础。

同时，山西省以公安部门为主，继续深入开展打击“两抢一盗”专项斗争，加大侦破杀人、爆炸等重大恶性案件工作力度，严厉打击毒品、赌博、走私等违法犯罪，始终保持对各种违法犯罪的高压态势，有力地维护了广大人民群众的生命财产安全。此外，山西省还努力构建“政府统一领导、部门依法监管、单位全面负责、公民积极参与”的社会化消防工作新格局，全面加大重大火灾隐患整治力度。深入开展火灾隐患排查治理，对存在火灾隐患的单位制定出整改方案，登记造册，跟踪督办，严防重特大火灾尤其是群死群伤火灾事故发生。

2008年，根据中央统一部署，山西省先后开展了多项专项治安整治行动。在治理自行车被盗专项斗争中，山西省在大张旗鼓开展宣传的同时，多策并举，严厉打击盗窃自行车违法犯罪活动，取

得了辉煌的战果。在反偷渡工作中，山西省进一步加强基础防范工作，建立健全反偷渡工作机制，着力提高口岸反偷渡能力，2008 年未发生本省居民偷渡出境情况。在打击盗窃破坏“三电”设施违法犯罪专项斗争中，山西省把直接为北京承担供电任务的发电厂、500KV 超高压输电线路及变电站、开闭站、国家一级通信光缆、广播电视等重要“三电”设施作为守护巡逻工作的重中之重，动员全省内保干部、基层群防群治队伍和平安志愿者加强守卫，同时积极堵塞销赃渠道，大力开展整治废旧金属收购站点统一行动，取得了明显的成效。在油气田及输油气管道安全保护工作中，山西省加大陕京一线、二线、西气东输一线等重要天然气管道设施的守卫巡护工作，分线段进行全天候巡逻看护，明确看护责任，落实看护措施，以防爆炸、防破坏、防恐怖袭击、防群死群伤为重点，加强人防、物防、技防设施建设，实行 24 小时全天候巡逻。

此外，山西省还依托不同的职能部门，深入开展了其他专项整治行动。一是以安全生产部门为主，开展了安全生产隐患大排查和专项整治行动。以“三级机构、五级网络”为基本框架，以应急管理机制建设为重点，建立了安全生产控制指标体系，健全完善了安全监管保障体系，并着眼于构建长效机制，制定出台了安全生产委员会会议、厅(局)际联席会议、部门联合执法、隐患排查治理、事故约谈、事故和隐患举报、重大危险源监控、专项督查、煤焦领域反腐败和行政问责十项制度。二是以质监部门为主，深入开展了食品生产安全专项整治行动。建立和完善从食品原料投入到产品出厂全过程质量监管链条，健全食品召回和食品安全风险预警制度，强化食品质量安全追溯体系和责任追究体系，构建覆盖全社会的产品质量电子监管网络，并按照“县为基础、划分区域、明确责任、省市督办、严格奖惩”的原则，全面落实“两书三进四图五定”食品安全区域监管责任制，以深化“统一管理、两级发证、三级操作、层级负责”的食品质量安全市场准入制度，确保了奥运会期间全省没有发生重大食品安全事件。三是以工商部门为主，深入开展了打击传销专项行动。省政府下发《关于进一步深入开展打击传销专项行动的通知》，调整充实了专项行动领导组，定期召开联席会议，制定了《打击传销联合行动实施方案》和《应急预案》，加大了打击力度，狠抓了大要案件的查处。四是以新闻出版部门为主，深入开展“扫黄打非”专项行动。以“迎奥运维护出版物市场稳定”、查堵非法出版物运输渠道、印刷复制业专项检查、打击非法报刊等专项行动为载体，不间断地开展专项治理和集中打击行动，保持了日常监管的高压态势，在查堵政治性非法出版物、扫除淫秽色情等文化垃圾、打击侵权盗版行为、取缔非法印刷复制活动以及网上“扫黄打非”等领域取得了明显的成效。五是以广电部门为主，深入开展了卫星电视接收设施整治工作。下发《非法卫星接收设施整治通告》，加强对涉外宾馆和销售、安装单位的检查工作，及时纠正违法违规行为。加强执法协作、加大执法力度，全力突破一批典型案件，有力地确保了奥运会电视转播的正常有序进行。六是着力解决人民法院执行难问题。将此项工作纳入社会治安综合治理目标管理责任制考核范畴，加大考核力度，省、市、县三级都建立了联席会议工作制度，积极清理有关规章文件，主动履行或督促有关企业履行生效法律文书，为解决执行难问题扫除障碍。各级人民法院，不断推进执行规范化建设，并加强与公安、税务、工商、海关等部门的协调和沟通，确保了在维护社会稳定的前提下不断提高执结率。

三、社会治安防控体系建设

山西省印发了《关于深入推进全省社会治安防控体系建设的意见》，进一步明确将社会治安防控体系建设纳入全省经济社会发展总体规划，健全内保组织和基层治保组织，发展和规范保安人员，充实加强群防群治队伍，进一步挖掘防范资源，整合防范力量，实现了防控水平的整体提高。尤其是在科技防范方面，山西省大力实施治安视频监控“天眼工程”，高起点规划、高标准建设、高效率运行，充分发挥科学技术在治安防范、侦查破案、社会面控制、为民便民服务中的作用。在组织领导方面，各市都成立了由市委、市政府主要领导挂帅，综治、公安、财政、规划、建设、网通公司等部门领导参加的领导组，并依托市公安部门成立办公室，科学谋划论证、制定工作规划、确立目标任务、认真组织实施。在布建网络方面，本着“政府推进、市场运作、信息共享”的原则，坚持“五策并举”,即街面监控设施由政府投资建设,公共娱乐场所、公共复杂场所、内部单位、民爆和放射物品库等单位内部监控由所在单位出资建设,居民小区监控由房地产开发公司、物业管理公司或所依托单位出资建设,已经安装完毕的各单位内部监控系统必须进行改造,接入到统一的监控平台,公安机关包括派出所的监控平台建设由公安机关与网通公司协商解决,较好地解决了建设资金的问题。

山西省本着小区管理物业化、内部单位保安化、巡防队伍专业化、资金筹措市场化的原则,进一步加强了基层群防群治队伍建设。在组织建设方面,在加强基层“两会一队”等传统治安防范力量的同时,按照职业化和志愿者队伍相结合、有偿服务与义务巡逻相结合、政府组织与群众自防自护相结合的思路,大力发展专职治安联防队、保安、内保、治安信息员等多种形式的群防群治队伍。在运行机制方面,按照有效性原则,根据不同地域特点,分别采取政府出资购买岗位选聘4050人员组成专职治安巡防队、步巡和车巡相结合进行定时定位巡逻、对派出所辖区划片进行网格状巡逻等方式,充分发挥群防群治队伍的作用。为加强对流动人口的服务管理,山西省还专门划出事业编制招聘了3400名流动人口协管员。

四、排查调处矛盾纠纷、排查整治治安混乱地区和突出治安问题(简称“两个排查”)活动

2008年,山西省结合实际、以“百县千乡双排查”活动为载体,在全省范围内深入开展了“两个排查”活动。

在矛盾纠纷排查调处工作中,山西省进一步加强基层组织建设,完善规章制度。先后出台了《关于民事案件委托人民调解组织调解的若干意见(试行)》、《关于轻伤害案件委托人民调解组织调解的若干意见(试行)》、《关于治安案件委托人民调解组织调解的若干意见(试行)》,进一步加强了人民调解与诉讼程序的衔接配合,探索实行了简单民事案件先行调解和委托调解的制度;在县、乡两级普遍设立矛盾纠纷调解中心。成立了医疗纠纷调解委员会、劳动纠纷预防调处协会和太原仲裁委员会保险纠纷调解中心。充分发挥人民调解组织的基础性作用,实现了办案法律效果和社会效果的有机统一,保障了人民调解与行政调解的合法、有效衔接。2008年,全省共排查各类重大矛盾纠纷3725件,调处2907件,调处率为78%。

在排查化解涉法涉诉进京非正常访案件工作中,山西省强化工作部署,先后召开三次会议,出台《关于在全省政法机关深入开展排查化解重信重访工作的实施方案》。明确要求各市息诉罢访率2008年11月底、12月底和2009年两会前要分别达到85%、95%和100%,并对各级领导的目标责任和奖惩措施进一步予以明确。同时,围绕“案结事了、息诉罢访”采取了“百案攻坚”、集中排查化解、公开听证、资金救助、以案释法、督查督办等措施,完善了领导包案、司法救助、巡视督导、公开听证等制度,进一步加大责任查究力度,尤其是加大对中央交办案件的责任倒查。为了建立经常性工作机制,山西省还出台了《关于依法处置信访活动中违法犯罪行为的意见》和《山西省政法系统执法质量考评方案》,规范对违法信访行为的处理工作,加大对疑难案件的协调,进一步加强了执法监督,健全完善了“三调衔接”的大调解机制。

在集中排查整治治安混乱地区和突出治安问题工作中,山西省以乡镇(街道)为单位,组织基层单位、团体和群众组织开展拉网式排查,并以县为单位开展整治,同时,注重滚动排查、专项行动、挂牌督办、驻点包案四种措施并用。探索建立了滚动排查、领导包案、挂牌督办、协调联动、应急管理、定期通报、抽查暗访、整治验收、宣传动员和经验固化十项制度。对排查出来的问题,层层登记造册,制作台账,做到底数清、情况明。提出对每一个治安乱点和重点问题都做到“四个一”和“三个明确”的要求,“四个一”就是制定一个整治方案、明确一个牵头整治单位、规定一个整治期限、明确一个整治目标,“三个明确”就是明确责任部门、明确责任人、明确责任后果。全省共排查出治安混乱地区538个,整治523个,整治率为97.2%;排查出突出治安问题811个,整治760个,整治率为93.7%。

五、“平安三晋”创建活动

2008年,山西省省委、省政府继续将建设平安三晋、构建和谐山西作为贯彻落实科学发展观,确保全省经济社会又好又快发展的首要政治任务抓在手上。省综治委积极开展了以“平安县”为重点的形式多样的基层平安创建活动。一是对为期三年的“平安县”创建活动进行了认真总结，并对活动中涌现出来的太原市小店区、杏花岭区，大同市新荣区、大同县，朔州市朔城区、怀仁县，忻州市代县、五寨县、神池县，晋中市寿阳县、太谷县，阳泉市城区、矿区，吕梁市文水县、石楼县，长治市郊区、沁县、潞城市，临汾市曲沃县、古县、安泽县，晋城市阳城县、沁水县，运城市绛县、垣曲县25个县(市、区)，由省综治委确定为省级平安县，在全省推进平安建设现场会上进行了隆重的命名表彰。二是各级各部门切实贯彻落实省委、省政府、省综治委有关基层平安建设的文件精神，在全省广泛开展了平安家庭、平安社区、平安村居、平安乡镇、平安单位、平安企业、平安校园、平安大道、平安铁路、平安县区“十大平安建设”活动，同时，平安村(居)、平安社区、平安企业等形式的基层平安创建也有声有色，基层平安的覆盖面进一步扩大，全省共命名平安村(居)17384个。三是在省直各单位开展形式多样的平安创建活动。山西省在交通系统内开展了“平安交通”创建活动。以妇联为主开展了“平安家庭”创建活动，深化“不让毒品进我家”、“不让黄赌毒进我家”等活动，积极开展“无毒家庭”、“零家庭暴力社区(村)”创建等活动。在卫生系统开展了“平安医院”创建活动，印发了《关于维护医疗机构正常秩序的通告》，在全国率先建立了医疗纠纷第三方调解机制，并率先在三级医院推行医疗责任险。以文化部门为主，开展了“平安文化市场”创建活动，认真清查各类文化经营场所，建立落实保障行动责任制，实现了“文化市场不发生重大事故、不形成社会热点，秩序良好、管理规范”的总体目标。

六、基层基础工作

根据省财政厅和省综治办联合印发的《关于建立社会治安综合治理工作经费保障机制的通知》，山西省按照全省总人口数每年人均不低于0.1元的标准，将省本级社会治安综合治理经费列入财政预算，由省财政给予安排。

山西省进一步建立健全了省、市、县(市、区)三级综治机构，配齐配强了综治干部。其中，11个市和119个县(市、区)全部配备了综治办，主任分别由一名同级政法委副书记兼任或者由专职综治办主任担任，同时设专职副主任1－2名。全省1405个乡镇(街道)中，有1380个建立了专门的综治机构，共有专职工作人员1926人。

山西省在乡镇(街道)普遍推广建立综治中心。全省1405个乡镇(街道)中，已有1244个建立了综治中心，占乡镇(街道)总数的88.5%。综治中心在乡镇(街道)党(工)委和政府(办事处)领导下，在综治委具体组织指导下，整合综治办、矛调中心、派出所、司法所、信访办、人民法庭、人民武装部、共青团、妇联等部门力量，组成协作联动工作平台，配齐配强领导班子和专职工作人员，行使组织协调、指派调度、督查督办、责任查究等权能，做到矛盾纠纷“联调”、治安“联防”、警务“联勤”、突出问题“联治”、平安建设“联创”，改变了过去乡镇(街道)综治工作基础薄弱、力量分散、多头管理、形不成合力的问题，使综治中心有职有权、有人有钱，真正成为综合治理工作的坚强堡垒。

七、领导责任制和目标管理责任制

2008年，山西省继续由省委书记、省长与各市市委书记、市长签订《2008年度社会治安综合治理责任书》。定期召开有综治、纪检、组织、监察、人事部门参加的“五部委”联席会议，审议通过了《关于进一步落实社会治安综合治理领导责任制的实施意见》，明确把社会治安综合治理工作纳入组织部门的领导班子和领导干部科学考评体系、人事部门的国家公务员考核体系、纪检监察部门的领导班子和领导干部党风廉政建设考核体系，并对领导责任主体、领导责任划分、领导责任体系作出明确规定。组织部门把领导干部抓社会治安综合治理的履职情况及工作能力作为其提拔、使用、培养、奖惩的一个重要依据；被综治部门一票否决或限期整改、黄牌警告的地区、部门、单位，其责任人年度考核时不得被评为称职或优秀；综治部门拥有对责任人的表彰奖励权和限期整改、黄牌警告、一票否决权，并予以责任查究；责任人抓社会治安综合治理工作情况同其工资和其他经济性奖惩相挂钩。组织部门在任用干部和人事部门在办理干部评先、受奖、晋职、晋级时都书面征求综治部门意见，综合治理对此不但有意见建议权，而且有一票否决权。山西省还建立了社会治安综合治理工作实绩档案，内容包括领导责任制落实情况、领导干部履职情况、领导同志主持召开或参加综治工作会议和有关活动情况等，并设计制作了实绩档案表，规定省、市、县三级都要建立实绩档案，由本级综治办存档备案。

山西省对综治委成员单位参与社会治安综合治理工作十分重视，每年由省城综治委主要领导与省直各单位及驻太原中央企业和单位签订年度《社会治安综合治理责任书》，明确综治工作目标和责任。省综治委还专门印发《关于充分发挥省综治委成员单位作用进一步做好综合治理工作的意见》，对综治委成员单位在抓社会治安综合治理工作中的社会职责和单位职责作出规定，并明确了成员单位例会制度、联席会议制度、工作联系点制度、联络员制度、述职制度、检查督导制度、警示制度、邀请党代表、人大代表、政协委员视察工作制度和实绩档案制度等项制度，先后制定出台《关于建立省综治委成员单位综治工作“联系点”制度的意见》和《省综治委成员单位联络员工作制度》。要求各成员单位联系一个社会治安重点县，协助联系点整治治安突出问题，深入开展平安建设。

根据《2007年度全省社会治安综合治理责任制》规定，2008年3月7日至4月26日，山西省综治委组织省直有关部门，采取“一把尺子量到底”的方法，对全省11个市2007年度综治工作责任制落实情况进行了考核。考核总分值为200分，采取“条块结合”的方式进行。其中，人民群众对社会治安的评价由省综治委委托省统计局在全省进行公众安全感调查，同时省综治委考核组采取随机抽查办法发放问卷，占20分；综治各专项工作落实情况由省直有关部门分别进行考核，占97分；综治基层基础工作由省综治委组成一个考核组，对11个市、22个县（市、区）、44个乡镇（街道）、44个公安派出所、44个村（社区）以及22个内部单位进行实地考核，占83分；对2007年以来的典型经验和重大案（事）件按一定标准给予奖惩分。经过考核，省综治委决定授予长治、太原、晋城、阳泉、朔州、忻州6市“2007年度全省社会治安综合治理工作先进市”称号，各奖励奖金8万元，同时分别授予晋中、大同、吕梁、运城为基层基础工作先进市、严打整治工作先进市、矛盾纠纷排查调处工作先进市、农村平安建设工作先进市称号。

八、宣传教育工作

2008年7月，山西省综治办正式组建宣传教育处，正处级建制，处级领导职数一正一副。

2008年，山西省围绕综治工作重点，充分发挥主流媒体作用，对全省综治工作典型经验进行了及时的宣传报道，起到了典型引路推动工作的良好效果。特别是开展大学习、大讨论活动期间，在《山西法制报》开辟了“全省政法部门领导和市委政法委书记论坛”和“综治成果巡礼”两个专题栏目，起到了理论指导实践、实践创新理论的积极作用。立足于建立健全综治宣传工作长效机制，进一步加大了综治宣传工作创新力度。省综治办专门下文，要求省综治委成员单位广泛开展调查研究，理论联系实际，认真分析本系统、本部门在参与平安建设中出现的问题及原因，提出针对性措施，建立健全体制机制，为平安创建深入推进提供理论基础。大张旗鼓地开展了综治宣传月活动，强化了形式多样的平安建设宣传活动。各地在确定重点宣传区域和宣传对象的同时，在单位、社区、乡镇、厂矿、学校、街头等广泛开辟宣传阵地，不断拓宽宣传渠道，丰富宣传内容，创新宣传载体，活跃宣传形式，利用文艺演出、文化广场、综治长廊、挂图展版、入户袋等群众更加喜闻乐见、更加富有成效的形式，向群众宣传平安建设的有关内容，促使平安建设家喻户晓，深入人心。

2008年，山西省省、市两级综治委开展了多次干部培训工作。省综治委先后对成员单位综治联络员和市、县两级综治干部分六批进行了培训，参训人员463人次。4－7月，省综治办在省护路办先后对市、县两级综治干部进行了五期培训，主要内容是新形势下的社会治安综合治理工作面临的新情况、新问题及新举措。11月25日，省综治委对成员单位综治联络员进行了培训，学习了《省综治委成员单位联络员工作制度》，实地观摩了省高速公路管理局、省交通学校等单位的典型经验。

九、各项专门工作

（一）流动人口治安管理工作。山西省在县级公安机关设立暂住人口管理办公室，乡镇派出所设立暂住人口管理站，负责本辖区暂住人口管理工作。通过警力下沉和置换工勤人员编制等途径，为每个派出所增加2－3名警力，通过公开招聘，为每个派出所增加2名暂住人口协管员，协助派出所民警管理本辖区暂住人口。各地不断总结经验，出台规章制度，同时采取有力措施，强化登记和发证工作，加强业务督导，将出租房屋登记办证管理工作纳入派出所等级评定和民警年度考核范畴。在全省开展了创新流动人口服务管理机制试点工作，太原、临汾、晋城等市还专门召开现场会进行经验交流。针对流动人口办理暂住证率低的问题，积极探索、加强协调，推动各地因地制宜，推出便民服务新举措、新模式，办证率显著提高。此外，还开展了为期5个月的流动人口出租房屋治安管理专项整治行动，发现了一大批违法犯罪线索，破获了一批刑事治安案件。

（二）刑释解教人员安置帮教工作。山西省积极贯彻"帮教社会化、就业市场化、管理信息化、职责规范化"的总体要求，从制度保障、源头引导、机制落实三个层面入手，落实"两头包、双列管"措施，加强对刑释解教人员的调查核实工作，全面排查"三假"刑释解教人员，加强对"三无"人员的管控，并开展"暖心回访月"活动，同时，组织协调司法行政、公安、监狱、劳教部门及时规范寄发通知书，对服刑在教人员进行职业技能培训，建立联系通报制度；组织协调民政、劳动保障、财政、工商等部门建立帮教工作机构、加强就业服务、提供经费保障；组织协调妇联、工会、社区等加强宣传和权益保障力度，共同形成安置帮教的工作合力。

（三）预防青少年违法犯罪工作。山西省以"为了明天"工程为统揽，认真贯彻"两法一办法"，在各级建立了完备的以"预防小组和未保委"为主的工作机构体系，组建了多元化工作队伍，不断健全工作机制，预防青少年违法犯罪工作体系进一步健全。畅通了以12355为平台的青少年诉求表达渠道，深入开展优秀"青少年维权岗"创建活动，建立了"人大代表、政协委员与青少年面对面"长效机制；深入开展了以铁路护路、"青春红丝带"防艾宣传和青春自护进校园为主要内容的青少年安全自护教育活动。严厉打击强迫诱骗未成年人流浪乞讨和聋哑青少年违法犯罪活动，关爱服务艾滋病致孤儿童、服刑人员和刑释解教人员未成年子女，加大工读学校建设力度，深入推进"进城务工青年发展计划"，加强了重点群体的教育、服务和管理工作。深入开展了"青少年远离毒品行动"和网络文明行动，不断净化出版物市场环境和荧屏声屏，为青少年健康成长创造了良好环境。

（四）铁路护路联防工作。山西省针对年初发生的罕见低温雨雪冰冻灾害，组织开展"一抗两保"（抗雪灾、保春运、保畅通）活动，全省护路系统深入一线值守，确保大秦线日运量100万吨、侯月线日运量33万吨电煤外运任务顺利完成。着力构建地方公安管面、铁路公安查线、专职队员责任巡护重点区段、治安协管员看段守点的"四位一体"工作体系，形成全方位、立体式铁路治安防控新格局，在面上抓排查、线上抓整治、点上抓守护，形成多层次立体防范网络。把做好奥运期间铁路安保工作作为2008年护路联防工作的重中之重，7—10月，在全省组织开展了以"三防三零"（防爆炸破坏、防拦车断道、防行车事故和零危行案事件、零路外伤亡、零越级上访）为主要内容的"两保一创"（保奥运、保畅通，创建平安和谐铁路）百日安全竞赛活动。

（五）学校及周边治安综合治理工作。山西省在教育系统组织开展了以"迎人文奥运，建和谐校园"为主题的宣传教育活动、以"迎奥运，文明出行"为主题的交通宣传教育活动和形式多样的安全教育宣传活动等三次大规模的安全宣传教育活动，同时，继续引深"平安校园"创建活动。深入进行不稳定因素大排查，严厉打击侵害师生人身权利的各类违法犯罪活动，坚决取缔和清理校园及周边的交通秩序，积极构建学校现代化的安全技术防范体系，命名表彰了一批省级"平安校园"。

（六）核查纠正监外执行罪犯脱管、漏管工作。山西省综治委把核查纠正监外执行罪犯脱管、漏管专项行动作为奥运安保的重中之重来抓，省委书记张宝顺，省委常委、政法委书记杜玉林等领导同志作出重要批示，并依托省检察院建立了山西省综治委核查纠正监外执行罪犯脱管、漏管工作专项领导小组及其办公室，制定了工作意见和实施方案。全省各级层层成立专门机构，制定实施方案，采取"自下而上"和"自上而下"往返五次的双向排查方式，边核查边纠正，扎实有效地开展了工作。

中共山西省委办公厅 山西省人民政府办公厅 转发《关于进一步加强民用爆炸物品安全管理工作的意见》的通知

（2008年3月24日）

各市、县委，各市、县人民政府，省委各部委，省直各委、办、厅、局，各人民团体：

省社会治安综合治理委员会拟定的《关于进一步加强民用爆炸物品安全管理工作的意见》已经省委、省政府同意，现转发给你们，请结合实际贯彻落实。

山西省社会治安综合治理委员会 关于进一步加强民用爆炸物品 安全管理工作的意见

山西是矿产资源大省，民用爆炸物品使用量约占全国的1/9。进一步加强民用爆炸物品安全管理工作，严厉打击涉爆违法犯罪活动，有效预防各类爆炸案件、事故的发生，对于维护社会稳定、保障人民群众生命财产安全、为北京奥运会创造良好环境，具有十分重要的意义。根据《民用爆炸物品安全管理条例》等有关规定，结合我省实际，提出如下意见。

一、明确管理职责，强化责任追究

各级政府和村（居）民委员会对本地民用爆炸物品管理负总责，对民用爆炸物品安全实施综合治理，定期组织排查整治和宣传发动工作。省国防科工办和市、县（市、区）安监部门根据分级管理规定，负责民用爆炸物品生产、销售的安全监督管理工作。省安监局负责民用爆炸物品安全生产综合监管工作，协助省国防科工办对市、县（市、区）安监部门的民用爆炸物品生产、销售的安全监督管理工作进行督促指导。公安机关负责民用爆炸物品公共安全管理和民用爆炸物品购买、运输、爆破作业的安全监督管理工作，监控民用爆炸物品流向，并负责出租房的治安管理工作。煤炭工业部门负责煤矿井下民用爆炸物品的安全监督管理工作，对井下民用爆炸物品的储存和使用进行监督检查，发现涉嫌非法储存、使用的，要移交公安机关依法处理。国土资源部门要依法严厉打击非法采矿活动，发现涉嫌非法生产、买卖、储存、使用民用爆炸物品违法犯罪活动的，要移交公安机关依法处理。

强化责任追究。各市、县（市、区）、乡（镇）政府、村（居）民委员会及涉爆单位的主要负责同志是本地本单位爆炸物品安全管理和整治工作的第一责任人；各级公安、煤炭、国土资源部门，省国防科工办和市、县（市、区）安监部门的主要负责同志是主要责任人，分管领导是直接责任人。对因管理不到位、综合治理工作不落实、收缴不彻底，导致辖区内非法民用爆炸物品在生产、买卖、储存、运输、使用过程中发生爆炸事故的，要严肃追究相关领导及人员的责任。把民用爆炸物品整治工作列入社会治安综合治理考核内容，对发生重大以上爆炸事故的地方和单位坚决实行社会治安综合治理“一票否决”。把涉爆案件的查处工作列为执法考核重点，加强执法监督和责任追究。

二、突出工作重点，提高管理水平

民用爆炸物品安全管理工作，既要加强日常管理，更要突出重点，对非法涉爆违法犯罪活动进行严厉打击。各级民用爆炸物品监管部门要对涉爆企业的生产、销售、运输、储存、使用等环节加强监管，确保各项管理制度落到实处。

省国防科工办要依法对民用爆炸物品生产、销售企业实行严格的行政许可，督促其统一产品登记标识，落实雷管编码打号规定，做到根据登记标识和雷管编号可查清生产、销售的相关信息。当前特别要严格实行对硝酸铵生产企业的销售许可管理，并切实做好相应的日常监管工作。

省国防科工办和市、县(市、区)安监部门要加强民用爆炸物品销售管理，建立完善的管理制度。销售民用爆炸物品必须要有通过民用爆炸物品信息管理系统开具的电子证件，并认真核查购买经办人身份，严防假冒他人和伪造证件购买爆炸物品。每年要组织对农用硝酸铵化肥进行抗爆性能检测，对改性不彻底的严禁销售，对违法违规销售逾期不改的，一律停产停业整顿直至吊销许可证件。

省国防科工办和市、县(市、区)安监部门、各级公安机关要督促涉爆企业按照《民用爆炸物品工厂设计安全规范》(GB50089)、《地下及覆土火药炸药库设计安全规范》(GB50154)、《爆破安全规程》(GB6722—2003)建设民用爆炸物品库房，完善入侵报警、视频监控等技防设施，并与公安机关联网，严防被盗、被抢及意外爆炸事故的发生。民用爆炸物品库房经安全评估后，方可投入使用。

公安机关要对民用爆炸物品实施信息化管理，严格民用爆炸物品、出租房屋、外来人口的安全管理工作。一是严厉查处非法生产爆炸物品的窝点，及时铲除非法生产的源头。在交通要道不定期设卡检查，在公路沿线加强巡逻，堵住非法爆炸物品流入源头。二是加强人员管理。依托民用爆炸物品信息管理系统，建立涉爆从业人员、涉爆违法犯罪人员和掌握非法民用爆炸物品制造技术人员管理档案，有针对性地对涉爆从业人员进行教育，对重点人员要实施流入、流出地双向动态监控。三是加强硝酸铵、氯酸钾使用单位管理。坚决执行国家关于禁止将硝酸铵作为化肥销售的规定，实行备案管理和严格的流向监控，防止硝酸铵、氯酸钾流入犯罪分子手中非法制造爆炸物品。四是加强运输管理。督促涉爆单位必须使用专用运输车运输民用爆炸物品，必须有专门押运人员。跨市县运输的专用运输车应装有GPS定位系统。五是加强现场管理。督促涉爆单位加强现场领用、储存、使用管理。民用爆炸物品在使用现场必须存放于专用保管箱(柜)中，流向记录保存时间不少于2年，做到专人领用、专柜储存、专门登记。六是严格控制涉爆单位和人员总量。积极引导涉爆单位提高民用爆炸物品生产、配送、爆破作业一体化和爆破作业专业化、规模化水平，非国有企业地面以上爆破作业一律实施专业爆破，最大限度控制爆破作业单位和接触爆炸物品人员的数量。七是改进审批管理。民用爆炸物品的购买、运输要本着“就地、就近、安全”的原则，尽量减少跨省跨地区长距离运输。要为涉爆单位的合法需求提供便捷服务。任何部门不得将民用爆炸物品审批与税收、管理费用挂钩，限制批供量。八是加强收缴工作。组织警力对流散社会的非法爆炸物品大力清查收缴，对关闭停产的爆破作业单位要澄清底数，彻底回缴批供的民用爆炸物品，并责令企业法人具结保证不私藏爆炸物品。九是加强出租房屋管理。认真落实出租房屋治安管理的有关规定，加强出租房屋、仓库、厂房(包括产权不明，有事实上租赁关系的房屋)治安管理工作。及时备案，定期排查，加强对出租人的教育，及时掌握承租人动态，防止非法制造、储存爆炸物品。

煤炭工业部门要加强煤矿安全生产监督，严厉打击超量生产、超能力生产、私自生产等违法活动，重点加强煤矿井下民用爆炸物品安全管理工作。按年度科学、合理、准确地核定煤矿民用爆炸物品的使用量，满足合法生产需求。督促煤矿将井下民用爆炸物品储存、使用作为日常安全生产管理的重点环节，严格执行《煤矿安全规程》，严禁私购、私藏、私用民用爆炸物品。督促驻矿安监员将井下民用爆炸物品储存、使用作为安全生产监督的重点，实施严格的日常监督检查。对煤矿和驻矿安监员加强监督管理，对不履行井下民用爆炸物品管理、监督、检查职责的，要严格追究责任，并调离安监工作岗位。

国土资源部门要加大对非法采矿行为的查处力度。发现非法采矿、破坏性采矿并涉及民用爆炸物品违法犯罪活动的，一律移交公安机关查处。

各级公、检、法机关对于非法制造、买卖、运输、存储、使用民用爆炸物品的违法犯罪行为，必须进行严厉打击，实行源头治理。要按照省高级人民法院、省人民检察院、省公安厅《关于严厉打击涉爆违法犯罪活动的通告》(2007 年 4 月 10 日发布)精神，统一执法思想，形成打击合力。

三、加强组织领导，推进综合治理

各级党委、政府及要充分认识加强民用爆炸物品安全管理工作的重要性，摆上重要议事日程。各级政法、综治、纪检、宣传、法院、检察院、公安、司法、监察、财政、国土、交通、工商、质监、安监、国防科工办、煤炭、供销(农资)、交通、铁路、民航等有关部门要统一思想，加强配合，齐抓共管，把民用爆炸物品安全管理工作落到实处。各级社会治安综合治理委员会要把民用爆炸物品安全管理工作纳入社会治安综合治理工作内容，做到同安排、同部署、同检查、同考核。充分发挥社会治安综合治理的工作优势和群防群治组织的作用，整合社会资源，形成打击合力。定期召开会议，分析存在的问题，研究部署民用爆炸物品安全管理各项工作，适时组织对重点地区、重点人员、重点时段、重点场所进行专项整治，消除安全隐患。充分利用广播、电视、报纸、杂志等新闻媒体，广泛宣传民用爆炸物品安全管理有关规定。积极开展警示教育，使广大人民群众充分认识非法爆炸物品的危害性，提高同涉爆违法犯罪活动作斗争的积极性和自觉性。与周边省区建立跨区域联合打击非法涉爆违法犯罪的工作机制，做到互相支持，相互配合，信息互通，资源共享。为民用爆炸物品安全管理工作提供必要的经费保障，将民用爆炸物品安全管理经费列入年度财政预算。每个重点县(市、区)要配备必要的测爆设备，实行技防、犬防相结合，为民用爆炸物品安全管理工作提供装备保障。

山西省社会治安综合治理委员会关于充分发挥省综治委成员单位作用进一步做好综合治理工作的意见

(2008 年 5 月 29 日)

为认真贯彻《中共中央、国务院关于进一步加强社会治安综合治理工作的意见》和省委、省政府制定的“实施意见”，切实落实省综治委成员单位参与综合治理的职责，充分发挥成员单位在维护社会治安中的职能作用，进一步强化齐抓共管的工作机制，把综合治理各项工作措施落到实处，根据社会治安综合治理“属地管理”和“谁主管、谁负责”的原则，现就充分发挥省综治委成员单位作用提出以下意见。

一、统一思想，提高认识

社会治安综合治理是一项全方位、多层次、多环节的社会系统工程。动员全社会力量齐抓共管是综合治理工作的基本要求。综治委实行委员会工作制度，依靠和发挥各成员单位的职能作用，是社会治安综合治理工作方针得以有效落实的重要形式。近年来，在省综治委的统一组织协调下，各综治委成员单位紧密结合各自职能，认真贯彻落实中央和省委、省政府关于综合治理工作的方针、政策，各司其职，各负其责，密切配合，积极参与社会治安综合治理各项工作，为维护全省政治安定和社会稳定做出了积极贡献。

当前，全省社会治安形势依然严峻复杂，综合治理的任务日益繁重，责任不断加大，但省综治委各成员单位发挥作用情况与所面临的形势和肩负的任务相比还存在许多不适应的地方。一是一些成员单位和部门对社会治安综合治理工作的性质、任务、工作方针，特别是作为成员单位所担负的任务认识还不够全面、不够深入，主动参与意识不够；二是成员单位职责结合实际细化、量化不够；三是成员单位之间相互配合、形成合力做得不够有力；四是对成员单位的考核、奖惩等约束和激励机制还不够完善。逐步解决这些问题，不断完善成员单位参与综合治理的工作机制，动员和组织全社会的力量，综合运用政治、经济、法律、行政、文化、教育等多种手段治理社会治安，是当前亟待解决的一个突出问题。因此，各成员单位一定要从落实科学发展观，构建社会主义和谐社会的高度，从维护全省社会政治稳定大局的高度，充分认识社会治安综合治理工作的重要性，进一步增强责任感和使命感，牢固树立科学发展观和正确的政绩观，正确处理抓综合治理与抓本单位、本部门业务的关系，做到综合治理工作与业务工作同计划、同部署、同检查、同考核、同奖惩，积极主动地参与全社会的治安综合治理，切实承担起维护社会稳定职责。

二、明确任务，扎实工作

省综治委成员单位在社会治安综合治理工作中的职责由社会职责和单位职责两部分组成。社会职责主要是：参与省综治委议事工作，根据全省社会治安状况，共同研究提出全省社会治安综合治理工作的对策和重大措施，供省委、省政府决策；对一个时期全局性的社会治安综合治理工作共同进行研究部署。单位职责主要是：负责抓好本部门、本系统、本单位的综合治理工作，确保社会治安综合治理工作的方针、政策和重大部署在本部门、本系统、本单位得到贯彻落实；结合本部门职能特点，在省综治委组织协调下，参与解决相关的重大矛盾纠纷和突出治安问题。各成员单位要结合本单位实际，紧紧围绕上述职责任务，认真研究制定并不断完善本单位参与社会治安综合治理工作的具体意见，细化职责任务，强化责任意识，确保做好两个层面的综合治理工作：一是按照“属地管理”的原则，做好本单位机关内部的综合治理工作。驻地单位不管级别高低，人数多少，在社会治安方面都必须主动接受驻地综治机构的领导，自觉按照驻地综治机构的工作安排和具体要求，把机关内部的综合治理工作抓实抓细，确保社会治安方面不出大问题，少出或不出一般问题，成为维护社会治安的表率。二是按照“谁主管、谁负责”的原则，做好本系统的综合治理工作。各成员单位要切实将治安防范工作纳入行业管理的重要内容，做到各项治安保卫和安全防范工作与本系统业务工作“五同”，层层签订综合治理责任书，逐步完善综合治理责任体系，最大限度地增强广大干部职工参与综合治理的责任意识，有效预防和减少各类违法犯罪。

三、完善制度，规范运作

根据中央综治委的要求，为适应形势发展和工作需要，进一步促进省综治委工作制度化、规范化，更加充分地发挥省综治委在推动、指导全省综治工作中的作用，建立和完善以下几项制度。

（一）例会制度

1. 省社会治安综合治理委员会全体会议每年至少召开三次。主要内容是：研究分析全省社会治安形势和各地区、系统、部门落实社会治安综合治理各项措施情况；听取省综治委成员单位及有关地区、部门的工作汇报；部署全省社会治安综合治理重大活动和阶段性工作；讨论通过社会治安综合治理有关规范性文件；审核年度社会治安综合治理目标责任书落实情况；决定奖惩或提出奖惩建议。

2. 省社会治安综合治理委员会全体会议的议程安排及其他有关事项由其办公室负责承办。省综治委成员单位及有关部门认为需要提交全体会议讨论的事项，由省综治办进行汇总，报主任审定后可列入会议议程。省综治办应在举行全体会议前及时将会议时间和主要内容报送各位委员。

3. 省社会治安综合治理委员会全体会议形成会议纪要，会议决定的事项由其办公室督办落实。

（二）联席会议制度

1. 研究解决社会治安综合治理专门工作或专项问题，省社会治安综合治理委员会可以召开专门工作领导小组会议，也可以会同相关单位召开联席会议。

2. 省综治委、省纪委、省委组织部、省人事厅、省监察厅五部门联席会议每年至少召开两次，研究分析全省社会治安综合治理领导责任制落实情况，决定有关奖惩事宜。其他联席会议适时召开。

3. 联席会议议题由申请召开联席会议的部门或省综治办提出书面请示，经主任批准后，由主任或副主任召集。参加联席会议的范围根据会议内容确定，可以是省综治委成员单位，也可以邀请有关地区、单位和部门参加。

4. 联席会议议决事项，通过会议纪要或参加联席会议部门会签文件形式确认。省综治办会同有关部门做好落实和督促检查工作。

（三）工作联系点制度

1. 省综治委委员结合各自工作实际，每年都要确定1个县（市、区）作为社会治安综合治理工作的联系点并报省综治办，省综治办确定后通知有关县（市、区）。

2. 省综治委委员要经常深入联系点推动指导工作，一年不少于2次。具体任务是，深入了解社会治安综合治理工作状况，指导基层研究综治工作新情况，解决综治工作新问题，发现培养典型，总结推广经验，带动整体工作深入开展。

3. 省综治委委员要加强调查研究，对全省综治工作及时提出意见和建议。年终应将在联系点工作情况向省社会治安综合治理委员会写出总结报告。

（四）联络员制度

1. 省综治委委员要确定一名联络员，作为与省综治委及其办公室互通情况的联系人员。

2. 联络员由委员所在单位有关部门负责人担任。联络员的基本情况及变动事项，须向省综治办备案和报告。

3. 联络员要积极参加社会治安综合治理委员会组织的各项活动，当好委员的参谋、助手，协助委员指导督促本系统、本单位及联系点社会治安综合治理各项工作措施的落实。

4. 省综治办每年召开一次联络员会议，沟通情况、交流经验、研究解决实际工作中的问题。

（五）述职制度

1. 省社会治安综合治理委员会成员单位，依据职责向省社会治安综合治理委员会述职。

2. 述职的主要内容包括：本系统、本部门落实省综治委总体工作部署情况；完成省综治委根据工作需要确定的由本系统、本部门具体承担的工作任务情况（包括工作联系点工作情况）；本系统、本部门在社会治安综合治理工作中存在的主要问题；今后的改进措施或下一步工作思路。

3. 述职分为书面述职和会议述职两种形式。成员单位应于每年1月中旬前向省综治办报送书面述职报告。根据实际情况，省社会治安综合治理委员会可以指定成员单位在全体会议上作述职报告。

（六）检查督导制度

1. 省社会治安综合治理委员会对全省各地区、各系统、各部门、各单位社会治安综合治理工作进行检查、督促和指导。

2. 省社会治安综合治理委员会代表省委、省政府对各市、各系统落实《全省社会治安综合治理目标责任书》情况进行检查考核，并提出综合性评价意见报省委、省政府。

3. 对全省社会治安综合治理工作中发生的重大问题、突出治安问题，省社会治安综合治理委员会可以要求其办公室或成员单位立项调查，提出解决意见，并监督落实。

（七）警示制度

1. 省社会治安综合治理委员会对社会治安综合治理工作落后或存在比较严重问题的地区、系统和单位，实行社会治安综合治理警示制度。省综治委成员单位可就存在某一方面严重问题的地区、系统和单位，提出警示建议。

2. 凡有下列情况之一的给予警示：存在重大治安隐患或发生比较严重社会治安问题尚不够一票否决的；在《全省社会治安综合治理目标责任书》年度考核中连续两次名列末位的；因治安混乱被人大代表、政协委员提出议案、提案或人民群众反映强烈并查实的；社会治安综合治理工作中存在突出薄弱环节等。

3. 省社会治安综合治理委员会作出警示决定后，由办公室发出限期整改、黄牌警示通知书。被警示地区、系统和单位接到《警示通知书》15日内,向省社会治安综合治理委员会报告整改计划、措施,3个月内报告整改结果。

4. 连续两次被省社会治安综合治理委员会警示并且整改效果不明显的,给予社会治安综合治理一票否决。

(八)邀请党代表、人大代表、政协委员视察工作制度

1. 省社会治安综合治理委员会每年邀请党代表、省人大代表、省政协委员视察指导社会治安综合治理工作。接受视察的地区和单位认真负责地汇报工作,虚心接受指导。对于提出的批评要及时制定整改措施,并将整改情况向视察人员报告。

2. 认真组织落实省人大代表、省政协委员关于社会治安综合治理的议案和提案,省综治办及有关部门、单位要及时将办复情况报告省人大、省政协及代表、委员本人。

3. 省社会治安综合治理委员会要经常征求省人大、省政协关于全省社会治安综合治理的意见和建议,促进社会治安综合治理工作深入开展。

(九)建立省综治委委员抓社会治安综合治理工作实绩档案制度

省综治委建立综治委委员抓综治工作实绩档案,实绩档案由省综治办备案,并报送省委组织部。委员抓综治工作的实绩与干部本人的晋职晋级、评先评模挂钩。档案内容包括领导责任制落实情况;领导干部履行职责情况;参加综治工作有关活动情况;领导干部协调解决综治工作实际困难和问题情况;领导干部抓联系点和下基层调研综治工作情况;领导干部对综治工作作出的批示和提出的思路等。

领导干部抓社会治安综合治理工作实绩档案,内容要详实、具体,时间、地点、领导批示、工作和活动内容、解决的问题和困难等,一人一表,于次年1月中旬前报送省综治办。

充分发挥省综治委成员单位的作用,是一项复杂的系统工程,是综合治理工作的一项重要课题。省综治办和各成员单位要在实践的基础上,认真分析研究,及时总结经验,不断丰富内容、完善措施、增强效果,真正使省综治委成员单位在全省综合治理工作中发挥领导和骨干作用,不断推动全省社会治安综合治理工作上新台阶,为建设新型能源和工业基地、全面建设小康社会创造和谐稳定的社会环境。

山西省社会治安综合治理委员会
中共山西省纪律检查委员会
中共山西省委组织部
山西省监察委员会　山西省人事厅
关于进一步落实社会治安综合治理
领导责任制的实施意见

(2008年5月28日)

各市、县(市、区)社会治安综合治理委员会,纪律检查委员会,党委组织部,人事局,监察局,省综治委各成员单位:

加强社会治安综合治理,有效预防和打击违法犯罪,维护社会治安秩序和市场经济秩序,保护广大人民群众的生命财产安全,是建设和谐社会,坚持以人为本,落实科学发展观的重要内容。做好社会治安综合治理工作,关系党和政府在人民

群众心目中的形象,关系到改革发展稳定的大局,关系到国家的长治久安,关系到党的执政地位的巩固,符合广大人民群众的愿望和要求。为进一步增强各级党政领导保"一方平安"的责任意识,建设和谐稳定的新山西,现就全省进一步落实社会治安综合治理领导责任制提出如下实施意见:

一、总体要求

牢固树立科学发展观和正确政绩观,从提高党的执政能力和构建和谐社会的高度出发,落实综治工作的各项措施。根据中央社会治安综合治理委员会、中共中央纪律检查委员会、中共中央组织部、中华人民共和国人事部、中华人民共和国监察部《关于实行社会治安综合治理领导责任制的若干规定》和省五部委"实施细则"及省委组织部《山西省关于市、县(市、区)党政主要领导干部科学考评暂行办法》等有关文件精神,把综治工作列入党政领导干部任期目标,与政绩考核、提升任用、晋级晋职、评选先进直接挂钩。

二、领导责任

(一)领导责任主体。各地区、各部门党政领导班子担负组织本地区、本部门综治工作的政治责任,对这项工作负总责、负全责;各地区、各部门党政一把手是综治工作的第一责任人,对这项工作负首要领导责任;分管领导是综治工作的具体责任人,对这项工作负具体领导责任;班子其他成员按照"一岗双责"的要求,对业务工作中涉及的综治工作负相应领导责任。

(二)领导责任划分

1. 党政领导班子的责任。各级、各部门党政领导班子担负组织领导本地区、本部门社会治安综合治理工作的政治责任,对这项工作负总责、负全责。

(1)坚持从政治和战略高度重视社会治安综合治理,把维护社会稳定摆上全局工作的重要位置,作为党政领导班子任期目标,切实加强组织领导;

(2)认真执行社会治安综合治理方针、政策、原则和有关法律、法规,按照上级社会治安综合治理委员会的工作部署,结合当地实际,每半年召开一次专题会议进行研究贯彻;

(3)牢固树立科学发展观和正确政绩观,把抓发展和保平安统一起来,作决策、上项目、搞建设、办事情都要充分考虑维护人民群众的根本利益,统筹解决影响稳定的突出问题,在和谐稳定环境的中发展各项事业;

(4)健全社会治安综合治理组织网络,落实机构、编制、人员、经费,确保层层有人管事、有人干事、有钱办事;

(5)严格实行领导责任制和责任查究制,一级抓一级,一级对一级负责,督促党政领导干部担负起保一方平安的政治责任;

(6)全面推行社会治安综合治理目标管理,及时研究解决重大问题,组织推动工作落实,努力实现"发案少、秩序好、社会稳定、群众满意"的目标。

2. 党政一把手的责任。各地区、各部门党政一把手是社会治安综合治理第一责任人,对这项工作负首要领导责任。

(1)定期主持召开党政领导班子会议,听取社会治安综合治理工作情况汇报;

(2)根据一个时期的社会治安状况,对社会治安综合治理工作作出指示;

(3)对涉及社会治安综合治理的重大问题,亲自研究解决;

(4)对社会治安综合治理重大工作亲自部署,并督促落实;

(5)一旦发生影响社会稳定的重大事(案)件,立即赶赴现场组织指挥,果断而妥善处置;

(6)支持社会治安综合治理机构对发生严重危害社会稳定重大问题的地区、部门、单位实施一票否决和责任查究。

3. 分管领导的责任。分管领导是社会治安综合治理的具体责任人,对这项工作负具体领导责任。

(1)当好党政班子领导社会治安综合治理工作的参谋,协助党政一把手作出正确决策;

(2)组织实施社会治安综合治理工作,加强检查督促和具体指导,推动各项措施落实;

(3)协调各方面的力量参与社会治安综合治理,形成维护社会稳定合力;

(4)一旦发生影响稳定的重大事(案)件,积极主动协助党政一把手处置;

(5)深入实际调查新情况,研究新问题,制定新对策,推进社会治安综合治理工作的创新与发展。

4.其他领导的责任。领导班子的其他成员是所分管部门、行业、单位社会治安综合治理工作的责任人。

(1)根据党政领导班子和社会治安综合治理委员会的总体部署,对所分管部门、行业、单位安全稳定工作作出具体部署,并督促落实;

(2)组织所分管部门、行业、单位及时排查各类矛盾纠纷及影响安全稳定的其他问题,并认真负责地解决;

(3)所分管部门、行业、单位一旦发生影响稳定的重大事(案)件,及时报告主要领导,并在第一时间赶赴现场先行处置。

(三)领导责任体系。按照责任范围和管理权限,省、市、县(市、区)、乡镇(街道)、村(社区)以及有关部门责任人要层层签订责任书,自上而下实行综合治理领导责任制,责任制要覆盖各级、各部门、各单位;责任书的内容要突出维护社会稳定、平安建设、矛盾纠纷排查调处、治安防范措施的落实、加强基层基础工作以及人、财、物的保障等,着力解决好影响社会治安的难点、热点问题。

三、考核方法

各级社会治安综合治理第一责任人、具体责任人以及其他责任人(以下统称责任人)履行责任情况及工作能力和绩效,分别纳入组织部门的领导班子和领导干部科学考评体系、人事部门的国家公务员考核体系、综治部门的社会治安综合治理目标管理考核体系、纪检监察部门的领导班子和领导干部党风廉政建设考核体系。

(一)考核主体。按照干部人事管理权限,由组织、人事、纪检、监察和社会治安综合治理委员会负责组织,由各级综治办具体承办。

(二)考核对象。主要考核各地区、各部门社会治安综合治理责任人。

(三)考核内容。重点考核党政领导班子及其责任人在社会治安综合治理工作中履行责任情况及工作能力和绩效。

(四)考核方法。在年度社会治安综合治理目标管理考核评比时,下一级社会治安综合治理责任人向上一级社会治安综合治理委员会作出书面述职报告。在社会治安综合治理年终考核的基础上,五部委要及时对综治责任人进行政绩评议,提出奖惩意见,并记入干部综治实绩档案。

(五)考核落实。对社会治安综合治理责任人作出奖惩决定后,五部委应共同对决定执行情况进行检查督办,确保落实到位。

四、建立社会治安综合治理工作实绩档案

全省各级要普遍建立乡镇(街道)以上各级、各部门党政主要领导、分管领导抓综治工作的实绩档案。内容包括领导责任制落实情况;领导干部履行职责情况;主要领导、分管领导主持召开或参加综治工作会议和有关活动情况;领导干部协调解决综治工作实际困难和问题情况;领导干部抓联系点和下基层调研综治工作情况;领导干部对综治工作作出的批示和提出的思路等。

省、市、县(市、区)分级建立社会治安综合治理工作实绩档案:省综治委成员单位以及各市党委、政府的主要领导、分管领导由省综治办备案;市综治委成员单位以及各县委、政府的主要领导、分管领导由市综治办备案;县综治委成员单位以及各乡镇党委、政府主要领导、分管领导由县(市、区)综治办备案。

要认真填写领导干部抓社会治安综合治理工作实绩档案表(见附表),内容要详实、具体,时间、地点、领导批示、工作和活动内容、解决的问题和困难等,要一一填写清楚,一人一表,并于次年1月中旬前报送。对报送不及时,填写不认真的地区、单位和责任人,将记入领导干部和地区(单位)日常监控考核内容,并视情给予通报。

五、考核成果应用

(一)同责任人政绩考核挂钩。县级以上综治部门每年将责任人抓综治工作实绩情况,向同级组织部门提供。组织部门将社会治安综合治理责任人履行责任及工作能力和绩效考核情况,作为干部提拔、使用、培养、奖惩的一个重要依据。对严重失职导致发生重大事(案)件的,受到综合治理机构一票否决的,在这些地区、单位治安面貌改变前,取消干部本人评先授奖、晋职晋级的资格。

(二)同责任人公务员年度考核挂钩。凡一票否决的地区、部门、单位的社会治安综合治理责任人,当年考核不得评定为称职;被限期整改、黄牌警告的地区、部门、单位社会治安综合治理责任人,当年考核不得评定为优秀。

（三）同责任人奖惩挂钩。综治部门对抓社会治安综合治理工作绩效突出的责任人予以表彰;对发生重大事(案)件,造成恶劣影响,产生严重后果,影响社会稳定的地区、部门、单位视情况给予限期整改、黄牌警示、直至一票否决,并建议组织、人事、纪检、监察部门给予责任查究。被一票否决、黄牌警告、限期整改的地区、部门、单位整改到期,有关单位在办理其责任人评选先进工作时,应征求社会治安综合治理委员会意见;对严重失职导致发生重大问题的地区、部门、单位,纪检、监察部门对社会治安综合治理责任人实施责任查究,处理意见应征求组织、人事部门和社会治安综合治理委员会意见。触犯刑律的移交有关部门依法追究刑事责任。

（四）同责任人经济利益挂钩。社会治安综合治理工作被一票否决的地区、部门、单位,其社会治安综合治理责任人当年不得晋升工资级别。对被评为社会治安综合治理工作先进地区、部门的责任人,给予一定的奖励。

附件:领导干部抓社会治安综合治理工作实绩档案表

附件:

领导干部抓社会治安综合治理工作实绩档案表

<table>
<tr><td rowspan="2">市(单位)</td><td rowspan="2"></td><td rowspan="2">姓名</td><td rowspan="2"></td><td>现任职务</td><td></td></tr>
<tr><td>在综治委任职</td><td></td></tr>
<tr><td>工作实绩</td><td colspan="5"></td></tr>
<tr><td>上级综治委意见</td><td colspan="5">盖章　　年　　月　　日</td></tr>
<tr><td>说明</td><td colspan="5">1. 此表内容作为考核领导干部抓综治工作实绩的重要依据;
2. 填写内容多可另附纸。</td></tr>
</table>

本人签名:　　　　　　　　　　　　年　　月　　日

山西省社会治安综合治理委员会关于在奥运会期间发挥综治优势切实加强社会治安综合治理工作的意见

（2008年8月4日）

北京奥运会开幕在即。为了深入贯彻落实胡锦涛总书记在省市区和中央部门主要负责人工作会议上对社会治安及奥运安保作出的重要指示精神，促进各项综治措施进一步落实，省综治委要求，全省各级综治机构奥运会期间要充分发挥综合治理优势，切实加强社会治安综合治理工作，全力维护奥运会和残奥会期间全省社会治安和社会稳定大局。

一、增强大局意识，抓住综治工作发展新契机

做好北京奥运会和残奥会期间社会治安综合治理工作，为奥运会顺利举办创造良好的治安环境和稳定的社会环境，是有效落实奥运安保各项措施，确保平安奥运目标顺利实现的重要保障。胡锦涛总书记在省市区和中央部门主要负责人工作会议上提出，当前全党全国的首要任务是确保奥运会平安顺利举办，把北京奥运会办成一届有特色、高水平的奥运会。这一重要指示，对社会治安综合治理工作提出了新的要求，为社会治安综合治理工作充分发挥优势和作用、确保奥运会安全举办指明了方向。当前，奥运安保已进入临战状态，各级综治机构一定要牢牢抓住综治工作面临的新机遇，深刻领会中央领导指示精神，全面贯彻落实中央有关部署要求，站在全面贯彻落实科学发展观，巩固党的执政基础和执政地位的高度，充分认识做好北京奥运会期间社会治安综合治理工作的特殊重要性，进一步增强大局意识、忧患意识、责任意识，紧紧围绕确保奥运会顺利举办的目标，深入贯彻“打防结合、预防为主、专群结合、依靠群众”的方针，突出工作重点，着眼主动防范，动员社会各方面力量参与奥运安保，下最大决心，尽最大努力，打好奥运安保攻坚战，充分发挥首都北京“护城河”、“防火墙”的作用，以山西的稳定为奥运赛事顺利进行作出贡献。

二、解决薄弱环节，扎实推进平安奥运创建工作

平安建设作为新形势下加强社会治安综合治理工作的新举措，是维护社会稳定、构建和谐社会、促进经济社会又好又快发展的有效载体。在北京奥运会和残奥会期间，各级综治部门要把平安奥运作为平安建设的重要内容，在巩固几年来平安三晋建设成果的基础上，认真查找薄弱环节和突出问题，按照“五个不发生”（不发生影响大的刑事案件、暴力恐怖事件包括流窜首都作案案件，不发生爆炸等危险物品流入首都事件，不发生影响大的安全生产事故特别是煤矿安全生产事故，不发生被境内外媒体炒作的敏感事件尤其是政治事件，不发生非正常赴京上访和大规模群体性事件）的要求，不断拓宽创建领域，充实创建内容，提升创建档次，特别是对一些有可能影响奥运安全的隐患和苗头，针对性地强化措施，认真逐个加以解决，积小安为大安，以一个个小区域的平安、小问题的解决来赢得全省的大平安、大稳定。要把平安奥运创建工作重心放在解决人民群众关心的热点难点问题上，放在解决事关群众切身利益的问题上，放在不断满足和适应人民群众的新期待和新要求上。要大力宣扬“平安奥运人人有责”的理念，广泛开展群众性的平安创建活动，充分体现社会治安社会治、综合治理综合抓的特色，形成人人参与平安奥运创建的整体合力，确保奥运期间全省治安秩序良好和社会大局稳定。

三、发挥综治优势，努力形成奥运安保的铜墙铁壁

做好奥运期间综治工作，必须充分发挥综合治理齐抓共管、基层网络健全、群防群治覆盖面广等优势，广泛动员社会各方面力量和人民群众参与综合治理，为平安奥运打牢坚实的社会基础。一是充分发挥综治工作齐抓共管的机制优势。对于奥运期间出现的需要多方面共同解决的问题，综治部门要义不容辞地承担责任，发挥组织协调作用，促进各方协调配合，推动问题的真正解决。要按照"党委领导、政府负责、综治牵头、部门配合、齐抓共管"的原则，调动一切积极因素，调动一切有利资源，集中时间、集中力量，打一场全民动手、全社会参与的奥运安保人民战争。各有关部门要按照"谁主管谁负责"的原则，切实承担起维护社会稳定的义务和责任，认真排查治安隐患，努力化解矛盾纠纷，看好自己的门，管好自己的人，办好自己的事，为平安奥运贡献力量。二是充分发挥综治工作基层网络健全的优势。综合治理基层组织网络遍布社会各行各业、各个领域和层面。在确保奥运会成功举办这项政治任务中，各级综治机构，特别是乡镇、街道、内部单位的综治机构，要充分发挥这一优势，切实加强组织领导，周密安排部署，广泛动员人民群众开展各种形式的群防群治活动，切实做好各项安全防范工作。要密切注意掌握影响稳定的各种信息，尤其是注意搜集境内外敌对势力企图插手利用人民内部矛盾进行捣乱破坏的情报信息，把敌对势力的各种破坏活动挫败在萌芽阶段。要认真开展矛盾纠纷排查化解工作，确保各种矛盾早发现、早报告、早处置，严防矛盾积累，严防矛盾激化，严防矛盾汇聚到北京。要进一步完善处理群体性事件的工作预案，积极做好应对准备，一旦发生问题，特别是可能影响奥运安全的事件，主要领导要深入一线，靠前指挥，沉着应对，妥善处置。要做好对重点人员的稳控工作，对有可能赴京上访的重点人员，要逐一落实稳控措施，严防其在奥运会期间进京上访滋事。三是充分发挥群防群治的优势。各社区、农村、学校、厂矿等基层单位处在维护稳定工作第一线。要依托治保会、调委会等基层组织和治安联防队、保安、治安志愿者等群防群治队伍，开展辖区内治安巡逻防范，开展防火、防盗、防爆、防破坏、防治安灾害事故等工作，切实加强安全管理，消除安全隐患，落实奥运安保和综治工作各项措施。要通过激励机制的建立健全，进一步动员群众、组织群众、发动群众，最大限度调动广大人民群众参与奥运安保的积极性，构筑起全民守护平安奥运的铜墙铁壁。

四、突出工作重点，进一步夯实综治基层基础

当前综治工作重点是围绕奥运会的成功举办来展开，通过重点带动整体，夯实基础，增强实效。一要抓好"双排查"各项措施的落实。排查化解矛盾纠纷，要围绕"排摸梳理、强化责任、集中整治"三个重点环节，对潜在的矛盾问题及时发现掌握，对可能影响稳定的重大矛盾问题逐件落实。要做好群众思想工作，帮助群众理顺情绪、化解矛盾、协调关系。对涉及群众切身利益的民生问题，及时采取措施予以解决，避免形成大规模群体性事件。排查整治治安混乱地区和治安突出问题工作，要突出"滚动排查、跟踪整治、综合治理"三个重点环节，对发现的问题通过领导包案、挂牌督办等方式，协调有关部门密切配合，多管齐下，综合施治。对一些群众反映强烈的突出问题，要派驻工作组，加强督促指导，限期改变面貌。二要抓好对各种违法犯罪活动的打击整治工作。围绕确保平安奥运的目标，深入开展打黑除恶、打击严重暴力犯罪、打击涉爆涉枪违法犯罪、打击"两抢一盗"等严重影响公众安全感的违法犯罪活动，并结合实际，因地制宜地开展一些专项整治行动，始终保持对违法犯罪的高压态势。三要抓好社会面的治安防控。坚持专群结合、依靠群众的原则，组织专职治安巡防队、治安志愿者、保安等群防群治队伍，积极配合公安机关，增加街面巡防密度，形成警民互动、共保平安的工作格局。同时，要通过增加技防设施、设置治安卡口，加大盘查等措施，提高对社会面的防控力度。四要抓好重点目标和危险物品的管控。要组织和依靠基层综治组织及各类群防群治队伍，切实加强对党政首脑要害机关、广播电视、邮电通讯、桥梁涵洞等重点部位和事关国计民生的水、电、气、热、油等重点单位、敏感区域的安全防控，加强对道路交通、消防等安全隐患的排除，加强对民爆等危险物品的安全管理，最大限度减少治安防范管理盲区，切实做到防患于未然。五要抓好以流动人口为重点的社会管理。做好流动人口服务管理工作，开展以发现和排除出租房屋安全隐患为重点的大清查，抓好流动人口的落脚点管理。加强对刑释解教人员、监外执行罪犯、"法轮功"练习者等重点人员的管控工作,特别是对有可能铤而走险、进行违法犯罪、报复社会的重点人员要看牢盯紧,对来自西藏、新疆和境外的人员要逐一登记,搞清背景,严防"藏独"、"东突"等分裂恐怖分子混迹期间进行暴力恐怖活动。要做好对外国人尤其是外国记者的管理,严格登记,配合有关部门做好相关工作。对违反国家法律的行为,要及时上报有关信息。

五、严格实行责任制,为奥运安保措施落实提供保障

实现平安奥运的目标,必须把基层工作做实做细,必须确保中央的部署要求落实到领导、落实到基层、落实到每一个岗位、落实到每一个具体的责任人。责任制是落实社会治安综合治理各项措施,落实"平安奥运重于泰山、奥运平安人人有责",实现平安奥运目标的有力抓手和坚强保障。各级各部门要建立任务明晰、责任明确的责任制度,将其细化分解和落实到每一个岗位、每一个人,层层抓落实,确保责任不缺位、任务不落空。要将奥运安保工作纳入今年社会治安综合治理责任制考核范畴,纳入全省党政领导干部政绩考核体系,与党政主要领导、分管领导和直接责任人的评先创优、晋职晋级直接挂钩。对工作突出、措施得力、成效显著的给予表彰奖励,对重视不够、组织不力、措施不落实,导致奥运期间发生影响重大案(事)件的地方,坚决追究有关人员和领导的责任,情况严重、影响恶劣的要实行"一票否决"。

"四基"布局创新引领
着力打造平安晋中持续发展的社会基础

晋中市社会治安综合治理委员会

近年来,晋中市认真贯彻科学发展观的要求,进一步加强对平安建设的统筹谋划,持之以恒抓基层,创新机制强基础,以基层基础建设支撑引领平安建设活动,有效地保持了全市的政治安定和社会稳定,保障促进了全市经济社会的又好又快发展,使这几年成为晋中快速发展、安全发展、和谐发展的时期。几年来,全市没有发生暴力恐怖事件,没有发生邪教组织捣乱破坏事件,没有发生影响政治稳定的突发事件,没有发生危及奥运安全的群体事件,没有发生恶性刑事案件及群死群伤的治安灾害事故。"平安晋中"正在成为晋中展示整体形象的重要品牌。

一、党政统筹,创新机制,确立了平安晋中的基本推进方式

在推进平安建设工作中,晋中市从实际出发,立足当前、着眼长远,强基固本、整体推动,形成了以党政统筹、创新机制为主要特征的基本推进方式。一是组织推动。市委、市政府高度重视平安晋中建设工作,主要领导亲力亲为、率先垂范,各县(市、区)党委、政府主动积极、立说立行,在全市形成了大抓平安建设的良好导向,加大了平安建设的组织领导和统筹协调力度。几年来,市委、市政府每年都要集中专题研究一次平安建设工作。市、县两级党委、政府对平安建设倾心尽力,精心工作,为平安建设在晋中的深入推进营造了有利的大环境。从2004年以来,市委、市政府相继出台了《关于开展创建平安县(区、市)的实施意见》、《关于开展农村平安建设的实施意见》、《关于开展基层零案工程创建的实施意见》、《关于开展矛盾纠纷调解年活动的实施方案》、《关于在全市配备基层综治员的通知》等重大决策,把平安建设的要求变成了全社会的共同行动,有目标、有次序、有步骤地推进"平安晋中"的深入开展。二是机制推动。全市建立了市、县(区、市)、乡镇(街道)、村(社区)和单位四级创建目标责任体系,以责任制规范创建的职能,推进创建的开展,不断为"平安晋中"建设注入新的活力。2008年7月份,市委又制定了《全市县级党政主要领导综治工作述职制度》，进一步规范了基层党政主要领导在平安建设工作上的职能、职责、义务及奖惩规定，使平安建设的责任约束力度有了新的提升。5年来，市委、政府共表彰平安建设先进县（区、市）40个次、先进单位64个次、先进个人400余名，发放奖金120余万元。同时，严格平安建设的惩诫制度，几年来，市、县两级共对340个单位进行了一票否决，其中县级单位21个，县（区、市）6个，并对96名责任人进行了责任查究，提高了创建责任的严肃性。三是示范推动。全市坚持平安建设"一县一品"的指导原则，因地制宜，创新特色，提升效果，引导全局。每年选择不同的县（区、市）召开专题现场会、观摩会、交流会，引深创建活动。同时，对基层创建的成果持续开展了命名活动，从2004年以来，全市连续命名平安县（区、市）10个、零案村979个、零案小区245个、零案单位360个、平安家庭24万个，不断引导平安建设向更高层次发展。四是保障推动。全市不断强化以财政为主渠道的保障力度，形成了结构完善的保障体系。具体由固定经费、建设经费、专项经费组成。固定经费每年1300万，主要有综治人头经费每年市、县两级共270余万元。创建经费每年市、县两级共230余万元。补助经费每年全市800余万元，按照每年1200元、2400元、3600元的标准对3100余名农村（社区）综治员进行补助。建设经费主要用于平安建设的基础设施建设。近几年来，全市掀起了一轮政法综治基础设施建设高潮，共投入4亿多元改善政法机关的基础设施。市、县两级政法机关全部新建了指挥中心、审判大楼、检察业务综合大楼，普遍新建、改建、扩建了基层派出所、法庭、司法所，全市新建、改扩建面积24万余平方米，政法机关办公条件有了根本的改善。专项经费用以改善政法机关技术装备。通过市财政的科技强警专项经费，每年集中解决一批突出问题。近3年来先后重点解决了消防装备、技侦装备、反恐处突装备等，每年投入都在1000万元以上，为平安建设的深入开展提供了重要的保障。

二、社会参与，专群结合，强化了平安晋中的基层工作队伍

几年来，晋中市把基层队伍建设作为推进平安建设的重要举措，在强化政法专门机关主力军作用的同时，构建了"平安晋中"创建上新型的基层队伍体系。一是招聘了综治专干队伍。2005年，市委、政府一次列编132名全额事业编制，面向社会公开考试录用，为全市132个乡镇（街道）招聘综治专干132名，行政手续归口县（区、市）综治办参照公务员管理，使各县（区、市）综治办有了一支直接掌握的高素质的基层工作队伍，为乡镇（街道）增加了高素质的工作力量。二是全面配备基层综治员队伍。为加强平安建设的基层工作力量，2008年7月市委、政府决定，在全市农村（社区）和单位全部配备了基层综治员。按照这一决策，全市新增基层工作力量4812名，其中农村（社区）综治员3100名，成为基层平安建设的有生力量。三是组建了事业编制的公安巡警队伍。适应动态巡防的需要，市、县两级共招聘专职巡警力量400人，配备巡逻车50辆，警用摩托80辆，电动巡逻车12辆，警械300余台套，开展对主要街面、公共复杂场所、重点地段、要害部位的治安巡逻，成为全市城市防控的重要力量。四是扩充完善了保安服务队伍。适应城市化进程和治安防范的新趋势，市综治委制定了加强全市保安服务的意见，重点支持保安队伍的建设。全市11个县（区、市）都建立了保安服务公司，目前全市已有保安力量2145名，在840个机关、学校、商场、企业等提供保安服务，为310余个金融网点提供押运服务，年业务收入2000余万元，成为"平安晋中"创建的专业力量。五是组织动员民兵预备役巡防队伍。由晋中军分区牵头，各县（区、市）人武部主抓，赋予了民兵预备役队伍参与平安建设的任务，主要承担重要时期、重大活动的治安保卫和维护公共安全的任务。全市共有力量6340名，以县为单位组织制定了工作预案和开展巡防活动的制度。在奥运安保期间全市民兵预备役队伍共出动10万余人次，为全市的社会稳定做出了积极的贡献。六是强化了基层巡防队伍。在农村采取义务和有偿服务相结合的办法，各行政村普遍建立了农村治安巡逻队，全市常年保有力量达到11000余人。在城市社区以低保人员、物业管理人员、矛调信息员为依托组建了总数达5000人的基层巡防力量。在乡镇（街道）、村（社区）、派出所组织管理下，开展经常性的治安防范管理活动，成为基层治安防范最基本的工作力量。七是组建了公交出租车司乘人员治安信息员队伍。发挥公交出租车司乘人员流动快、视野广的优势，在市城区和各县（区、市）都建立了专门的队伍，力量达到750余人。由公安机关、各派出所定期联系信息员，按照职责反馈街面治安情况，提供街面预警信息，成为公安机关掌控治安情况的重要机动力量。八是招募组织了平安晋中志愿者队伍。全市按总人口的百分之一总量进行招募，市综治委规定了平安晋中市志愿者的组织形式、职责任务、活动方式、管理办法、标饰要求，印制了平安晋中志愿者服务手册，组织了全市平安晋中志愿者的启动仪式，在晋中各新闻媒体进行了系列报道，营造了浓厚的工作氛围。全市目前已有3.1万余名志愿者积极投身平安志愿活动，成为全市平安建设的新生力量。

三、科技主导，动静衔接，构建了平安晋中的基础防控网络

从2006年开始，晋中市实施了“天网、天眼、天盾”三项工程建设。经过三年的建设，建立完善了科技主导、功能完善、动静衔接、优势互补的四级防范网络。一是建立了全市基层巡防网络。在全市所有的机关、企事业单位全面组建了治安巡逻队，由单位领导带队，开展治安值班巡防，落实定点防控。由基层治保会组织农村（社区）治安联防队，开展辖区的巡逻防范、看护活动和重要活动期间的安全保卫，在社会最基层建立起了第一道防范的屏障。二是建立了区域卡口的防控网络。全市在7个出省口、24个县（区、市）交界处全部建立了承担防控任务的治安卡口，配备公安干警15人，由煤检部门、收费站配备治安员70人，承担起监控防范堵截的任务，并与驻地派出所、公安110指挥中心建立定期联系机制，形成了晋中大区域的防控网络。三是建立了城区街面的专业巡防网络。以各县（区、市）专业巡警为主，民兵预备役人员、铁路专职护路人员和驻地武警相配合，定时段、定区域实行对全市各城区主要街面、交通沿线动态巡防，加大了巡防密度，提高了街面见警率，构建了全市街面和交通要道的动态巡防网络。奥运安保期间，在市奥运安保协调组的统一组织下，从7月1日到9月20日，全市各城区每天保持1000人的力量实行动态巡防，有效地提高了街面治安局势的控制能力。四是建立了科技视频监控网络。从2006年以来，全市共投入5900余万元，强化科技防控网络建设，实施城区街面监控、网吧远程监控、煤矿火工品安全管理监控等八大科技防控平台建设，形成了实时监控、全程联动的新型防控模式。目前，全市已安装街道、道路、公共场所监控探头4628个，单位电子报警装置1936台套，金融网点监控探头1121个，家庭电子报警器3100台。为800余户商铺、单位安装了TAP防盗联网报警系统，110指挥中心筹建了“GPS”车辆定位跟踪防盗、防抢保安服务网。结合晋中旅游大市的特点，重点在旅游城市和景点强化科技防控体系建设。平遥县投入120余万元，建立了覆盖古城主要景点的监控网络。在全国重点文物保护单位双林寺投入80万元，建立了集防火、防盗、防震于一体，可以抵御从空中、地下各个角度侵害文物的防控体系，成为科技防控的样板工程。

四、整合资源，提升功能，打造了平安晋中的基准工作阵地

适应平安建设推进的需要，从基层工作的实际出发，晋中市坚持整合资源、因事定岗、功能配套、注重绩效的原则，持续开展建设，打造了标准统一、功能健全的基准阵地体系。首先，在农村和社区建立了“五位一体”的基层综治办。整合治保、调解、巡防、教育、管理等方面的工作，通过一办多能、一室多用的方式，节约了资源，增强了功能，提高了效率。目前，全市已建成规范的基层综治办2800余个，占到应建数的85%。第二，在基层建立“四能并举”的警务室。落实基层警务战略，以警务室承载管理、服务、防控、打击功能，经过近三年的连续建设，全市已建立规范统一的基层警务室540个。通过这一方式，使公安机关管理社会、服务平安建设的手段得到了延伸，社会防控的合力得到了壮大。2007年寿阳县政法委、公安局实行了警务战略集中攻坚，一次性建成规格统一的基层警务室40个。第三，在乡镇（街道）建立“三位一体”的调解庭。以化解社会矛盾作为平安建设的重点，在乡镇（街道）建立调解庭，整合民调、行政、司法资源，构建“三位一体”的基层大调解机制。全市共建立形式统一、流程统一、文书统一、制度统一的基层调解庭132个，实现了基层乡镇（街道）的全部覆盖。每年基层排查出来的矛盾纠纷,80%的都能在乡镇(街道)得到化解,调解庭就地、就近化解的优势得到充分发挥。第四,在县(区、市)建立"一统四分"的矛调中心。强化了统一受理及分流、处置、调度和化解多种功能,提高了应对重大矛盾纠纷的能力。全市积极实施以事前防范为目标的超前预警、以基层排查为主体的源头化解、以分级处置为框架的属地应对的"三项机制"建设。目前,全市已有榆次、和顺、灵石、祁县等一半以上的县(区、市)建立了矛调中心,对基层调处化解重大矛盾纠纷的统筹力度有了明显的增强。

努力夯实煤矿安全根基　全面构建平安和谐矿山

大同市南郊区委　南郊区人民政府

大同市南郊区环绕市区,涵盖城、矿两区,辖10个乡镇,190个行政村,总面积1050平方公里,总人口27万人。特殊的地理位置和周边环境形成了城乡交错、矿村相接、矿中有村、城中有乡的独特社会环境,是典型的城乡、矿乡结合区,特别是作为全省产煤大区,现有各类煤矿82座,年产原煤1000万吨以上,年使用炸药8000多吨,雷管1000多万发,外来务工人员常年在3万人左右,安全隐患多,管理难度大,治安形势比较严峻。煤矿安则全区安,煤矿稳则全区稳。煤矿安全事关全区经济社会发展,事关人民群众生命财产安全。强化煤矿平安创建,实现煤矿长治久安,成为全区平安创建工作的重中之重。

针对这一现状,南郊区在巩固已有创建成果的基础上,从客观实际出发,进一步创新工作思路,拓宽创建领域,率先在煤矿地区积极探索推进平安创建工作,用社会治安综合治理的工作机制和群防群治的网络组织强化煤矿的安全管理,努力实现煤矿安全管理由被动治理向源头防范转变、从事后查处向强化基础转变,实现全区平安创建工作由乡村向煤矿延伸、由面上管理向生产监管延伸,健全完善煤矿安全管理和治安防范的长效工作机制。

一、统一思想,强化认识谋创建

南郊区区委、政府进一步统一思想,形成共识,通过强化"三个保证",推动平安煤矿创建深入开展。一是强化思想保证。针对创建工作中存在的片面认识和遇到的各种困难,为确保煤矿平安创建工作的顺利开展,首先从落实科学发展观、构建和谐社会的高度,从讲政治、讲稳定、讲大局的高度来认识煤矿平安创建工作,把各级领导干部,特别是煤矿负责人的思想统一到"安全第一、预防为主、综合治理"上,统一到"安全无小事、小事当大事、确保不出事"上,统一到用平安创建的小投入换取经济社会效益的大回报上,牢固树立"警钟长鸣、防患未然"的安全理念,自觉开展平安创建工作,主动强化安全防范管理。二是强化组织保证。区委领导同志多次在有关会议上要求综治部门要拓宽创建领域,延伸工作触角,在全区煤矿实施平安创建工程,全面引深"七创平安"活动。按照这一指示,区、乡、矿迅速成立了平安煤矿创建领导组,在各煤矿组建了"两会一队",明确专职人员、落实专项经费。三是强化政策保证。自创建工作开展以来,相继出台下发了《关于加强煤矿综治工作的实施意见》和《关于在全区安全生产领域深入开展平安创建的实施意见》,进一步明确了煤矿综合治理的工作目标及平安煤矿创建的具体标准和措施要求。

二、把握重点,扭住关键抓创建

通过"明确一个主题、严把两个关口、强化三个手段、扭住四个关键",推动煤矿的平安创建工作深入开展。

明确一个主题:就是煤矿平安创建工作紧紧围绕"夯实煤矿安全根基,构建平安和谐矿山"这一主题开展。严把两个关口:就是要把好暂住人口和民爆物品这两个事关煤矿安全稳定的重要关口。强化三个手段:就是要加大综治办“查、改、处”的工作力度。“查”就是实行每月一检查,半年一考核,全年一总评。“改”就是对创建不达标,存在治安安全隐患的煤矿,责令其进行限期整改和停产整顿。“处”就是停批雷管炸药,以至实行一票否决。对平安创建不达标的煤矿,区综治办给审批民爆物品的基层公安派出所和公安分局下发暂停审批雷管炸药通知书,直至经整改接受检查达到标准后,区综治办再给基层公安派出所和公安分局下发同意按规定审批雷管炸药通知书,方可审批。特别是对发生重特大事故,造成重大人员伤亡和财产损失,发生重特大案件严重影响社会稳定的煤矿和法人代表,区综治委严格实行一票否决和责任查究。

扭住四个关键:一是抓阵地建设,在每个煤矿都设立了综合治理办公室,作为平安创建的主阵地的同时按照综治基层基础规范化建设的要求达到“一室、一版、一柜、一本、一盒、六簿”;二是抓暂住人口,按照省暂住人口治安管理条例的规定,坚持“谁用工谁负责、谁留宿谁负责、谁主管谁负责”的原则,落实用工单位、留宿住户和管片民警的责任,外来暂住人员全部登记建档,要证件齐全,否则不予录用;三是抓民爆物品,按照“两库一房”的标准和“四防”要求,在监督民爆物品的审批上严要求,在雷管炸药的使用登记上求规范,在雷管炸药的安全防范上下功夫,建立完善购买、储存、领取、使用、清退等各个环节的规章制度和管理措施,严防雷管、炸药等危险爆炸物品流失社会,带来隐患;四是抓治安防范,煤矿两库(雷管库、炸药库)都安装了监控设施和报警装置,有专门人员守护,同时各煤矿都组建了专职巡逻队,对重点要害部位和场所进行全天候的巡逻防范,做到了日有巡逻,月有检查,切实加大了防控力度。

三、完善机制,强化措施保创建

一是完善工作监管机制。强化责任落实。区、乡主管部门,煤矿,基层班、组、队,层层签订综合治理责任状,把责任层层分解落实到人,建立起完善的责任监督体系。加强常规工作督导。由区综治部门牵头,组织公安、煤矿、安监等部门共同参与,每月组织一次督导检查,常抓不懈。落实工作例会制度。区综治办每月召集各煤矿分管治安安全的副矿长和专职干事,定期召开工作例会,听取汇报,分析形势,及时研究解决工作中存在的问题。

二是完善隐患排查机制。认真落实“标本兼治、预防为主”的方针,积极开展安全生产事故隐患和矛盾纠纷排查,早发现、早预防、早控制,对所排查出来的问题,明确具体工作责任,落实整改解决措施,严防各类安全事故和群体事件的发生。

三是完善培训教育机制。坚持每年定期组织召开煤矿基层综治干部培训班,对煤矿的分管矿长和专职干事进行专门的综治业务培训。同时要求煤矿定时组织开展安全生产知识普及宣传教育、安全防范技能和安全生产法律法规培训,切实增强职工的安全生产和平安创建意识。

四是完善考核奖惩机制。根据煤矿实际,明确平安创建的评估标准和考核办法,坚持一年两考核,把考核结果纳入社会治安综合治理的考核范畴,建立健全工作奖惩激励机制。对在创建工作中成绩突出的煤矿和个人,从区财政拨出专款给予大张旗鼓的表彰奖励;同时对存在突出问题的,严格落实社会治安综合治理一票否决和责任追究制度。

自2006年煤矿开展平安创建工作以来,南郊区煤矿的暂住人口安居乐业,发案率明显下降;民爆物品管理安全有序,没有流失没有炸响,以煤矿的安全稳定促进了全区的大发展、大稳定。

山西省综治委、办机构情况和负责人名单

1. 山西省社会治安综合治理委员会

主　任:薛延忠(山西省委副书记、省政协主席)

副主任:杜玉林(山西省委常委、政法委书记、省公安厅厅长)

杨安和(山西省人大常委会常务副主任)

谢玉久(山西省军区副政委)

2. 山西省社会治安综合治理委员会办公室

主　任:高彦斌(山西省委政法委常务副书记、秘书长)

副主任:秦文峰

下设督查指导处、综合协调处、山西省矛盾纠纷排查调处领导小组办公室、宣传教育处、山西省综治委铁路护路领导小组办公室和《山西政法》杂志社。

山西省各市、县(市、区)综治委、办主任名单

地　区	综治委主任	综治办主任	地　区	综治委主任	综治办主任
太原市	申维辰	柳遂记	浑源县	李根田	石银才
杏花岭区	毋青松	李彩霞	左云县	王伟国	王　茂
小店区	张金旺	常增荣	大同县	杨人毅	路喜才
迎泽区	卫　国	宋衍立	**朔州市**	田喜荣	张天金
尖草坪区	陈河才	张世才	朔城区	张耀生	冀开宇
万柏林区	赵伟东	侯永清	平鲁区	郭　健	贾　永
晋源区	张新伟	李保全	山阴县	陈晋才	郭东申
古交市	郭建发	李金锁	应　县	侯新生	冯玉宝
清徐县	车建华	侯淑燕	右玉县	陈小红	康秉玉
阳曲县	冯晋生	刘世亲	怀仁县	牛志忠	董　谦
娄烦县	魏　民	段尚君	**阳泉市**	谢　海	吕誉耀
大同市	丰立祥	刘勇军	城　区	李春泽	苏作光
城　区	雷雪峰	马永泰	矿　区	董仙桃	籍林祥
矿　区	门开发	岳继斌	郊　区	赵　峰	康永胜
南郊区	张建平	仝　让	平定县	马　骥	时彦平
新荣区	董志刚	赵志刚	盂　县	吕昌政	王建平
阳高县	曹世平	藏守刚	**长治市**	杜善学	吴永堂
天镇县	徐尚红	张全升	城　区	王进军	贾雷鸣
广灵县	刘振国	焦迎福	郊　区	孙宏波	唐玲玲
灵丘县	张小立	胡升伟	潞城市	桂正平	李志强

地　区	综治委主任	综治办主任	地　区	综治委主任	综治办主任
长治县	常光明	宋富堂	祁　县	尚金华	王增辉
襄垣县	张红星	刘九成	平遥县	李定武	赵士亮
屯留县	王辅刚	王爱民	灵石县	郭燕平	朱玉兴
平顺县	陈鹏飞	马　飞	**临汾市**	夏振贵	郭福才
黎城县	崔建泰	武三良	尧都区	薛延兵	赵东权
壶关县	吴小平	陈淑芳	侯马市	王醒安	李　斌
长子县	张　圣	申先虎	霍州市	王　山	薛建国
武乡县	周　涛	贾中明	曲沃县	杨治平	刘新春
沁　县	田志明	魏　瑛	翼城县	原学义	聂俊峰
沁源县	王玉圣	任　景	襄汾县	狄学飞	李　宏
晋城市	张茂才	栗　强	洪洞县	李世杰	徐根管
城　区	焦光善	崔新团	古　县	张成梁	赵　红
高平市	谢克敏	苏新国	安泽县	梁若皓	谢军平
泽州县	刘予强	冯天明	浮山县	毛克明	秦红举
沁水县	常国荣	李建国	吉　县	张金凤	强启家
阳城县	刘爱军	李红庆	乡宁县	郑中夏	郑中和
陵川县	马四清	李秀中	蒲　县	乔建军	史虎喜
忻州市	张建欣	李德新	大宁县	张越铁	李宁蒲
忻府区	王志刚	刘志峰	永和县	郝忠祥	靳永生
原平市	梁　洁	郭新和	隰　县	王天郎	贾重新
定襄县	邱维邦	邢尚红	汾西县	邓彩彪	马新民
五台县	李永胜	刘俊奇	**运城市**	高卫东	师争平
代　县	郝均藩	高云飞	盐湖区	于　波	王　捷
繁峙县	武宪堂	崔连锁	永济市	武宏文	耿广林
宁武县	李树东	赵兴元	河津市	崔克信	任学东
静乐县	杨存虎	姜俊昌	芮城县	王正风	翟会峰
神池县	范波涛	葛　仪	临猗县	胡　宝	丁守荣
五寨县	刘祁杰	刘有明	万荣县	卫孺牛	李国斌
岢岚县	陈义青	郝成奎	新绛县	李景发	薛新奎
河曲县	王树东	李兴田	稷山县	李润山	兰　屹
保德县	王继民	闫保祥	闻喜县	裴良杰	吉俊红
偏关县	任宁虎	周晓虹	夏　县	苏安乐	郭晓群
晋中市	李永宏	梁虎林	绛　县	张　冠	史继业
榆次区	王建林	王铁栋	平陆县	姚十保	张文红
介休市	杨建林	王家齐	垣曲县	侯伟建	王国平
榆社县	曹　煜	原晋宏	**吕梁市**	聂春玉	吴志刚
左权县	孙光堂	郝济明	离石区	刘云晨	于海斌
和顺县	侯文禄	潘立新	孝义市	李良森	任玉开
昔阳县	孟希雄	翟宏伟	汾阳市	徐　德	李进伟
寿阳县	黄耀出	李恒淳	文水县	刘　杰	段效东
太谷县	王建忠	张志刚	中阳县	成星明	王殿平

地　区	综治委主任	综治办主任	地　区	综治委主任	综治办主任
兴　县	郭　颖	郭　平	岚　县	刘泽峰	任志强
临　县	刘永平	高志峰	交口县	郑明珠	朱　云
方山县	张国彪	苗春勾	交城县	张亥生	梁丽仙
柳林县	李润林	张文江	石楼县	李少杰	刘小平

（撰稿人：李曾贵　王海滨
审稿人：高彦斌　张恒斌）

内蒙古自治区

2008 年社会治安综合治理工作概况

2008 年,内蒙古自治区各级党委、政府和政法综治部门认真贯彻党的十七大精神,深入贯彻落实科学发展观,以全面建设小康社会、构建社会主义和谐社会为目标,以深入开展平安创建活动为载体,加强综治基层基础工作和社会治安防控体系建设,充分发挥首都"护城河"作用,大力构筑祖国北疆安全稳定屏障,为北京奥运会、残奥会成功举办和改革开放三十周年纪念活动顺利进行创造了良好的社会治安环境。

一、认真落实社会治安综合治理工作责任制,进一步加大奖惩力度

自治区党委副书记、自治区代主席、综治委主任巴特尔代表自治区党委、政府与各盟市党政主要领导签订《2008 年度盟市社会治安综合治理领导责任书》。自治区党委常委、政法委书记、综治委副主任邢云代表自治区党委、政府与自治区综治委委员签订《2008 年度自治区综治委成员单位参与社会治安综合治理领导责任书》。认真实施各级综治委领导和综治委成员单位负责同志抓社会治安综合治理工作实绩档案制度,坚持按季度填报、监控。6 月 27 日和 11 月 6 日两次召开自治区综治委全体会议,传达贯彻全国社会治安综合治理工作会议精神,围绕做好奥运安保工作部署综治各项任务;听取中央综治委检查组反馈意见,研究改进和加强工作的措施。自治区综治、纪检、组织、人事、监察五部门 5 月 8 日、6 月 4 日、10 月 7 日、11 月 14 日四次召开联席会议讨论综治重大事项。报请自治区党委、政府表彰奖励了 2007 年度全区社会治安综合治理 12 个先进地区、39 个优秀成员单位和 118 个"长安杯"地区、单位。自治区综治委、纪委、党委组织部、自治区人事厅、监察厅对 2007 年度在全区平安创建活动中做出突出成绩的 51 个先进旗县(市区)、30 个厅局级单位、3 个专项办公室和 152 个先进个人进行了表彰奖励。针对土默特左旗公安局原政委苏和黑社会性质组织案件和如意开发区公安分局副处级侦察员关六如枪杀市委副书记王志平案件,自治区综治委向呼和浩特市综治委下发了《重大问题领导责任查究通知书》,呼和浩特市综治委对市公安局和土默特左旗实施了社会治安综合治理一票否决,并查究了有关领导责任。各盟市党委、政府和综治委高度重视社会治安综合治理和维护社会稳定工作,紧紧围绕"平安奥运"目标,狠抓领导责任制和目标管理责任制的落实。要求各地落实责任,强化措施,确保边境线绝对安全,确保环京津地区上游水源线绝对安全,确保交通线绝对安全,确保矿山生产线绝对安全。

二、坚持不懈地开展严打整治斗争,保持社会治安秩序总体稳定

全区各地认真组织开展"打黑除恶"、打盗抢抓逃犯、打击盗窃破坏"三电"设施违法犯罪、治爆缉枪、禁毒、道路交通整治等专项行动,始终保持严打高压态势。一是加大打黑除恶斗争力度。按照"面上推动,点上突破"的总体思路,继续巩固成果并向纵深开展。全区有组织犯罪侦查队由原来的 5 个增至 15 个,打黑除恶队伍专编由原来的 55 名增至 136 名。二是"打盗抢抓逃犯"专项斗争取得明显成效。抓获网上逃犯 3015 名,同比上升 221%。共破获现行命案 272 起,现行案件破案率 86.62%。三是开展治爆缉枪专项行动。收缴炸药 56871 公斤,雷管 213604 枚、导火索 7629 米;军用枪 133 支、民用枪 2761 支、仿真枪 4141 支,各类子弹 162410 发。四是继续开展"三电"专项斗争。全区共破获涉及电力电信广播电视"三电"刑事案件 155 起,缴获财物总价值 145.92 万元,抓获犯罪嫌疑人 44 人,打击处理 18

人。五是各盟市因地制宜采取行动。呼和浩特市公安局与各分(县)局签订《打黑除恶责任状》,按照"属地管理"和"谁主管、谁负责"的原则,对涉黑涉恶线索逐条进行分析、梳理,落实责任制。通辽市出台《关于进一步加强全市打黑除恶工作的决定》,专门成立有组织犯罪侦查队,每年拨付20万元—30万元打黑除恶专项经费。赤峰市在打盗抢抓逃犯行动中,抓获网上逃犯694名,其中公安部重点网上逃犯78名。阿拉善盟公安、边防武警密切配合,协同作战,成功破获一起境内外人员相互勾结走私枪支弹药的重大案件,缴获各类枪支6支,子弹523发。巴彦淖尔市在"三电"整治专项行动中,对全市1000多台变压器安装了语音报警装置,确保了奥运期间电力设施安全运行。

三、深入开展平安创建活动,全面落实社会治安综合治理各项措施

全区各地大力实施平安创建十大工程,继续加强组织领导,落实目标措施,保障经费投入,扩大舆论宣传,深化基层创安活动。赤峰市按照压案件、上硬件、强基础、抓典型、创品牌的思路,深入实施城市平安建设、农村平安建设、社区平安建设、企业和校园平安建设、牧区平安建设、旅游景区平安建设、重点项目平安建设和铁路公路沿线平安建设八大工程。通辽市委、市政府下发《关于在全市开展新一轮平安通辽建设的意见》,决定2008至2010年,在全市广泛开展以"法治建设"为核心的新一轮平安通辽建设。包头市因地制宜开展各类平安创建活动,形成"一地一特色、一区一亮点"的工作模式。如昆区突出抓好城区平安创建工程,东河区突出抓好宗教场所平安稳定创建工程等。鄂尔多斯市加快实施平安建设"推典型、创品牌"工程,"大调解工程"、"大技防工程"、"大巡防工程"、"新农村安民工程"、"中小学校平安工程"、"民营企业创安工程"、"千里草原安睦隆工程"、"警司联调化解矛盾工程"等20个不同层面、不同类型的品牌工程收到明显效果。兴安盟大力推广阿尔山平安旅游景区创建、突泉县平安家庭创建、扎赉特旗农村平安创建等典型经验,"平安兴安"建设不断深化。锡林郭勒盟加大平安建设宣传力度,在《内蒙古日报》和《内蒙古法制报》制作专版,刊发盟党政主要领导署名文章。制作平安创建专题片和宣传画册,全面反映基层平安创建活动情况。举办政法系统"平安杯"乒乓球赛,推动平安创建活动深入开展。

四、继续加强综治基层组织建设,夯实维护社会稳定根基

各盟市、旗县(市区)认真贯彻落实中央和自治区关于加强政法综治基层组织建设的文件精神,进一步加强基层综治办和公安派出所、司法所、人民法庭等政法综治基层组织建设。赤峰市综治委出台了《关于加强苏木乡镇(街道)社会治安综合治理委员会及其规范化建设的意见》,苏木乡镇(街道)党委书记任综治委主任,分管副书记任综治办主任,在城关镇和建制的小城镇设专抓综治副职,配备1名专职副主任主持日常工作,另配备3名副主任,分别由人武部长、派出所长和司法所长担任。办公室设专职工作人员,城关镇不低于5人,其他乡镇不低于3人,综治办列入政府编制序列。在全市推广建立综治工作中心,由综治办牵头,联合司法所、信访办、治安联防队、警务工作站等,对重大矛盾纠纷和治安问题实行联调、联防、联控、联治。全市115个苏木乡镇、16个街道办事处全部创办了场所在200平方米以上、人员至少15人的综治工作中心,并在2264个嘎查村全部建立了综治工作站,集综治、调解、平安建设、流动人口服务管理、治安巡逻、防处邪教于一体。包头市出台《关于在乡镇(苏木)、街道配备政法专职书记和建立综治工作中心(站)的意见》,要求各乡镇(苏木)、街道办事处必须配备政法专职书记,专抓综治工作,并建立综治工作中心(站)。

五、大力开展矛盾纠纷排查调处和突出治安问题排查整治活动,积极消除治安隐患和不稳定因素

自治区综治委转发了中央综治委《关于集中开展排查调处矛盾纠纷、排查整治治安混乱地区和突出治安问题活动的通知》,制定了《内蒙古自治区集中开展"两个排查"活动工作方案》。全区各地各有关部门认真落实中央和自治区部署,广泛深入开展"两个排查"活动。

在矛盾纠纷排查调处工作中,呼和浩特市通过启动"矛盾纠纷排查调处综合服务平台"和社区法务室,进一步强化村、居阵地建设,有效防止基层矛盾激化。包头市在努力做好“三章两联”、“六靠前”工作的基础上，逐步完善大调解四项机制，不断提升基层化解矛盾纠纷工作水平。呼伦贝尔市以基层基础工作为突破口，以苏木乡镇、嘎查村、街道社区为重点，抓好集中排查调处和经常性排查调处工作。针对中央和自治区交办的涉法涉诉案件，组成联合调查组进行排查督办，严格落实责任倒查措施。兴安盟委主要领导亲临一线调处矛盾纠纷，向社会公布手机号码，接听群众诉求，并按照工作职责采取建立台账、挂牌督办、限期整改等措施，落实包案制度。通辽市坚持“及时排查、工作在前、预防为主”的工作原则，有针对性地预防和解决好由征地、拆迁、土地承包、企业转制等可能引发的群体性事件。阿拉善盟按照“排查防激化、调解创四无”的工作要求，重点解决群众关注的热点、难点纠纷。

在排查整治治安混乱地区和突出治安问题工作中，包头市开展针对性强、时间短、见效快的集中打击和整治活动，加强对实有人口管理，特别是流动人口的服务和管理工作，加强对刑释解教人员、吸毒人员、社会闲散人员和可能危害社会治安等人员的管理，加强治安管理和防范工作，加强监管改造工作，加强要害部门、公共复杂场所、交通工具的安全防范和保卫工作，加强对道路交通特别是重点地段的管理。乌兰察布市紧紧抓住群众反映强烈的突出治安问题，逐一进行排查、摸底和分析，逐一明确整治目标、措施和期限，逐一落实牵头部门、责任单位和责任人员，优先满足广大人民群众最突出的治安需求，优先解决可能影响北京奥运会安全的突出问题。在实际排查工作中切实做到“四个加强”，即加强对重点领域、重点群体和重点对象的排查和管控，严防发生进京滋事、集体上访、聚众闹事、电视插播等捣乱破坏活动；加强对重点地区、要害部位、公共场所及危险品安全隐患的排查和监管，严防爆炸、破坏和群死群伤事故的发生；加强网上舆论控制和引导，及时排查、封堵、删除、屏蔽有害信息，强化预警、监控工作，确保北京奥运会期间网络安全；加强排查调处因企业改制破产、土地征用和承包、城市拆迁、涉法涉诉等引发的矛盾纠纷，严格落实对非正常上访人员、情绪行为偏激人员的稳控措施，严防其在奥运会期间进京集体上访、聚集滋事。乌海市对全市1184个(处)治安复杂地区、场所、部位和突出治安问题进行集中排查，因地制宜地开展了治爆缉枪、旅店业、二手手机市场、管制刀具、公共娱乐场所、道路交通安全、消防安全、自行车被盗、打击非法传销、流动人口治安管理、非法安装使用卫星电视地面接收设施、电力电信广播电视“三电”整治十二项整治行动，突出治安问题实现100%整治率。

六、加强应急处置力量建设，全力做好奥运安保工作

始终保持对敌对势力和敌对分子的高压态势，严厉打击“藏独”、“东突”、“民运”和“法轮功”等邪教势力的捣乱破坏活动。公安、武警强化了实战演练尤其是合成作战演练。公安边防各检查站、派出所严密外控措施，加强各边境口岸管理，严防境外敌对分子闯关入境。自治区公安部门对环京“护城河”工程做出长期规划，多方筹集资金对8个进京治安检查站实施改扩建，科学配置警力和装备，实施24小时全天候执勤，做到“查不漏车、车不漏人、人不漏物”。共出动警力10452人次、车辆23401台次，盘查过往人员359480人次、车辆73149台次，劝返上访人员181人次、车辆213台次，查扣收缴烟花爆竹25万吨，缴获非法出版物395份。消防总队全面加强负责水、电、油、气供应等生命线企业、易燃易爆生产和运输单位、环京护城河地区以及社会面火灾的防控。奥运会开幕前和奥运会期间，自治区领导和有关部门负责同志多次深入满洲里、二连浩特等边境口岸和环京8个治安检查站以及为北京奥运会提供电力支持的各大电厂、环京水源地、公路、铁路、民航等重点地区和单位实地检查，确保绝对安全。奥运会期间，全区社会稳定，没有发生暴力恐怖事件，没有发生敌对势力捣乱破坏事件，没有发生个人极端暴力犯罪行为，没有发生影响较大的群体性事件，没有发生进京上访事件，没有发生影响群众安全感的重大治安案件和火灾事故，维护了人民群众生命财产安全，增强了人民群众的安全感和满意度。

七、明确各部门职责任务，切实形成齐抓共管局面

按照中央、自治区有关规定和文件精神，自治区综治委重新修订了自治区综治委成员单位参与社会治安综合治理工作职责任务。《内蒙古自治区社会治安综合治理委员会各成员单位职责任务》包括5个方面共性职责任务和52个成员单位各自职责任务。根据工作需要，自治区综治委适时调整了组成人员和预防青少年违法犯罪、刑释解教人员安置帮教、流动人口治安管理、学校及周边治安综合治理、铁路护路联防、保护电力设施安全等领导小组组成人员。各领导小组发挥职能作用，在预防青少年违法犯罪、加强流动人口服务和管理、铁路护路联防、平安家庭创建、打击传销和"三电"整治等方面配合得力，成效明显。12月30日，自治区综治办召开各盟市综治办主任、自治区综治各专项工作领导小组办公室负责人参加的综治专项工作会议，总结工作，部署任务，提出改进和加强的措施。各级综治委成员单位积极履行职责，加强协调配合。乌兰察布市综治委在平安建设工作中遵循"调整、加强、巩固、提高"的原则，扩大创建外延，丰富创建内涵。公安、组织、民政、教育、妇联、团委、土地、安监等各综治成员单位按照各自职责范围，制定了本系统推进平安建设实施意见，进一步明确了各部门平安建设责任。赤峰市公安局、司法局和法院等综治成员单位大力推进综治基层基础建设，分别就撤乡并镇后的基层派出所、司法所、法庭规范化建设提出具体要求。全市按"七个一"标准建社区警务室156个，配备社区民警279人。所辖12个旗县都建立了人民调解协调指挥中心，115个乡镇全部建立规范统一的社会矛盾调处中心，形成了大司法、大调解的格局。乌海市三区和市政协、纪委、防范办、商务局、交通局、教育局、体育局、水务局、计生委、建委、药监局、劳动和社会保障局、文化局、广电局等综治成员单位、责任单位高度重视平安建设宣传工作，在九月份的平安建设宣传月活动中分别做出安排，发出通知，组织开展多种形式的宣传活动。市药监局、广电局、团市委、文化局、商务局等十余家单位派员走上街头宣传打黑除恶、"打盗抢抓逃犯"、"扫黄打非"、禁毒、禁赌、整治"网吧"、"三电"整治等专项斗争的重要性和成果。市城市行政执法局积极规划城区公益广告宣传位，增加平安宣传密度。市环保局利用自办的"乌海环保卫士"报大篇幅宣传平安建设活动。

八、积极开展政法综治宣传活动，努力营造良好舆论氛围

深入开展综治宣传月活动。一是自治区综治委和党委宣传部1月24日印发《关于集中开展社会治安综合治理和平安建设宣传工作的通知》，确定综治宣传月活动主题为"加强治安防范，共筑平安奥运"。二是自治区党委政法委、综治办2月27日组织召开新闻单位协调会，就宣传月报道工作进行协调部署。三是自治区综治委3月5日在内蒙古日报发表自治区主席、综治委主任杨晶同志的署名文章《全面贯彻落实党的十七大精神，努力开创社会治安综合治理工作新局面》。四是3月19日，自治区党委政法委、综治委更新了两块大型宣传牌，内容为"加强治安防范，共筑平安奥运"、"落实科学发展观，建设平安内蒙古"。五是3月20日，自治区和呼和浩特市综治委在新华广场举行大型宣传活动。自治区党委常委、政法委书记、综治委副主任邢云，自治区党委政法委副书记、维稳办主任高俊义等自治区和政法各部门负责同志及呼和浩特市有关领导一同参加。六是3月22日、23日，内蒙古电视台重播综治专题片《共筑平安》和《雄鹰护卫北疆》。七是内蒙古法制报开辟《综治论坛》专栏，刊登盟市综治委主任和自治区综治委委员署名文章。全区各地在宣传月期间发放传单273万余份，悬挂横幅19865幅，展出宣传板4879块，文艺演出100多场，出动宣传车920辆次，设立宣传咨询点634个，解答群众咨询14万余人（次），直接受教育群众300万人。

继续开展平安建设宣传月活动。自治区综治委确定宣传月活动的主题是"深化平安建设，促进和谐发展"。各地宣传活动注意突出四个重点：一是突出面上宣传。盟市、旗县（市区）、苏木乡镇（街道）制作平安建设公益广告、宣传橱窗和画廊等，在公路、铁路等交通要道和主要路口、城市广场、中心建筑物悬挂宣传标语。在一些显著位置设立长期性、永久性宣传牌。二是突出媒体宣传。盟市、旗县（市区）综治办大都协调宣传部门和新闻单位，以专版、专题、专栏、访谈、系列报道和滚动字幕等形式，在当地电台、电视台、报刊等集中进行宣传。三是突出网络宣传。积极利用中国平安网，努力办好内蒙古政法网和各盟市政法综治网，增强网站的服务性和贴近性，充分发挥网络宣传快速、便捷、灵活、范围广、信息量大的优势。四是突出基层宣传。以苏木乡镇(街道)和嘎查村(社区)为单位,让平安建设进农村(牧区)、进社区、进学校、进企业、进家庭。广泛开展平安建设为主题的各类群众性文体娱乐活动,如知识竞赛、演讲比赛、书画展览、有奖征文、文艺汇演、球类比赛等。据盟市、旗县(市区)和有关部门上报数据,全区各地在宣传月期间共发传单46万份,宣传册8万份,宣传物品5万多个,挂横幅标语50890余幅,设展板5100多块,文艺演出55场,出动宣传车430辆次,设立宣传咨询点650个,解答群众咨询5万余人(次),直接受教育群众200多万人。

组织开展政法综治“好新闻”评选活动。自治区综治委下发《关于开展2007年度全区政法综治好新闻、优秀编辑、记者、通讯员评选活动和推荐报送全国社会治安综合治理优秀新闻作品、内蒙古新闻奖参评作品的通知》,经认真评选,向中央综治办报送参评作品11件,其中4件分别获得2007年度全国社会治安综合治理优秀新闻作品报刊类二等奖、三等奖,电视类三等奖,广播类一等奖。向内蒙古自治区新闻工作者协会报送参评作品10件。

积极协助中央新闻媒体做好综治宣传工作。配合中央政法委、中央综治办和中央电视台筹备制作《平安中国·城市风云榜》专题片和《平安中国·我们的家园》内蒙古篇高端访谈节目,协调和深入有关盟市积极做好前期采访工作,自治区代主席、综治委主任巴特尔接受中央媒体采访。

内蒙古自治区社会治安综合治理委员会各成员单位职责任务

(2008年8月8日修订)

为贯彻党的十七大精神,加强社会治安综合治理,深入开展平安创建活动,更好地落实领导责任制和目标管理责任制,进一步形成各部门各负其责、齐抓共管的局面,根据中央、自治区有关规定和文件精神,现对自治区综治委成员单位参与社会治安综合治理工作的职责任务修订如下:

一、共性职责任务

(一)将社会治安综合治理和平安建设工作纳入本系统、本部门、本单位工作总体规划,结合实际,制定具体实施意见,与整体业务工作同部署、同检查、同考核、同奖惩。年初要有综治工作和平安建设工作计划,半年要向自治区综治委做出工作报告,重大工作事项随时报告,年底分管领导要有抓综合治理工作的专题述职报告。

(二)建立健全综治领导责任制,明确本部门领导班子是治安责任集体,主要领导是第一责任人,分管领导是具体责任人。建立主要领导和分管领导抓综治工作实绩档案制度,每季度填报一次。定期召开会议研究部署综治工作和平安建设事宜,积极解决工作中存在的困难和问题。明确主管部门和人员,落实相关责任,保障经费投入。

(三)充分发挥各自职能作用,认真抓好本系统本部门本单位参与社会治安综合治理的各项工作,承担起排查调处矛盾纠纷、消除不安定因素、维护社会稳定的整体责任。单位主要负责人和综治委委员要率先垂范,真正负起责任。

(四)抓好本系统本部门本单位的社会治安综合治理工作和平安建设,落实内部安全防范措施,切实做到“管好自己的人,看好自己的门,办好自己的事”;按照“谁主管、谁负责”的原则,建立社会治安案(事)件责任查究制度,对因治安防范措施不落实或不负责任而发生影响社会治安的重大案(事)件要进行责任查究或一票否决。

(五)按照“属地管理”原则,积极配合所在地党委、政府和街道办事处做好社会治安综合治理工作。积极参与平安建设和安全稳定创建活动，搞好创安联系点，通过开展平安社区、平安企业、平安机关、平安单位、平安家庭等创建活动，全面落实综合治理各项措施。

二、各成员单位职责任务

公安机关是社会治安的主管部门，要充分发挥社会治安综合治理主力军作用，始终坚持严打整治方针，保持对刑事犯罪的高压态势。加大对杀人、抢劫、爆炸、绑架、伤害等暴力犯罪、黑恶势力犯罪、暴力恐怖犯罪和毒品犯罪的打击力度。严厉打击各类严重危害市场经济秩序的犯罪活动，有效维护市场经济秩序。强化网上斗争，净化文化市场和青少年成长环境。加大与“法轮功”和其他邪教组织及非法宗教活动斗争的工作力度。建立健全快速反应机制，加强治安防控体系建设。做好流动人口、暂住人口、重点人口的服务和管理工作，落实对出租房屋治安管理措施。加强对枪支弹药、易燃易爆剧毒危险物品、违禁物品以及特种行业和公共复杂场所的治安管理，严格消防、交通管理，切实防止重特大治安灾害和生产责任事故的发生；加强对内部单位保卫机构、治保会、保安公司等群防群治力量的工作指导。认真开展矛盾纠纷排查调处工作，及时发现、掌握各种不稳定因素，积极预防、妥善处置因人民内部矛盾引发的群体性治安事件，会同有关部门做好预防和处置突发事件工作。大力加强基层基础建设，筑牢社会治安综合治理工作基础，维护社会稳定。

检察机关要以“强化法律监督，维护公平正义”为主题，全面履行法律监督职能，严厉打击刑事犯罪，查办和预防贪污、贿赂、渎职、侵权等职务犯罪活动；加强诉讼监督，维护司法公平正义；结合办案开展法制宣传，提出检察建议，推动有关单位严格管理，堵塞漏洞，做好防范工作；抓好减刑、假释、保外就医的检察监督，加强对罪犯监外执行情况的监督检察；开展创建“青少年维权岗”活动，预防和减少青少年违法犯罪；协同有关部门做好违法犯罪青少年教育、感化、挽救工作。加强控申举报工作，积极预防和妥善处理群体性事件。

人民法院坚持“公正与效率”原则，依法行使审判职能，严惩严重刑事犯罪，依法平等保护公民、法人和其他组织的民事权利，维护社会主义市场经济秩序和人民群众生产生活秩序，加大对知识产权的司法保护力度，监督和支持行政机关依法行政，保护公民、法人和其他组织合法权益，维护行政管理秩序；加大执行工作力度，改革和完善执行工作体制和机制；建立健全少年法庭，教育、感化、挽救犯罪少年。与有关部门共同做好减刑、假释工作，稳定监管秩序，促进罪犯改造，预防和减少重新犯罪；认真做好告诉、申诉审判工作和涉法涉诉信访工作，减少社会不安定因素。

司法行政机关要与党委宣传部门密切配合，共同做好在全体公民中开展法制宣传教育工作，增强广大公务员法治观念和依法办事能力；充分发挥行政调解、司法调解、人民调解等各种资源优势，积极构筑化解矛盾纠纷第一道防线。认真贯彻执行监狱劳教工作方针，注重提高改造质量，积极开展创建平安监狱、劳教所活动，确保无在押犯和劳教人员逃脱、狱所内无重大案件、无重大安全生产事故；认真做好刑释解教人员的帮教安置和社区矫正工作，提高帮教率、安置率，减少重新犯罪率；加强公证、律师、基层法律服务者队伍建设，努力做好各项法律服务和法律援助工作，为基层排忧解难，维护群众合法权益。

国家安全机关要加强情报信息工作和秘密力量建设，充分利用各种渠道和手段，搜集影响社会政治稳定的深层次、内幕性、预警性情报信息，掌握敌社情动态，配合有关部门将各种闹事苗头和不稳定因素及时消除在萌芽状态；将国家安全人民防线有关工作纳入平安建设，防范和打击境内外间谍情报机关和敌对势力、民族分裂势力、宗教极端势力的渗透、颠覆等破坏活动，维护国家安全和社会政治稳定；协助、配合公安机关采取技术措施侦控严重危害社会安全的犯罪活动，防范境外敌对势力的思想渗透、文化渗透和宗教渗透。

党委组织部门要把抓社会治安综合治理工作情况作为综合考核评价各级领导班子和领导干部工作的重要内容，并将考核结果作为党政主要领导及分管领导选拔任用和实施奖惩的重要依据；加强基层党组织建设，整顿软弱涣散的基层党组织，发挥党员“八个带头”作用，带动和促进基层政权建设、综治基层组织建设以及各种群防群治队伍建设；会同有关部门检查考核各级党政领导贯彻落实社会治安综合治理领导责任制情况，认真行使一票否决权和综治责任查究制度。认真贯彻内蒙古自治区综治委、内蒙古党委组织部《关于转发中央社会治安综合治理委员会、中共中央组织部〈关于党委组织部门在参与社会治安综合治理工作中进一步发挥好职能作用的意见〉的通知》(内组通字[2003]48号),考察党政主要领导和分管治安工作的领导干部实绩,要征求所在地区、部门综治领导机构的意见。

党委宣传部门要切实加强思想道德教育和法制宣传教育,倡导“爱祖国、爱人民、爱劳动、爱科学、爱社会主义”和“男女平等、尊老爱幼、互爱互助、见义勇为”的社会风尚;坚持把社会效益放在首位,积极指导社会主义精神文明产品的生产;组织、指导、协调新闻单位加强社会治安综合治理方针、政策、法律法规和各项措施的宣传报道,大力宣传社会治安综合治理和平安建设先进典型,创造扶正祛邪、惩恶扬善的社会舆论环境;积极参与“扫黄打非”和网上斗争,清除各种诱发违法犯罪的文化垃圾;认真组织协调有关单位和有关方面,深入开展道德、治安(警务)、科教、文体、法律、卫生“六进社区”活动。

党委办公厅要发挥党委的参谋助手作用,组织协调自治区有关部门和单位落实社会治安综合治理措施,积极参与平安建设工作;把维护社会稳定和加强社会治安综合治理工作列入党委重要议事日程,并为常委会专题研究维稳工作和综治工作做好协调服务;根据新形势新任务的要求和有关职能部门的意见,及时研究部署维护稳定工作,以党委或党委办公厅名义制定或批转有关综合治理和平安建设文件,并配合有关部门抓好督查落实工作;落实内部安全防范措施,抓好旧址党委机关大院、社区的治安防范和平安创建活动。

纪委、监察部门要会同有关部门加强对各级党委、政府及有关部门贯彻执行社会治安综合治理方针、政策和法律法规情况的监督检查,保证社会治安综合治理领导责任制的实施;积极参与对重大治安案(事)件,尤其涉及黑恶势力和“黄赌毒”等直接危害社会治安的重大案件的调查,重点查处领导机关、领导干部失职、渎职行为,追究其党纪、政纪责任,会同有关部门认真行使社会治安综合治理一票否决权,落实责任查究制度。

党委统战部门协调有关部门认真贯彻党的民族宗教政策和国家有关法律法规,依法加强对民族宗教事务的管理,尊重民族习俗,倡导宗教信仰自由,保护正常的宗教活动,防范和制止不法分子利用民族宗教问题制造混乱、进行违法犯罪,坚决抵制境外敌对势力利用民族宗教问题对我进行渗透;加强民族和宗教工作法律化、制度化、规范化建设,配合有关部门及时处理民族宗教方面影响稳定的突发事件;加强对外联系,做好港澳台和海外侨胞工作,维护社会稳定。

人大内务司法委根据中央、自治区社会治安综合治理工作不同时期的工作重点,确定调研专题,组织人大常委会委员进行调查研究,提出对策建议;对各地各有关部门贯彻执行社会治安综合治理的法律、法规和方针、政策情况实行监督,促进社会治安综合治理领导责任制的落实;加强社会治安综合治理立法工作,促进社会治安综合治理工作法制化、规范化和制度化建设。

政府办公厅发挥本部门职能优势,组织协调有关部门落实社会治安综合治理措施,积极参与维护社会稳定工作;根据政府领导指示和有关部门意见,及时研究部署维护社会稳定、综合治理和平安建设工作;加强党政办公新区治安防范工作,维护机关正常工作秩序。

政协办公厅组织政协委员开展视察活动,监督各级党委、政府及有关部门贯彻落实社会治安综合治理法律法规和方针、政策;充分发挥政协委员参政、议政作用,对全区社会治安综合治理工作适时提出意见和建议。

国土资源部门大力宣传有关国土资源的法律法规,增强广大人民群众保护和合理利用国土资源意识;加强对国土资源的管理,会同有关部门依法查处各类矿产资源及土地违法案件;建立健全本部门综合治理和矛盾纠纷排查机构,积极化解因矿产资源及土地问题引发的各类矛盾纠纷,维护社会稳定。

文化部门要努力构建和谐文化,组织文化艺术单位创作并演出积极健康、丰富多彩的文艺节目,开展文明向上的文化活动。加强文化市场管理,依法取缔各种反动、色情、淫秽以及宣扬暴力、凶杀、封建迷信等文艺作品;加强对“网吧”、游戏厅、歌舞厅等文化娱乐场所的管理,配合有关部门依法打击取缔各种违法犯罪活动;加强文物保护工作，大力宣传贯彻文物保护政策法规，配合政法机关严厉打击破坏、盗窃、走私文物等违法犯罪活动；发挥基层文化馆、站职能，开展好社会治安综合治理和法制宣传工作。

广播电视部门充分发挥广播、电视、电影等宣传手段优势，坚持正确的舆论导向，广泛开展法制宣传和社会主义思想道德宣传教育；大力宣传社会治安综合治理工作先进典型和见义勇为先进人物；组织制作、播放健康有益的音像节目，坚决制止反动、色情、淫秽、暴力、凶杀、封建迷信等电视、电影和音像节目的制作和播放；会同有关部门加强音像市场的治理整顿，开展"扫黄打非"斗争；加大平安建设宣传力度，在全社会营造平安稳定创建舆论氛围。

党委防范办要搞好排查摸底工作，准确把握"法轮功"等邪教组织和有害气功组织的动态，会同有关部门严密防范和严厉打击"法轮功"等邪教组织和有害气功组织的违法犯罪活动，加强"法轮功"人员的教育转化和防范控制，开展"四无"创建活动，维护社会稳定。与综治、宣传、统战、宗教等部门强化思想宣传阵地建设，粉碎各种邪教组织和非法宗教组织与我争夺群众，制造思想混乱的图谋。

新闻出版部门依法加强出版物管理，实行重大选题预报制，强化对图书、报刊等出版物的检查和审读，坚决制止反动、色情、淫秽、暴力、凶杀、封建迷信等出版物的出版、发行，防止发生影响恶劣的非法出版物事件。加强版权管理和版权贸易，依法保护知识产权，通过制定发展方针和发展规划，引导、鼓励和推动出版物健康发展。严厉打击侵权盗版、违法违规发行行为，认真整顿和规范出版物市场秩序。

教育部门要把培养德、智、体等全面发展的社会主义事业的建设者和接班人放在学校工作的首位，加强思想政治工作和法制宣传教育；加强对教职工和大中小学生的教育和管理，努力预防和减少在校生违法犯罪；深入开展"平安校园"创建活动，建立健全各项安全保卫规章制度，维护校园治安稳定；牵头协调有关部门加强学校及周边治安综合治理工作，避免侵害学生的恶性案件发生，维护校园正常的教学和生活秩序。

民政部门要加强基层政权和群众自治组织建设，充分发挥他们在基层社会治安综合治理工作中的组织领导作用；积极推进城市社区建设，强化社会保障功能，做好城乡低保工作和救灾救济、社会福利、优抚安置等工作；做好行政区划勘界工作，依法调处边界纠纷；加强对社会团体管理，依法查处非法社团的违法乱纪行为；做好城市无着的流浪乞讨人员的救助管理工作，会同有关部门加强对城市流动人口的管理，维护社会政治稳定。

卫生部门积极宣传并严格执行《传染病防治法》、《食品卫生法》等法律法规，加强对食品卫生和医疗市场的治理整顿工作，配合有关部门打击制造、销售、使用伪劣药品及有害食品的违法犯罪活动，取缔无证行医；与有关部门配合，做好麻醉药品和精神药品管理工作以及药物依赖监测、吸食毒品人员的治疗和康复工作，协助有关部门做好毒品案件涉案毒品的鉴定工作；积极预防和妥善处理各类突发公共卫生事件，切实做好疾病和传染病预防工作。

人口和计划生育部门严格落实《中华人民共和国人口与计划生育法》等法律法规，进一步加强人口和计划生育法制宣传，切实提高行政执法水平，保障群众计划生育合法权益；深入开展国策、国情、人口形势教育，引导群众自觉实行计划生育；建立健全人口和计划生育"依法管理、村(居)民自治、优质服务、政策推动、综合治理"的长效工作机制；切实提高人口和计划生育工作服务能力和水平；积极参与社会建设和管理，加强流动人口计划生育服务和管理工作。

人事部门认真履行成员单位职责，会同有关部门行使社会治安综合治理一票否决权，促进社会治安综合治理领导责任制和各项措施的落实；加强国家公务员队伍、专业技术人员队伍等人才队伍建设，搞好各项人事管理和制度改革，促进自治区经济发展和社会稳定。

编制部门要根据自治区社会经济发展状况和政法综治部门工作实际，加强对全区政法综治编制的规划和管理；认真贯彻落实中央和自治区关于加强社会治安综合治理基层组织建设的有关文件精神，确保基层综治组织机构、人员、编制落到实处。

劳动和社会保障部门全面做好就业再就业工作，加强失业调控，完善就业服务，搞好就业培训，保持就业局势的基本稳定。深化各项社会保险改革,不断完善社会保险制度,确保企业离退休人员养老金按时足额发放。加强社保基金监管,加强对劳动保障法律法规的监督检查,做好矛盾排查和信访工作,解决劳动争议问题。维护职工特别是农民工的合法权益。

建设部门要在城市规划、设计、管理过程中将政法、综治基层组织服务设施纳入社区的规划建设;加强房地产市场宏观调控,做好城镇房屋拆迁工作,认真解决拖欠工程款问题;加强质量安全和城市综合防灾工作,落实各项安全措施,提高城市综合防灾能力和应急能力;加强对物业管理行业的规范管理,对市政公用设施和住房公积金的监督管理,对进城务工人员的教育、服务和管理。

工商行政管理部门要加强对城乡集贸市场的监督管理,依法查处经济违法违章案件,重点打击贩卖走私物品,制造、销售假冒伪劣商品等行为,维护市场经济秩序;加强对民营企业、个体工商户的监督管理,落实优惠政策,积极引导、扶持下岗职工、高校毕业生和刑释解教人员从事各种正当的生产经营活动;会同有关部门加强学校及周边市场秩序集中整治工作,加强"网吧"等互联网上网服务营业场所和文化娱乐场所的监督管理。

财政部门根据社会发展和治安综合治理工作的需要,对政法综治工作和平安稳定创建活动所需的经费,给予财力上的支持和保障;加强财政法制建设和监督检查,严肃财经纪律,对违反财经纪律的行为,按有关规定严肃查处,构成犯罪的,及时移送司法机关处理。

税务部门加强对纳税人的监督管理,会同有关部门依法查处涉税案件,整顿、规范税收秩序;开展税法宣传活动,增强公民纳税意识;加强对执法人员的培训和管理,提高执法水平;依照有关规定,出台再就业税收优惠政策,扶持下岗人员和刑释解教人员从事生产经营活动,促进经济发展和社会稳定。

发展与改革部门把社会治安综合治理工作纳入国民经济和社会发展中长期计划和年度发展计划,做好社会治安综合治理与国民经济和社会发展的衔接平衡与协调发展工作。按照规定程序统筹安排用于政法、综治的投资基本建设。保持价格水平基本稳定,加强物价管理,监督、检查物价政策执行情况,查处价格违法案件,维护社会稳定。

工会要加强对职工的思想政治工作和法制宣传教育,协调企业劳动关系,做好职工内部矛盾的疏导和劳动争议的调解工作,维护职工合法权益;协助企业党政领导,及时处理集体上访及其他突发事件,制定、推行各种形式的安全保卫责任制,配合治安保卫部门,组织群防群治队伍,维护企业内部治安秩序;动员职工积极同各种违法犯罪行为作斗争,会同有关部门做好失足职工和刑释解教人员的教育和安置工作。

共青团针对青少年特点,有计划地进行理想、道德、纪律教育和法制宣传教育,提高青少年的自身素质;深入开展创建优秀"青少年维权岗"活动,动员有关部门为青少年健康成长办实事、办好事,关心、帮助困难青少年群体;坚持以人为本,加强对城市社区外来务工青年的教育、管理和服务;宣传、贯彻《中华人民共和国预防未成年人犯罪法》,做好失足青少年的教育、感化、挽救工作,努力预防和减少青少年违法犯罪;宣传、贯彻《中华人民共和国未成年人保护法》,积极维护青少年合法权益,促进青少年健康成长。

妇联以开展创建"平安家庭"活动为载体,充分发挥家庭成员特别是广大妇女在家庭中的重要作用,以家庭的平安促进社会的稳定。积极调解疏导家庭、婚姻纠纷,依法维护妇女儿童合法权益。配合公安等部门,积极参与禁赌、禁娼、禁毒、打拐等专项斗争,做好信访工作和对刑释解教人员的帮教工作,预防和减少重新犯罪。

铁路部门加强对车站、列车治安秩序管理,维护站、车治安秩序;严厉打击盗窃运输物资、抢劫盗窃旅客财物等严重危害铁路运输安全和旅客生命财产安全的各种违法犯罪活动;配合地方公安机关,打击倒卖车票和各种流窜犯罪活动,保障铁路运输安全;加强对内部职工的教育管理,严密内部治安防范制度,严防监守自盗、内外勾结盗窃铁路器材和运输物资;严禁易燃易爆等危险物品和毒品、黄色淫秽物品进站上车;会同地方政府整顿铁路沿线治安秩序,搞好护路联防工作;推进铁路治安防控体系建设,大力开展平安铁路、平安列车、平安站区活动。

大兴安岭林管局要结合林区特点,发挥森林公安机关的职能作用，推进打防控一体化建设，提高驾驭社会治安能力；积极开展《森林法》、《野生动植物保护法》等法律法规的宣传活动，加大对森林资源的管护力度，认真查处森林案件，确保森林资源安全；加强与地方的协调配合，实行“谁主管谁负责”、“条块结合，宜条则条，宜块则块，各有侧重”的原则，搞好社会治安综合治理林地共建工作；加强矛盾纠纷排查调处，有效预防和控制群体性事件发生，维护社会稳定。

交通部门加大公路沿线、道路运输市场管理和整顿力度，维护交通市场秩序；深入开展创建“平安大道”活动，加强公路路政管理，保证交通运输道路的安全畅通；严厉打击利用交通工具进行违法犯罪活动，做好驾驶、服务人员的安全教育和交通法规教育，坚决防止重特大交通事故发生；协助公安机关做好对犯罪分子的查缉、堵卡工作。

电力部门要大力宣传《电力法》等法律法规，加强对重点电力工程的保卫工作，在全区系统内建立健全各级保护电力设施组织，完善群众护线机制；加强电力设施保护宣传，发挥舆论导向作用，适时对盗窃破坏电力设施的典型案件进行曝光；完善政企、警企联合护线长效机制，企业内部要将日常管理工作与安全月活动，与集中整治、专项打击行动相结合，配合有关部门打击盗窃破坏电力设施等犯罪行为。

民用航空部门要落实治安责任制，加强对民用航空设施和民用机场的治安管理，严防发生劫机、破坏等事件，确保航空运输安全；严格内部安全保卫制度，确保内部安全稳定；配合有关部门打击和防范利用设施进行违法犯罪活动。

食品药品监督管理部门要加强对《药品法》等法律法规的宣传，增强人民群众的法律意识；加强对药品、医疗器械的研究、生产、流通、使用全过程的行政、技术监督，依法查处制售假劣药品和医疗器械的违法行为责任人；突出对精神药品和特殊药品的监管工作，防止精神药品流入社会，危害人民群众身心健康；强化对农村牧区食品的监管，加大对食品安全检查工作力度，保障农村牧区食品卫生安全。

煤矿安全监察部门认真落实《煤矿安全监察法》等法律法规，会同有关部门依法加强对煤矿的安全监察，督促煤矿落实安全生产责任制，确保煤矿安全生产和矿工人身安全，坚决遏制群死群伤事故发生；积极推动产业结构调整，依法关、停、并、转隐患严重、不具备安全生产条件的小煤矿；做好矛盾纠纷排查工作，防止和减少群体性上访事件发生，维护社会稳定。

人民银行加强内部安全保卫工作，严格各项管理制度，落实治安责任制，做好反洗钱工作，预防抢劫、盗窃、诈骗、贪污等违法犯罪案件发生；加强干部职工治安防范教育，增强防范意识；严格枪支弹药管理，严防各类案件和重大事故发生；防范和化解支付风险，确保金融秩序稳定。

人寿、财产保险公司把开展保险业务与安全防范工作紧密结合起来，大力支持安全防范设施建设；通过有效的保险服务，解除群众的后顾之忧；鼓励群众与违法犯罪行为作斗争，做好保险行业的“三防一保”工作，会同有关部门防范和打击保险诈骗等违法犯罪活动。

旅游部门加强对旅游安全工作的指导，落实责任制；加强对各类旅游景区景点、度假区和旅游星级饭店、旅行社、旅游车船、特种旅游项目设施安全管理；积极配合有关部门抓好旅游场所的治安管理，防范“黄赌毒”等社会丑恶现象，及时发现通缉在案的犯罪分子；协助有关部门和单位处理重大旅游安全事故和开展旅游紧急救援工作。

武警部队要对部队严格管理、严格训练，做好党政首脑机关、领事馆的警卫工作，涉及国家经济命脉和国防建设要害部门的守卫守护工作，监狱、看守所的看押看守工作；加强预防和实战演练，不断提高处置突发性事件和反恐怖斗争实战能力；严格枪支弹药等危险物品管理，严防各类事故发生；与公安部门密切配合，打击各种违法犯罪活动；开展警民联防共建活动，维护社会稳定。

公安边防部队实施边境管理和边境治安管理，开展出入境边防检查，以草原110警务工作为依托，加强军警民联防，防范和打击偷渡、走私、贩枪、贩毒等违法犯罪活动，维护边境地区安全稳定。

军队积极协助地方政府组织民兵参与维护社会治安，组织城市、沿边地区的驻军开展军警民联防活动和各种形式的军民共建活动，支持和配合地方政府搞好社会治安综合治理；加强武器、弹药和物资仓库的安全管理工作，严防被盗被抢；加强部队内部的思想政治工作，密切官兵关系，及时发现处理各类纠纷，严防重大恶性案(事)件发生。

海关加强进出境货物、物品的监督管理，严厉打击走私国家禁止、限制进出口货物、物品以及偷逃国家税款等违法犯罪活动，加大知识产权保护和反恐怖等工作力度，维护正常的进出口秩序；在自治区党委、政府的领导下，联系、组织有关部门积极开展打击走私综合治理工作，维护社会稳定。

内蒙古日报社坚持正确的舆论导向，充分发挥党报主流媒体优势，切实加强社会主义思想道德和法制宣传教育；积极参与社会治安综合治理宣传工作，大力宣传国家、自治区关于社会治安综合治理和平安建设的法律、法规及方针、政策，宣传先进典型和经验做法。

环境保护部门认真贯彻执行国家和自治区关于环境保护的法律法规，对全区环境保护工作实施统一协调监督管理，防治污染和其他公害，保护和改善生活环境和自然生态环境，促进经济和社会持续健康发展；指导和协调解决各地区各部门重大环境问题，调查和处理重大环境污染事故和生态破坏事件，协调解决跨行政区域的污染纠纷，维护社会稳定。

质量技术监督部门认真执行国家、自治区关于质量技术监督管理和安全监察的法律法规，综合管理锅炉、电梯、客运架空索道、游乐设施及防爆电器等特种设备的安全监察监督工作，管理生产领域食品安全监督检查工作，依法查处违反标准化、计量、质量等法律法规行为，打击生产和经销假冒伪劣商品中的违法行为，维护社会稳定。

内蒙古自治区综治委、办机构情况

一、综治委

主　任：巴特尔　　自治区党委副书记、自治区主席

副主任：邢　云　　自治区党委常委、政法委书记

乌　兰　　自治区党委常委、宣传部部长

柳　秀　　自治区人大常委会副主任

连　辑　　自治区副主席

王长聚　　自治区政协副主席

二、综治办

内蒙古自治区综治办定编12人，其中，主任1名，由政法委副书记兼任(正厅级)，副厅级专职副主任1名，内设盟市指导处和综合协调处。目前，现有干部7名，副厅级专职副主任1名，正处长2名，副处长2名，副处级干部2名。

综治办主任：陶　建　　自治区党委政法委副书记

综治办副主任：刘国君　　副厅级

内蒙古自治区各盟市、旗县(市、区)综治委、办主任名单

地　区	综治委主任	综治办主任
呼和浩特市	汤爱军	
新城区	张和平	柳雅林
回民区	云挨厚	
玉泉区	田忠宝	李俊国
赛罕区	康存耀	王建国
托克托县	孙建国	董　亨
武川县	王雪峰	张　河
和林格尔县	刘文玉	王茂盛

地　区	综治委主任	综治办主任
清水河县	李　宏	刘　攀
土左旗	王恒俊	刘凤英
包头市	呼尔查	董秉惠
昆都仑区	郭卫新	孟宪敏
东河区	贺海钧	
青山区	张世明	杨应运
石拐区	赵　君	王银顺
白云鄂博矿区	张慧宇	曹文军
九原区	雪　松	焦　钢
固阳县	杨泽繁	孙　卿
土右旗	唐　勇	赵国华
达茂旗	宝音德力格尔	查干朝鲁
乌海市	侯凤岐	罗俊英
海勃湾区	全觉民	张宝山
海南区	苏　和	杨德欣
乌达区	包　野	马建军
赤峰市	王中和	张国力
红山区	张　华	徐宝东
元宝山区	张子明	王世举
松山区	夏国华	杜文杰
宁城县	刘万虎	康永跃
林西县	王世华	刘宝玉
阿鲁科尔沁旗	敖日格勒	宝音达来
巴林左旗	邱文博	傅秀云
巴林右旗	曹　熙	斯钦朝格图
克什克腾旗	周春义	王健民
翁牛特旗	汪国森	邹银成
喀喇沁旗	郭玉峰	胥鹏飞
敖汉旗	黄彦峰	王国清
通辽市	傅铁钢	齐铁柱
科尔沁区	韩宪军	张　力
霍林郭勒市	徐　辉	付友玉
开鲁县	么永波	徐国梅
库伦旗	宝音达来	
奈曼旗	关文涛	刘　春
扎鲁特旗	希日巴拉	崔宝泉
科尔沁左翼中旗	宝凤山	袁功成
科尔沁左翼后旗	李艳荣	苏日格
通辽经济技术开发区	王清江	矫国义
呼伦贝尔市	罗志虎	罗吉舫

地　区	综治委主任	综治办主任
海拉尔区	张玉军	高伟民
满洲里市	杜学军	刘凤英
扎兰屯市	任宇江	盖向东
牙克石市	张宝泉	李　军
根河市	吕建伟	黄玉群
额尔古纳市	张凤喜	于维富
阿荣旗	潘金生	刘世安
新巴尔虎右旗	白爱军	哈　斯
新巴尔虎左旗	韩　军	白春梅
陈巴尔虎旗	高　升	白凤杰
鄂伦春自治旗	侯言增	苗希雨
鄂温克族自治旗	色音图	张海春
莫力达瓦斡尔族自治旗	孟智军	孟宝柱
鄂尔多斯市	杜　梓	王建平
东胜区	王东伟	王明英
达拉特旗	孟克都仁	王玉琪
准格尔旗	白　智	乔咏梅
鄂托克前旗	于新芳	杨占军
鄂托克旗	尚志强	王四清
杭锦旗	包生荣	苏文革
乌审旗	奇巴图	呼俊堂
伊金霍洛旗	云卫东	呼兴亮
乌兰察布盟	李万忠	张　胜
集宁市	魏　毅	郝　荣
丰镇市	刘治民	侯雪莉
卓资县	常培忠	李银贵
化德县	霍建忠	王毅烨
商都县	贾　军	刘占元
兴和县	袁晓东	孙亚林
凉城县	王晓平	郭德胜
察哈尔右翼前旗	张　军	张振东
察哈尔右翼中旗	赵向红	巴　图
察哈尔右翼后旗	张　翔	秦栋才
四子王旗	曹海波	田晓东
巴彦淖尔盟	王　波	康旭明
临河市	连　泽	屈明义
五原县	蔡明学	刘　军
磴口县	丁凤玲	梁金栋
乌拉特前旗	王学君	张海龙
乌拉特中旗	边保全	燕飞云

地　区	综治委主任	综治办主任	地　区	综治委主任	综治办主任
乌拉特后旗	杜占贵	王玉明	阿巴嘎旗	包苏雅拉图	胡日查
杭锦后旗	额尔敦仓	华云峰	苏尼特左旗	白永春	张世斌
兴安盟	郭　健	阿云嘎	苏尼特右旗	布　仁	斯　钦
乌兰浩特市	孙德敏	林景玉	东乌珠穆沁旗	贺希格布仁	阎启军
阿尔山市	白国才	吴玉宝	西乌珠穆沁旗	额尔登孟克	哈达巴特尔
突泉县	马焕龙	张　军	太仆寺旗	南中玉	范晓平
科尔沁右翼前旗	张双泉	陈好斯	镶黄旗	通拉嘎	诺日布
科尔沁右翼中旗	佟布林	斯琴吐	正镶白旗	梁立军	包玉山
扎赉特旗	王旺盛	王会安	正蓝旗	田　永	特木尔
锡林郭勒盟	张国华	朝　鲁	**阿拉善盟**	鲍常青	乌　勒
锡林浩特市	闫宏光	徐远帆	阿拉善左旗	魏巴依尔	祁金花
二连浩特市	孟宪东	侯向东	阿拉善右旗	刘小东	范永鸿
多伦县	霍锦炳	张　君	额济纳旗	陈万荣	杜金刚

（撰稿人：森吉德玛
审稿人：刘国君　李炜）

辽　宁　省

2008年社会治安综合治理工作概况

2008年，在中央综治委和辽宁省委、省政府的正确领导下，辽宁省各级综治部门以党的十七大精神为指导，深入贯彻落实科学发展观，坚持把深化争创“全国综治工作先进省”活动作为构建和谐辽宁的有效载体，把推进平安建设作为新时期综治工作的主题，以确保北京奥运会安全顺利举办为重点，着力排查化解矛盾纠纷，坚持不懈地整治突出治安问题，全面落实治安防范措施，进一步强化基层基础建设，全社会对社会治安综合治理工作达到了前所未有的重视程度，开展平安创建活动的热情空前高涨，人民群众的安居感、安全感和正义感进一步增强，使辽宁老工业基地全面振兴的成果最大限度地惠及全省人民。

一、坚持以科学发展观统领经济社会发展全局，高度重视新时期的社会治安综合治理工作

（一）认真贯彻中央部署，切实加强对综治工作的组织领导。2008年，辽宁省委把做好新时期综治工作作为实现全面振兴的重要内容，纳入了经济社会发展的总体布局之中。省委全会等重要会议多次就深化综治工作作出部署。省委常委会、省政府常务会在研究制定事关全局性决策时，统筹考虑和推进综治工作，先后7次研究并听取综治工作汇报。“广州会议”结束后，省委召开常委会议专题传达学习会议精神，分析全省社会治安和稳定形势，研究贯彻落实意见。省委主要领导也为此要求全省各有关部门要认真研究和落实综治工作，切实强化保障，确保综治工作有机构、有人员、有经费。同时，为了进一步推进新时期全省综治工作深入开展，省委常委会在全面总结过去三年“争创”工作经验的基础上，作出了开展新一轮争创“全国综治工作先进省”活动的决定，赋予“争创”活动以新的标准、新的举措和新的内涵，力争在事关综治工作长远发展的机制体制建设上，实现新的突破和跨越。

在辽宁省委的有力推动下，全省各级党委、政府和综治部门不断强化解决本地突出治安问题的责任意识，加大了领导责任制的落实力度。2008年年初，省委、省政府与各市及省综治委成员单位签订了《2008年综治工作责任书》，各市和各县（市）区也层层对下签订了社会治安综合治理责任书。为鼓励和调动各地及相关单位参与综治工作的积极性，省综治委对2007年度的9个综治工作先进市、89个省级“平安县（市）区”、21个平安企业、36个基层平安示范单位和30个省综治委先进成员单位进行了表彰奖励。同时，省综治委分片对全省县以上地区或单位落实社会治安综合治理领导责任制和实现“争创”活动目标的情况实行全年全程跟踪，面对面地开展督促、检查、指导。各级综治、纪委、组织、人事、监察五部门，不断加大责任追究的力度。2008年，省综治委对各市、各县（市）区发出《命案问题高发地区责任督查书》、《综治工作责任督查书》46件，对4个地区发生的4起重大案件（事故）予以通报，全省各地还对38个发生重大治安和稳定问题的单位实施了一票否决，极大地促进了各级党委、政府抓稳定、保平安的责任感。

（二）切实抓住主要矛盾，把解决民生问题作为推进综治工作的重要着力点。2008年，辽宁省委正确处理改革、发展、稳定的关系，从维护群众切身利益出发，组织实施了三项重点民生工程。一是棚户区改造工程。在2007年全省完成1万平方米以上城市连片棚户区的改造任务，累计有42.3万户、143万人的棚户区群众的居住条件和生活环境明显改善的基础上，全省各地综治部门及时跟进“创建棚改平安新区”活动，使昔日的治安复杂地区变成平安创建中的亮点。2008年，全省共启动50万平方米廉租房和225万平方米经济适用房建设工程，继续实施了农村特困户危房改造工程，解决了1.5万户困难农民的住房问题。二是以“零就业家庭”为主的社会事业工程。全省实现实名制就业95.1万人，持续保持了全部失业家庭动态为零，城镇登记失业率下降到4.4%。各项社会保险覆盖面不断扩大，标准逐步提高，全省农村提前两年实现新型农村合作医疗的基本覆盖，提前一年全面实施农村义务教育“两免一补”政策。三是领导干部包案下访工程。省委、省政府主要领导身体力行，省、市、县（市、区）三级领导干部带头包案，深入群众当中排查化解各类矛盾纠纷，解决了一大批事关群众切身利益的疑难信访案件。同时，省委在开展深入学习实践科学发展观活动中，组织实施了“解难题促和谐”活动，集中解决突出信访问题，惠及群众上百万。

（三）以系列创建为动力，全面推进平安建设。2008年，辽宁省按照中办发〔2005〕25号文件的总体部署，坚持以争创“全国综治工作先进省”活动为统领、以争创“全省综治工作先进市”为平台、以创建平安县（市）区为重点、以创建基层平安单位为基础，广泛开展“四级联创”活动，形成了平安建设的工作链条。2008年，根据中央综治委的部署，辽宁省把“四级联创”发展为系列平安创建，公安、卫生、民政、教育、妇联、铁路、人民银行以及省军区等多个部门和单位，就本部门、本系统、本行业开展平安建设作出了专门部署，研究提出了具体措施，广泛开展了平安企业、平安医院、平安边界、平安校园、平安家庭、平安铁路、平安金融和军地平安共建等活动，进一步拓展了平安建设的覆盖面。省综治委继续深化成员单位与县的“联系点制度”，把“联系点”与成员单位的工作成效实现“对接”和“捆绑”，密切与基层单位的联系，加大了齐抓共建的力度。

二、举全省之力，确保北京奥运会的安全顺利举办

确保北京奥运会的安全顺利举办和沈阳分赛区的赛事安全以及奥运火炬传递的顺利进行，是2008年辽宁省综治工作的首要政治任务。省委、省政府高度重视，明确提出“三个不发生”的工作目标，（即：不发生在全国有影响的政治事件和群体性事件，不发生大规模进京非正常上访事件，不发生重特大刑事案件和安全生产事故。）组织各地区、各部门全力以赴落实安保措施。经过全省的上下同心、群策群力和奋力拼搏，圆满完成了奥运火炬在辽宁省传递、沈阳分赛区赛事以及首都“护城河”工程的各项安保任务，实现了省委确定的目标要求。

（一）精心组织谋划，落实工作责任。各级综治委充分发挥社会治安综合治理的独特优势，以深化平安建设来推动“平安奥运”。省委、省政府由6名常委和2名副省级领导组成了省奥运安保工作领导小组，并与各成员单位和各市签订了责任状，将维护稳定、国家安全、反暴力恐怖、反邪教斗争等纳入综治工作考评重要内容，从赛场安保、驻地警卫，到外围控制、交通保障等方面，落实全方位的工作措施，层层分解细化工作任务，层层落实工作责任制。各级领导特别是主要领导同志始终坚持到一线靠前指挥、亲自督战。各级党委、政府和有关部门认真抓好信息的研判处理，高度关注不稳定苗头，及时获取动态信息，建立落实预警机制，迅速下达处置指令，快速准确反应，及时把各种影响奥运安全的不利因素解决在萌芽状态。

（二）深入开展“两个排查”，最大限度消除各类隐患。辽宁省把开展“两个排查”活动作为奥运安保工作的重要措施予以扎实推进。省综治委专门下发了开展“两个排查”的《实施意见》，要求各地、各部门在去年“两项大排查”的基础上，拓展排查领域和范围，强化措施和手段，不断巩固成果。各地、各部门以信访联席会议为平台，针对国有企业改革、城市建设管理、土地征占补偿等突出问题，深入开展排查化解“三大突出信访问题”活动。同时，全省各部门整体联动，跨部门运作，通过联席会议、成员单位协作、派驻联络员等方式，分兵把口，各负其责，坚持“边排查边整改”的原则，开展“拉网式”的滚动排查，切实把各种不稳定因素控制和消除在本地区、本部门和本单位内部，在短期内迅速形成良好的工作态势。

（三）深入发动和依靠群众，加强社会面的安全防范。全省充分发挥基层组织和基层政权的作用，动员和组织街道、社区以及机关、团体、企事业单位，以党员为骨干，开展了“喜迎奥运会、平安在沈阳”大型系列综治宣传月活动，群众参与人数达30万人，使“平安奥运”深入人心，成为社会各界的共同行动。各地区、各部门逐步完善了在“争创”活动中建立起来的市、县、乡（街）、村（组）及每个家庭的工作网络，组织社会公益岗位人员、保安队员、治保干部、治安积极分子与群众一道，全面参与治安巡逻防范工作，建立了一支拥有57.5万人的社会治安志愿者队伍，全面提升综治工作的效能。公安机关充分发挥主力军作用，强化对人口流动大、财产密集的繁华商业步行街、大型集贸市场、车站、码头、空港等重点部位、重点场所的安全保卫工作，最大限度地把警力摆在社会面上，落实全天候的巡逻防控，狠抓危爆生化等危险物品的管理，加大对交通、消防安全的管控力度，严格落实进京车辆、飞机、火车的安检措施，会同有关部门加强对进京输油、输气、输电等设施的安全检测。安监部门全面落实对安全生产的监管责任，严防各类安全生产事故的发生。

（四）依法打击各类犯罪活动，大力解决突出治安问题。全省政法机关始终把打击锋芒对准那些对社会危害大、影响群众生命财产安全的严重刑事犯罪。在具体工作中，辽宁省坚持“打早、打小”的原则，继续深化打黑除恶专项斗争。强化了对大案要案的攻坚克难，继续开展打击“六合彩”等赌博违法犯罪、自行车被盗、打击传销活动等中央综治委部署的专项整治行动。同时，紧紧抓住对人民群众生命财产安全危害最大的命案问题，开展坚持不懈地专项整治，将遏制命案高发作为考评“平安县（市、区）”的一个刚性指标，对月发案3起（含3起）以上、当月发案绝对数在全省排位靠前的县（市、区），省综治委直接向县（市、区）委书记发《命案问题突出地区督查书》，责令说明原因、检讨责任、落实治理措施。对因领导责任制不落实、防控措施不到位、治安状况混乱导致命案长期高发，或者发生一案杀死多人的地区和单位，严格执行“一票否决”。

三、建立健全工作机制，深入排查调处各类矛盾纠纷

（一）狠抓制度落实，促进工作规范。2008年，辽宁省综治委继续推行在街道、乡镇建立由综治办、治保会、公安派出所、人民法庭、司法所、人民调解组织、仲裁机构联合办公，组成调解中心，实行矛盾纠纷调处“一站式”的工作机制，做到“小事不出乡（街），大事不出县（市）”，尽最大努力把矛盾化解在街道、乡镇。全省各乡镇（街道）普遍设立了调解中心，直接调处矛盾纠纷11.9万件。总结推广了沈阳市建立信访接待大厅、综合调处信访事项的经验，各地普遍建立了信访接待大厅，形成了既有部门相对独立性，又有集中统一领导、相互协作的综合调处信访事项的体制机制，有效化解了一大批疑难矛盾纠纷问题。

（二）健全调解组织网络，不断扩大调解工作领域。2008年，辽宁省完成了《辽宁省人民调解工作条例》立法论证工作，部署了在全省人民调解工作中以“迎奥运保稳定促和谐”为主题深入开展化解矛盾在基层的活动，在继续做好对婚姻、家庭、邻里等常见性、多发性纠纷调解的同时，重点做好对村务管理、农民负担、土地承包及流转、征地拆迁和补偿、施工扰民、环境污染、劳动争议、拖欠农民工工资等各种新出现的难点热点纠纷的调解工作。目前，全省共有各类人民调解委员会1.6万多个，人民调解员15万多名。在各级综治委的组织协调下，各级司法行政、公安、人民法院和信访部门通力配合，建立人民调解、司法调解、行政调解的衔接和联动机制，明确各部门在矛盾纠纷排查调处工作中的职责权限和配合衔接要求，积极组织律师、公证、基层法律服务、法律援助各部门指导和参与纠纷调解，形成了大调解的工作格局。

（三）以“事要解决”为核心，全力排查化解涉法涉诉重信重访问题。辽宁省综治委将排查化解涉法涉诉工作纳入综治考评当中，在100分之外又增加20分的分值，并进行了相应的细化分解，作为基层平安单位、平安县（市、区）和综治工作先进市考评的重要依据。在省、市、县三级政法委领导干部亲自包案的同时，按照“条块结合、以块为主”，实施了责任部门与责任地区的“双交办”，确保在政法系统与各地区之间形成工作合力。省财政拿出500万用于省级政法部门解决涉法涉诉信访案件的司法救助问题，全省14个市和绝大多数县区已建立起了涉法涉诉救助资金制度，投入资金达5000多万元，在实际工作中发挥了重要作用，拓展了工作渠道。为从源头上减少涉法涉诉问题的发生，省综治委组织了一批责任心、业务能力较强的律师对一些上访疑难案件或者长期不息访案件进行评查，以评查的案件为反面典型，立足规范执法行为，切实提高办案质量。

四、立足于加强社会管理，积极预防和减少犯罪

（一）切实加强流动人口服务与管理。2008年以来，特别是“广州会议”后，辽宁省组织开展了全省实有人口普查和工作对象登记工作，共普查常住人口4099万余人、寄住人口194万余人；重新登记流动人口214万余人、出租房屋74多万户。在摸清情况的基础上，积极探索新形势下流动人口服务与管理模式，在政策上加以积极引导，帮助流动人口解决各种实际困难。在各级综治委的组织协调下，全省普遍建立和推行了社区流动人口管理服务站工作模式，制定了社区流动党员动态管理、社区流动人口分类管理、社区外国人管理警务站等新制度，使社区真正成为政府各部门对流动人口提供社会管理与服务的基地和窗口，促进了广大流动人口与当地的融合。全省已建立起1820家流动人口公寓，可容纳22万余人居住。此外，全省还大力推广员工宿舍化管理模式，仅大连市就建成公益型公寓宿舍950余家，可容纳流动人口15余万人，得到了联合国教科文组织的充分肯定。各地在流动人口用工较多的一些企业成立了党支部或自治组织，依法维护其合法权益。同时，各级妇联、共青团等社团组织还加强了对农村留守妇女儿童和老人的服务工作，帮助流动人口解决后顾之忧。截至2008年年底，已有18万多农民工子女受益，有效利用社会资金2000多万元，促进了流动人口服务与管理工作的开展。

（二）切实加强刑释解教人员的安置帮教工作。按照中央综治委部署，辽宁省综治委组织开展了刑释解教人员的调查摸底工作，在司法行政部门设立电脑终端，排查摸清刑释解教人员的基本情况，查出了去向不明的刑释解教人员，筛选出了一大批虚假信息。作为唯一摸排信息无差错省份，辽宁省该项工作受到司法部的充分肯定。同时，辽宁省把积极做好刑释解教人员的安置帮教工作作为重点，全省创办安置实体和安置基地523个。2008年全省接收的刑释解教人员中，已安置5千多人。各地还采取落实责任田、解决低保、纳入再就业工作、帮助办理自谋职业等多种途径加大安置力度，使刑释解教人员安置帮教工作得到进一步加强。

（三）切实加强预防青少年违法犯罪工作。以实施“为了明天工程——示范县（市、区）”活动为载体，全省启动了“爱祖国、学法律、创和谐”青少年普法系列活动，充分发挥青少年宫、法制教育基地等阵地的作用，以举办青少年法律知识竞赛、青少年模拟法庭大赛等形式，广泛吸引青少年积极参与法制教育活动，在全省中小学普遍配备法制副校长，多层面进行法制宣传，为青少年健康成长营造良好氛围。深入开展结对帮教活动，对服刑未成年人进行慰问，积极推动“青少年维权工程”、“12355”青少年服务台建设和“特殊少年儿童群体快乐成长计划”。2008年，全省各地12355青少年服务台共接收心理、法律、困难救助等各类求助信息4000多例，帮助一大批青少年解决了学习生活中遇到的困难和问题，“青少年维权岗”帮助解决青少年维权问题近500件。

（四）切实加强校园及周边治安综合治理工作。2008年，辽宁省深入开展争创平安校园活动，围绕学校及周边秩序，认真清理、整顿、取缔校园周边违法经营出租屋、网吧、游戏厅、录像厅、歌舞厅，以及音像书刊点、不法饮食摊点和其他各类非法经营的商业摊点，整治校园周边秩序，净化教学环境，集中开展了对各地校车交通安全整治，减少交通事故和人员伤亡。2008年，省学校及周边治安综合治理领导小组办公室组织开展了5次大检查，检查大中小学校230余所，通过学校安全百日督查专项行动，排查治理隐患学校6000多所，排查整改隐患问题2000多项。特别是为维护高校稳定，研究制定了高校考核评估指标体系，明确了具体工作要求。

（五）切实加强铁路护路工作。辽宁作为联通关内外的重要省份和国家老工业基地，铁路交通发达。2008年，全省投入1017.8万元，围绕确保奥运会期间的铁路运输安全，重点开展了反恐防爆安全防范工作。同时，还结合开展创建“平安铁路示范路段”活动，解决铁路沿线个别区段群众出行通道问题，压减路外伤亡事故，大力整治铁路沿线重点区段的治安秩序。秦沈铁路作为辽宁省唯一的高速客运专线，沿线五市全面启动了“创建奥运平安铁路通道”活动，全线形成了铁路公安、专业护路队、公益护路队、义务巡访员四支力量合一的巡防网络，有力地维护了“大动脉”的安全稳定。

五、大力加强基层基础建设，夯实综治工作根基

(一)进一步加强基层综治办建设。2008年，辽宁省综治委组织人员对各市乡镇、街道基层综治机构的设立和从事综治工作专兼职人员的组成情况进行了全面摸底调查，准确掌握了全省基层综治机构的现状，为进一步加强基层综治办建设提供了决策依据。在组织有关部门深入研究解决基层综治机构建设中存在实际问题的基础上，省委常委会强调要把乡镇、街道综治办纳入编制序列，并将设立综治专职副主任情况作为考核重点，进一步加强乡镇、街道综治中心建设。省综治委认真落实省委要求，及时下发了《关于建立乡镇(街道)综治工作中心的通知》，明确了乡镇(街道)综治工作中心的组成、职责任务和工作机制等；总结推广了辽阳、铁岭等市成立综治工作中心的做法，目前，综治工作中心建设已在全省普遍推开，使基层综治、维稳力量得到了有效整合，基层基础工作更加坚实。同时，省综治委还把加强基层派出所、司法所、人民法庭的标准化建设，作为基层基础建设的重点切实加以推进。其中，省公安机关的"三基"建设取得了历史性的突破，全省所有派出所都达到了公安部确定的建设标准，其经验被公安部推向全国。司法所、人民法庭建设的标准化率先达到较高水平，为综治工作的深入开展奠定了较为坚实的基础。

(二)积极探索建立城乡新型群防群治体制。在城市，加快实施专业化和辅助化相结合的巡逻防控力量建设。一方面，以提高群众见警率和快速反应能力为重点，使警力最大限度地摆在社会面、沉入社区、贴近群众；另一方面，由各级政府补贴资金，扶持和组织大龄下岗失业人员从事公益性岗位，建立社区治安巡逻队伍。同时，加大科技防范投入，大力拓展以视频技术为主要手段的科技防范覆盖面，在治安重点地区和复杂场所、交通干道和出入城口、涉及国计民生的企事业单位和重点要害部位安装视频监控装置，提高了治安查控、紧急堵截、智能侦控和快速封闭出入口的控制能力，把技防建设纳入城乡基础设施建设规划，逐步形成人防、物防、技防"三位一体"的防范网络。在农村，以实行农村治安保险为重点，着力推进农村平安建设。在进一步完善治安信息员和"村屯治安中心户"等工作机制，深入开展群众性联防工作的同时，有条不紊地拓展了"治安保险"工程试点范围，省综治委本着"政府指导、财政扶持、市场运作、农民自愿"的原则，为农村部分农民就治安侵害，自然灾害以及火灾事故等方面进行了投保，通过收取保险费，由保险公司出资与派出所和村委会共同聘用治安巡逻人员，开展农村治安防范，加强技术防范设施建设，解决了经费和人员问题，打破了过去完全依靠政府投入的治安防范模式，建立起"事前预防"与"事后补偿"一体化机制，使农村治安防范工作有了新的切入点和工作平台。

六、切实加强综治宣传工作，努力营造平安建设的浓厚氛围

(一)加强综治宣传工作机制建设。2008年年初，省综治委和省委宣传部联合下发了《关于进一步加强综治宣传工作的意见》，明确综治宣传工作的指导方针和工作任务，对综治宣传工作提出了具体目标和工作要求。根据中央政法委的要求，辽宁省综治委及时与省编办沟通协调，在省、市两级党委政法委专门增设了政法综治工作宣传机构，并落实了编制和人员，为综治宣传工作开展提供了组织保障。为进一步搭建基层政法综治宣传工作平台，省委政法委、省综治委和辽宁日报传媒集团联合建立了全省政法综治宣传通联工作制度。

(二)积极拓展综治宣传工作渠道。一方面，巩固和扩大综治宣传的主阵地。2008年，中央电视台《平安中国》节目组多次来到辽宁，专访了省委书记张文岳同志和大连、盘锦等市平安建设情况，使辽宁省综治工作在全国产生了一定的影响。中央综治办的《年鉴》、《长安》杂志以及《法制日报》等国家级刊物在辽宁省基层已经全面普及，覆盖面达到百分之百。另一方面，辽宁省综治委在《辽宁日报》、《辽宁法制报》等省内主流媒体创办《综治专刊》，充分展示了全省政法综治工作的优秀成果。启动了"平安县(市、区)建设万里行"大型宣传采访活动，全省14个市的市委书记、市长和100个县(市、区)委书记、县(市、区)长以及部分群众接受了采访。

(三)弘扬社会正气，切实做好见义勇为宣传活动。为大力弘扬见义勇为精神，辽宁省通过推动立法、隆重表彰等形式，大张旗鼓地宣传党和政府对见义勇为人员的关心和关爱，使全省城乡见义勇为英雄事迹层出不穷，见义勇为美德在辽沈大地蔚然成风。2008年，全省县以上人民政府共表彰奖励见义勇为人员300多人次，颁发奖金达380多万元，帮扶救助有困难的见义勇为人员及家属60多万元。省委宣传部、省综治办、省见义勇为基金会联合组织开展的见义勇为英雄走进大学校园、大中型企业、驻军部队和党政机关的巡回报告活动，在社会上产生了强烈反响。

中共辽宁省委宣传部
辽宁省委政法委员会
辽宁省社会治安综合治理委员会
关于进一步加强政法综治宣传工作的意见

（2008年3月24日）

各市委（沈阳铁路局、辽河石油勘探局党委）宣传部、政法委、综治委，省政法各部门，省直各新闻单位：

近年来，全省各级党委宣传部门、政法综治部门、综治成员单位和新闻单位，高度重视政法综治宣传工作，积极开展各种宣传活动，推出了一批新经验，树立了一批好典型，有力地推进了政法综治工作的深入开展，在普及法律、宣传政法综治工作、弘扬社会正气、推进民主法制建设等方面发挥了重要作用。当前和今后一个时期，深入学习贯彻党的十七大精神，加快辽宁老工业基地全面振兴，是全省上下的共同任务。随着我省改革开放的步伐加快，原有制约全省经济发展的体制性、机制性矛盾还没有得到根本解决，维护社会政治和治安形势稳定的任务更加艰巨，政法综治宣传工作的任务也更加繁重。为进一步加强我省的政法综治宣传工作，根据中央宣传部、中央政法委、中央综治委和省委的有关要求，结合我省实际，提出如下意见。

一、坚持用党的十七大精神统领政法综治宣传工作，牢牢把握正确政治方向

政法综治宣传工作要高举中国特色社会主义伟大旗帜，以邓小平理论和"三个代表"重要思想为指导，深入贯彻落实科学发展观，紧紧围绕政法综治部门在构建社会主义和谐社会中所承担的目标任务，深入学习宣传贯彻党的十七大精神，着力建设社会主义核心价值体系，着力巩固壮大主流思想舆论，着力树立社会主义法治理念，着力维护社会和谐稳定大局；要坚持团结、鼓劲、正面宣传为主，以科学的理论武装人，以正确的舆论引导人，以高尚的精神塑造人，以优秀的作品鼓舞人等基本方针和原则，在政治上与党中央保持高度一致；要贴近实际、贴近生活、贴近群众，不断提高宣传思想工作水平，始终做到有利于党和国家的工作中心，有利于维护人民群众的切身利益，有利于树立党和政府的良好形象，有利于维护社会稳定和人心安定，有利于重大敏感事件的妥善处理，有利于执法活动的正常进行；要防止片面追求经济效益而不顾社会影响的倾向，服从于全省工作的大局，紧扣政法综治工作主题，反映人民群众的意愿和呼声，为全面建设小康社会，维护社会稳定，构建和谐辽宁营造稳定、和谐的社会氛围。

二、当前和今后一段时期政法综治宣传的主要任务

（一）深入宣传十七大、全国、全省政法工作会议关于加强和改进政法工作战略部署，为努力开创政法工作新局面提供强大的舆论支持。宣传各地、各级政法部门高举中国特色社会主义伟大旗帜，认真学习贯彻落实党的十七大关于加强和改进政法工作的战略部署，全面推进中国特色社会主义政法事业，努力为全面建设小康社会、加快推进社会主义现代化作出新的更大贡献的情况；宣传各地、各级政法部门认真学习，深刻领会胡锦涛总书记在与全国政法工作会议代表、大法官、大检察官座谈时关于全面加强和改进政法工作的重要讲话精神；宣传各地、各级政法部门认真学习贯彻周永康同志在全国政法工作会议上关于八个牢牢把握的重要论述和全省政法工作会议的主要精神，求真务实，努力开创政法工作新局面的情况。

（二）广泛开展以党的十七大精神和胡锦涛总书记在全国政法工作会议代表和全国大法官、大检察官座谈会上的重要讲话大学习、大讨论活动的宣传，努力营造良好的舆论氛围。宣传各地各部门从全局的、战略的高度来认识大学习、大讨论活动的重要意义，紧密联系实际，认真组织落实的情况；宣传各级政法机关和广大干警领会党的十七大主题，在执法思想、执法实践、执法作风等方面确保党的路线方针政策和决策部署在政法工作中得到不折不扣贯彻落实的情况；宣传各级政法机关和广大干警切实维护党的执政地位，切实维护国家安全，切实维护人民权益，确保社会大局稳定的各项工作；宣传各地各部门不断提高政法队伍思想政治素质和业务工作能力的情况；宣传各地各部门从指导思想、工作部署、物质投入、工作机制等各个方面落实改革发展稳定协调推进的要求，落实维护稳定的各项措施；宣传通过深化社会主义法治理念教育和整改措施的落实，依法治国，执法为民的理念得到进一步增强，公平正义，服务大局的任务得到进一步实现，党对政法工作的领导得到进一步加强，人民群众的满意程度进一步提高的情况。

（三）加强法制宣传教育，深入推进依法治省工作开展。坚持不懈地开展法制宣传教育，推进“五五”普法规划的实施，加强宪法宣传和公民意识教育，增强全社会的法律意识和法制观念，弘扬法治精神，形成自觉用法、守法的社会氛围，为落实依法治省创造良好的社会舆论环境。

（四）继续扎实推进以平安建设为载体的社会治安综合治理宣传。深入宣传中办、国办转发的《中央政法委员会、中央社会治安综合治理委员会关于深入开展平安建设的意见》和中央社会治安综合治理委员会《关于深入开展农村平安建设的若干意见》精神；深入宣传各级党政主要领导认真履行“保一方平安”的政治责任，大力开展平安建设，狠抓社会治安综合治理各项措施的落实，全面提升基层平安创建水平所取得的成效；深入宣传社会各界和各部门积极参与社会治安综合治理工作，齐抓共管的情况；深入宣传各地健全完善矛盾纠纷排查调处机制，整合基层维护社会稳定的力量，有效预防和化解矛盾的成功经验；深入宣传人民群众开展群防群治的经验、“爱路护路”的经验和见义勇为的先进事迹；结合实际，深入开展好“综合治理宣传月”活动。

（五）进一步深化执法规范化建设和司法体制机制改革的宣传。宣传各级政法机关以完善执法监督制度和信息化网络建设为重点，在增强执法工作规范化和透明度上下功夫，在提高执法质量和效率上下功夫，在解决人民群众反映强烈的意见问题上下功夫的好经验好做法；宣传抓好重点岗位和环节的执法规范化建设，完善执法资格认证和升级制度，积极探索规范自由裁量权，加强监督制约，堵塞制度漏洞的情况；宣传健全和落实执法公开制度，大力推进执法公开，对重点涉法涉诉信访案件实行公开听证，针对群众反映强烈的问题，加大改进执法效果的力度，自觉接受人民群众监督的情况；宣传全面推进执法绩效考评，以执法责任制和责任查究制为重点，把“谁执法、谁负责”、“谁分管、谁负责”的原则落实到政法部门主要领导和执法者个人的肩上，重点抓好执法绩效综合评估和考核体系的建立，干警执法档案、廉政档案制度的落实和执法工作考核结果的运用情况。

（六）积极开展对严密防范、严厉打击各种违法犯罪活动的宣传。宣传各级政法机关和有关部门严厉打击各种违法犯罪活动所取得的阶段性成果；宣传打击危害国家安全犯罪、黑社会性质组织犯罪、严重暴力犯罪以及严重影响人民群众安全感的多发性犯罪活动；宣传依法打击危害国家经济安全、破坏市场经济秩序、危害人民群众生产生活等经济犯罪活动；宣传防范和打击利用互联网从事危害社会稳定的犯罪活动的情况，对典型案例进行曝光；宣传通过“严打”整治，各种违法犯罪活动得到有效遏制，人民群众安全感普遍增强的情况；宣传广大人民群众勇于与违法犯罪活动作斗争的情况。

（七）加强网上舆情分析研判，积极开展网上舆论引导。省委政法委建设好“平安辽宁网”，各市（县、区）也要建立平安网站，围绕平安建设，大力开展网上宣传。深入研究影响我省安全和社会稳定的国内外舆论情况和信息，提出相应对策；积极预防和坚决遏制网上对司法案件、群体性事件和重大敏感事件的炒作，牢牢把握网上舆论宣传主导权；与宣传、公安、安全、通讯管理等相关部门密切协作，建立健全网上政法舆情研判工作机制，完善工作制度，围绕各种倾向性、苗头性问题，定期开展专题性、综合性舆情深度分析，并做好舆论引导工作；锻炼和培养适应新形势发展需要的网上舆情研判队伍，加强培训工作，不断提高网上舆情研判工作水平。

（八）深入开展政法综治先进典型事迹和经验的宣传。各地、各部门要进一步加大先进典型的选树和宣传力度。选树的先进个人要以一线政法干警和综治干部为主，先进集体要以人民满意的政法和综治基层单位为基础。通过宣传先进典型，树立政法干警和综治干部的良好形象，提高政法综治部门在社会上的公信度，增进社会各界及广大群众对政法综治工作的理解和支持。

（九）加强政法综治理论研究，积极研究解决新形势下政法综治工作的新情况、新问题。充分发挥有关教学科研机构和专家学者的作用，重点加强法制建设、社会管理、化解社会矛盾、健全社会治安综合治理长效机制、社会治安和社会稳定预警与风险评估等课题的研究。

三、建立和规范政法综治宣传工作机制

（一）建立全省政法综治宣传工作协调机构。省委政法委设立辽宁省政法综治宣传工作协调领导小组，由省委政法委主管副书记任组长，省委宣传部一位负责人、省综治办、省维稳办副主任任副组长，省综治办、省维稳办、省法学会、省护路办、省见义勇为基金会、省政法各部门政治部主任为成员，省政法各部门宣传处处长为联络员，各市（县、区）委政法委明确一位主管领导。辽宁省政法综治宣传工作协调领导小组办公室设在省委政法委宣传处，负责日常协调指导服务工作。协调领导小组的主要职责：制定和实施全省政法综治宣传工作规定；定期不定期开展舆情研判工作；政法综治系统重大宣传活动、事项与宣传部门的沟通联系；政法综治重大先进典型的宣传；政法综治系统宣传干部业务培训；组织协调召开政法综治系统新闻发布会；定期召开政法综治系统宣传工作联系会；政法综治新闻和宣传成果的评定和奖励。省委政法委宣传处同时还要负责委机关、省综治办、省维稳办、省法学会、省护路办、省见义勇为基金会的对外宣传工作；负责对“平安辽宁网”、《辽宁法制报》和其他政法综治系统信息及通联站、《年鉴》、《辽宁法治研究》等工作的指导；负责对各市政法综治宣传工作的年终考核。各市（县、区）委政法委可参照省委政法委的模式成立政法综治宣传机构。

（二）建立政法综治宣传新闻发言人制度。由省委宣传部、省委政法委、省综治委共同建立新闻发言人制度。“新闻发布会”由省委宣传部、省委政法委、省综治委共同召开。省、市两级政法委和综治委设新闻总发言人一名和新闻发言人若干名，省、市政法各部门分别设新闻发言人。主要就党委、政府作出的政法综治工作重大决策，政法综治战线全局性工作部署，突发性的群体性事件，有重大社会影响的案件，重特大交通、消防事故和边境事件等由有关部门的新闻发言人作新闻发布，并回答记者的提问。

（三）严格政法综治新闻宣传报道的纪律。政法综治新闻宣传报道社会敏感度高，政策性和法律性很强。各级政法、综治、宣传部门，新闻单位的工作人员要增强保密意识和法纪观念，提高政治鉴别力和敏锐性，在充分发挥舆论监督作用的同时，自觉遵守法律和新闻宣传纪律。各级政法综治部门要健全接受记者采访的程序规范，保证向新闻部门提供情况的真实性、口径的统一性。各宣传主管部门要加强对省内各新闻媒体及记者的管理教育，严格规范重大突发事件、群体性事件以及极端涉法事件的采访报道。不刊播未经核实的稿件，不编发互联网上来历不明的消息；对正在侦查、起诉或审理过程中的案件和尚未作出终审判决的案件，不超越司法程序抢先报道和擅发评论；对极端涉法事件，由所在地政法综治部门商属地宣传主管部门，拟定对外宣传预案，统一对外宣传报道口径；对政法机关干警负面报道原则上以内参形式向上级领导反映，确需公开报道的，要经同级党委政法委批准；对境外媒体的采访报道，要主动征求上级政法部门和宣传部门的意见，共同做好舆论引导控制工作；要监督和查处新闻宣传工作违法违纪问题，并对处理结果及时进行通报。

四、加强领导，通力合作，共同完成我省政法综治宣传工作任务

政法综治宣传既是党的宣传工作的一个重要方面，也是政法综治工作的重要组成部分。各级党委宣传、政法、综治部门要把政法综治宣传纳入重要议事日程，列入本系统工作计划，同其他工作同研究、同部署、同落实、同检查。要加强对政法综治宣传队伍的建设和管理，为政法综治宣传工作提供组织保障。各级政法机关、宣传部门、综治成员单位和新闻单位要确定一名领导主抓政法综治宣传工作，明确相应工作机构和人员；要将政治可靠、文字能力强的同志选配到政法综治宣传队伍之中，加强对他们的教育培训，不断提高其业务素质、理论素养和实际工作能力。各有关部门要进一步明确政法综治宣传工作任务，密切配合，分工协作，共同搞好我省的政法综治宣传。各级党委政法委、综治委和政法各部门要主动向同级党委宣传部门通报政法综治工作情况，提供重要典型及相关材料，并积极为记者实地采访创造有利条件；各级党委宣传部门要加强同各级政法委、综治委的沟通，紧密配合政法综治工作组织和协调新闻单位搞好宣传活动，为政法综治工作提供强有力的舆论支持；各新闻单位要学习、掌握政法综治工作的基本方针、政策和内容，按照政法综治工作的要求，开设专版、专栏、专门频道宣传政法综治工作，增强社会效果。要组织力量对群众关心的热点问题进行深度报道，多出精品，提高政法综治宣传稿件的质量。对政法综治中心工作和重大活动及重大先进典型的宣传，要做到各种新闻媒体齐动，多种报道手段齐上，利用重要栏目（版面）和黄金时间刊播。要健全政法综治宣传工作机制，把集中报道与经常性报道结合起来，保持浓厚的舆论氛围，形成全社会关心、支持、参与政法综治工作的良好局面。

辽宁省社会治安综合治理委员会关于在全省农村全面推开治安保险工作的意见

（2008年7月16日）

各市、县（市、区）综治委，中国保监会辽宁监管局、人保财险辽宁分公司：

2007年以来，根据中央综治办、国家保监会《关于保险业参与平安建设》和省综治办、省保监局《关于开展农村治安保险试点，推动平安建设工作的意见》（辽保监发［2007］17号）的文件精神，我省开展了农村治安保险试点工作，已经取得了明显的阶段性成果。经6月25日省委常委会议批准，省综治委于6月30日召开全体委员（扩大）会议，决定在全省农村全面推开治安保险工作。现提出如下具体工作意见：

一、指导思想

坚持以党的十七大精神为指导，深入贯彻落实科学发展观，紧密围绕实施建设社会主义新农村和发展县域经济战略，通过开展农村治安保险工作，维护广大农民群众的根本利益，加强农村治安防范体系建设，提升农村平安建设的水平，促进农村社会政治稳定，为构建和谐辽宁、实现全面振兴增添新的活力。

二、工作目标

（一）通过实施农村治安保险，切实解决长期困扰农村社会治安综合治理工作“没人干事、无钱办事”的现实问题，建立一套“事前预防”与“事后补偿”相衔接、“保险经费作保障”与“市场化机制作依托”的新型农村社会治安防范模式，探索加强农村社会管理与建设的新途径，把农村社会治安综合治理工作和平安建设推向新的发展阶段。

（二）通过实施农村治安保险，有效转移农民群众的治安风险，解除农民群众的后顾之忧，及时化解农村因治安问题引发的矛盾纠纷，促进农村社会稳定和农民生产生活的平安和谐。

（三）通过实施农村治安保险，使农村社会管理资源得到进一步整合，治安防范体系建设得到进一步加强，治安状况得到进一步的改善，人民群众的安全感进一步增强，促进农村经济社会更好更快的发展。

三、主要工作措施

（一）加大宣传工作力度。要利用现有的综合治理基层工作网络资源，向农民群众广泛宣传农村治安保险工作的方针政策，普及相关保险常识，让广大农民群众知道什么是“治安保险”、“治安保险”有哪些功能、参加“治安保险”能得到哪些实惠。让广大农民群众知道“治安保险”是一项民生工程、是一项惠民政策，从而提高自觉自愿参加治安保险的积极性。

（二）整合工作力量。综治部门要协调公安派出所、司法所、村委会与人保财险公司密切配合，摸清农村村级单位的人口底数，全面掌握农村人口基本情况和相关信息，扎扎实实做好基础性工作。公安派出所、司法所要运用人口管理系统，为农村治安保险工作提供信息支持。村委会要发挥群众自治组织的优势，积极做好组织动员工作。人保财险公司会同当地综治部门和公安部门、村委会共同招聘专职治安巡防员，专职巡防员的管理教育由综治部门负责，巡防员的费用由人保财险公司参照业务收入一定比例之内进行提供，巡防工作的业务由公安派出所负责培训与指导。对于因工作不负责任，发生治安案件，造成农民群众财产损失的，要追究负有直接责任的巡防员的责任；对于因工作表现突出，负责的地区常年不发生治安或刑事案件，群众满意度高的，要给予表彰奖励。

（三）多渠道解决参保经费。各级政府要把农村治安保险工作作为民生工程来抓，要真正地把改革开放成果惠及到人民群众，经济条件好的乡镇要从解决保障和改善民生问题出发，为农民群众全额交纳保费；财力相对困难的乡镇，要千方百计筹措资金为农民群众特别是困难农户提供保费补助；在开展发达地区与贫困“对口支援”和党政机关定点“帮贫扶困”活动中，倡导帮助解决农民群众的参保经费；动员国有企业、民营企业和慈善组织帮助困难农户交纳参保费用，同时还要引导农民增强保险意识，鼓励农民自费参保。

（四）建立保险理赔快速反应机制和协同机制。保监部门要加强对人保财险公司的政策支持、指导和监管。人保财险公司要不断研究出台适合农村特点，满足农民需求的新险种，使保险产品更加符合农民群众的现实需要。要进一步完善理赔服务标准，优化服务流程，增强快速反应能力。对发生重大治安事件，要及时启动保险程序，迅速组织查勘理赔，切实履行保险赔付责任。

四、工作要求

（一）切实加强领导。各级党委、政府要适应建设社会主义新农村的要求，把农村治安保险工作纳入农村经济社会建设总体规划，通盘谋划，突出政府的主导作用。各级综治部门要着眼于“组合力量、整合资源”，加强协调与指导，把开展农村治安保险工作纳入“社会治安综合治理工作先进市”和创建“平安县（市、区）”考核内容，并根据工作进展情况提高在考核体系中的权重分值。到2008年底，市级单位要有70%县（市、区）农村治安保险的覆盖面达到40%，达不到此项标准，取消先进市的评选资格；覆盖面达不到40%的县（市、区），取消省级平安县（市、区）参评资格。

（二）因势利导，积极推进。试点经验充分表明，实施农村治安保险是一项实实在在的民生工程，得到了试点单位党委、政府的肯定，受到了参保农民群众的拥护。全省各市、县要抓住时机，制定方案，因势利导，积极推进。

（三）要正确处理好治安保险与平安建设的关系。要在平安建设中拓展治安保险的网络，在推行治安保险中加强治安防范体系建设，决不能因为有了“治安保险”就放松“治安防范”。要通过治安保险规避农民群众的治安风险，通过加强治安防范减少理赔，使治安保险与平安建设互动互赢、相得益彰。

(四)要立足农村实际,尽可能减轻农民负担。要多在服务、防范上想办法,创新服务功能,使治安保险的各项服务惠及广大农民群众,确保农村治安保险取信于民,成为农村平安建设中信得过的品牌。

全面发挥综治工作优势 组织开展“大排查” 着力推进社会管理

2008年以来,辽宁省委、省政府决定由省综治委牵头在全省组织开展了以排查化解矛盾纠纷和排查整治公共安全隐患为主要内容的“两项大排查”活动,有力推进了社会管理与建设,为加快实现老工业基地振兴营造了良好的发展环境。

一、利用综治工作网络,在全面排查上狠下功夫

一是立足基层,普遍排查。由各级政府每年补贴资金4亿多元,提供5.5万个公益性岗位,组织大龄下岗失业人员担任专职治安联防员,充实基层治安信息员和调解员队伍。在村(社区)、企业建立调委会2万多个,设立信息员、调解员达15万多名,坚持在企事业单位、社区、村屯和家庭,不间断进行“拉网式”排查。同时,出资100万元用于奖励群众举报各类治安乱点和隐患。全省上下分级对重点地区、重点领域、重点行业、重点人群、重点问题,逐一登记造册、建立台账,并进行分析研判。

二是经常性排查与集中性排查相结合。各地乡镇、街道每周将排查情况汇总向县(市)区报告一次,县(市)区每半月汇总向市报告,各市每月排查汇总向省联席会议报告。对于各市和省直部门解决起来有难度的问题,由省联席会议集中研究。在党的十七大和全国“两会”期间,省、市联席会议启动维护安全稳定工作机制,综治委成员单位全员参与,每天下午16时召开信息通报会,由多名省级领导集体研究,即时解决排查出来的问题。

三是统一协调,部门联动。辽宁省综治委成立了以4名省级领导挂帅的省“大排查”工作协调小组。省委办公厅、省政府办公厅下发了《省综治委关于开展“大排查”工作的实施方案》,省综治委又协调成立了分别由省信访局、省公安厅、省安全生产监管局和省纪委、监察厅为牵头部门的四个专项指导组,从省直21个部门抽调28名干部组成实体性工作班子。省直21个重点部门由主要领导挂帅,组成排查督导组,加强各系统排查指导。其他涉及社会管理的有关部门也主动当好“配角”,积极承担排查任务。通过“块块为主、条块结合、整体推进”的排查,全省共排查出14个方面的27个重点问题和33个重点环节,为实施化解和整治工作提供了可靠依据。

二、发挥综治工作优势,在解决实际问题上狠下功夫

一是整合资源,形成合力。辽宁省以综治委协调会、调度会为主要形式,对排查出来的全省带有共性的疑难问题,提请省委、省政府研究完善有关政策规定,先后制定、修改和出台了《关于做好全省扩大社会保险覆盖范围工作的意见》、《关于规范省直国有企业改制工作的实施意见》、《辽宁省城市房屋拆迁管理条例》、《辽宁省实施土地承包管理办法》、《关于做好征地补偿安置工作切实维护农民合法权益的通知》等20多个文件,从政策层面为化解矛盾提供支持和保障。各级综治部门将大排查活动与中央综治办统一部署的“五个专项行动”结合起来,以解决突出的命案高发问题为“突破口”带动解决其他治安突出问题,每月向问题突出的县(市)区委书记直接下达责任督查书,限期改变治安面貌,全省命案发案已连续四年呈大幅度下降趋势。

二是采取多种形式,强化督查。辽宁省组织由7名省级领导带队的“大排查”督查组,深入到全省14个市、108个县(市、区)以及群体访问题和安全隐患较多的重点行业、重点地区和重点单位进行实地督查。为了加大“明察暗访”力度，省综治委从省电视台抽调记者，携带隐蔽摄录设备，组成7个“暗访督查组”，行程数万公里，制作了《“大排查”暗访记实电视片》，在全省县以上电视电话会议上播放，产生了强烈震动。

三是加大投入，攻坚克难。辽宁省采取“一竿子插到底”的方式，坚持边排查、边化解、边整治；实行“统一受理、集中梳理、归口管理、限期办理”；严格要求整改标准、整改时限、整改资金、整改措施和整改责任人“五落实”，不允许各地、各部门以任何借口上交矛盾，拖延隐患的排除。对全省排查出的重大安全隐患，均由各级政府挂牌督办，省、市两级财政部门拨出上亿元专款作为安全稳定专项基金。全省已筹措信访问题救助基金1亿多元，为解决疑难信访案件和求助特殊困难上访群众的生活提供了资金支持。全省信访量大幅下降，信访秩序明显好转，群众安全感较上年同比提高了5.81个百分点，综治工作受到了人民群众的广泛认可。

三、依托综治工作模式，在建立长效机制上狠下功夫

一是建立健全“一站式”排查化解机制。辽宁省综治委制定了《辽宁省矛盾纠纷排查调处工作暂行规则》，在全省1553个街道、乡镇建立由综治办、派出所、人民法庭、司法所、仲裁机构和信访部门联合办公的“一站式调处中心”，负责受理接访、梳理分类、现场调解、诉求呈报等事项，努力做到就地接访，方便群众，把矛盾纠纷化解在基层。同时，在80个市、县(区)推广建立信访接待大厅，形成了既有部门相对独立性，又有集中统一领导、相互协作的综合调处矛盾纠纷的工作机制，有效化解了一大批疑难矛盾纠纷问题。

二是建立健全责任查究机制。省五部委制定了《关于实行社会治安综合治理一票否决权制的若干规定》、《综治工作督查方案》，对因矛盾纠纷排查组织不力、化解不及时、措施不到位，引发有严重影响群体性事件和重大治安灾害事故或安全生产事故的，由各级纪检、监察部门和检察机关介入，依纪、依法追究主要领导及具体人员的责任。省综治委责令2008年上半年发生重特大治安灾害事故、重大群体性事件的三个市的市长，在全省电视电话会议上作检讨发言。省五部委对2008年先后发生7起重大治安灾害事故和群体访事件的6个县(市)区实行了“一票否决”，取消了3个县(市)区的省级“平安县(市)区”称号。2008年，省综治委会同省纪委、监察厅对96名领导干部和直接责任人给予了党政纪处理。

三是建立健全考评机制。辽宁省综治委制定完善了《社会治安综合治理考评体系》，与省委组织部联合制定了《关于建立党政领导干部抓综治工作实绩档案的通知》，与省人事厅联合制定了《关于建立党政领导干部评先受奖晋级征求综治部门意见制度的通知》，进一步强化了各级领导干部的责任意识和“一把手”负责制，切实把各级主要领导和分管领导开展社会治安综合治理工作的能力和实绩作为评先、受奖、提拔的重要依据。在年终考核时，综合运用社会调查、部门评审、重点抽查、暗访考查等方法和手段，突出落实领导责任制、各类事件事故、群众满意度的权重分值。通过综合评定，2008年，省综治委对9个综治工作先进市、89个省级“平安县(市)区”、21个平安企业、36个基层平安示范单位和30个省综治委先进成员单位进行了表彰奖励。

深入开展农村治安保险工作
扎实推进农村社会平安稳定

2008年，辽宁省扎实开展农村治安保险工作，稳步推进农村平安建设，在2007年试点取得了明显成效的基础上，全面推开开展农村治安保险，农村社会治安防控体系建设得到进一步发展和完善，治安、刑事案件明显下降，社会治安形势良好，农村治安险为加快实现老工业基地全面振兴创造了稳定的治安环境。

一、认真总结试点经验，建立和完善了农村治安保险工作机制

辽宁省委、省政府高度重视农村治安保险工作，按照“政府指导、财政扶持、市场运作、农民自愿”的原则，确定在全省14个市的24个乡镇开展“治安保险”试点工作，由省人保财险公司为保险单位。在广泛听取农民群众对开展治安保险的意见，深入调研，反复论证的基础上，人保财险公司制定出了符合农村治安现状的“和谐家园”保险单。省综治委召开了农村治安保险试点动员大会，对农村治安保险试点工作进行了部署，对各地区开展农村治安保险试点工作提出了具体要求。试点县、乡镇党委、政府高度重视，主要领导亲自开会，进行动员部署，研究具体试点方案。各级综治部门、保险公司直接进村入户，宣传政策，协调并指导保险工作，广大农民群众积极响应和参与，试点乡镇的承保面达到了90%以上。试点乡镇的治安、刑事案件明显下降，社会治安环境明显得到改善。通过开展“治安保险”，转移了农民群众的治安风险，创新了工作理念，调动了广大农民群众的积极性，发挥广大农民群众在维护农村治安中主体地位作用，真正形成“平安大事”大家管。2008年省综治委召开会议，确定在试点的基础上，在全省涉农县、区全面推开。会上，下发了《关于在全省农村全面推开治安保险工作的意见》(辽综治委发〔2008〕78号)，对开展农村治安保险工作提出了具体要求。到2008年底，市级单位要有70%的县(市、区)农村治安保险的覆盖面达到40%，达不到此项标准，取消先进市的评选资格；覆盖面达不到40%的县(市、区)，取消省级平安县(市、区)参评资格。人保财险公司对农村治安保险品种也进行了补充和完善，改进了方式和手段，使农村治安保险更贴近农村实际。

二、突出工作重点，提高了农村治安保险工作水平

一是各级党委、政府把“治安保险”工作作为维护农村社会稳定和创建“平安县(市)”的有效载体，作为建设社会主义新农村和加强农村社会管理与建设的有效措施，作为关注民生、维护广大农民群众根本利益的一件大事，摆上重要议事日程，纳入县经济社会发展规划，切实加强领导。二是各级综治部门针对农村多发的社会治安问题，制订工作方案，做好培训工作，加强业务督查指导，并协调政法、社会管理部门，积极配合人保财险公司扎扎实实地做好基础性工作，为农村治安保险工作提供信息支持，逐步形成“农户自愿投保、治安员巡护、人保公司理赔”的治安保险工作机制。公安、综治部门加强和完善了农村治安防范队伍建设，提升了巡防效能，在治安保险的基础上，加大了治安防范，形成了“双保险”。三是保监局加大了政策支持力度。按照行业管理的要求，保监局加强了对人保公司的监管、指导，一切从保护农民利益出发，防止恶意竞争。加强了“农村保险网络”建设，提高服务水平，确保了理赔工作及时到位。四是省人保财险公司按农户参保的实际需求，建立健全农村治安保险事故的快速反应机制和协同工作机制，妥善应对和处理各类重大治安事件。对发生重大农村治安保险事故的，及时启动应急预案，迅速组织查勘理赔，并配合地方政府及其有关部门做好险后工作。进一步完善理赔服务标准，优化服务流程，增强快速理赔能力，使农村治安保险工作取信于民，成为了平安建设信得过的品牌。

三、多措并举，多渠道解决参保经费，全面推进农村治安保险工作

辽宁省各级政府把农村治安保险作为民生工程来抓，经济条件好的乡镇从解决保障和改善民生的角度出发，为农民群众全额交纳保费，使改革开放成果惠及人民群众；财力相对困难的乡镇，千方百计筹措资金为农民群众，特别是困难农户提供保费补助；在开展发达地区与贫困“对口支援”和党政机关定点“帮贫扶困”活动中，帮助解决农民群众的参保经费；动员国有企业和慈善组织帮助困难农户交纳保费，同时，还引导农民增强保险意识，鼓励农民自费参加保险。加大宣传力度，抓住农村治安保险有别于其他商业险的特点，突出“平安建设”的主题，广泛宣传农村“治安保险”的现实意义，普及农村治安保险的相关知识，正确处理好开展农村治安保险与平安建设的关系，在农村平安建设中拓展治安保险的网络，在治安保险中规避农民治安风险。

开展农村治安保险，切实解决了长期困扰农村社会治安综合治理工作“没人干事、无钱办事”的现实问题，真正建立起一套“事先预防”与“事后补偿”相衔接、“保险经费作保障”与“市场化机制作依托”的新型农村社会治安防范模式，为建设社会主义新农村和深入推进农村平安建设提供新动力，为实现我省县域经济快速发展，构建和谐辽宁、实现全面振兴做出新的贡献。

辽宁省社会治安综合治理委员会组成人员情况

主　任：王唯众　省委常委、省纪委书记

副主任：李　峰　省委常委、政法委书记

王　琼　省人大常委会副主任

许卫国　副省长

李文喜　省政协副主席

肖　声　省人民检察院检察长

王振华　省高级人民法院院长

赵建伟　省委政法委副书记

委　员：贾德茂　省委副秘书长

郭富春　省政府副秘书长

唐俊杰　省人大内务司法委员会副主任

刘大民　省纪委副书记

朱　锦　省委政法委副书记

陈　英　省委政法委副书记

王业卿　省委组织部副部长

周连科　省委宣传部副部长

蒋　欣　省直机关工委副书记

张家成　省司法厅厅长

庄　敏　省国家安全厅厅长

闫庆文　省公安厅副厅长

张耀军　省经委主任

姜作勇　省发改委主任

邴志刚　省财政厅厅长

赵国红　省人事厅厅长

徐铁楠　省民政厅厅长

郑玉焯　省交通厅厅长

商向东　省建设厅党组书记、副厅长

李铁民　省工商行政管理局局长

李秀君　省计生委主任

姜　潮　省卫生厅厅长

刘　铭　省劳动厅厅长

魏小鹏　省教育厅厅长

刘长江　省农委主任

李厚朴　省广播电视局局长

张玉文　省地税局副局长

郭兴文　省新闻出版局局长

张荣胜　省通信管理局局长

武虹剑　省旅游局局长

张恩礼　沈阳铁路局党委常委、政法委书记

宋兴国　中国人民银行沈阳分行行长

于宝国　省总工会副主席

曹爱华　团省委书记

史桂茹　省妇联主席

姜凤羽　辽宁日报社社长

黄传兴　省电力有限公司总经理

车进军　民航东北管理局局长

王景琛　中国人民保险公司辽宁省分公司总经理

王海滨　沈阳军区政治部保卫部部长

贾春阳　省军区副参谋长

徐景泉　省武警总队副政委

田　力　省质量技术监督局副局长

方晓林　省统计局局长

梁　彦　省安全生产监督管理局副局长

于大军　大连海关副关长

刘晓辉　沈阳海关关长

办公室主任：赵建伟（兼）

辽宁省综治办机构情况

省社会治安综合治理委员会办公室与省委政法委机关合署办公,省综治办主任由省委政法委副书记赵建伟兼任,设副主任一名(副厅级),下设两个处,为综合治理协调处、综合治理督察处。

辽宁省各市、县(市、区)综治委、办主任名单

地　区	综治委主任	综治办主任
沈阳市	苏宏章	于凌瞬
沈河区	赵玉文	吴宪章
和平区	肖　坤	徐　成
大东区	白　石	尹奉浩
皇姑区	刘景芳	于明海
铁西新区	彭俊和	白维国
苏家屯区	李德平	靳景华
东陵区	李贵盛	王宗阳
新城子区	李英华	关文杰
于洪区	赵伟祺	张　彪
新民市	王海波	段成刚
辽中县	陶庆才	李剑英
康平县	刘绍东	李晓光
法库县	何忠良	闻喜巍
朝阳市	姚惠钧	李建威
双塔区	张义林	高文雅
龙城区	蒙占峰	李　娇
北票市	刘敬华	宋有国
凌源市	丛日兴	杨　军
朝阳县	张志军	修树义
建平县	王国富	张守范
喀左县	谷永舫	许春才
阜新市	刘宝兴	蒋怀文
细河区	梁　凯	张殿荣
海州区	王秋博	郑树新
新邱区	米春年	白玉明
太平区	吴天赋	张　勇
清河门区	毕诗英	王志全
彰武县	张首山	王　占
阜蒙县	海景春	张　颖
经济技术开发区	闫国志	陈崇峰
铁岭市	张克江	夏宝珍
银州区	王　戎	郑满昌
清河区	曹立新	万世英
调兵山市	王净雪	王志振
开原市	高起飞	王　涛
铁岭县	孔令军	尤经让
西丰县	周竞宇	井维丰
昌图县	迟仁斌	张春青
开发区	韩向东	梁铁军
抚顺市	喻国伟	张文献
顺城区	王新鹏	曲家成
新抚区	刘　凯	吴成刚
东洲区	徐　波	程光明
望花区	于扬福	王家玉
抚顺县	郑学伟	董英新
新宾县	于景森	徐　杰
清原县	封福高	张宝权
开发区	佟泽宾	张宝义
本溪市	李景阳	朴庆贺
平山区	王　震	王学明
溪湖区	刘亚光	杨向宇

地　区	综治委主任	综治办主任
明山区	孙万山	吴兴财
南芬区	林艾民	王玉友
本溪县	史凤友	李　强
桓仁县	杜庆平	韩立仁
开发区	杨耀东	张　玉
辽阳市	杨立宪	刘玉庄
白塔区	陈世民	朱　冰
文圣区	王彦装	穆德林
宏伟区	朱东伦	孙成文
弓长岭区	穆伟成	杨丽莎
太子河区	杨俊喜	刘　阳
灯塔市	孙　浩	孙　辉
辽阳县	宿奎刚	刘宪安
鞍山市	李宇光	周维成
铁东区	马培钢	马克尧
铁西区	黄　凯	张　颖
立山区	李洪光	杜雅彬
千山区	曾宪明	刘　策
海城市	刘长彬	杜久龙
台安县	刘彦明	唐万东
岫岩县	杨晓春	崔明远
丹东市	杨　峰	李公昌
振兴区	姜存彤	方　君
元宝区	史晓明	于　凯
振安区	王　军	吴　君
凤城市	董长允	李宝忠
东港市	宁永亮	钟振福
宽甸县	耿玉礓	姜凤英
大连市	里景瑞	吕东辉
西岗区	吴旭正	许　昕
中山区	何守林	艾　军
沙河口区	单　义	于　强
甘井子区	徐克军	魏艾军
旅顺口区	夏翠萍	韩科军
金州区	石善刚	贾明琨
瓦房店市	于建秋	关继川

地　区	综治委主任	综治办主任
普兰店市	袁时祯	王继晓
庄河市	何　彤	赵旭奎
长海县	于景波	王忠义
开发区	张秀廷	姜庆志
营口市	刘文举	庄桂兰
站前区	李松立	白亚杰
西市区	张立权	王　军
老边区	李乃才	刘玉平
大石桥市	彭　尹	胡远哲
盖州市	夏天成	王　平
开发区	曾凡忱	任怀军
盘锦市	齐继慧	王永伟
兴隆台区	王若民	王　罡
双台子区	张国军	李海军
大洼县	孙　宇	徐东生
盘山县	杨　昕	刘亚明
锦州市	杨玖英	李尚杰
太和区	郑增镇	王　军
古塔区	孙向利	张国华
凌河区	李保山	朱占锋
凌海市	黄岱军	刘东宁
北镇市	李高顶	王文洋
黑山县	马仕林	郭　平
义　县	李清风	李晓光
开发区	李抚顺	苗雅丽
高新区	刘大义	鲍永清
葫芦岛市	闫　生	仲建国
龙港区	付海忠	赵　博
连山区	李长荣	刘世富
南票区	王兴华	杨　懿
兴城市	马华生	赵友谊
绥中县	刘双立	张文昌
建昌县	苏英生	于　昌
沈阳铁路局	张恩礼	杜承祺
辽河石油公司	黄　刚	汪忠德

（撰稿人：徐镇韬
审稿人：赵建伟　季勤）

吉　林　省

2008 年社会治安综合治理工作概况

2008 年,吉林省各级党委、政府及综治部门切实加强社会治安综合治理,深入推进平安吉林建设,实现了创新发展。全省没有发生在全国有重大影响的刑事案件、暴力恐怖事件、群体性冲突事件、公共安全事件以及危害国家安全事件。杀人、放火、爆炸、劫持、伤害、强奸、绑架、抢劫等八类严重刑事案件均有所下降,命案发案率下降 18.1%。火灾、交通、安全生产事故死亡人数同比分别下降 87.5%、13.3% 和 30.3%。群体访数量同比下降 51.9%。特别是保证了奥运火炬在吉林省的安全传递,实现了“大事不出,小事也不出”的目标。据国家统计局抽样调查显示,2008 年,吉林省群众安全感满意率达到 93.1%,比 2007 年上升 0.7 个百分点;群众对社会治安状况满意率达到 96.4%,比 2007 年提升 1.2 个百分点。

一、加强领导,落实责任

省委、省政府主要领导和有关领导同志高度重视和关心社会治安综合治理及平安吉林建设工作。1 月 23 日,省委书记王珉在全省政法工作会议上强调,要按照“打防结合、预防为主,专群结合、依靠群众”的方针,继续深入开展平安吉林建设活动,着力解决社会治安中的热点难点问题,不断增强人民群众的安全感。7 月 11 日,省委、省政府召开全省建设平安吉林活动总结表彰电视电话会议,省委书记王珉做重要讲话,省长韩长赋主持会议,省委、省人大、省政府、省政协、省纪委领导同志出席会议,各市(州)、县(市、区)党委、政府主要负责同志参加会议。会议对三年平安吉林建设进行了总结,表彰了平安县(市、区)和平安吉林建设先进集体和先进个人,对深入开展平安吉林建设进行了全面部署。10 月 23 日和 27 日,省委书记王珉、省长韩长赋分别就平安吉林建设问题做出重要批示,要求认真总结三年平安吉林建设成果,坚持以科学发展观为指导,重点抓好预防和打击犯罪、矛盾纠纷排查化解、完善社会服务管理、加强基层基础建设等各项工作,进一步加大工作力度,包括必要的投入,建立长效机制,推动平安吉林建设深入开展。省委书记王珉还与各市(州)党委主要负责同志签订了综治、维稳、平安创建工作责任状。省委常委、政法委书记、省综治委主任李申学、副省长金振吉等领导同志也多次就社会治安综合治理及平安吉林建设工作召开专题会议、进行专题调研或做出批示,提出明确要求。今年,省委、省政府领导先后 15 次就社会治安综合治理及平安吉林建设工作做出批示。11 月 28 日,省十一届人大七次会议审议通过了《吉林省社会治安综合治理条例》,自 2009 年 1 月 1 日起施行。各地认真落实省委、省政府的要求,层层签订综治、维稳、平安创建工作责任状,把社会治安综合治理及平安吉林建设纳入经济社会发展总体规划。

二、突出重点,强化措施

(一)严密防范、严厉打击各种违法犯罪活动。坚持严打方针不动摇,在深入开展“打盗抢追逃犯”、打黑除恶、命案攻坚、治爆缉枪、打击破坏“三电”设施等专项行动的同时,大力开展了以奥运安保为主题的治安、交通、消防、边防百日攻坚战、恐怖源排查、涉外安保会战、重信重访百日攻坚战和治安整治百日攻坚战等一系列专项行动。全省共打掉涉黑涉恶团伙 331 个,破案 2819 起,抓获犯罪嫌疑人 2410 人。开展重点治乱等专项斗争,对排查出的治安突出问题进行梳理,确定治安重点区域和部位,有针对性地进行治理整顿,依法严厉打击经济领域犯罪。各地普遍加大治安防控体系建设力度,积极探索治安防范社会化、市场化、职业化的新路子。8月19日,省委、省政府召开了全省城市报警与监控系统建设工作电视电话会议,明确提出到2010年全省城市电子监控探头要达到10万个。长春市加大治安防控体系建设投入,全市257个社区都配备了综治警务巡逻车,已安装电子监控探头16800个,实现了对全市主要街路、人员密集场所、治安复杂地段、金融网点的全天候覆盖,提高了科技防控水平。白山市投入2735万元,完成了市、县(市、区)报警系统"三台合一"和市区道路交通重点路段的电子监控,安装432个公共监控点和市区650个监控点,初步形成了点、线、面相结合的防控网络。延边州巩固完善了以边防派出所为平台,以专兼职治安员队伍为基础,以报警联网系统为依托的"边境110"防控模式,实施了"民族文化安全屏障建设",维护了边境地区民族团结和社会稳定。目前,全省城区有公益性岗位专职治安员队伍576支,专职治安员22383名,农村专职治安员7596名,义务治安联防队11592支,联防队员115256名,共修建各种永久性治安岗亭2397个。

(二)深入开展矛盾纠纷预防和排查化解工作。按照中央综治办部署,深入开展了"两个排查"活动,全面掌握并及时解决了一些带有倾向性、苗头性的矛盾纠纷和突出治安问题。省委办公厅、省政府办公厅印发了《关于学习推广辽宁省海城市处理矛盾纠纷"4+1"工作经验的意见》,5月14日,省综治委在通化市召开了全省预防化解矛盾纠纷、推动社会治安综合治理工作会议,要求在全省推广"N+1"矛盾纠纷排查调处工作模式。各地依托综治工作中心,搭建排查化解矛盾纠纷工作平台,建立人民调解、行政调解、司法调解相结合的"三调联动"机制,排查、预防和化解了大量矛盾纠纷。据统计,全省共排查化解矛盾纠纷49000多起,预防化解群体性事件579批次。省综治委与省军区政治部联合下发文件,总结推广了长岭县人武部组织民兵参与矛盾纠纷预防和排查化解及平安吉林建设的经验,壮大了矛盾纠纷预防和排查化解工作力量。通化市依托综治工作中心,健全了三级"N+1"网络,探索建立了纵向到底、横向到边的县、乡、村(社区)"三位一体"的矛盾纠纷排查调处工作机制,基本做到了"小事不出村,大事不出乡,重大事件不出县"。全市村(社区)综治工作分中心化解各类矛盾纠纷8860起,乡镇综治工作中心受理各类矛盾纠纷4577起,调解率100%,调解成功率达95%以上,有79个、82%的乡镇未发生越级访,97%的乡(镇、街)未发生民转刑案件。辽源市把36个重大矛盾纠纷排查化解责任落实到县(区)及有关部门主要领导人头上,市委常委会又研究确定18位副市级以上领导对这些重大矛盾纠纷化解工作分线包保,加大了问题解决的力度。省煤炭工业局建立"三位一体"调解责任体系,即,局机关和各直属企事业单位的党委、行政、工会和信访保卫部共同做好调解工作,形成了一级抓一级,一级对一级负责的调解工作责任机制。长春市双阳区实行"联调联动"民调工作法,实现了"五降四高"的目标,即,刑事案件、治安案件、信访案件、群体性事件、民转刑案件大幅度下降;人民调解成功率、法院民事案件调解率、行政投诉案件调解率、社会治安满意率明显提高。磐石市建立了平安稳定风险评估机制,有效地预防和减少了各种矛盾纠纷的发生。

(三)全面加强社会治安综合治理基层基础建设。省综治办建立了省委、省政府主要领导和分管领导综治工作实绩档案及各种档案资料。调整完善了铁路护路联防工作小组等五个专门工作小组。加强了信息宣传报送工作,全年编发《建设平安吉林简报》38期,先后有12条信息被中央综治办《社会治安综合治理动态》刊发。加强社会治安综合治理基层组织建设,全省乡镇(街道、社区)全部建立了社会治安综合治理工作中心,配齐配强了专职综治干部,不少地方在村(社区)建立了社会治安综合治理工作分中心。目前,全省有社会治安综合治理工作中心963个,专职人员1172人,平均每个乡镇(街道)1.3人。注重社会治安综合治理工作中心规范化建设,通化市二道江区各级社会治安综合治理工作中心硬件建设做到了"五有"和"五统一",即有专门办公用房(办公室)、有专(兼)职工作人员、有电脑、有电话、有档案柜;统一图版、统一门牌、统一桌牌、统一桌椅、统一挂牌。加强公安"三基"工程建设,提高了一线防范能力。全省建成社区和农村警务室2599个,基层民警5682人。白城市在财政困难的情况下,累计投入资金1000多万元,用于公安"三基"工程建设，其中，300万元用于行动技术"两化"建设，200万元用于科技强警建设，200万元用于警务信息平台建设，300万元用于购置GPS卫星定位系统、视频监控系统和350兆集群对讲系统。为基层所队配置警车119台、计算机1039台，筹资1000多万元新建了看守所。"三基"建设的加强，提升了治安防控能力，群众对社会治安满意率达到99.16%。各地、各部门还广泛开展平安社区、平安乡村、平安校园、平安家庭、平安企业等基层平安创建活动，积小平安为大平安。按照中央的有关要求，为切实加强流动人口服务和管理工作，省委办公厅和省政府办公厅转发了《吉林省社会治安综合治理委员会关于进一步加强流动人口服务和管理工作的实施意见》，进一步明确了各部门在流动人口服务和管理工作中的主要职责。

三、齐抓共管，形成合力

各综治成员单位及有关部门切实履行职责，在全省形成了综治及平安建设工作合力。省委宣传部、吉林日报社、省广播电视局与省综治办一起，组织开展了"白山松水奏平安"系列宣传活动，在《吉林日报》设立了"县（市、区）委书记话平安"专栏，在吉林电视台新闻联播节目中开设了"平安风采"栏目，扩大了社会治安综合治理及平安吉林建设的影响。省人大内司委积极做好法律监督工作，协调省综治办组织起草了《吉林省社会治安综合治理条例》（草案）。省公安厅积极组织开展严打整治斗争，保持了社会治安大局平稳，出色地完成了奥运火炬在我省传递等重点安保任务，确保了奥运期间等一些重要敏感时期的全省社会稳定。省检察院组织开展核查纠正监外执行罪犯脱管漏管专项行动，制定并落实了《吉林省监外执行罪犯交付执行、监督管理暂行规定》。省法院进一步完善执行工作机制，下功夫解决执行难问题，共立执行监督案件1444件，结案1070件。省司法厅切实发挥人民调解维护社会稳定第一道防线的作用，全年共调解纠纷25056件，调解成功24099件，调解成功率达到96.1%。全省监狱未发生罪犯脱逃和其他重大监管事故。省安全生产监督管理局以治大隐患、防大事故为目标，以"隐患治理年"和"基层基础建设年"为主线，不断深化重点行业和领域安全专项整治，实现了事故总量和死亡人数"双下降"。省工商局积极开展打击非法传销活动，查处传销案件69件，取缔窝点547个，遣散传销人员1.3万余人。省交通厅开展了平安交通创建活动，促进了车辆行驶安全和公路防护安全。省民政厅组织新建改建农村社区服务中心118个，为推进基层平安建设搭建了有效载体。省公安边防总队组织开展平安边境乡镇街创建工作，全省570个边境行政村有209个实现了零发案。省教育厅加强学校及周边治安综合治理及高校维护稳定工作，妥善处理了一些影响稳定的敏感问题。团省委开展了"12355"青少年维权岗、青少年安全生产示范岗、志愿平安吉林建设行动等活动，组织和引导青少年投身于平安吉林建设。省妇联组织开展平安家庭创建活动，为建设平安吉林奠定了基础工程。

吉林省社会治安综合治理条例

（2008年11月28日吉林省第十一届人民代表大会常务委员会第七次会议通过）

第一条　为加强社会治安综合治理，维护社会治安秩序和社会稳定，促进和谐社会建设，保障改革和发展的顺利进行，根据《全国人民代表大会常务委员会关于加强社会治安综合治理的决定》和有关法律、法规，结合本省实际，制定本条例。

第二条 本条例适用于本省行政区域内的机关、团体、企业、事业单位以及其他组织和公民。

第三条 社会治安综合治理是全社会的共同任务，应当动员和组织全社会各方面力量，齐抓共管，运用政治、法律、行政、经济、文化、教育等多种手段，做好打击、防范、教育、管理、建设、改造等方面的工作，维护社会治安秩序，保障社会和谐稳定。

第四条 社会治安综合治理的方针和原则是，坚持打击与预防并举、以预防为主，治标和治本兼顾、重在治本，专门机关工作与群众路线相结合、依靠群众，实行谁主管谁负责和属地管理。

第五条 社会治安综合治理的主要任务是：

（一）依法打击各种违法犯罪活动，严惩严重危害社会治安的刑事犯罪人员；

（二）排查、调解矛盾纠纷，消除不安定因素；

（三）加强对流动人口的服务和管理，引导人口有序流动，保护流动人口合法权益；

（四）加强基层基础建设，健全和完善社会治安防控体系；

（五）加强对公民特别是青少年的法制、道德和行为规范教育；

（六）教育、改造和挽救违法犯罪人员，做好刑满释放、解除劳动教养人员的帮教和就业工作，预防和减少重新违法犯罪；

（七）动员和组织机关、团体、企业、事业单位及其他组织和公民参与社会治安综合治理，开展群防群治活动；

（八）深入开展平安创建活动，落实维护社会稳定的各项措施；

（九）其他社会治安综合治理任务。

第六条 社会治安综合治理工作由各级人民政府统一组织、协调实施。

县级以上人民政府应当将社会治安综合治理工作纳入本行政区域国民经济和社会发展总体规划，列入各部门绩效考评内容。

第七条 省、市（州）、县（市、区）、乡（镇）、街道办事处社会治安综合治理委员会负责组织、指导、协调、检查和督促本辖区的社会治安综合治理工作。

社会治安综合治理委员会的办事机构负责日常工作。

第八条 人民法院应当依法公正审判，完善审判监督制约机制，及时审理各种案件，做好未成年人犯罪的审判工作，规范执行工作；加强对人民调解委员会工作的指导，积极化解矛盾纠纷；结合办案提出司法建议，促进有关部门加强管理，消除治安隐患。

第九条 人民检察院必须依法履行法律监督职能，维护司法公正；依法批捕、起诉；依法查处国家机关工作人员及其他人员的违法犯罪行为；及时受理控告、申诉和处理来信来访工作；配合有关部门做好未成年人犯罪的改造、教育、感化和挽救工作；结合办案提出检察建议，推动有关部门加强治安防范工作。

第十条 公安部门应当依法预防、制止和打击违法犯罪活动。加强治安防范，特别加强对公共场所、特种行业及暂住人口的治安服务和管理；针对突出的治安问题或者治安秩序混乱的地区、行业开展专项整治；加强道路交通安全和消防管理；积极预防和依法妥善处置危害社会治安秩序的群体性事件及突发性事件；指导、检查社会治安群防群治工作；加强对基层治保委员会工作的指导。

第十一条 国家安全部门应当加强对公民维护国家安全意识和相关法律、法规的宣传教育，指导机关、团体、企事业单位开展国家安全人民防线建设工作，依法打击危害国家安全的违法犯罪活动。

第十二条 司法行政部门应当加强法制宣传教育、法律服务和法律援助工作；指导基层人民调解委员会调解民间纠纷，加强对监狱服刑人员和劳动教养人员的教育、改造、挽救和管理；会同有关部门做好管制、缓刑、暂予监（所）外执行、假释以及被剥夺政治权利、并在社会上服刑人员的社区矫正工作和刑满释放、解除劳教人员的帮教、就业工作。

第十三条 人事、监察部门应当会同有关部门将社会治安综合治理工作纳入部门和领导干部绩效考评的内容，检查监督社会治安综合治理领导责任制的执行情况，完善并实施社会治安综合治理的奖惩制度。

人事、劳动和社会保障部门应当加强人力资源市场管理，及时调解和处理劳动争议，维护劳动者合法权益。劳动和社会保障部门应当组织指导有关方面做好城乡待业人员的职业培训，拓宽就业渠道，安置待业人员；为刑满释放、解除劳动教养人员的就业提供帮助；加强对农村劳动力进城务工的统一管理。

第十四条　民政部门应当加强对社区建设工作的督促和指导，将社会治安综合治理纳入社区建设内容；加强对城乡基层群众性自治组织建设和民间组织管理；做好救灾救济、社会救助、社会福利、优抚安置和流浪乞讨人员的救助等工作。

第十五条　信访部门应当组织、协调相关部门处理群众来信来访，排查化解社会矛盾和纠纷，协同有关部门妥善处理重大群体性上访事件，做好社会稳定工作。

第十六条　民族、宗教部门应当依法加强对民族、宗教事务的管理，宣传国家民族、宗教法规和政策，会同有关部门及时调处民族、宗教纷争，预防、制止和打击违法宗教活动，维护民族团结和宗教领域稳定。

第十七条　教育部门及各类学校应当加强对学生的法制、道德、纪律、安全教育，做好预防青少年违法犯罪的宣传教育工作；加强校园管理，配合有关部门维护学校及周边社会治安秩序。

第十八条　文化、广播电视、新闻出版、信息产业等部门应当加强社会治安综合治理的宣传教育；依法加强对文化市场、娱乐场所、互联网、广播电视传输设施和网吧的安全管理；会同有关部门依法查处制作、出版、销售、传播含有危害国家安全、暴力、淫秽、迷信等内容的读物、电子信息和音像制品等违法犯罪行为。

第十九条　工商行政管理、质量技术监督、税务及物价管理部门应当依法加强对市场的监督管理，维护市场秩序；会同有关部门依法查处和打击制售假冒伪劣商品、欺行霸市、强买强卖、不正当竞争、传销、偷税漏税、哄抬物价等违法活动。

第二十条　卫生、食品和药品监督管理部门应当加强对医疗和食品、药品市场的监督管理；做好传染病的预防监测和治疗工作；依法管理麻醉药品和精神药品的生产、销售和使用，查禁有毒有害食品、假劣药品和不符合标准的医疗卫生器械、医用卫生材料；组织做好吸毒人员的治疗、康复工作和性病、艾滋病的预防、检查、收治工作。

第二十一条　铁路、公路、水路、民航等交通运输管理部门应当加强运输安全管理，开展护路联防，协助有关部门打击抢劫、盗窃以及破坏交通运输设施、运输安全和利用交通工具进行违法犯罪的行为；配合有关部门维护和整顿车站、码头、机场的治安秩序；做好易燃、易爆、剧毒等违禁和管制物品的查堵工作。

第二十二条　供水、供电、燃油、燃气等管理部门应当加强对设施的安全管护工作，严密防范措施，协同有关部门打击危害公共安全等违法犯罪行为。

第二十三条　金融管理部门应当加强对金融机构安全防范工作的检查、监督和指导，严格内部安全管理，加强营业网点、金库、运钞、计算机、银行卡、联行密押、重要凭证、有价证券等安全防范；会同有关部门监督、检查、指导金融机构营业场所、金库、运钞车安全防护设施的配置建设；协助有关部门依法打击金融诈骗、洗钱、非法集资等各种侵害金融安全的犯罪行为。

第二十四条　安全生产监督部门及其他职能部门应当加强安全生产监督管理，落实安全生产措施，会同有关部门及时查处生产安全事故责任单位及责任人，预防和减少生产安全事故。

第二十五条　国土资源、建设、农业、林业、水利、人口与计划生育、环境保护等职能部门应当严格依法行政、依法管理，及时处理各种矛盾和纠纷。

第二十六条　旅游管理部门应当会同有关部门加强对旅游服务机构、场所、设施的管理，落实治安责任制，防止发生危害公共安全和治安秩序等违法犯罪活动。

第二十七条　海关及出入境管理部门应当加强对进出境人员、运输工具、货物、物品的监督管理，依法打击走私及其他违法犯罪行为。

第二十八条　工会、共青团、妇联应当依法维护职工、青少年、妇女的合法权益，协助有关部门调查处理纠纷，预防和制止家庭暴力及有关违法犯罪行为。

第二十九条　社区居民委员会和村民委员会应当宣传法律、法规，对居民、村民进行思想道德教育和法制宣传教育；建立健全治安保卫组织和人民调解组织，做好治安防范、民间纠纷排查调解和基层安全创建工作；协助有关部门做好流动人口和出租房屋的治安管理工作，协助有关部门查处各类案件，组织居民、村民参加各种形式的群防群治活动；配合有关部门做好社区矫正工作和刑满释放、解除劳教人员的帮教、就业工作。

第三十条 各机关、团体、企业、事业单位和其他组织应当做好内部的安全防范和矛盾纠纷化解工作。

第三十一条 物业管理、保安服务等社会服务机构应当依法履行安全管理和服务职责，做好责任区域的安全防范工作。

第三十二条 公民应当参与社会治安综合治理工作，加强自身安全防范，自觉遵守国家法律和社会公德，维护社会治安秩序。

第三十三条 各级人民政府应当从人力、物力、财力上对社会治安综合治理工作予以支持和保障，将社会治安综合治理工作经费列入财政预算，专款专用，并根据经济发展和财政收入增长适当增加投入。

各机关、团体、企业、事业单位和其他组织应当安排必要经费用于开展社会治安综合治理工作。

第三十四条 社会治安综合治理实行目标管理责任制和领导责任制。具体办法由省社会治安综合治理委员会制定。

第三十五条 人民政府或者社会治安综合治理委员会应当对在社会治安综合治理工作中做出显著成绩的单位和个人，给予表彰、奖励。

第三十六条 违反本条例规定，不履行或者怠于履行社会治安综合治理职责，造成治安秩序混乱，影响社会稳定的，由有关机关责令限期整改，逾期未整改的，予以通报批评。

发生严重危害社会治安秩序的群体性事件、重大治安案件或者重大安全事故，造成严重损失或者恶劣影响的，对主管人员和其他直接责任人员由有关机关依法追究行政责任；构成犯罪的，依法追究刑事责任。县级以上社会治安综合治理委员会有权对其评选综合性荣誉称号，主要领导、主管领导和治安责任人评先受奖、晋职晋级资格实行一票否决。

第三十七条 各机关、团体、企业、事业单位以及其他组织和个人在社会治安综合治理工作中弄虚作假、骗取荣誉的，由批准机关撤销荣誉称号，并追究直接负责的主管人员和其他直接责任人员的责任。

第三十八条 本条例自2009年1月1日起施行。1992年7月13日吉林省第七届人民代表大会常务委员会第二十九次会议通过的《关于吉林省社会治安综合治理若干规定》同时废止。

中共吉林省委 吉林省人民政府
关于表彰2007年度全省平安县(市、区)的决定

(2008年7月8日)

2007年，各级党委、政府坚持以邓小平理论和“三个代表”重要思想为指导，以科学发展观为统领，以构建和谐社会为目标，坚持“打防结合、预防为主，专群结合、依靠群众”的方针，狠抓社会治安综合治理工作各项措施在基层的落实，着力预防和化解矛盾纠纷，大力加强社会治安防控体系建设，建立健全安全生产和公共安全预防处理机制，注重解决人民群众反映强烈的突出问题，人民群众的安全感明显增强，较好地维护了全省的社会稳定，为全省经济社会更好更快发展营造了良好的社会环境。同时，涌现出一批平安县(市、区)的先进典型。

为了表彰先进，鼓舞士气，激发干劲，进一步调动各地、各部门深入开展平安吉林创建活动的

积极性，省委、省政府决定对在2007年度建设平安吉林活动中取得优异成绩的县（市、区）进行表彰，授予长春市南关区、长春市二道区、吉林市丰满区、吉林市船营区、舒兰市、和龙市、图们市、伊通满族自治县、通化市二道江区、通化市东昌区、梅河口市、通榆县、洮南市、辽源市龙山区、松原市宁江区、前郭尔罗斯蒙古族自治县、白山市八道江区、临江市18个县（市、区）为"2007年度吉林省平安县（市、区）称号"，各颁发奖牌和奖金5万元。希望受到表彰的平安县（市、区）要发扬成绩，再接再厉，在深入开展平安吉林创建工作中再创佳绩。

省委、省政府号召，全省各地、各有关部门要以受到表彰的平安县（市、区）为榜样，认真贯彻落实党的十七大和省委九届五次全会精神，牢固树立和落实科学发展观，进一步加强领导，狠抓落实，大力加强基层基础工作，充分调动社会各方面力量，扎实深入开展平安吉林建设活动，为构建和谐吉林和全面建设小康社会做出新的更大的贡献。

吉林省社会治安综合治理委员会
吉林省军区政治部
关于学习推广长岭县人民武装部
组织民兵积极预防化解矛盾纠纷
维护农村社会稳定工作经验的通知

（2008年7月16日）

各市（州）、县（市、区）综治委，长白山管委会党群部，各军分区、县（市、区）人民武装部：

2002年以来，长岭县人民武装部积极响应省委、省政府和省军区的号召，全面贯彻落实科学发展观，围绕构建社会主义和谐社会，坚持不懈地组织民兵参与当地社会治安综合治理、预防化解矛盾纠纷，做了大量卓有成效的工作，为建设平安吉林，维护农村社会稳定做出了突出贡献，受到人民群众的好评和上级的充分肯定。长岭县人民武装部连续六年被省军区评为"先进人武部"，被中宣部、司法部和解放军四总部评为"全国（全军）'四五'普法先进单位"，被吉林省建设平安吉林活动领导小组命名为"全省建设平安吉林活动先进单位。"在5月14日召开的全省预防化解矛盾纠纷、推动社会治安综合治理工作会议上，长岭县人民武装部介绍了经验。

当前，正处于人民内部矛盾凸显、刑事犯罪高发、对敌斗争复杂、社会管理探索时期，预防和化解矛盾纠纷，维护农村社会稳定，是一项长期而艰巨的任务。在这样的背景下，长岭县人民武装部的经验具有很重要的典型意义。省社会治安综合治理委员会和省军区政治部要求各级综治委、各军分区、人民武装部，要深入贯彻党的十七大、省委九届五次全会、省委书记王珉在全省建设平安吉林活动总结表彰电视电话会议上的重要讲话精神，认真学习推广长岭县人民武装部经验，紧密联系实际，组织广大民兵积极参与社会治安综合治理，预防化解矛盾纠纷，维护农村社会稳定。

一要统一思想，摆上日程。全省目前有民兵50多万人，广大民兵遍布在城乡村屯，生活在千家万户，对开展社会治安综合治理、预防化解矛盾纠纷、维护农村社会稳定具有独特优势。各级综治委、各军分区、人民武装部要充分发挥民兵的这种独特优势，把组织民兵参与社会治安综合治理、预防化解矛盾纠纷工作摆上重要日程，认真研究，精心部署，使民兵成为维护农村社会稳定的一支重要力量。

二要加强协调，密切配合。开展平安建设，维护社会稳定是军地双方的共同责任。各地军分区、人民武装部要在当地党委、政府的统一领导下，有计划、有步骤地组织民兵开展法律学习宣传、化解矛盾纠纷和治安联防等活动。各级综治委要加强与军分区、人民武装部的联系，指导民兵参与社会治安综合治理、预防化解矛盾纠纷工作。通过军地双方的共同努力，实现政治、军事、社会效益最大化。

三要扎实推进，力求实效。各级综治委、各军分区、人民武装部要注意从实际出发，选择具有本地特点的方式，与“N+1”模式紧密结合，认真开展各项工作。省综治委将把各地组织民兵开展社会治安综合治理、预防化解矛盾纠纷、维护农村社会稳定的情况，作为年度综治及平安创建考评的一项重点内容，加强督导检查，促进工作落实。适当时机，省综治委、省军区政治部将联合召开经验交流会，对先进典型进行总结表彰。

附件：长岭县人民武装部积极做好化解矛盾纠纷工作　努力促进社会平安和谐的经验

附件：

积极做好化解矛盾纠纷工作
努力促进社会平安和谐

长岭县人民武装部

我们长岭县人武部在县委、县政府的正确领导下，在县委政法委、县综治委的指导下，注重发挥优势，履行职能，坚持不懈地积极组织民兵参与社会治安综合治理工作，为打造平安长岭、促进地方经济发展发挥了较好作用，有力地促进武装部的全面建设，实现了政治、军事、社会效益最大化。人武部连续六年被省军区评为“先进人武部”；被中宣部、司法部和解放军四总部评为“全国（全军）‘四五’普法先进单位”；被松原市委、市政府评为“社会治安综合治理先进集体”。

一、提高思想认识，增强做好社会矛盾纠纷排查调处工作的责任感

随着改革开放和市场经济的深入发展，我们地方武装工作曾一度陷入民兵政治教育难开展、军事训练难落实和兵员征集任务难完成的困境。为找到创新武装工作的突破口和切入点，2002 年年底，我们分成三个组，深入到全县 22 个乡镇、230 个行政村、960 户民兵家庭，开展了为期一个月的大调查、大走访工作。通过调查发现，有 322 人不知道自己是民兵，占 34%，有 786 人对教育和训练不感兴趣，占 82%。调查出 724 个问题，主要是民兵组织涣散、个体素质不高、国防观念淡化、社会责任感不强，最突出的是民兵违法犯罪率比较高。由于民兵处在 18—35 这个年龄段，处于青壮年时期，容易冲动，是违法犯罪的高发群体之一。通过调查发现，近年发生的 1211 起刑事案件，有 982 起是民兵这个年龄段的人所为，占 81%；2316 起民事案件，民兵家庭涉案就达 1112 起，占 48%。在 1211 起刑事案件中，有 965 起是因为一垄地、几棵苗、一只鸡等矛盾纠纷没有得到及时化解而引发“民转刑”。这些案件的共同特点是：起因是一些鸡毛蒜皮的小事，如果有人从中调解撮合一下，许多人就会健康地活着，许多家庭就会过上幸福生活，许多人就会和谐地相处，因一块钱杀人、一句话灭全家的惨剧就不会发生。太平山镇三教寺村民兵李某和本村陈某之妻王某有暧昧关系，李某逼迫王某与丈夫离婚，王某不从，他扬言要灭其全家，但谁也没把此话当回事，于是，李某深夜潜入陈家，将毫无防范的陈某夫妇及两位老人、三个孩子全部砍死，酿成震惊全省的惨案。这些触目惊心的案件，引起了我们武装部党委一班人的思考：民兵法律意识的淡化，是制约武装工作深入开展和影响社会稳定的关键所在。全县63万人口中，民兵就有6万人，占全县人口的10%左右。如果把这一部分人的法制观念提高了，依法办事了，就会大大地消除社会不稳定因素。况且民兵遍布在乡镇村屯，生活在千家万户，人熟情况熟，如果能发挥好作用，就能成为社会矛盾纠纷排查调处的主力军。强烈的责任感驱使我们要在这方面做些力所能及的工作。我们认为，组织民兵开展社会矛盾纠纷排查调处工作，同地方党委平安建设是紧密相联的，同综治部门的工作要求是一致的，是践行科学发展观和"顾全大局、服务中心"的客观要求，是落实"从严治军、依法治军"的主要内容，是部队回报社会的重要举措。通过这项工作，既能提高民兵队伍的凝聚力和战斗力，又能维护社会稳定，促进经济发展。

二、打牢法律基础，提高民兵做好社会矛盾纠纷排查调处工作的能力和水平

做好社会矛盾纠纷排查调处工作，普法是基础。只有调解人的法律素质提高了，才能有效调处矛盾纠纷。因此，我们开展了以普法为主要内容的"万名民兵素质提高工程"。

一是加强教育，科学确定普法内容。我们把法制教育列入了年度民兵思想政治教育计划，围绕问题确定教育内容。围绕解决征兵难的问题，把宣传《国防法》、《兵役法》作为普法教育的重要内容；围绕解决民兵凝聚力不强、活力不够的问题，重点开展了《国防教育法》、《民兵工作条例》的宣传；按照省、市、县关于平安建设的要求，重点开展了《刑法》、《刑事诉讼法》、《民法》、《婚姻法》等宣传。按照计划规定的教育内容，编写了深入浅出、通俗易懂、系统规范的《法律知识100问》和《民兵常见涉法问题解答》、《外出务工30个怎么办》三本书，作为普法的辅助教材，印制24000册发到民兵手中。县委政法委协调县人武部、公、检、法、司等相关部门，搜集调处工作的法规常识和政策规定，组织编写了《矛盾纠纷调处实用手册》，作为开展调处工作的依据。

二是搞好培训，培养一批法律明白人。我们制定了《民兵普法活动实施方案》，建立了民兵法律学习制度，实行"三级"培训，即人武部培训专武干部和民兵法律骨干；专武干部培训民兵连长和基干民兵；民兵连长和基干民兵培训普通民兵。以1带3、3带9的裂变形式向外辐射，使更多人受到教育。几年来，我们以民兵训练基地为依托，利用农闲、民兵训练和征兵等时机，同县委政法委、县司法局共同举办了13期民兵法律知识培训班，培训民兵法律骨干4807人，其中3684人获得了县人武部、政法委和司法局共同颁发的"民兵法律知识学习合格证"。这些法律明白人活跃在基层，为宣传法律、化解矛盾纠纷发挥了积极作用。

三是开展活动，扩大普法工作的覆盖面。我们开展了"国防教育入村屯、法律服务进万家"活动，深入农家小院、田间地头宣讲法律，对重点户实施重点帮教，到全县各乡镇开展巡回法律知识讲座48场，到各乡镇集市散发传单和普法读物10万多份。2004年9月，我们与省劳教局协调，由九台劳教所3名劳教人员为永久镇的民兵和群众举行了一场"现身说法报告会"，劳教人员声泪俱下的忏悔，使民兵和群众认识到了学法、守法的重要性。我们还用当地近年来发生的十余起交通事故案例图片，制作宣传板11块，展放在事故多发地带、集贸市场、交叉路口等处，受到了当地群众和过往车辆司机的好评。我们组织全县民兵在各村屯的墙头、公路旁、农贸集市等处刷写普法标语1300余处，举办"民兵学法用法书画展览"、开展"普法万人签名"等活动，提高了群众的参与度。为专武干部和民兵普法骨干制作"法律服务名片"10万多张，发到各乡镇村屯，既强化了普法骨干的责任意识，也为群众寻求法律援助提供了方便。

三、抓住关键环节，在社会矛盾纠纷排查调处工作中发挥作用

近年来，社会矛盾纠纷呈现出主体多元化、关系复杂化、矛盾深度化、纠纷易转化等特点。据统计，长岭县每年发生命案在20起左右，其中，"民转刑"案件占82%，为此，我们在矛盾纠纷调处中采取多项措施，确保调处工作落到实处。

一是构建调处网络。我们在县人武部设立了矛盾纠纷调处中心，负责全县民兵调处网络的组织指挥和领导，接待处理民兵群众的法律咨询。乡镇建立了综治维稳工作站，负责本乡镇民兵群众矛盾纠纷的排查调处工作。村屯设立了综治维稳信息调处点,负责学法用法的辅导信息反馈、一般矛盾纠纷的调解,努力将问题消灭在萌芽、化解在基层,解决了信息不灵的问题,形成了民兵调处网络。同时,确定了四项工作制度:(1)议事制度。每季度由县调处中心召集一次工作人员会议,各乡镇汇报前段工作开展情况,研究遇到的新情况、新问题,部署下步工作;(2)例会制度。调处中心每月召开一次例会,分析案例,总结经验,制定相应的工作预案;(3)通报制度。每周编辑一期简报,对基层工作开展情况进行通报,激励先进,督促后进;(4)考核制度。将矛盾纠纷调处工作纳入专武干部、民兵连长目标责任制,每半年进行一次考核,将考核结果通报给县委组织部,与晋职晋级挂钩,年底兑现。

二是强化责任落实。加强与各级综治部门的配合,建立了"组织联合、矛盾联防、纠纷联调、问题联解、信息联通"的工作机制。建立矛盾纠纷调处小组,把那些政策法律水平高、群众威信好、责任心强、有一定处理问题能力的基干民兵选配到调处小组中,实行一兵包一户、一班包一社、一排包一屯、一连包一村的包保责任制。每月组织民兵干部会同综治工作中心的同志,共同开展一次矛盾纠纷排查活动。通过排查,抓早抓小,能化解的就地化解,一时解决不了的及时上报。在排查中,民兵干部深入到群众中,认真了解、登记每一件纠纷,特别是对一些多年积压、群众关心的热点、难点问题,一一排查清楚,小矛盾一个不漏,大矛盾一个不放,对各类矛盾和纠纷做到底数清、情况明,并对排查出的矛盾和纠纷制定工作方案,确定包保责任人,做到了"小事不出村、大事不出镇、矛盾不上交、纠纷不激化"。

三是创建"五员"队伍。(1)宣传员。民兵在日常生活中向广大人民群众宣传党的路线、方针、政策和国家的法律法令;利用民兵之家、黑板报、宣传栏等阵地宣传现行的法律法规。(2)调解员。民兵调解员是防止矛盾激化的第一道防线。前七号镇大四号村村民王金良,与邻居因界墙问题产生纠纷,两家人互相扬言要给对方好看,矛盾纠纷随时有激化的可能。民兵调解员王忠了解情况后,主动上门做工作,双方都说这事用不着你管,王忠通过动员双方的亲戚朋友,将两家男主人拉到一个餐桌上,通过推心置腹地交谈,两家将多年的恩怨一笔勾销,互相承认了错误,彼此消除了隔阂。(3)信息员。及时向民兵组织和综治部门通报治安情况。2006年,长岭县修环城公路,由于拉拉街村的村民误信传言,说村上截留了占地补偿款,村民们非常气愤,他们秘密串联,准备了横幅,誓死要集体进省上访。民兵连长刘国民发现后,苦口婆心地进行劝阻,但群众就是不听,刘国民及时将情况向镇武装部长牟忱汇报,牟忱及时赶到现场,经过两个多小时的努力,向群众进行了详细地解释说明,已上了四轮车的群众信服地从车上走了下来,使事态得到了平息。(4)帮教员。对刑释解教人员、后进和有轻微犯罪行为的青少年开展"一帮一"、"多帮一"活动。对服刑人员,在他们服刑期间同他们建立并保持书信联系,教育他们安心服刑,出狱后帮助他们消除负面影响,克服自卑心理,振作精神,鼓起生活勇气,重新做人。(5)战斗员。发扬民兵顽强勇敢的战斗精神,制止破坏社会和谐的行为。2007年5月,大兴镇光荣村进行村委会换届选举。为了当上村主任,拉到更多的选票,赵、张两个家族暗地里进行较量,非要争个高低不可。在投票站,双方发生了争吵,冲突迅速升级,两个家族的人拿着棍棒、铁锹混战起来,眼看一场流血冲突在所难免。危急时刻,镇武装部长代全率民兵治安巡逻队赶到,并分别做双方的工作,最终驱散了人群,并协助派出所对主要涉案人员进行了处理。

几年来,我们组建民兵治安巡逻队246个,建民兵治安岗亭210个,民兵矛盾纠纷排查调处小组共发现各类矛盾5832起,解决经济纠纷189起,土地纠纷114起,家庭纠纷357起,邻里纠纷278起,防止和制止群体性上访事件18起,有力地维护了长岭县的社会和谐稳定。近年来,长岭县刑事案件、民事案件和治安案件平均每年都下降6个百分点。2006年,长岭县被省委、省政府评为首批"平安县"。

吉林省社会治安综合治理委员会办公室 吉林省发展和改革委员会 吉林省经济委员会　吉林省公安厅 吉林省财政厅　吉林省建设厅 吉林省交通厅　吉林省信息产业厅 吉林省质量技术监督局　吉林省通信管理局 关于推进全省城市报警与监控系统建设的意见

（2008年8月14日）

各市、州、县（市、区）政府：

为提高城市管理科技水平，提升社会治安防控体系科技含量，增强公共安全管理能力，推进“平安吉林”、“和谐吉林”建设，根据《关于进一步加强社会治安综合治理的意见》（中发［2001］14号）、《中共中央办公厅、国务院办公厅关于转发〈中央社会治安综合治理委员会关于加强社会治安防范工作的意见〉的通知》（中办通字［2002］26号）有关要求，经省政府同意，现就推进全省城市报警与监控系统建设提出以下意见：

一、总体要求和任务目标

总体要求：以科学发展观为统领，贯彻落实中央和省委、省政府关于加强社会治安防控体系建设的总体要求，坚持政府领导、综治协调、部门配合、公安负责的原则，充分调动社会各方面力量，大力推进城市报警与监控系统建设，增强驾驭社会治安大局和城市公共安全管理能力，提高服务群众、服务民生的水平。

任务目标：利用两年左右时间，通过新建、整合、吸纳、改造、升级等方式，在全省统一建设一个覆盖党政机关和企事业单位重点部位、主要交通要道、居民住宅小区、治安复杂场所以及特种车、出租车等重点目标，集信息采集、传输、控制、显示、存储、处理功能为一体，互联、互通、互控、信息资源共享的城市报警与监控系统，实现公安机关监控中心对各类目标的实时视频监控、及时报警处置、信息综合利用，有效提高打、防、管、控和处置各类突发事件、服务群众的能力。

二、建设范围

在下列涉及国家安全、国计民生、社会公共安全的场所和部位，安装报警与监控设施，并与公安机关联网，接受公安机关的管理和监督：

（一）党政首脑机关及其重要部门，国有企事业单位涉及国家秘密的场所或部位；

（二）广播、电视、电信、邮政、供水、发电、供电、供油（气）、供热及计算机网络信息中心等要害部位；

（三）货币、票据、有价证券、金银珠宝、档案、武器弹药以及有毒有害、易燃易爆等贵重、危险物品的制造、集中存放场所及专门运输车辆；

（四）国家或省级统一考试的命题及试卷印刷、存放场所，国家重点文物保护单位和博物馆、纪念馆、展览馆、档案馆的重要部位；

（五）治安卡点，高速公路、交通要道、城市轻轨的重要路段、路口、隧道、桥梁，城市河湖的重要部位；

（六）机场、火车站、汽车站、货运站等交通枢纽重要部位；

（七）治安复杂地段，大型商场、体育场馆、广场、公园、公共娱乐场所、大型活动场所等人员密集的公共区域，旅馆、网吧、商务楼、新建居民小区和其他公众聚集场所；

（八）其他法律、法规规定应当采取技术防范措施的单位和部门。

三、建设原则和标准

（一）统一规划，合理布局。按照“整体规划、突出重点、循序渐进、全面覆盖”和“与防控需求相适应、与城市建设相配套、与群众需要相一致”的要求，联系实际，着眼长远，立足需求，细算成本，认真制定规划，合理布建监控点，科学确定监控密度。

（二）严格标准，规范建设。新建报警监控系统要按照公安部相关技术规范和省公安厅《全省城市报警与监控系统技术指南》建设，对已有系统进行有效利用和整合，确保科学、有序、快速推进，实现统一平台、互联互通、资源共享。

（三）边建边用，以用促建。要坚持一手抓建设，一手抓应用，充分发挥系统的综合功能和整体效益，提高打、防、管、控能力。各级公安机关要建立与城市报警监控系统相配套的值班备勤制度和动态巡防机制，通过设立政府公益岗位补充配备监控人员，确保城市报警与监控系统稳定、有序运行。

四、组织领导和保障措施

（一）坚持政府主导。各级政府要把城市报警与监控系统建设纳入社会治安综合治理目标管理体系，作为一项“政府工程”来抓，切实加强对城市报警与监控系统建设的领导。要建立专门工作班子，建立联席会议制度，定期召开会议，研究推进各项工作。要努力加大政府投入，保证应由政府投资的公共区域监控点所需建设、维护、网络使用等经费需要。要发动和引导全社会积极参与，保障各项建设任务落实。

（二）强化部门配合。各级政府要协调指导发改委、财政、建设、交通、经委、质量技术监督、通信管理、信息产业及其他相关部门，在工程建设、使用、维护中发挥职能作用，从政策、资金、施工、监督、服务等方面给予积极支持配合，确保各项工作顺利进行。公安机关要充分发挥主力军作用，在城市报警与监控系统建设、运行全过程，直接负责系统建设的宣传动员、规划设计、方案论证、组织实施、工程验收和指导、监督，负责系统的应用和运行管理。

（三）加强市场化运作。全省采用与吉林网通合作投资为主要模式开展建设。各地报警监控点前端的摄像机、探测器等设备，按照“谁主管、谁负责，谁投资、谁受益”的原则进行安装维护。属于社会公共区域监控点，应由各地政府投资建设和维护；属于社会各单位或者居民小区直接管理和使用的监控点，由使用人投资。系统网络基础设施和各级公安监控中心，由网通公司负责投资并按照统一的技术标准建设和维护，公安机关和社会各单位、居民小区以租赁的形式有偿使用。在系统建设中要注重成本核算，节约资金，避免浪费，追求效益最大化。

（四）加强检查督导。各级综治部门要加强对城市报警与监控系统建设的组织协调和推动落实。把城市报警与监控系统建设纳入社会治安综合治理目标管理责任考核体系，作为综治考评的一项重要内容，开展督导检查，推动各项建设责任和措施落实。

吉林市推行社会稳定风险评估
健全矛盾纠纷源头预防机制

为从源头上预防矛盾纠纷，降低社会治安和社会稳定风险，吉林市在全市推行了社会稳定风险预测评估制度，把社会稳定风险评估作为重大决策、重大政策、重大项目、重大改革措施等制订实施的前置程序和必备条件，变被动保稳定为主动创稳定，从源头上有效防范、控制和降低了社会稳定风险。通过推行风险评估，预防和妥善化解了蛟河市采煤沉陷区搬迁、磐石市新区改造、丰满区苏宁天润城占地拆迁等重大群体性事件隐患，保证了数十亿元项目投资的顺利实施。2008 年，全市受理群众来信来访同比分别下降 12.7% 和 2.7%，群体性事件同比下降 31%，特别是在奥运期间，实现了无非正常进京上访、无集体进京上访、无重大群体性事件的工作目标。两年多的实践证明，社会稳定风险评估机制从源头上预防和减少了不稳定因素的产生，促进了全市经济社会和谐稳定发展。

一、提高对风险评估重要性的认识

建立科学规范的重大事项社会稳定风险评估机制，从源头上预防矛盾纠纷，降低社会稳定风险，是落实科学发展观，实现社会矛盾由被动调处向主动化解转变、由事后处置向事前预防转变、由治标向治本转变的重要举措。2007 年，吉林市维护社会稳定工作在认真反思几年来经验教训的基础上，认真总结推广磐石市社会稳定风险评估经验，经市维护稳定工作领导小组决定，制定下发了《吉林市重大事项社会稳定风险评估制度实施办法》，将风险评估机制应用到关系群众切身利益的各项决策，要求在重大政策、重大改革措施和其他事关人民群众切身利益的办法出台之前，均要认真组织开展风险评估，尽可能增强决策的科学性，尽可能避免和减少因决策失误或时机不成熟而给社会稳定带来的冲击。从而实现了维稳工作指导思想、思维方式和思想方法上的一次质的飞跃。

二、科学界定风险评估范围

把维护绝大多数群众切身利益作为评估工作的出发点和落脚点，把能否得到绝大多数群众拥护作为衡量各项政策措施出台与否的基本标准，把人民群众是否满意作为检验各项工作成效的基本尺度。按照这个原则，市委、市政府确定，对事关广大人民群众切身利益的重大决策，关系较大范围群众切身利益调整的重大政策，涉及较多群众切身利益并被国家、省、市拟定为重点工程的重大项目，牵涉相当数量群众切身利益的重大改革措施等，在决策前都要经过社会稳定风险评估。不能使绝大多数群众受益的事情、不能得到绝大多数百姓支持的事情坚决终止决策。市委市政府要求，开展重大项目决策风险评估，从成立评估组织、开展民意调查到分析论证和提交评估报告都要充分体现民意，群众对拟出台政策的满意率必须达到 80% 以上才可施行。

三、明确风险评估内容

社会稳定风险评估内容包括“四个方面”，即对重大事项决策前的合法性、合理性、前提条件和社会治安四个方面进行评估。合法性，看其是否符合党的政策和法律、法规，所涉政策调整、利益调节的对象和范围是否界定准确，调整、调节的政策、法律依据是否充足；合理性，看其是否适应大多数群众的利益需求，是否得到大多数群众的理解和支持；前提条件，是否经过严格的审查报批程序和周密的可行性论证，时机是否成熟；社会治安，是否可能引发较大的不稳定事件，是否有相应的应急处置预案。

四、规范风险评估程序

社会稳定风险评估分“四个步骤”：第一步，开展自评。确定评估对象，全面掌握情况。要求对拟定的每个重大事项，都要通过收集相关文件资料、走访群众、问卷调查、民意测验、召开座谈会等方式掌握评估对象基本情况，为预测评估提供准确、可靠的第一手资料；第二步，分析预测，评估风险。要对事项实施后可能出现的不稳定因素，特别是可能引发的矛盾冲突所涉及的人员数量、范围作出准确预测，同时制定处置预案；第三步，在分析论证基础上，形成社会稳定风险评估报告，与决策建议、政策草案、项目报告、改革方案一并报送市委常委会或政府常务会审议；第四步，根据评估结论，作出实施、暂缓实施或暂不实施的决定，同时设置信息员，及时发现、化解项目实施过程中出现的问题。

五、落实风险评估责任

在风险评估工作中，各级维稳办充分发挥参谋助手、组织协调、督查指导等职能作用。市维稳办定期或不定期深入到评估单位检查工作，及时总结风险评估工作中的经验，当好党委、政府的参谋助手，为社会稳定风险评估工作出谋划策，并联合市委、市政府督查室适时对评估工作进行督查。按照《吉林市重大事项社会稳定风险评估制度实施办法》的规定，吉林市把维稳风险评估工作进行了科学细量化，纳入对各地、各部门和单位的工作目标考评当中。对应进行社会稳定风险评估而未组织或不认真执行稳定风险评估报告，失职渎职、弄虚作假而酿成重大稳定问题的，严格按照有关规定进行责任倒查，并追究责任单位及其主要领导、分管领导的责任。具体落实“四种责任”：一是检查述职，对发生影响群体性事件和辖区群众赴省以上集体上访等情况的，辖区或部门党政主要负责人要作专题述职及书面检查；二是“一票否决”，对发生重大群体性事件的，取消责任部门、乡镇主要领导当年评优、评先资格；三是组织处理，发生重大不稳定事件造成严重后果的，责任部门或单位的主要领导应引咎辞职；四是纪律处分，对构成违纪的，要按照有关规定给予党纪、政纪处分，对玩忽职守、涉嫌犯罪的，移送司法机关依法处理。

通化市强化综治中心建设　构建三级“N+1”网络
筑牢平安稳定“第一道防线”

按照“抓源头筑防线，强基层布网络，重长效促稳定”的工作思路，通化市依托综治工作中心为平台，进一步整合资源，健全三级“N+1”网络，布设三道防线，探索建立了纵向到底、横向到边的县、乡、村(社区)三位一体的矛盾纠纷排查调处工作机制，确保了“小事不出村，大事不出乡，重大事件不出县”，有效地预防和减少了民转刑案件，维护了全市的社会稳定。2008年以来，全市村(社区)综治工作分中心及时化解萌芽和初始状态的各类矛盾纠纷8860起；乡镇综治工作中心受理的各类矛盾纠纷4577起，成功调处化解了4385起，调解率100%，调解成功率96%；有79个、82%的乡镇未发生越级访；有93个、97%的乡(镇、街)未发生民转刑案件；50人以上群体访预警率达到100%，没有发生有影响的去省进京集体访事件。主要经验做法：

一、立足源头抓防线，强力推进综治工作中心建设

2004年下半年，从在通化县快大镇建立全市第一个综治工作中心，到2005年在7个县(市、区)分别确定1至2个乡(镇、街)典型引路，历经了三年的实践和探索。2007年6月，在集安市清河镇召开了依托综治工作中心排查调处农村矛盾纠纷现场会，全面推广了综治工作中心建设工作。随后又在二道江区抓了三级“N+1”网络联动联调工作试点。不断丰富内容，拓宽领域，扩大了辐射面和覆盖面，使横向有司法、信访、法院、公安、民政、土地、城建、林业、环保等职能部门参与，纵向深入到最基层农民(居民)家庭，形成了“党委、政府统一领导，综治委(办)牵头协调，以综治工作中心为平台，县乡(镇)村(社区)基层组织为主的三级纵向到底、涉事部门参加的N位一体横向到边、点线面有机衔接、条块良性互动”的矛盾纠纷排查调处网络化、多元化、社会化工作格局。“N”就是解决矛盾纠纷所涉及的若干部门，“1”就是发生矛盾纠纷的村(社区)或单位、当事人。“N+1”，就是有什么问题就解决什么问题，涉及到哪些部门就由哪些部门合力解决。通过建立和实行三级“N+1”网络体系，实现了维稳工作由单打独斗向协同作战、由面上调处向源头治本、由被动保稳定向主动抓稳定“三个转变”。

目前，全市7个县(市、区)96个乡镇街全部成立了综治工作中心，专职工作人员达605人；685个行政村(社区)成立了综治工作分中心，调解员、信息员8030人。

二、着眼长效抓规范，全力实现三级“N+1”网络的有机衔接

明确规范市、县、乡、村四级综治中心工作任务。村(社区)级综治分中心，主要是在第一时间解决土地、林权、家庭、邻里等发生在当地的各种矛盾纠纷，并负责收集和报告信息，保证把矛盾纠纷稳控在当地，稳控在初始和萌芽阶段；乡级综治中心，主要是调处化解村一级解决不了的以及村与村之间的边际纠纷；县级主要是解决群体上访、涉法涉诉访、上级交办的重大矛盾纠纷和乡一级调处不了或有争议的问题及乡与乡之间的边际纠纷；对特别复杂，县一级解决不了的问题及县与县之间的边际纠纷，由市级会同县里，组织相关部门重点攻坚。对于上一级已掌握并确认下一级能够调处的，由上一级下达书面通知给下一级调处。工作中，各级综治中心坚持抓早、抓小、抓苗头，广伸工作触角，实行排、调、治多策并举，最大化地发挥了效能。通化市理顺了 N 位一体的部门调处程序。对发生的矛盾纠纷，本着“积极、快捷、细致”的原则，做到立即受理，立即启动预案，立即进行调处。对需要事涉部门参加的，由当地综治中心组织协调，依照有关法律规定，从保障人权和“为民、爱民、利民”的角度出发，运用政策法律、经济补偿、教育疏导等方法，及时调处各类矛盾纠纷。在调处方式上，做到“三个结合”，即：联合调处与归口调处相结合，现场调处与庭式调处相结合，事前调处与事后调处相结合。通过建立层级独立调处和纵横联动工作机制，增强了工作的预见性、可防性、针对性和主动性，保证了一般矛盾化解不出村，大的矛盾不上访，重大矛盾不发生群体性事件。

三、强化基础抓保障，着力夯实维稳工作的根基

一是组织领导体系完善到位。市县乡三级都成立了由党委主管领导兼任组长、政府分管领导任第一副组长、综治办主任和司法、公安两长任副组长、各有关部门为成员的专门工作领导小组。二是基层力量资源整合到位。从当地文化程度较高、表达能力较强、有强烈责任心、德高望重的老干部、老教师、老职工和知名人士、优秀民调干部中选聘了 1100 多名兼任首席调解员，受综治工作中心的委托，直接主持调解重大、疑难矛盾纠纷。全市已有 3500 多名化解矛盾的“行家里手”成为百姓信服的“金牌”调解员。同时，结合群防群治“十户联防”措施，在居民小区、村民小组建立了民调工作小组，以居民单元楼和每 10 户村民户为单位，确定一名纠纷信息员或调解员；各系统、各行业直至单位、部门也都成立了调解办公室并设有调解员和信息员。8000 余名稳定工作信息员、调解员队伍覆盖全市基层单位，消除了工作的盲区。三是基础经费保障落实到位。综治工作中心达到了“六有”，即有固定办公用房，有不少于 3 人的专职人员，有一块机构牌子，有电脑、电话等必备的办公设施，有统一的制式工作流程图板，有一套制度汇编手册，实现了中心工作的标准化和规范化；在解决人员待遇上，根据工作绩效，实行年薪和“一事一议，一案一补”的办法解决基层调解员和信息员的工资待遇问题。专职调解员最低年薪 2500 元，最高 30000 元。义务调解员和信息员，每调解成功一起简易的矛盾纠纷或提供一件有价值的一般性信息的奖励 50 元，调解成功一起较大的矛盾纠纷或提供一件有价值的重要信息奖励 100 元；在经费保障上，把综治工作中心办公、办案经费纳入县乡年度财政预算，乡、镇级每年平均列支在 10 万元以上，县级年均列支不少于 20 万元，并保证省下拨和市县列支的综治经费 50% 用作矛盾纠纷排查调处专项经费。对于重大疑难纠纷、涉法涉诉上访等问题，市、县两级财政还单独列支拨付。三年来，全市投入 2300 余万元用于综治工作中心建设，保证了人员、经费、设施的“三落实”。

综治工作中心，不仅是基层组织解决社会矛盾纠纷的重要阵地，而且也是通向和谐社会的主要窗口。群众有怨能在“中心”消，有忧能在“中心”排，有难能在“中心”解。党委、政府称它为关注民生的“民情气象站”、基层干部叫它为密切党群关系的“连心桥”、老百姓说它是家门口的“和谐 110”。

吉林省及各市、县（市、区）综治委、办主任名单

地　区	综治委主任	综治办主任
吉林省	李申学	秦利明
长春市	吴　兰	李继元
南关区	华　岳	戴伟平
朝阳区	曹望庆	孙景泰
宽城区	崔国光	许希伟
二道区	杜　福	王立国
绿园区	王庭凯	卢　健
双阳区	王明德	王舒寒
德惠市	白松巍	蔡继良
九台市	曹　义	何忠诚
榆树市	王海英	张树林
农安县	朱　峻	高广野
高新开发区		王殊一
经济技术开发区		于振杰
净月开发区		李晓辉
汽车产业开发区		李克海
白城市	林玉成	韩彦华
洮北区	王守臣	车俊江
大安市	刘云华	管长虹
洮南市	苏永新	姜殿臣
镇赉县	霍福君	程德祥
通榆县	仲伟刚	王国华
松原市	吴兴宏	杜立军
宁江区	宋长青	董丽梅
扶余县	刘永德	徐　波
长岭县	房　华　刘焕杰	刘明孚
乾安县	陈晓东　高晓天	黄喜利
前郭县	孙世辉　吴　波	耿志明
经济技术开发区	康　平	刘万伟
吉林市	贺　电	焦方伯
船营区	李天林	王沿义
龙潭区	苏相侠	郑邦蒉
昌邑区	王国森	陶树君
丰满区	于培海	梁云峰
磐石市	孙增发	王学杰
蛟河市	褚英环	刘春青
桦甸市	张继奎	于长彬
舒兰市	徐春英	关云彪
永吉县	陈　雁	杨树槐
四平市	田　野	蔡振华
铁西区	杨树启	王永杰
铁东区	郭　晶	生永红
双辽市	徐文超	王　栋
公主岭市	王智青	李克全
梨树县	杜　好	高云玖
伊通县	孙丽荣	刘中生
辽源市	任剑波	姚金铎
龙山区	高玉波	唐　军
西安区	王宪邦	张友维
东丰县	刘长林	孟应放
东辽县	毕学东	何文艺
通化市	齐晓光	来庆龙
东昌区	张万杰	周庆涛
二道江区	洪学海	代贵义
梅河口市	赵　文	李艳民
集安市	于文泉	杨大庆
通化县	陈　光	宋金城
辉南县	李伟山	王　滔
柳河县	宋　强	佟业平
白山市	李长明	杜青友
八道江区	全洪宝	孙　梅
江源区	姜　波	李艳秋
临江市	越设林	姜贵文
抚松县	李鹏忠	李新森
靖宇县	邓　燕	毛新良
长白县	李圣范	卢成哲
延边州	高　杰	武裕民
延吉市	郭　毅	尹世建
图们市	冯　刚	金仁俊
敦化市	王阳立	张　猛

地　区	综治委主任	综治办主任	地　区	综治委主任	综治办主任
珲春市	蔡勇一	张成业	和龙林业局	金寿汉	刘喜俊
龙井市	郑永虎	吴　颖	八家子林业局	赵　晶	于丽梅
和龙市	郑俊浩	王成盛	珲春林业局	张体力	马青山
汪清县	李　平	毕树贵	大兴沟林业局	赵永哲	张凤云
安图县	李千洙	张喜彦	天桥岭林业局	张太植	王林松
州林管局	金明铉	王北新	汪清林业局	李新年	王金平
黄泥河林业局	李显耀	武砚斌	白河林业局	李国顺	朱宗江
大石头林业局	徐文革	郭晓忠			
安图林业局	刘士武	林　凡			

（撰稿人：李春凯
审稿人：秦利明　王敏　窦朝晖）

黑龙江省

2008年社会治安综合治理工作概况

2008年，黑龙江省社会治安综合治理和平安建设工作以奥运安保、大冬会安保为重点，认真贯彻省委、省政府《关于今后五年深化“平安龙江”建设的若干意见》，全面推进各项工作措施落实，有力维护了全省社会稳定、治安平稳、公共安全。

一、坚持加大组织领导和政策支持力度，紧紧扭住“平安龙江”建设的关键点

一是高层次部署。2008年4月22日，省委召开常委会议专门听取了省综治委关于贯彻落实全国社会治安综合治理工作会议和全国稳定工作电视电话会议精神的情况汇报，明确要求“平安龙江”建设工作要以北京奥运会安全保卫工作为中心，强力推进各项工作措施的落实。5月12日上午，省委、省政府召开了全省社会治安综合治理暨稳定工作会议，省委书记、省长出席会议并讲话。省委常委和省人大、省政府、省政协、省军区、省武警总队的主要领导，各市地（系统）和中省直部门主要负责同志参加了会议。全省会议后，各市地、系统和省直各部门迅速行动，认真落实奥运安保工作和今后五年平安建设。奥运会胜利闭幕后，全省平安建设的着力点迅速落到大冬会安保工作上。11月10日，省委、省政府召开了全省奥运安保总结表彰暨第24届世界大学生冬季运动会安保工作动员大会，对全省深入做好大冬会安保工作进行了动员部署。省委书记、省长多次做出重要批示，提出明确要求，多次亲临现场视察指导，多次召开常委会议听取大冬会安保工作进展情况汇报。12月25日，省综治委召开第27次全体会议，对大冬会安全保卫工作进一步明确任务，提出要求。

二是大力度推进。省委成立全省奥运安保工作领导小组，统一指挥调度，对奥运安保负总责。省综治委多次召开奥运安保专题会议，专项安排部署奥运安保工作。政法部门加强情报会商，明确由省反恐工作领导小组办公室牵头，组织相关部门每周进行一次情报信息研判。按照省委要求，省委政法委、省综治办、省维稳办于5月下旬、8月上旬两次会同省法院、检察院、公安厅、司法厅、安全厅、安监局等省直有关部门组成联合督查组，由厅级干部带队采取明察暗访的方式，对全省各市地、系统和省直有关部门落实全省会议精神、维护社会稳定及安全生产工作进行了全面的督导检查。各地也进行了层层督导，奥运会期间，全省没有发生有重大影响的案（事）件。哈尔滨、齐齐哈尔、大庆三市提前周密安排部署，保证了奥运火炬在黑龙江省安全传递。为确保大冬会安全保卫工作取得预期效果，省委组成了专门组织领导机构，省综治委2次组成由厅级领导带队的17个督导检查组，采取分片包干、每组负责一个市（地）、系统的形式，对安保情况进行督导检查，实行跟踪问效。

三是全方位支持。2008年，省委、省政府在将各市地平安建设工作情况纳入对各市地目标考核体系当中，加大考核份量的同时，又将对省直有关部门平安建设工作情况纳入省直单位目标考核法制建设共性目标考核内容之中。省人事厅与省综治委联合下发文件，制定了定期共同表彰全省综合治理先进集体和先进工作者的有关制度，积极推动平安建设。省财政厅与省综治办联合开展了对全省综合治理工作经费和治安防范经费保障情况的调查，专门下发了文件，对进一步加大对各级综治工作经费和治安防范经费的投入，提出了明确要求，省、市（地）、县（区）三级财政在安排综治工作经费和治安防范经费上都有所提高，提高到2970余万元，为平安建设的顺利开展提供了财力保障。省综治办还召开了全省市地、系统和有关部门参加的专题座谈会，就研究修订《社会治安综合治理条例》工作，广泛征求意见，拟于2009年提交省人大，在为平安建设和综合治理提供的法律法规保障上做了积极工作。

四是狠抓责任落实。省综治委适时召开五部委联席会议，坚持对发生重大安全稳定问题的地方进行通报，对3个发生影响社会稳定重大事件、重大刑事案件及重大治安事故的单位所在市地、系统综治委下发了《关于实施社会治安综合治理一票否决或领导责任查究的通知》，对出现问题的6个“平安县（市、区、局）”予以摘牌，对6个工作滑坡的“平安县（市、区、局）”予以黄牌警告。各级综治委严格按照“属地管理”的原则，加大对辖区内各单位综治工作的协调监督力度，充分运用“一票否决”和责任查究，严肃查究了一批对所发生的重大治安问题负有领导责任的干部及相关责任人。2008年，全省共有8个市（地）、系统的30个综治委行使一票否决权，共否决42个单位，取消37名干部评先受奖、晋职晋级资格。省综治办专门举办了全省部分综治委、办主任研讨班，由市地综治办主任带队，被省综治委建议“一票否决”的单位、受到黄牌警告以及摘掉“平安县”牌子的县市区综治委、办的主要负责同志参加了研讨班，对推动后进单位加大整改力度，推动全省平安建设工作平衡发展起到了积极作用。

二、坚持以人为本和服务大局，把治理群众反映的突出问题作为“平安龙江”建设的切入点

一是切实解决影响国家安全的问题。针对国家安全面临的特殊形势，各地、各部门进一步完善了对敌斗争工作机制，不断深化、拓展情报信息和侦察工作，密切跟踪掌握境内外敌对势力进行渗透破坏活动的动向性信息，严密防范、严厉打击敌对势力利用人民内部矛盾、宗教、非政府组织、互联网等进行的各种渗透破坏活动，依法严厉查处了一批首要分子和骨干分子。

二是切实解决影响群众安全感的问题。为突出奥运和大冬会安保工作任务，深入开展了“打黑除恶”专项斗争，不间断地开展打击八类严重刑事犯罪和影响群众安全感的“两抢一盗”专项斗争，组织开展了“军警民大巡逻”和“秋风行动”，有力维护了全省社会稳定和治安平稳。2008年，全省各类刑事案件破案率同比提高了22.6%；放火、爆炸、劫持、杀人、伤害、强奸、抢劫等严重刑事犯罪案件在连年减少的基础上同比又分别下降了30.3%、33.3%、100%、10.7%、6.3%、23.8%、4.4%；打掉黑社会性质组织3个、恶势力犯罪团伙22个，抓获黑恶犯罪在逃人员16名；共抓获网上在逃人员5253名，同比提高1.5倍，其中命案在逃人员226名。同时，全省共破获“法轮功”案件436起，抓获“法轮功”违法犯罪人员748人，打掉地下团伙59个，捣毁“法轮功”窝点124个，收缴反宣传品33万余份。

三是切实解决重点敏感问题。按照中央综治委的工作部署，全省集中开展了排查调处矛盾纠纷、排查整治治安混乱地区和突出治安问题活动，全面实行人民调解、行政调解、司法调解和信访工作紧密协调配合、联调联动的大调解工作机制，期间，全省共排查出一般性矛盾纠纷14879件，及时调处化解14029件，调处率94.3%。共排查治安混乱地区369处，已扭转治安面貌350处；排查突出治安问题1302个，已解决1264个。在深入开展“两个排查”的同时，全省上下以中央政法委交办案件为重点，通过在全省开展息访和结案攻坚战，通过开展集中梳理各类案件和对涉法涉诉重信重访不稳定因素大排查活动，中央交办我省的495件涉法涉诉重信重访案件，已全部息诉罢访。开展县（市、区）委书记大接访活动，从省委政法委班子成员带头包案做起，各级党委政法委和政法各部门认真落实领导包案责任制，采取带案下访，强化督导检查和责任查究的方法，使一大批案件实现了息诉罢访。

四是切实解决影响公共安全问题。全省各地围绕压事故、保安全，认真开展影响公共安全问题的排查和整治。各级公安交管部门大力整治交通安全秩序，积极预防交通死亡事故；各级公安消防部门连续组织开展多次清剿火灾隐患统一行动，及时消除重大火灾隐患。2008年，全省共发生道路交通事故起数、死亡人数同比分别下降32.6%、10.7%，较大交通事故起数、死亡人数同比分别下降13%、10.5%；火灾事故起数、死亡人数同比分别下降16.7%、6.5%。同时，全省各地、各部门开展了对炸药、雷管、烟花爆竹生产、售销、运输、使用等环节的集中安全检查，大力收缴了民间非法持有的爆炸危险品，严格查处非法生产的问题，及时侦破盗、抢爆炸危险品的案件，强力整顿关闭小煤矿，及时有力地消除了隐患。据统计，全省各类安全事故起数、死亡人数、受伤人数同比分别下降了26.9%、12.8%、34.7%，其中煤矿发生的安全事故起数、死亡人数同比分别下降了42.3%和1.8%。

三、坚持基础建设和拓宽平台，不断培育“平安龙江”建设的生长点

一是抓部门创建丰富载体。2008年，全省在“平安县（市、区、局）”建设载体的基础上，开展了“平安市地、系统”创建，并以部门为牵头单位，进一步拓展平安系统创建载体。省卫生厅积极搭建“平安医院”创建平台，对申报省级“平安医院”的7家医院进行了考核验收。省工商局深入推进“平安市场”建设，全省达到省级“平安市场”标准的市场共35处，达到市地以下“平安市场”标准的市场394处，经营者对市场治安状况满意率为97.75%。教育系统组织开展了以校园安全隐患排查和整治百日督查行动为重点的“平安校园”创建活动，在安全技术防范建设上共投入2611万元，全年学生非正常死亡率同比下降39%。公安边防部门与地方密切配合，开展了“平安边境”创建活动，目前已有90%以上边境地区进入省级平安行列。省综治委与省军区共同部署的“军地共创平安”活动正在深入开展，驻省部队在“平安龙江”建设中充分发挥了作用。

二是抓基层基础建设夯实载体。目前，全省933个乡镇、435个街道办事处均设立综治委，设置了办事机构，配置了专职人员。全省城镇设立2793个社区警务室，农村设置5105个警民联防区工作室，有2.2万余名公安干警在社区抓治安防范工作，占公安干警总警力的33%；全省1318个乡镇和城市街道办事处，全部设立综治委（办）或综治维稳中心；同时调整充实了1.3万个村民委员会，3725个社区居民委员会，2.1万个治保会，2万个调委会；发展壮大了群防群治队伍，使保安员队伍达3.4万余人，专职治安员达4万余人，兼职治安员达26万余人，民间纠纷调解员达5.3万余人，信息员达8000余人。全面贯彻落实《黑龙江省安全技术防范三年规划》，进一步加强对城市治安安全技术防范建设。截止目前，各市地安全技术防范系统一、二级平台搭建已经超过50%。为提高全省综治干部工作能力，省综治委分四期对全省县以上综治办主任进行了轮训。

三是抓城乡社会管理培育载体。按照全省建设社会主义新农村的部署，省综治委下发了“平安乡村”建设方案，并加强督导检查，在全省试点乡村97%达到“平安乡村”的标准后，新一轮的“平安乡村”创建活动在全省全面铺开，普遍推广望奎县农村“治安防范承包”的做法，使农村社会管理力量得到加强，为化解农村社会矛盾，维护农村社会稳定，强化治安防范和社会管理发挥了积极作用。按照省委要求，从提高城镇社会管理能力出发，全省普遍推广由政府购买公益岗位，在全省城镇每个街道社区至少有1至2名专职社会工作者的做法，全省13个市地聘用专职社工工作逐步展开，并通过建立健全工作制度，规范管理措施，进一步加强社区矛盾纠纷调解、社区矫正、“社会人”管理、未成年人保护和违法劣迹青少年、轻微罪错人员、吸毒人员的帮教等工作，进一步增强城镇的社会管理能力。据统计，全省目前已经配备专职社工1270多人。

四是抓创建宣传活化载体。省综治委下发了《关于进一步做好两节期间“平安龙江”建设工作宣传的通知》，组织开展了较大规模的“平安龙江”宣传月活动。与中央电视台通力合作，摄制完成了省长专访节目和哈尔滨市平安建设工作经验专题节目。为进一步扩大主题宣传活动的影响力，与省委外宣办联合组织召开了《平安中国·我们的家园》主题宣传活动新闻发布会。组织开展了“平安龙江”建设工作成果宣传，集中宣传报道了一批综治先进典型。组织开展了2007年度《黑龙江省新闻奖专项新闻奖（治安好新闻）》评选活动评选出优秀作品48个。通过广泛宣传，全省平安建设“三率”（知晓率、参与率、满意率）分别增加了0.4、17.1和2个百分点。

中共黑龙江省委　黑龙江省人民政府
关于命名2007年度全省“平安县(市、区、局)”的决定

(2008年3月28日)

2007年,全省各级党委、政府从保持社会稳定的大局出发,把“平安龙江”建设作为民生工程、基础工程、保障工程,通过加强领导,明确责任,完善工作机制,加大政策支持力度,特别是狠抓基层基础建设等工作措施,扎实推进全省社会治安综合治理,保持了全省社会稳定、治安平稳和公共安全。

经认真检查考评,全省又有一批县(市、区、局)达到了省级“平安县(市、区、局)”标准。省委、省政府决定,命名哈尔滨市巴彦县等15个县(市、区、局)为全省“平安县(市、区、局)”。

省委、省政府希望被命名的“平安县(市、区、局)”要珍惜荣誉,巩固成果,再接再厉,不断提高平安创建的质量和水平。其他县(市、区、局)要向先进学习,认真查找差距,积极采取措施,努力达到“平安县(市、区、局)”标准。省委、省政府号召全省各地各部门要以被命名的“平安县(市、区、局)”为榜样,以构建社会主义和谐社会为目标,深入贯彻落实科学发展观,扎实工作,开拓创新,为实现全省经济社会又好又快发展做出更大的贡献。

附件:2007年度全省“平安县(市、区、局)”名单

附件:

2007年度全省“平安县(市、区、局)”名单

巴彦县
木兰县
甘南县
齐齐哈尔市铁锋区
宁安市
牡丹江市东安区
大庆市龙凤区
鸡西市滴道区
双鸭山市宝山区
双鸭山市四方台区
绥滨县
海伦市
明水县
黑龙江省农垦总局齐齐哈尔分局
黑龙江省兴隆林业局

黑龙江省社会治安综合治理委员会关于2007年度全省社会治安综合治理工作目标考评情况的通报

（2008年3月12日）

各市(地)、系统社会治安综合治理委员会,省社会治安综合治理委员会各成员单位:

2007年,全省各级党委、政府从保持社会稳定,实现经济又好又快发展的全局出发,认真贯彻省委、省政府关于加强社会治安综合治理,不断深化“平安龙江”建设的工作部署,采取有力工作措施,使全省的社会治安综合治理和“平安龙江”建设工作取得了明显成效,公众安全感不断增强,保持了全省社会稳定、治安平稳和公共安全。

按照2007年度省委、省政府与各市(地)、系统签订的社会治安综合治理目标责任状和省委、省政府办公厅下发的《创建“平安龙江”活动实施方案》的要求,省综治委对各市(地)、系统年度社会治安综合治理工作目标完成情况进行了检查考评,现将考评结果通报如下:

优秀单位:哈尔滨、齐齐哈尔、牡丹江、佳木斯、大庆、伊春、绥化市,大兴安岭地区、省森工总局。

达标单位:鸡西、双鸭山、七台河、鹤岗、黑河市,省农垦总局。

希望各地区、各部门按照省委、省政府《关于今后五年深化“平安龙江”建设的若干意见》(黑发[2007]18号)确定的工作目标和任务,进一步提高认识,增强责任感、使命感与紧迫感,加强领导,落实责任,开拓创新,锐意进取,切实解决平安建设中的重点、难点问题,不断提高创建层次和水平,为进一步深化平安建设,为北京奥运会、改革开放30周年纪念活动的顺利举办和全省经济社会又好又快发展创造良好的社会环境做出新的贡献。

黑龙江省社会治安综合治理委员会关于对部分“平安县(市、区、局)”予以摘牌和黄牌警告的通报

（2008年3月12日）

各市(地)、系统社会治安综合治理委员会:

经省综治委对全省“平安县(市、区、局)”复核,绝大多数县(市、区、局)能够围绕构建社会主义和谐社会的目标任务,不断深化平安建设工作,积极落实社会治安综合治理各项工作措施,有效地维护了社会稳定、治安平稳和公共安全。但有的县(市、区、局)工作不同程度地出现了滑坡,平安稳定形势出现反复,工作措施、责任落实不到

位，严重刑事案件、可防性案件没有得到有效控制，公众安全感比例降低，社会不稳定因素没有及时有效化解，有的甚至发生有重大影响的案(事)件等。

为保证全省“平安县(市、区、局)”建设工作质量，进一步提高创建水平，省综治委决定：

取消哈尔滨市呼兰区、穆棱市、密山市、嫩江县、呼玛县和农垦九三分局“平安县(市、区、局)”称号。

对哈尔滨市道里区、哈尔滨市平房区、齐齐哈尔市梅里斯区、大庆市让胡路区、宝清县、鹤岗市兴安区予以黄牌警告，暂予保留“平安县(区)”称号。

2006 年度被省综治委黄牌警告的齐齐哈尔市建华区等 11 个单位中，嫩江县被取消“平安县”称号；齐齐哈尔市富拉尔基区、齐齐哈尔市建华区、鸡西市恒山区经整改有一定成效，但尚未彻底改变面貌，还需进一步加大工作力度，故将其“黄牌警告”延期 6 个月，视其整改效果决定是否予以摘牌或撤销黄牌警告；绥芬河市、勃利县、黑河市爱辉区、逊克县、大兴安岭地区松岭区、农垦红兴隆分局、东方红林业局 7 个单位经整改，面貌均有显著改观，已符合“平安县(市、区、局)”标准，撤销黄牌警告。

上述被摘牌和黄牌警告的县(市、区、局)要认真查找发生问题的原因，深入整改，尽快改变工作面貌。被摘牌的单位两年内不得重新申报“平安县(市、区、局)”。受到黄牌警告的单位在 4 月底前向省综治办报整改方案，并在年底前报整改情况。黄牌警告被延期的单位在 4 月底前向省综治办报整改方案，6 月底前报整改情况。

有关市(地)、系统综治委，要将此通报转发给以上单位党委、政府，并认真指导帮助这些单位查找漏洞、总结教训，切实加强组织领导，采取有效措施，加大工作力度，认真解决存在的问题。2008 年度省综治委将对被黄牌警告的平安县(市、区、局)进行重点复核，如果存在的问题未得到解决，将取消其“平安县(市、区、局)”称号。

加强社会管理　扎实做好流动人口服务和管理工作

哈尔滨市社会治安综合治理委员会

一、强化组织建设，着力完善社会化管理网络

一是纳入创安规划，健全领导机构。把流动人口管理工作纳入了平安建设总体规划，列入相关部门年终综治工作目标考评内容。全市成立以市委常委、政法委书记为组长，市政府副市长为副组长，综治、公安、民政、劳动、建设等部门负责人参加的流动人口管理工作领导小组，办公室设在市公安局。二是延伸工作触角，搭建信息平台。在全市社区(村)普遍建立流动人口出租房屋管理站，由政府出资，在“4050”人员、零就业家庭中招聘专职治安员，协助社区民警、社区主任进行入户调查、出租屋管控和信息报送工作；在农村，通过治安防范承包责任制，把对流动人口的掌控工作承包给每个村屯的综治信息员。三是完善工作机制，注重协调配合。各级流动人口管理网络建立健全了管理责任制、责任倒查制、通报协查制和出租房屋登记备案等工作制度。市政府建立农民工就业管理和服务工作联席会制度，统筹协调和指导全市农民工进城后相关权益保障的协调与落实。市综治委每半年召开一次流动人口工作联席会议，对形势进行研判，对突出问题进行联合整治。

二、坚持从实际出发，积极引导外来劳动力合理有序流动

一是加强政策性引导。市政府制定出台了《关于切实解决农民工问题的实施意见》。三年来，共对 80 余起非法侵占或违法收回农民工承包地行为，依法进行了纠正。二是积极开展职业教育培训。大力开展订单式、委托式培训，多渠道、多层次、多形式开展农民工外出就业培训和贫困地区劳动力培训。三是强化区域劳务协作。劳动、妇联、工会等部门设立"一站式"服务大厅，为农民工进城后免费提供政策咨询、就业信息、职业指导和职业介绍。2007 年全市组织劳务输出劳动力 9.3 万人次。

三、推行"市民化"管理，加强对流动人口的服务

一是改革户籍管理制度。市政府出台相关文件，放宽流动人口落户条件，只要流动人口有合法固定住所、稳定职业或生活来源，本人及其共同居住的直系亲属均可在居住地落户。二是开展争先创优活动。先后评选出 100 余名农民工劳模，公安机关为 50 名"十佳外来青年"和符合落户条件的农民工劳模办理了落户手续。三是保障外来人员子女接受义务教育。出台了《进城务工人员子女义务教育阶段就学暂行管理办法》，目前，全市城区接受外来务工人员子女就学的中小学校占总数的 96% 以上，接收学生近 6 万名，占学生总数的 20%，平均每个年级达 6000 余人。四是做好农村留守儿童教育和管理。妇联、共青团、教育等部门联合对查明的 40055 名留守儿童逐一落实教育保护措施，组织社会力量开展"爱心、服务、携手"行动；筹集社会资金近 40 万元，先期在两个农村地区建立留守儿童寄宿学校。

四、改善就业环境，切实维护流动人口合法权益

一是改善农民工就业环境。严格执行最低工资制度，制订和推行小时最低工资标准，解决农民工工资偏低、同工不同酬的问题。把农民工工资支付情况作为劳动保障监察重点，对农民工集中的用人单位实施重点监控，定期向社会公布拖欠工资的用人单位，对恶意拖欠农民工工资的用人单位，依法采取停业整顿、取消资质、吊销营业执照等措施，为农民工提供宽松的就业环境。二是规范劳动力市场秩序。在农民工返城务工高峰期间，组织公安、人事、工商等部门集中开展清理整顿劳动力市场秩序专项执法检查活动。三是解决农民工社会保险问题。出台了《哈尔滨市农民工工伤保险办法(试行)》、《哈尔滨市征地农转非人员参加基本养老医疗保险实施办法》等规定。同时，研究制定适合农民工就业特点的参保办法，对已稳定就业的农民工，可直接纳入城镇职工基本养老保险。

五、加强流动人口治安管理，预防和打击违法犯罪活动

一是采集信息，录入微机管理。市公安局从 2005 年起开通了暂住人口、出租房屋信息系统，制定了《流动人口和出租房屋信息采集录入管理规定》，按照"完整、准确、鲜活"的要求，将信息采集点延伸到社区和用工单位；采取"以户核人、按房管人"的方法，对流动人口进行全面排查和掌控。二是摸清底数，实行分类管理。对在社区租房，以务工、经商为谋生手段的，按常住人口统一管；对在用工单位集体居住或集中用工的，依靠法人协同管；对有前科劣迹以及无有效证件的进行重点管；对单身租房户，多人合租户，民警敲不开门、见不到人，流动性大、交往关系复杂的，落实监控措施严格管。三是制定制度，强化日常管理。制定出台了《哈尔滨市公安派出所暂住人口、出租房屋治安管理工作规范》，检查三级责任制落实情况，实行月抽查、季考核、半年评比，年终总评排序考评制度。四是结合实际，实施综合治理。建立了综治成员单位协调联动机制，本着"房管管房、公安管人"的原则，由市综治办牵头，组织公安、房产等部门开展了清查出租房屋依法登记备案行动，对出租屋进行联合治理，受到公安部表扬。

爱民固边　强基固本
切实强化边境地区治安综合治理

鸡西市社会治安综合治理委员会

鸡西市委、市政府严格遵循“齐抓共管、协作配合、综合治理”的原则，充分发挥边防委员会和综治委员会的协调作用，通过军地联合、警民联手、上下联动等措施，密切协作，主动出击，积极开展边境地区治安整治工作，取得了显著效果。

一、立足“四抓”，强基固本

一是抓组织建设，把边境管理工作“带”起来。制定了边境管理工作例会制度，每天交班会听取边境管理情况专报，每月对边境管理工作进行小结，每季度召开一次边境管理形势分析会。二是抓法规教育，把边境管理规章制度“动”起来。印制了《黑龙江省边境管理条例》、《致广大边(渔)民朋友的一封信》；组织官兵深入学校给学生上法制课等。发放宣传单，签订包防责任书，开展集中宣传教育，使一线生产作业人员及其家属受教育面达到100%。三是抓资格认定，把边境生产作业政审“严”起来。为加强一线生产作业人员管理，市边防支队采取联合政审的办法，积极会同外事、渔政等涉边职能部门进行联审，严把政审关。四是抓清理整顿，把违规生产作业人员“管”起来。军地联合对每只下江(湖)作业船只和人员建立档案，还在兴凯湖设定联合船管站，对作业船只实行集中统一管理。收缴“三无”船只，拆除、捣毁私自搭建窝棚，处理无证下江作业。

二、强化“四种意识”，爱民固边

一是强化“宣传意识”，提高群众知法守法的自觉性。边防各派出所责任区民警在辖区走访时，坚持依托村委会、社区警务室开展法律知识宣传教育。二是强化“关爱意识”，解决群众实际困难。成立“爱民义诊医疗小组”，为孤寡老人免费进行体检，并赠送常用药品。三是强化“和谐意识”，调处群众矛盾纠纷。坚持做到“化解走在激化前”，及时将各类群体性事件和群众矛盾纠纷消除在萌芽状态。四是强化“帮教意识”，加快重点工作对象教育转化，帮助其解决生活困难问题，促进了边境地区治安稳定。

三、坚持“四个到位”，打防并举

一是领导到位。市综治部门牵头先后组织各农(林)场职能部门召开协调会13次，使各项防范措施得到落实，堵住了偷渡死角。严格落实内堵外截防范措施，严防走私违法犯罪活动发生。二是责任到位。鸡西边防支队与大队、所站及责任区民警签订了三级打防责任状，并将日常工作绩效与干部量化考核相挂钩，对基层严格实行“一票否决”制度，对责任区民警实行案件责任追究制度。三是研究部署到位。边防、公安和地方党委政府先后联合召开14次形势分析会议，认真研究分析边境地区犯罪活动规律、特点，制定相应的防范打击策略，组织开展反偷渡专项行动，深入开展“禁毒人民战争”，有效打击、震慑犯罪。四是警力投放到位。鸡西市积极推行警位前移，警力下沉，确保有足够的警力充实到一线边防派出所，加强固防守边力量。

四、加大“四个力度”，筑牢奥运安保防线

一是加大排查力度，对不稳定人员“控”。对边防辖区内常住人口和暂住人口进行调查，逐人核实身份，排查高危人群，并逐人落实了监控措施。二是加大清理整治力度，对危险爆炸品“缴”。组织开展了危险物品清理专项行动，全面清查收缴流散边境地区的危险物品。三是加大治安防控力度，对防控网络“固”。在城区防控层面，将鸡东、密山、虎林等边防地区划分136个警务区，依托公安边防检查站设置4个临时卡口，建立以边防派出所、边防工作站、边防检查站为主体，治安联防员为补充巡逻机制。在农村防控层面，把警力部署在案件高发、防范薄弱、群众需求的重点时段和重点部位。四是加大督导检查力度，对工作劲头“促”。市综治委、军分区、边防等部门定期或不定期下到各个点检查工作，发现问题及时整改。

黑龙江省综治委组成人员名单

主　任：黄建盛　省委常委、省委政法委书记

副主任：王东华　省人大常委会副主任
孙永波　副省长、省公安厅厅长
何小平　省政协副主席
南　英　省法院院长
姜　伟　省检察院检察长
黄永贤　省军区副政治委员
戴志强　省委政法委副书记
马明武　省委政法委副书记
姚大为　省委政法委副书记

委　员：（按姓氏笔画排序）
赵学礼　省政协副秘书长
张建平　省食品药品监督管理局局长
任纪善　哈尔滨铁路局局长
国剑尘　省委防范和处理邪教办公室副主任
李宗杰　省人事厅副厅长
张永刚　省住房和城乡建设厅副厅长
索天仁　省卫生厅副厅长
刘显富　省旅游局副局长
杜国友　省军区司令部副参谋长
王伟华　省武警总队副总队长
姜　魁　省电力有限公司总经理
兰冰青　省纪委常委、秘书长
康　慨　省委办公厅副主任
孙伟化　省委组织部副部长
陈永芳　省委宣传部副部长
姜玛俐　省委政法委秘书长
滕晓光　省委政法委副秘书长
李　力　省纪委派驻省委政法委纪检组长
谢宝禄　省信访办主任
孙乃坚　省人大常委会办公厅副主任
李长生　省政府办公厅副主任
庞光明　省经委副主任
张　信　省教育厅副厅长
王小溪　省公安厅副厅长
李长春　省国家安全厅副厅长
蔡炳华　省民政厅副厅长
邹大力　省司法厅副厅长
王建成　省财政厅副厅长
梁席民　省劳动和社会保障厅副厅长
宋宏伟　省文化厅副厅长
王福学　省人口和计划生育委员会副主任
周兴海　省广播电视局副局长
来克勤　省工商行政管理局副局长
张松滨　省新闻出版局副局长
马　菠　省质量技术监督局副局长
王忠民　省安全生产监管局副局长
侯纯禄　省工会副主席
陈凯云　共青团黑龙江省委副书记
陈远飞　省妇联副主席
胡立志　省通信管理局副局长
张　真　省邮政管理局副局长
齐亚洲　哈尔滨海关副关长
邓新权　中国银监会黑龙江监管局副局长
马良骏　中国保监会黑龙江监管局副局长
袁晓光　黑龙江日报报业集团副总编辑
袁克敏　省精神文明办副主任
石兰波　省委政法委副巡视员
王　野　省交通厅纪检组长
于　飞　省发展和改革委员会副巡视员
马云洲　省交通厅副巡视员

办公室主任：马明武（兼）
副　主　任：石兰波（兼）
高　山

省综治办内设机构：综合处
指导处

黑龙江省各市、县（市、区）综治委、办主任名单

地　区	综治委主任	综治办主任	地　区	综治委主任	综治办主任
哈尔滨市	王大伟	丰国忠	富裕县	翟志学	韩大勇
松北区	蒋海超	李　博	克山县	田小平	刘德余
道里区	郭晓赤	高　云	克东县	刘尊祥	韩　勇
南岗区	于　文	李维克	拜泉县	王民发	周　方
道外区	李　玮	王　琦	**黑河市**	战佩山	魏景新
香坊区	陆家蛟	李延龙	爱辉区	王殿东	刘学伟
平房区	王瑞军	王　平	北安市	肖久波	蒋中林
呼兰区	张希清	曾凡滨	五大连池市	鲁　明	李朝辉
阿城区	王云飞	邢振民	嫩江县	何伟民	李振生
双城市	刘跃民	岳　斌	逊克县	刘玉东	刘贵忠
尚志市	刘　亮	孙凤祥	孙吴县	郭华东	王　薇
五常市	李　冰	金耀辉	**大庆市**	阮殿龙	李秀斌
依兰县	张树文	姜春林	萨尔图区	张春雨	王晓春
方正县	王文成	侯晓光	龙凤区	王恩龙	康玉龙
宾　县	刘广祥	张立平	让胡路区	陈长君	潘殿生
巴彦县	高洪大	聂福轩	大同区	杨　旭	徐振民
木兰县	常利平	刘洗海	红岗区	华永兵	王淑洁
通河县	丁长林	闫振波	肇州县	林永平	孙中国
延寿县	徐向东	马骁弛	肇源县	徐守德	周瑞轩
齐齐哈尔市	马占江	邓　力	林甸县	姚洪伟	李维国
建华区	王志林	王　伟	杜蒙县	姜树臣	曹国辉
龙沙区	魏国忠	高星华	**伊春市**	耿意志	王通达
铁锋区	宋　扬	宠立翔	伊春区	霍明星	刘仁贵
昂昂溪区	曲欣文	梁振龙	南岔区	赵延廷	尚有勤
富拉尔基区	樊兆令	于佩扬	友好区	马保东	郭金良
碾子山区	刘晓东	刘景森	西林区	方亚民	李玉成
梅里斯区	常兴海	张宪明	翠峦区	贾树强	吕长海
讷河市	翟　伟	何　锋	新青区	许金善	孙长华
龙江县	于志峰	何军湘	美溪区	付贵超	柳玉荣
依安县	刘景泉	严振峰	金山屯区	韩秀娟	韩世君
泰来县	刘品志	魏钰铭	五营区	高迎春	宋国祥
甘南县	孙炳才	刘玉平	乌马河区	王显义	郑朝阳

地　区	综治委主任	综治办主任
汤旺河区	牟贵彬	梁振超
带岭区	于兴玉	卢　显
乌伊岭区	李　芹	王　欣
红星区	吕守民	陶　龙
上甘岭区	王维山	任明强
铁力市	栾跃华	庄玉信
嘉荫县	孙兆龙	朱世海
铁力林业局	刘福春	李振学
桃山林业局	肖亚英	刘维德
朗乡林业局	刘劲松	张连江
双丰林业局	贺绍峰	葛君明
鹤岗市	杜荣家	邹奉玺
向阳区	马立群	张修霞
兴山区	李树楠	刘　彬
工农区	杨国贤	贾亚东
南山区	张爱萍	刘树德
兴安区	孔令艳	杨世春
东山区	陈力群	林　丽
萝北县	王启德	左传文
绥滨县	赵兴斌	谢志春
佳木斯市	屈振远	王树壮
前进区	马德聪	阎向军
向阳区	孙格群	薛宝礼
东风区	周　雷	伦晓青
郊　区	宁淑艳	白银杰
同江市	于广渊	袁晓娟
富锦市	宗　毅	王洪钧
桦南县	姜　富	付　利
桦川县	黄金华	杨旭文
汤原县	王鹏飞	郭　光
抚远县	张庆艳	郭子峰
双鸭山市	王凤春	李晓明
尖山区	张纯利	欧阳林友
岭东区	赵　红	侯凯英
四方台区	张　慧	武旭辉
宝山区	高帮富	李　辉
集贤县	魏树立	张士友
友谊县	姜星伟	张东龙
宝清县	许德东	关　健
饶河县	蔡纯义	李洁邦
七台河市	杜　军	李晓峰

地　区	综治委主任	综治办主任
桃山区	刘元波	黄忠义
新兴区	谭建奎	范广义
茄子河区	王　鑫	李贵福
勃利县	戴　林	黄耀绪
七煤集团公司	张守祥	徐　强
鸡西市	徐和祥	武建忠
鸡冠区	顾　悦	靳士良
恒山区	朱庆林	吴瑞星
滴道区	郑柏华	李广镇
梨树区	吕铁铜	姜学成
城子河区	李敬堂	王晓波
麻山区	周　君	顾国孝
虎林市	胡　明	王　晶
密山市	孙景龙	赵树贤
鸡东县	于景福	项维贵
牡丹江市	赵金成	连福德
东安区	佟承勇	鲍海清
爱民区	李家纯	张玉洁
阳明区	贾　林	赵俊阳
西安区	李志军	刘国良
穆棱市	李晓光	潘文华
绥芬河市	曹玉希	张冯起
海林市	李　冕	吴万金
宁安市	孙泽光	刘海亭
东宁县	张　超	朱忠新
林口县	高月清	吴志军
绥化市	聂耕寰	齐战福
北林区	倪继锋	纪文斌
安达市	白坦然	李振连
肇东市	孙景山	金晔华
海伦市	顾春季	姜以龙
望奎县	王　明	杨守国
兰西县	郑海庭	刘玉权
青冈县	王铁志	姜明伟
庆安县	李松国	梅久丰
明水县	韦健璇	吴亚洲
绥棱县	侯显志	张　伟
大兴安岭地区	刘睦終	邢立平
塔河县	王业礼	梁淑娟
漠河县	宋　波	王诺维
呼玛县	陈月梅	张新战

地　区	综治委主任	综治办主任	地　区	综治委主任	综治办主任
新林区	李加振	闫　林	清河林业局	任立清	仲伟良
呼中区	王凤祥	裴　君	沾河林业局	毕雪峰	陈绍明
松岭区	李丽萍	王培成	山河屯林业局	蒋文德	王建波
加格达奇区	张鹏华	张淑芬	苇河林业局	张晓华	王金贵
阿木尔林业局	王文弟	陶小川	绥棱林业局	秦旭光	袁　威
十八站林业局	刘之平	薄文学	方正林业局	姜　峰	张幼海
韩家园林业局	张　敏	刘利民	兴隆林业局	杨继学	王静波
加格达奇林业局	鲁　平	刘建军	牡丹江林管局	刘宝臣	闫培通
			大海林林业局	王振廷	仲伟良
图强林业有限公司	张永刚	孙云霞	八面通林业局	谭国志	张秋生
			东京城林业局	张松林	王松江
省农垦总局	张成国	罗加兴	绥阳林业局	刘利民	和荣军
宝泉岭分局	赵文彩	郝文山	柴河林业局	齐和生	孙忠发
红兴隆分局	杜增杰	康岩君	穆棱林业局	温宏生	李连诚
建三江分局	王甲林	张树林	海林林业局	张广兵	张学礼
牡丹江分局	刘　斌	高福东	东方红林业局	朴忠禄	李　艳
北安分局	王利仁	孙长军	林口林业局	姜　军	谷庆伟
九三分局	邹聚文	孔繁起	迎春林业局	张　伟	梁湘宝
齐齐哈尔分局	郭仁政	蔡胜义	合江林管局	王敏学	柏　义
绥化分局	张纪平	韩　鹏	鹤立林业局	于静波	贺淑香
哈尔滨分局	金奎祥	万文义	双鸭山林业局	荐国良	姚树春
省森工总局	高金芳	吴英福	鹤北林业局	马德第	张立辉
松花江林管局	刘宝臣	马桂英	桦南林业局	戴惠民	何春军
通北林业局	周　生	范吉宝	**哈尔滨铁路局**	任纪善	周梅华
亚布力林业局	戚延春	鲍怀林			

（撰稿人：刘钊
审稿人：马明武　田大忠）

上 海 市

2008年社会治安综合治理工作概况

2008年,上海市社会治安综合治理工作以科学发展观为指导,以平安奥运为载体,明确目标责任,完善工作机制,落实治理措施,动员社会参与,严格督查指导,有效促进了城市安全、人心安定,有效维护了北京奥运会期间的社会稳定,公众安全感指数同比提高了2.50个百分点,为上海经济社会发展创造了和谐稳定的治安环境。

一、落实安保措施与加强社会稳控相结合,北京奥运会期间上海社会秩序稳定有序

(一)着力落实责任制。2008年,上海市把严格执行领导责任制作为创建"平安奥运"乃至推进平安建设和综合治理的"龙头"来抓。年初召开专题会议,中央政治局委员、市委书记俞正声同志亲自出席并讲话。会上,市委分管领导与各区县以及各委办局领导签定责任书。各级综治委都实行了责任签约制度,层层落实领导述职制、一岗双责制、通报查究制。市委常委、市委政法委书记、市综治委主任吴志明同志每季度召集各区县政法委书记、综治办主任和公安局长讲评社会治安形势,五部委局相关领导参加,帮助分析突出问题,查找薄弱环节,研究对策措施。同时,把综治工作和平安建设纳入了对各级党委政府及主要领导的综合考核评价体系,作为政绩考核的重要依据之一,严格实行"一票否决制"。

(二)着力开展"两个排查"活动。2008年,上海市及时对全市"排查调处矛盾纠纷、排查整治治安混乱地区和突出治安问题"活动进行动员部署,下发《排查调处矛盾纠纷表》和《排查整治治安混乱地区和突出治安问题表》,每周进行汇总分析。坚持工作措施、排查重点和各项保障"三个到位",市综治委组成督导组,对"两个排查"活动进行督导。全市共排查化解各类矛盾纠纷6682件,整治治安混乱地区、突出治安问题以及安全隐患129处(件)。

(三)着力构筑奥运安保立体防线。上海市成立了奥运上海赛区安保协调小组,市综治委主要领导担任组长。建立了市、区县两级政法维稳系统情报信息会商工作机制,做到科学分析、及早预警、妥善处置。奥运期间,各级领导纷纷深入现场、深入基层,加强检查督促,落实稳控措施。全市各级政法综治部门共投入力量19.37万人次,平均每天出动安保人员1.23万人,有效维护了比赛期间本市的社会治安秩序和大局稳定。

二、优化调解渠道与加强源头治理相结合,矛盾调处工作格局逐步完善

上海市各级党委政府把排查化解矛盾工作放到突出位置,坚持源头预防,完善大调解工作体系,全市人民调解组织共受理调解各类民间纠纷14.79万件,调解成功14.11万件,成功率达95.4%。

(一)注重化解基层矛盾纠纷。加强矛盾纠纷的排查,逐一登记建档,逐件落实责任单位和责任人,采取领导接待、包案等措施,主动化解矛盾,防止激化。提倡"小事不出村(居委)、大事不出镇(街道)、难事不出区、矛盾不上交",将矛盾化解在基层,解决在萌芽状态。

(二)注重拓展人民调解工作领域。大力推进轻伤害案件、民事纠纷委托人民调解工作,减轻了司法机关的诉讼压力;通过"警民联调",推进治安案件委托人民调解;探索信访事项委托人民调解;主动参与房地物业纠纷、医患纠纷、劳动争议等社会热点难点纠纷的调解。

(三)注重加强人民调解组织和队伍建设。以"人民调解工作室"建设为抓手,配齐配强专职人民调解员,形成覆盖全市的人民调解网络。截至2008年底,全市各区县、街镇、居村委三级人民调解组织共有专职人民调解员6450名。积极探索在个体工商业者协会、私营企业协会、大型集贸市场、商务楼宇、来沪建设者以及两新组织聚集区组建了一些行业性、区域性的调委会，并以政府购买服务的形式，在社区里弄开展调解工作，化解了大量行业性、区域性的矛盾纠纷。

三、集中整治与长效管理相结合，解决社会治安突出问题的水平不断提升

（一）深入推进实事项目的立项、实施和督导。上海市委、市政府两办转发了《市综治委关于2008年上海平安建设实事项目安排的意见》和《2008年上海平安建设实事项目计划任务书》等文件，确立了10个实事项目，明确项目牵头单位、组织实施单位以及协办单位的工作职责、任务要求和项目目标，建立例会制度、总结讲评制度、信息报送制度等。

（二）深入推进社会管理长效机制的建设。坚持边整治顽症、边总结经验、边查找不足、边改进措施，确保实事项目取得效果。各部门立足长效管理，着力研制各类政策措施，进一步明确了相关事务的管理主体及其职责任务、监管要求等通过抓实事项目，出台各类涉及社会管理的相关政策规定、管理办法37个，促进了社会管理体系和政府公共政策的完善。

四、纵向强化基层与横向拓展领域相结合，平安建设的覆盖范围更加广泛

2008年，上海市委、市政府转发了《关于进一步加强上海平安建设的若干意见》，全市平安建设进一步深入展开。

（一）提升基层综治工作资源效能。市委、市政府两办转发了《关于进一步加强本市基层社会治安综合治理工作的若干意见》，进一步明确了街道、乡镇综治办的地位和职责。建立了由街道、乡镇综治办牵头的基层综治维稳工作平台，统一基础台账、统一考核管理、统一职责任务，形成基层社会治安综合治理的工作合力。

（二）提升平安创建活动社会参与幅度。将综治工作向非公有制经济组织延伸，向各行各业拓展，在行业、市场、商业街、经济园区、群众团体、建设工地建立平安创建工作网络和综治工作阵地，努力实现综治工作全覆盖；进行平安商务楼宇建设试点，派驻政法综治干部；建立社区保安与物业保安联动联防机制，建立物业管理区域平安建设与物业公司资质审核、评先创优活动挂钩制度。2008年全市约有1000多家企业设立了综治工作室，其中有相当一部分是非公有制企业和中小型企业。

（三）提升平安创建活动水平。2008年年初，上海市分别命名2007年度平安单位6416个、平安小区3199个、平安社区71个、平安城区1个；表彰综治工作市级“优秀单位”8个、“先进集体”175个、“先进工作者”178人，并在报刊、电视等新闻媒体广泛宣传。发展完善群防群治组织，开展治安联防，加强市民巡访团、出租车治安信息员、居村委治安气象站等治安志愿者队伍建设。加强小区管理，着力规范物业管理企业、保安力量、技防从业单位的行为。

五、专业化发展方向与增强服务理念导向相结合，重点群体的服务管理成效不断凸显

（一）深化来沪人员的服务和管理。强化属地管理服务，逐步形成“条块结合、以块为主”、“市级综合调控、区县综合管理、社区具体落实”的格局。依托社区事务受理中心，对来沪人员实行“一个窗口对外，一站式服务”。把原先在引进人才中实行的居住证制度向来沪人员延伸覆盖，并依托常住人口信息系统、居住证信息系统、境外人员信息系统等，搭建本市实有人口信息管理平台。来沪人员社会保险、教育培训、医疗卫生、计划生育等相关的公共服务日趋完善。把社会力量开办的民工子女学校纳入本市义务教育管理范畴，加大扶持力度；会同社会保障部门，逐步将来沪从业人员纳入本市社会保障体系，外来就业人员的综合保险参保人数已经达到289万人。

（二）深化青少年维权与法制教育工作。开展青少年法制道德教育，提高青少年的法律素质，依托12355上海青少年公共服务平台、青年志愿者联络站等阵地，聘请专家提供法律援助，维护青少年权益，促进全面发展。对部分违法犯罪情节较轻的未成年人实行教育缓处试点，由相关职能部门和社会工作者在公安局侦查、检察院审查起诉阶段进行帮教，并对其表现进行考察，最终由公安、检察部门根据表现，依法分别作出相应的处理或不处理决定，给予特殊司法保护。

（三）深化预防和减少犯罪工作体系建设。推动建立与政府购买服务绩效相适应的考核评估办法，将社工的薪酬、晋阶与工作绩效挂钩，将社团的具体管理、职能与政府的行政职能脱钩，明确体系建设的发展方向和定位。在浦东新区尝试建立区域性社团组织——中致服务社，探索多层次多领域预防和减少犯罪工作的新途径。2008年，四个社团服务工作对象超过31.6万人次，其中成功推荐就业、帮助申请低保、办理劳动手册、参加技能培训的共3.9万人次。

六、组织制度建设与综治文化建设相结合，综治工作整体水平和质量不断提高

（一）切实加强组织和队伍建设。坚持并完善综治委主任定期例会制度、市综治办及相关工作办公室主任每月例会制度，进一步强化综治委各专门工作领导小组及其办公室的职责，狠抓目标考核，定期召开联席会议，推动校园周边、安置帮教、铁路护路等综治专项工作的深入开展。分别举办了街镇综治干部和委办综治（保卫）干部培训班，全市239名街道乡镇分管综治的党政领导和202名委办系统综治（保卫）部门的负责干部参加了培训。

（二）切实开展理论研究和实务调研。编发《综治研究》刊物12期，刊发各类文章200余篇；编辑出版了《平安申城》报告文学集和《和谐社会的平安建设》学术论文集。在2008年全国部分城市综治理论研讨会上，上海市有两篇文章分别获得了一等奖和三等奖。

（三）切实营造良好的社会治安综合治理氛围。不断总结基层经验做法，通过简报、综治网站等载体以及召开现场会等形式，发挥先进典型示范效应。每月开展"手拉手筑平安—志愿者宣传日"活动，参与群众6000余人次。坚持每月10日集中表彰见义勇为英雄，共表彰市级见义勇为先进分子202名。对1999年5月以来被授予"上海市见义勇为先进分子"荣誉称号，因见义勇为不幸牺牲、受伤及生活困难的人员或家庭进行慈善资助，共有近400名见义勇为先进分子或其家庭得到了267万元左右的慈善资助，掀起了弘扬见义勇为精神的热潮。

中共上海市委　上海市人民政府批转《市委政法委、市综治委关于进一步加强上海平安建设的若干意见》的通知

（2008年3月14日）

各区、县党委和人民政府，市委、市人民政府各部、委、办、局，各市级机关，各人民团体：

市委、市人民政府同意《市委政法委、市综治委关于进一步加强上海平安建设的若干意见》，现转发给你们，请认真贯彻执行。

市委政法委、市综治委关于进一步加强上海平安建设的若干意见

社会平安是极其重要的民生问题，也是最基本的发展环境。当前和今后一个时期是上海加快

推进"四个率先"、加快建设"四个中心"和社会主义现代化国际大都市的关键时期，必须进一步加强平安建设。要深入贯彻党的十七大精神，坚持科学发展、促进和谐社会，全面加强社会治安综合治理，积极推进以改善民生为重点的社会建设，组织动员全社会力量共同解决社会治安中的热点、难点问题，着力预防和减少犯罪，着力增强人民群众安全感，着力维护社会稳定，努力为促进上海经济社会又好又快发展和顺利举办北京奥运会、上海世博会创造良好的社会环境。为此，现提出如下意见：

一、进一步加强矛盾纠纷的预防和化解工作，确保大局稳定

（一）着力从源头上预防和减少矛盾纠纷。坚持改革的力度、发展速度与社会可承受度的统一，建立社会稳定风险评估制度，提高科学决策、民主决策、依法决策的水平，注重运用政策调节社会关系、破解民生难题，统筹协调各方利益关系，逐步解决历史遗留问题，努力从源头上实现好、维护好、发展好最广大人民的根本利益，解决好人民群众最关心、最直接、最现实的利益问题，让广大人民群众共享改革发展的成果。发挥工青妇等群众组织和社会团体、基层群众自治组织在扩大群众参与、反映群众诉求方面的积极作用，教育、引导和帮助群众依法表达诉求、依法维护合法权益、依法履行应尽义务，防止各类利益诉求演变成社会不稳定因素。同时，严格依法办事，切实维护司法权威，有效减少和避免涉法涉诉信访问题的发生。

（二）不断提高矛盾纠纷化解和处置水平。充分发挥党的政治优势，提高新形势下做好群众工作的本领，搭建多种形式的沟通平台，拓宽社情民意表达渠道，带着深厚的感情为群众排忧解难，有效疏导群众情绪，妥善化解矛盾纠纷，及时发现涉及稳定的重大隐患，努力将苗头性、倾向性问题解决在初始状态。进一步推进人民调解与行政调解、司法调解相衔接配合的大调解工作体系建设，重点建立纠纷的分流处理机制、就地解决机制和行业化解机制，不断提高调解工作的专业化水平，努力在解决劳动争议、医患矛盾、物业纠纷等社会热点问题上有新的更大的作为。落实信访工作责任制，高度重视初信初访的排查化解，注重根据信访工作中发现的问题及时完善有关公共政策，促进社会管理水平提高。依法维护信访秩序，健全机制，完善预案，妥善处置群体性事件。

（三）全力维护社会政治稳定。切实增强政权意识、大局意识、忧患意识、责任意识，加强隐蔽战线工作，加强人民安全防线建设，高度警惕和严密防范西方敌对势力的渗透破坏活动，妥善处理涉及国家安全的敏感问题，有力开展反分裂、反渗透、反颠覆斗争，切实维护国家安全和社会大局稳定，绝不允许危害国家安全和社会稳定的人员形成组织，绝不允许危害国家安全和社会稳定的活动形成气候。

二、进一步加强社会治安防控体系建设，努力提升人民群众安全感

（四）深入落实宽严相济刑事政策。根据社会治安形势的变化，准确把握宽严相济的刑事政策，突出打击重点，凸显打击锋芒，深入推进打黑除恶专项斗争，严厉打击严重刑事犯罪、多发性侵财犯罪、涉众型经济犯罪，巩固禁毒人民战争成果，着力扫除社会丑恶现象，加大对特殊违法犯罪对象的收治力度，切实维护社会治安秩序。积极推动轻微刑事案件和解机制等探索，严格规范刑罚执行，有序扩大社区矫正规模，不断提高改造质量，着力预防犯罪、减少社会对抗、促进社会和谐。

（五）积极完善社会公共管理。各地区、各部门、各单位要更加注重社会建设，着力保障和改善民生，推进社会管理体制改革，扩大公共服务，完善社会管理，维护社会公平正义，积极回应人民群众的新要求、新期待。进一步完善治安突出问题发现机制，坚持对治安复杂地区和治安突出问题实行滚动排查制度，把严重影响人民群众安全感和社会治安秩序的突出问题作为平安建设的实事项目，确定相关职能部门牵头落实的责任，利用社会治安综合治理工作平台调动社会力量，整合管理资源，完善公共政策，加强社会管理，办好平安实事，健全长效机制。

（六）不断增强社会面治安防控能力。继续推进街面图像监控系统建设，加强监控设备维护和监控人员培训管理。结合社区网格化管理机制的推进，充分整合社会资源，推行乡村巡控、街镇管控、单位守控、边界联控相互配套、相互促进的治安防控模式，发挥整体效能。进一步加强防范力量时空布局、联动机制研究,不断提高治安防控水平。依法加大公共娱乐休闲服务场所治安管理力度,严厉查处黄、赌、毒等违法犯罪活动。加强对危险物品买卖、旧手机和旧车等旧货交易、生产性废旧金属收购、打金、典当、拍卖、开锁等特殊行业的治安管理。

(七)逐步提升居民住宅区综合防范水平。加强对社区防范的研究指导,推进人防、物防、技防的协调发展和相互策应。制定完善封闭式居民住宅小区的防范管理工作标准和制度,加快实现具备监控、对讲功能防盗门建设的全覆盖;推进非封闭式、老式居民住宅小区实施弄口铁门、楼宇防盗门、小区围墙等封闭工程建设,因地制宜改善治安防范条件;积极推广投资少、易普及、效果好的技防设施进家庭,扎实做好防范设施的管理维护工作,全面提高各类住宅小区的综合防范水平。发展壮大保安、治安志愿者等社会防范力量,深化企地共建、邻里守望、军警民联防、党员干部义务巡逻队等群防群治队伍建设,构建灵活多样的工作网络,增强治安防范工作实效,确保入民宅盗窃案件明显下降。

三、进一步加强实有人口服务和管理,有效预防和减少违法犯罪

(八)推进"社会人"组织化管理。按照谁主管谁负责和居住地管理的原则,进一步理清各类人群的组织隶属关系,以改善服务为重点,探索建立"社会人"管理新机制。加强对新经济组织、新社会组织的管理,落实其依法开展活动、管理好本单位员工的社会责任。加强社区建设,充分发挥社区组织对"社会人"的管理作用,依托基层党政组织、群众性自治组织以及单位、社团、行业组织,把失业人员、高校毕业待业人员和各种社会闲散人员等"社会人"全面纳入社会组织网络,提供社会服务,实施有效管理。

(九)切实提高来沪人员服务和管理效能。认真贯彻《中央综治委关于进一步加强流动人口服务和管理工作的意见》,把来沪人员服务和管理纳入本市经济社会发展整体规划和社会管理体系。坚持党委统一领导,政府依法管理,各部门齐抓共管,社区依法自治,群众广泛参与的做法,落实市级综合调控,区县综合管理,社区组织实施的属地管理责任,进一步完善工作机制,推动各项来沪人员服务和管理工作协调发展。把来沪人员治安管理工作纳入社会治安综合治理工作考评范围,健全管理机构,完善工作网络,充实协管队伍,加强信息化建设,深化并落实居住证制度和房屋租赁管理制度,实现来沪人员治安管理、劳动就业、社会保险、子女教育等的整体联动,不断推进来沪人员服务和管理的制度化、规范化、信息化。依法严厉打击侵害来沪人员合法权益的违法犯罪活动,严密防范和打击来沪人员中的违法犯罪活动。

(十)深化预防和减少犯罪体系建设。不断改进预防和减少犯罪体系建设工作,继续完善对吸毒人员、社区矫正人员、刑释解教人员和社区闲散青少年的教育和管理。拓展服务和管理领域,把来沪人员中的犯罪易发人群纳入这一体系建设中。加强政府宏观指导,明确社团发展规划和发展目标,完善社会工作配套政策和制度。做实政府购买服务项目,推动社团自主运作,建立社工职称晋升制度,完善社会工作激励机制,不断提高社工的专业化和志愿者队伍组织化程度。引入竞争机制,鼓励有条件的地区培育相应社团参与预防和减少犯罪工作,完善相关财税政策,支持社团加强社会资金的募集,扩大服务对象,提升服务标准,力争在3年内形成若干品牌社团和品牌服务项目。

四、进一步加强平安创建工作,不断夯实基层基础

(十一)扎实推进基层平安创建活动。大力实施平安城区、平安社区、平安小区(单位)和平安家庭四级联创活动,不断拓宽创建范围,充实创建内容,提高创建水平,扩大创建影响力,力争到2010年,使全市80%的家庭、居(村)委、机关企事业单位、街道(乡镇)、区县实现平安创建达标。因地制宜抓好农村平安创建活动,着力解决影响农村稳定和农民生命财产安全的最迫切的实际问题。不断完善基层平安创建工作步骤、模式和配套制度,及时总结推广典型经验,指导并推动全市创建工作。深入发动企事业单位、社团组织等支持和参与平安创建,组织动员党团员、公务员、民兵带领广大市民志愿参与社会治安防范,推动形成党委领导、政府负责、社会协同、公众参与、齐抓共管、共建共享的生动局面。

（十二）切实加强基层组织建设。认真落实中央综治委、中央编办《关于加强乡镇街道社会治安综合治理基层组织建设的若干意见》，统一并强化街道（乡镇）社会治安综合治理委员会及其办公室建设。依托社区党建的组织平台，规范各项基础工作，积极构建社区（街道）党工委领导、街道办事处负责、职能部门尽责、驻区单位协同、广大市民参与的基层平安创建格局，不断提高基层组织为民办事能力。加强基层信访办、公安派出所、司法所和人民法庭建设，发挥其在基层平安创建工作中的骨干作用。在街道（乡镇）和居（村）委、企事业单位分别建立综治工作中心和综治工作站，整合基层维护稳定工作资源，在基层形成信访联动、矛盾联调、治安联防的整体工作合力。

（十三）努力塑造城市平安文化。围绕建设最安全城市的目标，把平安建设的内涵和形式、措施和任务纳入精神文明创建活动，做到平安创建和文明创建同部署、同检查、同考核，不断加大宣传动员力度，努力使平安建设成为全社会的共同行动。结合开展“知荣辱、讲文明、迎奥运、迎世博”主题实践活动，定期对平安建设先进集体和个人作出奖励，继续开展平安英雄评选表彰活动，引领见义勇为、见义智为的社会风尚，丰富平安建设的文化内涵，提升平安建设的道德感染力，凝聚平安建设的非物质力量，凸显平安在上海城市魅力和软实力构成中的重要地位。

五、进一步加强公共安全管理，切实维护生产生活秩序

（十四）切实加强生产安全防范管理。强化公共区域安全生产主体责任，把安全生产的各项要求和措施落实到生产经营的每个环节。加强各级安全生产监管机构、执法队伍建设，抓紧制定安全生产配套规章和各行业安全质量标准。积极支持企业安全技术改造，改善安全生产条件，加强劳动保护，提高企业安全管理水平。大力查处安全生产方面的违法行为。加强公共卫生体系建设，抓紧构建疾病预防控制体系、卫生执法监督体系、医疗救治体系和突发公共卫生事件、重大疫情的预警、检测、报告网络体系，切实做好重大传染性疾病防治工作。确保各类重大活动期间不发生影响全局的重大安全事故。

（十五）切实加强预警和应急体系建设。按照统一领导、分级管理、条块结合、以块为主、反应灵敏、运转高效的要求，明确责任，各司其职，提高应对公共突发事件和公共危机的能力。完善公共突发事件预警机制和各类应急预案，制定相关规章制度，使公共突发事件应急处置逐步走上规范化、制度化和法制化轨道。建立健全快速反应机制，有效动员政府组织、非政府组织、社会力量投入应急行动，形成广覆盖、全参与的应急网络体系，努力把突发事件造成的影响和损失减少到最低程度。

六、进一步加强保障机制建设，全面推进各项平安建设措施的落实

（十六）建立健全责任机制。平安建设由各级党委、政府统一组织实施。各级党政主要领导同志是平安建设的第一责任人，分管领导同志是直接责任人，其他领导同志承担分管工作范围内平安建设的责任。平安建设要纳入各级政府经济社会发展规划和年度工作计划。各级党委政法委、综治委要发挥协调推进作用，加强调研和督导，狠抓措施落实，组织创建活动检查考评。将社会治安综合治理和平安建设的成效纳入各级党委、政府和党政主要领导同志综合考核评价体系，作为干部述职考评、晋升奖惩的重要依据，成绩突出的由市委、市政府予以表彰奖励，工作不力并造成严重后果、被实施社会治安综合管理一票否决的由组织、纪检监察部门追究党纪政纪责任。

（十七）建立健全齐抓共管工作机制。各级综治委及其成员单位要紧紧围绕平安建设的目标要求，研究、制定本地区、本部门、本系统平安建设工作计划，增强责任意识，提高履职水平。各级政法部门要加大执法管理力度，提升打击和防范犯罪的水平，把提高执法能力和水平与开展平安建设结合起来，充分发挥主力军作用。各级综治委专门工作领导小组及其办公室要加强对新形势下有关工作的调查研究，在完善工作机制、创新工作举措、整合部门资源、增强工作实效上有新的作为。

（十八）建立健全经费保障机制。市、区（县）两级政府及其财政部门要加大对社会治安综合治理和平安建设经费的保障力度，将应由政府承担的经费纳入同级财政预算，保证平安建设工作顺利开展，并随着经济社会发展逐步增加经费投入。积极拓展社会化、市场化经费筹措渠道，动员更多社会资源参与、支持平安建设。按照地区实有人口规模、治安情况及平安建设的实际需要，落实社会性的治安防控工作经费，重点解决社区科技防范设施建设和警力不足等问题。

（十九）建立健全法治保障机制。各级政府职能部门要进一步增强依法办事、依法管理社会事务的能力和水平，加强队伍建设，严格、公正、文明执法。坚持弘扬主旋律，扩大、增强法治宣传的覆盖面、渗透力，推动法治宣传进机关、进社区、进学校、进企业、进家庭，努力在全社会形成自觉学法、守法、用法的良好氛围。按法定程序积极开展与平安建设相关法规的梳理，完善社会管理法规的配套。适应依法开展社会治安综合治理的现实需要，尽快启动《上海市社会治安综合治理条例》的地方立法工作，进一步明确综治组织的法律地位、职责任务，依法加强平安建设。

中共上海市委办公厅　上海市人民政府办公厅印发《关于进一步加强本市基层社会治安综合治理工作的若干意见》的通知

（2008 年 11 月 5 日）

各区、县党委和人民政府，市委、市人民政府各部、委、办、局，各市级机关，各人民团体：

《关于进一步加强本市基层社会治安综合治理工作的若干意见》已经市委、市人民政府同意，现印发给你们，请认真贯彻执行。

关于进一步加强本市基层社会治安综合治理工作的若干意见

为贯彻落实中央和市委关于加强社会治安综合治理基层基础建设的要求，整合基层资源，形成工作合力，严密社会管理，提升综合效能，更高水平地推进上海平安建设，维护社会长治久安，现就进一步加强本市基层社会治安综合治理工作提出如下意见。

一、进一步加强基层社会治安综合治理组织建设

（一）加强街道、乡镇社会治安综合治理委员会及其办公室（以下简称“街道、乡镇综治委、综治办”）的规范化建设。街道、乡镇综治委主任按规定由社区（街道）、乡镇党（工）委书记担任，综治委委员除由街道、乡镇有关部门的主要负责同志担任外，还要吸纳辖区内部分企事业单位的负责同志，形成党委领导、部门尽职、社会协同、公众参与、齐抓共管的社会治安综合治理工作格局。

街道、乡镇综治办主任由社区（街道）、乡镇党（工）委分管维稳工作的副书记（或党委委员）担任，副主任由街道办事处、乡镇政府分管领导担任，并设专职副主任负责日常工作，公安派出所、司法所、信访办等部门主要负责同志兼任副主任，做到配齐、配强专职干部，确保工作有人抓、有人管。按照综治牵头、联席办公，机构不变、功能整合，平台共享、效能提高的原则，由街道、乡镇综治办牵头整合社区警务、人民调解、司法、信访、社区矫正、防范邪教、禁毒、来沪人员服务管理、出租房屋管理、人民武装、安全生产、市容城管、法律服务和法制宣传等方面工作资源，实现工作机制联动、矛盾联调、治安联防、绩效联考，并进一步明确各项工作责任人。

（二）建立居委会和村委会综治工作小组（以下简称"居村委综治工作小组"）。居村委综治工作小组要整合社区民警、治保、调解、综治社保、社区综合协管、房屋租赁协管、物业管理（保安）、民兵、护村护楼队等工作资源，实现信息共享、管理协同、效能提升。居村综治工作小组分别由居民区、村党组织领导，接受街道、乡镇综治办及相关部门的业务指导和工作布置，组长一般由居民区、村党支部（党总支）书记担任，副组长由社区民警、治保主任或综治社保队员担任。主要职能是收集、上报社区涉稳信息和社情民意，代理群众向党委、政府或有关部门反映信访事项，调解民间纠纷，预防"民转刑"案件发生；落实、督查辖区内各单位、居民小区、自然村落的人防、物防、技防设施建设和管理；组织、检查辖区内物业保安、护村护楼队、楼组长等群防群治队伍值班巡逻工作；加强房屋租赁管理和来沪人员服务管理，积极实现"以房管人"；广泛开展法制教育、防范邪教教育、禁毒警示教育和平安建设宣传活动，着力提高群众的法制观念和安全防范意识。

（三）探索建立区域性社会治安综合治理委员会。在中心城区的商务中心、情况复杂的大型社区和郊区县政府所在地的街道、乡镇及大型工业园区（开发区）等区域可探索建立区域性综治委，由分管副区县长担任主任，区公安分局和县公安局分管领导及所在街道、乡镇、工业园区（开发区）、商务中心的行政领导担任副主任，辖区内相关政府部门、企事业单位主要负责同志为委员，明确各自职责，切实提升区域性综治维稳工作的统筹、组织、协调和防控能力。

（四）在企业和社会组织中探索建立综治工作网络。充分依托企业保卫部门、楼宇物业公司及"两新"组织党组织等现有力量，建立综治工作小组，设立综治信息员，形成工作网络，做到工作措施进得去、情况信息出得来、维稳工作能互动、综治工作全覆盖。

（五）持续推进加强基层社会治安综合治理、开展资源整合工作。已经开展试点工作的区县应从实际出发，确保工作连续性，并不断总结经验、提高工作成效。

二、健全工作机制，强化协同管理

（六）建立条块结合的领导机制，实现平台联建。依托街道、乡镇综治办和居村委综治工作小组的平台，建立健全集成社会管理和维稳功能的立体化、一体性工作网络，努力实现党委政府、职能部门、基层单位的工作对接，形成党委领导、条块结合、上下联动的工作体系。要根据所在地区综治维稳工作的主要任务和突出问题，提出阶段性工作重点，统一调配和使用各基层队伍，有效解决基层工作力量薄弱问题，切实提高整体工作效能。

（七）整合维稳工作机制，实现矛盾联调。建立首问责任制及分类调解制度，群众来信来访实行首问接待，各类矛盾纠纷由首问接待员受理登记后，按矛盾纠纷性质分类移交相关职能部门调解，并落实督查督办工作。建立信息报送及办结回访制度，重大矛盾纠纷和苗头倾向要及时向上级综治部门报告，矛盾纠纷办结后要形成专题报告并并积极组织回访。建立对突出矛盾纠纷当事人的稳控制度，加强矛盾纠纷激化前的稳控化解工作，预防非正常上访现象发生。

（八）整合治安防控机制，实现治安联防。建立集中排查整治制度，每月定期分析辖区内治安状况，集中排查重点场所和治安突出问题，组织开展专项整治。加强人防、物防、技防建设，制定物业保安、护村护楼队和治安志愿者值班巡逻工作制度；定期检修和保养辖区内物防、技防设施，确保完好使用。以居住证制度和出租房屋管理为抓手，积极推行辖区内实有人口信息管理系统建设，切实加强实有人口信息的采集登记、整合汇总和规范传送。

（九）整合基础管理机制，实现工作联动。统一建立工作考勤制度，统筹安排工作任务。为方便群众，可建立错时工作制，确保国定节假日、双休日等非工作日正常接待。制定接待群众、公开办事等制度，坚持廉政建设、保密等规定。明确职能部门及其协管队伍的职责和任务，做到分工明晰，各负其责。

建立统一的基础资料台账，对辖区内的重点人口、刑事（治安）案件、出租房屋（包括闲置厂房、租赁仓库等）、重点场所（包括“六小”场所、废旧物品收购站点、商品交易批发市场等）情况集中收集、积累，统一登记造册，实现信息共享、情况互通。

（十）整合考核奖惩机制，实现绩效联考。居村委综治工作小组各支队伍资源由所在居委会、村委会统一调配使用，各职能部门承担督查督办和责任查究工作。工作绩效原则上由所在街道、乡镇和居委会、村委会会同各职能部门统一考核，其中本职工作由职能部门考核，其他工作由所在地区考核。各职能部门在加强队伍专业性建设的同时，要与地区协调配合，努力提高队伍的综合素质。街道、乡镇和居委会、村委会要建立科学合理的统一考核激励机制，实行奖金分配与工作实绩挂钩，奖勤罚懒、奖优罚劣，对工作不力、造成严重后果的工作人员应建议予以辞退。

三、加强组织领导，落实工作保障

（十一）提高认识，加强领导。各级党委和政府要高度重视街道、乡镇综治委、综治办和居村委综治工作小组建设，将其列入平安建设和综合治理目标管理考核，加大督导检查力度。各级综治委、综治办要切实加强自身建设，充分发挥组织牵头协调作用，加强对居村委综治工作小组的指导管理和对基层工作队伍的教育培训，提高队伍整体素质和工作能力。各级公安、信访、司法等部门要按照工作重心下移的要求，积极支持和配合街道、乡镇综治办和居村委综治工作小组建设工作，加强本系统、本部门的基层组织建设，努力形成社会治安综合治理和维护社会和谐稳定的整体合力。

（十二）因地制宜，分类建设。要保证街道、乡镇综治办和居村委综治工作小组必要的工作场所和设备，各区县和街道、乡镇应根据本地区矛盾纠纷、实有人口、治安管理状况及经济发展水平，将街道、乡镇综治办和居村委综治工作小组的建设纳入经济社会发展规划，并根据社会发展和管理需要，逐年增加工作经费的财政预算，确保工作人员的教育培训经费和社会性的治安防控经费。

中共上海市委办公厅　上海市人民政府办公厅转发《市综治委关于2008年上海平安建设实事项目安排的意见》的通知

（2008年3月11日）

各区、县党委和人民政府，市委、市人民政府各部、委、办、局，各市级机关，各人民团体：

《市综治委关于2008年上海平安建设实事项目安排的意见》已经市委、市人民政府领导同志同意，现转发给你们，请认真贯彻执行。

市综治委关于2008年上海平安建设实事项目安排的意见

为深入推进上海平安建设，切实落实社会治安综合治理各项措施，进一步解决突出社会治安和社会管理问题，现就2008年上海平安建设实事项目安排提出如下意见。

一、规范居民住宅小区物业保安队伍、安全防范设施建设管理

加强居民住宅小区物业保安队伍建设管理，明确聘用条件，组织集中培训，强化持证上岗，培训、持证上岗率达90%以上。完善居民住宅小区物业保安岗位职责和目标管理、考核奖惩制度，严格检查考核。完成500个封闭型居民住宅小区图像监控、楼宇对讲、防盗门等技防设施建设，大幅度提高封闭型居民住宅小区技防设施的覆盖率、完好率，年内封闭型居民住宅小区图像监控系统安装率达60%、完好率达90%以上。老式居民住宅楼安装防盗门2万扇，完好率达100%，并建立使用、管理、维护、维修机制，提高居民群众安全感。

责任单位：市综治办牵头，会同市公安局、市建设交通委、市财政局、市物价局、市房地资源局、市劳动保障局和相关区县共同组织实施。

二、拆除农村地区严重违法建筑

按照“先重点、后一般”的原则，拆除农村地区包括中心城镇和景观道路、铁路沿线地区的严重违法建筑，减少农村地区违法建筑数量。进一步明确各部门职责，建立土地、规划、住房管理长效机制，严密预防和坚决制止违法建筑施工。

责任单位：市城管执法局牵头，会同市农委、市规划局、市房地资源局、市劳动保障局、市财政局、市公安局、市工商局、市综治办、市铁路护路办和相关区县共同组织实施。

三、严厉打击娱乐、休闲场所涉毒违法犯罪行为

取缔无证无照经营娱乐、休闲场所，严厉打击娱乐、休闲场所涉毒违法犯罪行为，建立健全日常监管、信息交流、执法保障和打击查处等长效机制，遏制娱乐、休闲场所涉毒违法犯罪蔓延趋势。

责任单位：市禁毒办牵头，会同市公安局、市工商局、市文广影视局、市整规办、市文化市场行政执法总队和相关区县共同组织实施。

四、取缔美容、美发、沐浴、足浴无证无照经营

取缔美容、美发、沐浴、足浴无证无照经营，严厉打击服务场所卖淫、嫖娼违法活动，维护服务场所良好的社会治安秩序。

责任单位：市工商局牵头，会同市经委、市整规办、市卫生局、市公安局、市食品药品监管局、市劳动保障局、市房地资源局、市规划局、市城管执法局和各区县共同组织实施。

五、继续严厉打击公共场所扒窃活动

严厉打击商业繁华地区、旅游景点、机场和轨道交通线路等扒窃活动，重点打击、深挖教唆未成年人扒窃的幕后组织和团伙犯罪，研究制订长效工作机制，形成齐抓共管合力，确保公共场所良好的社会治安秩序。

责任单位：市公安局牵头，会同市民族宗教委、市教委、市综治办、市妇联、市城管执法局、市民政局、市工商局、市卫生局和相关区县共同组织实施。

六、继续整治主要道路、区域管理秩序

重点整治79条交通干道、12个重点区域、7个入沪高速公路主要路口和轨道交通车站、车厢违章设摊、散发“黑广告”、流动贩报、兜售物品、强行乞讨以及无业人员“带路”等问题，巩固整治成效，落实属地责任，形成工作合力，建立长效机制，维护良好的管理秩序。

责任单位：市城管执法局牵头，会同市公安局、市工商局、市市容环卫局、市市政局、市民政局、上海申通地铁集团有限公司和相关区县共同组织实施。

七、继续整治医院及其周边地区“医托”行为，取缔无证行医

严厉打击“医托”团伙组织，查处雇佣“医托”的医疗机构和个人，全市36个三级甲等医院建立“医托”举报网络，完善警务室建设。查处未取得《医疗机构执业许可证》擅自开展医疗执业活动的非法诊所，严厉打击“江湖游医”和“假医”，完成郊区300所村卫生院标准化建设，方便来沪务工人员就医。

责任单位：市卫生局牵头，会同市公安局、市整规办、市政府新闻办、市政府法制办、市物价局、市房地资源局、市工商局、市城管执法局、市食品药品监管局、市人口计生委、市科委、市监察委和相关区县共同组织实施。

八、继续规范房屋租赁行为，消除“群租”安全隐患

进一步完善房屋租赁规章制度，继续加强对“群租”问题的整治，加强治安管理，推行业主自我管理，消除出租房屋治安、安全隐患。认真落实国务院《关于解决城市低收入家庭住房困难的若干意见》，对城郊结合部地区、来沪人员居住1万人以上的街道乡镇，充分利用现有条件，建立1－2个来沪务工人员集中居住点。

责任单位：市房地资源局牵头，会同市公安局、市工商局、市规划局、市人口办、市消防局、市卫生局、市地税局、市司法局、市综治办、市经委、市发展改革委、市农委和各区县共同组织实施。

九、继续推进街面实时图像监控系统建设

推进街面实时图像监控系统的安装，提高设备的完好率，设备完好率达95%以上。研究制定规范标准，加强培训，严格管理，提高监控效能，切实发挥技防设施的作用。

责任单位：市综治办牵头，会同市公安局、市房地资源局和相关区县共同组织实施。

十、继续整治燃气管道违章占压

拆除本市燃气管道上的485处建筑物、构建物，清除堆物，实现天然气高压管线“零占压”和新发现占压“零增长”，到2009年实现全市燃气管道“零占压”。建立和完善燃气管道业主单位定期巡视和安全防范制度，强化日常监管。加大对违章占压和破坏燃气管道设施违法犯罪行为的打击力度，建立和完善燃气管道安全保护长效管理机制。

责任单位：市市政局牵头，会同市公安局、市安全生产监管局、市质量技监局、上海燃气（集团）公司和相关区县共同组织实施。

上海市综治委、办机构情况和负责人名单

一、市综治委机构情况和负责人

市综治委内设流动人口治安管理工作领导小组、刑释解教人员安置帮教工作领导小组、预防青少年违法犯罪工作领导小组、学校及周边治安综合治理工作领导小组和铁路护路联防工作领导小组。下设综治办。

市综治委主任：吴志明　市委常委、市委政法委书记

市综治委副主任：杨　雄　市委常委、常务副市长

王培生　市人大常委会副主任

朱晓明　市政协副主席

张学兵　市长助理、市公安局局长

应　勇　市高级人民法院院长

陈　旭　市人民检察院检察长

王　伟　市政府副秘书长

林化宾　市委政法委副书记

吴军营　市司法局局长

二、市综治办机构情况及负责人

市综治办下设基层指导处和综治督导处。

市综治办主任：林国平　市委政法委副秘书长

市综治办副主任：乐伟中

周伟航（兼职）、朱久伟（兼职）、蔡忠（兼职）

上海市各区、县综治委、办主任名单

地　区	综治委主任	综治办主任	地　区	综治委主任	综治办主任
黄浦区	肖堃涛(至5月)	周永淦	宝山区	陆学明	尹有良
	蔡志荣(5月起)		嘉定区	贝晓曦	沈绍裘
卢湾区	丁海椒	杨学鸿	浦东新区	张国洪	凌德铭
徐汇区	林官良	竺琪君	金山区	王美新	沈德新(至3月)
长宁区	周文贤	殷春安			杨华明(3月起)
静安区	郑健麟	季增强(至6月)	松江区	韩顺芳	曹金松
		沈伟忠(6月起)	青浦区	李　萍	陈卫国
普陀区	顾顺祥	居长鸿	南汇区	丁大恒	王国安(至7月)
闸北区	陈永弟	张建国			乔军海(7月起)
虹口区	袁岳滨(至10月)	范怀军	奉贤区	周林官	侯国华
	朱　达(10月起)		崇明县	施建华	陈　鹏
杨浦区	魏伟明	王海龙			
闵行区	张路加	施炳弟(至7月)			
		姜国遇(7月起)			

（撰稿人：夏咸军
审稿人：林化宾　季勤）

江　苏　省

2008年社会治安综合治理工作概况

2008年，全省各地、各部门认真做好奥运安保工作，扎实推进社会治安综合治理和新一轮平安江苏建设，保持了全省社会持续平安稳定。13个省辖市全部达到平安创建标准，县（市、区）创建达标率达98.2%。国家统计局江苏省调查总队抽样调查显示，2008年全省公众安全感为98.23%，同比上升0.68个百分点。

一、切实加强领导，进一步加大组织保障力度

全省各级党委政府把加强综治和平安建设作为推动经济社会又好又快发展的重要保证、执政为民的重要体现以及促进社会和谐的重要举措，摆上重要位置来抓。

（一）强化组织推进。省委、省政府把平安建设列入党政领导干部落实科学发展观考评体系，并于7月召开全省社会治安综合治理工作电视电话会议，对重点工作进行了部署。省综治委、省委组织部、省人事厅下发了《关于加强领导干部履行社会治安综合治理职责情况考核的通知》和《关于建立抓社会治安综合治理工作的党政领导干部表彰奖励征求综治部门意见制度的通知》，进一步增强各级领导干部“维护社会稳定、保一方平安”的政治责任。各地党委政府都把综治和平安建设纳入本地区经济社会发展总体规划，列入党政综合考核评价体系，列为政府为民办实事工程。

（二）强化齐抓共管。省综治委制定了《关于深入开展系列平安创建活动的意见》，并召开综治委全会进行专门部署，在全省深入开展平安企业、平安市场、平安校园、平安医院、平安金融等12项创建活动。全省有94.9%的乡镇（街道）、91.3%的村（社区）、86.6%的小区、93.5%的学校和91.6%的医院达到平安建设标准。各级综治委深入开展联系点共建工程，组织成员单位帮助基层解决平安建设中遇到的困难和问题。

（三）强化检查考评。省综治委修订了全省社会治安综合治理和平安建设考评办法。省综治办对所有县（市、区）进行了明查暗访，对发现的问题在全省实名通报，限期整改。年底，省综治委组织6个检查组进行考评验收。省委、省政府对创建达标的13个市、104个县（市、区）进行了命名表彰，省综治委表彰了30个综治先进地区和部门。同时，省委、省政府也取消了2个不达标地方的“社会治安安全县（市、区）”称号。省综治委对问题较多的5个地方下发督促整改通知书。全省有135个地区、部门和单位被一票否决，182人受到领导责任查究。

二、健全完善“大调解”机制，进一步整合全社会化解矛盾纠纷的资源

以理顺领导管理体制为重点，进一步健全完善社会矛盾纠纷大调解工作机制，实现了对各类社会矛盾纠纷的早发现、早预警、早调处、早化解。全年调处各类矛盾纠纷33多万件，调处成功率达96.5%，群体性事件在前几年大幅下降的基础上，同比又下降12.2%，没有发生严重影响社会稳定的群体性事件。

（一）理顺大调解工作领导管理体制。下发了《关于加强大调解工作领导管理体制建设的意见》。组建由省、市司法行政部门具体负责的社会矛盾纠纷调解工作指导办公室，加强县、乡两级社会矛盾纠纷调解工作领导小组建设。年内，全省以司法行政部门为主的大调解组织领导管理体制已调整到位。

（二）进一步加强大调解组织网络建设。加强以县、乡两级社会矛盾纠纷调处服务中心规范化建设为重点的大调解组织网络建设，全省106个县（市、区）调处中心都进行了调整和充实，与信访接待中心分设。每个乡镇(街道)调处中心配备2名专职调解员。全省县、乡两级共有调处中心1480个,县、乡、村三级人民调解委员会33536个。县、乡两级调处中心共配备工作人员57469人,其中专职11748人。继续在全省范围推广设立县(市、区)人民调解委员会,与调处中心合署办公。将聘用专职人民调解员的费用纳入财政保障,调解队伍的职业化、专业化和社会化建设得到加强,全省共有专兼职调解员31万多人。

(三)不断完善大调解工作机制。在全国率先实施重大政策重大决策社会稳定风险评估工作,在出台政策、实施重大改革和重大建设项目之前,先期进行风险评估,制定针对性预案,前移工作关口。县乡两级调处中心普遍对社会矛盾纠纷排查、接待、受理、调处、分流、督办等各个环节的流程管理进行了规范,并进一步建立健全了矛盾纠纷排查调处工作例会、情况报告、领导接待包案、协调会办、听证认证、公示公告、督查回访以及考核奖惩等一系列工作制度。各地进一步探索建立了诉调对接、检调对接、公调对接、访调对接、纪调对接等长效机制,由单一调解向综合调解延伸,确保矛盾纠纷得到及时有效化解。

(四)大力排查调处社会矛盾纠纷。各地坚持定期排查矛盾纠纷,村(社区)每周一排查、乡镇(街道)半月一梳理、县(市、区)每月一会办,及时掌握基层纠纷信息。中央部署开展"两个排查"活动以后,省综治办会同有关部门连续下发通知,对集中排查调处工作进行专题部署,充分利用大调解这一平台,大力开展矛盾纠纷集中排查调处活动。把地区排查、系统排查、单位内部排查有机结合,认真开展专项排查、滚动排查,抓好重点区域、重点群体、重点单位和重点项目的纠纷排查工作,确保不留盲点和死角。对排查出来的各类纠纷,逐一进行登记建档,归类梳理,研究对策,落实专人负责及时妥善处置。加大对土地承包、环境保护、劳动争议、征地拆迁等社会热点、难点、新型纠纷的调解力度,努力化解因民生问题引发的矛盾纠纷。

三、着力构建"大防控"体系,进一步提升驾驭社会治安局势的能力

全省各地按照"打得狠、防得严、控得住"的要求,不断深化集打防控为一体的"大防控"体系建设,进一步提升了驾驭社会治安局势的能力。刑事案件发案同比下降0.5%,其中八类主要刑事案件在连续五年下降的基础上,同比又下降2.3%,没有发生在全国有重大影响的恶性案件。

(一)深化社会治安防控体系建设。各县(市、区)建立了100人以上的专职治安巡防大队,乡镇(街道)建立了专职巡防中队,全省每天常态巡逻力量保持5.8万人以上,其中民警1.8万余人。各地将治安防范设施建设纳入城镇建设总体规划,新建居民住宅小区做到专职保安巡逻和技防、设施防一步到位。将老居民住宅小区治安防范设施改造列入政府规划,全省改造过的老小区已达64%。把农村治安防范纳入社会主义新农村建设总体规划,公安机关依托村级综治办建立农村警务室,优先建强5400多个重点复杂村警务室,组建村级专职保安联防队伍。分类制定了单位内部人防、技防、设施防建设标准,全省1.4万多家治安保卫重点单位防范建设全部达标。大力开展技防乡镇(街道)、技防社区(村)、技防小区、技防一条街、技防单位等各种形式的基层技防建设。全省乡镇(街道)及省际、市际、县(市)际治安卡口和城市(含县城)主要出入口查报站视频监控系统建成率达100%,技防小区、技防村建成率分别达73%和53%,金融网点等重点要害部位技防设施安装率达100%。

(二)依法打击严重刑事犯罪。各级政法部门建立健全严打长效机制和协调配合机制,以打击杀人等严重暴力犯罪、黑恶势力等有组织犯罪、"两抢"等侵财型犯罪为重点,始终保持对各类严重刑事犯罪的严打高压态势。坚持"命案必破",不断提高对杀人、爆炸等严重暴力犯罪的破案攻坚水平。坚持"打早打小、露头就打",形成了有黑打黑、无黑除恶、无恶治邪的打黑除恶工作新模式。在全国率先出台了《关于建立健全打击多发性侵财犯罪工作机制的意见》,通过强化情报研判、串并侦查、阵地控制和区域协作,加大对多发性侵财犯罪的打击力度。2008年,全省八类主要案件破案率达89.9%,其中现行命案破案率达96.82%,连续四年位居全国首位。

(三)大力整治治安重点地区和突出治安问题。对案件多发、秩序混乱、群众反映强烈的区域、路段和方面性、倾向性突出治安问题,各地认真制定整治方案，采取多种措施，坚持主动进攻、集中整治。全省共排出治安混乱地区512处，经整治全部改变面貌；排出突出治安问题925个，经打击整治，共破获各类违法犯罪案件12.02万起，打击处理违法犯罪人员8.7万余名，查处违法违章经营单位1.3万余家。

四、加强综治专门工作，进一步破解重点难点问题

全省各地针对综治专门工作中出现的新情况、新问题，抓好重点措施的落实，努力从源头上预防和减少违法犯罪。

（一）进一步提高流动人口服务管理水平。省委办公厅、省政府办公厅转发了省综治委《关于进一步加强流动人口服务和管理工作的实施意见》。各地以流动人口服务管理组织网络建设为基础，以落脚点管理为重点，以实施"新市民安居乐业"工程为载体，以"市民化待遇，亲情化服务，法制化管理"为目标，突出抓好安居、就业、维权三大工程，不断提高外来人口服务管理工作水平。扎实推进流动人口信息社会化采集工作，构建社会化信息采集平台，外来人口信息社会化采集率达到90%以上。加大外来人口就业和保障力度，外来人员集中住宿、集中服务、集中管理率达60.85%，大多数农民工子女解决入学问题，75%以上在公办学校就读。

（二）探索刑释解教人员帮教安置工作新机制。坚持"帮教科学化、安置多元化、管理信息化、工作规范化"的工作思路，认真落实刑释解教人员帮教安置工作措施，做好规范化的衔接管理，畅通多元化的安置渠道，开展多层次的帮教活动。全省共接收刑释解教人员24516人，帮教率为99.66%，安置率达98.04%，刑释解教人员重新犯罪率仅为0.4%。

（三）落实预防青少年违法犯罪工作措施。各地大力实施"为了明天——预防青少年违法犯罪工程"，努力减少在校生违法犯罪。开展校园及周边治安秩序整治、"扫黄打非"和文化市场管理，净化青少年成长的社会环境。推广12355青少年服务台建设，开展青少年事务专职社工试点工作，提升了预防青少年违法犯罪工作的职业化、专业化水平。全面实施"青少年违法犯罪社区预防计划"，加强对流浪未成年人等特殊青少年群体的救助保护、帮助教育和疏导矫正，努力降低未成年高危人群犯罪率。

（四）扎实开展铁路护路联防工作。充分发挥大调解平台作用，认真抓好涉路矛盾纠纷排查调处工作，没有发生因涉路矛盾引发危及行车安全的群体性事件。切实推进铁路反恐防爆和安全防范"五道防线"建设，大力整治危及行车安全问题，消除了安全隐患。把爱路护路宣传教育作为一项重要工作常抓不懈，并根据不同季节铁路治安的不同特点，集中精力集中时间开展了专题宣传教育。全省铁路沿线已连续多年杜绝了群体性拦车断道、火灾、中毒、爆炸案件，2008年路外伤亡、摆放障碍、石击列车案（事）件同比分别下降39.5%、66.7%和70%。

（五）认真做好学校及周边治安综合治理工作。制定了"江苏省平安校园"创建活动的规划、实施方案和创建标准。强化学校人防、物防、技防建设，全省学校都设立了校园警务室或"校园110"，配备了专职保卫人员，学校内部治安重点要害部位报警或监视装置安装率达100%。全面部署集中开展学校及周边治安秩序专项整治行动，处理扰乱校园及周边治安案件1277起，处理违法人员1447人；破获校园及周边刑事案件646起，抓获刑事犯罪嫌疑人415人。

五、全面实施"强基工程"，进一步夯实综治和平安建设根基

全省各地把加强基层政法综治组织建设和基础工作，作为推进综治和平安建设工作的着力点和突破口，把平安建设责任落实到基层、力量向基层倾斜，不断夯实平安建设根基。

（一）加强基层政法综治组织规范化建设。全省1364个乡镇（街道）都建立了综治委、办，配备了专抓政法综治工作的党政副职，87%的乡镇（街道）配备了专职党委政法委员，乡镇（街道）专职综治工作人员达4067名，建立健全了工作例会、情况报告、检查考核等各项工作机制和制度。通过增加警力编制和精简机关等，充实基层派出所警力3000多人，基层一线和实战单位警力占比达91.6%。建立司法所1386个，落实专职人员4062人。全省共有人民法庭259个，配备干警2382人。人民群众对全省基层政法综治组织的平均满意率达到98.45%。

（二）加快推进乡镇（街道）政法综治工作中心建设。省综治委在全省推广建立乡镇（街道）政法综治工作中心，在不改变部门现行体制、不减少规定人员配备、不降低正常经费保障的前提下，整合基层政法综治和维稳工作力量。全省乡镇（街道）政法综治工作中心共有工作人员1.1万余人，每个乡镇（街道）达7人以上，94%的政法综治工作中心实行集中办公。

（三）进一步加强村级综治办建设。全省22000多个村（社区）全部建立了综治办，每1-3个村配备驻村民警1名，专职保安2-4名，有条件的地方配备1名负责调解和重点人群教育管理的综治社工。全省共配备社区和驻村民警2万多人、民调干部10万多人、专兼职联防人员8.3万余人。

（四）不断壮大群防群治力量。全省配备专职保安队员29万余名，其中由政府筹资组建的社会面巡逻专职保安14.8万余名。建立义务治安群防群治队伍180多万人，平安志愿者57.7万余名，形成了众志成城保平安的工作格局。

江苏省社会治安综合治理委员会关于深入开展系列平安创建活动的意见

（2008年6月24日）

为更好地发挥各级综治委成员单位的积极作用，努力形成"上下联动、条块协同、齐抓共建、整体推进"的平安建设工作格局，深入推进新一轮平安江苏建设，为"推动科学发展、建设美好江苏"营造和谐稳定的社会氛围，省综治委决定，在全省深入开展系列平安创建活动。现提出如下意见：

一、指导思想

高举中国特色社会主义伟大旗帜，以邓小平理论和"三个代表"重要思想为指导，深入贯彻落实科学发展观，紧紧围绕构建社会主义和谐社会和全省率先全面建成小康社会、率先基本实现现代化的奋斗目标，在省委、省政府的统一领导下，进一步组织动员社会各方力量，以开展系列平安建设活动为载体，不断增强各级综治委成员单位参与平安建设的责任感，有效拓展平安建设的广度和深度，确保各项工作措施落到实处，促进平安江苏建设的深入发展。

二、创建目标

系列平安创建的目标是，紧紧围绕新一轮平安江苏建设的奋斗目标，通过三至五年全面深入地推进系列平安创建活动，实现"三个明显提高"、"三个更加"和"三个不发生"，即部门参与平安建设的责任意识明显提高，部门和地方共同推进平安建设的合力明显提高，广大干部职工和人民群众参与平安建设的积极性明显提高；平安建设的根基更加牢固，平安建设的措施更加扎实，平安建设的长效机制更加完善；全省绝大部分开展平安建设的企业、市场、校园、医院、金融网点、文化娱乐场所、宗教活动场所、建筑工地、主要道路、铁路区段等单位达到平安建设要求，确保不发生有重大影响的群体性事件，不发生重大恶性刑事案件，不发生群死群伤的治安灾害性事故。

三、创建项目、责任分工和目标任务

系列平安创建活动坚持"谁主管、谁负责"和"条块结合、以块为主"的原则，实行党政领导、综治指导、主管部门牵头协调、相关部门密切配合，按照"一家为主、多家参与、条抓块包、齐创共建"的办法组织实施。各级党委、政府要高度重视系列平安建设工作，把系列平安建设工作摆上重要的议事日程。各级综治部门要把系列平安建设工作纳入当地平安建设的总体规划和责任考核体系，做到统筹兼顾，通盘筹划，合理安排。公安、工商、经贸、教育、卫生、人民银行、建设、民族宗教、妇联等部门和组织，是系列平安创建活动的牵头单位，负有牵头协调之责，要充分发挥行政管理职能作用，结合部门行业特点和工作实际，完善工作措施，确保系列平安创建的各项措施落实到系统的各个部门和基层单位。其他配合单位要积极履行参与社会治安综合治理的工作职责，积极配合牵头单位开展创建活动，既要各司其职，又要密切配合，形成齐抓共管的合力。系列平安创建活动的具体项目范围、责任分工及目标任务如下：

（一）平安企业

创建范围：各种所有制形式的大中型生产性企业

牵头单位：省公安厅

配合单位：省经贸委、劳动厅、工商局、安监局、总工会

目标任务：实行法定代表人负责制，建立健全安全监督管理机制。建立责任明确的治安保卫制度，治保、民调、消防组织健全，落实单位内部安全防范措施，严防重大刑事案件、治安案件及安全生产事故的发生。加强对职工的法制宣传教育，增强广大职工遵纪守法的自觉性和维护自身合法权益的能力，推进民主管理，实施依法治理。定期排查、及时化解矛盾纠纷，矛盾纠纷调处成功率达95%以上，不发生重大劳资纠纷，不发生越级上访和群体性上访事件。外来用工较多的单位落实外来人员“集中住宿、集中管理、集中服务”等有关服务管理措施。

（二）平安市场

创建范围：各类（规模性的）商品交易市场

牵头单位：省工商局

配合单位：省公安厅、卫生厅、药监局、安监局、质监局、物价局

目标任务：建立健全各类商场和专业市场的安全设施管理、重要物品安全管理、要害部位安全保卫、消防安全、机动车辆安全、外来人员、涉外工作安全等各项管理制度，落实安全防范措施，确保各类商场和专业市场治安秩序良好，市场内不发生杀人、抢劫、放火、爆炸、系列扒窃盗窃等有重大影响的案件，不发生有重大人员伤亡和经济损失的安全生产事故，不发生制假、售假和坑蒙、欺诈顾客的现象，不发生市场工作人员严重违法犯罪现象，不发生群体性事件和“民转刑”案件。

（三）平安校园

创建范围：各级各类大、中、小学、幼儿园

牵头单位：省教育厅

配合单位：省公安厅、司法厅、劳动厅、建设厅、文化厅、工商局、新闻出版局、保监局、团省委

目标任务：实行综治和平安建设工作校长负责制，层层落实工作责任。建立校园警务站（室）或校园“110”，中小学校要配齐法制副校长或辅导员，积极开展安全教育、法制教育和反邪教、反毒品、反传销等警示教育。逐步配强维护校园治安安全的保安队伍，深入开展校园及周边治安整治工作。保护青少年合法权益，积极预防在校青少年学生违法犯罪，确保不发生校外人员入校侵害师生的刑事案件和治安案件。重视学校内各类建筑物安全，不发生造成师生伤亡和重大经济损失的安全事故，认真实施中小学校方责任强制保险。

（四）平安医院

创建范围：各类医疗机构

牵头单位：省卫生厅

配合单位：省法院、检察院、公安厅、宣传部、民政厅、司法厅、工商局、药监局、安监局、保监局、质监局、物价局

目标任务：实行综治和平安建设工作法定代表人负责制，层层落实工作责任。重点要害部位技防设施安装到位，管理规范，运作正常。特殊工种人员持证上岗，并对相关设备、线路坚持定期检查维护。加强毒、麻、精神和放射性等药品的管理，防止流失和误用。不发生工作人员违法犯罪现象，不发生因医患矛盾纠纷引发的群体性事件，不发生重大刑事案件、造成重大经济损失或人员伤亡的事故，不发生传染病源扩散、蔓延事件。按照建立健全处理突发性公共卫生事件应急机制的要求，完善应急预案，做好应急突发事件的各种准备。

（五）平安金融

创建范围：银行业金融机构及网点、保险公司、证券期货经营机构等

牵头单位：人民银行南京分行

配合单位：省公安厅、保监局、银监局、证监局

目标任务：安保队伍健全，严格值班制度，加强值班巡查；按照国家相关行业标准进行各项安全防范设施建设，不发生可防性盗抢案件。预防

职务犯罪措施扎实有力，不发生职务犯罪案件。强化防范意识，严格规章制度和防范控制，落实反洗钱、防诈骗工作措施。按照有关法律规定，积极配合有关部门，严厉打击各种经济犯罪。保证客户在营业区内的人身财产安全。

（六）平安电力

创建范围：电力设施场所

牵头单位：省经贸委

配合单位：省公安厅、建设厅、交通厅、工商局、安监局

目标任务：建立健全对电力设施保护工作的规章制度，完善电力设施保护区范围内工程项目的许可审核程序，健全电力生产安全突发事件的应急预案并定期演练。严厉打击盗窃破坏电力设施的违法犯罪活动，强化电力设施的日常运行维护和管理，确保电力设施安全运行。大力开展宣传教育，不断提高人民群众对电力设施的保护意识。

（七）平安工地

创建范围：各类建筑工地

牵头单位：省建设厅

配合单位：公安厅、劳动厅、安监局、保监局

目标任务：严格落实安全责任与防护措施，加强安全生产教育，有效遏制重特大安全事故。各类特种作业人员持证上岗，杜绝违章指挥、违章作业、违反劳动纪律等现象。施工现场实行封闭管理，严防重大刑事案件、治安案件及安全生产事故的发生。施工总承包单位建立外来人口服务管理机构，加强对外来务工人员的管理。加强文明施工，施工工地要采取必要的防噪声、防灰尘措施，不得焚烧有毒、有害物质。加强食堂卫生管理，严防食物中毒事故发生。正确处理劳资关系，维护工人合法权益，杜绝拖欠工人工资，不发生重大劳资纠纷，充分发挥商业保险的补充作用，鼓励外来务工人员和用工单位投保人身意外伤害保险。

（八）平安畅通县（市区）

创建范围：省内主要干道

牵头单位：省公安厅

配合单位：省发改委、建设厅、交通厅、教育厅、工商局、安监局

目标任务：认真贯彻实施《道路交通安全法》、《江苏省道路交通安全条例》等法律法规，落实地方各级政府和交通、建设、教育等部门及车辆单位交通安全责任，健全重特大事故责任追究机制，加强交通安全基础设施建设；加强道路交通安全执法工作，加强城乡道路交巡警中队和农村派出所交通警务室的建设，充实道路交通安全管理力量，强化道路交通安全源头治理，落实车辆、驾驶人管理措施，及时排查整改道路交通安全隐患，确保城乡交通死亡事故总量得到有效控制，不发生一次死亡10人以上的重大交通事故。加强交通安全宣传教育工作，建立交通安全宣传教育阵地，深入推进道路治安防控体系建设，全面落实街面巡防民警既管治安又管交通、交巡警和派出所共管社区道路交通等警务改革措施。

（九）平安文化娱乐场所

创建范围：音像书籍销售网点、网吧、游戏厅、歌舞厅、桑拿浴室、洗头房等文化娱乐场所

牵头单位：省公安厅

配合单位：省文化厅、工商局、通信管理局

目标任务：严格按照《江苏省公共场所治安管理条例》等规定以及《关于深化文化市场综合治理开展文化市场平安建设的意见》（文市发[2007]26号）的要求，切实加强文化娱乐场所的管理，加大知识产权保护力度，规范经营行为，严厉打击“黄、赌、毒、娼”等违法犯罪行为，严格落实治安、消防等安全防范措施，确保各类文化娱乐场所治安状况良好，不发生有影响的重大刑事案件和重大治安灾害性事故。

（十）平安家庭

创建范围：城乡家庭

牵头单位：省妇联

配合单位：省公安厅、民政厅、司法厅、广电局、团省委

目标任务：增强“五个意识”，即增强家庭成员的懂法守法意识、安全防范意识、健康文明意识、和睦相处意识、男女平等意识，做到“四防”，即防拐卖、防盗窃、防抢劫、防隐患，实现“四无”，即无涉毒、无赌博、无暴力、无犯罪，使家庭成员团结和睦、尊老爱幼、更加充满活力，家庭关系更加和谐美满。

（十一）平安宗教活动场所

创建范围：寺观教堂及其他固定宗教活动场所

牵头单位：省宗教事务局

配合单位：省委610办、公安厅、司法厅、文化

厅、旅游局

目标任务:加强宗教活动场所的治安防范工作,加强对信教人员和信教群众的法律宣传,积极调解宗教纠纷,确保宗教活动场所治安秩序良好,无重大刑事案件和治安灾害性事故,无利用宗教场所进行非法、违法活动,教职人员对宗教活动场所的治安满意度达90%以上。

(十二)平安铁路区段

创建范围:全省所有铁路区段

牵头单位:省护路办

配合单位:省公安厅、司法厅、财政厅、工商局、省军区政治部、物价局、上海铁路局

目标任务:深入开展平安铁路区段创建活动,大力开展涉路矛盾纠纷排查调处工作,扎实推进铁路沿线治安防控体系建设,定期排查整治铁路沿线的突出治安问题,切实加强爱路护路宣传教育等基层基础工作,确保铁路沿线不发生群体性拦车断道、火灾、中毒、爆炸和车辆肇事等重大案件、事件和事故,确保铁路运输安全畅通。

此外,其他省综治委成员单位可按照中央有关部门的统一部署或根据本部门本行业的实际需要,组织开展除上述所列十二项以外的创建项目,需要有关省综治委成员单位配合的,相关单位要积极配合开展工作。各地可根据实际适当拓展创建范围,进一步扩大创建覆盖面。

四、工作要求

(一)加强领导,健全网络。系列平安创建活动是把社会治安综合治理和平安建设各项措施进一步落实到各行各业和基层单位的有效载体。各级党委、政府和相关职能部门要把深入开展系列平安创建活动作为执政为民、保一方平安的一项重要任务,进一步统一思想认识,增强开展系列平安创建活动的自觉性和责任感。要把系列平安创建活动纳入本地和本部门平安建设的总体规划,纳入行业管理和发展的总体规划,摆上重要议事日程,切实加强组织领导,提供强有力的人力、物力和经费保障。各项平安创建活动都要成立专门领导小组,由牵头单位主要领导担任组长,各配合单位分管领导担任领导小组成员,牵头单位分管领导任办公室主任,牵头单位职能处室承担日常工作,具体负责各项创建工作的整体推进,组织督查、指导和考核,及时发现创建工作中的突出问题,提出对策和建议,提请领导小组研究解决。领导小组成员单位要明确一名职能处室负责人担任联络员,加强对本系统该项创建活动的检查、督促、指导。要建立健全牵头会办、联席会议、领导述职、检查考核等各项制度,把系列平安创建活动不断引向深入。

(二)科学规划,有序推进。各项平安创建活动领导小组及其办公室要抓好规划制订、标准设定、宣传发动等工作,确保系列平安创建活动有序推进。一是要认真进行规划。各项平安创建活动牵头单位要针对本部门、本行业特点,会同相关配合单位,研究制定相关系列平安创建活动的实施意见,确定参与创建的具体对象范围,拟订创建活动的具体规划以及每年的工作重点,明确达标进度要求,分层次、分步骤逐年循序推进。二是要科学制定创建标准。要深入基层开展调查研究,在全面摸清底数、广泛听取各方面意见和建议的基础上,科学制定创建活动的具体标准,并根据各类创建对象的不同条件,确定不同创建目标等级,使系列平安创建活动有章可循、有据可依、有标可达。三是深入宣传发动。各项平安创建活动领导小组要专门召开会议动员部署,层层组织宣传发动。牵头部门加强与配合单位的分管领导、联络员等相关人员的信息交流,确保他们能够熟知创建活动的内容和要求,及时掌握创建活动的进展情况。要采取多种形式,深入社区、村镇和机关企事业单位,加强系列平安创建活动的宣传,增强广大干部群众的创建意识。充分利用报刊、广播、电视等新闻媒体,开辟专栏、设立专题,在全社会营造系列平安创建活动人人有责的浓厚氛围,最大限度地动员人民群众积极投身创建活动。

(三)突出重点,强化措施。各地各部门要紧紧围绕维护社会稳定、压降违法犯罪案件、减少安全事故的目标,因地制宜,因情施策,扎实抓好系列平安创建活动重点工作措施的落实。一是努力化解不稳定因素。要切实增强各类创建主体维护国家安全的意识,严密防范境内外敌对势力、敌对分子的渗透破坏活动和暴力恐怖活动。进一步健全本单位、本系统化解社会矛盾纠纷的组织建设,加强企事业单位调委会、行业性调委会的建设,织密调解工作网络,健全矛盾纠纷排查调处机制,确保单位内部矛盾纠纷能够及时发现、及时调处,努

力把矛盾纠纷化解在单位内部，防止越级上访和发生群体性事件。积极做好与当地矛盾纠纷调处中心的工作对接，按照归口办理的原则，各职能部门或调解组织对调处中心交办的矛盾纠纷，要在规定时限内调处终结，并反馈结果。对跨部门、跨行业等各类疑难复杂的矛盾纠纷，难以调解的，按规定程序回流至调处中心，由调处中心调处会办。二是狠抓治安防范。要深入贯彻《企业事业单位内部治安保卫条例》，切实加强单位内部保卫机构和保卫力量建设，加大投入力度，全面落实创建单位的技防、人防、物防、意识防范措施，把专防与群防、外部与内部防范有机结合起来，努力压降创建单位内的各类案件。牵头部门要对行业内多发性案件进行认真梳理，分析案件类型、易发案部位以及作案人员特点，从中发现作案规律，提高防范工作的针对性。要强化社会管理，特别是加强机关企事业单位内部管理和流动人口的服务、管理，加强干部职工法制教育，有效预防和减少违法犯罪。三是努力压降安全事故。落实安全工作责任，健全安全监管体制，严防发生重特大安全事故。要突出生产、建设、运输、饮食、药品、易燃易爆、危险物品以及人员密集场所等容易发生群死群伤事故的行业、场所、部位，加强安全隐患排查，堵塞管理漏洞。尤其要加强人群密集场所的消防工作，着力完善基础消防设施建设，建立健全火灾隐患定期排查整改机制，积极预防和压降火灾事故。要从各行各业的特点出发，梳理分析本单位可能发生的各类突发事件，研究制定应急预案，提高抗灾防变能力。

（四）加强考核，严格奖惩。省综治五部门将把开展系列平安创建活动的情况列入对各地和省综治委成员单位的综治和平安建设的年度考核。各系列平安创建活动领导小组及其办公室要制定相关系列创建活动的评估标准和考核办法，建立健全检查考核和奖惩激励机制，使各项系列创建活动有督查指导、有检查考核、有命名表彰、有责任查究。要把定期检查与临时抽查、明查与暗访有机结合起来，坚持边检查边指导，跟踪落实整改措施，扎扎实实帮助基层提高创建水平。各地要结合实际，参照省里的标准和做法，制定当地系列平安创建活动的考评办法，并充分体现考核验收的可操作性、评先评优的客观公正性和创建活动的导向性。要严格兑现奖惩，对达到创建标准的单位要及时进行评定命名，对在系列平安创建活动中组织有力、成效突出的单位和个人进行表彰和奖励；对因创建工作不力导致发生影响社会稳定重大问题的地方、部门和单位，要追究有关领导和直接责任人员的责任。

江苏省社会治安综合治理委员会
中共江苏省委组织部　江苏省人事厅
关于建立抓社会治安综合治理工作的
党政领导干部表彰奖励征求综治部门
意见制度的通知

（2008年12月4日）

各市综治委、市委组织部、市人事局，省综治委各成员单位：

为了落实社会治安综合治理责任制，进一步增强各级领导干部“维护社会稳定、保一方平安”的政治责任，依据中共中央、国务院《关于进一步加强社会治安综合治理的意见》（中发[2001]14

号)和省五部门制定的《江苏省社会治安综合治理领导责任制实施办法》精神,省综治委、省委组织部、省人事厅决定,在全省建立党政主要领导、分管社会治安综合治理工作的领导(以下简称"分管领导")及综治委成员单位主要领导、分管领导干部表彰奖励时征求综治部门意见的制度。现将有关要求通知如下:

一、各级组织、人事部门在为党政主要领导、分管领导及综治委成员单位主要领导、分管领导干部办理表彰奖励事项时,应把领导干部开展社会治安综合治理情况作为重要内容,并按规定程序书面征求综治部门意见。

二、各级综治部门要全面准确地了解掌握党政主要领导、分管领导及综治委成员单位主要领导、分管领导干部抓社会治安综合治理工作的绩效,真实、客观、公正地反映情况,认真填写《党政领导干部表彰奖励征求综治部门意见表》。

三、对发生影响社会稳定的重大问题,被实行社会治安综合治理责任查究、一票否决的地区和单位,取消被否决地区、单位责任人当年表彰奖励资格。

附件:党政领导干部表彰奖励征求综治部门意见表(略)

江苏省社会治安综合治理委员会
中共江苏省委组织部
关于加强领导干部履行社会治安综合治理职责情况考核的通知

(2008年12月4日)

各市综治委、市委组织部,省综治委各成员单位:

为了落实社会治安综合治理责任制,进一步增强各级领导干部"维护社会稳定、保一方平安"的政治责任,依据中共中央、国务院《关于进一步加强社会治安综合治理的意见》(中发[2001]14号)和中央综治委、中组部《关于党委组织部门在参与社会治安综合治理工作中发挥好职能作用的意见》(中组发[2003]25号),现就加强对领导干部履行社会治安综合治理职责情况考核的有关要求通知如下:

一、建立领导干部抓社会治安综合治理工作实绩档案

各级组织部门要了解党政主要领导、分管社会治安综合治理工作的领导(以下简称"分管领导")以及综治委成员单位主要领导、分管领导干部抓社会治安综合治理工作实绩情况,把领导干部履行社会治安综合治理工作职责的考核结果作为向党委提出干部任免奖惩建议的重要依据。各级综治部门要客观公正地反映下一级党政主要领导、分管领导和同级综治委成员单位主要领导、分管领导抓社会治安综合治理工作情况,认真填写《党政领导干部社会治安综合治理工作实绩评价表》,在年底前提交同级党委组织部和综治委存档备案。

二、建立领导干部考核征求综治部门意见制度

各级组织部门要切实把党政主要领导、分管领导和综治委成员单位主要领导、分管领导抓社会治安综合治理工作的能力和实绩列为干部考核的重要内容,在考核领导干部履行社会治安综合治理职责情况时,要征求同级综治部门对考核对象的意见,并作为一项制度坚持下去。综治部门要全面准确了解掌握领导干部抓社会治安综合治理的绩效,认真填写《党政领导干部履行社会治安综合治理工作职责情况意见表》，在五个工作日内反馈给组织部门。

附件：

1. 党政领导干部社会治安综合治理工作实绩评价表（略）

2. 党政领导干部履行社会治安综合治理工作职责情况征求意见表（略）

创设综治社工服务中心　拓展“社会人”管理新路子

南通市委　南通市人民政府

南通市坚持“专群结合，预防为主”方针，立足维护基层稳定、建设和谐社会，创新党的群众工作方式，创新社会管理机制，大胆探索建立综治社工服务中心新平台，吸纳社会力量参与社会建设，走出了新形势下“社会人”管理工作的新路子。

一、政府主导，构建社工服务中心

在组织建设上，发挥政府主导作用。突出抓好乡镇（街道）综治社工服务中心建设，将其作为反邪、禁毒、社区矫正、安置帮教、问题青少年管理等社会工作的运作实体。市和县（市）区建立综治社工服务中心建设领导小组及办公室，强化对综治社工服务中心建设工作的领导，明确综治社工服务中心工作由综治部门牵头、协调，相关部门参与，司法部门业务指导。全市134个乡镇（街道）全部建立综治社工服务中心，配备专职社工452名。

在工作保障上，强化财政有效投入。全市共投入经费总额达1600多万元，所有社工服务中心均达到“三有”标准，即有两间以上办公房、有三名以上专职人员、有电脑等现代办公设施。

在机构运作上，准确定位工作职能。综治社工服务中心坚持一个属性，综治社工服务中心是政府主导下组建的新型政法综治工作社会组织，遵循“政府主导、综治牵头、社工运作、司法指导、部门联动、各方参与”的总体原则；突出两大重点，即政府出资购买服务和社工专业运作；整合三支力量，以综治社工力量为主体，配套聘用各类专家，配套发动起来的或自愿参加的兼职社工；明确四项职能，即对工作对象进行困难救助、心理疏导、行为矫治和监督控制；服务五类对象，社区矫正人员、刑释解教人员、涉邪人员、涉毒人员、问题青少年（主要指失学、失管、失足青少年）。

二、规范管理，加强中心机制建设

突出“五项”机制建设：

严格的招聘机制。完善笔试、面试、体检、政审等各个环节的流程规章，严格大专以上学历要求，严格法律、社会学、心理学等专业要求，确保了面向社会公开招聘社工的政治品质和基本素养。

完善的培训机制。形成岗前、实务、理论、资格、晋升、拓展等不同阶段和层次的培训阶梯，推行社工职业资格认证制度，形式多样地采取个案参与、跟班学习、短期轮训等培训方式。司法行政、公安机关、610办等职能部门主动将综治社工纳入培训范围，全面加强反邪、禁毒、社区矫正等专业培训。

“老、中、青”传帮带机制。针对综治社工的年龄结构偏轻、工作阅历偏浅、实务经验偏少的实际，大力吸纳“老司法”、“老公安”、“老教师”充实到社工队伍中来，担任社工服务中心常务副主任，较好地发挥起“传、帮、带”作用，有力促进了全市综治社工队伍的快速成长。

日常管理工作机制。出台《关于建立和完善综治社工服务中心的实施意见（试行）》、社工服务中心《管理办法》、《工作职责》等规定。实行“六个统一”：统一标识、台账、工作职责、工作制度、工作流程图和工作目标；建立“六个一”管理机制，即“一月一议事、二月一培训、三月一交流、一季一讨论、半年一考核、一年一总评”。同时还完善职能部门联席会议制度、社工服务中心季度交流制度、社工列席综治例会制度等工作制度。

完备的考核机制。实行社工中心和社工“双考核”，对社工服务中心，将工作对象建档率、接触率、个案成功率、违法犯罪率作为考核的重要指标；对社工，根据专业理论、社工工作量、工作成效、自身建设等四大指标体系进行考核评定，并将考核结果与个人的工资、奖金直接挂钩。

三、高效运作，形成中心工作特色

在工作方法上，把握“六个步骤”：即接纳对象、制定个案、教育转化、跟踪服务、定期回访、巩固成果六个步骤。遵循“尊重、平等、接纳”的工作原则对待每一位工作对象；及时进行个案评估，明确工作计划；综合运用多种手段进行矫治，为工作对象提供多方面服务，对其在教育转化过程中出现的变化或问题，及时调整教育服务内容和措施；建立电话回访、上门看望、走访社区、信息反馈等工作机制，定期不定期了解工作对象的动态情况，巩固教育转化成果。综治社工服务中心建立以来，全市建立工作对象个人档案5098份，开展个案服务5098个，开案率达100%，个案成功4524个，个案成功率达88.7%。

在对象管理上，实行“三色管理”：对工作对象采用红、黄、绿三种颜色来区分，要重点帮扶的为红色工作服务对象，为不良行为严重、高危人员；重点关注的为黄色工作服务对象，为具有不良行为、中危人员；积极关注的为绿色工作服务对象，即轻微罪错、低危人员。通过“三色管理法”，社工服务中心开展个案工作更有针对性、更具操作性，从而提高了效率，优化了效果。

在工作力量上，突出“三方联动”：社工服务中心的工作开展以综治社工为主体和核心，同时聘请心理学博士、律师、婚姻和社会学方面各类专家，对个案工作中疑难杂症进行“会诊”，确保个案成功。另外，广泛招募志愿者，积极开展法制宣传、救助帮扶、心灵沟通等工作，从而构筑起综治社工、各类专家和志愿者三方联动的工作格局，大大提高了个案工作的成功率，扩大了社工服务工作的社会效益。2007年，全市各综治社工服务中心聘请各类专家56名，招聘各类志愿者2335名。

在资源整合上，推行“十项对接”：积极探索综治社工服务中心与公安、司法、团委、610办、劳动、民政、工商、教育、社区、企业的对接机制。通过与公安、司法、610办等部门的对接，对工作对象做到了底数清、情况明、管理得力；通过与劳动、民政、工商、教育等部门的对接，为工作对象有效提供了生活保障、就业指导、创业帮扶、子女上学等救助服务。通过与各社区、各类企业的对接有效整合起了社区资源，形成全社区一起来关心社工服务对象的浓烈氛围，解决了工作对象安置、就业、捐款等多项困难。2007年全市社工服务中心为各类工作对象解决就业问题1297人次，协助工作对象创业223人次，为工作对象申请低保117人次，为工作对象解决子女入学问题18人次，为工作对象募集经费18.57万元。帮助工作对象进行学历技能培训、消除心理困难、化解家庭危机、解决青少年网瘾、纠正行为偏差等1220人次。

以人为本　注重服务
切实加强外来人员服务管理工作

苏州市社会治安综合治理委员会

近几年来，苏州市以“三个代表”重要思想和科学发展观为指导，紧紧围绕发展社会经济、维护社会稳定、构建和谐社会的奋斗目标，创新理念、创新服务、创新管理，切实加强对外来人员的服务管理工作，推动全市各项事业全面发展。

一、坚持以人为本，强化外来人员服务管理保障功能

一是强化外来人员服务管理政策保障。平安

建设活动开展以来,市综治委和市有关部门先后出台了《苏州市外来人员管理工作实施办法》、《苏州市进城务工农民子女就学管理办法》、《苏州市外来工子弟学校合格标准(试行)》、《关于进一步加强外来人员子女义务教育管理工作的意见》等文件,为规范全市外来人员服务管理工作提供了有力的政策保障。

二是强化外来人员服务管理齐抓共管保障。市综治委成立了由党政17个职能部门参与的外来人员管理工作领导小组,从公安、劳动、计生等部门抽调人员成立外来人员管理办公室,具体负责全市外来人员管理的指导和协调工作。各县级市、区和镇、街道也成立了相应的管理班子,建立了一个统一、高效、权威的三级管理组织,形成了职能部门、用工单位(房屋出租户)、协管员三级协同管理网络,全社会齐抓共管局面初步形成。据统计,全市已建立外来人员管理组织2287个,登记站或管理组1978个,聘用专兼职协管员12000多名。

三是强化外来人员服务管理经费保障。市委、市政府明确外来人员管理经费由各级财政保障一点、从征收房屋租赁营业税中提取一点、从办证工本费中解决一点、从物业管理费中补充一点等办法予以解决。其中财政解决的经费总额按上一年度外来人员总数每人30元计算,列入财政预算,实行专款专用。

二、坚持优化管理,强化外来人员服务管理工作举措

一是大力推进外来人员集宿化管理。在平安建设活动中,出台了《关于加快推进外来人员集宿化管理的意见》,采取“政府搭台、部门协作、政策扶持、多元经营、市场运作、规范管理”等多种措施大力推进外来人员集宿楼建设,动员散居在社会面上的外来人员集中住宿。截止2007年底,全市共建质量较好、环境较美、租金较低的外来人员集宿区(点)15661,入住外来人员236.9万,集宿率达40.3%。外来人员宿舍区普遍安装了电视、电话、卫生间、淋浴器,并有邮政所、小银行和小商店等设施,形成了“社会化”和“人性化”管理的模式。

二是大力推进外来人员信息社会化采集。2006年,市综治委召开专门会议,启动了全市外来人员信息社会化采集试点工作。投入1000万元,综合开发以流动人口信息系统为基础,兼顾公安、卫生、劳动保障、房管、计生、工商等各部门信息需求的苏州市非户籍人口综合信息管理系统,并列为市政府实事工程。2007年在办理外来人员暂住证、信息输入等工作中,收缴假身份证2146张,抓获外来违法犯罪人员22148名,破获刑事案件8066起,抓获网上“三逃”人员859名。

三是大力推进外来人员分类管理。对有正当职业、固定住所和工作、生活比较稳定的外来人员,采取与常住人口一样管理,纳入本地人口管理的总体规划;对用工单位的外来人员,按照“谁用工、谁管理”的原则,依法落实用工单位和雇工业主的管理责任;对租住在房屋出租户内的外来人员,坚持“谁出租、谁负责”的原则,建立以房管人新机制,落实房主责任。在房屋出租户建立“五个一”管理制度基础上,按“放心户”、“基本放心户”、“不放心户”三种类型实行分类管理,将工作重点放在“不放心户”身上。

四是大力推进外来劳动力市场化管理。目前,全市已建成了以市、县级市、区和乡镇、街道为主体的三级公共职业介绍机构网络,全部对外开放。2007年,113个公共职介机构全部对农村劳动者提供免费服务,组织免费招聘专场200场,为17.65万人次提供职业介绍。各职业介绍机构及时为流动就业人员提供求职登记,加强对劳动力的管理。

三、坚持服务领先,强化维护外来人员合法权益

一是开展法制教育,提供法律援助。充分利用新闻媒体,采取印发宣传资料、举办咨询活动、建立市民学校、民工学校,创造条件为外来人员提供学习机会,提供法律咨询和法律服务。市委政法委编印《新苏州人学法守法用法指南》60万册。司法行政部门发放《市民法律知识读本》,开展“法律进社区”、“法制文艺百镇千村行”、送戏进工地、集宿区等活动。全市各级部门共播映法制宣传片460多场次,播放法制电影300多场次,发放农民工法律服务爱心卡等10万余份,解答外来人员法律咨询4000人次,提供法律援助576人次,调处外来人员矛盾纠纷2000余件。

二是外来民工与我市城镇居民实行“三同

等”。即在就业、培训、社会保险等方面与苏州市城镇居民实行“三同等”。就业方面，实行城乡劳动者自主择业，取消对外来民工流动就业的户籍限制，取消外来劳动力调节费、外来务工经商人员管理服务费等行政事业性收费。外来民工享受与下岗失业人员同等的就业待遇。培训方面，我市对外来劳动力统一实行就业培训制度。培训合格者由市劳动保障部门统一发放《外来务工、经营人员就业培训合格证》。2007 年共培训 47.8 万人。社会保险方面，凡在我市各类企业中工作的外来人员，均须参加养老、医疗、失业、工伤、生育等五项社会保险。其中养老、医疗、工伤、生育的缴费与我市城镇职工的缴费比例相同，失业保险只要企业缴纳其本人工资收入的 2%，外来民工本人无需缴纳，较好地保护了外来民工的社保利益。

三是切实解决外来人员子女入学问题。按照“积极吸纳，支持办学，加强管理，逐步规范”的方针，把流动儿童少年入学问题当作政府法定义务纳入本地教育事业的发展规划。市委、市政府明确规定外来人员子女在义务教育阶段公办中小学校就读的同样享受免费义务教育。公办学校尽可能吸纳流动儿童少年就读。扶持、规范外来人员自办的子弟学校。目前，全市经教育行政部门批准和备案的民工子弟学校为 137 所，高校与民工子弟学校结对，聘请退休校长、教师担任民工子弟学校顾问等爱心结对活动正在全面推开。

江苏省综治委、办机构情况和负责人名单

一、省综治委机构情况和负责人

省综治委内设流动人口治安管理工作领导小组、刑释解教人员安置帮教工作领导小组、预防青少年违法犯罪工作领导小组、学校及周边治安综合治理工作领导小组和铁路护路联防工作领导小组。下设综治办。

省综治委主任：林祥国　省委常委、政法委书记

省综治委副主任：柏苏宁　省人大常委会副主任

李小敏　副省长

张九汉　省政协副主席

二、省综治办机构情况和负责人

省综治办下设综治协调处和综治指导处。

省综治办主任：张新民　省委政法委副书记

省综治办专职副主任：夏存喜

江苏省各市、县（市、区）综治委、办主任名单

地　区	综治委主任	综治办主任	地　区	综治委主任	综治办主任
南京市	杨　植	徐福华	下关区	贺南南	王祥保
玄武区	易　兵	刘　勤	浦口区	成玉祥	江志树
白下区	陆平贵	黄　进	栖霞区	胡晓健	王志刚
秦淮区	王根宝	张正贵	雨花台区	吴勇强	娄华训
建邺区	洒荣涵	张圣勇	江宁区	孙桂明	吕克忠
鼓楼区	姚　坚	赵　耀	六合区	彭家龙	刘再进

地　区	综治委主任	综治办主任	地　区	综治委主任	综治办主任
溧水县	邱　建	周　毅	东台市	崔　康	吴念军
高淳县	张毓华	邢平贵	大丰市	张建洋	倪菊平
徐州市	李开文	陈栋梁	射阳县	戴　道	徐　进
云龙区	张明生	毕华明	阜宁县	魏伏银	蒋新林
鼓楼区	孙宗响	魏守海	滨海县	王　斌	茆训松
九里区	夏春辉	李　伟	响水县	邵礼青	崔　凯
贾汪区	张元成	周保平	建湖县	李容鉴	符庆如
泉山区	徐思群	李伯永	**扬州市**	陈卫庆	尤如贵
邳州市	颜廷峰	吴剑峰	维扬区	张　建	居泽平
新沂市	赵立群	周其林	广陵区	陈博文	戴向萍
铜山县	毕于瑞	朱　刚	邗江区	徐圣龙	孙承平
睢宁县	杨晓明	王　凯	仪征市	王庆山	李正涛
沛　县	邵德强	何剑锋	江都市	许　煜	李明和
丰　县	罗德清	张福海	高邮市	黄为民	王家斌
开发区	汤文浩	戴　斌	宝应县	秦有芳	钱克华
连云港市	董恕娟	孙　灿	开发区	季允丰	李永昌
新浦区	汤成元	陈新民	**泰州市**	高纪明	邹祥凤
连云区	江锦峰		海陵区	叶海波	树爱萍
海州区	于振强	李　平	高港区	张兆洋	邱爱平
赣榆县	侍启顺	王召涛	靖江市	陈燕国	孙　群
灌云县	陆永军	宋明科	泰兴市	张泽民	鲍曙境
东海县	李　莉	宿金平	姜堰市	钱　娟	张　进
灌南县	王文鹏	李雪峰	兴化市	张育林	杨加安
宿迁市	侍　鹏	侍孝民	**南通市**	陈　斌	邵怀德 （2008 年 7 月起）
宿城区	周立保	吴光华			
宿豫区	侯春静	管守南	崇川区	俞汉林	徐晓明
沭阳县	黄苏林	王伟明	港闸区	许美云	苏桃宝
泗阳县	王业珍		海门市	黄汉忠	陈德和
泗洪县	冯同军	王志才	启东市	蔡振标	王　飞
淮安市	王友富	朱　锦	通州市	陈　栋	施小镭
清河区	朱维佳	戴少华	如皋市	陈慧宇	周勇骑
清浦区	庄建禾	陈晓军	如东县	陈建华	陈登山
楚州区	孙一峰	秦耀明	海安县	邵怀德 （2008 年 7 月调离）	黎晓明
淮阴区	朱从耀	金　奇			
金湖县	杨步新	闵宇平	开发区	丁秉华	丁秉华
盱眙县	花纯艳	夏厚成	**镇江市**	黄宝荣	陈林海
洪泽县	施恩佩	夏文新	京口区	孙国平	潘朝中
涟水县	刘可壮	吴华明	润州区	缪杏沛	陈维怡
盐城市	陈正邦	蔡南琳	丹徒区	张国金	吴国华
亭湖区	宋　勇	卞子华	扬中市	马建生	殷立峰
盐都区	穆　芹	蒋映晖	丹阳市	周爱仙	秦兆金

地　区	综治委主任	综治办主任	地　区	综治委主任	综治办主任
句容市	章壮钧	纪书生	江阴市	须振宇	刘国兴
新　区	陈发祥	王　文	宜兴市	邵亚群	吴自强
常州市	孙国建	陈　村	新　区	张明烈	王立新
新北区	陆　敏	张银龙	**苏州市**	邱岭梅	蒋国忠
钟楼区	张晓平	赵　爽	金阊区	张　齐	陶健立
天宁区	韦东生	季卫东	沧浪区	徐文祥	王建宪
戚墅堰区	蔡　骏	史　一	平江区	朱建春	刘爱平
武进区	臧建中	蒋建社	虎丘区	缪文学	范品才
金坛市	张建华	李　皓	吴中区	李　斌	沈文群
溧阳市	赵国兴	戴忠平	相城区	周天平	刘胜武
无锡市	戴解平	魏持红	吴江市	沈荣泉	倪永根
崇安区	刘　玲	吕　恺	昆山市	沈黎明	蔡秋燕
南长区	徐　越	王国梁	太仓市	夏林祥	毛义明
北塘区	王建军	戴旭林	常熟市	桑五官	陈兴元
滨湖区	王刚庆	李　河	张家港市	李汉忠	周春峰
惠山区	吴仲林	顾惠恩	工业园区	程云清	刘　钢
锡山区	朱爱勋	张骁杰			

（撰稿人：周和林
审稿人：张新民　王雪鹏）

浙　江　省

2008年社会治安综合治理工作概况

2008年，全省各级党委、政府和各有关部门紧紧围绕贯彻落实党的十七大、十七届三中全会精神，紧紧围绕省委"创业富民、创新强省"总战略和推进经济转型升级的决策部署，紧紧围绕奥运安保这一中心任务，坚持和发展"枫桥经验"，切实加强社会治安综合治理，深化平安建设，有力推进综治和平安建设各项工作措施的落实，巩固和发展了全省和谐稳定的良好局面。

一、认真落实领导责任制，综治和平安建设工作的合力不断增强

充分发挥领导责任制的"龙头"作用，各级党政领导从思想上、组织上、工作上切实加强对社会治安综合治理和平安建设工作的领导，"保一方平安"的责任意识进一步增强。

加强组织领导。为确保综治和平安建设工作的顺利实施和扎实推进，省委通盘布局、科学谋划，将其作为经济、政治、文化、社会"四位一体"建设的重要内容，放到"创业富民、创新强省"总战略中去谋划，主要领导亲自抓，分管领导直接抓，其他领导配合抓。省里成立由省委书记赵洪祝，省委副书记、省长吕祖善，省委副书记夏宝龙及6名省委常委参加的平安建设领导小组，加强组织领导和指导协调。省委常委会每半年分析一次全省社会治安和社会稳定形势，市、县、乡镇各级都建立了社会治安和社会稳定形势分析制度，及时研究解决突出问题。省里将综治和平安建设工作经费列入年度财政预算，省政府拨款800万元经费用于保障综治工作和平安建设。各市（县、区）将综治和平安建设经费列入财政预算，按照人均0.5－5元的标准，拨出专项工作经费，有力保障了工作的顺利开展。杭州市县两级财政投入平安综治经费2.1亿元，宁波市用于动态视频监控系统建设资金累计达11亿元，绍兴市县两级投入平安综治经费7000余万元、基本实现"无障碍保障"。

强化目标责任。省、市、县、乡镇、村（社区、企业）五个层面层层签订社会治安综合治理目标管理责任书，对各地、各部门年度综治工作任务和具体目标等进行量化分解。一些地方的党政主要负责人与下级党委政府"一把手"签订落实综治责任书，杭州市从1992年开始坚持由市委书记、市长与各县（市、区）"一把手"签订综治责任书。省综治委建立了综治成员单位年终述职制度、联系点制度、联席会议制度、参与综治检查考评、参评省级综治先进集体等制度，较好地激发了成员单位参与综治工作的积极性。省综治委下发成员单位年度职责任务分工，年终进行考核，并将政府部门开展综治工作情况纳入省政府对部门工作绩效考核。各成员单位按照一把手负总责和"谁主管，谁负责"的原则，及时调整充实社会治安综合治理工作领导小组，由主要领导或分管领导任领导小组组长；明确职能处室，配备综治联络员和专兼职干部负责日常工作。

落实奖惩措施。注重发挥考核的导向作用，坚持重结果、动态性、强责任的原则，探索建立了一套具有浙江特色、符合实际的综治和平安考核体系。由省领导带队，对各市、县（市、区）综治和平安建设情况进行全面检查考核。在考核验收的基础上，省委、省政府命名表彰一批"平安市、县（市、区）"和"综治工作优秀市"，表彰了2006－2007年度省级社会治安综合治理先进集体160个、省级社会治安先进个人100名，对连续三年被评为"平安市、县（市、区）"的，授予平安鼎。将党政主要领导干部抓综治和平安建设工作的能力和实绩列为干部考核重要内容，并把考核结果作为向党委提出干部任免奖惩建议的重要依据。2008年，全省共对76个单位和47名个人实行了“一票否决”。

二、围绕奥运安保中心任务，“两个排查”活动深入有序开展

根据中央综治委的统一部署，全省各级各部门紧紧围绕确保北京奥运会安全顺利举办、确保全省大局持续稳定的目标，广泛深入开展了排查调处矛盾纠纷、排查整治治安混乱地区和突出治安问题活动。活动期间，全省共排查出各类矛盾纠纷8.8万余起，调处成功8.5万余起，调处成功率达97.4%；排查出治安混乱地区和突出治安问题及安全隐患4760个(件)，整治率达98.2%。

领导重视，全员参与开展活动。围绕奥运安保工作，各级党委政府和各部门以前所未有的重视程度、前所未有的精神状态、前所未有的工作力度抓好“两个排查”活动。省及各市县主要领导亲自抓、分管领导具体抓，专门成立“两个排查”活动领导小组，认真制定工作方案，召开常委会、综治工作会议、形势分析会等，对“两个排查”活动进行部署推进。金华市开展了“迎奥运、解矛盾、建机制、保稳定”主题活动，湖州市提出“决不给湖州抹黑、决不给浙江丢脸、决不给领导添忧、决不给奥运添乱”要求。各有关部门积极履行职能，认真排查分析本部门、本系统、本行业的矛盾纠纷和突出治安问题，形成工作合力，共同解决问题。各级综治组织和有关部门组成督导组，走访基层干部群众，实地检查督导。衢州市综治办专门召开全市重点问题交办会，对119件重点隐患进行交办、督办。台州市四套班子领导4次带队组织专题督查，及时发现并协调解决重大问题。余姚市对排查出的不稳定因素和信访突出问题实行红、黄、蓝三色预警机制，进一步强化责任、规范程序。积极发挥主流媒体的作用，广泛宣传发动，充分调动基层广大干部群众参与“两个排查”的积极性和创造性。台州市通过短信平台向群众发送防范、预警短信400万条，为“两个排查”活动营造了良好的舆论氛围。

综合施策，多措并举破解难题。各级各部门坚持全面排查、专项排查和重点排查相结合，深入细致开展调查排摸，及时掌握影响社会和谐稳定的突出矛盾纠纷、治安混乱地区和治安问题。湖州、丽水等市按照“无事当有事、小事当大事”的要求，开展滚动式、地毯式、拉网式排查，逐一登记造册、建立台账、梳理归类，逐件落实责任单位和责任人。温州市围绕做好奥运安保工作，组织开展了群体性事件隐患、八类重点人员等专项大排查。台州市以土地征用、房屋拆迁、金融债务、劳债纠纷、环境污染等引发的矛盾纠纷和突出问题为重点，深入开展排查。舟山市开展了机关干部“进家庭、知民情、暖人心、促和谐”活动，认真倾听群众呼声，帮助解决实际问题。广泛组织开展县委书记大接访活动，以及各级政法“四长”联合接访活动，参与接访的县级领导干部达5.6万人次，接待上访2.6万批次、8.5万人次，当场解决信访事项5500多件。各地各部门针对影响社会稳定的突出治安问题，开展了一系列专项打击整治行动，促进了社会治安秩序的平稳好转。温州市全力打好“街面打控”、“破案攻坚”、“难点整治”、“社区防控”、“宣传声势”等五大战役，整治期间全市“两抢一盗”案件同比减少3.88%。

完善机制，推动“两个排查”常态化。不断完善工作网络，深入抓好省、市、县(市、区)、乡镇(街道)、村(社区)等五个层面左右沟通、上下联动的“两个排查”工作网络建设，进一步把各有关部门、组织、单位的力量整合起来，形成“两个排查”工作合力。注重工作机制建设，重点建立完善矛盾纠纷和治安问题联排联调联治机制，规范和创新部门联合、边际联合，以及学校、企业、铁路及其周边、海上渔场等区域联合的排查调处、排查整治工作程序、内容和方法，真正把已经发生和正在酝酿的矛盾纠纷一件一件搞清楚，把调处化解、重点整治的措施一项一项落到实处。健全完善预测预报、情况信息、集中排查、分级调处、领导包案、接访下访、重点整治、挂牌督办等制度，推动“两个排查”工作常态化、规范化。在乡镇(街道)和村(社区)一级，重点抓好情况报告和零报告制度的落实，村(社区、企业)综治工作室坚持每半月向乡镇(街道)综治工作中心上报“两个排查”情况报表，及时掌握情况，采取相应措施。积极探索建立和推广“两个排查”工作新机制，省综治办、省法院推行基层执行协助员制度，绍兴市推广“八郑规程”、“夏履程序”、“乡村典章”，杭州市下城区、温州市文成县推行“和事佬”、“和事谈心室”人民调解机制，湖州市建立包片包案、领导接访、巡回督导、值班备勤、梳理研判、点名报告、责任追究等七项制度，都取得了较好的实际效果。

三、坚持和发展“枫桥经验”，基层基础规范化建设水平明显提高

注重坚持和发展“枫桥经验”，大力加强以乡镇（街道）综治工作中心为重点的基层基础建设，强化基层组织网络的整体效能，不断夯实综治和平安建设的坚实基础。

认真组织开展纪念“枫桥经验”活动。省委政法委、省综治委下发了《关于组织开展纪念毛泽东同志批示“枫桥经验”45周年活动的通知》，全面启动纪念活动。各地各部门以纪念活动为契机，在全省组织开展了综治宣传月、平安宣传月活动，组织召开“平安浙江”新闻发布会、“枫桥经验”新闻发布会，举办“枫桥经验在浙江”大型图片展，拍摄制作《浙江省社会治安综合治理条例》课件专题片，依托现代远程教育网加强对基层宣传工作，广泛开展载体多样化、内容大众化的宣传活动。省委政法委、省综治委牵头做好“枫桥经验”创新发展与和谐社会建设的课题调研工作；组织开展创新“枫桥经验”优秀成果评选活动，评出优秀实践成果和调研成果各10件，报省委、省政府办公厅发文表彰；总结汇编了《浙江省创新“枫桥经验”优秀成果汇编》和《“枫桥经验”创新发展与和谐社会建设调研文集》两本书，在纪念大会上交流。11月24日，中央政治局常委、中央综治委主任周永康出席纪念大会并作了重要讲话，进一步明确了新时期坚持和发展“枫桥经验”、加强基层基础的努力方向。大会期间，全省上下全力配合中央综治委、省委的工作，开展了声势浩大的集中宣传和纪念活动，在全社会掀起了坚持发展“枫桥经验”的新热潮。

加强乡镇（街道）综治委（办）建设。在乡镇机构改革中，省委明确要求，社会治安综合治理力量只能加强、不能削弱。省委办公厅、省政府办公厅《关于推进乡（镇）机构改革工作的意见》规定，各地要把综治办列入乡镇常设机构序列。目前，全省1519个乡镇（街道）均建立了社会治安综合治理委员会及其办公室，乡镇（街道）综治委主任全部由党政主要领导担任，有67.9%的综治办主任由分管副书记担任，有80%以上的乡镇（街道）配备了综治办专职副主任，负责综治办日常工作；全省乡镇（街道）共配备专职综治干部7580名，平均每个乡镇（街道）有5名。嘉兴市在每个乡镇（街道）派驻1名政法优秀干部，担任乡镇（街道）党（工）委分管副书记并兼任综治办主任；湖州市抽调优秀政法干部加强乡镇（街道）综治委建设。

全面推广建立综治工作中心。省委、省政府和各级党委政府从全局工作出发，谋划和推进综治工作中心规范化建设，把以综治工作中心规范化建设为重点的基层基础规范化建设纳入经济社会发展的总体规划，明确目标，强化责任，抓好落实。省委十二届三次全会通过的《关于全面改善民生促进社会和谐的决定》对综治工作中心规范化建设作出具体规定，省“两办”《关于保障民安促进社会和谐稳定的意见》对此提出明确要求。省综治委下发了《综治基层基础建设标准》，并把综治工作中心建设列入平安市县和综治目标管理考核体系。省人大新修订的综治《条例》把发挥乡镇（街道）综治工作中心作用纳入立法内容，着力推进综治工作中心建设走向法制化轨道。在领导配备上，统一由党（工）委副书记或专职委员担任综治工作中心主任，街道和中心镇配备专职副主任。在工作力量上，有效整合综治、信访、司法行政、人民调解、警务、流动人口服务管理、安全生产、禁毒等部门（组织）参加集体办公，联合开展工作。在硬件建设上，按照欠发达地区不少于50平方米、其他地区不少于80平方米的标准，落实综治工作中心集中办公的场所，并配备电脑、通讯设施、交通工具等必备的办公设施。目前，全省乡镇（街道）综治工作中心建成率达100%，规范化建成率达96.4%。

大力推进基层综治工作室建设。以乡镇（街道）综治工作中心为基点，以“综治进民企”为突破口，大力推动工作重心下移，将工作网络和机制逐步向村、社区、企业等基层单位。省里要求所有常住人口在1000人以上、流动人口在100人以上的较大村，以及城市社区和职工人数在200人以上的规模企业，都要建立规范化的综治工作室。目前，已有96.4%的社区、85%的较大村和87.7%的规模企业综治工作室达到或超过省定标准。2008年，再次向省财政争取到500万元资金，专门用于帮扶欠发达县的500个较大村的综治工作室（站）建设，并要求有关县按照省下拨资金1:1的比例进行配套补助。

四、扎实推进基层平安创建活动，基层治安防范的整体水平进一步提高

扩大创建覆盖面。以乡镇(街道)为区域，以深化平安村、平安社区建设为重点，坚持抓乡镇带村居、抓街道带社区、抓系统带党委，进一步拓展领域，扩大覆盖，推动在企业、市场、机关、医院、学校、道路、景区、渔场等基层各领域、各单位扎实开展平安创建活动。以推广基层“和谐促进工程”、“网格化”管理模式等为抓手，基层平安创建工作网络逐步向楼道墙门、商务楼宇、村民小组、流动人口集居地等社会末端延伸。全省二级以上医疗机构积极开展“平安医院”创建活动，143家医疗机构达到省“平安医院”标准。宁波、诸暨等地在创建“平安医院”中，通过建立医患纠纷调解委员会，构建和谐医患关系。温州市继续深化“百业千企”创安活动，评选出创建示范点160个。绍兴市进一步推进“综治进民企”工作，出台并启动了“法人创安”活动三年规划，已有100个法人单位通过市级验收，提高了基层创建和治安防范的实效。

推进技防设施建设。注重现代科技手段在平安创建中的运用，认真贯彻实施省“两办”《关于加强全省社会治安动态视频监控系统建设的意见》(浙委办[2008]85号)，大力整合公安、数字城管、环保等部门现有的视频监控系统资源，统一安排、分步实施全省新一轮视频监控系统建设规划。目前，已全面建成市县两级视频监控系统，省市两级及40%左右的县(市、区)建成了监控系统信息共享平台，各地已安装各类监控探头50.4万余个，杭州、宁波等地还将监控覆盖面延伸至城市公交车，去年全省利用视频监控系统抓获犯罪嫌疑人1.43万人，查破各类案件1.48万起。杭州市建成电子监控点9万个，其中街面7000余个。宁波市出台了《社会治安动态视频监控系统运行维护管理规定》和工作手册，对视频监控系统布局选点、日常管理、人机互动、后台监看、监控破案、服务社会、应用考核等提出明确要求，对发挥系统效益起到积极作用。

强化群防群治。以推进视频监控系统建设为契机，创新和调整包括公安勤务运作机制在内的治安防范工作模式，有效发挥各种治安巡防队、平安服务队、义工队、义务消防队、铁路护路联防队员、社区保安等群防群治队伍动态环境下的整体治安防控作用。不少地方推行了治安承包责任制，有效发挥了群众参与平安创建和治安防范的积极作用。

五、大力加强综治专项工作，一些影响社会治安稳定的重点难点问题得到较好解决

各地充分发挥基层综治工作平台的作用，继续加强流动人口服务管理、刑释解教人员安置帮教、预防青少年违法犯罪、学校及周边治安综合治理、铁路护路联防和海事渔事纠纷调处等专项工作，推进机制创新，抓好工作落实，促进社会治安稳定。

加强以流动人口为重点的服务管理工作。推进立法工作，《浙江省流动人口居住登记条例》被列为2009年度一类立法计划。杭州、宁波、嘉兴、台州等市及一些县(市、区)在党委、政府或综治部门设立常设机构，配备专门人员，加大对流动人口服务管理工作的综合协调力度。各地把流动人口服务管理纳入综治工作中心的职能，依托基层综治工作中心(室)，建立流动人口服务管理办公室、流动人口事务所(站)、流动人口办证服务中心(站)和流动人口调委会等，按照500:1的比例配备专职协管员，完善了流动人口服务管理组织体系，促进了服务管理措施的落实。完善流动人口公共服务措施，省委、省政府下发了两个加强流动人口服务管理的文件，较好地解决了流动人口就业、居住、子女入学、医疗等实际问题，全省有98.3%的农民工能按时足额领到工资，外来务工人员集中居住率达14.3%，子女入学率达97.5%。进一步强化流动高危人员和出租房屋管理措施，省综治办、省公安厅等部门联合研究制定《浙江省住房租赁管理办法》，加快推进流动人口综合信息平台建设，2008年全省新登记暂住人口2035.5万人、出租房屋96.67万户，同比分别上升6.9%和0.8%。大力抓好刑释解教人员安置帮教工作，把刑释解教人员安置帮教工作作为司法行政系统服务保障民生“五大工程”之一。深化推动安置帮教基地建设工作，各县(市、区)每年新建过渡性安置基地1—2个，目前全省共有安置基地1121家，当年安置刑释解教人员1446名。认真开展社区矫正工作，舟山市创建管委会体制下的托管模式、海上作业社区的监管模式、基层法院与司法所对接模式等经验，收到了较好的效果。

着力打造12355青少年服务台，杭州、湖州、丽水、金华4个试点城市建成开通了12355青少年服务台，杭州、湖州和丽水12355青少年服务台被团中央列入首批全国试点。不断规范优秀"青少年维权岗"创建工作，完善日常管理规章制度，实施监督、晋级、培训和摘牌制度，建立了12355维权个案接转制度，切实发挥优秀"青少年维权岗"的作用。积极启动社区矫正志愿者阳光行动，招募培训了500余名阳光使者，举行青少年各类帮扶活动970余场(次)，开展青少年个案帮扶340余例。

深入抓好学校周边、铁路沿线和渔场治安综合治理工作。建立省领导联系高校制度，省领导全年有30多人次到各高校作形势政策报告。进一步健全了安全隐患排查、工作例会、检查考评、领导责任、经费保障等机制，全年先后6次召开专题会议，深入抓好学校稳定工作。在全省组织开展了为期5个月的学校及周边治安秩序专项整治活动，加强对各地开展整治情况的督查，对部分重点高校的危险物品仓库、生化类实验室等重点部位进行了突击检查，及时堵塞漏洞，消除安全隐患。继续深化"平安校园"创建活动，省里对高校创建"平安校园"活动进行评审和复评，全省74所高校达到创建标准、达标率为96%，有6759所中小学校达到创建标准、达标率为93.6%。以深化"平安铁路"创建活动为载体，齐抓共管，多头并进，有力维护了全省铁路治安稳定和运输生产安全。全省铁路交通事故大幅度下降，杜绝了因治安问题引发的行车重大事故，杜绝了群体性冲击铁路、拦车断道事件，沪昆线浙江段达到全国"平安铁路示范路段"创建标准。提升专业护路水平，将1131名专职护路队员全部转为铁路保安，委托浙江省铁路保安公司统一招聘、培训、办理人身保险。加大技防物防力度，先后投入1600余万元资金，在省界、重要桥梁、隧道口、各大货场和事故多发区段建立143处视频监控点，在沪昆提速干线重点区段架设铁蒺藜96万米。强化治安整治措施，铁路公安机关共破获各类刑事案件2427起，抓获犯罪嫌疑人2413名，其中公安部网上逃犯1003名；清理铁路沿线废旧金属收购站点12家，取缔无证摊点86家，有效净化了铁路周边的治安环境。针对沿海城市的特点，省及沿海市、县、乡镇四级综治委均建立海事渔事纠纷协调小组，专门负责协调解决海事渔事纠纷。成立由省综治办、省海洋与渔业局、省边防总队及沿海四市有关部门负责人组成的省级"平安渔场"建设指挥部，下设浙北、浙中、浙南3个办公室，按照统一指挥、属地管理的原则，由指挥部统一负责捕捞时期海事渔事纠纷调处的现场协调工作。积极开展"平安海区"、"平安渔场"、"平安渔船"等创建活动，不断完善和落实渔场定刺网"椅子式定位、网格化管理"模式，有效预防和减少了海上治安案件的发生。

中共浙江省委办公厅　浙江省人民政府办公厅转发省公安厅、省社会治安综合治理委员会办公室《关于加强全省社会治安动态视频监控系统建设的意见》的通知

(2008年8月27日)

各市、县(市、区)党委和人民政府，省直属各单位：

省公安厅、省社会治安综合治理委员会办公室《关于加强全省社会治安动态视频监控系统建设的意见》，已经省委、省政府领导同志同意。现转发给你们，请结合实际，认真贯彻执行。

关于加强全省社会治安动态视频监控系统建设的意见

为贯彻落实省委、省政府《关于全面改善民生促进社会和谐的决定》(浙委[2008]38号)和省委办公厅、省政府办公厅《关于保障民安促进社会和谐稳定的意见》(浙委办[2008]40号)精神,大力推进以治安动态视频监控系统建设为重点的科技防范工作,现就加强全省社会治安动态视频监控系统建设提出以下意见:

一、目标任务

(一)总体目标。按照资源高度共享、运作机制完善、维护保障有力的要求,力争通过3年努力,到2010年底前,全面建成覆盖我省中心城镇、重点集镇、主要街区、繁华地段、公共场所、交通路口重点部位和治安混乱地区的视频监控设施,形成以各级人民政府城市应急指挥中心、各级公安机关指挥中心及相关职能部门管理中心为中枢,公安派出所及相关职能部门基层组织分控中心为基点,机关企事业单位、居民社区监控点为辅助的社会治安动态视频监控系统。

(二)年度建设任务。2008年,全面建成我省经济发达地区的市区及中心城镇社会治安动态视频监控系统,力争建成重点集镇社会治安动态视频监控系统;建成11个市的社会治安动态视频监控系统集成共享平台,并实现与省级共享平台联网;至少建成15个县(市、区)社会治安动态视频监控系统共享平台;启动部分城市公交车辆视频监控系统建设试点工作。2009年,基本建成全省中心城镇、重点集镇、主要街区、繁华地段、公共场所、交通路口重点部位和治安混乱地区的社会治安动态视频监控系统;全面推进县级社会治安动态视频监控系统共享平台建设,实现与省、市联网;全面推进数字化城市管理视频监控系统建设,实现与治安动态视频监控系统资源共享;全面推进城市公交车辆视频监控系统建设;结合社会主义新农村建设,推进有条件的行政村建设社会治安动态视频监控系统。

2010年,对照社会治安动态视频监控系统建设规划,查漏补缺,狠抓落实,全面完成规划建设任务;进一步健全工作制度,实现系统建设、应用、管理、维护工作规范化、制度化,形成长效工作机制。

二、规划实施

(三)科学制订规划。各地要在深入调研的基础上,以实际需求为导向,以有效应用为核心,以技术建设与工作机制的同步协调为保障,制定切实可行的视频监控系统建设规划和实施方案,并逐级上报审核。将社会治安动态视频监控系统建设纳入当地城市建设、数字化城市管理系统建设、道路建设规划以及国家和省、市重点建设项目总体规划,力求做到同步设计、同步施工、同步验收、同步使用。根据当地经济社会发展、治安形势变化和社会管理的实际需求,适时调整和优化视频监控系统规划建设标准,逐步提高系统建设和应用水平。

(四)认真抓好实施。以市为单位,统一安排、分步实施当地的视频监控系统建设规划。统筹安排,突出重点,对不同部位的监控点实行分层分类规划建设,着重抓好省、市、县、乡等区域边界防控,着重抓好交通要道、公共复杂场所、专业市场、居民小区等社会面防控,着重抓好重点要害部位、单位内部防控。科学确定监控密度和监控点,做到全面覆盖,合理布局,努力消除盲区和失控点。在综合评估的基础上,有效整合公安、数字城管、环保等部门现有的视频监控系统资源,重视抓好社会治安动态视频监控系统资源共享平台建设,做到跨级、跨部门共享。

(五)确保系统质量。严格执行《城市监控报警联网系统通用技术要求》、《社会治安动态视频监控系统技术规范》、《跨区域视频监控联网共享技术规范》、《基于公共运营商的社会治安动态视频监控系统技术规范》等国家、行业及本省地方标准,确保系统建设质量,以充分发挥其在城市管理、交通运输、卫生和旅游等社会管理工作中的作用。

三、保障管理

(六)拓宽经费渠道。坚持政府投入与社会投资并重,积极利用社会资源,实现借力发展。把视频监控系统公共部分建设列入地方财政预算,对其他部分则按照"属地管理"、"谁主管、谁负责"、"谁出资、谁受益"的原则,积极拓展社会化投资途径。组织指导机关、团体、企业、事业单位搞好内部区域的视频监控系统建设,鼓励有条件的企事业单位积极履行社会责任,部分承担本单位周边区域视频监控系统建设任务。运用市场机制,广泛吸收、利用社会各种资源,支持网络运营企业开展视频监控系统公共平台建设。宣传引导群众特别是小型经营户树立"花钱买平安"的理念,积极安装视频监控设备并广泛应用安全技术防范设施,提高自身防范能力。

(七)完善运行机制。着眼于完善社会治安防控体系,着力抓好视频监控系统配套建设。进一步引导基层群防群治机制创新,加快勤务机制、巡逻机制调整完善,配足配强监控操作人员,充实加强专群结合的巡防队伍,做到"前端摄像头24小时不眨眼,监控、巡防24小时不断人",充分发挥人技互动功能,不断提高社会面治安管控能力。明确监控人员、处置人员和设备维护人员的职责任务,建立健全值班、台账、保密等规章制度,严明工作纪律,强化业务培训,使各级各类监控系统人员熟练掌握实用技能,真正实现人机结合,发挥实战效能。

(八)严密系统管理。根据不同部位监控点分类规划建设的特点和实际情况,对社会治安动态视频监控系统实行分层、分类管理。一类点为覆盖主要干道、要害部位、人流密集区域、案件多发地段等的摄像头。此类监控点是市县管理的重点,其监控图像由当地公安派出所分控中心进行24小时实时监控,实时掌控社会面治安动态。二类点为覆盖次要干道、重点部位、治安要点、人员聚集地、案件易发地段等的摄像头。此类监控点是县(市、区)管理的重点,其监控图像由当地公安派出所分控中心根据本辖区治安实际,进行实时监控或录像备查,掌控社会面治安动态。三类点为覆盖一般道路、治安盲点、偏僻地段、公用电话亭、街巷死角等的摄像头。此类监控点的监控图像以本地录像备查为主,实时监控为辅,有条件的地方可接入当地警务室、所属管理单位进行实时监控。各类监控点必须确保在举办重大活动、执行大型保卫任务及突发事件发生时,各级公安机关能够调用现场实时图像信息进行指挥和调度。

四、组织领导

(九)抓认识强领导。加强社会治安动态视频监控系统建设,是加强社会建设和管理的保障工程,是推进社会治安综合治理的基础工程,是确保人民群众安居乐业的民生工程,也是省委、省政府"全面小康六大行动计划"的重要内容。各级党委、政府和各有关部门要充分认识抓好这项工作对于深化"平安浙江"、"法治浙江"、"数字浙江"建设,促进社会和谐稳定的重要意义,自觉把这项工作摆上重要议事日程,落实责任,强化保障,统筹协调,狠抓落实,形成党政统一领导、综治督促指导、公安全力主抓、有关部门积极配合、社会各界共同参与的工作格局。

(十)建机构明职责。各地要建立专门领导小组,加强组织协调和督促指导。公安机关要做好社会治安动态视频监控系统的规划、实施和验收工作,负责完成公共区域、部位视频监控系统建设任务,加强对系统应用情况的监督、管理和检查,指导社会各单位建好用好管好安全技术防范系统。发改委和财政部门要加大投入,将重点公共区域的视频监控系统建设、管理和维护经费纳入地方财政预算,做好重大建设项目招标投标监督检查。规划部门要将社会治安动态视频监控系统建设纳入城乡建设规划,做到同步规划、同步建设、同步验收。供电部门要将视频监控系统公共部分的用电纳入城乡供电电源体系,并为前端监控点提供辅助灯光电源保障。新闻媒体要广泛宣传发动,营造全社会大力支持、积极参与系统建设的浓厚氛围。其他职能部门要根据各自职责分工,加强协作配合,共同做好社会治安动态视频监控系统建设工作。

(十一)强考核促落实。各级都要把社会治安动态视频监控系统建设情况纳入平安建设和社会治安综合治理目标管理,加大检查考核的力度,对做出突出成绩的单位和个人给予表彰。以市县为单位,建立月报制度,自8月份起,及时统计上报系统建设进展情况。省里将适时组织专项督查,并对有关情况进行通报。

附件:社会治安动态视频监控系统建设及应用情况月报表(略)

浙江省社会治安综合治理委员会关于印发《综治基层基础规范化建设标准》的通知

(2008年5月12日)

各市、县(市、区)社会治安综合治理委员会,省社会治安综合治理委员会各成员单位:

现将《综治基层基础规范化建设标准》印发给你们,请结合实际,认真贯彻执行。

综治基层基础规范化建设标准

根据省委《关于全面改善民生促进社会和谐的决定》有关扎实抓好基层基础规范化建设的要求,依据《浙江省社会治安综合治理条例》,以及省委、省政府办公厅转发省综治委《关于加强乡镇(街道)社会治安综合治理工作中心建设的意见》、《关于大力推进企业治安综合治理工作的意见》等规定,制定本标准。

一、组织建设

1.乡镇(街道)综治委组织健全,主任由党(工)委或政府(办事处)主要领导担任,按照有关规定确定成员单位。

2.乡镇(街道)综治办机构明确,主任由党(工)委分管副书记或专职委员担任,街道和中心镇要配备专职副主任。根据工作需要,配备一定数量的专职综治工作人员。

3.乡镇(街道)综治工作中心由综治办主任兼任主任,按照“8+X”的模式,在有效整合综治、信访、司法行政、人民调解、警务、禁毒、流动人口服务管理、安全生产等部门(组织)的同时,根据实际需要吸收其他社会管理力量参加集中办公,联合开展工作。乡镇(街道)建有专职巡防队、治安信息员等群防群治队伍。

4.村居、社区按规定建立综治工作室(站),由村(社区)党组织或村(居)民委员会负责人兼任主任(站长),有专门工作人员,有健全的治保、调解、帮教组织,根据需要建立治安巡防、信息员队伍。

5.规模企业按规定建立综治工作室(站),有专人负责,有完善的保卫、调解、帮教、安全生产、外来务工人员服务管理等组织网络。

二、机制建设

1.乡镇(街道)综治工作中心职责任务明确,建立和实行工作例会、首问责任、情况报告、督查督办、工作流程、基本台账等制度,形成以“五联”为主要内容的联动工作机制。建立和落实重大事项民主决策、风险评估、矛盾纠纷排查化解、矛盾纠纷调解奖励、流动人口服务管理、社会治安动态防控、排查整治、公共安全管理、群体性事件应急处置等工作机制，发挥综合优势。

2. 村（社区）综治工作室（站）建立和落实治保、调解、治安安全防范、流动人口服务管理、归正人员帮教、社区矫正、禁毒等力量协作制度，实行工作例会、情况报告、值班等制度，建立综治工作台账资料，每月向乡镇（街道）综治工作中心上报《综治工作情况报表》。

3. 企业综治工作室（站）履行调处化解、治安防控、法律服务、预防犯罪、平安创建等职责任务，每月向乡镇（街道）综治工作中心上报《综治工作情况报表》。企业负责人每年与科室（车间、班组）签订综治目标管理责任书。

三、硬件建设

1. 乡镇（街道）综治工作中心统一挂牌为“社会治安综合治理工作中心”，有集中的办公场所，欠发达地区办公用房不少于50平方米，其它地区不少于80平方米；配备必要的电脑、通讯设备、交通工具等办公设施和必需的业务类资料，工作职责、工作流程上墙。

2. 村（社区、企业）综治工作室（站）统一挂牌为“社会治安综合治理工作室（站）”，有固定的办公场所，配有通讯、办公桌、台账资料柜等必要的办公设施和基本的业务类资料，工作职责、工作流程上墙。

3. 中心城镇、重点集镇、主要街区、繁华地段、专业市场、公复场所和交通路口重点部位，以及治安混乱地区建立治安动态视频监控系统，重点单位、重点部位建立报警系统。

四、责任保障

1. 乡镇（街道）党（工）委每月分析一次社会稳定形势，研究解决综治工作重大问题。

2. 乡镇（街道）党（工）委、政府（办事处）每年与辖区村（社区）、有关部门、企事业单位签订综治目标管理责任书，年中组织一次督查，年终进行全面检查考评。

3. 制定完善平安乡镇（街道）、平安村（社区）考核体系，每年开展检查考核，把考核结果与干部的考评奖励相挂钩。

4. 乡镇（街道）综治工作中心经常检查指导辖区各部门、单位综治工作，发现问题及时提出意见、限期整改，必要时向上级综治部门提出一票否决的建议。

五、经费保障

1. 乡镇按人口比例将综治工作经费纳入财政预算，并逐年有所提高，街道综治工作经费落实。

2. 综治工作中心有专项办公经费，综治工作室（站）有必需的办公经费。

3. 乡镇（街道）、村（社区）巡防工作经费落实。

4. 上述三项经费财政保障不足的，采取有关部门补助，企事业单位、社会团体捐助或包助等渠道解决。

创新“枫桥经验”　整合基层资源
努力提高流动人口服务管理水平

浙江是流动人口大省，自2000年以来，流动人口以每年20%左右的速度递增，已连续7年位居全国第二位。截止2007年12月，全省登记在册流动人口达1670余万人，与常住人口的比例为1:3。据有关部门统计，“十五”期间，流动人口对我省GDP的贡献率达到21.4%；流动人口刑事作案占全省刑事作案人员的比例达到65%左右，而占全省流动人口的比例约为0.6%。针对这种新情况、新问题，我们围绕建设“平安浙江”、构建和谐社会，更新理念，从创新“枫桥经验”，整合基层社会管理资源入手，采取一系列有效措施，认真做好流动人口服务管理工作，推动了经济社会又好又快发展，促进了社会和谐和治安稳定。

一、致力于整合力量，创新管理体制，努力形成党政领导、部门协作、上下联动的工作局面

完善领导体制。加强省、市、县、乡镇四级综治委(办)建设,县级以上综治委普遍建立了流动人口治安管理工作领导和办事机构。针对流动人口工作已经从治安管理为主转变为涉及社会发展、社会建设、社会管理和社会服务的综合性工作这一实际,从2006年起,省委、省政府成立了流动人口服务管理工作领导小组,在一些流动人口相对集中的市县探索建立综合协调机构,落实人员编制和工作经费,履行流动人口服务管理工作组织领导和综合协调职责。建立经费保障机制,把流动人口服务管理工作经费列入同级财政预算。近年来,全省流动人口管理工作经费每年均在1亿元以上,2007年达到2.7亿元。

构建联动平台。积极推进工作重心下移,在乡镇(街道)因地制宜建立流动人口事务所等组织,纳入综治工作中心工作范围,负责做好辖区内的流动人口服务管理工作。由“五个指头”捏成了“一个拳头”,流动人口管理工作由“多头管理”变为“统一管理”。

延伸组织网络。在全省流动人口较多的村、社区和外来务工人员较为集中的企业,依托综治工作室建立流动人口工作站,面对面地为流动人口做好登记管理、服务维权等工作。在全省范围内,按照上年度登记流动人口数500:1的比例配备流动人口专职协管员队伍,目前,全省共配备专职协管员3.2万余名,确保服务管理工作在基层有人抓、有人管。

二、致力于整合资源,推进综合管理,努力提升流动人口服务管理整体效能

大力弘扬“枫桥经验”以人为本的精神,按照“公平对待,合理引导,规范管理,优化服务”的要求,盘活有限的社会资源,一方面改善民生、服务为先,一方面抓源头抓重点、完善管控机制,较好地实现了服务、教育、维权、管理的良性互动。

强化政策法规保障。以省委、省政府名义连续下发两个加强流动人口服务管理的高规格文件,及时修订《浙江省社会治安综合治理条例》、《浙江省暂住人口管理条例》等法规规章,使我省的流动人口管理措施更趋规范化,凸显人性化。完善社会保障体系,基本实现与所有用人单位有劳动合同关系的农民工均纳入工伤保险,规定与城镇用人单位签订劳动合同的农民工随所在单位参加基本医疗保险,将稳定就业的农民工纳入城镇职工基本养老保险,并实现了保险关系省内可转移。优化公共服务,实行求职登记、择业指导、职业介绍“三免费”服务,实施“千万农村劳动力素质培训工程”和“农村劳动力转移培训阳光工程”,通过政府支持、企业自建、市场化运作等多种途径改善流动人口居住条件,以公办学校为主、民办学校为辅统筹安排流动人口子女接受义务教育,较好地解决了流动人口就业、居住、子女入学等实际问题,确保流动人口安居乐业。目前,全省有98.3%的农民工能按时足额领到工资,外来务工人员集中居住率达14.3%,子女入学率达97.5%。建立激励机制,积极推进居住证制度改革,根据外来务工人员具体情况发放不同类型的居住证,赋予相应的政策待遇;探索实行积分制等办法,逐步完善流动人口落户政策,鼓励流动人口创业有为。同时,各地还从实际出发,出台了适合农民工管理的一系列配套政策,有效地推动了流动人口服务管理工作。

加强区域协作管理。针对流动人口流出地相对集中的特点,积极探索建立流入地、流出地服务管理协作机制。完善覆盖城乡和跨地域的劳动力市场信息网络和劳动力供求信息交流机制,鼓励企业与外省就业服务机构和培训组织合作建立省外劳务基地,为农村劳动力提供培训、就业、维权三位一体的服务。协调和鼓励外省劳动保障部门来浙设立劳动力输出机构,收集用工信息,有组织地定向输送劳动力。聘请流出地公安机关民警到流入地协助管理流动人口,充分发挥外省籍民警人缘熟悉、地缘亲近、语言相通的优势,有效做好当地流动人口服务管理工作。

健全重点管控机制。以居住地管理为重点,针对不同情况实行不同的管理模式。在出租房管理上,推行“人户一致”落地管理模式,对房东与承租人居住一地的,实行“定人定床、人来登记、人走注销”的旅馆式管理;对房东与承租人异地居住的,实行委托式管理。根据出租房屋的发案情况、承租人登记办证情况等,将出租房屋评出不同等级,实行分层次管理和星级化管理。在旅馆业管理上,普遍实行住店人员实名、实人、实数、实时的“四实”登记管理制度,强化了对住店人员的管理。加强对有违法犯罪嫌疑人员的管控措施,遏制了流动人口刑事犯罪高发势头。大力推进科技防范工作，在全省中心城镇、重点集镇、主要街道、繁华地段、公复和交通路口等重点部位，建立视频监控系统，近三年来全省共投入科技防范经费58亿元，提高了动态环境下社会治安的整体防控能力。

创建综合信息系统。加强流动人口信息管理网络建设，实现了暂住人口、出租房屋、旅馆业三大治安信息管理系统的关联互通，把全省1291万暂住人口、126万户出租房屋、76万张旅馆床位有效纳入计算机管理，使之具有及时录入、自动比对、自动报警等实战功能。由省流动人口服务管理工作领导小组办公室牵头，组织、公安、劳动保障、人口计生、教育、卫生等部门参加，统一开发软件，建立融采集、统计、分析、查询、交换等多种功能，党团、计生、劳动保障、学龄儿童、重点人口、出租房屋等各类信息于一体，全省统一的流动人口信息系统，努力实现流动人口相关信息跨地区、跨部门实时联网和数据共享，有效服务于社会管理和现实斗争。

三、致力于整合手段，探索社会化管理，努力促进共建共享和谐社会

落实业主管理责任。积极推广"综治进民企"、"综治进物业"等成功经验，按照"谁出租谁负责、谁经营谁负责、谁用工谁负责"的原则，通过签订治安责任状、治安协议书等方式，全面实行融社会治安、劳动用工、计划生育和卫生管理于一体的"业主责任制"，把流动人口管理责任真正落实到出租房东、用工单位和经营者身上。积极引入市场机制，对流动人口和出租房屋管理责任难以落实的地方，由政府出资向社会公开招标，实行企业有偿承包管理，努力消除管理盲点。

发挥社会组织作用。在全省流动人口100人以上的村、社区推广建立"和谐促进会"这一基层社会组织，在当地党组织的领导下，由流动人口和当地居民共同参与，经常性组织开展志愿者行动、治安巡逻、联谊帮困、文化体育等活动，构建与流动人口交流沟通、协调利益、团结互助的工作平台，推进和谐村居建设，有效促进了流动人口与本地人的融合。

探索自我管理模式。以村、社区、企业等为单位，建立流动人口临时党、团支部，组建流动人口志愿者服务队、流动人口计生协会等组织，引导流动人口开展自我教育、自我管理、自我服务。在外来务工人员集中的村居、社区、大型商贸城、百人以上企业等建立流动人口调委会，在基层法庭、司法所指导下，由流动人口自行调处相关矛盾纠纷。

坚持发展"枫桥经验"　维护基层和谐稳定

绍兴市社会治安综合治理委员会

绍兴作为"枫桥经验"的发源地，近五年来，我们认真落实纪念毛泽东同志批示"枫桥经验"40周年暨创新"枫桥经验"大会精神，全面贯彻科学发展观，深入实施省委"创业富民、创新强省"总战略，按照省委"平安浙江"建设的决策部署，坚持"发展为先、力促稳定，民生为上、力促和谐"，不断坚持发展"枫桥经验"。积极探索了矛盾化解"五分法"的工作方法，坚持"分工负责、维稳责任具体化，分块实施、综合治理网格化，分层掌控、源头预防动态化，分级联动、矛盾化解即时化，分类管理、服务教育人本化"，进一步形成了"党政动手、依靠群众，源头预防、依法治理，减少矛盾、促进和谐"的工作格局，努力实现了"小事不出村、大事不出镇、矛盾不上交"和"矛盾少、秩序好、发展快、社会稳"的目标，走出了具有时代特征、绍兴特色的基层维护社会稳定的新路子。

一、致力于关注民情

始终坚持群众路线，深入基层、深入群众，倾听民声、了解民意，关注民生、兴办民事，在解决群众切身利益问题中化解民忧，在增进与群众的感情中消除民怨。一是健全制度察民情。建立健全领导联系基层和蹲点调研制度，着力完善领导下访和接访制度，坚持实施市、县领导接访日制度和驻村指导员制度，通过形成制度来收集和把握群众的心态和动态。二是畅通渠道听民声。畅通社情民意的反映渠道，充分尊重群众的知情权、参与权，坚持“大家的事大家议，大家的事大家办”，把决策的过程变为群众意志表达和意见统一的过程。通过“市长热线”、“市长信箱”，“民情”新闻专栏，及时把握社会各阶层的所想所盼，有效疏导群众情绪，不断增进党群、干群关系。三是兴办实事解民忧。把群众的“冷暖安危”摆在重要位置，做到民心忧愁烦怨得到觉察，民间大事小事得到关注，民生冷暖安危得到重视，民有困难疾苦得到解决，使各级党组织的关怀和温暖遍及广大人民群众。

二、致力于改善民生

始终坚持发展优先、以人为本，把改善民生作为全部执政工作的第一追求，着力解决广大人民群众最关心、最直接、最现实的利益问题。一是千方百计扩大就业。积极落实就业再就业政策，建立健全公共就业服务体系；容许、扶持季节性、临时性、家庭性、流动性、作坊式的家庭工业创业形式；实行有专门政策、有专项资金、有固定基地、有责任部门等“四有”措施，加强对在岗职工、下岗人员、农民和外来务工人员创业和就业培训服务。对“零就业家庭”和大龄失业人员实施了“再就业援助”行动，多渠道开发提供就业岗位，基本消除了第一批“零就业家庭”。二是加强社会保障体系建设。扩大城镇职工养老、医疗、失业、工伤、生育、保险覆盖面，健全包括农民工在内的城镇职工社会保障制度，努力完成下岗职工基本生活保障向失业保险并轨。构建覆盖城乡的社会救助体系，提高城镇居民低保水平，扩大农村困难群体救助范围，建立农村最低生活保障制度，解决失地农民的生活保障问题。三是着力破解群众切身利益难题。紧紧抓住广大人民群众反映强烈的“就业难”、“住房难”、“看病难”、“上学难”、“出行难”、“贫困家庭生活难”、“治安难”等“七难”问题，组织实施“助业”、“助居”、“助学”、“助医”、“助困”、“助行”、“助安”等“七助”行动，民生问题得到显著改善。

三、致力于发展民主

始终坚持基层民主政治建设，推进民主选举、民主决策、民主管理、民主监督，着力保障人民群众的民主政治权利。一是普及基层民主决策。在农村普遍建立村民会议和村民代表会议制度，对村民会议和村民代表会议的议事范围、议事规则和表决方式等内容进行了明确规定，按照依法、有序和“一事一议”的原则，对村集体土地承包租赁、集体资产处置、救灾救济款物发放、村干部报酬、公益事业经费筹集、建设工程承包等涉及村集体的大事和村民切身利益的重要事项，进行集体讨论决定，做到村民的事村民议，村里的事大家定。二是加强基层民主管理。在民主理财方面，普遍建立财务监督小组，基本做到村级经费开支先由财务监督小组审核把关。在民主理政方面，推行了以“八项民主制度”和“八大工作流程”为核心的村级民主管理新模式。在民主管理方面，开展创建“民主法治村(社区)”活动，树立村务公开民主管理示范村典型。三是推进基层民主监督。把村级财务、村务公开作为民主监督的重要内容和必要环节来抓，努力探索民主监督的方法与途径，逐步摸索出了“夏履程序”、“乡村典章”等典型经验，把涉及村民利益的主要事项按照事先设定好的程序和操作流程来决定和实施，并制定制度来保障程序运作效率。不断完善对干部监督的民主评议制度，开展乡镇人大代表评议乡镇政府，组织选民评议人大代表等途径，有效加强了民主监督力度。

四、致力于维护民安

牢固树立“发展是第一要务，稳定是第一责任”理念，坚持深化“平安绍兴”建设，加强社会治安综合治理，积极应对、妥善处置各类突发事件，着力确保基层安定有序。一是加大社会矛盾纠纷排查调处。大力加强市、县、乡镇、村居四级矛盾纠纷排查调处网络的规范化建设，关口前移抓预防、规范动作抓排查、上下联动抓调处、科学应对抓处置，把90%以上的矛盾纠纷化解在乡镇(街道)和单位内部。积极探索新形势下预防化解矛盾纠纷的新方法、新途径。总结、提炼、推广出了信访导访制、代理制和民主评议制等做法，实现了从“消极设防”到“主动导访”的转变，有效地从源头上预防了矛盾纠纷的产生。二是不断深化社会治安综合治理。坚持打防结合、预防为主、专群结合、依靠群众的方针，构筑完善社会管理、打击防控、群防群治、社会保障“四张网络”，努力打造服务群众、维护稳定的第一线平台。整合基层资源，加强基层派出所、司法所和人民法庭建设，规范和推广乡镇（街道）综治工作中心建设，建立健全治安联防、矛盾联调、问题联治、事件联处、平安联创等“五联”机制。深入开展基层平安创建，全面实施“八创建、八进社区”和“综治进民企”工程，推动综治工作覆盖农村、机关、学校、市场、企事业单位等各个角落，夯实维护社会稳定的基层基础。三是加强社会管理和服务。深化、推广诸暨“外警协管外口”和“老乡干部管老乡”等成功做法和经验，努力打造“零欠薪”城市、实施“蓝天工程”、兴建民工小区，为150万外来流动人口提供“第二故乡”美好的生活、工作环境。实施“牵手工程”，做好归正人员的安置帮教工作，五年来归正人员重新犯罪率严格控制在3%以内。扎实推进以“千村示范、万村整治”为龙头的新农村建设，努力改善广大农村群众的生活居住环境。

五、致力于促进民和

始终坚持倡导和谐理念、培育和谐精神、发展和谐文化，深入开展文明创建活动，着力营造健康、和谐、文明、进步的社会环境。一是大力弘扬社会文明新风。把社会主义核心价值体系融入全民教育和精神文明建设的全过程，贯穿又好又快发展的各方面，努力形成共同的理想信念和道德规范，激发全社会的创造活力。深入开展社会主义荣辱观和未成年人思想道德教育，在全社会形成尊老爱幼、扶贫济困、礼让宽容的人际关系和道德准则，塑造自尊自信、理性平和、积极向上的社会心态。二是加快推进和谐文化建设。把发展公益性文化事业作为保障人民文化权益的重要途径，推动文化事业和文化产业同步发展。构建覆盖城乡、惠及全民的公共文化服务体系。活跃基层文化活动，不断满足人民群众多层次、多样化的精神文化需求。三是深入开展基层文明创建。加强村（居、社区）文化阵地建设，挖掘地域文化，弘扬传统文化，发展先进文化，繁荣群众文化，提高广大人民群众的文明素养，形成良好风气；积极开展“双建设、双整治”活动和“平安绍兴”、“生态绍兴”建设；深入推进文明村镇、文明行业、文明社区、文明单位等创建活动，城乡文明程度进一步提高。

坚持以人为本　创新体制机制
积极探索安置帮教工作社会化市场化新路子

台州市社会治安综合治理委员会

近年来，台州市委、市政府深入贯彻落实科学发展观，站在构建社会主义和谐社会的战略高度，把归正人员安置帮教工作作为加强社会管理、推进平安建设的重要内容来抓，坚持“政府与社会联动、协会与基地共建、安置与帮教并举”，积极创新安置帮教工作的体制和机制，形成了归正人员安置市场化、帮教社会化的工作模式，取得了明显成效。目前，全市已建立127家归正人员安置帮教工作协会和226家安置基地，全市归正人员安置率为99.07%，帮教率达100%，归正人员重新犯罪率仅为1.75%。

一、坚持以政府为主导，切实为安置帮教工作提供坚强的保障

强化领导保障。市里成立了由市委常委、常务副市长任组长的归正人员安置帮教工作领导小组，明确了各成员单位的职责分工，建立了市归正人员安置帮教工作联席会议制度，及时协调解决工作中的重大问题，有效整合分散的人力、物力和财力，形成了齐抓共管的工作格局。目前，全市9个县（市、区）和各乡镇（街道）均建立了安置帮教工作领导小组,社区、企业帮教小组1万多个,形成了市、县(市、区)、乡镇(街道)、社区(企业)四级安置帮教工作网络。

强化经费保障。各级政府将归正人员安置帮教工作经费列入财政预算,据统计,全市各级财政每年安排安置帮教工作专项经费均在500万元以上,确保了安置帮教工作的顺利开展。同时,采取政府拨一点、社会筹一点、企业捐一点的办法,多渠道筹集归正人员创业扶持资金和困难救助资金,对那些自主创业、自谋职业的归正人员,采取提供启动资金、技能培训等方式进行扶持,对就业确有困难的归正人员提供生活救济。

强化政策保障。早在2000年底,就出台了《台州市关于安置归正人员企业享受税收政策的规定》,明确规定:当年安置归正人员(签订3年以上劳动合同)超过企业原从业人员总数60%的,可免征企业所得税3年;安置人数在30%－60%的,减半征收企业所得税2年;安置人数在30%以下的,按实际安置人数人均1500元的标准,在当年应缴纳的企业所得税额中予以扣除。同时规定,归正人员创办个体企业或合伙经营企业,享受工商、税务等各项优惠政策,3年内免征营业税和所得税。通过制订优惠政策,积极为归正人员创业提供了优惠条件,从而使部分归正人员迈向了创业之路,成为自食其力的劳动者,成为社会有用之人。

强化责任保障。把安置帮教工作列入"小康社会与和谐社会"目标考核体系和社会治安综合治理目标管理责任制考核内容,定期组织督查和考评,促进安置帮教工作措施和责任的落实。

二、坚持以安置为核心,大力推进安置帮教协会和安置帮教基地建设

推进安置帮教协会建设,不断延伸安置帮教工作网络。从建立安置帮教协会入手,将社会组织管理与服务模式引入到安置帮教工作之中,在各县(市、区)及乡镇(街道)建立安置帮教协会。协会以自主自愿为原则通过广泛吸收企业、单位团体等为成员,利用协会整体优势为归正人员开展职业培训和职业介绍,提高劳动技能,提供就业机会。目前,全市各县(市、区)和乡镇(街道)安置帮教工作协会建设的覆盖面达到100%;共吸收以民营企业为主的安置帮教协会单位会员1425家,个人会员7020名;有10000余名归正人员在安置帮教协会的帮扶下,实现了自主创业和自我发展。

着力培育安置帮教基地,积极搭建安置就业平台。一是推行双重管理体制,把安置帮教基地纳入安置帮教协会管理,使行政管理和行业自律得到有机结合,双重优势得到了有效发挥;二是坚持规范与培育并重,专门制订安置帮教基地标准,定期对现有的安置帮教基地进行规范和调整,有计划、有选择地在新会员单位中培育新的安置帮教基地。同时,在全市范围定期开展"十佳"安置帮教基地评选表彰活动,树立典型,以点带面,促进了全市安置帮教基地的均衡发展。

坚持量质并举,促进安置帮教协会和安置帮教基地规范运行。按照《台州市关于贯彻落实〈浙江省归正人员安置帮教工作办法〉的若干意见》的要求,坚持一手抓进度一手抓质量,建立健全协会管理制度,明确安置帮教基地标准,形成了"司法行政部门引导、协会基地自律、民政部门监督"的协会管理体制,推动了安置帮教协会和基地建设走上规范化的轨道。尤其针对安置帮教协会的运行,专门建立了协会章程,对协会的财务管理、职业培训、就业安置等各个方面进行全面规定,确保了协会工作的正常开展和协会职能的有效发挥。同时,司法行政部门和民政部门经常性组织开展专项检查,强化对安置帮教基地的检查和监督,对未按照规定落实归正人员安置帮教措施的企业,由协会进行相应处罚或解除协议,保证了安置帮教工作的实效。

三、坚持以帮教为根本,确保安置帮教工作效果最大化

分类帮教。即把登记在册的归正人员,根据犯罪类型、刑期长短、服刑表现等,分为重点帮教对象、一般帮教对象、有突出表现的帮教对象等类别,实行分类帮教,分别落实"家庭接纳、结对帮教、关注动向,定期排查、重点监控"等管理措施,开展有针对性的帮教工作。

社会帮教。依托乡镇(街道)综治工作中心和村居、社区综治工作站,充分发挥各级安置帮教组织的作用,广泛吸收志愿者参与帮教工作,形成了企业主、村居和社区干部、社会志愿者、归正人员家属等"四位一体"的帮教体系。目前,全市共有31200多名社会帮教志愿者，与全市16564名归正人员实行“一帮一”、“多帮一”的结对帮教。

超前帮教。一是送乡情。每年定期召开台州籍在监人员亲情帮教座谈会，及时告诉服刑在教人员家乡变化和亲人牵挂；二是送知识。向服刑在教人员赠送法律、各类专业书籍，鼓励他们学习法律知识和各种专业知识；三是送教育。与监所签订帮教协议书，帮助台州籍在监人员积极改造，鼓励他们争取早日回归社会；四是送温暖。切实为服刑在教人员及其家庭解决实际问题，促进帮教对象与亲属的沟通，使他们感受到党和政府对他们的关爱。

双向帮教。对人户分离的流动归正人员采取“两头包，双列管”的措施，加强户籍地与流入地安置帮教机构之间的交流协作，严格落实外出和外来归正人员的帮教措施，切实防止发生脱管、漏管现象。

浙江省综治委、办机构情况和负责人名单

一、省综治委

主　任：夏宝龙（省委副书记）

副主任：王辉忠（省委常委、政法委书记、省公安厅厅长）

葛慧君（省委常委、副省长）

刘　奇（省人大常委会副主任）

齐　奇（省法院院长）

陈云龙（省检察院检察长）

宋光宝（省委政法委副书记）

委　员：林云举（省委办公厅副主任）

冯波声（省政府办公厅副主任）

王海超（省纪委常委、省监察厅副厅长）

庄跃成（省委组织部副部长）

龚吟怡（省委宣传部副部长）

巫波伦（省委政法委副书记）

赵　越（省委610办公室副主任）

徐令义（省委副秘书长、省信访局局长）

钱中贤（省人大内务司法委副主任委员）

汤新平（省政协社会法制委委员）

李锦平（省总工会副主席）

蔡永波（团省委副书记）

金　敏（省妇联副主席）

王幼璋（省法院副院长）

刘晓刚（省检察院副检察长）

许永土（省经贸委纪检组长）

徐洪军（省安全生产监督管理局副局长）

蒋胜祥（省教育厅副厅长）

邢越生（省民宗委副主任）

凌秋来（省公安厅副厅长）

青灿荣（省国家安全厅副厅长）

俞志壮（省民政厅副厅长）

季培军（省司法厅副厅长）

罗石林（省财政厅副厅长）

王冬梅（省人事厅副厅长）

朱绍平（省劳动保障厅副厅长）

王永民（省国土资源厅副厅长）

樊剑平（省建设厅副厅长）

王洪涛（省交通厅副厅长）

赵兴泉（省农业厅副厅长）

叶胜荣（省林业厅副厅长）

田宇原（省文化厅副厅长）

王国敬（省卫生厅副厅长）

胡玉璋（省人口计生委副主任）

铁国强（省广电局副局长）

黄建生（省统计局副局长）

马柏伟（省工商局副局长）

林东勇（省海洋与渔业局副局长）

李会光（省质量技术监督局副局长）

朱红炜（省旅游局副局长）

杨必明（省法制办副主任）

范春梅（省新闻出版局副局长）

钱大成（浙江日报报业集团副社长、纪委书记）

马利恰（杭州铁路办事处党工委副书记）

朱文剑(人行杭州中心支行党委委员、工会主任)

许德俊(省军区政治部副主任)

李建忠(省武警总队副总队长)

谢颂光(中国电信股份有限公司浙江分公司副总经理)

郑向平(杭州萧山国际机场有限公司副总经理)

二、省综治办

主　任:巫波伦　省委政法委副书记

副主任:王建新

朱巧湘(2008年7月前)

朱益军(2008年7月始)

三、省综治办内设机构

省综治办下设督导处和协调处

浙江省各市、县(市、区)综治委、办主任名单

地　区	综治委主任	综治办主任
杭州市	叶　明	孙　云
拱墅区	周志辉	张绪国
上城区	余　勇	尉杭新
下城区	韩建中	王正南
江干区	邱卫星	叶国良
西湖区	滕　勇	朱文德
滨江区	阮文静	袁建保
余杭区	戚建国	张金泉
萧山区	谭勤奋	华林侨
临安市	卞吉安	程炳贵
富阳市	汤金华	包荣祥
建德市	董　悦	娄樟锡
桐庐县	徐小林	赵华丰
淳安县	凌志峰	汪孝群
湖州市	吴水霖	蒋赪兵
吴兴区	周建新	蒋国荣
南浔区	马志祥	吴建林
长兴县	汪荣山	何天胜
德清县	罗国建	杨顺安
安吉县	刘宏伟	黎家喜
嘉兴市	陈德荣	曹雪根
南湖区	吴　健	钟益民
秀洲区	张少初	诸佳伟
平湖市	胡水良	曹龙弟
海宁市	孙　群	张林江
桐乡市	沈建坤	章征宇
嘉善县	吴建平	袁正平
海盐县	蒋建森、姚沈良	张马良
舟山市	钟　达	徐　烈
定海区	虞军明	江　腾
普陀区	戴灵芝	俞继英
岱山县	陈　伟	沈瑞堂
嵊泗县	黄清波	郭松芳
普陀山管委会	蒋宝华	俞善本
新城管委会	董文平	包炳军
宁波市	郭正伟	李跃明
海曙区	项　敏	陈　伟
江东区	朱建明	陈建敏
江北区	徐文华	黄强明
北仑区	华　伟	陈文汉
镇海区	宋济青	胡立群
鄞州区	王国定	胡贤君
慈溪市	周　健	戎忠海
余姚市	王定达	钱志芳
奉化市	卓厚佳	胡国华
宁海县	褚孟形	王元法
象山县	黄志明	范保华
绍兴市	史济锡	马玉真
越城区	张阿东	马　超
诸暨市	阮建明	赵文中
上虞市	陈泉标	阮建明
嵊州市	马志龙	周诗祥
绍兴县	孙云耀	金　强
新昌县	求子平	杨卓东

地 区	综治委主任	综治办主任	地 区	综治委主任	综治办主任
衢州市	居亚平	王湖新	仙居县	周 胜	郑海平
柯城区	胡 松	朱志宏	玉环县	吴坚斌	黄显锋
衢江区	刘祖堂	陆晓明	**温州市**	朱贤良	张建树
江山市	赖瑞洪	胡立友	鹿城区	王易进	王建中
常山县	林红汉	琚建平	龙湾区	徐国信	包双二
开化县	徐建华	张永亮	瓯海区	陈芳铭	李成华
龙游县	周中民	章宇夫	瑞安市	叶世林	戈世良
金华市	俞流传	宋 玫	乐清市	郑建海	许大凤
婺城区	邢水成	滕志钦	永嘉县	李爱燕	周良东
金东区	邱银泉	施文胜	文成县	朱云华	林炳欧
兰溪市	郑余良	张 伟	平阳县	亓 宾	陈上勉
永康市	吴国成	项 敏	泰顺县	雷文东	吴振锋
义乌市	斯建民	陈金才、刘卫兵	洞头县	董庆华	郑灵巧
东阳市	卜亚男	叶文明	苍南县	林晓锋	姜祝成
武义县	施美红、徐华良	陈 萍	**丽水市**	张成祖、虞红鸣	雷建中
浦江县	金春波	蒋建正	莲都区	潘世敏	
磐安县	黄福良	黄叶青	龙泉市	徐光文	元基奶
台州市	朱贤良	李 斌	缙云县	王小荣、叶慧萍	胡炳庚
椒江区	蒋冰风	金耀华	青田县	叶 青	陈少彦
黄岩区	徐亦平	程 敏	云和县	孙乐明	李克河
路桥区	金 志、郑敏华	俞信波	遂昌县	陈元龙	黄光运
临海市	赵益春	范建华	松阳县	邢长勇	徐深源
温岭市	徐友根	林清福	庆元县	沈世山	沈光亮
三门县	梅式苗		景宁县	张晓强	柳贤烈
天台县	翁于挺	王华周			

（撰稿人：秦长保

审稿人：巫波伦　田大忠）

安 徽 省

2008 年社会治安综合治理工作概况

2008 年,安徽省综治战线在中央综治委和省委、省政府的领导下,认真贯彻落实党的十七大精神,以科学发展观为统领,紧紧围绕省第八次党代会提出的"把安徽建设成为全国最稳定的省份之一"的目标,深入开展矛盾纠纷大排查大调处,严厉打击严重刑事犯罪,加强和改进社会管理,推进社会治安防控体系建设,全面落实社会治安综合治理的各项措施,为安徽省加快发展、奋力崛起、全面建设小康社会创造了良好的社会环境。据统计部门调查,2008 年,安徽省群众安全感指数为 94.2%,比 2007 年上升了 1.1 个百分点。

一、抓组织领导,"平安安徽"建设进一步深化

一是高度重视,扎实推进。年初,省委把"平安安徽"建设列入常委会工作要点,省委、省政府主要领导和分管领导多次对综治和平安建设工作提出要求或作出批示。省委、省政府负责同志与各市党、政主要领导签订了《社会治安综合治理目标管理责任书》。各地把平安建设作为"一把手"工程,党政主要领导定期听取工作汇报,及时研究解决工作中的重大问题,分管领导具体负责,形成了一级抓一级、层层抓落实的工作格局。二是加强督查,狠抓落实。开展了平安建设工作督查活动,全省 17 市都向省委作了专题报告。省政协组织开展了平安建设专题视察活动。省综治办深入基层单位,指导基层开展平安创建活动。三是加大投入,强化保障。省财政安排省本级平安建设专项业务经费由过去的 70 万元增加到 170 万元。各地加大了经费保障力度,普遍将综治和平安建设工作经费列入本级财政预算,大部分市财政预算标准为人均 0.3 - 0.5 元。四是总结经验,抓好推广。推广了池州市加强综治组织建设的经验、黄山市成立乡镇(街道)综治工作中心的做法、合肥市加强流动人口服务管理的做法等。

二、抓源头治理,"两个排查"活动成效显著

部署开展了治安混乱地区和突出治安问题的排查整治、人民调解百日会战、重大疑难信访问题专项治理等活动。在"两个排查"中突出三个重点。一是突出涉及民生问题的排查化解。各地切实排查化解有关征地拆迁补偿、林权权属、土地承包,以及就业、医疗、低保、子女入学等事关群众切身利益的矛盾纠纷。开展了"走访农村、走访社区、走访群众"活动,全面排查矛盾纠纷。对群众反映强烈的民生问题,逐一落实牵头部门、责任单位和责任人,提出工作要求,把矛盾纠纷解决在基层。二是突出治安混乱地区和突出治安问题的排查整治。各地结合实际,重点排查乡镇、村庄和城郊结合部、铁路沿线等地方的治安问题,排查党政机关、金融机构、公共场所、重点行业、学校及其周边的治安问题,逐一明确责任,落实整治措施。三是突出了重信重访问题的排查化解。集中开展了重信重访问题专项治理工作,开展了县(市、区)委书记大接访活动。"两个排查"期间,全省共排查各类矛盾纠纷 12 万余件,调处成功率达 96%。排查治安混乱地区 2127 处,全部落实了整治措施,目前已有 91% 的地方改变了面貌;排查突出治安问题 817 个,整改率达 94.9%。

三、抓严打严防,驾驭治安局势的能力进一步提升

一是加强社会治安形势分析评估。对全省社会治安形势进行了 4 次综合分析,提出评估意见和对策建议。各市、县(市、区)也建立完善了社会治安形势分析通报制度,坚持一季度一分析,对社会治安形势作出总体分析评估,针对存在的治安问题,提出整治措施。二是深入开展打黑除恶专项斗争。召开了电视电话会议,对继续深化打黑除恶专项斗争进行再动员、再部署。各地结合实际，深入摸排涉黑涉恶线索，认真梳理一批重点案件，由公检法机关挂牌督办。全省打掉了一批恶势力团伙，促进了治安稳定。三是深入开展专项整治活动。开展了治爆缉枪专项活动，全力收缴非法爆炸物品、枪支弹药、剧毒化学品和放射性物品等危险物品，消除安全隐患。开展了铁路沿线治安秩序集中整治行动，进行了考核验收。开展了输油气管道治安秩序专项整治行动、打击破坏"三电"设施专项整治行动、非法卫星电视接收设施整治等工作。四是深化同"法轮功"等邪教组织的斗争。破获了一批"法轮功"等邪教类案件，抓获了一批涉案人员，有效遏制了境外邪教在省内的渗透活动。五是加强社会治安防控体系建设。部署开展了全省社会治安视频监控设施建设大会战。全省共投入资金2.1亿元；建立市级监控中心22个，县级监控中心82个；利用视频监控系统直接破获案件2464起，抓获犯罪嫌疑人1777名；全省新建住宅小区报警和监控等技防设施覆盖率达95.5%。通过严打严防，全省社会治安状况进一步好转。2008年，全省刑事立案同比下降了5%，其中八类严重刑事犯罪案件下降11%。

四、抓难点工作，社会管理的薄弱环节得到明显加强

深化了流动人口服务管理。省委、省政府两办转发了《省综治委关于进一步加强流动人口服务和管理工作的意见》。组织开展了全省流动人口大清查活动，掌握流动人口及其落脚点的底数和信息，加强对重点人员的管控。通过流动人口大清查，破获了一批案件，抓获了一批逃犯。安徽省加强外出务工人员服务管理工作的做法在全国综治工作会议上作了介绍。加强了刑释解教人员帮教安置工作。认真做好刑释解教人员调查摸底后续工作，研究落实管控帮教措施。加强帮教安置基础建设，全省已建立安置实体、安置基地130个；建立了近万人的帮教安置志愿者队伍。2008年，全省刑释解教人员重新违法犯罪率为0.47%。在年初召开的全国刑释解教人员安置帮教工作领导小组暨调查摸底工作电视电话会议上，祁门县作了经验介绍。社区矫正工作全面推开，教育改造质量进一步提高。加强了禁吸戒毒工作。2008年，全省破获了一批毒品犯罪案件。全年强制戒毒442人、劳教戒毒281人、强制隔离戒毒471人、社区戒毒264人。省戒毒康复中心在戒毒人员康复治疗中发挥了重要作用。加强了校园及周边治安环境整治。认真贯彻落实"武汉会议"精神，下发了《关于加强学校及周边治安综合治理，全力维护社会稳定的通知》，组织开展了学校安全大检查，对学校周边违章建筑、道路安全设施、违法摊点和无照流动商贩以及非法经营的书刊店、音像店、电子出版物经营点、电子游戏经营场所等，进行了集中整治，有效改善了校园及周边治安环境。加强了社会组织和虚拟社会的管理。积极推进行业协会改革和发展，加强民间组织的登记管理工作。打击网络违法犯罪，破获了一批利用网络进行诈骗、传销等犯罪案件。加强网络监管，及时删除不良信息，加强网吧的治理整顿，督促规范经营。

五、抓奥运安保，保障了"平安奥运"目标的实现

强化奥运火炬传递安保。强化社会面管控，强化安全保障措施，强化现场安保力量，强化观众有序组织，强化应急处置准备，确保了奥运火炬在安徽省圆满成功传递。加强对敌斗争。加强情报信息工作，及时发现和掌握了一批影响国家安全和社会稳定的预警性情报信息。抓好社会稳定工作。着力做好有关群体的稳定工作，严防发生群体性事件。加强对重点目标的保护。对供水、供电、供气、交通、通信、广播、电视等要害敏感部位和省级重点防范目标，逐一制定了防范预案，落实防范措施。加强反恐防暴工作。以侦破现实直接行动性的涉奥案件为重点，对各类重点人员进行梳理排队，逐个分析侦控。加强了应急力量，开展了处置突发事件的应急演练。通过各级、各有关部门共同努力，奥运会和残奥会期间全省没有发生恶性刑事案件，没有发生影响恶劣的治安案件和重大群体性事件，没有发生群死群伤治安灾害事故，全省社会政治稳定、治安秩序平稳、社会和谐安宁，为实现"平安奥运"作出了贡献。

六、抓固本强基，综治基层基础进一步夯实

一是加强乡镇（街道）综治组织建设。认真贯彻落实省委、省政府两办《关于进一步健全维护稳定工作机制的若干意见》和省综治委《关于进一步加强乡镇（街道）综治组织规范化建设的意见》。总结推广了池州市成立乡镇（街道）维稳综治办公室的经验。通过狠抓文件落实，全省乡镇（街道）综治力量得到明显加强。二是加强村（社区）综治组织建设。年初省综治委对各地加强村（社区）综治组织建设提出了目标要求。目前，全省大部分村（社区）建立了综治组织，已建立社区警务室2302个，农村警务室2384个；配备社区和驻村民警5601人，综治协管员4418人。三是加强群防群治队伍建设。全省大部分乡镇（街道）都成立了由政府出资的专职治安巡逻队伍，由公安机关进行业务指导，开展治安防范。全省城乡广泛开展义务巡逻、看楼护院、邻里守望等群众性自防自护活动。四是加强综治干部培训。7月份，省及各市结合开展政法机关大学习、大讨论活动，采取以会代训形式，对市、县两级综治办主任进行培训。12月份，省综治办又举办了为期一周的县（市、区）综治办主任培训班。

七、抓部门参与，齐抓共管的合力进一步加大

一是加强了省级综治组织建设。对综治委领导进行了调整，吸收质监、安全生产、海关、银监等部门为省综治委组成单位，完善了省综治委有关工作制度。二是加大了联合创建的力度。省卫生厅、省水利厅、省文化厅、省妇联等部门深入开展创建平安医院、平安边界、平安文化市场、平安家庭等活动；省国家安全厅、省军区等单位推动国家安全人民防线建设和驻皖部队参与平安建设；消防、反走私工作纳入社会治安综合治理考核内容。第二届“皖浙构建平安边界论坛”在歙县召开，皖浙平安边界建设合作进一步加强。三是充分发挥综治委成员单位在平安建设中的职能作用。建立了省综治委成员单位联系平安县（市、区）制度，每个成员单位联系1个县（市、区），指导平安建设工作。截止2008年底，有33个成员单位到所联系的县（市、区）开展工作，帮助基层解决平安建设存在的困难和问题。各市也建立了综治委成员单位联系乡镇（街道）平安建设制度，促进了全省平安创建整体水平的提高。

八、抓宣传发动，综治和平安建设的氛围进一步浓厚

一是开展了综治宣传月活动。省及各地综治部门和综治委成员单位组织人员走上街头，开展集中宣传活动。各级新闻媒体开辟专栏，集中宣传平安建设的成效，营造浓厚的舆论氛围。合肥、阜阳、黄山等市共组织开展了60余场平安建设专题文艺汇演。二是开展了综治好新闻评选活动。开展了2007年度全省社会治安综合治理好新闻奖评选活动，积极推荐作品参加全国综治好新闻评选。安徽省推荐的作品获得2个二等奖和4个三等奖，省综治办受到中央综治办的通报表扬。三是大力推进见义勇为表彰工作。省见义勇为基金会正式成立，募集资金达800余万元。召开了第四、五届“安徽移动弘扬正气奖”见义勇为先进个人表彰大会，对68名见义勇为先进个人进行了表彰。

九、抓责任制落实，各级各部门“保一方平安”的责任意识进一步强化

狠抓责任制考核。各级综治委都完善了综治工作检查考核制度，制定了综治和平安建设考核标准和办法。省对市、市对县（市、区）的考核每年进行一次，县（市、区）对乡镇（街道）的考核每半年进行一次。3至4月，省综治委组织了8个检查组，对全省17个市综治和平安建设目标管理情况进行了全面考核，并评出6个综治和平安建设工作先进市和1个综治平安建设基层基础工作先进市，分别给予表彰奖励。狠抓奖惩兑现。2008年，各市共开展综治和平安建设表彰21次，表彰集体480个、个人840名。对106个单位实施了一票否决，对21个单位进行了责任查究。

2008年安徽省综治和平安建设工作取得了明显成绩，但是也还存一些不足和问题。一是工作发展不平衡，少数地方对综治和平安建设认识不到位，对综治工作中存在的主要问题研究解决得不够。二是一些地方综治基层基础有待加强，有的乡镇（街道）综治力量需要进一步整合，人员需要进一步充实。三是警力不足、综治和平安建设经费不足在一些地方仍比较突出。四是少数地方综治成员单位的作用发挥得不够。五是一些地方一票否决权制落实不够。

中共安徽省委办公厅关于调整省社会治安综合治理委员会组成人员的通知

（2008 年 6 月 3 日）

各市、县委，省委各部委，省直各单位党组（党委），各大学党委：

省委决定，省社会治安综合治理委员会由以下人员组成：

主　任：徐立全（省委常委、政法委书记、省公安厅厅长）

副主任：张　俊（省人大常委会副主任）
唐承沛（省人民政府副省长）
周　溯（省法院院长）
崔　伟（省检察院检察长）

委　员：牛弩韬（省政府副秘书长）
仲兆宁（省纪委副书记）
王　信（省委办公厅副主任）
秦亚东（省委组织部常务副部长）
郎　涛（省委宣传部副部长）
苏泽泉（省委政法委常务副书记、省维稳办主任）
马大伟（省委政法委副书记、省社会治安综合治理委员会办公室主任）
洪禹候（省委政法委副书记、省防范和处理邪教问题办公室主任）
郑　宏（省委政法委秘书长）
张国安（省人大常委会内司工委副主任）
刘公殿（省委、省政府信访局副局长）
张天培（省发改委副主任）
程　艺（省教育厅厅长）
黄荣华（省委统战部副部长、省民委主任、省宗教局局长）
周礼明（省公安厅副厅长）
李建明（省国家安全厅厅长）
刘　健（省民政厅厅长）
孙建新（省司法厅厅长）
王林建（省财政厅副厅长）
刘　莉（省委组织部副部长、省人事厅厅长、省编办主任）
戴　毅（省劳动保障厅副厅长）
李玉华（省建设厅副厅长）
梅　劲（省交通厅厅长）
贺　凌（省信息产业厅厅长）
刘永春（省农委副主任）
程　鹏（省林业厅副厅长）
李修松（省文化厅副厅长）
杜昌智（省卫生厅副厅长）
孙爱民（省人口计生委主任）
吴经华（省国资委副主任）
张苏洲（省委宣传部副部长、省广电局局长）
汪景宁（省统计局局长）
金启建（省工商局局长）
徐发成（省新闻出版局副局长）
张万宽（省质量技术监督局局长）
朱志林（省安全生产监督管理局副局长）
江　山（省旅游局局长）
程利民（省政府法制办副主任）
顾福生（省政协社会和法制委副主任）
夏育才（省总工会副主席）
朱　斌（团省委副书记）
邢江霞（省妇联副主席）
夏贵俊（省军区政治部副主任）
马　诚（省武警总队副总队长）
贾　江（合肥海关副关长）
刘伟建（人行合肥中心支行行长）

李大林(安徽银监局纪委书记)
李迎春(安徽保监局局长)

省社会治安综合治理委员会原组成人员的职务自然免除。

安徽省社会治安综合治理委员会关于表彰“全省社会治安综合治理先进市”和“全省社会治安综合治理基层基础工作先进市”的决定

(2008年7月15日)

2004年以来,在省委、省政府的领导下,全省各市认真贯彻落实中央和省里关于加强社会治安综合治理的一系列部署要求,严格履行省委、省政府与各市委、市政府签订的《安徽省2004—2007年度社会治安综合治理目标管理责任书》,按照构建社会主义和谐社会的要求,以平安建设为载体,进一步完善矛盾纠纷排查化解机制,坚持不懈地开展严打整治斗争,大力推进社会治安防控体系建设,加强基层基础工作,全面落实社会治安综合治理各项措施,取得了显著成效,确保了全省社会政治稳定和治安安定,为全省加快发展、奋力崛起、全面建设小康社会营造了良好的社会环境。在今年初开展的2004—2007年度社会治安综合治理目标管理考核评比中,黄山、合肥、铜陵、芜湖、马鞍山、蚌埠6市综治工作成绩突出,位居全省前列;池州市综治基层基础工作成效显著。为表彰先进,推动我省综治工作上新的台阶,省综治委决定:授予黄山、合肥、铜陵、芜湖、马鞍山、蚌埠6市“全省社会治安综合治理先进市”称号,各奖励5万元人民币;授予池州市“全省社会治安综合治理基层基础工作先进市”称号,奖励3万元人民币。

希望受表彰的市戒骄戒躁,再接再厉,与时俱进,不断创新,再创新的佳绩。其他各市要以受表彰的市为榜样,深入贯彻落实党的十七大和省第八次党代会精神,进一步深化平安建设,健全社会治安防控体系,加强社会治安综合治理,创造更加良好的治安环境,保障和促进我省经济社会又好又快发展,为“把安徽建设成为全国最稳定的省份之一”,为构建和谐安徽、全面建设小康社会,作出新的更大的贡献。

大力推进社会治安视频监控系统建设

为了全面提高社会治安防控能力,安徽省综治委在全省部署开展了社会治安视频监控系统建设大会战,取得了明显成效。截止目前,全省已投入资金2.1亿元,建立市级监控中心22个、县级监控中心82个,利用视频监控系统直接破获案件2464起,抓获犯罪嫌疑人1777名,全省新建住宅小区报警和监控等技防设施覆盖率达95.5%。主要做法是:

一、综治牵头，强力推进

为了加强对社会治安视频监控系统建设大会战的领导，省综治委成立了由综治委主任任组长，公安、财政、建设、科技、信息产业等相关部门为成员的领导小组，明确分工和职责，制定了实施方案，进行了广泛动员。各市按照"政府主导、部门协同、社会联动、全面推进"的总体要求，深入进行摸底调研，并结合实际制定社会治安视频监控系统建设规划，层层进行动员，层层签订责任状。

二、明确目标，确定任务

大会战的总体目标是立足社会治安防控，建立面向基层、覆盖城镇、全省联网、资源共享的社会治安视频监控系统，完善视频监控系统建设管理运行机制，努力提升全社会整体防控水平。针对这一目标，确定了三项主要任务。一是建设四级监控平台。以基层一线实战单位为重点，建设全省联网、信息共享、互联互通的省、市、县、乡镇四级社会治安视频监控应用平台，形成能够跨区域协调指挥作战的社会治安视频监控系统工作格局。二是构建两张防控网。其一是社会治安公共视频监控网。到年底，全省要建成视频监控点1.5万个，实现对市、县城区的出入口、主要道路、公共复杂场所、易发案部位等目标100%覆盖。其二是内部单位和居民小区防控网。在目前全省内部单位和居民小区已建设的20万个视频监控点的基础上，再新增10万个，实现全省重点单位、要害部位和新建居民小区100%覆盖。三是完善五项机制。建立符合本地实际的社会治安视频监控系统建设保障机制、管理运行机制、应急联动机制、奖惩考核机制和效益评估机制。

三、科学规划，统一调度

为了合理规划，省综治委在视频监控系统建设中实行统一领导、统一规划、统一标准。按照"急用先上，突出重点；规范建设，注重质量；服务实战，讲求实效"的原则，在明确需要的基础上，确保足够的数量和密度，做到合理布点，全面覆盖，形成规模。在大会战中，省综治委实行统一调度，细化系统建设时间进度表，定期召开系统建设调度会，明确具体措施，保证按时完成系统建设任务。实行建设情况周报，每周对建设情况进行汇总，及时分析建设中存在的问题，研究应对措施。

四、加大投入，强化保障

大会战中，各地按照"政府为主、社会参与、多方投入"的总体要求，积极争取党委、政府的重视和支持，结合实际，采取多种模式，保障了视频监控系统建设的资金需求。合肥市政府在投资1300万元建设城市报警与监控平台的基础上，进一步将城市报警监控系统建设与城市道路监控、智能交通建设相融合，纳入合肥市大建设项目，传输线路由市政府统一向网络运营商租赁，保证了合肥市城市报警与监控系统建设走上可持续发展的轨道。马鞍山市明确一期监控平台建设资金500余万元由市、区两级财政承担，其他各市也分别将社会治安视频监控系统建设经费列入财政预算。为了充分利用现有资源，省综治委加强协调，把社会单位自身视频监控系统建设与大会战结合起来，采取社会单位自建监控系统向外延伸，综治、公安等部门进行整合的办法，提高了社会面监控的覆盖率，防止了重复投资。同时，充分运用市场机制，采用"社会建设，政府租用"等多种模式和办法，吸收和利用社会资源、资金开展建设。

五、注重应用，确保实效

社会治安视频监控系统建设始终把应用放在突出位，加强运行管理，切实发挥系统效能。一是加强实时监看。特别是加强对重点地段、案件多发区域的实时监看，有效预防和制止治安事件、意外事件和违法犯罪的发生。二是加强运行管理。建立完善的值班管理制度和运行维护机制，通过严格的管理和专业化、社会化服务保证系统的良好运行。同时，严禁利用监控系统窥探公众隐私，保障公民的合法权益。三是加强信息研判。将社会治安视频监控系统信息资源纳入公安综合信息研判平台，完善应急处置预案，提高公安机关警情处置能力。四是加强效能评估。认真总结典型案例和实战经验，不断提高系统信息应用能力，促进社会治安视频监控系统建设及其完善。

狠抓“四个环节” 加强外出务工人员服务管理

近几年，随着工业化、城镇化、市场化步伐加快，安徽省农民外出务工大量增加。截至2007年底，全省外出务工人员达到1240万，占全省总人口的18.6%，其中流出省外的有1040万，占外出务工人员总数的83.7%。自2006起，安徽省综治委按照中央综治委的要求，狠抓“四个环节”，加强对外出务工人员服务管理，取得了明显成效。主要做法是：

一、抓组织，构建外出务工人员服务管理网络

2006年初，省里调整充实了流动人口服务管理工作领导小组，由省委、省政府分管领导牵头，加强对全省外出务工人员服务管理工作的组织领导和协调。省政府下发了《关于进一步做好农民工工作的通知》，明确了各级、各有关部门的职责任务，提出了工作重点、工作措施和工作要求。省综治委于当年专门部署开展了“流动人口服务管理战役”，把加强外出务工人员服务管理作为工作重点，要求各地、各有关部门一抓三年，务求实效。省领导小组有关成员单位结合各自职能，分别围绕流动人口信息采集和治安户籍管理、流动人口就业服务、农民工子女就学、外出务工妇女权益保护、留守儿童教育救助等，专门研究下发了文件，积极开展工作。省有关职能部门还在北京、上海、广东、江苏、浙江等皖籍农民工较集中的输入地专门设立了驻外劳务管理服务处，积极协调与驻地的关系，开展皖籍农民工服务管理工作。安徽省还加强了与外省皖籍商会的联系，依托皖籍商会掌握外出务工人员情况，充分发挥商会在组织劳务、调处纠纷、依法维权方面的积极作用。各市、县(市、区)都加强了外出务工人员服务管理领导组织和办事机构，在外出务工人员较多的地方建立流动党支部，加强对流动党员教育和管理。近年来池州市结合农村综合改革，将综治、信访、司法行政、民政、武装等部门整合为一体，在乡镇普遍设立维稳综治工作办公室，在村建立综治工作站和警务室(点)，配备综治协管员，实现资源整合、手段集中、重心下移，乡镇、村外出务工人员服务管理工作收到了明显成效。省综治委及时总结推广“池州经验”，召开了现场会，推动各地夯实打牢外出务工人员服务管理的组织基础。

二、抓平台，积极为外出务工人员服务

一是构建就业服务平台。全省公共就业服务机构一律向农民工提供免费求职咨询、职业介绍、技能培训和技能鉴定“一条龙”服务。2007年，省级财政投入1.1亿元，为41.3万农民工提供了免费技能培训，其中24.9万人经过培训考核，取得了职业资格证书或单项能力证书。全省各级劳动保障部门已连续3年开展了为农民工外出就业服务的“春风行动”。2007年活动期间，向外出务工人员免费发放春风卡、《安徽省就业服务卡》以及其他宣传材料110多万份，组织面向农民工的免费专场招聘会721场，组织劳务输出21.8万多人；推荐放心民办职业介绍机构198家，成功地为农民工提供职业介绍6万多人；为7.4万农民工提供了职业技能培训。安徽省已加入了华南、华北、华东劳务协作区，与北京、上海、广东、江苏等经济发达省市签订了《共同加强劳动力就业管理和服务协议》，为外出务工人员提供各种服务。二是构建计生服务平台。省人口计生委下发了《关于进一步做好流动人口计划生育工作的意见》，开展了外出务工人员计划生育“关怀关爱”专项行动。2007年为267万人落实了免费服务项目，免费服务落实率达95.5%。三是构建户籍服务平台。2006年7月，省政府为解决长期在城市就业和居住农民工及其随住子女的户籍问题专门制定了政策，各级公安机关近两年共为28万多农民工及其子女办理了户籍转移手续；大力推进人口信息计算机管理系统建设，以此为平台为外出务工人员搞好办证服务，2008年春节期间，集中为返乡的农民工办二代证39万余张。四是构建帮教服务平台。据调查，安徽省帮教期内刑释解教人员外出务工常态数在5万人，其中四分之三流到省外。为加强对这类人员的服务管理，省里2006年7月制定了《刑释解教人员衔接管理工作若干规定》，对委托帮教、跟踪帮教、户籍地与居住地、流出地与流入地双列管等作出规定。两年来，司法行政部门通过与流入地进行沟通，开展委托帮教，并动员帮教对象的家庭成员、亲友、社会上有条件和能力的志愿者、务工单位等参与帮教工作，收到了良好效果。2006年和2007年，全省刑释解教人员重新违法犯罪率分别降到0.35%和0.34%。五是构建创业服务平台。实施"凤还巢"工程。各地每年都利用春节返乡的机会，召开外出务工人员代表茶话会、座谈会，动员他们返乡投资兴业。各地各有关部门还制定了返乡创业扶持政策，积极为返乡创业人员提供良好服务。

三、抓防控，确保外出务工人员家庭财产安全

一是深入排查整治治安混乱地区和突出治安问题。两年来，全省共排查出农村治安混乱地区62处、突出治安问题25个，整治率达到100%；打掉农村恶势力团伙415个，打击处理违法犯罪分子2677人。二是夯实农村综治工作基础。省综治委下发了《关于进一步加强乡镇（街道）综治组织规范化建设的意见》。各地结合农村综合改革，对乡镇（街道）综治组织建设进行了统一规范，并将综治工作措施落实到行政村。加强基层派出所、司法所和人民法庭建设。推进农村警务建设，全省已建立农村警务室1264个，配备驻村民警4084人，专职协管员4418人。加强农村专职治安巡防队伍建设，全省专职保安、政府出资组建的专职巡逻力量、企业内部保卫力量达到了9万人。三是大力开展群防群治。各地从实际出发，普遍建立以亲邻关系为主的治安互助小组，大力推行治安中心户长、治安承包、党员联户、十户联防、邻里守望等做法，加强治安防范；组织农村老党员、退休回乡干部和志愿者，开展义务巡逻、看楼护院，维护农村治安。

四、抓救助，为外出务工人员留守子女健康成长营造良好环境

据统计，安徽省留守儿童已超过500万，其中义务教育年龄段的有300万人。留守儿童长期生活在缺乏父爱母爱的环境中，极易造成情感缺失和心理失衡。近两年，安徽省把关爱留守儿童作为一项民心工程来抓，重点探索开展了义务教育年龄段留守儿童的教育救助工作，积极为外出务工人员解除后顾之忧。一是推进农村寄宿制学校建设，探索建立"留守儿童之家"。2004年开始，实施了农村寄宿制学校建设工程，目前全省有寄宿学生的学校达2000多所。部署开展了"十百千"行动（每个县建10所"留守儿童之家"、培训100名临时监护人、聘请1000名爱心家长），目前全省已建立了140个"留守儿童之家"，培训了3065名班主任和临时监护人，聘请了12362名党员、妇干、"五老"和社会各界人士担任留守儿童爱心家长。一些地方还积极探索构建农民工留守家属综合服务体系，想方设法解决农民工家庭中留守妇女、留守老人面临的困难和问题。二是开展"共享蓝天"工程。近几年，综治、关工委、公安、教育、妇联、团委等部门大力实施以关爱留守儿童为主题的"共享蓝天"工程。各级综治部门加强对关爱留守儿童工作的指导和督促检查；各级公安机关严厉打击针对留守儿童的犯罪；各级关工委、妇联、团委积极开展"手拉手送温暖"、"大手拉小手"、为留守儿童找"爱心妈妈"、"代理家长"等活动，发展了一批留守儿童爱心志愿者队伍；各级教育主管部门积极推动建立了一批留守儿童家长学校和留守儿童文化活动室。去年省妇联、省教育厅命名了100所农村留守儿童示范家长学校，团省委、省关工委等七家单位共同主办了安徽省十佳（百优）留守儿童评选活动。三是开展留守儿童心理疏导。全省农村地区学校大都建立了留守儿童档案，详细记录其家庭情况、本人学习生活情况、心理状况等。通过档案，学校一方面加强对留守儿童的特殊关心和监护，另一方面指定专门的教师负责定期与留守儿童父母加强联系和沟通，通报留守儿童在家在校表现情况。开展亲情教育、友情教育、荣辱观教育，促进留守儿童身心健康成长；开展生活技能教育培训，引导留守儿童自理自护、自立自强。有的学校还专门针对留守儿童设立心理疏导辅导员，对孩子们显性和隐性的心理压力进行疏导。四是开展校园及其周边治安环境整治活动。严厉打击侵害农村留守儿童权益的违法犯罪活动，积极为他们提供各种形式的法律援助；大力整治校园周边环境，重点加强网吧、电子游戏室等场所的整治，努力减少对孩子们的精神污染，真正为农村留守儿童创建一个良好的学习生活环境。

打造两级平台　完善工作机制
深入推进农村平安建设

——池州市创新基层综治组织建设的几点做法

池州市在平安建设中，把工作重心放在深化基层基础、突破重点难点方面，着力打造乡镇街道和村两级综治工作平台，健全长效工作机制，取得了明显成效。据省统计局调查，池州市公众安全感系数为97.7%，位列全省第一。

一、抓住机遇，整合资源，建立乡镇街道维稳综治办

（一）抓住司法所国债项目实施机遇，建设规范化司法所，打造乡镇街道维稳综治平台。

1. 加大项目争取和资金投入。市委、市政府主要领导亲自到司法厅争取项目支持，争取国债资金447.1万元，市财政对每个所补助2万元共106万元，县（区）配套资金28万元购置办公用具。到2007年5月底，53个司法所全部投入使用，平均每个所190平方米，为维稳综治办集中办公解决了场所问题。

2. 理顺体制、配齐配强人员。市委、市政府制定了《关于进一步加强司法所建设的意见》，清理基层司法行政专项编制，理顺基层司法所管理体制，将司法所作为县（区）司法局派出机构，司法所长按副科级配备。

3. 加强司法所规范化建设。全市司法所四级网全面建成，工作信息实现网上传输。53个乡镇街道司法所全部达到规范化建设标准，位居全省前列。

（二）抓住农村综合改革机遇，成立维稳综治办公室。2007年，池州市在进行农村综合改革时，市委、市政府决定在乡镇街道设立维稳综治办公室，作为乡镇街道的工作部门。目前，全市53个乡镇街道维稳综治办全部完成机构设置、资源整合、人员配备，平均每个乡镇街道维稳综治办工作人员达7人，全部在司法所集中办公。在推进乡镇街道维稳综治办整合过程中，注意加强调查研究，逐步探索出“四五”整合模式，使各乡镇街道基本做到：“五集中”（集中人力、集中物力、集中场所、集中信息、集中手段）、“五统一”（统一名称、统一人员、统一制度、统一台账、统一考核）、“五联合”（联合调解、联合防范、联合管理、联合整治、联合创建）、“五到位”（组织建设到位、人员经费到位，硬件达标到位、资源整合到位、制度运行到位），真正将综合治理、信访、司法行政、民政、武装等部门整合为一体，从而实现资源整合、手段集中、重心下移，在化解矛盾、维护治安、确保稳定方面效果十分明显。

二、分类指导，搞好结合，合署建立村综治工作站和警务室（点）

2007年，首先在全市被撤销乡镇的驻地村和部分新农村建设试点村，合署建立了62个综治工作站和警务室。接着又从5个县（区）各选择一个乡镇街道，开展农村警务室和综治站的全覆盖试点，共建成69个村综治站（警务点）。全市共建成农村综治站、警务室（点）131个，配备综治协管员152人，基本做到“一笔经费、二间房子、三名人员、四套台账、五项机制”。

（一）“两种模式”解决综治工作站和警务室（点）人员问题。根据各村具体情况，在人口多、治安复杂的村设立综治站和中心警务室，配备2名专职综治协管员；在经济欠发达、治安秩序较好的村设综治站和警务点，配备1名兼职综治协管员。每个中心警务室下面设若干警务点，规定派出所警察每周必须去中心警务室工作3个半天，去警务点1次，综治协管员负责本村的平安建设具体工作，并协助包村民警开展基础工作。

（二）“三个一点”解决综治工作站和警务室

(点)的保障问题。池州市采取由县、乡、村三级共同负担,以村为主的办法。县级对警务室(点)办公场所和统一标志等硬件建设进行补助;乡镇一级负担综治协管员的服装费和考评奖金;村级负责解决办公用房、综治协管员工资和日常办公经费,以及村民小组组长兼任治安信息员、纠纷调解员、法制宣传员的误工补贴。

(三)"三个结合"促进综治工作站和警务室(点)建设。与村级规模调整相结合,拟撤并的村原则上不设综治工作站和警务室(点),避免重复撤建,尽可能从并村后富余干部中挑选综治协管员;与村部建设相结合,依托农村现有村部建设,花少量经费,设立规范化的综治工作站和警务室(点),便于民警工作和群众求助;与村级领导班子建设相结合,采取专职综治协管员从村级后备干部中挑选,兼职综治协管员由村班子成员担任。

(四)"三个统一"解决综治协管员招录、培训和管理。池州市高度重视综治协管员队伍建设,从招录开始采取由各村群众民主推荐,乡镇维稳综治办统一考核录用;上岗前以乡镇为单位统一集中培训,由综治、公安、司法三部门授课、军训;日常管理统一由乡镇维稳综治办和派出所双重管理,并制定管理考核办法。

三、结合实际,积极探索,完善乡镇街道和村两级综治工作机制

(一)完善矛盾纠纷排查调处工作机制。乡镇街道维稳综治办把排查化解矛盾纠纷作为日常工作,每天有人接访,遇有重点矛盾纠纷及时赶到现场调解;每周一次机关工作人员例会,汇集各方面信息;每月开展一次大排查,及时分析掌握重点矛盾纠纷隐患,向党委、政府以及上级部门报告,并按照"统一管理、分流办理"的原则,督促化解和处理。村级综治工作站、警务室(点),每周开展一次到组到户的摸排,搜集村民组信息调解员提供的信息,在包村民警的指导下,进行矛盾纠纷调处,重点矛盾纠纷报村委会处理,努力做到"小事不出村,大事不出乡镇"。

(二)完善治安防控和群防群治工作机制。全市53个乡镇街道按照"政府购买公益型岗位、维稳综治办招聘,公安派出所管理使用"的方式,全部建立专职治安巡逻队,招聘312名专职治安巡逻队员,由派出所民警组织带领开展治安巡逻和治安防控。行政村由综治协管员担任队长,以民兵、护村员为骨干成立联防队,有重点的开展巡逻防控。一些条件较好的村在主要道口安装了电子监控系统,由警务室(点)负责该监控值班。

(三)完善重点人群教育管理机制。乡镇街道维稳综治办负责督促指导村综治工作站及有关部门做好重点人口、流动人口和出租房屋的管理,对安置帮教对象落实跟踪帮教、帮扶措施,对农村留守老人、儿童落实管理、服务措施。对重点人口落实了民警、综治协管员、帮教人员以及村民组长"四帮一"的帮教措施;对刑释解教人员进行摸底登记,逐人建档,落实了综治协管员、村干部和村民组长"三帮一"的帮教措施;对留守儿童、问题青少年由村委会、综治工作站登记造册,确定监护人、帮扶人。

(四)完善法制宣传和法律服务工作机制。乡镇街道维稳综治办负责组织法律法规的宣传教育,村综治工作站以及相关部门通过各种形式向群众宣传法律法规和平安建设的重大意义,宣传邪教组织的社会危害性,组织实施了"依法治村"、"民主法制示范村"以及创建"四无"村居等活动,督促学校加强青少年学生的思想道德教育和法制教育。同时加强向群众提供法律服务、法律帮助。

(五)完善危机预警和应对机制。做好防汛抗旱、重大疫病、自然灾害、突发性事件等方面预警和应对工作,使农村公共安全防范处置工作有人抓、有人管。维稳综治办的整合和村级警务室的建立,使乡镇街道有了一支机动力量,随时可以集中维稳综治办5-7人,派出所民警和专职治安巡逻队员10人,村综治协管员10-15人,还有企业保安和民兵应急分队,形成应对群体性事件、突发事件的拳头。

安徽省综治委、办机构情况和负责人名单

一、省综治委主任、副主任名单和内设机构情况

主　任：徐立全（省委常委、政法委书记、省公安厅厅长）

副主任：张　俊（省人大常委会副主任）

唐承沛（省人民政府副省长）

周　溯（省高级人民法院院长）

崔　伟（省人民检察院检察长）

二、省综治办情况

主　任：马大伟（省委政法委副书记兼任）

副主任：郑　宏（1－4月）

省综治办下设综治督导处、综治协调处。

安徽省各市、县（市、区）综治委、办主任名单

地　区	综治委主任	综治办主任
合肥市	吴存荣	王文涛
蜀山区	张　健	毛炎冰
庐阳区	周善武	李　丽
瑶海区	常业军	孔　奇
包河区	胡启生	范成志
长丰县	操云河	夏明柱
肥东县	杨宏星	郑顺新
肥西县	李海鹰	王邦建
宿州市	刘晓芸	李云新
埇桥区	陆　智	冯西廷
砀山县	薛　峰	郝圣文
萧　县	陈安源	蔡中爱
灵璧县	尤家荣	戴文龙
泗　县	胡兴无	方大庆
淮北市	殷光临	李化廷
相山区	徐　涛	李清华
杜集区	胡百平	曹祥军
烈山区	刘　政	顾　磊
濉溪县	朱德海	朱建军
阜阳市	王　伟	马新华
颍州区	李士坤	丁建军
颍东区	赫璞峰	宋庆民
颍泉区	陈　雷	马驰骋
界首市	齐安民	龚　剑
临泉县	杨华杰	张国柱
太和县	王　毅	刘翔飞
阜南县	董继安	张保田
颍上县	夏俊中	袁　斌
亳州市	时侠联	王　成
谯城区	高　川	曹　金
涡阳县	李景彪	徐　敬
蒙城县	刘　峰	邓五一
利辛县	骆方平	许　超
蚌埠市	张学群	乔建华
蚌山区	张　亚	胡金涛
龙子湖区	刘雪洁	张东劲
禹会区	何光友	蒋国志
淮上区	徐　超	左　佑
怀远县	邹运飞	姚克祥
五河县	胡启望	朱庆春
固镇县	任　枫	徐崇武
淮南市	黄爱华	胡志刚
田家庵区	唐庆明	姚　永
大通区	张祖保	方利民
谢家集区	吴宁春	朱宗好
八公山区	姚　辉	王　涛

地　区	综治委主任	综治办主任	地　区	综治委主任	综治办主任
潘集区	蒋昌盛	程晋旭	望江县	汪龙生	房振球
凤台县	姚多咏	丁佩超	岳西县	汪谦慎	程度和
滁州市	何希勇	吴守田	**黄山市**	汪建设	戴贤坤
琅琊区	何建初	朱良琪	屯溪区	张旦星	陈志静
南谯区	林永海	张金柱	黄山区	卢新龙	王义宁
明光市	李建宾	潘建淮	徽州区	郑昌华	张少华
天长市	贾国辉	田　勇	歙　县	王克飞	吴小明
来安县	李久山	魏怀德	休宁县	方俊涛	陈永年
全椒县	许业林	王　波	黟　县	杨泽国	汪光辉
定远县	李　骏	武孝斌	祁门县	吴永良	汪自修
凤阳县	何开春	翟玉田	黄山风景区	程迎峰	许成岭
马鞍山市	李　群	范代民	**六安市**	田淮武	曾庆丽
花山区	杨勇义	刘学杰	金安区	刘太平	方于刚
雨山区	郎　平	徐跃杰	裕安区	凡炳之	连　威
金家庄区	王德金	张家国	寿　县	陶忠贵　高孝忠	张斗凡
当涂县	骆俊卿	宋一峰	霍邱县	焦永乐	闫永山
芜湖市	陈文明	方同聪	舒城县	赵　强	华从池
镜湖区	梁忆平	孙　艳	金寨县	田扬富	漆先双
弋江区	杨建伟	王建国	霍山县	许海东	王　磊
三山区	董张应	李天亮	**巢湖市**	杨力仁	陈　飚
鸠江区	王　芳	高俊扬	居巢区	余忠勇	王瑞芳
芜湖县	梁宝金	缪增华	庐江县	陈　军	高申稳
繁昌县	殷　琼	陶德标	无为县	宇正义	徐　皞
南陵县	周卫华	吴　越	含山县	方　琪	徐兴友
铜陵市	古亚伟	孙和平　张胜功	和　县	王炳祥	李庆敏
铜官山区	陈昌虎	王纲根　胡扣住	**宣城市**	钱晓康	甘东金
狮子山区	刘忠法	蒋叶贵　章玉庆	宣州区	郭金友	邱业凯
郊　区	吕爱民	孙中辉　余良清	宁国市	郭建荣	邵　琴
铜陵县	陆　东	陈家喜　钟显中	郎溪县	吴爱国	程家平
安庆市	王章来	叶运根	广德县	黄虹宁	陈晓明
大观区	许　鹏	王庆四	泾　县	陈稼祥	孙新富
迎江区	徐万顺	彭爱军	旌德县	余苏谷	江小里
宜秀区	昝建亮	郑长城	绩溪县	李前智	石文新
桐城市	王志义	赵　健	**池州市**	李祝安	汪啸平
怀宁县	谢晓国	宁叙明	贵池区	王玉庚	俞青平
枞阳县	詹聆娜	许德怀	东至县	张百星	梁　凡
潜山县	徐雷生	汪为民	石台县	桂建明	何金强
太湖县	应杰苗	金祥华	青阳县	江晓利	林　深
宿松县	吴捍东	吴永群	九华山	柯烈荣	何松林

（撰稿人：聂冬
审稿人：马大伟　窦朝晖）

福　建　省

2008年社会治安综合治理工作概况

2008年，福建省深入贯彻落实科学发展观，按照全国政法综治工作会议的部署要求，以平安建设为主线，以“两个排查”为重点，全面落实社会治安综合治理措施，保持了全省社会大局持续稳定，综治工作与平安建设在原有基础上又有了新的发展、新的突破、新的提升，为保障“平安奥运”、推进海峡西岸“两个先行区”建设营造了和谐稳定的社会环境。据年底国家统计局福建调查总队电话随机调查数据显示，福建省群众对社会治安的满意率达94.32%，认为居住地安全和基本安全的比率达95.90%。

一、持续增强合力，有效落实齐抓共管责任

福建省综治委坚持把落实责任制作为综治工作的龙头来抓，不断完善“纵向到底、横向到边”的责任体系。

一是健全责任联动机制。省委书记、省长连续10年与设区市市委书记、市长签订综治领导责任书，向省综治委成员单位下达目标管理责任书。市、县、乡也层层签订综治责任书，形成了四级责任共担的工作体系。为促进领导责任有效落实，省综治委联合省委组织部建立了设区市党委书记、市长、分管副书记、政法委书记、分管副市长五大综治责任人实绩档案，市县还同步建立了综治委成员单位主要领导综治实绩档案。健全综治挂钩联系基层制度，省综治委领导联系设区市，省综治委委员挂钩40多个县(市、区)，市、县采取下派综治特派员、平安督导员等形式，指导乡镇(街道)、村居(社区)开展工作。省政协继续把综治平安建设列入政协委员视察工作的重点课题，组织省政协委员视察团深入基层，指导推动全省流动人口服务管理工作。许多省综治委成员单位主要领导亲自带队深入综治挂钩点开展综治平安建设调研，帮助协调解决困难和问题。

二是健全责任考评机制。坚持以群众满意为标尺，省综治委委托国家统计局福建调查总队对9个设区市84个县(市、区)“党委政府重视率、平安建设知晓率、社会治安满意率”进行随机电话测评，测评结果占设区市综治考评30%比重。年内全省所有县(市、区)社会治安满意率均达90%以上，群众认为党委政府重视综治平安建设的比率达86.02%。各地坚持全面考评、综合考评、科学考评，福州市每季度组织公众安全感测评，根据群众反映的意见，对治安问题较为突出的乡镇(街道)和派出所发出治安问责通知书，责令限期整改。漳州、莆田等市把季度安全感测评与季度综治考评结合起来，根据综合得分，名列第一的县(市、区)在全市治安稳定形势分析会上介绍经验，排名末位的党委分管领导作整改表态发言，通过表彰先进、鞭策后进，营造力争上游的良好氛围。

三是健全责任奖惩机制。省综治委会同省纪委、省委组织部、省监察厅、省人事厅出台了《福建省社会治安综合治理一票否决权制的实施办法》，明确实施一票否决的十种情形、黄牌警告的六种情形，规范了行使权限、行使程序和处理办法，增强责任查究的权威性和执行力。因突出区域性治安与稳定问题，全省有6个县(市、区)未通过省委、省政府“平安县(市、区)”验收，3个县(市、区)党委、政府被省综治委责令限期整改。各地在此基础上，细化硬化综治考核奖惩措施。泉州市出台《社会治安综合治理与平安建设工作责任查究制度》，对未实现年度综治平安建设工作目标的县(市、区)和市直单位，要求责任单位领导作述职检查。三明市把综治平安建设绩效与精神文明建设、单位创先评优、干部评先晋职挂钩，17名党政领导受到市综治委、市委组织部、市人事局记功嘉奖，182个单位被市委、市政府表彰奖励，8个单位被一票否决、黄牌警告。

二、持续载体运作，有效深化平安创建活动

坚持把平安建设作为服务海峡西岸“两个先行区”建设的保障工程来抓，坚持“条抓块管、双向互动”，推动平安建设向纵深发展。

一是注重巩固提升。省、市、县（区）连续第四年把平安创建活动列入党委、政府为民办实事项目，年内全省共投入平安建设专项经费4亿多元，通过持续加大人财物保障力度，持续宣传发动社会群众，巩固平安创建成果，形成了“平安建设人人有责、平安成果人人共享”的生动局面。3月份，省综治办组织6个考评复核组，对第一、二批平安县（市、区）实行滚动管理，对第三批平安县（市、区）创建情况进行复核考评。6月中旬，省委、省政府在泉州市召开全省社会治安综合治理工作暨平安建设表彰会议，命名表彰了第三批13个平安县（市、区）和17个省直平安建设先进单位。到年底，全省群众对平安建设知晓率达到75.05%，同比提高了0.58个百分点，有78个县（市、区）、1073个乡镇、15699个村居（社区）通过了平安达标验收，分别占总数的92.8%、97.1%和95.2%，提前一年实现了平安建设五年目标。

二是注重拓展领域。坚持“抓系统带单位”，全面推进家庭、校园、企业、医院、单位、金融、交通、林区、库区、景区、边界、文化市场等平安系列创建活动，行业系统创建覆盖面达到了80%以上。省妇联制定平安家庭创建滚动管理办法，组织平安家庭户与涉案家庭、纠纷家庭、边缘家庭、困难家庭结对帮扶，扩大平安家庭覆盖面，全省“平安家庭”已达771万多户，“平安家庭”示范社区（村）的覆盖面达70%。省创建“平安医院”领导小组制定下发《福建省设区市“平安医院”创建工作考核评价标准（试行）》和《福建省“平安医院”考核评价标准（试行）》，推广建立政法综治部门、卫生行政部门、医疗机构、商业保险公司、法律工作者及患方代表参与的医患纠纷调解中心，在医疗机构建立人民调解工作室等做法，建立预防和处理医患纠纷工作网络，省公安厅制定出台《福建省公安机关维护医疗秩序工作规范》，强化医患纠纷应急处置措施。省库区移民开发局在全省库区及移民安置地深入开展创建“平安库区”活动，通过层层签订责任状，全省90%以上的库区和移民安置地达到了“平安库区”标准。省机关事务管理局与省综治办等单位联合在省直单位及中央驻闽机构办公场所和住宅区开展“平安楼院”创建活动，保持了连续多年无安全责任事故、无火灾事故的良好势头。漳州、龙岩、南平、宁德等地与跨省毗邻市县联手创建“平安边界走廊”，建立治安联防、纠纷联调、应急联动、关系联谊工作机制，取得了平安共建、发展共享的良好效果。

三是注重亮点培育。根据中央综治委、总参谋部、总政治部《关于军队参加平安建设的意见》和福建省《关于驻闽部队参加“平安福建”建设的实施意见》，省综治办会同省双拥办、省军区司令部、政治部建立了军地平安共建联席会议、信息交流、检查督导等工作制度，并联合组成调研组，深入市（县）和驻军部队开展专题调研，推动驻闽部队、武警和民兵预备役部队积极参与平安共建活动。省直政法等部门与省军区政治部成立了涉军维权工作领导小组，在各级法院成立涉军维权合议庭，在各军分区（警备区）和人武部设立军人军属法律服务站，建立了以“一组一庭一站”为平台的涉军维权工作网络和机制，受到了中央政法委和解放军总政治部的好评。福建边防总队以海上“110”为纽带，在沿海辖区开展以“警官兼任村官”为载体的“平安海域、平安口岸、平安哨所”等系列创建活动，得到了中央领导的充分肯定。厦门市建立了联防联治、联调联处、联侦联控、联创联建“八联”制度，形成了军地平安共建整体协同的推进态势。

三、持续深入排查，有效维护社会大局稳定

按照中央综治委和省委的部署，全省紧紧围绕确保北京奥运会和全国农运会安全顺利举办的目标，强力推进“两个排查”活动，保持了社会大局总体平稳，全省没有发生危害国家安全和社会稳定的重大政治事件，没有发生暴力恐怖事件，没有发生大规模群体性事件，基本实现了工作目标。

一是强化组织领导。着重抓好“三个环节”，确保“两个排查”活动取得明显实效，层层部署推动。省委常委会多次研究综治维稳、奥运安保和“两个排查”工作。省综治委定期召开综治维稳会议、社会治安形势分析会和指导调解工作领导小组会议，省委教育工委多次召开维护高校稳定和教育系统稳定工作会议，研究部署推动“两个排查”活动。市、县、乡、村和30多个系统单位也成立了强有力的领导小组，制定工作方案，认真组织实施。层层滚动摸排。坚持县一级月集中排查、乡一级半月拉网排查、村一级周滚动排查、行业系统联动排查，突出流动人口聚集地、城乡结合部、公共复杂场所等重点部位，可能引发群体性事件、重大安全隐患的重点问题和涉法涉诉、重信重访等重点对象，排查发现的问题，全部建档造册，逐件分流交办，层层督导检查。省综治委、省委政法委先后派出六个督导组，深入区域性治安与稳定问题相对突出的20多个县(市、区)和30多个重点整治点，与当地党政主要领导面对面地交换意见，共同分析问题，研究解决措施。各地也成立了由“四套班子”分管领导任组长的督导组，三明等地将“两个排查”督导组升格为市委、市政府专项督导组，对基层“两个排查”活动实行全过程跟踪。

二是强化调处措施。各地紧密结合“县(市、区)委书记大接访”，以“三个推进”有效化解矛盾纠纷：推进多元化解。莆田、漳州、厦门等地以司法调解为重要节点，以非诉讼调解为主要手段，打通了司法调解与人民调解、行政调解、行业调解的对接通道，使大量矛盾纠纷化解在诉外。推进力量整合。选派优秀后备干部到信访问题和矛盾纠纷较多的部门挂职锻炼、担任“信访官员”，在医疗单位设立医患纠纷人民调解委员会，在重点项目建设工地建立“工警民共建和谐环境理事会”，在乡镇组建“百姓问题排解团”，发挥党员干部和群众组织的优势化解矛盾，推进重点攻坚。对中央交办的重点案件以及可能引发群体性事件的重大纠纷隐患，省领导包案协调，市县分管领导包案督办，责任单位领导包案落实，不少地方还抽调干部脱产包案，包案干部由组织部门统一管理，直至问题彻底解决。中央政法委第一批交办的54件重点案件90%以上已息诉罢访，第二批交办的136件重点案件大部分已办结息诉。

三是强化管控整治。围绕“平安奥运”落实管控措施。对高危人群、危险物品、重点单位、要害部位开展经常性的普查、清查、盘查、倒查，尤其是对北京奥运会前后可能进京非正常访的重点人员，实行“定人、定岗、定责”跟踪稳控。组织开展奥运安保专项攻坚战，排查涉枪涉爆单位4424家，发现消除不安全隐患2178处；排查易燃易爆单位20631家，发现消除火灾隐患21679处，全省火灾起数、造成伤亡人数和直接经济损失各项指标均大幅下降。围绕“群众满意”落实整治措施。省综治委确定的102个省市“两个排查”挂钩联系点，按照“有整治方案、有挂钩领导、有派驻队伍、有考评验收”的工作要求，普遍建立了乡镇(街道)党政“一把手”、综治副职、派出所所长、整治队长和挂钩领导“六长”捆绑责任制，突出治安问题基本上得到解决，人民群众比较满意。

四、持续先行先试，有效加强社会管理服务

按照党的十七大提出“健全基层社会管理体制”的要求，以县(市、区)为单位，以试点先行为导向，积极探索加强社会管理服务的新思路、新办法，通过边试点、边完善、边推广，不断提升全省社会管理服务水平。

一是着力创新管理服务模式。省综治委制定下发了《福建省各级综治委流动人口管理工作领导小组成员单位职责》，继续抓好厦门湖里区、泉州晋江市和三明沙县“一站式”管理服务试点工作，6月份，召开全省综治工作会议，全面推广泉州市“多位一体、多证合一、多举并重、多方保障”的流动人口服务管理模式，晋江市率先成立政府序列的专职流动人口服务管理机构。9月份，省政协组织部分政协委员赴泉州市就流动人口服务管理工作进行视察调研。省直各职能部门从取消流动人口落户限制、加强义务教育和教育培训、规范劳务市场、丰富文化生活、提供法律服务、落实保障权益、完善医疗保险等方面不断推出新举措，提高服务管理水平。加强基层流动人口管理力量建设，全省共设立暂住人口出租房屋管理站2968个，社区(村居)委会暂住人口申报点9876个，聘用暂住人口专职协管员5142个，兼职协管员11907人，登记在册暂住人口462.7万人，登记在册出租房屋35.99万户。厦门市把流动人口“一站式”服务管理工作列入为民办实事工程，由财政补贴全市建立了150个流动人口综合服务管理站，有力地加强了流动人口服务管理基础建设。

二是着力增强管理服务实效。召开全省社区矫正现场推进会，扩大试点工作覆盖面。全省已有23个县(市、区)开展试点工作，矫正对象无一人脱漏管和重新犯罪。开辟就业安置“绿色通道”，实施就业技能培训“阳光工程”，落实低保待遇，全省刑释解教人员安置率达93.8%，帮教率达96.7%。认真实施“为了明天工程”等活动，依托救助管理站成立流浪儿童救助保护中心，在全省法院系统设立维护妇女儿童合法权益合议庭。省妇联等部门组织对全省1.4万多个行政村留守儿童进行入户调查，龙岩、三明等地在中小学校成立“代管中心”，组织政法综治干部、农村干部、学校教师与留守儿童结对帮扶。以创建“平安铁路示范路段”为重点，组织开展火车站地区治安重点整治专项行动，有效遏制了拦车断道、冲击铁路等群体性事件和因治安问题引发的行车重特大安全事故。省教育厅、综治办、公安厅建立健全“平安校园”创建滚动管理考评机制，在各类学校广泛开展“平安奥运”主题宣传教育活动，组织开展为期两个月的学校及周边治安秩序专项整治行动，落实治安防范措施，进一步改善了学校及周边的治安环境，全省有1万多所学校通过了“平安校园”达标验收。

三是着力破解管理服务难题。把握社会管理服务出现的新情况新问题，积极探索管用有效的措施办法。全省公安机关组织力量对境外在闽非政府组织、民间组织、新经济组织和新社会组织进行调查摸底，掌握基本情况，按照“谁主管谁负责”和属地管理原则，明确管理主体和责任。厦门市针对虚拟主机托管服务量占全国三分之一左右的情况，在全省率先组建了数十个网络安全组织和数百名网络信息员队伍，自主研发了互联网数据库和信息研判系统，在网站设立“报警岗亭”，建立网民登陆日志全息保存和重点人员数据库，实行网络“出租屋”发案倒查制度，工作经验在公安部网络安全会议上得到推广。福州市将小区治安防范责任纳入物业服务合同范畴，把物业公司履行治安防范责任与企业资质审核挂钩，市综治委每季度以物业小区发案数为依据，对案件多发社区的物业公司进行综治问责，对安全防范措施不落实的物业公司，限制参加服务项目招投标，取消项目参评资格。

五、持续巩固提升，有效发挥首道防线作用

按照“整体推动、规范运作、注重实效”的工作思路，认真总结加强基层基础建设的经验做法，进一步完善基层综治维稳工作网络、组织体系和运行机制，为实现全面、动态、可持续的和谐稳定打牢基础。

一是完善基层综治组织网络。大力加强乡镇（街道）综治服务中心建设，采取紧密协作和联调联动两种模式，综治办、司法所、信访室、公安派出所、人民法庭等参与中心一体运作，相关部门基层所站作为联动协作单位，服从中心统一指挥和调配，建立“联创、联调、联防、联治、联动、联勤”机制。同时，以综治服务中心为支点向下延伸，在行政村、社区和较大规模的企业设立综治服务站，整合治保会、调委会、警务室、综治协管员等力量；在自然村、村（居）民小组配备平安中心户长，形成三级联动的组织网络。目前，全省乡镇（街道）综治服务中心覆盖面达90%以上。

二是完善基层治安防控体系。继续深化社会治安防控体系建设，突出抓好人防、技防建设，建立点线面相结合、全方位、广覆盖的治安防控体系。在人防建设上，推广福州、泉州、莆田等地经验，在中心城区组建治安巡防大队，在乡镇（街道）组建协警中队，在村居（社区）组建义务巡逻小分队，在工业园区、经济开发区、商贸集中区推行“十厂联防”、“百店联防”，形成了多级联动的人防布局。宁德市将治安巡防队伍职能向抢险救灾、义务消防等领域延伸，在全市组建1688支9424人的“多位一体”群防群治队伍。在技防建设上，各地把治安视频监控系统建设列入“为民办实事”项目，在加大政府投入的同时，推广南安市官桥镇“电信部门投资、受益单位租用”的做法，通过市场化运作模式，较好解决了技防建设资金来源、技术设施维护管理等问题。年内全省在原有基础上新建4万多个视频探头，基本上形成了覆盖城乡的视频监控网络。

三是完善基层专群结合队伍。省委、省政府继续把综治协管员等“六大员”队伍建设列入为民办实事项目，每人每月工作津贴补助由50元提高到100元，通过市县两级配套保障、镇街奖励等方式，使综治协管员月收入达到300元以上。各地健全综治协管员和平安中心户长日常管理、教育培训、表彰奖励、工作报酬和考核淘汰等工作机制，建立健全工作实绩档案制度，不断提升两支队伍的工作实效与社会影响。省综治办、省人事厅、省委农办、省总工会联合开展综治系统“十百千”

评选活动，表彰了9名县级综治办主任、84名乡镇（街道）综治办主任、840名综治协管员和256名平安中心户长。各地以综治协管员、平安中心户长、驻村下派干部三支队伍为骨干，大力发展社区志愿者、治安信息员、护村护厂队等群防群治队伍，积极探索综治（平安）协会等群防群治组织社团化管理新模式，许多地方的党员干部还利用双休节假日参与治安巡逻。全省群防群治队伍已发展至4万多支50多万人，形成了一张遍布八闽大地的“平安之网”。

福建省社会治安综合治理委员会
中共福建省纪律检查委员会
中共福建省委组织部
福建省监察厅　福建省人事厅
关于印发《福建省社会治安综合治理一票否决权制实施办法》的通知

（2008年12月26日）

各市、县（区）社会治安综合治理委员会、纪律检查委员会、党委组织部、监察局、人事局，省社会治安综合治理委员会成员单位：

经研究并报省领导同意，现将《福建省社会治安综合治理一票否决权制实施办法》印发给你们，请结合实际认真贯彻执行。

福建省社会治安综合治理
一票否决权制实施办法

第一章　总　则

第一条　为进一步贯彻落实社会治安综合治理领导责任制，深入推进“平安福建”建设，为海峡西岸“两个先行区”建设营造和谐稳定的社会环境，根据中央社会治安综合治理委员会《关于实行社会治安综合治理一票否决权制的规定（试行）》和中央综治委、中纪委、中央组织部、国家监察部、国家人事部《关于对发生严重危害社会稳定重大问题的地方实施领导责任查究的通知》，以及中共福建省委、福建省人民政府《福建省社会治安综合治理工作纲要（试行）》，福建省人大常委会《福建省社会治安综合治理条例》的有关规定，制定本实施办法。

第二条　社会治安综合治理一票否决权制，指县级以上（含县级，下同）社会治安综合治理委员会因所属地区、部门、单位对社会治安综合治理工作不重视，措施不落实，导致社会治安严重混乱或出现重大社会治安问题，造成严重后果，而对该地区、部门、单位评选综合性荣誉的资格，以及该地区、部门、单位的主要领导、分管领导和直接责任人评先受奖、晋职晋级的资格予以一票否决的制度。

第三条　一票否决权制按照条块结合、以块为主、属地管理、分级实施的原则，由县级以上社会治安综合治理委员会在认真调查核实的基础上，积极稳妥、公开公正地进行。

第二章　一票否决情形的界定

第四条　具有下列情形之一的予以一票否决：

（一）因领导不重视，社会治安综合治理机构不健全、措施不落实，造成本地区、本部门、本单位治安秩序严重混乱的。

（二）因矛盾纠纷排查化解不及时，处置不力，导致发生非法游行、规模较大的集体上访、进京滋事、宗族械斗、聚众闹事、停工停产停课等重大事件，发生打砸抢烧、冲击国家机关、阻断铁路公路交通要道等重大群体性事件，以及在公共场所发生爆炸、投毒、纵火等危害公共安全案（事）件，造成严重后果、危害社会稳定的。

（三）因工作不负责任，发生暴力恐怖犯罪案件，涉枪、涉爆、涉黑恶等严重刑事犯罪案件，严重毒情、色情、偷私渡案件，影响经济秩序案件或其他区域性治安与稳定突出问题，造成严重后果、恶劣影响的。

（四）因管理不善，防范措施不健全、不落实，发生生产安全特别重大事故，或者群死群伤重大事故，使国家、集体财产和人民群众生命财产遭受重大损失的。

（五）发生敌对势力或间谍情报机关渗透、策反、窃密等危害国家安全重大案（事）件的；发生严重泄密案（事）件的；在敏感时期、重大活动、重要目标安全保卫工作中发生影响安全稳定重大事件的；发生邪教和有害气功组织聚集闹事、电视插播、进京滋事等重大事件的。

（六）社会治安综合治理工作被黄牌警告后未能在规定期限内有效整改的，或一年内连续二次被上级黄牌警告、挂牌整治的。

（七）发生执法人员违法犯罪重大案件，在全国全省造成恶劣影响的；因教育管理工作不力，本单位干部职工违法犯罪情况严重的。

（八）存在重大治安、安全隐患，经上级主管机关、有关部门、社会治安综合治理机构提出警告、司法建议、检察建议、整改建议，整改不力造成严重后果的。

（九）发生影响治安与稳定重大案（事）件有意隐瞒不报或作虚假报告的。

（十）省社会治安综合治理委员会认为其他需要予以否决的。

第五条　发生难以预防的突发性事件、治安灾害事故或其他治安问题后，能积极采取措施，及时挽回损失，主动认真改进的，可不予否决。

第六条　对尚不够一票否决、具有下列情形之一的，由县级以上社会治安综合治理委员会下发整改通知书，给予黄牌警告，限期整改。

（一）本部门、本单位治安问题较为突出，或干部职工违法违纪较多，群众意见较大的。

（二）发生危害公共安全案（事）件、黑恶势力犯罪案件、邪教和有害气功组织犯罪案件，或较大的群体性事件、生产安全事故，或进京赴省上访问题较为突出，或酿成区域性治安与稳定突出问题，造成较大社会影响的。

（三）发生危害国家安全案（事）件，或在敏感时期、重大活动、重要目标安全保卫工作中发生影响安全稳定案（事）件的。

（四）社会治安综合治理工作长期处于落后状况未能有效改进，或年度考评不达标、不合格的。

（五）人民群众对社会治安满意和基本满意率（年度公众安全感）低于本地区同期平均值十五个百分点的。

（六）县级以上社会治安综合治理委员会认为其他应予以警告的。

第三章　一票否决权的行使权限

第七条　科级及以下部门、单位和乡镇（街道）、村居（社区），由县（市、区）社会治安综合治理委员会行使一票否决权；县处级部门、单位和县（市、区），由设区的市社会治安综合治理委员会行使一票否决权；厅级部门、单位和设区的市，由省社会治安综合治理委员会行使一票否决权。

下级社会治安综合治理委员会可对应由上级社会治安综合治理委员会否决的对象行使一票否

决建议权。上级社会治安综合治理委员会也可授权下级社会治安综合治理委员会针对特定对象行使一票否决权。

第八条 对企业、团体和其他组织,根据其性质、规模由相应级别的社会治安综合治理委员会行使一票否决权,其驻地社会治安综合治理委员会可行使一票否决建议权。

第九条 上级社会治安综合治理委员会发现下级社会治安综合治理委员会对应否决的地区、部门、单位未作出否决的,应责令否决,也可以直接进行一票否决。

第四章 一票否决权的行使程序

第十条 需要对有关地区、部门、单位实行一票否决时,按照一票否决权的行使权限,由相应的社会治安综合治理委员会行使一票否决权。需由上级社会治安综合治理委员会否决的,由驻地社会治安综合治理委员会提出否决建议。

第十一条 县级以上社会治安综合治理委员会在行使一票否决权时,应召开同级综治、纪检、组织、监察、人事五部委联席会议或综治委主任会议形成决议,在决议形成十日内将正式文本抄送被否决对象及其上级主管部门、相应的组织人事部门,并报上一级社会治安综合治理委员会备案。必要时还可在内部通报,或适当范围公告。相关主管部门和被否决对象的党政主要领导、分管领导、直接责任人的任免机关应在接到否决决定六十日内作出相应的处理决定。

第十二条 一票否决权,可以在年终结合社会治安综合治理检查考核一并行使,也可以视情适时行使。

第十三条 被否决对象对省级以下社会治安综合治理委员会所作的一票否决决定不服,或被否决者的上级主管部门有不同意见,可在接到否决决定十五日内向上一级社会治安综合治理委员会提请复议。受理复议的机构,应在接到提请复议的要求三十日内复议完毕,作出是否变更否决的决定并及时答复要求复议的单位和个人。复议期间否决决定暂不执行。

对省社会治安综合治理委员会作出一票否决决定不服、提出复议的,视情提请省综治委主任办公会议讨论复议,省综治委主任办公会议复议决定为最终决定。

第十四条 各部门、各单位在评选综合性荣誉称号、晋职晋级时,应将社会治安综合治理一票否决的适用条件纳入考核标准,书面征求当地社会治安综合治理机构意见。受理机构在七日内提出审核意见并予以答复。未经审核已评先晋升的,当地社会治安综合治理委员会有权对其执行社会治安综合治理情况重新进行评定。如发现存在可予以否决情形的,应函告撤销原评定的荣誉称号或晋升的职级。拒不撤销的,由县级以上社会治安综合治理委员会报请同级党委、政府决定。

第五章 一票否决对象的处理

第十五条 对一票否决对象,从否决决定生效之日起一年内,取消被评为先进、模范等各种荣誉称号的资格。负有领导责任和直接责任的人员,在治安面貌改变之前(一般为一年),不得晋升职务、评先受奖;受到党纪处分或行政处分的,按党和国家有关规定办理。

企事业单位包括非公有制经济组织被一票否决的,由相关主管机关按有关规定视情予以处理,直至依法降低资质等级、取消从业资格。

对发生严重治安与稳定问题或连续两年被社会治安综合治理一票否决的地区、部门、单位,负有领导责任和直接责任的人员,应降职或就地免职。

第十六条 被一票否决地区、部门、单位的党政主要领导、分管领导和直接责任人已构成严重失职的,由行使否决权的社会治安综合治理委员会建议同级纪检监察机关按照有关规定给予相应的党纪、政纪处分。

第十七条 组织人事部门在开展年度考核、选拔任用考核时,对相关人员要把抓社会治安综合治理的实绩作为考核的重要内容。接到一票否决的决定后,要按照干部管理权限载入干部本人档案,在治安面貌改变之前(一般为一年),取消被否决地区、部门、单位的党政主要领导、分管领导和直接责任人评先受奖、提拔任用资格。工作情况要及时通报同级社会治安综合治理委员会。

第十八条 被一票否决对象及其党政主要领导、分管领导和直接责任人应认真查找问题并分析原因,制定切实可行的整改方案,尽快改变治安面貌，并及时向作出否决决定的社会治安综合治理委员会报告整改情况，一年到期前申请验收。作出否决决定的社会治安综合治理委员会应加强督查指导，对整改不落实的要督促落实到位，对有效整改确已改变面貌的，经组织验收合格后应给予确认。

第六章　附　则

第十九条　各地可依据本实施办法制定具体实施细则。凡与本实施办法相抵触的，以本实施办法为准。

第二十条　本实施办法由省社会治安综合治理委员会负责解释。

第二十一条　本实施办法自下发之日起施行。

2008年福建省设区的市党政领导社会治安综合治理责任书

加强社会治安综合治理，维护社会安定稳定，是人民群众的共同心愿，是改革发展的重要前提。2008年，设区的市党委、政府及主要领导和分管领导要认真贯彻落实党的十七大和省委八届三次全会精神，高举中国特色社会主义伟大旗帜，以邓小平理论和“三个代表”重要思想为指导，以科学发展观为统领，以构建和谐社会为目标，牢固树立“发展是硬道理，是第一要务；稳定是硬任务，是第一责任”观念，切实增强政权意识、大局意识、忧患意识和责任意识，着眼服务大局谋划综治工作，着力改善民生加强社会管理，着重强基固本推进平安建设，全面落实社会治安综合治理措施，维护社会安定稳定，保障人民安居乐业，为把海峡西岸经济区建成科学发展的先行区、两岸人民交流合作的先行区营造和谐稳定的社会环境。

一、严格落实综治领导责任

健全落实社会治安综合治理领导责任制、目标管理责任制、部门和单位责任制。设区的市党委书记、市长作为综治工作和平安建设第一责任人，要与所辖县（市、区）和市直部门签订（下达）综治责任书，定期研究部署综治和平安建设工作，加强指导协调，及时解决工作中的热点难点问题。健全设区的市、县（市、区）党政主要领导、分管领导和综治委成员单位主要领导履行综治责任的实绩档案，把市管党政领导干部的综治工作绩效与晋职晋级、评先评优挂钩，并制定具体办法和程序。规范党委组织部门在考察党政领导的工作实绩、办理晋职晋级工作时“须征求所在地区、部门社会治安综合治理领导机构的意见”的工作程序。加强各级综治机构体制、机制规范化建设，抓好市、县（市、区）、乡镇（街道）、村居（社区）四级综治组织建设，做到人员、职级、制度三落实。做好经费保障，设区的市财政要根据工作需要安排综治与平安建设业务经费，县（市、区）按照人均不低于0.3元的标准安排综治与平安建设经费，并根据需要适当增拨平安建设经费。综治与平安建设业务经费要专款专用，提高资金使用效率。政法机关公用经费按高于当地一般行政机关一倍标准保障到位。乡镇（街道）综治服务中心和村级综治协管员、平安中心户长以及治保会、调委会的经费保障要在乡镇（街道）财政、村财中列支，市、县两级应给予补助扶持。加大行使综治“一票否决权”制和评先表彰奖励力度。对责任不落实、措施不到位，致使本辖区、本单位发生危害群众安全的重大治安问题、群死群伤的重大事故、重大群体性事件，严格执行综治“一票否决权”制。

二、巩固深化“平安福建”建设

把平安建设作为构建和谐社会、促进经济社会又好又快发展的基础性工程，摆上重要议事日程，列入为民办实事项目，制定实施深化平安建设的年度工作计划，并从人财物等方面予以倾斜。党政主要领导、分管领导以及综治委成员单位领导要挂点包片、亲自指挥，动员发动社会各方面参与平安建设，拓宽创建领域，深化创建内涵，提升创建水平，巩固创建成果。年内，在抓好90%已达标平安县（市、区）滚动管理、巩固提升的同时，对未达标县（市、区）实行重点帮扶、挂钩指导，进一步扩大平安创建覆盖面。深入开展平安乡镇（街道）、平安村居（社区）、平安家庭、平安校园、平安企业、平安医院、平安单位、平安海域、平安边界、平安文化市场以及各类基层行业系统平安创建活动，积极开展军警民平安共建活动，扩大平安创建覆盖面，推动形成平安创建人人有责、平安成果人人共享的生动局面，不断提高党政领导重视率、平安建设知晓率和社会治安满意率，使人民群众对社会治安状况的满意与基本满意率继续保持在90%以上。

三、切实维护社会政治稳定

立足全省特殊区位，准确分析把握国内国际两个大局，全力配合做好奥运会安全保卫工作，坚决防止发生暴力恐怖事件和危害国家安全、社会稳定的重大政治事件。加强国家安全人民防线建设，严密防范和严厉打击境内外敌对势力渗透窃密破坏活动，绝不允许危害国家安全和社会稳定的人员形成组织、活动形成气候。依法打击、有效处置“法轮功”等邪教组织的违法犯罪活动，巩固与扩大教育转化成果。健全社会预警、突发事件应急和社会动员机制，增强维护社会公共安全的能力。要着力民生、着力民心，健全党委和政府主导的维护群众权益机制，拓宽民情表达渠道，积极为群众排忧解难。制定政策法规、出台行政管理措施、实施事关民生问题的重大项目建设前应进行稳定风险综合评估，做到科学决策、民主决策、依法决策，切实从源头上预防与减少矛盾发生。加强矛盾纠纷排查调处工作网络与运行机制建设，发挥人民调解、行政调解、司法调解的作用，增强调处实效。加强信访工作，解决好涉及群众切身利益的上访问题，逐步减少“民转刑”案件、群体性事件以及群众越级、赴省到京集体上访事件。要不断提高驾驭稳定局势的能力，防止发生严重危害社会稳定的重大群体性事件。

四、持续保持社会大局平稳

健全社会治安形势季度分析制度，始终保持对黑恶势力、严重暴力以及“两抢一盗”等多发性侵财犯罪的高压态势，认真开展打击经济犯罪、毒品犯罪、网络及信息诈骗犯罪、走私贩私、偷私渡、“六合彩”赌博等专项行动，扎实抓好社会治安重点整治工作，着力解决社会治安的热点难点问题，不断增强人民群众安全感。巩固我省社会治安防控体系三年规划建设成果，制定并实施深化社会治安防控体系建设年度计划，力争在社会化、网络化、科技化上取得突破。加快城市报警体系建设，健全城区视频监控网络。落实党政机关、人民团体、企事业单位以及包括非公有制经济组织在内的单位内部防范措施，加强校园及其周边安全保卫工作。全面推进乡镇（街道）综治服务中心建设，加强公安派出所、司法所、法庭以及治保会、调委会建设，改革和加强农村与社区警务工作，发展壮大保安服务业，加强综治（平安）协会建设，切实发挥综治协管员、平安中心户长的作用。支持综治委各专门领导小组及其办公室工作，有效发挥指导、协调、督促作用。加强社会主义法治理念教育，深入实施普法规划，繁荣法学研究，推进依法治理。把握舆论导向，倡导见义勇为。健全党委领导、政府负责、社会协同、公众参与的社会管理格局，健全基层社会管理体制。创新流动人口服务管理工作机制，改进流动人口服务管理工作。加强对互联网和新经济组织、新社会组织的管理。做好预防青少年违法犯罪工作，扩大社区矫正试点范围，重视刑释解教人员安置帮教工作和基地建设。做好铁路护路联防工作。加强道路交通、消防、建筑、矿山和易燃易爆物品、危险化学品、监控化学品等行业或领域的监督管理，落实责任主体，排查整治隐患，防止发生严重危害人民群众生命财产安全的群死群伤事故。

半年和年终，各设区的市党委、政府应将履行本责任书情况向省委、省政府和省综治委作书面报告。年底，省委、省政府委托省综治委对落实情况进行考评。责任书的要求不因责任人的更换而改变，责任人如有更换，接任者继续履行。

本责任书一式二份，签订双方各执一份。

开展系列创建　深化平安建设

为进一步深化平安建设，全省在广泛开展创建平安县（市、区）、平安乡镇（街道）、平安村（社区）的基础上，提出以开展平安单位、平安家庭、平安校园、平安医院、平安企业等五项创建工程为重点的行业系统平安建设工作思路，坚持行业与地方平安创建齐头并进，进一步推动条块结合、上下联动的工作局面的形成，不断将平安建设推向深入。

一、以"抓系统带单位"为思路，着力发挥优势深化平安建设

福建省委、省政府在建设"平安福建"工作意见中提出了抓街道带社区、抓乡镇带村居、抓系统带单位的"三抓三带"创建思路。由地方党政主抓的"平安县（市、区）"、"平安乡镇（街道）"和"平安村（社区）"创建活动快速推进，到2007底，全省90%以上的县（市、区）、乡镇（街道）和村（社区）达到平安标准。2005年省综治委及时发现在创建过程中条块不平衡的问题，决定把行业系统平安创建作为深化平安建设的重点，全面推进平安创建。第一，发挥行业系统组织优势创平安。各级各部门把平安创建列入为民办实事项目，作为"一把手"工程，通过层层签订（下达）领导责任书，强化党政领导"保一方平安"的责任意识。省直党工委规定，评选、推荐省直机关党建先进单位、省级和省级以上文明单位，必须先达到平安标准，做到"要扛文明旗、先过综治关，要想当先进、平安先把关"。各行业系统充分发挥党组织在宣传发动和思想政治工作中的优势，动员基层党组织和广大党员带头参与平安建设。第二，发挥行业系统管理优势创平安。充分发挥行业系统管理优势，开展平安创建。如中国人民银行福州支行、省银监局发挥对金融的管理监督职能，开展"平安金融"创建活动，以创建"平安营业场所"为载体，着力抓好营业网点、押运、库房、枪支管理四个环节，构筑思想、制度、岗位、监督、科技五道防线，确保了我全金融安全稳定；省经贸委、省安监局，把"平安企业"创建作为落实安全生产各项措施的载体，突出抓好企业外部、周边和内部三个环境建设，建立健全安全生产、依法经营、规范管理、劳动用工、安全防范、调处纠纷、企地联防等各项工作机制，安全生产各项措施得到有效落实。第三，发挥行业系统保障优势创平安。省直各部门对所属单位的人财物保障起着决定性的作用。各行业系统普遍将平安创建列入党政议事日程，加大组织领导力度，加大了人财物的投入。许多省直和中央驻闽单位在全行业加大对以视频监控系统为主的防控设施投入。

二、以"五项创建工程"为重点，着力创新平安创建载体

在系列创建活动中，省综治将基础扎实、主管单位明确、覆盖面广、具有示范带动作用的平安单位、平安家庭、平安校园、平安医院、平安企业等五项创建工程作为重点。一是注重发挥党政机关的表率作用，多层次开展"平安单位"创建活动。省委、省政府提出全省机关单位要在"平安福建"建设中走前头、做表率。2004年，省直机关党工委、省综治办向省直及中央驻闽单位发出《关于推进平安单位建设的倡议书》，并组织各省直单位与市、县下属单位开展对口共建、三级联创，省里先后召开了十多场创建动员会和经验交流会，进行广泛宣传发动。省、市、县都把"平安单位"作为评选党建先进和文明单位的先决条件，着力提高单位维护平安稳定意识，着力加强机制建设、提高防控能力，全省"平安单位"创建覆盖面达到80.4%。二是注重积小安为大安，全面开展"平安家庭"创建活动。福建省提出无暴力、无毒品、无邪教、无黄丑、无赌博、无纠纷、无犯罪、安全防范工作做得好的"七无一好"、"平安家庭"创建标准，建立省、市、县、乡、村五级创建网络。各地在创建活动中通过创新载体，又细化了守法之家、道德之家、友善之家、富足之家等十创"平安家庭"的评选活动，不断丰富创建形式；通过开展"平安家庭”示范户与涉案家庭、纠纷家庭、边缘家庭、困难家庭进行“一对一”结对帮扶活动，拓展创建范围；通过家庭自评、邻里互评，张榜公示、授匾挂牌的评选过程营造创建氛围；通过组织“家庭暴力干预”培训班，建立“流动妇女之家”，增强创建实效。全省“平安家庭”覆盖面达到65.4%，“平安家庭”示范社区（村）覆盖面达到39.4%。三是注重敏感部位的稳定，扎实开展“平安校园”创建活动。通过制定《“平安校园”创建及管理办法》和签订安全稳定责任书，落实学校领导责任和各项创建措施；通过加强学生思想道德、法制和安全三项教育，落实校园及其周边治安秩序管理、矛盾纠纷排查调处、安全预警应急三项措施，建立检查考评、总结表彰和责任追究三项机制，实行学校、学生、家长、社会四位一体联动协作措施，推进创建活动深入开展。目前全省“平安校园”创建达标率已达60%。与此同时，还注重将平安创建与高校安全稳定工作相结合，定期开展高校稳定调研和安全隐患排查整改；注重将平安创建与预防青少年违法犯罪工作相结合，增强青少年遵纪守法意识，提升创建水平。四是注重矛盾多发部位的和谐，大力推进“平安医院”创建活动。全省在闽东医院进行试点取得经验的基础上，提出围绕提高医疗服务质量、构建和谐的医患关系、打造良好的医疗环境、至2010年全省95%以上的县级以上医疗单位达到平安标准的目标，全面推进“平安医院”创建活动，成为全国最早启动这项活动的省份。各级医疗单位通过开展医疗质量管理年活动，树立以人为本理念，努力提供安全、文明、优质、便捷的医疗服务，提升工作水平；通过强化内部安全管理，加大技防投入，提升治安防控能力；通过设立警务室、开展警院协作、制定预防和处置群体性事件的工作预案、建立医院调解委员会和调处中心，提升预防和化解矛盾纠纷的能力，优化医疗环境。五是注重营造良好的发展环境，不断深化“平安企业”创建活动。全省在积极探索综治工作进民企，不断拓展综治工作新领域的同时，以完善企业安全生产责任制、强化基层安全生产监管、开展企业隐患排查治理、做好企业安全生产专项整治等为着力点，全力推进“平安企业”创建活动。各地在工业园区及重点企业设置警务室、建立平安综治协会和巡防队伍，加大物防、技防投入，积极引导企业参与警企联防、村企联防、厂际联防，加大对侵害企业合法权益违法犯罪的打击力度，不断优化企业周边环境。目前，全省“平安企业”覆盖面达70%。

三、以“四个重在”为要领，着力落实各项创建措施

福建省按照省委“重在持续、重在提升、重在运作、重在实效”的实践要领，坚持“党政主导、部门主管、地方主抓、条块结合、一体运作”的工作方针，有效发挥各个方面的积极性，扎实推进行业系统平安创建活动。实践证明，坚持以一家一户、一个单位一个系统的平安为着眼点，连点成线、以线带面，积少成多、稳步推进，不断实现量的积累和质的扩张，是扎实推进平安建设的有效方法。第一，关键在于持续推进。省委、省政府分阶段提出逐年推进工作规划。各地各部门通过建立长效机制，确保创建力度持续增强，有的设区市坚持开展专项创建年活动，每年一到二个重点项目，分期分批集中力量持之以恒扎实推进。第二，重点在于提升层次。行业系统平安创建是对贯彻落实“内保条例”工作的全面深化和提升。在实践中省综治委更加注重责任的落实，更加注重长效机制建设，更加注重实现和谐，解决突出问题，实现“三个最大限度”的目标。第三，要领在于扎实运作。省综治委建立了平安创建联席会议制度，加强部门与地方的协调配合，将系列创建工作与平安县（市、区）、平安乡镇（街道）和平安村（社区）创建活动相衔接，条块结合、一体运作。加强对创建工作的督促检查和考评验收，每年都组织力量对各个专项活动进行督导检查、考评验收、命名表彰。第四，目标在于取得实效。平安创建的实效必须体现在人民群众的满意上，体现在突出治安问题的解决上，体现在积极因素的调动上，体现在促进社会和谐上。我们在各项考评验收中设置了公众评价项目，将群众参与率、满意率和党政领导重视率作为重要内容交由群众打分，使创建成效得到科学体现。

在服务中实施管理　在管理中体现服务

泉州市社会治安综合治理委员会

近年来，泉州市积极应对外来流动人员数量急剧上升的新情况、新特点，秉承“以人为本、亲情服务、保障民生”的理念，坚持“公平对待、合理引导、完善管理、搞好服务”的指导思想，积极探索，大胆创新，总结推广了“多位一体、多证合一、多举并重、多方保障”的流动人口服务管理新模式。2007年底，国务院研究室和新华通讯社分别报道了泉州模式，引起了周永康等中央领导同志的关注并批转公安部。主要做法是：

一、多位一体，整合社会资源力量

泉州市委、市政府把流动人口服务管理改革作为继审批制度改革后的又一重大改革举措，市委书记、市长亲自带队深入基层开展专项调研，在此基础上，市委常委会审议通过了《关于进一步加强流动人口服务管理工作的意见》，召开了“全市流动人口服务管理工作会议”，要求进一步整合资源力量，推动形成“党委领导、政府负责、综治牵头、部门为主、社会协同”的流动人口服务管理工作新格局。市、县两级成立由同级党委、政府分管领导任正副组长，公安、计生、劳动、地税、房管、教育等34个政府职能部门为成员单位的工作领导小组，各职能部门和工、青、妇等群众团体在党政主导下，各司其职，齐抓共管。晋江市还专门成立流动人口服务管理委员会办公室，作为正科级常设机构，核定10个行政编制。工作中，遵循“因地制宜、实事求是”的原则，综合考虑经济社会发展水平、人口流入量等各方面因素，在沿海较发达的县（市、区）和山区县的重点乡镇（街道）设立流动人口服务管理站（所），作为公务事务的服务性平台，集中公安、计生、劳动、房管、工商等基层站所，提供《新版暂住证》办理、计生审验登记、租赁房屋合同登记备案、租赁房屋税费征收和就业指导等社会服务，实行多部门协作的“一站式”服务管理。一些有条件的地方还根据实际需要，增加了流动人口租房介绍、卫生服务、法律咨询与援助、民事纠纷调解、法律教育与培训以及帮助子女入托、入学等服务项目。目前，全市已建立流动人口服务管理站（所）642个。

二、多证合一，节约政府工作成本

为彻底改革以往流动人口登记办证难的问题，泉州市在全省率先推行外来人口登记制度改革，制定三项配套跟进措施，既有效降低工作成本，又提高了服务质量。一是证件通用。由流动人口服务管理工作领导小组牵头，把流动人口原有的《暂住证》、《计生审验证》、《就业证》（或劳动合同）等多种证件合并，在全市范围内统一使用新版《暂住证》，办证外来人员只要持有新版《暂住证》，有效期内可在全市行政辖区内通用，做到“一证在身，走遍泉州”。二是程序简化。外来人口只要到入住地的流动人口服务管理站（所）办理登记手段，即可免费领取《暂住证》，如因用工、就学需变更暂住地，只要到新入住地流动人口服务管理站（所）办理免费登记手续，无需重新办证。三是服务跟进。凡持有泉州《暂住证》的外来人员，只要符合相应条件的，可享受劳动就业、教育培训、子女就学、医疗保障、购买经济适用房等十项优惠政策，使《暂住证》成为外来人员新“居民身份证”，享受社会公共服务的“资格证”，进一步提高外来人员的办证积极性，变“被动办证”为“主动办证”，初步实现了外来人口“底数清、情况明”的目标。2007年，全市共登记流动人口信息154万多条，同比增长4.9%，创历年之最，登记数首次接近了流动人口实际数；全市办理流动人口《暂住证》13.98万多本，办证率达到90.6%，也创历史之最。

三、多举并重，提升服务管理效能

泉州市按照“市民化待遇、亲情化服务、人性化管理”的方针，坚持以人为本，在服务中实施管理，在管理中体现服务，通过双向互动，提高服务管理质量和水平。在管理方面，坚持“以房管人、人房一致”的原则，把流动人口的暂住地作为统计和管理的依据；推广房屋租赁备案和委托管理制度，私房出租必须到当地服务管理站（所）备案，出租人实际居住地与出租房屋所在地跨派出所的，或出租人缺乏管理能力的，可自行委托代理人管理或流动人口管理站（所）指定专人管理，形成了服务站（所）管面、派出所管点、房东自管的三级管理网络。2007年，全市共登记租赁房屋信息56745条，同比增长54.7%，《租赁房屋治安保证书》签订率达到100%。在服务方面，市政府出台《进一步做好农民工工作的实施意见》，制定出台了就业、维权、教育、医疗等35项便民服务措施；公安机关积极开展户籍管理制度改革，进一步放宽外来工的入户迁移条件；教育部门完善流动儿童学籍管理制度，去年在公办（民办）学校就读外来工子女近25万人；劳动部门建立健全“五险地税统征”机制，将稳定就业的外来工直接纳入“五险”保障范围；总工会每年组织开展“十佳外来党员”、“十佳外来员工”评选活动，推荐外来员工参加各级劳模评选。近年来，先后有5名外来务工人员荣获全国“五一”劳动奖章，104名外来务工人员被评为市级以上先进模范。在维权方面，建立外来工维权工作联席会议制度，由市人大、政协牵头，定期组织公安、司法、劳动等部门召开情况通报会、形势分析会，研究解决问题，部署推动工作；在全市建设领域全面实行“外来工工资支付保证金制度”，在较大规模企业设立欠薪保障调剂金，成立企地劳资纠纷调解机构；加大对外来工的法律援助力度，审判机关开辟外来工诉讼绿色通道；总工会专门聘请50名律师组成律师团为外来员工免费提供司法援助；劳动、公安、工商等部门依法加强对劳动力市场的清理整顿，2007年为1.4万名外来工追发欠薪1780万元；民政部门推进救助保护中心建设，做好对流浪乞讨人员、流浪少年儿童的求助工作。2007年，泉州市“外来工维权新模式”荣获第三届“中国地方政府创新奖”最高奖中的优胜奖。

四、多方保障，确保工作顺利推进

重点抓好三项保障：一是落实经费保障。按照“分级管理、分级负担”的原则，建立以县级财政保障为主的保障机制，所需经费全额纳入财政预算，市级财政对经济困难的地方适当予以倾斜和补助。根据“合理负担、简便计征”的原则，依照国家有关的法律规定，收取一定的房屋租赁税和房屋管理手续费，所收税费全额用于流动人口服务管理工作。遵循“取为于民、用之于民”的原则，由村（居）民委员会采取“一事一议”或自愿捐赠的方式筹措经费，所筹经费专用于外来工服务。目前，市、县、乡三级财政投入专项建设资金2000多万元。二是组建协管队伍。在流动人口服务管理工作领导小组的协调下，重新整合公安、计生、建设、房管、税务等部门自行组建的各类流动人口和租赁房屋管理工作人员，按照500:1的比例，组建专业服务管理队伍。在企业组建协管员队伍，要求招聘外来员工500人以上的必须设立流动人口服务管理站，200人以上的企业至少必须配备1名的专职协管员，200人以下的配备1名兼职协管员。在社区（村居）群众推荐的方式，选聘社会治安积极分子担任义务协管员队伍。目前，全市采取整合、招聘、推荐等方式，已组建一支5000多人的专兼职协管员队伍。三是强化科技保障。2007年，由市公安局牵头组织研发的“流动人口服务管理信息综合系统”软件正式投入使用，对外来人口的房屋租赁、计生管理、劳动就业等各类信息数据进行统一登记采集，实现了公安、计生、劳动、房管等部门以及642个流动人口服务管理站所、173个公安（边防）派出所电脑联网。该系统还可通过公安网与公安“派综”工作系统有效对接，与追逃数据库实时比对，更好服务公安机关网上斗争。2007年9月，该系统开通以来，访问人数达到56万人次，利用系统办理新版《暂住证》31万本，登记租赁房屋1.6万间，查询比对出各类嫌疑犯158人。

福建省综治委、办机构情况及负责人名单

省综治委领导

卢展工　省委书记、省综治委主任

黄小晶　省委副书记、省长、省综治委第一副主任

鲍绍坤　省委常委、政法委书记、省综治委常务副主任、省综治办主任

陈文清　省委常委、省纪委书记、省综治委副主任

袁锦贵　省人大副主任、省综治委副主任

张志南　省政府副省长、省综治委副主任

陈　芸　省政协副主席、省综治委副主任

马新岚　省高级人民法院院长、省综治委副主任

倪英达　省检察院检察长、省综治委副主任

省综治办领导

鲍绍坤　省委常委、政法委书记、省综治委常务副主任、省综治办主任

李晋闽　省委政法委副书记、省综治办常务副主任(正厅)

杨丽卿　省综治办副主任(正厅)

王金俤　省综治办副主任(副厅)

林凤祥　省综治办副主任(副厅)

下设综合协调处、基层督导处

福建省各市、县(市、区)综治委、办主任名单

地　区	综治委主任	综治办主任
福州市	袁荣祥	刘锡辉
鼓楼区	柯有民	宋依泉
台江区	马必钢	刘　宏
仓山区	范美先	
马尾区	郑有光	任积兴
晋安区	陈　吉	夏冬林
福清市	陈大强	陈德坤
长乐市	林　彬	王建兴
闽侯县	杜源生	
连江县	刘嘉水	孙　旭
罗源县	吴聪先	黄　耀
闽清县	池　宁	郑祥慈
永泰县	黄忠勇	郑承铨
平潭县	林义铭	张　泉
南平市	徐　谦	林恒茂
	雷春美	
延平区	张国旺	林建新
邵武市	梁伟新	颜上忠
武夷山市	郭跃进	蔡柳顺
建瓯市	卓立筑	李立群
顺昌县	柳贵清	陈联惠
浦城县	黄建生	毛雪青
光泽县	林景华	黄金水
松溪县	曹　聪	游晓晖
政和县	黄建平	李佳瑞
三明市	黄琪玉	林芳叶
梅列区	罗　雄	邓发禧
三元区	王　庆	林志豪
永安市	江兴禄	朱为克
明溪县	王　政	吴福生
清流县	纪熙全	童火根
宁化县	陈忠杰	曾生林

地　区	综治委主任	综治办主任	地　区	综治委主任	综治办主任
大田县	赵荣生	林书设	翔安区	吴南翔	方伟毅
尤溪县	吴建国	陈少琛	**漳州市**	刘可清	杨建平
沙　县	池秋娜	曹　凌	芗城区	黄春曙	陈孟春
将乐县	黄建平	典兴泉	龙文区	张琳光	吴聪文
泰宁县	曾祥辉	邓龙堂	龙海市	许荣勇	杨志强
建宁县	盛福江	刘桂盛	云霄县	黄舜斌	汤重伟
莆田市	杨根生	陈兆文	漳浦县	陈　冬	王建峰
城厢区	郑春洪	林万春	诏安县	于南生	蔡春福
涵江区	阮开森	梁庆龙	长泰县	张祯锦	蔡海忠
荔城区	陈国林	江庆联	东山县	王毅群	陈良海
秀屿区	陈志强	吴国顺	南靖县	陈忠厚	吴庚生
仙游县	林建华	郑武进	平和县	林　忠	曾凡条
湄洲岛管委会	钱奕新	郭金木	华安县	陈汉夫	林志强
泉州市	徐　钢	王育琪	**龙岩市**	张　健	卢　意
丰泽区	许维泽	林世川	新罗区	张天洲	蔡庆新
鲤城区	王瑞强	吴晓川	漳平市	林兴禄	杨建樟
洛江区	吕　竞	陈剑锋	长汀县	卢德明	刘则武
泉港区	游祖勇	庄向阳	永定县	廖礼团	王选海
石狮市	黄源水	侯建阳	上杭县	赖继秋	刘伟东
晋江市	杨益民	叶苍榆	武平县	陈盛仪	陈启明
南安市	骆国清	赖世有	连城县	林志坤	罗明汉
惠安县	李转生	施跃平	**宁德市**	陈荣凯	张　鼎
安溪县	尤猛军	杨瑞福	蕉城区	陈铭生	孙细飞
永春县	陈庆宗	潘朝东	福安市	张立先	陈新春
德化县	陈全顺	林新睿	福鼎市	倪政云	陈顺生
泉州开发区	王远东	陈志慧	寿宁县	李海波	应玉唐
厦门市	何立峰	林　志	霞浦县	林建军	蔡建锋
思明区	郑云峰	易　兵	柘荣县	许青云	林国雄
海沧区	钟兴国	刘怀书	屏南县	陈　辉	陆修宜
湖里区	李栋梁	林荣福	古田县	章瑞进	汪　荣
集美区	黄锦坤	王在军	周宁县	张水松	陈兴明
同安区	高玉顺	朱祥甫	东侨经济开发区	何如芳	黄玉春

（撰稿人：张琦　钟河林
审稿人：李晋闽　李子顺）

江　西　省

2008年社会治安综合治理工作概况

2008年,全省各地、各部门认真贯彻中央和省委、省政府的部署,以建设和谐平安江西为目标,以确保奥运平安为主线,以开展"两个排查"集中行动为重点,全面推进社会治安综合治理,取得了明显成效,全省城乡呈现出刑事发案较少、治安秩序良好、社会持续稳定的好势头。

一、省委、省政府高度重视综治工作

省委、省政府坚持把综治工作摆到改革发展稳定的大局中研究,摆到依法治省的总体要求中考虑,摆到实现江西崛起、全面建设小康社会的战略目标中谋划。省委常委会多次听取有关综治工作的情况汇报,研究解决重大问题,作出重要部署,提出明确要求。省委书记苏荣同志、省长吴新雄同志逢会必强调综治、稳定工作,下基层必过问综治、稳定工作,多次作出重要批示并督促落实。省委常委、政法委书记舒晓琴同志、副省长史文清同志对政法、综治方面的重大工作亲自部署,重大活动亲自组织,重大问题亲自解决,并经常深入基层调查研究,督促和推动工作落实。在省领导的重视和带动下,全省上下形成了对综治工作主要领导亲自抓、分管领导精心抓、其他领导主动抓的喜人局面。

省委、省政府在推动综治工作方面,不仅抓大事,而且办实事,解决了一系列制约综治工作发展的瓶颈问题。省、市、县三级综治办编制、人员均落实到位。乡镇机构改革中,综治办的力量不仅未削弱,而且得到充实和加强。赣州市所有乡镇综治办主任进乡镇党委班子任专职综治委员。随着财政收入增加,多数地方综治工作经费有较大幅度增长。经省政府批准,铁路护路联防经费由每吨(公里)0.3元提高到0.4元。省财政还安排6.4亿元通过转移支付方式用于补助县级政法工作经费,其中10%为基层平安创建经费。肇事肇祸精神病人收治管控以及医患纠纷专业调解委员会工作经费,由省、市两级财政分担。省政府将社会治安综合治理工作列入6大考核体系,对考评成绩前3名的设区市、前10名的县(市区)给予重奖。省委还明确将综治、维稳、安全生产工作列入领导班子和领导干部政绩考核体系,严格进行考核,并提出具体操作办法。对稳定工作发生问题的地方、部门、单位,省委、省政府领导同志立即批示进行查处。

二、扎实开展"两个排查"集中行动

(一)强力推进"两个排查"集中行动。中央综治委部署"两个排查"集中行动后,省委常委、政法委书记舒晓琴立即指示省综治办制定行动方案,并及时主持召开省综治委全体会议进行专题研究。省委书记苏荣、省长吴新雄先后就抓好"两个排查"集中行动多次作了重要批示。为使"两个排查"工作落到实处,省里要求逐级填报"三表一报告",即《矛盾纠纷分级排查调处情况表》、《治安乱点和突出治安问题跟踪治理一览表》、《急、大、难矛盾纠纷跟踪督办一览表》和《矛盾纠纷排查调处情况分析报告》。每月10日,省综治办召开"两个排查"工作交账会。由各市综治办排调室主任携带"三表一报告"到省里交账,然后逐一进行讲评。从政法部门抽调11个厅级领导干部带队组成11个督导组,分阶段下到11个市督导,纪检、组织、人事、监察和综治委共同对"两个排查"集中行动进行专项考核,追踪查效。对突出矛盾纠纷、治安乱点和重大治安问题,按照管辖权限,由上级综治办向事发地区、部门下发抄告单,明确解决时限,问题没有解决的,下发督办单,经督办仍未解决的,实行限期整改、黄牌警告,直至一票否决。

(二)集中排查调处矛盾纠纷。继2007年上

半年省综治办排调室设立之后,11个市、99个县(市区)综治办排调室已全部设立。市级综治办排调室落实编制5人,增配1名综治办副主任兼任排调室主任;县级综治办排调室落实编制3人,增配1名综治办副主任兼任排调室主任。乡镇(街道)矛盾纠纷排查调处中心和村级矛盾纠纷排查调处室在2005年已全部组建,2008年重点抓规范化建设。村民小组配备了调解员。机关、团体和企事业单位也建立了矛盾纠纷排查调处室。省、市、县三级综治委成立了矛盾纠纷排查调处工作领导小组,并明确了领导小组成员单位的职责任务。这样,全省范围内横向到边、纵向到底的矛盾纠纷排调组织网络已基本形成。各地因地制宜、因情施策,积极探索矛盾纠纷化解新举措。一是派驻综治特派员就地调处矛盾纠纷。上栗县开展"千名干部下基层,争做群众贴心人"活动,选派1284名干部担任综治特派员,分别联系1284个自然村,开展亲民活动,收集社情民意,化解了大量矛盾纠纷。国家副主席习近平同志明确指示"这样的创新做法,值得总结推广"。二是领导包案调处重大矛盾纠纷。各级领导干部对"急、大、难"纠纷实行"三定三包",即定人、定责、定时,包排查、包调处、包稳定。据统计,全省各级领导干部包案调处"急、大、难"矛盾纠纷6000多件。三是联谊联调化解边界纠纷。在边界地区普遍建立了"五联"工作机制,化解近万起矛盾纠纷。四是通过"民情恳谈"渠道调处矛盾纠纷。玉山县仙岩镇设立为民服务中心,建立民情恳谈制度。西湖区成立社区"心理咨询服务室",解开群众心理疙瘩,消除不稳定因素。按照"谁主管、谁负责"的原则,省里对16类重大矛盾纠纷的排查化解,分别明确了责任单位和牵头单位。根据部门职能调整,省综治委进一步明确了各成员单位在化解矛盾纠纷中的职责。开展"两个排查"集中行动以来,省直有关部门化解了5260多件矛盾纠纷,其中半数以上属"急、大、难"矛盾纠纷。省国资委逐个企业排查不稳定问题,逐个问题研究解决办法,化解了768件矛盾纠纷。省林业厅组织精干力量,成功调处了420多件长期悬而未决的山林权属纠纷,推动林业产权改革,得到温家宝等中央领导同志的充分肯定。省政法各家加大化解涉法涉诉信访案件力度,去年,中央政法委交办的174起涉法涉诉进京非正常访案件已全部办结,息诉罢访率为100%。2008年,全省共排查矛盾纠纷97483件,调处成功89825件,成功率达92.1%,其余正在调处之中。

(三)重点排查整治治安乱点和突出治安问题。由省公安厅统一部署,在全省开展了声势浩大的"赣安一号"行动、道路交通安全保卫、消防安全保卫"三大攻坚战",有效遏制了刑事案件上升的势头。2008年,全省共破获刑事案件91953起,破案率为57.2%,同比上升5.7%。结合奥运安保,先后开展了不稳定因素和重点人员排查稳控、治爆缉枪、出租房屋治安整治、公共场所治安整治以及废旧金属收购站点整治等专项行动,都取得了明显成效。针对医患纠纷日益增多、"医闹"事件突出的问题,在充分调研的基础上,省综治委出台了预防和处理医患纠纷操作性文件;省、市、县三级均成立了医患纠纷专业调解委员会,由同级司法行政部门主管,作为中立第三方调解医患纠纷;省综治办牵头在南昌大学第二附属医院开展预防和处理医患纠纷试点工作,试点经验在全省推广。与此同时,组织了为期两个月的集中治理医患纠纷专项行动,有效减少了"医闹"事件的发生,维护了正常的医疗秩序。一年来,全省排查出来的3276个突出治安问题基本得到解决,排查出来的1854处治安乱点经过整治,大都实现了由乱到治、由治到安。

三、延伸治安防控体系

(一)扩充群防群治队伍。按照社会化、市场化、职业化、规范化的运作思路,推进专职治安巡防、专业保安服务、治安信息员、平安建设志愿者、综治特派员、看楼护院等群防群治队伍建设。专业保安队、专职治安巡防队伍和治安信息员队伍由辖区公安机关管理,其中专职治安巡防队伍实行准军事化管理;综治特派员队伍由所在地综治办管理;治安志愿者队伍由当地共青团组织管理;看楼护院队伍由村(居)委会管理。专业保安队、专职治安巡防队实行岗前培训,群防群治队伍的绩效考核与经济利益挂钩,有效防止了队员出勤不出力的现象。按照"谁受益、谁出资"和"取之于民、用之于民"的原则,采取政府出资为主、受益单位和群众出资为辅的方式,多渠道解决群防群治经费。

（二）拓展视频监控体系。2004年，全省县城以上城区全部建立了视频监控系统，并同公安110指挥中心联网对接，有效提高了发现、控制犯罪的能力。一年来，各地重点抓视频监控体系向基层延伸。一是向农村乡镇延伸。2007年30%的乡镇建立了视频监控系统，2008年已拓展到60%的乡镇，2009年可实现乡镇视频监控全覆盖。二是向内部单位延伸。党政首脑机关、金融网点、危险品生产储存等部位，推行安全守控“一把手”责任制，企业推行法人代表安全守控责任制，在办公、住宅区安装视频监控、红外线报警等技防设施，提高了治安防范科技含量。三是向城镇居民住宅小区延伸。省里明确，城镇住宅小区已建监控系统的进一步完善，未建的在2008年年内建成并投入使用；今后凡是新建住宅小区的，必须将科技防控系统纳入设计规划。四是向城乡居民家庭延伸。在城市居民家庭安装经济实用的技防设施，在农村村民家庭推广“十户联防”报警器装置或“气死贼”等简易防盗报警器。

（三）严密治安管控网络。一是在城市社区构建管控网络。全省所有社区建立了综治室和警务室，以此为阵地，开展综治各项工作，并及时受理老百姓的求助，热情为民服务。二是在城区要道构建巡控网络。在主干道建立交警巡防责任区，在次干道建立巡警巡防责任区，在其他路段建立派出所巡防责任区，形成了各警种联动、点线面结合的巡逻体系，加大了巡逻密度。三是在边际部位构建查控网络。在省、市、县边际交通要道建立治安查报站，派驻警力设卡守口。

四、切实加强社会管理

加强流动人口服务管理。根据舒晓琴同志指示，省综治办牵头，会同有关部门，就流动人口管理体制、管理机构、管理队伍、管理经费问题提出了具体实施意见，报省政府批准后实施。落实“谁主管谁负责”、“谁出租谁负责”、“谁用工谁负责”的原则，探索“以税管房”、“以房管人”、“以业控人”的新办法，基本形成了以公安派出所为主体、以乡镇（街道）、村（居）委会为依托，以社区民警为核心，以协管员为骨干的流动人口管理网络。

预防青少年违法犯罪。充分发挥共青团组织、“关工委”、学校以及社会组织的作用，在全省城乡实施以免疫工程、净化工程、爱心工程、基地工程、细胞工程为主要内容的“为了明天工程”，有效预防和减少了青少年违法犯罪。

收治管控肇事肇祸精神病人。肇事肇祸精神病人，俗称“武疯子”。根据省委、省政府主要领导的要求，财政厅、综治办、公安厅、卫生厅、民政厅等7家部门联合行文规定，肇事肇祸精神病人一律送精神病医院收治管控，并明确了有关部门的职责，落实了收治经费，建立了长效管理机制。据统计，全省共集中收治肇事肇祸精神病人1966名，其中流落社会、无家可归的精神病人301名，有效防止了肇事肇祸精神病人危害社会，精神病人肇事肇祸引发的刑事、治安案件分别比2007年下降76%和53%。

安置帮教刑释解教人员。各地建立了提前介入、回归接茬、出狱（所）服务、就业扶持四大工作体系。全省已建过渡性安置帮教基地172个，滚动安置了9587余名刑释解教人员。全省三年内回归的38163名刑释解教人员，帮教率达98%，安置率达89.6%，重新违法犯罪率为2.9%。

加强铁路护路联防。强化路地双方责任，建立了组织联网、信息联享、工作联手、责任联负四大机制。组建了600余人的专职护路队伍，担负铁路沿线重点地段的巡逻守护任务。实行科技护路，投资数百万元，对沿线重要桥隧及货场实行电视监控。大力开展铁路沿线废旧金属收购站点治安秩序整治，着力解决影响铁路安全运营的突出问题。一年来，杜绝了车辆肇事事故，五类治安案件、路外伤亡、耕牛挡道同比下降，境内铁路线连续五年未发生有影响的重大涉铁刑事案件。我省护路联防的经验多次在全国有关会议上推广。

推进学校及周边治安综合治理。在校园及周边开展以“除暴、治乱、扫黄、清障”为主要内容的集中整治行动，采取部门联动、现场办公的形式逐个解决学校及周边突出治安问题。南昌市教育局探索总结的“8+2”校园及周边综治工作法，已在全省各地推广。一年来，各地对6273所学校及周边治安进行了整治，省综治办牵头，会同省教育厅等有关部门，采取现场办公形式，解决了校园周边260多个突出治安问题。

五、夯实综治基层基础

（一）健全纠纷排调机制。在排查时间上，设区市每个月、县(市区)每半个月、乡镇(街道)每周,定期排查一次矛盾纠纷;在工作运行上,逐级实行月报、要情报告、"零报告"、抄告、督办、定期协调等制度;在排查主体上,全省形成了综治、维稳、信访、人民调解、内部单位5条排查主渠道;在台账管理上,各级综治办对排查出来的可能影响稳定的重大纠纷、疑难纠纷及跨行政区域纠纷,建立了"急、大、难"矛盾纠纷台账,并规范管理;在力量整合上,实行人民调解、司法调解、行政调解衔接联动。抚州市先期在崇仁县试点,继而在全市铺开,对"三调联动"工作的对接模式和运行机制进行了很好的探索,对全省进一步做好"三条联动"工作提供了很好的思路。

(二)深化基层平安创建。各地在推进和谐平安建设中,坚持从基层抓起,积小安为大安,积局部平安为全局平安,平安县市、平安乡镇、平安社区、平安校园、平安医院、平安铁道线、平安大道等多种形式的群众性创建活动,在全省各地蓬勃开展。目前,全省已有70%的县(市区)、乡镇、社区、村和内部单位,分别被省、市、县综治委命名为平安县(市区)、平安乡镇、平安单位和平安社区。

(三)推进综治"七进"战略。综治工作进社区、进园区、进景区、进企业、进校园、进村庄、进单位,已在全省各地全面推开。在社区、大中型企业和工业园区、学校、旅游景区以及村委会设立综治室,以此为阵地,把综治工作延伸到基层,落实到基层。把新型经济组织、新型社会组织治安综合治理工作纳入当地综治目标管理,纳入当地平安创建范围,落实"谁经营谁负责"的原则,实行法人代表负责制,建立了综治网络,推动综治工作进"两新"组织,拓展了综治工作的覆盖面。新余市推进综治工作进民办院校,全市民办院校刑事案件、治安案件、在校学生犯罪大幅下降。九江、吉安、鹰潭、新余分别在庐山、井冈山、龙虎山、仙女湖打造平安景区,实现了景区零发案。党政机关、群众团体、企事业单位和中央驻赣单位全部纳入综治目标管理范围,实现了全覆盖。省综治办、省人事厅、省财政厅联合制定了考核奖惩办法,明确被评为综治工作先进单位的,给予单位全体人员奖励一个月工资;考核不达标的,按规定予以处罚。

(四)加大综治宣传力度。建立了以党委宣传部门牵头负责、综治机构组织协调、司法行政部门配合实施、新闻媒体大力支持、社会各界广泛参与的综治宣传工作网络。省、市政法委、综治办设立了综治宣传处(科),县级综治办指定了专人负责综治宣传工作,落实了分管领导和工作经费,并将综治宣传工作纳入综治目标管理考核内容。认真组织开展综治宣传月活动,加大了《中国社会治安综合治理年鉴》和《长安》杂志的宣传力度,连续多年被中央综治办评为先进单位。认真组织参评中国新闻奖的综治优秀新闻作品评选活动,有5篇作品获奖。

江西省社会治安综合治理委员会关于预防和处理医患纠纷的实施意见

(2008年5月30日)

根据有关法律法规和政策规定,结合工作实际,现就预防和处理医患纠纷,提出如下实施意见。

一、指导思想

充分发挥社会治安综合治理优势,形成综治委统一领导、综治办协调督查、卫生行政部门主管、有关部门齐抓共管的工作机制,运用多种手段,积极预防和妥善处理医患纠纷,保障医患双方合法权益,维护正常医疗秩序,促进医患关系和谐,为人民群众营造良好的就医环境。

二、基本原则

（一）属地管理。按照行政区划，预防和处理医患纠纷工作由属地综治委组织实施。

（二）部门联动。根据部门职能，医患纠纷的预防和处理以卫生行政部门为主，相关部门协作配合。

（三）预防为主。把工作重点放在预防上，最大限度减少医患纠纷，最大限度防止医患纠纷激化。

（四）教育疏导。处理医患纠纷过程中，坚持教育疏导为主，引导医患双方通过正当渠道和合法途径解决问题。

（五）重在调处。坚持实事求是，查清事实，准确定性，针对性提出解决对策，明确调处责任，及时化解纠纷。

（六）依法处置。对医患纠纷引发的刑事、治安案件和群体性事件，依据法律法规及时果断处置。

三、组织网络

（一）建立由综治委领导牵头，卫生行政部门为主，综治、公安、司法等部门共同参与的预防和处理医患纠纷联席会议制度。联席会议办公室设在卫生行政部门，卫生行政部门主要领导兼任办公室主任。

（二）各级各类医院成立预防和处理医患纠纷办公室，可与医疗质量管理部门合署办公，明确专人负责医患纠纷的预防和处理工作。

（三）由司法行政部门牵头，卫生行政部门协助，组建医患纠纷专业调解委员会，设立医学、法律专家库，由医患双方随机从专家库中选定医学专家、法律专家参与医患纠纷调解工作。如被选定的医学专家和法律专家与医方或患方有利害关系的应当回避。

（四）公安机关在三级医院设立警务室，协助化解医患纠纷，维护正常医疗秩序。

四、预防措施

（一）各级各类医院应教育医护人员牢固树立“以患者为中心”的服务理念，强化服务意识，改善服务态度，提高服务水平。

（二）卫生行政部门应加强医疗价格管理，督促各级各类医院建立完善医疗费用查询制度，严禁乱收费，杜绝不合理收费。

（三）卫生行政部门应严格医疗技术人员执业资格管理和医疗服务要素准入，禁止无执业资格的人员从事医疗技术服务，从源头上确保医疗质量和医疗安全。

（四）各级各类医院应强化医护人员医德医风和廉洁行医教育，健全监督机制，畅通患者投诉举报渠道，不断提升患者的满意度。

五、处理程序

（一）处理医患纠纷的主要渠道：一是医患双方协商处理；二是医院所在地卫生行政部门调处；三是医患纠纷专业调解委员会调解；四是向人民法院提起诉讼。

（二）医患纠纷发生后，所在医院要积极主动采取有力措施化解：一是医患双方当场封存所有与纠纷有关的医疗文书和现场实物；二是医方严肃认真核查患方质疑的问题，并及时向患方通报核查结果；三是医院负责人必须在1小时内赶赴现场，面对面地听取患方意见，认真负责解答患方提出的质疑，明确告诉患方解决纠纷的途径；四是医院预防和处理医患纠纷办公室必须在1小时内将所发生的纠纷情况报告所在地医患纠纷联席会议办公室，对可能引发刑事、治安案件或群体性事件的纠纷，同时通报当地公安机关。

（三）医患纠纷联席会议办公室对接报的纠纷，要逐一登记在册，建立台账，区分不同情况分流处理。在一般情况下，责成纠纷发生的医院主要领导先行与患方协商处理；协商不成的，卫生行政部门主要领导必须及时出面处理；根据患方意愿，转请医患纠纷专业调解委员会调解。

（四）医患纠纷专业调解委员会受理医患纠纷后，组织医患双方随机选定的医学专家开展调查论证工作。医学专家根据调查情况，出具调查结论并签名。医学专家签名的调查结论，应向医患双方公开。法律专家依据调查结论和有关法律进行调解。如调解无效，应告知医患双方通过其他合法途径解决。各级医患纠纷专业调解委员会工作经费和医学专家调查论证及法律专家调处纠纷所需经费由同级卫生行政部门解决。

六、应急处置

（一）患者在医疗过程中死亡，其尸体应立即移放太平间或殡仪馆。对停尸闹事或要挟医方的，由医患纠纷联席会议办公室立即告知患方户籍地政府派出得力干部进行教育劝解。对劝解无效的，由公安机关协助医院采取强制措施，将尸体移至太平间、殡仪馆或公安机关指定的其他地方。

（二）如患者死亡，医患双方不能确定死因或对死因有异议的，应当在48小时内进行尸检，具备尸体冻存条件的可延长至7日。尸检应当经死者近亲属同意并签字。尸检费用由医疗机构垫付。对拒绝或者拖延尸检时间影响对死因判定的，所有责任由拒绝或拖延方承担。

（三）对医患纠纷引发的刑事、治安案件，卫生行政部门、公安机关负责人，在接报后第一时间赶赴现场处置。综治部门协调相关单位及患方户籍地政府共同做好处置工作。

（四）对医患纠纷引发的群体性事件，区分不同情况处理。对属于医疗责任事故引发的，依照《医疗事故处理条例》处理；对不属于医疗责任事故，但医疗机构有过错的，按实际过错处理；对无理取闹、实施违法行为的，依法处理。对在幕后操纵"医闹"的组织策划者和骨干分子必须依法严厉打击，但要把握时机，避免事态扩大和纠纷激化。

七、部门职责

（一）综治部门将预防和处理医患纠纷工作纳入社会治安综合治理目标管理考评内容，协调和督促相关职能部门认真履行职责，形成预防和化解医患纠纷的工作合力。

（二）卫生行政部门把预防和处理医患纠纷工作纳入对各级各类医院医疗质量和领导干部政绩考核的重要内容，落实领导责任制和责任查究制，对引发医患纠纷负有责任的医院领导和医护人员实行责任查究。

（三）公安机关依法处理扰乱医院秩序、侵犯医护人员人身安全和医疗机构财产安全的违法行为，维护正常医疗秩序。

（四）司法行政部门组织律师、法律工作者和人民调解组织参与医疗纠纷的预防和调处，提供法律服务和法律援助。

八、工作要求

（一）各级综治委要把预防和处理医患纠纷作为和谐平安建设的重要工作，切实加强组织领导；对医患纠纷突出、"医闹"事件不断发生的地方，适时组织力量开展重点整治。

（二）预防和处理医患纠纷联席会议每季度召开一次，适时通报医患纠纷预防和处理情况，针对工作中存在的问题，研究提出解决对策。

（三）对属医疗责任事故引发的纠纷，卫生行政部门必须按照有关规定对负有责任的医护人员作出严肃处理；对不属于医疗事故但有过错的，按实际过错严肃处理；对医患纠纷发生后篡改、伪造、隐藏医疗文书和现场实物的医院及直接责任人加重作出处理。

（四）在处理医患纠纷过程中，地方和相关部门都必须从维护社会稳定出发，公平、公正地协商解决问题，坚决防止地方、部门保护主义干扰纠纷处理。

（五）因医患纠纷化解不力造成严重后果的，由综治部门按照《江西省社会治安综合治理条例》和赣发[2004]24号文件的规定，对负有责任的地方和部门实行一票否决或黄牌警告或限期整改，对相关领导和直接责任人实行责任查究。

江西省社会治安综合治理委员会办公室　江西省高级人民法院　江西省人民检察院　江西省公安厅　江西省司法厅关于实行人民调解、司法调解行政调解衔接联动的实施意见

(2008年7月10日)

各设区市、县(市、区)社会治安综合治理委员会办公室、人民法院、人民检察院、公安局、司法局:

经省社会治安综合治理委员会办公室、省高级人民法院、省人民检察院、省公安厅和省司法厅商定,现就实行人民调解、司法调解、行政调解衔接联动工作(以下简称"三调联动"),提出如下实施意见。

一、实行"三调联动"的指导思想和基本原则

(一)指导思想

人民调解、司法调解、行政调解都是化解矛盾纠纷的有效手段。实行这三种手段的衔接联动,旨在整合和强化调解职能,实现优势互补,提高矛盾纠纷调处效率和质量,减少当事人诉累,节约司法成本,维护社会稳定,促进社会和谐。

(二)基本原则

1. 各自调解与联动调解相结合。审判机关、检察机关、公安机关和司法行政机关既充分发挥各自的独特调解优势,又有机衔接,密切配合,协调一致地开展工作,形成化解矛盾纠纷的合力。

2. 依法调解与以德调解相结合。以事实为依据,以法律为准绳,开展矛盾纠纷调解工作。同时,在调解过程中,教育引导当事人用社会主义道德观、价值观和荣辱观的要求规范自己的行为,自觉消除隔阂,达成和解。

3. 引导调解与自愿调解相结合。在调解工作中,一方面引导当事人把调解作为解决矛盾纠纷的首要选择,不以公共权力压制当事人接受调解;另一方面,充分尊重双方当事人的意愿,充分尊重双方当事人的诉讼权利,不强迫当事人接受调解方式和调解结果。

4. 平等调解与公正调解相结合。在调解工作中坚持公道中立,平等对待双方当事人,注重兼顾双方当事人的合法权益,确保调解结果公平、公正。

二、实行人民调解与司法调解衔接联动

(三)诉前告知人民调解。人民法院在接待当事人申请立案时,向当事人宣传人民调解的优势、特点,对未经人民调解组织调解,且案情简单、争议不大,双方当事人均在同一个辖区的民事纠纷,在征得当事人同意后,暂缓立案,告知当事人选择所在地(所在单位)或纠纷发生地人民调解组织进行调解。调解成功的,应以人民调解组织名义出具人民调解协议书。调解不成的,再由人民法院审查立案。对于不符合起诉条件、法院不予受理的民事纠纷,也应当及时将案件转移至当事人所在地(所在单位)或纠纷发生地人民调解组织做好调解息诉工作。诉前经人民调解组织主持调解达成协议,并制作了人民调解协议书,一方当事人到期不履行义务且符合《民事诉讼法》关于申请支付令条件的,对方当事人可以向人民法院申请支付令或起诉,请求对方当事人履行调解协议。

(四)诉中委托人民调解。案件进入诉讼程序后,对于有可能通过人民调解解决的,司法机关可以委托人民调解组织进行调解。对于民事案件,人民法院在立案后庭审前,或审理中,将有可

能通过人民调解组织调解的纠纷，在征得当事人的同意后，可中止诉讼，并出具委托人民调解书，将案件委托当事人所在地（所在单位）或纠纷发生地人民调解组织进行调解。经调解，双方当事人达成协议的，当事人可以向人民法院申请撤诉，由人民调解组织制作人民调解协议书；如双方达不成协议，则恢复诉讼，由人民法院依法审判。

对于告诉才处理的案件、被害人有证据证明的轻微刑事案件，事实清楚，证据确实、充分，犯罪嫌疑人、被告人悔罪，并且对主要事实没有异议，被害人愿意与犯罪嫌疑人、被告人达成刑事和解的，在不损害国家、集体和其他公民的合法权益、不损害社会公共利益、不违反法律和社会公德的前提下，司法机关可以出具委托人民调解书，委托人民调解组织进行调解，人民调解组织应当在规定的期限内将调解结果送达司法机关。经调解达成人民调解协议的，人民检察院、人民法院可以依法对犯罪嫌疑人、被告人不予批准逮捕，或者不起诉，或者起诉后从轻、减轻判处；如双方达不成协议，则依照刑事诉讼程序依法处理。诉中委托人民调解组织主持调解达成协议，并制作人民调解协议书，经法院审查作出调解书，一方当事人到期不履行具有给付内容的义务，对方当事人可以向人民法院申请强制执行。

（五）吸收人民调解员参与诉讼调解。对于一般的民事纠纷，人民法院可以选聘人民调解员参与诉讼调解。基层法院可以安排人民调解员参与庭审前的辅导性工作，并可以聘任有经验的人民调解员担任人民陪审员。基层法院应发挥指导人民调解工作的作用，建立定员、定点、定期联系制度，对人民调解组织工作中存在的问题及时指导，及时提出纠正建议。人民调解员要充分发挥扎根群众、熟悉社情民意的优势，积极协助人民法院提高诉讼调解效率。人民法院在执行工作中受阻，需要人民调解组织协助的，人民调解组织应积极支持配合。

三、实行人民调解与行政调解衔接联动

（六）公安机关引导当事人选择人民调解。矛盾纠纷当事人寻求公安机关帮助解决纠纷的，接警人员经审查认为不够治安处罚或不属于治安调解范围的，应主动告知或建议当事人由其所在地或纠纷发生地人民调解组织进行调解。对民事纠纷引起的治安案件中民事损害赔偿事项，也可以告知和引导当事人选择人民调解。当事人接受建议的，公安机关接警人员应与所在乡镇（街道）、村（居）委会或社区、单位人民调解组织取得联系，出具矛盾纠纷移交人民调解书，将纠纷交由乡镇（街道）、村（居）委会或社区、单位人民调解组织进行调解。

（七）部分轻伤害治安案件可委托人民调解。对于因民间纠纷引发的轻伤害治安案件，应给予有关当事人相应处罚，但受害方表示愿意放弃追究对方当事人的治安处罚责任，且双方表示愿意接受人民调解组织调解的，由公安派出所出具轻伤害治安案件委托人民调解书，委托乡镇（街道）人民调解组织进行调解。对于调解成功的案件，由乡镇（街道）人民调解组织制作人民调解协议书，公安派出所与人民调解委员会共同监督人民调解协议的履行。履行完毕的人民调解协议书由公安派出所与人民调解组织各留档一份。不够治安处罚的民间纠纷可移交人民调解组织调解。

（八）复杂、疑难矛盾纠纷实行联合调解。发挥公安派出所执行国家法律、法规的权威和乡镇（街道）、村（居）委会、社区人民调解组织深入群众、熟悉民情的优势，共同调处复杂、疑难矛盾纠纷，切实使辖区内的矛盾纠纷早化解、防激化。

四、实行“三调联动”的保障措施

（九）加强对“三调联动”的组织领导。成立由党政领导挂帅、相关部门负责人参加的“三调联动”工作领导小组，负责对“三调联动”工作进行协调、指导、督办、考评。将“三调联动”工作成效纳入社会治安综合治理考评内容。

（十）保障“三调联动”必需的经费。重点解决基层“三调联动”工作经费，落实基层调解人员的报酬。基层人民调解经费，按照《财政部、司法部关于进一步加强人民调解工作经费保障的意见》（财行[2007]179号）落实。

（十一）加强调解人员的教育培训工作。采取多种形式，加大教育培训力度，提高人民调解员、行政执法人员和司法人员的政治业务素质和工作能力。

（十二）依法确认人民调解协议的法律效力。各级人民法院、人民检察院要及时审查、审理涉及人民调解协议的案件，对符合法律、法规的人民调解协议要予以支持。依照《最高人民法院关于审理涉及人民调解协议的民事案件的若干规定》，依法确认人民调解协议的法律效力。

（十三）建立信息通报和工作交流制度。各级司法机关、公安机关、司法行政机关和人民调解组织要及时互相通报发现、受理的矛盾纠纷及调解工作情况。对涉及人民调解、行政调解协议的案件，人民法院、人民检察院在调解或审理终结后，要将生效的法律文书通报调解该纠纷的人民调解组织和行政组织，并针对审理中发现的问题对调解工作提出指导意见。人民调解组织要及时做好审判后的矛盾纠纷调解工作。

江西省社会治安综合治理委员会
江西省矛盾纠纷排查调处工作规程

（2008年7月11日）

为规范矛盾纠纷排查调处工作，根据中办发[2000]17号、赣办发[2000]102号文件精神和有关法律法规、政策规定，结合我省实际，特制定本规程。

第一章　总　　则

第一条　本规程所称矛盾纠纷，是指社会各领域、各行业、各群体发生的各类矛盾纠纷。

第二条　矛盾纠纷排查调处工作坚持以下原则：

（一）属地管理。按照行政区划，各级党委、政府负责领导、组织、实施本辖区内的矛盾纠纷排查调处工作。

（二）归口处理。各级党政部门按照“谁主管、谁负责”的原则，处理本部门主管领域的矛盾纠纷；各企事业单位按照“谁管事、谁负责”的原则，负责处理本单位内部的矛盾纠纷。

（三）预防为主。贯彻预防为主的方针，立足于“抓早、抓小、抓苗头”，预防和减少矛盾纠纷。

（四）依法调处。严格依据法律、法规、规章调处矛盾纠纷，重在解决问题，力求“案结事了”。

（五）综合治理。综合运用法律、政策、经济、行政、教育等多种手段，充分发挥人民调解、司法调解、行政调解和社会组织调解的作用，有效化解矛盾纠纷。

第三条　矛盾纠纷排查调处工作的总体目标是，尽最大努力预防、减少矛盾纠纷；尽最大努力化解、缓解矛盾纠纷；尽最大努力防止矛盾纠纷激化。

第二章　组织网络

第四条　省、市、县综治办设立矛盾纠纷排查调处室，加强对矛盾纠纷排查调处工作的组织指导协调。

第五条　乡镇（街道）设立矛盾纠纷排查调处中心，对矛盾纠纷实行统一登记、统一受理、统一调度、统一管理。

第六条　社区、村（居）委会建立人民调解委员会，并设立矛盾纠纷排查调处室，在村（居）民小组选配调解员，负责矛盾纠纷的排查调处工作。

第七条　机关、团体、企事业单位建立矛盾纠纷排查调处组织，负责单位内部矛盾纠纷排查调处工作。

第八条　各行业建立行业矛盾纠纷排查调处组织，负责本行业矛盾纠纷排查调处工作。

第三章　排　　查

第九条　排查范围包括社会各领域、各行业、各群体，重点是矛盾纠纷多发的领域、行业和群体。

第十条　排查类型分为地区排查、行业排查、单位排查。

（一）地区排查按“属地管理”的原则，由各级党委、政府组织；

（二）行业排查按“谁主管、谁负责”的原则，由各级党政部门组织；

（三）单位排查按“谁管事、谁负责”的原则，由机关、团体、企事业单位组织。

第十一条　排查方式分为日常排查、定期排查、专项排查和重点排查。

（一）日常排查。结合日常工作，随时发现、掌握各种矛盾纠纷。

（二）定期排查。按照规定，乡镇（街道）每周、县（市、区）每半月、设区市每月组织开展一次排查。

（三）专项排查。针对特定地区或特定领域带倾向性的矛盾纠纷开展排查。

（四）重点排查。在临近重大活动、重要节庆日、社会敏感期，集中力量组织开展重点排查。

第四章　调　　处

第十二条　调处工作实行地方、部门和单位责任制。地区性问题由当地党委、政府负责组织调处，行业性问题由主管部门负责调处，单位内部问题由单位负责调处；跨地区、跨行业、跨单位的矛盾纠纷，由其共同的上一级党委、政府或主管部门负责组织调处。

第十三条　矛盾纠纷调处实行领导包干负责制。

（一）属地区性问题的由属地党政领导包干负责调处；

（二）属行业性问题的由主管部门领导包干负责调处；

（三）属单位内部问题的由单位负责人或法定代表人包干负责调处；

（四）对可能引发群体性事件的矛盾纠纷，按照一个问题、一名领导、一个班子、一套方案的要求限期调处。

第十四条　针对不同矛盾纠纷，综合运用法律、政策、经济、行政等手段和教育、协商、听证、调解、仲裁等方法调处。

（一）及时掌握矛盾纠纷产生的原因、涉及人数、主要诉求、重点人员等情况；

（二）依据相关法律、法规、规章和政策，制定解决问题的工作方案和防止事态扩大升级的处置预案；

（三）做好群众的政策教育、法制教育和思想教育工作，耐心细致地进行说服、劝导，对重点人员落实重点教育管理措施；

（四）落实防范矛盾纠纷激化的工作措施，协调有关部门依法妥善解决问题，消除隐患。

第十五条　建立健全矛盾纠纷受理、交办、承办、督办、销账制度。

（一）受理。各地区、各部门和各单位负责对矛盾纠纷进行受理。

（二）交办。受理的地区、部门和单位除直接进行调处工作外，可向下一级单位下发交办通知书，将矛盾纠纷交下一级调处。

（三）承办。各责任主体对上级交办调处的矛盾纠纷要认真负责落实调处工作措施，合法、合理解决，并向交办单位书面报告办理情况和结果。

（四）督办。上级机关可根据排查情况或直接掌握的情况，对突出的矛盾纠纷实行挂牌督办，责成下级限期解决；对在规定期限内未办结的，应下发督办通知书加强督办，并要求承办单位报告工作进展情况。

（五）销账。矛盾纠纷解决后，受理单位应及时销账；属于承办上级交办、督办的纠纷办结后，应及时向交办、督办的上级机关书面报告情况、申请销账；上级交办、督办机关应及时核实并向承办单位下发销账通知书。

第五章　报送登记

第十六条　各地、各部门和各单位必须建立矛盾纠纷排查情况报送制度。村（居）、乡镇（街道）、县（市、区）、设区市四级必须每月以文字和报表形式，将排查出来的矛盾纠纷汇总后，逐级报上一级综治办。一般性矛盾纠纷报送统计数据，“急、大、难”矛盾纠纷要逐一报送详情。

第十七条　对有下列情况之一的，要随时报告，并续报处置情况：

（一）有可能引发群体性事件和群众性械斗的矛盾纠纷；

（二）有可能引发请愿、罢课、非法集会、游行示威事件的矛盾纠纷；

（三）有可能引发打砸抢、堵塞交通等突发性事件的矛盾纠纷；

（四）有可能导致赴京赴省非正常上访的矛盾纠纷；

（五）其他重大矛盾纠纷。

第十八条　矛盾纠纷排查调处情况，由各级综治办汇总，经分管领导审核后，加盖单位印章，逐级报送。

第六章　责任主体

第十九条　各级党委、政府主要领导为矛盾纠纷排查调处工作首要责任人，分管综治工作的党政领导为具体责任人，班子其他成员为所分管领域矛盾纠纷排查调处工作的主要责任人。

第二十条　各级综治办在党委、政府领导下，按照综治委的要求，具体组织、指导、督促矛盾纠纷排查调处工作。

第二十一条　各级党政部门为其主管领域、行业矛盾纠纷排查调处工作的责任主体。

（一）城镇房屋拆迁、建筑工程质量和工程款结算、物业管理等问题引发的矛盾纠纷，由建设部门牵头处理；

（二）征地补偿和土地、矿产、山林、水利、勘界权属争议等问题引发的矛盾纠纷，由国土资源、林业、水利、民政等部门依据各自职责范围牵头处理；

（三）农民负担以及农村乱收费、乱集资、乱摊派等问题引发的矛盾纠纷，由农业部门牵头处理；

（四）违反劳动保障法律、法规，拖欠工资、欠缴社会保险费等侵犯劳动者合法权益，国有企业改制解除劳动合同经济补偿等问题引发的矛盾纠纷，由劳动保障、国资委等部门依据各自职责范围牵头处理；

（五）传销、制假售假等问题引发的矛盾纠纷，由工商行政管理、质量技术监督等部门依据各自职责范围牵头处理；

（六）集资、储蓄、证券、保险等问题引发的矛盾纠纷，由人行、银监、证监、保监和财政等部门依据各自职责范围牵头处理；

（七）基层组织和领导干部工作方法、工作作风等问题引发的矛盾纠纷，由组织部门牵头处理；涉嫌违反政策、违法乱纪问题，由纪检监察、检察等相关部门依法依纪处理；

（八）行政执法问题引发的矛盾纠纷，由行政执法单位上级部门和政府法制部门依据各自职责范围牵头处理；

（九）政法机关在执法、司法活动中引发的矛盾纠纷，由上级主管部门或同级党委政法委牵头处理；

（十）军转干部安置引发的矛盾纠纷，由人事部门牵头处理；

（十一）退伍军人就业安置、自然灾害发生后灾民生活安排等问题引发的矛盾纠纷，由民政部门牵头处理；

（十二）大中专院校、中小学校引发的矛盾纠纷，由教育部门和学校主管部门依据各自职责范围牵头处理；

（十三）民族、宗教问题引发的矛盾纠纷，由民族宗教部门牵头处理；

（十四）环境污染、生态破坏引发的矛盾纠纷，由环保部门牵头处理；

（十五）其他问题引发的矛盾纠纷，根据部门职能分工，由相关主管部门处理；难以界定主管部门的，由党委、政府指定相关部门牵头处理。

第七章　责任追究

第二十二条　各级综治办对本地区及各部门、各单位开展矛盾纠纷排查调处工作情况进行检查考核。

第二十三条　对因制度不健全、工作不落实、措施不得力导致矛盾纠纷突出的地区、部门和单位，按照有关规定，视情予以社会治安综合治理“限期整改”、“黄牌警告”、“一票否决”。

第二十四条　对排查化解矛盾纠纷不力，导致矛盾纠纷激化，引发群体性事件等影响社会稳定重大问题的，按照《江西省社会治安综合治理及维护社会稳定领导责任制实施办法》（赣发[2004]24号）的有关规定追究责任。

第八章　附　　则

第二十五条　本规程由省社会治安综合治理委员会办公室负责解释。

第二十六条　本规程自颁发之日起施行。

江西省社会治安综合治理委员会
江西省综治责任单位社会治安综合治理工作规程

（2008年8月22日）

为规范和加强省综治责任单位社会治安综合治理工作，根据赣发［2002］3号、赣发［2004］24号文件精神和《江西省社会治安综合治理条例》有关规定，制定本规程。

第一章 总 则

第一条 省综治责任单位社会治安综合治理工作，必须以邓小平理论和“三个代表”重要思想为指导，深入贯彻落实科学发展观，坚持服务发展第一要义，紧扣以人为本核心，把握全面、协调、可持续基本要求，运用统筹兼顾根本方法，维护内部和谐平安，满足干部职工安全需求，保障本系统、本部门、本单位各项事业顺利健康发展。

第二条 省综治责任单位社会治安综合治理工作遵循以下基本原则：

（一）党政领导原则。在省综治责任单位内部形成党组（党委）、行政共同负责的领导体制，对社会治安综合治理工作实行统一领导。

（二）齐抓共管原则。内部职能处（室）既明确分工、各负其责，又密切配合、协调一致，发挥整体效能，形成抓综治工作的合力。

（三）依靠群众原则。组织群众参与和谐平安创建，将和谐平安创建的成果惠及群众，真正使群众成为和谐平安的创建者和成果共享者。

（四）预防为主原则。把社会治安综合治理工作重点放在预防上，突出抓好源头预防、事先预防，落实预防措施，最大限度减少影响和谐平安的问题发生。

（五）标本兼治原则。既注重解决影响和谐平安的现实问题，更注重建立长效工作机制，在治本上狠下功夫，实现全面、协调、可持续和谐平安。

（六）依法治理原则。牢固树立社会主义法治理念，加强法制教育，严格依法办事，依法推进社会治安综合治理。

第三条 省综治责任单位社会治安综合治理工作的总体要求是：

（一）组织网络健全。根据《江西省社会治安综合治理条例》规定，按照“横向到边、纵向到底”的要求，从上到下形成严密的综治组织网络。

（二）工作机制完善。综治责任机制、管理机制、协作机制、奖惩机制、保障机制逐一建立，相关制度日趋完善，综治各项工作规范运行。

（三）内部和谐平安。通过不懈努力和卓有成效的工作，实现内部零发案，员工零犯罪，事故零发生，矛盾零激化。

（四）干部职工满意。干部职工对本系统、本部门、本单位和谐平安创建成效和治安状况满意。

第二章 组织网络

第四条 省综治责任单位及下属机构层层建立社会治安综合治理工作领导小组（以下简称综治工作领导小组），党组（党委）、行政一把手任组长，分管综治工作的领导任副组长，与综治工作相关的若干职能处（室）负责人为成员。

第五条 综治工作领导小组下设办公室（以下简称综治办）。综治办可挂靠在保卫等职能处（室），综治办主任由所挂靠的职能处（室）正职担任，明确一名副职任综治办副主任专抓综治工作，同时配备2～3名专（兼）职综治干部。

第六条 从省综治责任单位实际出发，根据综治工作需要，建立矛盾纠纷排查调处工作室、流动人口服务管理工作室、刑释解教人员安置帮教工作室、预防青少年违法犯罪工作室等综治组织，以及治保会、调委会等群众自治组织和多种形式的群防群治组织。

第七条　每年对专(兼)职综治干部进行全员业务培训,培训时间不少于3天。对综治其他组织工作人员采取以会代训形式,每年培训一次,培训时间不少于1天。

第三章　责任区分

第八条　根据赣发[2004]24号文件规定,明确区分领导班子、党政一把手、分管综治工作领导和领导班子其他成员在综治工作中的责任。

第九条　领导班子担负组织领导本系统、本部门、本单位综治工作的政治责任,对这项工作负总责、负全责。具体责任是:

(一)坚持把社会治安综合治理作为领导班子任期目标,摆在全局工作的重要位置真抓实管,切实加强组织领导;

(二)认真执行社会治安综合治理方针、政策、原则和有关法律、法规,按照上级综治委的工作部署,结合实际创造性地贯彻落实;

(三)牢固树立科学发展观和正确政绩观,把抓发展和保平安统一起来,作决策、上项目、搞建设、办事情充分考虑人民群众的利益,统筹解决影响安全稳定的突出问题,在和谐平安环境中发展各项事业;

(四)健全社会治安综合治理组织网络,落实机构、人员、经费,确保层层有人管事、有人干事、有钱办事;

(五)严格实行领导责任制和责任查究制,一级抓一级,一级对一级负责,督促各级领导干部担负起保平安、促和谐的政治责任;

(六)全面推行社会治安综合治理目标管理,及时研究解决重大问题,组织推动工作落实,确保内部和谐平安。

第十条　党组(党委)、行政一把手为本系统、本部门、本单位综治工作首要责任人,对这项工作负首要领导责任。具体责任是:

(一)定期主持召开党政领导班子会议,听取社会治安综合治理工作情况汇报;

(二)根据一个时期的内部治安状况,对社会治安综合治理工作作出正确决策;

(三)对涉及社会治安综合治理的重大问题,及时研究解决;

(四)对社会治安综合治理重大工作亲自部署,并督促落实;

(五)一旦发生影响安全稳定的重大事(案)件,立即赶赴现场组织指挥,果断而妥善处置;

(六)支持本系统、本部门、本单位综治工作领导小组对发生影响安全稳定重大问题的下属单位实施一票否决和责任查究。

第十一条　分管综治工作的领导为本系统、本部门、本单位综治工作具体责任人,对这项工作负具体领导责任。具体责任是:

(一)当好党政班子领导社会治安综合治理工作的参谋,协助党政一把手作出正确决策;

(二)组织实施社会治安综合治理工作,加强检查督促和具体指导,推动各项措施落实;

(三)协调各方面的力量参与社会治安综合治理,形成维护内部安全稳定的合力;

(四)一旦发生影响安全稳定的重大事(案)件,积极主动协助党政一把手处置;

(五)深入实际调查新情况,研究新问题,制定新对策,推进社会治安综合治理工作的创新与发展。

第十二条　领导班子其他成员根据分工,对所分管的领域、行业的综治工作负主要领导责任。具体责任是:

(一)根据本系统、本部门、本单位党政领导班子和综治工作领导小组的总体部署,对所分管领域、行业的综治工作作出具体部署,并督促落实;

(二)及时组织所分管领域、行业排查影响安全稳定的问题,并认真负责地解决;

(三)所分管领域、行业一旦发生影响安全稳定的重大事(案)件,及时报告主要领导,并在第一时间赶赴现场先行处置。

第四章　制度建设

第十三条　建立目标管理制度。每年初,科学设计年度综治工作目标管理规划,层层签订或下发年度综治工作目标管理责任书,半年对执行情况进行检查,年终进行考核评比。

第十四条　建立工作例会制度。综治工作领导小组每季度召开一次工作例会,综治办每月召开一次工作例会,分析工作形势,总结部署工作,研究解决工作中遇到的问题。

第十五条　建立要情报告制度。一是每月报送矛盾纠纷尤其是“急、大、难”矛盾纠纷排查调处情况报告；二是每月报送内部治安状况报告，包括发生的刑事案件、治安案件、治安事故，排查出来的治安乱点和突出治安问题及整治情况和成效；三是及时报送影响安全稳定的重大问题，尤其是对已发生的群体性事件、紧急治安事件、群死群伤重大事故，必须在一小时内报告，并续报处置情况。四是实行“零报告”制度，有事报情况，无事报平安。

第十六条　建立通报讲评制度。对综治工作进展情况每月进行一次通报，每季度进行一次讲评，激励先进，鞭策后进，带动中间，促进综治工作平衡发展。

第十七条　建立抄告督办制度。对下属单位综治工作中暴露的问题，及时发出抄告单，限期改进；对在规定期限内问题未解决的，发出督办单，督促加大力度解决；问题仍未解决的，发出黄牌警告书，并责成存在问题单位的领导负责解决。

第十八条　建立领导述职制度。每年底结合年终综治工作考评，省综治责任单位综治责任人向颁发综治责任书的综治委作述职报告；下属机构综治责任人向本系统、本部门、本单位综治工作领导小组作述职报告。在此基础上，逐级建立综治责任人绩效档案，内容包括：综治责任人年度述职报告；《综治责任人履行职责情况鉴定表》；《综治责任人奖励情况登记表》或《综治责任人处罚情况登记表》等。

第五章　重点工作

第十九条　“管好自己的人”。加强对内部人员的思想政治、法制、道德、纪律、廉政教育，防范内部人员违法犯罪；加强对内部重点人员包括邪教组织人员、刑释解教人员、吸毒人员、肇事肇祸精神病人的管控，防范重点人员违法犯罪；加强对聘用人员、外来务工人员的服务和管理，防范这部分人违法犯罪。

第二十条　“看好自己的门”。实行人防、物防、技防并举，建立群防群治组织，开展多种形式群防群治活动，发动和依靠干部职工维护内部治安稳定；在办公、生活区域安装必要的物防设施，加大犯罪分子作案难度；在重点要害部位实行技防全覆盖，运用科技手段提升治安防范水平。

第二十一条　“办好自己的事”。及时排查、有效化解内部矛盾纠纷及同周边地区的矛盾纠纷，防止矛盾纠纷激化引发影响安全稳定的事（案）件；针对省综治责任单位特点，推进内部和谐平安创建，确保内部和谐平安。

第二十二条　“履好自己的责”。充分发挥本系统、本部门、本单位职能优势，认真负责地解决影响社会和谐平安的有关问题；按照属地综治委的统一部署，积极主动参与当地综治重大活动，做好帮扶创建和谐平安县（市、区）、乡镇（街道）、村（居、社区）等工作。

第六章　考评奖惩

第二十三条　综治工作考核评比大致分为机关（局委办）、学校、企业、金融单位四种类型，并分类制定考核评比标准，分类确定评先分值，分类组织考核评比。

第二十四条　根据考核评比结果，确定年度综治工作先进单位、达标单位、不达标单位。

第二十五条　对年度综治工作先进单位，由组织实施考评的综治机构颁发先进奖牌，并对其综治责任人颁发嘉奖令和一定奖金；获奖单位可按照《江西省综治责任单位社会治安综合治理目标管理考评及奖励处罚办法》的有关规定，对全体干部职工奖励一个月工资。

第二十六条　对年度综治工作达标单位，由组织实施考评的综治机构颁发达标奖牌。

第二十七条　对年度综治工作不达标单位，予以限期整改处罚；对其中发生影响安全稳定的问题，予以黄牌警告处罚；对其中发生影响安全稳定重大的问题，予以一票否决处罚。

第二十八条　凡受到限期整改、黄牌警告、一票否决处罚的省综治责任单位，必须进行为期一年的整改。整改期满后，被整改单位向作出处罚决定的综治机构申请检查验收，经检查验收合格的，可解除处罚；检查验收不合格的，延期整改一年；整改期间又发生新问题的，加重予以处罚。

第二十九条　对被限期整改、黄牌警告、一票否决的省综治责任单位及其责任人的处罚，严格按照赣发［2004］24 号文件和《江西省社会治安综合治理条例》的有关规定执行。

第七章　附　则

第三十条　本规程中所指“影响安全稳定的问题”、“影响安全稳定的重大事(案)件”,由省社会治安综合治理委员会办公室根据有关规定界定。

第三十一条　本规程由江西省社会治安综合治理委员会办公室解释。

第三十二条　本规程从颁布之日起实施。

收治管控肇事肇祸精神病人
保障人民群众生命财产安全

肇事肇祸精神病人,俗称“武疯子”。由于这类特殊群体以往漏管失控,成为危害社会治安的一大隐患。2007 年以来,我省把收治管控肇事肇祸精神病人作为加强社会管理的一项重点工作来抓,党政加强领导,部门齐抓共管,集中收治管控,建立长效管理机制,有效预防了精神病人肇事肇祸危害社会治安。据统计,我省 2007 年精神病人肇事肇祸引发的刑事、治安案件比上年分别下降 76% 和 53%。

一、省委决策,高位推动,书记省长亲自抓

据卫生部门调查,近年来由于各种原因,我省精神病患者呈不断增多的趋势,其中部分属肇事肇祸精神病人。肇事肇祸精神病人作案,危害性大,突发性强,有的一次连杀多人,有的光天化日之下强奸妇女,有的实施爆炸放火,有的行凶闹事伤害无辜。仅 2006 年,我省发生肇事肇祸精神病人杀人、伤害案件百余起。2001 年,万载县发生的芳林小学爆炸导致数十名学生伤亡的恶性案件,也是一精神病人所为。

2007 年 4 月,省综治委向省委常委会汇报了精神病人肇事肇祸情况。时任省委书记孟建柱当即指出,精神病人肇事肇祸,不仅仅是治安问题,而是事关稳定大局,事关人民群众生命财产安全的重大社会问题。要下决心把肇事肇祸精神病人收治管控起来,决不能让他们漏管失控危害社会治安,危害人民群众生命财产安全。肇事肇祸精神病人自身又是特殊弱势群体,把他们收治管控起来,既是对其本人的关爱,也是为其家庭排忧解难,更是对社会负责。各级党政领导对此必须引起高度重视,采取有力措施管好这件事,这件事如果管不好,就是失职。省长吴新雄说,收治管控肇事肇祸精神病人的经费,由财政列入预算予以保障,财政再困难也要拿,确保这项工作顺利开展。

根据省委常委会明确,由省综治委一名副主任牵头协调,省综治办加强调度督办,有关部门共同抓好落实。在省领导的带动下,各级党委、政府高度重视,一把手亲自抓,层层成立由党政领导挂帅、综治机构协调、有关部门负责同志参与的收治管控肇事肇祸精神病人工作领导机构,切实加强组织领导,并从人、财、物等方面给予保障,确保了肇事肇祸精神病人收治管控工作在全省迅速展开。

二、专项调研,破解难题,理清思路对症抓

收治管控肇事肇祸精神病人,是一项难度很大的系统工程。为抓好这项工作,省综治办牵头,组织相关职能部门开展专项调研,针对性研究破解这一难题的对策,理清了工作思路。

调研情况表明,收治管控肇事肇祸精神病人工作之所以难开展,难就难在三个方面:一是难在没人管。对肇事肇祸精神病人收治管控,大家都认为应该管,但由谁来管,认识不尽一致。公安部门认为精神病人,应由卫生部门管。卫生部门认为精神病人作案,应由公安机关管。还有的认为,精神病人属特殊弱势群体,应由民政管。往往相互推诿,造成无人管,致使这类特殊群体处于漏管失控状态。二是难在不愿管。对那些家庭无监护能力和流落社会的肇事肇祸精神病人,社会、单位、家庭都认为是挠头的事,谁都怕惹麻烦,谁也不愿管。社区、村(居)委会等基层自治组织认为是精神病人家庭管的事,怕出力不讨好,也没人愿意管。三是难在无钱管。收治管控肇事肇祸精神病人,需要不少经费,有钱的家庭不愿出,困难家庭出不起,精神病人所在单位负担不了,相关职能部门又无此项经费开支,这也制约了收治管控工作的开展。

通过专项调研,省里7个部门达成了共识,理清了工作思路。一致认为,收治管控肇事肇祸精神病人这件事政府必须管,所需经费应由财政出,相关职能部门要共同抓,基层组织要主动抓。根据这个思路,省里明确了各职能部门的职责:各级综治办牵头组织,加强协调指导和督促。公安机关将肇事肇祸精神病人列为重点人口进行管控,并负责强制收治。卫生部门负责肇事肇祸精神病人的监测,督促精神病院做好鉴定、收治和管控工作。民政部门负责流落社会精神病人的救助及送返原籍,对无劳动能力、无生活来源以及无法查清原籍和监护人的肇事肇祸精神病患者,由所属精神卫生机构接收治疗。残联对治疗出院后生活贫困的肇事肇祸精神病人,免费发放维持治疗的基本治疗药品。劳动社会保障部门按政策落实精神病人的医疗费用在城镇职工基本医疗保险和城镇居民基本医疗保险中报销。财政部门负责核拨收治管控经费,加强资金监管。社区居(村)委会负责协助开展精神病患者的肇事肇祸危险性评估、随访管理、应急处置。省里7个部门经反复协商研究,制定了《江西省肇事肇祸精神病人收治管理实施办法》,并由省政府批转下发,这为收治管控肇事肇祸精神病人提供了政策依据和操作规范。

三、部门协作,上下联动,精心组织分步抓

针对精神病人肇事肇祸问题增多的情况,省综治委部署在全省开展收治管控肇事肇祸精神病人的专项行动。整个专项行动分三阶段进行。

一是摸排鉴定。抽调力量,集中时间,按照"街不漏巷、乡不漏村、村不漏户"的要求,在全省范围内对肇事肇祸精神病人开展全面排查摸底。这项工作以基层公安派出所为主,村(居)委会和社区干部配合开展。对摸排出来的有肇事肇祸行为(或有肇事肇祸倾向)的疑似精神病人,逐一送当地精神病院进行精神医学鉴定。通过摸排鉴定,全省共发现肇事肇祸精神病人3137名,其中病情严重、亟待送精神病院收治的有1117名。对排查出来的精神病人,由户籍地公安派出所逐一登记造册,建档立卡,并将病人的家庭成员、社会关系、自身情况、精神病史、平时表现、家庭住址及活动范围等情况分别列入台账管理,做到情况明、底数清。

二是集中收治。对经鉴定确认发生过肇事肇祸行为或有肇事肇祸倾向的精神病人,特别是对有过打人毁物,可能危害人民群众生命财产安全的精神病人,采取断然措施,由公安机关集中送往精神病院治疗,精神病院无条件收治。去年,全省共集中收治肇事肇祸精神病人1326名,其中流落社会、无家可归的精神病人209名。

三是分类管控。对排查出来的肇事肇祸精神病人,分类排队,针对不同情况,落实管控措施。对病情严重已收治的,由精神病医院负责管控,其病情好转可出医院时,由公安机关派人接回就地管控,其中家庭有监控能力的,由家属或监护人监控,村、组、社区定期或不定期上门巡查;对家庭无监控能力的,由村、组、社区落实专人管控。对一般性精神病人,由家属或监护人就地监护,定期向村、组、社区汇报病情变化情况和活动范围。对流落社会且病情稳定的精神病人,由公安部门送民政部门流浪乞讨救助机构给予救助,视情送返原籍。对因监护人家庭贫困、无力抚养而拒不领回,以及无劳动能力、无生活来源、也无法查清原籍和监护人的肇事肇祸精神病人,由民政部门所属精神卫生机构接收和治疗。通过分类管控,确保了肇事肇祸精神病人不脱管、不失控。

四、着眼长远,健全机制,巩固成果长期抓

收治管控肇事肇祸精神病人,是一项长期任务,不可能毕其功于一役。因此,各地着眼长远,普遍建立长效工作机制,以巩固收治管控成果。

一是定期排查机制。省里规定市每季度、县(市区)每双月、乡镇(街道)每月排查一次肇事肇祸精神病人。基层发现有肇事肇祸倾向的精神病人,及时报告有关部门收治管控。省里7个部门每半年对工作落实情况进行一次对口督导,确保收治管控工作长流水、不断线,对肇事肇祸精神病人真正做到早发现、早控制、早收治。

二是部门衔接机制。肇事肇祸精神病人的收

治管控,涉及多个职能部门,必须实行部门联动。为此,各级建立了肇事肇祸精神病人收治管控联席会议制度,定期交流沟通,通报情况。各地还按照省里的规定,建立了一套完整的工作流程:公安派出所在送病人至精神病院治疗时,由设区市公安机关签发《收治肇事肇祸精神病人入院通知书》;公安机关凭医院确认的《通知书》到财政部门申报工作经费;精神病院凭《通知书》收治精神病人,并到财政部门申报精神病人治疗费用。

三是经费保障机制。肇事肇祸精神病人收治管控经费由省、设区市两级财政按6:4比例负担,两级财政负担的经费列入预算基数,并设立经费专账,实行专项管理,确保专款专用。为调动基层做好收治管控肇事肇祸精神病人工作的积极性,省里规定,县(市区)和乡镇、街道不负担经费。对公安机关强制送治的肇事肇祸精神病人精神医学鉴定费用、基本治疗用药费用由财政给予报销。对无法查清原籍的肇事肇祸精神病人的精神医学鉴定、收治应急处置、住院治疗和收容期间相关费用全部由财政负担。对经治疗出院的贫困肇事肇祸精神病人,免费发放维持治疗的基本治疗药品,所需经费也由财政负担。

四是责任倒查机制。省里明确规定,凡是有肇事肇祸精神病人的地方、单位,要按照属地管理和"谁主管、谁负责"的原则,层层签订收治管控责任状,一级抓一级,一级对一级负责。对相关职能部门落实收治管控工作责任制,明确凡属一个职能部门应当解决的问题,由该部门认真负责解决;凡涉及几个部门解决的问题,由首先受理的部门牵头协商解决,难以解决的由综治委领导协调解决。对工作失职、收治管控不力,导致精神病人肇事肇祸造成严重危害的,实行责任倒查,属于地方责任的追究地方领导的责任,属于部门责任的追究部门领导的责任。

上栗县选派千名综治特派员进村入户做"群众贴心人"

2008年初,上栗县从县、乡(镇)机关干部中,选派1284名综治特派员回出生地,进村入户做"群众贴心人",利用其血缘、亲缘、地缘关系,聚民心、帮民富、解民忧、维民权、保民安,密切同人民群众的血肉联系,营造和谐平安的社会环境,有力推动了农村经济社会发展。

一、综治特派员做"群众贴心人"的由来

上栗县隶属萍乡市,地处湘赣边陲,人员流动大,民风强悍,一直是群体性纠纷和"民转刑"案件多发之地。安全稳定方面面临着巨大的压力。2000年来,因安全稳定问题有两次被省综治委实行社会治安综合治理一票否决和黄牌警告,连续三任县长受到党纪政纪处分,县委书记数次被上级党组织诫勉谈话。

痛定思痛,为改变这一被动局面,县委、县政府进行了认真反思,总结出四条教训:一是对矛盾和问题的发生缺乏足够的预见性,往往堵得多,防得差,疏得少,经常充当"救火队员"的角色,穷于应付。二是信息不畅,反应不快,处置不力,能够化解的矛盾得不到及时化解。三是认识不清,方法简单,基层出了问题就想法子捂着盖着,以致小事闹大,矛盾升级。四是干部作风不实,干群关系不够融洽,与群众缺乏交流沟通,导致群众有话无处说,有苦无处诉,容易导致干群冲突。基层稳,则社会安。为解决农村基层的这些问题,以前虽然每年都派出工作组下到农村,但由于多方原因,能真正沉到自然村,融入到群众中并被群众接受的不多,成效并不明显。如何更好地发挥机关党员干部抓农村工作的效能呢?有个乡镇曾发生一起群体性事件,县、乡两级做了很多工作都未平息,但在纠纷发生地的一名县直单位中层干部的参与调解下,问题很快得到解决。这件事启示他们:上栗县的县乡干部都来自于农村。他们与自己出生地有独特的血缘、亲缘、地缘"三缘"优势,让他们回到家乡做工作特别服农村水土，合群众胃口，对化解矛盾纠纷，确保和谐稳定，促进经济社会发展有独特的作用。于是，在县综治办的建议下，县委、县政府决定另辟蹊径，结合上栗的实情，组建一支由县乡干部组成的乡土式综治特派员队伍。通过全县自下而上、自上而下层层推选，在县、乡镇机关国家工作人员中选派1284党员干部担任全县1284个自然村的“群众贴心人”，并由县综治委、县委组织部、县人事局联合下发《委任书》，让他们定期回到出生地，在乡镇村党组织领导下开展帮扶，宣讲党的方针政策，指导村级组织建设，帮助群众排忧解难，推动农村平安创建。

二、综治特派员做“群众贴心人”的管理机制

为确保这项工作取得实效，达到预期目的，县委、县政府建立健全了一系列工作机制，实行规范化管理。

一是组织领导机制。县委成立了“群众贴心人”活动领导小组，组长由县委书记担任，第一副组长由县长担任，常务副组长由政法委书记担任，领导小组办公室设在县综治办。各乡镇成立了“群众贴心人”工作联络组，组长由乡镇党委副书记兼任，具体负责抓好各项工作的落实。县直各部门及驻县各单位都成立了“群众贴心人”工作领导小组，由部门一把手任组长，设立了专门办公室。村委会设立“群众贴心人”工作站，确定一名“群众贴心人”任站长。在自然村物色联络员，负责与“群众贴心人”联系。

二是工作保障机制。县委、县政府出台了一系列支持“群众贴心人”开展工作的措施。鼓励“群众贴心人”利用公共资金和项目回家乡帮助老百姓解决实际问题。“群众贴心人”下乡进村入户开展工作的差旅费，由其所在单位直报直销，不增加基层负担。县直各单位要为“群众贴心人”为家乡作贡献提供一些必要的方便，支持“群众贴心人”开展工作。“群众贴心人”在实际工作中，切实做到“指导不领导，到位不越位，尽职不越权，帮忙不添乱”；严守纪律，坚持做到“四不”，即不在所驻村公款吃请、不参与打牌赌博、不扰民、不增加基层负担。

三是定期联络机制。“群众贴心人”原则上每周到所在自然村开展一次亲民活动，宣传政策，联络感情，了解社情民意及社会治安状况，组织协调好本村工作。“群众贴心人”如果工作繁忙，无法按期回村开展工作的，可以委托所在自然村联络员开展一些相关工作，通过联络员收集所在自然村的信息。“群众贴心人”给每户群众发放一张亲民联系卡，上面写明“群众贴心人”的姓名、性别、工作单位、现任职务或职业以及联系方式和工作职责等。村头立下一块“群众贴心人”工作指示牌，将“群众贴心人”的工作情况予以公示，便于村民联系，接受群众监督。

四是考核奖惩机制。县、乡镇及所在单位定期听取“群众贴心人”工作汇报。建立群众评议制度，“群众贴心人”所在村对每一位“群众贴心人”的工作情况按照优秀、合格、基本合格、不合格等四个档次，定出等级，然后报所在乡镇党委复评。考核结果按干部管理权限送县委组织部或县人事局存档，作为党员干部晋职晋级的重要依据。县委对合格的继续留任，对不合格的引入淘汰机制，重新选派工作责任心强的同志担任“群众贴心人”，对优秀的则进行表彰奖励。去年年底，县委、县政府隆重表彰了100名优秀“群众贴心人”。

三、综治特派员做“群众贴心人”的职责任务

调研中，我们深切感受到，“群众贴心人”活动受到了群众热烈欢迎，都要求党委、政府把这件大好事坚持下去。一些没有被聘为“群众贴心人”的干部，也纷纷找到县委要求聘为“群众贴心人”。上栗县的“群众贴心人”之所以享有崇高的声誉，就在于选派下去的党员干部能认真扮演好自己的角色，履行好自己的职责，真正和群众心贴心、心连心。概括讲，就是当好“五员”。

一是当好法律政策的宣讲员。机关干部都具有较高的法律政策水准，和群众都是乡里乡亲，因此，通过他们的嘴里宣讲法律和政策，老百姓信得过、听得进，能入脑入心。去年，“群众贴心人”共发放各种法律法规政策宣传资料10余万份，举办培训班及讲座3500余场次，组织开展了党的十七届三中全会《关于推进农村改革发展若干重大问题的决定》精神的学习，以及《村民委员会组织法》、《义务教育法》、《治安管理处罚法》、《土地承包法》等法律法规的学习，宣传了党在农村的路线、方针、政策，提高了群众的法制意识。

二是当好公共事业的服务员。选派下去的党员干部都把"群众贴心人"这一机制作为报答桑梓的平台,积极协助家乡做一些公益事业,与村民一起探索发展村级经济、增加农民收入的新路子。一年来,"群众贴心人"共协助群众修路215条3600公里,修桥47座,建造校舍652间,提供服务信息2.6万余条。此外,还有的回乡指导乡亲掌握果树嫁接技术,有的帮助乡亲发展大棚蔬菜,有的为乡亲提供农产品销售渠道,等等。鸡冠山乡驿马村"群众贴心人"易光明,得知新建村小学资金缺口5万元,积极联系自己的同学和外出创业致富的村民,募集了缺口资金,确保校舍建设按期完工。据不完全统计,去年过春节时,有300多"群众贴心人"自己掏钱买肉买米,送给村里的贫困户。

三是当好中心工作的指导员。中心工作多,这是农村基层组织面对的一大压力。"群众贴心人"充分发挥懂政策、群众威望高的优势,主动协助基层组织做好中心工作。在去年"5.28"严重洪灾时,全体"群众贴心人"第一时间自觉下到各自挂点自然村,指导群众防洪抗灾,巡查守护河道桥梁、山塘水库,全面排险,转移群众,没有出现一起因灾死亡事故,得到了胡锦涛总书记的高度赞扬。在下半年的村委会换届选举工作中,"群众贴心人"积极配合做工作,确保了换届选举工作的顺利进行,全县没有一例因换届选举问题而上访告状的,这是多年没有过的良好局面。上栗镇水源村委会主任选举时,落选的江姓族人怀疑当选的廖某在投票选举过程中有不正当行为,扬言要纠集江姓人上访闹事。该村"群众贴心人"县委宣传部副部长江宗梅得到这一情况后,立即找到本族人做工作,要求他们尊重选举结果,相信选举工作组,相信当选的村主任。经过他耐心细致的劝解,水源村委会换届选举风波顺利平息。乡村领导都说:"'群众贴心人'为我们基层党委、政府分了忧,解了压。"

四是当好矛盾纠纷的调解员。协助排查化解矛盾纠纷,推进农村平安创建,是党委政府交给"群众贴心人"的一项重要职责。特别是在化解农村中的一些"急、大、难"矛盾纠纷方面,"群众贴心人"具有得天独厚的优势,他们出面处理纠纷,往往能起到事半功倍的效果。上栗镇水源村民江某因工伤死亡,其家属向企业主提出高额赔偿,群体事件一触即发,"群众贴心人"矿管局长陈然一边做江姓家族的工作,一边帮助企业主筹集赔偿金,通过连续三个晚上的疏导劝解,双方终于达成调解协议。一年来,"群众贴心人"共协助化解矛盾纠纷2600多件,其中"急、大、难"纠纷279件。全县有82%的村实现了"矛盾零上交,村民零犯罪,刑案零发生"。

五是当好社情民意的信息员。"群众贴心人"利用节假日,到出生地与群众同吃、同住、同劳动,利用自己的亲友网络,广泛收集社情民意,了解群众的呼声、意见、建议,记好民情日记。一年来,共上报各类信息3000多条,为上级党委、政府科学决策、民主决策、依法决策提供了可靠依据。

抚州市积极探索"三调联动"化解社会矛盾新机制

2008年以来,抚州市着力构建人民调解、司法调解、行政调解衔接联动工作新机制,有效提高了处置社会矛盾纠纷的能力,维护了社会和谐稳定。2008年,全市各级人民调解组织共调处矛盾纠纷9572起,其中运用"三调联动"机制调处矛盾纠纷5818起,占60.8%。

一、坚持"三个到位",推动工作落实

(一)宣传到位。抚州市把"三调联动"工作作为创建"和谐平安抚州"的一项重要工作,摆上议事日程,着重作出部署。通过举办调委会主任

及调解骨干培训班，增强各级、各单位开展“三调联动”工作的责任感和紧迫感；结合综治宣传月活动，利用报刊、电视、广播等各种新闻媒体对“三调联动”工作广泛进行宣传，提高人民群众对“三调联动”工作的认知度；利用编发《工作简报》，及时报道“三调联动”工作开展过程中的先进典型，经验做法，起到了沟通上下信息，指导工作的作用。

（二）试点到位。为探索工作经验，市综治办与市公、检、法、司联合下发了《关于实施人民调解、司法调解、行政调解衔接联动的暂行办法》，并选定在临川区、崇仁县、南城县、金溪县先行进行试点，制定试点方案。明确要求在运作程序、文书格式、交督办衔接、现场纠纷解决等方面进行积极探索。各试点县（区）相继出台了符合自身实际的工作方案或实施办法，运用现场会、座谈会等形式把试点经验和示范点的规范做法进行推广；市“三调联动”办及时总结、推广了崇仁、南城一系列“三调联动”调解矛盾纠纷工作经验、丰富了“三调联动”工作内涵，使“三调联动”工作在全市全面展开。

（三）督查到位。一是结合综治工作检查，由市“三调联动”办领导亲自带队，就“三调联动”及矛盾纠纷排查化解工作进行专项督查；二是邀请省、市人大代表对“三调联动”工作进行视察指导，提出意见和建议；三是组织召开“三调联动”主要成员单位联席会，通报有关情况，督促检查指导各下属单位的工作落实。通过以上措施，有效推动“三调联动”工作的全面开展。

二、实行“三项联接”，统一工作步调

（一）网络联接。一是市、县（区）、乡镇三级普遍建立了由党政领导挂帅，综治部门牵头，有关职能部门参与的“三调联动”工作领导小组和矛盾纠纷排查调处专门机构。南丰、资溪等11个县（区）全部成立了矛盾纠纷排查调处室，为副科级机构，配备事业编制3－5人。二是在市、县（区）的司法局、公安局、法院设立调解工作协调处（室），在领导小组办公室的协调下实现各种调解手段相互之间的协调配合。三是在相关职能部门成立调解工作室，主要负责排查化解本部门、本行业的矛盾纠纷，以及组织涉及较大的或跨县（区）、跨部门矛盾纠纷的联调工作。四是在重点乡镇（街道）人民调解委员会设立驻公安派出所、人民法院（庭）调解工作室，协助公安部门调解矛盾纠纷，或者协助法院（庭）做好简单案件以及诉前、诉中的调处工作，共同参加本辖区人民调解委员会的纠纷调解。

（二）人员联接。一是进一步充实基层司法所力量。临川区、崇仁县、资溪县在人民调解员政治、经济待遇落实上加大力度，确保基层人民调解员的稳定。二是选聘“五老四员”、法律工作者、律师等担任村（居）、社区的义务调解员。崇仁、南城、临川等地还积极推行人民调解公示制度，将义务调解人员的名单、调解范围、调解原则、工作程序、工作制度与纪律、当事人的权利与义务等上墙公示，接受群众监督。三是市、县（区）司法行政机关以目标管理形式，号召和要求全市所有执业法律工作者都必须承办一定数量的法律援助案件，积极参与社会矛盾纠纷的调处、化解工作，使包括律师、公证、基层法律工作者在内的这支法律服务专业队伍成为了社会矛盾纠纷调处工作中的重要力量。

（三）措施联接。在出台《抚州市实施“三调联动”工作暂行办法（试行）》的基础上，下发了《抚州市“三调联动”工作规程》，为“三调联动”工作向规范与统一方向迈进，提供了必要的制度保证。这些制度与人民调解、司法调解、行政调解工作原有的规范与制度有机结合，互为补充，在具体的工作中发挥了积极作用。此外，完善了矛盾纠纷排查调处工作的首问责任、预警报告、分流指派、信息报送、督查督办、工作回访、考核奖惩等系列工作制度，进一步强化了工作责任与工作协调，推动了三调对接联动工作的落实。

三、坚持“三个明确”，规范运作程式

（一）明确调解原则。“三调联动”的原则是党委协调、维护社会稳定和维护群众利益相结合、依法调解与以德调解相结合、当事人自愿和公正高效等五个原则。

（二）明确工作目标。工作目标是通过实行“三调联动”，努力实现“三不出、四提高、五下降”的工作目标。“三不出”：小矛盾不出村（居），大矛盾不出乡（镇），难矛盾不出县（区）；“四提高”：人民调解成功率提高，民事诉讼案件调解成功率提高，行政诉讼案件调解成功率提高，人民群众对调解工作的满意度提高；“五下降”：群体性事件下降，民转刑案件下降，民事诉讼案件下降，涉法涉诉信访案件下降，集体赴省进京上访数量下降。真正将矛盾纠纷化解在当地、化解在基层、化解在萌芽状态。

（三）明确对接范围。人民调解与行政调解对接范围为五个方面，即：因民间纠纷引起的殴打他人、故意伤害、侮辱、诽谤、诬告陷害、故意损毁财物，干扰他人正常生活，侵犯隐私等违反治安管理行为，情节较轻，适用调解更易化解矛盾的；公安机关在办理轻微刑事案件或治安案件中，犯罪嫌疑人或当事人态度较好，社会危害不大，赔礼道歉，积极赔偿并得到被害人谅解，被害人书面要求不追究刑事责任的；公安机关在办理交通肇事等过失犯罪（最高法定刑为三年以下有期徒刑）的刑事案件中，对犯罪嫌疑人确有悔改表现，有效控制损失或积极赔偿损失的，民事赔偿部分全部到位，双方达成刑事和解，受害人自愿书面申请不追究嫌疑人刑事责任的；公安机关在办理未成年犯罪案件中，对一些社会危害性不大（最高法定刑为三年以下有期徒刑），且取得被害人谅解的；案件侦查终结后，如情节轻微，危害不大，且受害人表示愿意放弃追究对方当事人的治安或刑事责任（最高法定刑为三年以下有期徒刑），双方表示愿意接受调委会调解的。人民调解与司法调解对接范围为四个方面，即：婚姻家庭、继承纠纷，名誉权、隐私权等人格权纠纷，各类人身损害赔偿等人身权纠纷，返还原物、排除妨害、相邻关系等物权纠纷，房屋买卖合同、悬赏广告、旅客运输合同等合同纠纷，劳动合同、福利待遇、社会保险、人事争议等劳动人事争议纠纷；故意伤害、交通肇事、侮辱等刑事附带民事案件及自诉案件中的民事赔偿部分；行政诉讼案件的庭外协调工作；执行案件的执行和解工作。

四、建立“三项机制”，强化工作保障

（一）建立联席会议制度。建立健全由各级综治办牵头，公、检、法、司等有关部门参与的联席会议制度。正常情况市每两个月、县（区）每月，遇到重点、难点问题不定期召开“三调联动”联席会议，通报各地、各系统、各单位排查、受理、化解矛盾纠纷情况，研究部署工作，协调解决重点、难点问题。

（二）建立工作对接机制。一是信息对接。各级司法行政机关、人民法院、公安机关加强信息综合，及时通报本单位发现、受理的矛盾纠纷及调解工作情况，定期交流调解经验，互相学习，共同提高。二是职能对接。各地建立联合排查调解制度。定期组织矛盾纠纷的双向排查，即职能部门系统内的纵向矛盾纠纷排查，党政牵头的横向矛盾纠纷排查。三是效力对接。规定人民法院、人民检察院要及时审查涉及人民调解协议的案件，对不违反法律、法规的人民调解协议要予以支持，依法确认人民调解协议的法律效力。同时，规定无论是案件的受理、分类、交办、督办，还是诉前告知调解、诉中委托调解，都要严格按制度办，不能因某个环节不到位或不规范，而影响整个调解工作的开展。

（三）建立考核保障机制。一是实行“三调联动”工作“季度通报制”：市、县（区）每季度通报一次“三调联动”工作情况；二是实行“三调联动”工作“年终考核制”：把“三调联动”工作纳入社会治安综合治理年度目标管理考评，并作为评先奖优的重要依据。法院、司法、公安等部门还把“三调联动”工作作为对单位和相关领导干部举行综治考核的重要内容。三是各级将“三调联动”工作经费列入财政预算，落实了人民调解员的工作报酬、工作经费、培训经费和宣传经费，确保“三调联动”正常发展。

江西省各市、县(市、区)综治委、办主任名单

地　区	综治委主任	综治办主任
南昌市	吴志明	胡振正
东湖区	朱和平	罗长水
西湖区	杜江涛	朱学兴
青云谱区	陈茂林	张玉好
湾里区	刘　珠	袁展昭
青山湖区	王继军	
南昌县	熊运浪	李林平
新建县	易小毛	黄　明
安义县	熊荣根	孙永魁
进贤县	钱和平	夏国群
红谷滩新区	罗小平	朱康健
高新区	李有才	熊水斌
经济开发区	胡觉荣	涂爱文
桑海开发区	徐美宏	丁小虎
英雄开发区	况志强	张水金
九江市	刘德意 （2008 年 1－8 月） 叶国兵 （2008 年 9 月至今）	周裔祥
浔阳区	张显旺	骆泽君
庐山区	熊　颖	虞功智
瑞昌市	曹光明	夏教育
九江县	孙朝辉	张国华
武宁县	徐建平	胡贤银
修水县	宋细妹	匡　钧
永修县	许建林	戴书富
德安县	张云角	徐初旺
星子县	骆效农	查代杰
都昌县	刘武爱	江晓波
湖口县	唐佳华	李选林
彭泽县	黄先才	欧阳宇
共青开发区	余建军	汪永剑
九江开发区	骆名远	江　勇
庐山管理局	涂　林	叶松柏
景德镇市	王力农	王友寿

地　区	综治委主任	综治办主任
昌江区	陈国清	唐建昌
珠山区	施向阳	赵　军
乐平市	傅金林	汪海生
浮梁县	张　樑	王德元
鹰潭市	魏运亭	舒平贵
月湖区	欧阳宝	苏军辉
贵溪市	王富生	李　卉
余江县	杨小明	周雪波
龙虎山景区	郑慧民	李移明
经济技术开发区	李　涛	张平来
新余市	丛文景	罗新荣
渝水区	曾宪华	毛志军
分宜县	李迎春	李建军
萍乡市	彭艳萍	贺忠桂
安源区	肖　锋　周德煌	刘树奇
湘东区	杨劲松	谭洪龙
莲花县	刘绍华	王永志
上栗县	欧阳清新	刘佑伟
芦溪县	李小勇	王文华
萍乡经济开发区	黄永强	张合光
赣州市	殷金水	李晓春
章贡区	曾庆银	刘德胜
瑞金市	高明旭	曾传祺
南康市	施明生	曾静萍
赣　县	曾跃纲	王金福
信丰县	李细妹	林毓春
大余县	严国雄	肖乐平
上犹县	蓝　青	孔繁河
崇义县	陈金发	刘乔夫
安远县	袁志勇	唐　涛
龙南县	张　明	叶益能
定南县	邱启发	廖祥华
全南县	黄立忠	林启华
宁都县	陈俭生	张玉生
于都县	邹向胜	钟文华

地　区	综治委主任	综治办主任
兴国县	成德龙	陈树斌
会昌县	吴泽圣	郭凤金
寻乌县	郭贤富	谢应清
石城县	詹少平	黄顺福
上饶市	王国梁	詹裕民
信州区	吴　刚	徐启群
德兴市	翁笑华	杨惠民
上饶县	肖万松	李康平
广丰县	刘敏建	刘旅炉
玉山县	黄胜富	陈少剑 (2008 年 7 月前) 王长喜 (2008 年 7 月后)
铅山县	高海波	黄　斌
横峰县	王德宝	徐建琛
弋阳县	谢显亮	张家云
余干县	王春龙	程如剑 (2008 年 6 月前) 盛建文 (2008 年 9 月底至今)
鄱阳县	张远明	肖泽民
万年县	张荣来 (2008 年 7 月前) 谭赣明 (2008 年 7 月后)	张华清
婺源县	汪培欣	郑　杰
抚州市	王晓媛	祝文渊 (2008 年 1 – 6 月) 万　锦 (2008 年 7 – 12 月)
临川区	邹裕明	邹华胜
南城县	段云来 (2008 年 1 – 6 月) 黄泽清 (2008 年 7 – 12 月)	饶三春
黎川县	徐小明	李铭华
南丰县	邓春水	周图强
崇仁县	邓乐泉	黄文良
乐安县	聂小乐	刘少营

地　区	综治委主任	综治办主任
宜黄县	林旺前	付胜根
金溪县	张一平	陈先庭
资溪县	黄泽清 (2008 年 1 – 6 月) 张乐明 (2008 年 7 – 12 月)	徐　杰
东乡县	饶运龙	周志林
广昌县	揭秉华	李国林
宜春市	龚建华	余祺川
袁州区	钟乔峰	李　波
丰城市	易咏春	任勇平
樟树市	陈国勤	杨小鹏
高安市	黄雪刚 (2008 年 1 – 3 月) 皮德艳 (2008 年 3 – 12 月)	贾海刚
奉新县	胡国瑞	许　平
万载县	孙国琴	刘继贤
上高县	刘　平	罗庆荣
宜丰县	邓　伟	罗耀文
靖安县	张龙飞	黄如诚
铜鼓县	林上旺	张增发
吉安市	兰付生	肖　林
吉州区	郭　捷	谢永坚
青原区	刘智能	贺佩珍
井冈山市	尹健明	李丛俊
吉安县	张迪俊	彭仕民
吉水县	罗定贵	周小荣
峡江县	陈志军	陈会生
新干县	李发芽	周宗生
永丰县	刘晓聪	吴定高
泰和县	刘飞跃	刘迪勇
遂川县	王立新	方有生 (2008 年 1 – 3 月) 袁　斌 (2008 年 3 – 12 月)
万安县	胡影秋	肖相信
安福县	陈寿庆	刘木生
永新县	曾志华	旷晓文

（撰稿人：黄冬生
审稿人：张传发　丁后盾）

山 东 省

2008年社会治安综合治理工作概况

2008年，山东省各级党委、政府和综治委各成员部门全面贯彻党的十七大和十七届三中全会精神，高举中国特色社会主义伟大旗帜，坚持以邓小平理论和“三个代表”重要思想为指导，深入贯彻落实科学发展观，按照全国、全省社会治安综合治理工作会议的部署，以加强奥运安保为重点，以深化平安建设为载体，认真开展“两个排查”活动，预防和化解矛盾纠纷，整治治安混乱部位和突出治安问题，加强社会治安防控体系建设，全面提升社会治安防控能力，确保了全省社会治安大局持续稳定。全省刑事发案总量保持平稳，其中八类严重暴力犯罪案件下降1.43%；群体性治安事件起数和参与人数分别下降33.3%和97.7%；可防性案件下降3.34%；交通、火灾事故起数分别下降24.2%和26.5%；人民群众对社会治安状况的满意率达到96.6%，较2007年提高了0.2个百分点。

一、切实加强组织领导

各级党委、政府牢固树立发展是第一要务，稳定是第一责任的意识，把社会治安综合治理纳入经济社会发展总体规划、摆上全局工作的重要位置，把促进改革发展同保持社会稳定有机结合起来，做到了两手抓、两手硬。一是党政主要领导同志真抓实管。省委、省政府主要领导同志高度重视社会治安综合治理暨平安建设工作，对事关综治、平安建设工作的大事，亲力亲为。1月10日，省委、省政府召开平安山东建设大会，时任省委书记、省人大常委会主任李建国亲自动员、部署，省委副书记、省长姜大明主持会议并作总结讲话。省、市、县、乡四级几大班子和有关部门的主要负责同志参加了会议。会上省委、省政府与各市党委领导同志签订了2008年社会治安综合治理责任书，明确规定党政“一把手”是社会治安“第一责任人”，对辖区社会治安负总责，并在年底根据目标责任的完成情况进行总结表彰。4月24日，省委召开常委会议，传达学习全国综治工作会议精神，研究贯彻落实意见。省委书记姜异康主持会议并就贯彻落实全国综治工作会议精神特别是周永康、孟建柱同志的重要讲话精神讲了重要意见。5月22日至23日，省委、省政府在德州市召开全省社会治安综合治理工作会议，传达贯彻全国社会治安综合治理工作会议精神，总结工作，交流经验，分析形势，研究部署全省社会治安综合治理工作的任务和措施。省委副书记刘伟和省委常委、政法委书记、省综治委主任柏继民分别作重要讲话，副省长郭兆信主持会议。二是进一步健全完善齐抓共管机制。为进一步强化省综治委各成员部门参与综治工作的责任感，省综治委制定下发了《山东省社会治安综合治理委员会成员部门述职制度》和《省五部门联席会议制度》，推动齐抓共管机制和“谁主管、谁负责”原则的落实。5月份，省委对省综治委成员部门的组成人员进行了统一调整。年初省综治委与52个成员部门分别签订了综治工作责任书。省综治委先后召开了3次省综治委全体会议，总结工作，分析形势，对各成员部门进一步参与社会治安综合治理工作进行部署。省综治委所属的各专门工作领导小组和联席会议认真履行职责，通过召开会议、组织检查、专项整治等活动，确保了各项工作措施的落实。三是切实加强检查督导。各级各部门通过建立联系点、组织视察、开展明查暗访等活动，深入基层、深入一线，及时发现和堵塞漏洞，及时促进问题有效解决，及时指导推动工作落实。省委政法委下发了《关于建立省政法领导干部联系点制度的实施意见》，确定52名省政法领导干部联系52个县（市、区），加强对基层稳定工作的指导，了解社会动态、化解社会矛盾、维护社会稳定。4月上旬,由省人大常委会副主任带队,有关部门和省、市、县三级人大代表组成视察组,对全省社会治安综合治理工作暨平安建设工作进行集中视察。5月份,省综治办集中组织开展了“三电”、烟草等综合治理工作专项检查。7月份,省、市、县、乡四级分别开展了暗访检查。全省共组织6753个暗访组、21834人,暗访检查了52934个单位和部位,整改问题14128个。其中省综治委派出9个暗访组,暗访检查了17个市的35个县(市、区)、51个乡镇(街道)、36个村(居)、44个社区和青岛奥帆赛区,走访各界群众910余名,对发现的近百条问题及时下发了整改通知,取得良好的效果。11月中旬,按照自查、综合检查、专项考核、暗访、公众安全感调查、综治委成员部门测评等“六位一体”的办法对各市综治暨平安建设工作进行全面细致的年度检查考核。期间,省综治委分别派出6个暗访组、8个由厅级领导干部带队的综治检查考核组,对各市进行综合检查考核。省综治委成员部门也结合各自实际,在本行业、本系统组织开展了大检查活动。四是严格奖惩。为进一步落实好综治工作领导责任制,省综治委与省委组织部联合下发了《关于建立全省党政领导干部社会治安综合治理暨平安建设工作实绩档案》。大力表彰先进,年初,省委、省政府对38个平安山东建设先进县(市、区)、262个平安山东建设先进基层单位进行了表彰奖励,对327名先进个人分别记一、二、三等功。各市、县(市、区)共表彰、奖励先进单位1894个、先进个人3996名。各级加大责任查究力度,省综治委对发生严重影响社会稳定案件(事件、事故)的7个县(市、区)进行责任查究,给予一票否决或黄牌警告。全省共对156个县级以下单位、6个县级以上单位,117名个人进行了一票否决,对2个县级以上、196个县级以下单位进行了黄牌警告,对3个县级以上、87个县级以下单位,244名个人进行了责任查究。五是加强综治宣传工作力度。社会治安综合治理宣传工作得到加强,宣传工作机制进一步完善,宣传氛围日益浓厚。3月份,省、市、县、乡四级普遍开展了社会治安综合治理宣传月(周、日)活动,做到了报纸有字、广播有声、电视有影。各级新闻媒体普遍以宣传社会治安综合治理工作成效为重点,通过广播、电视、网上、城区灯箱式宣传和悬挂宣传标语、农村宣传一条街、城镇主要交通路口永久性宣传牌以及分发宣传材料、演出文艺节目等多种形式,大力宣传社会治安综合治理和平安山东建设取得的成效,进一步调动和激发了广大群众参与平安山东建设的积极性。全年共在中央级新闻媒体发表宣传各地综治工作稿件达到3300多篇(次),在省部级新闻媒体发表稿件15000多篇(次),各级开展宣传活动达到430多场(次)。

二、全力做好奥运安保工作

各级各部门认真贯彻中央和省委、省政府关于做好奥运安保工作的部署要求,为确保北京奥运会、残奥会和青岛奥帆赛、残奥帆赛安全顺利举办,做了大量艰苦细致的工作。一是切实履行奥运安保责任。省委书记姜异康,副书记、省长姜大明,省委副书记刘伟,省委常委、政法委书记、省综治委主任柏继民等省委、省政府领导同志亲自听取工作汇报,分别在不同层次会议上就奥运安保工作作出重要指示。省委、省政府先后召开30次会议,各市召开520余次会议,对奥运安保工作作出部署安排,明确任务,落实责任。各级不断加大物质保障力度,全省各级政府共投入奥运安保资金达7.04亿元,为奥运安保工作提供了强有力的物质保障。二是全力防范暴力恐怖袭击。坚决贯彻落实胡锦涛总书记“务必把各类恐怖活动消灭在行动之前”的重要指示精神,不断强化反恐怖实战演练,成功举行了“泰山2008”等30余次反恐怖实战演习。先后4次组织开展追捕新疆“三股势力”在逃人员专项行动。三是全面加强涉奥情报信息工作。进一步加强反恐怖信息化建设,积极做好全国反恐怖综合信息平台试点建设工作,搜集获取涉奥情报信息,保证了参与奥运会人员的安全可靠;建立了火炬传递安全风险评估体系,圆满完成770名火炬手(护跑手)身份核对工作。四是严厉打击涉奥违法犯罪活动。切实加强对重点人物的监控,严防其在奥运会期间制造事端。高度重视隐蔽战线的斗争,深入开展同“法轮功”等邪教组织的斗争,严厉打击“法轮功”违法犯罪活动,严厉打击各种非法宗教活动和冒用宗教名义进行的邪教活动。切实加强对互联网的监管,依法严厉打击利用互联网进行的违法犯罪和渗透破坏活动。五是全力做好青岛奥帆赛赛区安保工作。各级各部门层层建立起符合实战要求的奥帆安保领导体系，精心设置了赛事保卫、情报信息、要人警卫、应急处突、大型活动、严打整治、警力保障、管理服务等八条战线。期间，全省共组织抽调2245名警力支援青岛。全市有3万余名安保力量，配合公安、武警和驻青部队实行24小时巡逻防控。在奥帆赛赛区周围，分别设置了由交通警察、公安干警、武警战士防护的3层护卫圈。在奥帆赛海域，共投入执勤舰艇50余艘、执勤兵力3500余人，检查各类执勤船只7337艘，劝离私闯、谋闯比赛海域船只898艘。加强了奥帆场馆等安保区域的安检。共检查人员41.8万余人次，车辆1.7万余辆次、物品20万余件。新增近5000套技防监控系统和1000部专业安检设备；向重要民生目标派驻640名武警、260名预备役民兵；组织6000名公交安全员、协警员、治安志愿者，加强公交车辆及站点安全巡查；圆满完成了14批次外国政要、重要来宾的安全保卫任务。

三、认真组织开展矛盾纠纷排查调处活动

认真贯彻落实《中央社会治安综合治理委员会关于集中开展矛盾纠纷排查调处活动的通知》的部署要求，集中时间和力量，组织开展了矛盾纠纷排查调处活动，取得了显著成效。一是召开会议作出部署。各级各部门把矛盾纠纷排查调处活动作为今年综治工作的一项重要工作，摆上重要议事日程。省委、省政府召开全省电视电话会议对排查活动作出部署安排，省综治委下发通知提出要求。各级各部门普遍成立了排查活动工作领导小组，研究制定实施方案，明确任务，落实措施。二是加大排查调处力度。各级各部门按照统一部署要求，组织力量，集中时间，从村(居)、企事业单位等基层单位入手开展拉网式、地毯式排查，做到不留一处空白、不放过一个死角，严排细查全覆盖。对排查出的可能影响社会稳定的重大矛盾问题，实行领导包案，逐一落实责任单位和责任人，做好深入细致的思想工作。对涉及群众切身利益的民生问题，及时了解情况，采取得力措施，进行有效化解。期间，组织开展了"县(市、区)委书记大接访"活动，共接待群众来访16805批次、64036人次，当场解决案件4713件，领导包案7454件。省里对排查出的1115件重点信访问题逐案落实了责任制。三是切实做好涉法涉诉重信重访案件化解工作。从省委政法委到各市政法委实行书记，副书记包案制度，省委政法委抽调5名厅级领导干部，组成5个案件评查督导组，到各市进行评查督导，各市抽调217名县处级以上领导干部，组成97个督查督导组，到基层督查督导。全省共筹集涉法涉诉救助资金5000余万元，其中省级涉法涉诉救助资金500万元。年内，中央政法委两次交办的640起涉法涉诉重信重访案件全部办结，息诉罢访率居全国第一位。四是健全完善工作制度。各级各部门在源头预防、排查，调处、整治等方面健全完善了各项工作制度，进一步健全完善了市、县(市、区)、乡镇(街道)、村(居)四级调解组织网络。进一步完善了因人预防、因地预防、因时预防、因事预防的预警机制，建立突发性事件应急处置机制，制定了详细的紧急处置预案，防止矛盾激化。以开展专项活动为契机，各地建立健全了情况统计、数据分析和信息专报制度。有些市还专门制定了重大矛盾纠纷排查调处报告单，对重大矛盾纠纷的报告时限、报告方式、报告内容进行了统一规范。

四、深入开展严打整治斗争

紧紧抓住影响社会治安和人民群众反映强烈的突出问题，切实加大对黑恶势力和爆炸、投毒、杀人等严重暴力犯罪的打击力度，对发生的现行重大恶性案件，集中力量，快侦快破，切实增强群众安全感。先后组织开展了侦破命案、打黑除恶、治爆缉枪等严打专项行动20余个。全省共破获刑事案件16.97万起，打掉涉黑涉恶团伙5672个，提请批捕刑事犯罪嫌疑人46294人。集中开展了排查整治突出治安问题和治安混乱部位活动，组织开展了学校及周边、企业周边、复杂场所、道路交通、铁路沿线、油区、边界地区、盗窃"三电"(电力、电信、广播电视)设施和清查"黄赌毒"社会丑恶现象等20多项整治行动。期间，全省共派出工作组14043个，工作人员56809人，抓获刑事犯罪嫌疑人10341人，刑事处罚4663人；排查治安混乱单位、部位25188处，有19605处扭转面貌，达到93%。

五、全力落实治安防控措施

各级各部门不断强化人防、物防、技防措施，进一步健全完善了社会面、重点要害部位、公共复杂场所、社区、农村、企业、单位等各个层面、部位的治安防控网络，提高了维护社会稳定的能力。一是加强对社会面的控制。市区街面实行昼夜巡逻，主要街道、地段和路口安排警察和治安人员巡逻站岗，保持了良好的街面治安秩序；社区昼夜有保安人员值班，农村夜间有巡逻人员，并加强了技防措施，确保群众生活安定；企业、事业等内部单位普遍建立健全了治安保卫组织，安装了监控报警装置。进一步整合资源，把公安、武警、民兵、保安和群防群治队伍充分组织和发动起来，以城区街面和公共复杂场所为重点，加大治安巡逻密度，加强对社会面的治安控制，切实增强人民群众的安全感。全省村（居）共建治安巡逻队 84681 个，以巡特警、派出所、交警为主的巡逻力量达 4 万余人，在民警直接带领下从事专职巡逻的力量 20 万人，由单位、村居组织的巡逻力量达 100 万人。二是加强对重点要害部位的防范。加强对党政军机关、奥运场馆、公众复杂场所、大型商业设施等重点要害部位和城市供热、供水、供电、供气、供油等重要设施的安全防范。全省共安装电视监控探头 40 余万个，其中纳入公安机关管理使用的探头达到 37.4 万余个。全省 2.7 万家重点单位、5.5 万个单位财务室全部落实了技防措施。目前，全省城区党政机关、金融、供水、供电、通讯等重点要害部门技防覆盖率达 100%，宾馆、酒店、商场等公共复杂场所和重要交通路口的技防覆盖率达 95% 以上。三是加大各类安全事故的防范措施。狠抓交通秩序整治，全省公安机关出动警力 17.9 万余人次，查处各类交通违法行为 105.7 万余次；组织开展了火灾隐患集中排查活动，检查重点防火单位 3785 个次，发现整改隐患 30001 起。各级安监部门共组织安全督查组 5298 个，排查发现安全隐患 10.38 万处，整改各类安全隐患 9.7 万处。四是加大物品的防控措施。严格查控进京、进青车辆、人员，共检查车辆 23 万余辆，劝返不符合规定车辆 183 辆；检查人员 80.6 万余人次，劝返人员 3249 名，查缉犯罪嫌疑人 113 人。加强对枪支弹药、剧毒危险品的管理和清缴，共收缴非法枪支 3357 支、炸药 2961 公斤、剧毒化学品 566 公斤。

六、切实加强基层基础工作

坚持重心下移，把抓基层基础建设作为战略性、根本性的任务来抓，通过加强基层组织建设、创新机制、整合资源，推动了基层基础工作的发展。一是加强基层党组织建设。大力开展“三级联创”活动，切实加强对乡镇领导班子配备改革后工作机制的探索实践，健全领导体制和运行机制，着力加强班子思想政治建设。进一步规范村“两委”关系，规范村级事务管理，健全完善村规民约以及村务公开、民主决策、廉洁勤政等制度，确保有人管事、有章理事、有钱办事，打牢维护社会稳定的工作基础。二是加强基层政法组织建设。充实力量，完善制度，规范工作，不断提高乡镇人民法庭、派出所和司法所等政法组织的战斗力。大力深化警务体制改革，强力推进警力下沉，深入实施社区和农村警务战略，不断推动“三基”工程建设向纵深发展。全省 130 个县级公安机关完成机构改革，精简机构 1008 个，下沉警力 1.2 万余人，建成社区和农村警务室 1.05 万个，建成率为 98.11%，一线实战单位警力占县级公安机关总警力的 90.4% 以上。大力加强调解组织建设，全省共有各类调解中心 2183 个，村居企事业等基层单位共建立调解组织 95000 多个，在县（市、区）、乡镇（街道）、村（社区）建立了调解组织和调解信息员，有专、兼职工作人员 578685 多人。三是加强基层综治组织建设。按照中央综治委和中央编办《关于加强乡镇街道社会治安综合治理基层组织建设的若干意见》要求，继续加强多镇（街道）综治办建设，配齐配强专职综治办副主任，落实专职工作人员，加强经费保障。省综治委在下发村（居）综治规范化建设意见的基础上，又制定了《加强城市社区综治规范化建设的意见》。大力推进综治组织进企业，印发了《关于深入开展平安企业建设的意见》，被中央综治动态转发。加强信息报送工作，健全完善信息报送制度，研究制定了《山东省社会治安综合治理委员会重大信息报告制度》。四是加强群防群治队伍建设。按照社会化、市场化、职业化、规范化的总体思路，大力研究探索社会主义市场经济条件下发展群防群治工作的思路和措施，进一步总结推广治安保险、治安防范承包责任制、民警包村、保安驻村、综治特派员、平安协会等经验。中央政治局常委、政法委书记周永康同志对山东省曹县军地共建“千万平安工程”的经验作出重要批示，给予了充分肯定，被中央综治动态转发。目前，全省群防群治队伍达到150万人。大力发展新型治安巡防队和保安服务公司，培养了一批维护稳定的职业人。全省共有保安服务公司167个，保安从业人员发展到18.2万余人；政府出资雇用的专职巡逻力量达17万余人；实施"筑城行动"，治安防控志愿者队伍已发展到6万余人。五是加强综治干部教育培训。省综治办举办全省综治干部培训班，对56个县（市、区）综治办主任和39个综治委成员部门联络员进行业务培训；各市和县（市、区）也分别对乡镇（街道）和村（居）综治办主任进行了培训。

七、扎实推进专项工作

一是加强流动人口管理服务工作。结合实际，制定了《山东省社会治安综合治理委员会关于进一步加强流动人口服务和管理工作的意见》，省委办公厅、省政府办公厅予以转发，为切实加强对流动人口的服务管理提供了依据。建立了公安、税务、建设等部门协作机制，进一步推动了流动人口服务管理工作社会化。不断深化户籍管理制度改革，以服务促管理，积极推行"上门登记、预约登记、即时登记"等措施，方便流动人员。主动帮助解决流动人口子女入托、入学等实际问题，切实保障他们的合法权益。大力推进流动人口和租赁房屋信息系统建设，省及全省17个市均建成了暂住人口和工作对象信息系统。今年3月至10月，在全省组织开展了流动人口和出租房屋治安管理专项行动。全省清理暂住人口500余万人，办理暂住证260余万个，签订治安责任书60余万份，摸排重点场所、部位28.6万余处。通过专项行动，共发现各类违法犯罪线索1万余条，破获刑事案件和治安案件2.2万余起，抓获各类违法犯罪嫌疑人1.5万余人，列管重点人口8144人。二是加强刑释解教人员帮教安置工作。制定下发了《关于做好刑释解教人员帮教安置工作确保奥运会安全稳定的通知》，4次派出检查督导组深入各地检查工作，有力地促进了工作落实。进一步健全组织机构，全省司法所全部建立了帮教安置工作站。做好刑释解教人员的排查、走访工作，逐人建档立卡，建档率达到97%。做好对生活困难刑释解教人员的生活帮扶，各级民政部门共为600名符合条件的城市刑释解教人员办理了低保待遇，为431名农村刑释解教人员领取了临时社会救济金；为590名刑释解教人员按时缴纳了养老保险金，为100名刑释解教人员恢复了失业保险，有140名刑释解教人员享受到了基本养老金。做好过渡性安置工作，全省251个过渡性安置实体（基地）全年共接纳安置刑释解教人员3467人。各级劳动部门共免费为登记失业人员提供职业指导和职业介绍5000余条（次），为考试合格的18736名服刑在教人员颁发了技术等级证书。中央综治委召开电视电话会议，在全国推广了青岛市开展教育改造帮教安置"一体化"的经验做法。全省共有刑释解教人员27600余名，基本衔接的有22908人，衔接率为83%；已衔接人员中有19700人通过各种渠道和形式得到了就业或安置，安置率为86%。全省刑释解教人员重新违法犯罪率是全国较低省份之一。三是推进预防青少年违法犯罪工作。认真贯彻中央、国务院《关于加强和改进未成年人思想道德建设的若干意见》，组织开展了"雏鹰争章"、"与祖国共奋进，与齐鲁同发展"、"青少年网络文明行动"、"小公民道德建设"等主题教育活动。深化青少年法制宣传教育，通过举办"模拟法庭"、"小手拉大手，送法进家庭"、开办法制长廊等活动，切实提高青少年的法律素质和维权意识。全省有17.6万名中小学生参加了"首届中小学法律知识竞赛"。针对农村留守未成年人、社会闲散青少年、罪错青少年、流浪未成年人，分别开展"关爱行动"、"导航行动"、"帮教行动"、"保护行动"。中央联合调研组对青岛市解决失足少年复学难问题的经验给予了高度评价。优化青少年成长环境，组织开展了"未成年人远离网吧行动"，查处263处接纳未成年人上网的网吧。建立了省法院、检察院、公安厅、团省委等14部门"青少年维权执法联动机制"。充分发挥12355青少年服务台的作用，切实维护青少年的合法权益。全省12355青少年服务台共接受法律咨询2475件，心理咨询4006件，侵权接诉1386件，受理个案8867件。全省25岁以下青少年刑事犯罪人数下降14.59%，重新犯罪人数下降26.3%。四是加强铁路护路联防工作。以确保北京奥运会、残奥会和青岛奥帆赛、残奥帆赛成功举办为目标，加强铁路护路联防工作，全省铁路没有发生大的治安问题，没有发生影响恶劣的治安刑事案件，没有发生群体性冲击铁路、拦车断道事件,确保了铁路大动脉畅通。召开了全省铁路奥运安保工作电视电话会议,制定了《全省铁路奥运安保方案》,层层落实了领导责任制。坚持打击危害铁路治安的违法犯罪活动,适时组织开展专项行动,严厉打击拆盗、割盗、掀盗、盗窃旅客财物、盗窃内部财物等犯罪,打掉了一批违法犯罪团伙,严惩了一批刑事犯罪分子。加强治安防控工作,依托站区联防协调中心、旅客列车"三乘一体"、线路安全巡护办公室等治安组织,整合群防群治力量,联查、联控、联防,形成了全员、全覆盖、全控制的治安防控网络。认真抓好铁路及铁路沿线矛盾纠纷和治安混乱区段、治安突出问题排查整治,对排查出的问题,采取挂牌督办、限期整改。大力加强基层基础建设,深入开展平安铁路示范段创建活动,切实抓好8个中央、省级和18个市示范路段建设,新建护路房27个,增设电子巡查系统14个。积极探索护路员队伍建设新形式,筹备成立了山东省铁路护路协会,实行依法科学管理。加强宣传教育工作,适时开展了"迎奥运、保畅通、建和谐"为主题的爱路、护路宣传月活动,与山东有线电视台联合举办了"山东省迎奥运爱路护路文艺晚会"等,营造了爱路护路的浓厚舆论氛围。五是加强学校及周边治安综合治理工作。召开维护高校稳定工作电视电话会议等会议,认真部署学校安全稳定工作。强化校园综合防控体系建设,加大隐患排查和整改力度,开展了为期2个月的学校及周边治安秩序专项整治行动,保持了学校和周边良好的治安秩序。全省学校周边治安岗亭已达4576个,增设报警点、校园警务室1750处,增设电视监控探头650个。查处学校周边不符合要求的摊点和商贩1800多个,其中取缔380个,补办执照620个。深入开展平安校园创建活动,进一步完善平安校园长效工作机制,基础设施进一步完善,校容校貌发生了明显变化,学生的安全感进一步增强。

中共山东省委　山东省人民政府
关于表彰平安山东建设先进县(市、区)
和先进个人的通报

(2008年1月5日)

2007年,全省各级各部门坚持以邓小平理论和"三个代表"重要思想为指导,深入贯彻落实科学发展观,努力构建社会主义和谐社会,全面推进社会治安综合治理,深入开展平安山东建设,有力地维护了全省大局稳定,保障和促进了全省经济社会又好又快发展,涌现出了一大批先进集体和先进个人。为弘扬正气,激励先进,推动平安山东建设更加广泛深入健康持久地发展,经研究决定,对济南市天桥区等38个平安山东建设先进县(市、区)给予通报表彰;对时怀江等21名平安山东建设先进个人给予记一等功奖励。

希望受表彰的单位和个人珍惜荣誉,再接再厉,为平安山东建设做出新的更大贡献。全省各级各部门各单位要以先进为榜样,紧密团结在以胡锦涛同志为总书记的党中央周围,全面贯彻党的十七大精神,高举中国特色社会主义伟大旗帜,以邓小平理论和"三个代表"重要思想为指导,深入贯彻落实科学发展观,进一步振奋精神,开拓进取,扎实工作,维护全省大局持续稳定,努力开创平安山东建设新局面,为推动全省科学发展、和谐发展、率先发展,在新起点上实现富民强省的新跨越创造更加良好的社会环境。

附件:1. 2007年平安山东建设先进县(市、区)名单

2. 2007年平安山东建设先进个人名单

附件1：

2007年平安山东建设先进县(市、区)名单

济南市天桥区、槐荫区、历城区
青岛市市南区、崂山区、黄岛区
淄博市张店区、桓台县
滕州市、枣庄市峄城区
东营市东营区、垦利县
烟台市芝罘区、莱山区、龙口市
潍坊市奎文区、高密市、诸城市
济宁市任城区、泗水县、金乡县
泰安市岱岳区、肥城市
威海市环翠区
日照市东港区
莱芜市莱城区
沂水县、平邑县、费县
乐陵市、禹城市、庆云县
东阿县、茌平县
滨州市滨城区、无棣县
菏泽市牡丹区、东明县

附件2：

2007年平安山东建设先进个人名单

时怀江　章丘市委常委、政法委书记
封洪海　胶南市委常委、政法委书记
张学锋　淄博市淄川区委常委、政法委书记
李卫东　滕州市公安局局长
燕欣宾　广饶县公安局副局长
徐林宏　招远市委常委、政法委书记
张广孝　潍坊市委政法委副书记、市综治办主任
连桂军(女)梁山县委政法委副书记、县综治办主任
王齐方　宁阳县信访局局长
原永忠　荣成市人民法院副院长
乔永前　日照市岚山区安东卫街道党委书记
张　军　莱芜市公安局钢城分局指挥中心主任
苏兴仕　临沂市兰山区信访局局长
宋善金　陵县陵城镇司法所所长
刘明峰　临清市烟店镇党委书记
程爱国　滨州市委政法委副书记、市综治办主任
张友海　菏泽市委政法委常务副书记
孙　伟　济南铁路局党委政法委副书记、局综治办主任
邵志强　胜利油田河口采油厂综治办主任
李兰湘　齐鲁石化公司氯碱厂综治办主任
赵文才　莱芜钢铁股份有限公司棒材厂综治办主任

以诚助人　以房管人　以业控人　不断提高流动人口服务和管理水平

青岛市委　青岛市人民政府

近年来，青岛市委、市政府把进一步强化流动人口服务和管理工作，作为加快推进以改善民生为重点的社会建设、改进和加强以人口管理为重点的社会管理的一项重要措施，纳入市委、市政府重点工作目标及富强青岛、文明青岛、和谐青岛建设总体布局，在全国率先提出新市民概念和以诚助人、以房管人、以业控人的服务管理理念，推行人性化服务、产业化发展、市民化管理，进一步增强了流动人口的社会认同感和归属感，推动了城市经济社会建设持续协调发展，为2008年奥帆赛顺利举办创造了有序的人口流动环境。

一、以诚助人，打造人性化的流动人口服务品牌

一是以周到的服务方便人。在各派出所暂住人口管理服务站设立流动人口服务指南和咨询处，开通维权服务咨询电话，及时为流动人口提供法律咨询和招工、租房信息，并为他们寻亲觅友、收发信件等提供便利。配备流动服务车80台，对10人以上的单位提供暂住户口申报人登记、照相、发证一站式服务。组织开展外来务工人员"平安护送"活动，抽调警力和车辆专程护送省内外来务工者返乡，活动开展近两年来，共护送外来务工者33万人返乡，涉及返乡务工人员的各类案件和交通事故同比降幅均达70%。

二是以优惠的政策留住人。在全国率先免收流动人口子女借读费，规定学校要保证流动人口子女入学接受同等义务教育。截至目前，我市义务教育阶段学校共接收流动人口子女60622名，占义务教育总数的8%。市教育发展基金会设立了外来务工人员子女爱心基金，首批12万元爱心基金发放给600名外来务工困难家庭子女以助其完成学业。市妇联在18个社区设立了流动人口子女指导服务站，组织社区工作者和志愿者为外来务工者子女免费提供课外看护、学业指导、文体娱乐等服务。市劳动部门积极推行城乡劳动者平等就业政策，2006年启动了"1126"万人创业行动，年内扶持1000名大学生、1000名外来人员、2000名农民工、6000名失业人员创业。2007年，全市纳入劳动保障部门管理、办理就业备案手续的流动就业人员达31.8万人。今年，又在城阳区启用了集人力资源招聘、劳动技能培训、住宿文化娱乐于一体的全省规模最大的零工市场。

三是以良好的培训塑造人。市劳动、交通、建设、团市委、妇联等部门以转移就业前的引导性培训和职业技能培训为重点，以团中央组织发起的依托一千所职业技能培训学校、教育培训一百万进城务工青年的"千校百万"活动为载体，积极开展外来务工教育培训。目前，全市设立了110个培训基地和60个培训专业。2007年，世界银行正式选定青岛市为建筑业农民工培训试点城市，并拨付专款对全市20万建筑业农民工进行培训教育。

四是以法律的手段援助人。团市委及市公安、司法等部门开通了外来务工青年维权热线。公安机关每年春节后都组织开展暂住人口宣传周活动，为流动人口提供政策、法律、安全等咨询。市法律援助机构在全市挑选100名优秀农民工代表作为法律援助工作联络员，引导帮助农民工通过法律程序解决纠纷。将农民工工资清欠计划纳入政府年度考核，建立并严格执行农民工工资支付保障和监控制度，组织11个相关职能部门联合开展外来劳务市场和清理拖欠农民工工资专项整治。2005年以来，全市共为外来务工人员追讨工资待遇1.16亿元，举报投诉案件处理满意率达到

95.4%。

五是以健康的文化陶冶人。团市委2005年在全市30个建筑工地建成了首批“真情伴青春”务工青年文化驿站，逐步发展为251家“新市民青年之家”，以此为依托开展形式多样、健康向上的文化娱乐活动，丰富了他们的业余文化生活。市南区投资50余万元建成全国首个公益性、集娱乐、维权、培训于一体的“新市民之家”，开通了专门为新市民提供生活实用信息的博客，被外来人员誉为“阳光家园”。

二、以房管人，探索多元化的流动人口管理模式

一是旅店化管理。对散居在租赁房屋中的流动人口，参照旅店住客登记的办法，逐户建立包括租赁登记、居住人口情况登记、房主与派出所签订的治安责任书、房屋平面图等信息在内的租赁房屋档案，并录入租赁房屋信息库，目前已建立房屋租赁档案180303个，录入信息22万余条，对其中有违法犯罪嫌疑的人员由社区民警落实管理措施。

二是公寓化管理，鼓励大量雇用外来流动人口且居住相对集中的企业兴建职工公寓，配备专管人员，对入住人员实行一人一卡登记管理。目前，全市已建成流动人口公寓162处，约有26万余人居住。对用工单位集体宿舍实行集体户一户一档管理。今年，将改善农民工居住条件纳入全市住房保障“2221”工作目标，计划3年内再建设外来务工人员公寓12万平方米。

三是委托化管理。对流动人口租房居住集中的“城中村”，由社区民警牵头，将租赁房屋委托居民组织或村委会管理，由其登记房东及租房人信息、办理相关手续。目前共有1400个村实现了委托化管理，登记租赁房屋55343户，暂住人口367005人。

四是社区化管理。社区民警每周进社区检查、巡查、清查、排查，入户调查登记不少于25户，实现对暂住人口的实时监控，全市暂住人口登记率达95%以上、办证率达90%以上，2007年通过民警入户检查，抓获外来犯罪嫌疑人263人。将境外人员全面纳入实有人口管理，在境外人员相对集中的辖区设立涉外警务管理站，形成以社区民警为基础、外事民警为骨干、相关警种协调配合的境外人员管理模式，由随意租住民宅引发的涉外治安问题大大减少。目前，全市已申报境外人员临时住宿登记30万人。

五是分类化管理。派出所社区民警对暂住人口进行首次登记时，根据其原住地基本情况和现实表现，将其分为四类：来本市务工经商，有固定职业、稳定收入、遵纪守法的为A类；从事职业不确定，需进一步核实的为B类；有违法犯罪倾向或所从事职业有可能为违法犯罪提供条件的为C类；通过与原籍联系属重点人口和有前科劣迹的为D类。对A类人员做好登记管理，加强服务。对B类人员由协警员或治安联防队员每月走访一次。对C类、D类由社区民警带领协警员或治安联防队员每半月走访一次，加强管理控制。目前，对已登记的4829名C类人员和109名D类人员全部落实跟踪管理措施。

三、以业控人，提升阵地化的流动人口控制能力

对流动人口落脚居住和从业务工较为集中的旅馆业、娱乐业、建筑业、特色商业、民营企业，分类施策，有效控制，最大限度地减少诱发外来人口犯罪的因素。主要实行五个“纳入”：

一是纳入旅馆业信息化管理。对全市旅馆业入住人员信息全部录入微机并及时上传，与公安部在逃人员信息库进行比对，及时发现在逃犯和流窜犯罪分子，通过信息比对共抓获网上逃犯573名。在旅馆业从业人员中建治安信息员2500名，2007年通过信息员提供线索抓获流窜犯340名，其中网上逃犯15名。

二是纳入娱乐业安全经营管理。建立健全娱乐场所经营管理档案制度，将外来从业人员管理和违法犯罪记录情况纳入派出所规范化建设和年度目标管理考核。市综治办牵头组织公安、工商、文化等部门每年在全市4400余家娱乐服务场所中开展安全评比活动，对达到“外来从业人员安全意识强，无违法犯罪并按规定接受培训、持证上岗和及时登记、变更”等安全标准的评为安全娱乐服务场所，获评单位一经发现查实有外来从业人员违法犯罪，在给予相应处罚的同时撤销命名，三年内不得参加同类评选。去年共有93个娱乐服务场所被撤销命名。

三是纳入建筑业目标责任管理。市建委将建

筑工地外来农民工安全管理作为主要考核指标之一，每年与各区、市及市建设、房产置业等单位签订责任书。各区、市建设部门和建筑施工单位严格实行行政正职和法人代表、项目经理为第一责任人的外来农民工安全管理目标责任制，对违反建筑业外来农民工管理规定、造成违法犯罪的施工企业，取消其行业评先资格。去年，共对134个违规企业取消了评先资格，并处罚款62.7万元。

四是纳入民营企业A、B簿管理。各派出所与边区民营企业签订治安责任书，按照谁用工谁负责的原则，明确其外来务工用工管理责任。派出所在暂住人口管理站和边区民营企业分别建立暂住人口登记A、B簿册，严格实行与大型民营企业每月、中小型民营企业每周的A、B簿交换制度，做到人来登记、人走注销，对离企业但未离辖区的实行跟踪，重新纳入管理视线。通过检索信息库或函查等手段，为用工企业严把进人关。目前，全市派出所与1128个民营企业建立A、B簿，检索信息库或函查10000人，帮助企业审核把关不合格人员76名。

五是纳入特色综治协会管理。针对市区特色商业街的商家、店铺集聚了大量外来务工者的实际，市综治办按照分类指导、层层建立的原则，在市北区商业步行街开展组建商业集中区域、商业特色综治协会试点，引导外来务工者加入协会，同商家一起开展治安防范、法律援助、教育培训、调解纠纷和流动人口管理等工作，融入行业创安活动，实现自我参与、自我管理、自我防范、自我监督。目前，已成立综治协会143个，吸收单位会员1782个、个人会员4655人，其中外来务工者入会达85%。

曹县安置复退军人参与平安建设

近年来，山东省曹县县委、县政府立足当地经济欠发达和边界大县、人口大县、兵源大县的实际，积极探索新形势下军地共建"平安曹县"的新途径，大力实施"千万平安工程"，取得了明显成效。中央政治局常委、中央综治委主任周永康和国务委员、中央综治委副主任孟建柱批示，要求总结曹县的经验，加以推广。曹县的主要做法是：

一、积极破解时代课题，确立军地共建和谐稳定的新理念

随着改革发展的深入推进，曹县维护社会稳定和民兵队伍建设出现了许多新情况、新问题：一是社会治安形势严峻。全县有10个乡镇与周边省份接壤，边界线111.5公里；全县有22个民族，其中回族4万余人；有宗教场所100余处，信教群众3万余人；滋生和诱发不稳定的因素比较多，治安形势严峻复杂。全县公安干警只有413人，不到总人口的万分之三，治安防范力量严重不足，致使可防性案件时有发生，治安问题一度比较突出。二是复退军人就业安置问题凸显。每年全县有700余名适龄青年参军入伍，退伍后需政府安置的有100余人。近年来，由于地方机构改革、企业改制，退伍军人安置相当困难。有的虽然安置了，但大部分发不出工资，复退军人有岗没有工作或有工作没有稳定收入的问题比较突出，成为影响社会稳定的隐患。三是民兵队伍建设受到冲击。曹县是劳务输出大县，受"打工经济"的影响，民兵在位率逐年下降，基层民兵"在编不在籍、在册不在位、有编无兵"的现象比较突出，存在"人员难集中、训练难组织、活动难开展"等问题，一度影响了民兵队伍建设和正常作用的发挥。面对发展与稳定的双重压力，县委、县政府决定创新工作机制，于2006年提出了"军地共建、构建和谐、实现双赢"的工作理念，把平安建设与民兵预备役建设有机结合起来，在全县大力实施"千万平安工程"，即在城区和乡镇组建千人、在村和企事业单位组建万人的平安队伍，维护千家万户平安；县乡财政每年投入1000万元资金，确保工作运转。这一决策，得到全县社会各界的拥护和支持。

二、精心组建平安队伍，构筑群防群治网络

2006年4月，曹县县委、县政府下发《关于成立曹县平安支队的通知》,规范平安支队建设管理办法,组建了四级平安队伍。一是县成立平安支队。平安支队设立党委,由县委副书记担任党委书记,县委常委、政法委书记担任党委副书记,副县长、公安局长担任党委副书记、支队长,县人武部部长担任党委副书记、支队政委,县综治办、公安局、民政局主要负责同志任副支队长。平安支队下设办公室,抽调县委政法委、县综治办、人武部、公安局、民政局等有关部门同志,具体负责平安支队日常管理工作。二是城区和乡镇设平安大队。县平安支队在城区设立防暴、防化、治安巡逻3个直属大队,共160人。在27个乡镇分别设立平安大队,平安队员按总人口万分之五的比例配备,4万人以下乡镇不少于20人;派出所长任平安大队大队长,乡镇武装部长任教导员。三是警务区设平安中队。根据辖区人口、治安状况、交通地理位置、经济状况等综合因素,全县27个乡镇划分为78个警务区,每个警务区成立一个平安中队,由警务区警长任中队长。平安大队、中队全部为职业化的专业队伍,实行场所、办公设施、标牌、服装、规章制度"五统一"。四是行政村和机关、企事业单位设专群结合的平安分队。平安分队在驻地乡镇平安大队领导下开展工作,全部按照专业化的模式组建,一般不少于5人,全县共组建机关、企事业单位平安分队120个,村平安分队1176个,有平安队员万余名。为便于军地共同管理,实行一套机构、两块牌子,城区直属大队、乡镇平安大队和村平安分队分别挂应急民兵连、民兵应急维护排和民兵连的牌子。平安队员平时是民,维护治安;战时是兵,寓兵于民。目前,全县初步形成了党政军统一领导,综治委组织协调,武装部、公安局负责组织管理、技能培训、业务指导,集保安服务公司、民兵组织、群防群治组织"三位一体"的网络体系。

三、严格教育管理,建立规范化运作的长效机制

县委、县政府制订了一系列规章制度,对平安队员的招聘、管理和考核等作出明确规定。一是优先吸收安置复退军人,确保队员素质。认真落实中央综治委《关于组织民兵参与社会治安综合治理的意见》,从复退军人和基干民兵中选聘平安队员。城区3个直属大队队员从符合就业安置条件的复退军人中择优选聘;乡镇平安大队、警务区平安中队队员以原巡防大队为基础,从乡镇干部职工中的适龄复退军人和经过军事训练的青年民兵中选聘。平安大队、平安中队队员由县武装部、公安局、民政局、人事局等部门通力协作,严把队员招录关,按照"个人报名、统一体检、派出所政审、乡镇平安大队审核、县平安支队审批"的程序录用。对招录的平安队员逐人建立档案,实行聘用制,每年签订聘用合同,并为其交纳养老、医疗等各种保险,对达到一定年龄的平安队员有计划地进行交流。成立县保安服务公司,面向社会公开招聘行政村专职平安队员,优先选聘适龄复退军人和民兵预备役。招聘的队员原则上委派到本村或就近安置,充分发挥其在村平安建设中的骨干作用。二是明确工作职责,健全防控体系。城区直属大队负责城区内的巡防工作,协助有关部门搞好综合执法活动,加强企业生产、交通运输、人口密集场所等方面的安全管理,承担防暴机动队和民兵应急队的职责,参与抢险救灾、处置突发性公共事件。乡镇平安大队负责本乡镇党委、政府驻地、重点要害部位的安全防范工作,搞好辖区内军警民联防联治工作,同时督导平安中队工作。平安中队承担辖区内重点区域和重点部位的巡逻,同时督导平安分队工作。平安分队积极开展护厂、护村、护校、护路等军警民联防联治活动,既承担本村看家护院、维护群众生命财产安全的任务,又负责政策法规宣传、矛盾纠纷信息收集上报等工作。三是严格教育管理,强化技能培训。对新聘用的各级平安队员,一律先进行培训,经考试合格后才可上岗。所有队员均结合基干民兵"四课"教育,突出抓好上岗前的法制教育、职业道德教育、依法执勤教育、治安勤务知识学习,提升平安队员业务素质和工作能力,打牢履行职责的基础。四是多方筹集资金,确保平安经费。一方面加大政府投入,县、乡财政每年投入经费1000万元,城区3个直属大队运作经费和队员工资福利由县财政足额发放,乡镇平安大队、警务区平安中队运作经费及队员工资福利由乡镇财政足额保障,机关团体、企事业单位平安分队运作经费和队员工资福利由服务单位全额保障。另一方面建立综治协会,逐步实现资金筹集社会化。县成立社会治安综合治理协会,在乡镇和县直单位设立88个分会，在不增加农民和企业负担的前提下，发动全体会员和社会力量筹集资金。此外，按照多元化的思路筹集村级经费。县、乡财政对平安队员每人每天补助0.5元。同时，将省拨付行政村的转移支付资金向平安建设倾斜，除用于村干部补贴、五保户供养外，剩余部分主要用作村级平安建设经费，全县每年投入大约在1000万元左右。

曹县实施“千万平安工程”以来，取得了明显成效，实现了军地共赢。一是解决了复退军人安置难题。一大批优秀复退军人被安置到平安队伍，落实了工资福利待遇和养老、医疗等保险，既妥善解决了他们的就业安置难题，又发挥了他们的特长和优势，复员退伍军人已成为各级平安队伍的骨干力量。二是解决了民兵工作“三落实”难题。将民兵组织、政治、军事“三落实”与平安队伍建设同步规范，将平安队员选配与民兵编组相结合，把素质过硬的复退军人和技术人员编入民兵组织，从整体上提高了民兵队伍的综合素质和建设质量；民兵由平时应急向战时打赢延伸，在强化维稳工作的同时，不断强化应战功能，建立了联合战备执勤、联合抢险救灾、联合维稳行动预案，完善了指挥体系，有效解决了民兵工作“人员难集中、训练难组织、活动难开展、经费难筹措”等问题。三是解决了警力不足的难题。全县1万多名平安队员，昼夜巡逻防范，形成了全方位、无缝隙覆盖城乡的治安防范体系，壮大了治安防控力量，有效压缩和减少了犯罪分子的活动空间，使警力不足的难题得到缓解。四是对犯罪分子形成了震慑威势。2007年，全县刑事案件、六类可防性案件、八类暴力犯罪案件比2005年分别下降50.8%、18.9%和64.1%，群众满意率明显提高。五是促进了社会和谐稳定。实施“千万平安工程”，把维护稳定和加强民兵预备役建设有机地结合在一起，军地协作，广泛开展“走百家门、知百家事、解百家难”活动，主动化解矛盾纠纷，为群众排忧解难，为党委、政府分忧，进一步密切了军地关系和党群关系。

山东省综治委、办机构情况和负责人名单

一、省综治委主任、副主任名单和内设机构情况

主　任：柏继民　省委常委、政法委书记

副主任：莫振奎　省人大常委会副主任（至2008年5月）

时立军　省人大常委会副主任（2008年5月任职）

郭兆信　副省长

尹忠显　省法院院长（至2008年5月）

周玉华　省法院院长（2008年5月任职）

国家森　省检察院检察长

王宗廉　省政协副主席（至2008年5月）

栗　甲　省政协副主席（2008年5月任职）

戴肃军　省武警总队总队长

曲植凡　省长助理、省公安厅厅长

省综治委内设流动人口治安管理工作领导小组、刑释解教人员安置帮教工作领导小组、预防青少年违法犯罪工作领导小组、铁路护路联防工作领导小组、学校及周边治安综合治理工作领导小组、企业治安工作领导小组、宣传工作领导小组、军地共建平安山东工作领导小组、维护妇女权益工作领导小组。

二、省综治办情况

主　任：宋新生（省委政法委副书记兼任）

副主任：窦广平

副巡视员：乔华星

省综治办下设综合处、指导处

山东省各市、县(市、区)综治委、办主任名单

地　区	综治委主任	综治办主任
济南市	李家政	李国忠
市中区	王铁志	姜化东
历下区	董宝珂	胡延年
槐荫区	郑金松	秦福贵
天桥区	吴承丙	张永强
历城区	刘传勇	傅思强
长清区	葛殿起	袁吉德
章丘市	孙君涛	王增臣
平阴县	刘程华	焦学斌
济阳县	雷卫国	张立军
商河县	邵登功	张传军
聊城市	汪文耀	唐　华
东昌府区	杨　杰	李曙光
临清市	张连臣	王海军
阳谷县	关　华	唐　涛
莘　县	宋景润	于蔚东
茌平县	任晓旺	郭金良
东阿县	张玉星	张温生
冠　县	张树奎	申景军
高唐县	张旋宇	马秀才
开发区	王立民	龙清军
德州市	李传武	李洪江
德城区	樊廷雷	朱士彦
乐陵市	刘世昌	张　军
禹城市	何连生	刘洪宽
陵　县	朱洪瑞	邓建华
平原县	周　亮	朱殿魁
夏津县	王震秀	王明耀（至2008年6月） 陈英江（2008年6月任职）
武城县	王英华	张德强
齐河县	邵清泽	谢德生
临邑县	王　胜	闫吉民
宁津县	刘延利	刘国瑞

地　区	综治委主任	综治办主任
庆云县	周同恩	刘德华
东营市	张秀香	郭瑞祥
东营区	吕跃庆	刘乃斌
河口区	孙红军	宋学峰
垦利县	韩立学	李明信
利津县	赵寿亭	石明臣
广饶县	栾庆恩	付玉明
淄博市	陈家金	陈维刚
张店区	邵克武	张　兵
淄川区	祁连山	司　磊
博山区	周庆德	翟所增
临淄区	孙海青	徐春民
周村区	常跃之	孙振新
桓台县	王树银	李　君
高青县	崔玉栋	何传江
沂源县	谭秀中	曾庆军
高新区	陈德诚	槐国庆
潍坊市	解维俊	杜士忠
奎文区	周国升	王国明
潍城区	薛　林	马佐昌
寒亭区	韩国礼	李治江
坊子区	张金玉	袁　岗
安丘市	任海燕	郑淑涛
昌邑市	庞明庆	郑瑞贤
高密市	刘明仑	禚朝晖
青州市	杨学昌	杨福来
诸城市	李宏德	孟庆春
寿光市	方新启	张建文
临朐县	冯　铸	陈安和
昌乐县	王　备	刘东兴
高新技术开发区	高玉国	时　杰
滨海经济开发区	王深鹏	王春桥
市经济开发区	侯成武	李小军

地　区	综治委主任	综治办主任
烟台市	谭　伟	时　光
莱山区	段大伟	谭剑钊
芝罘区	刘建针	殷建东
福山区	刘福生	赵国栋
牟平区	刘天海	吕志杰
栖霞市	刘明启	孙太国
海阳市	邢永强	姜　伟
龙口市	栾民波	赵宏韬
莱阳市	王宜清	邢胜军
莱州市	宋华君	桑京波
蓬莱市	于明春	苗玉杰
招远市	王光耀	杨一梅
长岛县	王成强	宋永杰
开发区	武维刚	马家兴
威海市	于永吉	张惠民（至2008年6月） 李文晓（2008年6月任职）
环翠区	刘德柏	冯学建
荣成市	毕建康	杨丰强
乳山市	隋建波	赵　波（至2008年10月） 王崇振（2008年10月任职）
文登市	董晓阳	姜春升
高技术产业开发区	雷志敏	王建军
经济技术开发区	宫惠平	梁　明
青岛市	李增勇	王延球
市南区	韩连德	肖　辉（至2008年9月）
市北区	邵显先（至2008年4月） 林先好（2008年5月任职）	邵杰功
四方区	吕　波	李长虹（至2008年5月）
黄岛区	于成璞（至2008年10月）	刘春雷（至2008年10月） 倪建闽（2008年11月任职）
崂山区	修潍青（至2008年5月） 邵显先（2008年5月任职）	苏汶源（至2008年4月） 秦国欣（2008年5月任职）
城阳区	林先好（至2008年5月） 杨锡祥（2008年5月任职）	朱光耀
李沧区	杨　湧	于海光
胶州市	高振华	孙志勇
即墨市	王建中	张永国（至2008年10月）
平度市	杨钊贤	刘成爱
胶南市	封洪海（至2008年5月） 杨东亮（2008年5月任职）	刘春成（至2008年10月） 杨泽信（2008年11月任职）
莱西市	于永才（至2008年5月） 赵希胜（2008年5月任职）	于华青
日照市	黄金华	刘祥亮
东港区	申淑清	李先民
岚山区	费立志	刘克业
五莲县	曹春霞	薄怀国
莒　县	朱孝同	曹月波
开发区	梁作伦	伊　峰
临沂市	李洪海	张殿昌
兰山区	谢华东	刘俊成
罗庄区	王皓玉	赵汝江
河东区	陈　霖	王士欣
郯城县	朱崇宝	赵鹤亭
苍山县	薛　峰	宋加明
莒南县	刘贤军	赵兰国
沂水县	杨原田	牛衍涛
蒙阴县	高永胜	马学军
平邑县	解红日	闫　博
费　县	祖旭东	李祥儒
沂南县	李枝叶	刘长杰
临沭县	马祥营	王绍良
枣庄市	秦元祥	郝荣平

地 区	**综治委主任**	**综治办主任**	**地 区**	**综治委主任**	**综治办主任**
薛城区	李宏岚	种法国	东平县	张成伟	马闽生
市中区	李 鑫	周厚义	**莱芜市**	王光华	杨文生
峄城区	王 齐	贾安平	莱城区	李乾实	魏永振
台儿庄区	赵学文	王朝玉	钢城区	张 勇	杨明星
山亭区	柴正民	相修生	**滨州市**	步乃章	程爱国
滕州市	颜景焱		滨城区	王金庆	李建祥
济宁市	步士金	张怀亮	惠民县	班福忠	程发顺
市中区	程福华	穆长岭	阳信县	吕德祥	赵林祥
任城区	贾存琰	杨德荣	无棣县	王振祥	王文东
曲阜市	郭庆海	孔祥立	沾化县	颜炳华	杨书博
兖州市	陈 方	王冠军	博兴县	满学先	崔建东
邹城市	李景鹏	孙新会	邹平县	李汝伟	李中远
微山县	周光全	周建国	**菏泽市**	岳 滨	李龙跤
鱼台县	杜西平	刘守利	牡丹区	张洪昌	苏建华
金乡县	胡桂生	丁宏伟	曹 县	李贵福	安呈祥
嘉祥县	李春田	李根合	定陶县	乔方臣	
汶上县	刘永献	林望山	成武县	孙洪涛	张瑞月
泗水县	许风伦	王庆利	单 县	谷瑞灵	陈世兴
梁山县	玄志祥	连桂军	巨野县	杨学峰	谷军传
高新区	董信江	孔祥安			(至2008年3月)
北湖区	郗忠骏	李 宁			姚振山
泰安市	杨忠海	闫远东			(2008年10月任职)
泰山区	赵 斌	沈坤远	郓城县	袁红兵	郑汝森
岱岳区	李效军	石 蓬	鄄城县	朱瑞军	张兆顺
新泰市	刘 玉	郑浩文	东明县	张素华	苗万世
肥城市	王新民	王瑞亮	开发区	朱来启	
宁阳县	李为群	李春法			

(撰稿人：王义军
审稿人：宋新生　窦朝晖)

河　南　省

2008年社会治安综合治理工作概况

2008年，在中央综治委的正确领导下，河南省各级党委、政府认真落实科学发展观，以确保北京奥运会安全顺利举办为目标，以化解社会矛盾为主线，以平安河南建设为载体，以人民群众满意为根本标准，狠抓社会治安综合治理各项措施的落实，取得了明显成效。全省社会大局稳定，没有发生在全国有重大影响的刑事治安案件、重大群体性事件、暴力恐怖事件，北京奥运会期间没有发生来自河南的干扰。人民群众安全感进一步增强，2008年全省公众安全感指数比2007年上升3.71个百分点，为全省经济社会的健康发展营造了良好环境。

一、党委政府高度重视，切实加强组织领导

省委、省政府把加强综治工作、维护社会大局稳定作为民生工程和全省工作的重点，提出了更高的工作标准和要求。省委书记徐光春多次主持召开省委常委会，研究部署综治和维稳工作。省委常委、政法委书记、省综治委主任李新民多次主持召开会议，对综治、排查化解矛盾纠纷、打击“两抢一盗”犯罪、打黑除恶、反恐和处理涉法涉诉信访问题等工作及时做出有针对性的部署，并深入基层调查研究、督促指导。省委、省政府分别于2008年1月和6月召开全省政法工作会议和综治工作会议，表彰先进，督促落后，部署工作。省综治委及时对各个阶段的工作做出有针对性的部署。各级党委、政府和省直有关部门按照省委、省政府和省综治委的工作安排，在组织领导、落实责任、经费保障等方面采取有力措施，加大工作力度，确保各项工作的顺利开展。省、市、县、乡各级政府都将综治经费纳入财政预算，并及时足额拨付到位。省政府将平安建设奖励经费1000万元纳入了财政预算，并随着经济的发展逐步增加。每年还拨付社会治安大要案准备金1000万元。市、县、乡各级政府分别按不低于人均0.1、0.2、0.3元，一些地方还按照人均不低于1元的标准列支综治专项经费，有力地保障了综治工作的开展。

二、认真开展“两个排查”活动，着力消除社会安全隐患

一是周密安排部署。省综治委认真贯彻落实中央综治委的部署，紧密结合河南实际，充分调动和组织各方面力量，深入开展矛盾纠纷和治安混乱地区、突出治安问题大排查大调处大整治活动。突出排查重点，明确解决措施，强化组织领导，健全责任机制，把排查工作与解决信访突出问题相结合、与打击“两抢一盗”犯罪专项斗争相结合、与基层平安创建活动相结合，并作为全省综治和平安建设工作考核的重要内容，采取暗访抽查、半年督查、年度考核等措施，确保取得实效。二是健全工作机制。坚持情报信息会商制度，每月组织有关部门召开一次信息会商会，分析研判社会治安和稳定形势，全面掌握可能影响北京奥运会安全、引发群体性事件、集体进京来省上访、非正常上访等方面的信息。各级各部门健全完善了案件排查、工作台账、督查督办、下访回访等工作制度，形成了上下贯通、有效配合的排查工作机制。三是注重源头预防。总结推广了义马市强化群众工作、渑池县实行重大事项决策信访评估等经验，重大事项决策事前广泛征求群众意见，充分考虑群众的利益和社会的承受能力，防止决策不当引发不稳定问题。四是着力解决问题。省综治办每月对各地和省直部门排查的重大问题进行分析汇总、交办督办。尤其是对那些可能引发重大治安问题和群体性事件的问题，采取领导包案、挂牌督办、派驻工作组等措施限期解决。2008年，省综治委、省委维稳工作领导小组以集中交办的形式，对涉及13个省直部门、18个省辖市的47项重大问题和隐患进行挂牌督办，明确省直有关部门一把手和各省辖市市长为主要责任人，逐一提出了工作要求和解决时限，使这些问题得到了妥善解决或有效控制。

三、深入开展严打整治斗争，认真解决影响社会治安和群众安全感的突出问题

一是扎实开展打击“两抢一盗”犯罪专项斗争。省综治委、省委政法委专门制定了工作方案，建立了重点案件挂牌督破、重要逃犯挂牌督捕、领导包案督破督捕责任机制和政法部门联席会议制度，实行定领导、定责任、定进度、包效果的“三定一包”制度。省综治委、省委政法委派出了10个强有力的督导巡视组，深入后进地区督导巡视。同时，对全省各省辖市和县(市、区)公检法部门的打击处理情况每10天进行一次排序通报，对各项指标居后3位的省辖市和后10位的县(市、区)点名批评。截至2008年12月31日，全省共破获“两抢一盗”案件37余万起，抓获犯罪嫌疑人15万余人，分别同比增加109.67%、85.68%。二是严厉打击黑恶势力犯罪。建立完善打黑除恶三级联席会议、领导包案、挂牌督办、黑恶线索有奖举报等工作制度，对重点案件逐一落实包案领导和督办督捕责任。每月听取汇报、通报进度，对工作不力、进展缓慢地方的政法委书记和政法部门一把手点名通报批评，督促整改。中央打黑办交办线索办结率达84.86%，打击黑恶专项斗争综合考评和涉黑案件侦办数、公诉数、一审判决数均处于全国领先位次。三是大力开展“命案攻坚”。建立命案侦防工作责任制，加强刑侦基层基础建设，完善各项侦防机制，侦破大要案能力得到进一步提升，发案数逐步下降，破案数稳步上升，2008年我省命案攻坚继续动态保持全国领先。四是认真组织开展专项整治。按照中央有关部门的安排部署，紧密结合我省实际，深入开展了治理自行车被盗、打击盗窃破坏“三电”设施、打击毒品违法犯罪、打击赌博违法犯罪、打击拐卖妇女儿童犯罪、油气田整治、核查纠正监外执行罪犯脱管漏管、“扫黄打非”等一系列专项斗争和专项行动，始终保持了对犯罪活动的高压态势，有力打击了各类刑事犯罪活动。油气田专项整治工作得到了中央部际联席会议的充分肯定。

四、大力加强基层基础建设，着力提高社会治安防控能力

一是大力加强综治工作中心建设。省委、省政府两办和省综治委分别下发文件，对乡镇(街道)综治工作中心建设提出具体要求，有效整合基层公安、司法、信访、法庭、人民武装等力量，在全省各乡镇、街道办事处全部建成综治工作中心，共配备专职副主任1955人，工作人员达8439人。明确赋予综治工作中心八项职责任务，建立了信息报告、工作例会、联合调处等六项制度，逐一明确了主任、副主任的责任分工，建立了绩效考核制度，落实了经费保障，改善了办公条件。综治工作中心对矛盾纠纷、社会治安和社会稳定等问题实行“首问负责”、“一站式”服务，对流动人口服务管理、预防青少年违法犯罪、刑释解教人员安置帮教、法制宣传教育等基础工作实行一本台账、一个平台、信息共享。搭建了“矛盾联调，治安联防，工作联动，问题联治，平安联创，法治联建”的综治工作平台，形成了维护稳定合力。二是大力加强技防建设。按照政府引导、市场化运作模式，采取技防与楼宇开发同步、扶持民营技防公司发展等措施，推动社会各单位的技防建设。据不完全统计，2008年全省各级财政用于技防建设的资金近18亿元。在城市，加强以电视监控为主的技防建设；在农村，普及小型、实用技防设施。大力推广网通公司的“宽视界”、“电话互助”、“神眼”、“居家卫士”等技防设施，使全省技防建设步入了快车道。三是实施警力下沉，加强巡防力量。决定每年抽调省市两级政法部门10—20%的机关干警到基层帮助工作，以有效缓解基层警力不足问题。全省公安机关以“零发案”竞赛、“万警进社区、警民一家亲”活动为载体，最大限度地把警力摆放到基层一线和街面，大力开展巡逻防控。截至2008年12月31日，全省已建成社区(驻村)警务室9155个，配备社区和驻村民警14677人，各乡镇(街道)巡防队员均达到10人以上，城区巡防队员达到常住人口的万分之十以上，总人数达8.7万人，提高了治安防控能力。

五、充分发挥职能作用，形成齐抓共管工作合力

不断加强综治委各专门工作领导小组的工作，及时对各专门工作小组进行了调整，统一由省综治委副主任兼任各专门小组组长，切实加强了组织领导，确保中央综治委和上级部门工作部署和要求的贯彻落实。一是扎实有效开展流动人口服务管理。建立流动人口四级管理网络，较好地完成了社会系统信息化建设任务，基本实现了流动人口管理信息化、动态化、规范化、社会化，发挥了良好的社会综合效能。截至2008年12月31日，全省共排查各类场所9.6万处，破获刑事案件1992起，抓获违法犯罪人员11334人。二是积极预防青少年违法犯罪。不断加强青少年思想道德教育，突出三个工作重点，即：创建优秀“青少年维权岗”，构建青少年维权的重要阵地；建设12355青少年服务台，畅通青少年诉求渠道；服务特殊青少年群体，营造服务关爱的浓厚氛围。先后开展了救助四川地震灾区的“为了灾区的孩子——河南青年在行动”活动、关爱留守儿童的“春暖行动”、“温馨冬日、温情家园—关爱留守流动儿童冬日送温暖活动”、“为了明天—关爱服刑人员未成年子女新春送温暖行动”和“希望工程农民工子女助学计划”等，不断深化“为了明天—预防青少年违法犯罪工程”，形成了以点带面、争先创优、齐抓共管、整体推进的工作格局。三是深入开展校园及周边治安综合治理。重点排查治理学校安全隐患、周边治安秩序和环境及各类不稳定问题，严厉打击侵害师生生命财产安全的犯罪行为，严厉查处社会上损害师生利益的问题，严密防范境内外敌对势力的渗透破坏活动，扎实推进“平安校园”创建活动。四是认真做好刑释解教人员安置帮教工作。建立健全省、市、县、乡、村五级安置帮教网络，认真落实衔接制度，进一步澄清了安置帮教对象底数，2008年全省共创办安置实体61个，创办安置基地124个。五是切实做好铁路护路联防工作。大力开展“平安铁路示范路段”创建活动，“五类”危及行车案件和路外伤亡事故与去年同比分别下降89.47%和66.48%，我省京广、京九铁路提速区段实现了“零危行”、“零掀盗”和“零冲击铁路事件”。

六、强化领导责任制，狠抓各项措施落实

一是明确责任。层层签订综治工作目标责任保证书，强化各级各部门主要领导保一方平安的责任感。坚持将平安建设作为党政领导班子和领导干部考核奖惩的重要内容，考核结果与晋职晋级和奖惩使用直接挂钩。二是加强督促检查。省委政法委、省综治委组织了6次大规模的综治和平安建设明查暗访活动，并通过点评会、讲评会、点名通报等形式表扬先进、督促后进。三是严格奖惩。按照省六部委《平安建设工作奖惩细则》的规定，对2个县级市、31个单位、20名县处级以上领导实行了重点管理或责任追究。通过涉法涉诉信访案件评查，追究了86名责任人的责任。

七、加强宣传，营造综治和平安建设的浓厚氛围

认真组织开展了综治和平安建设宣传月活动，协调中央驻豫新闻单位和省直新闻单位，通过组织专题报道、开辟专栏等形式，集中宣传平安建设工作。组织各省辖市委书记、政法委书记及有关部门的主要领导，采取播（刊）发署名文章、发表电视讲话、接受专题采访等方式开展宣传。各级党委政法委、宣传部、综治办加强对宣传活动的指导和协调，及时研究制定实施方案，政法、综治、文化、广播电视等部门密切配合，建立宣传协作机制，形成了工作合力。据不完全统计，2008年全省共出动流动宣传车2万余台次，设立集中宣传街、广场、宣传台（站）点1.6万余个，制作宣传板面4万余块，发放宣传手册200万余册、张贴宣传彩页40余万份，通过移动、联通发送宣传信息600余万条，为综治和平安建设工作营造了良好的舆论环境。

中共河南省委办公厅　省政府办公厅关于建立乡镇(街道)社会治安综合治理工作中心的通知

(2008年5月14日)

各省辖市党委和人民政府,省委各部委,省直机关各单位,省管各企业和高等院校,各人民团体:

为加强社会治安综合治理基层基础工作,充分发挥乡镇(街道)在维护稳定中的重要作用,根据中央综治委关于全面推进乡镇(街道)社会治安综合治理工作中心(以下简称综治工作中心)建设的要求,经省委、省政府同意,现就在全省各乡镇(街道)建立综治工作中心有关事项通知如下:

一、乡镇(街道)综治工作中心的组织形式

综治工作中心是在乡镇(街道)党(工)委、政府(办事处)领导下,综治委具体组织指导,整合综治办、公安派出所、司法所、信访办、人民法庭、人民武装部等部门力量,组成的协作联动工作平台。乡镇(街道)综治工作中心和乡镇(街道)综治办一个机构,两块牌子。在不增加领导职数的情况下,综治工作中心主任由乡镇(街道)党(工)委副书记兼任,设一名专职副主任(副乡级,一般由综治办专职副主任担任),公安派出所所长、司法所所长、信访办主任、人民法庭庭长、人民武装部部长兼任副主任。中心配备2至3名工作人员,从乡镇(街道)现有行政事业编制中调剂。

二、乡镇(街道)综治工作中心的职责

综治工作中心的主要职责是:组织、协调、督促、指导辖区部门、单位和广大群众开展平安建设活动,具体承担排查化解社会不稳定因素和矛盾纠纷,排查整治治安混乱地区和突出治安问题,落实治安防控措施,加强流动人口服务管理,预防青少年违法犯罪,做好刑释解教人员安置帮教,开展法制宣传教育等工作。综治工作中心主任负责全面工作,专职副主任主持日常工作;公安派出所所长主要负责掌握辖区内的社会治安情况,组织开展排查整治治安混乱地区和突出治安问题,做好流动人口服务管理工作,预防和减少辖区刑事、治安案事件的发生,增强群众的安全感;司法所所长主要负责组织开展矛盾纠纷排查调处,做好刑释解教人员安置帮教工作,预防青少年违法犯罪,开展法制宣传教育;信访办主任主要负责掌握辖区的信访情况,及时排查解决信访突出问题,预防减少集体上访、重复上访、越级上访和非正常上访;人民法庭庭长主要负责辖区内有关民事、经济等案件的审理,掌握和妥善解决涉诉信访案件;武装部部长主要负责组织民兵参与维护社会治安。

三、切实加强组织领导

建立乡镇(街道)综治工作中心,是新形势下加强社会治安综合治理,维护社会和谐稳定的重要举措。各级党委、政府要从落实科学发展观、推进和谐社会建设的高度充分认识这项工作的重要意义,切实摆上重要位置,认真研究和解决工作中的困难和问题。各乡镇(街道)要选调素质高、能力强的优秀干部充实到综治工作中心,充分发挥其职能作用。要加强综治工作中心的办公场所建设,配备必要的设施,并根据需要核拨工作经费,保证工作顺利开展。

各级综治委要加强对乡镇(街道)综治工作中心建设的督促检查,将其列入平安建设目标考核,确保年底前所有乡镇(街道)完成建设任务。各级公安、司法行政、信访、法院、人民武装等部门,要积极支持配合乡镇(街道)综治工作中心建设,切实形成维护和谐稳定的整体合力。

中共河南省委办公厅　省政府办公厅转发《省综治委关于2009年度河南省技防体系建设实施方案》的通知

(2008年12月23日)

各省辖市党委和人民政府,省委各部委,省直机关各单位,省管各企业和高等院校,各人民团体:

《省综治委关于2009年度河南省技防体系建设实施方案》已经省委、省政府同意,现转发给你们,请结合实际,认真贯彻落实。

省综治委关于2009年度河南省技防体系建设实施方案

为完善社会治安防控体系,整合资源,提高效益,加快全省技防体系建设,提高社会治安综合防控能力和对突发事件的快速反应能力,根据平安河南建设纲要有关要求,结合工作实际,制定本方案。

一、建设目标

到2009年底前,基本建成覆盖全省城乡的"同一平台、全面监控"的技防体系。

(一)技防设施建设方面:在城市,所有的居民小区、繁华街道、重点单位、公共场所、案件高发区,80%以上的商场、超市、集贸市场、企事业单位,安装以视频监控为主的技防建设;在农村,95%以上的村安装以"平安互助"网为主的实用技防设施,接入系统的农户达70%以上。

(二)监控平台建设方面:2009年6月底以前,完成省级监控平台和18个省辖市级监控平台的建设工作,2009年底前,完成全部县级监控平台的建设工作。

(三)社会既有技防系统整合方面:2008年底前,进行既有模拟、DVR、数字监控等技防系统改造接入监控平台的试点工作;2009年底以前,基本实现一、二级警卫目标和符合条件的既有技防系统接入各级监控平台,实现同一平台、全面监控。

二、指导原则

(一)统筹规划,协同推进。按照全省"同一平台、全面监控"的建设要求,充分考虑技防系统的可升级、可控制、可持续发展性,加强规划,明确任务,积极有序地推进技防建设工作,确保工作目标的全面实现。

(二)整合资源,节省投资。充分发挥联通公司的网络、技术、平台优势,尽可能利用各单位在技防建设方面的既有设施,综合考虑技防产品的技术先进性、功能实用性和价格合理性,以尽可能少的投资实现尽可能好的效果。除非有特别需要,原则上不再新建独立、分散的视频监控系统。

(三)因地制宜,加强引导。不同地区、单位和用户,可以根据各自实际需要,选择适宜的技防技术和技防设施。同时,引导、鼓励建设单位或个人自愿选择联通公司研发的技防系统。推进技防建设从零星分布、各自为战向连线成面、高度集成的方向发展。

（四）注重运用，发挥效能。充分发挥技防系统在防范犯罪、现场监控、即时示警等方面所具有的独特功能，通过建设省、市、县三级监控平台，实行分级、分域管理。各级公安机关监控中心应当与同级监控平台连通，并负责监控信息的及时处理。

三、实施步骤

（一）动员准备阶段（2008 年 12 月底前）

各省辖市综治办协调有关部门会同当地联通公司对既有技防系统的技术模式、设备类型、部署范围等进行进一步的调查摸底，研究制定既有技防系统的整合方案，并统筹考虑拟新建的技防系统、市县两级监控中心和待整合的既有技防系统，制定切合本地实际的技防建设规划。省联通公司负责研究制定《技防系统安全认证分级授权管理办法》。

（二）工程实施阶段（2009 年 1 月—2009 年 12 月）

各地根据本方案和当地技防建设规划要求，稳步推进技防建设，确保如期完成技防建设年度目标。同时，省、市、县三级综治办会同联通公司完成本级监控平台的建设工作，并在完成既有模拟、DVR、数字监控等技防系统改造接入监控平台的试点工作的基础上，将所有符合条件的监控设施分期分批接入全省同一监控平台，实现省、市、县三级监控平台对本区域监控信息的全部可展现、分层次自动预警功能。

（三）总结评估阶段（2010 年 1 月—2010 年 4 月）

第一季度，各省辖市综治委组织力量对既有系统改造、新增系统建设、监控平台建设维护和技防系统管理应用等进行自查评估，整改存在问题；4 月份，省综治委组织验收评估，向省委、省政府提交《2009 年度技防体系建设总结报告》。

四、投资模式

为充分调动各有关方面的积极性，保障工作的顺利推进，全省技防建设采取“财政专项拨付、生产厂家让利、联通公司支持、单位或用户自愿投资”的多元投资模式。联通公司作为网络、平台的建设单位和整个技防系统的集成单位，负责建设和维护宽视界、神眼、居家卫士和平安互助四种系统平台，根据技术进步或使用需要实施网络优化和平台扩容，并以优惠价格向使用单位或用户收取费用。

既有技防系统的改造费用，新增技防设施和监控系统的建设费用，由用户负担。省、市、县三级监控平台建设及网络接入租赁费用，由各级财政划拨专项资金，联通公司负责系统集成。

五、工作要求

（一）提高认识，加强领导。各级党委、政府和综治委要把推进技防建设作为改善民生、维护社会治安和社会稳定的大事实事来抓，主要领导要亲自过问，协调解决好工作中遇到的困难和问题。省、市综治办要成立由当地联通负责人参加的技防建设领导协调小组，定期召开会议，研究部署任务，抓好督促检查。

（二）落实责任，密切协作。各地综治部门要将此项工作纳入社会治安综合治理和平安建设年度考核目标，组织各相关单位进行新增技防设施建设和既有系统的改造工作。联通公司要加强网络建设维护和平台优化，落实安全认证分级授权体系，确保技防系统的平稳运行。公安、金融、教育、文化、卫生、商业以及水电油气、化工等行业管理部门要加强对本系统、本行业技防建设的监督指导，积极稳妥地推进各项工作。

（三）加强协调，规范模式。各级综治部门要紧紧依靠党委、政府，依据《平安河南建设纲要》、《城市居民住宅安全防范设施建设管理规定》、《娱乐场所管理条例》等文件和法规，引导相关部门、单位、用户积极参与技防建设。要按照本方案和本地的建设规划，组织好既有系统改造、新增技防设施和监控平台的建设工作，按照统一标准、统一规范的要求，努力实现所有应当接入到监控平台的视频监控设备的接入。

（四）大力宣传，营造氛围。各地要采取多种方式，通过多种渠道，广泛宣传推进技防体系建设的必要性、重要性，介绍利用联通公司的网络、技术建设技防系统的优势和好处，争取社会各界和广大群众的关心、参与和支持。要注重总结和宣传各地在实践中创造的成功经验，并通过简报、内部通报和召开现场会等形式，引导和推动技防体系建设工作的顺利开展。

深入推进农村平安建设　切实维护农村社会稳定

河南是全国第一人口大省，又是发展中的农业大省，农村人口占全省总人口的65.6%。农村安则社会稳。近年来，我们把农村平安建设作为事关全局的大事来抓，认真贯彻中央综治委的决策部署，以平安农村创建为载体，扎实推进农村社会治安综合治理工作，取得了较好成效。全省农村社会大局稳定，治安状况持续好转。2008年，群体性事件同比下降25.7%，刑事发案下降22.7%。省统计局5万户抽样调查显示，上半年全省农村群众安全感指数达93.7%，比去年底上升3.1个百分点。我们的主要做法是：

一、党委、政府高度重视，切实加强组织领导

河南省委、省政府认真贯彻落实科学发展观，坚持统筹城乡社会经济协调发展，把农村平安建设作为构建社会主义和谐社会的基础工程、推进新农村建设的保障工程、各级党委政府的一把手工程，切实摆上重要位置，加强组织领导。加大保障力度。省财政每年拿出1000万元奖励资金，以奖代补，重点用于农村综治基础设施和技防建设。强化农村综治机构建设。在乡镇机构改革中，明确要求综治办只能加强不能削弱。2008年，省委、政府“两办”又专门下发文件，要求乡镇、街道办事处全部建立规范的综治工作中心，配齐配强专职工作人员，确保基层工作有人抓、事有人办。加强工作机制和领导体制建设，出台了《关于强化平安建设工作责任制的意见》，把农村综治工作纳入党政领导任期责任目标和综合考评体系，实行“一岗双责”、一票否决，加大责任追究和奖惩力度。省综治委紧紧围绕“人民群众满意”的工作目标，以加强督促检查、严格责任制和责任追究制为抓手，以暗访为主要方法，开展全面检查和专项督查，推动工作落实在基层、落实在平常。2008年，全省共组织6次大规模的明查暗访活动，并派出由正厅级领导干部带队的4个督查组，进驻公众安全感落后的4个省辖市督促整改。改进考核办法，注重群众意见和实际工作效果，每半年组织一次全省公众安全感和群众满意度调查。2008年，有4个省辖市和54个县(市、区)因公众安全感低于90%被取消年度评先资格，9个县(市、区)因发生重大不稳定问题被实行重点管理，重点管理期间党政主要领导不得提拔。8名县级以上干部受到责任追究。同时，对连续三年“全省平安建设先进县(市、区)”的党政主要领导给予记功奖励，连续五年的授予荣誉称号，并按照干部管理权限向党委和组织部门书面推荐，作为晋职晋级的主要依据。各级党委、政府和有关部门认真履行维护稳定的“第一责任”，把加强农村平安建设作为一项重点工作，与经济工作同安排、同部署、同检查、同考核，在组织领导、人财物保障等方面大力倾斜。今年前10个月，市县乡三级财政共拨付农村综治专项经费8000余万元。目前，河南省农村综治工作的领导体制、工作机制进一步完善，基层基础工作进一步加强，工作水平不断提高，为社会主义新农村建设提供了有力保障。

二、认真解决农村治安突出问题，增强农民群众安全感

完善农村社会治安动态分析研判机制，针对治安混乱地区，督促指导有关地方开展集中治理，限期扭转面貌；针对社会治安突出问题，集中时间、集中力量开展严打整治。

深入开展打击“两抢一盗”犯罪专项斗争。省委把打击“两抢一盗”犯罪纳入今年常委会工作要点，要求严厉打击农村盗窃牲畜、农机具、电力通讯和水利设施等违法犯罪活动。省委政法委、省综治委制定了具体实施方案，成立了省直政法部门联席会议，明确市县党委政法委书记和各级公检法司一把手是第一责任人，建立了挂牌督破督捕、领导包案等工作制度。省综治办每10天通报一次情况，对打击处理排后3位的省辖市和后10位的县(市、区)点名批评。省公检法机关联合下发了有关文件，完善了相互协作配合的工作机制，明确了对“两抢一盗”案件提前介入、严格程序、提高时效的具体要求。省公安厅先后挂牌督破重大盗抢案件3300起、督捕逃犯3200人，检察机关实行领导包片包案制度，法院系统建立了专门合议庭，司法行政机关开展在押人员“交揭查”活动，揭发犯罪线索9757条，从中破案7293起。各部门联合作战，增强了打击实效，形成了强大的声威。截至10月底，全省破获“两抢一盗”案件同比增加122%，抓获犯罪嫌疑人增加98.7%，审结案件同比上升169%，判处盗抢犯罪人员同比上升162%。“两抢一盗”等多发性侵财犯罪下降16.4%，其中盗窃“三电”设施案件下降55.9%。南阳市是我省的养牛大市，前几年农村盗抢黄牛现象比较突出，2003年仅唐河县就发案1064起，农民群众反映强烈。通过开展专项斗争，近几年该县此类案件很少发生，促进了黄牛养殖业的发展，广大农民群众比较满意。

深化“打黑除恶”专项斗争。继续把“打黑除恶”专项斗争作为农村社会治安综合治理的重点，严厉打击乡霸、村霸、路霸等黑恶势力犯罪。坚持黑恶线索摸排查证责任制，实行有奖举报、领导包案、挂牌督办等制度。省综治委每月听取汇报，通报进度，对工作落后的地方和部门下发督办通知书，限期整改。下大力气深挖幕后“保护伞”，铲除黑恶势力的组织体系和经济基础。上半年，全省18个省辖市公众安全感指数全部达到92%以上，75.4%的受访群众认为，2008年以来当地各类刑事案件明显减少。

三、加强人防技防建设，提高农村治安防范能力

全面实施农村警务战略，推进警力下沉、警务前移。全省每个农村派出所民警都达到了5人以上，派出所警力占县(市)总警力的50%以上。建成了9155个规范的警务室，配备驻村民警14677人，实现了一村一警或一村多警。最近，省委政法委又下发通知，要求省市两级政法部门每年抽调10—20%的机关干警到基层帮助工作，进一步解决基层警力不足的问题。坚持专群结合、群防群治，开展“万警进农村、警民一家亲”和“零发案村”竞赛活动，组织群众开展治安防范。各地乡镇(街道)都建立了10－20人的专职治安巡防队，由县乡财政出资保障，全省共有专职巡防队员3万余人。村组群众因地制宜开展多种形式的巡逻防范，一些经济条件好的农村也建立了专职巡防队，有的还实行“保安进村”巡逻。

针对近年来农村青壮年劳力外出务工增多、留守人员难以长期承担治安防范任务的状况，积极探索加强农村治安防范的新路子，大力开展技防建设，主要推广了五种类型的技防设施：一是视频监控型。在经济条件较好的村和城郊村主要路口安装摄像头，村委会设立监控室，对入村人员24小时监控。二是自动报警型。在乡镇政府所在地的农户和商业门店，安装红外线自动报警装置，与派出所联网，一旦发生警情，能够迅速出警。三是十户联防型。在距离派出所较远、交通不便的村庄，每十户编成一个技防小组，安装相互联网的通话报警装置，一旦发生警情，能够相互救助。四是全村联防型。在村委会值班室设监控主机，与每家农户的终端报警器联网，一旦发生警情，村委会值班人员能够迅速赶到现场。主机价格2000多元，报警器价格20元左右。五是平安互助网。在家庭电话安装率较高的村，以村级电话虚拟网和广播系统为基础，组建村级报警台，农户不用花一分钱，遇到险情就能用自家的电话通过村里的广播喇叭向全村示警求助。这种技防措施受到群众普遍欢迎，仅10月份就有7700个村采用，网内电话从60万户增加到了90万户。各地采取财政补贴、社会捐助、农户自愿出资等办法解决费用问题，并逐村逐户现场演示，使农户自觉加入技防网络。截至10月底，全省农村共安装技防设施10万多台，技防村达到63%，有3万多个。技防建设步伐的加快，有效弥补了农村警力和巡防力量的不足，提高了防范效能。我们计划明年全省95%以上的村、70%以上的农户都安装使用上“平安互助网”。

四、加强综治中心建设，提高基层维护稳定工作能力

2008年5月，省委、省政府“两办”和省综治委分别下发了《关于建立乡镇(街道)综治工作中心的通知》和《关于加强乡镇(街道)综治工作中心建设的通知》，要求各地党委、政府在人员调配、办公条件、经费保障方面制定具体措施，量化标准，9月底前建成70%以上，11月底前全部建成，人员、设施和工作经费全部到位。将综治工作中心建设列入平安建设目标考核，没有完成建设任务的，不得评为平安建设先进省辖市和先进县（市、区）。

在各级党委、政府的大力推进下，全省所有乡镇都建立了比较规范的综治工作中心。主任由党委副书记兼任，设一名副乡级专职副主任，并配备2至3名专职工作人员。整合综治办、信访办、司法所、派出所、法庭等部门力量，统一设立综合服务大厅和接访室、调处室，明确了各部门的责任分工，建立了情报信息会商、矛盾纠纷联调联处等六项工作制度，形成了维护稳定的合力。严格绩效考核和奖惩制度，对达到省级平安乡镇标准的，年终奖励中心主任、副主任一个月的工资；对发生重大问题的，严肃追究责任。建立综治中心主任、副主任政绩档案，将年度考核结果书面通报其上级主管部门和组织、人事部门，作为表彰奖励、晋级晋职的主要依据。有的省辖市还规定，工作连续两年排名末位的，乡镇（街道）主要领导和综治中心负责人不得提拔。

乡镇综治中心在党委、政府的统一领导下，不仅承担着排查整治治安混乱地区和突出治安问题、落实治安防控措施、加强流动人口服务管理、预防青少年违法犯罪、刑释解教人员安置帮教等职责，同时承担着基层矛盾纠纷排查调处、解决群众信访问题等工作任务，充分发挥了“治安联防、矛盾联调、工作联动”的优势。健全矛盾纠纷和重大不稳定问题排查制度，完善定期排查、限时报告、错报漏报责任追究等措施，组织村组每周集中排查一次，综治中心每半个月召开例会进行集中梳理和分析研判。建立群众信息员队伍，对村组排查彻底或弄虚作假而由信息员反映或群众举报的，追究排查不力的责任。建立群众信访问题统一受理制度，实行“首问负责制”，由接访人员负责将问题分解到有关部门，并督促解决、答复群众，避免问题相互推诿。对报结信访案件组织逐案回访，督促检查调解协议的执行，防止出现反复。对因工作不力造成重复上访、越级上访的，追究有关责任人的责任。整合调解力量，建立矛盾纠纷联调联处机制，综合运用行政调解、司法调解、人民调解手段，通过召开听证会、组织巡回调解等方式，调处化解矛盾纠纷。一些地方还建立了“三级例会”、“乡村夜话”、村情民意恳谈会等制度，畅通社情民意渠道，把大量的矛盾纠纷化解在基层，消除在萌芽状态，努力做到“小事不出村、大事不出乡、问题不上交、矛盾不激化”。前10个月，全省共排查农村矛盾纠纷67354起、调处65334起，调处成功率达97%，民转刑案件同比下降22.4%。

建好专职巡防队　防范服务两手抓

郑州市社会治安综合治理委员会

郑州市委、市政府直面社会主义市场经济条件下群防群治面临的人员无保证、经费缺乏、职责定位不准、整体素质不高等挑战，从2002年4月起，每年由财政每年出资7000余万元组建了一支拥有6487名队员的治安巡防队伍，专职专业从事治安防范工作。建队五年来，巡防队员共在巡逻中现场抓获各类违法犯罪嫌疑人及有劣迹人员7120名，协破各类案件3568起，调解民事纠纷38000余件，为群众做好事82000余件。治安巡防队的建立不仅解决了6000余名下岗职工的再就业问题，化影响社会稳定的消极因素为维护社会治安的有生力量，实现了促进下岗职工再就业和增加治安防范力量的“双赢”，而且成功实现了群防群治队伍由兼职向专职转变，由业余向专业转变，由松散向规范转变，探索出了一条“专兼结合、以专为主”群防群治队伍建设新路，已成为平安郑州建设的生力军，被人民群众誉为新时期的“打更人”。主要做法是：

一、财政出资，组建队伍

2002年，市政府决定由市、区两级财政各出资50%在每个社区组建不少于9人，由县（市）财政出资在每个乡镇组建不少于15人的专职治安巡防队。并明确巡防队员工资、保险、服装、装备由政府保障，列入财政预算。巡防队员月基本工资940元，由综治部门按月足额发放；购买基本养老、医疗、工伤、失业、意外伤害等五种保险，解除了巡防队员的后顾之忧；每年为每名巡防队员拨出600元服装费，统一制作巡逻服装；在每个社区、乡镇建立了不小于15平方米的巡防室，配齐办公设施；出资1000余万元为巡防队配备巡逻汽车290余辆、摩托车410余辆、自行车1600余辆、对讲机600余部、橡胶棒6000余根、强光手电2000余个，确保了巡防工作顺利开展。

为加强对巡防队伍的领导，市委、市政府决定拿出35个行政事业编制，在市综治办成立了巡防管理处，各县（市）区及乡（镇）、街道成立巡防工作管理办公室，对治安巡防队实行三级管理。市综治办负责对全市治安巡防工作的指导、协调、督查、考核和后勤保障工作。各县（市）、区巡防办负责辖区巡防队的业务管理。乡（镇、街道）综治办负责巡防队员的报名登记、思想教育和日常执勤工作。

严把巡防队员"入口关"，按照"三个优先、三个不录"原则招录巡防队员，即党、团员优先，大中专毕业生优先，下岗职工、退伍军人优先；有劣迹的人员不录，外来人口不录，法轮功练习者不录，确保把素质高、体能好、业务强的人员招录到巡防队。

二、明确职责，规范管理

一是规范督查。市、县（市、区）街道巡防办分别成立了督察队，对全市巡防队员的巡逻防范情况和遵规守纪情况进行全方位督查。

二是强化培训。采取"五训一考"的办法，即岗前培训、骨干集训、队员轮训、中队周训、违纪培训和年终考核。对新招录队员在上岗前进行为期一个月的巡防业务知识培训；对巡防中队长每半年进行一次封闭式强化训练；对全体巡防队员每年进行一次轮训。通过坚持不懈抓培训，有效提高了巡防队员的政治业务素质。

三是严格奖惩。按照"零发案"、抓获现行、遵规守纪、为民服务等内容，量化、细化考核内容，制定出科学的绩效考核办法，将巡防队员的工资与其所在巡区内可防性案件的发案情况和平时表现挂钩，每月进行一次考评，当月兑现奖惩。对违反"六条禁令"或《治安巡防队管理办法》的，予以严肃处理。5年来，共处罚队员290余名。对在制止违法犯罪活动、抢险救灾、预防重大事故、保护人民群众生命财产安全和为民服务做出突出贡献的及时给予表彰奖励。

四是热诚服务。我们将为辖区群众服务作为巡防队员的重要职责。制定并公开了"为民服务十条承诺"，在社区巡防室门口挂出了"有困难，找巡防"的牌子，随时接受群众求助。大力开展法制宣传活动，采取办黑板报、悬挂标语、小喇叭喊话等形式，普及法律常识，提醒居民防火防盗。及时了解掌握社情民意，化解矛盾纠纷。

三、加强巡防，维护治安

一是加大巡逻力度。在社区楼院，依据治安状况和地域特点在每个社区确定20－30个重要防范点，将防范点串在一起形成巡逻路线。巡防队员采取着装和便装相结合、公开巡逻与秘密巡逻相结合、徒步巡逻与乘车巡逻相结合的方式，沿巡逻路线不间断地进行巡逻。

二是突出巡防重点。把金融场所、广场游园、车站、学校周边、未封闭居民楼院及都市村庄等作为巡逻防范重点。在金融场所早、晚交接款时，指定3名巡防队员到现场看护。在广场游园及周边，派出1－2组巡防队员交叉巡逻。在火车站、长途汽车站，派出"便衣反扒队"。在中、小学门口及周边设立"巡防爱心岗"，在学生上、放学时间，派出巡防队员，到学校门口及周边执勤。

三是人防、技防结合。近年来，我市大力加强技防建设，投入3.58亿元建可视监控中心3403个，探头45787个，基本实现了对社会面、居民区、内部单位全方位技防监控。为最大限度发挥人防、技防效能，我们将专职治安巡防队与技防设施有机地结合起来，在每个技防中心安排9名巡防队员进行24小时监控，其他巡防队员配备电台在辖区昼夜巡逻。

四是整合防范力量。巡防队员与社区保安、门卫整合。巡防队员巡逻到每个楼院时，与保安门卫进行双向签到、相互监督；巡防队员与义务巡逻队整合。每班3名巡防队员各带一支义务巡逻队进行巡逻，增加巡逻密度；巡防队员与企业内保整合。巡防队员与企业内保分工协作，巡防队员重点负责楼院外巡逻，内保人员重点负责楼院内巡逻，内保人员遇到可疑情况，及时通知巡防队员，共同制止犯罪活动。

中共河南省委
关于调整省社会治安综合治理委员会
负责同志的通知

（2008年4月9日）

各省辖市党委，省委各部委，省直机关各单位党组（党委），省管企业和高等院校党委，各人民团体党组：

根据人事变动和工作需要，决定对省社会治安综合治理委员会负责同志进行调整，现将调整后的负责同志名单通知如下：

主　任：李新民（省委常委、省委政法委书记）

副主任：张程锋（省人大常委会副主任）

秦玉海（省政府副省长、省公安厅厅长）

赵金声（省军区副政委）

张立勇（省高级人民法院院长）

蔡　宁（省人民检察院检察长）

王尊民（武警河南省总队总队长）

河南省社会治安综合治理委员会
关于调整省社会治安综合治理委员会委员的通知

（2008年4月15日）

各省辖市社会治安综合治理委员会，省社会治安综合治理委员会各成员单位：

鉴于省社会治安综合治理委员会部分委员工作变动，根据工作需要，决定对省社会治安综合治理委员会委员进行调整。现将调整后的委员名单通知如下：

委　员：王流章　省纪委副书记、省监察厅厅长

马新华　省委组织部副部长

权红军　省委宣传部副部长

李承先　省委政法委副书记

王建西　省委政法委副书记、省综治办主任

王　伟　省委政法委副书记

卢永礼　省委政法委副书记

马修道　省综治办专职副主任

张维宁　省发展和改革委员会主任

蒋笃运　省教育厅厅长、省委高校工委书记

刘世军　省民族事务委员会主任、省政府宗教事务局局长

孙世海　省公安厅副厅长
王旭升　省国家安全厅厅长
杨　云　省民政厅厅长
王文海　省司法厅厅长
钱国玉　省财政厅厅长
郭俊民　省人事厅厅长
孔令晨　省劳动和社会保障厅厅长
张启生　省国土资源厅厅长
查　敏　省建设厅厅长
董永安　省交通厅厅长
杨盛道　省信息产业厅厅长
王仕尧　省水利厅厅长
朱孟洲　省农业厅厅长
王照平　省林业厅厅长
杨丽萍　省文化厅厅长
马建中　省卫生厅厅长
孟宪臣　省人口和计划生育委员会主任
周春艳　省信访局局长
董光峰　省工商行政管理局局长
高德领　省质量技术监督局局长
赵景春　省广播电影电视局局长
詹玉荣　省新闻出版局局长
李松武　省食品药品监督管理局局长
苏福功　省旅游局局长
冯永臣　省政府外事侨务办公室主任
余兴成　省政府法制办公室主任
张国辉　省安全生产监督管理局局长
桑金科　省总工会常务副主席
陈砚秋　省妇女联合会主席
岳文海　郑州新郑国际机场管理有限公司总经理
刘春辉　省军区政治部副主任
许亚非　武警河南省总队参谋长
张军邦　郑州铁路局局长
宋灵恩　省通信管理局局长
栗洪显　郑州海关关长
计承江　中国人民银行郑州中心支行行长
欧　伟　中国保监会河南监管局局长

河南省各市、县(市、区)综治委、办主任名单

地　区	综治委主任	综治办主任
郑州市	高建慧	付为民
中原区	陈华云	魏东一
二七区	李章坤	董力锋
管城区	周顺义	郭新义
金水区	刘　安	王延军
上街区	翟国防	张宝成
惠济区	王正轩	陈学民
新郑市	张国宏	秦彩霞
登封市	李长义	李智鑫
新密市	薛晓军	赵　滨
巩义市	李明桢	张昌辉
荥阳市	王双圈	陈向辉
中牟县	张永远	王延州
三门峡市	郭绍伟	雷振杰
湖滨区	刘敬哲	张永星
义马市	尚志军	李好国
灵宝市	李少白	张启升
渑池县	张邦年	王　良
陕　县	刘小亭	黄学成
卢氏县	马书军	刘亚丽
开发区	黄来胜	张君慧
洛阳市	郭丛斌	李　新
西工区	张世敏	赵治生
老城区	翟应征	吴新元
瀍河区	马志强	李玉生
涧西区	刘湖镜	李根庆
吉利区	于建庄	武京哲
洛龙区	张建慧	郭钟常
偃师市	原文涛	卢建章
孟津县	杨建国	段润宏
新安县	王敬林	李要斌
栾川县	谷树森	杨保献

地 区	综治委主任	综治办主任	地 区	综治委主任	综治办主任
嵩 县	马振宇	李景朝	安阳县	刘世江	李天成
汝阳县	侯俊义	孟宪培	汤阴县	张振清	毛玉文
宜阳县	谭建忠	李万民	滑 县	薛文明	张国法
洛宁县	高维勋	王晓辉	内黄县	郑象征	魏继飞
伊川县	娄会峰	余新报	**濮阳市**	陈凤喜	杨炳立
焦作市	原振喜	杨吉喜	华龙区	张怀玺	陈海军
解放区	禹进才	宁建武	清丰县	张润卿	田再普
山阳区	杜安禄	祁永前	南乐县	张献宇	王彦民
中站区	刘持祥	李拥军	范 县	赵茂辰	王现民
马村区	刘国庆	王爱玮	台前县	张悦华	徐 军
孟州市	耿诚义	林金虎	濮阳县	梁臣朝	刘亚涛
沁阳市	赵同金	王 兆	高新区	郭德录	刘红民
修武县	尚在军	张利敏	**开封市**	张 勇	李合耕
博爱县	王国建	史鸿蔚	鼓楼区	刘俊杰	赵杰辉
武陟县	赵永昌	李进军	龙亭区	张国斌	宋付振
温 县	胡义胜	侯军太	顺河区	周 丰	由长永
新乡市	李公乐	肖玉魁	禹王台区	夏 伟	朱 健
卫滨区	岳绍琪	刘卫东	金明区	张松文	支天恒
红旗区	梁殿忠	郭潇漪	杞 县	牛越丽	郭 平
凤泉区	李泽宙	周清云	通许县	张胜涛	王国强
牧野区	闫国玺	王振杰	尉氏县	曹法英	刘 鹏
卫辉市	田 贞	侯国忠	开封县	于吉英	王国富
辉县市	王献臣	赵永军	兰考县	黄道功	王凤普
新乡县	赵茂林	杨建新	**商丘市**	胡向阳	杜志强
获嘉县	郭 晓	李吉海	梁园区	马富国	窦福义
原阳县	万荫生	张金星	睢阳区	刘 沛	刘立民
延津县	王 林	张春学	永城市	吴孟铎	王玉光
封丘县	韩光亮	赵秀鹏	虞城县	张 新	朱宣聚
长垣县	王佩珍	吉晓东	民权县	江文玉	赵秀文
鹤壁市	杨京伟	李传平	宁陵县	贾宏宇	杨克华
淇滨区	仝大宏	何海林	睢 县	魏昭炜	姚东海
山城区	张海军	魏建成	夏邑县	许家林	王晓颖
鹤山区	黄朝锋	叶顺生	柘城县	张家明	闫海涛
浚 县	曹林淇	乔红军	**许昌市**	蒋克勤	卢自然
淇 县	王本祥	张朝生	魏都区	李 水	张 锎
安阳市	李文斌	李长顺	禹州市	周庚寅	周振峰
北关区	张建国	于自伟	长葛市	赵正风	张同岭
文峰区	李现江	郭瑞萍	许昌县	王 堃	张建甫
殷都区	郭长周	王 玉	鄢陵县	张海涛	张建勋
龙安区	姬克杰	范晓民	襄城县	崔国欣	常福桥
林州市	丁庆书	郭江法	**漯河市**	崔新芳	王新田

地　区	综治委主任	综治办主任	地　区	综治委主任	综治办主任
源汇区	张国啸	朱风田	平桥区	张　进	靳明亮
郾城区	陈　平	胡兆宏	息　县	吴　蕾	王海峰
召陵区	蒋志安	李来轩	淮滨县	李　强	潘俊龙
舞阳县	张静毅	黄国安	潢川县	焦豫汝	张彦飞
临颍县	郭国辉	曹世安	光山县	杨祖兴	周文兵
平顶山市	李永胜	陈聚成	固始县	方　波	张德才
新华区	柳玉君	贾国平	商城县	胡培刚	彭三红
卫东区	丁少青	苏胜利	罗山县	万汉华	马自春
湛河区	李丰海	张平西	新　县	詹玉锋	刘义军
石龙区	朱朝阳	王墨轲	**周口市**	毛超峰	史廷民
舞钢市	祝义方	南献民	川汇区	吴长江	赵　辉
汝州市	丁国浩	翟　洲	扶沟县	田永红	王风春
宝丰县	刘江峰	白太和	郸城县	刘占方	赵先防
叶　县	侯树辉	杜进伟	西华县	赵新安	孙全明
鲁山县	姚莲叶	李晓兰	太康县	王国玺	贾兆选
郏　县	郭国顺	吴晓阁	鹿邑县	杨廷俊	王　威
南阳市	王建民	王西敏	沈丘县	王云彪	董　磊
卧龙区	褚清黎	赵英凯	项城市	王宇燕	田　良
宛城区	潘自东	李　松	淮阳县	任连军	韦新灵
方城县	毕新民	杜学玺	商水县	张绍军	张海亚
西峡县	李长江	周礼科	**驻马店市**	化有勋	褚东杰
南召县	郭建国	张　昭	驿城区	戚存杰	张彦林
内乡县	李苏宾	张万东	确山县	王明威	董宏建
桐柏县	欧阳增林	靳　胜	泌阳县	王富兴	赵全来
邓州市	杨振云	张建民	遂平县	杨汝北	王集学
镇平县	邵贺龙	鄢志勇	西平县	王廷军	张建辉
唐河县	赵文林	王照宏	上蔡县	李海洲	朱青龙
新野县	程治敏	张志平	汝南县	崔　流	王集学
社旗县	王　磊	李富贵	平舆县	刘汝生	周　峰
淅川县	程立远	迟高平	新蔡县	代文杰	杨　涛
信阳市	高俊峰	郑　怡	正阳县	赵兴华	李艳梅
浉河区	董立武	王文业	**济源市**	李　刚	张永和

（撰稿人：郭勇
审稿人：王建西　禹丽芸）

湖　北　省

2008年社会治安综合治理工作概况

2008年，湖北省各地各部门以科学发展观为指导，采取非同寻常的措施，严厉打击各种刑事犯罪，大力加强矛盾纠纷排查调处机制和治安防控体系建设，深入开展"两个排查"活动，着力强化基层基础，全面落实综合治理各项措施，有效保障了奥运火炬在湖北省顺利传递、中博会和国际传统武术节的成功举办，实现了北京奥运进京非正常上访、群体性事件、重大刑事案件下降，没有发生暴力恐怖袭击事件、危害国家安全和社会稳定的重大政治事件以及大规模群体性事件、群死群伤治安灾害事故的目标，实现了大灾之年大平安、大稳定。

一、强化领导责任制，进一步增强各级各部门抓综治保平安的责任感

（一）各级党委、政府高度重视，切实加强领导。省委、省政府坚持把综合治理和平安建设作为贯彻落实科学发展观的重要内容，加强领导，狠抓落实。先后召开全省政法工作会议、全省综治工作会议、全省维稳工作会议，就加强综合治理、维护社会稳定、推进平安建设、确保奥运平安等工作进行部署。省委常委会批准了《湖北省省直单位社会治安综合治理工作考评与奖惩办法》，两办下发了《关于进一步加强社会治安综合治理工作的意见》（鄂办发〔2008〕13号）。按照中央综治委对湖北省综合治理工作提出的新要求，省委副书记、省综治委主任杨松主持综治委主任办公会议专题研究，省委书记罗清泉、省长李鸿忠作出重要批示，省委常委会专门研究提出了进一步加强综合治理工作的措施。省委、省政府、省综治委领导坚持率先垂范，带头抓督办、抓落实，杨松、吴永文、蒋大国、赵斌、李宗柏先后就13号文件、综治条例、综合治理工作落实情况进行了督办检查。各级党委、政府始终坚持把综合治理工作与经济社会发展同研究、同谋划、同部署、同考核。

（二）坚持一把手负总责，进一步强化目标管理责任制和领导责任制。根据中央综治委的要求，省委书记罗清泉、省长李鸿忠同时与各市州和省直单位签订了2008年综合治理目标管理责任书，以平安奥运为目标，明确了各级各部门综合治理工作的责任和措施。各地各部门都层层签订综合治理目标管理责任书，形成了纵到底、横到边的综合治理和平安建设工作目标管理责任体系。为推进综合治理目标管理措施落实，省综治委多次组织综治委委员巡视督办，并先后提请省人大常委会、省政协组团进行专题视察，省综治办两次召开市州综治办主任会议座谈交流责任书落实情况，进一步推动目标责任制的落实。

（三）建立领导干部综治工作实绩档案，加强绩效考核，严格奖惩。一是坚持把党政领导干部抓综治保平安的实绩与领导干部的晋职晋级、表彰奖励和年度考核挂钩。省委组织部与省综治委联合制定下发了《关于建立党政领导干部综治工作实绩档案的通知》（鄂综治委〔2008〕29号），建立了党政领导干部选拔任用联席会议制度，定期通报情况。二是加大表彰奖励力度。2008年，省委、省政府共拿出294万元用于奖励综合治理工作先进单位和个人。表彰奖励6个优胜市州的党政一把手、党政分管领导每人5000元；命名表彰了37个平安县（市、区），每个平安县（市、区）奖励5万元。省综治委还表彰奖励了150个基层单位和200名优秀治安中心户长、治保调解人员，每个先进单位奖励5000元，每位先进个人奖励800元。各地党委、政府和各部门都拿出专门经费，对年度考评为优胜等次的单位责任人进行奖励。三是加大一票否决力度。市县两级综治委对145个单位进行了否决，取消了有关责任人晋职晋级和评先受奖资格。

（四）进一步加大对综治工作的保障力度。湖北省在继续给予市州、县（市、区）转移支付补助的基础上，把范围扩大延伸到乡镇街道，每个乡镇、街道补助综治经费1万元。各县（市、区）都分别按照人均0.3元、0.5元和1元的标准把综合治理和平安建设工作经费纳入财政预算。

二、强化平安奥运工作，坚持开展“两个排查”和严打整治斗争

（一）认真开展“严打”整治斗争，始终保持对严重刑事犯罪的高压态势。按照全省统一部署，各地因地制宜开展“严打”整治斗争，始终保持对严重刑事犯罪的高压态势。全省全年共破获各类刑事案件7.9万余起，抓获违法犯罪人员6.7万余人。省综治委还先后就自行车被盗、盗窃破坏“三电”、油气田及输油气管道安全保护、传销活动、重大项目治安秩序等工作进行了专项整治。

（二）强化矛盾纠纷排查调处和治安混乱地区、突出治安问题排查整治工作。为确保奥运期间的安全稳定，从4月到9月，湖北省综治委部署在全省集中开展了排查调处矛盾纠纷、排查整治治安混乱地区和突出治安问题的“大排查、大调处、大整治”活动。通过认真调研，确定了15个问题作为排查调处矛盾纠纷的重点，确定了20个方面问题作为排查整治突出治安问题的重点。各地按照省综治委的部署，结合实际，逐村逐社区逐单位开展排查，对排查出来的问题，逐一制定方案，逐一落实牵头部门、责任单位和责任人，集中力量解决。坚持“零报告”制度、重大矛盾纠纷挂账督办制度和领导包案责任制，对可能引发群体性事件的问题进行挂牌督办。全省共排查出矛盾纠纷69611件，调处64195件，调处率达92.22%，排查整治治安混乱地区194个。省综治委还制定了《湖北省治安混乱地区和突出治安问题排查整治工作规则》、《湖北省社会矛盾纠纷排查调处工作规则》，进一步促进两个排查工作的制度化、规范化建设。

三、强化基层基础，进一步健全完善治安防控体系

（一）基础建设进一步加强。一是加强了乡镇综治组织建设。全省大多数乡镇街道都落实了专职综治办主任或副主任，按2－3人配备了综治专干。目前，全省1221个乡镇街道共配备综治专干3543人。二是建立了乡镇综治维稳中心。按照省委副书记、省综治委主任杨松的要求，在全省大力推动乡镇综治维稳中心建设，整合乡镇综治、信访、公安、法庭、司法、民政等部门力量，形成了基层综治工作合力。三是加强了基层治保调解组织和内保组织建设。在机关、团体、企事业单位建立内部保卫组织。进一步健全城乡治保调解组织，确定一名专职人员负责治保调解工作。四是落实了经费保障。按照13号文件要求，村、社区治保调解工作经费由县（市、区）财政解决，群防群治所需经费按照“以钱养事”原则，由各级地方财政列入预算。

（二）社会治安防控体系建设进一步完善。一是公安政法机关的骨干作用进一步加强。全省基层一线实有警力达到县级公安机关总警力的89%，派出所实有警力达到县级公安机关总警力的49%。大中城市和县市城关地区都建立了“网格化”巡逻机制和“5分钟控制圈”，增强了社会治安的防控能力。二是人民群众的主力军作用进一步发挥。在城市社区普遍组建专兼职结合的安保队进行巡逻守护；在企业单位，普遍建立健全内保组织，配备保卫人员，落实值班守护制度；在农村，广泛开展联户联防等群防群治活动。全省共有各种形式的治安巡逻队5000余支，群防群治队伍达100余万人。三是技防建设速度加快。各地把技防建设纳入城市建设总体规划，加大技防建设投入，全省已安装视频监控探头30余万个，初步建立起了覆盖交通要道、城市进出口、商场、金融网点、医院、学校、收费站、集贸市场、娱乐场所等重要地区、重点部位和重点单位的视频监控系统。

（三）平安建设力度进一步加大。2008年初，省委、省政府和省综治委对全年平安建设进行部署，将平安建设纳入综治责任目标，通过责任书把创建任务下达到各地各部门。各地各部门围绕创建任务和要求，创新落实措施，不断丰富创建内容，拓展创建范围。2008年，省委、省政府再次命名了37个平安县（市、区），全省89%的县（市、区）进入平安县（市、区）行列。

四、加强社会管理，进一步深化落实各综治专项工作

（一）流动人口服务与管理工作有新突破。

省委常委会听取汇报,认真研究,对省流动人口服务与管理工作领导小组及办事机构进行了调整、充实。各地由“以证管人”向“以房管人”转变,以人均管理200－300套(间)出租房屋的标准在城市街道选聘专门人员管房管人,对流动人口管理服务经费作出规定,并制定了《关于进一步加强流动人口服务和管理工作的意见》。各地加大对流动人口摸排登记,落实管控措施,特别是加强了对重点人口的管理。

(二)社区矫正和刑释解教人员帮教安置工作有新进展。省社区矫正帮教安置领导小组召开会议对社区矫正帮教安置工作进行了研究部署,要求各地狠抓矫正质量,规范矫正工作,巩固矫正成果,探索长效机制。2008年11月份,在罗田县召开了全省社区矫正帮教安置工作经验交流现场会,总结交流帮教安置工作的成功做法与经验,对社区矫正帮教安置工作提出了新要求。

(三)预防青少年违法犯罪工作有新实效。各地坚持对青少年开展思想道德教育、法制宣传教育、自护教育,强化服务措施,围绕满足青少年就学就业、成长发展需求加强服务和管理,扎实推进维权促预防工作品牌项目建设,帮助青少年建立远离犯罪屏障,有效预防和减少青少年违法犯罪。

(四)铁路护路联防工作上新水平。以确保铁路提速安全、压减路外伤亡、抗冰雪保畅通、保奥运安全为重点,继续深化平安铁路示范路段创建活动,加强涉铁矛盾纠纷排查调处,加大涉铁突出治安问题集中整治和铁路沿线废旧金属收购站点专项治理力度,涉铁刑事案件、治安案件、交通事故和群体性事件持续下降。2008年,省铁路护路工作在全国考评中名列第一,受到中央护路办表彰。

(五)学校及周边治安综合治理工作有新特色。省级领导带头每人联系一所高校,经常深入高校调研,现场办公解决问题。所有的中小学都聘请了法制副校长,开设了法制课,建立了一校一警的治安包保责任制,成立了内保组织和护校队,定期对校园及周边治安问题、矛盾纠纷进行排查、整治和调处。6月中旬,全国学校及周边治安综合治理工作现场会在湖北省召开,湖北省介绍了经验,受到中央综治委和与会代表的充分肯定。

五、强化齐抓共管,省直单位综合治理工作出现新局面

(一)全面实行目标管理。2008年,湖北省扩大了省直单位综合治理目标管理范围,与省委、省政府签订综治责任书的省直单位由112个增加到158个,做到了全覆盖。对省直单位综合治理全部实行目标管理,推动省直单位落实“三自”方针,加强内部防范和平安建设。

(二)进一步健全省直单位综治工作考评奖惩机制。省委常委会通过了《省直单位社会治安综合治理工作考评与奖惩办法》,将省直单位综合治理奖励纳入省直机关目标责任奖励体系,作为综合目标管理奖项之一。2008年,对64个考评为优胜等次、94个完成目标的省直单位全体干部职工分别进行了奖励。

(三)充分发挥综治成员单位作用。省综治委进一步健全完善综治委全会制度、五部委联席会议制度、述职制度、联系点制度、联络员制度、巡视督办制度。各位委员认真履行职责,充分发挥决策、督办、攻坚和指导基层的作用,带领成员单位积极履行职能。

六、强化检查督办,力求各项工作落实到基层

一是开展暗访督办。采取食宿自理、不打招呼、不要陪同、不通知行程、排除干扰的方式,省综治委组织督办组3次对全省综合治理工作进行了暗访,及时提出整改意见,并督促基层进行整改。二是进行通报督办。省综治委对各市州考评排名末位的县(市、区)及主要问题进行通报,对被通报地区实行重点管理。省、市两级综治办对被通报地区加强指导,推动所在地解决存在的问题。三是加强委员巡视督办。奥运会前,省综治委组织8个巡视组,由省综治委委员带队,对各市州、直管市、林区执行责任书,贯彻落实13号文件和条例,落实奥运安保措施和“两个排查”开展情况进行了集中巡视督办。对巡视督办发现的问题进行了通报,限期整改。

七、进一步加大综治宣传力度、积极营造平安建设氛围

根据中央综治委安排,中央电视台于2008年“两会”期间就平安湖北建设专题采访了省长李鸿忠同志,李鸿忠同志对深入推进平安湖北建设提出了要求。省综治委、省委宣传部下发了《2008年全省平安建设宣传工作意见》，要求各地深入推动《湖北省社会治安综合治理条例》进村入户，认真开展各种形式的宣传活动，广泛发动群众参与综合治理和平安建设，努力提高群众的知晓率、参与率。省委、省政府、省综治委领导高度重视见义勇为工作，带头走访慰问见义勇为困难家庭。省见义勇为基金会在全国率先设立了爱心账户，给予全省第一批54个见义勇为人员困难家庭每月补助800元。

中共湖北省委办公厅　省政府办公厅
进一步加强社会治安综合治理工作的意见

（2008年4月17日）

为了确保北京奥运会安全，为中博会、奥运火炬传递在湖北传递创造良好的社会治安环境，根据中央有关会议精神和我省实际，经省委、省政府同意，现就进一步加强社会治安综合治理工作提出如下意见。

一、始终高度重视社会稳定工作

维护社会稳定是一项长期的工作任务。特别是今年我们要举办北京奥运会，并迎来改革开放30周年，人民欢欣鼓舞，全球举世瞩目。但是国际上一些反华势力操纵和利用“藏独”、“疆独”、“台独”势力以及“法轮功”邪教组织，趁机进行捣乱破坏。国内各种不稳定因素也潜滋暗长，国家安全和社会稳定面临着前所未有的严峻挑战和压力。湖北地处中部，九省通衢，战略地位显要，在维护社会稳定中所承担的任务十分艰巨。各地各部门党政主要负责同志要切实增强忧患意识，牢固确立“稳定压倒一切，责任重于泰山”的观念，真正承担起维护稳定的第一重任。要树立长期作战的思想，切实加强组织领导，把确保奥运会的胜利召开作为今年的头等政治任务，思想上高度重视，工作上精心部署，严防发生影响国家安全和社会稳定的重大政治事件和重大暴力恐怖活动，严防发生在全国全省有影响的重大群体性事件和集体进京上访活动，严防发生恶性刑事案件和重大安全生产事故。

二、认真搞好矛盾纠纷和突出治安问题的排查化解和整治

一是按照《中共中央办公厅、国务院办公厅关于转发〈中央社会治安综合治理委员会关于进一步加强矛盾纠纷排查调处工作的意见〉的通知》（中办发[2000]17号）要求，建立完善并严格执行矛盾纠纷排查工作制度，建立长效工作机制，努力把矛盾化解在基层，化解在萌芽状态。二是按照中央综治委、中央维护稳定工作领导小组的部署，在全省深入开展矛盾纠纷和突出治安问题的“大排查、大调处、大整治”活动，集中力量解决好影响社会和谐稳定的突出问题。对重大矛盾纠纷和突出治安问题要落实责任，进行挂牌督办，及时调处整治。三是严格管理危险物品。决不允许一枪一弹、一管炸药、一枚雷管和剧毒化学品等危险物品非法流入社会，落入危险分子手中，散失在民间，严防发生爆炸、枪击、投毒事件。四是在交通要道设立治安检查站，加强对可疑人员和易燃易爆物品、可疑物品的盘查检查力度，及时发现和打击违法犯罪活动。

三、积极贯彻“专群结合、依靠群众”的工作方针

专门机关与群众相结合是我们的根本工作路线，也是我们党的优良传统和政治优势。要充分动员组织群众参与维护社会治安，大力开展群防群治，积极推动各种治安联防，组建治安巡逻队进行巡逻守护，日查夜巡，特别加强水、电、油、气、电信、通讯和车站、码头、机场和人口居住密集区等重点单位、重点部位、重要目标和公共复杂场所的巡逻防控。所需经费要按照“以钱养事”的原则，由各级地方财政列入预算。

四、大力加强基层治保调解组织和内保组织建设

机构、团体、企事业单位要坚决贯彻落实国务院《企事业单位内部治安保卫条例》及《湖北省机关、团体、企业、事业单位治安保卫工作条例》，建立内部保卫组织，落实专门工作人员。要健全城乡治保调解组织，城乡所有社区和所有村都要确定一名专职人员负责治保调解工作，夯实维护社会稳定的第一道防线。充分发挥治保调解组织开展治安防范、调解矛盾纠纷、提供情报信息的作用。同时，大力加强基层综治组织建设，所有乡镇街道党委、政府都要明确专抓综治工作的副职和配备综治专干。社区、村级治保调解工作经费由县、市、区财政解决。

五、加大治安防范特别是技防工作力度

要按照人防、物防、技防三位一体的要求，建设治安防控体系。进一步完善技术防范规划，加大投入，分步实施，重点加强城市（含县城）视频监控系统的建设。逐步建立起覆盖全省交通要道、城区进出口、社区、商场、金融网点、医院、学校、收费站、集贸市场、娱乐场所等重点部位、重点地区和重点单位的视频监控系统，全面实施监控。在农村逐步推广使用经济适用、防范效果好的人防、物防和技防设施。

六、进一步加强对流动人口的服务和管理

认真落实《中共中央办公厅、国务院办公厅转发〈中央社会治安综合治理委员会关于加强流动人口服务和管理工作的意见〉的通知》（厅字[2007]11号）和全国社会治安综合治理工作广东会议精神，充分借鉴深圳等地经验，切实加强对流动人口的服务和管理。实现由“以证管人”向“以房管人”的转变，以人均管理200—300套（间）出租房屋的标准在城市街道选聘专门人员管房管人，所需经费可从房屋出租税费中提取。近期专门组织一次对外来人口的集中排查工作，做到底数清、情况明。重点抓好娱乐场所、施工单位、城郊结合部和“城中村”外来人口的清理登记，不留管理盲点和空档。

七、切实加隐蔽战线的斗争

公安机关、国家安全机关要加强协作配合，充分调动各方面的资源和力量，采取公开与秘密相结合等多种手段，建立反应灵敏、快速传递的情报信息系统，及时获取预警性、内幕性、深层次的信息，做到敌动我知、未动先知，预警于先、预策于前，切实把敌情社情纳入视野，把握在掌控之中，牢牢掌握斗争主动权。

八、建立一支有战斗力的防暴队伍

各市州公安机关都要有一支处置应急事件的机动力量，在关键时能及时有效应对处置各类突发事件。要制定应对各类事端的有效预案，并进行必要的实战演练，提高处置应急突发事件的水平。要加强队伍的技能培训，提高素质能力，提供有力保障，使这支队伍成为维护稳定的尖刀和铁拳。

中共湖北省委组织部　湖北省人事厅关于省管党政主要领导干部和分管综治工作的领导干部评先、受奖征求省综治部门意见的试行办法

（2008年11月12日）

各市州、直管市、神农架林区党委组织部、政府人事局，各大型企事业单位、大专院校党委，省委各

部委，省级国家机关各委办厅局党组（党委），各人民团体党组：

根据中央综治委、中组部《关于党委组织部门在参加社会治安综合治理工作中进一步发挥好职能作用的意见》（中组发［2003］25号）和中央综治委等五部委《关于实行社会治安综合治理领导责任制的若干规定》的要求，结合我省实际，现就省管党政主要领导干部和分管综治工作的领导干部评先、受奖征求省综治部门的意见提出以下办法：

一、征求意见的范围

省委管理的地方和部门中的党政主要领导和分管综治工作的领导干部。

二、征求意见的程序

省委组织部承办表彰的地方和部门中的党政主要领导干部和分管综治工作的领导干部，由省委组织部征求省综治部门的意见。其他单位表彰的，由表彰单位征求省综治部门的意见。

三、征求意见的方式

表彰单位在报省委、省政府审批之前，一般以书面形式征求意见，由表彰单位向省综治部门发《征求意见函》。省综治部门在接到《征求意见函》的一周内向表彰单位书面反馈意见。

因特殊情况，表彰单位不能按时送出征求意见函或综治部门需要延长办理期限的，应说明情况，协商办理。

湖北省社会治安综合治理委员会《湖北省省直单位社会治安综合治理工作考评与奖惩（暂行）办法》的通知

（2008年4月17日）

省社会治安综合治理委员会成员单位：

根据《湖北省社会治安综合治理条例》，省综治办、省财政厅、省人事厅共同研究制定了《湖北省省直单位社会治安综合治理工作考评与奖惩（暂行）办法》，现印发给你们，请认真遵照执行。

湖北省省直单位社会治安治理工作考评与奖惩（暂行）办法

（2008年3月19日）

根据《湖北省社会治安综合治理条例》和省委、省政府《关于进一步加强社会治安综合治理的意见》（鄂发〔2002〕15号）、《关于执行社会治安综合治理一票否决权制的规定》（鄂发〔2001〕19号），以及省委办公厅、省政府办公厅转发的省综治委、省纪委、省委组织部、省人事厅、省监察厅《关于执行社会治安综合治理一票否决权制的实施细则》（鄂办发〔2003〕25号）等有关法规和文件精神，制定本办法。

一、考核与评定

省直单位社会治安综合治理的考核评定是省直机关目标责任制考评工作体系的重要组成部分，在省委、省政府统一领导下进行。

（一）考核

1. 组织实施。每年年底前，由省综治委对当年省直单位的社会治安综合治理考核工作单独进行安排部署，省综治办具体组织实施。

2. 考核对象。每年与省委、省政府签订《省直单位社会治安综合治理目标管理责任书》（以下简称《责任书》）的省直单位。

3. 考核内容。当年《责任书》规定的目标任务、当年省委、省政府和省综治委部署的有关社会治安综合治理和平安建设工作。

（二）评定

评定工作由省综治委专门组织实施。省综治办根据《省直单位社会治安综合治理检查考评办法》，对各项考核结果进行汇总综合，按百分制从高分到低分排序，并提出奖惩意见，报请省综治委主任办公会议审定。

二、奖励

（一）奖励对象

奖励对象是与省委、省政府签订《责任书》，并且在年度考评中成绩突出的省直单位及其全体人员（在职在编人员、离退休人员）。

（二）奖励办法

将本项奖励纳入省直机关目标责任奖励体系，作为综合目标管理奖项之一。对年度考评中成绩突出的省直单位，由省委、省政府授予"全省社会治安综合治理优胜单位"荣誉，并按当年第12月份人均月工资总额为标准，对其全体人员进行一次性奖励。

对年度考评为合格的省直单位，参照省直机关目标责任奖励办法中对合格单位的规定执行。

三、惩处

（一）惩处对象

惩处对象是与省委、省政府签订《责任书》而未完成目标责任任务的省直单位。

（二）惩处办法

1. 黄牌警告

对给予黄牌警告的省直单位取消其当年"全省社会治安综合治理优胜单位"的参评资格。

2. 一票否决

（1）对连续两年被黄牌警告的省直单位，实行一票否决。

（2）被一票否决的省直单位，连续两年取消其"全省社会治安综合治理优胜单位"的参评资格。

本办法由省综治办负责解释。

湖北省社会治安综合治理委员会
中共湖北省委组织部
关于建立党政领导干部综治工作
实绩档案的通知

（2008年11月6日）

各市州、直管市、神农架林区社会治安综合治理委员会、党委组织部，省直各单位：

为了进一步贯彻党中央、国务院和全国人大常委会关于加强社会治安综合治理的决定精神，落实社会治安综合治理领导责任制，使各级党政领导牢固树立科学发展观和正确政绩观，认真履行社会治安综合治理职责，推动我省社会治安综合治理和平安建设深入发展，根据中央综治委、中央组织部《关于党委组织部门在参与社会治安综合治理工作中进一步发挥好职能作用的意见》（中组发[2003]25号）和《中央综治委、中央纪律检查委员会、中央组织部、人事部、监察部关于实行社会治安综合治理领导责任制的若干规定》，省综治委、省委组织部决定，在全省建立党政领导干部社会治安综合治理工作实绩档案。现通知如下：

一、建档对象

建立综治工作实绩档案的领导干部包括，各级党委、政府主要领导和分管社会治安综合治理工作的领导；党委工作部门和国家机关、人民团体的主要领导。

二、工作分工

（一）省委组织部、省综治办负责建立市州、直管市、林区党政主要领导、分管领导和省直单位主要领导综治工作的实绩档案。

（二）各地组织部、综治办负责建立下一级党政主要领导、分管领导及同级直属单位主要领导的综治工作实绩档案。县（市、区）委书记和县（市、区）长的综治实绩档案要报省委组织部、省综治办备案。

（三）在党委组织部的指导下，由各级综治办负责建档和管理工作，并将党政领导干部年度综治工作主要情况登记表报同级党委组织部门备案。

三、建档内容

（一）党政领导干部基本情况，包括姓名、职务、任现职时间、分管工作、在综治委任职等情况；

（二）本年度党委（党组）、政府研究、部署和检查综治工作的情况；

（三）领导干部亲自研究和协调解决综治工作问题和困难的情况；

（四）领导干部本年度履行综治职责的述职报告；

（五）上级综治委对其所负责地区（单位）的考评情况；

（六）本地区本单位和领导干部个人综治工作的奖惩情况；

（七）其他应纳入实绩档案的有关情况。

四、建档程序

（一）上报情况。各级综治办和组织人事部门按照要求，将本地本单位和建档对象的基本情况和履行综治职责的情况，于每年年底前报上一级组织部和综治办。

（二）检查考评。综治委每年组织的年度综治检查，要重点对各地各单位主要领导、分管领导执行社会治安综合治理目标管理责任书和履行综治工作职责情况进行检查考评，并作出评价。

（三）评议审定。根据综治检查考核作出的评价意见，召开综治委、纪委、组织部、人事厅（局）、监察厅（局）等五部委（厅局）联席会议进行集体评议，作出考评结论，报综治委主任或综治委主任办公会审定。

五、档案使用

各级组织部门和综治机构要按照中央和省委关于严格执行党政领导干部社会治安综合治理责任制的规定，把党政主要领导干部和单位领导抓社会治安综合治理工作的实绩列入年终考核、定期考核的内容，并把党政领导干部综治实绩档案作为干部任用、晋职晋级和评先受奖的重要依据。

六、工作要求

建立党政领导干部综治工作实绩档案，是落实社会治安综合治理领导责任制的重要环节。各地各有关单位要高度重视，切实加强领导。各级组织部门、综治办要密切配合，加强沟通，确保此项工作的有效落实。

附件：湖北省党政领导干部年度综治工作主要情况登记表（略）

健全工作机制　营造和谐环境
不断加强和改进流动人口服务管理工作

武汉市社会治安综合治理委员会

近年来，特别是今年省委办公厅、省政府办公厅《关于进一步加强社会治安综合治理工作的意见》下发后，我市把流动人口服务管理工作作为改善民生、构建和谐社会的一项重要内容，坚持"公平对待、合理引导、完善管理、搞好服务"的工作方针，不断完善党政领导、综治协调、公安为主、部门参与、齐抓共管的工作机制，大力加强和改进流动人口服务管理工作，促进了平安和谐武汉建设。

一、办好实事，加强服务和维权工作

武汉市从2005年开始，每年为流动人口办实事，其内容涉及帮助指导就业、解决子女就学、提供医疗服务、改善工作生活条件、提供法律援助、保障人身财产安全、丰富业余文化生活等多个方面。如，全市每年举办近百场就业招聘会，免费对4.5万农民工开展职业培训，帮助农民工就业；全市300多所中小学招收14.9万多名流动人口子女，并免收借读费，使他们平等享受义务教育的权利；流动人口在社区卫生服务机构就医享受与城市居民同等的"五免六减"优惠政策；在全市启动进城务工人员专用住宅和标准化简易住房建设，续建农民工公寓，改善其居住条件；积极推进户籍制度改革，开展优秀农民工、"杰出务工青年"评选表彰活动，并为其解决武汉市常住户口。这些服务举措，深受流动人口的欢迎，受到社会各界的赞誉。

二、整合力量，加强流动人口服务管理组织建设

市委、市政府一直高度重视流动人口服务管理工作，明确各区政府、街道办事处为流动人口服务管理工作的责任主体，明确各相关部门在流动人口服务管理工作中的职责，并纳入各区政府、相关职能部门的绩效管理考核目标。市、区、街都成立了党、政分管领导负责，相关职能部门参加的流动人口服务管理工作领导小组，设立了专门的办公室，负责流动人口服务管理工作的组织领导和协调督办。还在84个流动人口较多的街道成立了流动人口服务管理中心，由公安、劳动、房产、计生等部门派人联合办公，为流动人口提供"一条龙"服务。今年，为贯彻落实省委13号文件，我市又在全市1168个社区设立了流动人口服务站，增加了由政府出资的流动人口协管员400余名，全市协管员人数达到1800余人。同时，注重完善机制，整合力量，形成齐抓共管的合力。在社区党支部、居委会的领导下，以社区服务管理站为平台，建立"四位一体"的入户方式。即由社区民警牵头，整合社区治保主任、计生专干、流动人口协管员等力量，按照分工协作，各取所需的原则，联手开展出租屋和流动人口信息采集、安全检查、日常登记办证等服务管理工作，促进流动人口服务管理工作在基层落实。根据《湖北省社会治安综合治理条例》的有关规定，结合工作需要，明确了市流动人口服务管理工作领导小组26个成员单位的职责，并每年以印发工作要点的形式，明确各职能部门的具体任务。还定期召集领导小组会议，协调问题，听取述职汇报，实现齐抓共管。为进一步加强公安、计生、劳动、民宗委的协作，市综治委专门召开会议，研究部署各部门之间协作配合。组织社区民警、社区治保主任、计生专干、劳动、税务等职能部门管理员、协管员联合办公，改变过去各自为政，多头管理为警民一体，协作联动。如组织公安与计生委联手开展流动人口治安和计划生育服务管理工作，由社区民警与社区计生专干一同上门，一同登记，一同验证。同时，还组织公安与劳动和社会保障部门严肃查处拖欠农民工工资的行为，组织公安部门与民宗委联合开展了对来汉少数民族人员的专项调查等工作。

三、突出重点，加强流动人口治安管理工作

围绕“底数清、情况明、管理新、服务好”的目标，我市不断探索流动人口管理的有效办法，促进管理工作的落实。一是以信息采集为重点，建立规范化的登记制度。坚持“谁用工谁负责，谁留宿谁负责”的申报机制，实行民警带领协管员入户登记与社区流动人口服务管理站、派出所受理申报相结合，做好日常流动人口登记办证工作。同时，适时开展集中排查登记行动。今年4月以来，按照省委13号文件的部署，开展了流动人口集中排查工作，全市新登记暂住人口40万余人，注销16万余人，核对信息66万余人。目前，全市流动人口中心库录入暂住人口148万余人、比去年底净增31万余人，使信息更加完整、准确、鲜活，为服务管理工作打下了基础。二是以出租屋为重点，强化落脚点管理。在管理方式上逐步实现“以证管人”到“以房管人”的转变，探索了对出租屋委托租赁式、公寓式、旅店式和小区院落式等多种管理模式。公安机关与出租屋业主逐一签订治安责任书，全面实行出租屋备案制度和入住流动人口登记制度。最近，还印制了《致全市出租屋业主一封信》等宣传资料30余万份，组织出租屋业主学习相关法律法规，增强其守法经营的自觉性。三是以行业场所为重点，落实用工单位管理责任。紧紧抓住流动人口从业较为集中的民营企业和建筑、餐饮等行业，推行“谁用工、谁负责”的自主管理模式，由企业确定专职协管人员，负责对招收的流动务工人员进行审核登记，定期向公安机关报送流动人口登记信息。在流动人口集中的汉正街等贸易市场和有关行业，依法成立治保、人民调解组织和有关协会，发挥其在提供服务、反映诉求、规范行为、化解矛盾方面的积极作用，增强流动人口自我教育、自我管理、自我服务的能力。四是以高危人群为重点，强化控制管理。依据流动人口的职业、身份、暂住时间、遵纪守法和携带物品等情况，将流动人口分为A、B、C(稳定人群、关注人群、控制人群)三种类型。目前，已登记的148万名暂住人口中，A类104万余人，B类41万余人，C类27631人，分别占暂住人口总数的70.35%、27.78%、1.87%。对于B类和C类人员，由责任区民警组织治保骨干、协管员每月查访、摸底、掌握情况。对于C类人员，采取留指纹、留笔迹、留照片的办法逐人建档，逐人上门见面，落实跟踪掌控。去年以来，全市通过加强流动人口管理，共抓获犯罪嫌疑人5550名，抓获网上逃犯156名。违法犯罪人员中流动人员所占比例由2006年的41%下降到今年的29%。五是以流动人口聚集的复杂地区为重点，开展专项清理整治。公安机关每周进行警情研判，对流动人口违法犯罪突出和出租屋治安问题较多的地区适时开展集中清查行动。今年来，先后组织对武钢周边39个流动人口过万的街道、46个“城中村”等地区开展了集中清理整治，促进了流动人口管理和重点地区治安稳定。

建立三级联动中心　提高综治工作实效

襄樊市社会治安综合治理委员会

2007年以来，襄樊市认真贯彻落实党的十七大精神，以维护社会和谐稳定为目标，在整合综治力量资源上作文章，创建基层综治联动机制，建立县、镇、村三级综治联动中心(工作室)，大大提高了综治工作实效。

一、建立联动平台，实行资源整合

去年8月，市综治委下发《关于整合力量建立综治联动中心的实施意见》，并在襄阳区进行试点、召开现场会，在全市全面推行综治联动机制建设工作。

（一）建立县（市）区综治联动中心，发挥综治联动中枢作用。县（市）区综治联动中心由县（市）区党委、政府分管领导牵头，在综治办（维稳办）办公，综治办主任负责日常工作，从综治办、维稳办、信访局、公安局、法院、司法局抽调人员联合办公，抽调人员与原单位工作脱钩。襄阳区综治联动中心成立以来，积极协调有关地方和部门，及时处置了多起群体性事件和重大疑难矛盾纠纷，发挥了维护社会稳定的重要作用。

（二）建立乡镇综治联动中心，发挥综治联动纽带作用。乡镇综治联动中心在镇委、镇政府和镇综治委的领导下开展工作，党委分管副书记兼主任，综治办主任或专职副主任兼副主任，整合综治、信访、公安、法庭、司法、民政等部门的力量，实行集中联合办公，下设综治办（维稳办）、信访室、调解室、警务室、民政室等，并分别挂牌办公；派出所、法庭一般每周固定二至三天时间在联动中心集中办公。乡镇综治联动中心实行人民调解、行政调解、司法调解有效对接，解决了大量村级组织无力解决的问题。今年上半年，全市乡镇综治联动中心共接待来访群众2万多人次，调处各类矛盾纠纷5300多件。

（三）建立村（社区）综治联动工作室，发挥综治联动基础作用。村（社区）综治联动工作室一般由党支部书记兼主任，治调主任兼副主任，社区民警、治保调解人员、治安协管员、村民小组组长和群防群治队员参与，定期分析掌握社情民意，开展纠纷联调、治安联防、重点人员联管等活动。目前，全市共建立村级综治联动工作室2525个，做到了有场所、有牌子、有制度、有人员、有档案。同时，延伸村级综治联动触角，建立农村治安中心户43600个，使大量矛盾纠纷在村组得到解决。

二、健全联动机制，规范工作运行

（一）实行综治联动目标责任制度。按照“属地管理”和“谁主管，谁负责”的原则，明确了县级联动中心六项职责、镇级联动中心八项职责和村级联动工作室四项任务，做到一般矛盾不上交、纠纷不激化、小事不出村、大事不出镇；并建立年度工作考核制度，一级抓一级，层层抓落实，把综治联动工作落实情况纳入年度综治检查考评重要内容。

（二）实行综治联动工作流程管理制度。村级发生的矛盾纠纷，综治联动工作室及时受理并调处，本级调处不了的，签署明确意见，实行信访代理，由村调解主任代理纠纷当事人向乡镇综治联动中心反映解决问题。乡镇综治联动中心实行集中接访、分类移交、部门联动、联合办公、定期回访制度，受理和调处矛盾纠纷；并实行领导轮流值班接访制度，每天由一名领导班子成员在联动中心带班，协调解决矛盾纠纷；同时，建立每周联席会议制度，一般由乡镇党委书记主持召开联席会议，分析本周矛盾纠纷情况，研究解决重大疑难矛盾纠纷。

（三）实行矛盾纠纷排查调处制度。乡镇综治联动中心每月底召开村级治调主任例会，对矛盾纠纷进行排查会审；实行分级调处、分类移交制度，对一般矛盾纠纷由村级进行调处，对重大疑难矛盾纠纷由乡镇进行调处，对涉及面广的重大复杂矛盾纠纷移交县（市）区进行调处；同时，实行信访代理制，从村、镇到县，由信访、调解干部逐级代理反映问题，防止纠纷当事人投诉无门、越级上访。

（四）实行综治联动奖惩激励制度。对村（社区）书记、治调主任实行绩效考核，每年从各村（社区）书记、治调主任工资中拿出15%作为浮动工资，根据年终综治考核结果，按比例发放。对年终考核命名为平安乡镇、平安村（社区）的，实行一次性奖励。对不重视综治工作，出现重大不稳定问题的，实行黄牌警告或一票否决，并追究领导责任。

三、深化联动效能，增强工作活力

（一）积极探索多种调解的对接办法。综治联动不仅需要力量的整合，更重要的是调解手段的整合。襄阳区法院和司法局研究制定“诉调对接”暂行办法，取得良好效果，即减少了群众诉讼，又有效化解了矛盾，受到群众欢迎。为此，全市法院和司法系统已全面推行这种做法。

（二）坚持推进矛盾化解观念的转变。在实践中，我市注重“三个转变”，即由“事后调处”向“事前预防”转变，由“群众上访”向“领导下访”转变，由“信访转办”向“联调即办”转变，增强了矛盾纠纷的预见性、化解矛盾的针对性和解决问题的实效性。

（三）不断拓宽综治联动工作的领域。不断延伸综治联动工作内容，实行治安防控联动和应对处置突发事件联动。老河口市张集镇依托综治联动中心，建立一支由镇直单位干部职工组成的30人的应急防控机动分队，平时开展集镇治安巡逻，遇有突发事件迅速调动处置，去年以来先后成功地防止了3起可能酿成的重大群体性事件，维护了一方的平安稳定。

大力整合社会力量　完善社会治安防控体系建设

宜昌市社会治安综合治理委员会

宜昌是举世瞩目的三峡工程所在地，流动人口多，约为全市人口2.5倍；移民量大，约占全市人口20%；警保卫任务重，平均3.5天一批次；治安稳定形势复杂。对此，市委、市政府高度重视社会治安综合治理，大力整合社会力量，不断完善社会治安防控体系建设，有效控制了违法犯罪上升势头。

一、采取两种方式，广泛发动群众参与治安防控

一是深入开展思想防范宣传，增强人民群众参与治安防控的意识。我们在全市广泛开展以防范“两抢一盗”等多发性案件为主要内容的全民思想防范工程建设，着力增强群众的防范意识。市综治委与《三峡晚报》密切配合，拿出10万元开展治安防范用语有奖征集活动，先后征集治安防范用语26000多条。我们充分利用各种宣传媒体，精选治安防范用语和案例评析进行宣传，在《三峡晚报》和三峡宜昌网开办《警民互动》专刊，已出专刊175期；印发防范常识用语平安扇5万把、公开信50万份、宣传手册39万余份、印有警示图文的电话卡18.5万张，制作《防范百招》光碟2100张；组织宣讲小分队612个，开展思想防范进单位、进学校、进社区、进场所、进家庭的“五进”活动，共组织讲座912场，发送“红头文件”3.9万份，使近百万群众受到治安防范知识教育。

二是推出举报重奖措施，调动人民群众参与治安防控的积极性。去年5月以来，我市、县两级财政拿出210多万元，在全市启动对“两抢两盗”犯罪“抓获一个奖一万，举报一个奖三千，立即兑现，终身保密”的重奖措施。重奖通告发布后，我们组织大规模的新闻发布会，运用报刊、电视、电台集中宣传，在街道、单位、居民区张贴举报有奖宣传标语，使之家喻户晓，人人皆知。重奖活动开展以来，群众抓获犯罪嫌疑人316人，破获刑事案件496起，兑现奖金55万元，有156名群众获得奖励。

二、落实三项措施，强化法人参与治安防控的责任

一是认真贯彻落实省《综治条例》。市综治办、公安局以突出“一把手抓，抓一把手”为重点，结合典型案例，编写了以宣传省《综治条例》为主要内容的宣传资料，并购省《综治条例》、《内保条例》各6000本，组织公安、综治干部当面向全市所有单位“一把手”送发、宣讲。同时，市公安局组织单位法人、单位中层骨干和保卫人员共11300人学习了省《综治条例》和《内保条例》。各单位把《内保条例》挂在网上、把重点条文制成卡片、利用电子显示屏及电视VCD播放等多种形式，向领导和员工进行宣传教育。

二是大力推行治安问责和一票否决制。我们修订了《关于进一步加强和改进治安问责工作的通知》，明确各级综治办主任为治安问责第一责任人，各级公安机关领导为第二责任人。对领导责任不明确，隐患整改不落实，发生二次以上案件和事故的单位或领导进行治安问责。去年入冬以来，全市共发治安问责通知书245份，问责231家单位，使一些有问题的单位安全防范面貌有了明显改观。秭归县综治委对县煤炭公司民爆物品管

理混乱的责任人处以10日行政拘留，并对单位罚款50000元。同时我们对治安混乱、问题突出、群众反映强烈的单位严格实行一票否决，2007年全市共否决13个部门和单位，其中枝江市综治委否决5个单位。

三是全面落实整改措施。市人大内司委、市综治委组织力量，对市属重点单位"一把手"贯彻《条例》抓整改情况进行专项检查。市委常委、政法委书记亲自带队查隐患。据统计，今年以来全市企事业单位共排查整改各类隐患1120处，目前已投入近1500万元，安装技防、物防设施；其中宜昌市政府决定在今年新建和完工的24条道路全部安装视频监控设施；枝江市投入300万实施"天眼工程"；夷陵区在8个乡镇建设了监控中心。

三、建立四支队伍，不断完善社会治安防控体系

一是组织安保队员巡逻防控。每年各市、县（区）财政投入1300多万元用于安保队建设，目前全市共有安保巡逻队员1244人，其中主城区522名，他们在公安民警带领下，立足社区，发挥人熟、地熟、情况熟的优势，开展防范宣传、治安巡逻，及时发现制止违法犯罪。上半年城区安保队共抓获各类违法犯罪嫌疑人1249名，协助公安机关破获各类刑事案件232起、查处治安案件648起，为维护社会治安秩序，打击犯罪发挥了重要作用。西陵区学院街安保队员薛家清4年来提供100多条违法犯罪线索，协助民警抓获犯罪嫌疑人120多人。我们破格将他录用为西陵区综治办正式职工，全市引起很大反响。

二是招聘综治协管员充实防控力量。为了弥补行政管理部门在时间上、空间上不能有效覆盖的缺漏，全市综治部门争取财政支持700多万元，在群众中招聘了1986名综治协管员，立足社区，协助维护治秩序，管理流动人口。综治协管员发挥汇集群众意见、代表群众参与、沟通政府与群众联系、促进社会和谐的优势，在加强社会面控制上发挥了积极作用。截止目前，城区社会管理工作者共提供各类治安信息2846条，协助公安机关查获各种违法犯罪1165人。

三是物建义务治安巡逻车加强义务治安巡逻。我们从全市城区1654辆出租车中，物建了280辆义务治安巡逻车，其中骨干力量34人，实行出租车义务治安巡逻，成为流动的哨兵，在预防、制止、打击违法犯罪和维护社会稳定方面发挥了重要作用。去年以来，义务治安巡逻车司机向公安机关提供各类线索120条，协助破获刑事案件30多起，其中命案一起。

四是推选治调中心户加强矛盾纠纷排查调处。我们采取村民推选的方式，以湾子屋场为单位，在全市推选治调中心户26673户，按每人每年200－500元的标准发给工作补贴，并纳入财政保障。中心户充分发挥熟悉民情、会讲道理、群众威信高的优势，把大量的民间矛盾纠纷化解在"田间地头屋场里"。今年上半年，全市中心户共排查民间矛盾纠纷7653件，调解成功7397起，调处成功率达96%。

湖北省综治委、办机构情况和负责人名单

一、省综治委负责人名单

杨　松　省委副书记、省综治委主任
吴永文　省委常委、省委政法委书记、省综治委副主任
蒋大国　省人大副主任、省综治委副主任
赵　斌　副省长、省综治委副主任
李宗柏　省政协副主席、省综治委副主任
郑少三　省综治委副主任、省高级人民法院院长
敬大力　省综治委副主任、省人民检察院检察长
张正新　省综治委副主任、省委政法委常务副书记

二、省综治办负责人名单

鲁志宏　省委政法委副书记、省综治办主任
黄仕明　省综治办副主任、省铁路护路联防

工作领导小组办公室主任、省维稳办副主任

王秋隆　省综治办副主任、信息督办处处长

三、机构设置

（一）综治办内设综合协调处、基层指导处、信息督办处、社会调查处

（二）根据鄂编发（2005）46号，省铁路护路联防工作领导小组办公室牌子挂综合协调处

（三）省见义勇为基金会归口省综治办管理

湖北省各市、县（市、区）综治委、办主任名单

地　区	综治委主任	综治办主任
武汉市	胡绪鹍	孙天文
江岸区	蔡　杰	薛永收
江汉区	周玉珍	刘汉华
硚口区	胡勤华	纪跃辉
汉阳区	徐　晓	段满群
武昌区	张光清	李开广
青山区	秦　军	夏新国
洪山区	刘　涛	刘光平
东西湖区	李华捌	陈社德
汉南区	曹裕江	蔡明山
蔡甸区	谢宗孝	刘立龙
江夏区	郭胜伟	柯尊金
黄陂区	李胜桥	熊国顺
新洲区	王世益	童维厚
十堰市	糜克洪	温和灿
茅箭区	张慧莉	赵　巍
张湾区	刘学华	孟德华 （2008年1月至3月） 杨如亭 （2008年4月至12月）
丹江口市	陈　旭 （2008年1月至7月） 崔永辉 （2008年8月至12月）	朱安涛
郧　县	余立柱	徐　宏
竹山县	朱　林	周光辉
房　县	吴先锋	常和海
郧西县	李　跃	余吉学
竹溪县	杨福卿	王光华
襄樊市	李新华	徐德宪
襄城区	袁德芳	朱晓宁
樊城区	项晓峰	黄乐清
襄阳区	王　军	曹绍林
老河口市	汪世荣	辛天玺
枣阳市	汪厚安	刘学成
宜城市	朱　慧	胡忠诗
南漳县	李焕珍	陶常兹
谷城县	艾文金	曹小红
保康县	叶　丛	宋克印
荆门市	张良成	简　龙
东宝区	何　海	吴　平
掇刀区	郭　强	李　炜
钟祥市	陈秀生	周　勇
沙洋县	吴永佩	王天龙
京山县	胡小国	王才富
孝感市	李亚隆 （2008年1月至3月） 刘志田 （2008年4月至12月）	刘建明
孝南区	杨军安	杨　波
应城市	朱高文	胡劲松
安陆市	郝章新	章俊峰
汉川市	刘有年	方寿生
孝昌县	刘建军	彭国元
大悟县	徐玉琼	陈建华
云梦县	周金安	黄新友
黄冈市	刘雪荣	程贤炳
黄州区	余友斌	黄永友
麻城市	李开寿	丁卫民
武穴市	吴美景	曾国凯

地　区	综治委主任	综治办主任
红安县	李　涛	程　翔
罗田县	肖燕梅	朱贤林
英山县	杨良锋	肖真强
浠水县	吴　烨	蔡　斌
蕲春县	徐和木	王国安
黄梅县	余建堂	柯国奎
团风县	洪再林	舒乃明
鄂州市	杨世友	李明清
鄂城区	钟芝清	徐新建
梁子湖区	闫英姿	刘水平
华容区	汪继明	周细俭
黄石市	王建鸣	陈建潮
下陆区	张建文	童芝文
黄石港区	郭永红	彭建佳
西塞山区	胡　敏	何　平
铁山区	荣绪检	熊平原
大冶市	傅继成	杨裕军
阳新县	孔凡新	郑清文
咸宁市	任振鹤	左少卿
咸安区	谭海华	王自力
赤壁市	熊征宇	张　斌
嘉鱼县	夏福卿	张明松
通城县	杜文清	李　雄
崇阳县	程群林	程正刚
通山县		王能兴
荆州市	王祥喜	罗长喜
沙市区	张万超	
荆州区	吴祖云	刘清平
石首市	张善彩	高家顺
洪湖市	蒋　鸿	周守才
松滋市	洪文革	杨　君
江陵县	蒋星华	徐方延
公安县	周昌俊	胡昌华
监利县	李吉高	左立雄
	(2008年1月至9月)	
	董新发	
	(2008年10月至12月)	

地　区	综治委主任	综治办主任
宜昌市	李亚隆	张树君
	(2008年4月至12月)	
西陵区	王均成	刘　强
伍家岗区	张　鹏	徐昆平
点军区	周正英	刘华英
猇亭区	许志华	冯万林
夷陵区	刘洪福	龚兵华
枝江市	刘建新	杨　联
宜都市	庄光明	庞友春
当阳市	吴　锦	张安红
远安县	郑庭贵	高正堂
兴山县	陈　华	乔克勤
秭归县	刘晓华	白俊芳
长阳县	马尚云	赵必敬
五峰县	赵吉雄	何剑锋
随州市	李红云	朱开军
	(2008年1月至3月)	
	刘晓鸣	
	(2008年4月至12月)	
曾都区	杨增能	罗俊涛
广水市	周　静	熊海东
仙桃市	刘新池	付冷新
天门市	张爱国	龚社清
潜江市	张桂华	樊友晶
神农架林区	谢登峰	
恩施州	杨天然	李明轩
恩施市	秦　斌	李茂君
利川市	李　义	张常武
建始县	庞红艳	刘红兵
巴东县	李洪敏	吴卫平
宣恩县	曾德权	张文孟
咸丰县	刘忠义	向咸平
来凤县	胡　泽	张健全
鹤峰县	杨安文	陈大彬

（撰稿人：高金洪　汪宗兴
审稿人：鲁志宏　黄仕明　陈显辉）

湖　南　省

2008年社会治安综合治理工作概况

2008年,湖南省坚持把加强社会治安综合治理、开展平安建设作为深入贯彻落实科学发展观和构建社会主义和谐社会的重大举措,更新管理理念,注重社情民意,夯实基层基础,强化"打防控管",确保了社会大局稳定和经济平稳较快发展。民调结果显示,2008年全省"公众安全感及政法队伍建设"公众评价各项指标得分比上年度高2.71分,群众安全感进一步增强。

一、坚持在大局中谋划综治工作

省委、省政府始终把综治工作放在改革、发展、稳定的大局中来谋划,一手抓经济发展,一手抓社会稳定,进一步强化各级党政"一把手"作为综治第一责任人的意识和"发展是政绩,稳定也是政绩"的理念,督促各地把综治工作和平安建设纳入经济社会发展的总体规划。省委书记、省人大主任张春贤多次主持省委常委会听取综治维稳工作汇报,研究解决具体困难和问题。周强省长多次现场办公,要求各级财政加大政法综治工作经费的保障力度。省委常委、政法委书记李江针对群众关注的"武疯子"、艾滋病人犯罪问题,协调相关部门提出意见,并亲自到怀化监狱、省精神病监护治疗所等场所进行调研;湘西自治州非法集资事件发生后,多次到现场指挥调度、接访群众,牵头解决突出问题。7月3日,省委常委扩大会议专题研究奥运安保、综治维稳工作,省委书记、省长将879个突出不稳定问题分别向各位省委常委、副省长、各市州委书记、市州长及省直有关部门负责人当面交办。为强化各级领导责任,年初各市州党政"一把手"向省委书记、省长递交综治工作责任状,省综治委与各成员单位签订责任状,全省层层签订责任状,确保了综治工作责任"纵向到底、横向到边"。年中召开综治工作会议,对14个市州、123个县市区的社会治安状况和政法队伍形象面对面讲评,并将群众反映的突出治安问题通报给市、县党政主要领导。省综治委加强宏观指导,注重建立刚性制度和机制,在2007年出台《湖南省执行社会治安综合治理一票否决权制实施办法》的基础上,2008年又和省委组织部联合下发了《关于建立党政领导干部履行社会治安综合治理和维护社会稳定职责工作实绩档案的通知》,通过建立实绩档案,进一步加大各级党政领导落实综治工作责任制的力度。文件下发后,在全省引起了较大的反响,有力提升了综治工作地位。全省上下层层落实综治工作责任,把综治工作摆在了更加突出的位置。

二、用"综治考评"杠杆推动综治工作

按照"重效果、考实效、促工作"的要求,通过不断完善考评机制和办法,充分发挥考评的"指挥棒"作用,有力促进了全省政法综治工作深入开展。一是不断完善综治考评机制。坚持把社会治安的评判权更多地交给人民群众,将民调分值增加到30分,同时加大了对群体性事件、治安防控、公众测评和执法质量等能直接反映工作效果的权重,使考评更直接地反映了工作成效,发挥了"指挥棒"作用。李江同志多次主持召开书记办公会和"五部委"联席会,逐条修订考评办法;省委政法委副书记、省综治办主任林勇在省综治委成员单位会议上对修订考评办法提出了8条原则要求,召开市州综治办主任研究考评办法。11月份,省综治委对全省14个市州、128个县市区(管理区、开发区)社会治安综合治理工作进行考评,将考评结果在省委经济工作会议上通报。二是充分运用考评成果促进工作。上半年,公众测评反映,湖南省少数地方地下"六合彩"等赌博问题较为严重,群众反映比较强烈。为彻底根治这一顽症,7月份,召开了全省禁赌工作会议。会后,省综治委、省纪委、省委组织部、省监察厅、省人事厅、省公安厅联合出台了《湖南省禁赌工作责任追究办法(试行)》,对“地下六合彩”等赌博问题严重的地区党政主要领导严格实行责任查究,对排名在后的县市区实行了挂牌整治。省公、检、法三家联合出台了《关于办理“六合彩”等刑事案件适用法律的若干意见(试行)》,各地迅速掀起了整治热潮,重拳打击地下“六合彩”等赌博。全省严格落实禁赌工作党政领导责任制、举报奖励机制,动员社会各方面力量,成功侦办了电游赌博案、特大地下“六合彩”赌博案、网络赌球案等一批有重大影响的赌博案件。上半年民调有100个县市区此项得分在60分以下,下半年此项民调不及格的仅12个县市区。三是利用中央对省级综治考评的机会促进工作。中央综治办每年对各省(市区)都要进行综治考评。年初省综治办就按要求把有关工作通报给各家,年内定期调度、督导,年终重点帮助、推进,中央考评结果下来后报告省委、省政府有关领导,并通报给各相关部门单位。这样相关各单位对综治工作更重视了,大力推进工作。

三、基层平安创建不断向纵深拓展

2008年,全省各地以抓基层平安创建为主,通过强化基层基础工作来推进基层平安创建。一是进一步推进、规范乡镇(街道)“综治维稳中心”建设。全省各地在调整充实县(市、区)、乡镇(街道)综治委(办)等综治组织机构的基础上,进一步建立和完善了乡镇(街道)“综治维稳中心”,明确了其排查化解矛盾、处置应急事件、治安巡防和法制宣传等职能,加强了村(居)委会、治保会、调委会、群防群治队伍建设,在全省推广了“综治协会”和综治协管员、十户联防等做法,广泛动员人民群众参与社会治安综合治理和平安创建。长沙、益阳等地制定下发了《乡镇(街道)综治维稳中心规范化建设活动方案》,对建设标准、运行机制作了明确要求,省综治委6月份在长沙浏阳市召开现场会,总结、推广了这一工作。二是深入开展基层平安创建。完善了省综治委成员单位联系点创建制度,40多个成员单位各自联系一个县(市、区)作为平安建设的联创点。全省以县(市、区)平安建设为重点,继续在乡镇(街道)、村(社区)、学校、医院等单位及重点工地、交通干道、集贸市场、景区、娱乐场所等部位组织开展了各种形式的基层平安创建活动。张家界市将平安创建纳入党建联点扶建设工作,探索了基层平安创建的新路子;怀化市创新铁路护路联防工作,确保了铁路护路联防工作有人抓、有人管;湘潭市深入开展平安医院创建活动的做法,被中央、省综治部门予以推介。下半年,省综治办协调省卫生厅、省公安厅、省民政厅等单位进行医患纠纷专项整治,大力开展了“平安医院”创建。

四、始终保持对严重刑事犯罪的高压态势

各地加强社会治安分析预警机制建设,建立健全“严打”经常性工作机制,有针对性地开展“严打”和专项整治斗争,有效遏制了违法犯罪特别是刑事犯罪的高发势头。一是深化“打黑除恶”,加大对命案和“两抢一盗”等多发性案件打击力度。全省各地突出打击重点,始终保持对杀人、绑架、爆炸等严重暴力犯罪和“两抢一盗”等多发性侵财犯罪的严打高压态势,继续深化“打黑除恶”专项斗争,持续开展“扫黄打非”和禁毒、禁赌、禁娼等斗争,坚决遏制了一些地方发案上升的势头。衡阳市在全省建立了首个艾滋病违法犯罪人员收治中心,为全省遏制艾滋病违法犯罪探索了新路子。全省1－11月共立刑事案件16.4万余起,侦破8.2万余起,抓获违法犯罪嫌疑人24万余人;打掉犯罪团伙1714个,抓获团伙成员6869人,各项指标同比均有下降,案件高发势头得到有效遏制。二是部署“迎奥运保平安严打整治百日会战”行动。为确保奥运会举办期间全省社会稳定,4月26日至8月5日,在全省范围内部署开展了以“反恐怖、破大案、追逃犯、治乱源、强防范”为重点的“百日会战”行动,严厉打击各类违法犯罪活动,整治社会治安乱源,策应了北京奥运会的安保工作。对“百日会战”的行动成果,每十天通报一次,全省统一排名并通报市州党委、政府。三是狠抓突出治安问题的重点整治。着重抓好“两个排查”工作,对排查出来的治安重点地区和突出治安问题,分省、市、县三级实行挂牌整治。2008年,省、市两级共挂牌整治突出治安问题、治安混乱地区(部位)287个,已整治好253个。5月底,针对京珠高速公路湖南段有些服务区和收费站治安秩序混乱,省综治办牵头组织省公安厅、省交通厅、省交警总队、省高速公路管理局等单位及长沙、衡阳、郴州等5地综治办，对部分重点地段进行专项整治，取得了较好效果。为期一年的农村突出治安问题整治期间，全省共破获各类刑事案件1560多起，查处治安案件3120多起，打掉各种犯罪团伙190多个，调整充实软弱涣散村级班子120多个，迅速扭转了农村一些重点地区的治安形势。还探索建立了对治安重点地区或引发群体性事件的重点问题实行综治维稳联动机制，2008年运用联动机制对郴州市鲁塘镇进行综合整治，取得成效。

五、提升基层治安防范整体水平

2008年，湖南省在城市以治安电子防控系统建设为突破口，在农村以警务建设为平台，加强全省治安防控体系建设，基层治安防控水平得到整体提升。一是全面推进城市治安电子防控系统建设。年初，省委、省政府将城市治安电子防控系统建设纳入了全年为民办实事的重要内容之一。省综治办协调省公安厅和有关责任部门制定了建设方案，并召开专门会议部署这项工作。全省各级各部门迅速行动，积极构建以公共安全防范技术手段为支撑、覆盖各市县重点部位的城市治安电子防控系统网络。目前，全省已建成14个具有监控平台功能的市级监控中心和基本覆盖123个县(市、区)城区主要道路、广场、车站、码头、出城口、治安卡口等公共安全防控重点部位和人口密集场所的城市治安电子防控系统。12月底，省实事考核办对这一工作进行了检查、验收，对城市治安电子防控系统建设工作给予了充分肯定。二是进一步加强社区和农村警务室建设。全省各级公安机关在健全完善快速反应机制、加强110报警服务、巡警和治安卡口建设的基础上，进一步深化警务体制改革，加强社区和农村警务建设，抓好警力配置和工作规范。全省城区2672个社区警务室已全部建好，农村警务室已建成1683个，配备社区(驻村)民警5133人，派出所警力已达到县级公安机关总警力的48.6%，农村派出所达到5人的占派出所总数85%。三是加强和改进流动人口服务与管理。全省继续以乡镇、街道为单位，建立和完善流动人口服务管理中心(站)，做到把打击犯罪、提供服务、加强管理、维护权益有机结合起来。目前，全省已建立流动人口服务管理中心(站)2515个，覆盖率达98.45%；启动了综合信息平台建设，对流动人口信息采录、权益维护、劳动保障、计生、教育等实行“一站式”服务管理；长沙市雨花区探索建立了小旅馆治安管理的长效机制；郴州市将市、县两级城区各类商品住宅小区纳入等级评定范畴；邵东县在商会建立综治组织，发挥群防群治组织作用，加强了对集贸市场、人口密集场所的治安巡防。此外，还与外省、市建立了信息共享合作机制，2008年为深圳提供了近7000名湖南籍刑满释教人员、吸毒人员和被判处缓刑、假释、保外就医等监外执行人员的信息，为深圳方面开展工作提供了宝贵资料。四是加强对刑释解教人员等特殊群体的帮教安置工作。省综治办、省司法厅从组织机构、安置人数、工作制度、帮教措施、内部管理等方面，对刑释解教人员的帮教安置作了进一步规范。株洲市率先成立安置帮教志愿者协会，预防和减少了重新违法犯罪。全省各地通过承包责任田土(山林、水面)、落实“低保”、开展社会救济、进行就业培训、组织劳务输出、引导自谋职业和自主创业等形式，有效解决了刑释解教人员的过渡性安置帮教问题。目前，各市州和90%以上的县市区都建立了安置基地，全省刑释解教人员平均安置率在90%以上。

六、“三调联动”机制的整体效能凸现

全省各级各部门不断完善人民调解、司法调解、行政调解对接联动的工作机制，积极开展矛盾纠纷排查、化解工作，有力促进了社会和谐稳定。一是不断完善“三调联动”机制。在继续推进驻基层法院、公安派出所人民调解室建设的基础上，2008年又有新的发展。县市区设立了快速调解庭，专门调解突发性、跨地区部门的矛盾。长沙等地注重强化检察环节的调解工作平台建设，试行了人民调解驻检察院制度。娄底市司法局充分发挥司法行政效能，积极探索创新了矛盾纠纷排查调处工作机制。乡镇、街道矛盾纠纷调处中心得到进一步规范。全省约有40%的乡镇(街道)设立了驻公安派出所人民调解工作室或人民调解工作窗口，长沙、常德等地的驻所人民调解工作和“警司联调”工作已经全面铺开。岳阳市以促进社会和谐、凝聚发展力量为目标，扎实做好部队军队退役人员的稳定工作。益阳市全面实行维护稳定风险评估机制，开辟了从源头上有效防范群体性事件发生的新途径。二是全面排查调处矛盾纠纷。坚持全面排查与专项排查、经常性排查与定期排查相结合，对排查出来的问题，按照“一个问题、一名领导，一套班子、一个方案、一抓到底”的方式予以解决。各地认真开展了“司法行政大动员，化解矛盾促和谐”专项维稳活动，适时组织开展了“两节”、“两会”、清明、“五·一”、“十·一”等重要会议、重大节日期间和季节性矛盾纠纷的排查调处工作。14个市州普遍开展了以“抗冰灾、迎奥运、保稳定、促和谐”为主题的矛盾纠纷专项排查活动。2008年，全省共排查矛盾纠纷11.6万余起，成功调处11.3万余起，调处成功率为97.8%，防止民间纠纷引起自杀350件，防止民转刑案件1000余件。三是拓展“三调联动”调解领域。注重抓“三调联动”的整体效能，使“三调联动”机制从化解一般性矛盾纠纷向处置群体性事件、化解涉法涉诉信访领域延伸。2008年1－11月，全省发生各类群体性事件302起（同比下降53.54%），大多数是运用这一机制化解的；中央政法委两批交办的623起涉法涉诉案件，目前已办结息访618起。全省“三调联动”的经验得到中央政法委、中央综治办的高度肯定，4月底，中央政法委、中央综治办组织中央电视台、人民日报、新华社等8家主流媒体赴湖南省深入采访“三调联动”工作，并相继进行了报道，引起了强烈的社会反响。

七、综治宣传和见义勇为立法力度进一步加大

全省进一步加大综治工作和平安建设宣传力度，积极开展“综治宣传月”活动，充分利用党报、党刊、电视、报纸等新闻媒体开辟综治、法制专栏，大力宣传社会治安综合治理的方针、政策法规、工作措施和先进经验。各市州认真开展法律进机关、进乡村、进社区、进学校、进企业、进单位的“法律六进”和科教、文体、法律、卫生“四进社区”活动，有效增强了全社会的法律意识和法制观念，扩大了群众对平安创建工作的知晓率、支持率和参与率。各地还注重采取群众喜闻乐见的形式开展综治宣传，大多数市州综治办与电信、移动公司等部门联系，通过定期免费发送手机短信的办法宣传平安创建活动和综治工作。各地积极探索创新见义勇为工作机制。衡阳市率先在全省探索见义勇为救助机制，有效解决了见义勇为经济赔付的实际问题。邵东县通过建立见义勇为保险机制，培养了一大批不拿奖金的治安新军。各级综治办和见义勇为基金会（协会）对新涌现的一大批见义勇为人员进行了表彰奖励，及时对生活困难的见义勇为者或家属进行了慰问。省综治办、省见义勇为基金会对被全国和省表彰的54名见义勇为先进个人及其家属进行了走访慰问。

2008年，湖南省重点加大了见义勇为立法调研力度。《湖南省见义勇为人员奖励和保护条例》初稿于2月正式上报省政府。根据省人大常委会和省政府2008年立法计划安排，7月初，先后到长沙、益阳、娄底、衡阳等地进行立法调研，并将《条例》在省政府法制网上进行公布，向社会各界广泛征求意见建议。《条例》于9月24日经省政府常务会议讨论通过，11月，省人大法工委、人大常委会先后对《条例》进行了审议，拟于2009年《条例》正式出台。此外，湖南省综治办还对精神病人肇事肇祸、铁路护路经费、完善综治考评、开展医患纠纷整治等问题进行了专题调研，有针对性地加强了这方面的工作。

中共湖南省委组织部
湖南省社会治安综合治理委员会
关于建立党政领导干部履行社会治安综合治理和维护社会稳定职责工作实绩档案的通知

（2008 年 11 月 10 日）

各市州党委组织部、综治委，省综治委各成员单位：

为进一步落实好社会治安综合治理领导责任制，推动湖南省社会治安综合治理工作的深入开展，依据中央综治委、中央组织部《关于党委组织部门在参与社会治安综合治理工作中进一步发挥好职能作用的意见》（中组发［2003］25 号）和《中央综治委、中央纪律检查委员会、中央组织部、人事部、监察部关于实行社会治安综合治理领导责任制的若干规定》，省综治委、省委组织部决定，在全省建立党政领导干部履行社会治安综合治理和维护社会稳定职责工作实绩档案制度。现将有关事项通知如下：

一、建立实绩档案的对象

建立综治维稳工作实绩档案的领导干部包括，各级党委、政府主要领导和分管社会治安综合治理、维护稳定工作的领导，以及综治委成员单位主要领导、分管领导。

二、实绩档案的主要内容

本年度党委、政府研究部署和检查指导综治维稳工作的具体情况；领导干部亲自研究和协调解决综治工作困难和问题的情况；年度工作述职报告；上级综治委对其所负责地区、部门综治工作的评价和年度考核结果。

三、建档程序及要求

1. 分级建档。省综治委、省委组织部负责对各市州主要领导和分管领导，以及省综治委成员单位主要领导、分管领导综治维稳工作实绩的建档工作。各市州、县市区综治委、组织部负责下一级党政主要领导、分管领导及同级综治委成员单位主要领导、分管领导综治维稳工作实绩的建档工作。

2. 认真考核评估。各级综治委、组织部要在加强平时检查的基础上，认真负责地做好年度考核工作，深入了解下一级党政主要领导、分管领导及综治委成员单位主要领导、分管领导抓社会治安综合治理工作的力度和采取的措施，客观公正地反映其工作情况及实际成效，准确评价工作中取得的成绩和存在的问题。对市州党政主要领导干部和分管领导干部履行社会治安综合治理和维护社会稳定领导职责情况的考察，与对市州领导班子、领导干部换届考察一并进行。在考察工作实施之前，省委组织部以适当的形式征求省社会治安综合治理委员会对各市州党政主要领导干部和分管领导干部履行社会治安综合治理和维护社会稳定职责情况的意见。征求意见的情况作为党政主要领导干部和分管领导干部换届考察评价的重要依据。

3. 专人负责档案管理。各级综治办根据“五部委”联席会议、省综治委主任会议评议意见和年度综治考评结果，在同级组织部门指导下完成年度建档工作。党政领导干部综治维稳工作实绩档案由各级综治办确定专人负责保管。综治维稳实绩档案建立情况，由综治部门在年度综治检查时一并检查。

四、档案使用

1. 各级组织部门要按照中央有关严格执行党政领导干部社会治安综合治理领导责任制的规

定，把党政主要领导和分管领导、部门领导抓社会治安综合治理和维护稳定工作的实绩列入年终考核、定期考核的内容，并作为干部任用、晋职晋级及奖惩的重要依据。这项工作要作为一项长效机制坚持下去。

2. 在涉及分管社会治安综合治理、维护社会稳定工作领导干部提拔时，要注意听取省社会治安综合治理委员会的意见。

3. 对县（市、区）党政领导干部社会治安综合治理和维护社会稳定考察工作，请各市州结合实际参照此意见执行。

附件：党政领导干部履行社会治安综合治理和维护社会稳定职责情况表（略）

中共湖南省委办公厅
湖南省人民政府办公厅
关于2008年度全省社会治安
综合治理考核评估的通报

（2008年12月21日）

2008年，全省各级党委、政府认真贯彻《中共中央国务院关于进一步加强社会治安综合治理的意见》、《中共中央关于构建社会主义和谐社会若干重大问题的决定》和《中共湖南省委湖南省人民政府关于贯彻落实〈中共中央国务院关于进一步加强社会治安综合治理的意见〉的通知》精神，坚持"打防结合、预防为主，专群结合、依靠群众"的方针，深入开展社会治安综合治理工作和平安创建活动，健全社会治安防控体系，社会治安状况进一步改善，人民群众的安全感进一步增强。省社会治安综合治理委员会组织有关部门对2008年度全省14个市州、128个县市区（管理区、开发区）社会治安综合治理工作进行了考核评估。经省委、省人民政府同意，现将考评情况通报如下：

先进市5个：常德市、岳阳市、怀化市、株洲市、长沙市

先进县市区（管理区、开发区）40个：桂东县、雨花区、武陵源区、泸溪县、开福区、芙蓉区、武陵区、韶山市、辰溪县、天心区、君山区、鼎城区、天元区、石门县、洪江管理区、津市市、炎陵县、临澧县、会同县、中方县、临湘市、资兴市、新晃侗族自治县、益阳高新技术产业开发区、南县、澧县、双牌县、华容县、荷塘区、城步苗族自治县、芷江侗族自治县、雁峰区、岳阳楼区、新宁县、衡阳县、云溪区、新邵县、涟源市、道县、蒸湘区

合格县市区（管理区、开发区）60个：桑植县、岳麓区、德山经济技术开发区、望城县、屈原管理区、长沙县、南岳区、浏阳市、通道侗族自治县、大通湖区、石峰区、株洲县、凤凰县、古丈县、汝城县、汉寿县、江华瑶族自治县、桃源县、宁乡县、安化县、芦淞区、洪江市、安乡县、靖州苗族侗族自治县、沅陵县、桃江县、保靖县、慈利县、攸县、东安县、赫山区、麻阳苗族自治县、江永县、岳阳县、龙山县、衡南县、双峰县、隆回县、汨罗市、新田县、衡山县、石鼓区、桂阳县、北塔区、邵阳县、耒阳市、鹤城区、安仁县、永兴县、临武县、平江县、娄星区、湘潭县、雨湖区、洞口县、大祥区、祁东县、宜章县、新化县、邵东县

基本合格县市区（管理区、开发区）27个：长沙高新技术产业开发区、沅江市、醴陵市、资阳区、茶陵县、珠晖区、冷水江市、常宁市、苏仙区、永定区、北湖区、衡东县、绥宁县、永顺县、溆浦县、宁远县、祁阳县、武冈市、岳塘区、花垣县、湘阴县、蓝山县、嘉禾县、双清区、零陵区、冷水滩区、湘乡市

"一票否决"市1个:吉首市

新授予"平安县市区"称号的县市区9个:雨花区、荷塘区、新邵县、新宁县、临湘市、华容县、双牌县、新晃侗族自治县、泸溪县

保持"平安县市区"称号的县市区20个:天心区、开福区、炎陵县、韶山市、武陵区、石门县、津市市、武陵源区、南县、桂东县、资兴市、道县、中方县、岳麓区、株洲县、石峰区、芦淞区、南岳区、江华瑶族自治县、双峰县

取消"平安县市区"称号的区1个:珠晖区

省委、省政府决定,对常德等5个先进市各奖励10万元;对桂东县等40个先进县市区(管理区、开发区)各奖励5万元;对雨花区等9个县市区授予"平安县市区"称号;对雨花区等29个"平安县市区"各奖励3万元;合格县市区(管理区、开发区)由各市州奖励。

希望受表彰的市州和县市区(管理区、开发区)戒骄戒躁,再接再厉,争创新的成绩。省委、省政府要求各级党委、政府全面贯彻党的十七大和省第九次党代会精神,高举中国特色社会主义伟大旗帜,深入贯彻科学发展观,认真落实党中央、国务院和省委、省政府关于加强社会治安综合治理工作和开展平安建设、构建社会主义和谐社会的部署和要求,把社会治安综合治理工作和平安建设纳入经济社会发展总体规划和重要议事日程,加强组织领导,狠抓工作落实,努力实现平安创建的各项目标,为全面建设小康社会,构建和谐湖南,加快富民强省作出更大的贡献。

湖南省加大群众对综治考评力度

2008年以来,湖南省充分运用综治考评机制,进一步加大群众对社会治安综合治理和平安创建工作考评力度。上半年,全省社会治安及政法队伍形象公众评价综合得分为66.83分,比去年同期高出1.26分。

一、综治考评工作突出体现"以民为本"的思想

湖南省委省政府始终坚持以群众满意不满意、拥护不拥护、认可不认可来衡量综治工作和社会治安状况。从2005年起,省综治委委托省民调中心,采用国际通用的抽样调查方法,每年对全省123个县市区进行两次民意调查,尽可能使测评结果客观、准确。同时,逐年加大公众安全感测评的权重,把评价一个地方综治工作优劣、治安状况好坏的话语权更多地交给人民群众。

二、考核实效贯穿综治工作全过程

全省实行综治层级考评,注重考核工作效果。今年加大了群体性事件、非正常上访、执法状况、"三调联动"和治安防控等工作测评的权重,使考评尽可能体现工作成效。

三、通过考核省直部门促进综治工作平衡发展

2007年,湖南省综治委、省直机关工委联合对200多个省直及中央驻湘单位进行年度综治考评,表彰了如指掌5个先进单位,对4个省直单位实行了"黄牌警告"或"一票否决"。2008年,又把高等院校、省国资委监管的30多个国有企业纳入考评范围,纳入综治考评的省直及中央驻湘单位达到295个。

四、充分运用综治考评成果促进工作

湖南省委省政府每年在经济工作会议上对年度综治考评结果进行通报,兑现奖惩,积极推动综治工作。省综治委及其办公室注重充分运用考评成果,及时对考评进步快的县市区总结经验,对考评结果落后的,剖析原因,指导帮助整改,推动综治工作深入开展。

株洲县扎实推进平安建设

近年来，湖南省株洲县扎实开展平安创建工作，切实加强社会治安综合治理，持续保持全县和谐稳定。1993年以来，连续15年被评为全省社会治安综合治理先进县。2005－2007年，连续三年获得“全省平安县市区”荣誉称号。

一、立足全局抓创建，高层面谋划、高标准要求、高规格督查

一是将平安创建摆到与经济工作同等的位置，做到同研究、同部署、同考核。县委、县政府主要领导带头执行有关平安创建工作制度，重大事情做到亲自过问、亲临现场、亲自指挥；严格落实维稳工作“四定”制定，对稳定工作定期听、定期看、定期议、定期办。二是将综治基层网络建设作为基层政权建设的重要内容，健全工作机构，配齐人员编制，乡镇和县直机关均配备了一名副职专管综治工作，明确专人具体负责。在乡镇全面组建“一中心六网络”，确保了综治工作有机构理事、有领导管事、有人员办事。三是将平安创建工作经费列入县乡两级财政预算，并确保了每年按一定比例适度增长。

面对稳定新形势、新要求，县委、县政府不满足过去取得的成绩，进一步提出了争创全国先进的工作目标，在更广范围、更深层面推进平安建设。一是制发了《株洲县平安创建考评办法》，深化细化考评内容，将全县所有行政村、单位纳入考评范围。二是在每个乡镇办好2－3个平安创建示范村，以点带面，推动全局。三是深入开展平安家庭、平安村庄、平安社区、平安单位等多层次平安创建活动，扩大创建面，提高参与率，全县形成了浓厚的创建氛围。

为推动平安建设工作的落实，实施了平安创建政法书记工作联系点制度，全县按区域分成5个片，分别由政法委正、副书记任联片组长，通过片会培训、召开动员会、协调会、经验交流会等形式，深化创建工作。县级领导带队组成督查组，对全县各乡镇、单位平安创建工作进行督查，并将督查情况以县委文件形式进行通报，促进创建活动的整体推进。

二、落实领导责任，强基固本，夯实综治基础

一是进一步明确各部门、各单位党政主要领导在平安创建工作中的责任。分解创建任务指标，层层签订责任状，层层分解责任，层层明确责任。严格实施平安创建考评排名通报，将平安创建考评结果纳入领导干部政绩档案，作为提拔奖罚的重要依据。进一步夯实综治基础，健全乡镇、街道流动人口管理服务站，对流动人口实施微机管理。实行社会、村（居）委会、家庭“三位一体”的帮教机制；建立青少年法制教育宣传基地，在全县中小学校聘请兼职法制副校长，持续不断对学校周边“三室两厅”、“占道经营”等进行专项整治，组建铁路联防有奖义务护路队伍，有效遏制各类涉铁案件发生。进一步抓好社会治安防控工作，全面实行“点”上守巡，“线”上车巡，“面”上步巡，社区（居委会）自巡的互动巡防模式，县城专业治安巡逻队实现了24小时巡逻，乡镇以乡村干部为主体的警民联防队确保了对重点部位、重点时段的巡察。加强物防、技防建设，加大投入，建设平安城市报警与视频监控系统，实现了对县城重点街道路口、治安复杂场所的全方位监控；进一步整合专业联防队伍、警民联防队伍和联户联防队伍，形成了互相协助、互相补充的联动治安防控网络，促进了社会治安的持续稳定。

三、坚持抓早、抓小、抓重点，及时化解各类矛盾纠纷

一是健全各项矛盾纠纷排查调处工作制度。县委、县政府制发了《关于进一步加强矛盾纠纷排查调处工作意见》等文件，建立了重点问题多方协调、联络员例会、调纠工作领导小组定期碰头、情报信息“4A”管理等一系列规章制度，确保矛盾纠纷排查调处有规可依，有序操作。二是坚持村组周查旬报、乡镇旬查月报、县月查月报，全县各乡镇每月都要定期召开综治工作例会。对各乡镇及有关部门上报的矛盾纠纷进行分类排队，建立台账，定期向县委、县政府报告，提出工作建议。进一步加强信息反馈，确保带有倾向性、苗头性的问题和矛盾早发现、早报告、早控制、早解决。三是采取定领导、定时间、定责任、一包到底的办法，逐一分解落实到单位、到人员。对较复杂问题，完善“人民调解、行政调解、司法调解”三位一体调解机制，实行“人员、经费、制度”三落实，形成综合优势，依法依规化解。对可能激化的矛盾问题，实行《矛盾纠纷限期排查调处》、《重大群体性事件苗头、隐患限期排除整改》、《重大群体性事件紧急处置》等三书督办，县委书记签发督办通知书。四是突出重点矛盾纠纷化解。针对企业改制、环境污染、征地拆迁和项目建设等重点矛盾纠纷，由县委、县政府主要领导牵头，集中精干人员，重点攻关，及时开展矛盾纠纷大排查，准确掌握各种涉稳情报信息，确保了社会大局持续稳定。

湖南省综治委、办负责人名单

一、省综治委负责人

主　任：李　江　省委常委、省委政法委书记
　　　　　　　　省公安厅厅长

副主任：谢　勇　省人大常委会副主任
　　　　刘力伟　省人民政府副省长
　　　　谭仲池　省政协副主席
　　　　康为民　省高级人民法院院长
　　　　龚佳禾　省人民检察院检察长

二、综治办负责人

主　任：林　勇　省委政法委副书记

副主任：陈　岭　省委政法委副厅级干部

三、内设机构负责人

省委政法委综治工作室。

湖南省各市、县(市、区)综治委、办主任名单

地　区	综治委主任	综治办主任
长沙市	张湘涛	彭志一
岳麓区	赵福东	黄智勇
芙蓉区	宋晋武	刘赞乾
天心区	邓鹏宇	张长生
开福区	陈大庆	朱旭东
雨花区	郑力虎	刘亚平
浏阳市	梁　仲	陈典平
长沙县	范遵新	黄卫新
望城县	黄佳惠	易志旺
宁乡县	黎石秋	蔡立军
高开区	罗社辉	余　龙
经开区	陈新忠	邓国辉
张家界市	胡伯俊	陈克定
永定区	刘泽友	姚文德
武陵源区	陈红日	刘升旗
慈利县	刘　群	向国耀
桑植县	何其雄	王作阳
常德市	武吉海	姚景平
武陵区	王孝山	陈裕坤
鼎城区	王昌义	丁敬宝
津市市	何英平	罗业才
安乡县	王先蒙	戴继先
汉寿县	刘定青	孙国武
澧　县	彭孟雄	邓恢谊

地　区	综治委主任	综治办主任	地　区	综治委主任	综治办主任
临澧县	黄清宇	祝明海	雁峰区	屈国原	姚轲骅
桃源县	郑弟祥	左立文	珠晖区	邓光忠	凌　浩
石门县	熊大顺	刘朝晖	石鼓区	尹培国	尹为禹
益阳市	马　勇	张正才	南岳区	胡显西	戴德云
赫山区	孙达良	樊冬湘	常宁市	邓秋云	唐旭胜
资阳区	周振宇	李献丰	耒阳市	熊国华	谷　峰
沅江市	胡立安	邬合琼	衡阳县	刘　健	高孝益
南　县	李志宏	李国祥	衡南县	吴旭东	罗友平
桃江县	龚　健	温达华	衡山县	宋贫农	孙会文
安化县	谢寿保	夏高林	衡东县	彭亚平	赵自文
高新区	谭喜华	熊志元	祁东县	王志武	陈小云
大通湖区	龚正军	孙达良	**郴州市**	王碧元	许秋生
岳阳市	黄兰香	李建群	北湖区	吴代友	曾晓勤
岳阳楼区	李可波	瞿法林	苏仙区	李明雄	胡贵成
君山区	田文静	邱良辉	资兴市	李　评	蒋晓明
云溪区	杨　昆	杨重燕	桂阳县	刘新荣	欧阳继军
汨罗市	王景亮	周文华	永兴县	陈舒藻	李泽林
临湘市	毛知岳	何水兵	宜章县	廖朝明	黄继茂
岳阳县	黎四清	颜学进	嘉禾县	李鸿春	施　云
华容县	汪　涛	罗良才	临武县	唐国国	唐冬旺
湘阴县	黎作凤	黄群安	汝城县	曹为民	彭志强
平江县	王洪斌	魏经国	桂东县	黄柱中	陈祥发
株洲市	余定平	罗高其	安仁县	李旭春	刘爱国
天元区	谢高进	曾小平	**永州市**	蒋善生	胡安平
荷塘区	李　智	凌加强	冷水滩区	刘宁波	张贻南
芦淞区	强国跃	张　涛	零陵区	唐福荣	李之游
石峰区	曲邵阳	晏伯轩	东安县	刘红安	唐双跃
醴陵市	林伯芝	张国亮	道　县	赵文旺	朱正开
株洲县	王建勇	张高峰	宁远县	谭立宏	肖　平
攸　县	颜建斌	李益民	江永县	黄智亮	高云兴
茶陵县	姜衡湘	谭文平	蓝山县	唐小明	彭忠奖
炎陵县	王继恩	刘友德	新田县	谢华民	杨石昆
湘潭市	刘清林	谭菊先	双牌县	唐群英	胡凤开
岳塘区	傅博华	张建湘	祁阳县	郑　戈	李文斌
雨湖区	宋善武	王永龙	江华县	黄志坚	胡玉产
湘乡市	周建辉	喻贵胜	**邵阳市**	石民生	徐光旗
韶山市	陈震龙	彭学清	大祥区	杨　科	彭贤强
湘潭县	谭　勇	翁建培	双清区	肖怀英	肖力丁
高新区	刘硕科	文复军	北塔区	朱社德	莫振宇
衡阳市	谢恒斌	周玉军	武冈市	黄崇清	郭晓清
蒸湘区	冯加业	汤九生	邵东县	孙洪波	朱学明

地　区	综治委主任	综治办主任	地　区	综治委主任	综治办主任
邵阳县	钟经求	罗建平	芷江县	滕文亮	李建军
新邵县	陈军渝	王理信	靖州县	龙　力	林长万
隆回县	周玉凡	廖海湘	通道县	张海浪	杨进朝
洞口县	许又龙	谭国成	**娄底市**	易春阳	袁跃进
绥宁县	杨章德	伍华仁	娄星区	梁立坚	李忠勇
新宁县	谭小君	周　尧	冷水江市	阳世霄	曾胜利
城步县	朱建华	熊少华	涟源市	陈晓林	吴应明
怀化市	陈善美	田定国	双峰县	朱希芳	彭丰高
鹤城区	杨正坤	曾　友	新化县	胡忠威	邹　林
洪江市	向述照	覃志顺	**湘西自治州**	徐克勤	龙德忠
洪江区	蒋昌永	李　茜	吉首市	万波平	师明社
沅陵县	张世雄	李宗志	泸溪县	包太洋	李建阳
辰溪县	谢景松	黄　斌	凤凰县	罗　明	谭　俊
溆浦县	翟　波	谢　华	花垣县	石治平	石兰兰
中方县	周圣余	罗明望	保靖县	彭正刚	张应国
会同县	周厚群	粟群勇	古丈县	龙永金	张仕金
麻阳县	丁继元	唐国钧	永顺县	田　轶	全心平
新晃县	姚连生	廖钟鹤	龙山县	向能武	欧昌华

（撰稿人：颜复友
审稿人：林勇　李炜）

广　东　省

2008年社会治安综合治理工作概况

2008年,广东省各级综治部门认真贯彻落实中央和省委省政府的决策部署,以科学发展观为指导,进一步解放思想,开拓创新,以实现平安奥运为目标,大力排查化解各类矛盾纠纷、排查整治治安突出问题和重点地区,加强以流动人口为重点的社会管理,完善社会治安综合防控体系,深入推进平安建设,夯实基层基础,为促进全省经济社会平稳较快发展创造了良好治安环境。4月,中央综治委在广州召开全国综治工作会议,周永康、孟建柱同志对广东综治工作经验给予高度评价。

一、以奥运安保等重大工作为要务竭力维护社会大局稳定

在年初罕见的雨雪冰冻灾害面前,全省各级党委政府和政法综治部门集中力量保春运、保安全、保民生,共出动民警52万多人次、武警3.5万余人次;协助铁路部门疏运旅客500多万人次,疏导公路车辆345万辆次,救助群众207万多人次,安置滞留群众1000多万人次,为夺取救灾抗灾全面胜利作出突出贡献。在汶川大地震的抗震救灾工作中,严格执行中央和广东省委统一部署,先后组织1503名公安特警和边、消防官兵,第一时间驰援灾区,共救出生还群众222人;帮助恢复灾区社会秩序,积极开展慈善募捐和对口援建工作,受到中政委和四川省先后致函表彰、感谢。在实现"平安奥运"目标过程中,按照广东省委省政府关于确保有关广东奥运活动万无一失、绝对安全的要求,全省综治系统集中力量加强重点目标、要害部位的防控,严密内部安全保卫措施,确保了奥运火炬接力广东站传递活动和在广州奥林匹克科学大会安全顺利举行。奥运会、残奥会期间,全省没有发生恶性突发事件和大规模群体性事件。在金融海啸席卷全球的严峻形势下,及时组织各地政法综治系统开展调研,主动应对,为确保全省社会大局稳定奠定了基础。

二、以化解社会矛盾纠纷为主线全力促进社会和谐稳定

在全省范围内集中组织开展了3次矛盾纠纷大排查大调处专项行动,对一些苗头性、倾向性问题进行滚动式、地毯式排查。对排查出来的矛盾纠纷,集中梳理、归口管理、限期办理,确保矛盾不激化、问题不上交、事态不升级、影响不扩大。全省共排查出涉及劳动争议、土地征用、城市拆迁、环境保护、企业重组改制和破产、外来工"抱团"、军队退役人员待遇诉求以及涉法涉诉等方面的矛盾纠纷44223宗,已调处41913宗,占94.78%;其中排查调处涉群体性矛盾纠纷1644宗。1至11月,全省500人以上规模群体性事件同比下降30%。集中解决涉法涉诉信访突出问题,特别是重信重访案件。2008年,承接中央政法委交办涉法涉诉信访案件137宗,息诉罢访128宗,息诉率93.4%;各地各部门排查重信重访案件368宗,息诉罢访332宗,息诉率90.2%。

三、以持续严打滚动整治为核心强力稳控社会治安大局

进一步完善区域协作,多警种、多手段协作,侦查、起诉、审判、改造密切协作的新型严打工作机制,始终保持严打力度,坚决遏制严重刑事犯罪的高发势头。先后组织开展"粤安08"、命案侦破、治爆缉枪、打黑除恶、打击"两抢一盗"、扫黄打非、打击传销及变相传销、取缔"六合彩"赌博、打击毒品犯罪、打击盗窃破坏"三电"犯罪、打击有组织盗窃自行车犯罪等严打专项行动。各地坚持以"人(流动人口)、屋(出租屋)、车(机动车)、场(治安重点场所)、网(互联网)"等影响社会治安的五大源头性重要因素为重点,滚动排查整治突出治安问题和治安重点地区,着力整治影响群众安全感的涉枪、涉毒、涉黑、涉假、涉赌、涉黄等突出问题。省综治委挂牌整治8个重点县(市、区)、98个重点镇(街),并积极开展检查督办;各地对排查出的治安重点地区和突出治安问题,强力开展联合整治,一些突出治安问题得到有力治理,重点治安地区治安面貌明显改善,群众安全感明显增强。2008年共排查出826个治安混乱地区,已扭转治安面貌760个,占92%;排查出699个治安突出问题,已解决问题605个,占86.55%。

四、以人防技防物防相结合不断完善社会治安防控体系

全面推进指挥中心平台和警务综合信息系统、互联网虚拟社会管理系统、各部门信息联网系统建设。2008年,警务综合信息系统已在全省2355个派出所52200多名派出所民警中推广应用。进一步加大治安视频监控系统建设力度,目前全省已建成监控摄像头90多万个,通过系统破获各类案件2万多起。加大警力向基层一线投放力度,加强街面巡逻,推行网格化责任区、巡控和便衣专业队勤务模式,提高路面见警率,强化人技有机结合、快速指挥联动的治安防控格局。加强群防群治队伍建设。各市、大部分县城、珠三角各镇(街)按照"统一招收、统一培训、统一管理、统一着装、统一使用"的要求,建立了由地方财政供养的专职治安联防队伍,并创新发展区域治安联动、"三安"联动、企地联防、路地联防、军警民联防、街面店铺联防等群防群治模式。

五、以基层平安创建为载体全面深入推进平安广东建设

通过点线面结合、条块并进、典型引路,大力推进构建调处网、信访网、惩治网、警控网、群防网、技防网、社管网、应急网、普法网、监督网等"平安工程十大网络建设"。各地市、各县(区、市)均选择若干平安建设示范点,层层开展平安创建活动;各职能部门相继开展了平安家庭、平安路段、平安企业、平安市场、平安校园、平安医院等创建活动。各地全力打造自治好、管理好、服务好、治安好、环境好、风尚好为标准的"六好"平安和谐社区;全力推进无毒品、无赌博、无纠纷、无邪教、无暴力、无犯罪等"六无"目标的"平安和谐家庭"创建活动。综治工作着力点从前几年对突出治安问题的专项整治转为对基层平安建设的全面推进。目前全省已创建各类安全小区6万多个,覆盖80%以上的社区和人口。11月,中央综治委检查验收组在对广东省的反馈意见中指出:广东平安建设已从过去注重社会治安和安全生产的"小平安"拓展到包括国家安全、社会稳定、治安稳定、公共安全、经济安全、环境安全等丰富内涵的"大平安"。

六、以镇街综治工作中心为平台夯实综治基层基础

2007年开始,广东全面推进乡镇(街道)综治工作中心建设,至2008年底,全省1560个乡镇(街道)综治工作中心均已挂牌并进入实质性运作,成为街镇党委政府抓维稳保平安的重要工作平台。2008年又部署在部分社区、村居及规模企业建设综治工作站。年底,广州、深圳、湛江、惠州、梅州、茂名、肇庆等市在村(居)委、企业已成立综治工作站,把综治组织网络向最基层延伸。湛江市在1788个村居全部建立起综治工作站,并率先在一些地区探索建立综治协会,更好地发动社会力量参与社会治安综合治理。各地普遍实施警务下沉战略,全省共建立社区警务室3958个,农村警务室3511个,配备社区和驻村民警13640名,还有近2000个警务室在建设中。各城市市区、县城城区、珠三角地区的中心乡镇都建立了由财政统一供养的专职治安联防队。至2008年年底,全省有各类群防群治组织10.7万个70.5万人,流动人员和出租屋综合协管员队伍近4万人,已初步形成省市县镇村五级服务管理体系。

七、以承办全国综治工作会议为契机掀起综治宣传高潮

4月7日至9日,全国社会治安综合治理工作会议在广东省广州市召开,省综治办策划并提出了会议筹备工作的多项重要方案,编辑出版《广东平安建设报告》一书;推出《广东省平安建设成果图片展》;撰写大量宣传稿件,联系组织中央和广东26家主流媒体报道全省综治工作经验105篇(次);成功举办了精彩纷呈的"平安南粤"文艺晚会。组织各地及时启动全省性的"综治工作宣传月"活动,利用多种形式广泛宣传重点整治工作和平安建设取得的做法成效,树立先进典型,弘扬社会正气,形成了前所未有的综治工作舆论宣传强势，营造了“人人关注综合治理、人人参与平安建设”的浓厚社会氛围。10月23日至24日，省综治办在湛江市召开全省平安县（区、市）建设现场会，会议期间，省综治办编印了《全省综治工作经验选编》、《全省综治工作集中宣传剪报集》、《中央领导机关推广我省综治工作经验汇编》等资料，并利用省内新闻媒体广泛宣传，又一次掀起综治宣传热潮。

八、以合力解决重点难点问题为抓手，推进综治专项工作

一是推进流动人口服务管理工作。深化体制改革和机制创新，改进管理方式，提升服务水平，流动人口服务管理工作取得了新的成效。

全省流动人口五级管理网络基本建成，日常办事机构有三种模式：在政府设立专职机构，如广州、东莞、中山等市；在综治委设办公室，如深圳、珠海、汕头、佛山、惠州、江门、湛江等市；其他各市在公安局设办公室作为临时协调机构。一些市在乡镇、街道设立流动人口管理服务中心（所）。全省组建了4万多人的专业协管员队伍、4.6万余人的社会辅助力量。以改革暂住证制度、实施居住证制度为主要内容的《广东省流动人员服务管理条例（修订草案）》已经省政府常务会议讨论通过，进入省人大立法审议程序；省人口计生委制定的《广东省流动人口计划生育鼓励和服务规范》已在全省试行；《广州市流动人员管理规定》、《深圳市居住证暂行办法》等一批地方性政策法规陆续出台。各地逐步推行出租屋管理费改税政策，强化出租屋税收征管，并将流动人口出租屋服务管理经费纳入财政预算予以保障。2008年全省实现个人出租房屋税收收入16.7亿元。广州、深圳、佛山、东莞、中山等市实现了流动人口和出租屋管理经费政府财政的全额保障。珠三角各市普遍建立了流动人口出租屋管理信息系统，协管员按照街不漏栋、栋不漏户、户不漏人、人不漏项的要求，做好信息采集、录入、更新、维护工作，已收录流动人口信息3000多万条。

出台了广东省医疗保险门诊费用统筹指导意见，全面实施“低缴费、保大病、保门诊”的流动人口医疗保险办法；制定了流动人口养老保险关系省内转移接续办法，解决了流动人口养老保险关系转移问题；简化了流动人口参加工伤保险办法，截至2008年11月底，全省流动人口参加养老、失业、医疗、工伤保险人数分别达到1051万人、555万人、1364万人和1572万人，参保人数均连续多年居全国第一。加大流动人口职业技能培训力度，省委、省政府出台了《关于推进产业转移和劳动力转移的决定》，配套出台了涉及技能培训与转移就业、农村贫困家庭子女免费接受技工教育、农村劳动力普惠制培训制度等一系列政策措施。改善流动人口子女就学条件，逐步实现与户籍人口子女同等待遇。目前全省义务教育阶段在校流动人口子女270.6万人。大力推进以社区卫生服务中心、乡镇卫生院为主体的基层卫生服务网络建设，加强职业病、传染病预防宣传教育，打击非法接生和地下行医等，改善流动人口就医条件，提高了流动人口计划生育服务管理水平。省政府召开了全省农民工工作会议暨优秀农民工表彰大会，对500名全省优秀农民工代表和50名农民工工作先进集体进行了表彰。省劳动保障厅、发改委、公安厅联合出台了《关于做好优秀农民工入户城镇的工作意见》，让优秀农民工在当地落户，享受市民待遇。

妥善处理劳动纠纷，完善劳动用工登记和合同备案制度，严厉打击恶意欠薪。2008年初启动了“工资集体协商三年行动计划”，继续实施重大劳动保障违法行为社会公布制度，完善行政司法联动打击恶意逃薪工作机制。

各地组织开展了出租屋清理整治专项行动，有效地净化了城市社会环境。深圳市率先改革暂住证制度，实行居住证制度，同时，探索由个人分散出租转为由物业管理公司统一招租、管理和服务，以及由政府购买服务，委托物业管理公司管理等出租屋和流动人口社会化管理模式。

二是加强预防青少年违法犯罪工作。省人大把《广东省青少年保护条例》纳入法律修订计划。2008年，全省有12个地市开通了12355青少年服务热线。省公安厅牵头成立“709办公室”，开展打击淫秽色情网站专项行动，共关闭了淫秽色情网站483个；文化、工商、公安等部门联合开展了网吧专项整治工作，共出动执法人员24万多人次，检查网吧1.4万户次，查处接纳未成年人进入的网吧3000多家，查封违法经营场所8000多处。全省出版行政部门开展了出版物专项治理工作，立案行政处罚非法经营出版物4500多家，收缴非法"口袋本"、卡通画册、图书17多万册，收缴非法音像制品7429.9万张、电子出版物180万张、书报刊696万份(张)。教育系统建立健全校园治安稳定责任制，制定并印发《加强学校及周边治安综合治理工作的意见》。省高院全面贯彻"教育为主，惩罚为辅"原则，进一步加强少年法庭建设，目前全省已有124个法院成立了少年法庭工作领导小组。省检察院创新不起诉公开咨询制度，向未成年犯罪嫌疑人予以更多倾斜。省民政厅扎实做好流浪未成年人救助保护工作，推动20个地级市设立了流浪未成年人救助保护机构。团省委联合省司法厅开展"甘露行动"大学生爱心帮教活动。省妇联牵头进一步加大对农村"留守儿童"的帮助管理力度，通过编制农村家庭教育主体课程，重点面向困境儿童的家长和临时监护人开展了家庭教育指导。

三是开展铁路护路联防工作。持续开展爱路护路宣传教育，不断提高广大群众的法制观念和安全意识，努力减少危及行车安全案件和事故的发生；铁路部门和沿线地方政府共同投资，加快铁路线路基础设施建设进度，有效提升了线路安全防控能力；全省"平安铁路示范路段"创建工作基本实现了预定目标。

四是加强刑释解教人员安置帮教工作。狠抓衔接管理，大力推动"两头管、两头衔接"工作试点，探索实行流动刑释解教人员安置帮教工作新举措，加强安置帮教工作的针对性、科学性，各成员单位协调联动、各司其职，切实推动全省安置帮教工作全面开展。2008年全省共衔接了有刑满释放和解除劳教人员《通知书》的本省籍刑释解教人员20042人，帮教19641人，帮教率98%；安置17236人，安置率86%；重新犯罪123人，重犯率1.2%，各项指标均优于中央下达的标准。全省共有过渡性安置单位955个，2008年新增过渡性安置单位177个；其中新增基地2个，新增安置实体和安置点175个。各地免费培训刑释解救人员8113人，有7528人通过职业技能鉴定获得各类职业技能证书，免费提供职业介绍8720人次，开展职业指导6929人次，累计帮扶4723人实现就业。监狱服刑人员有16500人取得劳动技术资格或等级证书。

五是加强学校周边社会治安综合治理工作。签订《广东高校治安综合治理目标管理责任书》，制定《2008—2011年广东省高等学校治安综合治理工作考核指标体系》；开展全省高校综治先进评选工作，评定中山大学等18所高校为2005－2007年度广东省高校治安综合治理先进学校；召开首期广东民办高校安全管理工作研讨会，重点研讨民办高校如何应对突发事件、处置安全事故；对广州地区高校及周边地区开展为期一个月的治安整治"朝阳行动"，严厉打击校园入屋盗窃、诈骗、盗窃自行车等违法犯罪活动，清除高校校园及周边治安隐患，整治校园周边交通秩序；指导各地广泛开展"珍惜生命，爱护自己"为主题的宣传活动，不断提高师生安全意识；继续开展学校安全管理培训工作，2008年培训学校安全管理人员达5000人次；进行了安全稳定、防学生溺水事故、防范洪涝灾害、校舍抗震、消防安全等5项专项排查，全省排查中小学校8000多所，整治隐患有200多处。

中共广东省纪律检查委员会
广东省委政法委员会
关于印发《广东省打黑除恶工作责任制》的通知

（2008 年 6 月 19 日）

各地级以上市纪委、市委政法委：

现将《广东省打黑除恶工作责任制》印发给你们，请即报告党委、政府，并结合本地区本部门实际，认真贯彻落实。

广东省打黑除恶工作责任制

第一章　总　则

第一条　为维护我省社会治安秩序，确保人民群众安居乐业，依法打击和防范黑社会性质组织和恶势力违法犯罪活动（简称"打黑除恶"），建立完善打黑除恶长效工作机制，根据《中国共产党纪律处分条例》和《中华人民共和国刑法》、《中华人民共和国公务员法》、《行政机关公务员处分条例》等有关法律、法规，制定本制度。

第二条　打黑除恶工作坚持"属地管理"、"谁主管谁负责"的原则。坚持"打早打小、露头就打、综合施策、除恶务尽"的方针。

第三条　打黑除恶工作应建立基层排查工作机制，及时发现黑恶势力和境外黑社会组织渗透活动的犯罪线索；建立高效的办案工作机制，及时侦办黑恶势力犯罪，查处"保护伞"；坚持协调一致的办案工作机制，坚持基本犯罪事实清楚、基本证据确凿"两个基本"原则，依法从重从快惩处黑恶势力犯罪。

第四条　打黑除恶工作的重点对象：

（一）插手基层选举，侵蚀镇、村基层政权的黑社会性质组织、宗族恶势力和"乡霸"、"村霸"、"地霸"；

（二）以暴力、胁迫等手段垄断娱乐服务、交通运输、建筑、采砂采矿、专业市场等行业经营或强收保护费的黑恶势力犯罪；

（三）与"黄、赌、毒"及涉枪等违法犯罪相互交织的黑恶势力犯罪；

（四）入境我省渗透发展或与境内不法分子勾结实施违法犯罪活动的境外黑社会组织；

（五）群众反映强烈、影响恶劣的其他黑恶势力犯罪。

第二章　工作职责

第五条　各级党委、政府对当地打黑除恶工作负总责，切实加强对打黑除恶工作的组织领导和督促指导，及时研究解决打黑除恶中遇到的困难和问题，支持政法部门排除阻力，深挖"保护伞"，在人力、经费上予以保障。

第六条　各级党委政法委要加强对打黑除恶工作的组织、协调、督促和检查，确保中央和省打黑除恶工作部署落到实处；及时协调解决公、检、法等部门在办案工作中的意见分歧，确保办案质量。

第七条　公安机关是打黑除恶工作的主要职能部门，要加强对黑恶势力活动情报信息的搜集、整理、研判和管理，做好黑恶势力犯罪案件的受理、立案、侦查取证、采取强制措施、移送审查起诉等工作，强化证据意识、程序意识和诉讼意识，努力提高办案质量。

第八条　人民检察院要按照“两个基本”原则，依法及时对黑恶势力犯罪快捕、快诉。对重大黑恶势力犯罪案件，提前介入侦查活动。对黑恶势力犯罪案件的侦办、审判活动，依法履行法律监督职责。

第九条　人民法院要坚持依法从重从快的原则，对黑恶势力犯罪案件在法定审限内从快审结，依法严惩黑恶势力犯罪及其“保护伞”。依法从严适用拘役以及缓刑、减刑、假释、监外执行等措施。

第十条　司法行政机关和监狱、劳教部门要加强对在押涉黑涉恶罪犯、劳教人员的监管和教育改造工作，加强狱内侦查，深挖余罪。对黑恶势力罪犯，应采取异地、分开关押；对其减刑、假释、监外执行的申请，严格把关，从严掌握。

第十一条　纪检监察部门要严肃查处党员干部、国家公务员、国有企业、事业单位负责人参与黑恶势力违法犯罪活动、充当“保护伞”的行为；严肃查处包庇黑恶势力违法犯罪分子、干扰和阻挠办案的执法、执纪人员；严肃查处打黑除恶工作中发现的地方保护主义和部门保护主义行为。

第十二条　组织、人事部门要把打黑除恶工作列入各级党委、政府和党政干部政绩考核范畴；对有涉黑涉恶问题或干扰、阻挠打黑除恶工作的领导干部，对在打黑除恶工作中领导不力的领导班子和领导干部，要按照干部管理权限提出调整、免职等组织处理的意见、建议。

第十三条　宣传、文化部门要加强打黑除恶的宣传工作，发动群众检举、揭发黑恶势力犯罪线索和犯罪事实，营造打黑除恶良好社会舆论氛围。

第十四条　工商部门要发挥企业登记监管职能，严格资格审查，并加强对易于滋生黑恶势力的行业和场所的监督检查，及时向公安机关提供黑恶势力犯罪线索。

第十五条　金融部门要结合日常工作，注意发现黑恶势力团伙洗黑钱或黑恶势力犯罪资金支付流通的线索，及时向检察、公安机关提供相关情况；积极配合办案部门对涉嫌黑恶势力资金的监管、冻结等工作。

第十六条　交通部门要加强对交通运输、物流托运等领域的日常监管，及时发现并主动向公安机关提供黑恶势力垄断、霸占公共运输服务、物流托运服务的犯罪线索。

第十七条　信访、税务、海关、电信等部门要结合日常工作，注意发现黑恶势力违法犯罪线索，及时向公安、检察等机关提供相关情况。

第三章　责任追究

第十八条　各级党委、政府领导干部根据工作职责对本地区打黑除恶工作负领导责任。对黑恶势力坐大、为害一方情况严重、群众反映强烈、造成恶劣影响的地方，实行社会治安综合治理“一票否决”。

第十九条　各级公安机关领导干部对本地区打黑除恶工作负直接领导责任。有下列情形之一的，给予责任人相应的组织处理：

（一）对辖区黑恶势力违法犯罪线索应当掌握而没有掌握，或者掌握后没有及时打击，也不报告上级公安机关的；

（二）对群众反映强烈或上级交办、挂牌督办的涉黑涉恶案件，不敢打、不愿打，久拖不查的；

（三）在任期内因领导不力或者工作失职，导致辖区黑恶势力坐大成势，形成黑社会性质组织，被上级或异地公安机关以黑社会性质组织罪名查处的。

第二十条　人民检察院、人民法院、司法行政机关在办理黑恶势力犯罪案件中，有该捕不捕、该诉不诉、以罚代刑、降格处理行为的；在办理黑恶势力罪犯减刑、假释、监外执行工作中，弄虚作假、违规操作的；以及有其他徇私舞弊、贪赃枉法、枉法裁判等行为的，追究领导责任和直接责任人责任，给予相应的组织处理。

第二十一条　各职能部门和相关行业管理机构领导干部对本部门、本行业打黑除恶工作负领导责任。有下列行为之一的，给予责任人相应的组织处理：

（一）对群众投诉、举报的黑恶势力线索置之不理的；

(二)未能及时发现管辖范围内涉黑恶犯罪线索,或发现后未及时通报公安机关的;

(三)应当配合而不配合办案部门查处黑恶势力犯罪案件或配合不力的;

(四)在打黑除恶工作中有其他失职、渎职行为的。

第二十二条　第十八条至第二十一条所列行为,构成违纪的,依法依规给予责任人相应的党纪、政纪处分。

第二十三条　为黑恶势力犯罪提供便利条件、通风报信、纵容包庇、干扰阻挠办案、掩盖犯罪事实、开脱罪责,或以其他形式为黑恶势力犯罪充当"保护伞"的,依法依规给予相应的党纪、政纪处分。

第二十四条　对打黑除恶工作中成绩突出的单位和个人,可由各级党委、政府通过有关程序给予表彰奖励。

第四章　附　则

第二十五条　本制度由省委政法委负责解释。

第二十六条　本制度自颁布之日起实行。

广州市深入开展城市管理年活动
促进突出治安问题标本兼治

为营造适宜创业发展和生活居住的城市环境,以最好的城市面貌迎接2010年亚运会在广州举办,2005年1月,广州市委、市政府决定在全市开展为期3年的"城市管理年"活动,突出抓好以社会治安、交通秩序、流动人口、食品卫生、城市环境为主要内容的城市管理工作。通过强化管理,城市环境面貌发生了深刻变化,社会治安出现了明显好转,2005—2007年刑事发案同比分别下降5.7%、10.1%、15.8%,总量下降到2007年的7.9万宗,群众安全感由2005年的69.9%上升到2007年的86.7%。

一、转变观念,突出抓好城市管理

抓管理就是抓发展。加强城市管理,改善城市环境,这既是保持先进制造业优势、增创服务业优势的需要,也是人口超千万的特大型城市改善民生、提高生活质量的需要。因此,广州市各级党委政府的工作重点从大规模招商引资抓项目转移到优化环境上来,主要精力从追求GDP的增长转移到改善民生上来,并把城市管理工作的成效作为各级领导干部政绩的重要内容加以考核。

抓管理就要抓综合。庞大的流动人口既为广州市城市发展作出贡献,又给城市管理带来挑战;上百万辆非法摩托车撒向街面,既引发交通问题,又诱发飞车抢夺;10多万无证照生产经营场所既引发安全隐患,又容易造成环境污染;娱乐场所任其泛滥,既扰乱市场经营秩序,又容易诱发黄赌毒问题;食品卫生出问题,既危害群众身体健康,又危及公共安全。为此,广州市把治安管理、交通管理、流动人口管理、卫生管理、市场管理、环境管理等有机结合起来,通过城市管理委员会、社会治安综合治理委员会、食品安全委员会、流动人口管理工作领导小组等机构统筹部门实施城市综合管理。

抓管理就要抓基层。长期以来,市一级职能部门总想包揽具体管理事务但又包揽不了,街镇一级想管但又无权管理。2003年,广州市委、市政府下决心,明确规定街道不搞经济,全部精力用于抓管理。区政府财政全额保障街道办事处人员工资、办公经费和管理经费。2005年又推动权力下放,赋予街镇协助有关职能部门开展行政执法、受委托从事行政管理等事权。近几年,还由市、区两级财政出资招聘出租屋管理员、专职治安员以及计生、护税、城管、交通协管员等,充实基层管理力量。

二、紧抓重点,积极破解管理难题

强化出租屋和流动人口的服务管理。2008

年，广州市有出租屋120多万套，暂住半年以上的流动人口460多万人。在市、区（县级市）、街（镇）、社区（村）分别设立出租屋管理服务机构，推行“人来登记、人走注销”的旅业式管理模式，开展为期3年的出租屋集中整治，每年收取的数亿元出租屋综合税90%拨给街镇。2005年至2007年出租屋内发生的刑事治安案件同比分别下降14.2%、22.3%、14.8%。全市流动人员签订劳动合同和就业备案的达320多万人，参加基本养老、医疗、工伤保险的近500万人次，建立700多所农民工业余学校、400多个“金雁工程”、“温馨家园”等阵地，2005年来共为22.9万名农民工追回被拖欠工资、押金5.1亿多元。

强化治安重点地区的整治。将火车站周边2条不同区管辖的街道统归越秀区一区管辖。在火车站广场配备包括300名便衣警察在内的630名警力、450名保安，建立近200个监控探头，“天眼”、“地网”互动防控。公安机关实施“零容忍”警务理念，坚持对轻微违法行为进行治安传唤、两次治安拘留送劳教的做法。地方和铁路公安机关打破火车站候车大楼前30米台阶的管辖限制，实施联动联治。区政府在广场建立旅客综合服务中心，每年拨出200万元保障运作，杜绝了以往“黑公话”、“黑找零”、“黑中介”盛行的现象。2006、2007年火车站地区刑事发案同比分别下降48.9%、58.2%，分别实现了116个、275个刑事零发案日。近年来，广州市每半年排查确定一批治安问题突出的地区，并建立综治特派员蹲点制度、工作组驻点制度和综治委委员挂点制度督促落实。2005、2006、2007年分别整治的26个、17个、21个重点地区，刑事发案平均分别下降5.9%、14.1%和19.1%。

强化无证照生产经营活动的整治。自2005年起，全市开展对无证照生产经营的小作坊、小加工厂、小商铺、小食肆、小诊所进行整治。按照疏堵结合、综合治理、引导经营、规范管理的思路，引入市场干预手段调节生产经营，合理规划商业网点、建立专业市场，引导散户入室集中经营。3年来，取缔无证照经营业户近13万户，引导办证近10万户，创建亮照经营示范区732个。

强化非法摩托车的整治。自2004年8月起，全市采取大街与小街清查同步、动态清查与静态查截并举、街面清理与小区清理呼应的做法，大规模整治无牌无证、假牌假证、拼装和已达报废标准、外地牌证违章上路摩托车。到2006年底，全市共查扣非法摩托车近80万辆，公开销毁21万多辆。2005、2006、2007年全市驾摩托车抢夺发案同比分别下降12.3%、42.4%、69.5%。

强化娱乐服务场所的整治。建立了由综治、公安、工商、文化、体育、卫生、残联、监察等部门参与的娱乐服务场所管理联席会议制度，出台了“一次性淘汰”管理规定，对涉“黄赌毒”的场所坚决实行一次性淘汰，并对责任人进行责任倒查。2005年来，共一次性淘汰涉“黄赌毒”问题的场所33家，取缔违法违规经营场所6000多间，处理场所内吸毒贩毒、卖淫嫖娼、聚众赌博等人员近3万名，倒查追究了16名国家机关工作人员的管理责任。

强化外国人的管理。建立了有公安、工商、经贸、口岸、海关等35个部门组成的外国人管理工作联席会议制度，将外国人纳入实有人口管理，强化基层外管数据采集工作，在涉外单位建立外管协管员，全面掌握了近3万名常住外国人的动态。在居住200名以上外国人的50个街镇设立“涉外管理服务站”，组建外管工作基层服务队。市、区公安机关分别组建查处“三非”外国人专业队，并加大打击外国人违法犯罪活动的力度。2007年涉及外国人刑事立案115宗、同比下降18.4%。

三、整合资源，保障“三化”管理落实

实行专业化管理。2004年开始连续3年每年给公安机关净增加1000－1500名警察，2008年，全市警察总数近3万人，一线警力比例达88.2%。2006年3月，在全国率先组建成建制的便衣警察队伍，编配便衣警察2000多名，便衣警察抓获的犯罪嫌疑人能够作出处理的人员占抓获总数的90%，刑拘后处理率达80%以上。近几年，还分别组建了由财政全额保障的1万人专职治安员、8500人出租屋管理员、1000人交通协管员、3500人城市综合执法协管员、720人劳动监察协管员等队伍。

推动社会化管理。成立了有130多个大型企事业单位为会员的广州市保安协会，建立包括社会关护员在内的300多名羊城少年法庭之友队伍，组建了上千人的长治久安青年志愿者队伍，200多名的见义勇为志愿者服务队伍，2万多人的社区治安防范义工队伍，3.3万名送报员和出租车司机治安信息员队伍等。通过市场引入物业管理公司对老城区小区实行基本物业管理，引导民营资本建设公寓式出租屋，鼓励私人企业托管出租屋等。

实施科技化管理。从2005年8月开始，广州市采取财政投资与社会发动相结合、财政自建与租赁建设相结合、分步建设与全市联网同步推进的办法，建设全面覆盖主干道、重点部位、重点场所、公交车辆的治安视频监控系统。目前全市新建、改建25万个摄像头，仅花费财政资金就达20多亿元。视频监控系统与公安、城管、建设、环保、水利、交通、安监等部门互联互通，仅2007年就协助破获各类案件1353宗，抓获犯罪嫌疑人1735名，协助处理城市管理违法案件1200多宗。建成全市流动人员信息系统，联通公安、劳动、计生、国土房管、工商和质监等部门，覆盖市、区（县级市）、街（镇）和社区（村），实行房屋租赁和流动人员暂住登记、劳动就业、工商登记、计划生育、子女入学、税费收缴等网上数据交换。

深圳市建立出租屋综合管理新机制
把以房管人工作做精做细

深圳是我国的经济特区，也是一个新兴的移民城市。全市总面积1952.84平方千米，实有管理人口1480万人，其中户籍人口216万人。外来流动人口不仅总量多、密度大、成分复杂，而且整体流动性很大，80%以上居住在出租屋内。针对这一情况，近年来，深圳市在全方位做好服务工作的同时，以出租屋为切入点，按照"以房管人"的模式，积极创新管理体制，着力完善工作机制，全面落实长效管理措施，努力把流动人口管理工作做精做细，取得了明显成效。

一、列为一号工程，实行齐抓共管

为加快推进流动人口和出租屋管理工作，市委市政府研究出台了《关于加强和完善人口管理工作的若干意见》和《关于加强出租屋管理服务的意见》，明确了管理服务工作的目标、原则和总体要求，将出租屋管理作为社会治安综合治理的"一号工程"，列入各级党委政府的重要日程，由"一把手"负责，实行"一票否决"制度。市委书记亲自主持会议研究部署工作，市长担任人口工作领导小组组长，从体制、机制、制度和保障等多层面入手，大胆进行改革创新，推动流动人口和出租屋管理工作不断深入发展。

二、创新管理体制，完善工作机制

2003年底，市委市政府经过认真调研，决定按照"以房管人"的模式，对全市出租屋管理体制进行改革，通过整合公安暂住人口户管员和房屋租赁管理队伍，组建了隶属政法综治部门的市、区、街道、社区流动人口和出租屋综合管理机构，实行了"人房共管"的体制。全市共设7个区出租屋综管办、55个街道综管所、806个社区综管站（组）。同时，按照人均管理200套（间）出租屋的标准，组建了一支1.2万余人的出租屋管理员队伍。为加强部门协作、强化管理合力，由各级综治部门牵头，层层建立了出租屋管理工作协作配合制度，逐级实行了公安民警兼任出租屋综管机构领导职务制度，全面落实"三区联动（社区、警区、安全文明小区）、四位一体（社区综治办、出租屋综管站、居委会、物业管理公司）、五员捆绑（警员、出租屋管理员、安全员、治安员、计生员）"工作机制，为出租屋管理工作顺利推进奠定了坚实基础。

三、建立刚性制度，依法规范管理

为加强依法管理，市人大、市政府及时对《深圳经济特区房屋租赁条例》和《深圳市出租屋管理若干规定》进行修订完善，建立了一系列刚性管理制度，加大对违法租赁行为处罚力度。新修订的《深圳市出租屋管理若干规定》明确规定：出租屋业主出租房屋，必须到房屋租赁管理部门办理合同登记(备案)、申领出租屋编码卡,并与公安和出租屋管理部门签订综合管理责任书;凡被主管部门确定为危房或存在重大消防隐患的房屋,一律禁止出租。暂住人员租赁房屋,必须按时申报人口信息,限期办理居住登记并申领居住证。对违反上述规定的,由公安和出租屋管理部门依法给予处罚。配合法规的实施,市纪委、市委组织部、市监察局、市人事局、市综治办联合下发了《关于加强私人出租屋业主监督管理的若干意见》;市综治委(办)专门制定了《暂住人口信息申报登记管理办法》、《出租屋综合管理信息通报反馈实施办法》、《出租屋案件责任倒查实施办法》等一系列管理制度。

四、探索长效机制,实施精细管理

一是大力推广五种管理模式。在全市范围内全面推行"旅业式"、"物业式"、"单位自管式"、"散居包片式"和"院区围合式"五种规范化管理模式。其中"旅业式"主要适用于"城中村"整栋出租房屋的管理;"物业式"适用于住宅小区分散出租屋的管理;"单位自管式"适用于单位集体宿舍暂住人员的管理;"散居包片式"适用于建筑工地、城市边缘部位暂住人员的管理;"院区围合式"适用于原农村自然村落出租屋的管理。

二是认真开展分类管理工作。在全面普查的基础上,按照对社会治安和社会稳定的影响程度,将出租屋分为甲、乙、丙三类,暂住人口分为A、B、C三类,分别采取相应的管理措施。其中,对甲类出租屋和A类暂住人口,以服务为主;对乙类出租屋和B类暂住人口,做到服务与管理并重;对丙类出租屋和C类暂住人口,集中力量进行强化管理。

三是积极推广信息化管理手段。依托出租屋综合管理队伍,建立全市统一的流动人口管理信息系统,对登记掌握的流动人口实行动态跟踪管理;通过政务信息平台,实现人口信息资源共享,基本做到了"人来登记、人住管理、人走注销",保证了人口信息的完整、鲜活、准确。几年来,利用管理信息系统,比对抓获网上通缉在逃犯罪嫌疑人1800多名;同时为公检法司、计生、民政、组织、统战等部门提供了大量基础信息服务。

四是全面落实信息通报反馈制度。出租屋管理部门积极组织管理员开展巡查走访,发现出租屋内存在治安、消防、无证经营等方面隐患问题,及时通报相关职能部门查处整改,并限期反馈结果;对整改反馈率达不到规定要求的,由综治部门督办追究责任。

五是稳步推行居住证和出租屋编码卡制度。2006年以来,深圳市开始着手试行居住证管理制度。新建立的居住证制度,一方面弱化了"户籍"概念,强化了"居民"概念,使非户籍暂住人口更多地享受到了"市民待遇",包括劳动就业、社会保障、医疗保险、计生服务、子女就学等方面的平等待遇,凸显了在深建设者共创平安和谐社会、共享改革开放成果的公平性;另一方面又继承了传统户籍制度的合理内核,实现了对单位人、社会人的有效管理,既有利于吸引高素质人才来我市安居兴业,又能够限制无业人员盲目在深驻留,使违法犯罪分子难以在深圳立足。这项制度试行以来,受到了广大群众的欢迎,配合居住证的实施,深圳市依法建立了出租屋编码卡制度,对所有出租房屋"一屋一卡"、规范管理,完善"准入"措施,确保每一套出租屋都纳入管理的视线。

五、加大执法力度,树立法律权威

2007年以来,以实施《治安管理处罚法》为契机,组织万名公安民警和出租屋管理员集中清查出租屋300多万套间(次),带破刑事案件2498起,抓获违法犯罪嫌疑人2万余名。各级房屋租赁管理部门积极开展行政执法工作,两年来查处违法租赁案件6257宗,罚款500余万元。与此同时,不断加大出租屋案件倒查力度,两年来倒查出租屋刑事案件3256宗,处罚违规出租屋业主2894人,停租1028间。通过对个别重大出租屋案件倒查处理,对相关单位和责任人分别给予了"一票否决"、"黄牌警告"和"通报批评",依法拘留多名违法出租屋业主,起到了很好的法制宣传作用,提高了纳管率。

东莞市誓师明志　铁腕整治
实现社会治安形势明显好转

东莞处于广深之间毗邻港澳的特殊地理位置、市直接管镇（街道）的特殊行政架构、外来人口数倍于户籍人口的特殊人口结构、以外源型劳动密集型产业为主的特殊产业结构、近20年来均增幅18%以上的特殊经济发展速度，在带来经济繁荣、人气旺盛的同时，客观上造成了社会治安形势趋于严峻。2006年以来，针对社会治安压力越来越大的严峻形势，东莞市委市政府高屋建瓴，痛下决心，将抓好社会治安作为改善民生、促进民和、确保民安的重要举措，狠抓社会治安重点整治，取得显著成效。

一、坚持科学发展，强化领导责任

明确目标。2006年初，东莞市委市政府提出“年内实现社会治安形势明显好转”的目标，并向全市人民庄严承诺，如果不能实现，市委市政府要向全市人民公开检讨。2008年，市委市政府把实现“社会治安更加明显好转”列为为民办十件实事之首，并提出“争取用五年时间实现社会治安根本性好转”的奋斗目标。强化责任。为进一步抓好各级领导的责任落实，东莞市实行市领导包镇（街道）抓社会治安的工作制度。市几套班子领导每人带领一个工作组，定期深入基层检查督导，力促社会治安整治工作的深入开展。加强保障。市委市政府在财政投入上给予社会治安工作充分保障。2006年，市财政对公检法司投入预算达16.4亿元，同比上年增长20.94%（2007年达到17.67亿元）。大部分镇（街道）对治安工作的投入占本级财政收入10%以上。市见义勇为基金会积极发挥作用，2007年共发放抚恤、慰问、奖励金418万多元，受助、受奖人员219名，极大地弘扬了社会正气。

二、坚持重典治乱，健全工作机制

坚持“长期严打”方针，突出健全三项机制。健全严打长效机制。认真总结经验，研究治安动态和犯罪规律，建立健全长效打击机制。近年来，陆续组织了“打黑除恶”、命案侦破、“粤鹰”、“铁腕”、“雷霆”等一系列专项战役，保持严打高压态势。2007年全市破获刑事案件13527宗，打掉犯罪团伙1140个，抓获刑事案件作案成员16486人，移送起诉10609人，劳动教养1932人，行政拘留17941人。健全重点整治机制。坚持实施治安重点地区和突出治安问题排查整治工作机制。市综治办每半年组织一次排查治安重点地区和突出治安问题，实行挂牌整治，限期改变面貌。健全专项治理机制。针对一些多发性、群众反映强烈的治安问题，认真开展专项治理。采取排查备案、交叉检查、狠抓打击查处、严格追究责任等措施，开展打击违法犯罪活动专项行动。

三、坚持以防为主，完善防范网络

坚持“打防并举，以防为主”方针，重点加强三张治安防控网络建设。完善社会面防控网络。切实推进警力下沉，全市基层一线警力达到8878人，占总警力90.1%；将500多辆开放式巡逻车投入路面开展巡逻；建立了市局机关民警分批轮流到大城区重点部位开展巡逻的长效机制。完善社区防控网络。以社区警务室建设为龙头，以警长为具体责任人，全面推广封闭半封闭式小区管理模式，通过落实基础防范设施，推行警长进社区（村）领导班子（任党支部副书记），整合治安联防组织，完善巡逻防控等措施，构筑严密的社区防范网络。完善科技防控网络。着力推进重点部位治安视频监控系统建设，把监控范围延伸到社区、出租屋和公交车。共建成社区监控点4922个，建成并启用各类视频监控摄像头达到近10万个。

四、坚持源头治理，堵塞管理漏洞

抓难点——“治摩”。为加强社会管理，提升城市形象，2006年下半年，市委市政府作出了综合整治摩托车（即“治摩”）的重要决定。坚持“依法治摩、和谐治摩”的指导思想和“坚定不移、实事求是、以人为本”的三大原则,分整治异地摩托车和整治本地摩托车两步走,通过采取市、镇(街道)领导上路公劝,发放异地摩托车离莞托运补贴,严查违法违规,打击非法营运,本地摩托车提前报废补偿,促进摩托车搭客司机再就业,大力发展公交事业等一系列行之有效的措施,确保了“治摩”阶段性目标的顺利实现,“两抢”犯罪得到有效遏制,交通事故大幅下降。

抓焦点——“治窝”。完善机构。按照“两级政府、三级管理”的原则,市、镇(街道)、村(居)分别成立了工作机构和管理队伍,形成了较为完善的综合管理网络,并成立新莞人服务管理局。创新管理。在出租屋管理上,实行分类针对性管理:对集中型出租屋实行封闭、半封闭式管理,凭卡出入;对分散型出租屋实行旅业式管理,做到“人来登记、人走注销”;对住宅小区推行协管站管理,建立外来租住人员入住申报制度;对工厂集体宿舍,实行自管和联防式管理;对物业式托管出租屋实行抽查式管理,强化对物业公司及中介机构的责任落实。对出租屋租住人员,按单身型、家族型、混合型等层次,实行分层管理。对其中的“重点人”由“三员(警员、治安员、出租屋管理员)合一”专业队实行重点跟踪管理;对“重点户”,则组织有关部门进行专项整治。视频监控。2007年10月,制定了《出租屋视频监控系统建设方案》,计划用三年时间,使符合条件的15万栋出租屋按标准安装视频监控系统,并实现全市联网。

抓热点——“治吧”。市委市政府决心彻底解决“黑网吧”问题。市、镇(街道)分别成立“黑网吧”整治工作领导小组及其办公室,组织联合执法队,安排478万元专项资金,设立举报奖励制度和保证金制度。市、镇(街道)、村(居)三级签订《“黑网吧”整治责任书》,采取集中行动和日常清查相结合的方式对“黑网吧”进行整治,集中整治“黑网吧”工作效果显著,影响深远,被国家文化部总结为“黑网吧”整治工作的“东莞经验”。

广东省综治委组成人员名单

主　任:刘玉浦　省委副书记

副主任:梁伟发　省委常委、省委政法委书记、省公安厅长

邓维龙　省人大常委会副主任

李容根　副省长

梁国聚　省政协副主席

郑　鄂　省高级人民法院院长

郑　红　省人民检察院检察长

朱穗生　省委政法委秘书长

委　员:谭一鸣　省委副秘书长

曹晓东　省纪委常委

郑　红　省人大常委会副秘书长

李　为　省人大常委会委员、内司委副主任

颜学亮　省政府副秘书长

邵　忠　省政协副秘书长

李凤英　省政协社会与法制委员会副主任

许光超　省委组织部副部长

顾作义　省委宣传部副部长

将乐仪　省委统战部常务副部长

陈少波　省委政法委副秘书长、省综治办主任

郑　东　省公安厅副厅长

张玉庭　省国家安全厅党委书记、厅长

陈伟雄　省司法厅厅长

严杏来　广州军区政治部保卫部副部长

马占胜　省军区政治部副主任

龚完程　省武警总队副总队长

林锡明　省总工会副主席

陈小锋　团省委副书记

杨洁芝　省妇联副主席

蔡　勇　省经贸委副主任
云　斌　省计生委副主任
钟健辉　省对外经济贸易合作厅副厅长
刘锦红　省建设厅副厅长
陈桂光　省民政厅副厅长
曾志权　省财政厅党组副书记、副厅长
陈康团　省人事厅副厅长
张凤歧　省劳动和社会保障厅副厅长
徐　欣　省交通厅副厅长
吕德培　省信息产业厅副厅长
李　师　省国土资源厅执法监察总队长
杜佐样　省文化厅副厅长
李小鲁　省教育厅副厅长
张寿生　省卫生厅副厅长
揭　晔　省地方税务局副局长
管焱君　省广播电视局纪检组长
钟　明　省物价局副局长
郑勇明　省工商行政管理局党组成员、副局长
杨广锐　省新闻出版局副局长
张振林　省旅游局党组成员、纪检组长、监察专员
李　坚　省外办副主任
黄学敏　省通信管理局副局长
匡建国　中国人民银行广州分行副行长
梁启通　民航中南管理局纪委书记、工会主席
张祥海　海关总署广东分署副主任
薛志刚　广州铁路集团公司党委常委、政法委副书记
张桂芳　广州市委副书记、政法委书记

综治办主任：陈少波（兼）

广东省各市、县（市、区）综治委、办主任名单

地　区	综治委主任	综治办主任	地　区	综治委主任	综治办主任
广州市	朱小丹	钟健平	连州市	黄裕团	毛玉坤
越秀区	贡儿珍	高绍燊	佛冈县	严小康	钟华光
荔湾区	刘　平	魏太贵	阳山县	温湛滨	黄日清
海珠区	邓伟强	朱继海	清新县	欧国伟	李友荣
天河区	杨建城	张志坚	连山县	孔　华	朱前勇
白云区	谷文耀	李胜国	连南县	郑远平	陈　斌
黄埔区	陈小刚	邓浩柱	**韶关市**	徐建华	杨泽福
番禺区	谭应华	陈景林	浈江区	刘卫东	周伟灵
花都区	潘　潇	吴志坚	武江区	苏　力	刘拥军
南沙区	陈明德	余国荣	曲江区	阙定胜	张福青
罗岗区	薛晓峰	田建军	乐昌市	何伟清	袁　伟
增城市	朱泽君	黎汉明	南雄市	林楚欣	陈伦寿
从化市	欧阳知	刘润光	始兴县	许　红	刘良稼
清远市	陈家记	陈日思	仁化县	张　平	袁清华
清城区	苏浩志	邓瑞添	翁源县	邓小杰	叶俊桓
英德市	徐建文	吴　江	新丰县	邓阳秋	俞光明

地　区	综治委主任	综治办主任	地　区	综治委主任	综治办主任
乳源县	梁　健	刘靖海	市城区	郑汉秉	张水武
河源市	陈建华	郑伟华	陆丰市	李汉流	林　煜
源城区	陈荣卓	张天华	海丰县	郑　佳	陈铁民
紫金县	叶振云	刘少基	陆河县	余加瑞	叶佐雄
龙川县	段邦贤	李超云	红海湾开发区	陈继炮	刘世参
连平县	罗小聪	谢运福	华侨管理区	卢雁慧	周珠松
和平县	詹宇杨	陈汉杰	**惠州市**	黄业斌	徐南生
东源县	成伟明	欧可俊	惠城区	李韶春	刘夏元
梅州市	刘日知		惠阳区	邓木林	刘运忠
梅江区	谢耀琪	张国庆	博罗县	邓庆忠	谭宇杰
兴宁市	江理达	李燕超	惠东县	黄树正	赖文龙
梅　县	李远青	姚国新	龙门县	邓炳球	陈　英
大埔县	丘小宏	邬小康	大亚湾区	宋逢林	吴少浪
丰顺县	李忠良	孙宝顺	**东莞市**	刘志庚	陈　波
五华县	黎健平	甘桂源	莞城街	王检养	吴　晓
平远县	肖文浩	沈登桂	石龙镇	冼周恩	周年友
蕉岭县	周章新	谢志铭	虎门镇	吴湛辉	梁文荣
潮州市	骆文智	马儒生	东城街	黄少文	陈柱杰
湘桥区	曾令云	谢　然	万江镇	陈志超	颜伟儿
潮安县	张如文	谢秋榆	南城街	钱　超	谢锦波
饶平县	张志明	吴江波	中堂镇	袁东平	黎志辉
枫溪区	张时义	陆俊卿	望牛墩镇	胡浩举	伦楚能
汕头市	邓大荣	黄小扬	麻涌镇	邓流文	李杰雄
金平区	王小辉	郑江荣	石碣镇	刘始团	龚良宝
濠江区	杜槐丹	周国祥	高埗镇	李柏林	罗有通
龙湖区	李耿坚	孙其胜	洪梅镇	王建周	叶沛森
潮阳区	翁甲洪	张少晖	道滘镇	陈灼林	谢炳华
潮南区	王槐峰	郑洪来	沙田镇	陈志明	陈成枝
澄海区	黄腾远	林天来	长安镇	欧林高	陈卫江
南澳县	刘瑞华	黄仰军	寮步镇	何绍田	刘沛声
揭阳市	陈弘平	王开腾	厚街镇	黎惠勤	王敬才
榕城区	黄史昉	郑万欢	大岭山镇	梁荣业	陈锦波
普宁市	柯群坚	蔡妙群	大朗镇	尹锦辉	祁沛全
揭东县	杜小洋	王镇升	黄江镇	伦景洪	袁俊森
揭西县	黄陇章	陈卓锐	樟木头镇	李满堂	张　健
惠来县	林旭群	林轶伦	凤岗镇	任焕林	邓金祥
试验区	陈定雄	王定七	塘厦镇	叶锦河	谢汉糠
东山区	方振元	魏怀亮	谢岗镇	尹照容	罗树华
普宁华侨管理区	方赛妹	林玉英	清溪镇	陈浩林	殷子胜
大南山华侨管理区	陈桂茨	方荣洲	常平镇	梁海卫	万卓培
汕尾市	郑雁雄	许永烈	桥头镇	莫厚良	欧阳官有

地　区	综治委主任	综治办主任	地　区	综治委主任	综治办主任
横沥镇	谭全安	叶可阳	板芙镇	杜敏琪	马明山
东坑镇	黄为国	梁轼文	神湾镇	李伟行	麦北胜
企石镇	麦广钦	温志均	**江门市**	王南健	朱司亭
石排镇	翟崇碧	袁万田	蓬江区	魏志平	邹晓军
茶山镇	卢少雄	陈永光	江海区	梁许赞	区铮森
深圳市	白　天	陈志新	新会区	吴振鹏	陈志明
福田区	李　平	王文福	恩平市	李灼冰	苏锦达
罗湖区	刘学强	朱惠添	台山市	吴晓谋	钟建潮
南山区	叶民辉	董　勇	开平市	冯立坚	黄福强
宝安区	周林祥	窦文耀	鹤山市	向　斌	吕渭旗
龙岗区	余伟良	陶新华	**佛山市**	吴志强	徐　南
盐田区	陈治华	叶　健	禅城区	骆毓林	杨文彪
光明新区	田　夫	冯海华	南海区	赵崇剑	梁润辉
珠海市	钟世坚		顺德区	刘　海	何妙芬
香洲区	尤镇城	陈培忠	三水区	邓国斌	林耀强
斗门区	魏顶光	郑木水	高明区	黄　坚	李汉华
金湾区	周海金	李壬贵	**肇庆市**	陈文敏	黄　鸿
高新区	吴　轼	林华健	端州区	杨　永	何伟南
中山市	陈根楷	李　君	鼎湖区	罗世平	李　六
开发区	梁　欣	刘少强	高要市	徐敏坚	甘瑞光
石岐区	徐新潮	肖必超	四会市	张耀东	萧永华
东　区	郑汝安	范桂方	广宁县	刘庆良	梁肇庭
西　区	李锡华	郑凯宏	怀集县	程国强	卢全标
南　区	袁永康	梁志强	封开县	范汝雄	陈富文
小榄镇	黄标泉	李家浩	德庆县	谭培安	何汉雄
古镇镇	吴润富	陈作旺	高新区	陈少强	徐权谦
横栏镇	陈伟伦	林启杰	**云浮市**	王蒙徽	刘　坚
东升镇	欧万洪	黄六根	云城区	阙继兴	苏志华
港口镇	彭伟贤	贾东风	罗定市	陈　敏	彭天平
沙溪镇	胡永康	胡乃权	云安县	金繁丰	伍石明
大涌镇	贺　晖	李定嘉	新兴县	叶木荣	伍新枝
黄圃镇	方维廷	李溥彰	郁南县	黄志豪	林炳泉
南头镇	陈仕标	何程枝	**阳江市**	林少春	梁　海
东凤镇	高瑞生	麦炎辉	江城区	黄劲东	林沃溪
阜沙镇	招　鸿	关绍华	阳春市	敖广恩	黎运成
三角镇	侯奕斌	刘伟刚	阳西县	黄洪轩	杨德伟
民众镇	梁振球	肖铁锋	阳东县	莫定伟	冯仕强
南朗镇	周小川	刘浩君	海陵岛区	关泳芬	林旭军
五桂山街	梁国帜	张建华	**茂名市**	罗荫国	林振光
三乡镇	李　韬	郑华标	茂南区	何俊海	符　强
坦洲镇	林春红	廖健强	茂港区	钟火明	陈昌兴

地　区	综治委主任	综治办主任	地　区	综治委主任	综治办主任
化州市	秦　刚	李振浩	麻章区	伍文兴	林开仁
信宜市	朱育英	冯　飞	吴川市	邢太安	梁　春
高州市	李上林	杨　鸿	廉江市	许　顺	李世春
电白县	潘　本	卢丰梨	雷州市	李昌梧	符　国
湛江市	陈耀光	易华亮	遂溪县	湛岳登	吴江平
赤坎区	伍建昌	黄　迅	徐闻县	钟　力	张耀乐
霞山区	庄晓东	吴积好	湛江开发区	余堪发	陈汉强
坡头区	周车平	陈土银	东海岛试验区	陈　吴	林海源

（撰稿人：邓少君　陈建中
审稿人：陈少波　崔红星）

广西壮族自治区

2008年社会治安综合治理工作概况

2008年，在中央综治办的指导和自治区党委、自治区人民政府的领导下，广西壮族自治区深入推进建设平安广西活动，全面落实社会治安综合治理各项工作措施，社会治安综合治理和建设平安广西活动取得了显著成绩，全区刑事案件、群体性事件等衡量社会稳定的重要指标与去年相比有所下降，有效维护了全区社会大局持续稳定，为建设富裕文明和谐新广西创造了和谐稳定的社会环境。

一、新一轮建设平安广西活动深入开展

2008年5月，自治区党委、自治区人民政府出台了《关于深入建设平安广西活动的意见》（桂发〔2008〕10号），全面启动新一轮建设平安广西活动，在全区形成了比学赶帮的平安创建良好氛围，各市县继续把平安建设纳入了当地经济社会发展总体规划，摆上重要议事日程。为了使全区平安建设活动检查考评工作更具备科学性，自治区党委办公厅、自治区人民政府办公厅印发了《2008年—2010年建设平安广西活动考评办法》，自治区综治委印发了《〈基层组织建设考评标准〉等45个平安建设新时期内容考评标准》，进一步完善了考评内容、考评标准和考评方法。

年内，自治区先后在南宁、柳州召开综治和平安建设工作现场会，总结推广了一批典型经验，选择不同角度进行分类指导，深入推进以基层组织建设、化解矛盾纠纷、群防群治、信息网络建设、提高技防水平为重点的平安建设，促进工作全面发展。北海、来宾、钦州、防城港、百色、崇左等地也召开了现场会，推广了一批具有当地特色的典型经验。全区各地广泛深入开展了“平安县”、“平安乡镇”、“平安村”、“平安校园”、“平安车站”、“平安景区”、“平安市场”、“平安林场”等多种形式的基层平安创建活动。2008年，被自治区综治委命名为自治区平安县（市、区）的有106个，占总数的95.49%，被命名为平安乡镇（街道）的有1190个，占总数的97.7%，被命名为平安村（社区）的有15630个，占总数的97.9%。

二、“两个排查”活动取得显著成效

根据中央的统一部署，全区结合本地实际，集中开展排查调处矛盾纠纷、排查整治治安混乱地区和突出治安问题活动（以下简称“两个排查”活动）。各地周密部署，突出重点，狠抓落实，切实把矛盾纠纷解决在基层，化解在萌芽状态，取得较好的成效。全年共调解各类矛盾纠纷247340件，调解成功236951件，调解成功率95.8%，防止群体性上访2259件，制止群体性械斗1625件，防止民转刑事案件1501件11737人，防止民间纠纷引发的自杀案件504件、504人，全区共调解各类矛盾纠纷232458件，化解成功220835件，化解成功率为95%。共排查出治安混乱地区652个，突出治安问题635个，经整治已扭转治安面貌441个。

一是健全各项制度，形成“两个排查”长效工作机制。

各地各有关部门坚持把预防和化解人民内部矛盾作为维护社会稳定的重点和难点来抓，建立健全党委、政府负总责，有关部门分工负责、协同作战的工作机制，不断强化各级党委、政府和部门排查调处矛盾纠纷的责任，对排查出来的重点问题，实行一个问题落实一名领导、一个工作班子、一套工作方案、一个解决期限的措施，把大量的矛盾纠纷及时妥善地化解在基层。全区建立健全了区、市、县、乡镇四级治安混乱地区和突出治安问题的排查工作机制，形成定期排查制度、调处化解制度、部门协调配合制度、责任分担及查究制度、经费保障制度等各项完善的工作制度，做到矛盾纠纷排查调处工作制度化、规范化。南宁、柳州等地建立了信访救助金制度,拨出专款用于解决特殊困难信访群众的生产生活问题。桂林、玉林、贺州、贵港等地建立了特殊时期一天一排查的工作制度,及时掌握社会动态,及时化解矛盾纠纷。

二是加大督查力度,落实"两个排查"各项工作措施。

为了确保"两个排查"各项工作措施落到实处,2008年的全国"两会"期间和6月,自治区两次从区直有关单位抽调38名厅级干部带队组成督查组对全区维护社会稳定工作和综治工作情况进行督查。自治区信访联席会议下发了《自治区直属机关领导干部下访督导工作方案》,从7月至10月底,从区直有关部门抽调80余名经验丰富的干部,分成14个下访督导组,由38名厅级干部带队,用四个月时间赴全区14个市开展自治区直属机关领导干部下访督导活动。各地也纷纷组成工作组,对所辖县(市、区)的"两个排查"活动进行专项督查。在督查工作中,工作组与当地党政主要领导、分管领导共同分析问题,研究解决措施,推动重大问题的解决。

三是转变工作作风,促使"两个排查"取得扎实成效。

在"两个排查"活动中,各级各部门按照中央和自治区党委、自治区人民政府的部署,不断转变干部工作作风,深入一线督导,认真开展县(市、区)委书记大接访活动和自治区直属机关领导干部下访活动,变群众上访为干部下访,集中化解了一批信访突出问题。全区共有省级以上领导干部29人次、市(厅)级领导干部478人次、县(处)级领导干部10502人次参加了大接访活动,共受理群众诉求案件23663件,涉及人口152453人,其中已有8158件信访突出问题及矛盾纠纷疑难案件"案结事了",占受理案件的34%,其余均已明确包案领导和部门,并按《信访条例》的要求明确了办结时限。至年底,全区累计排查出涉法涉诉信访案件和中央联席会议交办的案件96336件,已办结94747件,办结率达98.35%。2008年全国"两会"期间,成功化解7批330多人到自治区集体上访。北京奥运会、残奥会期间,广西自治区是北京奥运会期间进京上访人数较少的省份之一。8月,全区进京非正常上访3人,在全国排位是第25位。其中,从8月8日北京奥运会开幕至8月24日闭幕,全区进京非正常上访人数为零。全区开展县(市、区)委书记大接访活动取得了明显成果,得到周永康等中央领导同志的肯定和社会各方面的好评。2008年9月10日,中央政治局常委、中央政法委书记周永康同志在中央联席会议《简报》第463期关于广西自治区扶绥县在大接访中实行"驻村夜访"一文上批示:"这是联系农村群众的好办法。如面都不见,怎么帮助解决问题?!"。梧州市不断延伸工作触角,在每个村屯的村民中物色培养1至2名"土律师",负责农村普法宣传、收集社情民意、化解矛盾纠纷、维护农民合法权益,此举为全区首创。

三、社会治安综合治理领导责任制进一步落实

全区各级各部门牢固树立"发展是硬道理,是第一要务;稳定是硬任务,是第一责任"的理念,把加强平安建设作为推动经济社会平稳较快发展的重要保证,作为执政为民的重要体现,作为促进社会和谐的重要举措,提上重要议事日程,摆上重要位置。

一是领导重视,各党委政府切实承担起维护社会稳定的第一责任。

自治区党委、政府高度重视维护社会稳定工作,切实承担起维护全区社会稳定的第一责任。2008年以来自治区党委4次召开常委会专题研究政法综治和维护稳定工作;在2月、5月召开的平安建设先进集体先进个人表彰暨全区政法工作会议、全区维护稳定暨社会治安综合治理工作会议,自治区党委书记和自治区主席都出席会议并发表重要讲话,对平安建设和维护稳定工作提出具体要求。全区各地各部门主要负责同志自觉承担起维护社会稳定的第一责任,投入更多的时间和精力,开展调查研究、动员部署、督促检查和协调解决问题,促使社会治安综合治理各项措施落到实处。

二是落实领导"一岗双责",从源头上解决影响全区社会稳定八大突出问题的力度进一步加大。

自治区党委对解决当前全区影响社会稳定八大突出问题的责任进行了明确分工,自治区分管副主席是第一责任人,责任牵头单位的主要领导是直接责任人。自治区规定,凡因相关问题没有解决而引发影响社会稳定重大问题的，要严肃追究第一责任人和直接责任人的责任。2008 年上半年，自治区领导两次组织召开有关部门负责人会议，专题研究我区水库移民、市场管办脱钩遗留问题和岩滩水电站库区 2008 年基础设施建设应急项目资金落实问题，议定岩滩水电站库区基础设施建设应急项目投资规模在 2007 年安排资金 7428 万元的基础上 2008 年再安排 8250 万元，主要用于解决移民群众生产生活突出问题；安排 4000 万元扶持市场开发服务中心发展，安排 5000 万元补贴各地市场开发服务中心缴纳养老保险费。据统计，在解决“八大问题”方面，各级政府投入专项财政经费达 8.17 亿元，真正做到了“值得花钱买平安”。上半年，在广州召开的全国社会治安综合治理工作会议上，时任自治区党委常委、政法委书记彭祖意同志介绍了全区实施“一岗双责”的典型经验。

三是完善制度，各级综治委成员单位齐抓共管的责任感进一步增强。

年初，自治区综治委领导分别与各成员单位签订了社会治安综合治理目标管理责任书。为了进一步加强自治区综治委各成员单位参与综治工作和平安建设的责任感，自治区综治委制定下发了《广西壮族自治区社会治安综合治理委员会成员单位社会治安综合治理工作述职制度》、《广西壮族自治区社会治安综合治理委员会成员单位平安建设联系点制度》、《广西壮族自治区社会治安综合治理五部委（厅）联席会议制度》，有力推动了齐抓共管机制的进一步完善。在 2008 年全国“两会”、北京奥运会、第五届中国——东盟博览会、自治区成立 50 周年大庆等重大活动期间，自治区综治委各成员单位都派员参加自治区维护稳定工作组，到全区各地进行维护稳定督查工作，还另外派出工作组，到存在稳定隐患的所属单位做好缓解和控制工作。各市都把综治工作职责任务分解落实到各有关职能部门和单位，调动各部门参与社会治安综合治理工作的积极性，有效地解决综治和维稳工作中的难点热点问题。

四是严格奖惩，推动维稳和综治领导责任制的进一步落实。

为了调动各地各部门抓好社会治安综合治理的积极性，激励全区社会各界参与平安创建的工作热情，自治区党委、自治区人民政府拨出了 500 万元专款表彰奖励了 2005—2007 年 3 个平安建设先进市、8 个平安建设先进县（市、区）、10 个平安建设先进单位（自治区综治委先进成员单位）、13 个自治区平安市和 31 个自治区平安县（市、区）。各地也拨出专款对开展平安建设工作成绩优异的一大批基层单位、部门和个人进行了表彰奖励。与此同时，各地加大了社会治安综合治理责任查究力度。梧州市委、市政府出台了《关于建立梧州市各级党政领导维护社会稳定工作责任查究制的通知》。南宁、北海、河池、来宾等地共对 8 个单位行使一票否决，对 34 名有关责任人实行了责任追究，推动了维稳和综治领导责任制和部门责任制的进一步落实。

四、严打整治斗争硕果累累

全区各级政法机关始终保持对各种违法犯罪活动的高压态势，先后组织开展了继续深化“打黑除恶”专项斗争、打击非法传销为重点的经济领域违法犯罪活动、缉枪治爆、打击毒品犯罪等一系列专项斗争和整治行动，取得了显著战果。全区公安机关破获刑事案 49438 起，逮捕犯罪嫌疑人 37778 名；查处治安案件 68000 件，同比查处率上升 26.5%；成功破获了“11·06”特大涉枪制毒贩毒案等一批性质恶劣、社会影响大的案件。检察机关共受理提请批捕刑事犯罪案件 26855 件 43289 人，批准逮捕 24142 件 37701 人；受理移送审查起诉案件 26561 件 42129 人，提起公诉 23447 件 36329 人。全区法院共审结各类刑事案件 28373 件，判处罪犯 34851 人。司法行政机关全力做好罪犯劳教人员的收押、收容工作，全区监狱、劳教所实现了无罪犯脱逃和劳教人员逃跑、无狱所内重大案件、无重大疫情、无重特大安全生产事故的“四无”目标。积极防范和严厉打击境内外敌对势力的渗透、破坏、颠覆活动，加强对互联网的管理和对非传统安全问题的防范，进一步掌握了对敌斗争的主动权。防范和处理邪教工作取得实效。全年破获“法轮功”违法犯罪案件 106 起，抓获“法轮功”犯罪嫌疑人 234 名，收缴了一大批“法轮功”宣传品及作案工具；社会防控能力、群众识别抵御邪教能力、基层反邪教力量进一步增强，有一大批县（市、区）、乡镇（街道）、村、社区和学校实现了无邪教的目标。打击恐怖犯罪活动取得实效，协助新疆公安机关破获"三股势力"在逃人员潜逃到百色活动的案件，抓获11名从云南潜逃到广西的新疆"海如拉"暴力恐怖团伙成员，为全国社会稳定和奥运安全做出了贡献。国家安全机关加强现实斗争，积极发挥职能作用，对敌对势力侦察工作不断深化，专案侦察取得明显进展，对境外反间谍侦察工作取得重大突破，沉重打击了敌对势力的嚣张气焰。

五、社会治安综合治理基层基础工作取得突破性进展

各地党委、政府先后出台了相关文件，对进一步加强社会治安综合治理基础工作提出了具体措施，解决了一批政法综治系统基层基础建设问题。一是乡镇(街道)级综治机构和村级治保会、调解会、综治协会普遍建立健全。全区1216个乡镇(街道)全部设立综治办和矛盾排查调处中心，配备乡镇(街道)综治专干1596人，配兼职人员2375人；已建乡级调解庭、室8397个；已建村级调解室12156个，有人民调解员142498人；全区有基层综治协会9267个，治保会16019个，维稳信息员8万多人，建立城乡基层专业和义务治安巡防队共32764支25万多人。二是公安"三基"工程建设取得实质性进展。2007年中央下达广西115个无房派出所建设任务，2008年已完成61个，已设立社区和农村警务室2308个，配备社区和驻村民警4564人。基层一线实有警力占县级公安机关总警力的90.63%。三是全面实施科技强警战略。目前全区已有14个市97个县(市、区)在市区、县城、交通沿线重点乡镇的重点部位安装了治安电子视频监控系统，大力增强了基层治安防控能力。四是基层司法所国债项目建设扎实推进。2008年是司法所建设攻坚年，各地继续坚持高标准、高质量建设，严把质量关、安全关、廉政关，把司法所建好建强。2004年以来，全区共获司法所国债项目1057个，建成862个，占82%，平均面积221平方米。第一批218个项目已全部完成；第二批451个项目完成420个，占93%；第三批194个项目完成166个，占86%；2008年3月下达的第四批194个国债项目，已开工152个，占78%；建成58个，占30%，一批基层司法所办公用房条件得到了有效改善。

六、出色完成了抗击冰冻灾害、北京奥运会和第五届中国—东盟博览会、商务与投资峰会、自治区成立50周年大庆等一系列重大活动期间维护稳定和安全保卫工作任务

在北京奥运会等一系列重大活动期间，全区各级党委、政府和各部门、各单位，按照党中央、国务院和自治区党委、政府的要求，切实加强对维护社会稳定工作的领导，采取有力措施深入开展对不稳定因素的排查和处置，强化对社会面的控制，做到重点突出，责任明确，信息畅通，预案充分，保障有力，防范严密，圆满地完成了维护稳定和安全保卫工作的各项任务，取得了明显的工作成效，实现了预期目标。一是在抗击冰冻灾害斗争中作出了卓著贡献。在抗击冰冻灾害斗争中，全区共出动警力11万多人次，派出各类工作组276个，出动车辆7万多辆次，疏导从湖南、贵州、广东进出广西的过境被滞留车辆99万多辆，救助受灾群众16万余人，维护了全区特别是灾区的社会治安稳定，确保了救灾车辆安全通行，确保了救灾物资安全、顺利运送到灾民手中，确保了没有因灾冻死一人、饿死一人，得到了胡锦涛总书记的充分肯定。二是奥运火炬在广西传递圆满成功，实现"安全顺畅、热烈有序、文明和谐"，得到了中央领导同志和北京奥组委的充分肯定。三是北京奥运会等一系列重大活动期间，全区社会大局总体稳定。北京奥运会期间，全区进京非正常上访人数为零，进京正常上访人数是北京奥运会期间进京上访人数较少的省份之一。全区没有发生暴力恐怖袭击事件，没有发生危害国家安全和社会稳定的重大政治事件，没有发生大规模群体性事件，没有发生重大恶性刑事案件，没有发生群死群伤重大治安灾害事故。四是第五届中国—东盟博览会、中国—东盟商务与投资峰会和自治区成立50周年大庆期间的维稳安保工作获广泛好评。第五届中国—东盟博览会、商务与投资峰会和自治区成立50周年大庆期间的维稳安保工作获得中央、社会各界和国内外来宾、客商以及人民群众的广泛好评。特别是自治区成立50周年大庆维稳安保工作，确保实现了真正办成平安大庆、发展大庆、惠民大庆的目标，达到了党中央、国务院满意，中央代表团满意，全国人民满意、广西各族人民满意的目的。

七、政法综治宣传亮点纷呈，法规调研和立法力度进一步加强

全区各级各部门高度重视宣传工作对推动综治和平安建设的重要作用，坚持把政法综治宣传工作作为社会治安综合治理的经常性工作常抓不懈。在充分发挥《长安》杂志、《法制日报》等中央法制类主流报刊宣传主阵地作用的同时，努力办好《法治快报》，在《法治快报》开辟了“建设平安广西”宣传专栏，已刊发900多期。开通了“平安广西网”，已发布政法综治和平安建设工作信息80多万条，特别是2008年8月，自治区综治办开展了网上评选第四届“广西见义勇为英雄”活动，10天创下43.8万多人次点击量的纪录。《广西壮族自治区见义勇为奖励和保护办法》知识竞赛在线有奖答题活动，全国有31个省、市、自治区近4万名网民参加，平安广西网在全国影响日益扩大。自治区综治办年内编发“综治动态”简报16期，其中有7条工作信息被中央“综治动态”采用刊发。广西电视台开设了《法治最前线》法制宣传节目，法制日报网广西频道“综治时讯”和“铁路护路”栏目，采编发布了全区政法综治、平安建设和铁路护路联防工作信息16万多条。中央电视台、人民日报、法制日报、中央人民广播电台、长安杂志、广西日报等全国和自治区重点媒体刊播反映我区政法综治工作信息600多篇（条），新华网、光明网、中国平安网、人民网等国家级网站采用反映我区政法综治和平安建设工作文章100余篇。福建、海南、贵州等兄弟省区先后派员专程前来考察、交流政法综治宣传工作。

在加强政法综治宣传工作的同时，我们进一步加强综治法规政策研究，加大法规调研和立法工作力度。为做好《广西壮族自治区社会治安综合治理条例》的修订工作，自治区综治办牵头组织成立了修订工作组，根据自治区人大常委会的立法规划，2008年8月中旬至9月下旬，修订工作组分别到南宁、柳州、桂林、北海、防城港、钦州、贵港、玉林、百色、河池、来宾、崇左12个市及其所辖县区开展调研活动，共收集了意见和建议681条。从我区社会治安综合治理的现实与未来发展需要出发，在修订调研工作过程中，进一步推进了全区各级各部门依法开展社会治安综合治理，从更高的层次和水平上谋划社会治安综合治理新举措。从10月中旬到11月初，修订工作组分别到宁夏回族自治区和西藏自治区进行调研。目前，《广西壮族自治区社会治安综合治理条例（修订草案）》（送审稿）已起草完毕，并提交自治区法制办审核，计划于2009年出台。

八、以综治专项工作为重点的社会服务管理能力明显增强

（一）流动人口服务管理水平进一步提高。加快推进户籍管理制度改革步伐，已有9个市实施了城乡统一的户口登记制度。南宁、柳州、桂林以及百色相继设立了流动人口服务和管理工作领导小组及其办公室，配备了相应的专门工作力量，加强流动人口服务和管理工作。2008年，全区登记在册的暂住人口有131万人，出租房屋21.8万间，发放暂住证83万张。通过对暂住人口和出租房屋的日常管理，共列管重点人员182人，建立治安耳目598人，破获刑事案件891起，查处治安案件1195起，抓获各类犯罪嫌疑人1938人。

（二）刑释解教人员安置帮教工作扎实开展。着力深化刑释解教人员重点对象的管控和帮教工作，规范完善了社区和监所的衔接工作，全面开展了刑释解教人员调查摸底专项活动，充分整合了社会资源为安置帮教工作服务，各项工作扎实开展。2008年，全区共有回归社会的刑释解教人员17547人，其中刑释14239人，解教3308人，帮教率达到98%，就业安置率达到86%，重新违法犯罪率为3%以下。

（三）预防青少年违法犯罪工作取得新进展。全区全面开展青少年法律学校创建、“青春自护”、预防艾滋病“青春红丝带”等活动；全面加强青少年事务社会工作者试点、12355青少年信息服务平台建设、流浪未成年人救助保护等工作，共争取国家发改委、民政部“蓝天计划”资金1000多万元，用于资助我区梧州等4个地级市流浪未成年人救助保护中心建设；继续深化创建“青少年维权岗”、全区2市13个县（区）“为了明天工程示范城市、县（区）”创建、关爱进城务工人员子女和农村“留守少年儿童”等活动，引进国际项目50万元在来宾市象州县启动了“留守儿童关爱项目”，在3个乡镇和社区开展试点工作，共有17240户家庭参加，6517位儿童受益；深入实施青少年违法犯罪社区预防计划和“为了明天——广西百万未成年人网络文明工程”；积极开展第四届“广西杰出(优秀)青年卫士”评选的组织推荐工作。全区预防青少年违法犯罪工作取得了显著成效。

(四)铁路护路联防工作效果明显。我区以“保稳定、保安全、保畅通”为主题，紧紧围绕“平安奥运”目标，进一步加强涉路矛盾纠纷排查调处工作，进一步推进创建平安铁路示范路段活动，进一步落实铁路护路联防责任制，进一步深化群众爱路护路宣传教育，确保了抗击冰冻灾害、抗震救灾、北京奥运会、第五届中国—东盟博览会、自治区五十周年大庆各项重大活动期间铁路治安稳定和运输安全畅通。一是实现了“二无四下降目标”。年内，南宁铁路局管内无群死群伤事故，无因治安问题中断行车案(事)件；涉路刑事案件、危害铁路行车安全的治安案件、路外交通事故及造成死亡人数与上年比分别下降25%、71%、54.5%、34.9%。二是创建护路安全村(社区、学校)活动扎实开展。年内，新创建自治区级护路安全村(社区、学校)81个，市级护路安全村(社区、学校)250个，全区护路安全村(社区、学校)增至1199个，占总数2157个的55.5%。三是超额完成平安铁路示范路段三年创建任务。在2006、2007年两年建成4条全国级、6条自治区级平安铁路示范路段的基础上，2008年新建成5条自治区级平安铁路示范路段，全区平安铁路示范路段增至1396.174公里，占管内铁路总长度2686.317公里的51.97%。超额完成中央护路办下达“三年创建平安铁路示范路段40%”的工作任务。2008年1月17日，全国铁路护路联防办公室主任会议在南宁召开，中央护路办主任徐伟华在会上作了重要讲话，对我区的铁路护路联防工作给予高度评价和充分肯定。我区是全国5个在会上介绍经验的省(区、市)之一。

(五)学校及周边治安综合治理工作稳步推进。自治区召开了2次全区维护高校稳定工作会议，对全区高校维护稳定工作做出了明确要求和部署。一是在全区学校开展了安全工作百日督查行动。二是开展了为期4个月的学校及周边治安秩序集中专项整治行动。公安、工商、文化、交通、卫生等部门相互协作，密切配合，针对各种侵害师生人身安全的违法犯罪活动和“黑网吧”、“黑校车”以及校园周边的违章建筑和无证饮食摊点进行了严厉打击和整顿，有效改善了校园及周边的治安秩序和卫生环境。三是开展学校建筑物安全大排查活动。2008年汛期以来，我区各地遭遇了严重洪涝灾害，部分学校的校舍、围墙等建筑物受到了泥石流、山体滑坡等地质灾害的威胁。在秋季学期开学前，全区学校对校内建筑物安全进行了大排查，重点检查校舍、食堂、围墙、挡土护坡墙等，对危险建筑物坚决予以拆除。全区学校没有出现因建筑物安全隐患引发的重大安全事故。四是加大对学校食品卫生安全工作的监管力度，开展学校食品药品专项整治工作，推进学校食品卫生监督量化分级管理工作，规范采购途径，严把进口关。

(六)见义勇为事业成就斐然。从2008年起，自治区财政每年安排160万元作为见义勇为专项基金，用于见义勇为人员的慰问、抚恤、保险等。其中用55万为见义勇为公民投保无记名人身意外伤害险，广西境内(含外来务工经商人员)5000多万人受益，此举在全国属于首创。为了进一步弘扬社会正气，鼓励公民见义勇为，深入开展建设平安广西活动，自治区综治办牵头策划在全区范围内组织开展了第四届广西见义勇为英雄评选活动。活动中，社会各界群众投票共评选出5位广西见义勇为英雄。自治区人民政府举行了专题表彰晚会对5名广西见义勇为英雄进行了表彰，并奖励每人50000元人民币。晚会通过广西电视台综艺频道首播和卫星频道重播，在全社会引起强烈反响。此外，自治区综治委授予12名见义勇为人员“广西见义勇为英雄提名奖”，并奖励每人5000元人民币。通过一系列的宣传活动，大力弘扬了社会正气，广西见义勇为蔚然成风。

广西壮族自治区党委　自治区人民政府关于深入开展建设平安广西活动的意见

（2008年5月19日）

2005年《自治区党委、自治区人民政府关于建设平安广西的决定》（桂发[2005]5号）印发以来，全区各级各部门和广大干部群众认真按照自治区党委、自治区人民政府的部署，积极开展为期3年的建设平安广西活动，取得显著成效，达到预期目标。全区刑事案件数量、群体性事件数量等衡量社会稳定的各项重要指标持续下降，人民群众对社会治安的满意率不断提高，全区社会大局持续稳定。“十一五”时期是建设富裕文明和谐新广西、建立中国—东盟自由贸易区的重要战略机遇期，也是人民内部矛盾凸显、刑事犯罪高发、对敌斗争复杂的时期，维护我区社会和谐稳定、保障改革发展的任务十分艰巨。为此，根据党的十七大和自治区第九次党代会精神，特就深入开展建设平安广西活动提出如下意见。

一、深入开展建设平安广西活动的意义、指导思想和目标任务

党的十七大从坚持和发展中国特色社会主义、全面建设小康社会的战略高度和全局出发，提出“加强社会治安综合治理，深入开展平安创建活动”、“努力形成社会和谐人人有责、和谐社会人人共享的生动局面”的要求，对深入开展平安建设、维护社会稳定赋予了新的内涵，提出了新的更高的要求。平安建设是构建社会主义和谐社会、促进经济社会协调发展的保障工程，是维护广大人民群众根本利益、为人民群众所期盼的民心工程，是提高党的执政能力、巩固党的执政地位的基础工程。深入开展平安建设，对于维护社会和谐稳定具有十分重要的意义。各级党委、政府要从实践“三个代表”重要思想，坚持立党为公、执政为民，深入贯彻落实科学发展观，维护改革发展稳定大局，构建社会主义和谐社会的高度，充分认识深入开展建设平安广西活动的极端重要性，切实增强维护社会和谐稳定的责任感和使命感，科学分析当前影响社会和谐稳定的矛盾、问题及其产生的深层次原因，从更高的层次和水平上谋划平安建设的新举措，推动建设平安广西活动在新的起点上实现新的突破。

深入开展建设平安广西活动的指导思想是：高举中国特色社会主义伟大旗帜，以邓小平理论和“三个代表”重要思想为指导，深入贯彻落实科学发展观，深入学习贯彻党的十七大和自治区第九次党代会精神，围绕自治区“十一五”发展规划目标，在党委、政府的统一领导下，动员和组织政法、综治部门和社会各方面的力量，以维护社会和谐稳定为目标，以维护人民利益为根本，以维护公平正义为核心，以预防和化解社会矛盾为主线，以强化社会治安综合治理基层基础工作为重点，以建立健全长效工作机制为抓手，以加强政法队伍建设为保障，扎实推进平安建设各项措施的落实。在前3年开展建设平安广西活动所取得成效的基础上，力求推进新举措、创造新经验、取得新成效，实现新的更高的奋斗目标，努力建设一个人民群众更加满意的“平安广西”，为广西的科学发展、加快发展、和谐发展创造一个更加稳定的社会环境。

深入开展建设平安广西活动的目标任务是：到2010年力争全区90%以上的市、县（市、区）达到新的平安建设标准，使全区社会治安综合治理与平安建设工作水平进一步提高，人民群众对社会治安的满意度进一步提升，全区社会政治持续稳定，治安秩序保持良好。

具体工作目标为努力做到“八个上新台阶”和“七个不发生”，“八个上新台阶”是：

——维护国家安全和社会政治稳定工作上新台阶。对境内外各种敌对势力、敌对分子的渗透破坏活动以及各种可能引发影响社会政治稳定的不稳定因素做到发现得早、控制得住、处置得好。牢牢把握社会治安局势,确保社会大局持续稳定。

——预防和化解社会矛盾工作上新台阶。社会矛盾纠纷排查化解工作机制健全,责任落实,保障有力,影响社会稳定的突出问题得到根本解决,各类矛盾纠纷能够从源头上有效预防和化解。

——社会治安综合治理基层基础工作上新台阶。基层党组织坚强有力,政法综治组织和群防群治网络健全,流动人口服务管理规范有序,公共场所、企业和学校周边治安秩序整治有力,禁毒工作成效明显,预防青少年违法犯罪工作措施得到落实,社区矫正和刑释解教人员安置帮教工作落实到位,铁路护路联防工作进一步提高。

——公正执法水平上新台阶。行政执法和司法工作机制不断完善,执法行为进一步规范,执法环境进一步优化,执法质量进一步提高,监督机制进一步健全,执法不公现象得到有效遏制,司法权威进一步树立。

——政法综治和平安建设工作机制建设上新台阶。建立和完善各项工作机制,形成党委、政府统一领导,政法综治部门组织协调,相关部门整体联动,广大群众积极参与的工作格局。

——公共安全监管工作上新台阶。完善突发事件应急管理机制,全面提高各级各部门应对自然灾害、事故灾难、环境污染、公共卫生等方面的突发公共事件的能力。食品药品质量安全监控水平进一步提高,重大疫情防控能力进一步增强。火灾和交通、安全生产事故得到有效控制。

——政法综治工作保障机制建设上新台阶。建立与我区政法综治工作相适应的保障机制,确保我区政法综治工作和平安建设扎实高效进行。

——政法队伍建设上新台阶。政法队伍领导班子建设全面加强,政法队伍政治素质和业务能力明显提高。

“七个不发生”是:不发生在全区造成恶劣影响和严重后果的群体性事件和非正常上访事件;不发生造成恶劣影响和严重后果的法轮功等邪教组织顽固分子聚集进京进邕滋事案(事)件;不发生在全区造成恶劣影响的重特大人员伤亡和巨额资财损失刑事案件;不发生在全区造成恶劣影响的涉黑涉恶团伙犯罪案件;不发生在全区造成恶劣影响的区域性治安混乱或突出治安问题;不发生在全区造成恶劣影响的群死群伤恶性治安灾害、火灾、交通、安全生产事故;不发生敏感时期、重大活动、重要目标和要害部位安全保卫工作重大事故。

二、深入开展建设平安广西活动的主要工作措施

(一)依法惩治违法犯罪,切实维护国家安全和社会政治稳定

依法惩治违法犯罪,有效维护国家安全和社会政治稳定,进一步增强人民群众的安全感,是深入开展建设平安广西活动的基本要求。各级党委、政府要紧紧围绕人民群众关注的社会治安问题,认真研究和准确把握当前各种违法犯罪的规律和特点,健全有效打击各种违法犯罪的工作机制。贯彻实施宽严相济的刑事司法政策,最大限度地预防、遏制和减少犯罪。要始终保持对刑事犯罪的高压态势,确保社会治安大局持续稳定。

严密防范和严厉打击各种敌对势力的渗透破坏活动。加强情报信息工作,提高预警能力。坚持把情报信息工作放在整个维护稳定工作首位,加强领导,充实力量,加大投入,使情报信息工作成为维护社会稳定的源头性、基础性、前瞻性工作,及时掌握影响国家安全和社会政治稳定的苗头性、倾向性问题,准确获取预警性、内幕性情报信息,把敌对势力和敌对分子的渗透破坏活动粉碎在预谋阶段。加强侦察控制,有效防止敌对势力利用社会热点问题制造事端。严密防范和坚决打击境内外敌对势力、敌对分子的渗透破坏活动、暴力恐怖活动、利用互联网等技术手段进行的蛊惑煽动活动,以及插手利用人民内部矛盾制造事端等非法活动。加强反恐怖专门机构和专业力量建设,提高反恐怖工作专业化水平。完善反恐预案,开展经常性培训和实战演练。加强自治区、市两级反恐怖信息研判机制建设,实现有关单位信息交流和资源共享。严格对各类危险物品的管理。落实重要目标和要害部位的防范措施。加强对境外非政府组织活动的管理。依法加强对宗教事务的管理,抵御境外利用宗教进行的渗透活动。加强国家安全教育,发挥人民防线在对敌斗争中

的作用，高度警惕和坚决防范各种分裂、颠覆活动，切实维护国家安全。

深入开展反邪教斗争。建立完善反邪教防范控制工作网络，落实对重点人员的侦控措施，提高控制水平；建立完善反邪教转化巩固工作网络，争取最大限度教育转化邪教分子；加强反邪教舆论阵地建设，不断挤压邪教活动的空间；严厉打击法轮功等邪教组织的违法犯罪活动和利用宗教名义进行的非法活动；深入开展各种形式的无邪教创建活动；加强防范和处理邪教问题的工作力量，完善齐抓共管的长效机制，全面开展各项防范和处理邪教工作。

依法严厉打击严重刑事犯罪。建立健全严打经常性工作机制，把严打的方针政策贯穿于侦查、起诉、审判、执行等各个环节。重点打击有组织犯罪，涉黑涉恶犯罪，杀人、爆炸、绑架、强奸、劫持人质、投放危险物质等暴力恐怖犯罪和抢劫、抢夺、盗窃等多发性侵财犯罪以及毒品犯罪。针对季节性犯罪和多发性犯罪的规律和特点，适时组织开展专项斗争和专项行动，始终保持严打高压态势，确保刑事案件万人发案率低于全国平均水平。

依法严厉打击严重经济犯罪。加强对经济犯罪多发领域安全防范工作的研究，认真做好重点领域、重点行业经济犯罪的预防工作。进一步整顿和规范市场经济秩序，切实维护市场经济秩序。重点打击事关国家经济安全、影响社会稳定、破坏市场经济秩序的严重经济犯罪以及破坏环境资源的犯罪行为。建立健全防范经济犯罪的预警机制，切实增强预防和打击经济犯罪的合力，大力提高防范和打击经济犯罪的整体水平。

加大对治安混乱地区和突出治安问题的整治力度。健全党委、政府统一领导，综治部门牵头协调，有关部门积极参与的治安混乱地区和突出治安问题排查整治工作机制。定期组织力量深入社区、村组以及重点区域、行业和场所进行调查摸排。加强分类指导，区域性排查和行业性排查相结合进行。健全排查整治信息报告制度，各级社会治安综合治理委员会及其办公室要认真做好组织协调和检查督促工作。对排查确定的治安混乱地区和突出治安问题，实行挂牌整治，跟踪督办，限期改善状况。特别对学校和企业周边、公共复杂场所、城乡结合部、暂住人口聚居区、集贸市场、车站、码头、铁路公路沿线、旅游景点、边界地区等地方、部位和网上有害信息、“黄赌毒”等社会丑恶现象，要实行长期动态管理，重拳整治，不断净化和优化社会环境。对已经整治好的地区和问题，要采取有效措施，巩固整治成果，防止出现反复。对尚未改善状况的，要查清原因，明确责任，限期整治。

（二）加强和改进新形势下的群众工作，积极预防并有效化解社会矛盾纠纷

加强和改进新形势下的群众工作，正确处理人民内部矛盾，是加强党的执政能力建设的必然要求.也是深入开展建设平安广西活动的重要任务。各级各部门要坚持党的群众路线，以解决人民群众最关心、最直接、最现实的利益问题为切入点，千方百计把群众工作和化解矛盾工作做深、做细、做实，实现维稳关口前移，最大限度增加和谐因素，最大限度减少不和谐因素，筑牢维护社会稳定的第一道防线。

着力从源头上预防和减少社会矛盾纠纷。各级党委、政府要正确把握改革、发展、稳定、和谐全局，牢固树立科学发展观和正确政绩观，把实现好、维护好、发展好最广大人民群众的根本利益作为改革发展的根本目的，制定政策、部署工作，必须以最广大人民的根本利益为出发点和落脚点，抓住最大多数人的共同利益与不同阶层的具体利益的结合点，充分考虑和兼顾不同地区、不同行业、不同阶层、不同群体的合法利益，充分考虑和兼顾社会各方面的利益关系和承受能力，尤其要充分考虑和兼顾广大人民群众的切身利益和承受能力。进一步加强和改进立法工作，建立公众意见评判、反馈制度，充分发挥不同利益集团在立法过程中的作用。进一步完善收入分配政策，关注社会公平，缩小城乡之间、地区之间和行业之间的收入差距，把利益差异缩小到大多数群众认可的承受范围。进一步加强生态环境保护，避免因生态环境恶化引发社会矛盾纠纷。进一步扩大就业，多方面开辟渠道，积极解决高校毕业生和下岗失业人员就业问题，增进社会和谐。特别要关心农村失地农民、库区移民、未解决温饱农民和下岗失业人员等困难群体面临的生产、生活实际困难，加大社会保障力度，使广大人民群众共享改革发展成果。进一步提高政府部门依法决策、依法办

事、依法管理及依法处理各种矛盾纠纷的能力和水平，切实履行好社会管理和公共服务职能。继续加大解决影响我区社会稳定的突出问题的工作力度，认真研究分析产生问题的原因，总结吸取经验教训，从源头上预防和减少新的矛盾问题。各项政策措施在制定实施前，要进行科学论证和可行性评估，听取各方面群众的意见，使政策措施符合实际，符合群众利益，防止因决策失误而引发群众利益矛盾。要把改革的力度、社会各阶层的承受程度和社会和谐稳定统一起来，提高改革措施的协调性，防止因改革措施不当而发生损害群众根本利益的问题，防止把改革付出的成本和补偿代价推向社会和普通群众，产生新的矛盾纠纷，影响社会稳定。加强司法救济工作，改善对弱势群体的法律援助，畅通弱势群体理性维权的渠道和途径。

着力加强各类社会矛盾纠纷的排查化解工作。进一步健全矛盾纠纷排查工作机制，使排查工作经常化、制度化、规范化。整合各种资源和力量，建立健全人民调解、行政调解、司法调解的协调机制，编织“大调解”组织网络，逐步推广县（市、区）、乡镇（街道）设立群众工作部或人民群众来访接待中心建设，不断加强村（社区）、企事业单位和行业人民调解组织建设，形成党政统一领导，综治机构组织协调，各部门各方面各负其责，以人民调解为基础，人民调解、司法调解和行政调解相互衔接、相互补充的社会矛盾纠纷排查大调解工作体系。拓展人民调解工作领域，扩大覆盖面。针对新矛盾纠纷增多的情况，将人民调解工作向保险、金融、建筑等行业，流动人口、下岗失业人员、贫困人口等群体，以及非公有制企业、新兴经济组织和行业协会延伸。针对跨区域跨领域矛盾纠纷调解难度大的问题，建立跨区域跨领域调解机制。针对征地拆迁、国企改革、拖欠农民工工资等问题，建立专项调解委员会。完善司法和行政部门的调解组织，实现调解主体多元化。各级法院要充实民事审判的调解力量，加强对人民调解工作的指导。各级人民检察院要结合发挥法律监督职能做好调解息诉服判工作。进一步强化行政部门调解组织建设，在有调解职能的公安、信访、民政、工商等行政部门和各类仲裁机构建立调解室，结合部门职能，重点负责本部门本单位的调解工作。建立资源共享机制，实现司法调解、行政调解适度社会化。积极组织和吸收社会各方面有知识、专业和经验优势的人员参与调解，实现各类调解组织资源共享、优势互补。在人民调解中，充分发挥司法机关、行政部门在法律、法规、政策方面的优势；在司法调解中，积极邀请具有丰富调解经验的人民调解员和有关社会组织协助调解或委托调解；在行政调解中，邀请司法人员给予指导或吸收人民调解员参与调解。

以切实维护人民群众的合法权益、及时反映社情民意、着力促进社会和谐为目标，创新工作平台，构建统一领导、部门协调，统筹兼顾、标本兼治，各负其责、齐抓共管的信访工作新格局，建立畅通、有序、务实、高效的信访工作新秩序，形成与构建社会主义和谐社会目标任务相适应的信访工作新机制，推进信访工作制度化、规范化和法制化，切实做好初信初访工作，力争重复信访、集体上访和非正常上访数量明显下降，信访形势明显好转。

依法妥善处置各类群体性事件。加强对新形势下各类群体性事件的研究和分析，进一步完善预防和减少群体性事件的预警机制和民意处置机制，从源头上减少和防止发生群体性事件。及时掌握舆情信息，进一步拓宽和完善群众诉求表达渠道，完善信访部门和司法机关处理涉法涉诉信访问题协调机制，把群众诉求纳入法制化渠道，及时妥善解决群众的诉求，防止出现信访“空转”现象。同时，教育引导群众树立法制意识，维护法律权威，依法反映利益诉求，维护国家的、社会的、集体的和其他公民的合法权益。健全处置群体性事件的组织指挥、预案运作、应急处置、力量配置、装备保障等方面的工作体系。群体性事件由发生地的党委、政府负责赴置。自治区、市、县（市、区）都要制定完善处置预案。加强公安特警等应急队伍建设，有针对性地开展技能培训和实战演练。严格信息报告制度，规范报告程序，确保信息及时准确。正确界定事件性质，准确判断发展趋势，坚持慎用警力、慎用武器警械、慎用强制措施，依法尽快平息事态，并做好善后工作。群体性事件发生时，党政主要领导和分管领导应在第一时间赶赴现场，靠前指挥，听取群众意见，做好群众工作，正确区分大多数群众反映诉求的正当行为与少数人无理取闹、扩大事态的界限，正确区分依法进行的集体上访活动与群体性事件中发生的违法犯罪行为的界线，维护社会秩序，控制事态发展，依法进行妥善处理，防止处置不当而激化矛盾。对于打砸抢烧等违法犯罪行为，敌对势力插手破坏的犯罪行为，以及利用人民内部矛盾组织、策划和煽动群众严重扰乱社会秩序的违法犯罪行为，公安机关应及时查处，依法打击，确保社会大局的稳定。

着力提高干部群众的法律意识和思想道德素质。深入实施“五五”普法规划，加大法制宣传投入，广泛开展法律进机关、进单位、进农村、进社区、进校园、进企业活动，提高干部依法履行职责和人民群众依法维权、维护良好社会秩序的自觉性。贯彻落实《公民道德建设实施纲要》，弘扬社会公德、职业道德、家庭美德，倡导社会主义基本道德规范，树立以“八荣八耻”为主要内容的社会主义荣辱观，抵制封建迷信等传统陋习，促进良好风气的形成和发展。开展诚信教育，加快诚信体系建设，弘扬文明和谐、诚信守法的新风。深入开展社会主义价值观教育，教育引导广大干部群众正确处理个人利益与集体利益、局部利益与全局利益、眼前利益与长远利益的关系，把广大干部群众的注意力集中到干事创业、加快发展上来，提高维护改革发展稳定大局的自觉性。建立健全教育、制度、监督并重的惩治和预防腐败工作体系。加强依法治桂工作，完善地方法规体系，推进依法行政、公正执法，不断扩大基层民主。普及安全知识，提高群众安全防范意识和能力。

（三）加强治安防范工作，着力构建现代治安防控体系

加强社会治安防范工作，构建现代治安防控体系，全面提升社会治安打防控整体能力和水平，是从源头上消除违法犯罪，最大限度地降低各种违法犯罪行为危害性的重要措施，也是搞好社会治安综合治理和平安建设的有效手段。各地各有关部门要始终坚持“打防结合、预防为主，专群结合、依靠群众”的方针，把加强社会治安防控体系建设与全面建设小康社会相结合，与促进社会和谐稳定相结合，进一步整合防范资源，广泛发动社会各方面力量，全力构建覆盖全面、警民联动、防范严密、控制有效的社会治安防控体系。

进一步加强社会治安视频监控系统建设。各地各有关部门要牢固树立“科技强警”的观念，加大经费投入，不断延伸技防触角，在城市各主次干道路口、重点治安复杂场所、要害部位、重要单位、主要铁路道口等区城增设视频监控摄像头，继续扩大视频监控覆盖面。同时，要逐步把城市管理、交通管理视频监控系统以及各单位内部自建的视频监控设施纳入社会治安视频监控系统，实现信息互通，资源共享。力争通过3年的努力，使全区各县（市、区）普遍建立起集打击、防范、控制、管理、服务等功能为一体的社会治安视频监控系统，全面提高我区社会治安科技防范的水平。

进一步加强社会治安巡逻防范系统建设。各地各有关部门要进一步完善动态环境下有效预防和控制犯罪的社会面巡逻防范机制，不断增强公安机关对社会治安局势的驾驭能力。要建立健全以公安机关指挥中心为龙头，以公安民警为骨干力量，以保安队伍和群众巡防队伍为辅助力量，以群防群治组织为配合力量的社会面“网格式”巡逻防范机制。要加强巡警队伍建设，大力推行多警种联勤的巡防模式，最大限度地把警力摆在街面上；大力加强保安队伍和治安防控点的建设，确保对居民区、繁华街区、公共复杂场所和城乡结合部等案件多发区域、部位、时段的有效控制。要通过公安机关指挥中心的统一指挥调度，实现巡逻防范系统与视频监控系统相互策应、整体联动，形成点、线、面互为一体的全天候、全方位的立体化城市社会面治安“网格式”防控格局。

进一步加强社会治安基础防控系统建设。主要是加强以社区、农村、单位管理为重点的基础防范工作。要继续深入实施社区警务工作。城市社区要建立警务室，真正做到把警力放到社区、把工作沉到社区、把力量使到社区，实现由被动反应型向主动服务型警务转变。进一步规范社区警务运行机制，社区民警要扎根社区，开展管理、教育和防范工作。要进一步整合社区群防群治队伍力量。把社区保安人员、下岗失业人员、低保人员、退伍军人、旅店服务员、便民店主、送报员、环卫工人、绿化工人、退休干部、治安积极分子等组织整合起来，建立健全形式多样的群防群治队伍，配合公安民警强化对社区的治安巡逻防范。要将社区治安防控设施建设纳入社区建设整体规划。新建

住宅小区安全技术防范设施的建设应与主体建设同时设计、同时施工、同时验收、同时使用。在已建住宅小区要大力推广使用安全技术防范设施。积极实施农村警务战略，充实农村警务力量，建立适应社会主义新农村建设要求的农村警务工作机制。加强农村集镇治安防范工作，在农村集贸市场、庙会、商业网点、文化娱乐场所、车站码头、旅游景点等重点地区和部位，设立治安室和报警点，增加巡逻警力，确保安全。大力开展治安承包、村际联防、十户联防等多种形式的群防群治活动。经济条件较好的村，组建专职治安巡防队伍；经济条件相对薄弱的村，也要采取其他有效方式落实必要的防范力量。充分调动农民群众参与维护治安工作的积极性，大力开展自防自治活动。要深入贯彻落实"属地管理"和"谁主管谁负责"、"谁经营谁负责"的原则，健全对不同级别、不同所有制的机关、团体和单位分级属地管理机制。公安机关要加强对单位内部安全防范工作的指导、检查和监督。机关、团体和单位要认真落实以法人代表治安责任制为核心的内部治安责任制，"看好自己的门、管好自己的人、办好自己的事"。有条件的单位，要在公安机关的指导下，逐步将门卫值班室改建成单位及周边区域治安防控点，配备必要的通讯、报警设备，安装统一警务标识，在搞好单位内部保卫工作的同时，面向社会接受群众报警。

（四）加强基层基础工作，把平安建设各项措施落到实处

进一步加强综治基层组织建设。要加强党的基层组织建设，发挥其在社会治安综合治理和平安建设中的领导核心作用。要进一步加强县级政法委规范化建设，明确工作职责，配齐配强干部，充实专业力量，落实工作保障，发挥职能作用。要进一步加强乡镇（街道）社会治安综合治理委员会及其办公室建设，充分发挥其职能作用，确保平安建设工作在基层有人负责，有序推进，深入开展。要进一步加强公安派出所、看守所、拘留所、戒毒所、社区警务室和司法所、人民法庭建设，发挥他们在平安建设中的骨干作用。各级党委、政府要从政策导向、力量配置、经费保障、技术装备等方面向基层倾斜，每年重点安排一批基层政法基础设施建设项目，以增强基层实力，激发基层活力，提高基层效率。进一步健全基层党组织领导的充满活力的基层群众自治机制，扩大基层群众自治范围，完善民主管理制度，把城乡社区建设成为管理有序、服务完善、文明祥和的社会生活共同体。要认真总结和推广把党组织建设在村民小组（自然屯）上、产业链上、楼宇中的好经验，加强"党小组、村民小组、经联社、治安小组""四位一体"的基层组织建设，实现农村党的组织网络化全覆盖，同时要充分发挥社会主义新农村建设指导员的重要作用，为平安广西建设提供有力的组织保障。

进一步加强综治基础性工作。要路地配合，联防联治，确保铁路大动脉的稳定畅通；要注重宣传，突出教育，从源头上抓好预防青少年违法犯罪工作；要齐抓共管，各司其职，大力整治校园及周边治安环境；要堵源截流，禁吸强戒，严厉打击毒品犯罪；要充分调动社会各方面力量做好刑释解教人员帮教安置工作，最大限度地预防和减少重新违法犯罪；要坚持"公平对待、搞好服务、合理引导、完善管理"的方针，积极调整充实流动人口服务和管理工作机构力量，不断完善流动人口服务和管理工作机制，建立政府调控机制同社会协调机制互联、政府行政功能同社会自治功能互补、政府管理力量同社会调节力量互动的社会管理网络，努力实现流动人口的服务和管理规范有序。要以社会保险、社会救助、社会福利为基础，以基本养老、基本医疗、最低生活保障制度为重点，以慈善事业、商业保险为补充，加快建立覆盖城乡居民的社会保障体系。

深入推进基层平安创建活动。各地要把创建平安乡镇、平安街道、平安村屯、平安社区作为平安建设的重点，各行业各部门要把创建平安校园、平安企业、平安单位、平安家庭、平安道路、平安医院、平安市场、平安景区、平安车站（码头）等作为平安建设的重点，不断延伸创建层次，落实创建措施，提升创建水平，扩大创建覆盖面，推动平安建设扎实有效地向纵深发展，促进社会平安。

进一步加强社会管理工作。要加强枪支弹药、爆炸物品、剧毒危险品和放射性物品的管理，消除安全隐患。加强对网吧、娱乐场所的治安整治和管理力度，加强对互联网的监控与管理，严密对网上有害信息的过滤与封堵，防止有害信息蛊

惑人心，制造混乱。加强“扫黄打非”工作力度，整顿和规范出版物市场秩序，特别是防止境外政治性非法出版物流入境内。加强道路交通的安全管理和消防管理，预防和减少重特大交通事故和火灾事故的发生。加强安全生产监管，加大对安全生产违法行为的查究力度。加快构建公共卫生应急体系，提高保障公共安全能力。

（五）努力提高公正执法水平，为平安建设营造公正高效的法治环境

公正文明执法是对政法机关的基本要求，是社会和谐稳定的重要保障，也是人民群众的殷切期盼。要紧紧围绕提高政法机关的执法能力、保障社会公平正义、建设公正高效权威的司法制度这一目标，深化司法体制改革，优化司法职权配置，规范司法行为。要按照宪法和法律规定，进一步落实政法机关分工负责、互相配合、互相制约的原则，强化对执法司法活动的党内监督、人大监督、法律监督、舆论监督和社会监督，维护和促进司法公正。要着力抓好执法规范化建设，紧紧抓住容易发生执法问题的重点岗位和环节，进一步细化执法责任，落实责任查究制度；进一步明确执法行为的考评标准、范围、质量界定以及评查结果运用等；更加广泛、扎实地使执法行为接受社会监督；尽快把信息化手段运用到执法办案的各个环节，做到以信息化规范执法程序、落实执法制度、强化执法监督、提高执法质量和效率；严格按照执法资格的认证和升级制度的要求，使教育培训经常化。

（六）切实加强政法队伍建设，为平安建设提供强有力的组织保障

政法队伍是平安建设的主力军。要按照严格、公正、文明执法的要求，全面加强政法队伍建设，不断提高政法队伍的思想政治素质和业务工作能力。把社会主义法治理念教育作为政法队伍建设的一条主线，贯穿于政法队伍建设的全过程，以提高政法队伍素质为根本，以促进司法公正为目标，大力加强政法机关党组织建设，加强领导班子建设，加强政法队伍的思想纪律作风建设。治安必先治警，治警首先治长，治长务必从严。进一步落实党风廉政建设责任制和领导干部廉洁自律要求，充分发挥领导干部的表率作用。通过深入开展社会主义法治理念教育，着力解决好广大政法干警的政治立场问题和群众观念问题，确保政法工作始终沿着正确的政治方向前进。在从严治警的同时，坚持以人为本，着眼于营造良好工作条件和执法环境，着眼于充分调动广大干警的积极性、创造性，认真落实从优待警政策，不断提高政法干警的政治、经济待遇，努力改善政法干警的工作、生活条件，激发政法队伍的活力，增强政法队伍的凝聚力和战斗力。

三、进一步健全和完善各项工作机制，推动建设平安广西活动扎实深入开展

（一）进一步健全领导责任机制

要严格实行平安建设领导责任制。各级党政主要领导是平安建设的第一责任人，分管领导是直接责任人，其他领导履行“一岗双责”，承担分管工作范围内平安建设的主要责任，形成一级抓一级、层层抓落实的平安建设领导责任体系。各级党委、政府要把平安建设工作纳入年度工作目标管理，把平安建设的成效作为检验各级党政领导班子和领导干部执政能力、执政水平的重要标准，列入干部考核评价的重要内容，将考核结果作为干部晋职晋级和奖惩的重要依据。严格实行平安建设工作责任追究制，对因思想不重视，工作失职、渎职而引发重大群体性事件、刑事案件、治安灾害事故和安全责任事故的，要严格按照有关规定追究责任；对重大信访案件不及时处理造成严重后果的，要接有关规定严肃追究有关领导的责任。

（二）进一步健全齐抓共管工作机制

各级综治委成员单位要围绕深入开展平安建设活动的目标要求，研究制定本部门、本系统参与平安建设的3年规划和年度工作计划，既认真履行本部门、本系统参与综合治理和平安建设的职责分工，又扎扎实实地推进本部门、本系统的平安建设工作。各级政法机关要认真履行职能，加大执法管理力度，充分发挥平安建设主力军作用。各级综治委下属的各专门工作领导小组及其办公室要加强对新时期新形势下有关专门工作的研究，在完善工作机制、创新工作措施、整合部门资源、增强工作实效上求突破。各级综治委及其办公室要履行对深入开展建设平安广西活对的组织领导和协调职能，继续组织成员单位开展联系点共建工作，加大对平安建设薄弱地区和单位的指

导帮扶力度，着力提升基层平安建设的整体水平。各级人大、政协要适时组织人大代表、政协委员对平安建设进行视察和评议，提出建设性意见和建议，推动和促进全区平安建设工作的健康开展。

（三）进一步健全经费保障机制

要切实加强对平安建设的保障，将政法综治部门基础设施建设和装备建设纳入本地经济社会发展规划，政法机关公用经费、干警工资福利待遇和综治各项专门工作经费要列入财政预算，切实予以保障。要加大对社会治安防控体系建设的投入，重点解决警力不足、科技防范投入不足以及专职保安联防和流动人口协管员经费不足等问题。积极探索市场经济体制下治安防范的社会化、市场化办法和途径，多渠道解决群防群治经费保障问题。

（四）进一步健全舆论宣传工作机制

要牢固树立政治意识、大局意识和责任意识，推动新闻媒体、出版单位、互联网站、高等学校、社科研究机构等单位加强管理，确保先进文化牢牢占领舆论阵地。正确把握社会敏感问题的舆论导向，加强舆情信息工作，建立和完善相应的舆论引导机制。加大平安建设工作的宣传力度，树立和宣传先进典型，为平安建设营造良好的舆论氛围、奠定坚实的思想基础。

（五）进一步建立健全检查考评和奖惩机制

建立健全“督查有力、考核严格、赏罚分明、奖惩到位”的检查考评和奖惩机制。一是建立平安建设检查督办制度。将平安建设工作列为各级党委、政府的督办事项，各级纪检、组织、人事、监察、综治等部门要加强对平安建设工作的督促检查，对平安建设工作问题突出的地方和单位实行重点督查，定期不定期组织开展明查暗访，发现问题及时通报，限期整改。在平安建设活动中，自治区综治委对连续两年未达到平安市、县（市、区）标准的地方实行警示；对连续3年达到平安市、县（市、区）标准的地方进行通报批评，并责成当地党政主要领导做出检讨。二是完善平安建设考评表彰办法。由自治区综治委组织草拟平安建设考核验收标准和办法，报经自治区党委、自治区人民政府批准后实施。2008－2010年，自治区每年组织力量对各市、县（市、区）和自治区综治委各成员单位开展平安建设工作情况进行考评，对在年度平安建设工作中做出突出成绩的市、县（市、区）和单位，由自治区综治委分别命名为年度平安市、县（市、区）和平安建设先进单位。3年平安建设活动结束后，自治区党委、自治区人民政府进行全面的总结验收和表彰奖励。对连续3年被命名为平安市、县（市、区）以及在3年建设平安广西活动中做出突出成绩和贡献的地区、部门（单位）和个人，按照《广西壮族自治区行政奖励暂行规定》等有关规定给予表彰奖励。

四、加强组织领导，确保建设平安广西活动达到预期目标

各级党委、政府要自觉承担起维护社会稳定的责任，牢固树立“发展是硬道理，是第一要务；稳定是硬任务，是第一责任。发展是政绩，稳定也是政绩”的理念，立足于改革发展稳定大局，把促进改革发展同保持社会稳定有机结合起来，从指导思想、工作部署、物资投入等各个方面落实改革发展稳定协调推进的要求。把平安建设纳入本地经济社会发展的总体规划，摆在全局工作的突出位置，定期分析研判，切实加强组织领导和督查落实。各级党组织和各级领导干部要带头加强党风廉政建设，端正党风政风，带头依法办事，依法行政，为平安建设创造良好法治环境。各地要根据本意见的精神，结合当地实际，精心制定本地区深入开展平安建设的意见和年度实施计划。要在全区建立健全“指挥畅通、网络健全、协调各方、反应灵敏、运作规范、保障有力”的平安建设组织领导和协调机制。平安建设的组织领导力量只能加强，不能削弱。要切实加强调查研究和检查指导，不断总结推广典型经验，认真查找并督促整改存在的问题和薄弱环节，狠抓各项工作措施的落实，确保深入开展建设平安广西活动达到预期目标。

广西壮族自治区党委办公厅
自治区人民政府办公厅
关于印发《2008－2010年建设平安广西活动考评办法》的通知

（2008年7月23日）

各市、县党委和人民政府，自治区党委和自治区级国家机关各部委办厅局，各人民团体，各高等学校：

经自治区党委、自治区人民政府同意，现将《2008—2010年建设平安广西活动考评办法》印发给你们，请结合实际，认真贯彻执行。

2008－2010年建设平安广西活动考评办法

一、总　　则

第一条　为了深入推进建设平安广西活动，确保取得预期效果，根据《自治区党委、自治区人民政府关于深入开展建设平安广西活动的意见》（桂发[2008]10号）精神，特制定本办法。

第二条　本考评办法考评的对象为市、县（市、区）、乡镇（街道）、村、社区。平安市、县（市、区）的考评由自治区负责，平安乡镇（街道）、村、社区的考评由各市负责。

第三条　根据人口、土地面积、县（市、区）数量、乡镇（街道）数量、可用财力、刑事案件、百名民警办案数、治安案件、矛盾纠纷、公众安全感和上访人次等经济社会现实状况，将全区市、县（市、区）各分成两类，在考评的总框架下，部分条款的考核标准有所区别。

第四条　考评采取申报制。平安市、县（市、区）的考评每年进行一次。

第五条　组织人事部门将平安建设工作列入干部任期目标，考评结果作为衡量干部政绩、晋职晋级和奖励惩处的重要依据。

第六条　根据本办法考评的结果，作为自治区党委、自治区人民政府及自治区综治委表彰奖励平安建设工作先进和命名平安市、县（市、区）的依据。

第七条　考评工作遵循实事求是、客观公正、注重实效、易于操作的原则。

二、申报条件

第八条　申报平安市的条件：

（一）当年本辖区未发生危害社会政治稳定的“大事”、“中事”。“大事”、“中事”的界定标准按《自治区党委办公厅、自治区人民政府办公厅关于印发〈建设平安广西活动考评办法〉和〈广西壮族自治区平安县（市、区）评分标准〉的通知》（桂办发[2005]19号）的有关规定执行。

（二）本辖区平安县（市、区）达到70%以上。

（三）平安建设考评得分一类市在80分以上，二类市在82分以上。

（四）附加条件。

有以下情形之一的，取消本年度平安市的申报资格：

1. 人民群众对社会治安满意率（含基本满意率，下同）达不到75%的。

2. 当年被实施社会治安综合治理、安全生产、环境保护和计划生育“一票否决”的。

3. 考核数据和汇报情况弄虚作假或隐瞒社会稳定和社会治安重要情况信息，情节严重的。

4. 党政主要领导或分管领导因重大违法违纪问题受到党内严重警告、行政记大过以上处分或被追究刑事责任的。

第九条　申报平安县（市、区）的条件：

（一）当年本辖区未发生危害社会政治稳定的“大事”、“中事”。

（二）平安建设考评得分，一类县（市、区）在80分以上，二类县（市、区）在82分以上。

（三）本辖区平安乡镇（街道）达到75%以上。

（四）附加条件。

有以下情形之一的，取消本年度平安县（市、区）的申报资格：

1. 人民群众对社会治安满意率达不到75%的。

2. 当年被实施社会治安综合治理、安全生产、环境保护和计划生育“一票否决”的。

3. 考核数据和汇报情况弄虚作假或隐瞒社会稳定和社会治安重要情况信息，情节严重的。

4. 党政主要领导或分管领导因重大违法违纪问题受到党内严重警告、行政记大过以上处分或被追究刑事责任的。

5. 发生严重影响社会稳定的刑事案件、群体性事件、治安灾害事故、安全生产事故，虽未构成“大事”、“中事”，但问题突出、处置不力而造成恶劣影响的。

6. 发生进邕进京非正常上访事件，造成恶劣影响并受到自治区有关部门问责的。

第十条　申报平安乡镇（街道）的条件：

（一）政法综治组织坚强有力。按照中央和自治区党委有关规定，健全社会治安综合治理领导机构和办事机构，配齐专抓综治工作的负责人和综治办专职工作人员；政法综治基层组织达到制度化、规范化建设要求。

（二）综治工作制度健全落实。全面贯彻落实社会治安综合治理各项工作制度；每年与辖属单位签订综治责任书，严格考评，兑现奖惩。

（三）群防群治组织适应需要。重点乡镇（街道）建立专职治安巡防队，人员配备适应工作需要；内部单位按规定建立保卫机构和配备保卫力量；村级群防群治组织报酬落实，作用发挥好。

（四）重点人口管理规范有序。暂住人口和出租屋管理规范，依照“谁出租，谁负责”的原则，做到“人来登记，人走留档”；吸毒人员、刑释解教人员、外执犯等重点人员管控措施到位。

（五）矛盾纠纷排查调处及时。每个月组织一次矛盾纠纷集中排查，落实协调会议、交办督查和情况报告制度，及时妥善化解各类矛盾纠纷。

（六）普法和依法治理工作深入扎实。普法对象普及率高，干部群众法制观念增强，勇于同违法犯罪作斗争；积极开展依法治乡（镇、街道）、依法治村（居）活动。

（七）重点整治效果显著。加强排查整治工作制度化建设，及时排查存在问题，督促治安后进单位落实综合整治措施，全面建立维护稳定长效机制，“黄、赌、毒”等社会丑恶现象得到有效遏制，各类案件明显减少。

（八）社会稳定，秩序良好。不发生“法轮功”等邪教组织人员进邕进京滋事；不发生在当地造成恶劣影响的重大群体性事件、重大刑事案件、重大治安灾害事故和重大安全生产事故。

（九）群众满意。人民群众对社会治安满意率达到85%以上。

（十）本辖区平安村（居）达80%以上。

第十一条　申报平安村的条件：

（一）综治组织机构健全。成立村党组织书记或村委会主任任组长的综治工作领导小组，正常开展工作，有办公场所、有人员、有制度。

（二）治安防范措施严密。治安信息掌握及时，发现群体性事件苗头及时上报，重要时期、重点部位人防、物防、技防措施落实。

（三）矛盾纠纷调处及时。坚持每月一次的矛盾纠纷排查制度，及时化解和报告各类矛盾纠纷；无民间纠纷引发的刑事案件。

（四）民主法治工作扎实。村民自治章程和

村规民约完善，村委会档案记录规范，经常开展理想、道德、法制教育。民主法制建设深入，村务公开民主管理制度建立健全，村风民俗良好。

（五）社会治安状况良好。无重大刑事案件、无治安灾害事故、无安全生产责任事故、无集体越级上访等群体性事件、无“黄赌毒”泛滥现象、无未转化“法轮功”人员；村民有安全感，群众对社会治安满意率达85%以上。

第十二条　申报平安社区的条件：

（一）组织、制度健全。成立社区党组织书记或社区居委会主任为组长的综治领导小组，安全文明责任区划分明确，党小组长、责任区长、居民小组长、楼长等配备到位，落实工作责任，健全工作制度。

（二）防范措施严密有效。看楼护院人员和社区内重点要害部位人防、物防、技防措施落实。治安信息掌握及时，发现重大群体性事件苗头及时上报。

（三）人口管理严格规范。暂住人口和出租屋管理规范，刑释解教人员无重新违法犯罪。

（四）矛盾纠纷调处及时。坚持每月一次的矛盾纠纷排查制度，及时化解和报告各类矛盾纠纷；无民间纠纷引发的刑事案件。

（五）普法依法治理深入扎实。经常开展理想、道德、法制教育和健康有益文体活动，建立健全居务公开和社区居民自治制度，居民公约完善，区内社会风气良好。

（六）社区治安状况良好。无重大刑事犯罪、无治安灾害事故、无集体越级上访等群体性事件、无“黄赌毒”泛滥现象、无未转化“法轮功”人员；社区居民有安全感，群众对社区社会治安满意率达85%以上。

三、考评程序

第十三条　申报平安县（市、区）的，由各县（市、区）综治委组织自评后，报各市综治委对自评情况进行审核；经审核符合申报条件的，由各市综治委向自治区综治委申报考评。申报平安市的，由各市综治委组织自评，符合申报条件的向自治区综治委申报考评。

第十四条　自治区综治委接到申报后，由自治区综治委办公室组织自治区有关部门对申报的市、县（市、区）进行会审，确定其申报资格。

第十五条　对符合申报条件的市、县（市、区），由自治区综治委办公室协调自治区有关部门在规定时间内分别核实考评指标。自治区综治委办公室汇总情况并组织检查后提出平安市、县（市、区）考评意见。

第十六条　考评意见为合格的市、县（市、区），经自治区综治委全体会议审议并在自治区级有关新闻媒体公示后，由自治区综治委分别命名为平安市、平安县（市、区）。

四、奖　　惩

第十七条　自治区综治委每年评选出若干名平安建设先进市、县（市、区），给予表彰奖励。

第十八条　根据“谁主管、谁负责”的原则，对自治区综治委各成员单位开展平安建设工作情况每年考评一次，召开自治区综治委成员单位会议集中进行投票测评，评选出先进单位，报自治区综治委领导审定后，由自治区综治委对先进单位进行表彰奖励。

第十九条　2010年的考评工作结束后，综合2008至2010年平安建设活动情况，评选出4个先进设区的市和10个先进县（市、区）、若干名进步奖以及自治区综治委10个先进成员单位，由自治区党委、自治区人民政府表彰奖励。同时，对连续三年被命名为平安市、县（市、区）以及在平安建设活动中做出突出成绩和贡献的地区、部门（单位）和个人，进行表彰奖励。具体奖励办法，由自治区综治委另行报自治区党委、政府审定。

第二十条　对连续两年来被命名为平安市、县（市、区）的地方，由自治区综治委实行警示；对连续三年未被命名为平安市、县（市、区）的地方，由自治区综治委通报批评，并责成当地党政主要领导做出检讨。

第二十一条　对发生严重危害社会政治稳定重大问题、在全区造成恶劣影响的市、县（市、区），予以通报批评，并按照有关规定追究相关人员责任。

第二十二条　对命名后发现有隐瞒不报或弄虚作假的，撤销荣誉称号，并取消下一年度的申报资格。同时，按照有关规定追究相关人员责任。

五、附　　则

第二十三条　本办法的“以上”包括本数在

内,"以下"不包括本数在内。

第二十四条　平安乡镇(街道)、平安村、平安社区的具体考评办法由各市根据本《办法》制定。

第二十五条　发生"大事"、"中事"的,由自治区综治委办公室协调相关职能部门认定责任,如责任不应由申报单位负责的,不取消申报考评资格。

第二十六条　本办法由自治区综治委办公室负责解释。

附件:1. 2008—2010 年广西壮族自治区平安市、县(市、区)考核评分标准(略)

2. 广西壮族自治区平安市、县(市、区)分类一览表(略)

落实领导"一岗双责"
努力从源头解决影响社会稳定的突出问题

库区移民问题、参战退伍人员问题、部分企业军转干部问题、代课人员问题、红茂矿区居民问题、市场开发服务中心人员问题、人口计生工作问题、地勘系统协议解除劳动关系人员问题是长期困扰我区社会稳定的突出问题。多年来,为解决好这些问题,自治区党委、政府和各级党委、政府以及有关单位做了大量工作,花了很多心血。但由于历史和现实的诸多原因,这些问题一直未能得到根本解决,给全区维护稳定工作造成很大压力。2007 年以来,自治区党委、政府从落实领导"一岗双责"入手,加大从源头处理影响社会稳定突出问题的力度,有效化解、缓解矛盾纠纷和信访突出问题,扭转了全区稳定工作的严峻形势,促进了全区社会和谐稳定。2007 年 7 月以来,全区群体性事件呈大幅下降趋势,至 12 月底,全区发生群体性事件起数和参与人数同比分别下降36.3%和28.1%。人民群众对党和政府工作的信任度和满意度进一步提高。在党的十七大召开期间,我区是进京上访人数最少的省份之一,得到中央联席办和国家信访局的通报表扬。

一、自治区党委、政府高度重视社会治安综合治理工作,强调要从落实领导"一岗双责"入手,全力解决影响社会稳定的突出问题

自治区党委分别召开两次书记碰头会和三次常委会议,专门听取有关影响我区社会稳定突出问题的情况汇报,专题研究解决问题的方向和原则,决定从落实领导"一岗双责"入手,由自治区人民政府指定有关责任单位,制定出根本解决问题的办法和措施,报自治区人民政府审定同意后实施。自治区人民政府采取有力措施,贯彻落实自治区党委常委会议精神。明确由时任自治区党委副书记、自治区常务副主席(现任自治区党委书记、自治区人大常委会主任)郭声琨同志主抓这项工作。郭声琨同志主持召开三次协调会议,对各项问题进行研究部署,要求由自治区有关责任牵头部门尽快研究制定解决有关问题的具体措施和方案。时任自治区主席陆兵两次主持召开政府常务会议,专题研究部署解决我区影响社会稳定突出问题的实施方案和具体措施。

二、领导带头,部门负责,逐项落实"一岗双责"工作管理责任制,充分调动各方工作积极性

自治区党委、自治区人民政府正式下发文件,按照"一岗双责"的要求,落实解决影响我区社会稳定八大突出问题的责任牵头单位和责任领导,明确规定:八大问题涉及的自治区人民政府 7 位分管副主席是第一责任人,自治区发展改革委、水库移民局、民政厅、人事厅、教育厅、国资委、工商管理局、人口计生委、地勘局分别作为解决八大问题的责任牵头单位,单位一把手是直接责任人,另有 27 个有关部门作为配合单位,承担工作职责范围内的责任。八大问题涉及的市、县参照自治区的做法,落实"一岗双责"工作管理责任制。第一责任人负责组织责任牵头单位研究制定解决问题的具体方案,并督促贯彻实施,责任牵头单位负责落实相关问题的解决措施，其他配合单位，各负其责，给予全力支持协助。自治区党委文件规定，凡因相关问题没有解决而引发影响社会稳定重大问题的，要严肃追究第一责任人和直接责任人的责任。为了确保责任落实到位，2007 年 9 月份，自治区党委、政府组织 14 个工作组，深入全区 14 个市和有关单位，明查暗访，检查督促八大问题的落实情况。自治区处理信访突出问题联席会议办公室同时启动问责程序，对因解决问题措施不力，工作进度缓慢，导致在十七大期间发生集体越级进京上访的贵港市、融安县、富川县进行通报批评，并责成当地政府分管领导到自治区党委检讨。

三、制定政策，强化管理，确保“一岗双责”工作管理责任制量化到事、责任到人

根据自治区党委、政府的决策部署，自治区政府7位副主席立即召集分管的有关部门，研究制定解决相关问题的方案措施。自治区发展改革委、水库移民局、民政厅、劳动保障厅、人事厅、教育厅、国资委、工商局、人口计生委、地勘局、财政厅等部门分别就有关问题制定出具体的解决方案和措施。先后出台了《水库移民区基础设施建设规划》、《关于进一步落实部分军队退役人员劳动保障政策的通知》、《关于进一步解决好代课人员问题的意见》等 30 多个政策文件和方案措施。自治区党委常委会和自治区人民政府常务会议专门听取了有关部门的汇报，认真审议了有关方案措施，研究确定了解决影响我区社会稳定若干重要问题的处理意见和解决方案，明确工作的重点和主要措施。要求各地各有关部门在解决问题过程中，不折不扣地做到“六个到位”：一是摸清底数，基础工作到位；二是制定方案，配套措施到位；三是落实资金，财力保障到位；四是吃透文件，政策宣传到位；五是明确进度，按时落实到位；六是加强教育，思想工作到位。

四、部门联动，整体推进，形成解决问题的工作合力

在解决影响社会稳定突出问题的过程中，各有关部门整体联动，各有关方面齐抓共管，形成协调一致的工作合力。自治区党委政法委和自治区社会治安综合治理委员会办公室承担总协调任务，为了加强力量，自治区党委把自治区维护稳定工作领导小组办公室改设在自治区党委政法委，给自治区党委政法委机关增设维稳协调处、信息督查处、宣传处三个职能处室，增加公务员编制 10 名。对问题比较复杂、处理难度大、涉及部门多的库区移民问题、军队退役人员问题，自治区从有关部门抽调人员专门成立解决这两个问题的工作小组。为了彻底解决代课人员问题，自治区教育厅、人事厅、财政厅、编制办、信访局等单位组成联合调研组，深入问题突出的县调查研究，共同研究制定了《进一步解决好代课人员问题的意见》。财政部门全力做好财力保障工作，仅 2007 年，全区筹措用于解决影响社会稳定突出问题的经费达 6 亿 6 千多万元，真正做到了“舍得花钱买平安”。

五、抓住重点，确保成效，推动“一岗双责”工作管理责任制落到实处

由于强化落实了领导“一岗双责”，调动了有关领导和部门齐抓共管的积极性，改变了过去政法综治部门单打独斗的被动局面，使长期困扰我区社会稳定的突出问题，在有关部门的共同努力下，逐步从源头上得到解决。比如，岩滩水电站库区移民由于盲目后靠，6 万多群众搬迁以后没有生产生活出路，他们对电站建设十分不满，经常聚众闹事、堵路、围攻电厂、冲击乡镇政府，是影响我区社会稳定的“火药桶”。为了妥善处理岩滩库区移民突出问题，2007 年，我区按照“一岗双责”的原则，将实施库区基础设施应急项目和维护库区社会稳定的双重责任落实到自治区水利、交通、教育等相关部门，共筹集资金 7000 多万元解决了事关移民生产生活的一批突出问题。由于各级领导层层落实了“一岗双责”，做到了把问题解决在基层、把矛盾化解在萌芽之中，使移民群众得到了实惠，看到了希望，对党和政府充满了信心，2007 年下半年以来，他们不再参加各种聚集活动，库区稳定形势日趋好转。2008 年，我区各级各有关部门继续推行“一岗双责”工作管理责任制，继续筹集资金 1 亿元用于库区基础设施应急项目建设；同时用好用活部门政策，妥善解决好大中型非农业户口移民问题、小型水库移民问题和淹田淹地不搬迁移民问题。

乡、村、屯三级联动　“石山王国”保平安

都安瑶族自治县社会治安综合治理委员会

2007年，都安瑶族自治县在平安建设活动中，认真贯彻中央综治委《关于深入开展农村平安建设的若干意见》和自治区党委政法委、综治委《关于加强平安建设基层基础工作的意见》精神，以抓基层打基础为重点，建立乡、村、屯三级联动工作机制，推动平安建设工作上新台阶，如期实现“大事不出、中事不出、小事少出”的平安建设总体目标。我县连续三年荣获河池市社会治安综合治理目标管理一等奖。2008年2月，我县荣获2005—2007年建设平安广西活动先进县（市、区），受到自治区党委、自治区人民政府的表彰奖励，成为全区8个获奖县（市、区）之一。

一、建立乡镇平安建设中心和综治对外服务窗口

各乡镇成立一个由党政牵头，综治统领，集派出所、司法所、信访办、民政办、安全生产办为一体的平安乡镇建设统一指挥中心，完善预警、预防、管控、排调、严打、督导、宣教等工作流程，有关平安创建工作及任务实行一个门口管理、一个流程处结，形成了“掌握信息预警——领导批示指令——单位付诸行动——处理结果反馈——记录建档立卡”环环相扣的工作系统，做到信息集中处理、人员集中调度、办公一条龙服务。各乡镇党委书记担任指挥中心主任，党委班子综治统战委员担任副主任，成员由综治办、派出所、司法所、法庭、民政办和安全生产办负责人组成。同时，借助转变干部作风加强机关行政效能建设机遇，在地苏乡建立综治工作对外服务窗口试点，以平安建设统一指挥中心为基础，设立治安、法律、代办、社情民意收集和法制宣传教育等窗口，为群众提供治安巡逻、法律咨询、矛盾调解、代写法律文书、受理来信来访、法制宣传教育等服务，为群众排忧解难。全县各乡镇普遍推行综治对外服务工作，涉及综治工作及任务实行一个窗口对外、一站式办公服务，对群众反映的问题及时处理。2007年，我县各乡镇平安建设统一指挥中心共为群众代理民事诉讼38件，代理非诉讼法律事务6件，提供法律援助42件，挽回经济损失31.2万元；受理民间纠纷361件，调解成功348件，成功率为96.3%；受理来信来访128件，按期办结率达100%；发放法制宣传资料35400份，解答法律咨询383人次；防止群体性械斗31件，防止民转刑案件8件，安置刑释解教人员177人，有效地维护基层的稳定。

二、实施村（社区）“平安堡垒”工程

实施村（社区）“平安堡垒”工程，就是把乡镇的综治、警务、调解、信访等工作下移，依托村（社区）党支部、村（居）委会，建立村（社区）综治办、警务室、调解庭、信访接待室等“平安堡垒”机构，健全各种工作制度，形成以警务室为龙头，以治保会、调解会、信访接待室为纽带，以人民群众为基础的预防、制止和惩处违法犯罪的治安防控和矛盾纠纷排查调处网络。通过发挥村（社区）党支部的主阵地作用，充分组织村、屯群众开展治安联防，及时查处刑事、治安案件，妥善处置影响社会稳定的各种因素，及时化解社会矛盾纠纷，为维护基层稳定筑牢“第一道防线”。该县地苏乡大定村率先实施“平安堡垒”工程，成立了村级综治机构，村党支部书记亲自挂帅；设立信访接待室，村党支部委员轮流坐镇接访；落实警务工作室，公安民警联合治安信息员驻村执勤，及时查处各种治安问题；设立人民调解室，司法所干警和法制副校长担任法律顾问，并妥善化解各类民间纠纷。全村54个村民小组均成立治安巡防小组和守楼护院队，由各党小组组长兼任组（队）长，带领村民开展群防群治。该村党支部还组织全村95%的

村民参与编织业，以“家家有项目、人人有事干、户户有收入”促进农村平安和谐。2005年至今，该村发生的矛盾纠纷都在当地得到化解，没有发生群体性事件，刑事、治安案件实现“零发案”。该县通过以点带面，全面铺开，整体推行实施“平安堡垒”工程，取得了良好的成效。2007年，该县248个村(社区)组织农村党员3000多人参与基层平安创建，共化解民间纠纷562起，占全县矛盾纠纷的71.6%，制止群体性上访18件，遏制群体性械斗11起，防止因民间纠纷转化为刑事案件16件，为基层平安筑牢稳固防线。

三、围绕新农村开创“平安屯”建设

2007年，河池市和都安县在水南公路沿线福来、坡欢等10个屯建设社会主义新农村试点，该县综治委同时启动建设10个平安新农村(平安屯)示范点，把平安建设拓展延伸到自然屯，以“平安落地、富裕生根”的理念促进社会主义新农村建设。开创“平安屯”建设，就是把自然屯建成“四有”屯，即有调解点、有治安义务巡防队、有矛盾纠纷维和组织、有治安报警电话。通过设立“治安中心户”，落实屯与屯联户联防、联片联保、联防联调、联打联治措施，构建专群结合、警民联防的农村治安防控体系，切实缩小违法犯罪活动的空间。同时，与各家各户签订“平安家庭承诺书”、“不让毒品进我家承诺书”等形式，落实治安承包责任制，促进“平安家庭”全面创建，努力营造平稳、和谐的水南公路周边治安环境。该县地处大石山区的大兴乡池花村花岗瑶族屯共有27户113人，该屯成立了10人的义务巡防队和1个民间维权组织，实施“五户联保、十户联防”措施，积极开展“平安家庭”创建活动，2006年以来，该屯仅发生1起土地纠纷，在本屯调解维和组织工作下得到及时化解，没有发生群体性事件和刑事、治安案件，实现“小事不出门、大事不出屯”的目标。平安和谐的环境使该屯瑶族同胞心往一处想，劲往一处使，该屯自发筹措资金200多万元，建成通屯公路、五保公寓、篮球场，户户建有楼房、水柜、沼气池，同时，大力推广特色种养业，加上每户安排1至2人外出劳务，人均年纯收入达3000多元。

通过乡、村、屯三级联动创建，有效地发展和巩固了平安建设成果，促进经济又好又快发展，人民生活水平不断提高。2007年，该县247个行政村(社区)被县委、县政府命名为“平安村(社区)”，占99.6%，18个乡镇被河池市委、市政府命名为“平安乡镇”，占94.7%。全县工农业总产值、财政收入、全社会固定资产投资、城镇居民人均可支配收入、农民人均纯收入等均有大幅度增长。

广西壮族自治区综治委组成人员名单

主　任：彭祖意　自治区党委常委、政法委书记

副主任：吴　恒　自治区人大常委会副主任

陈　武　自治区副主席

罗殿龙　自治区高级法院院长

罗建平　自治区检察院检察长

梁胜利　自治区主席助理、公安厅厅长

李先明　自治区党委政法委副书记

刘耀龙　自治区党委政法委副书记、综治办主任

梁炳巨　自治区党委政法委副书记、610办主任

委　员：张宣东　自治区党委副秘书长

韦兆忠　自治区人大常委会副秘书长、办公厅主任

郭文强　自治区人民政府副秘书长

尹　彤　自治区纪委副书记

梁海萍　自治区党委组织部部务委员

唐　华　自治区党委宣传部副部长

沈德海　自治区编办副主任

李少英　自治区直属机关纪工委书记
孙海潮　自治区高校工委副书记
刘发敏　自治区综治办副主任
韦均林　自治区信访局局长
陈世钊　自治区政协社会和法制委员会副主任
黄列格　自治区高级法院副院长
陈普生　自治区检察院副检察长
邱祖强　自治区发展改革委副主任
蒋维玕　自治区经委纪检组组长
龙　毅　自治区民委副主任
于娃宪　自治区公安厅副厅长、综治办副主任(兼)
雷明好　自治区国家安全厅副厅长
何　军　自治区民政厅副厅长
卫福喜　自治区司法厅副厅长
席鸿康　自治区财政厅副厅长
何利顺　自治区人事厅副厅长
雷　震　自治区劳动保障厅副厅长
罗卫国　自治区国土资源厅纪检组组长
朱家枢　自治区建设厅纪检组组长
陈富芳　自治区交通厅纪检组组长
蔡德所　自治区水利厅副厅长
韦吉田　自治区农业厅副厅长
林金文　自治区商务厅副厅长
李格训　自治区文化厅副厅长
于开林　自治区卫生厅纪检组组长
林霁峰　自治区人口计生委副主任
段伟庆　自治区国资委副主任
陈锦祥　自治区农垦局副局长
黎　敏　自治区环境保护局副局长
苏新生　自治区广电局副局长
张澄汉　自治区统计局纪检组组长
王世光　自治区工商局副局长
黄　健　自治区新闻出版局副局长
罗永魁　自治区林业局副局长
闭俊东　自治区质监局副局长
杨永峰　自治区食品药品监管局副局长
韦　干　自治区安全监管局副局长
康天保　自治区旅游局副局长
兰红星　自治区信息产业局副局长
韦能雄　自治区法制办纪检组组长
蒋家柏　自治区水库移民管理局局长
张小康　自治区人民政府驻北京办事处副主任
朱绪忠　广西军区政治部副主任
黄湘闽　武警广西总队副总队长
何大英　自治区总工会经费审查委员会主任
边　疆　自治区妇联副主席
罗日新　团区委副书记
梁钰光　自治区工商联副主席
张柳胜　南宁铁路局党委副书记
李依谦　南宁海关副关长
李　彬　人民银行南宁中心支行副行长
余利民　中国保监局局长助理
唐毓彪　自治区通信管理局副局长

自治区综治办主任:刘耀龙,副主任:刘发敏。下设2个处:综治基层处、综治联络处。

广西壮族自治区及各市、县(市、区)综治委、办主任名单

地　区	综治委主任	综治办主任
自治区	彭祖意	刘耀龙
南宁市	赵　波	谭尚武
青秀区	肖志钢　赵禹鹏	袁　海
兴宁区	刘为民	陈云舫

地　区	综治委主任	综治办主任	地　区	综治委主任	综治办主任
江南区	魏凤君　黄建宁	曾方云	长洲区	张进生	梁富昌
西乡塘区	吕　洁　廖俊云	蓝日军	万秀区	黎　贤	陈焕棣
	黄福仁　谢坪芝		蝶山区	张　平	李俊华
良庆区	储朝晖　孙志强	梁　鸿	岑溪市	黎华道	邓灿强
邕宁区	温达勤　黄　宁	乐巨温	苍梧县	周　峰	冯惠华
武鸣县	黄隆鸣	何生龙	藤　县	陈　钧	钟　平
横　县	王国健	黄宗旭	蒙山县	何　健	黄国邦
宾阳县	马勇军	吴宝初	**贵港市**	韦均林	黄富宁
上林县	李永华	蔡修文	港北区	宁德林	曾海燕　曾腾生
隆安县	甘强忠	马汝昌	港南区	陈锦秀　罗振明	杨志舜
马山县	覃思源	李向民	覃塘区	谢朝慰	黄开砾
桂林市	蒙永福	蒋潮仲	桂平市	吴　飞	蒙天全
象山区	熊良斌	刘钰清	平南县	许华明	黄信全
叠彩区	蒋汉平	文昌雄	**玉林市**	黄铭福	顾兴春
秀峰区	曹百发	彭新民	玉州区	江贵成	李致辉
七星区	郑小秜	陈锦瑞	北流市	庞标益	温建宁
雁山区	杨　明	丁　丰	兴业县	沈　强	陈　林
阳朔县	梁文干	唐燕德	容　县	满昌学	梁高运
临桂县	雷志刚	粟振平	陆川县	裯甲军	黄增元
灵川县	余秋平	罗程远	博白县	莫树周	李庆良
全州县	蒋平华	王奇文	福绵管理区	李　文	梁桂全
兴安县	冯　远	周剑冰	**钦州市**	寇兴广	叶爱深
永福县	白先频	李小安	钦南区	温光焕	黄海新
灌阳县	邹长新	蒋海浪	钦北区	梁国喜	陆福谋
资源县	韦文周	唐昌炬	灵山县	黄正荣	陈光权
平乐县	苏纯云	韦　峰	浦北县	陈增平	宁　进
荔浦县	林辉平	张卫民	钦州港区	黄杏鼎	韦隆云
龙胜县	许建忠	苏良松	**北海市**	莫亦翔	王金吾
恭城县	阳瑞华	许增魁	海城区	廖自强	麦运庄
柳州市	崔放明	舒金生	银海区	罗远富	陈英荣
柳北区	韦开翔　刘　芳	周其彦	铁山港	覃　闯	朱易清
城中区	张正义　牛　勇	罗　涛	合浦县	张我伟	庞学强
鱼峰区	张　彬	刘阳赞	**防城港市**	倪耀中	李　真
柳南区	雷应敏	吴少娟	港口区	陈海源	邓钧译
柳江县	韦　宏	韦显乐	防城区	黄　耿	马富强
柳城县	班汉锋	陶龙斌	东兴市	周世军	陈宇伟
鹿寨县	袁子强	覃　友	上思县	李健全	苏大煜
融安县	罗立明	龙先旭	**崇左市**	崔智友	陆振刚
三江县	何　葆	谢永安	江州区	蓝大煌	荷新锋
融水县	潘爱国	韦树青	凭祥市	班忠柏	王建华
梧州市	朱育兆	曾一戈	扶绥县	方　青	朱茂胜

地　区	综治委主任	综治办主任
大新县	雷永达　雷多荣	潘宜建
天等县	雷海良	黄柏林
宁明县	邱　东	胡文誉
龙州县	韦昌鸿	韦思昌
百色市	韦瑞灵	张传福
右江区	林启明	陈松民
田阳县	林世辉	黄　兴
田东县	农良锋	廖善文
平果县	韦伟平	李康元
德保县	陆泽山	李克省
靖西县	许　祥	黄其臣
那坡县	黎仕兴	黄家盛
凌云县	陆政时	李显章
乐业县	黄宗道	杨成邦
田林县	黄隆平	黄卫东
西林县	补祥跟	颜建雄
隆林县	李小华	潘荣村
河池市	廖昌军	莫志明
金城江区	李承嵘	韦继敏
宜州市	覃忠良	宋作禧
南丹县	蒙卫东	廖卡宁
天峨县	李祖斌	黄少锋
凤山县	罗国照	黄英德
东兰县	梁孟益	林国剑
巴马瑶族自治县	韦炳国	王有盛
都安瑶族自治县	毛光君	蒙永业

地　区	综治委主任	综治办主任
大化瑶族自治县	韦统朝	卢　峰
罗城仫佬族自治县	韦俊辉	戴阳生
环江毛南族自治县	谭仁谋	覃学敏
来宾市	吴俊明	毛正军
兴宾区	覃辉很（2008年11月前） 黄旭升（2008年11月后）	韦明学
合山市	覃家波（2008年6月前） 付乃团（2008年11月后） （7月—10月空缺）	贾海忠
象州县	陈海寿	
武宣县	覃胜文	冯远良
忻城县	黄旭升	黄如希
金秀县	赵庆国	韦荣泉
贺州市	李国强	李精才
八步区	张国清	赵贺新
昭平县	莫华钧	吴耀强
钟山县	邓少龙	莫光辉
富川县	陈　华	毛志林
平桂管理区	陈远明	贺建雄

（撰稿人：罗翼飞
审稿人：刘耀龙　禹丽芸）

海 南 省

2008年社会治安综合治理工作概况

2008年来，海南省各级党委、政府特别是政法综治部门坚持以邓小平理论和“三个代表”重要思想为指导，以科学发展观统领经济社会发展全局，认真贯彻党的十七大、十七届三中全会、省委五届三次全会精神和中央综治委（办）、省委、省政府的决策部署，以构建和谐海南为目标，以平安海南建设为载体，以确保北京奥运火炬海南首传、博鳌亚洲论坛年会和海南建省办经济特区20周年庆典活动成功举办为重点，扎实推进社会治安综合治理各项措施在基层的落实，有效地维护了全省社会和谐稳定，有力地保障了各项重大活动的顺利开展。

一、各级领导高度重视，健全组织机构，强化保障机制，落实领导责任，形成齐抓共管的良好格局

一是扎实推进社会治安综合治理“一把手”工程。省委、省政府把社会治安综合治理工作作为“一把手”工程，切实加强领导。2008年以来，省委、省政府先后两次召开全省综治工作会议部署综治工作，省委常委会先后四次专题研究政法、综治和维稳工作。在年初的全省政法综治工作会议上，省委书记卫留成作了讲话，强调“要把加强社会治安综合治理工作，作为加强党的执政能力建设和国家政权建设的重要内容摆上更加突出的位置，作为极重要的民生问题来解决，作为最基本的发展环境来创造，通过社会和谐促进社会稳定”。省委副书记、省长罗保铭出席今年第二次全省综治工作会议并作了讲话，强调“各级党政领导干部尤其是‘一把手’，一定要切实增强忧患意识，切实增强政治敏锐性，切实增强工作责任心，进一步加深发展是硬道理、是第一要务，稳定是硬任务、是第一责任的认识，主动担负起维护和谐稳定的政治责任，全面开创海南综治工作的新局面”。省委常委、省委政法委书记、省综治委主任肖若海多次召开有关部门负责同志会议，研究农村治安突出问题整治行动、排查化解矛盾纠纷、处置重大群体性事件、加强流动人口管理等工作，并深入基层一线调研指导、动员发动、检查督导。省综治委结合2008年全省综治工作的实际，对《社会治安综合治理目标管理责任书》的内容作了调整和细化，并第一次与省综治委所有各成员单位签订了《责任书》。省委、省政府和各市县、各部门把确保北京奥运会安全顺利举办和全省建省办经济特区20周年庆典活动顺利进行，作为2008年综治工作的重点，召开常委会议分析形势，研究安全保卫工作方案，解决工作中出现的问题。

二是各级党委、政府解决综治和平安建设实际问题和困难的力度进一步加强。针对省综治办机构设置长期以来存在的问题，省委常委会于6月27日召开第33次会议，审议通过了《关于明确省综治办机构级别和增加厅级领导职数的请示》（琼政字[2008]27号），同意省综治办升格为正厅级机构，主任单设、不再兼任，从而使省综治办在机构设置和人员配备上得到了全面加强。各市县出台一系列综治和平安建设文件，制定工作方案，细化职责任务，把综治和平安建设列入为民办实事项目，加强组织、人员和经费保障措施的落实，解决了一些长期困扰社会治安综合治理工作的困难和问题。三亚市财政拨给综治、维稳、平安建设经费108万元，各区、镇、国营农场投入综治和平安建设经费共928万元，还集中精力、财力解决了大量长期制约综治、平安工作发展的装备、人员编制问题。东方市委、市政府把不断加大对综治工作经费的投入，作为贯彻落实市委书记提出的“抓稳定也是抓发展，抓治安就是抓民生”理念的具体举措,解决了市综治办缺少工作用车的实际困难。琼海市委、市政府一次性拨款300万元用于解决政法综治部门在基础建设和技防建设中遇到的实际困难,基本实现了综治平安建设工作开展到哪里,财政的投入和扶持就延伸到哪里。洋浦经济开发区管理局在联防队调解员专项经费、公安装备和基础建设、基层维稳奖励专项经费、港区交通基础设施建设等社会治安综合治理项目共投入经费963万元,并将联防队和调解员专项经费100万元、基层维稳奖励专项经费30万元列入财政预算,充分调动了基层维护稳定工作人员的积极性。

三是改进和完善社会管理,五个专门工作领导小组的作用得到进一步发挥。认真落实流动人口服务和管理工作措施,努力提高流动人口服务管理水平。全省各级综治部门普遍将流动人口服务和管理工作纳入社会治安综合治理考核目标体系,建立健全考核机制,推动工作落实。建立完善"以房管人"、"以业控人"的工作机制,把经常性管理和定期清理整顿结合起来,坚持派出所每月对流动人口和出租屋巡查一次,不断加大对流动人口中涉黑涉恶犯罪、流窜犯罪、带有明显区域特点和职业特点团伙犯罪的打击力度,努力减少管理盲区,提高预防、控制和打击流动人口违法犯罪的能力。认真实施预防青少年违法犯罪工程,努力保持预防工作的良好发展势头。全省各级预防办、各级团组织开展"未成年保护集中宣传日活动",以"尊重和保护未成年人是每一位公民的责任"为口号,采取举办贯彻实施未成年人保护法座谈会、论坛、研讨会、文艺晚会、新闻发布会等多种形式,借助广告、电视、电台、报纸、杂志、互联网等宣传平台,组织学生志愿者到周边中小学校发放新修订的《未成年人保护法》宣传单近两万份。省预防办积极协助省人大,对我省各地未成年人保护工作及《未成年人保护法》贯彻实施情况进行摸底,赴琼海市、三亚市等地进行实地考察,汇总工作成果,提炼工作经验。认真调查摸清刑释解教人员底数,努力强化衔接、帮教和安置工作。按照"帮教社会化、就业市场化、管理信息化、工作职责规范化"的总体要求,全省以基层帮教及就业组织为依托,对帮教对象进行一对一的接茬帮教,帮教率为100%。通过各种渠道为农村籍的刑释解教重点人员落实了责任田,说服原单位接收就业126人,自谋职业162人,社会救济28人,其他方式安置179人,就业人数2631人,就业率为90%。认真开展学校及周边治安综合治理工作,努力维护高校稳定。海口、东方、琼海等市县认真开展了以整顿校园及周边交通秩序,避免交通事故发生为主题的专项整治行动。省公安厅、工商局、文体厅、卫生厅、交通厅等部门在桂林洋高校区开展学校周边娱乐场所专项整治行动,召开联席会议,现场办公,整治桂林洋高校区的治安、交通、卫生等秩序,停业整顿了桂林洋高校区周边的"神话网吧"。省公安厅会同省教育厅、省工商厅、省文体厅、省财政厅、省民政厅等部门,开展了为期一个半月的打击整治学校周边销售"学生彩票"专项行动,清查学校周边摊点、店铺、书报亭2321间,查获整顿非法销售"学生彩票"摊点26个,查扣刮刮奖5万多张、抽奖娱乐图片212箱,对5名违法人员给予行政拘留。认真开展平安铁路示范路段创建活动,努力推进护路联防工作。各铁路沿线市县以整顿和治理铁路沿线的突出治安问题为主线,重点抓了铁路沿线废旧金属收购站点清理整治、铁路交通事故专项治理、平安铁路通道建设三大问题,进一步净化了铁路沿线治安环境。铁路沿途当地政府、政法委、综治办、公安机关加强了与铁路公安处、粤海公司有关部门的联系、沟通、协调,做到了情况互通,相互促进,建立了工作联系沟通机制。

四是专项、日常综治工作责任的督导检查和落实力度进一步加强。在今年3月初至5月底的全省农村治安突出问题整治行动中,整治行动领导小组从省委政法委和省直政法部门抽调17名责任心强、作风踏实的得力干部,组成四个督导组,迅速分赴海口、三亚、琼海、万宁、东方、儋州、乐东、临高、澄迈、陵水和洋浦11个重点督导市县(区)开展工作。省督导组充分发挥督促、指导的职能作用,巡回督导进展情况,抓住重点、把握节奏、掌握进度,认真抓好各项措施在市县直至基层的落实,对发现的问题和出现的漏洞及时给予指出和纠正,促使整治行动有序、有力、有效地开展。各市县也都层层成立督导组和工作队进驻乡镇和村庄开展工作,并与省督导组积极联系、密切合作、形成合力、相互促进。各级督导组找问题、提建议，及时跟进，协调各方，全程参与，督导工作卓有成效。县(市、区)委书记大接访活动中，在中央信访工作督导组的带动下，省联席会议加强了对海口、儋州、万宁、澄迈、临高、东方和省农垦总局、省国资委等重点地区和部门的督导，对省联席办梳理出的35个尚未办结的案件以及我省"六大"信访突出问题进行了专项督办。全省各市县有关部门普遍采取电话督办、发函督办、走访督办、约谈督办、挂牌督办、专人督办、通报督办等七种督办方法。各市县在开展综治日常工作中，普遍加强了督导检查，逐步健全和完善了查找发现问题、解决问题的工作机制。通过综治工作检查、考核方法和手段的创新，不断推动本地区综治和平安建设的深入开展。海口市、三亚市出台了进一步贯彻落实领导责任制、一票否决权制的相关规定及办法，把综治和平安建设的任务进行分解量化，落实到单位、领导和责任人。东方市实行了重大矛盾纠纷化解领导负责制，对重大矛盾纠纷、信访案件实行领导包案负责制，承办领导要在限定期限内，组织协调有关部门、有关人员办结案件，化解矛盾。万宁市把综治、平安工作考核的结果与干部的考评奖惩相挂钩，"一票否决"党政领导干部3人，有力地促进了党政领导抓综治和平安建设的政治意识和责任意识。

二、深入开展"两个排查"，对矛盾纠纷和治安问题做到早发现、早控制、早解决

2008年以来，全省认真贯彻《中央综治委关于集中开展排查调处矛盾纠纷、排查整治治安混乱地区和突出治安问题活动的通知》精神，坚持"预防为主、教育疏导、依法处理、防止激化"和"属地管理、分级负责、谁主管谁负责"的原则，全面深入地开展"两个排查"活动。

(一)集中排查化解矛盾纠纷，解决关系群众切身利益的突出问题，维护全省社会和谐稳定

1. 以确保安全顺利为目标，突出抓好全省重大活动等敏感时期的矛盾纠纷排查调处工作。今年以来，全省举办多项重大活动，全国全省"两会"相继召开，尤其是4至5月，胡锦涛总书记视察海南、举行国事活动和博鳌亚洲论坛2008年年会召开、海南建省办经济特区20周年庆典、2008年北京奥运会火炬传递活动，规格高、内容多、时间长、密度大、任务重，给全省的矛盾纠纷排查调处工作提出了新的更高的要求。省综治委根据对全省敌社情动态的分析研判，下发了《关于进一步做好我省三项重大活动期间维护社会稳定工作的紧急通知》，对三项重大活动稳定工作进行再部署。在3月底即获悉了全省部分重点群体(人员)进行大规模群体性上访示威的情报，准确掌握了组织者、上访经费筹集情况和具体行动计划，及时指导督促各有关市县迅速展开化解和稳控工作。同时组织指导各市县和相关部门有针对性地修订完善应急处置预案，并组织有关单位和部门进行了应急处置演练，为确保遇有突发情况能够妥善有效处置打牢了基础。

2. 建立健全信息研判工作机制，畅通渠道，深入研判，牢牢把握矛盾纠纷排查调处工作的主动权。一是畅通渠道，全面掌握情报信息。不断强化矛盾纠纷排查和情报信息等基础工作，建立完善了政法、维稳、综治、公安、国家安全和乡镇派出所、司法所、民政助理员等多渠道、多层次的矛盾排查和信息报送网络。二是深入研判，主动把握工作先机。着重把握不稳定因素及其发展趋势的研判工作，全面预测社会稳定动态及重点难点问题，提出了"以市县为基本工作面，组织排查和化解矛盾纠纷，政法等职能部门提供工作支撑，主管单位依职责与市县捆绑工作，任务共担，责任共负，上下联动，左右协同，齐抓共管，共保稳定"的工作思路。把影响全省稳定的问题细化为突出问题、重大隐患、突发事件和一般性问题，以省、市县两级挂牌督办和重点协调督促、日常工作指导为手段，统筹兼顾，分层次指导处置工作。

3. 建立健全矛盾纠纷排查调处工作机制，注重预防，消除隐患，从源头上化解不稳定因素。一是建立健全矛盾纠纷预防化解责任机制。坚持"属地管理"与"谁主管、谁负责"相结合的原则，把预防化解矛盾纠纷的任务、目标、责任下沉到部门、单位和个人，按照"一个问题、一个领导、一套班子、一个方案、一抓到底"的要求，严格落实责任下沉和分级负责制度，制定并落实工作预案，把矛盾纠纷排查调处各项具体任务纳入有人负责的严格管理之中，并作为社会治安综合治理目标管理考核的重要指标。二是建立健全矛盾纠纷排查调处工作机制。全省建立了定期排查与不定期排查相结合的工作制度，建立了重大情况上报制度

和情报信息收集反馈制度，矛盾纠纷排查调处工作逐步走上了规范化、制度化的路子。各市县每月、全省每季度开展矛盾纠纷排查工作，今年以来共组织开展全省范围内3次矛盾纠纷大排查、大调处活动。三是建立健全社会联动调处工作机制。建立县（市、区）、乡（镇、街道、农场）、村（社区、场队）三级矛盾纠纷排查调处工作网络，努力构建“党委领导、维稳协调、联席督导、部门联动、依托基层、各方参与”的矛盾纠纷排查调处工作格局，把工作网络覆盖到全社会。把矛盾纠纷排查工作的重心下移到基层，把化解矛盾的责任下沉到基层，把预防群体性事件的关口前置到基层，力求把矛盾和问题化解在基层，解决在萌芽状态，真正做到“排查得早，发现得了，防范得严，控制得住，解决得好。”

4. 建立健全挂牌督办工作机制，落实责任，重点调处，着力解决影响社会稳定的突出问题。一是规范挂牌督办工作的工作程序。每年年初全省都要组织全省范围内开展矛盾纠纷排查工作，从各市县全面排查的影响社会稳定问题中进行筛选，经过调研，从中确定影响全省社会稳定的突出问题作为当年挂牌督办问题，制定挂牌督办工作实施方案，下发各市县和有关部门执行。今年上半年共确定对13个影响当前全省社会稳定的突出问题进行挂牌督办。目前挂牌督办工作进展顺利，消除了一批不安定事端苗头，遏制了群体性事件和集体上访问题的高发态势，促进了影响我省社会稳定突出问题的解决。二是建立挂牌督办工作的责任体系。坚持“属地管理”和“谁主管、谁负责”相结合的原则，按照“五个一”工作要求，完善挂牌工作领导负责制和问责制，切实把防范、化解的任务和责任落实到部门、单位和个人。各牵头单位和责任单位分解责任，层层落实，单位或部门主要负责人要作为第一责任人，直接参与制定处置和矛盾化解工作方案，参加处置工作。各市县、各有关部门针对督办问题逐一制定处置工作方案，落实工作责任，各有关单位相互配合，共同努力，集中攻坚，使挂牌督办工作取得明显效果，实现解决或基本解决的工作目标。三是完善挂牌督办工作的处置方法。各牵头单位切实负起责任，积极组织协调，促进问题妥善解决。各责任单位按照自己的职责，积极主动地做好处置工作。深入事发地，走访当事群众，倾听他们的意见和诉求，面对面地做群众的思想工作，着力解决群众的合理要求，化解群众的对立情绪，有效地控制矛盾激化，限期解决督办问题。

5. 以开展县（市、区）委书记大接访活动为契机，有效地解决了一大批信访突出问题。中央“6·28”会议结束后，省联席会议紧接着做出具体部署。7月8日，省委书记卫留成在省委五届三次全会（扩大）上就开展书记大接访活动作了重要讲话。省委书记卫留成，省长罗保铭，省委常委、常务副省长方晓宇多次召开书记办公会议、省政府常务会议、省长办公会议专题听取活动进展情况的汇报，研究部署各项措施，并多次做出重要批示。8月15日，卫留成书记根据周永康同志8月12日的重要批示精神，要求把书记大接访活动引向深入，切实解决一批久拖不决的问题，切实做到“事要解决”，以求从根本上维护稳定。8月25日，卫留成书记批示，要认真总结市县委书记大接访活动经验，分析工作中存在的薄弱环节，探索新形势下做好信访工作的规律，把市县委书记大接访活动进一步规范化、制度化、程序化，形成长效机制；要从思想认识、工作措施、组织和经费保障等方面，进一步深化市县委书记大接访活动。肖若海同志组织会议动员部署，研究实施方案，协调有关部门解决突出信访问题，指导劝返、处置群体性事件等工作，督促各部门、各市县落实组织、经费保障，并深入全省各市县进行实地检查、督促和指导，保证了全省大接访活动按照中央和省委的部署扎实有序推进。省委及时成立了以卫留成书记为组长的省市县委书记大接访活动领导小组，各县（市、区）和有关部门也及时召开会议，研究制定实施方案，成立相应的领导机构。省大接访活动领导小组于7月28日至30日召开全省东、中、西三个片区县（市、区）委书记大接访活动座谈会，8月27日，又在三亚市召开了全省县（市、区）委书记大接访活动经验交流会，总结推广了三亚市、省高院、省农垦总局、东方市、澄迈县、海口市龙华区的经验，不断推动大接访活动深入开展。省大接访活动领导小组与中央信访工作督导组坚持每周沟通一次，拟定下周督导检查重点。各市县、各部门按照“公示、接访、包案、落实”四个环节的要求，组织了一系列对口接访、领导干部下访、重点问题约访、登门回访和网上信访等活动。

（二）集中排查整治治安混乱地区和突出治安问题，维护良好的社会治安秩序，增强人民群众安全感

根据省委的决定，从今年3月初至5月底，省委政法委、省综治委在全省范围内组织开展了农村治安突出问题整治行动。3个月来，全省各市县（区）、各部门认真贯彻《海南省农村治安突出问题整治方案》，扎实推进整治行动，基本实现了“一防止、二遏制、三减少、四增强”的目标，“七个一批”成效显著。全省农村治安秩序逐步好转，人民群众的安全感普遍增强，对社会治安的满意率明显提高。

1. 领导重视，靠前指挥。省委、省政府领导同志对这次整治行动高度重视，省委书记卫留成作出“组织务必要落实、措施务必要落实、责任务必要落实、务必加强安保队伍的教育和管理，确保重大活动顺利进行”的重要指示，并多次召集会议听取汇报、研究解决重大问题。省委副书记、省长罗保铭在全省维护稳定暨社会治安综合治理工作会议上，强调要“以非比寻常的态度和坚强有力的措施，扎实深入地推进农村及重点城区治安突出问题整治行动”。省委政法委、省综治委成立整治行动领导小组，有关负责同志深入基层一线调研指导、动员发动、检查督导，足迹遍布全省的各个市县（区）。

2. 宣传到位，气氛浓烈。各市县（区）紧密结合“法律六进”普法工程，开展了一系列内容丰富、形式多样的宣传教育活动，运用多种宣传手段广泛发动，进村入户、不留死角，把整治行动的精神和要求传达到每村每户，呈现了人人知道整治、人人参与整治的生动局面。整治行动期间，全省共悬挂宣传横幅5378条；张贴标语和公告117370张；发放资料378592册；出宣传栏302期；举办图片展205场次；开办法制讲座372场；出动宣传车1121辆次。

3. 深入排查，落实责任。各市县（区）组织精干力量，深入基层调研，采取听汇报、开座谈会、走访群众、实地检查、明察暗访和问卷调查等方式，对各类矛盾纠纷和可能引发群体性事件的苗头、突出治安问题、重点场所以及软弱涣散的基层党组织，进行了横到边、纵到底的拉网式排查和滚动式排查，做到既全面深透、又有重点和层次，不漏掉一个问题、不忽略一个隐患，奠定了实施精确整治的基础。将排查出来的问题分门别类、列表登记、建立台账，做到底数清、情况明。认真加以分析研究，从中圈点确定需要重点整治的地区、部位、场所、人员、案件，整合资源，合力攻坚，挂牌督办，跟踪催办。

4. 目标明确，措施有效。一是各市县紧紧围绕“七个一批”的目标要求，以打开路，重拳出击，组织开展了一系列大规模、全方位、高强度的专项行动：打盗抢抓逃犯、打黑除恶、侦破命案、禁毒、查缉黑枪黑弹、整治酗酒打架斗殴、打击哄抢盗伐林木、打击盗窃破坏“三电”设施、清查整治公共复杂场所、查赌等等，通过打、促稳定，通过治、保安全，严厉地打击了各类违法犯罪活动，遏制住了违法犯罪分子的嚣张气势，促使社会治安局势进一步好转。整治期间，全省刑事案件发案总数为2537宗，与上年同期2633宗相比下降3.65%。各市县完成省禁毒委下达的强戒任务和劳教任务分别达183.7%和97.1%的。二是对排查出来的各类矛盾纠纷，各市县按照“属地管理”和“谁主管、谁负责”的原则，严格遵循“五个一”（一个问题、一个领导、一套班子、一个方案、一抓到底）的要求，实行包案调处责任制，逐一落实牵头部门、责任单位和责任人，逐一制定整改方案和措施，逐一明确调处任务，细化量化指标，给出解决期限，前移阵地、带案下访，有的放矢、各个击破地开展调处工作，促使一大批矛盾纠纷化解在当地、消除在萌芽状态。

三、毫不动摇地开展“严打”整治和各类专项斗争，不断强化治安管理和防范的能力

（一）积极有效地处置群体性事件，全力维护社会政治稳定。全省公安机关始终坚持以奥运会等重大活动为重点，强化情报信息和专案侦查工作，及时掌握深层次、预警性、内幕性情报信息，采取了一系列积极有效的措施。一是严密防范、严厉打击境内外敌对势力、宗教极端势力、暴力恐怖势力、民族分裂势力的捣乱、破坏活动。全年共搜集掌握各类情报信息991条，其中预警性情报信息480条；发现、掌握或查明各类嫌疑线索34起，对499名列控重点工作对象开展了分级管理控制

工作;对18起专案开展了侦察调查。二是周密部署、加大对“法轮功”等邪教组织捣乱破坏活动的打击力度。三是大力开展人民内部矛盾纠纷排查调处工作,有效地预防和处置了各类群体性事件。截止12月份,全省共处置可能引发群体性治安事件的不安定因素(即一般群体性事件)422起。

(二)迎难而上开展全省侦破积压命案大会战,着力解决群众关心、历史欠账的难题。2008年3月,省公安厅根据省委政法委的部署,对建省以来全省积压命案进行了调研,并呈报了《关于1988年建省以来全省未破命案情况的报告》。5月9日,卫留成书记批示:从现在起要争取命案必破,尽量减少新的‘积压’。对建省以来未破的608起命案要组织专门班子进行清理和梳理,分别作出判断,不应都成死案。要集中力量侦破一批重要的、影响较大的命案。对确实时间很长,又确实很难侦破的要研究处置和补偿办法。8月28日,肖若海同志在省委政法委员会暨省侦破积压命案领导小组会上作了动员讲话和全面部署,要求对1988年建省以来的608起积压命案全面进行清理,落实工作责任,加大工作力度,努力实现案结事了。对其中166起已经确定犯罪嫌疑人的积压命案要全部侦破;对其中442起未明确犯罪嫌疑人的疑难积压命案开展攻坚破案工作,力争破获积压命案250起以上,破案率达到20%以上。同时建立起侦破命案的长效工作机制,减少新增积压命案。并根据各市县1988年建省以来积压命案占全省总数的比例,确定海口、儋州、乐东、三亚、陵水、澄迈等6个市县为侦破积压命案大会战的重点地区。截止12月,全省已侦破积案47起,抓获积压命案逃犯62名。

(三)适时开展专项斗争,严厉打击严重刑事犯罪。今年来,全省公安机关不间断地开展专项斗争,继续对严重刑事犯罪保持高压态势。在抓好公安部部署的“打盗抢抓逃犯”、打黑除恶、命案必破、打击盗窃破坏“三电”设施等专项行动的同时,针对重点地区和突出治安问题,因地制宜,深入开展了为期5个月的“迎奥运、保平安”严打整治暨队伍教育整顿活动(“一打双整”)。重拳打击盗抢系列犯罪,破获街头抢劫、街头抢夺、入室盗窃、撬盗保险柜4类系列案件38起、个案414起;加大追逃力度,确定专门力量,穷追不舍,深挖余罪,取得了显著战果。1—12月,全省共立刑事案件24476起,破获刑事案件10283起,破案绝对数同比增长14.9%,增幅排在全国前列。全省各级公安机关共受理各类经济犯罪案件44起,其中立案325起(含往年受理补立案件),破案150起(含往年立案),先后侦办了公安部和省领导交办的“12.26”专案、儋州“1.23”专案等一批特大案件,抓获犯罪嫌疑人207人,涉案金额30亿元,挽回国家、集体、个人经济损失22亿元,避免国家、集体、个人经济损失8500万元,严厉打击了各类经济犯罪活动,有力地维护了我省的市场经济秩序。禁毒部门深入开展禁毒人民战争,加强戒毒康复农场建设,集中收戒吸毒人员,严密吸毒人员动态管控机制建设,“无毒岛”建设成绩斐然。1—12月,全省破获毒品现行案件1392起,抓获毒品犯罪嫌疑人1580人,摧毁贩毒团伙21个;强制戒毒7834人。昌江县和文昌东路农场等6个“无毒社区”创建工作达标,分别进入了“无毒市县”和“无毒社区”行列。省禁毒办,在海口市秀英港、海口火车站、海口南港等3各大型客货运输口岸加强毒品检查站建设,装设了吸毒人员查控报警系统设备,并协调民航、港务、铁路等口岸管理公安机关抽派警力组成口岸专门检查队伍,有效堵截了毒品流入通道和摧毁了一批贩毒网络。禁毒基础建设也明显加强,吸毒人员动态管控机制建设各项指标继续位居全国前列;完成了公共娱乐场所禁毒管理系统建设,及时掌控和打击公共娱乐场所吸、贩毒活动;进一步完善戒毒康复农场功能设施,加大生产设施建设,为戒毒康复人员留场就业创造了条件。

(四)大力加强治安管理,全面提高治安防控能力。全省各级治安部门不断加大查处治安案件和办理治安部门管辖刑事案件。今年1—12月份,全省受理治安案件23573起,其中查处18799起,查处违法人员23887人。先后查处涉赌场所204处、销售“私彩”摊点82个、涉色场所10处;抓获处理涉赌人员1110人、涉嫌进行色情活动人员51人;整改了27家涉黄场所。一是切实加强公共场所和特种行业管理。协调各有关部门,启动了全省旅馆业治安管理信息系统建设工作。截至目前,全省旅馆业共安装旅馆业治安管理信息系统1463家,覆盖率达到75%;共向省公安厅后台传输旅客住宿登记信息200万余条，通过系统抓获网上在逃人员56名。二是加强高危物品管理，为做好系列重要活动安保工作排除隐患。对全省涉枪涉爆涉高危物品单位开展多次大排查大整治活动，据统计，全省共查没收缴炸药239公斤，雷管1133枚，索类3709米，黑火药100.8公斤，枪支505支，军用子弹1369发，民用子弹7629发，管制刀具1846把。三是道路交通安全管理工作明显加强。公安交通部门通过电视、广播、网络等形式，实时发布道路交通安全气象监测预报预警信息、交通管理信息和群众出行安全提示，加强对高速公路、国道、省道、重点旅游线路等沿线天气情况等突发性恶劣天气的监测和预警，建立了交通管理应急处置机制；5月份建成东线高速公路监控测速系统，加强了高速公路交通状况实时监控，提高了查处超速、假牌假证等违法行为和打击盗抢机动车违法犯罪的能力。开展了全省高速公路交通安全隐患路段排查治理、农村道路交通安全、机动车涉牌涉证交通违法行为等专项整治活动，今年1－12月，全省共发生交通事故1456起，死亡470人，受伤2121人，直接财产损失4351060元，事故起数、死亡人数、受伤人数和直接财产损失同比分别下降5.82%、10.82%、1.4%和37.41%，未发生一次死亡4人以上的重特大交通事故，道路交通安全形势继续保持平稳态势。四是整治火灾隐患力度明显加大。公安消防部门以预防和遏制重特大火灾尤其是群死群伤火灾事故为目标，落实消防执法监督工作机制，加大对重大节假日和人员密集场所、火灾多发时段及部位的监督检查，加强对重点行业和领域消防安全的源头监督，确保了火灾形势平稳。五是开展整治产品质量和食品安全、油气田及输油气管道生产治安秩序、打击制售假烟、整治旅游市场等专项斗争都取得了明显成效。

四、扎实推进治安防控体系建设

全省从建立健全考评激励机制入手，深入实施社区和农村警务战略，积极构建社区和农村治安防控网络，使社区和农村治安热点、难点问题及时得到消解，可防性案件得到有效控制，各类案件及时查破。以巡警和派出所民警为骨干，以群防群治力量为补充，加大路面巡逻密度，强化街面巡逻防控和治安卡口盘查堵控，建立起较为完善的社区防控机制与路面巡逻防控机制对接、互动机制。加快城市报警与监控体系建设，积极推广在重点路段、重点场所、重点部位和繁华街区等地方安装监控系统的做法，严密治安管控，进一步提高了技防水平。海口、三亚、东方等市县多方筹资，加大科技投入，建设覆盖城市重要部位的报警和监控系统，科技监控网络初步成形。其中，海口市投入7000多万元、三亚市投入1700多万元建设交通路面和治安防控系统。海口、东方等市县积极探索网格化防控机制和家庭治安承包责任机制，推行“责任范围网格化、落实行动图表化、督查督办公式化”制度，有效提升了防控能力。各种专职治安巡逻队、治安联防队、乡镇社区保安、兼职法制副校长和法制辅导员、治安巡逻志愿者、铁路护路联防队员、流动人口协管员、维护稳定信息员、矛盾纠纷调解员以及法律援助、安置帮教和社区矫正等各种形式的群防群治队伍不断壮大，在维护治安和社会稳定中发挥的作用越来越明显。

五、社会治安综合治理的基层基础工作进一步加强

各市县认真贯彻落实中央综治委、中央编办《关于加强乡镇、街道社会治安综合治理基层组织建设的若干意见》，按照属地管理原则，调整充实县（市、区）、乡镇（街道、农场）社会治安综合治理委员会，进一步加强了乡镇（街道、农场）综治办建设。积极推广综治工作中心、综治工作站（点）、综治协会和综治协管员、治安中心户长、十户联防、整村联防等做法，进一步整合了基层维护稳定的力量和资源。结合村级组织换届选举，加强了以党支部为核心的基层组织建设，在人力、物力和财力上加强了基层政法、综治力量建设，社会治安综合治理工作网络进一步健全，维护社会稳定的力量得到进一步充实，特别是农村基层基础工作得到了加强。万宁市制定《万宁市镇、农场综治机构规范化建设标准》和《关于建立镇、农场社会治安综合治理工作中心的通知》，拓展基层综治网络，整合基层综治力量，进一步提高了基层综治工作的规范化、制度化水平。东方市大力加强基层党政组织建设和派出所、司法所、基层人民法庭等政法组织建设，确保在机构改革中乡镇、街道综治组织建设不被削弱。

六、深入开展基层平安建设活动，平安建设取得新拓展

全省各市县（区）党委、政府把深入开展平安建设纳入经济社会发展的总体规划，摆上更加重要的位置，扎实深入地开展各种形式的基层平安建设活动，进一步拓宽了平安建设的覆盖面，提升了平安建设的质量。

一是各部门参与平安建设工作的力度进一步加强。各市县、各有关部门结合本部门在本地平安建设中的职责任务，从推动平安创建活动入手，认真研究，细致谋划，对进一步深化平安建设进行了周密部署，特别是在出台政策和措施等方面更加注重关注民生，部门之间加强配合，在平安建设工作中统一思想、统一步调、形成合力。各级公安机关从加强治安管理和防范控制工作入手，强化公安机关“三基”工程建设，落实警力下沉措施，积极推进形式多样的基层平安创建活动，打牢基层维护社会治安和社会稳定的根基。公安边防部队开展“爱民固边模范村”建设活动，有力地促进了辖区内的农村平安建设。各级司法行政部门以及法院、检察院等政法部门深入开展法律进机关、进乡村、进社区、进学校、进企业、进单位的“法律六进”工程，特别是通过“法律进乡村”工程的深入实施，使我省广大农村的社会治安综合治理工作呈现出“四个明显减少”的良好局面，即农村民事案件向刑事案件转化明显减少、农村干部违法违纪案件明显减少、农村群体性上访案件明显减少、农村涉毒案件明显减少。各级工商行政管理部门深入开展了“红盾护农”行动，扎实推进农村平安建设。各级交通管理部门深入开展“平安交通”创建活动，全力推进沿海港口和海峡治安防控体系建设。各级民政部门、综治办联合开展了平安边界创建活动，化解边界矛盾纠纷。各级卫生部门开展了“平安医院”创建活动，重点解决“看病难”和医患纠纷等突出问题。各级文化部门开展了“文化市场平安创建”活动，清理整顿各种违规经营的文化娱乐场所。其他部门也分别根据各自的职责任务积极参与平安建设工作。

二是各种形式的基层平安建设工作进一步加强。各市县通过加强对基层单位平安创建活动指导协调、协同作战、形成合力，使基层单位加强了社会治安防范工作和矛盾纠纷排查调处工作，堵塞了漏洞，消除了隐患，涌现出了一大批“平安社区”、“平安家庭”、“平安校园”、“平安医院”、“平安大道”、“平安边界”、“平安市场”等不同类型的基层平安创建典型。各市县把农村平安建设融入“文明生态村”建设，把平安社区建设融入“文明和谐社区”建设，把平安家庭建设融入妇女维权活动，为平安建设提供了更加广阔的平台，注入了新的活力。三亚市、万宁市、琼海市、儋州市、东方市、临高县、乐东县、陵水县、昌江县和洋浦经济开发区等市县（区）启动平安渔船、平安景区建设活动，创造和积累了很多富有价值的经验。三亚市把净化旅游环境作为经常性工作来抓，深入开展打击整治“三宰四黑”专项行动和“双提高”（提高旅游服务水平、提高城市管理水平）大行动，加强科技防控建设，及时处理各种涉及旅游纠纷，创建了一批平安景区。海口市、三亚市、临高县、澄迈县、儋州市、东方市、乐东县、昌江县、白沙县等铁路沿线各市县和沿线各农场深入开展治安专项整治行动，推进“平安铁路示范路段”建设。

三是多种形式的平安建设宣传工作进一步加强。我省认真贯彻落实中央综治办《关于近期集中开展平安建设宣传工作的通知》（综治办[2008]3号）精神，集中时间、集中力量，大张旗鼓地开展平安建设宣传活动，为推进平安海南建设营造了良好的社会舆论氛围。省综治办制订了开展综治宣传活动月具体方案，在澄迈、临高、保亭3个市县成功策划了2008“奥运”之年话综治市县委书记访谈活动。3月，肖若海同志先后深入海口、三亚、琼海、万宁、文昌、陵水、乐东、儋州、洋浦等市县（区）进行检查督导，反复强调要大张旗鼓地开展宣传发动工作，宣传进村，教育入户，大造声势，形成浓厚的社会氛围，充分调动广大群众参与综治工作、建设平安家园的积极性和主动性。各市县、各部门反应迅速，及时制定平安建设宣传方案，采取得力措施认真实施。全省共投入宣传专项经费近3000万元。海口市综治委、宣传部联合下发了《2008年海口市平安建设宣传工作方案》，对海口市平安建设宣传工作作出整体规划，层层细化落实宣传工作责任。三亚市着眼“平安三亚”创建工作、打造国际旅游城市形象，投入平安建设宣传经费2000多万元，把平安宣传工作提高到一个新层次。东方市综治委把平安建设宣传工作与“五五普法”、“法律六进”、农村治安专项整治等结合起来，在“平安东方”建设实践活动的每一项工作、每一个阶段都发挥了良好的社会效应。琼海、儋州、昌江等市县也迅速召开专门会议进行部署，结合实际提出了各自的宣传工作目标，并把任务分解到具体部门，做到了人员、组织、设施、场地四落实。部分市县主要领导亲临现场发放宣传材料，解答群众提出的疑难问题。各综治成员单位成立平安建设宣传活动领导小组，对宣传活动做了具体部署。省高院院长董治良亲自主持召开院务会，研究制定全省法院系统深入开展“抓宣传，促审判，保障海南平安建设”活动实施方案。省财政厅深入平安建设联系点澄迈县金江镇开展普法宣传和法律讲座。

四是开展“平安奥运”活动，全力确保“奥运”平安。今年是我省大事、喜事最多的一年。4月中旬至5月初，全省先后举办了博鳌亚洲论坛2008年年会、建省办经济特区20周年庆典和奥运火炬境内首站传递活动（以下简称“三大活动”）。其间，国家主席胡锦涛同志视察海南、在三亚举行多场重要国事活动并出席博鳌亚洲论坛年会；李克强副总理出席了海南建省办经济特区二十周年庆典活动。紧接着又组织了奥运火炬境内首站传递等奥运安保工作，这几项活动规格之高、规模之大、工作要求之严，都是海南建省以来前所未有的。面对异常繁重、艰巨的工作任务，省综治办明确提出“平安奥运”综治先行的指导思想，充分利用社会治安综合治理这一有力平台，充分发挥综治工作协调各方的优势，通过协调省610办、公安、安全等部门，抓好反恐和维护全省社会政治稳定工作的落实；通过协调省维稳办、司法、公安等部门，抓好矛盾纠纷的排查调处、群体性事件的处置和民事纠纷的调处化解；通过协调刑侦、治安、交通、消防、食品药品监督管理等部门，抓好打击违法犯罪、整治治安混乱地区、确保交通有序畅通、预防火灾消灭隐患、防止重大食品事故；通过发动各级综治机构和群防群治力量，抓好全民参与、人防投入等具体工作。为确保效果，落实责任，省综治办对各市县、部门、单位全程实行“平安奥运一票否决”，并将“平安奥运”活动开展情况列为2008年全省综治检查验收的重要考核内容，提出对凡是在“平安奥运”活动中因工作不力或失职失误导致发生重大案件、重大事件的，要坚决使用“一票否决权”，否决到底，追究到人。

中共海南省委政法委员会
海南省社会治安综合治理委员会
海南省农村治安突出问题整治方案

（2008年3月3日）

为着力解决当前影响我省农村社会治安稳定的突出问题，扎实推进农村平安建设，根据全国、全省政法综治工作会议精神和《2008年海南省社会治安综合治理工作要点》的要求，结合我省实际，特制定本方案。

一、指导思想

以邓小平理论、“三个代表”重要思想和科学发展观为指导，认真贯彻党的十七大和省第五次党代会精神，以确保北京奥运会、博鳌亚洲论坛年会和海南建省20周年庆典活动的成功举办为目标，迅速采取切实有效措施，大力整治农村治安突出问题，实现全省农村社会和谐稳定、农民安居乐业。

二、工作目标

贯彻落实省委书记卫留成同志有关维稳、平安建设和治安专项整治的重要批示精神，以整治农村突出治安问题为突破口，以平安建设为载体，以维护民安、提升农村群众安全感为着眼点，在全省范围内用3个月时间（即3月初至3月底），通过整治达到“一防止、二遏制、三减少、四增强”目标。“一防止”即防止涉法涉诉或非涉法涉诉引发群体性事件；“二遏制”即盗窃破坏铁路、公路、水利、农电、电信设施等大型公共设施和农业生产资料的违法犯罪得到有效遏制，黑恶势力犯罪、杀人、抢劫、强奸、诈骗、贩毒吸毒、赌博、酗酒斗殴寻衅滋事为害一方的违法犯罪和邪教等非法宗教活动得到有效遏制；“三减少”即农村青少年违法犯罪明显减少，侵害留守儿童、老人、妇女的违法犯罪明显减少，民事纠纷引发的治安、刑事案件明显减少；“四增强”即农村社会管理和治安防范明显增强，农村群众的法制意识明显增强，农村基层组织凝聚力、战斗力明显增强，农村群众安全感明显增强。

三、工作重点

（一）重点整治的场所（部位）：城郊结合部、边缘结合部；农村集镇、集贸市场、中小学校及周边地区；铁路和公路沿线、大中型企业周边地区；旅店、出租房屋、发廊、歌舞厅、网吧、游戏厅；劳动力市场、各类专业交易场所、城乡废品收购站点等特种行业。

（二）重点整治的对象：负案在逃人员和称霸一方的农村黑恶势力及其“保护伞”、敌对势力、邪教组织、非法宗教组织成员、寻衅滋事结伙打架斗殴人员、长期在农村当地挑头闹事扰乱治安的人员、长期在农村当地为非作歹、欺行霸市的流氓恶势力成员、各类影响农村稳定的宗族势力人员。

四、组织领导

此次全省农村治安突出问题整治活动由省委常委、省委政法委书记肖若海同志任领导小组组长，省委政法委副书记、秘书长施文同志任副组长，省委政法委副秘书长周立民、蔡兴教同志和省委610办专职副主任杜一戎同志担任小组成员。从省委政法委和省政法部门抽调得力干部组成四个督导组对全省各市县进行督导。各市县也要成立相应督导组对各乡镇进行督导。

五、主要措施

（一）选择本市县农村治安重点地区，排查解决影响当地治安的突出问题。通过排查，对当地治安混乱问题做到底数清、情况明，逐一分析研究，逐一制定整治方案，逐一落实牵头部门、责任单位和责任人，逐一明确整治目标、措施和期限，并主动与省督导组沟通。市县要落实领导包点制度，对治安混乱的重点地区，各市县党委、政府负责同志要亲自动手、一抓到底，做到局面不改、人员不撤、工作不停，确保实现“由乱到治”。省督导组要与市县负责同志坚持边排查边整治和滚动排查、滚动整治。同时建立挂牌督办制度，对情况复杂、经反复整治问题仍得不到解决、效果仍不明显的，进行挂牌督办。

（二）针对各地农村存在的影响治安的问题，化解各类矛盾纠纷，维护广大农民群众的合法权益。各市县、特别是重点督导市县，要动员、组织各方面的力量，进村入户，开展走访调查活动，及时了解广大农民的生活现状和思想动向，及时掌握存在的矛盾纠纷，并逐一登记造册、建立台账，逐一分析存在问题的症结，逐一制定出切实可行的解决措施，逐一确定责任部门、责任人和化解期限，切实化解在基层、化解在萌芽状态。对农民合理合法的诉求，能够解决的，要尽一切努力加以解决；一时解决不了的，要向农民解释清楚，并抓紧制定方案，积极创造条件，努力解决。对农民诉求不合理，但生活确有困难、无依无靠的，通过教育，要采取政府救助、社会救济、民间互助等手段，使其基本生活得到保障，以实实在在的行动赢得信任、争取理解。对坚持过高要求、无理取闹的，要依靠农村基层组织和当事人亲友等各种力量，耐心细致地做好法制教育、心理疏导、理顺情绪等工作，努力解开其思想疙瘩。对违法的要坚决依法处置。省督导组对农民群众反映的矛盾纠纷和治安问题要加大督办力度，把化解责任落实到单位、落实到人，真正做到解决一批，带动一片，息诉一片。帮助当地综治、维稳部门健全和完善矛盾纠纷排查调处工作力量配置机制，有效整合综治、信访、司法等部门的人力资源。

（三）开展以“打盗抢抓逃犯”专项斗争为主要内容的严打斗争，侦破一批案件、打击处理一批长期危害农村社会治安的违法犯罪分子。各市县、特别是重点督导市县的公安部门，要深入开展“严打”整治和“打盗抢抓逃犯”专项斗争，针对当地农村社会治安的特点，严厉打击发生在农村的严重刑事犯罪活动，对已经发生的重大恶性案件要快侦快破，尽快消除影响。结合开展“打黑除恶”专项斗争，加强专案侦查工作，以“提高打击力度，提高抓捕力度，提高防范实效”为目标，把“打盗抢抓逃犯”、“打黑除恶”、“禁毒人民战争”、“侦破命案”等专项斗争结合好，各项工作相互促进，整体推进。重点侦破涉及农村黑恶势力及其“保护伞”的案件；盗窃破坏铁路设施、酗酒打架斗殴致残致死、破坏农电、电信设施和农业生产资料等案件；涉毒、涉枪、涉爆违法犯罪案件；开设赌场赌局，聚众赌博案件；强迫农民甚至未成年人劳动以及侵犯农村留守儿童合法权益、拐卖妇女儿童等案件；非法宗教和邪教活动案件。切实加大对农村繁华集镇、大型集贸市场等治安复杂地区、部位的整治力度，严厉整治欺行霸市等违法犯罪行为。加大对城郊结合部和农村铁路公路沿线、路边店以及小城镇的旅店、发廊、舞厅等重点场所、路段的清理清查和整顿力度，深入开展毒品严重地区的重点整治工作。开展禁娼禁赌专项行动，以聚众赌博和组织、强迫、介绍、引诱、容留卖淫嫖娼等违法犯罪活动为重点，不断加大整治力度，决不让“黄赌毒”等社会丑恶现象在农村地区蔓延发展。开展整治农村地区市场经济秩序专项行动，配合农业、工商、质检等部门，对制贩假农药、假化肥、假种子和坑农害农、破坏生产、严重侵害农民利益的案件做到快侦快破，依法予以严惩。继续开展打击整治非法宗教组织和非法宗教活动，加强对农村地区宗教活动的管理，坚决遏制非法宗教组织和非法宗教活动在农村地区特别是偏远农村的发展蔓延。

（四）进一步推进“法律进乡村”工程，开展形式多样的法制宣传教育活动，使农民学法、懂法、守法，进一步优化农村法治环境。各市县、特别是重点督导市县的司法部门，要通过进一步完善农村普法“五个一”长效机制建设，使农民学法、懂法、守法，确保整治工作的总体效果。一要深入开展针对性普法活动。组织工作队走村入户，深入普法工作的盲点、死角，特别是针对酗酒打架斗殴、群体械斗、酒后驾驶摩托飙车等治安问题和一些“问题村”、“老大难村”，要组织法宣领导小组成员单位与重点地区、重点乡村、重点对象开展“结对普法”，落实普法工作专人负责制，并实行重点督察、重点考核。组织各司法所助理员、农村法律顾问、农村“两委”干部、农村调解员等人员，密切关注本地治安动态，尤其在节庆、红白喜事活动中，要及时做好对酗酒问题的警示、预防和劝阻工作。同时要抓好“法律进学校”工程。二要充分发挥“以案示法”的警示教育作用。要选择涉农典型案件，深入乡镇、农场、田间地头和黎村苗寨就地公开审理，当场调解群众纠纷，现场为村民说法释疑，以达到个案普法、教育一方群众的目的。三要开展丰富多彩的农村法制宣传活动。要根据农村、农民的生产生活实际，充分利用地方特色文化资源，通过文艺演出、影视录像、知识竞赛等多种形式开展农村法制宣传教育活动，寓教于乐。四要开办法制教育学习班，开展法制讲座和法律咨询活动。与公安机关配合，组织重点人员、矫正人员和恶习满身屡教不改的人员入班学习，强化守法意识，明确违法后果。对进班学习后仍不思悔改、符合劳教条件的人员要坚决劳教。及时调整充实各级普法讲师团，针对农村当前比较突出或带有共性的问题，开展法制讲座；分期分批组织本市县律师、法律工作者、法律志愿者采取巡回方式，进村入户开展法律咨询，为农民解决实际问题。

六、时间安排与工作要求

此项整治活动自3月初开始至5月底结束。大体分为三个阶段，即动员部署、组织实施、验收考核。具体的工作要求有以下几点：

（一）加强领导，落实保障。各级党委、政府及政法综治部门的主要领导要充分认识开展农村治安突出问题整治的重要性，进一步增强责任感和紧迫感，切实当好整治活动的第一责任人，把这项工作摆在重要位置，亲自过问、抓落实，及时听取工作汇报，及时研究解决重大问题。要认真履行职责，积极组织协调有关方面，明确分工，落实责任，为排查整治活动的顺利开展创造条件，提供保障。

（二）宣传教育，发动群众。各市县要高度重视宣传发动工作，通过电视、广播、报纸、互联网等大众传媒，采取发布公告等多种形式，广泛宣传这次整治的重大意义，充分发动群众检举揭发违法犯罪分子，迅速掀起整治宣传高潮。及时建立新闻发布制度，定期积极、主动地对外发布专项斗争进展情况，同时配合宣传部门跟踪报道一批大案要案，宣传公安机关侦查破案和开展整治取得的成果。通过设立专线电话、畅通民情民意表达渠道等形式，鼓励广大群众提供农村治安混乱地区和突出治安问题线索，检举揭发违法犯罪活动。特别要紧密结合“五五”普法教育，深入开展“法律进乡村”、“法律进学校”工程，推进农村以及学校民主法制建设和思想道德建设，增强广大农民和中小学生的法制观念、道德观念，进一步调动农民、学生建设平安家园的积极性和主动性。

（三）紧密配合，落实责任。进一步明确各部门在农村治安突出问题整治中的职责任务。要按照“属地管理、分级负责”和“谁主管谁负责”的原则，一级抓一级，层层抓落实。市县综治委将在党委政府领导下牵头抓总，扎实组织好本辖区的大排查活动，并督促落实整治措施。各市县要严格落实社会治安综合治理领导责任制和目标管理责任制，实事求是地开展排查整治活动，不弄虚作假，对排查出的问题不夸大、不缩小、不隐瞒，如实上报。对排查出来的重大矛盾纠纷、治安突出问题，应由本级解决的，挂牌督办，限期解决；本级解决不了的，及时上报。省督导组要在排查整治后综合运用明查暗访、巡回督查、重点督查等方式，加大督查督办力度，完善、落实责任追究机制。对领导不重视、措施不落实、治安混乱局面没有改变、群众反映强烈的地方，要严肃追究责任。不仅要追究有关部门的责任，而且要追究当地党委、政府领导的责任。

（四）突出重点，务求实效。此次农村治安突出问题整治要突出抓好三个关键环节：一是抓好排查环节，增强整治的针对性。要突出对重点区域、重点行业、重点人群的排查。要建立治安混乱地区和突出治安问题排查情况报告制度，及时排查掌握存在治安乱点的地方和长期得不到根治的突出问题，认真开展专项治理，限期改变面貌。二是抓好打击环节，增强整治的实效性。要坚持严打方针，严厉打击各类危害农村经济发展、损害农民合法权益的违法犯罪，特别是农民群众反映强烈的黑恶势力犯罪。政法各部门要加强协作，形成合力，对各类涉农违法犯罪做到快侦、快诉、快审，切实维护农民群众的合法权益。三是抓好防范环节，增强整治的长效性。要积极实施农村警务战略，提高社会治安动态控制能力，因地制宜地推广各类经济适用、防范效果较好的物防设施。积极组建由政府出资的专职治安巡防队伍，健全村级群防群治组织，大力推广治安中心户长、邻里守望、边界联防、联户联防等做法，探索建立农村治安防范社会化、专业化运行机制。

海南省社会治安综合治理委员会关于进一步加强流动人口服务和管理工作的实施意见

（2008年7月19日）

根据中共中央办公厅、国务院办公厅转发《中央社会治安综合治理委员会关于进一步加强流动人口服务和管理工作的意见》的通知要求，为进一步贯彻落实党的“十七大”精神，以人为本，扩大公共服务，完善社会管理，切实做好新时期流动人口服务和管理工作，现提出如下实施意见。

一、充分认识加强流动人口服务和管理工作的重要意义，不断增强做好流动人口服务和管理工作的责任感和紧迫感

伴随着改革开放的不断深入和我省的经济发展，我省流动人口大量增加。一方面，流动人口的大量增加缓解了我省经济发展与劳动力相对不足的矛盾，改善和方便了广大市民的生活，对我省的城市建设、经济发展和社会事业的全面进步，发挥了积极作用；另一方面，流动人口的有序流动，优化了输出地劳动力资源的配置和产业结构的调整，同时解决了相当一部分农村剩余劳动力的就业问题，加快了农村脱贫致富奔小康的步伐，对于增加农民收入和保持社会稳定，缩小城乡之间、地区之间经济发展的差距，实现全面建设小康社会的目标具有重要的意义。流动人口管理事关我省改革、发展、稳定的大局。近几年来，我省对在新形势下如何加强流动人口的管理进行了积极的探索与实践，并取得了明显成效。但随着流动人口规模不断增多，社会参与程度不断加深，维护自身权益、分享改革发展成果的要求明显增强，流动人口服务和管理难度越来越大，任务越来越繁重。我省流动人口服务和管理工作在思想观念、工作模式、法制建设和保障机制等诸多方面与新形势的要求还存在不相适应的问题。如何进一步加强新时期流动人口服务和管理工作，切实解决存在的实际问题，对加强社会治安综合治理、维护社会稳定，全面建设小康社会、构建社会主义和谐社会，都具有重要而深远的意义。因此，我们必须高度重视流动人口服务和管理工作中存在的问题，建立和完善有效的工作机制，形成党委统一领导，政府牵头负责，各有关职能部门权责明确、各司其职、协同配合，全社会关心支持的工作格局，切实加强对流动人口的服务和管理工作。各级党委、政府和各部门、各单位领导都要从全面建设小康社会和经济社会发展全局的高度，深刻认识加强流动人口服务和管理工作的重要性，切实增强责任感和紧迫感，加强组织领导，强化各项措施，狠抓工作落实。

二、进一步加强流动人口服务和管理工作的指导思想和主要目标

（一）指导思想。高举中国特色社会主义伟大旗帜，以邓小平理论和“三个代表”重要思想为指导，深入贯彻落实科学发展观，紧紧围绕实现全面建设小康社会奋斗目标的新要求，正确把握我国经济社会发展的新变化和阶段性特征，按照“公平对待、搞好服务、合理引导、完善管理”的工作方针，坚持农村富余劳动力有序流动和就地消化相结合，坚持流动人口流动流入地和流出地政府协作配合，坚持在管理中体现服务、在服务中实施管理，坚持党委统一领导、政府依法行政、各部门齐抓共管、社区依法自治、群众广泛参与，推动涉及流动人口服务和管理的各项工作协调发展，维护重要战略机遇期社会稳定，促进社会主义和谐社会建设。

（二）主要目标。适应流动人口服务和管理工作需要的组织网络、制度体系、工作机制和保障机制基本形成，法制化、规范化、信息化、社会化建设不断深化，工作水平得到全面提升；惠及流动人口的城乡公共服务体系和流动人口维权机制不断健全，流动人口合法权益得到切实保障；预防、控制和打击流动人口违法犯罪活动的能力不断增强，流动人口违法犯罪高发势头得到有效遏制。

三、进一步加强流动人口服务和管理工作的政策措施

（三）加快完善流动人口登记管理制度。以底数清、情况明为目标，全面准确掌握流动人口基本情况和相关信息。加强暂住户口登记、暂住证办理和查验等基础工作。完善暂住人口登记制度，加快实行流动人口居住证制度工作，加快建设出租房屋、旅馆业、人力资源市场、暂住人口、流动育龄妇女、流动未成年人、流动残疾人、流动党员和团员等流动人口相关信息管理系统。推动各地结合实际构建流动人口综合信息管理平台，实现流动人口暂住登记、计划生育、劳动就业、服兵役、子女接受义务教育、传染病疫情以及房屋租赁登记备案、税收征管等信息资源跨部门、跨系统共享，提高综合管理效能。

（四）切实加大劳动人事执法力度。加强劳动保障监察机构队伍建设，提高执法能力。加强劳动保障监察的日常巡视检查，认真受理、及时处理流动就业人员和劳动力市场秩序清理整顿，取缔非法职业中介组织，严厉打击职业中介领域中的违法违规行为，保护流动人才合法权益。加强对用人单位签订劳动合同的监督管理工作，提高劳动合同签订率。组织开展经常性的工资支付情况专项检查活动，依法查处拖欠、克扣流动人口工资行为。加大对用人单位特别是高危行业职业安全、卫生环境的监督、检查力度，严肃查处强迫流动人口超时、超强度劳动和违章作业、违反职工和未成年工特殊劳动保护规定、使用童工等违法行为。

（五）严格落实用工单位、经营业主的协管责任。全面推行融治安防范、矛盾调处、劳动用工、社会保险、安全生产、教育培训、计划生育、卫生防疫于一体的流动人口服务和管理业主责任制，把流动人口服务和管理的责任落实到用工单位、经营业主。用工单位和经营业主要及时登记流动就业人员的相关情况并向当地派出所或流动人口服务和管理站报告，配合做好服务和管理工作。企事业单位要落实单位内部流动人口管理主体责任，建立健全流动人口管理各项制度，做好本单位流动人口登记、证件发放、信息采集和教育培训等日常服务和管理工作。对不履行相关责任的单位和人员，要按有关规定予以处罚。

（六）进一步加强以出租房屋为重点的流动人口落脚点的管理。加大出租房屋月巡查工作制度力度，切实做到出租房屋底数清、情况明，健全以房管人工作机制，严格出租屋房管理措施，创新出租房屋管理模式，提高管理效能。依照有关法制法规，全面实行房屋租赁登记备案制度，落实房屋出租人、承租人的相关责任。健全完善房屋租赁相关部门协作管理机制，加强信息沟通，形成管理合力。加强对中小旅馆和公共场所等流动人口落脚点和活动场所的管理，严肃查处违法经营行为。适时开展对无照经营、非法用工和违章建筑问题突出、环境卫生脏乱、安全事故频发、治安秩序混乱、刑事案件高发的流动人口聚集区的专项清理整治，减少治安和安全隐患，净化社会环境。

（七）不断加强流动人口法制宣传、法律服务和矛盾纠纷排查化解工作。重点宣传与流动人口密切相关的法律法规，增强他们的法制观念。推进法律服务和法律援助进社区活动。畅通流动人口寻求法律服务和法律援助的渠道，探索为流动人口提供法律服务和法律援助的有效途径和方法，注重发挥基层法律服务便民利民的工作优势和职能作用，保证流动人口方便快捷地获得法律服务和法律援助。加强流动人口矛盾纠纷排查化解工作。做好劳动争议调解和仲裁工作，及时妥善处理劳动纠纷。

（八）有效利用社会资源做好流动人口服务和管理工作。积极发挥乡镇、街道基层政权组织和村（居）民自治组织的作用，动员社会各方面力量做好流动人口服务和管理工作。乡镇、街道社会治安综合治理委员会及其办公室要整合基层各种社会管理力量，形成流动人口服务和管理的整体合力。各地工会、共青团、妇联等人民团体要配合做好工作，鼓励、支持流动人口参与当地有关活动，维护流动人口的合法权益。工会要组织农民工加入工会，帮助他们签订好劳动合同，主动为合法权益受到侵犯的农民工提供法律帮助。各级共青团组织要以实施“进城务工青年发展计划”为依托，在就业、维权等方面为他们提供服务。各级妇联组织要通过“平安之家”、“平安家园”等公益平台以及“平安家庭”创建等活动，主动为流动妇女提供信息、咨询和技能培训等服务。流入地和流出地人民武装部门、公安机关要加强协作配合，掌握流动人口中民兵预备役和适龄服役人员的现实表现、遵纪守法情况，共同搞好管理。在流动人口集中的企业、集贸市场等依法成立治保、人民调解组织和有关协会，发挥其在提供服务、反映诉求、规范行为、化解矛盾和扶危济困方面的积极作用，增强流动人口自我教育、自我管理、自我服务的能力。

（九）充分发挥社区在流动人口服务和管理工作中的重要作用。健全社区组织体系，支持社区居民委员会协助做好流动人口服务和管理工作，实现政府行政管理和社区自我管理的有效衔接。依托社区构建流动人口服务和管理平台，按照地方财力可能和实际管理需要，配备和充实协管人员。鼓励流动人口参与社区居民自治，探索流动人口有序参加社区民主选举、民主决策、民主管理、民主监督的办法，增强其作为社区成员的意识。通过发挥社区的参与、教育、互助功能，促进流动人口融入社区生活，与当地居民和睦相处。

（十）有计划促进农村富余劳动力合理转移就业。加大推进社会主义新农村建设工作力度，大力发展乡镇企业，发展县城经济，搞好小城镇建设，促进农村富余劳动力就地就近转移就业。健全面向全体劳动者的职业教育培训制度，加强农村富余劳动力转移就业培训。加强对农村劳动力跨地区流动就业的组织、协调、引导、管理和培训，发展有组织的劳务输出，搞好供求对接，提高劳动力跨地区流动就业的信息化、组织化、有序化程度，促进农村劳动力异地转移就业。建立统一规范的人力资源市场，形成城乡劳动者平等就业的制度。积极稳妥推进户籍管理制度改革试点工作，以点带面，逐步地、有条件地解决在城镇有稳定职业和合法固定住所的流动人口的落户问题。放宽在我省普通高等学校毕业的大专以上学历的外省籍毕业生，被我省企业聘用，可到企业所在地公安派出所或办证中心办理落户手续的新政策。

（十一）切实做好流动人口医疗卫生和计划生育工作。按照属地化管理、市民化服务的原则，将流动人口医疗卫生及计划生育服务和管理纳入经常性工作范围，在传染病防治、儿童预防接种、妇幼保障、计划生育等方面提供与当地户籍人口同等的免费服务，并按国家规定享受同等的优惠政策。依法落实对实行计划生育的流出人口及其家庭的奖励、优惠和扶持政策。

（十二）积极做好农村留守老人、妇女和儿童的服务管理教育工作。积极开展与农村留守老人、妇女和儿童权益保护密切相关的法律法规的宣传教育和关爱活动，进一步加强对农村留守儿童的教育和关爱工作，采取行之有效的措施，切实保护其人身和财产安全。全面推动构建学校、家庭、社会相结合的教育监护和关爱网络，维护农村留守儿童的合法权益。

（十三）确保流动人口子女平等接受义务教育。坚持以流动人口流入地政府管理为主、以全日制公办中小学为主的方针，把流动人口子女入学工作纳入流入地义务教育总体规划统筹安排。加强对以接收流动人口子女为主的民办学校的管理、指导、扶持和规范，提高民办学校办学质量。

（十四）进一步落实农民工的社会保障问题。根据农民工最紧迫的社会保障需求，稳步推进农民工参加工伤保障和基本医疗保险，逐步完善农民工工伤认定、劳动能力鉴定、待遇补偿、医疗保险、银行服务等政策。研究水平适当、广覆盖、可转移，并能够与现行养老保险制度相衔接的养老保险办法。充分发挥商业保险的补充作用，鼓励农民工和用工单位投保农民工补充养老、补充医疗等险种。鼓励由政府出台优惠政策，用工单位或社会机构投资建设面向农民工的居住用房。用工单位要向农民工提供符合基本卫生和安全条件的居住场所。农民工集中的开发区和工业园区，应按照集约用地的原则，集中建设向农民工出租的集体宿舍，但不得按照商品住房出售。城中村改造时，在符合城市规划和土地利用总体规划的前提下，集中建设面向农民工特点的住房，以农民工可承受的合理租金向农民工出租。

（十五）加快流动党员、团员服务和管理工作。有关部门在制作流动人口登记、暂住证办理、人才（用工）招聘和计划生育登记等相关表格中，要增加“政治面貌”内容。流动人口流入地基层党、团组织要积极吸收和组织流动党员、团员参加组织生活，教育引导他们在流动人口服务和管理工作中发挥模范带头作用。流动人口流出地和流入地党、团组织要加强沟通配合，做好优秀团员的推优入党工作以及流动党员、团员管理的衔接工作。在流动人口集中居住的村（社区）和成建制单位，要通过组建流动人口党、团组织，有针对性地做好流动党员、团员的服务和管理工作。

（十六）依法加强城市生活无着的流浪乞讨人员救助管理工作。进一步加强救助管理机构设施建设，完善救助服务功能，创新救助工作方式，强化工作人员就业培训，提高救助服务质量和效率。落实救助管理经费，规范资金使用管理，保障救助工作顺利开展。教育、劝阻强讨硬要行为，坚决打击组织、唆使进行流动乞讨活动的违法犯罪行为，依法严惩幕后操纵者和组织者。认真做好流浪乞讨人员中危重病人、精神病人的救治工作和传染病疫情的防控工作，预防危及公共安全的事件发生。流动人口流出地政府要加强对流浪乞讨人员特别是其中的流浪残疾人、精神病人、未成年人和老人回原籍后的相关安置工作。

（十七）加大依法打击侵害流动人口合法权益的违法犯罪活动工作力度。及时受理并认真查处侵害流动人口合法权益的各类违法犯罪案件。加大对拐卖拐骗流动人口、强迫流动人口劳动以及针对农村留守妇女、儿童和流动残疾人的各类犯罪活动的打击力度，做好善后安置工作。

（十八）认真做好安置帮教和社区矫正工作。对流动人口中的刑释解教人员，其户口所在地和实际居住地的司法行政部门要加强衔接配合，认真落实安置帮教工作责任。开展社区矫正试点工作的地区，对流动人口中经过执行机关批准外出的社区矫正人员，其户口所在地和实际居住地的司法行政和公安机关要加强衔接配合，依法对其监督管理和教育改造，确保刑罚执行工作的顺利进行；对未经执行机关批准擅自外出的社区矫正人员，司法行政和公安机关必须及时查找，并依法采取措施，防止其重新违法犯罪。

（十九）严防和重拳打击流动人口中的违法犯罪活动。在切实掌握流动人口基本情况的同时，也要将其中有现实和潜在社会危害性的人员纳入视线，实施重点管理，积极预防和控制犯罪。建立推广警务协作机制，完善流动人口违法犯罪活动协查通报制度。结合“打黑除恶”、打击“两抢一盗”专项行动和开展禁毒人民战争，以流动人口中涉黑涉恶犯罪、带有明显区域特点和职业特点团伙犯罪、流窜犯罪为重点，加大打击力度。及时发现和掌握流动人口中危害国家安全和社会稳定的活动，密切关注有关情况和线索，积极防范、严厉打击境内外各种敌对势力从事的渗透破坏活动。

四、进一步加强流动人口服务和管理工作的领导

（二十）继续建立和完善流动人口综合管理架构和网络。按照“统一领导、统一决策、统一政策、统一协调”的要求，积极调整充实流动人口服务和管理工作领导（协调）机构力量，配齐配强工作人员，抽调各部门人员合署办公，不断完善流动人口服务和管理工作机制。市县党委、政府要把流动人口服务和管理工作纳入本地区国民经济和社会发展中长期规划和年度计划，有关部门要将流动人口服务和管理工作纳入日常工作范围，所需经费按照现有经费渠道，纳入各部门年度预算，由同级财政予以保障。

（二十一）加强配合，通力协作。流动人口流入地和流出地政府及其有关部门要相互支持，加强流动人口服务和管理工作的沟通与合作。流动人口流出地要加强对本地人员的登记工作，及时将流出人员有关信息通报流入地；加强对流出人员的教育、培训工作，切实提高流出人员的就业技能和守法意识。流动人员流入地要采取有力措施，认真解决本地流动人口服务和管理工作中存在的问题，切实为流动人口在本地生活、就业等提供良好环境。要坚持政府主导、强化部门配合、促进综合治理，进一步明确相关部门在流动人口服务和管理工作中的职责，统筹解决流动人口问题。要不断完善流动人口服务和管理体系，逐步形成部门之间配合密切、管理互补、服务互动、信息互通、体制完善的流动人口服务和管理工作新局面。

（二十二）积极发动，广泛宣传。广泛宣传流动人口服务和管理工作的方针政策，动员社会各界积极参与流动人口服务和管理工作。宣传、推广地方和部门的先进经验、创新做法，促进流动人口服务和管理工作深入开展。宣传流动人口在改革开放和现代化建设中的突出贡献和先进典型，加强对保障流动人口权益情况的舆论监督，努力形成社会尊重、关心流动人口的良好氛围。

强化综合治理　打造平安龙华

龙华区是海南省会海口市中心城区，政治、经济、文化繁荣，交通发达，下辖5个镇6个街道，共有54个村委会、64个社区居委会，总面积300.06平方公里，总人口约50万人，生产总值占全市近一半。2005年以来，龙华区委、区政府全面贯彻落实科学发展观，深入开展“以平安促发展、以发展筑平安”为主题的平安创建活动，有力确保了全区社会经济又好又快发展。先后获得“2001－2004年度全国社会治安综合治理先进集体”、“全国平安家庭创建先进区”、“全国维护妇女儿童权益贡献奖”、“省禁毒优秀市县（区）”、“省‘法律进乡村’工程先进区”、“省防范和处理邪教问题工作先进单位”、“省国家安全人民防线工作先进集体”、“市平安创建工作先进区”、“市维护社会稳定工作先进集体”等荣誉称号。

一、党委政府高度重视，全面夯实创建基础

（一）加强领导。区委、区政府一贯高度重视社会治安综合治理和平安建设工作，始终坚持以落实好综治工作责任制为第一责任，把“平安龙华”建设纳入全区“十一·五”发展规划，配套制定了《海口市龙华区平安建设责任分解方案》等18项规章制度和平安创建长期规划，提上党委政府重要工作日程，在人力、物力、财力上给予大力支持，把社会治安综合治理、平安建设工作经费列入年度财政预算，并随着经济的发展逐年增加。区委常委会、区政府常务会保证一年至少3次研究综治、平安建设工作，区三套班子主要领导深入调研、解决综治基层基础建设的相关难题。区综治办每季度组织召开全区各镇（街道）、成员单位综治工作例会，认真抓好督促、检查。

（二）健全综治机构。为了确保综治、平安建设工作有人抓、有人管、有部署、有落实，区委、区政府着力构建区、镇（街道）、村（居）三级综治工作体系。区政法委（综治办）现有人员12名，全部配备到位。为强化对综治工作的领导，区委、区政府决定由区委常委、政法委书记兼任综治委副主任；率先在全省成立人数最多、410人的区治安联防大队，并定编为副科级事业单位，隶属区综治办；成立全市唯一的60人流动人口专职协管员队伍；以上470人的工资、五项保险、装备等经费全部列入区财政预算。在全区11个镇（街道）均设立了综治办、司法所、治安联防中队，配备镇（街道）治安专职领导11名、综治办主任11名，每个综治办配备1－2名专职干部。在118个村（居）均设立了以党支部为核心的治保会、调解会、流动人口管理小组、帮教小组、治安联防小分队。全区成立“哨子队”、“袖章队”、“棒子队”等治安协管队伍43支647人，组建治安信息员队伍436人，成立调解组织181个，配备调解人员973人。

（三）完善责任机制。区委、区政府不断健全完善综治、平安建设工作联席会议制度、综治目标管理责任制、领导责任制、重大问题查究制和一票否决权制等工作机制，印发了《区社会治安综合治理工作目标量化考核实施办法》，对镇（街道）的综治考核结果记入党政主要领导、分管领导档案，并作为提拔晋升的重要参考依据，提拔晋升前征求综治部门的意见。每年年初定期召开全区政法综治工作会议部署全年工作，区与各镇（街道）、各成员单位签订综治工作责任书。年终进行检查验收，兑现奖惩。2005年来共表彰奖励综治、平安建设等先进集体186个，先进个人327名；对鄱阳湖大酒店等3个治安问题严重的单位实行了一票否决。

二、有效化解矛盾纠纷，全力维护社会稳定

（一）妥善解决维稳工作中的热点难点问题。区委、区政府始终把干群关系、企业改制、农民负担、土地权属、土地征用、移民搬迁等问题作为排查化解矛盾纠纷的重点，并按“属地管理”原则，逐一落实调处化解责任。建立处置突发事件和群体性事件各级领导、各部门的联动机制，在处置突发事件或群体性事件中，各级主要责任领导同志都第一时间赶赴现场，亲自指挥，对重大矛盾纠纷，亲自主持召开协调会，妥善解决和化解矛盾，防止矛盾激化，有效地维护了社会的稳定。推行“六个一”维稳工作法，“一把手”抓维稳、一批领导集中下访、一套预案应对突发事件、每月一次集中排查化解重大矛盾、对排查出的矛盾一抓到底、一票否决问题突出的单位。维稳工作连续3年保持“三个零”。在开展矛盾纠纷“调解年”活动中，全区共排查民间纠纷852起，调解852起，调解成功率为96%，成功率属全市最高，影响稳定因素在全市最少，有力保障了海汽二期、丘海变电站、东环铁路龙华段、海口绕城高速公路龙华段等省市重点建设项目顺利进行。特别是历经10多年3次启动未成功的玉沙村拆迁改造工程圆满成功启动，43天临时安置1034户、拆迁33万平米，整个过程没有出现重大矛盾纠纷和群体性事件。

（二）认真组织开门接访活动。区委、区政府认真组织开展“区三套班子领导下镇（街道）接访活动”和“区委书记大接访活动”，建立健全了矛盾纠纷排查调处机制、信访公示机制、书记接访机制、跟踪包案机制、责任追究机制，在“早、活、细、实、严、常”上下功夫，做到了事前与事后相结合、公开与公正相结合、迎上来与沉下去相结合、依情与依法相结合、奖励与惩处相结合。坚持书记每月一次大接访、区三套班子每季度一次集中下访、区领导轮流每天在信访室坐班接访、区领导平时定期到挂点村庄下访，对群众的合理诉求及时给予解决，在2008年两次区委书记大接访活动中，共接待来访群众670人次，受理诉求问题287宗，已经办结191宗，受到中央信访督导组的充分肯定，是在“海南省县（市区）委书记大接访经验交流会”上作经验介绍发言的全省唯一区级代表，会上交流经验被《人民文摘》转发。全区政法各部门在每年开展的涉法涉诉联合大接访活动中至今已解决60宗重大疑难信访案件。

三、全力维护政治稳定，严打整治坚强有力

（一）防范和处置邪教，全面建设国家安全人民防线。不断加强国家安全工作组织建设，建立健全国家安全人民防线工作机构，充实工作人员，设立基层人民防线信息员队伍。国家安全人民防线延伸触角试点工作取得良好成效。

（二）严厉打击恶性暴力犯罪和“两抢”多发性犯罪。区公安机关始终保持对黑恶势力、严重暴力犯罪等犯罪活动的高压态势，刑事案件发案总量稳中有降。2005年来命案侦破率均在85%以上。在“打黑除恶”专项斗争中共打掉涉恶团伙5个，抓获团伙成员35名，破获各类刑事案件38起；成功侦破公安部挂牌督办“2006.1.26”抢劫金铺案件；抓获以吕强为首的“斧头帮”抢劫团伙，破获持斧头抢劫案件10起，中央电视台《法制在线》和省、市多家媒体给予报道，引起巨大反响。特别是2007年8月，在全省率先召开打击“两抢”犯罪活动新闻发布会，提出“抢劫拒捕、可予击毙”口号，设立打击“两抢”奖励专项资金，共发放给有功群众奖励金约30万元。2008年列入财政预算50万元，至今已发放28.3万元。

（三）排查整治并重。严厉打击由区内经济高速发展引发的“黄赌毒”等社会丑陋现象，及时排查整治群众反映强烈的治安突出问题和混乱地区。2005年来共整治龙泉镇等毒患严重地区5个、玉沙村等治安乱点12个，共查处涉黄案件105起204人、涉赌案件1230起3054人、涉毒案件2040起2565人。开展农村治安突出问题整治行动，以整治农村突出治安问题为突破口，以平安建设为载体，以维护民安、提升农村群众安全感为着眼点，用3个月的时间，共办班教育12批536人（次），治安拘留8人，强制戒毒106人，劳动教养41人，依法逮捕7人，公开审判4人，成功调处各类矛盾纠纷58宗，实现了省、市提出的“一防止、二遏制、三减少、四增强”工作目标。

（四）深化禁毒人民战争。区委、区政府紧紧围绕创建“无毒区”的奋斗目标，四年来相继组织开展了“春雷”、“秋收”、“春风”等禁毒专项行动，创建了全省第一批、全市第一个省级禁毒优秀区，11个镇（街道）全部进入“禁毒优秀街镇”行列，共创建省级“无毒社区”4个，占全市2/3，创建市级“无毒社区、单位、学校”127个，数量列全市第一。区财政投入1000多万元建设占地45亩的戒毒康复基地，先后收戒2572人，初步实现了“管理规范化、教育学校化、治疗医院化、康复劳动化、环境园林化”，多次在省、市介绍建设管理经验。在全区5个镇均设立了禁毒教育馆，作为基层禁毒教育基地，长年、义务向广大群众、青少年学生开放。相继涌现出“海南媒体公开戒毒第一人”王哲博、戒毒后自主创业的符家汉等典型。

四、强化安全防范，增强社会管理能力

（一）加强社会面治安防范。区综治办将治安联防队员下放到派出所、社区警务室，由民警带领，以警务室为单位分片划段开展街面治安防控。为适应治安形势的发展，特别组建了一支30人的联防特勤机动中队，专门负责突发事件紧急处置、协助打击“两抢”等现行犯。全区各级基层综治组织在节假日、重要活动期间，组织民兵、“棒子队”、“袖章队”、“老人义务巡逻队”参与社区巡逻防护。区综治办在区财政支持下，先后在金贸派出所、大同派出所开展试点，积极配合全市报警与监控系统一期建设，建成覆盖全区治安卡口、交通要道、大型聚集场所、重点要害单位和治安复杂、案件多发部位的城区派出所监控中心和图像传输系统，收效显著，可防性、侵财性案件发案量连年下降。

（二）管理和服务并重，创新社会管理模式。通过多年的摸索，在原有“外来工之家”流动人口服务管理经验的基础上，建立健全了出租屋“一户一档”，流动人口“一人一表”的管理机制，为今后进一步加强和改进流动人口服务管理工作奠定了坚实基础。流动人口“分类、分片”服务管理经验做法在全市推广。以司法所为依托，开展社区矫正工作，组织力量对全区2005年以来的刑释解教人员进行了拉网式的调查登记，全部建立帮教档案，有效利用区委、区政府每年都拨给的专项经费，已对830名刑释解教人员进行了技术技能培训和安置。预防刑释解教人员重新犯罪和预防青少年违法犯罪及维护妇女儿童权益工作取得明显成效，受到全国妇联的肯定、推广和表彰。多年连续保持在校中小学生无违法犯罪记录。区综治办组织公安、交巡警、文体、工商、税务、卫生等部门出动3000多人次，集中开展校园及周边整治行动80余次。为全区所有中、小学校全部配备兼职法制副校长。加强对特种行业、安全生产和危险品监督管理。全区安全生产形势保持总体平稳，2005年来没有发生达到国家规定、造成重大影响的火灾事故、生产安全事故，没有发生严重产品质量和食品安全事故。

（三）深入开展普法教育，广泛进行法制宣传。全区118个村（居）委会都聘请了法律顾问，都制定了“148”法律咨询宣传墙幅。实现了“每镇（街道）1个法律援助站，每村1个法律顾问、1个调解会、1个法律援助联络员，每户1本常用法律知识手册”的法律宣传教育网络体系。充分利用主流新闻媒体阵地，加大综治和平安创建工作宣传力度，唱响“抓综治、保平安、促稳定”的主旋律。全区投入1000万元，共在市区重点地段和显要位置设立20多处大型平安创建宣传标牌；在全区道路、公共娱乐场所、单位、小区等处悬挂宣传条幅5000多条；在商业中心向市民发放宣传资料10万多份；在中央、省、市20多家新闻媒体刊登、报道平安建设工作信息，刊登综治、平安建设工作专栏。大力倡导“社会安定，人人有责”的社会正义，共涌现出李忠定、余立忠等28名全国和省、市见义勇为先进分子。辖区群众对平安建设的支持率始终保持在90%以上，对社会治安的满意和基本满意率始终保持在92%以上。

五、创新方式方法，共建共享平安

作为全市第一批平安建设先进区，目前全区有9个镇（街）被评为平安建设优秀或达标单位，有93%以上的村、社区、单位达到平安标准，平安创建覆盖率全市之最。

（一）以文明生态村创建为依托，深化农村平安建设。区委、区政府把平安建设纳入“文明生态村”建设总体规划，结合龙华农村实际，制定了“平安集镇”、“平安村”创建标准。在村级组织换届选举中，及时调整和加强了个别软弱涣散的基层组织，100%实现了书记、村长一肩挑，充分发挥农村党支部在平安建设和“文明生态村”建设中的领导核心作用，把基层综治组织建设与基层党组织建设、群众自治组织建设同部署、同推进，农村党支部、村委会、治保会、调解会等基层综治组织得到进一步强化。积极推进农村警务战略，推行民警驻村包片，每周驻村时间不少于2天。在12个人数较多、治安复杂的自然村设立治安中心户长，实行十户联防，分片包干、责任到人。全区3年来共创建文明生态村183个，其中达到“平安村”标准的173个，占94.5%。

（二）以“平安家庭”为载体，推进社区“爱心工程”。2006年，区综治办在全省范围内率先开展了创建“平安家庭”示范点工作，并在实际工作中不断充实、丰富了“三八维权周”、“白丝带行动”、“五好文明家庭创建”、“零家庭暴力社区”、“爱心家长”和留守儿童结对帮扶等内容，得到中央综治办主任陈冀平同志的充分肯定和全国妇联、省妇联等单位的表彰。为了使“平安家庭”创建整体水平再上台阶，不断扩大其带动和辐射作用，区综治办又相继开展了安装“爱心门铃”和警示红灯活动，让邻居和居委会、街道干部及时上门帮助患病或行动不便的老人。开通了热心企业、单位“爱心110”便民服务热线，给孤寡老人送药、开展义务法律援助、免费为低保户体检。制作了“邻里互助名片”，为戒毒人员、刑释解教人员提供帮助、谈心帮教。组织社区民警、热心企业老板、单位负责人共同组成“社区警务理事会”，出钱、出人、出力，组成“社区义工队伍”协助维持治安，义务为居民群众做好事。通过一系列长期持久的平安创建工作，营造了人人共创平安、家家共建和谐的浓厚氛围。

打造“平安”金字招牌　建设“和谐”稳定琼海

琼海市是红色娘子军的故乡，也是博鳌亚洲论坛会址所在地。为了保障论坛年会的安全和琼海经济的又好又快发展，我市广泛深入开展平安创建活动，全面落实社会治安综合治理各项措施、任务，确保了琼海社会政治大局的稳定，确保了每年博鳌亚洲论坛年会的顺利召开。

（一）党委、政府高度重视，切实加强领导。市委市政府坚持科学发展观，深入贯彻落实党的十七大和省委第五次党代会精神，把创建一流的社会治安环境当作首等大事来研究部署，把打造社会治安金字招牌作为琼海投资环境的第一要素，切实加强对全市综治和平安建设工作的领导和指导。每年都将社会治安综合治理和平安创建工作纳入本地区经济社会发展总体规划和年度工作计划，有安排、有部署。市委、市政府每年初都与各镇、农场签订综治工作责任状，落实领导责任制，并作为“一把手”工程抓紧抓实抓好。建立和完善了各级党政主要领导、分管领导综治实绩考核档案，对各镇、市直各部门党政主要领导、分管领导晋职、晋级征求综治机构意见。市、镇两级的综治经费按人口人均一元列入财政预算，同时做到按实际需要安排资金。四年来全市共投入平安建设经费4066.7万元，确保了工作正常、有效的开展。

（二）市、镇二级综治组织机构健全，人员配齐配强。市、镇两级综治委主任均由党政一把手兼任，各镇设立综治办机构配备主任和专职副主任及专职综治干部（主任由分管领导兼任），确保有专门综治工作人员负责工作。目前全市各镇、农场共配备专抓综治工作的副职领导和专职副主任共36人，占应配数的100%。市综治办的编制级别为正科级，设主任和专职副主任。此外，市直机关各部门也指定一名副职领导负责综治工作，市综治委各成员单位均设立联络员，沟通和协调综治工作。

（三）社会治安综合治理工作制度化、规范化建设不断增强。坚持和继续完善综治委全会制度、五部委联席会议制度、成员单位参与综治工作联系点制度、述职制度、综治工作领导责任制度、目标管理责任制度、重大问题查究制度、综治工作检查督导制度、治安形势分析和公共安全感调查制度等工作制度，坚决落实社会治安综合治理工作一票否决制度，层层签订责任状，真正做到党政主要领导亲自抓，分管领导具体抓，综治成员各单位、平安建设各部门各司其职，齐抓共管，形成了市委领导、政府协调、各方参与、上下联动的良好局面，较好地完成了各项目标任务。为了做好博鳌亚洲论坛每年年会的安全保卫工作，我市公、检、法、司、安等政法各机关与武警、边防、消防等各军警部队以及各镇、农场、市直各有关单位通力合作，分工明确、内外结合、打破常规。刑事打击、治安整治、矛盾排查、纠纷化解、消防整顿、危险品检查、市场监管、内部值班、巡逻防范、交通安全隐患整改、重点人员防控等等全面启动，采取一切有效措施落实警卫安全工作，确保每年的年会圆满完成。

市、镇两级综治办充分发挥办事机构的职能作用，工作有制度、有标准，工作程序规范，档案资料齐全。预防青少年违法犯罪、学校及周边治安综合治理、流动人口管理、刑释解教人员安置帮教等四项综治专门工作领导小组及办公室组织建立健全，并充分发挥作用，形成长效机制。

（四）加强基层基础建设，加大治安防范和打击力度，法制宣传教育长效开展。

1. 切实加强基层综治组织和群防群治队伍建设，充分发挥其在综治、平安建设和维稳工作中的第一道防线作用。在村级政权组织中认真挑选了一批懂法律、素质好、敢抓敢管、群众基础好的干部担任综治工作站、治保会、调解会主任。目前全市现有基层综治工作站306个，治保会306个，调解会306个，均占应设数的100%。全市现有基层派出所35个，司法所18个，国土资源所12个，人民法庭3个。所有基层综治组织人员到位、工资保障、工作正常开展，各项制度健全。在建立健全基层综治组织建设的同时，我们还加大对基层综治干部的培训力度，四年来举办32期培训班，接受培训的人数为1870人，不断提高了基层综治组织的战斗力。

2. 实施社区和农村警务战略，提高治安防控水平。不断充实基层派出所、司法所、法庭的力量，实行警力下沉，在农村和社区大力推进警务区战略，警民合作掌握治安动态，了解社情民意，共同防范布控，提高防控水平。全市设警务室77个，驻村民警101个。

3. 落实技防物防措施，增强安全防范能力。在重点单位、重点娱乐服务场所分期分批建立了以电子视频监控、防盗报警为主的技术防范网络。在农村推广使用经济适用防范效果好的物防设施，有条件的都用了“三铁”。

4. 继续深入开展"严打"整治斗争,始终保持对刑事犯罪的高压态势,确保社会治安大局持续稳定。四年来,认真贯彻全国、全省政法综治工作会议精神,公、检、法、司密切配合,坚持依法从重从快严厉打击严重危害社会治安的刑事犯罪活动,因地制宜开展严打、严管、严防、严治,先后组织开展打黑除恶、侦破命案、打击"两抢一盗"、禁毒人民战争、打击盗窃破坏电力电信广播电视设施、治理自行车被盗等专项活动,对犯罪分子形成高压的态势,继续维护我市良好的治安秩序。

5. 法制教育和社会治安综合治理宣传工作成效明显。我市始终把法制宣传教育工作当作社会治安综合治理工作的重要内容来抓,认真抓好"四五"、"五五"普法教育各项工作。一是突出抓好领导干部和行政执法人员的学法用法工作;二是抓好青少年特别是在校学生的法制宣传教育工作;三是加强企业经营管理者的学法用法,不断增强其依法合法经营;四是全面开展"法律六进"宣传活动。

(五)认真开展矛盾纠纷调解活动,为构建和谐琼海而全力预防和化解各种社会矛盾纠纷。四年来,我市各级党委政府成立矛盾纠纷排查调解活动办公室负责专项工作,市委市政府每年均制订下发了《琼海市开展矛盾纠纷排查化解活动实施方案》,对调解活动提出目标任务、作法要求、具体措施。其调解工作特点有:一是加强基层调解队伍和组织网络建设。全市四级调解组织建立健全。二是加强调解队伍的培训,提高业务水平。三是建立人民调解、行政调解、司法调解"三位一体"的协调配合机制。四是建立联席会议制度、联合排查调解制度、信息通报、工作交流制度和人民法院及行政部门指导调解工作机制的"三项制度一个机制"开展工作。特别是政法各部门改变单纯的业务工作观点,把调解工作纳入业务内容来进行,以化解社会矛盾作为工作的主线,把构建和谐社会作为自己的更大责任。处理案件不能就案论案,而是要善于把种种消极因素转化为促进社会和谐的积极因素。五是开展政法大接访活动。及时处理了一大批涉法涉诉的矛盾纠纷。六是落实矛盾纠纷调解责任制,对全市排查出来的较重大的矛盾纠纷均由市委发文确定责任,由市领导局领导镇领导包案负责。七是坚持矛盾纠纷调解一把手工程。重大矛盾纠纷或群体性事件市、镇、场的主要领导都亲自到现场组织处理。我市社会矛盾纠纷调解活动深入扎实开展,取得明显成效。全市近四年来既没有发生重大矛盾纠纷引发的恶化事件,也没有出现因矛盾纠纷引发的严重危害社会稳定事件。

(六)把维护社会稳定作为保障社会、经济发展的前提和基础,全力做好各种重大事件的预防和处置工作,确保全市社会稳定。四年来,我市切实重视抓好社会维稳工作,建立健全国家安全工作领导小组和国家安全人民防线工作机制,市维稳办、市公安局、信访局及国安办及时、准确做好信息收集上报,积极防范各种敌对势力的渗透破坏活动,积极预防和处置各种群体事件;市委、市政府主要负责同志在各重要会期和政治敏感时期都亲自主持专门会议具体部署各项维护和安保工作,及时妥善处理好发生可能影响社会稳定的问题。全市没有发生在全省造成重大影响的敌对势力分裂活动和暴力恐怖事件,没有发生影响国家安全的事件,也没有发生在全省造成重大影响的重特大刑事案件。全市没有发生特重大群体性事件,对一般性群体性事件,各级党政和职能部门都能在第一时间及时发现和妥善处置,无一出现严重后果。

(七)大力加强社会公共和治安管理工作,加强反邪教工作,防范各种重大事故发生,全面实现"双三零"指标。四年来,我市加大对社会公共管理和社会治安管理力度,特别是对特种行业、流动人口、危险品,安全生产和食品卫生等进行了重点管理和整顿,确保我市社会秩序安全、有序、稳定,治安状况良好。一是特种行业、流动人口、出租屋、重点人口列管率均达到100%。二是危险品列管率100%。三是加强服务娱乐场所的治安管理。四是强化单位内部安全保卫工作和安全防范措施。五是深入开展平安畅通活动。六是加大安全生产管理力度。七是加强对食品卫生市场的监督。四年来我市没有发生造成重大影响的群死群伤重特大交通事故、火灾事故、生产安全事故、严重产品质量和食品安全事故。在中央及省每年的"两会"和党的十七大及省党代会、全省欢乐节、博鳌亚洲论坛年会、奥运会火炬传递和北京奥运会等等敏感时期、重大活动、重要目标和重要部位的安全保卫工作中没有发生重大事故，均做到确保安全，博鳌亚洲论坛年会的安全保卫工作已连续8年万无一失。2005年以来，我市坚持抓好防范和处理邪教各项工作，在全市农村、机关、企事业单位和中小学校深入开展反邪教警示教育活动，对所有刑事解教及办班转化的"法轮功"人员进行全面回访帮教，有效地巩固了教育转化成果。切实做好重大节日、重要会期和敏感日子期间的防范监控工作，实现了"零聚集、零上访、零插播"。

（八）平安创建工作扎实有效，成绩明显。2005年以来，我市各级党委、政府及平安领导小组各成员单位认真贯彻中央政法委、中央综治委《关于深入开展农村平安建设的若干意见》和省委关于深入开展农村平安建设的意见，始终把平安琼海创建工作作为社会主义新农村建设一项重要内容来抓紧抓实。一是提高思想认识，切实加强对平安创建活动的领导；二是以文明生态村建设为切入点，深入开展平安农村建设；三是认真抓好平安景区的创建工作，推动旅游产业的健康发展；四是创建平安渔船构建平安海域，促进海洋经济的发展，使我市的平安建设工作扎实有效推进，取得显著成效。

海南省综治委、办机构情况和负责人名单

主　任：肖若海（省委常委、省委政法委书记）

副主任：毕志强（省人大常委会副主任）
符跃兰（省人民政府副省长）
董治良（省委政法委副书记、省高级人民法院院长）
马勇霞（省委政法委副书记、省人民检察院检察长）
张力夫（农垦总局党委书记、省政协副主席）
施　文（省委政法委副书记、秘书长）

委　员：卢灵雄（省监察厅副厅长）
王焕明（省委组织部副部长）
钟　雄（省委宣传部副巡视员）
周立民（省委政法委副秘书长）
蔡兴教（省委政法委副秘书长）
杜一戎（省610办专职副主任）
王盛雄（省委副秘书长）
种润之（省政府副秘书长）
麦　浪（省教育工委专职副书记）
韩　勇（省工业经济与信息产业局副局长）
杨志成（省公安厅副厅长）
熊方明（省国家安全厅厅长）
李远富（省民政厅副厅长）
李言静（省司法厅厅长）
唐卓贤（省财政厅副厅长）
王定佳（省人事劳动保障厅副厅长）
陈孝京（省建设厅副厅长）
周文雄（省交通厅副厅长）
朱寒松（省文化广电出版体育厅副厅长）
许亚川（省卫生厅副巡视员）
李　萍（省人口和计划生育委员会副主任）
王　洪（海口海关副关长）
钟鸣明（省工商行政管理局副局长）
叶振兴（省质量技术监督局副局长）
廖　强（省安全生产监督管理局局长）
吴坤雄（省旅游局副局长）
郝振声（省总工会副主席）
盖文启（团省委副书记）
李幼伍（省妇联副主席）
毛志华（省信访局局长）
林芳明（省农垦总局副局长）
邓德海（省地方税务局副巡视员）
韩英伟（省食品药品监督管理局副局长）
朱永盛（省民族宗教事务委员会副主任）
孙金文（省海洋渔业厅副厅长）
黄中勤（省检验检疫局党组成员、纪检组

长）
李天才（省水务局副局长）
曾　平（省林业局副巡视员）
林道孔（省农业厅副巡视员）
刘建新（省军区政治部副主任）
张建明（省武警总队副总队长）
综治办主任：蔡兴教（副厅级别）（兼）
孙荣日
侯建民

海南省各市、县综治委、办主任名单

地　区	综治委主任	综治办主任
海口市	彭晓敏	冯少雄
三亚市	王泰令	詹兴智
文昌市	文　海	王　敏
琼海市	雷大宪	李龙彪
万宁市	符　平	林国雄
五指山市	刘巨洲	周冯彬
东方市	潘硕儒	朱海峰
儋州市	张广英	李国盛
临高县	陈益鸿	符建仁
澄迈县	麦吉松	王世雄
定安县	王昌国	莫汉民
屯昌县	范高净	李卓勤
昌江县	翁　平	林　文
白沙县	唐春秋	刘　批
琼中县	王光业	王礼忠
陵水县	杨海洋	谭泽卡
保亭县	李永群	高政贤
乐东县	林　山	林赐贤
洋浦经济开发区	李恩杰	宋顺勇

（撰稿人：程鹏
审稿人：林捷　丁后盾）

重 庆 市

2008年社会治安综合治理工作概况

2008年以来,在市委、市政府的正确领导下,重庆市各级各部门以强化基层基础工作为抓手,以奥运安保为重点,以两个"排查"为着力点,科学谋划、全面推进平安重庆建设,有力地维护了社会政治稳定,为北京奥运会、残奥会的成功举办和全市经济社会持续又好又快发展营造了良好的社会政治环境。2008年,全市社会政治稳定,治安大局平稳,群众安全感指数在高位继续保持平稳。

一、各级党政重视程度有了新的提升,组织领导力度更加有力

一是市委、市政府把平安建设工作提升到了新的高度。中共中央政治局委员、市委书记薄熙来高度重视政法稳定工作,多次听取政法机关工作情况汇报,多次到政法各部门进行工作调研,对平安建设及政法稳定工作提出了很高的期望和全新的要求。年初,市长王鸿举与全市40个区县(自治县)"一把手"签订了《社会治安综合治理保稳定保平安责任书》,层层落实工作责任,形成了主要领导亲自抓、分管领导具体抓,市、区县、乡镇、村社(单位)四级联创,三级验收的责任体系和创建格局。全年市委常委会、市政府常务会专题研究部署社会稳定及平安建设工作近20次。

二是各级各部门把平安建设工作放到了与发展地区经济同等重要地位,纳入了地区经济社会发展总体规划,作为了各级党政领导政绩考核的重要内容。

三是制度保障、经费保障、人员保障达到了新的起点。市委、市政府办公厅先后出台了《重庆市2008年-2012年政法和社会稳定工作规划》(渝委办发[2008]9号)等文件,进一步完善了社会治安综合治理暨平安建设工作政策体系。市财政专项列支180万元,为我市18个贫困区县(自治县)综治办各解决了一台工作用车,改善了办公条件。各区县都加大了对综治工作暨平安建设的保障力度。

二、科学谋划水平有了新的提高,奋斗目标更加明确

一是按科学发展观制定了《重庆市2008—2012年政法和社会稳定工作规划》,明晰了今后五年政法和社会稳定工作的指导思想、目标任务和政策措施。

二是用战略思维谋划薄熙来同志交办的畅通工程建设、高层建筑消防安全、信息安全、信访处理、防恐怖袭击、化解矛盾和惩治腐败、业务练兵和专业培训七项重点工作任务。

三是以"加快"和"率先"意识确立总体思路和奋斗目标。在2008年的全市社会治安综合治理工作会议,提出了"三减两好一满意"、"五个坚决防止和五个确保"以及要在七个方面的工作实现"西部领先、全国一流",把重庆建设成为全国社会治安秩序最好、社会最稳定的地区之一的目标,进一步确立了新时期"平安重庆"建设的工作总体思路,保证了平安建设工作的顺利开展。

三、基层建设有了新的跨越,基层基础更加夯实

一是建立和规范了基层维护稳定工作运行机制。市综治委、综治办以59号文件为重点,着力在抓机制、抓规范、抓保障、抓实效上狠下功夫,加大了推进落实力度,制定了推进计划,建立了片区季度联系督办机制,促进了基层工作程序、工作流程、工作制度和工作簿册"四规范"。"六位一体"、"七位一体"工作机制逐步完善,成效逐步显现,基层维护社会稳定、化解矛盾纠纷、预防和打击犯罪的能力明显增强。

二是抓典型引路,深入开展"百镇千村平安建设"示范工程。为切实解决基层基础工作薄弱,在全市组织开展了“百镇千村平安建设”示范工程,建立了领导干部深入一线工作机制。确定了市委、市政府分管领导、市综治委各成员单位分管领导、各区县领导及区县有关的部门分管领导和乡镇干部联系基层区县、乡镇(街道)、村(居),并把抓好“两个排查”作为了抓点干部的重要工作内容,把抓点的工作实效与抓点领导干部的实绩挂钩,有力地推动各级领导干部深入一线抓稳定工作。

三是基层基础工作成效明显。全市乡镇街道共配备综治专干3828名,平均每个镇街3.8人,全市11092个村(社区)均建立了综治站,配备了专兼职工作人员。区县基层法庭、公安派出所、司法所建设均得到加强。群防群治力量建设,视频图像监控建设,不断上升新台阶,全市治安防范控制能力大大增强。

四、重点工作有了新的突破,工作成效更加明显

一是以开展“两个排查”活动为契机,解决影响社会稳定突出问题有新举措

(一)以开展大下访活动为重点,深入开展矛盾纠纷排查调处工作。全市广泛开展了区县(自治县)委书记、市级机关干部“大下访、大排查、大调处”活动(以下简称大下访活动),成立了大下访活动领导小组,组建了工作班子,派出了驻区县督导组,建立了严格的责任体系、目标体系、考核体系,制定完善了若干有关信访稳定的工作机制和制度,保障活动的顺利开展。2008年,全市区县领导干部共接访31329件次、175932人次,其中区县委书记接访1985次,接待群众7141件次、50305人次。累计投入经费15.8亿元,解决信访问题22291件次、169617人次,有近400万群众受益。全市重点矛盾纠纷化解率为71.6%。

(二)扎实开展了排查整治治安混乱地区和突出治安问题专项行动。2008年4-9月,全市共排查出180个治安混乱地区,排查出治安问题11大类、33个,经过整治扭转了154个、解决了25个。适时组织开展了打击“两抢一盗”、打击破坏“三电”设施、打击毒品违法犯罪等一系列专项整治行动,成功破获了一批影响大、危害大的刑事案件。针对农村治安工作实际,市综治委还组织开展了为期8个月的农村治安整治专项行动,取得良好的工作效果。

二是以实施夏季社会治安综合整治行动为主线,圆满实现“平安奥运”目标。我市始终保持对刑事犯罪的高压态势,严厉打击各类违法犯罪,深入开展了“打黑除恶”专项斗争、侦破命案攻坚会战,对影响群众生产生活安全的黑恶势力、各类“霸头”和流氓恶势力,坚持露头就打,斩草除根,除恶务尽。全年共摸排涉黑涉恶线索116条,立案侦办涉黑案件14件、恶势力团伙案件95件。依法严厉打击抢劫、杀人、绑架、爆炸、故意伤害以及盗窃、抢夺等严重危害群众生命财产安全的犯罪活动,切实维护了广大群众生命财产安全和生产生活秩序。针对重庆社会治安实际和奥运安保工作的需要,从7月10日至9月30日,市委政法委统一协调,政法各部门密切配合,在全市开展了声势大、效果好的夏季治安综合整治行动,有力地震慑了各类违法犯罪分子,维护了社会治安大局平稳,增强了人民群众的安全感。

始终保持高度的政治敏锐性,严密防范和严厉打击了境内外敌对势力、敌对分子和邪教组织的破坏活动。加大了政治、经济、社会等重点敏感领域的情报信息工作力度,积极整合各类情报信息系统资源,加强了情报信息收集、研判和预警工作。先后组织开展一系列专项行动,破获了一批“法轮功”案件,抓获并及时打击处理了一批“法轮功”邪教组织人员,有效遏制和打击了“法轮功”邪教组织及“门徒会”、“全能神”等冒用宗教名义的邪教组织违法犯罪活动,“法轮功”非法宣传煽动案件明显下降。

圆满完成了奥运火炬在渝传递安保任务,确保了绝对安全、万无一失,受到奥组委的高度肯定。全面落实了奥运安保反恐怖和三峡库区反恐工作任务,涉恐案件和恶意散布虚假恐怖信息案全部告破。

三是以综治专项工作为重点,努力开创社会管理工作新格局。

(一)综治委五个专门办公室工作

1. 铁路护路工作。2008年,市综治委铁路护路办在市委、市政府、市综治委的领导下,积极应对冰雪冻雨灾害,抗击“5·12”汶川大地震,围绕铁路通道的安全畅通,积极开展了“保奥运、保畅通”的铁路通道安全排查整治行动,各项工作均

取得了的胜利。根据全市铁路护路联防工作的需要，经过不懈的努力，在市政府常务会议上通过了开征铁路护路联防费的决议。为全市下一步的工作开展奠定了坚实的基础。

2. 流动人口治安管理工作。2008 年，市综治委流管办在市委、市政府、市综治委以及新近成立的市流动人口服务和管理领导小组（下设办公室在市综治办）的领导下，认真贯彻落实市委办公厅、市政府办公厅出台的《加强流动人口服务和管理的意见》（渝委办发[2008]33 号）和市综治委下发的《重庆市社会治安综合治理委员会关于加强流动人口服务和管理工作的实施意见》，（渝综治委[2008]17 号）以加强管理和服务为重点，切实履行职责，通过对流动人口出租房屋管理，破获刑事案件 1343 起，摧毁犯罪团伙 57 个，抓获各类犯罪嫌疑人 1452 人，捉获上网逃犯 296 人。

按照市委、市政府的有关要求，全面实施了为进城务工农民免费办理居住证，全年为重庆籍农民工办证 987926 人。积极制定了一系列工作措施，进一步服务和管理回流的农民工和“留守儿童”。

3. 刑释解教人员安置帮教工作。2008 年，市综治委刑释解教人员安置帮教工作协调小组办公室，认真贯彻落实中央综治委关于刑释解教人员安置帮教工作的部署，紧紧围绕维护社会稳定的工作大局，扎实开展工作，通过进一步整合力量，认真调查摸底，积极构建“1112”安置帮教工作体系（即每个区县综治委建立一个刑释解教人员安置帮教协调小组并设办公室，每个乡镇街道综治委成立一个刑释解教人员安置帮教工作领导小组，每个村居委会成立一个刑释解教人员安置帮教工作小组，对每个刑释解教人员由领导小组和工作小组确定二名以上工作人员进行具体安置帮教。）等工作措施，全年工作取得了较好的成绩。2008 年，全市共帮教刑释解教人员 11315 名，帮教率 98.8%，安置刑释解教人员 10640 名，安置率 92.8，重新犯罪率 0.5%，重新劳教率 1.2%。

4. 学校及周边治安综合治理工作。2008 年，市综治委学校及周边治安综合治理工作领导小组办公室，在市综治委的领导下，以实施综合治理净化社会文化环境为工作中心，以整治学校及周边治安为重点，全力整治校园及周边治安秩序，全年共开展 12 次综合整治行动，开展宣传报道 3093 次；检查校园周边文化娱乐场所 1346 次；查处非法经营赌博机场所 552 家；取缔校园及周边游商地摊 965 个；取缔违章占道摊点 3358 个；清除违章张贴品 53689 份；撤出违章搭建棚 2156 个，改观了校园及周边环境，为在校学生的健康成长创造了一个良好的成长环境。

5. 预防青少年违法犯罪工作。2008 年，市综治委预防青少年违法犯罪领导小组办公室，按照中央的工作部署和要求，认真开展了针对青少年的各种法制宣传教育活动，关爱青少年群体的关爱和帮扶活动，以及青少年维权服务活动等，取得了较好的效果。特别是通过加强 12355 青少年服务台的建设，较好地解决了对全市广大青少年的心理危机干预问题，使广大青少年的不良情绪能通过志愿者的耐心疏导服务，得到化解。全年，共受理各种来电、来访、来信咨询 2 万余人次，开展法律、心理知识讲座 35 场，受到多方好评。

（二）加强了公共安全监督管理

认真落实安全生产“隐患治理年”和奥运安保工作要求，重点加强了火灾隐患、道路安全隐患和涉爆安全隐患的排查治理工作，切实维护公共安全。深入推进全市畅通工程建设，先后组织开展 12 次声势浩大的“渝安”行动，基本完成主城区智能交通控制系统一期工程，建立交通事故处理与保险理赔“一站式”服务工作机制，有效缓解了道路交通堵塞，减少事故发生，加强消防安全监督管理，开展了火灾隐患排查治理、高层建筑消防安全专项整治等行动，消除了一大批火灾隐患，有效遏止了群死群伤恶性火灾事故的发生，创造了连续 11 年没有发生群死群伤恶性火灾事故的记录。

四是以加强法治保障和法律服务工作为突破口，“安全区、放心区”建设有了新进展。严厉打击破坏市场经济秩序的案件，维护了正常的经济秩序。2008 年，全市公、检、法机关切实履行工作职责，积极发挥职能作用，紧密配合，侦办、审理一批的破坏社会主义市场经济秩序案件，查处了一批违法犯罪嫌疑人，及时为国家挽回了部分损失。司法行政部门着力于服务民生、改善民生，大力推进法律援助与司法救助工作。

五是各部门积极发挥职能作用，齐抓共管局

面有新拓展。市综治委成员单位结合本部门、本系统实际，认真履行职责，加强部门间的工作配合，切实维护了社会的稳定。市委组织部在完善区县党政班子考核中，把社会治安综合治理暨平安建设的实效，作为考核党政抓稳定、保平安工作的依据。市委政法委牵头，会同市财政局及市级政法各部门，研究制定了《重庆市司法救助资金管理暂行办法》，建立了市、区县两级司法救助资金专户，有力地促进历史遗留问题和疑难案件的解决，促进了社会和谐稳定。

五、教育培训有了新的加强，队伍整体素质更加提高

2008年，我市已把基层政法综治干部的教育培训纳入全市干部教育培训规划，并制定了政法队伍教育培训五年规划，组织区县综治办主任到安徽等地开展了异地培训，收到了很好的效果。连续两年组织了西部平安建设志愿者队伍，招募了20名大学生志愿者充实乡镇（街道）综治队伍；面向社会公开招录了一批专业人才，逐步建立政法人才专家库。队伍的整体素质有了较大提高。

中共重庆市委办公厅
重庆市人民政府办公厅
关于印发《重庆市2008—2012年
政法和社会稳定工作规划》的通知

（2008年2月14日）

各区县（自治县）党委和人民政府，市委各部委，市级国家机关各部门，各人民团体：

《重庆市2008—2012年政法和社会稳定工作规划》已经市委、市政府批准，现印发你们，请结合实际，认真抓好落实。

社会稳定是人民群众的共同心愿，是改革发展的重要前提。政法事业是中国特色社会主义事业的重要组成部分，政法工作是党和国家工作的重要组成部分。做好政法和社会稳定工作，是贯彻党的十七大精神、落实胡锦涛总书记提出的“314”总体部署的重要任务和保障，对于全面建设小康社会、构建和谐重庆具有十分重要的意义。为切实做好新时期政法和社会稳定工作，特制定本规划。

一、政法和社会稳定工作面临的形势

直辖以来，在市委、市政府的正确领导下，全市各级各部门积极推进平安重庆建设，化解了大量社会矛盾，维护了社会稳定，为直辖市的建设和发展创造了良好的社会环境。随着科学发展观的深入贯彻落实，社会和谐因素将不断增加，做好政法和社会稳定工作的有利条件将不断增加。

重庆是中国行政辖区最大、管理行政单元最多、城乡人口最多的特大型直辖市，战略地位十分重要。当前，我市同全国一样，既处于人民内部矛盾凸显、刑事犯罪高发、对敌斗争复杂时期，同时又具有大城市、大农村、大库区的特殊市情，维护社会稳定、构建和谐重庆的任务十分繁重。较大的群众信访总量和高发的刑事发案、敌对势力的渗透破坏，是政法和社会稳定工作必须面对的长期压力；日渐突出的群体性利益矛盾、库区移民安稳致富问题，是政法和社会稳定工作面临的现实挑战；全市人民群众日益增长的利益需求与我们解决问题的物质条件有限的矛盾，将在相当长的一个时期内客观存在；统筹城乡综合配套改革试验对政法和社会稳定工作部门的社会服务和管理工作提出新的要求。

在经济体制深刻变革、社会结构深刻变动、利益格局深刻调整、思想观念深刻变化、人流物流资金流明显加剧、经济社会活动更加纷繁复杂的新形势下，政法和社会稳定工作的体制、机制创新和队伍建设如何适应社会服务和管理的新要求，是必须解决的重大课题。

二、今后五年政法和社会稳定工作的总体要求

（一）指导思想

高举中国特色社会主义伟大旗帜，以邓小平理论和“三个代表”重要思想为指导，深入贯彻落实科学发展观，认真贯彻党的十七大及全国政法工作会议精神，紧紧围绕贯彻落实“314”总体部署，以平安重庆建设为抓手，以改善民生问题为重点，以加强基层基础工作为突破口，切实加强各项工作，使依法治市得到更好实施，社会公平正义得到更好体现，社会大局更加和谐稳定，人民群众更加满意，为推动重庆又好又快发展，实现新跨越，创造更加良好的社会环境。

（二）工作目标

做到“三减两好一满意”，实现“五个坚决防止和五个确保”，七个方面的工作实现西部领先、全国一流，把重庆建设成为我国信访秩序和治安秩序最好、社会最稳定的地区之一。

三、今后五年政法和社会稳定工作的主要任务

认真落实市委《关于贯彻落实中发［2006］11号文件精神，进一步加强人民法院、人民检察院工作的意见》（渝委发［2006］32 号），市委、市政府《关于切实加强信访工作的意见》（渝委发［2007］57 号）、《关于切实加强社会治安综合治理基层基础工作的意见》（渝委发［2007］59 号）、《关于加强新形势下隐蔽战线工作的意见》（渝委发［2007］50 号）和市委办公厅、市政府办公厅《关于进一步加强全市公安“三基”工程建设的意见》（渝委办发［2007］29 号）等文件精神，切实抓好政法和社会稳定各项工作。

（一）致力构建和谐重庆，抓好以民生问题为主体的矛盾纠纷化解工作

1. 建立重大事项社会稳定风险评估制度。

2. 建立信访突出问题分类处理制度。

3. 健全矛盾纠纷排查化解工作机制。

4. 完善群体性事件预防和处置机制。

（二）主动适应城乡统筹，创新社会服务和管理工作

1. 加强对农民工的服务工作。建立健全农民工权益司法保护工作机制，做好涉及农民工工资、工伤、社保的民事案件的支持起诉工作，畅通农民工诉讼绿色通道。着眼城乡统筹，深化户籍制度改革，积极稳妥、循序渐进地调整户口迁移政策，每年引导 15—20 万左右有条件的农民工迁居市外和进城入镇定居。加强流动人口服务和管理工作，巩固完善“以房定人、以户管人”的实有人口定位管理机制，全面推行《居住证》制度，登记率达到 95% 以上。充分发挥村党组织、群众自治组织和驻村民警的作用，大力推行“代理家长”制、创办寄宿制学校、完善社会保障等，切实做好农村“留守儿童”的教育管理和农村老人的服务和权益保障工作。严厉打击侵害农民工和农村儿童、老人、妇女合法权益的违法犯罪活动。

2. 加强社会治安行政管理。

3. 加大法律援助力度。完善法律援助受援机制，使社会弱势群体能平等地享有法律资源。健全法律援助网络，在每一个乡镇、街道建立法律援助工作站；简化受理程序，取消对农民工请求给付劳动报酬和工伤赔偿法律援助的经济困难审查环节，为群众申请法律援助提供快速通道，提高法律援助办案质量；建立异地维权制度和网上审批制度；建立法律援助代偿机制，构建法律援助多元保障机制，确保继续实现“应援尽援”的目标。

4. 完善和落实司法为民举措。坚持公开审判原则，加大检务公开力度。建立对被害人刑事不立案、不批捕、不起诉理由说明制度。全面建立以导诉制度、便民联系制度、巡回审判制度、判后答疑制度和司法救助制度为主体的便民诉讼机制。建立健全人民法庭、巡回审判站、便民诉讼联系点“三位一体”的便民诉讼网络。推广和完善法律援助与司法救助的对接机制，简化诉讼费缓减免办理程序，建立多层次的司法救助体系，实现司法救助“应救尽救”。

5. 加强社区矫正和戒毒康复工作。

（三）围绕人民平安需求，依法防范和打击违法犯罪

1. 抓好严打整治工作。

2. 构建新型治安防控体系。建立健全社会面防控网，完善三级巡逻机制。不断壮大覆盖城市城镇的专职巡警力量，建立各警种广泛参与、统一协作的“大巡防”格局；始终坚持推进公安“三基”工程建设，完善“两驻”民警组织社区、村社群防群治力量参与辖区巡逻制度。建立健全单位内部防控网，提高对重点单位、要害部位的治安控制能力。落实《社会公共安全视频图像信息系统管理办法》，加快视频图像监控系统建设，基本实现城市主干道、重要交通路口、重点单位、大型公共场所的全覆盖。在农村要大力推行住户型警民联系点等行之有效的做法，逐步推广经济适用的技防措施。要主动加强与周边省市、比邻区县的协作，创建平安边界。在全市建立起农村巡控、城镇管控、街面路面监控、机关单位守控、边际联控的新型治安防控体系。

3. 落实宽严相济刑事司法政策。坚持“全面把握、区别对待、严格依法、注重效果”的原则，坚持教育、感化、挽救方针，强化严格执行法律与执行刑事政策的有机统一，不断健全有利于贯彻宽严相济刑事司法政策的工作机制和考评机制，依法落实宽严相济的刑事司法政策。

（四）积极服务第一要务，营造促进重庆经济又好又快发展的法治环境

1. 有效维护市场经济秩序。综合运用司法职能，依法调节经济关系，维护国家基本经济制度，保障国民经济又好又快发展。依法查处和坚决打击发生在金融、财税、证券、商贸、房地产等领域的严重经济犯罪，认真治理商业贿赂，促进宏观调控政策的落实。依法查办发生在国有企业改制、重点工程建设等领域贪污、挪用、私分以及严重失职渎职造成国有资产流失的职务犯罪案件，保护国家经济利益和国有资产安全。围绕城乡统筹中基础设施建设、产业结构调整、社会事业发展等重点工作，坚决查办国家工作人员利用项目审批权、资金管理权、行政执法权以权谋私、权钱交易和借国企改革、企业上市等牟取不正当利益，以及失职渎职、玩忽职守，严重破坏落实“314”总体部署、影响和谐稳定大局的职务犯罪案件。慎重处理不良金融债权处置、金融企业改制等纠纷，维护金融市场繁荣稳定。加强重庆企业的知识产权依法保护，提高企业的自主创新和核心竞争力。依法审理好各类经济、民事、知识产权和行政纠纷案件，产业发展中的项目建设、招商投资案件，涉及国有企业改制、重组、破产的案件，确保经济要素发挥最佳生产力。

2. 切实加强对群众利益的司法保护。严厉打击社会保障、征地拆迁、移民补偿、医疗卫生、教育收费、经济适用房及廉租房建设分配、社保基金管理等领域发生的经济犯罪，维护群众的合法权益。积极探索对危害群众生命健康和财产安全的案件提起民事公益诉讼机制。妥善处理婚姻家庭、劳动争议、侵权赔偿等密切关系民生的民事案件，依法保护群众的生存权与发展权。依法处理城市管理、拆迁安置、支农政策落实、农民负担等领域的行政案件。加大执行工作力度，逐年提高执行兑现率，确保群众权益及时实现，避免或减少因执行不力导致群众的生产生活水平降低。

3. 不断优化投资法制环境，依法保护投资者合法权益。强化平等保护意识，依法处理涉及外来投资者和非公有制经济主体的案件；充分发挥律师、公证行业作用，为投资者提供优质高效的法律服务，吸引各类生产要素，努力建设一流的内陆城市投资法治环境，依法积极保护投资者的合法权益，为改革发展提供统一稳定、公平正义、健康有序的司法环境。

（五）着眼维护政治稳定，提升国家安全工作水平

1. 加强情报信息工作。积极搜集掌握内幕性、预警性、深层次情报信息，及时掌握涉及社会政治稳定的重大突发事件和与我市经济社会发展关系密切的能源、粮食、卫生、反恐等非传统安全领域动态。准确提供信息，有效服务决策和经济社会建设。

2. 提高抵御境内外各种敌对势力分裂、渗透、颠覆的能力。严密防范和严厉打击境外间谍情报机关的渗透策反和情报窃密活动。切实防止境内外敌对势力相互勾联、组党结社，插手、利用各种敏感问题制造事端。坚持“旗帜鲜明、态度坚决、有效处置”的工作方针，依法严厉打击“法轮功”等邪教组织和民族分裂势力、暴力恐怖势力、宗教极端势力的各种破坏活动。

3. 加强国家安全人民防线建设。建立健全市和区县（自治县）各级上下贯通、运行高效的国

家安全领导体系。立足攻防结合、有效防范,强化国家安全组织和网络建设。逐步加强在“两新”组织、非政府组织及其他领域的防线布建,完善国家安全人民防线网络,巩固国家安全工作的社会基础和群众基础。

(六)切实加强法治建设,推进依法治市进程

1. 加强法制宣传和基层依法治理。抓好“五五”普法工作,提高普法宣传的针对性和实效性,形成自觉学法守法用法的社会氛围。健全完善领导干部学法、用法制度,提高各级领导干部科学、依法决策的能力和水平。推进法律进机关、进乡村、进社区、进学校、进企业、进单位的“法律六进”活动。加强公民意识教育,引导全体公民树立社会主义民主法治、自由平等、公平正义的理念,增强公民的主体意识、参与意识、权利意识和责任意识。全面实施“三百”工程,每年举办100场农村法制讲座、开展100场农民工法制培训、民主法治村创建面达到100%;开展“一村(社区)一法制学校”试点工作,逐步实现村(社区)级法制学校全覆盖。开展“法治区县”创建活动,提升法治化管理水平。

2. 加强法律服务。实施“法律服务进万村工程”,实现“乡乡镇镇有律师”,拓展农村法律服务领域。积极介入和依法办理涉及群众切身利益的拆迁、复建、安置补偿、拖欠工资、环境保护、生活养老等公证事业。

3. 抓好司法体制和工作机制改革。加强政法、信访部门与纪检监察、金融监管、审计等部门的协作配合,建立和完善发现、查处职务犯罪协作机制。政法部门要建立打击经济犯罪协调会商机制和行政执法部门协作机制、信息共享机制。深化法院审判委员会制度改革。加强审判运行机制、审判监督制约机制和管理机制建设。加强与融资投资等相关职能部门的沟通协调,推进执行威慑机制建设。2008年完成监所检察管辖体制调整,实现法院与重庆金融信息系统和公安人口管理系统的互通。2009年基本实现法院与全市征信体系主要成员单位的联网,强化执行联动。探索建立刑事被害人国家救助机制,完善对不诉及被判缓刑的未成年人帮教机制,强化刑事司法、行政审判与行政执法相衔接的工作机制和交流协作机制。深化监狱体制改革,推进劳教管理机制改革。

四、做好政法和社会稳定工作的主要措施

(一)坚持党政主导

各级党委、政府和党政主要领导在推进经济发展的同时,要始终坚持一手抓发展,一手抓稳定,切实担负起维护本地区、本部门社会稳定的政治责任。严格落实领导干部“一岗双责”,按照“属地管理、分级负责”和“谁主管谁负责、谁经营谁负责”的原则,严格实行维护稳定领导责任制和责任追究制度,建立健全党政主导、政法和维稳部门主抓、社会单位联动的维护稳定工作责任体系。加强党委政法委建设。党委政法委要加强对解决涉及社会和谐稳定全局的问题的研究部署,加强对群众反映突出的执法问题的监督,认真履行协助管理政法部门领导班子的职责,协调推动保障措施的落实。

(二)完善工作机制

1. 落实工作保障机制。各级党委、政府要更加重视政法和社会稳定保障工作,建立政法和社会稳定工作财政预算保障机制,并随着经济发展而逐年增加。严格落实基层政法部门公用经费保障标准,建立对贫困地区基层政法部门工作经费保障机制。各区县(自治县)法制宣传教育经费达到人均0.3元。不断改善政法和社会稳定工作部门的技术装备条件。加强政法和社会稳定工作信息化建设,实现信息资源共享。落实村(社区)综治和社会稳定工作人员的薪酬待遇。

2. 建立科学的考核奖惩机制。把政法和社会稳定工作的成效作为检验各级党政领导班子和领导干部执政能力和执政水平的重要标准,列为干部考核的重要内容,与晋职晋级和奖惩直接挂钩。健全完善一票否决权制、督查督办制度、挂牌整治制度、末位警示制度、诫勉谈话制度、责任查究制度,促进责任到位、工作落实。加强督促检查,对工作扎实、成效显著的地方和单位予以表彰奖励,对因工作失职、渎职引发影响稳定重大问题的,实行责任倒查和一票否决,严肃追究有关领导和相关人员的责任。对工作不到位,辖区治安秩序混乱的地方,及时考核调整领导班子。

(三)加强队伍建设

1. 加强思想建设。组织全体政法、维稳干部深入学习贯彻邓小平理论、“三个代表”重要思想和党的十七大精神,开展实践科学发展观活动,健

全社会主义法治理念经常性教育机制,强化核心价值观教育,强化执政为民、服务发展的责任感和紧迫感,牢固树立大局意识、政治意识、忧患意识、公仆意识、节俭意识、群众意识和法律意识,始终保持忠于党、忠于祖国、忠于人民、忠于法律的政治本色。

2. 加强廉政建设。认真落实党风廉政建设责任制,深入推进反腐倡廉工作。创新廉政监督机制,自觉接受人大、政协、新闻舆论和社会各界的监督,确保清正廉洁。各级政法和维稳部门的领导干部要认真落实为民、务实、清廉的要求,始终坚持讲党性、重品行、做表率,以清正廉洁之风带好队伍、管好队伍。

3. 加强作风建设。巩固社会主义法治理念教育成果,继续深入开展"心系群众、反对特权"教育整顿活动,在建章立制和整改提高等方面狠下功夫,切实解决政法队伍中存在的突出问题,牢固树立不尚空谈、真抓实干、务求实效的作风,把情为民所系、权为民所用、利为民所谋落实到政法和社会稳定工作的全过程。

4. 加强能力建设。通过加强教育培训、实践锻炼等措施,着力提高队伍化解矛盾能力、社会管理能力、公正司法能力、执法为民能力、服务大局能力。对于新进政法机关的干警,原则上先安排到警务室、司法所、法庭等政法基层单位工作。

5. 加强人才机制建设。建立科学的用人机制和长效的教育机制。坚持"干部从基层出"的用人原则,重用想干事、能干事、干成事的干部,把具有较好政治品德、文化素养、法律知识,群众工作能力强的优秀年轻干部分期分批安排到基层政法部门进行实践锻炼,把经过严格锻炼和考验的、群众公认的优秀干部选拔充实到各级政法领导岗位,选派政法、信访部门的优秀干部到党政机关、区县和企事业单位任职。加强政法各部门干部交流。高度重视并认真解决边远贫困地区政法和信访干部的实际困难。

重庆市社会治安综合治理委员会
关于实施"百镇千村平安建设示范工程"的意见

(2008年6月17日)

各区县(自治县)社会治安综合治理委员会,北部新区社会治安综合治理委员会,市社会治安综合治理委员会各成员单位:

为认真贯彻落实市委、市政府《关于切实加强社会治安综合治理基层基础工作的意见》(渝委发[2007]59号)文件精神和全市政法工作会议关于"领导干部要抓点"的部署,市综治委决定,在全市范围内实施"百镇(街道)千村(社区)平安建设示范工程",由各级领导干部亲自抓基层点平安建设工作,使各级、各部门把工作的着力点切实放在加强基层基础建设上,强化基层、夯实基础,打牢和谐稳定根基,促进全市社会治安综合治理暨平安重庆建设新发展。现提出以下实施意见。

一、工作目标

通过实施"百镇千村平安建设示范工程",建立领导干部深入一线工作制度,努力解决一批群众反映强烈的重点难点地区,培育和树立一批平安建设示范乡镇(街道)和村(社区),探索创新一批典型经验和做法,带动一片整体发展,在全市形成敢于创新,勇于求新,善于出新,比学赶帮超的局面,筑牢和谐稳定之基,加快实现市委提出的政法稳定工作"西部领先、全国一流",把重庆建设成为我国信访秩序和治安秩序最好、社会最稳定的地区之一的奋斗目标,为推动重庆又好又快发展创造更加良好的社会环境。

二、抓点领导干部范围及职责

(一)抓点领导干部范围

市委、市政府分管领导，市级政法部门（含政法委）班子成员、信访部门班子成员，市综治委成员单位分管领导；各区县（自治县）党委、政府主要领导、分管领导，北部新区党工委、管委会主要领导、分管领导，政法部门（含政法委）、信访部门班子成员、综治委成员单位分管领导。乡镇干部抓点范围由区县明确。

（二）抓点领导干部职责

1. 深入了解社情民意。深入、全面、准确地了解群众所思所想、所急所盼，排查掌握影响社会稳定的矛盾和问题，增强做好政法、综治和信访稳定工作的主动性和针对性。

2. 指导、帮助基层做好群众思想和法制宣传教育工作。指导、帮助基层积极主动地向群众宣讲党的十七大精神、"314"总体部署；大力宣传党中央、国务院和市委、市政府关于加强新时期政法、综治、信访稳定工作的决策、部署；积极组织开展"解放思想、扩大开放"大讨论活动；经常性开展"五五"普法、综治条例、信访条例宣传、社会主义法治理念教育、反邪教警示教育等宣传教育活动，提高群众的法制意识，引导群众理性合法表达诉求、维护权益。

3. 指导、督促基层落实各项工作措施。在调查研究的基础上，指导基层抓好政法、综治、信访稳定工作组织建设、队伍建设和长效工作机制建设，推动基层工作制度化、规范化，促进各项工作措施落到实处。今年，重点指导督促基层做好以下工作：贯彻落实市委、市政府59号文件精神；加强"两所一庭"建设，全面完成公安"三基"工程建设任务，推进"两驻一巡"落到实处；加大法律援助、人民调解工作力度，解决群众合法合理诉求，提高信访事项息诉罢访率；开展"两个排查"活动[矛盾纠纷排查调处、治安突出问题和治安问题突出地区（部位）排查整治工作]，努力化解人民内部矛盾，及时打击违法犯罪活动，消除不稳定、不安定因素；加强和改进以流动人口为重点的社会服务管理工作，做好社区矫正、刑释解教人员安置帮教等工作。

4. 协助研究解决实际困难和问题。深入了解掌握联系点工作中出现的新情况、新问题，研究提出改进工作、解决问题的意见和措施。充分发挥部门职能作用，帮助基层解决实际困难和问题。

5. 加强培训指导。帮助联系点抓好干部的培训工作，培养建立一支能抓会管、善抓善管的基层政法综治维稳队伍。

三、联系点的确定

联系点由乡镇（街道）、村（社区）组成，其中，工作基础好、工作扎实的占30%；工作基础一般，问题相对较多的占40%；工作基础薄弱，问题突出的占30%。

四、工作原则

（一）分级联系原则。实行分级联系，市委、市政府分管领导、市级部门有关领导干部和区县党政主要领导、分管领导一人联系一个乡镇（街道）；区县其他领导干部原则上一人联系一个村（社区）。

（二）分类指导原则。结合联系点实际，加强工作指导。对工作基础好、工作扎实的，要着力围绕全市普遍存在的重点难点问题，探索新思路，新办法，力争创造一批在全市、全国性的典型经验；对工作基础一般、问题较多的，着力健全完善工作机制，尽快达到先进地区的标准；对工作基础差、问题突出的，要着力解决突出的问题，尽快改变面貌，实现"由乱到治"的转变。

（三）抓点促面原则。以联系点为实践平台，深入实践和探索加强基层综治及平安建设的长效机制、有效举措，并不断加以推广，促进整体发展。

五、工作制度

（一）建立定期联系制度。抓点领导干部要把抓点示范作为一项重要工作，切实加强工作联系。一年应不少于两次深入联系点，开展工作调研，加强工作指导，帮助解决工作中遇到的困难和问题。

（二）建立工作情况定期反馈通报制度。联系人抓点工作情况要及时向市综治委反馈，每年应不少于两次书面反馈。市综治办要及时对市级抓点领导干部抓点工作情况进行通报。各区县综治办要及时对本区县抓点领导干部抓点工作情况进行通报和向市综治办反馈辖区内市级抓点领导干部抓点工作情况。

（三）建立重大问题及处理情况报告制度。抓点领导干部要切实指导联系点抓好排查化解矛盾纠纷、排查治理治安突出问题工作和安全生产工作，切实防止发生重大稳定、治安和安全问题；一旦发生，要及时指导协助妥善处理，并对重大问题及处理情况及时报告市综治委。

（四）建立抓点领导干部实绩档案。要把抓点领导干部抓点工作的成效作为衡量其政绩的重要依据，纳入有关考核内容。市和区县综治、纪检（监察）、组织、人事部门要按照社会治安综合治理领导责任制的有关规定，分级逐一建立抓点领导干部抓点工作实绩档案，作为评价和推荐干部的重要依据之一，并纳入抓点领导干部所在单位年度社会治安综合治理暨平安重庆建设年度考核的重要内容。

六、工作要求

（一）高度重视，精心组织。各级各部门特别是各级领导干部要从构建和谐重庆的战略高度充分认识“百镇千村平安建设示范工程”的重要意义，认真实施“百镇千村平安建设示范工程”。要统筹规划、科学安排、精心选择联系点。要建立健全联系工作机制，做到责任明确、任务落实，确保“百镇千村平安建设示范工程”有效开展。

（二）分级明确，层层落实。市、区县、乡镇（街道）都要开展领导干部抓点示范工作。各区县（自治县）要制定领导干部抓点示范工作实施意见，落实党政主要领导、分管领导、综治委成员单位负责人抓点工作的目标、任务和要求。各区县（自治县）于6月30日前，将落实情况报市综治委。

（三）大胆创新，力求突破。抓点领导干部要结合联系点的实际，敢于创新，勇于求新，善于出新，大胆探索新形势下加强基层基础工作的新举措，走出基层基础工作科学发展的新路子，赋予基层工作新的生命力，力争在全市乃至全国创造一批先进经验。

（四）扎实推进，务求实效。此项工作要从今年6月推开，7月全面落实到位。各地各部门和抓点领导干部要通过抓点示范，以点促面，带动整个地区、系统行业的平安建设工作。要定期研究，总结阶段性工作，查找不足，解决问题，推广经验，推动工作的整体发展。

（五）落实责任，严格考核。市和各地、各部门将领导干部抓点工作的实绩纳入平安建设年终考评范围，把抓示范点的工作实效与抓点领导干部的实绩挂钩，作为检验领导干部执政能力和执政水平的重要标准，列入干部考核评价的重要内容。

附件：重庆市有关党政领导干部联系抓点情况表（略）

奉节县吐祥派出所推行治安调解两步法收实效

一、基本内涵

治安调解两步工作法即调解分两步完成：第一步为固定事实阶段。针对纠纷促成双方当事人达成四点“共识”，制作一份治安调解书，双方签字生效。四点“共识”即确认纠纷事实部分，双方无异；如调解不成自愿通过正当途径和方法解决纠纷，双方同意；从团结出发，不再发生纠纷，双方赞成；为促进纠纷的最终解决，各自用一周时间冷静思考，双方接受。第二步为达成协议阶段。在冷静思考期间，民警通过电话、面谈或委托农村治安“三长”等多方面、多角度对纠纷双方当事人做工作，讲明调解原则，依法据情指出各自错误，说明调解“好处”、诉讼“难处”、和谐“益处”，促进双方纠纷当事人和解，最后在民警主持下，达成调解协议，制作第二份治安调解书。

两步的作用：第一步“降温冷处理”，通过初步的调解，稳定当事人情绪，防止调解不成功出现矛盾激化；第二步“时间换空间”，通过要求双方当事人用一周时间冷静思考，一方面通过做工作最终促成当事人和解，达成调解协议，另一方面也可在始终调解不成的情况下，使其理智选择诉讼等正常渠道解决。

二、适用范围

两步调解法主要适用于因民间权益争执引起的，按照《治安管理处罚法》依法由派出所管辖，但违反治安管理行为情节较轻，不宜采取治安拘留措施,最宜调解解决的纠纷。有以下几个特征:一是当事人之间存在着亲友关系、邻里关系、同事关系和其他在工作、生活中有交往的关系等有利于促进和解的社会关系。二是治安调解对象主要是指自然人之间涉及人身权利和财产权利的多发性违反治安管理行为,且情节较轻。对违反治安管理行为情节的认定,要综合考虑其主观恶意、违法目的、行为方式、行为地点及社会危害等,对雇凶伤害他人、结伙斗殴、寻衅滋事、多次实施违反治安管理行为等治安案件,不能认定情节较轻,不属于治安调解范畴。三是意见分歧大,存在"外力"干扰大,一次调解不能成功的纠纷。

三、初步成效

一是提升了基层民警素质。"两驻一巡"战略实施后,农村警务室与群众实现了零距离接触,治安调解和做群众工作已经成为驻村(社区)民警的首要职责和日常性工作,成为了检验民警工作能力的标准。"两步调解法"的成功运用,进一步促进了基层民警解决纠纷、调处矛盾的能力,使队伍做群众工作、能做群众工作、善于做群众工作的能力不断提高。

二是提高了纠纷调解成功率。两步调解法避免了日常调解纠纷直接切入,没有第一步固定事实部分的不足,不至于出现双方达不成一致不欢而散的情况,有效防止了马拉松式的拉锯战,提高了调解成功率,降低了不稳定因素,增进了社会和谐。自2007年10月以来,通过运用治安调解两步法处理的10件矛盾纠纷,全部得到了妥善处理,调解成功率为100%。

三是促进了社会和谐。受传统"不愿打官司"思想的影响,绝大多数群众对一些普通纠纷倾向于调解处理,同时,一些伤害案件对行为人执行拘留意义不大,特别是双方均有责任的治安案件,行政拘留既不利于社会和谐,而且行政成本较高。对于这些多发生在邻里、亲朋、同事和家庭成员之间的可调解案件,通过基层民警和农村治安"三长"耐心细致的说服教育和劝导协商,帮助当事人正确认识问题,近距离化解隔阂,有利于增强团结,增进友谊,和睦相处,能有效防止纠纷积压、矛盾升级和"民转刑"案件的发生,减少了犯罪诱因,将社会不和谐因素消灭在了基层和萌芽状态,大大减少了农村社会不安定因素。

合川区实行社会治安综合治理建议书制度

社会治安综合治理建议书制度是镇街社会治安综合治理办公室按照"属地管理"原则,部门综治机构按照"谁主管谁负责"原则,在履行工作职能过程中,对辖区村、社区及企事业单位或主管下属单位已经发生的刑事(治安)案件、事故(件)暴露出的社会治安综合治理工作中存在的问题和结合自身特点排查出容易发生的安全隐患、治安问题和不稳定因素,从预防角度出发提出社会治安综合治理工作措施建议的一种制度。

一、社会治安综合治理建议书制度的使用范围

(一)辖区村、社区、企事业单位社会治安综合治理工作制度不规范、责任不明确、措施不落实;

(二)辖区村、社区、企事业单位或个人防范意识淡薄,人防、物防、技防措施不落实,存在治安防范管理漏洞和薄弱环节;

(三)辖区村、社区、企事业单位安全防范检查、矛盾纠纷排查调处和治安形势分析工作不落实、出现安全隐患和不稳定苗头的;

(四)已经发生的案件、事故(件)暴露出辖区内村、社区企事业单位存在安全稳定隐患或治安防控漏洞的;

(五)从辖区各村、上的区及企事业单位的地理位置、经营特点、工作性质、员工结构等情况分析,最容易发生案件、事故或问题的;

(六)区社会治安综合治理办公室在日常工作检查、督查中发现镇街、部门综合治理工作存在较为突出漏洞或薄弱环节需要严肃指出的,也可以使用社会治安综合治理建议书形式提出工作指导意见。

二、社会治安综合治理建议书制度的操作程序

（一）分析查找突出问题。一是对辖区或下属单位发生的刑事案件、治安灾害及安全生产事故、群体性事件、矛盾纠纷激化形成的刑事案件和存在的突出治安问题，进行分析研究。通过查看现场、询问当事人和走访群众等办法，查找社会治安综合治理工作的漏洞和薄弱环节，找准发生这些问题的原因并提出下步堵塞漏洞、加强薄弱环节、改进工作的建议；二是综治干部在检查、督促、指导、协调工作中，发现单位或个人存在的社会治安综合治理工作漏洞、不安全隐患和不稳定因素，有针对性地提出工作改进建议；三是综治干部根据辖区各村、社区及企事业单位的地理位置、经营特点、工作性质、员工结构等，进行全面分析，针对这些单位最容易发生的案件、事故或问题，从预防角度出发，提出综合治理工作措施建议。

（二）填发综合治理建议书。综治干部在认真查找社会治安综合治理工作中的漏洞和薄弱环节、找出形成突出问题原因的基础上，向当事人或单位填发社会治安综合治理建议书，提出切合实际、有针对性的社会治安综合治理工作措施建议。社会治安综合治理建议书共三联，一联为存根，一联送达当事人或单位，一联为回执。

（三）督促整改。镇街综治办或部门综治机构应在15日内对当事人单位落实社会治安综合治理建议书的情况进行回访检查。已经落实建议书提出的社会治安综合治理工作措施的，由当事人或单位在回执联上签名，收回回执联存档备案。未落实综合治理措施的，再次填发综合治理建议书，并在5日内回访检查，如果还未整改，镇街综治办或部门综治机构按照《社会治安综合治理一票否决警示制办法》进行警示通报。

巫山县推行乡镇“大综治”改革

重庆市委2007年出台了59号文件，就筑牢社会治安综合治理基层基础作出了全面部署和要求。巫山县进行了三个阶段的尝试。一是“依样画瓢”阶段。市委59号文件下发后，县委及时召开专题会议、下发专门文件进行了安排部署，各乡镇、村（居委）态度积极，迅速建立起了“多位一体”的综治工作运行机制，但没有触及到基层基础工作深层次的机制和体制问题。二是“大破大立”阶段。通过总结前一阶段工作，县委、县政府决定打破原综治、信访、安监分线运行模式，建立以综治办为平台、适应现实工作需要的新的运行模式，通过破旧立新，初步解决了一些机制和体制上的问题，对综治、信访、安监三股力量进行了有效整合和捆绑，但“条状”管理制约“块状”管理的瓶颈机制仍未被打破。三是“机制革新”阶段。面对“破”未破彻底、“立”未立起来的局面，县委、县政府认为：下放权力于乡镇党委、政府，强化和优化“块状”管理机制，增强基层党委、政府抓社会稳定工作的综合控制能力、统筹协调能力和务实管理能力，是加强社会治安综合治理基层基础工作的必破之题。

经过三个阶段的实践，巫山乡镇“大综治”改革目标逐渐硬朗明晰，就是要放权于乡镇，增强“块块”组织对大综治工作的统筹协调能力，让乡镇党委、政府强起来、硬起来、活起来，使基层党委、政府有能力把问题化解在基层、把矛盾消灭在萌芽状态。

全县“大综治”改革的总体思路和主攻方向是：坚持“以块为主、条块结合”的属地管理原则，按照“整合力量、畅通指挥、优势互补、信息共享、合成治理”的工作要求，从机制和体制上规范基层社会治安综合治理工作。重点是实现“四个转变”：一是管理组织架构由虚置向实设转变。乡镇综治办统揽安监、信访等工作，综治办主任由乡镇一名班子成员担任，按乡镇二级机构正职配备专职副主任，派出所长、司法所长在乡镇综治办兼职。通过合理配置行政资源，乡镇综治、安监、信访工作以综治办为平台，合署办公，同时采取组织措施，强化对派出所、司法所的统筹协调和力量捆绑，使基层综治机构在职能上实现了由政策层面的虚设化向协调具体工作的实体化转变。二是管理力量由以条为主向以块为主转变。拟由县委、县政府出台下放权力于乡镇的文件，落实乡镇党委、政府对县级部门延伸机构的工作评价权、上一级评先授奖建议权、干部任免建议权等工作权限，让乡镇党委、政府做到责、权、利相统一。按照重心下移、力量下沉的要求，打破以前各部门条条管理为主的运行机制，构建以块为主、条块结合的管理格局。对巡防协勤人员、社区治保人员、治安积极分子、民兵预备役人员等力量进行全面整合，形成基本力量和机动力量相互补充的维稳队伍，在乡镇综治办的统一组织下，全面开展社会治安防范和矛盾纠纷排查调处等各项工作，做到各支队伍"平时为掌，战时为拳"，实现管理力量资源利用最大化。三是管理内容由单项并列向多项合一转变。及时明确新机制运行后综治机构的工作职能，突出综治机构在维护稳定、平安建设中的平台作用和核心地位。乡镇综治办和村（居委）综治工作站（室）以维稳综治工作为主线，将社会治安防范、流动人口管理、法制宣传教育、矛盾纠纷排查调处、安全生产、禁种铲毒、防范邪教和应急救助等社会服务管理的方方面面职能全部有机统一在一起，实行"网格划分、多员捆绑、综合管理"，全面解决社会管理中所遇到的各种问题，达到管住、管好社会面，促进社会和谐稳定的目的。四是管理机制由经验式的随机管理向规范化的闭环管理转变。建立完善确保新机制运行的工作制度，重点包括岗位责任制度、情况报告制度、标准化考核制度、工作例会制度、信息共享制度、矛盾纠纷排查调处制度、内务管理制度和责任查究制度等。在各组成部门职责不变的前提下，由乡镇综治办把各项工作统揽起来，建立统一受理、归口办理、中心督办、限期反馈的工作模式，确保新机制规范化、制度化运行。拟由县上研究制定出台有利于乡镇工作的新的人财物管理机制，让乡镇"大综治"改革后，有一定的财力支配权，确保有条件办事。

重庆市综治委、办机构情况

主　任：刘光磊　市委常委、市委政法委书记、市公安局局长

副主任：刘学普　市政府副市长

委　员：市委、市政府分管副秘书长，重庆警备区、市纪委（市监察局）、市委组织部、市委宣传部、市委政法委、市编办、市信访办、市高法院、市检察院、市人大办公厅、市经委、市教委、市公安局、市国安局、市民政局、市司法局、市财政局、市人事局、市劳动保障局、市国土房管局、市建委、市交委、市商委、市文化广电局、市卫生局、市人口计生委、市移民局、市国资委、市工商局、市新闻出版局、市旅游局、市农委、市政协社法委、市总工会、团市委、市妇联、人行重庆营管部、市通信管理局、成铁重庆办事处、重庆长江轮船公司、重庆机场集团、重庆广电集团（总台）。

市社会治安综合治理委员会下设办公室，办公室设在市委政法委，办公室主任由市委政法委副书记张晓涛同志兼任。

市社会治安综合治理委员会办公室下设综合协调处、基层指导处、流动人口管理协调处。

重庆市各区、县综治委、办主任名单

地 区	综治委主任	综治办主任	地 区	综治委主任	综治办主任
渝中区	王 培	王岸立	大足县	陈中举	钟明传
大渡口区	刘本荣	周廷金	荣昌县	陈 杰	张晓玲
江北区	陶长海	余晓薇	璧山县	张继红	舒朝勇(上半年)
沙坪坝区	王余果	张 炜			戴 平(下半年)
九龙坡区	丁 洪	胡联强	垫江县	侯宗全	杨卫东
南岸区	何文中	杜孝群	武隆县	余健华	孔正波
北碚区	向红月	朱发春	丰都县	张 梅	姜 勇
万盛区	冉进红	贺卫凯	城口县	何国兵	庞先猛
双桥区	胡国强	谢德林	梁平县	李金泉	刘湘平
渝北区	袁勤华	包季伟	开 县	张红心	何亚辉
巴南区	胡能兵	刘纯健	巫溪县	陈 刚	谭金远
万州区	邓绪学	张 平	巫山县	管 洪	谭 祥
涪陵区	汤宗伟	陆国创	奉节县	刘渝平	肖亚南
黔江区	杨宏伟	张亚洲	云阳县	李洪义	李名川
长寿区	陈大奎	马万超	忠 县	叶世平	胡永轩
江津区	李德良	邓 波	石柱县	吴立培	肖义明(上半年)
合川区	周立友	刘建华			向天平(下半年)
永川区	康纪强	蔡 勇	彭水县	梁清元	冉隆川
南川区	祖 峰	周孝全	酉阳县	田景谷	田健华
綦江县	母明江	李永树	秀山县	代成瑶	张鲁秀
潼南县	蔡 聘	敬 进	高新区	王小若	胡 伟
铜梁县	魏寿明	张仁文	经开区	谢克毅	谭兴万

(撰稿人:李昂

审稿人:张晓涛 张恒斌)

四 川 省

2008 年社会治安综合治理工作概况

2008年各级党委、政府在中央综治委和省委、省政府的坚强领导下，认真贯彻落实党的十七大、十七届三中全会精神和省委、省政府决策部署，以非比寻常的决心和干劲，以深入开展平安建设为主线，以确保藏区稳定、保持灾区稳定、做好奥运期间社会稳定和维护全省稳定为目标，强化综治领导责任制，不断夯实综治基层基础，全面落实社会治安综合治理各项措施，确保了全省社会政治稳定和治安大局平稳，全省公众安全感达到93.9%，比2007年上升0.5个百分点，为加快建设灾后美好新家园、加快建设西部经济发展高地创造了和谐稳定的社会环境。

一、党政重视程度更高，组织推动平安建设力度更大

一是强化领导责任制。各级党委、政府把平安建设纳入经济社会发展总体规划，纳入党委、政府和领导干部的任期目标，统筹部署、整体推进。省委九届六次全会对综治工作和平安建设作出重要部署。省委常委会多次分析稳定形势和突出问题，研究解决措施并提出明确要求。省委书记刘奇葆、省长蒋巨峰专题听取综治及平安建设工作汇报，作出重要批示。省委常委、政法委书记、省综治委主任王怀臣同志对全省综治和平安建设抓得紧而又紧。各级切实把平安建设作为“一把手”工程，党政主要领导定期研究本地区平安建设工作，解决平安建设中的突出问题。层层下签综治责任书，分解落实综治和平安建设目标任务。省综治委、省委组织部、省人事厅联合制发了《关于建立党政领导干部抓社会治安综合治理工作实绩考核档案和晋职晋级评先受奖征求综治机构意见》。全省21个市州均由综治、组织、人事部门联合制发了建立党政领导干部综治实绩档案和晋职晋级、评先受奖征求综治机构意见的文件，有力推动了综治领导责任制的规范化、制度化建设。严格奖惩，对发生重大社会影响的案（事）件进行责任查究，一票否决权制度得到有效落实。全省各级共督查整改225个，查究单位86个，查究人员118人，一票否决单位45个，否决县处级单位5个，否决县级以下单位38个。二是强化经费保障。进一步加大综治和平安建设经费保障力度，全省综治专项经费、见义勇为经费、群防群治经费和技防建设均列入财政预算，共投入达17.61亿元，同比增长18.6%。三是强化督促检查。省综治委（办）组织工作组多次深入重灾市（州）及县（市、区）指导抗震救灾和治安防范工作；深入奥运火炬传递城市对社会面防控措施落实进行暗访督查；组织综治成员单位对平安建设进行暗访督导，及时发现和整改突出问题隐患。绝大多数地方的党政主要领导经常深入基层和一线督查平安建设工作，解决具体困难和问题，有力地推动了平安建设的深入开展。

二、全力抗震救灾，有力维护灾后社会稳定和治安秩序

一是全力抗震救灾。5月12日，四川省汶川发生特大地震灾害，王怀臣同志第一时间进驻省指挥部昼夜指挥抗震救灾工作。省委政法委、省综治委、省委维稳领导小组联合下发了《关于全力做好抗震救灾工作的紧急通知》。省综治办负责协调抗震救灾指挥部空投组工作，共协调执行空投、空降任务4890架次，投放各类救灾物资3219吨，运送被困群众1352名，伤员1201名，解救被困游客256人，完成地质灾害和重大险情检测任务31次。受灾各地各部门均成立了抗震救灾领导小组，负责本地区、本系统、本单位的抗震救灾和维护社会稳定和治安工作。省综治办组织六个工作组冒着强烈余震，多次深入灾区指导。

省综治办坚持每天收集汇总各地信息，编发综治抗震救灾动态31期，及时向中央综治办报送重要信息，指导灾区综治系统抗震救灾和维护治安稳定。

二是严密社会治安防控。省综治办及时下发了《关于全力做好抗震救灾工作中维护社会治安秩序的通知》，就综治系统做好抗震救灾工作，确保社会治安大局平稳提出了具体要求。各级综治委积极组织动员各方力量，出动警力69万人次、群防群治力量182万人次，全面加强了灾区机关、学校、医院等重点单位，以及居民小区、院落的巡逻守护，严厉打击趁灾抢劫、盗窃、制造传播谣言、哄抬物价等违法犯罪活动。5—12月，6个重灾市州刑事案件立案下降4%，群体性事件下降36.5%。绵阳市出动警力数万人次，出动综治干部和群防群治力量8万余人，参与抢救受伤被困群众50多万人，组织疏散避险群众60余万人。德阳市在1716个安置点全部建立了临时调委会（工作站），建立帐篷司法所189个，开展矛盾纠纷排查1.37万人次，调解因地震引起的矛盾纠纷2623起。

三是开展安置区平安建设。省综治委先后制发了《关于在受灾群众集中安置区开展平安建设的意见》、《关于深入开展平安建设为安置受灾群众和恢复重建创造良好社会环境的通知》，具体部署灾区、非灾区、藏区平安建设的重点工作。着力推动成都等6个受灾严重的市州在受灾群众集中安置区全面开展“平安棚区”、“平安棚户”、“平安寝室”等创建活动，普遍建立临时党支部、警务室、治保会、调委会、治安巡逻队等，健全恢复综治工作机构网络，组织综治成员单位分片包干，发动受灾群众参与共创，营造了良好的社会治安环境。

三、发挥综治优势，打赢保卫奥运安全的人民战争

省综治委专门部署平安奥运创建活动，王怀臣同志亲自挂帅，动员一切可以动员的力量广泛参与奥运安保工作。组织对火炬传递市安保方案的评审，传递线路的实地踏勘，省综治办全程参与5个城市火炬传递的安保联合督导。组织工作组多次深入成都等5个奥运火炬传递城市，对线路安保、重点人员、重点部位等社会面防控措施落实情况进行暗访督查。督促火炬传递城市全面梳理排查本地不稳定因素、突出治安问题和安保方面存在的薄弱环节，及时整改、超前预防。落实出租房屋、旅馆等重点行业，“法轮功”人员、刑释解教人员、吸毒人员等重点人员管控措施，组织群防群治队伍，实行社会面网格化巡逻和重点部位防控。奥运火炬传递和展示的五个市共组织群防群治力量26万余人参与安保工作，确保了奥运火炬在我省成功传递。各地、各部门全力落实平安奥运创建十项措施，对进京流动人口情况进行全面摸排，落实管控措施。同时，省综治办派出专人前往北京，落实在京重点人员管控，确保了北京奥运会、残奥会期间全省社会政治稳定和治安平稳。

四、集中开展“两个排查”，有效解决影响社会治安稳定的突出问题

一是充分运用“大调解”机制化解突出矛盾纠纷。进一步健全和完善了乡镇、街道矛盾纠纷排查调处中心，有效形成了人民调解、行政调解、司法调解相互衔接配合、联调联动的“大调解”工作格局。建立滚动排查、“零报告”、情况报送等制度，及时妥善解决矛盾纠纷。省综治委转发了省法院、省公安厅、省司法厅制定下发的《关于加强人民调解工作建立矛盾纠纷化解机制的试行办法》。省综治办在全省推广了眉山市构建“大调解”工作格局的创新作法；绵阳市建立矛盾纠纷排查调处接访、例会、巡回化解和预警四项机制，确保及时有效化解涉灾矛盾纠纷。全省95%以上的乡镇、街道建立健全了矛盾纠纷联动调处中心，村、社区建立了矛盾纠纷排查调处站，使大量的矛盾纠纷有效化解在基层。2008年，全省共排查各类矛盾纠纷23.6万余件，调解成功22万余件，成功率达93%，防止民转刑4920件，全省未发生重大群体性事件。

二是强力整治治安混乱地区和突出治安问题。各地进一步健全了治安形势分析研判、排查整治评估机制。坚持由综治委（办）牵头组织，公安机关为主力，职能部门配合，定期排查、滚动排查，集中整治治安混乱地区和突出治安问题。对群众反映强烈的重点地区和突出问题实行分级挂牌督治，严格落实责任。全省2008年共对474处治安混乱地区进行了挂牌督治，其中市州挂牌督治135处，县市区挂牌督治339处，绝大多数地区治安面貌明显改观。

五、进一步完善打防控机制，全面提高社会治安防控能力

一是深化严打整治斗争。省委、省政府两办转发了《省委政法委、省综治委关于深化打黑除恶斗争的意见》。全省共打掉涉黑涉恶犯罪团伙255个1536人。12月，省政法委、省综治委部署了为期2个月的集中严打整治专项行动，确保"两节"、"两会"安全。公安机关全年破现案23000多起、破积案近9000起，破获刑事案件81418起，同比上升7.1%。强力推进"三电"整治工作，全省对20个重点县（市、区）和25起"三电"重点案件实行挂牌督办，4月和7月组织开展了两次集中清查整治废旧金属收购站点，堵塞犯罪销赃渠道。2008年"三电"案件与去年同比下降41%、损失下降33%。

二是推进技防建设。扎实推进"天网工程"，共投入技防建设资金9.4亿元，除地震重灾区的部分县（市、区）外，21个市（州）及县（市、区）城区基本完成"天网工程"建设，并向居民小区、城郊结合部、农村地区延伸，城市重点区域监控设施建成率达100%。成都市制定了基础"三防"标准，在重点部门、行业、单位和居民小区建成2300多个电子监控平台，安装各类监控探头2.1万个；广安市在全省率先实行电缆断线报警与110平台对接联动。

六、以创新流动人口服务管理工作为重点，全面提升社会管控能力

一是加大了流动人口服务管理工作力度。省委、省政府下发了《关于进一步加强流动人口服务和管理工作的实施意见》，加强了领导体系和工作网络建设。省综治委与首都综治委签署了《关于加强流动人口双向服务管理促进社会和谐稳定协议书》，建立健全了双向服务管理协作机制。积极做好灾区流动人口服务管理，为灾民群众办理身份证40.2万余件，临时身份证11.3万余个，开具户籍证明38.3万张。全面摸排返乡农民工底数，分析存在的突出问题，提出对策建议。二是扎实开展刑释解教人员安置帮教工作。进一步强化了刑释解教人员衔接管控措施，推进社区矫正工作。充分调动各方面力量落实帮教措施，已建立过渡性安置企业87个，安置就业5222余人，安置率达90.6%；帮教率达91.7%；重新犯罪率0.9%。宜宾市投资350万元建立刑释解教人员回归培训基地；成都、绵阳、德阳等地积极推行街道、派出所、家庭三合一的社区矫正帮教模式，促使刑释解教人员回归社会；泸州市制定《社区矫正工作经费补贴试行办法》，对接受矫正对象的社区给予补助，促进了工作落实。三是进一步加强预防青少年违法犯罪工作。5·12地震后，联合有关部门深入灾区开展法制宣传，组织派送12355灾区青少年心理康复援助专家志愿团40余支496名心理专家奔赴18个重灾区参与心理援助活动。与省法建办及法制宣传协会共同启动了"未成年人保护行动—2008年青少年法制教育宣传周"活动。进一步健全完善"留守学生关爱行动"长效机制，建设标准型"留守学生之家"近400余所，设立了"四川省留守学生爱心基金"。启动全省17个市200个留守儿童寄宿制学校项目建设，已有95个项目竣工完成。四是强化了校园及周边社会治安综合治理工作。全省共开展校园及周边治安综合治理专项整治行动2000余次，依法查处违法经营网吧296户，取缔黑网吧543户。全省"警校共育"覆盖面达100%，90%以上的学校达到"平安校园"创建标准。五是深入开展国家安全人民防线工作。地震灾后，省综治办协调绵阳、广元等地在绵阳建立了综治人民防线跨地区防范协作机制，确保了九院等重点目标的安全。全年各级人民防线组织共收集上报涉奥、涉藏、涉震、涉稳情报、信息1千余条。六是深化铁路护路联防工作。深化平安铁道线（车站）创建，铁路沿线1600个村（社区）中有1416个村（社区）达到了"五无"标准，占88.5%。与去年同期相比，全省护路责任区段发生路外受伤事故下降了68%、死亡事故下降62%、大牲畜肇事事故下降80%；危及行车安全的"五类"案件下降73%，全省境内没有发生冲击阻断铁路、拦截列车等群体性事件，未发生掀盗铁路运输物资案件，受到了中央综治委护路办的充分肯定。

七、进一步加强基层基础建设，基层平安建设持续发展

一是大力推进"1221"工程。各地着力构建以乡镇党委为核心、村支两委为支撑、警务室和调解室为骨干、治安巡逻队为基础的农村平安建设长效机制。全省40%的乡镇已完成"1221"工程建设任务。进一步加强了乡镇综治委、办建设,健全了综治办共4657个,配有综治专抓副职、专干9343名;设立村(社区)综治工作站38737个。大力开展综治培训,6月省综治办召开全省平安奥运创建工作会议,专题培训平安奥运创建内容;11月的全省资阳会议,对各市州、县(市、区)综治委(办)负责人进行了集中培训。深入推进"两所一庭"建设,全省新建标准化派出所959个、司法所1032个、人民法庭210个。大力加强群防群治队伍建设,共建专职治安巡逻队2.7万支18.7万人,保安队伍8960支9.9万人,义务巡逻队5.8万支47.4万人,守楼护院队2.2万支8.7万人,民兵应急分队9256支12.7万人,"四车多员"等治安信息员队伍62.5万人,在维护社会治安秩序中发挥了重要作用。

二是进一步深化基层平安创建。省综治委制发了《2008—2010年省级平安县(市、区)创建新标准》。4月28日召开全省综治工作会,部署深化平安建设各项工作。11月6日在资阳市召开全省深化平安建设暨"三大主题"活动现场会,对新一轮平安建设作出了进一步部署。目前,全省已创建新一轮省级平安建设先进县(市、区)35个,平安乡镇(街道)3999个,平安村(社区)46957个,平安学校15627个,平安医院3238个,平安文化市场2021个,平安铁路示范村1541个,平安家庭8649780个,平安棚区1792个,平安企业22161个,平安景区311个,平安边界2360个,不断夯实平安四川建设的基础。

三是广泛宣传平安建设。2月下旬,省综治委、省委宣传部联合下发了《关于集中开展平安建设宣传工作的通知》,对全省综治宣传月活动进行了部署。各地通过开辟综治频道、平安建设专栏、制作展板等多种形式,组织开展集中宣传月活动。全省共收到群众举报线索39820条,通过线索破案15843起,群众扭送犯罪嫌疑人9327人。省综治委召开四川省见义勇为基金会成立大会,组织各地推荐全省抗震救灾见义勇为先进个人(集体),省综治委表彰了7个抗震救灾见义勇为先进集体和77名抗震救灾先进个人。成都市将见义勇为纳入市委市政府惠民目标,制定了见义勇为法律援助办法、设立见义勇为特约医院、实行见义勇为人员养老和医疗保险,推动了见义勇为工作的深入开展。

四川省社会治安综合治理委员会
关于在受灾群众集中安置区
开展平安建设的意见

(2008年5月30日)

5·12汶川大地震,使人民生命财产遭受巨大损失,给社会治安综合治理带来前所未有的新挑战。要夺取抗震救灾工作的全面胜利,需要灾区有一个和谐稳定的社会环境。地震灾害发生以来,各级党委、政府采取了一系列维护灾区社会和谐稳定的有效措施,使我省灾区保持了社会稳定、治安大局平稳的良好态势。但是,我们也要清醒地看到,妥善安置受灾群众是一项较长时期的重要任务,当前部分受灾群众存在不安定情绪,一些涉及受灾群众切身利益的矛盾和问题较突出;受灾群众人员流动频繁,治安防范任务繁重,社会管理难度明显加大。同时,灾区面临境内外敌对势力渗透的严峻形势,这些都迫切需要强化社会治安综合治理和维护社会稳定工作。在受灾群众集中安置区开展平安建设,是应对特大地震灾害,维护社会稳定和治安大局平稳的新举措,对于推动灾区社会治安综合治理各项措施的落实，保障抗震救灾工作的顺利进行具有十分重要的作用。各级党委和政府要充分认识在受灾群众集中安置区开展平安建设的重要性，把它作为当前社会治安综合治理工作的头等大事，在受灾群众集中安置区进一步落实平安建设的各项措施，努力为受灾群众创造一个安全、文明、卫生、和谐的环境。

一、指导思想和目标任务

指导思想：深入贯彻落实胡锦涛总书记关于抗震救灾工作的重要讲话精神和党中央国务院、省委省政府关于抗震救灾的部署，坚持以人为本和群众利益高于一切，在各级党委和政府的统一领导下，组织动员全社会力量，以维护受灾群众利益、确保社会稳定为目标，以严厉打击各种侵害受灾群众利益的违法犯罪为首要环节，以健全并发挥基层组织作用、整合力量化解矛盾纠纷、加强治安防范和社会管理为重点，在受灾群众安置区广泛开展平安创建活动，落实社会治安综合治理各项措施，力争通过较短时间的努力，营造一批安置规范、管理有序、区域稳定、治安良好、安全卫生、文明和谐、健康向上、群众满意的集中安置区，确保人民群众生命财产安全，确保社会稳定，确保国家安全，为抗震救灾和灾后重建创造良好的社会治安环境。

目标任务：一是集中安置区矛盾纠纷得到及时发现和妥善处理，受灾群众情绪稳定，防止影响社会稳定的重大群体性事件。二是集中安置区治安秩序良好，突出的治安问题得到有效整治，防止发生影响群众安全感的重大治安问题。三是集中安置区安全、卫生防疫工作有序开展，防止发生危害人民群众生命财产安全的群死群伤事故。四是对敌对势力的渗透破坏活动以及“法轮功”等邪教组织的非法活动防控有力，防止发生危害国家安全和政治稳定的事件。五是严厉查处破坏抗震救灾的经济犯罪，防止发生影响灾区市场秩序的经济案件。

二、主要措施

（一）大力加强集中安置区综治基层基础工作

加强党的基层组织建设，在集中安置区建立党、团组织，发挥党的基层组织在社会治安综合治理和平安建设中的领导核心作用；建立警务室、治保会、调委会，组织发动受灾群众中的积极分子，建立治安巡逻队、治安信息员队伍，形成以党组织为核心，自治组织为基础，综合治理、政法组织为骨干的社会治安综合治理工作网络，筑牢维护社会治安和社会稳定的第一道防线。要在集中安置区广泛开展“平安棚区”、“平安棚户”等平安细胞创建活动，充分发动受灾群众参与，形成自防自治、共建共享的良好局面。

（二）大力加强集中安置区矛盾纠纷排查调处工作

各级党委和政府要着力解决关系受灾群众切身利益的问题，切实做好学生上学、生产自救、心理健康、医疗卫生、法律援助等方面的工作，坚决防止和纠正各种损害受灾群众利益的行为，防止滋生矛盾隐患。建立集中安置区矛盾纠纷排查调处工作机制、制度和网络，及时掌握社情民意，及早发现和消除各种影响社会稳定的苗头和隐患，提高发现和解决矛盾纠纷的能力，努力预防和减少“民转刑”案件的发生。深入做好稳定人心的工作和受灾群众的安抚工作，防止因工作不当引起群众情绪激烈，防止发生聚集事件和哄抢救灾物资事件。

（三）大力加强集中安置区的治安防范工作

在集中安置区充分发挥警务室在落实综合治理措施中的骨干作用，充分发挥党员、团员、民兵、青年志愿者、治安积极分子的带头作用，最大程度地把受灾群众组织起来，形成人人参与治安防范的工作格局。组织治保会、治安巡逻队、治安积极分子，开展对集中安置区周边的治安巡逻和防范，切实增强安置区群众的安全感。有条件的地区，要将“天网工程”向安置区延伸，增强防控实效。要积极整合军警民力量和群防群治力量，在安置区构建有效预防和及时发现打击各种违法犯罪活动的社会治安防范体系，形成军警民团结协作、联防联治的工作机制。要广泛开展法律进安置区、进安置棚户活动，加强法制宣传教育，加强法律援助，不断增强受灾群众的法制观念和防范意识。大力弘扬见义勇为精神，形成维护治安人人有责的社会氛围。

（四）大力加强集中安置区的社会管理工作

要将集中安置区纳入村（社区）管理，尽快形成以乡镇、村（社区）、组为建制的基层管理工作机制。充分发挥基层党政组织作用,加强对受灾群众的社会服务管理工作。坚持以人为本,依法管理,依法行政,不断探索适应受灾群众安置工作的管理办法和工作机制,努力提高管理成效。要切实尊重和维护受灾群众的合法权益和合理要求,使受灾群众积极支持和参与管理活动。切实做好受灾群众的人口信息采集和查验,做到安置区人口底数清、情况明;加强救灾物资和受灾群众必需品的管理和供给,防止发生救灾物资的损毁、被盗,被抢;加强卫生防疫工作和食品安全监管,防止发生重大疫情和投毒事件;加强交通和消防安全管理,防止发生火灾等治安灾害事故。

(五)大力加强集中安置区周边治安的排查整治工作

要经常排查、滚动排查安置区及周边的突出治安问题,及时开展整治,限期改变面貌,维护良好的治安秩序。要严密防范、严厉打击盗窃、抢劫、哄抢救灾物资,以赈灾募捐名义诈骗、敛取钱财,散布传播各种谣言、制造社会恐慌等违法犯罪活动,依法从重从快惩处,震慑犯罪,安定人心。

(六)严密防范和严厉打击敌对势力的渗透破坏活动

对抗震救灾期间发生的危害国家安全的破坏活动,要坚持露头就打,果断处置,并严密做好防范工作。要积极防范和严厉打击"法轮功"等邪教组织的非法活动,境外非政府组织及利用宗教名义进行的各种非法活动。坚决防止发生危害国家安全的事件。

三、组织领导

(一)加强领导、落实责任。各级党委和政府要把集中安置区平安建设摆上重要议事日程,及时研究部署集中安置区的平安创建工作。各级党政主要领导是集中安置区平安建设的第一责任人,要及时研究本地区安置区平安建设工作,解决工作中的突出问题,推动安置区平安建设深入开展。各级综治委及其办公室要在党委和政府的领导下,发挥好组织协调作用,加强调查研究和督促检查,不断总结经验,查找薄弱环节,狠抓工作措施的落实,有计划、有步骤地组织推动安置区平安创建活动的深入开展。要按照"属地管理"原则,层层建立领导责任制、部门责任制和单位责任制,把平安建设的各项任务落实到基层,落实到部门(单位),落实到责任人。

(二)部门参与、齐抓共建。各部门、各系统要紧紧围绕安置区平安建设的目标要求,充分发挥各自的职能作用。各级政法部门要在安置区平安创建活动中发挥好主力军作用。特别是公安、司法、卫生、民政、教育、劳动就业以及工会、共青团、妇联等有关成员单位,要加强协作配合,共同做好安置点的治安防范、公共秩序、卫生防疫、消防以及志愿者的管理服务等,形成齐抓共管的良好局面。

(三)强化宣传、正面引导。加大对安置区平安创建活动的宣传报道力度,开展多种形式的宣传活动,广泛发动受灾群众参与,形成共建共享的良好局面。及时宣传、表彰安置区平安创建中涌现出来的先进典型和见义勇为人员,最大限度地调动受灾群众参与平安创建、维护社会治安的积极性。要正确把握灾区敏感问题的舆论导向,加强舆情信息工作,建立和完善相应的舆论引导机制,为安置区平安建设营造良好的舆论氛围。

(四)加强指导、务求实效。各地要加强对安置区平安创建的指导和督促检查,注意培育和树立典型,及时总结、推广安置区创建工作中的先进经验和作法,以点带面,推动这项工作的全面深入开展。要把安置区平安创建活动纳入2008年社会治安综合治理工作目标和平安县(市、区)建设的重要内容,对工作扎实、成效显著的地方和单位予以表彰奖励,对领导不重视,工作不落实,导致安置区发生影响稳定重大问题的,实行综合治理一票否决,并严肃追究有关领导和相关人员的责任。

四川省社会治安综合治理委员会 四川省委组织部 四川省人事厅 关于建立党政领导干部抓社会治安综合治理工作实绩考核档案和晋职晋级评先受奖征求综治机构意见的通知

(2008 年 12 月 24 日)

各市(州)社会治安综合治理委员会、党委组织部、人事局,省社会治安综合治理委员会各成员单位:

为进一步加强党对综治工作的领导,落实社会治安综合治理领导责任制,扎实推进平安四川建设,为我省奋力加快建设灾后美好新家园、加快建设西部经济发展高地创造和谐稳定的社会环境,根据党中央、国务院《关于进一步加强社会治安综合治理的意见》(中发〔2001〕14 号)和中央社会治安综合治理委员会、中共中央纪律检查委员会、中共中央组织部、国家人事部、国家监察部《关于实行社会治安综合治理领导责任制的若干规定》(综治委〔1993〕16 号)以及中央综治委、中央组织部《关于党委组织部门在参与社会治安综合治理工作中进一步发挥好职能作用的意见》(中组发〔2003〕25 号),现就建立党政领导干部抓社会治安综合治理工作实绩考核档案和晋职晋级、评先受奖征求综治机构意见的有关事项通知如下:

一、建立党政领导干部抓社会治安综合治理工作实绩考核档案的范围

(一)市(州)书记、市(州)长;

(二)市(州)党委、政府分管综治工作的领导;

(三)省社会治安综合治理委员会成员单位主要领导和分管综治工作的领导干部。

二、党政领导干部抓社会治安综合治理工作实绩考核的内容及建档程序

(一)党政领导干部抓社会治安综合治理工作实绩考核的内容包括本地、本系统执行省委、省政府年度社会治安综合治理工作目标的情况;市(州)和省综治委成员单位主要领导履行社会治安综合治理、维护稳定第一责任的情况,部署综治工作和研究解决综治工作重大问题的情况;市(州)和省综治委成员单位分管领导履行综治工作直接责任,研究解决综治工作具体问题的情况,具体领导、安排部署、组织协调、推动落实综治工作的情况等。

(二)各市(州)和省综治委成员单位向省综治委提交本地、本单位社会治安综合治理工作年度工作目标完成情况,并在年底前向省综治委提交年度《四川省党政领导干部社会治安综合治理工作实绩考核表》。省综治委要及时主持召开五部委联席会议,对党政领导干部抓社会治安综合治理工作实绩进行考评,将评价意见填入《四川省党政领导干部社会治安综合治理工作实绩考核表》,并转省委组织部纳入干部人事工作档案管理。

三、党政领导干部抓社会治安综合治理工作实绩考核结果的应用

(一)要把党政领导干部抓综治工作的能力和实绩列为干部考核的重要内容,并把考核结果作为向党委提出干部任免、奖惩的重要依据,与晋职晋级和评先受奖直接挂钩。

(二)按干部管理权限,各市(州)和省综治委各成员单位主要领导和分管综治工作领导晋职晋级、评先受奖以前,应书面征求省社会治安综合治理委员会意见。省综治委应认真负责地对拟晋职晋级、评先受奖的党政领导干部抓综治工作的情况和工作实绩提出意见,并及时反馈意见。

(三)发生影响社会稳定的重大问题和事件,被实行社会治安综合治理责任查究、一票否决的地区和单位,主要领导和分管领导当年不得晋职晋级和评先受奖。

(四)各市(州)综治委、党委组织部、人事局,要按照中央和省关于建立党政领导干部抓综治工作实绩考核档案的要求,按照干部管理权限,建立本级各部门、各县(市、区)党政主要领导和分管领导抓社会治安综合治理工作实绩考核档案制度,完善党政领导干部晋职晋级、评先受奖征求综治机构意见的规范化程序。

附件:四川省党政领导干部社会治安综合治理工作实绩考核表(略)

中共四川省委办公厅　四川省人民政府办公厅
关于表彰2008年度平安建设
先进县(市、区)的通报

(2008年12月24日)

各市(州)、县(市、区)党委和人民政府,省直各部门:

2008年,各地、各部门认真按照中央和省委、省政府关于平安创建工作的部署和要求,紧紧围绕全省"两个加快"奋斗目标,精心组织、加大投入、全民动员、齐抓共管,广泛深入开展新一轮平安创建活动,严格落实领导责任制,着力构建"大调解"工作格局,排查化解矛盾纠纷,深入开展严打斗争,重点整治治安混乱地方和突出治安问题,大力推进"1221"工程建设,完善整体联动防控体系,加强和改进社会管理,健全工作保障机制,有力地推进了平安建设深入开展,社会治安综合治理措施进一步落实,人民群众安全感进一步增强,为推进我省经济社会又好又快发展创造了和谐稳定的社会环境。

根据市(州)推荐,省综治委组织验收评定,经省委、省政府同意,决定对2008年度全省35个平安建设先进县(市、区)予以通报表彰。

各地、各部门要认真贯彻落实党的十七大、十七届三中全会和省委九届六次全会精神,深入学习实践科学发展观,创新工作思路,增添新的举措,健全工作机制,推进平安建设深入开展,开创社会治安综合治理工作新局面,为我省奋力推进"两个加快"创造更加和谐稳定的社会环境。

附件:2008年度平安建设先进县(市、区)名单

附件:

2008年度平安建设先进县(市、区)名单

成都市:青羊区　武侯区　青白江区　双流县　新津县

自贡市:富顺县

攀枝花市:东区　米易县

泸州市:江阳区　泸县
德阳市:罗江县
绵阳市:涪城区　游仙区
广元市:旺苍县
遂宁市:射洪县　安居区
内江市:市中区
乐山市:市中区　峨眉山市
南充市:蓬安县　嘉陵区
宜宾市:翠屏区　南溪县　长宁县
广安市:华蓥市　武胜县
达州市:大竹县　通川区
巴中市:平昌县
雅安市:宝兴县
眉山市:洪雅县　青神县
资阳市:雁江区　乐至县
凉山州:冕宁县

充分发挥综治优势　打赢奥运安保人民战争

在省委、省政府的坚强领导下,省综治委和各级综治系统紧紧围绕确保奥运火炬在全省安全传递展示的工作目标,充分发挥综治优势,组织动员各级各部门和广大人民群众,打赢了奥运火炬传递安保人民战争,为实现奥运火炬在我省安全顺利传递展示做出了积极贡献。

一、属地网格化管理,凸现综治工作优势

在党委、政府的统一领导下,各级综治系统以高度的政治责任感和历史使命感投入奥运火炬传递各项准备工作中。各级综治委(办)全力以赴抓好安全传递有关措施的组织、指导和督导检查。省委常委、政法委书记、省综治委主任王怀臣同志多次召开会议研究部署安保工作,并在7月省综治委第二次全委扩大会上提出明确要求。3月份以来,省综治办多次专题研究奥运火炬传递安保工作,7月专门下发文件作出具体部署。先后派出5个工作组多次深入成都、广安、乐山、绵阳、德阳等5个奥运火炬传递展示城市,通过实地踏勘传递路线、明察暗访当地治安等方式,指导奥运火炬传递安保工作。省综治办还组织综治成员单位组成的督导组,对火炬传递城市安保工作进行督导检查。7月30日—8月5日,省综治办派出7名同志,全程参与了省奥运火炬传递组委会组织的对5个城市奥运火炬传递展示的安保工作联合蹲点督导,指导各地加强社会面防控,全面落实火炬传递各项安保措施,确保万无一失。

各市州和县(市、区)全面实行网格化管理,层层落实基层组织属地责任。成都市奥运安保工作按照网格化管理要求,专群结合、责任到人,实现重点场所、重点路段、重点人员管控措施全覆盖。广安市成立了火炬传递安保工作领导小组,统一组织、指挥、协调各方力量全力投入火炬传递安保工作。

二、大排查大调处,全力化解各类矛盾纠纷

全省各地把排查化解矛盾纠纷作为综合治理工作第一位的任务,动员组织各方面力量,全方位、多层面地深入调查摸排,不留盲点和死角。绵阳市对排查出的不稳定因素实行领导包案化解,全市775名县级干部每人联系3户群众,切实解决积压的疑难矛盾问题和群众现实利益问题。全省多次开展了矛盾纠纷的拉网式大排查、大化解活动。7月28日至8月2日,各地各部门对可能出现进京、到省和影响稳定的苗头性纠纷进行再一次拉网式排查,全面掌握了重点地区、重点领域、重点行业、重点人员的情况,切实做到心中有数。

三、大排查大整治,切实解决突出治安问题

各级综治委(办)组织有关部门和基层组织,滚动排查治安混乱地区和突出治安问题,认真分析研究,制定可行方案,明确落实责任,组织协调和督促有关地区和部门及时整治,限期改变面貌。截止7月,全省共组织工作组2053个14582人次开展排查整治,排查治安乱点1718个,通过整治,改变面貌1534处。各级公安机关坚持严防、严查、严管、严打、严治,强化对易燃易爆、有毒有害和放射性物品及枪支弹药等的管理,严防发生爆炸、枪击、投毒事件，严防重特大事故发生。各级国家安全人民防线组织严防境内外敌对势力的渗透破坏活动和“藏独”、“法轮功”分子趁机扰乱人心、制造事端。广安市建立了国安、国保、防邪、综治人民防线组成的“川渝两省四市”边际联防和安全协作机制，加强情报信息搜集研判和涉外人员背景审查，及时掌握监控敌情动态。绵阳市制定下发了《关于加强中物院国家安全人民防线工作的实施意见》，进一步明确各部门职责，建立了联席会议制度。各级综治委专项整治办对奥运火炬传递展示期间“三电”设施保护工作进行了专门部署，督促各地全面落实重点设施的巡逻守护措施。

四、群防群治大防控，全民动员保奥运

各级综治部门积极组织城乡专兼职群防群治队伍，强化对社会面的控制，加强了对党政军机关等重点单位，车站、桥梁、隧道、商场等重要公共场所，供水、供电、供油、供气、电信、广播、电视、食品安全等关系国计民生的重要设施的安全防范。对火炬传递转场沿线的路口、桥梁、涵洞、加油站、高层建筑物等重点部位逐一编号，逐一落实责任人，对市区公交车、大中型商场、医院、金融网点等，采取定岗、定位、定人、定责，严密落实安保措施，最大限度地减少管控盲区，最大限度地挤压违法犯罪空间。据统计，五市奥运火炬传递展示期间，共组织群防群治力量26万余人参与安保工作，其中乡镇以上专职治保巡逻队4462支47212人，治安信息员190423人，参与火炬传递社会面防控工作，投入40320万元新增监控点4991个。全省组织数万名“综治义务巡逻员”，佩戴醒目标志，在所属辖区开展法制宣传和治安防范。各地建立人民群众举报奖励制度，各市设立了奖励标准1至50万元的人民群众举报奖，极大地调动了人民群众参与维护治安的积极性。

五、严密社会管理，确保万无一失

各地区、各有关部门充分发挥流动人口协管员队伍的作用，按照“底数清、情况明、信息灵、管得住”的要求，落实对重点人群和高危人员的管控措施，确保其在火炬传递期间不漏管失控，不借机滋事。一是集中开展流动人口大清查。按照省综治办要求，各地组织公安、工商等部门，对重点行业、重点区域开展了“迎火炬、保平安”的拉网式集中清查行动。共出动专群力量21万人次，清查流动人口20万人次，出租房屋13600余间。德阳市对各社区矫正人员进行了集中专项清查，全部落实具体管控措施。二是强化对危爆物品的清查。各地加强了对公交车、长途客车上可疑物品的检查，严防恐怖分子、极端分子的破坏活动。加强了对爆炸物品的重点清查，与所有涉爆单位签订了责任书，对所有爆炸物品存放点进行了登记造册。三是落实了对“追火族”的管理措施。各地成立了针对“追火族”的专门安全领导小组，针对“追火族”可能带来的安全隐患，制定方案，细化预防措施，切实做好“追火族”等流入人员的管理和疏导工作，确保了火炬传递安全顺利进行。

四川省大力实施“1221”工程
积极构建农村平安建设长效机制

一、省委、省政府高度重视，强力推动农村平安建设长效机制建设

2007年5月13日，四川省广安市邻水县发生一起农村留守学生被抢劫杀害的案件后，四川省委、省政府认真贯彻落实中央领导同志重要批示，迅速作出安排部署，在全省开展为期6个月的“集中整治农村突出治安问题”专项行动，使一批治安混乱地区和突出治安问题得到有力整治，实现了农村治安形势明显好转。要确保农村长治久安，基层党组织能否充分发挥领导核心作用，基层政法队伍能否充分发挥骨干作用，是关键和要害。按照“边整治、边建机制”的思路和“标本兼治、重在治本”的原则,针对解决基层普遍存在的党组织战斗力不强、基层政法干警严重不足的问题。省委、省政府高度重视,省委常委会多次召开专题会议,研究农村集中整治和长效机制建设重大问题,决定在全省招录6000名公安民警充实基层,安排专项资金3000万元用于农村警务室建设。原省委书记杜青林、省长蒋巨峰同志多次作出批示,深入基层调研督导农村平安建设工作。省委常委、政法委书记、省综治委主任王怀臣多次召集有关部门,就如何推进农村平安建设长效机制建设进行专题研究,并亲赴遂宁市调研,就开展试点工作提出明确要求。遂宁市委、市政府高度重视,立即动员部署,作出规划,积极开展试点工作。省委政法委、省综治委、公安厅、司法厅等部门主要负责同志先后深入遂宁,对建立农村平安建设长效机制进行指导。2007年10月,省综治委在遂宁市召开现场会进行了全面总结和推广。11月,中共四川省委办公厅、省人民政府办公厅下发了《关于建立农村平安建设长效机制的意见》,在全省大力实施“1221”工程,全面加强农村基层政权组织、政法综治组织和群防群治队伍建设,进一步提升农村治安防控、化解矛盾纠纷、社会管理的能力和水平,建立健全农村平安建设机制,从根本上实现农村社会和谐稳定。

二、大力实施“1221”工程,夯实农村平安建设基层基础

全省把实施“1221”工程建设作为推动新一轮平安建设的着力点和关键环节,将“1221”工程建设推进及完成情况纳入对当地党委、政府综治工作目标和平安建设的重要内容,加大了督促检查和考核力度。一是大力加强乡镇、街道综治委(办)建设。强化以乡镇党委、政府为核心的平安建设组织领导,乡镇党委书记任综治委主任,分管副职任综治办主任。认真贯彻落实中央综治委与中央编办联合下发的《关于加强乡镇、街道社会治安综合治理基础组织建设若干意见》精神,督促各地加强乡镇、街道综治委办建设,配齐配强综治专干,作为每年定期暗访督查和年终检查的必检查内容。从县(市、区)机关选调优秀年轻干部下派乡镇协助抓综治工作,对业绩显著的优先提拔使用。许多地方由财政解决综治专干每月50至80元的工作补贴。全省181个县(市、区)级综治办共有专职工作人员571人,乡镇(街道)配专抓副职4479人,综治专干6311人。二是大力加强“两所一庭”建设。省委、省政府制定了全省“两所一庭”建设规划。各地党委、政府加大投入,全面实施,完成了藏区799个“两所一庭”项目和32个流动法庭建设任务。科学编制灾后重建规划,39个重灾县政法基础设施建设规划投入40.4亿元。全省新建乡镇派出所1655个、乡镇人民法庭171个、乡镇司法所611个,全省70%以上的乡镇(街道)已完成“两所一庭”建设。三是大力加强村党组织和村委会建设。各地选派优秀大学生到村任职,加强了村“两委”建设。试行村干部岗位制,在有条件的地方推行村干部专职化。加强村委会、综治办、调委会和治保会建设,村党支部书记任综治办主任。加快村级活动场所建设,去年以来,全省共投入资金近5亿元,新建村级活动场所10700余个、100多万平方米。四是大力加强警务室和调解室建设。依托村级组织活动场所,加快警务室、人民调解室建设,创建村“两委”和“两室”有机结合、相互衔接的村级组织工作平台,形成工作合力。2007年全省建成农村警务室2488个,配备民警3271人,未设派出所的乡镇警务室建成率达到100%;2008年全省新建农村警务室3049个,新建调解室8828个。五是大力加强治安巡逻队伍建设。各地积极组建由政府出资、综治机构协调、公安机关业务指导的乡(镇)和村治安巡逻队。全省90%以上的县(市、区)城区、50%以上的乡镇已建立专职治安巡逻队。全省共建专职治安巡逻队2.7万支18.7万人,保安队伍8960支9.9万人,义务巡逻队5.8万支47.4万人,守楼护院队2.2万支8.7万人,民兵应急分队9256支12.7万人,“四车多员”等治安信息员队伍62.5万人。全省40%的乡镇已完成“1221”工程建设任务,健全了综治办共4657个,配有综治专抓副职、专干9343名;设立村(社区)综治工作站38737个。遂宁市在全省率先完成“1221”工程建设,实现了每个乡镇1个派出所、司法所,每个中心镇1个人民法庭,5个行政村1个警务室,每个村的治保会主任由党支部书记兼任、调委会主任由村主任兼任,所有乡镇、村全部建立治安巡逻队。

三、"1221"工程建设初显成效

通过大力实施"1221"工程建设,全省综治基层基础明显加强,各项社会管理及治安防范措施更加落实,平安建设有序有力推进,保持了农村社会的和谐稳定。一是警力严重不足的现状有所缓解。大力实施警力下沉,全省去年招录的公安干警6000名、今年新招录的政法干警13968名(其中公安民警9786名),全部充实到基层单位。2007年,全省系统共有民警63152人,万人警力比为7.24,2008年全省公安系统共有民警78523人,万人警力比接近9.0,上升1.76个百分点。二是农村"大调解"格局基本形成,大量的矛盾纠纷及时有效化解在基层。在建强乡镇、村(社区)调解室的基础上,积极整合各方力量和资源,着力推动乡镇人民调解、行政调解、司法调解"三位一体"的大调解工作机制建设。全省农村95%以上的乡镇建立了矛盾纠纷联动调处中心,村、社区建立了矛盾纠纷排查调处站,组有调解员,三级矛盾纠纷排查调处网络健全、工作落实。资阳市完善基层"说事"制度,全县每个乡镇和村(社区)都建立了"说事、理事、议事、办事、评事、查事"为内容的说事制度,形成了向上对接、向下延伸、全面覆盖、整体互动的四级说事联动网络;德阳市罗江县创新村民自治制度,建立"议员制",每个村在7-12户人中推选一名村务代表,作为"议员",村民之间发生纠纷,由村务代表出面调解,取得较好的社会效果。2008年,全省共调解各类矛盾纠纷429346件,调解成功415325件,成功率达96.73%,防止民转刑3458件8214人,没有因调解不力引发的在全省、全国有影响的重大群体性事件。三是农村治安防范措施进一步落实,农村治安大局保持平稳。始终保持对农村黑恶势力犯罪、严重刑事犯罪、破坏农村经济秩序犯罪、影响农民群众安全感犯罪的高压态势。坚持排查整治农村治安混乱地区和突出治安问题,重点整治群众反映强烈的盗窃、抢劫、诈骗等多发性侵财犯罪以及农村黑恶势力、黑网吧、黄赌毒等突出治安问题。全省共排查整治农村治安混乱地区2223处,改变面貌率达95%以上。全省共对331处治安混乱地区进行了挂牌督治,治安面貌明显改观。在农村广泛深入开展"平安乡镇"、"平安村(社区)"、"平安家庭"、"平安学校"、"平安边界"等基层创建活动,大力推进村(社区)综治工作站建设,全面整合村治保会、调委会、治安巡逻队等资源力量,深入开展边际协防、厂社联防、院坝联防、山湾联防、户户联防等群防群治活动。强化农村警务工作,认真落实五个行政村建一个警务室规划,普遍实行民警驻村联系制度。在案件多发地区、农村集镇、交通干线、乡镇结合部等重点部位建立健全整体联动治安岗亭、治安卡点,提高动态整体防控能力。积极推广治安防范有偿承包、治安保险等新形势下符合农村特点的群防群治形式,有效解决青壮年外出务工造成的农村治安防范薄弱的问题。

四川省综治委组成人员情况

主　任:王怀臣　省委常委、政法委书记

副主任:韩忠信　省人大常委会副主任

张作哈　副省长

晏永和　省政协副主席

刘玉顺　省法院院长

邓　川　省检察院检察长

黎　明(1-6月)祝少东(7-12月)省军区副政委

委　员:于　伟　省政府秘书长、办公厅主任

王铭晖　省委副秘书长、办公厅主任

陶生元　省人大常委会副秘书长

赵　勇　省政协副秘书长

彭德秋　省委组织部副部长

朱丹枫　省委宣传部副部长

张建魁　省委政法委副书记

王　萍　省委政法委副书记、省综治办主任

黄昌明　省委政法委副书记、省委维稳办

主任
刘永剑　省直机关工委副书记
贾月成　省委防邪办主任
刘　捷　省发展改革委主任
焦伟侠　省经委主任
曲木车和　省民委副主任
唐小我　省教育厅副厅长
曾省权　省公安厅厅长
孙继昌　省国安厅厅长
王　景　省监察厅副厅长
陈克福　省民政厅副厅长
刘作明　省司法厅厅长
谢维勤　省财政厅副厅长
徐　毅　省人事厅副厅长
刘功勋　省劳动保障厅副厅长
谭新亚　省建设厅副厅长
杨占昌　省交通厅副厅长
刘伟华　省信息产业厅副厅长
胡　云　省水利厅副厅长
傅志康　省农业厅副厅长
罗增斌　省林业厅副厅长
施正华　省商务厅副厅长
窦维平　省文化厅副厅长
赵万华　省卫生厅副厅长
何天谷　省人口计生委副主任
梁志仓　省国资委纪委书记
隋川成　省环保局副局长
蒋东生　省广电局副局长
黄国芹　省统计局副局长
黄　俊　省工商局副局长
周国良　省新闻出版局局长
张利民　省质监局副局长
李永清　省旅游局副局长
文卫平　省安监局副局长
崔志国　省物价局副局长
伍丕光　省乡企局局长
林建祥　省通信管理局副局长
覃章高　民航西南管理局副局长
王久军　省邮政公司副总经理
王光林　成都海关副关长
罗林书　省总工会副主席
刘会英　团省委副书记
马小玲　省妇联副主席
刘廷辉　中国人民银行成都分行副行长
王国成　四川银监局纪委书记
何雪红　人保财险四川省分公司纪委书记
王明慧　成都铁路局副局长
黄承伟　成都军区司令部动员部副部长
程　洪　成都军区政治部保卫部副部长
李安成　武警四川省总队副政委

四川省各市、县（市、区）综治委、办主任名单

地　区	综治委主任	综治办主任
成都市	李昆学	李创江
青羊区	吴　涛	孙　健
锦江区	梁健民	张　力
金牛区	吴石泉	巫　伟
武侯区	王力平	温　静
成华区	赵　华	赵洪礼
龙泉驿区	谢瑞金	何卫金
青白江区	杨林兴	刘　雷
新都区	麻渝生	张建蓉
温江区	马汉选	贺　刚
都江堰市	许兴国	童永飞
彭州市	门　生	刘汉敏
邛崃市	杨成伟	李华明
崇州市	郭建平	李惠君
金堂县	罗兴国	钟　斌
双流县	李本文	张义平
郫　县	陈晓平	彭家辉
大邑县	袁　旭	且化成

地区	综治委主任	综治办主任
蒲江县	张晓华	卿蓓
新津县	贾兆毅	余云华
高新区	张绍文	卢哲平
广元市	贯开柱	杜成华
利州区	陈内诏	刘光明
元坝区	罗仕发	唐红宝
朝天区	张晓春	张国峰
旺苍县	王志强	范明刚
青川县	赵银江	赵继红
剑阁县	吴勇	昌学军
苍溪县	徐光凯	杨德清
绵阳市	陈友学	柳锐
涪城区	席世洪	孙佳琳
游仙区	颜超	杜勇
江油市	李平	丁大银
三台县	崔斌	雷茂荣
盐亭县	李斌	余先君
安县	王黎	周兴富
	赵迎春	
梓潼县	刘文榜	简兴建
北川县	经大忠	唐文
平武县	廖玉平	刘强
科学城	杨雪	熊建勇
高新区	黄琦	黄烈富
经开区	罗蒙	王斌
仙海区	姚永红	王培兴
科创区	邹若力	曾乔兮
农科区	漆永照	张永堂
德阳市	张金明	蒲为
旌阳区	苏刚	黄孟海
什邡市	叶录如(1—4月)	王波
	刘光乐(5—12月)	
广汉市	唐前进	黄若松
绵竹市	任钊	
罗江县	张胜虎	刘武贵
中江县	吴小东	邓忠富
南充市	李志杰	杨明新
顺庆区	蒲国	于晓阳
高坪区	杨天武	何刚
嘉陵区	王秀国	罗小平
阆中市	任伟	姜小芹

地区	综治委主任	综治办主任
南部县	王熊骅	张斌
营山县	蒲亨坤	陈建明
蓬安县	侯卿平	刘光伟
仪陇县	冷观军	黄奎
西充县	史燚	何开明
广安市	余仪	明亮(1-6月)
		李远纪(6-10月)
广安区	魏全元	熊鸿波
华蓥市	陈云栋	何承猛
岳池县	杨勇	
武胜县	兰朝红	余海舟
邻水县	唐兴文	
遂宁市	魏福友	李劲
船山区	蒲体德	牟菊修
安居区	刘在文	谯如富
蓬溪县	唐建军	冯目准
射洪县	周新	梁怡
大英县	雷云	颜行碧
内江市	王志平	罗代金
市中区	林锋	熊泽谦
东兴区	何姚伟	陈华
威远县	潘国华	邹红云
资中县	王自力	吴耀峰
隆昌县	陈代兵	王章铭
乐山市	黄学文	张根尧
市中区	徐一心	周帆
沙湾区	陈昆	黄君祥
五通桥区	王万锟	陈德祥
金口河区	欧崇钦	张燕
峨眉山市	王毕泉	杨永贵
犍为县	周文华	陈永庆
井研县	岳仲文	巫惠平
夹江县	罗新礼	赵学富
沐川县	廖克全	毛志勇
峨边彝族自治县	雷静	阿罗咯咯
马边彝族自治县	陈强	陈华
自贡市	王建威	朱新华
自流井区	张邦举	汤琪
大安区	詹勇	李邦才
贡井区	鲜光鹏	
沿滩区	张刚	曾泉

地　区	综治委主任	综治办主任
荥　县	李　丹	杨尚权
富顺县	何卫平	林立卡
泸州市	邹　蔚	王　华
江阳区	邹　勇	曾兴宇
纳溪区	朱太成	张德生
龙马潭区	赵　飞	李玉明
泸　县	韩俊平	刘世章
合江县	李　林	曾载驰
叙永县	黄　承	
古蔺县	孙克刚	罗　翔
宜宾市	杜紫平	刘　凯
翠屏区	李　戎	任永奎
宜宾县	颜永祥	汪修奎
南溪县	朱　强	蒋玉友
江安县	曾　勇	王金明
长宁县	刘立云	竭旭东
高　县	李志刚	彭万强
筠连县	叶光明	张　蒿
珙　县	田文平	余　涛
兴文县	叶　盛	吴明德
屏山县	余　湛	李桂芳
攀枝花市	单　荣	李昌华
东　区	张华凯	陈悦东
西　区	邱小平	郭　驰
仁和区	魏胜利	罗兴富
米易县	张　伟	唐光荣
盐边县	任　平	王　鑫
巴中市	周朝坤	
巴州区	王品先	
通江县	马　永	曾庆安
南江县	涂光明	冯小平
平昌县	张子奎	周　彬
达州市	胥　健	喻　东
通川区	杨　敏	张明华
万源市	刘家忠	钟代平
达　县	谢天际	蒲正泽
宣汉县	张宗昭	李汉瑜
开江县	赵大力	丁宣林
大竹县	许国斌	蒲贤云
渠　县	邓瑜华	陈渠平
资阳市	唐永良	

地　区	综治委主任	综治办主任
雁江区	刘　斌	张　涛
简阳市	钟世全	陈继亮
乐至县	曾　祥	丁常权
安岳县	杜　勇	秦加生
眉山市	贺　文	袁胜平(1月)
		徐智勇(2—12月)
东坡区	唐亚平	杨国全
仁寿县	谢六一	杜光俊
彭山县	范继洪	张杰茜(3—7月)
		张　麟(8—12月)
洪雅县	白灵贵	徐瑞洪
丹棱县	肖　巍	黄　斌
青神县	熊　英	曾游江(1—2月)
		王　飞(3—12月)
雅安市	阳金和	覃建生
雨城区	杨年毅	李晓凡
名山县	冯雅平	李正军
荥经县	刘志新	段平波
汉源县	杨晓勇	郝健全
石棉县	李权易	钟　斌
天全县	高　平	高井江
芦山县	高富银	程小秋
宝兴县	张　晶	杨志全
阿坝州	陈贵华	朱湘平
马尔康县	郭　武	罗军林
汶川县	张志宏	范文慧
理　县	刘云健	彭　措
茂　县	石玉辉	周　斌
松潘县	何　强	泽勇周
九寨沟县	李为国	杨子福
金川县	王德海	李茂云
小金县	泽仁达瓦	杨　萍
黑水县	张培云	张凯勋
壤塘县	陈继东	边学斌
阿坝县	严　跃	
若尔盖县	张　锐	纳　科
红原县	葛永贵	杨　军
甘孜州	李　康	董邓康
康定县	多　军	泽仁志玛
泸定县	桑朗泽仁	雷　瑾
丹巴县	谭　伟	罗全生

地　区	综治委主任	综治办主任	地　区	综治委主任	综治办主任
九龙县	王　琦	高学明	盐源县	瓦西亚夫	林茂秋
雅江县	舒大春	江水蓉	德昌县	陈　家	张苏华
道孚县	松　呷	唐光荣	会理县	李启元	李　华
炉霍县	钟　则	全　洪	会东县	伍　松	周晓阳
甘孜县	旦　灯	李　雯	宁南县	刘　农	尹盘明
新龙县	向国恩	胡　江	普格县	海来日古	罗祖寿
德格县	吴忠贵	嘎玛清批	布拖县	比曲吾色	余友凉
白玉县	张胜权	陈永胜	金阳县	勒尔伍哈	潘明辉
石渠县	范文化	兰朝华	昭觉县	王　东	吉觉木且
色达县	李　强	小尼马	喜德县	宋国平	
理塘县	洛绒土登	周　冰	冕宁县	拉一哈古	苏正武
巴塘县	杨学康	王　琦	越西县	沙马伟古	赵　涛
乡城县	杨文武	多　登	甘洛县	吴仲海	唐炳强
稻城县	訾正勇	蒋万成	美姑县	阿木布沙	易　峰
得荣县	谷　峰	盛文轩	雷波县	苦卫东	刘兴伟
凉山州	罗凉清	米色尔海	木里县	杨二车	何尔呷
西昌市	余明良	温显林			

（撰稿人：赵举游
审稿人：王萍　丁后盾）

贵 州 省

2008 年社会治安综合治理工作概况

2008 年是贵州省社会治安综合治理工作任务最繁重、极不平凡的一年，大事多、要事多、突发事件多。一年来，全省社会治安综合治理工作在省委、省政府的坚强领导下，坚持以邓小平理论和“三个代表”重要思想为指导，深入贯彻落实科学发展观，认真学习贯彻落实全国政法工作会议和全国综治工作会议精神，紧密结合贵州实际，以基层平安创建为重点，全力推进“平安贵州”建设，以开展矛盾纠纷排查调处为主线，积极预防和妥善化解社会矛盾，以“打黑除恶”为龙头，全力开展治安整治行动，以落实人防、物防、技防措施为抓手，不断提升治安防范水平，以流动人口服务和管理为重点，切实加强和改进社会管理工作，在抗击凝冻灾害、抗震救灾和建设平安奥运等工作中全面落实社会治安综合治理工作措施，打赢了抗击雪凝灾害、抗震救灾、防汛救灾、奥运安保、处置瓮安“6·28”事件等几场硬仗，维护了全省大局稳定，为构建“和谐贵州”、实现全省经济社会又好又快发展和确保北京奥运会安全顺利举办创造了和谐稳定的社会环境。

一、切实加强组织领导，建立健全工作机制，以基层平安创建为重点，全力推进“平安贵州”建设的深入开展

一是切实加强组织领导。省委书记、省人大常委会主任石宗源同志在 2008 年初召开的全省政法工作会议上明确提出：“要切实推进‘平安贵州’建设，坚持‘打防结合、预防为主，专群结合、依靠群众’的方针，健全社会治安防控体系，加强社会治安综合治理，着力解决社会治安中的热点难点问题，依法严厉打击危害人民群众生命财产安全的各种犯罪，不断增强人民群众的安全感。”省委副书记、省长、省综治委主任林树森同志在省综治委 2008 年第一次全体会议上明确要求：“各级党委、政府要高度重视‘平安贵州’建设，尽最大努力满足人民群众渴求平安的愿望，提高人民群众的幸福指数，为构建‘和谐贵州’打下良好的基础。”为贯彻落实全国综治工作会议精神，省委常委、副省长、省综治委副主任黄康生同志，省委常委、政法委书记、省综治委副主任崔亚东同志在 5 月份召开的全省综治工作会议上对深入推进“平安贵州”建设作出全面部署，并受林树森的委托，分别与 9 个市（州、地）综治委负责人和 37 个省综治委成员单位及省综治委 4 个专门工作领导小组签订了 2008 年度综治工作目标责任书。全省各地切实加强对平安建设工作的组织领导，把平安建设作为“一把手”工程，把平安建设纳入经济社会发展的总体规划，纳入党委政府主要领导的任期目标，研究制定切实可行的工作措施，统筹协调，整体推进。

二是建立健全工作机制。各地在平安建设工作中进一步建立完善平安建设领导责任制、部门责任制和单位责任制，形成了一级抓一级、层层抓落实的工作格局。进一步完善公众安全感评估机制，从 2007 起，省财政每年专项列支 54 万元，由省统计局社情民意调查中心采取电话调查方式在全省开展群众安全感抽样调查，调查结果作为考核各地平安建设成效的一项重要依据。据省统计局测评，2008 年，全省群众安全感比 2007 年提高了 9.54 个百分点。

三是广泛开展基层平安创建活动。各地以“平安县（市、区）”、“平安乡镇（街道）”、“平安社区（村寨）”、“平安校园”、“平安单位”、“平安景区”、“平安医院”、“平安车站（码头）”和“平安家庭”等为载体，广泛开展基层平安创建活动，促进社会治安综合治理和平安建设各项措施在基层的落实。11 月 27—28 日，经省委、省政府同意，省委政法委、省综治委在余庆县召开了全省基层平安建设经验交流会，深刻吸取瓮安“6·28”事件教训，总结推广余庆等地“夯实基层，打牢基础，全力推进基层平安建设，促进社会和谐稳定”的经验做法，有力地推动了全省基层平安建设的深入发展。

二、全力做好抗凝冻保平安工作，确保了全省社会稳定

2008年初，我省遭受了一场百年不遇的低温、雨雪、凝冻灾害。全省各级政法综治部门在省委、省政府的坚强领导下，全力以赴投入到“抗凝冻、保畅通、保电力、保民生、保平安、保稳定”的战斗中，为维护社会稳定充分发挥了职能作用。一是立即启动应急预案，成立抗灾救灾应急指挥机构，确保了组织领导、警力调度、物质保障和工作措施迅速到位。二是以保证道路交通安全畅通为首要任务，积极救助受困受堵的车辆和群众，主动配合有关部门搞好水电、通信设施抢修和物资调运，确保了省内道路交通安全畅通。三是严厉打击灾害天气下的各种违法犯罪，加强社会面治安稳控工作，加强对监狱、劳教场所、看守所、拘留所、戒毒所等羁押场所的安全监管和灾情控制，确保了人民群众生命财产安全和社会治安大局的稳定，确保了监管场所安全无事故。在这场斗争中，我省涌现出为抗灾而英勇献身的欧光权、赵祖虎等一大批先进集体和先进个人。

三、千方百计做好奥运会的安全保卫工作，为北京奥运会的成功举办创造良好的社会治安环境

2008年，全省各级党委、政府和政法综治部门始终把确保“平安奥运”、确保社会稳定作为首要任务来落实。一是实行最严格的一把手负责制和责任倒查制，将工作职责、任务、措施和要求分解细化落实到各级组织、领导和具体责任人。为加强对奥运安保工作的组织领导，省委成立了以石宗源书记为顾问、林树森省长为组长的领导小组，加强对奥运安保工作及奥运火炬在我省传递的组织领导。二是制定详尽周全的应急预案，形成了统一指挥、整体联动、灵敏畅通、运转高效的工作格局。三是把奥运安保情报信息工作作为一条严格的政治纪律，加强对预警性、深层次和行动性情报信息的收集、研判、利用，有效防止了各种敌对势力和敌对分子针对奥运会的极端暴力事件。四是对可能干扰奥运会举办、干扰奥运火炬传递的重点人员，做到底数清、情况明，采取逐人见面，逐人谈话、逐人解决问题、逐人落实稳控等措施，有效防范了重点人员聚集滋事。五是加强重点人口、重点部位、危爆物品、安全生产、新兴组织、涉外事务等重点领域的服务和管理工作，有效防止了各种危害和负面影响。六是加强舆论引导，严格对报刊、短信和互联网的阵地管理和舆情控制，完善新闻发布制度，积极引导人们以合法、文明、理性的方式表达爱国热情，支持北京奥运会，掌握了工作的主动权。七是加强值班备勤和请示报告制度，严格政法队伍管理，确保了政令畅通。八是开展严格的督查督办，使各项措施落到实处。奥运期间，全省没有发生影响稳定的重大治安事件，社会大局稳定。

四、大力加强矛盾纠纷排查化解工作，有效预防和化解矛盾纠纷，有力地促进了社会和谐稳定

各地各部门认真贯彻落实中央综治委年初部署的“两个排查”活动，着力完善矛盾纠纷排查化解工作网络，健全工作例会、信息预警、情况报告、调处稳控、责任倒查等制度，全力推动“两个排查”活动的深入开展，有效预防和化解矛盾纠纷，促进了社会和谐稳定。一是全省各级党政机关、企事业单位都成立了矛盾纠纷排查化解工作领导小组，各地村（社区）巩固充实了调解委员会及治保组织，完善了矛盾纠纷排查化解工作网络。二是认真开展矛盾纠纷排查化解工作。各地坚持“四查四报”（常规排查每月一报、预警性排查随查随报、应急性排查即查即报、专项排查专查专报），针对排查出来的问题，充分运用人民调解、行政调解和司法调解手段，特别是充分发挥村（社区）委员会和调解、治保组织的作用，采取有针对性的措施逐一解决，努力把矛盾纠纷消除在萌芽状态、解决在基层单位。三是深入开展政法部门领导干部“大接访”，解决涉法涉诉突出信访问题取得新成效。通过大接访，解决了一批涉法涉诉信访突出问题，推动了重信重访排查化解工作取得实效，规范了执法行为、促进了执法公正。同时，完善“大接访”长效机制，制定了《关于在全省各级政法机关建立领导干部接待日制度的意见》；建立了省、市（州、地）两级涉法涉诉救助资金制度；修订了将涉法涉诉信访工作纳入综治目标考核并实行警示制度。四是认真开展“县委书记大接访”活动,集中解决了一批容易引发突出问题和群体性事件的矛盾纠纷及苗头隐患、一批长期积累的重信重访案件、一批当前发生的信访突出问题和一批群众反映强烈的热点难点问题,把大量矛盾化解在基层,群众的许多诉求解决在了当地,进一步密切了党群、干群关系,有力地促进了社会和谐稳定。

五、开展以“打黑除恶”为龙头的治安整治行动,有效解决群众反映强烈的突出治安问题

各地按照“有黑打黑、无黑除恶、无恶除霸、无霸除邪、无邪治乱”的方针,深入开展“打黑除恶”专项斗争。特别是自7月3日全省“打黑除恶”严打整治专项行动电视电话会议以来,各地结合实际,在全省范围内开展了一场声势浩大、以“打黑除恶”为龙头的社会治安全面整治行动,穿插开展了命案侦破、打击“两抢一盗”犯罪、禁毒人民战争、打击盗窃破坏“三电”和输油气管道犯罪、缉枪治爆、查禁“黄赌毒”等专项行动,综合整治人民群众反映强烈的突出治安问题,取得了明显效果,群众安全感得到增强。

六、着力解决体制机制和保障性问题,综治基层基础建设迈上新台阶

2008年,省委、省政府下决心解决了长期困扰贵州省综治工作发展的具体困难。7月,省委组织部、省委政法委、省编委办联合下发了《关于进一步规范县级党委政法委员会职能职责和内设机构设置的意见》(省编办发[2008]134号),明确县级综治办增设1个综治科和1名综治办专职副主任。8月,省编委办下发了《关于核定省综治办专职副主任职数的批复》(省编办发[2008]120号)和《关于省委政法委省综治办机构编制等事项的批复》(省编办发[2008]145号),核定省综治办专职副主任(副厅级)职数1名,明确省综治办内设两个处(综合处、基层处),增加行政编制4名。加大对平安建设的经费投入,市(州、地)按年人均0.5元,县(市、区)按年人均1元的最低标准将平安建设经费列入同级财政预算,建立健全平安建设经费保障机制。同时,制定和落实了县级政法机关公用经费最低保障标准。省委、省政府同意在全省9个市(州、地)组建公安特(巡)警。法院“两庭”、检察院“两房”和“三级专网”建设、公安“三基”工程和金盾工程建设、基层“所—庭—队”办公用房建设进展顺利。6月,成立了贵州省见义勇为基金会,基金总量达到900余万元,表彰了见义勇为先进个人,举办了“平安贵州”——全省见义勇为先进人物颁奖晚会。11月27—28日,省委政法委、省综治委在余庆县召开全省基层平安建设经验交流会,推广建立乡镇(街道)综治工作中心。

七、大力加强治安防控体系建设,治安防范工作水平有新提高

各地认真贯彻落实省委办公厅、省政府办公厅《关于加强社会治安防控体系建设的意见》,大力加强治安防范,进一步完善社会治安防控体系。一是继续巩固和加强专职治安巡防队伍建设。全省88个县(市、区、特区)都成立了人数不等的由政府出资为主、单位筹资为辅的专职治安巡防队伍。二是大力推进技防建设。全省大多数县(市、区、特区)在城区主要街道、商业繁华区、重点要害部位、治安复杂场所和重点单位安装了电子视频监控设备等技术防范措施,实行对社会治安动态监控。三是加强阵地防范。各级各部门各单位认真履行“管好自己的人,看好自己的门,办好自己的事”的社会治安综合治理职责,着力把人防、物防、技防各项措施落实到机关单位、社区、村寨、楼群院落等基层单位。四是加强农村治安防范。各地因地制宜采取适合农村特点的人防、物防、技防措施,狠抓综治协管员、治安中心户长、义务巡逻员等群防群治队伍建设,广泛开展“十户联防”,积极构筑“乡乡有组织、村村有队伍、户户有人看”的农村治安防控网络。

八、大力加强流动人口服务和管理工作,进一步提高社会建设和社会管理工作水平

各地认真贯彻落实中办、国办转发的《中央社会治安综合治理委员会关于进一步加强流动人口服务和管理工作的意见》,坚持公平对待、搞好服务、合理引导、完善管理的方针,结合贵州省流动人口中“流出省外多、流入省内少”的特点,深化流动人口服务和管理工作,促进流动人口与当地居民和睦相处,服务和推进“和谐贵州”建设。各地以加强对出租房屋的管理,掌握流动人口的落脚点,大力推行桐梓县“以房找人、以房管人”和南明区“以业控人”的流动人口服务管理办法,落实房屋出租人治安、安全责任制。各地把流动人口纳入社区实有人口管理,落实民警日常管理责任,在全面掌握情况的同时,重点加强对流动人口中刑释解教人员、吸毒人员的管理控制,依法打击流动人口中的违法犯罪分子,切实提高治安管理的针对性和有效性。

贵州省社会治安综合治理委员会
贵州省市(州、地)、县(市、区、特区)平安建设考核办法

(2008 年 10 月 7 日)

一 总 则

第一条 为扎实推动"平安贵州"建设,根据《中共中央办公厅、国务院办公厅转发〈中央政法委、中央社会治安综合治理委员会关于深入开展平安建设的意见〉的通知》(中办发[2005]25 号)和《中共贵州省委、贵州省人民政府关于印发〈全省社会治安综合治理第四个五年规划〉和〈全省社会治安综合治理第四个五年规划实施方案〉的通知》(黔党发[2006]17 号)、《省委办公厅、省人民政府办公厅〈关于深入开展"平安贵州"建设的意见〉》(黔党办发[2007]18 号)精神,特制定本考核办法。

第二条 高举中国特色社会主义伟大旗帜,坚持以邓小平理论和"三个代表"重要思想为指导,深入贯彻落实科学发展观,坚持"打防结合、预防为主,专群结合、依靠群众"的方针,全面落实社会治安综合治理和平安建设措施,提高人民群众安全感,以"平安贵州"建设促进构建"和谐贵州",为实现全省经济社会发展的历史性跨越创造和谐稳定的社会环境。

第三条 坚持属地管理的原则,以考核县(市、区、特区)平安建设工作为基础和主要依据,考核市(州、地)平安建设工作。

第四条 考核采取申报制,每年进行一次;考核方式实行按级考评与省级抽查核准相结合。

第五条 对平安建设先进市(州、地)、县(市、区、特区)实行动态管理。

第六条 组织人事部门要将建设平安市(州、地)、县(市、区、特区)工作列入干部任期目标,把考核结果作为衡量干部政绩、晋职晋薪和奖励惩处的重要依据。

二 条件与程序

第七条 申报平安建设先进县(市、区、特区)的条件是:

(一)当年未发生下列事项(具体内容界定详见附件一):

1. 严重危害国家安全的事件;
2. 特大群体性事件;
3. 特大刑事犯罪案件;
4. 严重影响经济秩序的案件;
5. 重大以上安全生产事故;
6. 重大公共安全事件。

发生以上事项的,由行业主管部门认定并提出意见,如所发生的事项不应由地方负责的,不影响申报。

(二)按照《贵州省市(州、地)、县(市、区、特区)平安建设考核评审标准》(附件二)自查自评后,经地级平安建设领导小组考评,得分在 800 分以上。

(三)辖区内的平安建设先进乡镇(街道)达到 80% 以上。

(四)人民群众安全感达到 85% 以上。

第八条 申报平安建设先进市(州、地)的条件是:

（一）本辖区未发生在全国有严重影响社会稳定的事件。

（二）市（州、地）考核得分在800分以上。

（三）辖区内的平安建设先进县（市、区、特区）达到80%以上。

（四）人民群众安全感达到85%以上。

第九条 每年12月，各县（市、区、特区）应当对本地的平安建设情况进行自查自评，由各市（州、地）进行考核评审，符合申报条件的，向省综治办（平安办）提出申报。

第十条 省综治办（平安办）接到申报后，及时对有关考核指标进行核准，视情况组织复查。

第十一条 平安建设先进市（州、地）、县（市、区、特区）名单，经省级有关新闻媒体公示，先进市（州、地）由省委、省政府命名，先进县（市、区、特区）由省综治委命名。

平安建设先进单位由同级综治委考核和命名；平安建设合格的县（市、区、特区）由市（州、地）考核和命名。

三 奖 惩

第十二条 平安建设先进市（州、地）由省委、省政府表彰；平安建设先进县（市、区、特区）由省综治委表彰。

第十三条 县（市、区、特区）发生第七条第（一）项的事项的，按照有关规定追究责任。

第十四条 命名后发现当年有第七条第（一）项的事项隐瞒不报或弄虚作假的，撤销其称号，并取消下一年度的申报资格。

第十五条 被命名的平安建设先进市（州、地）、县（市、区、特区），省综治办（平安办）将在下一年度进行抽查，达不到条件的，撤销其称号。

四 附 则

第十六条 专门工作、专项工作由省综治委专门工作领导小组办公室和省有关职能部门制定考核办法和评审标准，并负责组织考核。

第十七条 有关社会治安综合治理目标管理责任制的考核，与平安建设考核一并进行，与之相同的内容，按此办法执行。

第十八条 考核总分为1000分，地级县级考核合格分均为600分，600分以下为不合格。800分以上才具有申报评选省级平安建设先进地、县资格。

第十九条 铁路护路工作单列考核，不计入总分。

第二十条 本办法自发布之日起实施。

第二十一条 本办法由省综治办（平安办）负责解释。

第二十二条 本办法所指的“以上、达到、超过、不低（少）于”均含本数，“以下、未达、不超过、低（少）于”均不含本数。

不断深化平安工作　建设生态文明城市

贵阳市社会治安综合治理委员会

贵阳市历来高度重视平安建设工作。2004年至2006年，市委、市政府举全市之力，组织实施了为期三年的创建“平安贵阳”工程。经过全市上下的不懈努力，平安创建活动取得了明显成效。2007年，市委、市政府在总结“平安贵阳”创建工作的基础上，审时度势，从关注民生、顺应民意、加快和谐社会建设的要求出发，作出深化平安建设的又一重大举措——开展为期三年的“严打‘两抢一盗’，保卫百姓平安”专项行动。2007年底，市委作出了《关于建设生态文明城市的决定》，提出了实施“六有”民生行动计划，其中一个重要内容就是实施“居有所安”行动计划。

一、主要做法

（一）强化保障措施，稳步推进平安建设。一是强化思想保障。市委、市政府明确提出，要从贯彻落实科学发展观，履行各级党委、政府的基本职责，回应人民群众对社会治安的新期待新要求的角度出发，全面实施“居有所安”行动计划，深入开展“严打”专项行动，并把工作成效的评判权交给人民群众，检验标准为是否提升了群众的安全感和满意度。二是强化组织保障。省委常委、市委书记李军同志亲自对“严打”专项行动、“居有所安”等工作作动员讲话，切实解决涉及工作机制、班子、队伍、保障等重大问题。市委、市人大常委会、市政府、市政协的领导，多次深入政法、综治基层单位视察调研，指导工作，帮助解决有关问题。市、区（市、县）两级将“严打”专项行动、“居有所安”行动计划纳入年度目标管理，与经济任务、社会指标、党的建设等同部署、同落实、同考核。三是强化经费保障。近年来，市级财政新增列支政法综治经费近5亿元，年均增长20%以上。各区（市、县）也加大经费投入力度，保障工作的顺利开展。

（二）强化标本兼治，治安形势持续好转。一是抓打击、重整治，保持对刑事犯罪的高压态势。全市公安机关创新打击模式，坚持集中行动与“滚动出击”相结合，以10天为一周期，组织市公安局各支队和各分（市、县）局共15个作战单位，每天明确一个主战单位和两个协战单位实施区域性滚动出击；每月组织一至两次全市集中行动。加大便衣打击力度，组建责任区刑警队，实施专业打击。强化情报动态研判，实施精确打击，做到对违法犯罪露头就打，反复打、打反复，完成了“严打”专项行动的阶段性目标。同时，检察机关、审判机关加快办理“两抢一盗”刑事案件，形成打击合力。二是抓防控、重防范，建立健全社会治安防控体系。强化网格化巡逻，提高见警率。公安机关将90%以上的治安巡防力量用于一、二、三级路面的巡逻防控，采取步巡、车巡、犬巡、屯警等形式，提高群众见警率和见警时间。建立健全盘查机制，对深夜游荡街面的可疑人员进行治安盘查；在出城卡口完善夜间车辆检查、登记制度，保障司乘人员安全。充分发挥交巡联勤岗点、次干道治安流动岗亭以及城区主干道出城卡口的作用，形成严密的查缉堵控网络。推进10万个报警点标识建设。加强菜市场、公交车及站点等公共场所治安巡逻，预防和减少抢劫、抢夺、盗窃、扒窃案件。加快科技防范建设步伐。按照企业出资建设，辖区政府租赁，市级财政适当补助的办法，建设城市报警与监控系统。目前已建成使用1810个监控点，2008年将新建1000个。加强城镇居民住宅区治安防范。把基础防范设施建设列入城市建设的总体规划；对无技防设施、物业服务管理的居民住宅片区、楼栋和院落，积极引导、鼓励居民实施业主自治管理，通过自筹、自管等方式，解决基础防范设施、值班守护等所需经费和长效管理问题；在全市广泛推广安装家庭电子报警装置、楼宇电控防盗门、对讲器等技防设施。

（三）强化源头治理，努力减少治安隐患。一是在吸毒人员的管理上，开展吸毒人员“大普查”，建立健全“吸毒人员动态管控机制”。实行多形式的“大帮教”，对社会面吸毒人员有针对性地开展帮教，戒断巩固率稳步提高，复吸率逐步下降，毒品消费市场进一步萎缩。围绕全民、青少年和高危人群禁毒预防宣传三个重点，拓宽覆盖面，提高宣传实效，增强群众识毒、防毒、拒毒的能力。二是在流动人口的服务管理上，建立健全“两级政府”、“三级管理”、“四级网络”的服务管理体制。加强出租屋管理，“以房管人”；成立流动人口自治组织、行业协会等，“以业控人”。三是在预防未成年人违法犯罪上，大力实施“未成年人违法犯罪社区预防计划”，成立未成年人法制教育学校（未成年人教育保护中心），充分发挥工读学校的作用。深入开展创建“青少年维权岗”活动，完善未成年人法律援助网络。四是在刑释解救人员的安置帮教上，全面落实安置帮教措施，切实做到“不脱管、不失控”，努力减少重新犯罪。

（四）强化基础建设，夯实平安建设根基。一是加强基层综治维稳组织建设。在各乡镇（街道）成立综治维稳中心，配备专兼职工作人员，落实岗位津贴。实行基层信访“三会一制”制度，即信访联席会、会办（会诊和办理）协调会、信访听证会和信访代理制；在社区（村）实行分析排查会、群众评议会、矛盾调解会和信访代理制。二是切实改善基层条件。连续数年将建设“两所一庭”和政法基层基础设施作为为民办的“十件实事”之一，有力促进了基层政法单位的规范化和制度化建设。三是积极开展基层平安建设系列活动。深入推进“零发案小区、低发案社区”、平安家庭、平安景区、平安线路(站、场)、平安校园、平安市场、平安企业等创建活动,不断扩大基层平安建设的覆盖面。

(五)强化督导检查,落实工作责任。人大代表对“严打”专项行动进行视察,市政协召开主席约谈会,邀请市民就“严打”专项行动提建议、出主意。市综治委、市“严打”专项行动领导小组成立实施“居有所安”行动计划督导组,对各区(市、县)开展督导检查。市委政法委组织机关全体干部深入各区(市、县)的17个治安重点区域,进社区、进单位、进居民户督促检查,如实撰写督查实录,表彰先进,促进问题的整改。

二、取得的成效

(一)齐抓共管的合力明显增强。各级党委、政府齐心协力抓创建,各项工作实现了阶段性目标。全市各级政法部门切实担当起维护稳定主力军的重任,综治成员单位通力配合,中央和省驻筑单位主动参与,形成了强大合力。各级领导干部亲自抓、具体抓、配合抓,形成了一级抓一级,层层抓落实的工作格局。人民群众积极参与平安建设,全市自愿担当治安信息员的群众达一万余名。有234名群众因主动参与抓捕犯罪嫌疑人,直接破案300余起,连带破案1000余起,其中命案7起,按照《贵阳市见义勇为奖励和保护办法》、《贵阳市公安局打击“两抢一盗”犯罪、侦破命案举报奖励办法》发放了奖励资金71万余元。

(二)群众安全感明显提高。2007年底,经国家统计局贵阳调查队调查显示,群众安全感达90.79%,比上年提升5.55个百分点;有95.13%的群众对当地社会治安状况表示满意,比上年提高7.51个百分点;有82.78%的群众认为社会治安比2006年好转,比上年增加升4.89个百分点。

(三)服务经济社会发展取得明显成效。平安建设不断深化,促进了经济社会全面协调发展。2007年我市国内生产总值、财政总收入和地方财政收入分别完成696.4亿元、188.66亿元和75.92亿元,城市居民人均可支配收入12781元,农民人均纯收入4088元。

以创建平安和谐遵义为目标
全面落实综治工作各项措施

遵义市社会治安综合治理委员会

2005年1月,遵义市展开了“平安遵义”创建活动。目标是通过6年的创建,到2010年跨入全国平安先进地区行列。几年来,紧紧围绕“平安遵义”创建的总体目标和工作要求,结合本地实际、突出工作重点、强化措施落实、扎实开展工作并不断探索创新,不仅促进了遵义市平安建设的顺利开展和健康发展,而且取得了明显的阶段性成果,有力地维护了全市治安秩序和社会政治稳定,促进了全市经济建设和社会发展,为构建“和谐遵义”夯实了基础。

一、突出以“四在农家”为依托的农村平安创建

“四在农家”创建活动在遵义市推开后,以此为依托,借力、借势推动农村基层平安创建工作。一是抓《规划》到位。制定和实施《2001—2010年平安村寨创建规划》,分年度推进,力争到2010年使“平安村寨”的覆盖率达到90%以上,对“平安村寨”实行市、县两级标准示范联创,并严格检查验收,确保质量。二是抓责任区警务工作到位。在每个村设立警务室,落实责任区民警,责任区民警定期巡回到村组指导群防群治、办理警务为村民服务。三是抓治安防范到位。充分发挥村党支部的战斗堡垒作用,带领村干部、党团员、治安积极分子加强治安巡逻守护,重点落实自然村寨的联户联防。乡镇每年给予治安中心户长适当补助，并赋予其一定自治管理权限，充分调动中心户长落实联户联防工作的积极性。四是抓矛盾纠纷调处到位。在自然村寨健全调解小组，建立调解矛盾纠纷责任制，规范调解形式、程序、文书等，保证矛盾纠纷得到及时化解。五是抓帮教管理到位。由治保组织和包村民警负责，落实刑释解教人员的帮教措施，开展农村反邪教警示教育和禁毒工作，以村为单位建立流动人口管理站，重点对流出人员进行登记，提供服务。六是抓依法治理到位。通过普及法律法规知识，开展民主法治示范村活动，不断提高村民的法律意识和依法自治的能力。截止2008年5月，全市创建“平安村寨”5020个，覆盖率达63%。

二、突出以“四民社区”为载体的城镇平安创建

遵义市从解决城市社区群众最关心的事情入手，在全市全面开展了治安防范进社区实现“安民”、社会服务进社区实现“便民”、科教文体进社区实现“乐民”、文明卫生进社区实现“康民”的“四民社区”创建活动。各级综治部门以此为抓手，着力在“安民”上做文章。一是认真实施“社区警务战略”。全市所有社区全部建立了规范的警务室，落实“一区一警”或“一区多警”，充实辖区公安派出所力量，指导社区开展巡逻和防范工作。二是有效解决社区居民反映强烈的治安问题。通过加强对“两抢一盗”等多发性犯罪和杀人、伤害、强奸等暴力犯罪的打击，提高了社区居民的安全感，净化了社区治安环境。三是实行群防群治。多渠道筹集资金，提高社区干部待遇，开发公益性岗位充实社区治安管理队伍，社区党支部、居委会和社区民警动员组织社区居民开展巡逻守护，不断完善治安防范措施，构建社区群防群治网络，深入开展“平安小区”、“平安楼院”、“平安家庭”、“平安单位”等创建活动。四是加强对社区高危群体的管理和帮教。建立对刑释解教人员、流动暂住人口、吸毒人员和闲散青少年全方位的教育帮教体系，落实帮教措施，有效预防和减少了“四类群体”的违法犯罪。五是加强矛盾纠纷排查调处和重大群体事件的预警工作。通过建立完善社区矛盾纠纷排查调处制度，健全社区居委会、居民小区、居民小组等各类调解组织，及时妥善化解各种邻里矛盾纠纷，消除治安隐患。针对城市拆迁、破产改制、库区移民等存在的重大矛盾纠纷，采取定期排查的方式，通过社区信息员及时上报矛盾隐患，积极预防各类群体性事件的发生。六是在社区深入开展普法依法治理宣传，提高居民依法维护自身合法权益的意识和守法用法的自觉性。七是加强基础设施建设。各级政府累计投资上亿元，对全市城镇小街小巷进行改造，完善消防设施，修建治安岗亭，美化社区人居环境，市民生活质量明显提高。全市城镇已创建县级以上“平安小区”1029个，覆盖率达到71%。

三、突出以服务管理人口为重点的社会管理

为了破解社会管理中人口管理的难题，2006年，遵义市以市委、市政府办名义下发了《关于加强人口管理体系建设的意见》，要求全市按照“依托基层、健全队伍、以房管人、设库编网、分类管理”的原则对实有人口进行全方位管理。全市各社区（村）按照“区（村）不漏楼、楼不漏户、户不漏人、人不漏项”四个“不漏”的要求，对社区（村）楼院分布、人口居住、人员基本情况等信息，进行清查和核实，建立社区（村）人口信息网，按照类别绘制不同的图标标识，分类进行管理，实现以房管人、落地定位。初步达到齐抓共管、信息共享、有效管理的目标，提高了整个社会管理的水平。同时，探索出“外警协管外口”警务协作新机制，加强了对外出流动人口的服务管理工作。

四、突出工作创新，推动平安建设不断取得新进展

一是为提高预防和化解社会矛盾的能力，在进一步完善矛盾纠纷排查调处各种工作机制、制度、网络的基础上，初步构建起大调解工作格局。各县、区（市）逐步建立完善了乡镇（街道）矛盾纠纷排查调处工作中心，构建起以人民调解为基础，人民调解、行政调解、司法调解相互衔接、相互补充的工作体系。同时，为从决策源头预防、减少矛盾纠纷的发生，建立了社会稳定风险评估机制。按照“谁决策谁评估、谁主管谁评估、谁审批谁评估”和“一策一事一评”的原则，对事关人民群众切身利益的重大决策、政策、措施、行为事前进行影响稳定的风险评估。

二是为统一执法思想和尺度，市委政法委牵头组织市公、检、治三家针对在打击“两抢一盗”犯罪中认定事实和适用法律出现的问题进行了统一和规范，由市公、检、法联合下发《关于依法从重从快严厉打击“两抢一盗”犯罪的若干意见》，保证了政法各部门在打击“两抢一盗”专项斗争中的协调一致。

三是为进一步动员和保障人民群众同违法犯罪作斗争，出台《遵义市人民政府关于奖励与“两抢一盗”作斗争公民的实施意见》，对在本市辖区内抓获正在实施“两抢一盗”犯罪嫌疑人的公民根据不同情况，规定了100—10000元的奖励标准，并对见义勇为公民医疗、伤残牺牲、法律和安全保障作了全面细致的规定，解决了见义勇为公民的后顾之忧。

四是为进一步加强预防青少年违法犯罪工作，市综治委、市平安建设领导小组出台《加强预防青少年违法犯罪工作体系建设的意见》以对全市预防青少年违法犯罪的工作机构、运作机制进行规范，明确工作对象、内容和职能分工，以及考核办法。

五是在全市范围开展为社会主义新农村建设服务的“关心外出民工、关爱留守儿童、关怀孤寂老人”的“三关”工程。为外出民工撑起保护伞，让留守儿童沐浴爱的阳光，让孤寂老人得以安享晚年，使党群干群关系更加密切。

六是开展非公有制企业平安创建。在非公有制企业设立综治办，建立治保、调解、消防、帮教、法制宣传、创安等组织。由企业出资组建专职治安队伍或由企业员工和驻地群众组成的治安巡防队、护厂队，负责企业内部及其周边的巡逻守护。同时，对矛盾纠纷实行企地联调，及时化解企地之间的矛盾纠纷，推进企业发展，促进地方和谐。

七是建立县、区(市)党政主要领导和市直机关各部门领导实绩档案制度，强化平安建设创建责任。五部委每年底根据其抓平安建设的情况进行评议，该评议将作为领导干部提拔使用的重要依据。

贵州省综治委、办机构情况和负责人名单

省综治委主任：林树森　省委副书记、省长

省综治委副主任：黄康生　省委常委、副省长

崔亚东　省委常委、政法委书记、公安厅厅长

傅传耀　省人大常委会副主任

孙华璞　省高级人民法院院长

陈俊平　省人民检察院检察长

省综治办主任：林连华　省委政法委副书记

省综治办下设综合处：处　长　饶昌贵

基层处：处　长　方　征

副处长　陈有志

贵州省各市、区(市、县)综治委、办主任名单

地　区	综治委主任	综治办主任
贵阳市	袁　周	胡维林
乌当区	李志鹏	任晓远
南明区	张　曦	卢云生
云岩区	丁旭东	董有新
花溪区	田　平	田景文
白云区	黄昌祥	贾崇星
清镇市	刘　军	王家友
开阳县	马　磊	卢仕怀

地　区	综治委主任	综治办主任
修文县	蒋志伦	包仕富
小河区	韦鸿宁	贺安康
息烽县	张定超	杨朝国
金阳新区		
六盘水市	刘一民	王树利
钟山区	高玉林	杨友荃
盘　县	罗资湘	杨连忠
六枝特区	舒　勇	黄万林
水城县	刘　睿	朱国忠
遵义市	慕德贵	屈欧亚
汇川区	王晓东	张晓颖
红花岗区	舒存水	吴　旭
仁怀市	娄　冰	刘公侠
遵义县	陈光强	罗立华
桐梓县	王　忠	王先美
绥阳县	覃儒芳	
正安县	宋　霖	张帮国
凤冈县	廖海泉	李自新
湄潭县	肖发君	张晓静
余庆县	宋晓路	孙跃强
习水县	李　凌	徐先富
道真县	江朝伦	马远斌
务川县	陈　实	邹建国
安顺市	罗　宁	武卫国
西秀区	张本强	魏　敏
平坝县	陶文彩	郝　淼
普定县	庞　琨	何应超
关岭县	杨开华	陈　兵
镇宁县	狄安臣	罗卫华
紫云县	罗桂荣	谭承露
经济技术开发区	毛连辉	罗成玉
黄果树风景区	袁德刚	王建平
毕节地区	张吉勇	周光杰
毕节市	龙泽玉	宋志刚
大方县	卢　林	胡光华
黔西县	蒋从跃	邓林春
金沙县	韩　平	杨昌友
织金县	高　青	曹德智
纳雍县	郭　华	
赫章县	王洪全	
威宁县	吴学军	鄢占龙

地　区	综治委主任	综治办主任
黔东南州	李飞跃	孙建军
凯里市	洪金洲	王雄忠
黄平县	李文昌	何运生
施秉县	彭世平	钟胜南
三穗县	樊昌林	吴祖辉
镇远县	李吉科	曾志云
岑巩县	李昌能	杜　彬
天柱县	杨光杰	杨绍基
锦屏县	袁尚勇	杨晓波
剑河县	杨建平	陶通岳
台江县	杨昌彪	张　勇
黎平县	王崇松	田景树
榕江县	肖　克	吴兴力
从江县	王之政	梁　兵
雷山县	王润华	向琪玲
麻江县	陈晓琼	吴道广
丹寨县	龙先金	宋福勋
凯里经济开发区	唐有祥	左茂银
黔南州	李月成	马建平
都匀市	胡晓剑	
福泉市	张仕雄	张黔华
荔波县	陈稠彪	董豫荔
贵定县	廖小明	
瓮安县	谢晓东	王登华
独山县	张惠明	杨建彪
平塘县	毛有智	陈大凯
罗甸县	彭贤伦	覃信前
长顺县	陈治松	陈大凯
龙里县	吴　俊	林卫国
惠水县	吴　丹	时敏勇
三都县	张加春	陆仁慧
黔西南州	陈鸣明	肖　平
兴义市	张国华	幸芝珍
兴仁县	范　华	张兴华
普安县	李如晴	
晴隆县	王　林	
贞丰县	余越前	余忠彬
望谟县	黄兴文	韦家成
册亨县	陆光华	陈光学
安龙县	邓修宇	邵南方
铜仁地区	李再勇	杨菁华

地　区	综治委主任	综治办主任	地　区	综治委主任	综治办主任
铜仁市	陈代文	杨德昌	印江土家族苗族自治县	肖　洪	田儒飞
江口县	杨　彪	曾凡彪	沿河土家族自治县	张翊皓	崔德新
石阡县	赵贡桥	杨　林	松桃县	叶德恩	周胜华
思南县	代　亮	廖洪亮	万山特区	何贵祥	韩忠平
德江县	夏　虹	周　林			
玉屏侗族自治县	刘云友	黎忠屏			

（撰稿人：韩俊
审稿人：林连华　李炜）

云　南　省

2008年社会治安综合治理工作概况

2008年，在省委、省政府的领导下，各地各部门紧紧围绕建设富裕民主文明开放和谐云南的目标任务，以强化组织建设为重点，以建立完善工作机制、严格落实责任制为抓手，以基层平安创建为载体，全省综治工作有了新的发展，社会治安和稳定形势进一步好转。实现了“三个下降一个确保”，即影响社会稳定的矛盾纠纷、群体性事件、刑事案件下降，确保了北京奥运会、残奥会的成功举办。调查显示，公众对我省社会治安、社会稳定状况的综合满意率达90.88%，比2007年提高了3个百分点。

一、牢固树立抓稳定促发展的理念，各级党委政府对综治工作的重视程度、支持力度进一步加大

省委、省政府相继出台了《关于进一步加强社会治安综合治理和维护社会稳定工作的意见》、《关于在全省开展争创先进平安县（市、区）活动的意见》等一系列文件，进一步明确了综治工作的指导思想、目标原则和工作任务，为做好新形势下的综治工作指明了方向，提供了坚强的政治保障。省委政法委、省综治维稳委下发了《关于进一步开展排查化解矛盾纠纷和排查整治治安混乱地区及突出治安问题的通知》、《关于开展构建矛盾纠纷大调解工作格局试点的通知》、《关于对县（市、区）党委政府领导实行维护稳定政绩考核试点工作的通知》等一系列文件，对相关工作进行周密部署。各级党委、政府认真贯彻落实省里的部署，着力解决影响和制约综治工作发展的突出问题，切实加强组织领导，努力推动工作落实。针对孟连“7.19”群体性事件暴露出来的及时化解矛盾纠纷不力、及时解决群众合理诉求不力等教训，省委举办多期州（市）委书记、州（市）长、人大常委会主任、政协主席、省级部门一把手和县委、县政府班子成员培训班，使各级党政领导干部“发展是政绩，稳定也是政绩”的理念和“维护稳定是第一责任”的意识进一步树立，维护稳定、驾驭复杂矛盾的水平明显提高。省委政法委、省综治维稳委也举办培训班，对州（市）分管领导、综治办主任及成员单位综治联络员进行系统培训，进一步提高基层保稳定、促和谐的能力。各州（市）结合当地实际，有针对性地开展了培训。同时，省委出台了《关于深入贯彻落实科学发展观，切实做好新形势群众工作的意见》，要求各地、各部门树立正确的群众观和政绩观，建立健全科学民主决策机制、群众诉求表达机制，着力提高各级党委、政府领导科学发展的能力、做好新形势下群众工作的能力、依法办事的能力和处理复杂问题的能力。

二、紧紧盯住薄弱环节，在破解难题、解决突出问题中推动工作

在组织建设方面，针对我省各级综治办人员严重不足的现状，省委决定在不增加总编制的情况下，适当增加省、州（市）、县（市、区）综治办工作人员。省综治办、维稳办增加10名编制，按正厅级单位配备干部，分别配备1名专职副主任。省编委、省委政法委、省人事厅联合下发了《关于调整充实综治办和维稳办人员编制的通知》，要求州（市）综治办和维稳办增加人员编制4—6名；县（市、区）综治办和维稳办增加人员编制2—4名；所需人员编制在同级政法部门（主要从公安机关）政法专项编制中调剂解决。目前，全省1379个乡镇（街道）建立综治委（办）1374个，乡镇综治工作中心934个，共配备综治专干1703人，平均每个乡镇1.2人。在经费保障方面，省委明确要求各级政府将综治工作经费按州（市）级财政人均不低于0.5元、县（市、区）级财政人均不低于1元列入年度预算。截止年底,全省16个州(市)129个县(市、区)均按标准拨付到位。各州(市)、县(市、区)综治经费实际到位9023.4万元,为省定最低标准的150.5%。为切实解决涉法涉诉、重信重访、执行难、群体性事件中困难群体的生活问题,省委决定建立省、州(市)、县(市、区)三级维护稳定特殊困难人员专项救助资金,其中,省级救助资金1000万元。在机制建设方面,我们着力在县乡推行了矛盾纠纷联调、社会治安联防、平安建设联创、突出问题联治、社会管理联动以及矛盾纠纷调处"以案定补"、"以奖代补"等有效机制,极大地激发了基层活力、提高了基层效力、增强了基层实力。通过"力量往基层使、工作往实里干",有效解决了基层有机构管事、有人干事、有钱办事、照章理事的问题,使"基层稳、全局安"的局面得到了巩固。

三、着眼于形势发展,不断创新综治维稳工作机制

一是建立社会稳定风险评估机制。立足于源头预防和减少矛盾,大力推进科学民主决策,在作出涉及人民群众切身利益的重大决策或实施重大项目之前,通过听证、座谈、走访等形式广泛听取群众意见,防止因决策不当引发社会矛盾。二是建立维护社会稳定预警机制。定期对社会稳定情况和重大预警性情报信息进行分析研判,及时向有关地区和部门发出预警通报,积极预防、有效化解和妥善处置各类社会矛盾。三是抓构建矛盾纠纷大调解工作格局试点。通过建立市、县、乡、村、组"五级联动",人民调解、行政调解、司法调解"三调对接"的社会矛盾纠纷大调解工作格局,综合运用法律、经济、行政、教育等多种手段解决矛盾,确保"小事不出村、大事不出乡、矛盾不上交"。四是抓党政领导综治维稳政绩专项考核。通过在昭通市、德宏州开展县(市、区)党委政府领导维护稳定政绩考核试点的基础上,报请省委常委第55次会议决定,对州市党委政府和省级机关党政主要领导、分管领导实行综治维稳政绩专项考核,建立实绩档案。确保各级县(市、区)党政领导切实担负起"保一方平安"的政治责任。五是强化了综治维稳责任制的落实。由省委主要领导与州(市)党委书记签订年度责任书,建立综治维稳工作问责制度,确保综治维稳责任落到实处。六是建立平安创建长效机制。将年度"命名制"改为"创先制",开展争创"先进平安县(市、区)"活动,实行动态考核。通过建立健全组织领导、齐抓共管、考核奖惩等创建机制,将创建活动由侧重县(市、区)范围,深化到多区域、多层次、多行业、多形式创建。七是建立综治维稳成员单位挂钩联系基层综治维稳工作制度。省综治维稳委主任、副主任及成员单位分别挂钩联系1个县(市、区);剩余的县(市、区)和重点乡镇(街道)由各州(市)综治维稳委成员单位挂钩联系;县(市、区)综治维稳委成员单位直接挂钩联系乡镇(街道)和重点村(居)委会。目前,全省已初步形成省、州(市)、县(市、区)三级联动,覆盖所有县(市、区)、乡镇(街道)和大部分村(居)委会的综治维稳挂钩联系责任体系。

四、积极组织开展严打整治斗争,进一步改善社会治安环境

坚持"严打"方针,重点打击杀人、爆炸等严重暴力犯罪和抢劫、抢夺、盗窃等影响群众安全感的多发性侵财犯罪和扰乱市场经济秩序的经济犯罪,深入推进"打黑除恶"专项斗争。全省共立各类刑事案件110316起,同比下降4.4%;破案66798起,同比下降2.2%;破案率为60.6%,同比上升1.4个百分点。其中,立命案1277起,致1329人死亡,同比分别下降15.65%和14.48%;立盗窃案件77331起,同比上升2.4%;立抢劫案件7495起、抢夺案件3069起,同比分别下降20.6%、50.4%;立拐卖妇女儿童案件208件,破案186起,解救妇女儿童227名,抓获人贩子416名,摧毁犯罪团伙11个;破获"三电"案件1360起,抓获犯罪嫌疑人902人,缴获赃物总价值332.6万元;查处制售假发票和非法代开发票案件214件,抓获犯罪嫌疑人101名,缴获假发票和非法代开发票148万余份,可开金额5430.42亿元;侦办涉嫌黑恶势力犯罪的团伙96个(其中黑社会性质组织6个),抓获涉案成员689人,破获案件769起,扣押非法资产497万余元。同时,全省认真组织开展新一轮禁毒人民战争,金三角毒品渗透得到遏制,吸毒人员逐步减少。全省共查破毒品违法犯罪案件13158起,抓获毒品违法犯罪嫌疑人15018人,同比分别下降7.8%和10.8%。缴获各种毒品6536.3千克,同比下降

8.9%。其中，缴获鸦片1230.5千克、冰毒2251.1千克、海洛因2968.1千克、制毒配剂138.7吨。全省共收戒吸毒人员35385人。

五、综合治理各项专门工作深入推进，见义勇为事业健康发展

（一）加强流动人口治安管理工作。一是省委办公厅、省政府办公厅下发《云南省关于进一步加强流动人口服务和管理工作的意见》。二是全省共建立流动人口协调领导小组1038个，设立办公室1310个，配备工作人员5007人；设立办证管理站（点）1511个，配备工作人员4203人。三是“全省流动人口、出租房屋管理综合信息系统”自2007年7月系统启用，截止2008年底，已经录入600余万条流动人口信息、出租房屋信息40万余间。四是全省公安机关登记流动人口170.9万人，统计出租房屋25.9万户，基本做到“底数清、情况明”。五是开展“流动人口和出租房屋治安管理清理整顿专项行动”，共清查出租房24.6万户次，清理流动人口133.3万人次，破获一批刑事案件，抓获一批犯罪嫌疑人。

（二）加强刑释解教人员安置帮教工作。一是省司法厅在全省司法行政机关选派2500名干部，从全省劳教系统抽调1000名警察，分期分批下派到基层司法所专门从事安置帮教和社区矫正工作。二是省安帮办组织了省公安厅、省司法厅、省劳教局、省监狱局、16个州市县司法局、30所监狱、14个劳教所和150个公安派出所的350余名软件操作人员进行培训。三是对刑满释放五年内、解除劳教人员三年内不知去向的刑释解教人员和出狱（所）后直接流散于社会、人户分离、“三假”人员进行查找，对期限内的刑释解教人员进行登记造册，为预防重新犯罪打下了基础。四是采取“送亲情、送乡情、送教育”活动，对服刑人员进行帮教；采取落实就业安置政策，帮困扶难，“一帮一、多帮一”的方式帮助刑释解教人员顺利回归社会。全省安置率达85%，帮教率达95%。

（三）预防青少年违法犯罪工作。一是开展预防未成年人违法犯罪示范县（市、区）、示范乡镇、示范社区、示范服务台、警示教育基地建设，启动“大手拉小手——预防未成年人违法犯罪大学生暑期宣讲活动”和“预防未成年人违法犯罪警示教育演讲团巡回演讲活动”。二是开展“人大代表、政协委员与青少年面对面”活动，开展青少年普法维权“七个一”、禁毒防艾“十百千万工程”和优秀“青少年维权岗”创建，开展“青少年模拟法庭”、“律师进校园”活动，开展学校治安专项治理活动，开展未成年人网脉工程，加强对文化市场的管理。三是在全省中小学配备法制副校长，定期给学生上法制教育课；在部分学校设立了心理咨询室，关注学生的心理健康。四是启动制定《云南省预防未成年人犯罪条例》的工作，下发《关于2008年度未成年人法制宣传教育项目实施计划》。五是广泛招募、培训禁毒防艾志愿者，推进云南省《中华人民共和国禁毒法》宣传月活动暨全省禁毒志愿者禁毒宣传行动和云南省万名大中学生宣传禁毒防艾进万村活动。

（四）加强铁路护路联防工作。一是以“迎奥运、保畅通、保安全”为宣传主题，以《铁路法》等为重点宣传内容，以中小学生、“五残人员”监护人等为重点宣传对象，以人口密集聚居区段为重点宣传区域，开展多种形式、整治并举的活动，受教育师生和群众共97万余人。二是以奥运安保为重点，开展综合重点整治，奥运会期间实现“四杜绝，一减少”的目标。坚持定期不定期排查影响铁路生产秩序的不安全因素和隐患，共排查调处155件涉路矛盾纠纷，维护了沿线社会稳定。加强检查整改，确保监护道口无责任安全事故发生。三是顺利完成专职护路联防队伍整体转变为义务护路队伍，行政主导的群防群治转变为群众自治组织主导、行政协调指导，达到队伍人员不减、工作任务不减、工作效果不减的目的。

（五）加强学校及周边治安综合治理工作。一是成立学校安全隐患排查治理工作领导小组，制定实施方案，组织9个督查组检查9所高等学校、89所中小学、幼儿园。二是开展学校及周边治安秩序专项整治行动、校园管制刀具收缴行动和校园重点要害部位安全检查，加强学校及周边地区的文化、娱乐场所的监督管理，加大对学校及周边出版物市场、无证摊点、网吧、非法游商等的监管力度。三是严厉打击各类涉校违法犯罪活动，1至11月，全省发生涉校刑事案件、治安案件，同比分别下降39.4%和26.9%。四是强化安全防范工作，1至11月，在校园周边设置交通标志和安全设施518处，在治安复杂地区的校园周边设立治安岗亭113个,向学校派驻保安员397名,选派民警担任法制副校长或法制辅导员626名。

(六)加强见义勇为工作。一是省政府于1月28日表彰奖励5个见义勇为先进群体和19名见义勇为先进个人,共颁发奖金74万元;于12月31日表彰奖励31名见义勇为先进个人,共颁发奖金93万元。二是昆明市武成汽车股份有限公司驾驶员邓金友荣获"全国见义勇为司机"称号。三是各地见义勇为基金会(协会)共组织慰问见义勇为先进人物及其家庭318人次,抚恤慰问金额达41.2万元。四是省见义勇为基金会召开换届大会,选举产生第二届理事会,名誉理事长李汉柏、孟苏铁、邱创教,理事长曹建方,并修订基金会章程。

中共云南省委办公厅
云南省人民政府办公厅
印发《关于在全省开展争创先进
平安县(市、区)活动的意见》的通知

(2008年8月28日)

各州、市、县党委和人民政府,省委和省级国家机关各部委办厅局,各人民团体,各大专院校:

《关于在全省开展争创先进平安县(市、区)活动的意见》已经省委、省政府同意,现印发给你们,请结合实际,认真贯彻执行。

关于在全省开展争创先进
平安县(市、区)活动的意见

为贯彻落实《中共云南省委关于进一步加强社会治安综合治理和维护社会稳定工作的意见》(云发[2008]11号)精神,推进平安创建工作深入开展,从今年开始,在全省开展争创先进平安县(市、区)活动。现结合实际,提出如下意见。

一、指导思想、创建目标和工作重点

(一)指导思想。以邓小平理论和"三个代表"重要思想为指导,深入落实科学发展观,认真贯彻党的十七大及省第八次党代会、省八届五次全委会精神,在各级党委和政府的统一领导下,组织动员社会各方面力量,以建立健全长效机制为核心,以严格落实责任制为抓手,拓展创建领域,丰富创建内容,提升创建层次,推动平安县(市、区)创建活动深入持久开展,为人民群众安居乐业、社会和谐稳定、国家长治久安创造良好的环境。

(二)创建目标。通过开展争创活动,全面落实社会治安综合治理和维护社会稳定各项措施,巩固党和人民群众的血肉联系,切实维护党的执政地位、国家安全和人民利益,力争使我省的社会

治安综合治理和维护稳定工作跨入全国优秀行列。

（三）工作重点。进一步巩固和深化“平安乡镇”、“平安村寨”、“平安社区”、“平安单位”、“平安家庭”、“平安边界”等平安创建活动成果，积极组织开展“平安医院”、“平安校园”、“平安企业”、“平安寺院”、“平安旅游”、“平安大道”、“平安铁路”、“平安边境”等多种形式的平安创建活动，确保平安县（市、区）创建活动取得新成效。

二、主要措施

（一）切实维护国家安全和社会政治稳定。以“防插手、防激化、防渗透、防恐怖”为重点，强化政权意识，树立执政理念，充分依靠群众，认真研究敌对势力针对我省进行渗透破坏活动的新情况、新动向，进一步加强情报信息工作，牢牢掌握斗争主动权。加强隐蔽斗争和人民防线建设，高度警惕境内外敌对分子勾连聚合，严密防范和严厉打击“三股势力”、“藏独”分子、“法轮功”等邪教组织的各种捣乱破坏活动，坚决防止发生暴力恐怖事件、危害国家安全和社会稳定的重大政治事件、大规模群体性事件。

（二）切实预防和减少社会矛盾。继续深化改革，坚持科学发展，把改善人民生活作为正确处理改革发展稳定关系的切入点，通过加快发展，增加社会财富，改善人民生活，保障社会公平正义，促进社会和谐。健全完善就业服务体系、社会保障体系和社会救助体系，着力解决人民群众最关心、最直接、最现实的利益问题，最大限度增加和谐因素。坚持科学决策、依法行政、依规办事，健全完善科学的决策机制、社会稳定风险评估机制和社会稳定预警机制，切实预防矛盾纠纷，最大限度减少不和谐因素。深入开展法制宣传教育，大力弘扬法治精神，形成自觉学法守法用法的良好社会氛围。切实将人民调解、行政调解、司法调解有机结合起来，综合运用法律、政策、经济、行政等手段，规范矛盾纠纷的排查研判、接待受理、分流指派、协调调处及检查督办等各项工作制度，形成大调解工作格局。探索建立各级矛盾纠纷调解中心，推广建立行业管理部门行政调解组织，对各类矛盾纠纷做到早发现、早调处、早化解。

（三）切实做好新形势下的群众工作。创新群众工作机制，畅通联系群众渠道，使群众提出的诉求得到充分表达；经常分析社会动态和群众心态，及时调整政策措施，改进方式方法，使群众情绪得到有效疏导；坚持以人为本，倾听群众呼声，关心群众疾苦，解决群众合理诉求。认真贯彻《信访条例》，完善信访工作机制，建立理性、有序、合法的信访秩序，维护信访者的合法权益；坚持“分级负责，归口管理”、“谁主管，谁负责”的原则，以妥善处置群体上访，涉法上访为重点，以畅通信访渠道为主线，以解决信访问题为核心，实行包案处理制度，不断完善信访工作责任制，坚持有访必接、有信必复，加大督查督办力度，切实提高要信要访的办结率、息诉率和群众满意率，有效减少重复上访、越级上访和集体上访。

（四）依法妥善处置群体性事件。认真分析研究群体性事件的特点和规律，及时掌握可能引发群体性事件的情况信息，建立健全统一指挥、反应灵敏、协调有序、功能齐全、运转高效的应急处置机制。进一步加强队伍培训和实战演练，不断提高处置群体性事件的能力和水平。一旦发生群体性事件，所在地区、部门和单位的主要负责人要亲临一线，面对面做好群众工作，积极主动解决其合理诉求，有效防止矛盾激化和事件升级。对每一起群体性事件要准确判断，因情依法妥善处置，既要坚持慎用警力、慎用警械、慎用强制措施的原则，防止因警力、警械和强制措施使用不当导致事态扩大，又要依法严肃查处利用人民内部矛盾组织、策划和煽动群众严重扰乱社会秩序的违法犯罪活动，确保迅速平息事态。

（五）依法严厉打击严重刑事犯罪。建立健全“严打”经常性工作机制，把“严打”方针政策贯穿于侦查破案、批捕起诉、定罪量刑、监管改造等各个环节。严厉打击有组织犯罪、黑恶势力犯罪、杀人和爆炸等严重暴力犯罪，抢劫、抢夺、盗窃等影响群众安全感的多发性侵财犯罪和事关国家经济安全、群众切身利益的严重经济犯罪。认真执行宽严相济的刑事司法政策，既要有力打击震慑犯罪，又要尽可能减少社会对抗，化消极因素为积极因素。认真做好治安混乱地区和突出治安问题的排查整治工作，坚持定期排查与专项排查相结合、区域性排查和行业性排查相结合，对排查出的治安混乱地区和突出治安问题，逐一分析研究，制定整治方案，落实牵头部门、责任单位和责任人，组织力量进行综合整治，限期改变面貌，切实巩固成效。

（六）全力推进新一轮禁毒人民战争。全面贯彻落实《中华人民共和国禁毒法》，紧紧围绕当前毒情形势，始终坚持“预防为主，综合治理，禁种、禁制、禁贩、禁吸并举”的禁毒工作方针，牢固树立“毒品一日不绝，禁毒一刻不止”的意识，坚持把禁毒工作作为人民群众迫切需要解决的重大问题和全社会反映强烈的突出问题，着力在加强组织领导、广泛发动群众上下功夫，着力在健全制度、完善机制上下功夫，着力在强化措施、落实责任上下功夫，深化认识，加大力度，强化措施，落实责任，理清工作思路，把握工作重点，在巩固现有成果的基础上，坚定不移地深入推进禁毒斗争，确保圆满完成新一轮禁毒人民战争各项目标任务。

（七）大力推进社会治安防范工作。建立完善以公安机关为骨干、群防群治力量为依托、社会面治安防范为重点、科技手段为支撑，多警联动、专群结合，人防物防技防相结合，社会化、网络化、科技化相互补充的社会治安防控体系。积极探索预防犯罪的新路子、新办法，建立健全预防犯罪工作机制，拓宽预防犯罪工作领域，组织和动员全社会力量，共同参与预防犯罪工作。突出技防建设，大力推进以城市视频监控与报警系统为重点的科技防范工作，尽快在县城和复杂集镇建立覆盖面广、联动性强、反应快速、灵敏高效的城市报警和监控系统，提高城市的科学化管理水平。边境地区要着力构建军警民联动联防联创体系，加强与邻国边境地区的警务交流合作，共同维护边境地区的社会治安秩序。

（八）建立健全公共安全应急救援机制。编制和完善自然灾害、事故灾害、公共卫生事件和社会安全事故等突发公共事件处置应急预案，构建统一指挥、反应灵敏、协调有序、运转高效、保障有力的应急救援体系，全面提高应对突发公共事件的能力。建立完善安全生产监管体系，加强安全生产信息、技术装备、宣传教育、培训等体系建设，把安全生产的各项要求和措施落实到生产经营的每个环节。深入开展道路交通安全和消防安全专项整治，全面排查、整改事故隐患，最大限度地减少群死群伤道路交通事故和恶性火灾事故发生，坚决防止影响社会稳定的灾害事故发生。

（九）全面加强社会服务管理工作。创新社会管理理念和管理方式，充分发挥城乡基层自治组织、社会团体、行业组织和社会中介组织的作用，加强对重点人群、重点行业、重点部位和物品的管理，增强社会管理和社会服务的合力。加强对境外非政府组织和“社会人”的管理，加快实施“为了明天——预防青少年违法犯罪”计划，做好对刑释解教、社区服刑、暂予监外执行、所外执行及吸毒等重点人员的管理。切实加强枪支弹药、爆炸物品、剧毒危险品和放射性物品管理，加强网吧、娱乐服务场所等行业以及互联网“虚拟社会”的监管。做到全面监管和重点监管相结合，维护安定有序的社会环境。

（十）切实加强综治维稳基层基础规范化建设。整合基层维护社会治安和社会稳定力量，形成以基层党组织为核心、自治组织为基础、综治维稳和政法组织为骨干的社会治安综合治理工作网络。加强党的基层组织建设，发挥其领导核心作用；加强各级综治维稳委及其办公室建设，发挥其组织协调作用；加强公安派出所、司法所、人民法庭和农村（社区）警务室建设，发挥其打击犯罪和维护社会稳定的骨干作用；加强社区居委会、村委会和治保、调解等基层群众自治组织建设，落实综治维稳和平安建设各项措施，筑牢维护稳定的第一道防线；加强帮教、法律援助、治安联防、保安等组织建设，最大限度地组织和发动人民群众参与治安防范工作。着力解决综治维稳基层基础队伍建设中的重点、难点问题，不断加强队伍作风建设和业务能力建设，全面提高政治素质、政策水平和工作能力，夯实综治维稳基础。

三、工作机制

（一）建立健全组织领导机制。进一步完善党委和政府统一领导、政法委和综治维稳委组织协调、各有关部门齐抓共管、全社会整体联动、广大群众积极参与的平安创建工作格局。各级党委、政府要把平安县（市、区）创建纳入本地经济社会发展总体规划，与经济社会其他工作同部署、同落实、同检查、同考评、同奖惩。省、州、县三级要逐级建立平安创建工作领导小组。要层层制定实施方案，明确目标，健全制度，细化措施，分步实施，整体推进，推动平安创建活动顺利开展。

（二）建立健全齐抓共管工作机制。各地区、各部门要紧紧围绕平安创建的目标要求，制定参与平安创建的具体实施意见，在平安创建中切实发挥职能作用。各级政法委要认真履行工作职责，当好参谋助手，搞好组织协调，全面提升本部门、本系统参与平安创建的水平。各级综治维稳委要加强对平安创建活动的指导，及时督促抓好工作落实。各级预防青少年违法犯罪工作领导小组、流动人口管理工作协调领导小组、刑释解教人员安置帮教工作领导小组、学校及周边治安综合治理工作领导小组、铁路护路联防领导小组要在完善工作机制、创新工作措施、整合部门资源、增强工作实效上狠下功夫，推动平安创建工作取得新进展。

（三）建立健全平安创建保障机制。各级党委、政府要加强综治维稳机构和平安创建机构建设，配齐配强工作人员，积极改善工作条件。各地要按要求将综治维稳日常工作经费和平安创建所需专项经费列入财政预算予以足额保障，并根据经济社会发展和实际工作需要逐年增加。积极探索市场经济体制下治安防范社会化、产业化、市场化的办法和途径，引入市场机制，按照“取之于民、用之于民”和“谁受益，谁出资”的原则，大力发展保安服务业，动员保险公司积极参与，鼓励治安承包，多方筹集群防群治工作经费，为平安创建工作提供充足的资金保障。

（四）建立健全考核奖惩机制。研究制定先进平安县（市、区）考评办法，通过严格考核奖惩，充分调动基层的积极性、主动性和创造性，使考核导向更加符合时代要求和人民群众愿望。按照“一年一评、竞争择优”的原则，每年评选出30个“先进平安县（市、区）”，由省委、省政府予以表彰奖励。严格执行警示通报制和一票否决权制，保证各项创建措施真正落到实处。

附件：云南省先进平安县（市、区）考评办法（试行）

附件：

云南省先进平安县（市、区）考评办法（试行）

根据省委、省政府关于加强社会治安综合治理和开展平安创建活动的统一部署，制定本考评办法。

一、评分标准

（一）加强组织领导（12分）

1. 明确各级党委、政府领导综治维稳责任（4分）

党政主要领导是综治维稳的第一责任人，分管领导是直接责任人，党政领导班子其他成员按照各自职责承担分管范围内的综治维稳责任。

2. 把综治维稳与平安建设纳入总体工作目标（4分）

县（市、区）和乡（镇）党委、政府把综治维稳和平安建设工作纳入本地经济社会发展规划，列入党政领导班子综合考核内容，并结合当地实际，制定具体实施意见。

3. 会议制度健全（2分）

党委常委会议或政府常务会议每年召开2次以上会议，综治维稳委、省纪委等五部委、综治维稳委专门工作领导小组每年分别召开2次以上会议，专题研究综治维稳工作。

4. 把抓综治维稳与平安创建工作的实绩纳入干部考核内容（2分）

以上工作由省综治办、省维稳办评分。

（二）维护社会稳定（20分）

1. 定期分析研究维护社会稳定工作（2分）

2. 加强矛盾纠纷排查调处工作（4分）

3. 有效预防和妥善处置群体性事件（3分）

4. 做好群众来信来访工作（2分）

5. 加强民族宗教工作（2分）

6. 加强防范和处理邪教问题工作(2分)

7. 加强反恐怖工作(3分)

8. 加强国家安全人民防线工作(2分)

第1项至第3项由省维稳办评分,第4项至第8项分别由省委办公厅、省政府办公厅信访局、省民委、省宗教事务局、省委610办、省公安厅、省国家安全厅评分。

(三)加强社会治安防控(10分)

1. 刑事发案得到有效控制(3分)

2. 落实重点防控和巡逻防范措施(3分)

3. 加快城市报警与监控系统建设(4分)

以上工作由省公安厅评分。

(四)严打整治工作(10分)

1. 开展打黑除恶等专项斗争(2分)

2. 整治治安重点地区和突出治安问题(3分)

3. 加强禁毒工作(5分)

第1项和第2项由省公安厅评分,第3项由省禁毒委办公室评分。

(五)加强基层基础工作(12分)

1. 加强综治维稳基层基础规范化建设(4分)

2. 扎实有效开展基层平安建设(6分)

3. 加强基层综治维稳干部队伍建设(2分)

第1项和第2项由省综治办评分,第3项由省委政法委评分。

(六)加强社会管理(14分)

1. 加强流动人口服务和管理(2分)

2. 做好预防青少年违法犯罪工作(2分)

3. 加强刑释解教人员安置帮教和社区矫正工作(2分)

4. 加强学校及周边治安综合治理工作(2分)

5. 做好见义勇为表彰奖励工作(2分)

6. 加强综治维稳宣传工作(1分)

7. 严格落实安全生产责任制(1分)

8. 有效防控道路交通事故(1分)

9. 落实消防安全措施(1分)

以上工作分别由省流动人口管理工作协调领导小组办公室、省预防青少年违法犯罪工作领导小组办公室、省刑释解教人员安置帮教领导小组办公室、省学校及周边治安综合治理工作领导小组办公室、省见义勇为基金会、省综治办、省安全生产监督管理局、省公安厅、省公安消防总队评分。

(七)健全完善机制(12分)

1. 建立综治维稳工作保障机制(4分)

2. 建立考核奖惩机制(2分)

3. 建立部门齐抓共管机制(2分)

4. 建立社会稳定风险评估机制(2分)

5. 建立社会稳定预警机制(2分)

以上工作由省综治办、省维稳办评分。

(八)公众安全感调查(10分)

由各州(市)综治部门会同统计部门,对所属各县(市、区)公众安全感进行调查,提供公众安全感调查报告,按公众安全满意度的测评情况进行打分。

(九)加分项目

社会治安综合治理工作经验被中央、省综治维稳委以会议或文件的形式总结推广的,平安建设工作中涌现出的先进典型被中央、国家有关部门作为典型宣传的,分别加2分,累计加分不超过3分。

二、考核要求

(一)考评每年进行一次,与年度综治维稳目标管理责任制考核一并组织实施。

(二)考核工作遵循实事求是、注重实效、易于操作的原则,体现客观性、公正性、公开性和严肃性,考评表彰以最终评分为依据,不搞平衡照顾。

(三)当年11月10日,各县(市、区)将自查自评情况报送所在州(市)综治维稳委,各州(市)综治维稳委对县(市、区)进行检查考评,于12月10日按县(市、区)总数的三分之一推荐报送省综治维稳委。省综治维稳委组织省级有关部门对推荐上报的县(市、区)进行评审,并组织检查组进行实地检查考核。

(四)设立举报电话及信箱,把先进平安县(市、区)的考评活动向社会公布,考评结果向社会公示,接受社会和群众的监督。一旦接到举报,省综治维稳委即组织核查或委托州(市)综治维稳委进行核查。对在考核评比过程中弄虚作假,或者隐瞒社会稳定和社会治安重要情况信息,情节严重的,取消评比资格,已获得荣誉称号的撤销其荣誉称号。

（五）各考核部门根据评分标准，制定考核细则，量化指标，及时下发各地，考核统计数据截至当年的11月20日。12月10日前，各考核部门对各县（市、区）进行单项评分并送省综治办汇总。

（六）当年发生以下事项其中一项的，取消评选资格。

1. "法轮功"人员进京滋事或10人以上"法轮功"人员进行聚集、练功活动的。

2. 发生一次死亡3人以上或重伤5人以上群体性事件的。

3. 因防控措施不落实，发生一案致死5人以上命案1起以上或一案致死3人以上命案3起以上的。

4. 未发现上报和及时打击黑恶势力犯罪团伙，被上级公安机关督查、暗访或根据群众举报、新闻媒体曝光，经查证属实的。

5. 发生打砸抢烧党政机关或阻断干线公路、铁路、水道群体性事件，造成严重后果的。

6. 发生一次死亡10人以上特大治安灾害事故和生产安全事故的。

7. 存在"黄赌毒"场所和治安乱点，群众反映强烈，不及时整治的。

8. 在重大活动期间，发生影响社会稳定和社会治安秩序问题，造成重大社会影响的。

三、奖惩措施

（一）考核得分居全省前30名的县（市、区），由省委、省政府命名为年度"云南省先进平安县（市、区）"，授予奖牌，并以此为主要依据考核州（市）综治维稳和平安创建工作。

（二）组织、人事部门将争创先进平安县（市、区）工作列入干部任期目标，考核结果作为衡量干部政绩、晋职晋级和奖励惩罚的重要依据。

（三）辖区内发生第二条第（六）项所列事项的，要通报全省；对其中组织不力、措施不力、问题严重的，给予黄牌警告并按相关规定实行社会治安综合治理一票否决。

云南省各市、县（市、区）综治委、办主任名单

地　区	综治委主任	综治办主任
昆明市	海文达	刘文义
盘龙区	周传彪	赵安琪
五华区	苏天福	张　强
官渡区	刘峻松	李吉明
西山区	张志强	郭云辉
东川区	陈海彦	张加强
安宁市	张维勇	李茂文
呈贡县	马宏途	刘本贵
晋宁县	吕天云	段云富
富民县	李辽军	段德忠（1－9月） 段华德（10－12月）
宜良县	朱靖文	严坤崇
嵩明县	张正平	张应坤
石林县	李兴国	李何红
禄劝县	蔡永福	黄正辉
寻甸县	马慈明	马良能
曲靖市	陈世贵	罗世雄
麒麟区	汤跃宏（1－4月） 丁常云（5－12月）	李　德
宣威市	朱家甫（1－10月） 申中林（11－12月）	张远惠
马龙县	张石飞	段培永
沾益县	宋建平	李学光
富源县	张晓国	万将先

地　区	综治委主任	综治办主任
罗平县	朱德光（1－3月） 李光辉（4－12月）	李保明
师宗县	梁志强	郑永武
陆良县	张光彦	陈留建（1－3月） 戚国生（4－12月）
会泽县	方德全	杜玉敏
玉溪市	刘宁笙	李矿生
红塔区	王文平	李立超
江川县	张跃伟	赵　华
澄江县	陆永泽	陈家升
通海县	钱润光	白　明
华宁县	张文信	张仁耀
易门县	许绍宏	汤明华
峨山县	夏黎明	解忠平
新平县	自正林	李　军
元江县	李　泓	周玉书
保山市	彭国军（1－10月） 葛　平（10月之后）	马加能
隆阳区	赵茂琦	李军林
施甸县	李文斌	何汝信
腾冲县	黄佳斌	赵德荣
龙陵县	李维用	郭少能
昌宁县	辉　波	张仲伟
昭通市	张朝德	肖　波
昭阳区	保　剑（2月之前） 王明昆（2－5月） 朱　云（6月之后）	撒兰斌（8月之前）
鲁甸县	马武荣	锁才本
巧家县	李亚杰	刁维恩
盐津县	李忠海（5月之前） 陈　坤（6月之后）	祝　强
大关县	林　松	杨志银
永善县	李善雄（6月之前）	卢世涛
绥江县	文南星	邓永才
镇雄县	戴　堃	
彝良县	彭泽高	王太乾
威信县	王国斌	熊有龙
水富县	王国庆	
丽江市	吉宏·龙佳	赵明华
古城区	和红卫	和春立
永胜县	周开举	卜永忠
华坪县	王国忠	宋登志
玉龙县	杨福红	和成功
宁蒗县	杨永林	杜兴云
普洱市	谢丕坤（9月之前）	李佳维
思茅区	邱　明	石卫东
宁洱县	杜益学（9月之前） 张　军（10月之后）	杨振宇
墨江县	黄显学	沙云平（4月之前） 何红春（4月之后）
景东县	何献春	张　雄
景谷县	何国新	邱继元
镇沅县	李　荣（4月之前） 苏明星（5月之后）	马维勇
江城县	苏春和	赖培清
孟连县	胡文彬（9月之前） 吴朝武（9月之后）	孙愚贵（5月之前） 魏绍平（5月之后）
澜沧县	魏文生	蒋余生
西盟县	唐　耀	魏永明
临沧市	郭金富	陈清林
临翔区	李文勇	雷怀生
凤庆县	周　学	杨桂芳
云　县	李尚清	李相忠
永德县	雷　政	杨志军

地　区	综治委主任	综治办主任
镇康县	俸　明	杨文明
双江县	王　强	朱家荣
耿马县	董庆军	陈秀芳
沧源县	李繁荣	苏源宏
德宏州	王兴明（6月之前） 郭志德（7月之后）	夏　阳
潞西市	杨航深	刘云江
瑞丽市	魏　刚	杨兴才
梁河县	闫信能（3月之前） 李培忠（7月之后）	车同流
盈江县	罗祥荣	沙晓舟
陇川县	张开家	李腊布
畹町经济开发区	金依凹	杨秉周
怒江州	鲁维星	伍华三
泸水县	李国宝	虎　皎
福贡县	丰志增	鸿羿升
贡山县	李坤珍	张智全
兰坪县	李永平	李鹏飞
迪庆州	李邑飞	尼玛甲称
香格里拉县	肖　徐	赵国军
德钦县	张陆金	啊　争
维西县	农布七林	和玉福
大理州	茶忠旺	李　勇
大理市	杨　晓	孙顺德
祥云县	程永嘉	杨建华
宾川县	张成良	李文忠
弥渡县	李郁华	刘　杰
永平县	马伟军	茶名荣
云龙县	张国雄	杨怀东
洱源县	李国侯	赵汝恭
剑川县	张开泰	杨顺荣
鹤庆县	王　耀	黄维庚
漾濞县	邵漾华	靳谊清
南涧县	查政朝	黄朝荣
巍山县	汤云海	左增武
楚雄州	王兴明	周红华

地　区	综治委主任	综治办主任
楚雄市	张之政	张正明
双柏县	李雪峰	尹久平
牟定县	徐惠兴	普向飞
南华县	张志洪	周　昱
姚安县	王家俊	布学双
大姚县	刘建云	孙凤新
永仁县	马庭文	孙玉明
元谋县	文箫翰	杨绍华
武定县	李克平	严朝华
禄丰县	杨俐昆	李志红
红河州	和　建	张恒昌
蒙自县	李国疆	方剑伟
个旧市	王　伟	杜　健
开远市	蒋文革	岑　伟
绿春县	张　文	石然思
建水县	白富强 （2月27日之前） 杨建伟 （2月28日之后）	邹志军
石屏县	陈俊峰 （1月28日之前） 张　彪 （1月29日至11月21日） 刘红云 （11月21日之后）	佟忠亮
弥勒县	普　彬	赵连清
泸西县	耿云庆	张正友
元阳县	徐世良	杨　彪
红河县	李宝军	何祖善
金平县	李国民	普继才 （8月之前） 毛文强 （8月之后）
河口县	邓洪彬	黄素华
屏边县	黄大斌 （7月之前） 刘传良 （7－12月）	陶友和
文山州	吴俊明	董松林
文山县	何跃祥	李国帅
西畴县	芶开波	李正谦

地　区	综治委主任	综治办主任
马关县	蒋生华	陈树坤
丘北县	罗涌铭	赵　斌
富宁县	韦胜辉	杨　军
广南县	刘东云	田国春
麻栗坡县	张荣卫	陶有文
西双版纳州	曹孟良（1－8月）	罗青华
景洪市	张　淳	苏　州
勐海县	岳滇勇	曹　辉（1－10月）
勐腊县	倪家凯	

（撰稿人：郭明宇

审稿人：马继延　李子顺）

西藏自治区

2008年社会治安综合治理工作概况

2008年，特别是拉萨“3·14”事件以来，全区各级党委、政府高举维护社会稳定，维护社会主义法制，维护人民群众根本利益的旗帜，把社会治安综合治理作为有力抓手，多次召开专题会议，研究解决影响西藏社会稳定的热点、难点问题，进一步深化平安建设工作，认真落实综治各项工作措施，社会治安综合治理和基层基础工作得到进一步强化。

一、各级党委政府高度重视社会治安综合治理和平安建设工作

2008年12月23日，自治区党委书记张庆黎同志和自治区人民政府主席向巴平措同志在全区经济工作会议上亲自与各地（市）党政“一把手”签订了《社会治安综合治理目标管理责任书》，并对本年度社会治安综合治理和平安建设工作成绩突出的林芝、山南和那曲地区给予了表彰和重奖，并授予“全区社会治安综合治理工作先进地区”荣誉称号，各颁发奖金15万元、10万元和8万元。拉萨“3·14”事件发生后，各级党政主要领导认真反思，深刻总结经验教训，更加清醒地认识到加强社会治安综合治理是解决社会治安问题的根本途径，是维护社会稳定的重要保证，是实践“三个代表”重要思想的具体体现，是深入学习实践科学发展观的有效举措，把社会治安综合治理摆上重要议事日程，摆在更加突出位置，按照张庆黎书记“要以积极的态度，创新的思路，改革的方法去研究解决现实存在的新情况、新问题”的要求，各地市党政主要领导把社会治安综合治理和平安建设工作与经济社会发展总体规划同安排、同部署、同检查、同考核，认真履行“一把手”工程，深入基层，调查研究、认真解决综治工作中出现的新情况、新问题，通过开展“反对分裂、维护稳定、促进发展”主题教育活动，深入揭批达赖罪行，使全区广大人民群众牢固树立起了“团结稳定是福、分裂动乱是祸”的思想，牢牢掌握了反分裂斗争的主动权。林芝地区把“抓综治、保稳定，创平安、促发展”作为各级党政主要领导的首要政治责任，作为“一把手”工程来落实，在全面确保社会稳定的基础上，一心一意谋发展，聚精会神搞建设，社会各界对综治工作的认同感显著提高，广大人民群众求稳定、谋发展的意识明显增强；那曲地区始终坚持“稳定压倒一切”的方针，以“一点、一线和十三座寺庙”为重点，以“确保万无一失、确保绝对安全”为总体目标，以“防骚乱闹事、防爆炸、防恐怖袭击”为重点，建立健全18项维稳工作长效机制，层层落实责任，确保社会局势持续稳定，并于2月份开始，在全区率先开展了为期半年的“反对分裂、维护稳定、促进发展”的社会主义主题教育，组织党员领导干部深入乡村、寺庙，向广大农牧民和寺庙僧尼宣讲政策，排查隐患，解决问题。拉萨市痛定思痛，深刻反思“3·14”事件的教训，查找综治工作的薄弱环节，投入大量的人力、物力、财力，强化基层基础工作，积极探索，努力创新流动人口和出租房屋服务管理工作，狠抓社会面管控，确保了奥运火炬拉萨传递期间的社会稳定。昌都地区认真汲取连环爆炸案血的教训，按照“讲策略、抓重点、手不软、落实到位”的工作要求和“以昌都镇为中心，以江东三县为重点”的工作思路，及时启动维稳工作预案，成立维稳一线联合指挥部，由地委、行署主要领导任总指挥，地级领导对11个县蹲点指导，以地、县110指挥中心为平台，形成强有力的指挥机制，实行24小时值班和零报告制度，确保对突发问题及时正确处置。

二、适时开展严打整治斗争，始终保持高压态势，确保了社会局势稳定

2008年，各级政法、综治部门认真反思“3·

14”事件的沉痛教训，紧紧抓住影响社会稳定和人民群众反映强烈的突出问题，本着“什么犯罪严重就打击什么犯罪，哪里治安混乱就重点整治哪里”的原则，深入开展了“打黑除恶”、“侦破命案”和“3·14”专案在逃人员抓捕、治爆缉枪等专项行动，重点开展打击街头两抢、入室盗窃、拐卖妇女儿童、盗抢机动车、贩卖枪支、盗窃破坏“三电”、敲诈勒索等专项行动，有力地打击各类刑事犯罪活动。通过加大对危安案件的侦破力度，树立了良好的政法队伍形象，增强了全区各族人民反对分裂、维护稳定的信心，全区社会秩序良好，人民群众安全感明显提高。一年来，共侦破危案案件56起，办理涉黑涉恶案件24件174人，立破毒品案件44起，缴获海洛因0.703千克，大麻8.1千克，冰毒0.299千克。拉萨市在“3·14”事件发生后，坚决贯彻落实党中央及自治区党委、政府的重要指示精神，采取果断措施，迅速平息了事态，并组织大量警力及群防群治队伍，不分昼夜，艰苦奋战，全面开展抓捕、审讯及专案深挖工作，及时抓获和严惩了一大批参与打砸抢烧事件的犯罪分子，有力地打击了犯罪分子的嚣张气焰。江达县针对社会治安混乱等突出问题，重点开展了为期两个月的专项整治行动，共抓获两起涉枪命案的违法犯罪嫌疑人13人，及时地遏制了犯罪分子的捣乱、破坏活动，实现了江达由乱到好的转变，受到了广大人民群众的赞扬。各地市、各部门按照属地管理原则，认真履行综治责任，认真落实各项综治措施，构筑起了党政军警民齐抓共管、确保稳定的平台，确保了奥运火炬登顶珠峰和在拉萨传递，确保了奥运期间和重要敏感日期西藏政治局势稳定。2008年，全区各级公安机关共立刑事案件与上年同期相比下降30.4%；受理治安案件，与上年同期相比下降38.23%。据自治区统计局调查统计，全区零犯罪乡村比例不断提高，群众安全感比上年上升了13.7个百分点，群众对社会治安状况的评价比上年上升3.6个百分点。

三、重点加强基层基础建设，不断强化反分裂斗争的根基

基层基础工作是社会治安综合治理的基本建设，是反对分裂、维护稳定的重要根基。拉萨“3·14”事件的发生，暴露出西藏基层基础工作存在诸多薄弱环节，自治区党委政府对此高度重视，多次召开专题会议，研究部署加强基层基础建设。各级各部门把进一步加强基层基础工作作为所有工作的重中之重。2008年6月21日，自治区党委专门召开第21次常委会，专题听取全区综治工作汇报，提出将流动人口服务管理和平安寺庙创建工作作为当前的工作重点，并批准在自治区综治办和拉萨、昌都综治办设立流动人口服务管理工作机构，并新增4名专项编制，开展流动人口服务管理试点工作。2008年7月，自治区综治委调整充实了自治区流动人口服务和管理工作领导小组，区党委常委、政法委书记、区综治委主任王宾宜同志任组长，区党委常委、自治区常务副主席、区综治委第一副主任白玛赤林同志任副组长，各小组成员单位均由一把手担任领导小组成员。自治区综治办组织相关部门利用近两个月的时间，深入五地市全面开展流动人口服务和管理调研工作，全面掌握了当前流动人口服务和管理工作情况，对存在的问题提出了意见和建议。2008年9月2日，自治区综治委全面落实区党委政府的重要指示精神，召开全区流动人口服务和管理工作会议，区党委副书记张裔炯同志出席会议并讲话。2008年9月14日至17日，自治区综治委在林芝地区波密县召开了全区综治工作现场会，会议对全区各地（市）基层基础工作中总结出来的经验进行了交流，实地参观了林芝地区基层基础建设工作情况。此次会议得到中央及自治区党委政府的高度重视，中央综治办协调室主任陈显辉同志亲临会议并讲话。会上，自治区人民政府对全区首批18个自治区级平安县给予了命名表彰。各地市重点通过加强寺庙及僧尼的清理、教育、管控，进一步强化了反分裂斗争的社会基础，争取了反分裂斗争的主动权；通过发挥综治优势，成功地对“3·14”非罪处理人员进行教育管控，实现了打击一小撮，争取一大片的目的；通过进一步加强流动人口服务管理工作，建立健全专职队伍，认真开展排查整治，实现了对流动人口底数清、情况明、管得住、服务好；通过扎实开展边境管控，落实国家安全人民防线工作，成功粉碎了达赖集团无数次的“闯关”阴谋，确保了边境稳定；通过把社会治安综合治理和平安建设经费纳入各级财政预算，增加综治维稳经费投入，各级综治组织建设进一步加强，社会治安综合治理工作力度不断加大；通过进一步深入开展“平安县”创建工作，切实推动了全区各县的基层基础建设，有力地保障了社会局势稳定。

四、进一步加大防控体系建设力度，有效提高社会面的防控能力和水平

各地各部门坚持“打防结合，预防为主”的原则，结合各自工作实际，积极构建治安防控体系，在城市主要路口安装“全球眼”等监控系统，加大技防投入；在乡村加大组建专职治安联防队、义务治安联防队、护村队、护校队，调整充实专职综治人员，加强人防工作；加大综治服务站点建设覆盖面、在交通要道和治安复杂区域设立治安卡口，不断强化物防建设。通过深入开展治安防控体系建设，加大人防、物防、技防投入。拉萨市公安局2008年上半年投入近500万元在交通要道和重点部位增装视频监控设施，强化街面和重点部位的防控力度。那曲地区在那曲镇原有7个综治服务室的基础上，共投入100多万元建立了5个平安建设服务中心（警务室），并解决公益性岗位22个，投入100余万元安装“电子眼”监控系统；昌都地区共投入资金500余万元增加和改进社会治安防控体系建设，实现了地区指挥中心与自治区一线指挥部远程视频工作；林芝地区波密县加强治安防控体系建设，特别在完善群防群治队伍建设等方面有创新；山南地区按照“纵向到底、横向到边”的国家安全组织网络建设要求，调整充实国家安全人民防线工作领导小组，不断延伸人民防线工作触角，有针对性地开展反间防谍、安全保密、外事纪律、国家安全意识的宣传教育活动，全面提高维护国家安全意识；阿里地区始终坚持“军民携手、军地联防、共保边境稳定、共促经济发展”的工作思路，建立起“党政军警民”五位一体的边境联防工作体系，真正形成了“人人是哨兵、家家是哨所、生产是值勤、游牧是巡逻、村村是堡垒、处处有防范”的人民群众共同参与维稳控边的良好局面，全地区边控工作形势良好，边境局势稳定，人民安居乐业。

五、进一步加大矛盾纠纷排查调处工作力度，有效遏制了群体性事件上升的势头

各级党委、政府和政法、综治部门把加强矛盾纠纷排查调处工作作为维护社会稳定，维护群众利益，推进平安建设的重要任务来抓，由一把手负总责，明确工作职责与奖惩制度，强化治保会、调委会组织建设，配齐驻村民警、司法助理员、治保员、调解员，及时化解基层矛盾纠纷，形成了人民调解、行政调解和司法调解“三位一体”的基层大排查、大调处工作格局。各地市都结合具体工作实际，制定出台了矛盾纠纷排查调处工作机制，地、县、乡三级都建立了矛盾纠纷排查调处工作台账，严格按照“五个提前”的要求，在早排查、早掌握、早调处、早化解上做文章，做到“群众矛盾发生到哪里，干部就跟随到那里，哪里出现纠纷，调处工作就及时做到哪里，”有效杜绝了因资源纠纷等引发群体性事件或各类案件的发生。拉萨市在各县区建立矛盾纠纷调处中心，主要领导亲自接访，特别是堆龙德庆县建立起了四大班子调处解决重大矛盾纠纷的机制，有效调处化解了各类矛盾纠纷；那曲地区多管齐下，综合整治，先后排查化解各类矛盾纠纷1489件。2008年1至11月份，全区共发生群体性事件20起，都得到有效处置，群体性事件同比下降20%。

六、重点加强铁路护路联防工作，确保青藏铁路安全畅通

青藏铁路是西藏尤为重要的政治线、经济线、生命线。拉萨、那曲两地市党委、政府高度重视铁路护路联防工作，将青藏铁路护路联防工作纳入重要议事日程，对青藏铁路的护路联防工作进行全面安排，精心组织，总体部署，强化责任，专职护路队员的正规化建设成效明显。特别是拉萨“3·14”事件发生后，青藏铁路护路联防工作在自治区党委、政府的坚强领导下、在中央护路办的统一领导下，在自治区护路办的督促指导下，采取铁、地、军、警、民联防的方式，充分发挥专职护路队员的有效作用，组织5000余人对青藏铁路进行严防死守，确保了青藏铁路安全运营。沿线各级党委政府还自行追加投入2000多万元，增设治安卡口，加大查控力度，全面开展巡逻守候、重点防范、深入排查等工作，全力消除可能发生或存在的治安隐患，确保了青藏铁路安全运营。

七、深入开展法制和平安建设宣传工作，努力实现全民参与、共保平安的良好氛围

2008年，各级党委政府高度重视法制宣传工作，特别是“3·14”事件后，各级各部门迅速行动，抽调专人组成专项工作组，进驻各个寺庙，对寺庙僧尼进行社会主义法制教育,瓦解了达赖集团企图以寺庙为突破口,进一步实施分裂活动的阴谋。各地各部门高度重视平安建设宣传工作,经区综治委请示,区党委批准将9月16日确定为“平安西藏宣传日”。各地市平安创建办严格按照自治区综治委关于综治及平安建设宣传工作的总体要求,充分结合本地具体实际,在人口密集的中心城镇广泛开展大规模的集中宣传活动,组织专业人员,有针对性地深入各乡镇、各村居和农牧民家中进行面对面宣传,进一步提高了平安建设工作在基层人民群众中的知晓率。有些地市还把“三月综治宣传月”、“六月综治宣传周”、“9·16平安西藏宣传日”与“五·五”普法宣传工作有机结合起来,采取各种宣传方式,利用各种宣传媒体,大力开展宣传活动和“法律七进”活动,努力营造“深化平安建设、构建和谐社会”的良好舆论氛围和社会环境,增强了全社会共同参与平安建设、共同促进社会和谐稳定的责任感和主动性,人民群众对平安建设的知晓率显著提高,广大人民群众的守法和维权意识明显增强。

西藏自治区人民政府
关于授予琼结县等18个县
为自治区级“平安县”的决定

(2008年10月10日)

各行署、拉萨市人民政府,各县(市、区)人民政府,自治区各委、办、厅、局:

近年来,在自治区党委的坚强领导下,各地(市)深入贯彻落实《中共中央办公厅　国务院办公厅转发〈中央政法委员会　中央社会治安综合治理委员会关于深入开展平安建设的意见〉的通知》(中办发[2005]25号)及《中共西藏自治区委员会　西藏自治区人民政府关于建设平安西藏的决定》(藏党发[2005]17号)精神,始终坚持“打防结合,预防为主,标本兼治”的方针,不断建立和完善社会治安综合治理各项工作机制,狠抓社会治安综合治理各项工作措施,强化社会治安综合治理组织建设和基层基础工作,全面推进社会治安防控体系建设,形成了党委、政府统一领导、相关部门齐抓共管、社会各界广泛参与的平安建设工作格局,切实维护了全区社会局势的稳定。特别是在开展“平安县(市、区)”创建活动中,全区各县(市、区)立足大局,高度重视平安创建工作,正确化解和妥善处置人民内部矛盾,各类案件明显减少,各种犯罪得到有效遏制,社会环境更加规范有序、安全稳定,各族群众更加安居乐业、团结和谐,为全区经济社会又好又快的发展提供了有力保障。

按照《西藏自治区“平安县(市、区)”创建标准》和《西藏自治区“平安县(市、区)”申报、考评、表彰办法》,经对七地(市)首批申报的自治区级“平安县(市、区)”严格考评、验收,自治区人民政府决定授予山南地区琼结县等18个县(名单附后)为自治区级“平安县”荣誉称号,希望自治区级“平安县”要珍惜荣誉、戒骄戒躁、再接再厉、勇于创新,不断为平安建设作出新的更大的贡献。

自治区人民政府号召,全区各县(市、区)要以获得自治区级“平安县”荣誉称号的县为榜样,更加紧密地团结在以胡锦涛同志为总书记的党中央周围,全面贯彻党的十七大精神,高举中国特色社会主义伟大旗帜,以邓小平理论和“三个代表”重要思想为指导,深入贯彻落实科学发展观,认真学习和大力发扬他们的先进事迹,围绕中心、服务大局、开拓进取、创先争优、扎实工作,共同为建设小康西藏、平安西藏、和谐西藏而努力奋斗。

附件:自治区级“平安县”名单

附件：

自治区级"平安县"名单

山南地区：琼结县、措美县、错那县
拉萨市：尼木县
日喀则地区：岗巴县、定结县、仲巴县、萨嘎县
林芝地区：波密县、工布江达县、米林县
昌都地区：左贡县、洛隆县
那曲地区：申扎县、聂荣县、尼玛县
阿里地区：革吉县、札达县

西藏自治区社会治安综合治理委员会关于印发《西藏自治区"平安县（市、区）"创建标准》和《西藏自治区"平安县（市、区）"申报、考评、表彰办法》的通知

（2008年2月2日）

各地、市社会治安综合治理委员会，自治区社会治安综合治理委员会各成员单位：

为深入贯彻落实《中共中央办公厅、国务院办公厅转发〈中央政法委员会、中央社会治安综合治理委员会关于深入开展平安建设的意见〉的通知》及《中共西藏自治区委员会、西藏自治区人民政府关于建设平安西藏的决定》精神，切实加强我区社会治安综合治理，进一步深化平安西藏建设，中共西藏自治区委员会办公厅、西藏自治区人民政府办公厅转发了《区综治委关于在全区开展"平安县（市、区）"创建活动的意见》，区综治委通过召开全区综治工作会议对如何深入开展"平安县（市、区）"创建工作作了全面部署，并制定了"平安县（市、区）"创建标准和考评办法，经过多次修改和广泛征求意见。现将修改完善后的《西藏自治区"平安县（市、区）"创建标准》和《西藏自治区"平安县（市、区）"申报、考评、表彰办法》印发给你们，作为"平安县（市、区）"考评受牌的依据。

附件1：西藏自治区"平安县（市、区）"创建标准

附件2：西藏自治区"平安县（市、区）"申报、考评、表彰办法

附件 1：

西藏自治区“平安县(市、区)”创建标准

为深入贯彻落实自治区党委、政府作出的《关于建设平安西藏的决定》和自治区党委作出的《关于建设和谐西藏若干问题的决定》精神，全面推进我区“平安县(市、区)”创建活动有效开展，根据西藏自治区党委办公厅、西藏自治区人民政府办公厅转发的《区综治委关于在全区开展“平安县(市、区)”创建活动的意见》的总体要求，特制定如下“平安县(市、区)”创建标准。

一、政治安定

(一)始终坚持“稳定压倒一切”的思想，坚决维护祖国统一和民族团结，反对一切分裂破坏活动，狠抓反分裂斗争各项措施的落实。加大对危害国家安全现行案件的侦破、打击工作力度，严密防范境内外“法轮功”等邪教组织的渗透、破坏活动，不断提高维护社会稳定的能力，确保社会政治局势稳定。不发生敌对势力、民族分裂势力的渗透破坏活动和“法轮功”等邪教人员的各种滋事和非法聚集、串联活动；不发生危安案件；不发生利用宗族势力、黑恶势力干涉基层组织及社会事务的事件。

(二)寺庙管理工作制度健全、措施落实，寺庙宗教活动场所秩序正常，“四个对待”政策落实到位，综合治理工作进寺庙成效显著。不发生影响政治稳定的案(事)件、重特大文物被盗案件和重特大火灾事故。

(三)建立健全处置重大突发事件、群体性事件应急工作机制，有效预防各种影响社会稳定的事件发生，对各类重大突发事件、群体性事件能做到处理及时，处置得当，不造成恶劣影响或严重后果，不发生影响政治稳定的群体性事件。

(四)加强边境管控工作力度，积极构建军警民联防工作机制，严密防范和严厉打击境内外敌对势力和敌对分子的渗透破坏活动。非法出境人数逐年减少，非法入境人员得到有效控制。

二、社会稳定

(一)深入开展“严打”整治斗争，严厉打击各类严重刑事犯罪活动，有效遏制刑事案件上升势头，特别是“两抢一盗”等多发性案件得到有效控制。深入开展“打黑除恶”专项斗争，建立健全“打黑除恶”长效工作机制，依法严厉打击黑恶势力犯罪，彻底铲除黑恶势力。加强对经济领域的安全防范工作力度，严厉打击破坏社会主义市场经济秩序的严重犯罪活动。

(二)建立健全对治安混乱地区和突出治安问题定期排查制度，因地、因时制宜，组织开展各类专项打击和重点治乱行动。加大对“黄赌毒”等社会丑恶现象的查禁和打击力度，净化社会环境。加强法制宣传、社会道德和社会主义荣辱观教育，积极预防青少年、流动人口、刑释解教人员违法犯罪。

(三)治安防控网络健全，工作机制完善，对社会面、居民区、公共复杂场所、重点要害部位社会治安的打、防、管、拉等措施落实到位。有条件的县要积极建立保安服务公司，强化专业保安的治安服务职能，积极发展保安服务业，优化治安服务的资源配置。警务网络健全，“110”充分发挥职能作用。综治服务站点、“110”报警服务和群防群治队伍建设覆盖面不断扩大，可防性案件明显减少。

(四)健全和完善矛盾纠纷排查调处工作制度，健全并有效运行工作网络，化解矛盾纠纷的能力明显提高，各类矛盾纠纷调处及时。对可能引发群体性事件的纠纷和苗头能及时发现、报告并正确处置，做到矛盾纠纷小事不出村、大事不出乡，重大矛盾纠纷不出县，切实把矛盾纠纷化解在基层，消除在萌芽状态，不造成严重社会影响。

三、基层组织健全

(一)县级综治办组织健全、制度完善、人员

落实、经费保障，按照中办[95]28号文件要求配齐配强综治办主任、副主任，确保各项工作顺利开展。

（二）严格按照中央综治委和中央编办下发的《关于加强乡镇、街道社会治安综合治理基层组织建设的若干意见》要求，实设乡镇（街道）综治办，配备专职干部专抓综治工作。

（三）基层群防群治组织健全，社区治保、联防队伍，调解、帮教队伍，流动人口协管员以及兼职法制副校长等基层综治工作队伍作用发挥充分。

（四）农村（牧区）矛盾纠纷排查调处工作机制健全、治安防控体系建设更加完善、法制建设更加深入、治安状况更加良好，农牧民群众的合法权益得到有效保护，社会主义新农村建设工作成效显著，

四、司法公正

（一）坚持依法治国和以德治国基本方略，落实普法规划，广泛深入开展法制宣传教育，传播法律知识，弘扬法制精神，提高广大干部群众的法律素质。

（二）机制健全、制度完善，依法行政、公正执法水平进一步提高。不发生冤、假、错案，严格执行错案追究制和责任倒查制。

（三）法律服务、法律援助工作进一步规范。

（四）法律监督体系进一步健全，司法腐败现象得到有效防范和遏制。

（五）政法队伍对党忠诚、政治立场坚定、业务精通。

五、文化健康

（一）各类文化娱乐活动健康有序，出版市场监管有力，有效杜绝政治性非法出版物、非法宗教书刊和音像制品、“法轮功”等邪教、伪科学出版物以及淫秽色情等出版物在社会上流通。

（二）严厉打击“黄赌毒”等违法犯罪活动，使“黄赌毒”现象得到有效遏制，社会环境不断净化。

（三）网络管理工作制度健全、措施落实，确保网上安全，积极封堵网上有害信息。

（四）倡导文明新风，用社会主义精神文明占领农牧区文化阵地，杜绝封建迷信活动。

（五）“治乱治愚”的各项措施落实，环境面貌整洁优美，文化设施较为齐全，群众性业余文化生活丰富多彩、健康有益。

六、监管到位

（一）加强道路交通安全管理工作力度，建立健全各项工作措施，有效防止发生各类重特大交通事故，最大限度地减少一般性交通事故。

（二）加强消防管理、落实消防措施，加大消防技能演练和消防知识培训工作力度，切实增强广大人民群众的消防意识和处置突发火灾事件的能力，有效减少重特大火灾事故的发生。

（三）加强安全生产管理，适时组织安全生产监督，检查，及时消除影响安全的隐患，有效防止发生各类重特大安全生产责任事故，最大限度地减少一般性安全生产责任事故。

七、保障有力

（一）县委、县政府高度重视社会治安综合治理和平安建设工作，把创建“平安县（市、区）”活动作为“一把手”工程，摆上重要位置，精心组织、认真规划、统筹考虑、统一部署，切实抓出成效。

（二）及时成立综治办和创建办，明确专人负责综合治理和平安建设工作，各级各部门积极参与平安创建工作，成效显著。

（三）加大经费投入保障工作力度，把综治经费和平安建设经费纳入财政预算，群防群治工作经费有投入，能确保“平安县（市、区）”创建活动有效开展。

八、群众满意

县（市、区）治安平稳、社会安宁，人民群众安居乐业，群众对社会治安的满意度明显提高，公众安全感明显增强。

附件2：

西藏自治区“平安县(市、区)”申报、考评、表彰办法

为深入贯彻落实西藏自治区党委办公厅、西藏自治区人民政府办公厅转发的《区综治委关于在全区开展“平安县(市、区)”创建活动的意见》精神，扎实推进建设平安西藏活动，全面、准确、客观地考核全区各县(市、区)在建设平安西藏活动中的工作成效，表彰奖励在创建活动中做出突出成绩的先进集体和个人，根据《西藏自治区社会治安综合治理委员会关于建设平安西藏的实施意见》和《西藏自治区“平安县(市、区)”创建标准》，特制定本办法。

一、考评原则、组织形式和程序

(一)考评原则：坚持全面、客观、公正的原则，采取定量考核与定性考察相结合的办法，在各县自查自评的基础上，通过听、问、看、查等方式进行实地考察、综合分析评估。

(二)考评组织形式：成立“平安县(市、区)”考评工作领导小组，领导小组由自治区五部委分管领导组成，下设办公室，办公室设在自治区综治委创建办，考评工作由自治区综治委创建办组织有关部门进行考评。

(三)申报、考评程序：县(市、区)通过自查自评后，认为符合申报条件的，向所在地(市)社会治安综合治理委员会提出申请，经地(市)综治办考评合格的，由各地(市)授予地(市)级“平安县(市、区)”荣誉称号。对创建“平安县(市、区)”工作卓有成效、取得突出成绩的，由地(市)综治委向自治区创建办进行申报，自治区创建办接到申报后，组织有关部门进行会审和考评，考评合格后，报请自治区党委、政府命名表彰。

二、考评的对象和内容

(一)考评对象：全区各县(市、区)。

(二)考评的主要内容：各县(市、区)党政“一把手”对平安建设工作的领导和保障力度，维护社会稳定和驾驭社会治安局势的能力，县(市、区)有关部门在平安建设工作中发挥职能作用情况以及平安创建活动的整体绩效。

三、申报条件

从2008开始，按照逐级申报，分级命名的原则进行申报。具体申报条件如下：

1. 已被本地区命名的“平安县(市、区)”。

2. 当年辖区内未发生影响政治稳定的案(事)件。

3. 在地(市)考核评比中，得分在95分以上的。

4. 辖区内平安乡镇(街道)创建率达到85%以上，80%的社区、内部单位和村(居)无刑事案件。

5. 群众安全感测评达到95%以上。

四、命名表彰

(一)对申报自治区级“平安县(市、区)”的，经“平安县(市区)”考评工作领导小组办公室考评审定后通过新闻媒体进行公示无异议者报请自治区党委、政府命名表彰。

(二)对已命名的“平安县(市、区)”实行动态管理。对不能继续达标的，给予摘牌处理，并予以通报。

(三)申报过程中有弄虚作假的，取消下一年度的申报资格。

(四)对在“平安县(市、区)”创建工作中作出突出贡献的部门、单位和个人，由自治区综治委给予表彰奖励。

五、“平安县(市、区)”评分标准

(一)政治安定(30分)

1. 党政“一把手”高度重视维护稳定工作及反分裂斗争，维稳工作制度健全、措施落实、成效显著。辖区内无影响社会稳定的案(事)件，无危安案件和“法轮功”案件。6分(发生影响社会稳定的案、事件，危安案件或“法轮功”案件的，每发

生一起扣1分)。

2. 寺庙管理工作正常有序,寺庙民管会组织健全,各项规章制度落实到位,对僧尼的管理做到底数清、情况明,文物建档率达到100%,消防措施落实到位,"四个对待"政策认真落实到位,综合治理工作进寺庙成效显著。辖区内无重特大文物被盗案件和重特大火灾事故。6分(组织不健全、制度不落实的每发现一处扣0.5分;对僧尼底数不清、情况不明的扣0.5分;文物建档率不达100%的每发现一处扣0.5分;"四进寺庙"不落实的每发现一处扣0.5分;发生重特大文物被盗案件或重特大火灾事故的,每发生一起扣1分)。

3. 不发生利用宗族势力或黑恶势力干涉基层政权组织和社会事务的事件。4分(发生利用宗族势力或黑恶势力干涉基层政权组织和社会事务的,每发生一起扣2分)。

4. 重大突发事件、群体性事件应急工作机制健全,制度完善,对各类突发事件、群体性事件能妥善处置,群体性事件明显减少。分(机制不健全、制度不完善的扣1分;群体性事件与上年同期相比上升的扣1分;发生50人以上群体性事件的,每发生一起扣0.5分;100人以上的每发生一起扣0.5分;500人以上的每发生一起扣1分;发生500人以上,并有中央或自治区主要领导批示处理的群体性事件,每发生一起扣2分;因领导不重视、工作措施不落实导致到拉萨上访而引发的群体性事件,按事件原发地进行扣分)。

5. 边境管理工作制度健全、管控措施落实到位,能有效防范和严厉打击非法出入境活动,对非法入境人员能及时发现,有效控制非法出境人员逐年减少。6分(制度不健全、管控措施不落实的扣分;非法出境人员与上年同期相比,每增加1人扣0.2分;对非法入境人员管控率达到90%,低于90%的扣1分)。

(二)社会稳定(20分)

1. 对各类刑事犯罪活动打击效果明显,成效显著。10分(刑事案件发案总数与上年同期相比,每多发生一起扣0.2分;刑事案件破案率与上年同期相比,每低一个百分点扣0.1分;八类刑事案件发案总数与上年同期相比,每多发生一起扣0.5分;八类刑事案件破案率达到100%,每低一个百分点扣0.1分;重大经济犯罪案件每发生一起扣0.5分;"两抢一盗"等多发性案件和可防性案件与上年同期相比,每多发生一起扣0.1分)。

2. 治安混乱地区和突出治安问题排查整治工作机制健全、措施落实,整治效果明显。2分(机制不健全、措施不落实的扣0.5分;治安混乱地区和突出治安问题未得到有效整治,每发现一处扣0.5分)。

3. 防控网络健全、防范措施落实,"110"接出警及时,见警率高,综治服务站点建设覆盖面不断扩大,群防群治队伍作用发挥充分。2分(防控网络不健全、防范措施不落实的,每发现一处扣0.2分;"110"接出警不及时的扣0.5分;综治服务站点建设未增加的扣0.5分;公共复杂场所、重点部位未组建专职群防群治队伍或配备保安的,每发现一处扣0.2分)。

4. 流动人口、重点人口、刑释解教人员的管控工作制度健全、措施落实,对流动人口、重点人口、刑释解教人员做到底数清、情况明,重点人口列管率达100%,重新犯罪率控制在4%以下。流动人口管理到位,流动人口犯罪不超过所有案件的50%。2分(工作制度不健全、措施不落实的扣1分;重点人口列管率每低一个百分点扣0.2分;流动人口犯罪案件比率、重点人口重新犯罪率每高一个百分点扣0.2分)。

5. 有计划、有重点地开展法制宣传教育,普法措施落实,群众法制观念提高。青少年特别是在校生的思想道德教育和遵纪守法教育成效显著,青少年违法犯罪案件明显下降。2分(未制订法制宣传计划的扣0.5分;普法措施不落实的扣0.5分,未开展青少年和在校生法制宣传教育的扣0.5分;青少年违法犯罪案件数与上年同期相比,每增加一起扣0.1分)。

6. 建立健全矛盾纠纷排查调处台账制,及时调处各类矛盾纠纷,调处率达100%。2分(未建立矛盾纠纷排查调处工作台账的,每发现一处扣0.2分;因调处不力,造成严重后果的,每发现一起扣0.5分;因调处不力,导致越级上访的,每发现一起扣0.5分)。

(三)基层组织健全(10分)

1. 县级综治办组织健全、制度完善、人员落实、经费保障,能按照中办[95]28号文件要求配齐配强综治办主任、副主任。3分(县级综治办组织不健全、制度不完善、人员不落实或经费不保障的，每发现一处扣0.2分，未按要求配备综治办主任的扣1分，未按要求配备综治办副主任的扣1分）。

2. 严格按照中央综治委和中央编办下发的《关于加强乡镇、街道社会治安综合治理基层组织建设的若干意见》要求，实设乡镇（街道）综治办，配备专职干部专抓综治工作。2分（未实设综治办的扣1分，未按要求配备专职干部专抓综治工作的扣1分）。

3. 基层群防群治组织健全，作用发挥充分。2分（群防群治队伍组织不健全的扣1分，作用发挥不充分的扣1分）。

4. 农村（牧区）矛盾纠纷排查调处工作机制健全、治安防控体系建设更加完善、法制建设更加深入、治安状况更加良好，农牧民群众的合法权益得到有效保护，社会主义新农村建设工作成效显著。3分（矛盾纠纷排查调处工作机制不健全的扣0.5分，治安防控体系不完善的扣0.5分，法制不健全的扣0.5分，治安状况不好的扣0.5分，社会主义新农村建设效果不明显的扣1分）。

（四）司法公正（4分）

1. 坚持公正执法，不发生冤、假、错案，严格执行错案追究制，责任倒查制。2分（每发生一起冤、假、错案扣0.5分；因执法不公，导致发生冤、假、错案，未追究责任的，每发现一起扣0.5分）。

2. 对涉法上访案件处置率达到100%，涉法涉诉案件明显减少。2分（涉法涉诉案件上升的扣1分，调处率低于100%的，每低一个百分点扣0.2分）。

（五）文化健康（8分）

1. 辖区内无传播、销售政治性非法出版物和“法轮功”等邪教类伪科学类出版物；无淫秽色情类出版物。2分（发现非法出版物、“法轮功”等邪教类伪科学类出版物和淫秽色情类出版物的，每发现一起扣0.5分）。

2. 严厉打击“黄赌毒”等违法犯罪活动，使“黄赌毒”现象得到有效遏制，不断净化社会环境。1分（每发生一起“黄赌毒”等违法犯罪活动的扣0.5分）。

3. 强化网络管理，确保网上安全，加大对违法网吧的查处力度。1分（发生网上有害信息传播的，每发现一起扣0.2分，网吧内有未成年上网的，每发现一起扣0.2分）。

4. 倡导文明新风，用社会主义精神文明占领农牧区文化阵地，杜绝封建迷信活动。2分（每发生一起封建迷信活动扣0.5分）。

5.“治乱治愚”措施落实，环境面貌整洁优美，文化设施较为齐全，群众性业余文化生活丰富多彩、健康有益。2分（“治乱治愚”措施不落实的扣1分；文化设施不齐全，导致无法开展业余文化生活的扣1分）。

（六）监管到位（8分）

1. 交通安全管理措施落实，效果明显，有效防止重特大交通事故发生，道路交通事故明显下降。3分（交通安全管理措施不落实的扣1分；道路交通事故与上年同期相比，每增加一起扣0.2分；每发生一起重特大交通事故扣0.5分）。

2. 消防措施落实到位，群众消防意识明显增强，无重特大火灾事故发生，火灾事故明显下降。2分（消防措施不落实、群众消防意识不强的，每发现一处扣0.2分；火灾事故与上年同期相比，每增加一起扣0.2分；每发生一起重特大火灾事故扣0.5分）。

3. 安全生产责任制得到进一步落实，安全生产责任事故明显减少。3分（安全生产责任制不落实的，每发现一处扣0.5分；安全生产责任事故与上年同期相比，每增加一起扣0.5分；每发生一起重特大安全生产责任事故扣0.5分）。

（七）保障有力（10分）

1. 认真落实“一把手”抓社会治安综合治理和平安建设工作，制定平安创建活动整体规划和实施方案。4分（“一把手”不重视社会治安综合治理和平安建设工作的扣2分；未制定平安创建规划的扣1分，未制定实施方案的扣1分）。

2. 成立平安创建活动领导小组和办公室，配备专人负责平安创建工作。3分（未成立平安创建活动领导小组的扣1分；未设立创建办的扣1分；未配备专人的扣1分）。

3. 平安建设经费和综合治理工作经费列入当地财政预算，群防群治经费有投入、有保障。3分（平安建设经费未列入财政预算的扣1分；综合治理工作经费未列入财政预算的扣1分；未投入群防群治经费的扣1分）。

(八)群众满意(10分)

平安建设活动知晓率高、效果明显,群众对社会治安满意,安全感明显增强。10分(群众对平安建设的知晓率不低于95%,每低一个百分点扣0.2分;群众安全感测评不低于95%,每低一个百分点扣0.2分)。

西藏自治区及各市、县(市、区)综治委、办主任名单

地　区	综治委主任	综治办主任
自治区	王宾宜	洛桑旦巴
拉萨市	杨万福	尼玛次仁
城关区	唐海蛟	王占辉
林周县	金美多吉	次仁罗布
当雄县	穷　达	索　郎
尼木县	刘　颖	刘罗山
曲水县	周广智	左永忠
堆龙德庆县	多　吉	阿努次仁
达孜县	孙沛然	郭建军
墨竹工卡县	张一新	边巴次仁
那曲地区	李玉泉	拉　加
那曲县	扎　南	李顺华
嘉黎县	嘎松美朗	童晓冬
比如县	德吉卓嘎	才旺旦巴
聂荣县	谢　军	候仕明
安多县	达尔地	刘发林
申扎县	王贤春	郝贵明
索　县	其美次仁	达瓦次仁
班嘎县	嘎　达	张希宪
巴青县	白卫东	何　林
尼玛县	农　军	拉巴次仁
双湖特别区	珠　巨	那　木
昌都地区	龙志刚	索朗群培
昌都县	其美旺堆	江　波
江达县	张作明	丁增多加
贡觉县	向巴江村	文东胜
类乌齐县	索　珠	仁　真
丁青县	扎西多加	宝　邓
察雅县	石安清	石　磊
八宿县	四郎多吉	达瓦次仁
左贡县		尚伟平
芒康县	多　嘉	土登群觉
洛隆县	姚甲河	阿　嘎
边坝县	刘　刚	卯立安
林芝地区	刘　江	张一丁
林芝县	王碧安	达　娃
工布江达县	李　桑	扎　桑
米林县	达　瓦	郑　明
墨脱县	欧珠多吉	洛桑尼玛
波密县	薛忍贤	李惠民
察隅县	洪　强	贡　布
朗　县	达　瓦	拉　姆
山南地区	边　巴	桑杰群培
乃东县	索郎扎西	索朗欧珠
扎囊县	普　布	达娃索朗
贡嘎县	艾　啦	扎西杰布
桑日县	普布顿珠	陆华平
琼结县	索朗曲巴	岳燕妮
曲松县	拉宗卓玛	平措索朗
措美县	巴　珠	次仁加措
洛扎县	嘎玛旦巴	王瑜瑾
加查县	平　措	张文学
隆孜县	罗布次仁	刘然京
错那县	松　嘎	孙顺宗
浪卡子县	尼玛扎西	李万华
日喀则地区	于德斌	普　布
日喀则市	拉巴平措	扎西顿珠
南木林县	拉巴平措	次　仁
江孜县	次　旺	次　央
定日县	赤烈坚赞	顿德军
萨迦县	帕　珠	达娃罗布
拉孜县	西　洛	张昆明
昂仁县	肖格桑	冲　拉
谢通门县	普　顿	达　娃

地　区	综治委主任	综治办主任	地　区	综治委主任	综治办主任
白朗县	次仁旺堆	巴桑普尺	岗巴县	赵红阳	次　旦
仁布县	次　罗	普琼次仁	**阿里地区**	达娃扎西	格桑加措
康马县	旦　晓	次旦扎西	噶尔县	白玛莎珍	吴三友
定结县	次仁央宗	何正晴	普兰县	黑树林	次仁多吉
仲巴县	米玛旦增	多　吉	札达县	张志国	郭志良
亚东县	王　平	赵建平	日土县	李　龙	杨志龙
吉隆县	董昆红	平措旺拉	革吉县	卫　东	扎布拉
聂拉木县	牛振庄	张大春	改则县	平　措	嘎玛次珠
萨嘎县	旦　尼	同　珠	措勤县	阿旺顿珠	米玛多吉

（撰稿人：张华蓉
审稿人：洛桑旦巴　王雪鹏）

陕 西 省

2008 年社会治安综合治理工作概况

2008 年,在中央综治办和省委、省政府的正确领导下,陕西省各级党委、政府和政法、综治部门,按照推动科学发展、促进社会和谐的目标要求,深入推进创建“平安陕西”活动,全面落实社会治安综合治理的各项措施,进一步健全社会治安防控体系建设,加强和完善以流动人口为重点的社会服务和管理,深入开展各种形式的基层平安创建活动,确保了全省社会治安大局的持续稳定,为北京奥运会的成功举办,为建设西部强省、构建和谐陕西创造了良好的社会治安环境。据全省公众安全感调查显示,全省公众对社会治安的满意率为 89.32%,比 2007 年上升 2.46 个百分点,连续 7 年保持了上升势头;全省公众对平安创建的知晓率为 61.21%,比 2007 年上升 8.21 个百分点。

一、健全完善综合治理领导责任制,切实增强了各级领导对综治工作的责任意识

一是全面落实责任制。省综治委办公室认真贯彻落实《关于实行平安建设领导责任制的意见》、《陕西省社会治安综合治理警示制度》和《全省县(市、区)党政主要领导履行平安建设职责述职制度》,在进一步落实平安建设领导责任制上下功夫,不断改进和完善考评工作体系,将综合治理及平安建设纳入综合目标考评体系,将满意率和知晓率纳入社会安全大项进行考核,切实增强考核标准和考核办法的科学性,健全和完善激励制约机制,加强督查,严格奖惩。省综治委分别于 2008 年 7 月下旬和 12 月上旬,协调组织有关成员单位,组成 6 个检查组,对全省各市及杨凌示范区综合治理和平安建设工作进行了全面检查,发现和总结典型经验,查找工作中存在的问题,督促了责任制的落实。进一步修订完善了《陕西省平安县(市、区)及平安建设先进县(市、区)考核命名办法》,对考核程序、评审标准、命名办法、复考办法等作了明确的规定,并首次将平安县与平安区分别考评,进一步增强了考评的科学性,更加调动了基层开展平安创建活动的积极性、主动性和创建热情。

二是深入开展重点联系县(区)活动。省综治办深入开展平安建设工作重点联系县(区)活动,进一步推进全省平安建设向纵深发展。2008 年初,省综治委依据 2007 年度全省公众安全感调查结果和平安建设考核结果,将公众对当地社会治安状况的满意率低于 80% 的户县、华县、米脂县、吴堡县等 12 个县(区)确定为 2008 年度平安建设工作重点联系县(区),每个县(区)确定一名省综治委、省委政法委领导同志负责联系,并确定两个省综治委成员单位配合督查,进一步夯实了各级党政领导班子和领导干部保一方平安的政治责任。7 月 18 日,省综治办在西安市碑林区召开了全省平安建设重点联系县(区)工作座谈会,加大了对重点联系县(区)工作的督查和指导力度,12 个重点联系县(区)平安创建工作取得了可喜的成绩,各项工作有了较大的进展,人民群众对社会治安的满意率有了较大幅度的提升,平安建设呈现出良好的发展态势。据全省公众安全感调查显示,增幅在前 10 位的县(区)中,有 7 个是 2008 年领导联系县(区)。

二、认真开展“两个排查”活动,切实维护全省社会大局持续稳定

2008 年,陕西省各级各部门认真贯彻落实省委提出的“一控制、两下降”的目标要求,进一步完善了矛盾纠纷预防工作机制、排查工作机制和化解工作机制,矛盾纠纷排查化解工作得到切实加强,群体性事件和集体访、进京访得到有效控制。2008 年 1 至 12 月,全省发生群体性事件 706 起,同比下降 45.8%;进省集体访 750 批 22762 人次，同比分别下降16.4%和9.4%；进京非正常访1472人次，同比下降22.4%。同时，按照中央综治委的统一部署，3月17日，省综治委专门下发了《关于集中开展排查调处矛盾纠纷、排查整治治安混乱地区和突出治安问题活动的通知》，对3月至9月集中开展“两个排查”活动作出具体安排部署。5月9日，省委召开了全省领导干部大会，省委书记赵乐际、省长袁纯清就奥运会期间的维稳工作进行了专题安排部署，要求各级领导干部全力做好“两个排查”和维护稳定工作，以全省的平安稳定确保北京奥运会的顺利举办和改革开放30周年纪念活动顺利进行。各地高度重视，采取有力措施，重点围绕奥运安保和抗震救灾维护社会稳定开展大排查、大化解、大整治活动，认真排查，细致研判，主动化解，着力解决好事关群众切身利益的突出问题，确保不稳定因素早发现、早应对、早防范。各地和有关部门深入分析本地社会治安形势，认真排查治安混乱地区和突出治安问题，制定整治方案，落实整治措施，集中开展重点整治，限期改变面貌。据统计，2008年1至12月，全省共排查出各类矛盾纠纷41316起，成功调处39795起，调处率达96%。全省共排查出治安混乱地区725个、经过整治已扭转治安面貌701个；排查突出治安问题848个，经整治已解决了804个。

三、加强治安防控体系建设，努力为全省经济社会发展创造良好的治安环境

一是深入开展严打斗争和重点整治活动。陕西省各地、各部门以为北京奥运会顺利召开创造良好的社会治安环境和旅游环境为重点，认真贯彻落实省委、省政府提出的“平安奥运、旅游陕西”的工作目标，全面加强社会治安管理和防范控制工作，最大限度地压减刑事发案和治安、安全事故。毫不动摇地坚持“严打”方针，严厉打击危害国家安全犯罪、黑恶势力犯罪、严重危害人民群众生命财产安全的杀人、爆炸等严重暴力犯罪和“两抢一盗”等多发性侵财犯罪，确保打击实效。继续开展“扫黄打非”和禁毒、禁赌、禁娼及治爆缉枪专项行动，打击盗窃破坏“三电”设施等专项斗争，坚决扫除社会丑恶现象。为了确保西安市社会治安大局平稳，西安警方提早动手，因情施策，从2008年10月24日起在全市范围内部署开展了“大干90天，全力保稳定”冬季社会治安整治专项行动，取得了明显成效。据统计，1至12月，全省共立各类刑事案件84066起，同比下降2.7%；破案50457起，同比上升8.7%；抓获刑事作案成员36845人，同比上升0.1%；查处治安案件101260起，同比上升6.8%。

二是健全并完善治安防控体系。省综治委（办）高度重视治安防控体系建设，突出抓好治安防范工作，进一步健全完善治安防控体系，全力构筑全方位、多层次、立体化的治安防控网络。全省107个县（市、区）有98个落实了视频监控，建立了政府出资组建的专职巡逻队，实现对动态环境下社会治安的有效控制。截止2008年底，全省由政府出资组建专职治安巡逻队3824支30112人，组建义务治安巡逻队36583支205228人，十户联防107025支，1195670人，基本做到了院有人守、楼有人护、夜间有巡逻、白天有值勤的良好局面。在农村，大力推广警铃入户等措施，提高安全防范的科技含量。全省29508个行政村，有3325个村，约73万余户装了警铃。警铃入户和中心户长、十户联防等制度相结合，把千家万户联接起来，形成组织严密、反应快捷的治安防范体系。奥运前后，各地积极整合各种巡防力量，密织巡逻防控网络，落实防控责任，实行警民联防、军警联勤的24小时全方位、全天候巡逻，在全省形成了静态设卡与动态巡逻、专职与群防、秘密与公开的巡逻防控网络，确保对违法犯罪活动和影响社会稳定的事件能够及时发现，控制和查处。结合全省农村工作实际和社会主义新农村建设，进一步狠抓农村治安防控体系建设和矛盾纠纷排查化解工作，继续把排查整治农村治安混乱地区和突出治安问题作为农村平安建设的一项重点工作常抓不懈。

四、进一步加强以流动人口为重点的社会服务和管理，形成平安建设的强大合力

一是转变职能，加强管理。认真贯彻落实中央《关于进一步加强和改进流动人口服务和管理工作的意见》，结合全省实际，会同有关部门制定了《关于进一步加强流动人口服务和管理工作的实施意见》并以省委、省政府“两办”名义转发。各地坚持“公平对待、搞好服务、合理引导、完善管理”的方针，不断创新服务管理机制，提高服务管理水平。加强流动服务管理工作规范化、制度化和信息化建设，总结推广各地以房管人和信息化管理的有效做法，强化以出租房屋为重点的流动人口落脚点的管理。2008 年 4 月份，在广州市召开的全国社会治安综合治理工作会议上，陕西在大会上专门交流了推行户籍制度改革、加强流动人口管理工作的经验。西安市切实加强流动人口服务与管理，坚持以人为本，寓服务于管理之中，切实维护流动人口的合法权益。汉中市汉台区切实加强流动人口管理工作站建设，实行以奖代补形式，推动流动人口信息化建设，促进流动人口服务管理上了一个新的台阶。延安市宝塔区在流动人口服务管理方面勇于实践，大胆探索，积累了许多经验，值得推广借鉴。

二是综合治理，齐抓共管。加强与省综治委成员单位和综治委专门工作机构的协调指导工作，积极动员各方力量，形成齐抓共管的工作格局。2008 年初，先后调整了省综治委组成人员以及刑释解教人员安置帮教、预防青少年违法犯罪、校园及周边治安综合治理、流动人口治安管理、铁路护路联防等专门工作机构，进一步明确了职责，健全完善了工作机制，促进了工作的开展。会同省教育厅、省公安厅等部门开展校园及周边治安环境整治工作，在北京奥运会召开前夕，专门召开了全省校园及周边治安综合治理维护奥运会期间安全稳定工作会议暨进行应急管理专项培训。做好刑释解教人员的安置帮教工作，积极创立过渡性安置基地，为刑释解教人员走向社会创造良好的条件。继续巩固纠正监外执行人员脱管、漏管专项行动成果，建立健全长效工作机制，取得了显著的成绩。协调省工商局、省公安厅联合起草下发了《关于做好将打击传销纳入社会治安综合治理目标考评工作的实施意见》。省综治委与省军区共同召开军地共建工作协调会，先后下发了《2008 年军地共建"平安陕西"工作意见》、《关于开展"一部一乡镇"平安共建活动的意见》，对军地共建工作作出具体安排部署。与团省委等 19 个单位联合组织开展了预防青少年违法犯罪工作先进集体和先进个人、"优秀青少年维权岗"以及"陕西省十大杰出青年卫士"和"优秀青年卫士"等评选表彰工作。分别与省公安厅、省教育厅、省旅游局联合开展第二批省级"平安校园"、"平安景区"评比验收活动，极大地调动了基层平安创建工作热情。积极开展铁路护路联防工作，坚持路地联手，联防联治，确保了铁路大动脉的安全畅通。

五、加大平安建设宣传力度，努力营造浓厚的舆论氛围

一是搞好综治宣传月活动。省综治办始终坚持以综治宣传月为契机，以创建"平安陕西"为主题，以营造和谐稳定的社会环境和公正高效的法治环境为目标，进一步加大宣传力度，不断创新宣传形式，丰富宣传载体，扩大宣传范围，提高宣传质量和效果，为深化全省平安建设工作，为奥运会的成功举办营造了良好的舆论氛围。2008 年 2 月至 4 月、9 月至 10 月期间，各地结合实际，采取有效措施，开展了声势浩大的综合治理及平安建设集中宣传活动，充分调动了社会各界和广大人民群众参与平安建设的积极性和主动性，在全社会形成创建平安人人有责、平安成果人人共享的生动局面。继续与《陕西日报》、《西部法制报》、《陕西画报》、《陕西政协》、《陕西政法天地》等媒体协作，开辟专栏，全面、系统、持续性地介绍了全省创建"平安陕西"活动的做法、经验和成效等，树立了和谐平安的新形象，有效地扩大了综治宣传层面，丰富了宣传内容。

二是加强见义勇为宣传工作。省见义勇为协会大力宣传和表彰见义勇为先进典型，弘扬社会正气。对 2007 年涌现出的戴俊、易斌等见义勇为先进分子，专门提请省政府发文，进行追授和授予，并进行了表彰慰问。按照中华见义勇为基金会要求，积极做好我省全国见义勇为好司机以及"城市奖"、"单位奖"、"组织奖"的推荐表彰工作。

六、认真做好全国社会治安综合治理优秀市及平安建设先进县（市、区）以及社会治安综合治理先进集体、先进工作者的考核推荐工作

根据中央综治委《关于做好 2005 - 2008 年度全国社会治安综合治理优秀市（地）、全国平安建设先进县（市、区）评选表彰工作的通知》精神，结合全省实际，下发了通知。在各地申报的基础上，省综治办于 9 月份组成两个检查考核组，分别对申报的全国综治优秀市和平安建设先进县区进行了严格地考核验收和推荐上报。同时，根据中央综治委、人力资源和社会保障部《关于做好全国社会治安综合治理先进集体和先进工作者评选推荐工作的通知》精神，省综治委、省人事厅及时制定下发了《关于做好全国、全省社会治安综合治理先进集体和先进工作者评选推荐工作的通知》，成立了评选领导小组及其办公室。在各地、各单位推荐上报的基础上，经省综治委与省人事厅联合评审研究，并在陕西省政府信息网站上进行公示，按要求上报了全国综治先进集体和先进个人候选名单。

七、认真做好综治干部教育培训和平安建设理论调研工作，不断提高平安创建的能力和水平

省综治办于2008年10月份，对全省107个县(市、区)综治办主任和各市综治办的科长共计120余人，采取集中授课、省内参观和外省考察学习相结合的方法进行了培训。通过培训和相互学习，大家对平安建设的工作重点和措施有了更深刻的认识，进一步明确了平安建设的工作思路，坚定了深入开展平安建设、推进社会治安综合治理的信心和决心，提高了开展平安创建工作的能力。同时，重点围绕加强社会管理、化解社会矛盾、健全工作机制等方面，及时下发通知，对全省各地、各成员单位开展平安建设理论调研工作进行了具体安排部署。

陕西省社会治安综合治理委员会
关于开展平安建设工作重点联系县(区)活动的通知

(2008年3月6日)

各市、县(市、区)综治委，杨凌示范区、杨陵区综治委，省综治委各成员单位：

为了全面贯彻落实党的十七大、省十一次党代会和全省政法工作会议精神，继续深化“平安陕西”创建活动，不断增强人民群众安全感，努力为实现建设西部强省目标创造良好的社会治安环境，省综治委决定在全省开展平安建设工作重点联系县(区)活动。依据我省2007年度公众安全感调查的结果，确定户县、华县、米脂县、吴堡县、周至县、潼关县、榆林市榆阳区、西安市灞桥区、莲湖区、碑林区、未央区、新城区等12个县(区)为2008年度平安建设工作重点联系县(区)，给每个县(区)确定一名省综治委、省委政法委领导同志负责联系，确定两个省综治委成员单位配合督查，推进社会治安综合治理和平安建设工作。现就有关事项通知如下：

一、提高认识、落实责任

开展省综治委、省委政法委领导干部平安建设工作重点联系县(区)活动，是贯彻党的十七大精神、落实科学发展观、深化“平安陕西”创建活动的有力措施，是领导干部深入基层、了解基层、联系群众的有效途径，是转变作风、求真务实、推动基层平安建设的具体行动。各级、各部门一定要高度重视这项工作，切实加强组织领导，落实工作责任。各重点联系县(区)要结合实际、针对存在的问题和薄弱环节，制定切实可行的整改方案，做到目标明确，措施具体，责任落实。要通过为期一年的集中整治，努力实现“综治工作改变面貌，平安建设上新台阶，治安秩序明显好转，公众安全感明显增强”的目标。

省综治委、省委政法委领导干部定期深入到所联系县(区)，开展调查研究，检查指导工作，了解和掌握当地社会治安状况及平安建设工作开展情况，及时发现问题，找出问题症结，帮助所联系县(区)提出整改意见和对策。重点联系县(区)所在市综治委也要确定一名领导配合抓好这项工作。

协助联系领导开展工作的省综治委成员单位，要明确一名领导同志主抓这项工作，主动加强同联系领导和所联系县(区)的沟通联络，主动协助联系领导开展工作，每季度都要抽出一定的时间深入联系县(区)，督促检查整改情况，帮助解决实际问题，促使联系县（区）尽快实现治安面貌的好转。

二、严格考核，严格奖惩

对省综治委、省委政法委领导干部平安建设工作重点联系县（区）的检查考核，与省综治委年底进行的综合治理及平安建设工作检查考核同步进行。对按期实现整改工作目标的，不再列为重点联系县（区），跨入先进行列的予以表彰奖励；对未达到整改目标的，继续列为重点联系县（区），连续两年整改未改变后进面貌的实施"一票否决"。

将省综治委成员单位在这项活动中发挥作用情况列入年度考核内容。对成绩突出的单位和个人，由省综治委予以表彰奖励；对在此项活动中发挥作用差的单位，予以通报批评。

三、加强协调，搞好联络

为了加强对省综治委、省委政法委领导干部平安建设工作重点联系县（区）活动的协调和联络，省委政法委、省综治办给每位领导确定一名处级干部作为联络员。联络员负责做好与联系领导、联系县（区）及所在市的联络、协调工作，并跟随联系领导深入所联系县（区）进行调查研究，督促整改，及时向省综治办报告省级领导深入所联系县（区）开展工作情况。各市和有关省综治委成员单位也要确定一名联络员，加强相互沟通和联络，及时反映工作进展情况。

附：省综治委省委政法委领导干部平安建设工作重点联系县（区）名单（略）

陕西省社会治安综合治理委员会关于印发《陕西省平安县（市、区）及平安建设先进县（市、区）考评命名办法（试行）》的通知

（2008年3月6日）

各市及杨凌示范区综治委，各县（市、区）综治委，省综治委各成员单位：

《陕西省平安县（市、区）及平安建设先进县（市、区）考评命名办法（试行）》已经省综治委2008年第一次全体委员会讨论通过，现予以印发，请遵照执行。

陕西省平安县（市、区）及平安建设先进县（市、区）考评命名办法（试行）

为了进一步深化"平安陕西"创建活动，全面、准确、客观、公正地考评各地平安创建工作绩效，制定平安县（市、区）及平安建设先进县（市、区）考评命名办法。

一、组织实施

1. 考评工作在省委、省政府的领导下，由省社会治安综合治理委员会组织实施，每年进行一次。

2. 考评工作遵循实事求是、客观公正、注重实效、便于操作的原则进行。

二、创建目标

1. 全省每年命名表彰省级平安县（市、区）不超过10个，其中省级平安县（市）不超过8个，省

级平安区不超过2个。

2. 全省每年评比表彰省级平安建设先进县(市、区)不超过15个。

三、考评程序

考评按照逐级申报、逐级考核的原则进行。凡创建省级平安县(市、区)及省级平安建设先进县(市、区),每年由县(市、区)向所在市综治委申报,经各市综治委考评合格后向省综治委申报,由省综治委组织考核验收。

四、评审标准

1. 省级平安县(市)评审标准:

(1)公众对当地社会治安满意率在90%以上,位次在全省名列前茅且较上年无明显下降(降幅在3个位次以内);

(2)平安建设工作综合考核成绩在90分以上(综合考核包括基础工作、工作绩效、保障体系和组织领导等)。

2. 省级平安区评审标准:

(1)公众对当地社会治安满意率高于全省平均水平,位次在全省各区中名列前茅且较上年无明显下降(降幅在3个位次以内);

(2)平安建设工作综合考核成绩在90分以上。

3. 省级平安建设先进县(市)评审标准:

(1)公众对当地社会治安满意率高于全省平均水平且位次较上年上升幅度较大;

(2)平安建设工作综合考核成绩在85分以上。

4. 省级平安建设先进区评审标准:

(1)公众对当地社会治安满意率达到85%以上且在全省各区中位次较上年上升幅度较大;

(2)平安建设工作综合考核成绩在85分以上。

五、命名办法

1. 经考评达到省级平安县(市、区)标准的,以省委、省政府名义命名并予以表彰奖励。

2. 经考评达到省级平安建设先进县(市、区)标准的,以省综治委名义命名并予以表彰奖励。

六、复核办法

对省级平安县(市、区)实行动态管理。对已经命名的省级平安(安全)县(市、区)每年进行一次复核,凡发生下列情况之一的,取消省级平安(安全)县(市、区)称号。

1. 人民群众对当地社会治安的满意率出现大幅下滑(下滑10个位次以上),经核查无非正常原因的;

2. 辖区内发生在全国、全省造成严重影响的重大恶性案件、重大责任事故及其他影响社会稳定的重大事件,被"一票否决"。

陕西省社会治安综合治理委员会办公室关于对市级综治办考核评比的通知

(2008年4月29日)

各市及杨凌示范区综治办:

为了充分调动各地开展"平安陕西"工作的积极性,进一步发挥综治组织的职能作用,推动"平安陕西"创建活动深入开展,不断提高人民群众的安全感,努力构建平安和谐新陕西,省综治办决定对市级综治办工作进行考核评比。现将有关事项通知如下:

一、考核的内容

机构设置和作用发挥情况,综治工作经费保障情况,社会治安满意率情况,人民群众对创建"平安陕西"活动的知晓率情况,社会治安满意率和知晓率增幅情况,发生重大群体性事件和重大恶性案件情况,技防设施建设情况,人防建设情况,完成工作任务情况,工作创建新情况等10个方面内容。

二、考核的方法

采取各市自评与省综治办考评相结合的方法，在各市综治办自评的基础上，由省综治办进行联评，依照《陕西省市级综治办考核评比标准》（试行）综合打分。

三、考核的时限

主要考核2006年至2007年各市（区）综治办工作、各市（区）要按照《考核评比标准》逐项进行自评打分。

四、奖励的办法

根据考核评比结果，结合打分情况，分别评出一、二、三等，予以表彰奖励。

五、几点要求

1. 各市（区）综治办要高度重视这次考核评比工作，要通过开展自评，认真总结近两年来综治工作取得的成绩及成功的经验，找出存在的问题和工作薄弱环节，进一步理清工作思路，大力加强自身建设，进一步推动平安建设和社会治安综合治理各项措施落实。

2. 严格按照《考核评比标准》进行自评，既不夸大成绩，也不隐瞒问题，实事求是，客观公正地打分。

3. 请各市（区）将自评结果于5月5日上午报省综治办。

附件：陕西省市级综治办考核评比标准（试行）

附件：

陕西省市级综治办考核评比标准（试行）

1. 机构设置情况（8分）

（1）市综治办机构健全（设两个科室）、人员到位（4名人员）得8分；（2）机构健全、人员配备不到位扣1分；（3）机构不健全、人员配备不到位扣2分。

2. 综治工作经费情况（8分）

（1）综治工作经费达到全省规定标准并列入预算按时拨付的得8分；（2）综治工作经费没有列入预算的扣1分；（3）综治工作经费没有列入预算且落实不到位的扣2分。

3. 社会治安满意率情况（18分）

（1）达到全省平均水平以上的得18分；（2）达不到全省平均水平的扣2分；（3）社会满意率下滑2个百分点及以上的扣1分。

4. 人民群众对创建“平安陕西”的知晓率情况（10分）

（1）知晓率达到全省平均水平以上的得10分；（2）知晓率低于全省平均水平的扣2分。

5. 社会治安满意率、知晓率增幅情况（12分）。

（1）社会治安满意率增幅达到2个百分点以上、知晓率增幅达到全省平均水平以上的得14分；（2）社会治安满意率、知晓率增幅两项均未达到标准的扣2分，其中一项未达标准的扣1分。

6. 发生重大群体性事件和重大恶性案件情况（8分）

（1）没有发生重大群体性事件和重大恶性案件的得8分；（2）每发生一起重大群体性事件或重大恶性案件的扣1分。

7. 技防设施建设情况（10分）

（1）城区视频监控覆盖率达到80%以上、农村警铃入户率达到50%以上的得10分；（2）城区视频监控覆盖率达不到50%、农村警铃入户达不到30%的各扣1分。

8. 人防建设情况（10分）

（1）治安巡逻网络健全、人员经费保障到位、作用发挥明显的得10分；（2）市、县（市、区）治安巡逻队伍不健全、经费保障不到位的各扣1分；（3）治安巡逻队伍作用发挥不明显，“两抢一盗”案件得不到有效遏制的扣1分。

9. 完成省综治办交办任务情况(8分)

(1)及时完成省综治办交办的各项工作任务和报告矛盾纠纷排查化解、治安形势分析等项工作及时且质量较高的得8分;(2)对省综治办交办的工作没有按时完成的扣1分;(3)工作报告不及时的扣1分。

10. 工作创新情况(8分)

(1)在开展"平安陕西"创建活动中,有新思路、新举措并取得新经验的得8分;(2)工作创新力度不够,工作成效不明显的扣1分;(3)在全省综治工作会议上介绍经验或推荐的材料被选入全省综治工作经验材料汇编的每篇奖励0.5分;在全国综治工作会议上介绍经验或推荐的材料选入全国综治工作经验材料汇编的每篇奖励1分。

深化家庭治安代表人制度
全面提升基层平安建设水平

城固县委　城固县人民政府

城固县始终坚持以科学发展观统领综治稳定工作,把平安和谐稳定放到"思想大解放、创新大气魄、落实大举措、发展大突破"大局中来谋划,放到"保发展、保民生、保稳定"的战略上来保障,放到"第一责任"的高度来抓落实,重心前移抓基层、健全网络夯基础,创新思路树品牌,全面加强平安建设和治安防范工作,服务经济社会科学协调发展,全县平安建设工作扎实有力,创新工作富有成效,2008年,被省综治委推荐为受中央综治委表彰的全国平安建设先进县候选单位。

一、从解决突出治安问题上入手,创新家庭治安代表人制度

城固县在认真总结、充分调研、广征意见的基础上,结合实际,出台了《城固县家庭治安代表人制度试行办法》,确定了"试点先行,全面推广"的工作思路,全县共推选出家庭治安代表人134852名,覆盖率达98.5%。

二、从严格管理程序上规范,明确"家庭治安代表人"职责任务

(一)明确职责任务。组织安排家庭成员学习党的路线方针政策和国家的有关法律法规;组织家庭成员搞好自我防范;协调处理家庭成员之间的矛盾纠纷,代表家庭处理与其他家庭、单位等之间的矛盾纠纷;及时向治安中心户长、楼(院)长、村组(社区)干部、单位负责人、包片民警反映治安信息、案件线索、矛盾纠纷信息,反馈对居住地社会治安的意见、建议。

(二)严格选任条件。"家庭治安代表人"的选用要符合五个方面条件:年龄上,明确规定,要求男性为20至65周岁,女性为23至60周岁;学历上,要求具备小学以上文化程度。身体素质上,要求具有完全民事行为能力,身体健康,能参加正常的体力劳动;政治素质上,要求懂得基本的法律常识,比较了解党的路线、方针、政策;个人能力上,要求明礼诚信,为人正直,热心公益事业,在家庭中有较高的威望和号召力,能够带领全家人遵纪守法、勤劳致富。

(三)严明选任程序。首先,以村、社区为单位,以村民小组、街道、楼院为点进行宣传,将"家庭治安代表人"的基本条件、职责任务、推选程序告知每位居民;其次,由治安中心户长、楼长、院长组织各户分别召开家庭成员会议,进行民主推选,在家庭推选的基础上,社区、村组干部和治安中心户长根据平时掌握的情况,再从思想政治素质、综合能力、群众威信等方面进行审核把关;最后,对符合条件的代表人由村民小组,楼院、单位登记造册,村委会、社区居委会汇总后统一颁发《家庭治安代表人证书》。"家庭治安代表人"选出后,在15至20名"家庭治安代表人"中推选一名治安中心户长,治安中心户长负责与"家庭治安代表人"进行联系沟通，及时掌握本中心各户的治安动态。

（四）灵活激励机制。建立健全了家庭治安代表人教育培训、考核评比、奖惩激励、例会制等项工作制度，明确了权利义务和职责范围。在治安中心户长和家庭治安代表人报酬和待遇方面，我们采取义务奉献和精神鼓励为主，区分情况，给予一定的奖励补贴。经济条件一般的村，通过计发义务工或根据调处纠纷、参与治安防范的次数按每人每次5元、10元不等的标准兑付落实；经济条件好的，按每人每年100至300元的标准总会报酬。同时，县上每年还分县乡村三个层次，对评选出的优秀治安中心户长和家庭治安代表人给予一定的物质奖励。

（五）深化完善提高。一是提高标准，创新载体。由县政法委、综治办、县妇联牵头，在全县深入开展争创"四有五无"平安家庭活动。即：有牌子、有证书、有工作日志、有基本法律常识；无刑事案件、无治安案件、无矛盾纠纷、无安全事故、无信访人员。二是加强教育，从严管理。规定家庭治安代表人必须做到五个一，即："每月组织家庭成员学习一次法律法规常识；每月参加一次家庭治安代表人例会；每月和其他代表人交流一次工作体会；每月向中心户长反馈一次治安防范工作建议；每周向治安中心户长汇报一次工作。"三是强化指导，加强培训。在抓好学习政策、宣传法律、化解纠纷的同时，针对农村平安建设中存在的突出问题，主动问计于民，找出破解难题，深入开展"我为平安献一计"活动，配合开展了桔园镇等四个乡镇、贾山村等七个村的小区域治理活动，维护了全县大局稳定。四是严格奖惩，激发活力。以"十名综治干部、百名治保调解人员、千名优秀治安中心户长、万名优秀家庭治安代表人"的"十百千万"评选表彰活动为载体，对家庭无人违法犯罪、无矛盾纠纷、无刑事治安案件发生、无和邻居打架斗殴，发生矛盾纠纷能及时化解，无越级上访的给予表彰奖励，反之则给予批评，批评后仍无改进的，由村、社区居委会宣布免去其"家庭治安代表人"，组织重新推选。

三、从形成大综治格局上凝聚合力，彰显家庭治安代表人作用

（一）激发了广大群众参与社会管理的主人翁意识。家庭治安代表人为群众所推选，扎根群众之中，想群众之所想，谋群众之利益，有着深厚的感情基础和群众基础，有着很高威望和素质，通过走村串户，说事说理，疏导化解，搭建了一道沟通桥梁，通过提醒服务、拉近了村民关系，通过讲法说理，提升了自身素质，通过主动履行职责、承担社会责任，树立了新时期建设社会主义新农村"当家人"的形象，有力地推动了农村科学稳定发展。2008年，全县发生矛盾纠纷数同比下降了12.3%。

（二）掀起了广大群众学法、懂法、知法、守法的热潮。家庭治安代表人在参与业务培训、治安管理、纠纷调处宣传法律过程中，树立起"学法为懂法、懂法能传法"的意识，由家庭学法扩展到全民学法，促进了广大群众思想观念转变，带动了广大农村和社区普法教育工作，增强了参与治安管理和防范的责任感。

（三）夯实了农村治安防范基础。家庭治安代表人充分发挥熟悉基层治安形势，熟悉风土人情，熟悉人员情况的优势，认真履行"安全防范组织员、矛盾纠纷调解员、法制教育宣传员、案件群的帮教员、反馈治安状况信息员"职能，见闲人就问，见闲事就管，见困难就帮，见纠纷就调，他们和基层派出所、司法所、警务室、调委会紧密联系，通力配合，共同筑起了一道坚固的治安防线。全县有112个村连续2年以上无刑事、治安案件，5个乡镇连续三年无刑事案件，群众安全感进一步增强，社会治安形势持续好转。

（四）延伸了维护社会稳定的链条。家庭治安代表人制度的推行使"县级协调、乡镇指导、村级组织、户长领导、家庭落实"五级联动工作网络得到完善和发展，使国家方针政策在社会最基本的细胞——家庭中得以贯彻落实，在快速处置群体性事件中发挥了突出作用，在快侦快破大要案件中体现出了重要性。

紧贴形势任务　抓好“六个共建”
推进军地创建“平安陕西”活动向纵深发展

陕西省军区政治部

2008年，陕西省军区认真贯彻中央综治委和总部指示精神，按照兰州军区党委统一部署和省综治委“平安陕西”创建活动的总体规划，充分发挥职能作用，积极协调驻陕部队开展以“六个共建”为载体的军地平安创建活动，取得了显著成效。

一、科学筹划，严密组织，着力确保“六个共建”顺利进行

省军区紧紧围绕省综治委提出的“平安陕西”创建活动要“向基层延伸、向纵深拓展”的总体思路，坚持从实际出发，不断理清工作思路，并采取有效措施抓好落实。

（一）认真分析研究，找准共建抓手。陕西省军区积极创新活动模式，努力寻求平安共建工作的最佳切入点和突破口，在认真学习上级精神、深化思想认识的基础上，积极协调省综治委召开协调会，对军地平安共建工作形势进行认真分析，紧密结合陕西社会治安和驻陕部队的实际，研究提出在驻陕部队开展“六个共建”活动（即：共建“平安社区”、“平安乡镇”、“平安校园”、“平安景区”、“平安企业”、“平安医院”活动），并把这一活动纳入军地共建“平安陕西”总体规划，统一筹划部署，同步组织实施，使军地平安共建活动有了实实在在的工作载体和实践抓手。

（二）加强组织领导，促进工作落实。省军区积极协调省综治委，成立了军地共建“平安陕西”活动领导小组，在省军区设立办公室。各军分区、人武部也协调军地有关部门建立了相应机构。先后制定下发了《关于开展军地共建“平安陕西”活动的实施意见》、《2008年军地共建“平安陕西”工作意见》和《2009年军地共建“平安陕西”工作意见》，对各级开展“六个共建”活动的主要职责、工作任务和目标要求作出了具体规定。全省驻军从实际出发，按照规定要求先后建立基层共建点167个，围绕“六个共建”目标要求，形成了纵向到底、横向到边的工作网络。驻军各级定期分析形势，协调解决矛盾，加强检查指导，切实抓好落实。

（三）建立长效机制，确保活动经常。省军区协调建立健全了省、市、县三级联席会议、信息交流、检查督导、考评奖惩、经费保障等制度机制。各级坚持把“六个共建”活动开展情况，纳入军地干部考核考评体系，纳入“双拥模范城（县）”评选条件之中。对典型单位的经验做法，适时在省《社会治安综合治理简报》和《援建动态》上进行刊登交流，促进了“六个共建”制度化、规范化和经常化。

二、适应形势，突出重点，切实增强“六个共建”工作实效

（一）积极做好重大活动安全保障工作。北京奥运会火炬在陕西传递期间，延安、咸阳军分区和西安警备区积极组织民兵预备役人员，配合地方公安机关维护秩序，确保了奥运火炬在陕西传递的安全顺利。奥运会期间，针对多国政要和3000余名参赛人员来陕观光旅游，上万名中外记者来陕自由采访，地方维护社会安全稳定的任务重、压力大的实际，西安警备区组织1000多名民兵预备役人员，在城区主要街道设立固定值勤点9个，筹措资金为值勤人员配备自行车100余辆，采取固定检查与流动排查相结合的形式，全天候参与地方治安联防巡逻，共排除各类安全隐患67个。“5·12”汶川特大地震发生后，我们及时向陕西受灾较重的宝鸡、汉中军分区下发了《关于做好灾后重建中军地平安共建工作的通知》，对做好灾区安全稳定工作进行了具体部署，提出了明确要求。各驻灾区军分区、人武部和驻军积极开展“六个共建”和县、乡(镇)、村三级军警民联防联治活动,有效防范和打击各类趁灾作案、扰乱社会秩序的违法犯罪活动,为灾后重建创造了稳定和谐的社会环境。

(二)有效预防和打击各类违法犯罪活动。各驻陕部队以“六个共建”为契机,组织广大官兵积极参与基层社会治安联防活动,相继成立了军警民联防分队。2008年共完成执勤巡逻任务2500余次;先后配合驻地公安机关协查各类案件线索120余起,打掉盗窃、涉黑等犯罪团伙32个,抓获犯罪嫌疑人57人;配合地方有关部门查处军地互涉案件11起,抓获假冒军人22人,查办多起利用假冒军车涉嫌交通肇事和刑事犯罪案件。

(三)突出抓好排查化解矛盾纠纷工作。针对退役军人集体上访问题比较突出的实际,省军区积极配合地方党委、政府及有关部门做好个别重点人的摸底排查、教育转化和稳控工作。2008年共受理信访248件,处理上访19批275人次,协调近百万元资金对生活困难的复退军人进行了救助。2008年3月底,驻陕某军事院校发生500余名学员因对毕业文凭不满、引发打砸闹事事件后,省军区协调省维稳办迅速启动军地应对突发事件协作机制,指派干部前往配合做好学员的思想化解工作,积极稳妥地平息了此次事件。

(四)是及时应对和处置各种突发事件。省军区坚持把参加抢险救灾、协助地方完善应急处突机制作为“六个共建”的重要内容,先后组织民兵预备役人员23000余人、协调部队官兵8800余名参加山林灭火和抗洪抢险救灾,灭火面积1800余亩,解救、转移、疏散群众19520余人。“5·12”汶川特大地震波及陕西宝鸡、汉中地区后,先后组织18000余名民兵预备役人员、2000余名官兵,在第一时间赶赴灾区执行抗震救灾任务,及时解救灾区群众,最大限度减轻和消除了地震灾害造成的损失。

三、着眼全局,抓好结合,不断提升“六个共建”活动层次

一是坚持把“六个共建”与加强民兵预备役部队建设相结合。注重发挥民兵预备役人员在平安创建活动中的主体作用,坚持把民兵预备役训练与参加社会治安联防联治活动结合起来,做到相互促进、相得益彰。每年安排部署民兵预备役整组、训练时,注意把“六个共建”列入整组训练计划;在组织实施训练时,将“六个共建”作为重要内容进行演练,既锻炼了民兵队伍,又维护了社会稳定。

二是坚持把“六个共建”与参加和支援经济社会建设相结合。2008年初,省军区在认真总结前几年省军区部队开展“一部一村”、“一部一校”和106条小流域治理成功经验的基础上,从省军区实际出发,制定下发了《关于开展“一部一乡镇”平安共建活动的意见》。全省各县(市、区)人武部和预备役团先后与127个社情环境复杂、治安问题突出、经济发展滞后、群众基础薄弱的乡镇建立了平安共建对子,为“六个共建”活动起到了示范引路作用。

三是坚持把“六个共建”与抓好部队安全稳定工作相结合。驻陕部队以实现“双无”为目标,积极开展“平安营院”创建活动,认真落实“四个确保”要求,抓好安全稳定各项制度措施落实。2008年,全省驻军没有发生一起重大事故和恶性案件。高度重视隐蔽斗争工作,修改制定《陕西省军地隐蔽斗争战时协作规定》,邀请驻地国家安全部门领导、专家授课120余场次,协调驻地公安机关排查失泄密问题隐患21个,对百余个部队营区周边环境和重要军事目标周边进行集中清理整治,制定安全防范措施,确保了部队自身的安全稳定。

四是坚持把“六个共建”与维护国防利益和军人军属合法权益相结合。省军区与陕西省17个厅、局、部、委联合制定下发了《关于维护国防利益和军人军属合法权益工作若干规定》,在全省建立了“一组一庭一站”维权机制,向社会公布了法律服务热线。先后指导帮助驻陕部队和军人军属解决军地纠纷、涉法案件和历史遗留问题2277件,挽回经济损失5900万元,为总政收集整理典型维权案例50个,摸索形成了维权工作的成功经验。

陕西省及各市、县(市、区)综治委、办主任名单

地　区	综治委主任	综治办主任	地　区	综治委主任	综治办主任
陕西省	宋洪武	郭　明	**渭南市**	韩武孝	贾俊海
西安市	王成文	陈广善	临渭区	张普选	盛来运
未央区	吴智民	马荣国	华阴市	高江宏	杨　忠
莲湖区	和文全	李引民	韩城市	周甲午	牛立学
新城区	贾养勋	赵利华	华　县	孙建升	孙国庆
碑林区	张钢胜	侯怀奇	潼关县	王智锋	翟永生
灞桥区	员笑冬	赵　江	大荔县	杨社盈	郭　剑
雁塔区	王军平	耿　洁	蒲城县	李新功	王建荣
阎良区	张鹏飞	井　利	澄城县	吴蟒成	孙宇铭
临潼区	张　炜	童彩霞	白水县	张喜成	秦孝泉
长安区	徐树安	李新良	合阳县	张均州	张胜德
蓝田县	苗志忠	樊民杰	富平县	朱福俊	刘卫东
周至县	刘顺利	高惠生	**咸阳市**	裴育民	白登友
户　县	施利民	万世勋	秦都区	魏　琦	吕　平
高陵县	范九利	宋耀文	渭城区	刘　军	罗　民
铜川市	张应龙	邓小澎	兴平市	陈肖坪	解晓斌
耀州区	马秉寅	杜铁民	三原县	余天西	王怀先
王益区	齐金瑞	王朝军	泾阳县	梁晓琦	高广进
印台区	阎　旭	马彦彪	乾　县	周浩荣	赵德旭
宜君县	熊　晖	田　涛	礼泉县	王强民	季浩若
新　区	何尚民	张军平	永寿县	邢步宜	王新社
延安市	曾　岚	呼延江	彬　县	吴若阳	樊西勇
宝塔区	朱国龙	刘　东	长武县	冯长安	秦剑平
延长县	白晓东	冯志辉	旬邑县	樊自斌	唐维宁
延川县	郝旭东	郭长春	淳化县	郑富超	张宏轩
子长县	张国亮	高　峰	武功县	张　忠	康存社
安塞县	李应军	郭宝军	**宝鸡市**	乌永陶	杨建成
志丹县	李延安	张志清	金台区	武　军	谢惠良
吴起县	冯振东	尚恩江	渭滨区	苏国宝	唐晓业
甘泉县	雷　霄	张轶焱	陈仓区	杜长生	刘　柳
富　县	拓改琴	周立群	凤峡县	张　辉	李一平
洛川县	任建新	雷柏民	岐山县	霍铁桥	王关军
宜川县	薛　评	张　明	扶风县	傅宇剑	王乃怀
黄龙县	李富荣	茹官林	眉　县	陈爱民	李治平
黄陵县	姜文华	尹德印	陇　县	魏武生	康拴平

地　区	综治委主任	综治办主任	地　区	综治委主任	综治办主任
千阳县	陈天仓	赵炳杰	吴堡县	薛利民	薛利民
麟游县	田来锁	郑海林	清涧县	任向军	韩作平
凤　县	范根科	柏淑群	子洲县	吴浪廷	
太白县	武世孝	张宏民	**安康市**	陈勇士	王　超
汉中市	何振基	付德华	汉滨区	刘全生	万安家
汉台区	王孟智	苗海田	汉阴县	廖良成	沈　涛
南郑县	王利雅	陈庆祥	石泉县	赵立根	陈诗学
城固县	刘西民	李　华	宁陕县	刘彬智	柯增强
洋　县	杜家才	刘　辉	紫阳县	罗雪剑	许海昌
西乡县	宋兴东	张积林	岚皋县	唐天舜	储　刚
勉　县	路颜平	徐建光	平利县	汪贤存	王　强
宁强县	杨　健	彭安甫	镇坪县	田延国	陈　平
略阳县	周振鹏	张洪敬	旬阳县	王道祥	屈善耀
留坝县	徐　斌	何江林	白河县	许启汉	龚一凤
佛坪县	吴崇林	李明杰	**商洛市**	何铁虎	杨宝珍
榆林市	杨树业	白少峰	商州区	陈　漩	田建平
榆阳区	杜宏波	高子义	洛南县	朱春青	陶绪明
神木县	高宏智		丹凤县	杨新友	
府谷县	许世祥	高永飞	商南县	陆邦柱	周建平
横山县	苏志中	樊俊怀	山阳县	吴怀玉	毛加平
靖边县	刘　军	苏春生	镇安县	李桂珍	齐云科
定边县	蒋亚东	丁兆有	柞水县	刘春茂	张生智
绥德县	万　勇	韩玉亮	**杨凌示范区**	周耀生	
米脂县	张生贤	朱旭荣	杨陵区	万新智	邓毅伟
佳　县	冯继虎	高志峰			

（撰稿人：张茂青　唐战伟
审稿人：宋洪武　李子顺）

甘 肃 省

2008年社会治安综合治理工作概况

2008年甘肃省社会治安综合治理工作以党的十七大精神为指导，深入贯彻落实科学发展观，积极应对新情况、新问题，以维护全省社会稳定和确保奥运会安全顺利举办为重点，深入排查调处矛盾纠纷，大力推进平安建设和治安防控体系建设，加大社会管理力度，深化严打整治斗争，进一步完善社会治安综合治理工作机制，有效维护了全省社会和治安大局的稳定，人民群众的安全感进一步增强。经省统计局调查，全省群众安全感达到96.45%，比上年增加了4个百分点。

一、各级党委政府高度重视，切实加强了组织领导

2008年，省委、省政府把维护社会稳定和社会治安综合治理工作放在最为突出的位置来抓，切实加强了组织领导。省委常委会先后5次专题研究，陆浩、徐守盛同志先后10多次召集有关部门研究矛盾纠纷排查化解、奥运安保工作。省委、省政府分管领导罗笑虎、泽巴足、张晓兰等同志深入基层单位和油、气、水、电、涉危涉爆行业以及民航、铁路等部门检查指导工作，并分别包抓解决了一批重点信访案件，有力地推动了维稳、综治各项工作任务的落实。在地震灾区抢险救灾和恢复重建任务十分艰巨的情况下，省委、省政府依然加强了对政法综治工作的保障支持力度，尽管各方面开支普遍紧缩，但政法、综治专项经费不但没有削减，在许多方面还作了适当增加。同时，高度重视综治机构建设，根据省委常委会的意见，省编办批准省综治办设立一名副厅级专职副主任职位，并进一步充实加强了省综治办的力量。

各级党委、政府、省综治委各成员单位对社会治安综合治理工作的认识水平不断提高，工作的积极性、主动性普遍增强，研究部署和检查督导的力度不断加大。按照省上分类指导、全面推进、突出重点、培育亮点的要求，各市州都能够从当地实际出发，确定阶段性工作重点，形成了各自的工作特色。兰州市在流动人口服务管理集中攻坚和强化乡镇（街道）综治中心建设、城市视频监控系统建设三项工作上取得了明显进展；庆阳市在油区治安综合治理和矛盾纠纷排查化解方面成效显著；天水市在专职群防群治队伍建设和扩大技防覆盖面上有了重大突破；金昌市、武威市在加强人民调解工作网络、机制建设上迈上了新台阶；张掖市在矛盾纠纷排查调处机制建设和综合实施社会管理试点工作上积累了重要经验；定西市在深化农村治安防控体系建设、加强刑释解教人员安置帮教和推进人民调解协议司法确认制度上创造性地开展了工作；酒泉市在全面推行农村治安有偿承包、加强技防建设、基层综治办规范化建设上取得新成效；嘉峪关市及甘南、临夏两州在推进城市监控系统建设和单位、乡村内部技防上取得突破性进展。综治委各成员单位的党组（党委）都能够专题研究工作，并普遍召开全系统工作会议进行部署，单位、系统综治工作明显加强。与省委、省政府签订了综治责任书的23个成员单位，都逐一制定了本部门、本系统综治工作年度推进计划，并加强阶段性部署检查，省总工会、省妇联、团省委、省交通厅、省广电局等部门的分管领导几次来省综治办沟通情况，征求工作意见，表现了较强的工作主动性和责任心。特别是在社会管理及奥运安保工作上，许多部门都由党政领导带队，深入本系统各基层单位进行反复督查，有效促进了工作落实。总体来说，各成员单位在加强内部防范管理、协助综治委共同解决突出治安问题等方面都较好地发挥了职能作用。综治委的工作合力以及部署指导工作的整体能力和水平大大增强。

二、主动适应维稳工作面临的新情况、新任务，突出重点，狠抓了灾区维稳和奥运安保工作

（一）全力维护陇南等地震灾区社会稳定。省综治委先后下发了《关于地震灾区政法综治部门全力组织开展抗震救灾维护社会稳定工作的紧急通知》、《关于综治部门和综治组织全力参与抗震救灾和恢复重建工作的意见》，对灾区综治维稳工作进行专门部署。灾区各级政法综治部门和基层综治组织迅速采取行动，大力加强社会面控制，加强对案件高发区域和时段的巡逻防范，严防一些人借机违法犯罪制造事端；积极投身抗震救灾和恢复重建，深入了解和充分反映受灾群众的困难和需求，参与救灾物资发放、灾区群众安置和生产自救；高度重视灾区矛盾纠纷的排查调处，妥善解决因救灾物资发放等利益关系引发的矛盾纠纷；及时开展严打斗争和重点整治，有针对性地打击散布有害信息、破坏灾区稳定、危害灾区治安、扰乱灾区经济秩序的各类违法犯罪活动；部署开展灾区基层平安创建活动，维护灾区机关、企事业单位和居民楼院、生活小区、灾民安置点的社会治安；督促有关部门加强对灾区党政机关、重要单位和重点部位的守护防范，加强对铁路运输的巡防守护，确保了安全畅通。同时积极支援四川、陕西周边省份的抗震救灾工作，加强对转运和存放救灾物资等重点要害部位的守卫防护，保证了救灾物资和救援人员的安全顺利通行。对在抗震救灾中涌现出的见义勇为人员及时进行了表彰奖励。

（二）切实加强了对危爆物品的管理。贯彻落实全省维护稳定工作会议和奥运安保工作会议精神，着眼防范和消除治安隐患，在全省范围部署开展了危爆物品管理和清查整顿专项行动。罗笑虎同志亲自深入白银等地的民爆物品生产单位进行检查督导。省综治办先后两次召开会议，召集省公安厅、省安全生产监督管理局、省国防科技工业办公室、省物产集团有限责任公司、省交通厅、省建设厅、省煤炭安全生产监督管理局、省工商行政管理局、省卫生厅和省地质矿产勘查开发局等涉危涉爆行业的负责同志，部署专项行动，并两次通报进展情况，提出进一步加强工作的意见，有力地推动了这项工作的深入开展。各有关部门牢固树立"危险物品无小事"的思想，认真汲取危爆物品管理的教训，坚持严防、严查、严管、严治，扎扎实实开展清查整顿工作，健全完善制度，加强薄弱环节，全面落实了制造、贮存、运输、销售、使用各个环节和基层单位、人员的责任。各系统对所属基层单位普遍进行了3轮以上督查，落实了管理措施，最大限度地消除了安全隐患。

（三）切实加强重点单位的安全保卫工作。对党政机关等重点单位以及交通、通讯、广播电视及水、电、气、油等重要基础设施、金融单位、公共复杂场所、大型工程和涉危涉爆行业的安全保卫工作进行了全面部署和严格检查。在公安机关对重点单位的安保工作落实情况进行暗访后，针对发现的问题，罗笑虎同志再次主持召开兰州地区重点单位负责人会议，观看暗访实况录像，提出严格要求。各有关单位党政主要领导亲自主持研究，细化措施，加大投入，认真整改，普遍健全了工作制度，加强了内保巡逻力量，要害部位投入了必要的物防技防措施。针对奥运会期间特殊的安全形势，在兰州市各出入道口、主要街区和单位加强了武装巡逻，对车站、机场、公交车辆等全面强化了巡逻防范和安全检查措施。

（四）组织开展了"严打"夏季攻势。按照省委常委会的要求，围绕确保奥运会举办期间的社会稳定，省委政法委、省综治委在全省部署开展了百日"严打"整治夏季攻势专项行动。全省各级公安机关紧紧围绕"平安奥运"这一目标，严厉打击各类严重刑事犯罪活动。进一步深化了"打黑除恶"专项斗争，全力开展了命案侦破工作，重拳打击侵财犯罪和毒品犯罪，全方位开展追逃工作，集中整治了一大批治安突出问题。从奥运会前夕到举办结束，反复部署开展了治安大清查行动，形成强大的打击声势，有效震慑了犯罪，维护了治安稳定。

（五）加强了对社会面治安秩序的控制。各地以市州所在地为重点，充分发挥社会治安防控体系的作用，组织驻地部队、巡警、武警、社区民警、民兵和各种专兼职群防群治队伍，加强对社会面的巡逻防控，防范和打击现行犯罪，保持社会面治安秩序稳定，增强人民群众安全感。兰州市在城区坚持24小时武装巡逻，在各主要出入路口布设治安卡点，防范危险人员和危爆物品流入市区。兰州等地还重点加强了公交汽车的安全防范，强化了对公交车辆和出租车驾驶员的安全防范教育，加强了城市重要线路公交车的安全检查。白银、定西、武威等兰州周边市州，分层设立治安卡点，开展查堵守控工作，全力维护省城稳定。针对省内外一些影响社会稳定的事件和境内外敌对势力的捣乱破坏活动，省委政法委、省综治办下发了《关于切实做好当前反恐怖防爆炸防破坏工作，确保公共安全和社会稳定的紧急通知》，对维护奥运期间全省社会稳定，特别是反恐怖、防爆炸、防破坏、防事故等工作进行了安排部署。进一步加强了对重点人员的稳控工作，对长期缠诉缠访的老上访户、多次进京非正常上访人员、因上访问题和民间纠纷等有可能实施暴力犯罪的人员，以及极个别思想偏激，有可能铤而走险、危害公共安全的人员进行了认真排查，逐一明确责任单位和责任人，落实了措施。

三、精心组织，周密部署，扎实开展“两排查”活动

认真贯彻中央部署，扎实开展了“两排查”(排查矛盾纠纷和治安乱点)活动。省综治办、省维稳工作领导小组、省处理信访突出问题及涉访群体性事件联席会议分别就维护群众合法权益、化解群体性事件，加强民间矛盾纠纷排查调处，县(市区)委书记大接访活动进行了全面部署。全省政法机关开展了为期五个月的重信重访排查化解工作，集中治理重信重访问题。各市州、各部门层层动员，成立领导小组，抽调工作人员，积极开展工作，基本形成了党政主要领导亲自抓、分管领导牵头抓、部门领导一线抓、基层干部具体抓、工作组督促抓的工作格局。省直有关部门认真组织开展了行业或系统矛盾纠纷排查化解工作。省民政厅以军队部分退役人员落实政策、优抚安置、城乡最低生活保障、边界纠纷等为重点，在全省民政系统开展了一次全面细致的排查化解活动。省国资委实行重大矛盾纠纷企业领导负责制和挂牌督办制度，化解了2007年遗留下来的22件重点矛盾纠纷和2008年新排查出的8件重大矛盾纠纷。国土资源、劳动保障、宗教、教育、邮政、工商银行等部门针对本系统存在的突出问题，认真组织开展了排查化解工作。各地、各有关部门都创造了不少矛盾纠纷排查调处的好经验好做法，张掖市全面推广“民情报告”、“信访案件代理”、“民主说事会”等制度，定西市探索了“民事纠纷调解协议司法确认制度”，酒泉市实行了领导干部预约接访制度，庆阳市推广了乡镇干部全员调解纠纷制度等，增强了矛盾纠纷排查调处的实效。省委政法委、省综治办建立了矛盾纠纷排查调处督查督导机制，组织了3个督导组进行了三轮以上的督导。“两排查”活动开展以来，全省共排查各类民间矛盾纠纷32000多件，调处30400多件，调处率达95%；排查重大隐患和突出问题1888件，化解1704件，化解率为90.3%。

进一步加大了对治安混乱地区和突出治安问题的整治力度。各地深入分析本地社会治安形势，认真摸排治安混乱地区和突出治安问题，制定整治工作方案，层层挂牌督办。省综治办、省公安厅经过充分调研，确定了37个治安乱点和突出治安问题，由省综治委直接进行监督整治。各市州、县(市区)都层层确定了一批治安乱点和突出治安问题，采取多种形式进行了认真整治。如，兰州市重点加大对火车站、平凉路汽车南站、雁滩地区、五里铺等28个重点治安乱点的整治，先后组织开展了“打盗抢抓逃犯”专项斗争、打击非法传销、假币诈骗、制假贩假活动，清理整顿废旧物品收购业、排查流动暂住人口和出租房屋等专项行动。白银市针对23个案件多发区域和城区网吧、学校及企业周边地区治安问题较多的实际，组织有关部门参与，进行了联合整治。庆阳市继续加大油区治安整治力度，集中解决非法占井、土炼炉、收油点等困扰油田开发建设的重点难点问题。甘南州对九甸峡库区移民工作中治安问题突出的22个乡镇进行了监督整治。2008年全省排查整治的371个治安乱点的面貌都有了明显改观，49个治安突出问题都得到了较好解决，不少整治点成了由乱到治的典型。

四、积极探索和推进社会管理，努力在深化综治工作上取得新进步

从2007年下半年开始，省综治委把社会管理工作摆在更加突出的位置来抓，多方面开展调研，认真借鉴外地经验，积极组织试点，努力探索有效的工作思路和工作措施，2008年进一步加大了工作力度。在全年工作部署中明确提出把流动人口服务管理、刑释解教人员安置帮教、吸毒人员管控以及预防青少年违法犯罪等项工作作为社会管理的重点来抓，要求各地、各有关部门研究具体实施意见和工作方案，力争在其中一两个方面取得突破。综治工作责任书都根据各地特点，分别确定了各市州在社会管理试点工作上的重点任务，如兰州、酒泉、金昌、白银、天水等地重点抓好流动人口服务管理工作，金昌、张掖、定西、庆阳、天水等地着重抓好重点人口帮教管理工作，酒泉、武威等地重点加强预防青少年违法犯罪和学校周边治安综合治理工作，嘉峪关、张掖、白银、定西、平凉、庆阳等地重点抓好刑释解教人员安置帮教工作。省综治办还通过大幅度提高社会管理工作在责任书中的考核分值，促使各地把社会管理工作摆上重要位置来抓，省综治委、办亲自抓了兰州市流动人口服务管理试点工作，并对社会管理工作重点推进的地方和部门给予了专项补助。为保证省综治委各专项工作办公室真正有人办事，省综治办拿出专项经费，为省流管办、刑释解教人员安帮办、校园周边办聘任了 11 名大学毕业生，切实加强了他们的工作力量。2008 年全省流动人口犯罪得到有效控制，其中兰州市流动人口犯罪比 2007 年下降 14%，全省青少年违法犯罪同比下降 9.97%，刑释解教人员重新违法犯罪率控制在 3%。

五、以扩大覆盖面和提高创建质量为重点，全面推进平安建设

甘肃省平安建设从 2005 年省委、省政府全面部署以来，已在广大城乡基层单位普遍开展起来，至 2008 年底，全省共创建平安乡镇、街道 892 个，占总数的 64.22%，平安社区（村）10494 个，占总数的 64.11%，建成平安单位 14267 个。2008 年主要是在扩大覆盖面和提高创建质量上下功夫，推动活动深入开展。为确保平安建设延伸到城乡基层单位，省上要求各级特别是县乡两级必须宣传发动到基层、检查指导到基层、命名表彰到基层，村、组、社区、单位都要有创建工作规划和具体目标任务。着眼于提高平安创建活动的质量和水平，各级都制定了严格的评选命名标准，并坚持实行动态管理。凡是申报命名的地方和单位，条件勉强的一律不予迁就，凡命名以后发生重大不稳定事件和社会治安问题的，坚决摘牌，并追究责任。省上重点抓了平安县（市区）的指导培育和命名表彰。2008 年省综治委命名表彰了 15 个“平安县（市区）”，使全省“平安县（市区）”达到 24 个。省、市两级对命名的平安县（市区）、平安乡镇（街道）和平安单位进行跟踪管理，督促其抓好巩固提高工作，一旦发生问题，及时进行警示，直至取消命名。省综治办先后对临泽县、和政县、敦煌市发出了督查令，就发生的问题进行了警示，促使他们认真整改，有效巩固了创建工作成果。武威、张掖、甘南、临夏等地先后对 10 多个发生突出治安问题的乡镇实行责任追究，并取消了命名。

六、着力巩固完善提高，进一步增强了社会治安防控能力

甘肃省社会治安防控体系建设从 2003 年至 2005 年组织实施了第一个三年规划，初步建成了以人防为主的治安防控体系。2006 年至 2008 年，以全面实施和深化人防、物防、技防相配套的综合网络系统为重点，实施了第二个三年规划。2008 年是第二个三年规划的最后一年，总体思路是针对薄弱环节，着力狠抓巩固完善提高工作。指导各地对治安防控体系六年的工作全面进行一次回头看，针对各地存在的薄弱环节，细化工作措施，同时在责任书中明确工作任务，量化工作目标，加大考核分值，以考核促整改。省综治办切实加大检查督导力度，先后对 9 个市州进行了重点检查。各市州按照省上的要求，分别在人防、物防、技防建设上加大工作力度，取得了重要的工作成效。甘南州针对专职群防群治力量不足的问题，以政府出资为主，在复员军人和大中专毕业生中招聘人员，成立了 5 支 221 人的专职巡防队伍，并大力推进城市和单位监控系统建设，全州 33 个派出所和 4 个看守所开通了“金盾工程”公安信息四级网络，玛曲县、夏河县和合作市建成了“三台合一”指挥中心，全州 19 个重点部位实现了闭路电视监控管理，90% 以上的金融、电力、石油、电信营业网点等重点单位和要害部位安装了电子监控设施，90% 的城镇居民住宅楼安装了电子防盗门。临夏州针对技防建设相对滞后的问题，制定了《关于在全州推广安装技防设施全面提升治安防控体系建设水平的实施方案》，在县城、重点路段、重点场所、重点乡镇安装 300 套监控系统，在全州 129 个乡镇安装农电变压器防盗锁 7.5 万套，在农用机动车安装“推不走”防盗锁 4 万套，八县市农户居民安装红外线报警器 10 万套，全州教育系统和机关单位内部安装报警器 6600 多套，全州技防建设取得了重大突破。天水市针对人力防范相对薄弱的问题,在全市80%以上的党政机关和企事业单位派驻保安队伍,新组建了2100多人的专职综治员队伍,共建立了120支民兵应急分队,3万多人的“十户联防小组”,大大提升了人力防范的能力和水平。

截止2008年底,全省共建立社区警务室1008个,建立农村警务区4564个,派驻民警5323人;组建巡警192支2914人,驻地军队和武警、民兵巡逻队伍达到1908支25617人;建立专职群防群治队伍1005支25712人,兼职群防群治队伍达到了19023支114208人;全省共成立保安公司78家,服务单位5236个,派驻保安人数22851人;有13056个单位建立健全了内保组织,配备内保人员39278人;在5407个民营企业建立了综治组织;全省86个县(市区)中,有82个建成了三台合一指挥中心,74个完成了城区视频监控系统;全省1046个乡镇9137村全面推广了技防建设,12031个单位、926488户农户安装了经济适用的技术防范设施。总的来看,在城市,形成了以多警联动快速反应、社区警务、社会面巡逻控制、专职群防群治队伍、内保组织和各种义务看护组织为主的防控体系,在农村形成了以农村警务区、治安中心户长、联户联防和各种专兼职群防群治队伍为依托的防控体系。

七、以健全领导责任制为重点,努力推动综治各项工作的落实

(一)进一步完善了社会治安综合治理领导责任制。根据综治工作发展的新要求,在认真总结这些年实行综治领导责任制经验的基础上,会同省委组织部、省纪委、省人事厅、省监察厅制定下发了《关于进一步加强社会治安综合治理领导责任制的意见》,进一步明确了党政领导班子、主要领导和分管领导在加强社会治安综合治理、维护社会稳定工作中的职责任务,把各级领导干部抓综治工作的实绩纳入了干部考核、提拔、任用、奖惩的重要内容。省综治委还与省委组织部下发了《关于建立党政领导干部综治工作实绩档案的通知》,要求省、市、县各级从2008年起层层建立领导干部综治工作实绩档案,以建档制度推动综治领导责任制的有效落实。各级党委、政府年度工作综合考核中,坚持把综治工作作为一项重要内容纳入考评体系,对推动各级加强社会治安综合治理工作起到了很好的作用。此外,建立了各地分管综治工作领导和省综治委成员单位领导在省综治委会议上的述职制度。在省综治委召开全体会议时,安排部分市州综治委主任和省综治委成员单位领导到会述职,2008年共组织了两次述职。

(二)完善目标管理,分类指导,充分发挥责任书在指导工作和促进解决当地突出问题上的针对性。2008年着眼于解决各地突出治安问题,对综治责任书做了较大改进,按照分类指导的要求,对14个市州分别签订目标任务不相同的责任书,并确定了不同的考核分值,使责任书更切合实际,更为科学可行,更具指导工作的针对性。同时加大对重点工作的考核分值,很好地发挥了责任书的目标管理和工作导向作用。

(三)加强日常检查督促和年度考评,狠抓综治领导责任制的落实。省综治委、办全年坚持对各地工作进行2次以上的检查抽查,坚持半年报告和通报制度。年度考评由4名厅级干部带队对各市州和省综治委成员单位履行综治责任书的情况进行了认真检查考核,并组织省上10多个部门参与打分和进行综合评估,经省综治委主任会议、省综治委全体会议认真审议,并报省委、省政府批准,严格兑现了奖惩,并对各地工作中存在的问题以书面形式通报党委政府,提出整改要求。省综治办还建立了督查制度,对各地发生的突出治安问题及时下发督查通知,责令限期整改并专题报告情况。2008年先后向各地发出督查通知22件,其中指令进行否决警告和一票否决的9件。2008年8月,组织了一批法制报刊记者赴各地进行了为期20多天的暗访,针对发现的问题,指导督促各地和各有关部门认真落实了整改措施。

八、加大宣传力度,为全面加强社会治安综合治理营造良好的舆论环境

首先从组织、制度上加强和完善。省委政法委一名领导分管政法综治宣传工作,并指定相关处室为协同部门,在省综治办设立了一名宣传专干,在各处室和甘肃法制报社确定了信息员,制定了工作制度。其次,充分发挥各级新闻媒体宣传主渠道的作用,进一步加强了与电视、广播、报刊等各类媒体的联系协作,通过开办专栏、制作系列报道等方式，加大宣传力度，增强宣传效果。特别是加强了与中央和省级媒体的沟通，《法制日报》、中国平安网、《甘肃法制报》等各类媒体刊稿率进一步提高。配合中央电视台完成了《平安中国》甘肃篇的选材拍摄工作，全省综治宣传工作的覆盖面和影响力进一步扩大。最后，多形式组织开展宣传活动。开展了"平安建设宣传标语征集评选活动"，印发《平安建设宣传标语集锦》50000册。组织电信部门利用手机短信宣传平安建设，共群发宣传短信2200多万条，信息受众达147万余人。约请各市州政法委书记、省上有关部门领导同志以加强社会管理为主题，在《甘肃法制报》统一刊发了一批调研文章。协调省上主要新闻媒体，对全省综治工作先进市州、先进单位和省委、省政府命名表彰的平安县（市区）进行了深度采访报道。认真组织开展了"综治宣传月"活动，参与宣传活动的人员达6万多人次，设立咨询点2400多个，张贴标语（横幅）11.8万余条（幅），印发宣传资料326余万份，出动宣传车2708台次，解答群众咨询17万余人，直接或间接受教育群众达1360多万人。

甘肃省社会治安综合治理委员会
中共甘肃省纪律检查委员会
中共甘肃省委组织部
甘肃省人事厅　甘肃省监察厅
关于进一步落实社会治安综合治理领导责任制的意见

（2008年7月3日）

为进一步有效落实党政领导班子和领导干部保一方平安的政治责任，强化社会治安综合治理的领导责任制度，确保社会治安综合治理工作措施的切实落实，促进社会和谐稳定，为我省经济社会发展创造良好的社会环境，根据中共中央、国务院和全国人大《关于进一步加强社会治安综合治理工作的意见》、《中央社会治安综合治理委员会、中央纪律检查委员会、中共中央组织部、中华人民共和国人事部、中华人民共和国监察部关于实行社会治安综合治理领导责任制的若干规定》，按照《中央综治委、中央组织部关于党委组织部门在参与社会治安综合治理工作中进一步发挥好职能作用的意见》（中组发〔2003〕25号）以及《中央社会治安综合治理委员会关于实行社会治安综合治理一票否决权制的规定》，现就进一步落实社会治安综合治理领导责任制提出如下意见：

一、领导责任和任务

（一）党政领导班子的责任和任务。各市州、县（市、区）、乡镇（街道）和各部门党政领导班子要牢固树立"发展是第一要务，稳定是第一责任"的理念，担负起组织领导本地区、本部门社会治安综合治理的工作职责，努力实现社会和谐稳定、治安秩序良好、群众安居乐业的目标。

1. 从中国特色社会主义事业重要组成部分的高度，充分认识社会治安综合治理工作的重要意义，高度重视和切实加强对社会治安综合治理工作的组织领导，对本地、本部门社会治安综合治理工作负总责、负全责。

2. 贯彻落实科学发展观，树立正确的政绩观，把社会治安综合治理纳入当地经济社会发展总体规划，同研究、同部署、同考核。

3. 严格实行社会治安综合治理领导责任制和目标管理制度，把社会治安综合治理列入党政领导班子任期目标和考察考核的重要内容，一级抓一级，一级对一级负责，确保党政领导干部担负起保一方平安的政治责任。

4. 定期研究部署本地、本部门社会治安综合治理工作，健全社会治安综合治理组织网络，落实机构、编制、人员、经费，确保人员、经费到位，及时研究解决社会治安综合治理工作中的困难和问题。

（二）党政一把手的责任和任务。各市州、县（市、区）、乡镇（街道）和各部门党政一把手是社会治安综合治理的第一责任人，对这项工作负首要领导责任。

1. 全面把握改革、发展、稳定的大局，深入研究社会治安和社会稳定面临的形势和特点，适应不断发展的客观形势的需要，积极主动地谋划和推进社会治安综合治理工作。

2. 认真贯彻落实上级关于社会治安综合治理工作的重大部署，对调处化解人民内部矛盾、平安建设和社会治安防控体系建设、严打整治斗争、加强社会管理等重点工作以及中央和省上部署的重大行动，要亲自主持研究，亲自决策部署，认真组织实施，确保取得预期成效。

3. 定期主持召开党政领导班子会议，听取社会治安综合治理工作情况汇报，每年都要用一定的时间，对事关全局的重大问题和重点工作，深入进行调查研究和检查指导。

4. 组织协调各有关部门、社会各方面力量，积极参与社会治安综合治理工作，形成齐抓共管的工作局面。

5. 加强落实领导责任的工作机制建设，支持社会治安综合治理机构及下级党委政府严格实行领导责任查究，支持综治委、纪委、组织、监察、人事部门对发生严重危害社会稳定和社会治安重大问题的地方领导实施责任查究。

6. 对影响社会稳定和社会治安的重大问题，要带头督办、包案，亲自解决。一旦发生影响社会稳定的重大事（案）件，要靠前指挥，采取果断措施，及时稳妥处置。

（三）分管领导的责任和任务。分管领导是社会治安综合治理的直接责任人，对这项工作负具体领导责任。

1. 当好党委政府领导社会治安综合治理工作的参谋助手，协助党政一把手作出正确决策，部署并组织实施各项工作。

2. 全面准确地掌握当地社会治安和社会稳定形势，制定本地、本部门社会治安综合治理工作规划；主持制定落实各项工作部署的具体措施，协调解决影响工作推进的困难和问题；坚持不懈地加强基层基础建设，切实增强基层的工作能力和水平；加强督查指导，确保社会治安综合治理工作目标的实现。

3. 深入调查研究，及时总结推广经验，积极探索解决面临的各种新情况、新问题，推进社会治安综合治理工作的不断创新。

4. 及时妥善处理重大治安问题，把对社会稳定和群众安全感的影响控制在最低程度。

（四）其他领导的责任和任务。领导班子的其他成员是所分管部门、行业社会治安综合治理工作的责任人。

1. 组织、领导、推动所分管部门、行业贯彻落实社会治安综合治理工作部署，实行目标管理。

2. 按照“谁主管、谁负责”的要求，认真履行部门、行业参与社会治安综合治理的社会责任，同时抓好本系统内部的治安管理和防范工作。

3. 及时排查和研究解决所分管部门、行业影响社会治安和社会稳定的各类问题，把问题解决在萌芽状态。

二、领导责任制的考核

各级社会治安综合治理第一责任人、直接责任人以及其他责任人（以下统称责任人）履行工作责任的情况及其工作能力和绩效，纳入领导班子和领导干部考核体系，并作为公务员考核的重要内容。

（一）考核主体。对党政领导班子和领导干部履行社会治安综合治理领导责任制情况的考核，按照干部人事管理权限，由社会治安综合治理委员会牵头，会同同级纪检、组织、监察、人事部门联合进行考核。

（二）考核对象。为各市州、县（市、区）、乡镇（街道）、各部门社会治安综合治理责任人。

（三）考核内容。重点考核党政领导班子及其责任人在社会治安综合治理工作中履行职责的情况及工作能力和绩效。每年的考核标准按照分级管理的原则由各级综治委会同联合考核部门制定后实行。

（四）考核方法。考核工作一般与公务员年度考核统一部署，同时进行。考核采取半年和年终检查、平时抽查、明查暗访、民意调查等方式进行。

三、考核结果的运用

（一）同责任人政绩考核挂钩。党委组织部门将社会治安综合治理责任人履行职责的情况及工作能力和实绩，作为任用和评价干部的重要依据之一，并同其职务升降挂钩；对抓社会治安综合治理工作成绩突出的，在提拔使用干部时优先考虑；被“一票否决”或连续两次被“一票否决警示”的、连续两年在当地综治考核中处于末位的，在面貌改变之前，其责任人不得提拔使用。

（二）同责任人公务员年度考核的等次挂钩。凡被“一票否决”的地区、部门、单位的责任人，当年考核不得评定为优秀等次。

（三）同责任人奖惩挂钩。对工作实绩突出的责任人予以嘉奖，并颁发荣誉证书。对被“一票否决”或连续两年被“一票否决警示”的地区、部门的责任人，取消其当年评先、评模、晋级资格。对严重失职导致发生重大问题的地区、部门、单位的责任人，由组织、纪检部门根据相关法律法规，视情给予相应的处分。

（四）同责任人经济利益挂钩。被“一票否决”的地区、部门和单位的责任人当年不得晋升职级工资。对被评为全国、全省社会治安综合治理先进集体的地区、部门和单位的责任人，或被评为全国、全省社会治安综合治理先进个人的责任人，要分别予以嘉奖，优先予以晋职晋级。

四、建立相关制度

（一）建立干部考核征求综治部门意见制度。对考核对象进行任职提拔、晋职晋级时，应将其履行社会治安综合治理领导责任制的情况作为考察内容一并考察，并征求同级综治部门对考核对象的意见。

（二）建立责任人述职制度。责任人在年终要向上一级社会治安综合治理部门提供书面述职报告。上一级综治委召开全委会议或召开社会治安综合治理工作会议时，可安排下级综治委主任就重点工作进展情况进行述职。

（三）建立综治工作实绩档案制度。各级社会治安综合治理委员会要会同组织部门层层建立责任人综治工作实绩档案，作为落实领导责任的重要依据。档案应包括：领导干部亲自研究部署和检查指导工作的情况，协调解决综治工作困难和问题的具体事实，责任人年度述职报告，本地、本部门年度责任书考核结果及上级综治部门对年度工作的总体评价。

（四）建立“一票否决警示”制度。对存在比较严重的治安问题、但又不够“一票否决”条件的，由上级综治委实行社会治安综合治理“一票否决警示”，并通报组织、纪检、监察、人事部门。被一票否决警示的地方和部门要采取有力措施，迅速解决突出问题，改变治安面貌。对连续两次被“一票否决警示”仍不能改变面貌的，要实行一票否决。

五、加强协调配合

加强社会治安综合治理领导责任制的落实，是五部门的共同任务。各级综治部门要加强协作配合，加强信息沟通和工作协商，确保领导责任制各项任务得到落实。五部门每年要就社会治安综合治理责任人实绩考核等有关事宜进行协商，并形成决议；对社会治安综合治理责任人作出奖惩决定后，五部门应共同对决定执行情况进行检查督办；各级社会治安综合治理委员会应及时向同级纪检、组织、监察、人事部门通报责任人工作实绩，通报社会治安综合治理“一票否决”及“一票否决警示”的情况；组织、人事部门在办理被“一票否决”和“一票否决警示”的地方、部门责任人晋职晋级时，应征求社会治安综合治理委员会的意见；纪检、监察部门对社会治安综合治理及责任人实施责任查究，其处理意见应征求组织、人事部门和社会治安综合治理委员会的意见。

中共甘肃省委　甘肃省人民政府关于表彰2008年度全省社会治安综合治理良好地区和先进单位的决定

（2008年12月28日）

2008年，是我们党和国家历史上极不平凡的一年，也是甘肃历史上极不寻常的一年，维护国家安全和社会和谐稳定的任务艰巨繁重。在严峻的形势和特殊的考验面前，全省各级党委、政府和各有关单位以及政法综治部门，坚持以邓小平理论、“三个代表”重要思想和党的十七大、十七届三中全会精神为指导，深入贯彻落实科学发展观，坚持“发展是第一要务、稳定是第一责任”的思想，把社会治安综合治理工作作为党委、政府极其重要的工作来抓，有效维护了社会稳定，圆满完成了奥运会安全保卫工作，较好地保持了全省社会治安大局的持续稳定，为保障我省经济社会发展作出了重要贡献。各地各部门认真贯彻中央、省委的工作部署，积极应对新情况、新问题，全面落实维护社会稳定和奥运安保各项措施，大力开展矛盾纠纷排查调处活动，进一步深化平安建设，不断提升社会治安防控体系整体效能，精心组织“严打”整治斗争，努力推进社会管理各项工作，进一步完善社会治安综合治理工作机制，社会治安综合治理整体工作取得了新的进步、新的成效。经省综治委组织考评，全省绝大多数市州、甘肃矿区和省综治委有关成员单位都较好地完成了《2008年甘肃省社会治安综合治理责任书》确定的目标任务，为维护全省社会稳定、保障和促进科学发展作出了重要贡献。其中兰州市、庆阳市、张掖市、定西市、金昌市总体工作相对突出，成效显著，决定评为“2008年度社会治安综合治理良好地区”，各奖励6万元；省卫生厅、省交通厅、省民政厅、省劳动和社会保障厅、省文化厅、省安全生产监督管理局、省通信管理局、省工商行政管理局在积极参与社会治安综合治理工作中发挥职能作用较好，工作进步明显，决定评为“2008年度社会治安综合治理先进单位”，各奖励2万元；甘南藏族自治州、天水市、临夏回族自治州、甘肃矿区、平凉市在维护社会稳定、治安防控体系建设、刑释解教人员安置帮教等方面取得了重要进展，决定授予甘南藏族自治州“维护社会稳定工作突出奖”，天水市、临夏回族自治州、甘肃矿区“社会治安防控体系建设显著进步奖”，平凉市“刑释解教人员安置帮教工作先进市”称号，各奖励3万元，以资鼓励。

希望受到表彰的地区和单位发扬成绩，克服不足，再接再厉，奋发努力，进一步提高思想认识和工作水平，不断开创社会治安综合治理工作的新局面，为全省经济社会又好又快发展作出新的更大的贡献。

2009年将是我国经济发展遇到严峻挑战的一年，也是社会稳定敏感时段相对集中的一年，经济和社会生活领域的矛盾有可能进一步增多，各种敌对势力也将进一步加紧勾联聚合，实施各种捣乱破坏活动，同时，社会治安压力将进一步增大。我们面临着来自各方面的挑战和考验，维护国家安全和社会稳定的任务更加艰巨繁重。省委、省政府号召，全省各级党委、政府和各有关部门以及政法综治战线的同志们一定要进一步增强忧患意识，以强烈的使命感和责任感认真贯彻落实党的十七大、十七届三中全会和全国政法工作会议精神，坚持以科学发展观为指导，把维护社会稳定和社会治安综合治理工作放在更加突出的位置，进一步加强组织领导，加大工作力度，不断提高维护国家安全、维护社会和谐稳定、维护良好治安秩序的能力，全力保障全省经济社会又好又快发展，以优异的成绩迎接新中国成立六十周年。

强化矛盾纠纷排查调处
筑牢基层维护稳定防线
——酒泉市抓实抓细矛盾纠纷排查调处工作

2008年，酒泉市各级党政组织认真贯彻落实省委政法委、省综治委、省维护稳定领导小组《关于在全省深入开展排查调处矛盾纠纷、排查整治突出治安问题活动的通知》和《关于在全省开展预防化解重大群体性事件督查活动的意见》，把矛盾纠纷排查调处作为维护稳定的一项重要的基础性工作来抓，不断拓宽社情民意表达渠道，完善矛盾纠纷排查化解网络体系，着力解决人民群众最关心、最直接、最现实的利益问题，将大量的矛盾纠纷和突出信访问题解决在基层，使2008年信访总量、越级上访和集体上访同比分别下降16.4%、25.8%和40.4%。主要做法是：

一是责任实，各级领导干部一线解决问题。酒泉市各级把"双排查"活动纳入"平安酒泉"、"和谐酒泉"建设的重要内容，建立完善了党政"一把手"负总责，一级抓一级、一级对一级负责的领导工作格局。建立了乡镇、街道、部门、村(社区)矛盾纠纷排查调处目标管理责任制和责任追究制，构建起了市、县(市区)、乡镇(街道)、村(市区)"四位一体"共同应对和有效化解矛盾纠纷的工作网络和运行机制。市各级领导干部自觉把发展这个硬道理和稳定这个硬任务有机统一起来，积极主动的深入基层，扑下身子，加大人力、物力投入，切实解决群众反映的各类利益诉求，使一批长期缠访缠诉人员息诉罢访。2008年，市上为解决中央和省上交办的重信重访案件，共支付涉法涉诉救济资金和由政府代为垫付执行资金236.7万元。

二是基础牢，绝大多数矛盾纠纷解决在基层。酒泉市共建成乡镇综治中心37个，乡镇民调委员会71个，村级民调委员会438个，企事业单位民调组织159个，配备基层维稳信息员和纠纷调解员8544名，形成了县(市区)、乡镇、街道、村、社、组、户上下贯通、纵横交织的五级联调网络。全市95%以上乡镇、街道达到"三无"目标，绝大多数矛盾纠纷解决在了乡镇(街道)、村(社区)等基层单位。

三是渠道畅，群众信访诉求能及时反映。酒泉市深入开展县(市区)委书记大接访、领导干部带案下访、巡回接访和公、检、法、司"四长"联合接访活动，畅通信访渠道，并在乡镇、街道、部门延伸领导干部定期公开接待群众来访制度，接访领导和事件、地点提前向社会公布，大量的矛盾纠纷和群众信访诉求得到及时反映和有效处理。2008年1-7月，市委常委、副市长参加信访接待日13场次，共接待信访群众97批527人次，调处化解率达到85%以上。市委、市政府先后将33件重信重访案件、35件疑难重点信访案件和省委巡视组受理交办的144件信访案件进行分解，由市委常委、副市长包挂调处，逐案落实了承办单位和责任人。市委政法委将49件涉法涉诉类重信重访重点案件逐一向各县(市区)和市直政法部门进行了交办，并明确办案要求和责任查究办法，达不到工作要求的给予黄牌警告，直至一票否决。全市7县(市区)已有14名党政一把手、66名副县级领导参加了信访接待，共接待上访群众174批746人，现场协调解决信访问题80件，领导包挂解决信访问题36件，落实责任单位和稳控措施77件。

四是方法多，多策并举解决各类矛盾纠纷。强化逐级调处责任制，建立了县(市区)、乡镇(街道)、村(社区)"三位一体"共同应对和有效化解矛盾纠纷的工作网络和运行机制，村和社区主要以人民调解为主，就地消化矛盾；乡镇和街道主要以行政调解、人民调解和司法调解为主，做到矛盾不激化、不上交；县(市区)强化社会联动调处，协调督办重大疑难矛盾纠纷和突出信访问题。将人民调解、行政调解和司法调解有机结合起来，有效提高了矛盾纠纷调处的实效。2008 年，全市共排查出各类矛盾纠纷 1831 件，调处解决 1738 件，调处率 94.92%。其中，排查影响稳定的重大矛盾纠纷 919 件，调处解决 797 件，调处率 86.7%，挂牌督办和协调解决影响稳定的重点隐患及突出问题 33 件；排查梳理重信重访案件 160 件，调处化解 128 件，化解率达到 80%。

五是信息灵，加强维稳信息收集研判。结合预防化解重大群体性事件督查活动，充分发挥维护稳定工作信息“四级网络”作用，不断拓宽信息收集渠道，及时收集掌握影响社会稳定的深层次、预警性、内幕性的情报信息，全力预防和化解群体性事件。2008 年，全市共收集影响社会稳定的预警信息 57 条，有针对性地制定工作预案，综合运用法律、政策、经济、行政等手段，及时把问题解决在基层，化解在了萌芽状态。

张掖市甘州区社会管理试点工作
特色鲜明　成效显著

甘州区被省、市确定为加强社会管理试点工作县区之后，各级党政组织高度重视，在“强组织、建阵地、创新路、建机制”四个方面下足功夫，社会管理试点工作取得阶段性成效。2008 年全区共登记经营场所 7373 个、租赁房屋 10959 间，登记暂住人口 11590 人，摸清了全区暂住人口和出租房屋的底数；排摸中抓获网上逃犯 3 名，清理“三无”人员 31 人；暂住人口和出租房屋纳管率和办证率比 2007 年分别上升了 11%、25%。

特色一：加强领导抓组织

甘州区委常委会 4 次专题研究社会管理试点工作，成立了由区委副书记、区长王洁岚任组长，区上四套班子分管领导为副组长，城区 5 个街道、城郊 5 个乡镇、25 个职能部门主要负责人为成员的社会管理工作领导小组及其办公室，办公室设在区综治办，增加人员编制，具体负责管理日常事务。相继出台了《甘州区加强社会管理工作实施方案》、《社会管理试点工作实施细则》等一系列指导性文件。城郊各乡镇、城区各街道、各部门也成立了相应的组织机构，健全了各类工作网络。试点工作开展以来，甘州区共成立社会管理工作各类领导小组 37 个，抽调 500 多名干部，组成 200 多个工作小组分片包干负责具体工作，为社会管理试点工作的顺利开展提供了坚强的组织保障。

特色二：健全网络抓基础

为保证社会管理试点工作顺利开展，甘州区建立社会管理联席会议机制，由区政府主要领导牵头召集社会管理联席会议，定期分析形势，解决管理工作中遇到的新情况、新问题。各乡镇、街道均成立社会管理工作领导小组及其办公室，确定 1 名分管领导，根据工作量的大小抽调 1－3 名干部专门从事此项工作；在村委会和社区设立社会管理工作站，按每 300 个管理对象配备 3 名社会管理员，每增加 300 个对象增加 1 名工作人员的模式，从“三支一扶”大学生、复退军人和再就业岗位中配备工作人员。根据城郊村出租房屋集中、流动人口聚集、治安形势复杂的特点，区上决定在城郊几个村单设工作站，选派优秀后备干部任站长，享受副科待遇，并从选调大学生和乡镇干部中各派一人驻村工作，专门负责社会治安整治和特色产业发展。甘州区共设立流动人口社会管理工作站 25 个，配备工作人员 108 名，形成了区、乡镇(街道)、村(社区)三级联动工作网络，做到了各个层面有人抓，每件事情有人干。

特色三：创新思路抓实效

一是以房管人，以业控人。出租房屋和经营场所是外来务工人员的落脚点。为此，甘州区委、区政府明确提出了落实“以房管人、以业控人”是关键的新思路，按照“谁出租谁管理、谁留宿谁管理、谁用工谁管理、谁登记谁管理”的原则，健全完善了《房屋租赁备案登记》制度，确立流动人口管理“业主责任制”，各派出所与房屋租赁双方、用工雇佣双方签订《房屋租赁治安保证书》和《经营场所治安责任书》，明确了房主和业主的连带责任，实现了由公安机关“单打独斗”到公安、国土、房管、城管、工商、文化、税务、卫生、计生等部门“联合作战”的转变，形成了“政府牵头、各家参与、统一管理”的综合管理机制。

二是条块结合，共同管理。对公共娱乐场所、各类医疗服务机构、客货运输企业（户）、建筑工地和宗教活动等行业特征明显的，实行区政府职能部门条条管理；对出租房屋、社会闲散青少年和本区人户分离人员等行业特征不明显的，实行乡镇、街道块块管理；对虽有行业特征，但靠一家难以管理的，制定了行业证件办理过程中实行预先申报登记社会管理信息制度，实行部门和街道共同管理，收到了较好的社会效果。在未成年人教育管理工作中，积极探索形成了行之有效的以“双报到两反馈”为主要内容的学校、家庭、社会“三位一体”道德教育与社会实践体系，受到了学校和家长的好评。

三是分类定等，分级管理。根据流动人口、出租房屋户主、经营场所近三年履行治安责任、历年有无发生治安、刑事案件等情况，将流动人口、出租房屋和经营场所划分为严管、普管和一般三个管理层次。根据分类定级情况，由主管部门和乡镇、街道负责落实管理措施，对问题较多的进行限期整治，落实整治责任不到位、群众意见较大的，责令停业整顿；对经营秩序混乱、涉及“黄赌毒”的经营场所，坚决依法打击取缔，切实提高了对流动人口和出租房屋的管控效率。

特色四：健全制度抓机制

甘州区政府先后出台了《甘州区流动人口管理暂行办法》、《甘州区出租房屋管理暂行办法》、《甘州区经营场所管理暂行办法》三个规范性文件，对管理对象的权利和义务，管理部门的职责和任务做出了明确的规定。各乡镇、街道制定了信息采集报送、档案管理、办公室和管理员职责、考核办法、信息分析等一系列制度，保证了工作的正常运转。公安、文化、卫生、交通、教育、宗教等相关职能部门依据行业管理法规出台了各自的管理制度。各行业协会根据自治管理章程，健全了行业内部流动人口、出租房屋和经营场所的日常管理制度，使社会管理工作初步步入了规范化管理渠道。

构建七大网络　提升防控水平

——永靖县社会治安防控体系建设的主要做法

2008年，永靖县把构建社会治安防控体系作为解决社会治安问题的治本之策和民心工程，层层签订责任书，明确任务，靠实责任，分片包干，结合城区和农村治安状况、区位和工作任务的不同特点，按照“单位内部抓技防、社区小区抓预防、邻里楼院抓互防、街面道路抓巡防”的思路，全力构建“七大网络”，不断提升治安防控水平。

一是构建电子监控网。投资360余万元，在公安局建成了110、119、122三台合一指挥中心，配备了先进的数字录音系统、大屏幕投影及电视墙系统和监控系统，实现了匪警、火警、交警统一接警、统一指挥。在城区出入口、交通要道和案件多发地段安装监控探头25个，在各社区、生产厂区安装监控探头85个、各类报警器510个，安装农用三轮车“推不走”3985部，安装变压器防盗锁536套，安装“气死贼”862部，还有59个单位、84处重点部位安装了与公安局“三台合一”指挥中心联网的报警设施，覆盖面达城区的85%。

二是构建警务区管控网。按照便于管理、便于接处警的原则，投入警务室建设资金80余万元，在刘家峡、盐锅峡、太极、三塬、岘塬、西河六个镇建立了17个警务区，按照“一区一警两干两治安员的模式”配齐配强了工作人员，规范了警务室建设，实施民警驻村制度，协调开展警民联防和群防群治工作。择优录用60名思想品德好、有一定专业技能的复退军人组建了永靖县公安局治安联防大队，并将46名联防队员下派到社区（警务室）开展巡逻防范工作。

三是构建路面巡控网。交警大队、巡警大队在刘兰公路、刘临公路、县城主干道、旅游景区经常巡逻，及时发现、控制犯罪人员，纠正违章，保障道路安全畅通。购买2辆新式电动巡逻车，在旅游景区道路加强巡逻，为游客提供了秩序良好的游乐环境。在巡逻中，实行车巡与步巡相结合，错时上岗，交叉巡逻，重点加强夜间、学生上学、放学等重点时段的巡查，同时，向一些重要部位、小区、支线道路和主要公路辐射，延伸防控触角。

四是构建单位守控网。注重发挥现有治安巡查大队、治安室以及单位内部治安保卫组织的作用，结合单位实际，全面加强“人防、物防、技防”三防措施的落实。共设立治安保卫科（股、室）85个346人，内部值班点193个536人，成立厂矿、单位联防队13个121人。通过加固围墙、安装防盗门窗、报警器、电视监控设施等措施，切实加强了物防、技防，安装楼宇防盗门1360扇。2008年各单位未发生被盗案件和各类安全事故。

五是构建信息联防网。大力开展乡乡联防、村村联防、联户联防、联片联防、联防联调、联打联治，全面提高了整体防控能力，有效遏制了各类侵财性案件的发生。将69名市政环卫人员、300余名出租车驾驶员培训成治安信息员队伍，从城镇低保对象和群众中聘任治安巡逻员70名，吸纳群众义务巡逻员320名，治安信息员1487名。成立综治自管小组3628个，群众自我防范、自我教育、自我监管的能力不断增强。在东西山区建立起了以陈井、王台派出所为中心，各类群防群治组织为依托，统一指挥，辐射其他乡镇的信息联防网络，通过“信息联防”、“十户联防”、“轮流值更”等形式落实治安防控措施，把好进口和出口。同时，为了充分调动治安联防队，加强巡逻防范，有效预防了盗窃等案件的发生。在兰刘公路、刘临公路等必经出口设立治安卡点，充分发挥陈井、王台等派出所的地理优势，与扶河警务室、三塬向阳码头警务室共同形成边际堵控网络，由指挥中心统一指挥，协调运作，有效发挥堵控防范作用。2008年7月17日，扶河警务室民警在设卡盘查过程中，截获运赃农用车1辆，被盗钢板1000余公斤，价值4000余元。

六是构建矛盾纠纷排查调处网。进一步健全完善矛盾纠纷排查、包案调处、定期研究汇报和责任追究制度等各项制度。夯实基层基础，加强了县、乡、村、社和自管小组五级调解网络，调整配强了人民调解员，健全了台账资料，使矛盾纠纷排查调处工作制度化、经常化。建立健全了信息报送制度，对一般矛盾纠纷，乡镇、单位每月上报一次，村居每半月上报一次，社、组每10天上报一次；对重大矛盾纠纷，在2小时内及时上报，为及时有效处置各类矛盾纠纷赢得了时间，掌握了主动权。对近年来的矛盾纠纷梳理排队，建立健全了纪委、土管、司法、信访、民政“五位一体”的矛盾纠纷排查调处工作机制，对能够及时解决的，及时答复处理，对暂时不能解决的，登记后呈送分管领导阅批，确定有关部门解决，做到了群众反映问题有人接待、有人处理。进一步畅通群众诉求渠道，完善了领导接待日制度，解答群众提出的有关问题或协调有关部门解决重大疑难矛盾纠纷，这样既解开了当事人之间的“法结”，又解开了当事人之间的“心结”，真正实现了定分止争。通过整合各机构的职能作用，进一步发挥了整体效能，从而及时有效地化解了各类矛盾纠纷。另外，对有些处理难度大的问题，成立工作组，做耐心细致地疏导化解工作，坚持慎用警力，调处了一大批矛盾纠纷。2008年，共排查各类矛盾纠纷256起，调处241起，成功率达到94%。

七是构建预防青少年违法犯罪网。将预防青少年违法犯罪工作纳入了各级党政组织、学校、村（居）、社区工作范围，作为学校法制副校长的重要职责，通过各种形式的法制道德教育和实践活动，形成了各级组织、学校、社区、家庭共同帮教、各负其责的工作机制，压减了青少年违法犯罪的时间和空间，从而大大降低了违法犯罪率。县综治委年初根据青少年违法犯罪的新情况、新特点开展调研活动，为党委政府提供决策依据。162名法制副校长认真履行职责，每学期为学生上2

次法制课。协调联合文化、工商、政法、宣传、卫生等部门，对全县所有危害和影响青少年健康成长的场所、部位、行业、路段等列出清单，制定周密的整治方案，限期整治，彻底改变面貌。各中小学结合实际，不同形式地开展了“平安校园”创建活动。通过多种形式的法制教育，提高了教师的法制水平，增强了依法管理的能力；提高了学生的法制意识，增强了自我保护、自我管理的能力。2008年，全县各中小学未发生治安、刑事案件，未发生各类安全事故，未发生学生违法犯罪。

甘肃省综治委组成人员名单

省社会治安综合治理委员会是协助省委、省政府领导全省社会治安综合治理工作的议事协调机构。省社会治安综合治理委员会办公室与省委政法委合署办公。综治办主任由政法委秘书长兼任。

省综治办内设基层建设指导处、治理协调处、省见义勇为基金会秘书处。

省社会治安综合治理委员会负责人名单：

主　任：罗笑虎　省委常委、政法委书记

副主任：孙效东　省人大常委会副主任

张晓兰　省政府副省长

侯生华　省政协副主席

梁明远　省高级人民法院院长

乔汉荣　省人民检察院检察长

何　挺　省长助理、省公安厅厅长

委　员：侯效岐　省委政法委副书记

杨志宏　省纪委副书记

王永红(女)　省纪委常委、省监察厅副厅长

张广智　省委组织部常务副部长

王光庆　省委宣传部副巡视员

拓守强　省委防范和处理邪教问题领导小组办公室副主任

周盛志　省人大内司委副主任

唐晓明　省政府副秘书长

冉生斌　省政协社法委副主任

惠怀荣　省军区政治部副主任

魏立堂　武警甘肃总队副总队长

孙晓文　省发改委副主任

白继忠　省教育厅厅长、高校工委书记

姚　远　省公安厅常务副厅长

刘吉银　省国家安全厅厅长

田宝忠　省民政厅厅长

王禄维　省司法厅厅长

陆代森　省财政厅副厅长

庞　波　省委组织部副部长、省人事厅厅长

李　峰　省劳动和社会保障厅厅长

张和平　省建设厅巡视员

杨咏中　省交通厅厅长

邵　明　省文化厅厅长

刘维忠　省卫生厅厅长

苏　君(女)　省人口委主任

吴万华　省国资委副主任

陈其寿　省工商局副局长

孙　伟　省广电局局长

张余胜　省新闻出版局局长

王建中　省安全生产监管局局长

樊怀玉　省统计局局长

马　平　省质量技术监督局副局长

杨宇宏　省旅游局副局长

李慧泽　省总工会副主席

王永前　共青团甘肃省委书记

韩克茵(女)　省妇联主席

盛占省　兰州海关关长

邢　涛　兰州铁路局常务副局长、政法委副书记

方振安　甘肃机场集团公司董事长

杨明基　中国人民银行兰州中心支行行长

张　宏　银监会甘肃监管局副局长

张　瑞　保监会甘肃监管局局长

赵卫东　省通信管理局副局长
高俊有　省邮政管理局局长
彭晓川　移动通信集团甘肃有限公司副总经理
王建明　中国人民保险公司甘肃分公司副总经理
张德平　中国人寿保险公司甘肃分公司副总经理
孙加震　甘肃日报社副社长
魏胜文　省社科院常务副院长
办公室主任：牛纪南　省委政法委秘书长(兼)
办公室副主任：李玉清

甘肃省各市、县(市、区)综治委、办主任名单

地　区	综治委主任	综治办主任
兰州市	吴继德	张禄永
城关区	韩玉金	郭　斌
七里河区	许　斌	秦献民
西固区	魏秀龙	姜和忠
安宁区	宋锦荣	苗承礼
红古区	程　华	祁建军
永登县	王玉宝	杨东红
皋兰县	郝志龙	马立江
榆中县	韩悌勇	宋克海
嘉峪关市	边玉广	许慧清
城区工委	杨露祥	刘鸿博
郊区工委	郑建国	王玉珉
酒钢(集团)公司	梁传密	何有山
金昌市	方银天	赵玉甫
金川区	何济国	王奎文
永昌县	蒲有文	毛志成
白银市	贾承世	曾　源
白银区	苗映青	王继甫
平川区	朱克侠	雷光前
靖远县	李正仓	魏兴科
会宁县	赵志坚	张维信
景泰县	薛生杰	张发祖
天水市	韩岱成	李景春
秦州区	张　健	王黎明
麦积区	张克强	赵　宏
清水县	赵云清	毛爱民
秦安县	车学军	杨全民
甘谷县	赵子洲	张　强
武山县	毛更生	
张川县	牛永祯	
武威市	马　驰	赵国祥
凉州区	赵宝正	王世英
民勤县	李能文	白雪峰
古浪县	杨含超	冯延生
天祝县	苏金茂	王守宽
酒泉市	石建明	王保家
肃州区	王世万	张万忠
玉门市	张立东	王成龙
敦煌市	梁建明	展宏斌
金塔县	王玉富	闫辉国
瓜州县	贾泰斌	师　军
肃北县	巴图巴依尔	宋志礼
阿克塞县	焦线明	裴占武
张掖市	王　军	钟联社
甘州区	马永才	纪向军
民乐县	蒋立波	白瑞珍
临泽县	刘文兴	鲍德敏
高台县	李盛新	桑国瑜
山丹县	俞文海	谭多相
肃南县	张有斌	胡延文
庆阳市	张文礼	刘俊峰
西峰区	秦买宁	刘晓龙
庆城县	赵青峰	李景瑞
环　县	石建洲	王东明
华池县	曹维祥	刘金红
合水县	高　涛	王文武
正宁县	阎焕智	高　飞
宁　县	李广照	李岳海

地　区	综治委主任	综治办主任	地　区	综治委主任	综治办主任
镇原县	慕　瑶	席　昆	西和县	年高龄	田　强
平凉市	吴定军	朱有成	礼　县	桑虎林	张学军
崆峒区	蒙银奎	王立群	两当县	辛海生	武继承
泾川县	李玉彪	马稳社	徽　县	郭建博	唐维政
灵台县	刘志仓	李　强	**临夏州**	马青林	康　健
崇信县	贾仁全	李树勋	临夏市	王晓林	黄　海
华亭县	邓玉明	李自长	临夏县	曾祥林	韩效忠
庄浪县	赵建军	柳志福	康乐县	赵延林	
静宁县	崔鹏林	张永科	永靖县	王成林	李良云
定西市	李晓林	宋世豪	广河县	马信真	马向荣
安定区	杨振军	安永林	和政县	田永新	马廷玉
通渭县	乔　俊	常子龙	东乡县	古永安	汪海涛
临洮县	李作明	李志君	积石山县	王英山	马进贵
漳　县	何永诚	包宏祥	**甘南州**	钟建龙	崔庆春
岷　县	杜万忠	谭发宏	合作市	李世忠	马海江
渭源县	姚明东	曹登铭	临潭县	柯有群	
陇西县	郭永祥	董岐山	卓尼县	朱凤翔	张晓明
陇南市	刘应昌	王　惠	舟曲县	马诚明	虎建军
武都区	张立新	刘俊贇	迭部县	宝　珠	杨　芳
成　县	马占海	杨　青	玛曲县	扎　西	杨俊安
宕昌县	王小虎	王　沛	碌曲县	才项当智	高尚宗
康　县	张启仁	高永明	夏河县	楞本塔	拉毛当智
文　县	刘永成	蔡文海			

（撰稿人：雷虎林
审稿人：牛纪南　胡增印）

青 海 省

2008 年社会治安综合治理工作概况

2008 年，在中央综治委和省委、省政府的正确领导下，全省各级综治部门认真落实全国综治工作会议精神，紧紧围绕为北京奥运会成功举办和新青海建设顺利推进创造良好社会治安环境这一目标，按照省委副书记、省长、省综治委主任宋秀岩年初在全省综治工作会议上提出的“六个更加注重、六个贯穿全过程”的工作要求，以藏区维稳为重点，以推进“平安青海”建设为载体，以化解社会矛盾为主线，以加强基层基础工作为核心，以健全完善体制机制为抓手，不断深化基层平安创建活动，全面落实社会治安综合治理工作措施，有力地维护了全省社会大局持续和谐稳定。

一、充分发挥综治网络优势，全力维护全省藏区社会政治稳定

2008 年，特别是在拉萨“3·14”事件发生后，各级党委政府充分发挥基层综治工作网络优势，落实各项维稳措施，为确保全省藏区社会的持续稳定发挥了重要作用。一是超前部署，做好工作。年初，在黄南州“2·21”群体性治安事件发生后，按照省委、省政府的部署，利用万名干部下乡宣讲一号文件的有利时机，在全省范围内组织开展了集中排查化解矛盾纠纷和法制宣传教育活动，及时排查和掌握基层各种不稳定因素，为“3·14”期间做好藏区维稳工作创造了条件，打下了基础。在“3·14”期间，各地充分发挥综治工作的群众优势和组织优势，对可能发生的非法聚集、静坐、游行示威以及打砸抢烧等事件采取“一劝、二阻、三制止”的方式，有效防止了事态的进一步扩大，避免了流血事件的发生。二是加强法制宣传教育和舆论引导，努力营造维护稳定的强大舆论氛围。结合“五五”普法规划，积极开展法律进机关、进乡村、进社区、进学校、进企业、进单位、进寺院等“法律七进”活动，有针对性地加强了《宪法》、《刑法》、《民族区域自治法》、《治安管理处罚法》、《集会游行示威法》、《国旗法》、《反分裂国家法》和《民族宗教事务条例》等法律法规的宣传教育，增强了广大农牧民群众及僧侣的法律意识和依法办事的自觉性。加强正面宣传和舆论引导，及时封堵各种有害信息传播，充分利用报刊、广播、电视、网络等手段，在全社会营造反对分裂、维护稳定的强大舆论氛围。三是多措并举，加强寺院管理。为做好藏区维稳工作，各级综治部门积极会同统战、民宗等相关部门，按照分层施策，分类指导，标本兼治的原则，共抽调 3200 多名干部，组成 411 个驻寺工作组，进驻全省所有藏传佛教寺院开展法制宣传教育工作，积极开展“平安寺院”创建活动，帮助和推动各类寺院进一步加强内部管理。同时，认真贯彻省委、省政府《关于依法加强和改进藏传佛教寺院社会化管理的指导意见》，配合有关部门落实工作措施，推进寺院的社会化管理。四是强化情报信息工作，提高预知处置能力。各地充分利用综治基层工作网络和群众基础，着力加强预知预防工作，加大了对重点地区、重点寺院等社情动态的收集力度，做到耳聪目明，未动先知，严密防范和打击了各种分裂渗透破坏活动，有力地维护了藏区社会政治稳定，实现了无暴力恐怖事件、无影响国家安全和社会稳定的重大政治事件，无大规模群体性上访事件的工作目标。

二、坚持以建立健全工作机制为重点，全面推进平安创建活动

2008 年，为全面深化“平安青海”创建活动，各地突出抓了长效工作机制建设，狠抓各项制度落实，不断提高平安创建工作制度化、规范化水平。一是推动综治工作法制化进程。6 月和 9 月，在省综治办的积极配合下，省人大常委会、省政协分别组织部分全国、省人大代表和政协委员，对《青海省社会治安综合治理条例》贯彻执行情况和“平安青海”建设情况进行执法检查和视察，有力地推动了综治工作法制化进程和平安建设工作深入开展。二是加大考核奖惩和责任查究力度。年初，省综治委和人事厅表彰奖励了综治暨平安建设工作成绩突出的2个州、20个乡镇（街道）、30个集体和70名个人；同时，全省共有12个地区单位被警示，84个单位被实施一票否决，2个县被暂缓命名“平安建设达标县”，14个基层单位被取消平安命名称号。三是建立健全宣传发动机制。为营造良好的平安建设舆论氛围，进一步加大了综治宣传工作力度，做到了网站有网页，报纸有篇目、广播有栏目、电视有节目。8月份，省综治办协调配合中央电视台就平安建设专访了省委书记强卫，推出了《平安青海基层巡礼》系列电视专题片，均取得了良好的社会效果，进一步增强了党政机关和领导干部抓综治和平安建设工作的责任感和使命感，增强了社会各界和广大群众参与综治和平安建设的热情和信心。四是完善检查考评机制。考评工作由省级领导带队，考评内容既包括责任书内容，又涵盖年度各项重点工作；创新组织形式，由州市地考评省综治委成员单位，形成上下联动、相互促进的良好局面；坚持考评与调研相结合，在考评中总结经验，通过调研促进考评，达到整体推进工作目的。五是齐抓共建局面进一步形成。充分发挥综治委各成员单位行业主管部门的职能优势和特点，全力推进行业创建活动深入开展。省委统战部深入开展“平安寺院”创建活动，依法加强对宗教场所、宗教人员和宗教事务的管理；省妇联积极打造“十星级”平安家庭文明户创建工作品牌；省教育厅扎实推进“平安校园”创建活动；省文化厅积极实施娱乐场所阳光工程，推进“平安文化市场”建设；省工商局大力开展“平安商（市）场”、“平安经营户”创建活动；省卫生厅将人民调解工作机制引入调解医患纠纷中，不断提升“平安医院”创建质量。截至2008年底，全省已创建命名“平安乡镇（街道）”360个，“平安社区”276个，“平安村”3663个，“平安单位”3049个，“平安校园”2579个，“平安商（市）场”271个，“平安寺院”1707个，“平安家庭”834646个，“平安医院”140个，“平安企业”646个，“平安景区”21个，在此基础上，全省又有13个县（区）达到“平安县（市、区）”的创建标准，为实现省委省政府确定的“平安青海”建设活动总体目标奠定了坚实的基础。

三、坚持以深入开展“两个排查”活动为重点，全力确保奥运期间社会大局平稳

2008年，为确保北京奥运会成功举办，全省各地坚持以深入开展“两个排查”活动为抓手，努力解决影响社会稳定的突出问题，确保了奥运期间全省社会治安大局的持续平稳。一是全面排查，摸清底数。按照中央和省委的统一部署，将“两个排查”工作作为维护社会和谐稳定的基础工作和建设“平安青海”的首要任务来抓。结合万名干部下乡集中开展排查化解矛盾纠纷活动以及县委书记（县长）“大接访”等活动，及时发现和掌握了一批影响社会稳定的苗头和问题。二是落实责任，及时化解。通过实行领导包案，联合接访、落实责任、督查督办、综合施策等措施，有效化解了一批影响社会稳定的突出矛盾纠纷，使一批治安混乱地区和突出治安问题得到有效整治。全年全省共排查各类重大矛盾纠纷4215件，已调处3900件，化解率为92.5%；排查治安混乱地区67个，已扭转治安面貌的62个，整治率为92.5%；排查突出治安问题44个，已解决治安问题44个，解决率达100%。三是源头预防，综合施策。各地各部门进一步健全完善社会稳定风险评估机制，重点落实保障和改善民生等各项政策措施，着力解决群众关心、社会热点、历史欠账等方面的问题，从源头上预防和化解了大量社会矛盾。四是规范制度，完善机制。各地以集中排查化解矛盾纠纷为契机，进一步健全完善矛盾纠纷排查调处组织网络和工作机制，建立完善了以定期分析、信息预警、应急处置、“三调联动”等为重点的排查化解机制，建立完善了以领导接访、部门约访、干部下访及“两查一访”（督查、评查、回访）、责任倒查等为重点的领导责任机制，做到对矛盾纠纷和突出治安问题产生原因、涉及人数、包案领导、责任单位、解决办法和办结时限“六清楚”，推动了“两个排查”工作更加制度化、规范化。

四、坚持以落实各项综治措施为重点，全力促进社会治安持续好转

2008年，各级政法综治部门坚持以群众关注的治安问题为切入点，狠抓综合治理各项工作措施的落实，促进了全省社会治安秩序的持续好转。一是全面加强社会治安防控体系建设。各地积极构筑以群防群治力量为基础，以专门力量为骨干的治安防范网络，街面和社会面巡逻防控网络、社区和村镇治安防控网络、单位内部和重点部位守控网络、边际部位查控网络初步形成。紧密结合奥运安保工作，重点加强对刑释解教人员、流窜作案人员等高危人群的管控；加强了对要害部位、公共场所、重要设施的安全防范和对枪支弹药、爆炸物品、剧毒物品等危险物品的管控；加强了对油田、管线及“三电”设施的守护巡逻，实现了防范工作的无缝对接，最大限度地挤压违法犯罪的空间。今年全省各级累计投入1.6亿元，在街面、交通要道和重点要害部位、单位等落实了技防措施，使治安防控能力有了明显增强。二是深入开展“严打”整治斗争。各地健全完善了社会治安形势分析评估和预警预测工作机制，及时分析影响群众安全感的突出治安问题和刑事犯罪，积极采取措施，深入开展打黑除恶、打击“两抢一盗”、打击制枪贩枪、打击盗窃破坏“三电”设施违法犯罪、禁毒人民战争等专项行动，有效遏制了刑事犯罪高发的势头。全年全省共立刑事案件10407起，破获各类刑事案件4588件。其中，打掉盗窃、抢劫、毒品等犯罪团伙141个，抓获涉案犯罪嫌疑人540人；破获毒品案件122起，缴获各类毒品12536克；破获涉枪案件42起，抓获犯罪嫌疑人30人，收缴各类非法枪支144支，子弹1169发；查处各类治安案件14464起，治安案件较上年下降11.6%，保持了全省社会治安秩序的持续平稳，群众安全感有了进一步提高。据省统计局调查结果显示，群众对社会治安感到安全和基本安全的达到了90.14%，比去年上升了3.26个百分点。三是全力保障铁路运行安全畅通。铁路沿线各级综治部门结合奥运安保工作，进一步加强工作机制、制度建设，大力开展爱路护路宣传和“压路伤、防石击、打拆盗”专项整治活动，组织军警民和干部职工采取定岗、定位、定人、定责等措施，实行点对点、人见人、24小时不间断交叉执勤巡逻，对青藏铁路实现全方位看护，最大限度地减少管控盲区。全年各类涉路案（事）件较去年分别下降56.5%、47.8%忽然83%，确保了青藏铁路的安全畅通。

五、坚持以加强基层基础工作为重点，全力夯实综合治理工作基础

2008年，全省各级综治机构坚持把基层基础工作为社会治安综合治理和平安建设的一项战略性、根本性任务来抓，着力加强基层政法综治组织规范化建设，不断筑牢基层基础工作的第一道防线。一是切实加强基层综治组织建设。各地认真贯彻省综治委《关于加强乡镇（街道）社会治安综合治理组织规范化建设的指导意见》要求，全面加强基层综治办、法庭、派出所、司法所等政法综治组织规范化建设，努力做到力量下沉、保障下倾、重心下移，切实解决好“有人办事、有钱办事、有条件办事、有能力办事”等问题，不断提高基层基础建设的质量和水平。同时，结合全省第七次村“两委”换届选举的有利时机，加强了以村（社区）党支部为核心的基层组织建设和治保、调解等群众自治组织建设，不断壮大群防群治队伍。截至目前，全省共建立基层治保会7020个24000余人，各类群防群治组织8824个64000余人。二是着力推进基层综治工作一体化建设。为全面整合基层综治维稳力量资源，使基层分散的综治力量从“指头”变成攥紧的“拳头”，由“单科门诊”变成“专家会诊”，由“单兵作战”变成“集团联动”，各地积极探索加强社会治安综合治理基层基础工作的各种有效组织形式和工作机制，取得了明显成效。如海南州积极探索在全州乡镇建立集综治办、公安派出所、司法所、人民法庭、民族宗教、矛盾纠纷调解中心“六位一体”的综治工作中心，在各村（社）、校园等基层单位建立治保会、调委会、治安联防、社会管理、法制宣传“五位一体”的综治工作站，形成“矛盾联调、治安联防、工作联动、问题联治、平安联创、法治联建”的基层综治工作平台；海西州建立基层社会稳定风险定期预警评估研判机制、综治维稳干部“四包”考核制度和“五知五清五掌握”检查评比制度，推动基层维稳措施落实；海北州实行“三官两员”进村入户开展法制宣传、矛盾化解、服务群众等工作，有效提升了基层综治部门在维护社会和谐稳定中的能力和水平。三是全面提高基层社会服务管理水平。各级综治部门紧紧围绕影响社会和谐稳定的突出问题，不断完善各专门工作的基层服务和管理网络，进一步提高社会服务和管理水平。在加强流动人口服务管理方面，各地认真抓了省委、省政府两办转发的《关于进一步加强和改进流动人口服务和管理工作的意见》的贯彻落实，进一步健全完善基层流动人口管理组织和工作网络，落实了"以房管人"的各项动态管控措施，逐步推动流动人口管理工作向综合服务和动态管理的转变；在刑释解教人员安置帮教方面，逐级建立和规范了刑释解教人员档案信息，健全接管衔接制度，帮教率均在 90% 以上，重新违法犯罪率未超过 3%；在预防青少年违法犯罪方面，建立了以中小学校园为平台，以法制教育、法律援助为重点，以"法制宣传教育基地"和"优秀青少年维权岗"为依托的法制教育工作网络，加强对闲散青少年、流浪未成年人和农村"留守"儿童的教育、管理和服务；在校园及周边治安整治方面，及时部署开展了集中整治行动，加大治理力度，依法取缔校园周边违规设立的网吧、游戏厅等娱乐场所 130 余家，整改不安全隐患 650 处，促进了校园及周边治安环境秩序明显好转。

六、坚持以学习实践科学发展观活动为契机，全面研究和深化综治暨平安建设工作

2008 年，全省各级综治部门以深入学习实践科学发展观活动和政法综治系统"大学习、大讨论"活动为契机，认真查摆和解决综治工作中与科学发展观要求不相适应不相符合的突出问题，重点针对在典型引导、考评形式、保障机制、信息收集研判和综治成员单位作用发挥等方面存在的问题，研究提出了抓基层、打基础，抓亮点、树典型，抓特色、建机制，抓重点、促落实的总体工作思路，进一步明确了改进工作的措施，即在今后的工作中，要更加注重调研，更加关注基层，及时总结和推广新的综治工作模式，建立健全务实管用的领导责任机制、目标管理机制、考核奖惩机制、齐抓共管机制，着力构建"大综治"工作格局，切实履行好协调、指导、检查、督促职能，为推动综治及平安建设工作创新发展奠定良好基础。

中共青海省委办公厅
青海省人民政府办公厅
转发青海省社会治安综合治理委员会
关于进一步加强和改进流动人口服务与
管理工作的实施意见

（2008 年 5 月 28 日）

为认真贯彻落实《中共中央办公厅、国务院办公厅转发〈中央综治委关于进一步加强流动人口服务和管理工作的意见〉的通知》（厅字［2007］11 号）和全国社会治安综合治理工作会议精神，全面加强和改进我省流动人口服务与治安管理工作，保障流动人口的合法权益，维护社会和谐稳定，现提出如下实施意见。

一、充分认识进一步加强和改进流动人口服务与管理工作的重要意义

党的十七大提出要加快推进以改善民生为重点的社会建设，扩大公共服务，完善社会管理，加强流动人口服务和管理工作。近年来，在省委、省政府的正确领导下，我省各地各有关部门认真贯彻中办、国办转发的《中央综治委关于加强流动人口管理工作的意见》精神和有关流动人口管理的法规、政策，充分发挥职能作用，积极落实工作措施，在引导农村劳动力合理有序转移、完善流动人口管理、提高服务流动人口水平、保障流动人口合法权益等方面取得了明显成效，为维护社会和谐稳定、促进经济社会协调发展、保障人民群众安居乐业作出了重要贡献。但也应当看到，随着我国改革开放逐步深入和工业化、城镇化、市场化加速推进，流动人口规模不断扩大，社会参与程度不断加深，维护自身权益、分享改革发展成果的要求明显增强；同时，随着社会开放性、动态性的增强，社会管理盲区增多，流动人口服务和管理工作难度明显加大，任务越来越繁重，对深化“平安青海”建设和社会治安综合治理工作提出了新要求和新挑战。与新形势新任务的要求相比，当前我省流动人口服务与管理工作在思想观念、管理模式、组织建设和保障机制等方面还存在诸多不相适应的问题，流动人口违法犯罪居高不下。进一步加强和改进新时期流动人口服务与管理工作，切实解决存在的突出问题，对深入推进“平安青海”建设，加强社会治安综合治理，为建设新青海营造更加和谐稳定的社会环境，具有重要而深远的意义。各级党委、政府必须高度重视，采取有效措施，切实加强和改进流动人口的服务与管理工作。

二、进一步加强和改进流动人口服务与管理工作的指导思想和目标任务

指导思想：高举中国特色社会主义伟大旗帜，以邓小平理论和“三个代表”重要思想为指导，深入贯彻落实科学发展观，紧紧围绕实现全面建设小康社会和建设富裕文明和谐新青海奋斗目标的新要求，正确把握我省经济社会发展的新变化和阶段性特征，解放思想，更新观念，按照公平对待、搞好服务、合理引导、完善管理的工作方针，坚持农村富余劳动力有序流动和就地消化相结合，坚持流动人口流入地和流出地政府协作配合，坚持在管理中体现服务、在服务中实施管理，坚持党委统一领导、政府依法行政、各部门齐抓共管、社区依法自治、群众广泛参与，推动涉及流动人口服务和管理的各项工作协调发展，实现切实加强流动人口综合治理，维护重要战略机遇期社会稳定，服务和促进社会主义和谐社会建设。

主要目标任务：加快流动人口服务管理工作由以社会防范控制管理为主向综合服务和动态管理转变，基本形成适应流动人口服务和管理工作需要的组织网络、制度体系、工作机制和保障体制，不断提升流动人口服务和管理工作法制化、规范化、信息化、社会化水平，不断健全惠及流动人口的城乡公共服务体系和流动人口维权机制，不断增强预防、控制和打击流动人口违法犯罪活动的能力，有效保障流动人口合法权益，有效遏制流动人口违法犯罪高发势头。

三、进一步加强和改进流动人口服务与管理的主要工作措施

（一）加强工作网络建设，建立健全流动人口服务与管理组织体系。州（市、地）、县（市、区）综治委要成立流动人口服务和管理工作领导小组，由一名党委或政府领导担任组长，组织、发展改革、劳动保障、公安、工商、建设、民政、计生、教育、司法行政、卫生、财政、房管、群团等有关部门参与，领导小组办公室设在公安机关，负责日常工作。领导小组及其办公室的主要职责是贯彻落实上级有关流动人口服务和管理的方针、政策，研究制订切合本地实际的管理措施，领导、组织、协调、督促和检查工作开展。乡镇、街道设立流动人口和出租房屋管理服务中心，由一名乡镇政府或街道办事处领导担任主任，派出所所长担任副主任，负责组织协调落实具体管理措施和开展相关服务工作。流动人口较多的社区（村）委会设立流动人口和出租房屋管理服务站，由社区（村）委会统一领导，并配备与实际工作需要相适应的专职协管人员，协助各相关职能部门做好流动人口和出租房屋管理的各项日常工作，包括暂住人员登记办证、出租屋登记备案、流动人口计划生育管理、检查验证、档案管理、掌握流动人口和出租屋动态、代征相关税费等，各相关职能部门根据其职能分工分别担负对协管员的业务培训和工作指导，并对其履行相关业务工作职责的行为负责。通过建立健全组织网络体系，确保流动人口服务管理工作在基层有人抓、有人负责落实。

（二）加强合理引导，促进农村富余劳动力有序转移和流动。统筹城乡发展，推进社会主义新农村新牧区建设，搞好小城镇建设，促进农村剩余劳动力就地就近转移就业。加强对农村剩余劳动力跨地区流动就业的调控和管理，提高劳动力跨地区流动的组织化、有序化程度，切实减少盲目流动。要进一步发展和完善劳动力市场，加快劳动力市场信息化建设，促进劳务协作健康发展。要加强对职业中介机构的管理和监督检查，坚决取缔非法职业中介活动。要加强对农村外出务工人员的教育和培训，为农民进城务工创造条件。要进一步深化城市以及小城镇户籍改革，逐步地、有条件地解决在城市有稳定职，和合法固定住所的流动人口的落户问题，引导流动人口融入当地社会。严格按照“谁主管谁负责，谁用工谁负责”的原则，全面推行融治安防范、矛盾调处、劳动用工、社会保险、安全生产、教育培训、计划生育、卫生防疫于一体的流动人口服务与管理业主负责制，落实用工单位和管理业主的协管责任。

（三）加快管理模式转变，推进流动人口服务管理工作社会化、信息化。要进一步转变管理方式，坚持行政资源和社会资源相结合，在充分发挥政府公共服务职能和社会管理职能的基础上，运用市场机制、利用社会资源为流动人口提供服务，实现由政府部门管理服务和社会化管理服务的转变。各地政府要进一步加快社区建设，完善社区服务功能，扩大服务范围，依托流动人口和出租房屋管理服务站，把流动人口全部纳入社区进行统一管理，实现政府行政管理和社区自我管理的有效衔接，充分发挥社区在流动人口服务和管理中的阵地作用。流动人口居住较为集中的地方，特别是“城中村”地区，要积极依靠当地基层组织，依法建立治保、调解等群众自治组织，发挥其在提供服务、反映诉求、规范行为、排查化解矛盾和扶危济困等方面的积极作用，增强流动人口自我约束、自我管理、自我服务的能力。要整合基层各种社会管理力量，加快建设出租房屋、旅馆业、人力资源市场、暂住人口、流动育龄妇女、流动未成年人、流动残疾人、流动党员和团员等流动人口相关信息综合管理系统，实现流动人口暂住登记、计划生育、劳动就业、子女接受义务教育、传染病疫情以及房屋租赁登记备案、税收征管等信息资源跨部门、跨系统共享，提高综合管理效能。

（四）切实改进管理方式，强化对以出租屋为重点的流动人口落脚点的动态管理。进一步健全“以房管人、以房控人”的工作机制，严格出租房屋管理措施，创新出租房屋管理模式，堵塞管理漏洞，切实提高管理的针对性和有效性。要以底数清、情况明为目标，加强对房屋出租市场的监管，强化房屋租赁登记备案制度，落实相关责任人的责任。健全完善房屋租赁相关部门协作管理机制，加强信息沟通，形成管理合力。加强对中小旅店和公共场所等流动人口落脚点和活动场所的管理，适时开展对无照经营、非法用工和违章建筑问题突出、环境卫生脏乱、安全事故频发等场所的专项清理整治，严肃查处违法违规经营行为，减少治安和安全隐患，净化社会环境。

（五）积极落实社会治安综合治理措施，严密防范和严厉打击流动人口违法犯罪活动。结合推进社区警务战略和社会治安防控体系建设，把流动人口全部纳入实有人口管理范畴，落实警务管理责任，建立健全长效管理机制，全面掌握流动人口的基本情况，重点加强对其中有现实和潜在社会危害性人员的管控，积极预防和减少流动人口违法犯罪。要认真研究流动人口违法犯罪的特点和规律，结合“打黑除恶”、打击“两抢一盗”、开展禁赌、禁毒等“严打”专项斗争，以流动人口中涉黑涉恶犯罪、带有明显区域性特点和职业特点团伙犯罪、流窜犯罪为重点，严密防范和严厉打击流动人口违法犯罪活动。特别要注意发现和掌握流动人口中危害国家安全和社会稳定的活动，积极防范、严厉打击境内外各种敌对势力从事的渗透分裂破坏活动。对城乡结合部、公共文化娱乐场所和出租房屋等治安问题突出的地方，要加强经常性的治安检查，适时组织开展流动人口清理整顿，及时发现和打击隐藏其中的流窜犯、在逃犯和其他违法犯罪人员。继续完善流动人口通报协查制度，加快暂住人口计算机管理信息系统建设，提高预防、控制和打击违法犯罪的水平。对流动人口中的刑释解教人员，其户籍所在地和实际居住地的司法行政机关要加强衔接配合，认真落实安置帮教措施，防止重新违法犯罪。

（六）强化维权和服务意识，切实保护流动人口合法权益。各有关部门要大力强化维权和服务意识，真正做到外来人口与当地城镇居民在政治上、法律上、经济上和生活上同等对待，同等服务。要进一步简化工作程序，方便外来人口进入城镇务工、经商。要加大对用工单位劳动保障的监察力度，下大气力解决拖欠和克扣农民工工资问题以及劳动条件差、劳动安全和职业病防护没有保障等问题。要完善日常劳动纠纷调处和举报投诉查处机制，及时受理农民工的投诉举报，对用工单位违反政策、法律规定的行为要依法进行严肃处理。要加强对解决农民工社会保障问题的研究，逐步完善农民工工伤认定、劳动能力鉴定、待遇补偿、医疗保险、养老保险、住房服务等政策。要按照属地化管理、市民化服务的原则，积极做好流动人口医疗卫生服务和计划生育工作。要采取有效措施，切实解决进城务工农民子女入托入学问题，充分发挥全日制公立学校和社会力量办学的潜力，尽量多接收在当地就业的农民工子女入学，保障流动人口子女接受义务教育的权利。要切实改进和进一步规范对城市生活无着落流浪乞讨人员的救助工作，确保社会救助措施的落实。要认真受理并及时查处侵害流动、暂住人口合法权益的案件。要广泛开展对流动人口的法制教育和法律援助工作，大力推进法律服务进社区活动，让流动人口知法、守法，增强自我保护能力，同时懂得用法律武器维护自身合法权益。注重流动人口集中居住地和工作单位的党、团、工会组织建设，积极吸收流动人口加入流入地的工会组织，进一步加强流动人口志愿者队伍建设，开展优秀(杰出)务工青年评选活动，树立他们干事创业的荣誉感和归属感。

四、进一步加强和改进对流动人口服务与管理工作的组织领导

(一)加强组织领导。各级党委和政府要充分认识做好流动人口管理工作对维护社会稳定和促进经济发展的重要意义，把这项工作纳入本地区经济和社会发展计划，列入重要议事日程，统筹规划，统一协调，精心组织，加强领导。要认真研究解决长期制约流动人口服务与管理工作健康开展的人员编制、工作经费等保障方面的问题，调整充实工作领导机构力量，配齐配强工作人员。各地各部门要将流动人口服务与管理工作纳入日常工作范围，所需经费按照现有经费渠道，纳入各地各部门年度预算，由同级财政予以保障。要建立健全工作考评机制，把流动人口服务与管理工作列为社会治安综合治理和平安建设考核内容，严格考评。对流动人口管理制度健全、工作措施落实、工作成绩突出的单位，将予以表彰和奖励。对因流动人口管理工作制度不健全、措施不到位，导致发生重大影响案事件的，要对有关部门和责任人进行责任倒查，并实行社会治安综合治理一票否决。要认真总结经验，制定、修订有关流动人口服务和管理的法规规章，逐步把这项工作纳入法制化轨道。

(二)强化协作配合。各地各部门要切实加强工作中的协作与配合。流入地和流出地政府及其相关部门要相互支持，加强沟通与合作。流出地要加强对本地流出人员的登记工作，及时将有关信息通报流入地；加强对流出人员的法制教育和技能培训，切实提高流出人员的就业能力和守法意识。流入地要采取有力措施，认真解决工作中存在的问题，切实为流动人口在本地生活、就业提供良好环境。要坚持政府主导、强化部门配合、促进综合治理，进一步明确相关部门在流动人口服务与管理工作中的职责，逐步形成配合密切、管理互补、服务互动、信息互通、体制完善的流动人口服务和管理工作新局面。各级流动人口管理领导小组及其办公室要切实增强工作责任感和使命感，积极当好党委、政府的参谋，发挥好综合协调的作用，要有针对性地加强调查研究，研究分析本地区流动人口基本情况和工作中存在的问题，采取有力措施，认真加以解决，保障和推动这项工作有组织、有步骤地开展。

(三)大力做好宣传工作。要充分利用电视、报纸、广播、互联网等媒体和开设宣传栏、举办现场咨询，印发宣传资料、手册等途径，采取群众喜闻乐见、通俗易懂的方式，有计划地开展经常性和专题性宣传活动，广泛宣传加强流动人口、出租屋管理和服务的重要意义、规定和要求，宣传、推广地方和部门的先进经验、创新做法，动员社会各界积极参与流动人口服务与管理工作，促进流动人口服务与管理工作深入开展。加强对保障流动人口权益的舆论监督，努力营造全社会尊重、关心流动人口的良好氛围。

青海省社会治安综合治理委员会平安建设“达标县(市、区)”动态管理办法(试行)

(2008年4月21日)

第一条　为加强对平安建设“达标县(市、区)”的管理,不断提高平安建设水平,巩固平安建设成果,推动“平安青海”建设活动深入扎实开展,根据省委、省政府《关于开展“平安青海”建设的意见》和省委办公厅、省政府办公厅《关于进一步深化“平安青海”建设的通知》精神,制定本办法。

第二条　对已命名的平安建设“达标县(市、区)”实行动态管理。平安建设“达标县(市、区)”每年年终都要对照省上制定的《平安县(市、区)考评标准》进行自查并将情况书面报告省、州(市、地)综治委;州(市、地)综治委结合本地区年度综治考核对“达标县(市、区)”进行检查评分并将结果报省综治委;省综治委结合对州(市、地)年度综治检查考评和年中工作巡视暗访进行抽查复核。

第三条　经省、州(市、地)考评复核,得分达到90分以上且没有下列情形之一的,继续保留其“达标县(市、区)”的命名;凡得分达不到90分或有下列情形之一的,省综治委将撤销其“达标县(市、区)”的命名:

(一)党委、政府不重视社会治安综合治理和平安建设工作,社会治安领导责任制没有得到有效落实,命名后工作出现大幅滑坡,已不符合省上“四个五”工作要求的;

(二)对本辖区存在的治安混乱地区和突出治安问题,经上级有关部门或社会治安综合治理机构督办,仍未按要求进行整改或整改效果不明显的;

(三)发生影响安全稳定重大案(事)件,不及时报告、隐瞒不报或作虚假报告,情节严重的;

(四)省综治委组织暗访测评,群众对社会治安状况的满意率和基本满意率低于全省平均水平且排位靠后的;

(五)年度社会治安综合治理目标管理考评不达标,或被实施“一票否决”的;

(六)命名后发现被命名地区在考核验收时,存在考核数据和情况弄虚作假,或隐瞒社会稳定和社会治安重要情况信息,情节严重的;

(七)省社会治安综合治理委员会认为其他不宜继续保持平安建设“达标县(市、区)”命名称号的。

第四条　撤销平安建设“达标县(市、区)”命名的程序:

州(市、地)社会治安综合治理委员会发现本辖区不宜继续保持平安建设“达标县(市、区)”命名的,可向省社会治安综合治理委员会办公室提出审核撤销其命名的建议。

省社会治安综合治理委员会办公室发现不宜继续保持平安建设“达标县(市、区)”命名的,向省社会治安综合治理委员会提出撤销其命名的建议,由省社会治安综合治理委员会全体会议或省社会治安综合治理委员会主任办公会议研究决定。

撤销平安建设“达标县(市、区)”命名,由省社会治安综合治理委员会制发通报,对县(市、区)社会治安综合治理第一、第二责任人进行通报批评,提出整改要求;对发生严重问题、符合一票否决条件的,责成州(市、地)对该县(市、区)实行社会治安综合治理一票否决,并按有关规定进行责任查究。

第五条　对存在第四条所列的类似情形,但情节较轻的，由省社会治安综合治理委员会责成州（市、地）综治委予以警示，或直接作出警示决定，并督促整改，半年后由省社会治安综合治理委员会办公室严格考核验收，验收不合格的，撤销其命名。

第六条 被撤销命名的县（市、区），当年内不得重新申报命名。

第七条 本办法由省社会治安综合治理委员会办公室负责解释。

第八条 本办法自下发之日起实施。

海南州有效整合基层维稳综治力量 进一步打牢社会和谐稳定根基

海南州高度重视、准确把握新形势下人民群众对社会治安综合治理和维护社会稳定工作的新期待新要求，以改革创新的精神，在认真调查研究，倾听群众意见，吸纳和借鉴先进地区成功经验、做法的基础上，有效整合现有基层维稳综治工作力量，制定出台了《海南州关于建立乡镇社会治安综合治理工作中心的意见》，在全州36个乡镇、424个村、60个学校建立了集综治办、公安派出所、司法所、民宗部门、矛调中心、人民法庭（巡回）"六位一体"的乡镇综治工作中心和治保会、调解会、治安联防、社会管理、普法宣传"五位一体"的村、学校综治工作站，使以往相对分散、薄弱的基层维稳综治力量得到了加强，形成了合力。2008年全州基本实现了小矛盾不出村、大矛盾不出乡镇和矛盾不上交，连续7年保持非正常上访"零进京"，赴省非正常上访在八个州市地中排名倒数第二，全州治安、刑事案件比上年同期分别下降9.11个百分点和4.26个百分点，群众对政法队伍的满意率比上年提高5.21个百分点、对社会治安状况的满意率比上年提高3.09个百分点，没有发生严重影响社会稳定的重大群体性事件。

一、积极探索、大胆实践，有效整合基层维稳综治力量

近年来，海南州各级党政组织和政法综治部门，全面贯彻落实党的十七大精神和科学发展观要求，按照"最大限度增加和谐因素，最大限度减少不和谐因素"的要求，以落实领导责任为龙头、以化解矛盾纠纷为主线、以健全工作机制为抓手，充分发挥各部门齐抓共管的作用，深入推进平安创建活动，有效地维护了全州社会政治和治安大局的持续稳定。但随着经济社会的不断发展，尤其是拉萨"3·14"事件以来，州委、州政府清醒地认识到，基层综治维稳工作基础薄弱、力量分散、多头管理、群众反映利益诉求渠道不畅、发生问题反应不快、整体联动不够，已成为制约和影响全州综治、维稳工作科学发展的最大"瓶颈"因素。建立乡镇综治工作中心和村、学校综治工作站，有利于进一步强化和落实基层党政一把手对社会治安综合治理和维护社会稳定工作负总责的责任，使基层综治、维稳工作在乡镇党委政府的统一领导下，实行一个平台、一体化运行；有利于整合资源，形成工作合力。由乡镇党委书记、乡镇长担任中心正副主任的综治工作中心，在确保中心部门主体不变、职能不变的情况下，做到联合运作、优势互补、工作联动，促进了乡镇一级综治组织由议事机构、指挥机构向实战单位的转变，促进了基层政法综治部门由管理者向服务者的转变；有利于随时掌握民情和方便群众反映利益诉求。群众普遍反映，过去解决矛盾、打官司需要到乡上、县上，没有办法的情况下甚至到州上找人、找部门、找领导，而且还很难找到。现在综治工作站成立后在自家门口就能反映利益诉求、解决矛盾问题、打官司，使群众真正享受到了党中央提出的"社会治安综合治理要专群结合、依靠群众，要从解决民生问题入手"带来的实惠。

二、创新体制、健全机制，切实打牢社会和谐稳定基础

乡镇综治工作中心和村综治工作站，按照

“主体不变、职能不变、联合运作、优势互补、工作联动、形成合力、方便群众、服务大局”的原则，在乡镇党委政府和村委会的统一领导下，全面负责乡镇、村辖区内维稳、社会治安、宗教管理、平安创建、普法依法治理等工作。乡镇综治工作中心主任由乡镇党委书记兼任，乡镇长兼任第一副主任，乡镇党委副书记兼任专职副主任，并主持日常工作。乡镇综治工作中心实行工作例会、首问责任、情况报告、督查督办、基本台账等工作制度，对重大矛盾纠纷和突出治安问题实行“联调、联防、联勤、联治、联创”的五联工作机制。

一是联调机制。乡镇矛盾调处中心和村调委会按照“统一受理、集中梳理、分级办理、限期处理”的要求，每半月对辖区内矛盾纠纷进行一次排查化解，每月矛盾纠纷收集率达98%，切实将各类矛盾纠纷化解在基层、解决在萌芽状态。对有可能影响全州社会稳定的突出矛盾纠纷，坚持实行“一个问题、一名领导、一个班子、一套方案、一查到底”的领导包案制，年内全州矛盾纠纷调处率达98.9%。

二是联防机制。全州424个村、23个社区都成立了专兼职治安联防队，在重要时期、重大节庆、群众聚会、虫草采挖期间开展了多种形式的治安巡防，指导督促企事业单位落实了内部安全保卫制度。在治安问题比较突出的地区和季节，实行综治工作中心统一调配下的区域联防和协防制。

三是联勤机制。全州建立健全了“以群众为基础，以村、寺院为单位”的基层维稳预警机制，在非常时期对村、对寺院维稳工作实行“零报告”制，确保一旦发生群体性事件，在党委政府的统一领导下，组织协调有关部门依法、果断、妥善处置各种事件。

四是联治机制。乡镇综治工作中心和村综治工作站每月对辖区内的治安形势进行一次分析，针对“两抢一盗”、“治爆缉枪”、“农村牧区赌博”、“传播非法刊物光碟”等治安突出问题，确定重点地区、行业、部位，适时组织村、寺院、单位、学校开展治安专项整治活动，并在矛盾纠纷多和容易发生治安问题的地区，设立了群众利益诉求代言人。

五是联创机制。紧紧围绕创建平安海南的总体目标，广泛深入地开展了11个层面的全州基层平安创建活动，认真落实流动人口管理、刑释解教人员安置帮教、预防青少年违法犯罪、防范和处理邪教、法律服务和普法宣传等工作措施。

三、强化考核、严格责任，确保各项工作措施落到实处

为了确保乡镇综治工作中心和村综治工作站的各项工作措施落到实处，州综治委进一步完善了《海南州社会治安综合治理及平安建设目标责任考核制》，把乡镇综治工作中心和村综治工作站的工作体系纳入全州社会治安综合治理及平安建设目标考核的内容。北京奥运会结束后，按照州委提出的“确保不发生进京非正常上访和重大群体性事件，在维稳工作方面绝不给省委、省政府添乱”的要求，州政法综治部门还与各县政法综治部门签订了维稳工作“五保底”责任书，即：确保不发生非正常进京上访事件，赴省到州群体性非正常上访事件按月同比减少5%；确保不发生群体性事件，尤其坚决杜绝发生民族之间、宗教之间、干群之间的群体性事件；确保不发生危害国家安全的各种事件；确保不发生“藏独”、“法轮功”等方面的政治案件；确保不发生影响社会稳定的重特大治安、刑事案件。对突破以上五个方面维稳底线的县，按照《海南州社会治安综合治理“一票否决”的规定》，在全州范围内予以通报批评，对负有直接责任的乡镇、部门、单位，责成县综治委实行“一票否决”，对有关责任人实行责任查究。年内对“3·14”期间发生僧侣、群众聚集的5个乡镇、2个村给予了警示，撤销了6个“平安寺院”称号。对调处矛盾纠纷不力，赴省到州上访的1个县、2个单位、3个乡镇进行了通报批评，对9个有治安隐患的单位、乡镇进行了诫勉谈话，有力地促进了全州社会治安大局的持续和谐稳定。

海西州大力推行社会稳定风险评估制度 促进藏区社会和谐稳定

近年来,海西州各级政法部门坚持以科学发展观为统领,围绕构建富裕、文明、和谐新海西的总体目标,把维护稳定、促进和谐、推动发展作为重要职责,按照"关口前移、重心下移、预防为主、标本兼治"的总体思路,积极推行社会稳定风险预测评估制度,努力从源头上预防和化解涉稳重大问题的发生,为促进藏区经济社会发展营造了平安、和谐、稳定的社会环境。

一、创新新时期维稳工作机制,夯实工作基础

海西州各级党委、政府牢固树立发展是第一要务,稳定是第一责任的观念。坚持从推动全州经济社会跨越式发展的工作大局和促进地区和谐稳定的战略高度来研究和改进维稳工作。紧密结合海西改革发展稳定实际,认真研究新形势下矛盾纠纷产生的规律和特点,努力探索化解矛盾纠纷的有效途径,不断创新维稳工作思路,全面推行了《社会稳定风险预测评估制度》。在决策层面上,对可能涉及和影响到群众利益、群众承受程度等的问题进行充分预测,开展前期调研,周密分析,预防重大决策实施中可能出现的矛盾纠纷;在制度层面上,由所辖各县、市、工行委建立党委政府统一领导、政法综治部门牵头、相关部门为成员的社会稳定风险预测评估和矛盾纠纷排查调处工作领导小组,乡(镇、街道)建立社会稳定风险评估网络、矛盾纠纷排查调处中心,对可能发生的矛盾纠纷和不稳定因素实行预警防范和协调联处,明确安全评估指标,分析社会治安管理的薄弱环节和刑事犯罪变化特点规律,有针对性地采取措施;在基础层面上,建立健全矛盾纠纷排查化解网络和工作机制,重点加强村(社区、牧委会、企业)人民调解组织和信息员队伍建设,把矛盾纠纷排查调处的触角延伸到社会的每个角落,不断提高对矛盾纠纷的预防和化解能力。加快构建以《社会稳定风险评估制度》为基础,《社会治安形势评估制度》、《矛盾纠纷排查化解制度》、《信访形势分析制度》、《海西州宗教情况评估制度》相互衔接配合的工作机制,通过确定专人负责信息收集、分析及研判评估报告,加快推进信息预警工作的制度化、经常化和规范化,做到了情况随时掌握、信息随时报送、问题及时处理。同时以矛盾纠纷定期排查、台账、零报告、情况通报、考核督察等一系列基本制度作支撑,做到每月必须排查、突出性矛盾必须排查、普遍性问题必须排查、敏感时期必须排查,根据排查情况适时召开联席会议,认真分析原因,完善工作预案,采取有效措施,切实加以落实,实现了发现得早、化解得了、控制得住、处置得好的工作目标。

二、推行社会稳定风险评估制度,实施源头治理

社会稳定风险预测评估制度运行以来,全州矛盾纠纷调处化解工作成绩突出,取得了明显的社会效果。一是促进了重大决策的科学化。在各项政策和决策出台前,广泛征求有关专家和群众的意见,尽可能减少和防止随意性,让政策和决策的制定更加科学合理,从源头上预防损害群众利益现象的发生。积极探索建立协商、合议、听证和办理、复查、复核三级终审的矛盾调处工作机制,根据所反映问题的不同性质梳理归类并细化分解,多渠道化解。二是维护了重大决策的合理性、及时性。在各项重大措施出台之前,先对其可能造成的影响社会稳定的风险进行预测,看所作的决策是否符合党的政策和法律法规,所涉政策调整、利益调节的对象和范围是否界定准确,调整、调节的政策、法律依据是否充足,是否符合大多数群众的利益需求,是否得到大多数群众的理解和支持;是否经过严格的审查报批程序和科学的可行性论证,是否可能引发较大的不稳定事件,是否有相应的应急处置预案;时机是否成熟,有无可能

造成影响生态和产生环境污染等问题。尽可能增强决策的科学性，避免和减少因决策失误或时机不成熟而给社会稳定带来的冲击，努力做到防患于未然，从源头上及时消除不稳定因素。三是促进了重大工程和项目的顺利实施。随着西部大开发战略的深入推进，一大批重点工程和重大项目在我州相继开工建设，因资源开发、企业改制、城镇拆迁、收入分配、社会保障等方面的利益诉求问题而引发的社会矛盾日益增多。为确保重点项目和工程建设的顺利实施，我们把社会稳定风险评估的重点放在对重大工程和项目的矛盾纠纷排查工作上，对影响群众和职工合法权益的案件，由当地政法综治部门挂牌督办；凡是重大项目在实施过程中涉及有关征地拆迁、施工范围和工程实施事项，及时与当地政法综治、公安司法部门取得联系，争取各有关方面和广大群众的支持。严厉打击危害重点工程和项目实施的各类犯罪活动，确保重点工程设备及人员安全，确保重点工程的顺利实施，切实维护群众利益。四是增强了维护稳定工作的实效性。通过对社会治安形势评估，及时组织全州各地公安机关开展专项斗争，严厉打击各类刑事犯罪活动，着力解决治安热点问题，通过扎实开展严厉打击“两抢一盗”、盗窃“三电”、“侦破命案”等一系列专项行动，刑事案件高发的势头得到有效遏制。2008 年，全州刑事案件立案比去年同期下降 7.9%。五是确保了藏区社会持续稳定。拉萨“3·14”事件发生后，州委、州政府超前谋划和部署藏区维稳工作，及时采取了调配警力、加大流动僧侣的清理等一系列维稳措施。同时，按照科学发展观的要求，把加快藏区经济发展、解决民生问题作为促进藏区和谐稳定的重要途径，先后出台了一系列利民惠民政策，切实解决了一批涉及群众切身利益的突出问题，让群众享受到了改革发展的成果，把广大群众的精力集中到小康社会建设上。

三、扩大社会稳定风险评估制度成果，提升维稳能力

一是在推行现有社会稳定风险评估制度的基础上，不断扩大评估范围，进一步明确评估的对象，科学地增加以民生为重点的评估内容，最大限度地发挥社会稳定风险评估制度的作用，以改善民生的实际效果满足人民群众对社会治安、司法公正等方面的需求，不断夯实维护社会稳定的群众基础。二是进一步提高社会稳定评估制度的效果。对拟定的每个社会稳定风险评估的重大事项，开展深入细致的调查，掌握社情民意，分析研判，对可能出现的不稳定因素进行逐项预测、科学评估，制定切实可行的工作预案和落实措施，以增强工作的前瞻性、预见性、针对性和有效性。三是抓好社会稳定评估制度的落实。加快建立社会稳定风险评估制度的配套办法和保障措施，严格落实发生影响稳定重大问题的责任追究办法，建立健全评估工作任务分解细化落实工作制度，进一步规范评估报送程序，严格工作目标管理，确保社会稳定评估制度真正落到实处。

海北州深入开展“三官两员”进村入户活动
夯实综治基层基础　构筑维稳坚固防线

为适应社会治安综合治理和平安创建工作需要，近年来，海北州从政法机关和基层组织抽调警官、法官、检察官和司法助理员、法制宣传员，进村入户指导平安创建，掌握社情民意，化解矛盾纠纷，开展治安防范，提供法律服务，进一步夯实全州社会治安综合治理基层基础工作，有力地推动了综合治理各项措施在基层的落实。

一、主动担当宣传员，引导群众构筑维护稳定的思想防线

自 2005 年以来，“三官两员”一直是每年进村入户开展法制宣传教育和宣讲中央、省委 1 号文件的重要辅助力量。拉萨“3·14”事件后，按照州委、州政府确定的“思想不麻痹、力量不减弱、工作不松劲,争取不出事,保证不出大事,一旦发生问题也能及时稳妥处置”的工作目标,全州370多名“三官两员”借助熟悉村社情况的有利条件,主动配合州、县宣讲工作组、驻寺工作组和“两委”班子,以“四个讲清”为主要内容,以寺院僧侣和信教群众为主要对象,采取大会宣讲,小会座谈、入户走访、个别谈心等形式,扎实开展了宣传教育工作。共有66人加入了政策宣讲组,34人参加了驻寺工作组,部分“三官两员”同当地活佛、教职人员、有威望的“三老人士”建立起了定期走访联系机制。在藏区维稳的关键时刻,正是这些活佛和老村干部、老党员带头表明立场、反对分裂,影响和带动僧众自觉投入到了维护稳定的行列。

二、自觉担当调解员,有效减少了社会不安定因素

州委建立了每年4月开展“大接访”活动的长效机制。“三官两员”发挥自身从事法律工作、熟知法律知识、熟悉办案程序的优势,围绕资源开发、工程建设、城镇拆迁、草场界线、伤亡事故等热点问题和上访难题,定期排查、随时调处,使一部分上访问题就近解决在了责任区,平息在了初始阶段。特别是有些民事案件,在尚未跨进法院大门之前得到就地化解,节约了司法资源,方便了群众诉求,维护了社会稳定,也减少了民转刑案件的发生。2008年“三官两员”共参与处置各类突发事件7起,协助抓获违法犯罪分子44人,审查甄别外来人员1997人,排查化解各类矛盾纠纷792件,充分发挥了维稳主力军作用。

三、认真担当指导员,坚固了基层安全防线

改进治安管理、减少发案因素、堵塞防范漏洞是进村入户的日常重要工作之一。“三官两员”定期同村治保组织、调解组织和群防群治组织进行沟通协调,协助开展了对重点人员的帮教和管控工作,帮助组建了义务治安巡逻队和护牧护草队,督促落实守护力量,减少了发案漏洞。特别是在维护藏区稳定工作中,结合平时发现掌握的治安动态和苗头性安全隐患,向群众讲案例、讲防范常识,使农牧民的民族团结意识、抵御分裂意识显著增强,警觉性空前提高,群众主动提供线索,协助司法机关破案的人和事越来越多。自2005年以来,全州的刑事立案数连续4年下降,干部群众的安全感明显增强。

四、精心担当服务员,设身处地为群众排忧解难

“三官两员”通过指导村委会完善各类制度、规范工作程序、建立工作档案等具体工作,推进了基层综治组织的规范化建设,落实了创建“平安村”和“平安家庭”的各项措施;通过参与寺院民主评议和整顿寺管会工作,进一步加强了寺院自我管理,推进了社会化管理进程,实现了稳控阵地和便民服务的双重目的;通过协助举办“两委”班子学习班、基层妇女法制教育培训班、农牧民外出务工培训班、违法青少年法制教育学习班等工作,调动发挥了基层组织维护社会稳定的积极作用,夯实了构建和谐海北的根基。特别是从群众的实际需要出发,关注民生,为民解忧,坚持办案到村头、送法到炕头,增进了政法干警与群众之间的感情。全州法院系统把巡回办案作为“三官两员”进村入户抓创建的重要形式,在检察、公安机关的协同下,共开展巡回审判活动151次,审理各类案件315件,收到了审理一案、教育一片的良好效果。

五、全力担当联络员,及时把党的惠民政策送到群众身边

“三官两员”担负向上反映社情民意、向下传送富民政策职责,既是信息员又当联络员,力所能及为群众办好事、办实事。今年共向受灾地区捐款16万余元,向农牧民群众捐助钱物37万元,通过向党委、政府和有关部门反映争取,落实900万元资金,解决了一部分群众生产生活上的燃眉之急。结合驻寺开展法制宣传教育工作,为部分寺院解决了水、电、路问题,把多数贫困僧侣纳入了当地最低生活保障范围,进一步增进了群众的信任,赢得了群众的拥护,一些群众由衷地说“共产党对我们比自己的亲生父母还好,再胡闹事老天也不答应”。“三官两员”进村入户工作的大力普及,不但推进了平安创建工作,落实了社会治安综合治理各项措施,增强了群众安全感,维护了社会和谐稳定,而且锻炼了干警,检验了队伍,密切了警民关系。

青海省综治委组成人员名单

省综治委主任：

宋秀岩 省委副书记、省长

省综治委常务副主任：

李鹏新 省委常委、政法委书记

省综治委副主任：

徐福顺 省委常委、副省长

刘 晓 省人大副主任

李忠保 省政协副主席

省综治办主任：

李鹏新 省委常委、政法委书记

省综治办副主任：

高 煜 省委政法委副书记

李东平 省委政法委副书记

庞顺泽 省委政法委副书记

谢少斌 省综治办专职副主任（副厅级）

青海省各市、县（市、区）综治委、办主任名单

地 区	综治委主任	综治办主任	地 区	综治委主任	综治办主任
西宁市	骆玉林	陈义明	共和县	万玛当周	李秉福
城中区	宋晨曦	张海红	同德县	杨海龙	秦海成
城东区	韩生才	治玉春	贵德县	蒋树成	魏成前
城西区	张启光	朱登权	兴海县	尹 明	刘福元
城北区	王剑锋	居文斌	贵南县	崔 勇	更 登
大通县	张云海	戴德辉	**黄南州**	多杰才让	周云治
湟源县	蔡成勇	张 栋	同仁县	更 太	叶 洛
湟中县	白民德	董启华	尖扎县	拉结加	辛光坤
海东地区	陈兴龙	李广林	泽库县	桑德合	郭 多
平安县	李立勤	彭发旺	河南县	关却加	李全昌
乐都县	王朵云	王玉珠	**果洛州**	南 杰	黑占贵
民和县	马成龙	郭忠云	玛沁县	才让多杰	钟 斌
互助县	张宗寿	杨元平	班玛县	陈志学	黄 凯
化隆县	冶成海	徐景辉	甘德县	昂 秀	牛成全
循化县	韩永东	赛吾杰	达日县	石占果	曹建刚
海北州	尼玛卓玛	杨新民	久治县	托 巴	王晓红
海晏县	熊万森	才 仁	玛多县	当 周	更藏加
祁连县	更 藏	焦付佑	**玉树州**	王玉虎	董建新
刚察县	公保扎西	史国林	玉树县	才仁公保	王保国
门源县	马应寿	李生彪	杂多县	达哇才仁	牟永明
海南州	更藏加	万玛多杰	称多县	更 太	才旦周

地　区	综治委主任	综治办主任	地　区	综治委主任	综治办主任
治多县	马生堂	江文格斗	乌兰县	呼和巴拉	李永斌
囊谦县	马　玉	党德和	都兰县	哈斯巴图	刘　军
曲麻莱县	尕　桑	更　恰	天俊县	索南东智	陈　祎
海西州	诸卫星	张西海	大柴旦行委	栾凤江	朱　青
德令哈市	张纪元	毛健琪	冷湖行委	吴泽忠	杜永轩
格尔木市	朱建平	巩胜利	芒崖行委	陈大海	陈　平

（撰稿人：聂森
审稿人：庞顺泽　禹丽芸）

宁夏回族自治区

2008 年社会治安综合治理工作概况

2008 年，宁夏回族社会治安综合治理和平安建设工作在各级党委、政府领导下，认真贯彻落实科学发展观，以增强群众安全感为目标，以落实社会治安综合治理领导责任制为龙头，以化解社会矛盾为主线，以治安防控体系建设为重点，以强化基层基础工作为保障，以体制机制创新为突破口，深入开展"百日矛盾纠纷大排查大调处活动"，大量社会矛盾和民间纠纷在基层得到化解；严厉打击各类刑事犯罪活动，确保了社会治安秩序持续稳定；稳步推进治安防控体系建设，人民群众的安全感进一步增强；强化基层基础工作，基层综治组织建设迈出了新的步伐；加大经费投入力度，各项保障措施得到有效落实，确保了北京奥运会及自治区 50 大庆等重大活动期间和重要节假日的社会稳定，实现了"六不发生、五个确保"，为全区经济社会跨越式发展营造了良好的社会治安环境。

一、社会治安综合治理领导责任制进一步落实

（一）党委、政府高度重视。按照自治区第十次党代会确定的建设"幸福宁夏、文明宁夏、法治宁夏、平安宁夏"目标要求，各级党委、政府站在大平安建设的高度，将社会治安综合治理和平安建设纳入经济社会发展的总体规划，列入党委、政府年度工作要点之中，摆上重要议事日程，党委常委会、政府常务会定期听取和研究社会治安综合治理和平安建设工作。全国社会治安综合治理工作会议结束后，自治区党委常委会专题听取会议精神汇报，研究贯彻意见，就全力维护北京奥运会和自治区成立 50 周年大庆期间政治稳定和社会安定、开展"百日矛盾纠纷大排查、大调处"活动、启动新一轮"平安宁夏"建设作出决策部署。各级党政主要领导亲自动员部署社会治安综合治理和平安建设工作，及时研究解决存在的实际困难和问题；分管领导尽职尽责，集中精力抓好各项措施的落实。自治区综治委创新综治工作和平安建设考评激励机制，在全区政法综治工作会议上，对 2008 年度全区政法综治工作 45 个成绩突出的先进地区和单位进行了表彰和奖励，自治区党委书记陈建国出席会议，并为获奖地区和单位颁奖。各市、县（市、区）也加大了表彰奖励力度，全区用于表彰奖励政法综治工作的经费总计达 410 万元。

（二）强化责任落实力度。继续坚持层层签订社会治安综合治理目标管理责任书。自治区党政分管领导与 5 个地级市市委、政府主要领导和自治区综治委各成员单位、五市与县（市、区）、县（市、区）与乡（镇、街道）、乡（镇、街道）与村（居）及辖区单位党政主要负责人签订了 2008 年度责任书，签订率达 100%。组织、人事等部门在提拔使用干部、晋职晋级、评先授奖、选举人大代表时，按程序书面征求综治部门意见。2008 年，全区各级组织部门在提拔考核使用 862 名科级以上干部时，书面征求了综治部门的意见。各级综治、纪检、组织、人事、监察部门加大督察抽查、半年检查、年终考核工作力度，有效推动了责任制落实。年内，全区各级综治委对因领导不重视、治安防范责任不落实，措施不到位，导致发生严重治安问题的 12 个单位实行了"一票否决"，对 7 个单位黄牌警告，给 61 个单位下发了整改通知书和综治建议书，对 75 个单位进行了通报批评，并对相关单位责任人实施了责任查究。

二、矛盾纠纷的排查化解能力进一步提高

自治区党委常委会在研究 2008 年社会治安综合治理和平安建设工作时，陈建国书记对化解矛盾纠纷，维护社会稳定工作提出了明确要求："矛盾是客观存在的，不以人的意志为转移。一味粉饰太平，只能把矛盾掩盖一时，但随着问题的积累,迟早是要爆发的;看不到矛盾问题,缺乏忧患意识,盲目乐观,那就更危险了。为此,我们要正视矛盾、解决矛盾,促进矛盾向有利的方面转化。不要回避矛盾,只有面对矛盾,主动解决矛盾,才能防止矛盾积累恶化,防止由民事纠纷酿成恶性刑事案件,才能奠定维护稳定的坚实基础。”各级党委、政府按照陈建国书记的要求,高度重视,精心组织,周密部署,全面开展矛盾纠纷排查化解工作。

(一)深入开展“百日矛盾纠纷大排查大调处活动”。自治区党委办公厅、政府办公厅制定下发了《全区开展“百日矛盾纠纷大排查大调处活动”工作方案》,部署从5月1日至8月8日在全区集中开展“百日矛盾纠纷大排查大调处活动”。各地、各部门把地区排查、系统排查、单位内部排查、村组排查和社区楼院排查结合起来,根据城乡和企事业单位的不同特点,着力加强对可能激化的城市化建设、农村改革、社会保障、涉法涉诉方面的矛盾纠纷以及婚姻、家庭、邻里传统纠纷,采取“上门化解、包点化解、部门化解、接访化解、包案化解、处警化解、跟踪化解、引导诉讼”等方法,进行细致摸排和全面梳理。对跨区域、跨行业的疑难复杂矛盾纠纷、涉法涉诉上访案件以及可能引发“民转刑”案件的重大矛盾纠纷,实行党政主要领导包案负责制。在“百日矛盾纠纷大排查大调处”活动中,全区共排查各类矛盾纠纷8268起,调处7992起,调解成功率达96.6%。

(二)建立以“三调联动”为重点的矛盾纠纷排查化解机制。自治区党委政法委、综治委把完善矛盾纠纷“三调联动”机制,实现人民调解、司法调解、行政调解的有效衔接确定为2008年政法委7项重点工作之一,制定下发了《“三调联动机制”实施办法》。各市、县(市、区)整合工作力量,健全工作制度,细化衔接措施,开展人员培训,定期召开“联席会议”等,初步建立起矛盾纠纷排查调处“三调联动”机制。2008年,全区共排查各类矛盾纠纷52475件,通过人民调解、司法调解和行政调解调处了46678件,调处成功率为89%。

(三)建立健全矛盾纠纷排查调处月报告月通报制度。结合“百日矛盾纠纷大排查大调处活动”,进一步规范了矛盾纠纷排查调处信息收集、报告和通报制度。县(市、区)对一般矛盾纠纷实行一月一汇总,一月一分析,典型性、突发性的重大矛盾纠纷随时报告,并制定化解措施,明确责任。自治区综治办对未化解的矛盾纠纷逐月进行通报督办,跟踪管理。

三、社会治安防控水平进一步提升

(一)加强社会治安防控队伍建设。各地政法综治部门牢固树立“社会治安,防范为先”的工作理念,通过整合社会力量,探索建立城市、农村多元化的治安防控长效机制,构筑以公安部门为骨干,群防群治力量为依托,人防、技防、物防相结合的治安防控网络,进一步提高发现和控制各类违法犯罪的能力。截止2008年底,各级政府出资建立的专业巡防队有45个2538人。

(二)继续推进科技防范工程建设。以互利双赢为切入点,积极探索科技防范的社会化运作机制,提升城市治安防控能力。银川市投资6400万元建设城市技防网络,建成了5大系统、4大平台、23个监控中心、2000余个监控探头。投资60万元建成了涵盖三区的灯竿报警系统。形成了以武警、民警、巡防队员、出租车义务“110”和社区(村)巡防志愿者为主体的多层次城乡巡防队伍,全市各类巡防力量达20189名。中卫市通过招商引资,建设市、县两级城市报警与监控系统平台,已建成终端系统365家,安装摄像探头1630个,室外球形云台129个,机动车GPS防盗抢报警170个,安装使用率达95%,联网率达30%。在农村开展“技防入户”建设工程,安装无线遥控警铃、“气死贼”、红外线报警器等近万户。

(三)整合防控力量,完善群防群治网络。各地积极探索建立警务室与社区党支部、居委会、业主委员会、物业公司共同参与的“五位一体”治安联防工作机制,组建业主委员会、辖区单位以及低保人员共同参与的“社区治安协作理事会”,动员社会力量开展治安联防。各地充分整合社会资源,将护路员、护林员、护线员、保洁员、环卫工人纳入治安巡防队伍,强化群防群治力量。在工业园区建立警务室,开展企地共建活动,成立由企业治安人员组成的治安巡逻队,联合开展群防群治。银川市兴庆区综治部门与保险业联手,在商业区开展“保险进商户,综治保平安”活动。

四、基层基础建设进一步加强

(一)加强基层综治组织建设。全区把强化

基层基础建设作为2008年社会治安综合治理工作的重点,进一步加强县、乡、村三级综治组织建设,配齐配强了乡(镇、街道)负责综治工作的领导和专干,制定完善了治安形势分析、工作例会、信息报送、干部培训等制度,加强了“两所一庭”建设,使基层综治工作步入规范化轨道。中卫市在镇(乡)机构改革中,明确规定:镇(乡)行政机构设三个办公室,其中设综治办,为党委、政府的常设办事机构;镇(乡)综治委主任由党委书记担任,综治办主任由党委副书记担任,综治专干必须是45岁以下的国家公务员。全市41个镇(乡)建立健全综治机构,配齐配强专抓副书记,配备综治专干50名。村(居)、机关、企事业单位均成立了综治工作领导小组,工作制度和基础档案健全完善,基本做到了组织、机构、人员、经费四落实。利通区等地充分发挥乡(镇、街道)综治组织作用,落实了给职责、给权、给人、给钱、给待遇的“五给”措施,综治办副主任全部按副科级配备。

(二)加强经费保障机制建设。进一步完善经费保障机制,加大社会治安综合治理和平安建设的投入力度。自治区本级、5个地级市和22个县(市、区)全部将综治工作经费按标准列入了同级财政预算,并做到了专款专用。同时,随着经济社会的发展,逐步调整标准,增加投入。自治区财政厅将2008年综治专项经费按人均0.20元的标准列入年初预算,拨付122.05万元(全区人口610.25万)。各地按照川区人均不低于0.20元、山区人均不低于0.05元的标准,共预算划拨综治工作专项经费414.7万元。经济发展较快的银川市6个县(市、区)综治工作专项经费预算标准提高到了人均0.60元。青铜峡市提高到了人均1.30元,比原定川区人均标准提高1.10元,盐池县财政预算划拨综治工作经费人均2元,比原定山区人均标准提高1.95元,比2007年提高0.10元。银川市、石嘴山市、吴忠市利通区将乡(镇、街道)综治工作专项经费列入市、县(市、区)级财政预算,分别达到了10000元-5000元。为进一步加大经费落实力度,自治区综治委将经费保障情况列为目标责任制考核重点之一,并对工作成绩突出的青铜峡市和盐池县给予表彰奖励,分别授予“社会治安综合治理经费保障先进县(市、区)”称号。市、县(市、区)两级政府投入群防群治、科技强警、“严打整治”、技防设施建设等平安建设经费总计达1.12亿元。

(三)基层平安创建巩固深入。全区以丰富平安建设内容、扩大创安工作覆盖面为重点,广泛开展了平安村(社区)、平安家庭、平安校园、平安医院、平安矿区、平安寺院、平安铁道线、平安集贸市场等不同领域的基层创建活动,创建工作逐步向深层次延伸,创建质量不断提升。在教育、建设、工商、宗教等行业探索推行“十大行业”共创平安活动,把解决行业不正之风,拖欠农民工工资、治理乱收费乱摊派、整治黄毒赌等突出问题作为平安创建的切入点,部门联手联治,创建工作整体推进。

五、专项斗争和专项整治力度进一步加大

(一)加大“严打整治”力度。各地、各级政法部门继续建立健全“严打”整治长效工作机制,定期分析社会治安形势,准确把握犯罪的动向和趋势,加大打击力度。相继组织开展了“利剑”、“猎网”、“迎奥运、保大庆、决战200天”、“禁毒人民战争”、打击盗窃“三电”设施等一系列专项斗争,重点打击严重影响人民群众安全感的杀人、抢劫、强奸等暴力犯罪和入室盗窃、盗抢机动车等多发性侵财犯罪,成功破获了一批大案要案,及时惩处了一批违法犯罪分子。打掉了刘闯、原潮、李晓龙等黑恶势力犯罪团伙。

(二)加大专项整治力度。有关部门密切配合协作,相继开展了打击制售假发票和代开发票、打击网络传销犯罪、打击跨境资金违规流动、“一打三控”春季治安专项整治、整治农用车载客等一系列专项整治行动。各地以乡(镇、街道)为单位,定期组织辖区内的机关、团体、企事业单位、厂矿、学校和群众自治组织,根据城乡和企事业单位的不同特点,对城乡结合部、集贸市场、车站、娱乐场所、劳务市场等公共复杂场所、设施农业生产区、出租房屋、文化市场及毒品问题开展集中专项整治,着力加强了对治安乱点和突出治安问题的排查整治。2008年,全区共排查整治治安乱点83个,其中74个治安面貌得到明显改观;排查出治安突出问题61个,其中,59个得到解决;排查出安全隐患543个,其中523个得到整治,有效地预防和减少了各类违法犯罪案件的发生,切实增强了广大人民群众的安全感。

六、社会管理能力进一步提高

各地各部门进一步完善社会管理机制，加强对服刑在教人员未成年子女、农村留守儿童等特殊困难青少年群体、刑释解教人员、吸毒人员、流动人口等重点人群的服务和管理，对重点人群逐一登记造册，切实落实教育、管控、救助措施。集中开展了学校周边社会治安环境“三排查、三整治”活动。对28所高校、2547所中小学校和304所幼儿园及周边的安全隐患、突出治安问题和不稳定因素进行了排查，集中解决了一批影响学校周边社会治安秩序的突出问题。大力开展了“交通安全进校园”活动，纠正学生闯红灯、横穿马路、越线停车等交通违法行为；设立校园警务室、报警点，加强巡逻防范，抓获了一些专抢中小学生的校外“霸王”；有关部门联合执法，对中小学、幼儿园及周边小商店、流动摊点和文化娱乐场所进行检查，取缔流动摊点，处罚出售“三无”食品的小商店，关闭黑网吧、游戏厅。各级检察部门将青少年法律咨询热线的服务范围扩展到了社会、家庭、生活等方面。银川市等地设立了预防青少年违法犯罪教育基地和“吸毒人员社区矫正帮教”试点。建立了服刑在教人员未成年子女、农村留守儿童等特殊困难青少年群体基本信息库。石嘴山市大武口区制定出台了《服务外来暂住人口十项措施》，形成了综治协调、公安为主、街道为块、职能部门为条的流动人口服务和管理工作机制。中卫市中宁县建立了“党委政府推动，公安教育互动，学校社会联动”的“警校共建”工作机制。以抓宣传发动、抓隐患整改、抓专项整治、抓跟踪督导、抓防范建设等“五项措施”促校园平安；以实行特别通行、特别护送、特别监管、开展特别竞赛、建立特别台账等“五特服务”保师生安全。共建活动开展后，全县校内和校园周边侵害师生人身、财产权利及扰乱正常教学秩序案件分别下降62.5%、87.5%，群众和师生满意率达98.4%。

七、齐抓共管机制进一步完善

自治区综治委制定出台了《自治区社会治安综合治理委员会工作制度》、《关于进一步发挥自治区综治委成员单位职能作用的意见》和《关于确定自治区综治委成员单位2008－2009年度工作联系点制度》等规范性文件，对成员单位的工作任务、重点、措施等进行了规范。建立完善了综治委例会、成员单位目标管理责任、成员单位和专门工作领导小组办公室述职，成员单位联系点、成员单位和专门工作领导小组办公室联络员等工作制度。与43个成员单位签订了目标管理责任书，每2个成员单位联系1个县（市、区），推动齐抓共管机制形成。坚持定期述职制度，全区综治工作会议上，自治区高级人民法院等5个成员单位进行了工作述职，自治区纪委等6个成员单位就进一步发挥职能作用，做好综治工作做了表态发言。自治区综治办在各成员单位确定了综治工作联络员，并集中进行了培训。综治工作在各成员单位有人想，有人抓，信息有人报送，工作有人联络的氛围基本形成。各市、县（市、区）综治委（办）按照自治区综治委的要求，从制度建设入手，通过落实综治委例会制度、综治成员单位述职制度和综治成员单位联系点制度，充分调动综治委成员单位参与平安建设的积极性。形成了党委政府统一领导、综治机构牵头协调、有关部门齐抓共管，社会各界共同参与的综治工作格局。

八、公众安全感调查研究方法进一步改进

2008年，自治区在深入基层、深入群众走访调查研究基础上，进一步改进公众安全感调查研究方法，以了解人民群众对社会治安状况的真实评价，掌握影响公众安全感的主要因素，查找政法机关执法工作、政法干警执法作风等方面存在的突出问题。公众安全感调查问卷分公众安全感调查、基层基础工作调查、政法工作和队伍建设调查3个部分，设置了与人民群众生产、生活安全密切相关以及社会公众评判政法机关执法工作、政法干警执法作风的问题40个，分层、等距、按比例抽取样本户10000余户，通过设计方案、入户调查、录入数据、汇总分析等阶段，共采集基础信息逾百万个，形成各类汇总表格42类200余张。调查结果客观反映出近年来的工作成效，存在的问题及不足，为进一步加强和改进全区区政法综治工作提供了启示。宁夏公众安全感调查问卷取消了对社会治安状况宏观评价的问题，不以调查对象的宏观评价得出满意度结论，而是设置了若干个与社会治安关系密切的具体问题和相应选择，并设置一定分值，按调查对象回答结果累加计分，再用有效问卷数进行平均，最终得出公众安全感评价分值。自治区党委政法委、综治委充分运用调查成果，将公众安全感调查结果作为考核市、县(市、区)年度社会治安综合治理和平安创建工作的重要指标,所占分值为百分制考核中的20分。并在落实2008年度政法综治工作目标责任制和重点任务兑现奖励中专门设置了"公众安全感调查结果第一名"奖项。

九、努力营造"平安宁夏"创建活动舆论氛围

全区各地高度重视社会治安综合治理和平安建设宣传工作,围绕中央、自治区关于综治和平安建设的工作部署,全区政法综治工作成就展示、典型经验推广,队伍建设,社会主义法治理念教育等政法综治工作重点,紧紧抓住奥运火炬在宁传递、北京奥运会、自治区成立50周年等重大活动,突出主题宣传、强化新闻宣传,组织集中宣传、深入基层宣传。年初,自治区党委政法委、自治区综治委确定了以"迎奥运、迎大庆、创平安、促和谐"为主要内容的政法综治工作宣传主题,专门作出安排部署。各地政法、综治、宣传部门加强组织协调,积极挖掘群众喜闻乐见的宣传形式,重视发挥新闻媒体的主渠道作用,充分利用媒体、网络、培训讲座、英模宣讲、广场文艺、宣传队进社区、书法家书写标语、行业性的宣传日、宣传周等形式,加大宣传力度,拓展宣传领域。2月,中央电视台专访了陈建国书记,制作了《和谐社会话平安——宁夏篇》。陈建国书记站在"大平安"建设的高度,回顾了"平安宁夏"建设的发展历程,畅谈了自治区从落实民生保障措施入手,开展平安建设的思路。9月,自治区综治办协助中央电视台制作了《平安中国城市风云榜——中卫篇》。两个节目播出后,引起了社会各界的强烈反响,大大激发了基层干部群众参与平安建设的热情。

中共宁夏回族自治区委员会办公厅
宁夏回族自治区人民政府办公厅
关于印发《全区开展"百日矛盾纠纷
大排查大调处活动"工作方案》的通知

(2008年4月27日)

各市、县(区)党委(工委)和人民政府,区党委和区直各部委办厅局,各人民团体、直属事业单位,各大型企业:

《全区开展"百日矛盾纠纷大排查大调处活动"工作方案》已经自治区党委、政府同意,现印发给你们,请认真组织实施,确保北京奥运会和自治区50大庆期间全社会稳定。

全区开展"百日矛盾纠纷
大排查大调处活动"工作方案

为深入贯彻落实全国社会治安综合治理工作会议和维护稳定工作电视电话会议精神,集中解决好影响我区社会稳定的突出问题,为北京奥运会和自治区50大庆营造良好的社会治安环境,决定自5月1日至8月8日，在全区集中开展“百日矛盾纠纷大排查、大调处活动”（以下简称“大排查活动”）。特制定如下工作方案：

一、工作目标

总体目标：以“大排查活动”为平台，大力推进“三调联动”机制建设，进一步提高各级党政组织预防和化解矛盾纠纷的水平，做到对影响当地稳定的各种社会矛盾、民间纠纷、信访问题早发现、早控制、早解决，确保北京奥运会和自治区50大庆期间安全稳定。

具体目标：不发生群体性事件，不发生重大越级上访，不发生涉法涉诉进京非正常上访，不发生恶性“民转刑”案件。

二、工作重点

（一）着力排查化解婚姻家庭、邻里关系和民事经济活动中产生的矛盾纠纷，有效预防“民转刑”案件的发生。

（二）着力排查化解购销农业生产资料、落实惠农政策、农村土地流转、农业生产经营、劳动用工工资、农村水事等方面产生的矛盾纠纷，维护农村地区稳定。

（三）着力排查化解因城市建设管理、落实民生保障措施、下岗职工再就业、大学生就业、复转军人安置等方面产生的矛盾纠纷。

（四）着力排查化解司法、行政执法活动和社会管理、公共服务等方面产生的矛盾纠纷，全力遏制进京非正常上访、重信重访案件。

（五）着力抓好重点区域、重点时段、重点群体和重点单位的矛盾纠纷排查化解工作，全力做好中央政法委交办的涉法涉诉重信重访案件化解工作。

三、工作措施

（一）摸清底数。各地、各部门、各单位要按照“底数清楚、注重化解、解决问题”的总体要求，坚持“条块结合，以块为主”的原则，把地区排查、系统排查、单位内部排查、村组排查和社区楼院排查结合起来，组织辖区内的机关、团体、企事业单位和驻村干部、综治干部、社区民警，通过走访群众、接待群众来访、召开基层组织负责人座谈会等方法，进行摸排梳理，确保把已经发生和正在酝酿的矛盾纠纷搞清楚，不留盲点和死角。对排查出的矛盾纠纷逐一登记建档，逐一落实牵头部门、责任单位和责任人，制定解决方案、措施和期限。

（二）注重化解

1. 上门化解。组织村（居）委会干部、治保会、调委会工作人员和责任民警等入户访问，主动开展访谈，发现初始矛盾萌芽，及时调处化解。

2. 包点化解。县、乡两级党委、政府要组织机关干部包村（组）、社区，变上访为下访，了解社情民意和群众诉求，与村（组）、社区干部捆绑承包，做好化解工作。

3. 部门化解。各部门、各单位要按照“谁主管谁负责”的原则，组织专门力量，对本系统、本单位矛盾纠纷限期化解，做到系统内、单位内的矛盾纠纷不上交、不推脱、不激化。同时，按照“属地管理”的原则，密切配合各级党委、政府做好维护稳定工作。

4. 接访化解。开门接待群众来信来访，积极化解矛盾纠纷，做到事事有回音，件件有着落。

5. 包案化解。对于疑难矛盾纠纷和跨区域、跨行业的重大矛盾纠纷、涉法涉诉矛盾纠纷以及可能引发群体性事件或“民转刑”案件的重大矛盾纠纷，上挂一级，实行党政主要领导包案负责，按照“一个问题，一名领导，一套班子，一个方案，一抓到底”的要求，限期解决。

6. 处警化解。各级公安机关在接处警过程中，对尚不构成治安案件的矛盾纠纷，应及时进行调处，最大限度地做到就地化解。调处不成功的，委托司法行政机关接茬调处。

7. 跟踪化解。对经调处达成协议的，要跟踪回访，防止反弹，切实做到问题不彻底解决不放手。

8. 引导诉讼。按照人民调解、行政调解和司法调解“三调联动机制”的有关要求，对于各类调解组织调解不成功的矛盾纠纷，应当尊重当事人的诉讼权利，积极引导群众依法按程序诉讼；对其中的困难群众，实施法律援助，坚决防止矛盾扩大和激化，甚至引发“民转刑”案件。

（三）落实制度。各地、各部门要以“大排查活动”为契机，进一步整合工作力量和社会资源，建立和完善化解矛盾纠纷的工作机制，落实相关制度。

1. 排查调处制度。在“大排查活动”期间，要认真落实矛盾纠纷“边排查、边建档、边调处”和

“滚动排查、滚动调处”制度。转入经常性工作后，要坚持“村(居)每周、乡(镇、街道)每半月、县(市、区)每月、市每季度、自治区每半年”的排查调处工作制度。

2. 联席会议制度。各市、县(市、区)在“大排查活动”初期，由综治办牵头，信访、维稳、法院、检察、公安、司法等部门参加，建立联席会议制度，着重协调指导重大矛盾纠纷的调处化解，定期分析、研究形势，通报工作情况，推动工作经常化、制度化、规范化。

3. 督查督办制度。逐级开展督查督办工作，适时组织督查组，深入乡村、社区、基层单位，采取查阅台账资料、听取工作进展汇报、明查暗访、走访群众等方式，巡回督查、重点督办，及时掌握工作进度，确保各项措施落实。

4. 信息报送制度。各级综治办要完善信息报送制度，建立健全资料台账，逐级上报工作情况。每月底对当月“大排查活动”开展情况汇总分析，形成书面报告，于次月第5个工作日前报同级党委、政府和上一级综治办。遇有重大紧急情况必须随时报告。

四、工作要求

(一)加强领导。各地党委、政府要将“大排查活动”摆上重要议事日程，专题作出研究部署。党政主要领导要亲自挂帅，靠前指挥，定期听取汇报，亲自协调督办，解决实际问题。

(二)强化责任。要将“大排查活动”纳入年终综治目标管理责任制考核评比内容。对思想不重视、工作不到位、信息报送不及时的地区和单位，及时下发整改通知书，责令整改；对责任不明确、措施不落实、导致发生“民转刑”案件或酿成重大群体性事件的单位，坚决实行一票否决，追究其主要领导、分管领导和直接责任人的责任；对发生重大群体性事件并造成恶劣影响的地区，已命名为“平安县(市、区)”的，由自治区综治委取消其称号。

(三)齐抓共管。各级综治委(办)要当好党委、政府的参谋助手，充分发挥组织协调作用，加强调查研究，定期督导检查，确保取得实效。各级政法部门要充分发挥维护社会稳定主力军的作用，把开展好“大排查活动”作为当前最重要的政治任务之一，相互配合，破解难题。国资、交通、建设、劳动保障、民政、农业、水利、环保、国土资源、安全生产、工会、共青团、妇联等部门，要做好涉及本部门、本系统矛盾纠纷和行政争议的调解工作，指导下级积极开展“大排查活动”，形成维护社会稳定合力。

(四)健全长效机制。各级党委、政府要加强源头治理，坚持依法、科学、民主决策，最大限度地避免因决策失误、管理不到位而引发新的社会矛盾。各级政法部门和行政执法部门要抓好班子、带好队伍，切实做到严格、公正、文明执法，最大限度地预防和减少矛盾纠纷的产生。各级综治部门要认真梳理完善行之有效的工作制度，在探索建立科学的经常性工作机制上下功夫。

“大排查活动”结束后，各地、各部门要认真进行总结，组织开展“回头看”活动。各级综治委要层层报送专题总结报告。

宁夏回族自治区社会治安综合治理委员会关于印发自治区社会治安综合治理委员会工作制度的通知

(2008年2月27日)

自治区社会治安综合治理委员会各成员单位、五个专门工作领导小组办公室：

《自治区社会治安综合治理委员会工作制度》已经2008年1月14日自治区综治委主任(扩大)会议审议通过,现印发给你们,请结合实际,认真贯彻执行。

自治区社会治安综合治理委员会工作制度

为深入贯彻党的十七大精神,全面落实科学发展观,构建社会主义和谐社会,努力实现自治区党委确定的建设"幸福宁夏、文明宁夏、法治宁夏、平安宁夏"的目标任务,促进社会治安综合治理工作措施落实,自治区综治委决定建立完善以下制度。

一、自治区综治委例会制度

(一)自治区社会治安综合治理委员会实行例会制度。例会采取综治委全体会议、综治委主任会议和综治委主任扩大会议的形式召开。例会由综治委主任或受主任委托的副主任召集。例会原则上每季度召开一次,根据工作需要,亦可随时召开。

(二)综治委全体会议研究事项:1. 贯彻中央政法委、中央综治委和自治区党委、政府关于开展社会治安综合治理和平安建设工作的实施意见;2. 安排部署全区社会治安综合治理和平安建设年度工作和阶段性工作;3. 针对全区社会治安存在的突出问题,决定开展相关专项整治活动;4. 听取自治区综治委成员单位、专门工作领导小组办公室及有关地区开展社会治安综合治理和平安建设的工作报告、述职报告和整改报告。

综治委主任会议研究事项:1. 审议提请自治区党委、政府研究决定的有关事项;2. 审定年度社会治安综合治理目标管理责任书;3. 审议对各地、自治区综治委成员单位执行社会治安综合治理目标管理责任书兑现奖惩的意见等事项;4. 研究各地、自治区综治委成员单位报请自治区综治委研究决定的有关事项;5. 研究自治区党委、政府和中央综治办交办的有关工作。

综治委主任扩大会议研究事项由综治委主任决定。

(三)综治委全体会议由综治委主任、副主任和全体委员参加;综治委主任会议由综治委主任、副主任和自治区综治办负责同志参加;综治委主任扩大会议根据会议议题确定参会人员。

综治委成员单位联络员根据需要列席相关例会。

(四)自治区综治委全体会议、主任会议、主任扩大会议的议题、议程、时间及有关事项由自治区综治办提出,报综治委主任批准。会议材料原则上应于会前分送与会人员。

(五)自治区综治委委员应按通知要求参加会议,因故需另派他人参加会议的,须经召集会议的综治委领导同意。

(六)综治委全体会议、主任会议和主任扩大会议会后,均由自治区综治办形成会议纪要,由召集会议的综治委领导签发。

(七)会议决定事项由自治区综治办负责督促落实。

二、自治区综治委成员单位目标管理责任制度

(一)自治区综治委对成员单位实行目标管理。每年年初由自治区综治委主任代表自治区党委、政府与自治区综治委成员单位主要负责人签订《社会治安综合治理目标管理责任书》。成员单位每年应就责任书的执行情况进行自查,并向自治区综治委进行书面或会议述职。自治区综治委根据成员单位的自查情况进行抽查并通报。

(二)目标管理责任书的主要内容:1. 贯彻执行中央和自治区党委、政府关于社会治安综合治理和平安建设的决策部署,认真履行职责,维护社会稳定,为实现我区跨越式发展营造和谐稳定的社会环境。2. 认真落实社会治安综合治理相关制度,确保有人管事,有人办事,制度健全完善,工作机制充满活力,参与社会治安综合治理的职能作用得到有效发挥。3. 结合工作职能,指导本系统开展平安创建活动、专项整治活动,认真解决影响群众安全感和社会和谐稳定的突出问题，指导联系点开展平安创建活动，尽力为联系点解决实际问题。4. 按照"属地管理"的原则，积极参与辖区平安创建活动。选择1－2个专题开展调查研究，提出对全区平安创建工作具有指导意义的意见和建议。5. 认真处理人民群众来信来访，努力将矛盾纠纷化解在系统、基层。6. 认真做好全区社会治安综合治理和平安创建单项考核工作。完成自治区社会治安综合治理委员会交办的其他工作任务。

（三）自治区综治办每年根据中央政法委、综治委和自治区党委、政府的安排部署，对成员单位的责任书进行修改和补充。

三、自治区综治委成员单位和专门工作领导小组办公室述职制度

（一）自治区综治委成员单位和专门工作领导小组办公室每年应向自治区综治委进行工作述职，述职采取书面述职和会议述职两种方式。自治区综治委成员单位和专门工作领导小组办公室应于每年12月20日前，向自治区综治委报送书面述职报告。自治区综治委每年安排部分成员单位和专门工作领导小组办公室在综治委全体会议上进行述职，并组织与会人员进行评议。

（二）述职的主要内容：1. 本部门、本系统在参与社会治安综合治理和平安建设工作中取得的主要成效、存在的突出问题、改进措施和工作思路；2. 开展联系点工作的情况；3. 结合部门职能，对社会治安综合治理和平安建设工作提出意见和建议。

（三）自治区综治委对述职情况进行通报。

四、自治区综治委成员单位联系点工作制度

（一）自治区综治委成员单位中的政法部门各联系1个县（市、区），其他成员单位每2个联系1个县（市、区），隔年轮换。联系县（市、区）的成员单位每半年应到联系点督查、指导一次工作。

（二）工作任务：1. 掌握联系点的社会治安状况；2. 督查本系统基层单位开展平安建设工作情况，结合部门工作职能，指导联系点开展社会治安综合治理工作；3. 培养、推广联系点工作经验；4. 探索成员单位参与社会治安综合治理的实践形式；5. 尽力帮助解决联系点实际困难。

（三）联系点党委、政府、综治委及有关综治成员单位要积极配合，共同做好社会治安综合治理和平安建设工作。

五、自治区综治委成员单位和五个专门工作领导小组办公室联络员制度

（一）自治区综治委成员单位和五个专门工作领导小组办公室确定承担社会治安综合治理工作的处（室）一名负责人为联络员。

（二）联络员主要职责：1. 报送本部门、本系统综治工作年度计划、专项安排、责任书执行情况、工作总结及相关信息；2. 协调本部门、本系统及联系点开展社会治安综合治理工作；3. 组织开展社会治安综合治理目标管理责任书执行情况自查、抽查；4. 参加自治区综治委统一组织的调研、督查、暗访等活动。

（三）自治区综治办根据工作需要，适时召开联络员会议，沟通情况、交流经验、研究解决工作中存在的问题。联络员应按要求参加会议，并做好相关准备工作。

（四）自治区综治办建立联络员工作档案，对不认真履行联络员职责的进行通报批评，必要时建议所在单位予以更换。

宁夏回族自治区社会治安综合治理委员会关于进一步发挥自治区综治委成员单位职能作用的意见

（2008 年 2 月 27 日）

自治区社会治安综合治理委员会各成员单位、五个专门工作领导小组办公室：

为深入贯彻党的十七大关于“加强社会治安综合治理，深入开展平安建设”的精神，认真落实自治区第十次党代会确定的建设“幸福宁夏、文明宁夏、法治宁夏、平安宁夏”的目标要求，进一步发挥综治委成员单位在参与社会治安综合治理和平安建设工作中的职能作用，现提出如下意见。

一、充分认识综治委成员单位参与社会治安综合治理工作的重要性

近年来，在自治区党委、政府的正确领导下，自治区综治委各成员单位认真履行职责，落实各项工作措施，积极参与社会治安综合治理和平安建设工作，为推动和促进全区经济社会发展、民族团结进步、社会和谐稳定做出了积极的贡献。但是，应当看到，自治区综治委成员单位参与社会治安综合治理工作的现状与新形势、新任务的要求还有一定的差距，特别是职责不明确、制度不健全、措施不得力、作用发挥不明显等，影响了社会治安综合治理工作的深入发展。综治委成员单位职能作用发挥的好坏，关系社会稳定大局，关系平安建设成效。因此，自治区综治委成员单位要从深入贯彻落实科学发展观，全力维护社会和谐稳定，全面建设小康社会的高度出发，自觉承担起维护社会稳定的责任，切实把社会治安综合治理摆到重要位置，在工作机制、工作部署、工作保障等方面予以加强，促进职能工作与社会治安综合治理工作的协调发展，为实现我区跨越式发展营造良好的治安环境。

二、进一步明确综治委成员单位参与社会治安综合治理的工作要求

（一）坚持改革、发展、稳定并重，把促进社会和谐稳定作为综治委成员单位参与社会治安综合治理工作的立足点。要着眼于正确处理改革、发展、稳定的关系，树立“发展是第一责任，维护稳定也是第一责任”的理念，把社会治安综合治理放在构建和谐社会的大目标中科学规划，统筹安排，周密部署，逐步推进，最大限度促进社会和谐。

（二）坚持以人为本，把解决民生问题作为综治委成员单位参与社会治安综合治理工作的重点。要着眼于保障和改善民生，完善管理职能，扩大公共服务，全面落实保障民生的各项政策措施。要从执法司法、社会保障、政府施政入手，建立健全工作规范，改进工作方法，转变工作作风，提高工作水平，努力营造公平正义的社会环境。

（三）坚持源头治理，把预防和化解社会矛盾纠纷作为第一道防线来抓。要着眼于最大限度地增加和谐因素，最大限度地减少不和谐因素，从苗头上发现问题，从源头上解决问题。完善决策程序，坚持科学决策、依法决策、民主决策，严格依法办事、公正执法，努力从决策、执法、管理、服务环节上预防矛盾纠纷发生。积极畅通信访渠道，努力构建矛盾纠纷早预防、早发现、早调处机制。结合部门职能，做好社会治安防控工作，有效预防和控制违法犯罪。

（四）坚持固本强基，把加强基层基础建设作为社会治安综合治理的基础工作来抓。要立足基层、夯实基础，重视和加强基层基础建设，提升基层工作水平。加大对基层的帮扶力度，增强基层工作实力。积极培养、发现和推广先进典型，以点带面，推动基层工作全面发展。指导本系统基层单位积极参与社会治安综合治理，开展平安建设活动。

（五）坚持机制创新，增强工作活力。要结合部门职责，找准切入点，充分发挥职能作用，推进工作发展。积极探索参与社会治安综合治理的考评机制、督办机制、保障机制、激励机制和长效机制。通过机制创新，提高工作效率，激发工作活力，促进工作落实，增强工作成效。

三、进一步强化综治委成员单位参与社会治安综合治理的工作措施

（一）加强制度建设。自治区综治委建立了综治委例会制度、目标管理责任制度、联系点工作制度、工作述职制度和联络员制度，自治区综治委各成员单位要认真贯彻执行。为推动社会治安综合治理工作规范化建设，综治委各成员单位也要结合行业特点，立足工作实际，建立健全参与社会治安综合治理工作制度，确保各项工作任务的落实。

（二）加强调查研究。自治区综治委各成员单位要以改革创新的精神，积极探索本部门、本系统参与社会治安综合治理工作新思路、新举措，善于抓住机遇，勇于应对挑战，探索规律，破解难题。要针对社会治安综合治理工作出现的新情况、新问题，确定专题，组织力量，定期不定期组织开展调查研究，查找薄弱环节，研究解决问题的办法，推动创新，促进发展。

（三）加强工作督查。自治区综治委通过工作通报、工作述职、群众测评等方式，适时对成员单位执行责任书情况、履行职能情况、联系点工作情况及落实自治区综治委部署的重点工作情况进行督查。各成员单位也要采取多种形式，加强对本系统开展社会治安综合治理工作的督促检查，确保各项任务落实到位。

（四）加强工作考核。各成员单位要建立完善社会治安综合治理工作考评体系，增强考核工作的科学性。要明确考评责任，积极参与全区的考核工作，以牵头负责单项工作考核为契机，宣传和推动本部门职能工作。要加强对本部门、本系统社会治安综合治理工作的考核，对因不履行职责，造成严重后果的，追究相关责任人的责任。

（五）加强联络员管理。自治区综治委成员单位要选择业务和组织协调能力强，工作积极主动，责任心强的处（室）负责人担任联络员，并大力支持联络员开展工作。联络员要加强学习，熟练掌握业务知识，提高工作水平，大胆开展工作，认真履行职责。

四、切实发挥好综治委成员单位参与社会治安综合治理工作的职能作用

自治区综治委成员单位要强化领导，健全完善本部门、本系统社会治安综合治理工作机构、工作制度，配齐配强工作人员，及时研究解决结合职能作用开展社会治安综合治理工作中遇到的实际问题。主要领导要积极带头，发挥表率作用，认真履行第一责任人的职责。

根据中央综治委的要求，组织、人事、民政部门要切实加强城乡基层组织建设和各级综治办组织、机构、队伍建设，使之与综治工作实际需要相适应。要把各级党政主要领导抓社会治安综合治理、维护社会稳定的实绩作为考核、任用干部的重要内容，制定相应的程序、办法，促使各级领导真抓实干。纪检、组织、人事、监察和综治办要密切配合，加强督查、考核工作，加大责任查究力度，严格落实社会治安综合治理领导责任制。宣传、文化、广电和新闻出版等部门要加强文化市场管理，加大社会治安综合治理宣传力度，活跃宣传形式，大力宣传先进典型，引导动员全社会的力量参与综合治理，为全区的平安建设创造健康向上的社会环境。政法各部门要加强协作配合，共同预防、控制和打击犯罪，调解纠纷，切实维护治安秩序和社会稳定。发展改革、财政部门要加强专题调研，及时出台政策措施，加大对市、县（市、区）和城乡基层单位维护社会治安、开展平安建设的保障力度。教育、工商、卫生、劳动保障、建设、计划生育、安全生产、保险监管等部门要着力处理、解决好关系群众切身利益的问题，从源头上采取措施，预防社会矛盾纠纷发生，切实解决侵害群众利益、影响群众安全感的突出问题。自治区综治委各专门工作领导小组办公室要继续抓好相关整治活动和平安创建活动，创新管理服务机制，切实解决好社会治安管理中的突出问题。工会、共青团、妇联组织要积极开展维权、预防犯罪、主题实践等形式多样的平安创建活动。各成员单位要加强合作，密切配合，齐抓共管，积极主动开展工作，在社会治安综合治理和平安建设工作中发挥带头作用。

创新激励机制
推动社会治安综合治理工作深入开展

为推动社会治安综合治理工作全面进步，立足创新激励机制，强化导向作用，激发工作活力，促进工作落实，增强工作实效，2008年，宁夏回族自治区对社会治安综合治理和平安建设工作考评奖惩体系进行了健全完善，制定出台了《社会治安综合治理和平安建设工作考核评比方案及实施细则》、《关于落实2008年度政法综治工作目标责任制和重点任务兑现奖励的意见》，有力地促进了社会治安综合治理各项措施的落实。

一、科学设置考评体系，把“软任务”变成“硬指标”

宁夏的考评方案主要由考评对象及内容，组织领导，考核评比的时间、方法、步骤、要求，考评结果的运用等七部分组成。考核内容和指标涵盖了“打、防、管、控、建、改”等工作内容，强调了领导精力、部门协调、人员组织、制度健全、经费到位等保障措施，把工作结果、治安状况、公众安全感等主客观效果有机结合起来，形成了比较科学系统的综治目标管理考评体系。考评实行百分制，主要由书面考评（即通过查阅档案资料考评）和抽查考评（即通过抽查基层考评）两部分组成，考评指标仅设定了13项，每一项根据关联程度、重要程度分别确定了不同分值，规定了具体的数据来源，考评办法和计分标准。

在制定考评标准的过程中，自治区综治办主要把握了这样几个方面：一是为了增强考评工作的可操作性，使考评结果全面、客观，更符合全区工作实际，考核内容将年度工作任务和要求全部细化、量化，既贯彻了《中央综治办对省、自治区、直辖市社会治安综合治理工作考核评比实施细则》内容的基本要求，又体现了自治区与五市签订的社会治安综合治理目标管理责任书主要内容，使各项指标具有客观性和可比性。二是在保持工作指标连续性的基础上，根据形势变化，综合考虑全区综合治理的工作基础，适当增加了当年部署的重点工作和亟待加强的薄弱工作项目分值，不断进行动态调整，以突出重点，引起基层重视，制定措施，推动工作。三是自上而下、自下而上征求市、县（市、区）、系统、部门意见，反复论证，逐步集中，形成初稿，经自治区综治委研究讨论后审定。

二、灵活运用考评手段，把“硬指标”变成“真结果”

按照考评要素采取切合实际的考评方式和手段，立体构筑、多路推进，确保考评质量，实现预期考评目的是宁夏考评激励机制的又一特点。一是健全了考核机构。综合考评由过去自治区综治办包揽考评工作变为由五部委领导带队，抽调带队委员单位处级干部和自治区党委政法委、综治办干部及五市综治办主任易地参加组成考评组；五个专门小组工作和中央综治委年内部署的各专项工作，分别由各专门工作小组办公室及相关成员单位考评。这一方面明确了工作职责，充分发挥综治成员单位的职能作用，调动其主动参与的积极性，便于更好地了解掌握全区综治工作现状，提高委员议事和参与决策的有效性；另一方面，充分发挥了五市综治办主任了解基层、熟悉工作的优势，增加考评结果的客观性，起到了互相交流、对照检查、促进工作的作用。二是考评对象更倾向基层，考评工作纵深度得到加强。由过去重点考评市级工作变为重点考评县（市、区）级工作。通过对市辖全部县（市、区）工作成效的考评，综合反映和评价市一级工作，有利于全面、真实了解和掌握基层社会治安综合治理工作实情。三是考评工作职责更明确。区、市、县（市、区）三级实行层级管理，县（市、区）做好自查自评工作，力求客观真实；市一级抓好考评排序，注重培养典型、推广经验与查找问题、制定措施相结合；自治区考评组考评与指导相结合，将考评结果与市、县（市、区）自评和考评结果加以对照，肯定成绩、指出问题、提出工作意见和建议，及时向当地党委政府反馈。

具体的考评按照以下四个步骤进行。第一步，自查自评。市、县（市、区）对照责任书各项任务要求逐一检查落实情况，认真查找存在的问题和漏洞，形成自查报告上报自治区综治办。第二步，实地检查。由自治区综治办牵头，自治区纪检委（监察厅）、党委组织部、人事厅和五市综治办有关同志组成考核组，采取听取工作汇报、查阅档案资料、抽查基层单位、走访群众和座谈等形式，对五市年度社会治安综合治理目标管理责任书执行情况和县（市、区）平安建设工作进行考评。2008年，4个考评组深入5个地级市、22个县（市、区）及所辖的110个乡（镇、街道）、行政村、居民社区、综治委成员单位，对其2008年社会治安综合治理目标管理责任书执行情况和平安建设工作进行了实地核查印证。第三步，汇总数据。自治区综治办将由各专门工作领导小组办公室及相关成员单位负责考核部分的考核结果和资料依据，进行汇总分析认定，综合实地考核情况，形成初步的考评分值。第四步，分析评议。自治区综治委召开全体会议，针对考核初评结果，分析全区社会治安状况和综治工作面临的形势、存在的问题。结合平时掌握的各市、县（市、区）工作状况和实际成效等进行讨论审议，确定评定意见，研究改进工作措施。

三、严格兑现奖励，把“真结果”变成“强动力”

按照《关于改进全区落实政法综治工作目标责任制兑现奖励办法的意见》，综合考评结果，2008年，自治区党委政法委、自治区综治委共设置了19个政法综治工作奖项，每一奖项都设立相应的分值和5000至5万元不等的奖金。全区政法综治工作会议上，自治区党委政法委、综治委对45个成绩突出的先进地区和单位进行了表彰和奖励，自治区党委书记陈建国出席会议，并亲自为获奖单位颁奖。以考核总分排序，综治工作成绩突出的石嘴山市获得了“平安创建组织工作优胜市”称号和30000元的经费奖励。综治工作成绩突出的彭阳县、中宁县、固原市原州区、吴忠市利通区、永宁县、平罗县分别获得了“平安创建工作优胜县（市、区）”称号和50000元—20000元的经费奖励。兴庆区、青铜峡市、盐池县、自治区公安厅等38个地区和单位由于在治安防控体系建设、基层综治组织建设、社会治安综合治理经费保障、落实“一票否决权制”、落实领导干部综治工作责任制、开展“百日矛盾纠纷大排查大调处活动”、政法综治宣传、解决执行难、创建“平安医院”、铁路护路联防、国家安全人民防线建设、学校周边治安环境“三排查、三整治”、政法综治信息工作、公众安全感调查结果、开展政法队伍警示教育活动、执法工作质量等专项工作和专门工作中成绩突出，分别获得了相应的荣誉称号和20000—5000元的经费奖励。银川市金凤区、盐池县城关镇等5个县（市、区）和单位获得了综治工作创新奖和10000元的经费奖励。

正确引导　有序输出　众手培育“铁杆庄稼”

宁夏回族自治区党委、政府坚持把发展劳务经济作为改变贫困面貌和增加农民收入的“铁杆庄稼”，纳入经济社会发展总体规划，大力组织实施“大劳务、大输出、大产业”战略，通过政策扶持、组织引导、提供服务、强化管理、保护权益、营造环境等多种措施，大力推动农村劳动力的有序输出，促进了全区农村经济快速协调发展。2008年，全区输出农村劳动力77.2万人，实现劳务收入36.4亿元。

一、强化组织领导，健全劳务输出服务管理机制

一是建立上下贯通的领导组织体系。自治区成立了由党委分管副书记为组长、政府分管副主席为副组长，综治、劳动保障、公安、财政、扶贫等20多个厅（局）为成员的发展劳务产业工作领导小组，明确部门职责任务，制定工作措施，形成齐抓共管工作格局。建立联席会议制度，定期研究解决劳务输出在组织、服务、管理、治安等方面出现的新情况、新问题。各市、县(市、区)对应成立劳务输出组织机构,乡镇成立劳务管理站,行政村聘用劳务信息员,建立市、县(市、区)党政领导劳务输出联系点制度,从组织领导、工作机制、目标任务、考核验收等方面入手,强化工作体系、健全工作机制,确保农村剩余劳动力输得出、稳得住。

二是制定扶持劳务经济发展的政策体系。自治区先后制定出台了20多项推动劳务产业发展的重要文件,在指导思想、目标任务、健全组织、基地建设、资金投入、工作措施、考核奖惩、权益保障等方面,作出了明确、具体、操作性强的政策规定,对建立城乡统一的劳动力市场,规范劳务管理,维护劳务市场秩序发挥出重要作用。坚持把劳务输出纳入目标管理责任制,层层签订责任书,明确职责权限,提出工作要求,强化教育、管理、服务措施,促进外出打工人员开眼界、换脑子、学技术、挣票子。2008年自治区筹集4000多万元资金,支持各地发展劳务产业。

三是建立推动劳务产业发展的工作服务体系。自治区党委、政府明确要求,各部门要充分履行职责,切实加强劳务输出工作的组织领导,健全机制,完善措施,提供便利,为劳务输出工作提供优质服务,做大做强劳务经济,促进区域经济协调发展。劳动保障部门、监察部门加强督促检查和考核工作,促进劳务输出工作任务的落实。发展改革、财政部门把劳务输出项目列入经济社会发展计划,筹措资金,支持劳务产业向纵深发展。农业、就业、扶贫部门抓好农民工的教育培训和对口劳务输出的衔接工作。金融部门帮助解决资金困难问题,给予劳务输出人员小额贷款或其他形式的信贷支持。宣传新闻部门广泛宣传各地发展劳务经济的鲜活经验和做法,努力营造良好的社会环境与氛围。

二、强化技能培训,提高输出劳务人员素质

一是加强技能培训。宁夏坚持把加强劳务输出人员技能培训作为劳务输出工作的重点,通过整合培训资源,建立新的培训机制,研究制定培训机构市场准入办法,使培训从引导性培训转向专业技能培训,培训机构与市场接轨,实行订单式培训,形成了多层次、全方位的培训体系。层层制定培训方案,明确培训的任务、标准、具体办法和措施。进一步优化培训内容,提高了培训质量,提高了农村劳动力的就业竞争能力。3年来,全区累计培训农村劳动力33万人(次)。

二是根据市场需要进行培训。宁夏从提高劳动者技能入手,瞄准市场,对准企业需求,根据不同用工基地的岗位需求和不同文化程度农民工选择的不同工种,因地制宜、因人制宜、有针对性地进行培训。采取政府引导、培训机构主办、社会参与的培训方式,各地先后举办电工、电子工、架子工、电焊工、家政服务和淀粉加工等各类技能培训班。通过技能培训,提高了务工人员的技能、提升了素质。目前,全区已有7万农民工取得了国家职业资格证书,拿到了转移就业的通行证。

三是加强经纪人的培训。宁夏按照"乡乡有中介组织,组组有经纪人"的发展目标,大力培育发展县、乡、村劳务中介组织和经纪人队伍,充分发挥他们在开拓市场、收集劳务信息、培训劳务人员、协调劳动关系和提供劳动服务等方面的作用。成立劳务经纪人协会,召开劳务经纪人交流座谈和培训会,进一步加强对劳务中介组织和劳务经纪人的规范管理和业务培训,促进劳务中介组织和劳务经纪人队伍的健康发展。逐步推行了政府抓经纪人,经纪人抓输出人员的工作模式,使劳务中介组织介绍和劳务经纪人引领输出占到了输出总量的60%以上。

三、强化措施,跟踪服务,对接管理,提升服务管理水平

一是成立驻外劳务管理站,由劳务站全方位跟踪服务、对接管理外来务工人员。宁夏大胆尝试、积极创新在务工人员相对集中的地区成立驻外劳务管理站,由乡镇或村派驻管理人员,加强管理和服务。并在实践中逐步发展形成了"市场+基地+站+企业"的衔接运行模式,即:在输出地创建"劳动力转移输出培训基地"、在输入地建立"劳务转移接收工作站"、"基地+站"作为桥梁纽带直接架接市场(企业),形成了长效劳务合作机制。驻外劳务管理站提供集技术培训、就业信息、咨询中介、权益保障为一体的"一条龙"服务,掌握劳动力市场的变化情况,促使农村劳动力有序流动。

二是成立党群组织,由党群组织进行跟踪服务、对接管理。宁夏在务工人员相对集中的工厂企业成立党小组、工会组织,定期召开党小组会议和工会组织会议，发挥党员的先锋模范作用和工会会员的桥梁纽带作用，带头遵守法律和厂规厂纪。党群组织加强了与劳务输入地和务工企业的联系，督促用工单位与务工人员签订劳动合同，及时解决劳资双方的各种劳动纠纷和生产生活中遇到的各种问题，切实维护务工人员的合法利益。

三是加快劳务信息网络建设，利用现代科技手段跟踪服务、对接管理。宁夏大力推进全区劳动就业信息化建设，进一步完善县、乡、村三级发展劳务产业网络体系，加快劳务基础台账的录入，实现劳务数据网络化管理，及时准确地为农民工提供用工信息。健全职业介绍、劳动力转移、就业管理、劳务派遣、就业培训等数据库，实现区、市、县、乡四级信息联网和资源共享，及时、快捷、准确地为农民工提供用工信息，使务工人员能够及时掌握市场用工需求，避免盲目外出找工作。

四是组建劳务输出公司，由劳务公司跟踪服务、对接管理。宁夏采取"市场化运作，人性化关怀，规范化管理"的方式，积极鼓励各类劳动经纪人带动劳务输出。经纪人融法律援助、劳动权益保护、就业指导、解决住宿、安全管理等职责为一体，承担法人责任。各类经纪人为了闯市场，提高竞争力，扩大社会影响，争创劳务经纪人品牌，加强了对输出劳动力的管理、教育、服务，提高了务工人员的生产技能和法律素质，使务工人员的亲属放心家人在外务工。目前，全区有劳务中介公司260家，每年通过经纪人输出劳动力35万人。

四、强化基地建设，提高组织化程度

一是大力培育和建设劳务基地。宁夏按照"南下北上，东进西出，内外结合"的劳务基地建设思路，借助闽宁、新宁和鲁宁等经济协作优势，巩固老基地，开辟新基地，先后在福建、广东、浙江、山东、新疆等地建立省级劳务基地6个，全区每年输出劳动力70余万，劳务输出占农村劳动力人口达70%以上。宁夏西吉县是劳务输出大县，县委、政府把劳务经济作为发展县域经济的支柱产业予以扶持，在外省（区）建立县级劳务基地271个，万人基地4个，对接输出务工人员3.8万人，占有组织输出总人数的28%。

二是建立输出地和输入地协作机制。宁夏坚持"党政领导、外警协管、双向共赢"的原则，同劳务输出地建立了良好的协作服务管理机制。输出地与输入地根据用工需要签订劳务合作协议，明确双方权利义务，共同承担劳务人员的服务管理工作。制定"外警协管外口"警务机制，输出地派遣民警和劳务服务管理工作人员，配合输入地警方共同做好务工人员的服务管理工作，参与输入地公安机关开展的警务活动，掌握影响社会治安的各种信息，及时化解各类矛盾纠纷，严厉打击处理混迹其中的违法犯罪人员。输出地与输入地协作机制的建立，有效解决了输入地劳务人员情况不明、底子不清、治安难管等问题，保证了用工需要，维护了正常的生产秩序，提高了治安管控能力，同时又促进了输出地劳务经济的发展，保证劳务人员有稳定的职业、固定的收入，吸引更多的农民工外出打工。

三是组织实施"品牌劳务"。宁夏根据广东、浙江等地大量需要阿语翻译人员的实际，充分利用回族群众懂阿语的特长，成立阿语工作站，组织有阿语翻译能力的翻译人员从事翻译工作。在赢得广东、浙江的市场后，又打开国外市场，组建成多种形式的阿语劳务公司，并以公司为品牌扩大国际影响，使更多的劳务人员到国外打工。有关部门转变服务方式，专门南下到义乌、广州为3000多名宁夏籍阿语翻译办理了护照。一些从事阿语翻译人员因此脱贫致富，个别收入高达百万元。目前，我区的"吴忠阿语翻译"、"中卫瓦工"、"清真厨师"已被国家劳动保障部认定为特色劳务品牌，荣获"全国优秀劳务品牌"称号。

宁夏回族自治区综治委、办机构情况和负责人名单

主　任：苏德良　自治区党委常委、政法委书记、公安厅厅长

副主任：张小素　自治区人大常委会副主任

李　锐　自治区副主席

马三刚　自治区高级法院院长

王雁飞　自治区检察院检察长

冀晓军　自治区党委政法委副书记、秘书长

委　员：赵正川　自治区纪检委副书记

沈　凡　自治区党委组织部副部长

张克洪　自治区党委宣传部副部长

杨　洪　自治区党委统战部副部长

乔恩成　自治区防邪办主任

赵　诚　自治区人民政府副秘书长、信访局局长

黑智虎　自治区人民政府副秘书长

甘丽莎　自治区政协副秘书长

韩胜利　自治区党委政法委副秘书长、宁夏法学会常务副会长

苏仕祥　宁夏军区政治部副主任

石　兵　武警宁夏总队副总队长

王　铎　自治区教育厅副厅长

王　俭　自治区民委(宗教局)主任(局长)

李振国　自治区公安厅副厅长

王闻戈　自治区国家安全厅副厅长

赵俊新　自治区民政厅副厅长

王正升　自治区司法厅厅长

马闵霞　自治区财政厅副厅长

罗成虎　自治区人事厅副厅长

李宁顺　自治区劳动和社会保障厅副厅长

张吉胜　自治区建设厅副厅长

勾红玉　自治区交通厅副厅长

陶雨芳　自治区文化厅副厅长

叶　旭　自治区卫生厅副厅长

崔　岚　自治区人口和计生委副主任

李文波　自治区国资委党委副书记、纪委书记

王政敏　自治区广播电影电视局副局长

王　峰　自治区工商行政管理局副局长

海　军　自治区新闻出版局副局长

胡鑫德　自治区质量技术监督局副局长

海生莲　自治区旅游局副局长

杨文栋　自治区安全生产监督管理局副局长

杨津秋　自治区文化市场行政执法总队总队长

闫　华　自治区总工会副主席

杨　文　自治区团委副书记

金萍芬　自治区妇联主席

张良柱　银川海关关长

高　伟　宁夏通信管理局副局长

李晋海　中国人民银行银川中心支行纪委书记

李翰辉　宁夏保监局局长

自治区社会治安综合治理委员会办公室设在自治区党委政法委，冀晓军同志兼任办公室主任，利爱国同志任专职副主任。内设两个处室：综治督导室、综治协调室。

宁夏回族自治区各市、县(市、区)综治委、办主任名单

地　区	综治委主任	综治办主任	地　区	综治委主任	综治办主任
银川市	贾奋强	郝战江	盐池县	张吉贺	马俊义
兴庆区	李　军	耿红宁	青铜峡市	郭　军	常柏林
金凤区	郎志刚	孙天龙	红寺堡开发区	惠兴文	马家明
西夏区	周志林	朱存义	**固原市**	陈凤龙	张文远
灵武市	王国庆	韩育才	原州区		陈学伟
永宁县	夏夕云	赵和平	西吉县	杨国金	杨生宝
贺兰县	李海录	曾永清	隆德县	樊建华	李　溥
石嘴山市	陈栋桥	刘建文	泾源县	王　勇	禹月明
大武口区	马勇宁	张金彪	彭阳县	张佑昌	李忠仓
惠农区	张怀新	陈　光	**中卫市**	刘　云	林茂星
平罗县	李德胜	杨连俊	中宁县	马学成	张光绪
吴忠市	陈建军	周东波	海原县	马新明	张占芳
同心县	贺占忠	白少清			

（撰稿人：王敬元
审稿人：冀晓军　王雪鹏）

新疆维吾尔自治区

2008年社会治安综合治理工作概况

2008年，新疆维吾尔自治区认真贯彻执行中央的工作部署，紧紧围绕“平安奥运”、“和谐新疆”总体目标，按照“最大限度增加安全因素，最大限度减少不安全因素”的要求，严厉打击境内外“三股势力”分裂破坏活动，层层落实领导责任制，深入开展平安创建工作，不断完善社会防控体系建设，强化基层基础建设工作，推动综合治理各项措施的落实，努力满足人民群众的新要求，确保了新疆社会政治大局稳定。

一、依法严厉打击“三股势力”恐怖犯罪活动和各类严重刑事犯罪活动

自治区各级政法机关牢固树立“稳定压倒一切”的理念，不断强化谋略斗争，成功组织实施了专项斗争和整治行动，沉重打击了“三股势力”恐怖犯罪和其他严重刑事犯罪活动，有效遏制了各类违法犯罪活动，保持了社会治安形势总体平稳。一是严厉打击“三股势力”的分裂破坏活动，确保了国家安全。始终坚持“主动出击、露头就打、先发制敌”和“挖着打、压着打、追着打”的方针，严厉打击和严密防范“三股势力”的犯罪活动，打掉了一批反动组织，抓获了一批骨干成员。二是继续开展“严打”整治斗争，刑事犯罪高发态势得到有效遏制。按照“盯紧命案、严防双抢、隐患必除、破坏必惩、命案必破”的总要求，重点打击杀人、爆炸、涉枪等13项严重刑事犯罪和侵财类多发性犯罪，破获了一批危害大、影响恶劣的刑事案件，维护了人民群众的生命财产安全。三是加大对经济犯罪的防范和打击力度，维护经济安全取得新的成绩。紧紧围绕“维护经济运行安全，促进社会和谐发展，保障合法权利”这一目标，开展了打击非法金融活动、银行卡犯罪、跨境资金非法流动等专项整治行动，抓获一批网上犯罪嫌疑人。四是深入开展禁毒人民战争，打击毒品犯罪的能力不断提高。坚持“打团伙、摧网络、破大案、抓毒枭、缴毒资”的方针，以缉毒侦查为抓手，灵活运用侦查谋略，打击毒品犯罪取得了新成效。

二、创新工作，多措并举，圆满完成奥运安保工作任务

自治区各级党委、政府以确保火炬传递顺利和奥运安全为目标，加强组织领导，严密工作措施，加大工作力度，确保了奥运火炬的顺利传递，实现了平安奥运的总体目标。一是各级领导高度重视，层层落实责任制。2008年，自治区先后召开19次稳定工作会议，下发16个专项工作文件，对奥运安保工作进行安排部署。各级党委成立了由党委书记为组长的奥运安保工作领导小组，主要领导亲自谋划、亲自部署、亲自督促落实。各级党政机关，群众团体、企事业单位层层签订安保责任书，对领导不力，工作不落实，安全隐患得不到整改的，严肃追究领导责任。二是加强督促检查，堵塞漏洞。奥运会开幕前夕，自治区综治办派出14个暗访组，重点检查各地（州、市）中心城市的重点要害部位在防爆炸、防纵火、防投毒、防恐怖袭击方面存在的突出问题，对发现的问题和隐患及时进行通报，限期整改。各地（州、市）、县（市、区）分别组成暗访组，逐级进行明查暗访，检查督促排查整治和防范工作的落实情况，消除了大量的安全隐患。三是重点加强要害部位的安全保卫工作。增强了公安、武警、内保组织、群防群治的力量，对党政机关和关系民生的水、电、气、热等重点单位、要害部位实行24个小时值班巡逻制度，特别是在火炬传递城市及奥运会开幕期间增强了武装巡逻的密度，震慑了犯罪。四是堵点设卡，认真开展“三查”工作。各地、县、乡、村在主要道路、重要部位设立卡点，开展了以查“三股势力”、非法宗教活动、枪支弹药易燃易爆危险物品管理和各项防范措施落实情况为重点的排查、清查、盘查工作。五是严厉打击涉奥暴力恐怖犯罪活动。各级政法部门按照“堵住境外,压住境内”的要求,周密布置,精心组织,充分发挥不怕牺牲、不畏艰险、攻坚克难、连续作战的精神,成功打掉了一大批境内外“三股势力”旨在以破坏奥运会为目标的暴力恐怖行为。

三、领导重视,丰富内容,积极推进平安创建

一是各地、各部门“思平安、促平安、保平安”的责任感、使命感、紧迫感进一步增强。自治区综治办进一步完善修订平安创建的目标任务,加强分类指导,严格申报、考核、命名程序,把平安创建工作作为落实社会治安综合治理工作措施的有效抓手。各地、各部门进一步完善各项措施,强化责任和职能作用,把落实各项社会治安综合治理措施作为推进各项业务工作的基础工作。巴州、伊犁、和田、喀什始终把平安创建工作摆上重要议事日程,纳入到全局工作之中全面落实。塔城、阿克苏、克州、吐鲁番把平安创建工作与经济、社会发展同安排、同部署、同检查、同考核。阿勒泰、阿克苏、昌吉把平安创建列入为民办实事项目,加强组织、人员和经费保障措施的落实。克拉玛依、乌鲁木齐、哈密将平安建设经费列入财政预算,并随着经济社会的发展逐年增加。二是形式多样,内容丰富,争创氛围更加浓厚。各地、各部门在平安建设宣传中采取了形式多样、内容丰富、特点鲜明的宣传形式,群众的知晓率、参与率普遍提高。喀什、和田、阿克苏、克州利用“巴扎日”、“五一”、“十一”等重大节日开展平安建设万人签名活动,使平安建设理念深入人心。塔城、昌吉、乌鲁木齐利用电视、广播、互联网、手机短信等现代媒体进行宣传,使大家足不出户就能了解掌握平安建设相关知识,加深对平安创建工作的认识和理解。伊犁、阿勒泰、哈密利用干部下乡村进行贴近群众生活的宣传,将平安建设内容印制成春联、挂历、纸杯、手提袋等宣传品送到群众手中,开展“走百村、访千家、听意见、送平安”活动,使群众感受到平安创建就是创造自己美好幸福的生活。吐鲁番、克拉玛依利用永久性广告牌进行宣传,在城乡交通主干道、公交车、抗震房、旅游景点、电线杆等醒目位置喷制宣传标语,使群众切身感受到平安创建的强烈氛围。巴州、博州利用喜闻乐见的文化活动进行宣传。各地认真组织宣讲团、演出团,利用“百姓乐”、“百日文化广场”、“文化下乡”等活动,开展宣讲活动和文艺演出,使群众主动地参与到平安创建活动中来。三是分类推进,加大投入,基层防控体系进一步健全。各地各部门以奥运安保为契机,加大经费投入,强化各种综合性防范措施,人防、物防、技防相结合、“纵向到底,横向到边”的社会治安防控体系已基本建立。各地普遍组建了由武警、公安、民兵组成的处突应急分队和群众性治安联防巡逻队,形成了农村村庄巡控、城镇社会管控、机关单位守控、边际部位联控的社会治安防控体系,群防群治力量不断发展壮大,素质不断提高。克拉玛依市、乌鲁木齐市建立了街道派出所、物业公司、社区居委会、企事业单位内保机构“四位一体”的治安防治机构。巴州把环卫工人、公交司乘人员、出租车驾驶员、保安、警卫等人员聘请为义务治安信息员、巡逻员。昌吉州强化“十户一联”和“户轮式”治安防范工作。阿勒泰、阿克苏、博州、伊犁州在每个乡(镇、场、街道)都组织了治安巡逻队。鄯善县组建了300名大专以上文化程度、训练有素的辅警力量。和田村村都有治保会和调委会。物防建设不断加强。各地、各部门坚持以防范多发性侵财案件为主,重点加大了城镇居民楼、商业网点、企业、学校等易盗部位防盗门、窗等设施的安装和改造力度,全区入室盗窃案件明显下降。技防建设网络已成规模。各地加强了对中心城镇、重点部门技防设施建设,近70%的县市已初步形成了较为完善的技防监控网络。巴州、伊犁州在城区各主要街道、重点单位全部安装了与公安局指挥中心联网的红外线视频监控装置。克拉玛依、阿勒泰、塔城、哈密、乌鲁木齐、吐鲁番、昌吉州、博州、阿克苏在各县(市、区)城区主要路口,商业中心、重点要害单位安装了技防设施。和田、喀什、克州在财政十分困难的情况下,各拿出上千万元用于技防设施建设。五是工作不断创新,平安创建工作进一步深入。各地各行业在平安建设工作中,不断总结经验,创造了很多切合实际、行之有效、群众满意、成效明显的工作方法。伊犁州针对警力不足、工作任务重、治安管理存在死角的问题,从“三老”人员和有威信的群众中选出代表,在城镇作为“巷道长”,在农村作为“十户长”,划分一定责任区,协助村(居)委会开展治安联防、情报信息收集上报、邻里纠纷调解、村容村貌整治等工作,使邻里纠纷明显减少,城区环境、村容村貌大为改善。乌鲁木齐市针对社区基层治安难点多、安全隐患大的问题,下派1万多名机关干部进驻社区,开展知民情、解民意等基础工作,消除了大量安全隐患。巴州从城镇低保户中挑选出身体条件好、政治素质高的人员,佩戴"红袖标",按照30－50户为一个片区进行治安巡逻,使治安案件明显下降。塔城根据平安建设进展情况,开展了"五无"村队(社区)创建活动(无刑事案件,无治安案件,无重大治安灾害事故,无群体性上访、闹事事件,无邪教组织和非法宗教活动),把平安创建工作提高到一个新台阶。和田召开村民大会,广泛征求意见,制定《遵规守约承诺书》,既规范了群众的行为又保护了群众的利益,得到了社会各界的好评。乌苏市、沙湾县针对农村消防是个盲区的问题,筹集资金,购买设备,培训人员,建立起全区第一支相对专业的农村消防队,解决了农村灭火难的问题。

四、重点治理,改善环境,群众安全感普遍增强

一是流动人口服务和管理工作进一步加强。各地、各部门按照中办(2007)11号和新党办(2008)3号文件精神,加强调查研究,加强工作指导,加强经验交流,使流动人口服务和管理工作上了一个新台阶。各地初步形成了"党委政府领导、综治办协调、公安为主、各方参与、综合治理"的管理格局,将流动人口服务和管理工作纳入社会治安综合治理考核目标体系,建立健全考核机制,推动工作措施落实。大部分乡镇(街道办)建立了流动人口服务管理中心,村(社区)建立了流动人口服务管理站,流动人口较多的单位设立了流动人口服务和管理专职管理员。全面推进流动人口管理信息网络建设,12个地州市已经安装了1500多个信息网络端口。2008年10月,自治区综治委在伊宁市召开了《自治区流动人口服务和管理工作会议》,全面推广伊犁州综治委在流动人口服务和管理工作中开展"四知、四清、四掌握"的成功经验。按照"属地管理,分级负责"的要求,建立完善"以房管人"、"以业控人"的工作机制,加大对流动人口中涉黑涉恶犯罪、流窜犯罪、带有明显区域特点和职业特点团伙犯罪的打击力度。各地开展维护流动人口合法权益活动,重点清查追讨克扣和拖欠流动人口工资问题,保障外来务工人员都能及时足额地拿到应得的报酬;帮助农村劳动力提高转移就业能力;认真解决流动人口子女接受义务教育问题;改善流动人口居住环境等。二是突出重点,全面排查化解各类矛盾纠纷。各地、各部门认真贯彻中央及自治区的工作部署,迅速行动,推动"两个排查"活动深入开展,全力解决影响社会和谐稳定的突出问题。建立了以党委、政府为龙头,政法部门为主力,县乡信访部门、调解组织为基础,乡村信息员为前哨的四级信访工作制度。坚持依法行政,坚决落实涉及群众切身利益的土地、减轻农民负担、粮食直补、计划生育、民主选举、政务公开等党的各项政策,将一些特困户纳入长年救助范围,保障各族人民共享改革发展成果。加大排查力度,重点排查重信重访问题、历史遗留问题和冲突性强的问题,将排查出来的问题逐一造册登记,逐一落实责任,逐一跟踪督办,限期有效解决。特别是对信访重点人员建立工作台账,派人盯死看牢,明确化解和稳控责任,因案施策加以管控,确保这些人不发生问题。深入开展领导干部大接访活动。各地坚持"重心下移、责任前移"的办法,开展了地(州、市)委书记、行署专员(州、市长)接待日,特别是县以下单位的党政领导干部,坚持定期接访,采取领导包案、协调会商、加强督办、派驻工作组等形式,变"群众上访"为"干部下访",及时有效地化解了一大批矛盾纠纷,基本上实现了把上访群众问题解决在基层,把矛盾化解在萌芽状态,把重点人员稳控在当地的目标。三是依法管理,着力引导宗教与社会主义社会相适应。各地坚持"宗教事务无小事"的思想,按照"摸清底数,心中有数,抓住重点,解决难点,政策先导,教育引导"的工作思路,依法加强对宗教事务的管理。坚持"保护合法、制止非法、抵御渗透、打击犯罪"的方针,进一步加强爱国宗教人士队伍建设,抓好领导干部联系清真寺和与宗教人士谈话"两个制度"的落实,依法保护正常的宗教活动。严厉打击披着宗教外衣、利用宗教进行的各种分裂破坏和极端思想渗透活动,依法打击非法宗教活动。四是深化护路联防,保障新疆铁路大动脉的安全畅通。铁路沿线各地以整顿和治理突出治安问题为主线，重点开展铁路沿线废旧金属收购站点集中清理整治和铁路交通事故专项治理活动，进一步净化了铁路沿线治安环境。铁路护路办在全区组织开展“平安铁路”创建活动，集中开展铁路治安专项整治行动。铁路沿线各地、州、市、县将铁路护路工作纳入综治工作的重要议事日程，普遍调整充实了铁路护路联防领导力量，配齐配强了护路分队队员，健全了组织机构，完善了铁路爱路护路宣传教育和铁路护路联防工作路地联席会议等制度，层层签订了责任书，建立了铁路沿线“五类”人员、重点人口档案，加强了监控和教育管理工作。五是认真开展刑释解教人员的安置帮教工作。按照“帮教社会化、就业市场化、管理信息化、工作职责规范化”的要求，全面部署开展刑释解教人员调查摸底专项活动。建立健全摸排责任制，广泛深入街镇、村居、厂矿，走访住户、查询知情人，摸清了刑释解教人员回归社会后的衔接、帮教和就业安置情况，加强了与流入地公安机关的衔接管理工作，纳入了管理视线，健全了管理档案。为改进和加强衔接工作，各地加快推广使用安置帮教工作信息管理软件，努力实现对刑释解教人员的信息化管理。六是加大预防青少年违法犯罪工作力度。各地、各部门以宣传新修订的《未成年人保护法》为契机，开展了内容丰富、形式多样的法制宣传工作，特别加强了对青少年社会公德、法制教育、反分裂斗争教育等宣传教育工作，提高未成年人保护工作的社会影响力，进一步建立和完善预防青少年违法犯罪工作保障机制。各地普遍成立了预防青少年违法犯罪工作领导小组和青少年维权中心，开通了青少年维权热线，配备了法制校长或副校长，建立了预防青少年违法犯罪工作网络体系，为青少年的健康成长营造了良好的社会环境。七是加强综治宣传工作，推进综治工作向纵深发展。按照“形式多样、内容丰富、特色鲜明、生动活泼、效果显著”的要求，各地普遍分阶段、分层次开展了“五观”、“四个认同”、“三个离不开”“一反三维护三爱”教育活动。拍摄了“平安新疆·和谐新疆”大型宣传片，在中央电视台播放后，使全国观众更加了解新疆综治工作，更加关心、支持新疆的综治工作。针对农牧区居住分散的情况，组织“马背宣传队”深入到农牧民家中不留死角进行宣传。自治区综治办选调综治系统优秀节目，进行文艺汇演，进一步鼓舞斗争，凝聚人心，展现综治干部良好的精神状态；在自治区各大主流媒体集中宣传综治工作优秀个人先进事迹，进一步弘扬社会主旋律；开展“综治工作优秀征文”活动，进一步促进相互学习；充分利用“新疆平安网”、“新疆法治网”大力宣传综治工作开展情况，进一步加强交流。2008 年，新疆平安网共完成编发新闻图片、文稿 33313 篇，其中文字类稿件 31919 篇，图片类稿件 1394 篇。

五、加强教育培训，综治干部队伍建设得到进一步加强

各地各部门认真贯彻落实科学发展观和社会主义法治理念，采取有力措施，努力提高综治干部队伍整体素质，推动综治工作健康深入发展。一是加强意识形态反分裂斗争再教育，打牢思想防线。各级综治干部结合学习实践科学发展观活动，认真组织学习王乐泉书记、努尔·白克力主席“9·10”干部讲话精神，学习自治区有关意识形态反分裂思想教育文件，进行反分裂思想教育轮训，增强了反对民族分裂、维护社会稳定的责任意识。二是深入开展“大学习、大讨论”活动，解决不符合、不适应综治工作的突出问题。紧紧围绕胡锦涛总书记在全国政法工作会议和大法官、大检察官座谈会上的重要讲话精神，深入开展“大学习、大讨论”活动，对照社会主义法治理念要求，着力解决在理想信念、服务社会、公平正义等方面存在的突出问题。三是加强培训，提高综治业务素质。各级综治部门普遍采取请进来，派出去的方法，加强综治业务培训，努力提高工作能力。自治区选派了近 200 名县处级以上领导干部到自治区党校、清华大学进行了培训。各地按照分级管理的要求，对本地的综治干部进行了培训。四是整体素质不断提高，先进集体、先进个人不断涌现。各级综治干部埋头苦干、团结奋斗、开拓创新、勇于奉献，涌现出了一大批先进集体和模范个人。2008 年，自治区召开了 4 年一度的社会治安综合治理工作表彰大会，93 个综合治理先进集体、200 名先进个人、40 名见义勇为先进分子受到自治区党委、自治区人民政府的表彰。

新疆维吾尔自治区党委　自治区人民政府关于表彰自治区社会治安综合治理先进集体和先进工作者的决定

（2008 年 12 月 27 日）

2004 年以来，全区各级党委、政府和各部门坚持以邓小平理论和“三个代表”重要思想为指导，深入贯彻落实科学发展观，坚决贯彻落实中央和自治区党委关于加强社会治安综合治理、维护社会和谐稳定的决策部署，坚持打防结合、预防为主、专群结合，依靠群众的方针，全面落实社会治安综合治理目标责任制和各项安全稳定工作措施。以维护社会稳定为重点，严厉打击境内外“三股势力”的分裂破坏活动；认真开展排查矛盾纠纷，排查整治治安混乱地区和治安突出问题；广泛开展平安创建活动，健全完善社会治安防控体系；深入开展集中整治，强化社会稳定基础。确保了社会政治大局持续稳定，为自治区经济社会又好又快发展创造了安全和谐的社会环境。在工作中涌现出一批成绩显著的先进集体和先进工作者。

为了进一步表彰先进、树立典型、弘扬正气、鼓舞斗志，更扎实、更深入地推动社会治安综合治理各项措施的落实，自治区党委、自治区人民政府决定：对在 2004 年至 2007 年度全区社会治安综合治理工作中做出突出贡献的新源县等 93 个单位授予“自治区社会治安综合治理先进集体”荣誉称号；对高建英等 200 名同志授予“自治区社会治安综合治理先进工作者”荣誉称号。希望受到表彰的先进集体和先进工作者珍惜荣誉，戒骄戒躁，再接再厉，与时俱进，勇于创新，在社会治安综合治理工作中继续创造新经验、做出新贡献。

全区各条战线、各族干部群众要向社会治安综合治理先进集体和先进工作者学习。学习他们坚决贯彻落实中央和自治区党委关于加强社会治安综合治理工作的一系列重大决策部署，切实维护全区社会政治稳定的高度政治责任感和使命感；学习他们热爱综治工作、扎根综治工作，确保一方平安的崇高思想境界；学习他们忠于职守、无私奉献、开拓进取的敬业精神；学习他们联系群众、求真务实、不畏艰险的工作作风。各级党政领导干部特别是各级社会治安综合治理工作人员，要以先进集体和先进工作者为榜样，认真贯彻落实党的十七大、十七届三中全会精神，深入学习实践科学发展观，牢固树立“发展是第一要务，稳定是第一责任”的思想，正确处理改革、发展、稳定的关系，坚持稳定压倒一切的思想不动摇，深刻认识新疆反分裂斗争的长期性、复杂性和尖锐性，居安思危，恪尽职守，埋头苦干，狠抓社会治安综合治理各项措施的落实；要用构建社会主义和谐社会的目标要求，提升综治工作层次和水平，始终坚持以人为本的科学管理理念，不断改革创新社会治安综合治理管理体制和管理方式，最大限度地减少不和谐因素，最大限度地增加和谐因素；充分发动群众、依靠群众，深入开展平安创建活动，加强社会治安防控体系建设，打牢维护社会稳定的工作基础。全区各族干部群众要同心同德、齐心协力，把我区社会治安综合治理工作推上一个新的台阶，为自治区经济社会又好又快发展创造和谐稳定的社会环境。

附件：自治区社会治安综合治理先进集体和先进工作者名单（略）

新疆维吾尔自治区社会治安综合治理委员会关于印发《新疆维吾尔自治区社会治安综合治理责任制》的通知

（2008年5月9日）

伊犁哈萨克自治州社会治安综合治理委员会，各地、州、市社会治安综合治理委员会，自治区社会治安综合治理委员会各成员单位：

现将《新疆维吾尔自治区社会治安综合治理责任制》印发你们，请结合本地、本部门本系统实际，进一步细化责任，明确措施，认真贯彻落实。

新疆维吾尔自治区社会治安综合治理责任制

为使自治区各地党委、政府和自治区综治委各成员单位（下称成员单位）切实承担起保一方平安的政治责任，认真贯彻党的“十七”大精神，全面落实社会治安综合治理各项措施，进一步推进我区社会治安综合治理和平安建设工作深入开展，确保我区社会政治大局持续稳定，确保北京奥运会安全顺利进行，根据中共中央、国务院《关于加强社会治安综合治理的决定》、《关于进一步加强社会治安综合治理的意见》、自治区《关于进一步加强社会治安综合治理的决定》、《自治区党委、自治区人民政府关于在全区深入开展平安县（市、区）建设的意见》、《关于充分发挥自治区综治委成员单位作用，进一步做好综合治理工作的意见》等有关文件规定和2008年4月16日全国维护稳定工作电视电话会议的要求，结合我区实际，制定本责任制：

一、适用范围及责任人

（一）本责任制适用于自治区各地、州、市和各成员单位。

（二）各地、州、市和各成员单位的党、政一把手是第一责任人，分管领导是具体责任人。

二、地、州、市和各成员单位社会治安综合治理主要责任

（一）坚决贯彻落实中央和自治区关于社会治安综合治理工作一系列指示和精神，结合本地、本部门本系统工作实际，安排、组织、实施好本地、本部门本系统社会治安综合治理和平安建设工作，有计划、有部署、有检查、有总结，做到责任明确、措施具体、工作主动、保障有力。自治区综治委、自治区纪检委、自治区党委组织部、自治区人事厅、自治区监察厅要按照有关规定，认真履行职责，充分发挥核心作用。

（二）按照“属地管理”、“谁主管谁负责”和“谁经营谁负责”的原则，地、州、市和各成员单位党政一把手要切实承担起“第一责任人”的责任，对本地、本部门本系统社会治安综合治理和平安建设的各项工作负总责，并在管辖范围内对所有社会实体及成员严格实行社会治安综合治理领导责任制，层层签订责任状，定期召开专题会议，研究综合治理工作，制定并督查落实各项具体措施，确保本地区、本部门本系统社会政治大局稳定，不发生影响全区稳定的案（事）件。

（三）加强管理，严格要求，管好管辖范围内的干部队伍，绝不能发生因干部队伍管理不严、职能作用发挥不好、工作不力引发影响社会稳定的问题，切实做到管好自己的人，看好自己的门，办好自己的事。

（四）坚决贯彻"打防结合、预防为主、专群结合、依靠群众"的方针，按照中央和自治区的统一部署要求，认真做好对"三股势力"及严重刑事犯罪的严打整治、对治安混乱地方和突出治安问题的专项治理、矛盾纠纷排查调处、流动人口管理、宗教事务管理、文化市场管理等各项重点工作，切实把各项防范措施落实到基层，落到实处，努力减少违法犯罪案件的发生，使治安混乱地方（单位）和突出治安问题得到有效治理，90%以上人民群众对当地治安状况比较满意。

（五）最大限度地调动干部群众的积极性，大力推进本地、本部门本系统的平安建设工作，全面提高平安家庭、平安村（社区）、平安乡（镇、街道）、平安县（市、区）和平安单位、平安铁路、平安油区、平安校园等的创建数量和质量，真正形成党政统一领导、综治部门协调、各部门各司其职、群众广泛参与的齐抓共管局面。

（六）各地、各成员单位要按照自治区的统一部署要求，紧紧围绕确保北京奥运会安全的目标，强化领导、严密戒备、全面动员、全力以赴，加强对重点目标、重大活动的安全保卫工作，加强对爆炸物品、剧毒物品、化学危险品、公共复杂场所等的安全管理工作，进一步完善各项应急预案并加强演练，确保不发生影响社会政治稳定的暴力恐怖事件、群体性闹事事件、重大安全生产事故，确保各种矛盾纠纷、事故苗头化解在初始阶段、化解在基层、化解在本地、化解在本单位，为北京奥运会的顺利举办创造良好的社会环境。

三、考核与奖惩

（一）本责任制的执行情况由自治区综治办负责监督指导、检查督促。自治区综治办要适时组织检查，针对存在的问题提出改进工作的意见或提出警告，年终要按照自治区综治委关于社会治安综合治理、平安建设工作考核的有关规定进行严格考核。

（二）对全面履行责任制规定的各项责任且成绩突出的地、州、市和成员单位，由自治区综治委给予通报表扬或表彰奖励；对未能全面履行责任制规定责任的，视情况进行通报批评或给予黄牌警告。责任制执行及奖惩情况，由自治区综治办及时通报组织部等相关部门，作为干部任用、奖惩的重要依据。

（三）严格执行一票否决权和重大问题查究制。凡因领导不重视、措施不得力发生影响稳定问题或事件的地、州、市和成员单位，由自治区综治委严格按照自治区《关于实行社会治安综合治理领导责任制的若干规定》、《新疆维吾尔自治区社会治安综合治理重大案（事）件领导责任查究的暂行规定》、《关于实行社会治安综合治理一票否决制的规定》和自治区综合治理、平安建设等有关规定倒查原因，追究责任，严肃处理，并视情节实行一票否决。

在创新求实上下工夫　在稳定发展中见成效

伊犁州社会治安综合治理委员会

伊犁地处新疆西北部，是新疆东联西出的战略通道，也是新疆乃至中国面向中亚的重要对外门户，其政治、经济、军事地位十分重要。改革开放尤其西部大开发以来，伊犁以其特殊的地理位置和优美的自然环境，吸引了大量国内外商人、游客前来投资、旅游，这无疑给伊犁带来了前所未有的发展机遇。但由于流动人口的大量流入，也给伊犁州加强流动人口服务和管理工作带来诸多问题。为确保伊犁长治久安和各族群众安居乐业，近年来，伊犁州按照科学发展观的要求，紧紧抓住开展“流动人口服务和管理年”活动的有利契机，围绕“打造平安伊犁、构建和谐伊犁”的目标，主动摒弃传统的以堵塞为主、重管理轻服务的观念，树立公平对待、依法保护、服务至上的工作理念，真正做到把管理寓于服务之中，在服务中实施管理，在管理中体现服务，实现管理和服务的有机统一。并按照以人为本和让流动人口感到更安全、更方便、更文明、更和谐的要求，全面梳理服务管理工作中存在的不符合、不适应问题，实现由防范控制性为主的治安管理模式向引导、教育、服务、管理相结合的模式转变；由户籍人口与流动人口双轨制向实有人口服务管理的模式转变；由职能部门管理为主向以完善社区服务管理体系为主的属地管辖的模式转变；由政府管理为主向政府负责、社区为主、社会参与的社会化管理的模式转变，从而实现管理者与被管理者的相互理解，管理形式与管理效果的内在统一。他们的主要做法是：

一、加强领导，规范运作，努力构建流动人口服务和管理工作长效机制

州党委、政府高度重视流动人口服务和管理工作，将其列入党委、政府重要议事日程，作为一项重要工作来抓，有力地推动了流动人口服务和管理工作扎实地开展。一是加强组织领导。成立并充实了以州党委领导任组长，州人大、政府、政协分管领导任副组长，各有关单位负责同志为成员的州直流动人口服务和管理工作领导小组。州直各县（市）也相继成立了流动人口服务和管理工作机构，配备了专职工作人员1409人，协管员478人，形成了专门班子、专门队伍抓流动人口服务和管理工作的局面；州党委召开2次专题会议，研究部署流动人口服务和管理工作，定期听取流动人口工作汇报，及时解决流动人口服务和管理工作及人员、经费、装备等方面问题。2007年，州综治办在伊宁市启动流动人口服务和管理试点工作，通过以点带面，强力推进，迅速推动了流动人口服务和管理工作全面展开。二是规范工作程序。州党委、政府制定下发了《伊犁州关于进一步加强流动人口服务和管理工作的实施意见》、《伊犁州流动人口服务和管理工作成员单位工作职责》等规范性文件，建立了各职能部门工作联系会议制度，将流动人口服务和管理工作目标任务分解到各部门，并经常性地督促和检查，发现问题及时整改，形成了齐抓共管的合力；将流动人口服务和管理工作纳入社会治安综合治理、平安建设考核内容，制定统一的考核标准，定期考核验收流动人口服务和管理绩效，实行奖罚，推动了流动人口服务和管理措施的落实。按照州党委、政府的要求，各县（市）制定、印发《平安建设工作指南》16万册、《流动人口及出租房屋服务和管理工作手册》10万册等各项规章制度、考评细则，使州直流动人口服务和管理工作走上了制度化、规范化的管理轨道；总结探索并大力推广“村级维稳十步工作法”和“社区维稳十三步工作法”，统一了基层流动人口服务和管理工作标准，有效解决了村（社区）抓流动人口服务和管理的难题。三是加大宣传力度。采取电视、报刊、广播、网络媒体宣传，设立宣传点763处，举办培训班230期，发放宣传单233629份，办黑板报1237块，张贴标语16034条，上门面对面宣传等多种形式，大力宣传流动人口服务和管理工作的方针政策，动员社会各界积极参与流动人口服务和管理工作，形成了各族群众共同参与流动人口服务和管理工作的浓厚氛围。

二、深入摸排，建档立卡，全面准确掌握流动人口的基本情况

为了全面准确地掌握流动人口的基本情况，更加有效地开展服务和管理工作，伊犁州建立了“四知、四清、四掌握”排查、清查工作机制即：（辖区住户的每个家庭成员基本情况及其社会关系，每个家庭经济状况，每个家庭成员的政治表现，每个家庭成员遵纪守法情况；辖区就业情况，重点人员情况，流动人口现状，贫困群体状况；辖区基本情况及社情动态，辖区宗教管理状况，辖区内居民关注的热点难点问题，辖区各类积极分子发挥作用情况），逐一掌握辖区内所有人员，重点摸清辖区内流动人口、“三无”人员情况，这一做法得到了王乐泉书记、努尔主席等自治区领导的充分肯定。尤其是2008年以来，结合奥运安保，伊犁州组织各县（市）、各有关部门再一次集中开展了以流动人口为重点的专项清查，要求各县（市）的所有村（社区）都按照“四知、四清、四掌握”工作机制组成摸底排查工作组，深入基层发动群众。各村、社区实行街道长、巷道（楼院）长负责制，按照“街不漏巷、巷不漏户、户不漏人”的要求，逐家逐户，进行全面调查，登记造册，建档立卡，做到不留死角，每日召开流动人口出租房屋摸底排查信息研判会议，分析研究摸底排查工作中发现的问题，及时向公安机关通报混迹于流动人口中的违法犯罪人员，由派出所对清查出的425名“三无”人员进行发函核实，甄别其真实身份，确保了流动人口数据信息真实可靠。州流动人口管理办随时抽查各县（市）、乡（镇）、村（社区）等单位的清查情况，对发现有漏登、漏查流动人口和出租房屋的单位，追究相关领导和责任人的责任，截至目前，州直已对三个县（市）发文进行了书面通报批评；对15名工作人员采取通报、经济处罚、责令辞退等办法进行了严厉处罚；先后对30余个单位进行了通报和黄牌警告，确保流动人口排查工作落到了实处。州直共清查登记流动人口274018人，出租房屋37225户，办理暂住证70218个；审查身份不明的“三无人员”14748人次，南疆籍来伊人员14615人。在工作实践中，各县（市）创造了许多切实可行的经验，成效十分明显。如伊宁市成立专门领导小组，由市长挂帅，进一步健全机构，整合力量，加强基础建设，建立奖罚机制，实行“日清”、“周结研判”制等，将各项措施落实到每个村（社区）干部身上，取得较好的社会效果（注：伊宁市还要作具体的介绍）。特克斯县采取每名协管员包30户、10天入户一次的方法，实行“查人、查房、查物”的“三检查”制度；“出租房主底簿登记、派出所台账登记、村、社区流动人口管理站档案登记、乡（镇）流动人口管理办备案登记”的“四登记”制度，及时掌握流动人口和出租屋底数信息和变化情况。伊宁县、霍城县充分发挥治保主任、片区长、楼道长、巷道长、调解员熟悉本地情况的优势，缩小对流动人口的摸排单元，直接入户采集信息，成效十分显著。巩留县采取见房屋、见物品、见证件、见承租人、见出租人的“五见面”措施，确保了流动人口和出租房屋清查登记落到实处，不走形式。昭苏县通过排查出流动人口中的特困群体、重点人员和“两劳”释放人员，对其实行“三必访”，采取“以访为主，控教并重，月月考评，随时观察”的方法，开展具体的服务和管理工作，取得明显成效。

三、突出重点，打防结合，切实加强流动人口服务和管理工作

当前，流动人口违法犯罪以及混迹于流动人口中的“危安”重点人员、“三股势力”成员已成为影响社会稳定的重要因素。对此，伊犁州一是始终坚持“主动出击、露头就打、先发制敌”的方针，坚决依法打击“三股势力”成员流动犯罪。2008年以来，伊犁州对摸排出的流动人口中的“危安人员”和可疑人员紧盯不放，及时掌握了一些有价值的情报线索，成功打掉了多个暴力恐怖团伙为全国奥运安保大局做出了贡献。同时，组织开展了打盗抢、追逃犯专项行动，查获内地来伊网上追逃人员187名；查处刑事案件435起、涉案317人、刑事拘留223人；查处混迹于流动人口中的治安案件585起、涉案461人、行政拘留215人，受到了各族群众的好评。二是建立了严密的防控网络，严防混迹于流动人口中的“三股势力”分子潜入潜出。伊犁州在城乡全面建立了安全员、情报信息员、民兵巡逻、街长（巷道长）、保安员五支队伍，将防范责任落实到人头上。2008年奥运安保期间，伊犁州对所有的重点防范目标逐一制定防范措施，形成单位、街道、社区、乡村、家庭“五防”体系。2008年年初开始就在所有商场、公交车等人群密集场所落实“开包检查制度”，严格落实“领导带班、双人双岗值班、24小时值班、出入登记”制度。从公安、驻伊各部队、农四师抽调1300多人组成专业巡防队伍，伊宁市从市直机关抽调1664名干部充实到一线、抽调150名干部组成了民兵应急连、成立了147支治安巡逻队，其他各县（市）组织成立300支巡逻队，实施24小时不间断的巡逻防控；在各商业网点、各单位、各乡村、社区都分别确定治安员，佩戴“安全员”袖标实行昼夜巡逻控制。大力开展设卡查缉工作，以伊宁市为中心，从2月份开始就在3条国道、5条省道和进出伊宁市区及各县的主要路口设置25个卡点，在伊宁市城区设固定卡点8个、盘查点42个，24小时不间断对过往车辆、人员、物品进行严格检查，对500余名嫌疑人员进行了审查。切实加强了边境管控，在边境重要通外山口及重要交通要道设立了22个堵截点，抽调了337名执勤人员，在沿边村队成立了35支边境巡逻队和300人的护边员队伍，并从武警部队抽调三个连队，兵地又组建三支联防队伍在边境和口岸驻训。通过采取以上防范措施，有效防止了境外和疆内“三股势力”潜入潜出及各种渗透破坏活动。三是坚持管好境内，努力提高流动人口管理水平。在流动人口管理工作方面，伊犁州建立了细致分析、重在联系、建立机制、强化督查的“十六字”管理机制。“细致分析”，即通过州、县(市)、街道、社区四个层次的治安形势分析会，剖析辖区治安、流动人口和出租房屋管理形势，讨论当月的治安、流动人口和出租房屋管理对策措施，有针对性的安排工作任务；“重在联系”，即通过综治例会通报辖区治安现状和发案情况，最大限度的调动辖区单位的积极性，使其参与到治安防控、流动人口和出租房屋服务管理中来；“建立机制”，即实行“通报”批评或“黄牌”警告制度，对连续三个月被通报或黄牌警告的社区或单位实行综合治理一票否决，社区主任、片区民警、联防队员年底工作均不达标；“强化督查”，即州、县(市)、街道办等相关单位成立了联合督查组，加强对队伍的监督，充分发挥其在流动人口服务和出租房屋管理中的作用。根据摸底排查情况及流动人口的现实表现，将流动人口按放心户、不放心户、重点控制户分级进行管理，基层派出所和村(社区)委会将确定的不放心户和重点控制户的管控工作落实到协管员身上，要求包街、包巷、包户干部对重点控制户每周走访一次，对不放心户每两周走访一次，对放心户每月走访一次，及时掌握和了解其现实表现。同时，伊犁州进一步加强了出租房屋的管理，建立出租房挂牌制度。目前，全州已制作统一的房屋租赁牌15000个，上墙挂牌10000个，这样一来，既有利于相互监督、公开监督、又方便了群众监督。

四、以人为本，搞好服务，切实保障流动人口的合法权益

伊犁州首先将服务寓于管理之中，认真解决重管理轻服务的问题，在管理中体现服务，在服务中实施管理，积极主动地解决流动人口的实际困难，使流动人口也享受到经济发展的成果。一是加强对流动人口的法制宣传教育。伊犁州举办专门培训班13期，从公、检、法、司和律师事务所聘请法律专家10名，定期对外来流动人口进行法律法规培训，并采取发放法律法规手册、组织收看专题片等多种形式，强化了法制宣传教育，有效提高了外来流动人口和外出务工人员的法制意识。二是积极保护流动人口的合法权益。伊犁州始终把保护外来流动人口合法权益摆在首要的位置，及时主动地为流动人口提供法律服务和法律援助，维护了流动人口的合法权益。截至目前，全州共建立流动人口维权组织212个，为流动人口免费提供法律咨询7152人次、法律援助1089人次。三是为流动人口大办好事、实事。州党委、州政府始终把为流动人口办好事、办实事作为维稳工作的出发点和落脚点，积极主动地解决流动人口户籍、就业、住房、医疗、计生、义务教学等切身利益问题。针对伊宁市南市区从南疆来伊的流动人口较多，生产、生活环境较差的现状，大力实施了拓宽街道、完善供排水管网改造、安装路灯、铺设草坪等绿化、美化、净化、亮化工程建设，极大地改善了各族群众的生活环境，受到各族群众的好评；昭苏县洪纳海乡将长期居住的流动人口与当地居民同等对待，为流动人口解决抗震安居房7套，使他们深受感动，连称共产党好。伊犁州依法做好城市流浪乞讨人员救助管理工作，共救助流浪少年儿童194人、乞讨人员333人，捐款捐物折合人民币288224元，为2367名流动人口解决了生活困难问题。全州成立了11个农民工协会或务工经商自管小组，进行自我服务、自我教育和自我管理，重点解决协调难和服务难的问题。伊犁州依法维护流动人口和农民工的合法权益。2008年以来，共为农民工追讨工资款1000余万元，为流动人口和农民工举办技能培训68181人，解决了13577名流动人口和农民工子女入学问题。伊犁州着力做好安置帮教工作，建立由巷道长、村干部、片区民警、帮教对象亲属帮教转化流动人口中71名刑释解教人员的“四帮一”工作机制，解决其生活、就业等困难，努力把他们团结争取过来。进一步加强流动党员服务和管理工作，对辖区内81名流动党员同一造册登记，设立流动党员之家，编入辖区党支部，从而解决了管理难落实、有事难解决、教育难见效的“三难”问题。

五、迎难而上，强化基础，全面推进流动人口服务和管理信息化建设

近年来，各级党委、政府进一步加大人力、物力、财力投入，全面推进流动人口服务和管理信息网络建设。州上投资近10万余元为各县(市)配置了流动人口和出租房屋信息录入端口15个,各县(市)投入370余万元为乡(镇)、村(社区)流管站配备了电脑、打印机等办公设备,配置端口177个。州上举办县(市)、乡(镇)、村(社区)流动人口和出租房屋信息录入培训班11期592人,对478名协管员进行了专门培训,提高了村(社区)协管员的信息录入水平。通过努力,州直已初步建成了州、县、乡、村四级流动人口信息平台,提高了流动人口服务和管理效能。一是对信息录入实行即时管理,每天通过网络管理端口检查各县(市)、乡(镇)、街道当日流动人口信息录入情况,及时发现、通报和纠正信息录入存在的问题。二是针对流动人口照片采集信息难的问题,统一给所有村(社区)流管站配备了数码相机,使流动人口的照片采集率达90%以上,提高了信息录入的准确率、真实率。截至目前,已录入流动人口信息61219人、出租房屋16719户。三是在统一平台上实行信息互通,为流动人口提供包括计划生育政策法规、办事指南等各项服务措施。四是建立融婚育、治安、流动人口信息录入、出租房屋税收等信息于一体的计算机管理系统,实现了信息联网和信息资源共享,有效提高了管理效能。五是建立村(社区),乡(镇)场、街道,县(市)、州四级信息研判会议制度。情报信息做到日报日清,由信息员报包巷、包户干部,包巷、包户干部报支部副书记或书记每周由支部书记主持召开社区研判会议(敏感时期每天召开),并将研判结果当天报街道,为各级党委和政府决策提供了科学依据。

新疆维吾尔自治区及各市、县(市、区)综治委、办主任名单

地　区	综治委主任	综治办主任
自治区	朱海仑	刘克勤
乌鲁木齐市	吕德祥	彭寿山
天山区	安征宇	王　灏
沙　区	程建军	翟　铭
新市区	冯述江	张天虎
水　区	陈　钢	张文玉
头　区	薛继海	董至善
达坂城区	赵树海	唐光煦
米东区	张承义	陈寿南
乌鲁木齐县	钟　华	李　军
高新区	李秀峰	朱兰访
开发区	魏　毅	赵　禄
克拉玛依市	唐　健	宋友立
克拉玛依区	张国栋	吕卫国
白碱滩区	王　荣	郭　明
乌尔禾区	魏天峰	杨汉荣
独山子区	樊拥军	
喀什地区	张　健	李新杰
喀什市	李国平	郭丽华
疏附县	高　琪	刘　凯
疏勒县	张卫华	艾克拜尔艾克热木
英吉沙县	殷绍龙	
泽普县	肖鹏飞	陈　斌
莎车县	沈　毅	赵　录
叶城县	张宏强	崔泽长
麦盖提县	董　建	赵奇飞
岳普湖县		李　斌
伽师县	刘新平	王进国
巴楚县	刘喀生	魏建谊
塔什库尔干县	王福友	王昔威
阿克苏地区	闫国灿	包利群
阿克苏市	牛学兴	迪力木拉提·买买提
温宿县	柯　旭	吴学文
库车县	张新建	
沙雅县	王新革	

地　区	综治委主任	综治办主任
新和县	黄新敏	
拜城县	郭太军	黄晓明
乌什县	张新成	陈　征
阿瓦提县	陈　刚	陈　辉
柯坪县	张晓东	戴　群
和田地区	车玉平	李阳辉
和田市	张如勇	陈宝利
和田县	刘建军	薛洪庆
墨玉县	张廷强	贾天成
皮山县	刘文河	买买提明·吾买尔
洛浦县	庞永明	郭　宝
策勒县	木合塔尔·买提努尔	张树敏
于田县	何　军	杨宇林
民丰县	靳　平	姜安新
吐鲁番地区	郑　强	王旭东
吐鲁番市	丁有明	崔业龙
鄯善县	何　强	张志伟
托克逊	钱昊亮	
哈密地区		
地　直	顾和玉	俞占海
哈密市	张　磊	张赛宏
伊吾县	王友明	邢明强
巴里坤县	马政斌	李国强
克孜勒苏柯尔克孜自治州		
克州直	孙建峰	宋成刚
阿图什市	唐志荣	
阿克陶县	金平钰	阿不拉江
阿合奇县	潘世宁	苏　云
乌恰县	谷文胜	黄　岩
博尔塔拉蒙古自治州		朱同增
博乐市	潘君庆	
精河县	陈　洪	侯德军
温泉县		张　鹏
阿拉山口	赵德强	李新社
昌吉回族自治州		
昌吉州直	李建国	张　玮
昌吉市	刘焕君	韩胜利
阜康市	郝拥军	李晓阳

地　区	综治委主任	综治办主任
呼图壁县	李玉金	丁　玉
玛纳斯县	王立新	廖凤会
奇台县	王文有	潘竞存
吉木萨尔县	苏建国	蔺世民
木垒县	赵多江	黄玉琴
巴音郭楞蒙古自治州	贾春林	陈金明
库尔勒	尹建江	
轮台县	张正荣	完志强
尉犁县	朱玉成	王　平
若羌县	王　浩	阿里甫·阿不拉
且末县	王志华	左风刚
和静县	汪江华	李台荣
和硕县	李育森	
博　湖	杨伟辉	
焉耆县	徐河明	张　恒
伊犁哈萨克自治州	张　云	张广智
伊宁市	赛福鼎·依明热木孜	郭玉臣
奎屯市	吕　钢	田小平
伊宁县	阿布都沙拉木	王新社
霍城县	孔令胜	王新科
巩留县	石宝忠	张熙平
新源县	涂　林	曹鲁明
昭苏县	谭培斌	崔卫国
特克斯县	周立新	王照辉
尼勒克县	张耀华	肖叶民
察布查尔县	陈治华	库尔班江
霍尔果斯口岸	艾米尔别克	焦晓涛
塔城地区	王　江	李万忠
塔城市	朱开松	杨柱文
乌苏市	杨将华	郭　裕
额敏县	张卫平	张林青
沙湾县	党　耀	方如果
托里县	宿召兵	李增银
裕民县	魏东亮	张鹏宇
和布克赛尔	李魁剑	韩慧贤
阿勒泰地区	杨振海	田　浩
阿勒泰市	程树平	罗　青
布尔津县	姚永利	张正才
富蕴县	罗建江	孙春光

地　区	综治委主任	综治办主任	地　区	综治委主任	综治办主任
福海县	齐国庆	程炳祥	吉木乃县	刘新利	王成军
哈巴河县	任广鹏		喀纳斯景区	康　剑	靳立全
青河县	唐　延	窦　平			

（撰稿人：陈朝中
审稿人：刘克勤　张恒斌）

新疆生产建设兵团

2008年社会治安综合治理工作概况

2008年兵团各级综治组织紧紧围绕“奥运安保”工作中心，充分发挥综合治理体制机制优势，以深入推进平安建设为载体，加强基层基础，狠抓“两个排查”，强化社会建设与社会管理，严密社会治安防控网络，促进了奥运安保各项工作措施全面落实，确保了奥运筹备、火炬传递和奥运会举办期间兵团辖区社会安定、治安大局平稳，实现了兵团党委提出的“大事不出，小事也不出”的目标。

一、党政领导重视程度前所未有，领导责任制、目标管理责任制和“一把手”工程全面落实

2008年，面对严峻复杂的形势，兵团各级党政对综治维稳工作的重视程度前所未有。在1月召开的兵团政法工作会议上，兵团党委常委、副政委、政法委书记、综治委主任王继亮强调综治工作要紧紧围绕奥运安保中心开展；紧随其后，兵团又召开“3·19”、“4·24”两次会议，专门研究部署反恐维稳工作，兵团党委书记、政委聂卫国亲自出席“4·24”会议并作重要讲话。会后，各级综治部门立即进入临战状态，充分发挥协调、指导、督促、检查等职能作用，调动一切资源和力量，推动反恐维稳各项工作措施落实；“广州会议”后，兵团党委常委会专题研究贯彻会议精神方案，聂卫国政委、华士飞司令员作出重要指示，明确要求今年兵团的综治工作不能平铺直叙，不能按部就班，要紧紧围绕奥运会安全保卫工作来开展，要紧紧围绕打击防范境内外敌对势力的各种捣乱破坏活动来强化，要紧紧围绕贯彻党的十七大和“广州会议”精神来发展；6月3日至5日，在农一师阿拉尔市召开兵团综治工作会议，贯彻落实“广州会议”精神和兵团党委重要指示精神，对奥运安保工作和今后一个时期的社会稳定工作作进一步部署；在各师（市）、团场，党政主要领导更是把“确保奥运期间不出问题”作为一项硬任务、死命令，维稳任务层层分解，各项工作任务细化了再细化，各项维稳措施严密了再严密。据不完全统计，2008年以来，仅兵团一级就召开各种维稳会议20多次，其中兵团政法委、综治委召开全体会议12次，召开各师（市）分管政法综治工作领导参加的大型维稳会议6次。与此相对应，兵团各级在充分保证常规性政法综治工作经费的基础上，增加了反恐维稳经费、技防建设项目经费、反邪教专项经费等的投入力度，为各项工作扎实有效开展提供了充足的人、财、物保障。综合治理领导责任制、目标管理责任制在各级各部门真正全面落实，综合治理和平安建设“一把手”工程在工作中得到了充分体现。

二、坚持“严打”方针不动摇，不给“三股势力”、“法轮功”等邪教组织留任何空间，最大限度压减刑事发案

一是提高情报信息搜集研判能力。公安机关重点搜集各种干扰破坏奥运会安全特别是关于恐怖袭击的核心性、预警性、行动性情报信息，及时分析研判形势；坚持专群结合，充分依靠治安员、信息员，发展更多的“千里眼”和“顺风耳”，及时提供线索，深挖犯罪分子，千方百计把“三股势力”的恐怖破坏活动消灭在萌芽状态。二是制定完善反恐处突应急预案。兵团“3·19”、“4·24”两次会议后，各级突出预防恐怖袭击这一重点，完善细化反恐处突预案及配套措施，抓紧整合反恐应急资源，统筹公安、安全、武警、民兵等各方面力量，做好人员、装备、物资、交通运输、医疗卫生及通信等方面的准备和保障工作，适时组织反恐处突应急演练，保证了各种反恐应急力量在关键时刻拉得出、用得上、打得赢。三是坚持“主动出击、露头就打、先发制敌”，在“三股势力”活动相对突出、敌对恐怖势力有可能潜入或隐藏的师加大集中整治工作力度，对已掌握的敌情“盯组织、盯头目、盯线索”，坚决盯死看牢，杜绝了针对北京奥运会的一切捣乱破坏活动。四是全面加强社会治安管理和防范控制工作，最大限度地控制刑事发案。2008 年 1 至 11 月份，公安机关立刑事案件同比下降 13.92%；破获案件同比下降 16.16%。其中立八类严重暴力案件同比减少 94 起，下降 9.49%，奥运火炬传递及奥运会和残奥会期间，兵团辖区未发生暴力恐怖事件和针对奥运会的捣乱破坏活动。

三、充分发挥综合治理体制机制优势，促进奥运安保各项措施落实

各级综治组织按照“党委领导、综治牵头、部门配合、齐抓共管”的原则，充分发挥网络健全、齐抓共管和群防群治的优势，组织调动一切积极因素，整合一切有利资源，全力以赴投入奥运安保工作。一是 4 至 6 月，组织开展了流动人口和出租屋“大排查、大清查”活动，共摸排流动人口 131044 人，重点场所 13381 处，盘查可疑人员 2390 人，盘查可疑车辆 2018 辆，抓获网上在逃人员 31 名，核查出人户分离人员 28796 人，刑释解教人员 436 人，经常上访人员 69 人。二是全面落实对重点特殊人群的教育、管理、稳控措施。对“法轮功”顽固分子，投入专项经费落实专人牢牢稳控在当地；对刑释解教人员、闲散青少年、上访缠访人员，加强教育管理，采取恰当的稳控措施，将潜在的隐患消除在基层。三是做好重点目标、要害部位的安全防范和社会面的巡防控制工作。组织基层公安派出所、治保会、治安联防队、保安员等力量，对辖区党政机关驻地、电视台、电厂、油库、水库、武器库、炸药库房等重点目标实行 24 小时守护；在辖区重要治安路段设置治安卡口，严格检查出入车辆、人员，对师部、团部、连队（小区）的要害部位，专业治安力量与职工志愿者相结合，24 小时巡逻，群防群治。同时，充分利用现有技防设备，对辖区重要场所实行全天候实时监控，形成了点上防范、线上巡逻、面上协作联防的奥运安保工作机制。四是做好铁路护路联防工作。2008 年 3 月 7 日以来，兵团 9 个护路分队 160 余名护路民兵日夜坚守岗位，经历了执勤备战、反恐防范、反恐实战三个阶段，实现了“大事不出，小事也不出”的目标。农一、八、十三师 3 个师（市）和柳树泉、喀拉玉尔滚、143 团、三坪、阿拉山口 5 个护路民兵分队分别被自治区护路办评为“新疆铁路护路联防奥运安保先进师、先进护路民兵分队”，有 10 名一线民兵被授予为“先进护路民兵”荣誉称号。

四、社会治安综合治理几项重要工作取得新成效，平安建设扎实深入推进

奥运安保年，各级各部门尤其是维护社会稳定部门面临着前所未有的挑战和机遇。兵团综治系统沉着应对严峻挑战，紧紧抓住前所未有的机遇，围绕奥运安保中心，推动各项工作措施落实，流动人口服务管理、社会治安防控体系建设等几项重要工作取得新成效，平安建设乘此机遇全面深入推进。截至 2008 年 12 月底，兵团各级综治委已验收命名平安团场 125 个，占总数的 84.6%；平安单位 547 个，占总数的 83.64%；平安连队 2634 个，占总数的 83.86%；平安社区 611 个，占总数的 89.72%；平安家庭 754298 个，占总数的 80.4%。据兵团统计部门统计，职工群众对平安建设的知晓率 88.76%，同比上升 0.26%；参与率 82.44%，上升 9.74%；职工群众安全感为 95.98%。

（一）“两个排查”活动取得新成效。中央作出开展“两个排查”集中行动部署后，兵团高度重视，把“两个排查”集中行动作为推动兵团综治和平安建设深入发展的重大举措，从上到下层层组织公安、文化、信访、民政、统战、国土等职能部门，划分责任，明确任务，对辖区矛盾纠纷进行全面排查化解，对治安混乱地区和突出治安问题进行排查、会商研究方案、联合整治，确保改变面貌。2008 年，兵团各级共组织排查出各类纠纷 11157 起，成功调处 10591 起，调成率 94.93%；排查出相对突出治安问题 298 个，整治 292 个，有效整治率 97.99%；排查出相对治安乱点 119 个，整治 116 个，有效整治率 97.48%。7 月底 8 月初，奥运安保工作进入到最关键的时候，兵团政法综治系统共组织 19 个暗访组，对全兵团 14 个师市 175 个团场和兵团驻乌鲁木齐市近 200 个单位的反恐维稳工作轮番进行了暗访检查，查出了一大批安全隐患，并通报相关单位，责令其及时整改、堵塞漏洞，有力推动了各项反恐维稳措施落实，实现了奥运期间兵团辖区“大事不出,小事也不出”的目标。

（二）流动人口服务和管理工作取得新成效。一是制定下发了《新疆生产建设兵团社会治安综合治理委员会关于进一步加强流动人口服务和管理工作的意见》,对加强新时期流动人口服务和管理工作作出重要部署。二是转变思想观念,以人为本。公安、劳动、教育、计生等部门都从各自职能定位出发,树立公平对待、依法保护、服务至上理念,积极主动、满腔热情地为流动人口居住、就业、就医、子女入托入学等提供服务,真正实现外来人口与当地职工群众同等对待。三是改革管理办法、改进治安管理。根据兵团流动人口的现状和流动特点,将在本辖区居住或工作的流动人口纳入当地实有人口管理范畴,探索、完善“以房管人”、“以业控人”的工作机制,强化以出租屋、用工单位为重点的流动人口落脚点的管理,落实出租人和用工单位治安、安全责任制,落实相关部门监督检查责任制。2008 年 1 至 11 月,兵团公安机关流动人口犯罪案件 1952 起。

（三）社会治安防控体系建设取得新成效。一是完善网络。按照《兵团社会治安防控体系建设规划》,进一步完善了以连队(社区)防控网络、单位内部防控网络、社会面防控网络、重点人员防控网络、信息化防控网络和边际查控网络“六大网络”为主要内容的治安防控体系。二是突出重点。继续把视频监控系统建设作为治安防控体系建设的重中之重,把团部党政驻地、治安复杂场所和易发案区域作为技防建设的重点,把维护职工群众的人身财产安全放到首位。三是分步实施。兵团自 2004 年以来每年都拿出约 200 万元专项资金,用于补助视频监控系统建设。2008 年投入力度进一步加大,补助金额达到 250 万元。各师市都制定了分步实施规划。截至目前,兵团各级共投入 4000 多万元用于视频监控系统建设,全兵团已有 126 个农牧团场完成监控系统建设,团场覆盖面达到了 86.30%。已建成监控系统为各级公安机关提供破案线索 562 条,利用线索侦破案件 224 起。按照规划,到 2010 年,视频监控系统建设覆盖面基本上可以达到 100%。此外,经济适用型的“小技防”装置如红外线报警、断电报警、“电子狗”等,也逐步推广。四是多措并举。在重点加强技防建设的同时,丝毫不放松人防和物防建设。在人防上,进一步整合基层各种维稳力量如治保会、调委会、治安联防队、义务巡逻队、看家护院队等,筑牢了基层维护治安的第一道防线;在物防上,基本落实了铁门、铁窗、铁柜等物防设施,对小四轮拖拉机、摩托车、自行车等实行入库(棚)管理,对牲畜采取封闭式圈舍管理,有效预防和减少了入室盗窃和交通工具、牲畜被盗。

（四）在创新工作方法、整合维稳力量上取得新成效。针对日益严峻复杂的反分裂斗争形势,各级在抓组织规范化建设的同时,结合实际,创新方法,整合资源,加强力量。如农四师组建“平安建设流动文艺宣传队”把平安奥运与综合治理宣传相结合,效果明显;农二师与保险公司合作,积极尝试在基层单位推广“治安保险”工作。职工缴纳一定数额治安保险费,部分用于向保险公司投保家庭财产险,部分用于组织治安联防队伍开展巡逻和安全防范工作。通过开展此项业务,保险公司由“被动理赔”的“单轨制”经营模式发展为“防、赔结合”的“双轨制”经营模式,投保人也将享受防范、理赔“双保险”,实现了共赢;农三师五零团借鉴农十二师经验投资 17 余万元为 100 台农用变压器安装防盗报警装置;农五师 81 团矛盾纠纷排查化解实行“三个推定”(上访群众“有理推定”、上访事因“有过推定”、问题矛盾“有解推定”)工作方法,实现重访率下降 52%,赴师上访率下降 35%,矛盾纠纷调处成功率达 90% 以上;农六师加大技防建设力度效果明显,虽起步稍晚,但目前团场覆盖率达 84.62%;农七师师、团主要领导带头实施“综治一把手工程”,切实把综治业绩纳入绩效考核,与主要领导待遇直接挂钩。同时,积极推行“亮点工作法”,即每个团场至少要有 1－2 项工作亮点,至少要有 1－2 个亮点连队,以点带面促进工作;农八师 141 团推行“四声联防”(邻里安全提醒一声、有事外出打招呼一声、问题隐患汇报一声、可疑情况过问一声),深入推进“联户联防”工作;农九师 168 团在基层连队设立综治工作站,整合资源,效果明显,刑事、治安案件下降幅度达到 50%;农十师加强基层人民调解委员会建设,重组调委会 96 个,调整加强调委会 66 个,使基层人民调解委员会覆盖率达到 100%;建工师坚持以人为本,创新外用工服务管理机制受到了中央综治委的肯定;农一师、农十四师阿拉尔市在团场成立政法委,在连队设专职政法书记、专职治安主任,加大了对基层政法综治工作的领导;农一师、农三师、农十二师与邻近地州县乡建立健全联席维稳会议制度;兵地联调,构建边界矛盾纠纷化解机制;农十三师推行矛盾纠纷兵地联调机制,着力构建师与地区、团场与县(镇)、连队与村三级联调网络,共建立起场(乡)级联调机构17个、连(村)级联调机构35个,兵地联调员近300名。截至目前,已调处各类兵地纠纷600余起,成功率达99.5%。

(五)社会治安综合治理和平安建设舆论宣传工作取得新成效。一是领导重视程度明显加强。2008年4月,经兵团领导协调,兵团综治办增加了宣传处等内设机构,加强了宣传力量。二是宣传工作力度明显加大。围绕"奥运安保"和"广州会议"、"兵团综治工作会议"等主题,各师市综治组织协调当地报刊、电视台等新闻媒体采写刊播了大量稿件;兵团综治办继续与《民主与法制》驻新疆记者站联合开展"平安建设看兵团"主题宣传活动,并借助《兵团日报》、《新疆法制日报》、《兵团电视台》等新闻媒体,推出了一批基层平安建设经验和做法,大力宣传了综治系统涌现出来的典型人物,如农八师石河子市治安员易明、见义勇为好司机王德新等。三是借助中央电视台、中国平安网、全国范围内发行的杂志等新闻媒体,把宣传的触角向全国范围延伸。兵团综治办积极与中央电视台《社会与法》栏目组合作,完成了《平安中国——农一师阿拉尔市银海工程纪实》专题片的录制,11月3日在中央电视台12频道播出,在全国范围内充分展示了兵团平安建设的成效。2008年,兵团综治系统向中国平安网报送新闻稿件近22篇,刊发19篇,向《长安》杂志投稿10编,刊发8篇,有力地宣传了兵团综治和平安创建工作。四是宣传工作机制明显加强。普遍开展了以"平安奥运"为主题的综治宣传月活动,营造了良好的舆论氛围。各师(市)精心组织综治优秀新闻评选工作,顺利完成了2007年度全国社会治安综合治理优秀新闻作品评选工作。由兵团综治委推荐的五件作品在第十八届中国新闻奖评选活动中有两件获得奖项(农十师的《阿克塔派出所短信发出警民情》和农八师石河子市的电视专题片《石城卫士——平安钟声》)。

五、着力解决中央综治委对兵团2007年工作考评中存在的问题

一是着力解决综治办内设机构不足的问题。兵团党委常委、副政委、政法委书记、综治委主任王继亮作出批示:"若内设机构是中央综治委的明确硬性规定,则应商编办解决,不可年年因此扣分"。在兵团党委常委会上,兵团综治委就此事项作专门汇报。兵团党委政法委、兵团综治办积极协调兵团编办下发了《关于增加兵团党委政法委(兵团综治委办公室)内设机构的批复》(兵编发〔2008〕24号),增加综治办督导处和宣传处。二是解决综治责任书每年一签的问题。经请示兵团领导,兵团与各师市综合治理责任书从2008年开始每年签订一次,强化了各级领导干部抓综合治理和平安建设的责任意识。三是正在着手解决关于组织部门提拔考核干部特别是党政主要领导干部时书面征求综部门意见的问题。兵团综治办按照中央五部委《关于实行社会治安综合治理领导责任制的若干规定》和兵团五部委《新疆生产建设兵团社会治安综合治理领导责任制实施细则》的规定,提出了《兵团综治委、兵团党委组织部关于对师(市)领导干部履行社会治安综合治理和维护社会稳定职责情况进行考察的意见》,对考察对象、考察内容、考察程序和考察结果应用等问题作出了明确规定,并积极与兵团组织部沟通协调,争取以兵团综治委、组织部两家名义下发文件,解决组织部门提拔考核干部特别是党政主要领导干部时书面征求综部门意见和建立各级党政主要领导抓综治工作实绩档案的问题,从而强化各级领导干部抓综治、抓稳定的责任意识。

兵团党委办公厅　兵团办公厅
转发《兵团社会治安综合治理委员会
关于进一步加强流动人口服务和管理工作
的意见》的通知

（2008年7月18日）

各师、院（校）党委，兵团机关各部门、各直属机构党组（党委）：

《兵团社会治安综合治理委员会关于进一步加强流动人口服务和管理工作的意见》已经兵团党委、兵团领导同志同意，现转发给你们，请结合实际认真贯彻落实。

兵团社会治安综合治理委员会
关于进一步加强流动人口服务
和管理工作的意见

2007年12月，中共中央办公厅、国务院办公厅转发了《中央社会治安综合治理委员会关于进一步加强流动人口服务和管理工作的意见》（厅字[2007]11号）。2008年3月5日，自治区党委办公厅、自治区人民政府办公厅也转发了《自治区社会治安综合治理委员会关于进一步加强流动人口服务和管理工作的意见》（新党办发[2008]3号），确定了流动人口服务和管理是综合治理的重点工作，这是新形势下加强社会治安综合治理的一项重大举措，为进一步做好流动人口服务和管理工作指明了方向。各单位、各部门要认真贯彻落实中央提出的各项战略措施，以"奥运"安保和社会稳定为目标，建立和完善组织网络体系、工作机制和保障措施，积极探索流动人口服务和管理的新路子，提高预防、控制和打击流动人口违法犯罪活动的能力，遏制流动人口违法犯罪高发势头，为兵团经济建设和社会稳定创造一个良好的环境。

一、提高认识，建立流动人口服务和管理工作的长效机制

党中央、国务院高度重视流动人口服务和管理工作，党的十七大强调要加强流动人口服务和管理工作。中共中央办公厅、国务院办公厅转发的《中央社会治安综合治理委员会关于进一步加强流动人口服务和管理工作的意见》，对今后流动人口服务和管理工作提出了明确的指导思想和目标，并进行了安排部署，对构建和谐社会具有十分重要的意义。各级党政要认真贯彻落实《意见》精神，把流动人口服务和管理工作纳入经济和社会发展规划，把流动人口服务和管理工作摆上重要位置，建立起同级财务经费保障制度。要加强组织领导，建立服务和管理的长效机制，及时调整流动人口服务和管理工作领导或协调机构，做到有机构理事。要重点抓好基层组织建设，整合力量,强化基层,夯实基础,配备和充实协管人员。要进一步规范工作程序,建立健全配套的规章制度,落实领导责任制、部门责任制和单位责任制。要建立巡视检查制度,经常督促检查,发现问题,及时整改。要定期考核验收,按照兵团制定的综合治理百分考核标准,检查验收流动人口服务和管理工作绩效。真正形成党委统一领导、各部门齐抓共管、职工群众广泛参与的工作格局。

二、结合平安"奥运"年,对辖区流动人口基本情况进行全面普查

近年来,随着兵团棉花种植产业的快速发展,人口流动速度不断加快,人数不断增多,这既有力地促进了兵团的经济发展,也给社会稳定带来了一定的负面影响。为了全面准确掌握兵团范围内流动人口基本情况,各级综治机构要协调好公安机关以派出所综合信息管理系统的全面推广应用为契机,把流动人口作为信息化采集录入的重点,开展一次针对本辖区重点人口、治安重点人员、高危人群、暂住人口、精神病人等妨碍治安秩序人员以及长期外出不归情况不明人员的摸底普查,并且全部录入到信息系统中,切实做到底数清,情况明,为平安奥运创造一个良好的社会治安环境。

三、以人为本,做好流动人口合法权益保障工作

要坚持以人为本,为流动人口提供优质、高效、热情的服务,积极主动地解决流动人口的实际困难,使流动人口也享受到当地经济发展的成果。要把流动人口的公共服务纳入辖区公共服务范围,在建设公用设施、职业培训、劳动就业、义务教育、医疗保险、生活居住等方面要保障流动人口的合法权益。同时,各单位要按照中央的要求和构建和谐兵团的需要,大力促使在兵团团场和工交建商企业的务工人员加入工会组织,积极帮助他们解决现实问题,维护好他们的合法权益。要加大劳动监察的执法力度,清理整顿人力资源市场秩序,依法查处拖欠、克扣流动人口劳动报酬的行为。认真受理举报投诉,保护流动人口的劳动权益。要坚决取消对流动人口的不合理限制,稳步推进户籍管理制度改革,取消歧视流动人口的管理措施,制止和纠正一切不公正现象,使流动人口和当地居民享受同等待遇。要充分利用新闻媒体开展流动人口服务和管理的宣传,加强法制教育、法律服务和矛盾纠纷调解工作,大力宣传与流动人口密切相关的法律、法规,增强他们的法制观念。及时为流动人口提供法律服务和法律援助,依法保护流动人口的合法权益。及时排查、化解矛盾纠纷,自觉维护社会稳定。要依法严厉打击侵害流动人口合法权益的违法犯罪活动,及时受理并认真查处侵害流动人口合法权益的各类违法犯罪案件,坚决打击拐卖拐骗流动人口、强迫流动人口劳动以及针对农村留守儿童和流动残疾人等各类犯罪活动。

四、打防结合,做好奥运会期间流动人口管理工作

做好奥运安保和兵团稳定工作,是今年和今后一个时期流动人口服务和管理工作的重中之重。从现在开始,各师(市)要对本辖区人口到北京、上海、天津、浙江、广东、山东、辽宁等赛区及周边地区的务工经商人员进行摸底调查,严密登记,不漏一人,准确掌握流动人口的动向,重点管理有现实和潜在社会危害性的人员,决不让这些害群之马流入内地。要与奥运赛区建立警务协作机制,在兵团籍流动人口聚集的地方设立特情耳目,发现线索,及时消除隐患,牢牢掌握斗争主动权。要严厉打击混迹于流动人口之中的"三股势力"、"法轮功"分子和各种违法犯罪分子,把敌人的破坏活动消灭在预谋阶段。要继续开展专项整治行动,清理整顿治安相对混乱地区。对流动人口聚集的地方进行一次摸底排查,对敌社情复杂、治安混乱、出租房屋较多、流动人口底数不清的地方进行集中整治,彻底解决治安秩序混乱的突出问题。各级领导要高度警惕,提高防范意识,严密防范混迹于流动人口之中的违法犯罪分子制造事端,既要严防敌对势力对兵团进行渗透破坏活动,更要严防"三股势力"、"法轮功"分子潜入北京等地对奥运会进行破坏,要采取一切措施,不惜一切代价,严密防范,围追堵截,决不能让"三股势力"、"法轮功"分子破坏奥运的阴谋得逞。

五、各负其责,齐抓共管,充分发挥各职能部门的作用

流动人口服务和管理工作是一项政策性、社会性、复杂性、敏感性很强的工作,是一项系统的社会工程,需要各部门、各单位、社会各界互相配合,齐抓共管。公安机关要通过加强登记办证管理，严密阵地控制，加大对违法犯罪分子特别是流窜犯罪的打击力度，对社会治安混乱的流动人口聚集区进行清理整顿。劳动和社会保障部门要努力做好流动劳动力的职业培训和就业指导工作，规范职业介绍中介活动，提高流动就业的有序化程度。民政部门要加大对生活无着落的流浪乞讨人员和流浪未成年人的救助工作力度，减轻治安压力。交通部门要针对每年运输高峰，科学制定疏导计划，合理调配运力，确保他们走得了、走得好，避免形成“民工潮”。司法行政部门要加强法制宣传教育，做好流动人口的法律服务和法律援助工作。建设部门要做好成建制施工队伍的教育培训和管理工作。教育部门要按照国家普及九年义务教育的有关规定，为流动人口子女接受义务教育提供服务。卫生部门要加强宣传、疫情监测，做好传染病防治工作。人口和计划生育部门要为流动育龄人口提供计划生育宣传、教育、避孕药具，办理(查验)婚育证明和国家规定的基本项目的技术服务，并依法落实对实行计划生育的流动人口及其家庭的奖励、优惠和扶持政策。党委组织部门和共青团组织要加强对流动党、团员的服务和管理，增强党在流动人口中的凝聚力、战斗力和影响力。妇联组织要积极做好留守妇女儿童的权益保障工作。建立各职能部门工作联系制度和情报信息交流机制，形成齐抓共管的合力，既有分工，又有协作，共同抓好流动人口服务和管理工作。

六、统筹规划，全面推进流动人口服务和管理的信息网络建设

要深入贯彻落实科学发展观，按照“统一规划，统一标准，联合共建，数据共享”的原则，在兵团、师(市)、农牧团场三级逐步建立具有信息采集、整理传递、分析预测、定期发布等功能的流动人口综合动态信息平台，实现暂住登记、计划生育、劳动就业、房屋租赁登记备案、税收征管等信息资源跨部门、跨系统共享，提高综治管理效能。加快暂住人口、出租房屋、旅馆业、人力资源市场、流动育龄妇女、流动未成年人、流动残疾人等流动人口相关信息管理系统的建设步伐，不断提高流动人口服务和管理水平。各师(市)要建立流动人口动态信息库，扩大信息采集渠道，实现信息的实时采集、实时更新。建立健全信息采集、录入、变更、传播等工作规范和信息，落实相关人员信息工作责任。定期发布有关信息，积极为有关部门和单位提供外来务工人员数量和求职动向，并为流动人口提供市场用工需求信息，要坚持分析报告制度，定期对流动人口数据信息进行分析研究，掌握其活动规律和特点，预测发展趋势，提出对策和建议。

七、加强协作，做好流动人口流入流出地的衔接工作

流动人口流入地和流出地要加强沟通交流和协作配合，及时准确地掌握流动人口的工作、居住和生活情况。兵团辖区流出地要加强登记办证工作，积极做好外出人员的跟踪服务，除办理好居民身份证、婚育证明、健康证外，还要制作联络卡，注明当地基层组织、公安派出所和有关单位的通讯地址和电话号码，及时将流出人员有关信息提供给流入地政府和相关部门，便于联络，互通信息，积极保护兵团籍流动人口的合法权益。流出地要加强对流动人口的教育、培训工作，切实提高流出人员的就业技能和守法意识，并为外出人员提供各地用工信息，使流出人员有组织地到外地打工，避免盲目流动，扰乱社会秩序。流入地要采取有力措施，认真解决流动人口的困难和问题，切实为流动人口在本地生存、发展、创业提供良好环境，及时提供就业机会。按照“谁用工谁负责”的原则，加强对流动人口就业的服务和管理工作，把各项责任制落到实处。

围绕兵团“屯垦戍边”历史使命 规范季节性拾花工引进服务管理

新疆生产建设兵团是全国优质棉生产基地之一,棉花产量约占新疆的1/2,全国的1/5。每年秋季需从疆内外引进季节性拾花工近80万人。季节性拾花工的引进,解决了兵团植棉产业劳动力紧缺的问题,促进了兵团经济社会又好又快发展。主要做法是:

一、搭建平台,加强合作,规范拾花工引进机制

(一)及早对拾花工引进工作进行安排部署。兵团劳动和社会保障部门及早对当年拾花工的需求量、拾花价格进行分析和预测;通过对拾花劳务经纪人的培训,提高拾花劳务经纪人的管理水平,强化对其管理;在网络和新闻媒体上发布兵团拾花工需求信息,并对拾花工引进工作的指导思想、运作原则、用工时间、用工条件、拾花指导价格进行公布,以确保拾花工需求信息畅通,引进工作程序科学合理。

(二)加强拾花劳务接洽工作。每年年初兵团有关部门派专人参加省外劳务洽谈会,与劳务输出省签订拾花工劳务合作意向书,组织劳务经纪人参加劳务对接活动,组织植棉团场拾花工管理人员参加赴疆采棉劳务对接会。通过洽谈和对接,为植棉团场与劳务输出县(市)搭建交流平台,为完成拾花工引进工作打下了基础。

(三)加强劳务合作互访。为了进一步加强兵团各师(市)、团场与兄弟省、市、县之间的交流与沟通,劳务输出地每年派劳务考察人员来兵团考察了解棉花长势和用工需求,同时兵团也派人前往劳务输出地,宣传兵团有关引进拾花工的政策措施,与当地相关部门进行协商,在拾花工引进协议、引进程序、运作方式等方面达成共识,在引进、安置、管理、生产、生活、返乡等方面进行经验交流,为今后双方开展长期劳务合作奠定了基础。

(四)牢记使命,引进疆内地方农村富余劳动力。兵团在引进外省区拾花工的同时,把引进疆内地方农村富余劳动力到团场拾花,作为兴疆富疆、兵地融合的战略举措来抓,先后从克孜勒苏柯尔克孜自治州、和田地区、伊犁哈萨克自治州引进拾花工21.2万人,不仅解决了团场拾花工紧缺的问题,而且为当地农民提供了就业机会,促进了兵地经济的共同发展。

二、以人为本、保障为先,规范拾花工服务机制

(一)想方设法提高季节性拾花工收入。为保证季节性拾花工收入,在安排拾花时,尽量安排棉花长势好、离住地较近的棉花给外来拾花工采摘。有的单位还采取分地固定、一包到底的办法,激发拾花工的劳动积极性。同时,各团场开展了形式多样的劳动竞赛,组织拾花工开展省与省、县与县、乡与乡的劳动竞赛活动,对拾花状元、百公斤能手进行表彰奖励。

(二)制定相应保障措施。为了让季节性拾花工在兵团工作期间解除后顾之忧,各植棉团场为拾花工办理了15元至20元不等的人身意外伤害商业保险和医疗保险等,人身意外伤害保险最高赔付额10000元,医疗保险最高赔付额3000元。同时各连队为他们建起了专用卫生室,有些团场、连队医务人员还深入田间地头,为拾花工治病送药。各级还配合师防疫、医疗、卫生监督机构对传染病进行检查,严防传染病的发生。

(三)及时足额兑现拾花报酬。为切实做好拾花报酬兑现工作,兵团办公厅下发了《认真做好拾花劳务协议书签订和履约工作的通知》,对履行《拾花劳务协议书》,做好拾花报酬兑现多次提出要求。有些团场还制定了一人一册拾花数量登记制度,印制了《拾花数量登记册》,对拾花工的姓名、编号、拾花日期、日拾花量进行登记,做到了拾花数量天天清，保证了每一位拾花工按时足额兑现劳动报酬。

（四）确保返乡工作安全顺利。为确保拾花工安全顺利返乡，各级党政部门积极与铁路部门协调沟通，明确责任。2008年兵团劳动和社会保障局协助乌鲁木齐铁路局确定了40万拾花工乘173列拾花工火车专列，解决拾花工顺利返乡问题。

三、突出重点、维护权益，规范拾花工管理机制

（一）突出重点，全力做好季节性拾花工在农牧团场的安全和权益维护。一是加强政策、法规宣传教育。各师团运用多种手段宣传劳动保障政策，帮助季节性拾花工及时掌握棉花采摘技术和拾花工需求情况，合理安排拾花工流向；政法、综治机关以管区为主，深入居民家中，田间地头，对拾花工进行法律法规和《兵团暂住人口管理办法》的宣传教育，提高他们的遵纪守法意识和自我保护能力。二是加强治安巡逻力度。除民警巡逻外，组织治保会、保安员及“三老”巡逻队，加大对季节工居住集中的居民区、重点部位的巡逻力度，加强对社会面的控制。三是加强消防安全工作。对季节工集中居住处所进行消防安全检查，检查连队棉花堆场、秋收产品存放点及油库等要害部位的消防安全，落实社会治安自治负责人员的制度，确保安全。四是开展打击各种违法犯罪活动。对秋收期间发生的治安刑事案件，加大侦破、查处力度，特别是针对拾花劳务工的案件，做到快出现场、快解决。五是积极化解矛盾，促进和谐。团场、连队高度重视矛盾化解工作，积极排查化解季节工与团场、连队之间、与棉花承包户之间的矛盾纠纷，加大治安调解力度，使他们之间相互信任、和谐相处。

（二）实行分层次管理，强化管理工作措施。兵团一直将流动人口分为重点管控对象、管理对象、登记对象三个层次实行分层次管理。对各个层次采取不同管理措施。对持有《居民身份证》到兵团务工经商或经团场统一组织成批的季节性劳务工，只登记不办证，进行公安部在逃库比对；对来兵团零散打工、临时居住或其他原因且未携带《居民身份证》的，在登记的同时，收取暂住人照片，办理《暂住证》，依靠居住房主、用人业主管理；对流动人口中无身份证和其他有效身份证明、无固定住所和稳定职业收入的“三无”人员以及通过网上查询和函调发现有违法犯罪前科和嫌疑的人员，纳入兵团治安重点人员管控对象，依据其可能造成危害社会的程度，采取相应的管控措施，强化对这部分人的管理控制，防范和打击违法犯罪案件的发生。

（三）建设信息化管理平台，提高季节性拾花工管理工作科技含量。公安机关依托“金盾工程”建设，在民警和协管员以入户调查的基础上，采集相关信息，录入派出所综合信息管理系统，对流动人口实行动态登记，提高了管理工作的科技含量。2006年以来，通过登记比对，抓获公安部网上在逃人员16人，破获流动人口中的刑事案件259起，查处治安案件1394起。

适应形势　拓宽途径
着力建设团场新型治安联防队伍

农五师九〇团综治委

随着团场改革的不断深入和社会经济的快速发展，一些长期积累和随之伴生的深层次矛盾相继显现，各种利益冲突不断加剧，引发恶性事件及违法犯罪的因素随之增多。五师九〇团在社会治安综合治理工作中，按照“打防结合、预防为主”、“重点打击、标本兼治”的原则，不断健全社会治安防控体系，加强社会治安综合治理，进一步推进基层平安创建。近年来，通过加强专职治安联防队伍建设，开展群防群治，密织治安防范网络，构筑社会治安大防控格局，有效预防和减少了各类违法犯罪案件。

一、推进治安防范社会化、职业化，继续加强团场和企事业单位专职治安巡防队伍建设

（一）团场组建成立了治安联防大队，有专职治安联防队员30人，设有正副队长各一名。为了加强社会治安基础工作，每单位均配一名专职治安员，对上万亩土地的单位，配两名治安员。团直地区治安员则由联防队集中管理，从软硬件方面进行标准化、一流化建设和管理。

（二）狠抓“四个落实”。一是办公场所落实。团投资12万元新置180平米的办公室和值班室，配齐了办公、值班设施，联防队活动有地点，建设有阵地。二是联防巡逻、应急车辆落实。为增强联防队的快速机动能力，团投资12万元增置了金杯车一辆，作为联防队应付突发事件、日常巡逻、检查专用。投资3万余元，购买了三辆治安联防巡逻两轮警用摩托车装备联防大队，大大地提高了联防队的快速出动应急能力，为团场营造安全、稳定的社会环境打下坚实基础。三是人员、服装、警具落实。团场先后投资5万元，为联防大队统一购置了服装。统一配发了对讲机、头盔、橡胶警棍、盾牌等警具，治安联防队的管理训练进一步规范化。四是活动经费、工资待遇落实。治安联防经费支出纳入团场财务预算，由联防队单独核算。使各项活动资金和人员工资有保障，团场还为每一名联防队员投保人身意外伤害险，提高了联防队员的工作积极性。

二、积极探索团场依法治理的方法，真正做到保平安，促发展，为当地经济建设保驾护航

建立一支以预防犯罪、维护治安、保障人民的生命财产安全为主要任务的治安队伍，队伍建设是关键，守法、规范、服务是根本。本着这一目的，一是成立了联防队党支部，完善治安员选拔考核办法，制定《治安联防队员考核细则》，考核结果直接与本人的工资和奖金挂钩；二是落实治安员岗位津贴，把治安联防队员纳入干部管理，享受连队业务干部待遇；三是坚持聘请驻团派出所的干警任教，每周两课时的集中队列操练、擒敌技能训练，使治安员的身体、军事素质有了明显的提高；四是实行军事化管理，从着装到内务卫生全部实行军事化管理；五是狠抓了综治业务和治安联防工作业务建设，坚持每月两次例会制度，每次例会要求治安员写半月计划、小结、情报信息、治安状况分析、整改措施等。组织开展矛盾纠纷排查调处工作专项调研活动；六是坚持政治学习和法律知识学习，要求治安员每月必须完成学习笔记和学法心得，每周一篇稿件；七是坚持开展“五百活动”，每月开展走访职工群众，写民情日记，并每周以书面形式向支部汇报一次。一系列措施、制度的落实，使治安员队伍的整体素质得到了提高，使治安员作风、形象有了转变，达到了队伍建设正规化、工作学习制度化、行为言行规范化、队伍管理军事化、各项工作高效化的目标。

三、发挥治安联防队作用，建立健全治安防范体系

一是重点做好人口管理、治安管理、安全防范、排查调处、为民服务工作，切实提高了基层社会治安防控能力。在全团设置5大治安管理片区，每片区为一个治安联防小队，由一位干警负责，形成以干警为主、群防群治队伍相结合的治安防范网络，进一步巩固了专职治安联防队、治安信息员等群防群治队伍建设，提高了治安防范效果。二是坚持抓好“三个结合”。把治安联防队的队伍建设同群防群治组织建设相结合，以超前的眼光，率先把治安联防队作为加强基层群防群治组织建设的示范窗口来建设，制定了《治安联防队员职责任务》、《治安联防队日常工作制度》、《治安联防队值班人员职责》、《治安联防队目标管理》等制度，规范工作行为，为基层治保会、调委会、连队治安员等起到榜样和示范作用，促进了基层群防群治组织作用的发挥和效能的提高。三是把治安联防队员的素质教育同治安例会、业务培训、团场法制宣传教育、普法学习和职工培训相结合，团政法办采取上专业课、以会代训等形式，不断为联防队员充电，以撰写治安调查报告、群防群治对策分析、综合治理调研论文等方式，锻炼治安员调查研究、实事求是的工作作风和写作水平，提高依法办事、服务群众、维护安定团结、保护人民群众生命民财产不受侵犯的工作能力。四是把治安联防队的各项工作同“创安”达标等各类专项活动相结合，开展“争先创优”，充分发挥治安联防队员的骨干作用，使他们在法制宣传教育活动中争当优秀宣传员、在摸排工作中争当合格信息员、在民事、治安纠纷调解中争当公正调解员、在急、难、险、重任务中争当突击队员，成为职工群众满意称赞的治安员。

四、适应团场发展新要求，按照“一人多用，一岗多责，培养队伍，服务团场”的基本思路，进一步加强专职治安联防队伍建设

五师九〇团党委注重在治安联防队伍中选拔任用青年干部，把治安联防岗位作为锻炼和培养基层干部的平台。

（一）严格用人制度，把团场用得上、留得住，事业心强，有一定知识和工作能力的优秀青年选拔到治安员岗位上来，并形成了一整套较为科学公平的考核聘用制度，为队伍建设打下坚实基础。

（二）坚持把建好一个班子、带好一支队伍、培训一批骨干、树立一个窗口作为一项硬指标，以加强支部建设，落实教育管理，加大群众监督和开展民主测评，提高了治安联防队的整体素质，增强治安联防队员为民服务意识，使治安联防队员成为团场维护社会稳定的中坚力量，成为基层建设的多面手。该团农业生产一线单位的治安员全都参加生产包片区的管理，分别有多人兼任连队工会主席、单位的团支部书记以及连队的出纳等职务，通过党组织的积极培养、推荐，先后有十余人从治安联防队员成长为基层连队领导和机关干部，在团场的农业、园林、加工等生产一线和新闻广播电视、武装、安全生产管理等战线发挥着积极的作用。为团场经济的发展和社会稳定做出了贡献，深受全团职工群众的好评。

新疆生产建设兵团及各师团、团级综治委、办主任名单

单　位	综治委主任	综治办主任	单　位	综治委主任	综治办主任
兵团	王继亮	李进广	4团	康小平　张　塔	张甘中
一师（市）	吴慧泉　邹跃斌	初钊仁	5团	王建明　李秋生	刘金明
1团	袁玉玲　田长青	袁其华	6团	王庆安　岳海波	吴志国
2团	蔡新国　孙猛军	陶中华	7团	王玉春　侯春生	郑西疆
3团	王洪运　姜国政	董文新	8团	吴国丰　魏新源	教　平

单位	综治委主任	综治办主任
10团	朱维 赵卫东	董华平
11团	樊凉 艾先林	朱文杰
12团	史海英 文刚	赵意强
13团	任光洪 杜文全	张建伟
14团	徐明 李世胜	陈德龙
16团	张建华 孙玉良	
幸福城农场	武琳琳 吴宪文	余新平
阿拉尔农场	王海龙 刘远景	吕益新
南口农场	周文昌 游和平	李玮
二师	梅桂萍	任德军
21团	张新生	彭建国
22团	程伟	戴灯银
24团	范筱芹	唐玉林
25团	陈芳	马股刚
27团	梅述江	刘勇
29团	陈新奉	肖英端
30团	韩珉	徐建松
31团	张永平	李振翔
33团	曹护林	姜志强
34团	杨从伟	赵秀龙
36团	丰正林	郑晓兰
38团	熊学海	李辉
223团	艾力卡得	李恩云
三师(市)	孙发基	王仁武
41团	周建坤 杨明超	何远军
42团	任润林 曹开军	王汝新
44团	潘玉斌 郑胜学	赵孟才
45团	邹玉明 冉春旺	王学俊
46团	冶爱玲 刘行	雷学宾
48团	胡斌 王木森	蒋新平
49团	何文森 王建虎	陈春江
50团	杨建新 宋向东	王建国
51团	艾斯卡尔·卡的尔 赵玉昌	杨玉成
53团	侯林山 葛统一	郝春宏
伽师总场	鲁维龙 阿不都克里木	
工建集团	姚岳峰 丁再涛	邓富喀
小海子水管处	夏贵生 李建平	张汉春
前进水库	张艾国 唐子仪	万玉喜
东风农场	李明	

单位	综治委主任	综治办主任
红旗农场	聂卫如	
叶城牧场	王学义	
托云牧场	王剑	
四师	王建民	尹振南
61团	杨成义	杨新
62团	陈峰	水西红
63团	吴国光	李生红
64团	阿不都热依木	从培发
66团	邓义华	邢新疆
67团	努尔赛提	
68团	张世礼	余三江
69团	陈强	徐克荣
70团	傅启军	陈勇
71团	谢跃红	窦迎新
72团	戴远见	
73团	李新如	
74团	尹文	
75团	邓新文	张胜
76团	周新华	周江生
77团	朱谊新	于安国
78团	魏培民	薛春江
79团	李斌	杜本茂
五师	刘新 李应良	杨建民
81团	张恪军 张华东	田治军
83团	吴建国 刘自发	薛红林
84团	杨建国 宋守林	杨太原
86团	李杏军 王如钦	秦强
87团	张成鑫 孙美珍	何永贵
88团	周志江 曹立军	
89团	韩洪海 王盛	左昌明
90团	曹建国 李富强	姜卫东
91团	刘祈 刘建平	芮海峰
六师(市)	焦明启 马新平	佘保军
101团	宋光华 曲建法	齐炳耀
102团	高华生 刘金栋	严生平
103团	王明生 董现荣	张献忠
105团	魏风云 甘应枝	轩宝林
106团	边丽娟 李继军	宫平
新湖农场	甘润明 王永信	梁斌
芳草湖农场	李光明 李金平	陶玉军
军户农场	陈治权 李鹏	赵广兴

单　位	综治委主任	综治办主任	单　位	综治委主任	综治办主任
共青团农场	张　静　胡晓江	袁家东	168 团	何忠明　种广虎	成立兵
六运湖农场	梁国民　杨阜正	马进中	170 团	亚　特　李保山	郭跃新
土墩子农场	王建溶　王晓明	马金刚	团结农场	张冬梅　朱海安	陈志朋
红旗农场	王　伟　王勇福	袁洪波	**十师**	张成隆　姚新民	鲁统宣
奇台农场	杨忠军　郭怀安	周吉祥	181 团	梁邦国　陈光荣	罗阳星
北塔山牧场	杨玉贵　巴合提拜	夏国富	182 团	姜文斌　刘　林	周立军
222 团	高智明　王　军	陈川江	183 团	杨小屯　秦进木	李虎乾
农七师	曹天星　刘德峰	史国栋	184 团	潘海元　石　勇	张国爱
123 团	苏利明　王宗洪	杨玉山	185 团	王建军　赵传光	王志业
124 团	王登科　刘　孟	夏海毅	186 团	杨发勇　周凤山	姜学庆
125 团	钟芳杰　田永浩	陈富强	187 团	宋道辉　李建军	赵建东
126 团	田中华　王　洋	张黎明	188 团	刘永智　李新建	周有新
127 团	徐灿湘　武廷军	郭　峰	师煤矿	张鸿伟　孙新春	李立新
128 团	易传江　李新平	李国旗	建工师	张　勇	
129 团	何新平　田　文	薛立秋	建工集团	赵文艺	
130 团	李儒平　程文瑞	陈帮学	建咨集团	雷胜富	孙玉梅
131 团	包建刚　李庆龙	李建军	德坤建材公司	杨豫华	任小龙
137 团	孙洪波　王国恩	王全新	兵团一建	史全喜	杨振林
八师(市)	宋志国		兵团四建	袁新河	宋德联
121 团	牛国民	李建峰	五　建	李　禾	开新平
133 团	王惠林　杨新建	曹雪源	六　建	王　星	孙保林
134 团	王　武　黄宗胜	张　剑	兵团路桥公司	李忠民	徐正兴
136 团	董志华　王红军	陈克生	兵团八建	汤宝东	余明理
141 团	张新诚　邢明亮	赵新林	北新路桥公司	王志民	管世鸿
142 团	何富强　陈　旺	张志泉	建业公司	张宗平	郭小萍
143 团	王彩龙　严桂华	吴　刚	新北商贸公司	何喜梅	马永建
144 团	史四喜　任　晖	孙红磊	建科院	赵政卫	杨　帆
石总场	王新明	王新柱	西源公司	刘志刚	贺建军
147 团	谷金花　冯绍斌	王志林	昆仑监理公司	王汉生	皇甫霞
148 团	樊新文	朱书峰	昆仑建筑公司	李艳玲	曹　鹰
149 团	向炬光　张启全	王雨焕	**十二师**	刘珍祥　赵轶平	闫　剑
150 团	朱　耘　王建彬		104 团	李新军　史明玉	冯建江
152 团	李　鹏	王新利	五一农场	付国清　李华斌	李新林
石河子乡	杜晓洪　郑万里	高　波	三坪农场	王全德　秦晓枫	刘建国
九师	丁颂国	李　明	头屯河农场	鲜学琪	田国军
161 团	陈毅民　魏建山	汪继光	西山农场	柴宪瑞　张礼余	罗会文
163 团	张　勇　张建雄	蔡景生	221 团	薛　东　景占斌	刘　健
164 团	朱体森　李新民	易宗成	芳婷针织公司	丁建新　汝建华	李建虎
165 团	孙尔祥　马道忠	张新立	天润乳业公司	李　华	王鹏飞
166 团	宋文广　马新疆	张鑫平	供销合作社	寇国忠	董丽萍
167 团	刘希尧　翟刚成	李大军	师党校	王红礼	陆长江

单　位	综治委主任	综治办主任	单　位	综治委主任	综治办主任
师高级中学	刘　涛　朱建忠	郭俊亭	红山农场	吴江京	刘　泽
农业技术推广中心	程　君　王小平	杨　新	黄田农场	朱广超	董玉山
			柳树泉农场	伊明·依布拉音	毕名强
昌平矿业公司	罗泊尔	孟　颖	淖毛湖农场	吴思顺	
国润楼兰酒业	汪义如	程世华	十四师	何　玮 穆坦里甫 彭国生	
红岩水库管理站	吕继跃	殷洪斌			
天正建筑公司	龙国平	郭玉玲	皮山农场	艾白·阿不拉白地	司马义·吐尼亚孜
十三师	徐志新　黄志刚	姜瑞良			
红星一场	李丽峰　卢根昌	吴江勇	224 团	蒙忠战	鲁成帆
红星二场	李进明	张　维	47 团	董　强	杨　军
火箭农场	阿瓦汗·热吉甫	任振泽	一牧场	陈万平	张永进
红星四场	王新敏	王建江	国资公司	杨德昌　张超军	曹　云

（撰稿人：丁筱玲
审稿人：李进广　张恒斌）